Werbung
Strategien und Konzepte für die Zukunft

VERLAG
VAHLEN
MÜNCHEN
www.vahlen.de

Die Deutsche Bibliothek - CIP. Einheitsaufnahme

Mattenklott, Axel / Schimansky, Alexander:
Werbung · Strategien und Konzepte für die Zukunft/
Axel Mattenklott; Alexander Schimansky.
München: Vahlen, 2002

ISBN 3-8006-2782-5

Wilhelmstr. 9, 80 801 München

Druck und Bindung: Kösel GmbH & Co.KG
Wartenseestr. 11, 87 435 Kempten

Konzeption, Gestaltung, Satz, Illustration:
Svea S. Schimansky

Axel Mattenklott
Alexander Schimansky
(Hrsg.)

Werbung

Strategien und Konzepte für die Zukunft

Verlag
Franz Vahlen München

Alexander Schimansky

Axel Mattenklott

Ohne Euch gäbe es dieses Buch nicht...

Ariane, Svea,
Hans-Christoph, Petra,
Gerd und Eva

Burgl und Mone

Ein besonderer Dank geht an...

Petra Glaubitz und Hermann Schenk

Die Zukunft der Werbung

Was denken und empfinden Sie, wenn Sie dazu bewogen werden sollen, Geld zu spenden, eine Zeitschrift zu abonnieren oder ein Haarwaschmittel zu kaufen? Wann sagen Sie „Nein“ und wann „Ja“? Wann handeln Sie auch danach und wann nicht - und vor allem warum?

Antworten darauf suchen sowohl werbepsychologische Wissenschaftler als auch Werbepraktiker. Beide unterscheiden sich allerdings in ihren Erkenntnisinteressen. Wissenschaftler wollen vornehmlich die Prozesse an und für sich besser verstehen, die Werbung bei Menschen auslöst. Werbepraktiker wollen wissen, wie sie Menschen beeinflussen müssen, um sie von ihren Werbebotschaften zu überzeugen.

So suchen die einen, um zu wissen, und die anderen, um zu tun. Das führt oft dazu, dass sich eine Angewandte Wissenschaft wie die Psychologie der Werbung um Erhellung in Praxisfeldern bemüht, auf die sich bereits vorhandene Erkenntnisse aus der Grundlagenforschung gut anwenden lassen, und dabei weniger Fragen berührt, die für die Praxis gerade von großer Wichtigkeit sind.

Da Werbepraktiker aber hier und jetzt entscheiden und handeln müssen, wollen sie mit ihren Fragen an die Wissenschaft nicht auf morgen vertröstet werden, denn ‚in the long run we are all dead‘, wie der englische Ökonom John Maynard Keynes einmal sagte.

In der Folge macht sich jede Seite für sich Gedanken und schafft eigene Erkenntnisse. Dabei kann der gegenseitige Austausch zu kurz kommen. Wir fanden, es ist an der Zeit, etwas dagegen zu tun, und alle an einen runden Tisch zu holen. Aus diesem Motiv heraus ist das Buch entstanden.

Es freut uns, das viele Erfahrungen und unterschiedliche Perspektiven zusammengekommen sind, um daraus theoretische Konzepte und praktische Strategien für die Zukunft der Werbung zu entwerfen. Das zu schaffen, hat von allen Beteiligten die Reflextion der eigenen Position verlangt. Dafür danken wir allen Autoren.

Zum Austausch zusammenkommen war das eine Motiv für uns. Wir waren (und sind) aber auch neugierig. Wir wollten wissen, was andere zu der Frage zu sagen haben: „Was macht gute Überzeugung aus?“ Von Leo Burnett ist der Satz überliefert: „Neugier an allen Facetten des Lebens ist das Geheimnis guter Werber.“ So hoffen wir, dass Sie mit uns neugierig sind - seien Sie Kreativer, Marketingmanager, strategischer Planer, Account Manager, Wissenschaftler, Marktforscher, Media-Planer oder einfach interessierter Laie.

Neugier verlangt die Tugend, zuhören zu können. Eine Tugend, die nicht gerade häufig anzutreffen ist. Machen wir uns gemeinsam auf den Weg, diese Tugend zurückzugewinnen.

Axel.Mattenklott@psych.uni-mainz.de

Alexander.Schimansky@freenet.de

Dieter Herbst ist einer der Autoren dieses Buches, die den Brückenschlag zwischen Theorie und Praxis selbst leben. Als Referent für Unternehmenskommunikation beim Chemiekonzern Schering lehrt er zudem als Professor Werbung, PR und E-Business an der Universität der Künste Berlin. Ähnlich wie bei Udo Klein-Bölting folgt sein Ansatz einem übergreifenden Konzept, indem Marke, Unternehmen und Kommunikation in ihrem dynamisch-komplexen Wechselspiel gesehen werden. Dabei beginnt Herbst bei der Marke, konzipiert sie als Persönlichkeit und reflektiert den notwendigen Umgang von Unternehmen und Mitarbeitern mit dieser Persönlichkeit, damit sie erfolgreich vom Konsumenten angenommen wird. Herbst zeigt sowohl die Erfolgskriterien für ein solches Integriertes Identitätsmanagement auf, als auch die damit verbundenen Schwierigkeiten im Abstimmungsprozess zwischen Marke und Corporate Identity, Design and Behaviour.

„Das ist wirklich ehrgeizig! Wenn Sie das schaffen, bin ich dabei!" Dies war die ehrlich-offene Reaktion von Bernd M. Michael auf unseren Plan, erstmals auf breiter Basis ein Forum von Werbepraktikern und Werbewissenschaftlern in einem Werk zu vereinen. Der ‚Marken-Guru' der 90er Jahre hat dieses Projekt dann aber doch wohlwollend unterstützt und stellt in seinem Beitrag den erfolgreichen Grey-Ansatz vor. An zahlreichen wohlbekannten und erfolgreichen Kampagnen aus dem Hause Grey zeigt ‚BMM' sowohl das theoretische Modell, als auch die daraus abgeleiteten Tools für eine effiziente kommunikative Markenpositionierung auf.

Prof. Geldmacher ist ein Ur-Gestein der Markenführung - sein Ansatz ein Muss für die oftmals schematisch-hölzern und blutleer wirkenden Marketingansätze von heute. Geldmacher, angesehener Markenberater von Unternehmen wie Reemtsma, Henkel usw. in den 60er und 70er Jahren, gibt hier einen Einblick in seinen umfangreichen Wissens- und Erfahrungsschatz aus der Welt der Marken. Sein Faszinationsansatz der Markenführung fördert so manchen heute unterbelichteten Gedanken im Marketing und fordert eindringlich zum Mit-, Um- und Neudenken heraus.

Prof. Borsch ist - wie auch Prof. Herbst und Prof. Geldmacher - ein Mann der Praxis, der trotzdem mit einem Bein in der Wissenschaft steht. 1987 zum Werber des Jahres gekürt, hat er fast 40 Jahre erfolgreich in der Werbepraxis gewirkt - einen Großteil davon in leitenden Positionen. Norbert Borsch stellt seinen strategischen Kommunikationsansatz so prägnant vor, dass er förmlich dazu zwingt, sich in seinem eigenen kommunikativen Vorgehen auf den einen Gedanken zu konzentrieren. Anhand von Kampagnen aus ‚seinem Hause' Borsch, Stengel und Partner (Mitglied im FCB-Network) verdeutlicht er beispielhaft sein ‚Manual für konsequente Kommunikation'.

Ausgehend von der Erkenntnis, dass starke Marken nicht nur die Nr. 1 in den ‚Herzen der Verbraucher' sind, sondern erwiesenermaßen die Prosperität eines ganzen Unternehmens bedeuten, wird vom Geschäftsführer der BBDO Consulting der Gedanke strategischer Markenführung konsequent aufgerollt: Die Essentials zur Pflege und zum Erhalt des Marken-Wertes am Unternehmenswert deutscher Firmen werden behandelt - von der Integrierten Kommunikation bis zum Customer Relationship Management (CRM). Zahlreiche Modelle, Details, Beispiele und Kampagnen unterstützen die Ausführungen, die bis hin zur konsequent auf Kundenorientierung ausgerichteten Gesamtkonzeption eines Unternehmens der Zukunft weitergedacht worden sind und damit die Grenzen zwischen Kommunikation, Marketing-Mix und Organisation überbrücken.

Die Zukunft der Werbung wird durch vermenschlichte Maschinen bestimmt sein. Menschliche Verhaltensmuster werden nachgebildet, menschliches Aussehen wird die 3D-Avatare der Zukunft schmücken.

Digitale Menschlichkeit - ein Crossover zwischen Mensch und Maschine. Werbung wird die Künstlichkeit der neuen Bilder sympathisch vertraut machen und so alte Grenzen der Realität aufbrechen.

Digitale Wirklichkeit setzt neue Maßstäbe im Abbild des perfekten Ideals. Im Streben nach diesem Ideal wird der Mensch versucht sein, die Natur zu überlisten, um sich der künstlichen Perfektion anzunähern. Nichts ist echt - alles ist echt - alles wird möglich!

Der Künstler:
Clemens Kerkhoff

Jahrgang 1966, hat in Wuppertal und Essen Kommunikationsdesign mit Schwerpunkt Fotographie studiert. Nach verschiedenen Ausstellungen fotografierte er mehrere Monate in Kapstadt. Heute lebt und arbeitet er als freier Fotograf mit eigenem Studio in Düsseldorf. Seine Fotografie-Schwerpunkte sind Mode und People .

Arbeitsproben und Kontaktdaten finden Sie unter:
www.studiokerkhoff.de

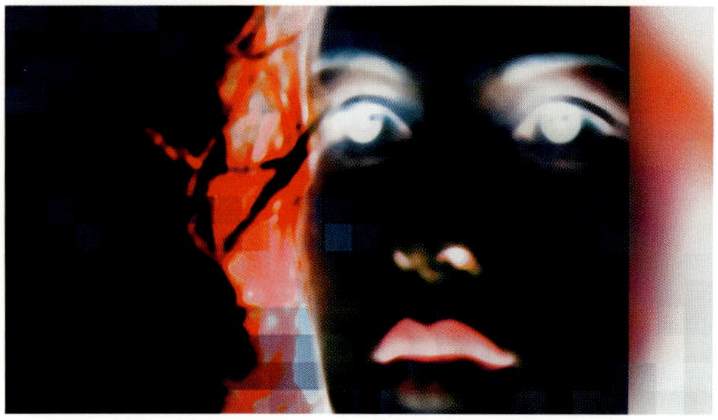

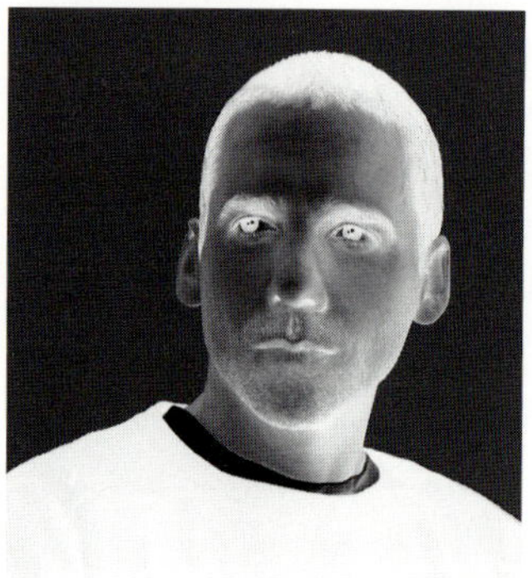

Werbung

Strategien und Konzepte für die Zukunft

Prof. Dr. Dieter Herbst

Theorie und Praxis – eine starke Verbindung! Da ich hiervon schon immer überzeugt war, habe ich Publizistik, Sozial- und Wirtschaftswissenschaften studiert und zudem Praxiserfahrungen durch Praktika, Hospitanzen und Projekte gesammelt.

Seit 14 Jahren arbeite ich in der Unternehmenskommunikation von Schering, einem global operierenden Pharmakonzern. Dort koordiniere ich das weltweite Kommunikationsnetzwerk, informiere konzernweit über die Unternehmensstrategie und berate Führungskräfte.

Parallel dazu engagiere ich mich seit vielen Jahren an Hochschulen und Universitäten im In- und Ausland - zuletzt als Honorarprofessor am Studiengang Gesellschafts- und Wirtschaftskommunikation (GWK) und am Institute of Electronic Business der Hochschule der Künste Berlin sowie als Hauptdozent im Rahmen des Executive MBA in Business Engineering der Universität St. Gallen und der St. Clara University (Silicon Valley).

Inhaltlich interessiert mich vor allem das Strategische Kommunikationsmanagement. In diesem Rahmen haben mich in den letzten Jahren die Themen Corporate Identity und Markenführung beschäftigt. Mein theoretisches und praktisches Wissen habe ich in zahlreichen Fachpublikationen und Büchern (Titel: Public Relations, Corporate Identity; Krisen meistern mit PR; Interne Kommunikation; Wissensmanagement; Internet-PR und E-Branding) festgehalten.

Mein Leitsatz als überzeugter Planer lautet: „When everyone else on the ice is trying to get where the puck is, I try to get where the puck is going to be.“ (Erfolgsgeheimnis der Eishockey-Legende Wayne Gretsky).

Gemeinsam sind sie stark: Wie die Persönlichkeiten von Unternehmen und Marken starke Bindungen zum Konsument schaffen.

Prof. Dr. Dieter Herbst

1. Der Weg in den Marken-Olymp wird immer beschwerlicher

1.1 Die Beziehungen zum Produkt lockern sich

Heutige Marketingexperten träumen von nichts mehr, als eine starke Marke zu schaffen - eine wie *Nivea* oder *Coca Cola*, die ganz oben im Marken-Olymp steht. *Nivea* hat es geschafft, bei vielen anderen ist dies fraglich. Denn: Wer einen Blick in die Zukunft der Werbung wirft, findet deutliche Anzeichen dafür, dass das Interesse der Konsumenten an Marken nachlässt und sich ursprünglich stabile Beziehungen zwischen Marke und Käufern immer weiter lockern.[1]

Auf allen Märkten wird der Wettbewerb aufgrund ausgeschöpfter Marktpotentiale zunehmen. Produktqualität wird für den Konsumenten selbstverständlich. Da eine Abgrenzung über andere Kriterien fehlt, erlebt der Konsument die Angebote zunehmend als austauschbar, was durch Me too-Produkte und Pseudo-Marken verstärkt wird, die zwar preiswerter als Markenartikel sind, aber keinen eigenständigen Leistungsvorteil bieten, wie z.B. das Kopfschmerzmittel *ASS Ratiopharm* gegenüber der *Marke Aspirin*. Markenerweiterungen, schnelle Konzeptionswechsel und Umpositionierungen verwässern ursprünglich klar profilierte Marken. *Melitta*, einst für Kaffee bekannt, bot z.B. zusätzlich Kaffeemaschinen und Kaffeefilter, Lebensmittelfolien, Staubsaugerbeutel, Müllbeutel, Luftreiniger und Teefilter an.

Was ist die Folge? Orientierung und Vertrauen in die Einzigartigkeit der Produkte gehen verloren. Kunden, Mitarbeitern und nicht zuletzt Werbern ist nicht mehr klar, für was die Marke steht und welchen einzigartigen und dauerhaften Nutzen sie bietet. Eine Herausforderung für die Werbung wird daher sein, den Konsumenten eine stärkere Orientierung und Sicherheit zu bieten. Dies ermöglicht den Konsumenten die Identifikation mit den Marken und schafft Vertrauen, das langfristige Beziehungen sichert. So steht der Name *Melitta* mittlerweile wieder für kaffeenahe Produkte. Für alle anderen Produkte sind Sub-Marken entstanden, wie *Toppits* (Lebensmittelfolien) und *Aclimat* (Luftreiniger).

1.2 Das Unternehmen hinter der Marke wird immer wichtiger

Obwohl Marken auch weiterhin als Orientierungshilfe für die Bewertung von Angeboten dienen, sind sie in einigen Bereichen nicht mehr allein kaufentscheidend: Steht ein Käufer vor dem Kühlregal im Supermarkt, entscheidet er sich bei ähnlichen Produkten und Preisen für das Unternehmen, das er kennt und sympathisch findet. Fast 70 Prozent kaufen keine Waren von Unternehmen, von denen sie eine schlechte Meinung haben.[2]

Es scheint sogar einen Vertrauenstransfer zu geben: Vertrauen in die Marke bedeutet zugleich Vertrauen in das dazugehörige Unternehmen und umgekehrt. Ein Konsument kauft das neue Produkt eines Herstellers mitunter schon deshalb, weil er gute Erfahrungen mit dem Hersteller gemacht hat. Anders herum kann ein Konsument ein positives Bild von einem Unternehmen gewinnen, weil er seine Produkte kennt und schätzt. Das Werbemanagement sollte also künftig stärker die Gesamtkommunikation des Unternehmens berücksichtigen. Optimal wäre, wenn sich die Vorstellungsbilder von Unternehmen und Marken wechselseitig übertragen und gegenseitig stärken!

1.3 Aber auch Unternehmen bieten kaum noch Orientierung

Doch selbst eine Orientierung an Firmen wird schwieriger: Durch zunehmende Verflechtung und schnellen Wandel der nationalen und internationalen Märkte sind Unternehmen komplexer und undurchschaubarer geworden: *Daimler* und *Chrysler* sind fusioniert, die *Hypo*- und die *Vereinsbank* sind ‚hypovereint' und die *Allianz Versicherung* ist mit der *Dresdner Bank* durch das ‚grüne Band der Sympathie' verbunden.

Ein Grund für Zukauf und Übernahme ist, dass Firmen ihre Produktpalette vervollständigen können, ohne selbst aufwendig und risikoreich neue Produkte entwickeln zu müssen. Diese Komplettlösungen versetzen sie in die Lage, nicht mehr nur einzelne Marktsegmente zu bedienen, sondern den gesamten Markt abdecken zu können, wie das Beispiel *Volkswagen* belegt:

- Schon längst prägt nicht allein der *Golf* das Bild der Marke *Volkswagen*, sondern mehrere Produktlinien - vom *Lupo* bis zum *Passat*. Die *Volkswagen*-Marke *SEAT* galt einst als Billignachbau von *Fiat*-Modellen, die vor allem im spanischen Markt angeboten wurde. *Volkswagen* entwickelte sie zu einer jungen südeuropäischen Marke, die unter dem Motto ‚automobile Lebensfreude' steht und sportlich emotionale Fahrzeuge mit mediterranem Charme bietet. Ihr strategischer Wettbewerber ist *Alfa Romeo*. Die tschechische Volkswagen-Marke *SKODA* bietet funktionale Autos mit einem attraktiven Preis-Leistungs-verhältnis, die damit im Wettbewerb mit *Volvo* steht.

So attraktiv Komplettangebote für Anbieter und Käufer sind - Fusionen und Akquisitionen haben zu einer Konzentration immer größerer Konzerne und Holdings geführt, die zum Teil nur als organisatorischer und finanzieller Zusammenschluss fungieren. Die Zielgruppen dieser Unternehmen wie die Verbraucher, der Handel und andere Unternehmen verlieren hierdurch den Überblick: Sie wissen weder, was sich hinter neuen Kunstnamen wie *Aventis* und *Novartis* verbirgt, noch können sie erkennen, für welche Werte diese Namen stehen. Selbst etablierte Firmen haben mit ihrem Image zu kämpfen: Früher stand der Name *Mercedes* für einen Autobauer, später für die Vision eines integrierten Technologiekonzerns – und heute? Der Name *Bertelsmann* steht für viele immer noch für den altbackenen Buchclub und nicht für einen modernen, globalen Medienkonzern.

Aber nicht nur externe Zielgruppen verlieren den Überblick, auch intern gibt es Probleme: In den Firmenkonglomeraten finden Koordination und Abstimmung kaum noch statt. Nicht selten hat ein Konzern mehrere Marketingabteilungen mit noch mehr Units, die alle ein Eigenleben führen: Eine Unit ist zuständig für Produkte, eine für Preise, eine für Distribution und eine für Kommunikation. Eine Unit vermarktet Marke A und die andere Marke B, ohne gegenseitige Auswirkungen zu beachten und Absprachen zu treffen. Das gleiche geschieht in den Kommunikationsabteilungen mit Werbung, Verkaufsförderung und Public Relations. Profit-Center-Strukturen tragen zusätzlich dazu bei, dass sich jeder Bereich nur selbst optimiert. Das Wir-Gefühl geht verloren und macht Eigenbrötelei und Bereichsegoismus Platz, die den internen Arbeitsablauf stören und die Koordination und den Zusammenhalt hemmen.

Darüber hinaus erkennt das Stammpersonal mitunter zugekaufte Produkte nicht als eigene an und identifiziert sich nicht mit ihnen. Es entsteht das

‚this is not invented here'-Syndrom, das selbst erfolgreiche Firmen wie *Hewlett-Packard* kennen und fürchten, denn die Konsequenz ist, dass Marken ohne die erforderliche Beachtung und Fürsorge weitergeführt werden.

Mit jeder Erweiterung verlieren die internen und externen Zielgruppen weiter den Überblick und erkennen den ursprünglichen Unternehmenssinn nicht mehr. Auf internationaler Ebene wird alles noch komplexer und undurchschaubarer.

Was bedeuten diese Veränderungen für Unternehmensführung, Markenführung und Werbung?

1.4 Die Lösung: Gemeinsames Identitätsmanagement von Unternehmen und Marken

Unternehmen müssen ihren Zielgruppen zeigen: Das sind wir, das können und wollen wir. Wichtige Zielgruppen müssen erfahren, welche Werte und Normen dem unternehmerischen Handeln zugrunde liegen, um entscheiden zu können, ob sie das Handeln unterstützen wollen oder nicht. Wie wichtig ein klares und abgrenzbares Firmenimage ist, zeigt die Schätzung von Finanzexperten, dass der Börsenwert eines Unternehmens heutzutage zu etwa 40 Prozent von seiner Kommunikation bestimmt wird.[3] Die Finanzgemeinde will nicht nur gute Zahlen sehen, sondern auch von einer starken und schlüssigen Zukunftsgeschichte (Equity Story) fasziniert werden.[4]

Der Aufbau und die Gestaltung sowohl von Marken- als auch von Firmenimages wird deshalb weiter an Bedeutung gewinnen. Wen wundert es, wenn *Henkel* mehrere Millionen Mark in eine Kampagne steckt, um das Unternehmen hinter seinen Marken (*Persil* etc.) bekannt zu machen. Der Kommunikations-Chef von *Henkel*, Jakob Lux begründet diese Investition folgendermaßen: *„Es reicht nicht, der unbekannte Riese zu sein. Denn alles, was unbekannt oder nur wenig bekannt ist, erweckt kein Vertrauen."*[5]

Viele Marken sind unter dem Dach von Henkel zusammengefasst.

Allerdings sind das integrierte Management von Unternehmens- und Markenimages eine komplexe, anspruchsvolle und übergreifende Aufgabe, die angemessen gesteuert und koordiniert werden muss - Werbung ist ein Teil davon. Das **Identitätsmanagement** bietet hier einen zeitgemäßen Ansatz an, um diese Herausforderungen zu meistern.

In den folgenden Kapiteln wird dargestellt, welches Verständnis von Unternehmens- und Markenpersönlichkeiten angemessen ist, um diese Probleme zu lösen. Der Beitrag wird schließlich aufzeigen, durch welches systematische und langfristige Vorgehen das gemeinsame Gestalten der Unternehmens- und Markenidentitäten möglich ist.

2

2. Identitätskonzepte als Grundlage für Integriertes Identitätsmanagement

Identitätsmanagement hat das Ziel, einzigartige und unverwechselbare Unternehmens- und Markenpersönlichkeiten aufzubauen und kontinuierlich zu entwickeln. Diese starken Persönlichkeiten sollen Orientierung und Sicherheit bieten, damit Vertrauen ermöglichen und die Grundlage für dauerhafte Beziehungen schaffen.

2.1 Wie sich die Identitätskonzepte entwickelt haben

Auf Unternehmensebene wird das Corporate Identity Management (CIM) schon seit den 70er Jahren diskutiert.[6] Demnach kann jedes Unternehmen seine Identität gestalten und nach innen und aussen durch ein eindeutiges Erscheinungsbild langfristig vermitteln. Neuen Aufwind hat dieses Konzept Mitte der 90er Jahre erhalten, da Expertenschätzungen zufolge rund 70 Prozent der Firmenzusammenschlüsse aufgrund einer unvereinbaren Unternehmenskultur gescheitert sind. Es gilt daher als unverzichtbar, ein gemeinsames Selbstverständnis zumindest in den für den Unternehmenserfolg wichtigen Punkten gemeinsam zu gestalten und zu kommunizieren. Ein positives Beispiel ist hier die Pharmafirma *Boehringer Ingelheim*:[7]

- Tiefgreifende Veränderungen zu Beginn der 90er Jahre erforderten, dass sich das chemisch-pharmazeutische Unternehmen erstmals in seiner über 100jährigen Geschichte mit CI beschäftigte. Intern wie extern wollte es sich klar und deutlich positionieren, um Mitarbeitern und Kunden aufkommende Sorgen über die Unternehmenszukunft zu nehmen. Gerade das Einbeziehen der Mitarbeiter und das Verständnis für die Zukunftsziele wurden als Erfolgsfaktoren angesehen, um auch weiter zu den Branchenbesten zu gehören. In Workshops formulierte die Konzernleitung ihr Selbstverständnis, das dem Zukunftsmotto ‚Value through innovation!' folgte.

  Die Vision, konsequent innovationsorientiert sein zu wollen, wurde wochenlang auf Verträglichkeit mit der bestehenden Unternehmenskultur geprüft und dann an alle 24.000 Mitarbeiter und Kunden weltweit vermittelt: In über 140 mehrtägigen Visionskonferenzen wurden die Leitsätze vermittelt und für ihre Umsetzung vom Spitzenmanagement geworben. Zur langfristigen Sicherung des CI-Prozesses wurde das regelmäßig erscheinende ‚Vision Magazine' konzipiert und ein ‚Value through innovation!'-Tag etabliert, damit sich alle Mitarbeiter weltweit über Fortschritte austauschen und Veränderungsziele neu anpeilen konnten.

  Ergebnis: Seit dem Start des CI-Prozesses hat sich die Zusammenarbeit gebessert, die Job-Zufriedenheit ist gestiegen, die Attraktivität des Unternehmens bei hochqualifizierten Bewerbern hat zugenommen, die Verschwendung beim Einkauf ist gesunken, Arbeitsabläufe konnten beschleunigt und der Jahresumsatz sowie die Produkt-Innovationsrate gesteigert werden.

Seit Anfang der 90er Jahre werden Identitätskonzepte auch auf Marken angewendet:[8] Eine einzigartige Markenpersönlichkeit soll den Marken ein unverwechselbares Profil geben, das nach innen und außen wirkt. Die mit einer Marke verbundenen Persönlichkeitsmerkmale sollen bei den Konsumenten dauerhaft verankert werden und die eindeutige Abgrenzung erlauben: Zum Beispiel gilt *Coca Cola* als cool, typisch amerikanisch und real,

Pepsi als jung, aufregend und verrückt und *Bluna* als unkonventionell, einzigartig und lustig. Marken nehmen menschliche Gestalt an, wie das *Michelin-Männchen* und *Meister Proper*.

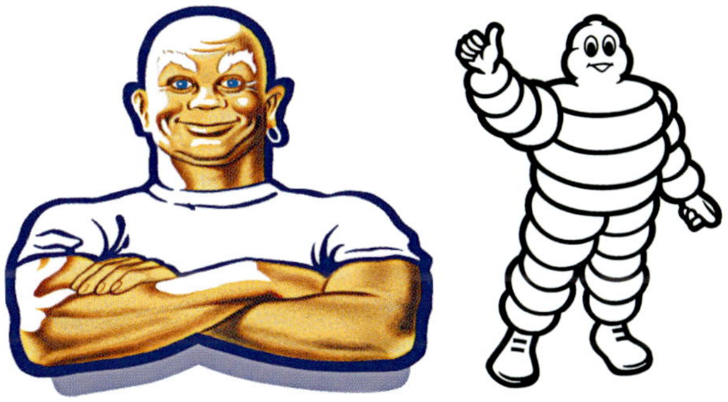

Meister Proper strahlt die ‚starke' Reinigungskraft des gleichnamigen Putzmittels aus. Das Michelin-Männchen signalisiert Zuverlässigkeit der Reifen auf allen Straßen.

Tiere sollen Markenpersönlichkeiten transportieren, wie das Häschen von *Duracell*, der Spürhund von *Lycos* und die Ameisen von *Letsbuyit.com*. Der Konsument soll sich mit diesen Persönlichkeiten und den von ihnen verkörperten Werten identifizieren und zum Teil seines persönlichen Lebens machen: Wer also die Siegermarke *Nike* trägt, ist selbst ein Gewinner oder möchte sich beim Tragen zumindest ein wenig so fühlen. Wenn Spitzensportler wie Tiger Woods oder André Agassi, die die Siegermarke in der Werbung verkörpern, auf dem Siegertreppchen stehen, steht immer auch der *Nike*-Träger auf dem Podest.

2.2 Zentrale Annahmen der Identitätskonzepte

Was sind die zentralen Annahmen, die den Identitätskonzepten zugrunde liegen?

1. Die Zielgruppen brauchen für ihr Vertrauen das Wissen um Verlässlichkeit.

Wie auch zwischen Menschen ist Vertrauen zu Unternehmen und Marken die Grundlage langfristiger Beziehungen. Vertrauen entsteht durch Verlässlichkeit: Die Zielgruppen wissen, für was das Unternehmen bzw. die Marke steht und welchen einzigartigen Nutzen sie bieten. Wen man nicht kennt, dem vertraut man nicht, so die Marketingexperten Meffert und Burmann. Vertrauen verringert das wahrgenommene Risiko, vom Anbieter und seinen Leistungen enttäuscht zu werden. Der Konsument kann ohne lange Vergleiche einkaufen und muss nicht das gesamte Angebot prüfen, um die richtige Entscheidung zu treffen. Hierdurch spart er Kosten, die er zum Verringern des Risikos ausgegeben hätte, zum Beispiel für Versicherungen oder die Informationssuche nach geeigneten, zuverlässigen Anbietern.

2. Die Einzigartigkeit der Persönlichkeiten muss sich durch Merkmale auszeichnen, die für Zielgruppen relevant sind.

Die Einzigartigkeit von Unternehmen und Marke entsteht durch einzelne Merkmale der Unternehmens- bzw. Markenpersönlichkeit oder eine bestimmte Kombination, die das Unternehmen bzw. die Marke für die Zielgruppen erkennbar macht und von anderen dauerhaft unterscheidet. Das Unternehmen muss diese Merkmale kennen und festschreiben. Die Zielgruppen müssen diese Merkmale wahrnehmen können und sie müssen für diese relevant sein. Diese Einzigartigkeit fehlt jedoch vielen Unternehmen und Marken, was sie bei der Zielgruppe schwach erscheinen lässt.

3. Der Kern der Persönlichkeit ist seine glaubhafte Kompetenz.

Kern der Persönlichkeit ist deren Kompetenz. Was können Unternehmen und Marke glaubhaft leisten und deutlich wahrnehmbar vermitteln? Im Fall von *Volvo* ist dies die Sicherheit und bei *Mercedes* das Prestige. Bei *Nivea* ist es die milde Hautpflege und Qualität. Der Kunde vertraut auf diese Leistungsfähigkeit.

Die Marke Nivea ist so stark, dass sie sogar als ‚Kulturgut' propagiert werden kann. (Außenwerbung an der alten Zollbrücke zur Speicherstadt in Hamburg.)

4. Das Selbstverständnis einer starken Pesönlichkeit stimmt mit dem der Zielgruppen überein.

Voraussetzung für das Entwickeln starker Persönlichkeiten ist der kontinuierliche Austausch mit den internen und externen Zielgruppen: Je stärker das Selbstverständnis eines Unternehmens mit dem seiner Zielgruppen übereinstimmt, desto stärker ist seine Persönlichkeit. Damit unterscheiden sich Identitätskonzepte von bisherigen Sichtweisen, die sich entweder nur auf das Erscheinungsbild konzentrierten (Aussagenkonzepte) oder nur auf deren Wirkung bei den Zielgruppen (Akzeptanzkonzept).

5. Die Persönlichkeit besitzt sowohl stabile als auch variable unverwechselbare Werte.

Eine Persönlichkeit besitzt zum einen zentrale Werte, die über längere Zeit stabil sind und zum anderen variable Anteile wie etwa seine Kommunikationsbotschaften. Durch deren Kombination können die Zielgruppen das Unternehmen bzw. die Marke immer neu erleben und haben dabei doch stets das Gefühl, dass dies unterschiedliche Aspekte ein und derselben Persönlichkeit sind, deren stabile Kerninhalte sie kennen: Madonna und David Bowie ändern zwar ihre äußere Erscheinung, aber sie bleiben stets für ihre Fans erkennbar und unverwechselbar. Die Markenpersönlichkeit von *Swatch* beruht auf ihrem wechselnden Erscheinungsbild, wobei der Markenkern stets bestimmte konstante Eigenschaften enthält. Die klassische Auffassung, nach der eine Marke stets einheitlich in Erscheinung treten sollte, würde hier nicht greifen.

6. Identitätskonzepte sind ganzheitlich ausgerichtet und konsequent verhaltensbezogen.

Identitätskonzepte sind ganzheitliche Konzepte, die das Verhalten einschließen. Dies ist die Konsequenz aus der Erkenntnis, dass eine Ausrichtung auf die visuelle und kommunikative Erscheinung nicht ausreicht, weil es häufig nicht dem Verhalten entspricht. Wird also in der Kommunikation hohe Kundenorientierung behauptet, muss diese im Umgang mit den Kunden auch konsequent gelebt werden.

7. Integriert bedeutet Widerspruchsfreiheit in allen Zielgruppenkontakten.

Integrierte Konzepte streben danach, Unternehmen bzw. Marken widerspruchsfrei bei ihren Zielgruppen darzustellen: Jeder Kontakt muss die Unternehmens- und Markenpersönlichkeit stimmig transportieren - von der Verpackung über die Präsentation im Handel bis hin zur Rechnungsstellung und Bedienungsanleitung. Also anders als der Bekleidungshersteller *C&A*, der in der Werbung eine erlebnisorientierte Markenwelt aufbaut, die am tristen Point of Sale im Warenhaus nicht wieder zu finden ist. Dies führt zu Verwirrung beim Konsumenten: Ist die Marke das, was er aus der Werbung kennt, oder das, was er im Alltag direkt erlebt? Nur eine in sich und nach außen widerspruchsfreie Kombination einzelner Persönlichkeitsmerkmale führt zu einer starken Unternehmens- und Markenidentität. Diese integrierte und ganzheitliche Sicht setzt entsprechend einen internen und externen Managementprozess voraus.

3. Integriertes Identitätsmanagement von Unternehmens- und Markenpersönlichkeit

Die Bedeutung von Identitätskonzepten scheint zwar mittlerweile erkannt, aber es fehlt bisher ein integriertes Identitätsmanagement, um die Unternehmens- und Markenpersönlichkeit gemeinsam zu gestalten. Unternehmens- und Markenportfolios werden meist noch separat gemanagt. Widersprüche und Unstimmigkeiten offenbaren sich spätestens beim Internet-Auftritt des Unternehmens, wo sämtliche Kommunikationsaktivitäten zusammenfließen, also Werbung, Verkaufsförderung und Public Relations. Nicht nur beim Online-Marketing wird deshalb immer wichtiger, dass alle Beteiligten die Bewertungskriterien für Entscheidungen zur Gestaltung der Unternehmensidentität und Markenidentität sowie deren Beziehungen kennen und die Konsequenzen im eigenen Bereich umsetzen können.

Integriertes Identitätsmanagement (IIM) bedeutet die Analyse, Planung, Umsetzung und Kontrolle von Unternehmens- und Markenidentitäten: In einem systematischen Prozess erkennt das Unternehmen bewusst seine Unternehmens- und Markenidentitäten und vergleicht sie mit Wünschen und Erwartungen der wichtigen internen und externen Zielgruppen. Mögliche Spannungsverhältnisse zwischen einzelnen Markenidentitäten sowie zwischen Unternehmens- und Markenidentitäten werden ausgeglichen und zu einer Einheit entwickelt. Unternehmen und Marken werden also als Ganzheit begriffen, die man in ihrer Wirkung voneinander nicht trennen kann. Ziel des Integrierten Identitätsmanagements ist die Gestaltung eines prägnanten, stimmigen und einzigartigen Unternehmens- und Markenimages.

3

3.1 Die Elemente des Integrierten Identitätsmanagements

Der integrierte Identitätsprozess besteht aus vier Elementen, die in einem engen Zusammenhang stehen und sich gegenseitig beeinflussen:

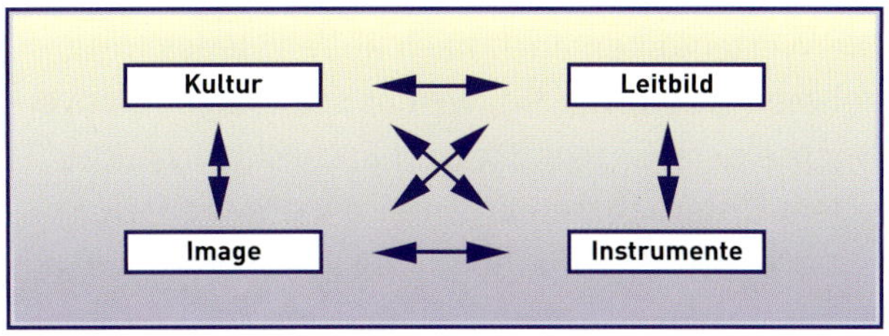

3.1.1 Die Kultur als Element des Integrierten Identitätsmanagements

Der Begriff **Kultur** steht für alle Werte (Wünsche) und Normen (Handlungsleitendes), die das Unternehmen als Grundannahmen eint und lebt:

- Ist dem Unternehmen Innovation wichtiger oder Kostenorientierung?
- Ist die Marke vergangenheits- oder zukunftsorientiert?
- Schließt ein Außendienstmitarbeiter einen Vertrag ab, auch wenn er Nachteile für den Kunden hat? Berät er ihn umfassend, empfiehlt vielleicht ein anderes Produkt des Herstellers und verzichtet womöglich auf einen Vertrag?

Jedes Unternehmen hat seine eigene Antworten auf diese Fragen - selbst unter gleichen äußeren Bedingungen. Häufig hat der Firmengründer solche Werte und Normen vor dem Hintergrund der jeweiligen Zeit und der Situation seines Unternehmen geprägt. Im Lauf der Jahre bewähren sie sich, gelten als selbstverständlich und werden an neue Mitarbeiter weitergegeben. Jeder weiß, was einerseits wichtig ist und zählt und andererseits verpönt ist und Sanktionen auslöst. Werte und Normen werden zum Allgemeingut und stabilisieren das Unternehmen. Stimmen die Mitarbeiter den Werten des unternehmerischen Handelns zu, kann dies die Motivation und Leistung der Mitarbeiter erhöhen, weil sie einen Beitrag zum Erreichen des allseits Gewünschten leisten wollen.

Die Werte wirken auch nach außen. Jedes Unternehmen ist einzigartig, weil es seine eigene unverwechselbare Geschichte und Entwicklung hat: In jedem Unternehmen arbeiten andere Menschen mit anderen Erfahrungen und Charakteren, so dass sich jeweils andere Werte und Normen entwickelt haben. Die Markenführung muss dieses Einzigartige berücksichtigen und die Unternehmenskultur zur Basis der Markenkultur machen.

Zwei Aspekte bestimmen dabei die Markenkultur: Die Marke entsteht zum einen aus einer bestimmten Gesellschaftskultur heraus, das heißt die Marke wird durch die kulturelle Verankerung geprägt, durch die Werte und Normen, die in einer Region oder in einem Land gelten. Die Marke *Coca Cola* ist z.B. eng mit dem amerikanischen Lebensgefühl verknüpft und die *Lufthansa* steht für deutsche Gründlichkeit und Zuverlässigkeit:

Die Lufthansa wird seit jeher mit dem Bild der deutschen

Zum anderen ist die Markenkultur durch die Kultur der Mitarbeiter bestimmt, deren markenspezifisches Denken und Handeln sie umfasst: Stimmen die Mitarbeiter den gemeinsamen Werten, Normen und Visionen zu, so kann dies die Identifikation der Mitarbeiter mit der Marke erhöhen. Dies ist eine wesentliche Voraussetzung für das Entstehen starker Marken, denn diese Werte wirken dann auch nach außen, so dass Kunden, Lieferanten und andere Zielgruppen von dem gelebten Unternehmensverhalten auf die Marke schließen können. So wird z.B. die Kultur von *BMW* oder

Mercedes direkt auf ihre Marken übertragen (siehe die Abbildung auf der Folgeseite).

Eine Markenpersönlichkeit kann also nicht beliebig konstruiert werden, sondern muss sowohl auf den vorhandenen Werten und Normen des Unternehmens aufbauen, als auch zu dessen anderen Marken in Beziehung stehen. Dies gilt in besonderem Maß für Dienstleister (z.B. Banken, Versicherungen, Unternehmensberatungen), deren Mitarbeiter in direktem Kontakt mit den Kunden stehen.

Was bedeutet dies für das Integrierte Identitätsmanagement? Zunächst müssen Firmen- und Mar-

Gründlichkeit und Zuverlässigkeit assoziiert.

kenkultur sorgfältig offengelegt und dann anhand der Anforderungen der Belegschaft und des Umfeldes geprüft werden, ob sie konsistent und zeitgemäß sind. Steht also ein Unternehmen für Tradition (Dauer), können die Marken schwerlich die Eigenschaften ‚Dynamik und Flexibilität' (Wandel) verkörpern. In diesem Fall entwickelt das Integrierte Identitätsmanagement eine auf die Zukunft gerichtete Gesamtpersönlichkeit von Unternehmen und Marke, die in einem Leitbild formuliert und verbindlich niedergeschrieben wird.

3.1.2 Das Leitbild als Element des Integrierten Identitätsmanagements

Das integrierte Gestalten der Unternehmens- und Markenpersönlichkeit setzt voraus, dass die Verantwortlichen zum einen wissen, wie sie ihr Unternehmen und deren Marke(n) sehen. Zum anderen sollten sie möglichst konkret formulieren können, wie ihre Mitarbeiter und wichtige externe Zielgruppen Unternehmen und Marke sehen wollen und sollen. Somit gilt es, die angestrebten Werte, die Unternehmen und Marke repräsentieren sollen, in einem **Leitbild** festzulegen.

Während die Kultur die verkörperten Werte (IST) festhält, formuliert das Leitbild die gewünschte Kultur (SOLL). Im Idealfall stimmen IST und SOLL überein. Das Leitbild besteht aus der Leitidee, den Leitsätzen und dem Motto:

- Die **Leitidee** (Vision oder Philosophie) formuliert den Nutzen des Unternehmens und seiner Marken. Die Leitidee des japanischen Unterhaltungselektronikkonzerns *Sony* lautet beispielsweise: *„Wir wollen, dass die Menschen auch auf kleinstem Raum und mit minimalem Energieverbrauch die besten Klang- und Seherlebnisse genießen können."* Die beiden Schweizer Hayek und Thomke wollten eine Uhr anbieten, die zugleich modisch **und** günstig ist, und sowohl in Kaufhäusern **als auch** feinen Uhrenfachgeschäften gekauft werden kann. So wurde die erfolgreiche *Swatch* geboren.

- **Leitsätze** konkretisieren die Leitidee, damit sie in Handeln umgesetzt werden kann. Diese Leitsätze können weiter differenziert werden, was vor allem für die Unternehmensleitsätze notwendig ist. Leitsätze sind Kernaussagen, die erläutern, wie die Leitidee konkret umgesetzt werden soll. Häufig beziehen sich diese Aussagen zugleich auf das Verhältnis zu Mitarbeitern und Managern, zu Kunden, Aktionären und Eigentümern. Für das Integrierte Identitätsmanagement ist dabei wichtig, Aussagen über die Beziehung von Unternehmens- und Markenpersönlichkeiten und deren gemeinsame (oder separate) Gestaltung zu treffen und verbindlich festzuhalten. Wichtig ist dies vor allem für Firmen, bei denen die Verbindung von Unternehmen und Marke deutlich sichtbar ist, wie etwa bei *Sony* und *Swatch*.

- Das **Motto** schließlich fasst das Leitbild knapp und prägnant zusammen. Zum Beispiel ‚Freude am Fahren' (*BMW*) oder ‚Irgendwie clever' (*Tetra Pack*). Das Firmenmotto darf dabei nicht im Widerspruch zu den Markenslogans stehen.

Das Leitbild formuliert also das gemeinsame Selbstverständnis über Unternehmen und seine Marke und deren Verhältnis zueinander. Es legt Bedingungen für den Aufbau und die Entwicklung der Unternehmens- und Markenpersönlichkeit fest. Diesem gemeinsamen Selbstverständnis sollen alle wichtigen Zielgruppen zustimmen können und es unterstützen wollen. Dieses integrierte Leitbild hat folgende Vorteile:

- **Information:** Es informiert die Beteiligten über die Werte von Unternehmen und Marke, also wie diese handeln und welche Grundprinzipien gelten sollen. Dies schafft eine Grundlage für einheitliches Verhalten, das dann auf allen betrieblichen Ebenen gezeigt werden kann.

- **Leitfunktion:** Das Leitbild unterstützt die Verantwortlichen bei der zeitgemäßen und situativ angepassten Führung: Sie können Fehler erkennen und korrigieren. Unsicherheiten werden ausgeräumt, die das optimale Erfüllen von Aufgaben verhindern.

- **Umsetzungsfunktion:** Das Leitbild zeigt allen Beteiligten, wie sie durch ihr persönliches Verhalten zum Erreichen der Ziele der Markenführung und damit zum Erfolg des gesamten Unternehmens beitragen können.

- **Vorgabe:** Es ermöglicht den Bereichen, detaillierte Vorgaben für die Mitarbeiter abzuleiten, die nicht beliebig sind, sondern die aus einem übergeordneten und gemeinsamen Selbstverständnis stammen.

- **Außenwirkung:** Das Leitbild wirkt nach außen, indem es wichtige Zielgruppen über die Werte und Normen der Marke informiert. Außerdem macht das Leitbild Aussagen über die Wünsche und Erwartungen.

Wenn die Persönlichkeiten von Unternehmen und Marken als Einheit wirken sollen, müssen gemeinsame Spielregeln bekannt sein und eingehalten werden. Das Markenleitbild gibt dafür den Orientierungsrahmen vor, der je nach Situation und Problem ausgefüllt werden kann.

3.1.3 Die Instrumente als Elemente des Integrierten Identitätsmanagements

Drei **Instrumente** vermitteln den Zielgruppen die Unternehmens- und Markenpersönlichkeiten:

- das visuelle Erscheinungsbild (Corporate bzw. Brand Design)

- die Kommunikation (Corporate bzw. Brand Communication)
- das Verhalten (Corporate bzw. Brand Behaviour)

- Das **Design** vermittelt die Persönlichkeit durch ein prägnantes visuelles Erscheinungsbild. Dieses visuelle Erscheinungsbild wird geprägt von konstanten Gestaltungselementen, wie zum Beispiel Logo, Farben, Schrift, typographisch gestalteter Form des Slogans, Gestaltungsrastern und stilistischen Sollvorgaben für Abbildungen, Fotos und andere Illustrationen. Diese Konstanten bestimmen das Design aller visuellen Markenäußerungen, also des Produkt- und Verpackungsdesigns, der Kommunikationsmittel und weiterer Sonderbereiche wie z.B. dem Fotodesign.

Jedoch: Das Design transportiert die Unternehmens-Identität, aber sie schafft sie nicht. Der *Mercedes*-Stern ist nicht *Mercedes*. Für das Integrierte Identitätsmanagement ist zu klären, in welcher Konstellation das Logo vom Unternehmen zur Marke steht: Ist ein Zusammenhang erkennbar? Wird der Name des Unternehmens (Wortmarke) durch ein Bild (Icon) der Marke ergänzt? Erhält der Unternehmensname einen Zusatz, der auf die Marke schließen lässt, wie im Fall von *Virgin Cola*?

Virgin Cola ist eine von vielen Submarken, die unter dem Dach von Virgin firmieren.

DaimlerChrysler hat seine Gestaltungsrichtlinien festgeschrieben und in einer Broschüre veröffentlicht, um ein starkes und widerspruchsfreies Erscheinungsbild zu gewährleisten. Diese Richtlinien werden konsequent im Unternehmen umgesetzt, so dass sie als fixer Bestandteil der Corporate Behaviour von allen Mitarbeitern gelebt werden.

- Die **Kommunikation** soll die Unternehmens- und Markenpersönlichkeiten durch strategisch geplante, widerspruchsfreie Botschaften konsequent nach innen und außen vermitteln - in Werbung, Verkaufsförderung und Öffentlichkeitsarbeit (PR). Für die Werbung bedeutet Integriertes Identitätsmanagement zum Beispiel die Frage, ob ein Zusammenhang zum Unternehmen hergestellt wird und wie stark dieser Zusammenhang ist.

- Das **Verhalten** ist von besonderer Bedeutung für das Vermitteln der Unternehmens- und Markenpersönlichkeit: Was nutzen die originellste Erscheinung und die vollmundigsten Versprechungen der Kommunikation, wenn das Handeln nicht stimmt? Nicht an dem, was eine Firma sagt, wird sie gemessen, sondern daran, wie sie handelt. Das Firmenverhalten zeigt sich unter anderem darin, wie Mitarbeiter miteinander und mit Externen (z.B. Kunden und Lieferanten) umgehen, wie Konflikte gelöst werden, wie auf Probleme reagiert wird und wieviel Offenheit und Vertrauen im Umgang mit der Öffentlichkeit vorherrschen soll. Unter Markenverhalten wird dabei das Verhalten der Mitarbeiter, die mit einer Marke beschäftigt sind, gegenüber allen Zielgruppen verstanden. Deren fachliche Kompetenz muss sich durch ein entsprechend vielfältiges Informations- und Serviceangebot auszeichnen.

  Ein Beispiel: Der Exklusivitätsanspruch der Firma *Bulthaup*, einem Hersteller von erstklassigen Küchen, führte zu einem eigenen, exklusiven Weg im Vertrieb: Während fast alle anderen Küchenhersteller Händler beliefern, die mehrere Fabrikate vertreten, konzentrierte sich *Bulthaup* mehr und mehr auf Exklusivpartner. Dies führte zwar vorübergehend zu einem relativ hohen Umsatzverlust. Mittlerweile ist man sich aber sicher, dass es langfristig der gewinnbringendere Weg ist, denn jedes der Geschäfte transportiert durch Einrichtung, Präsentation, Verhalten und Auftreten der Mitarbeiter das Leitbild des Unternehmens in die Öffentlichkeit. Die Gesamtheit des Geschäftsverhaltens ist sozusagen Multiplikator des Firmen- und Markenleitbildes.

3.1.4 Das Image als Element des Integrierten Identitätsmanagements

Ziel ist, dass ein festgelegtes Vorstellungsbild (Image) vom Unternehmen und seinen Marken in den Köpfen der Zielgruppen entsteht. Hierzu richtet sich die gesamte Darstellung des Unternehmens und der Marke konsequent und konsistent am Leitbild aus, um das einheitliche Image nicht zu gefährden: Wann immer der Konsument mit dem Unternehmen und seinen Marken in Kontakt tritt, präsentiert sich ihm eine stimmige und geschlossene Firmen- und Markenpersönlichkeit.

Der Aufbau des angestrebten Images ist ein Lernprozess: Die Zielgruppen müssen die Botschaften des Unternehmens wahrnehmen, aufnehmen und verarbeiten. Je mehr Informationen vorliegen, desto vielfältiger und stabiler kann sich das Image bilden. Bis ein Unternehmen diese Botschaften dauerhaft vermittelt hat, vergeht Zeit. Für die Werbebotschaften bedeutet dies, dass sie in ein einheitliches Konzept der Unternehmens- und Produktkommunikation eingebettet sind. Erlebt der Konsument diese Äußerungsformen nicht stimmig genug, können Brüche in der wahrgenommenen Firmen- und Markenpersönlichkeit entstehen. Die beiden Marketingexperten Meffert und Burmann vergleichen dies damit, *als würde eine Ente wie eine Ente aussehen und auch wie eine Ente laufen, aber wie ein Hund bellen!*[9]

3.2 Der Prozess des Integrierten Identitätsmanagements

Die vier Elemente werden in einem systematischen Managementprozess gestaltet, der aus vier Stufen besteht:

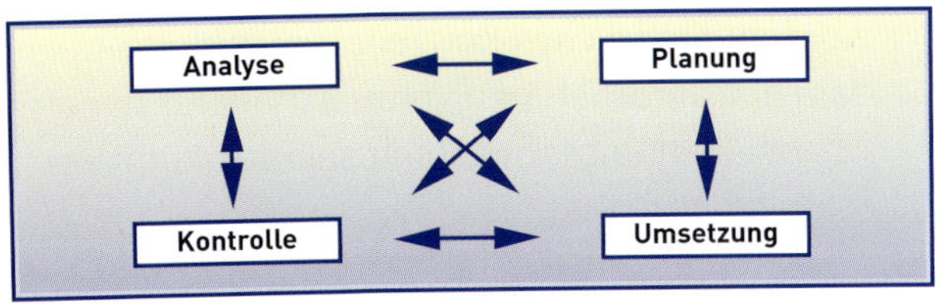

- In einer **Analyse** werden Informationen gesammelt und die Stärken und Schwächen der vier genannten Elemente geprüft: Welche Kultur haben Unternehmen und Marke? Gibt es ein Leitbild? Ist es zeitgemäß? Transportieren die Instrumente glaubwürdig die Unternehmens- und Markenidentität? Welches Image haben die internen und externen Zielgruppen vom Unternehmen und seinen Marken? Werden Synergien optimal genutzt? Das Ergebnis all dieser Bewertungen ist die Aufgabe für den Identitätsprozess.

- Basierend auf dieser Analyse und dem Aufdecken der Identitätsprobleme setzt die **Planung** ein, indem eine Lösung entwickelt wird, die aus den Kernelementen Ziele, Strategien und Maßnahmen besteht. Es wird also formuliert, was wann in welchem Ausmaß erreicht werden soll und auf welchem Weg dies wie geschehen soll. Zum Beispiel ist es möglich, dass die bisher gelebten Werte weiterentwickelt werden müssen, weil sie nicht mehr zeitgemäß sind, zum Beispiel bei unzureichender Kundenorientierung und Flexibilität.

- Der Lösungsansatz wird in konkrete Text-, Bild- und Aktionsideen **umgesetzt**: Zum Beispiel werden für das Erscheinungsbild einheitliche Gestaltungskonstanten konzipiert und für die Kommunikation zentrale Botschaften formuliert und für das Verhalten Führungsgrundsätze entwickelt.

- Im Identitätsprozess wird **laufend geprüft**, ob die angestrebten Ziele erreicht werden (Ist-Soll-Abgleich). Auf Abweichungen wird schnell reagiert. Maßnahmen können nach der Durchführung kontrolliert werden, um den weiteren Einsatz zu optimieren. Die Persönlichkeiten werden also kontinuierlich geprüft, um festzustellen, ob sie den sich ändernden internen und externen Erwartungen und Anforderungen gerecht werden.

Das schwierige und komplexe Identitätsmanagement muss von der Unternehmensführung gesteuert werden, da hierbei Entscheidungen getroffen werden müssen, die sich auf die Wahrnehmung des gesamten Unternehmens und seiner Leistungen auswirken: Strukturen müssen geschaffen werden, die ein stimmiges Integriertes Identitätsmanagement gewährleisten, Verantwortliche müssen benannt werden, die ausreichend qualifiziert sind und für das Erreichen der Ziele gerade stehen können. Es ist zu prüfen, welche Prozesse zu schaffen oder zu ändern sind und welche Informationstechnologien angemessen sind. Und schließlich ist zu bestimmen, welche Kultur für ein erfolgreiches Integriertes Identitätsmanagement erforderlich ist und welches Verhalten dazu gestärkt und welches geändert werden muss.

Die Führungskräfte haben in diesem Prozess die Aufgabe, die Handlungsrichtlinien des Firmen- und Markenleitbildes umzusetzen: Spricht das Markenleitbild zum Beispiel vom dynamischen und flexiblen Umgang mit den Kunden der Marke x, muss das Top-Management diese Werte leben. Nur so können Mitarbeiter dazu gebracht werden, sich dem gewünschten Markenleitbild entsprechend zu verhalten. Die Mitarbeiter tragen entscheidend dazu bei, die Identitätsziele zu erreichen. Sie sollen sich mit den Grundaussagen des Unternehmens und der Marke identifizieren und diese Werte nach innen und außen leben können. So wird das Unternehmen und die Marke für die externen Zielgruppen erlebbar - und damit authentisch und glaubwürdig.

3.3 Eigenschaften des Integrierten Identitätsmanagements

Um erfolgreich zu sein, muss sich das Integrierte Identitätsmanagement durch folgende wichtige Merkmale auszeichnen:

- Ganzheitlich:
  Integriertes Identitätsmanagement ist ein Mosaik, in dem alle Steine vorhanden sein müssen, damit ein komplettes Bild entsteht. Es berührt nicht nur das Marketing oder die Public Relations, sondern auch alle anderen Funktionen wie Personal oder Produktion. Integriertes Identitätsmanagement berücksichtigt nicht nur das Firmenumfeld, sondern auch die eigenen Mitarbeiter. Es wird nicht nur durch Design vermittelt, sondern auch durch Kommunikation und Verhalten. Diese ganzheitliche Sicht macht Integriertes Identitätsmanagement zum wichtigen Bestandteil der strategischen Unternehmensführung.

- Systematisch geplant:
  Integriertes Identitätsmanagement bedeutet keinen planlosen Aktionismus durch das Renovieren des Produktlogos oder eine aufsehenerregende Werbekampagne. Identitätsprobleme müssen sorgfältig und zuverlässig aufgedeckt, wirkungsvoll gelöst und das Ergebnis bewertet werden. Ein solches Konzept gewährleistet, dass ein Unternehmen vorausschauend seine Chancen erkennt und somit seine Zukunft erfolgreich gestaltet.

- Aktiv:
  Jedes Unternehmen und jede Marke hat eine Identität. Es ist nicht möglich, keine Identität zu besitzen, und sei es eine schwache. Integriertes Identitätsmanagement bedeutet, diese Identitäten zu erkennen und im Spannungsfeld eigener Stärken und Schwächen bzw. interner und externer Erwartungen und Wünsche aktiv zu entwickeln.

- Kontinuierlich:
  Da sich Unternehmen und Markt ständig ändern, ist Integriertes Identitätsmanagement ein lebendiger und kontinuierlicher Prozess, der Entwicklungen des Marktes und des gesellschaftlichen Umfeldes vorweg nehmen sollte.

- Langfristig:
  Durch spektakuläre aber vordergründige Maßnahmen leidet die Glaubwürdigkeit und Vertrauen kann verloren gehen. Wer also Erfolge

quasi über Nacht durch einige Werbeplakate erwartet, sollte sein Geld und seine Energie sparen. Ein gemeinsames Selbstverständnis entwickelt sich ebenso langfristig wie ein gewünschtes Image.

- **Flexibel:**
  Unternehmen sollten im Prozess der Wandlung analog ihrem Identitätsverständnis flexibel sein, ohne ihre Identität aufzugeben.

3.4 Strategischer Nutzen des Integrierten Identitätsmanagements

Zu den wichtigsten strategischen Fragen des Integrierten Identitätsmanagements gehört, in welcher Beziehung die Unternehmens- und Markenpersönlichkeiten zueinander stehen. Hierfür gibt es mehrere Möglichkeiten, die vom jeweiligen Unternehmen, seiner Situation und seinen Zielgruppen abhängen. Es bieten sich drei strategische Vorgehensweisen im Umgang mit der hierarchischen Beziehung zwischen Marken- und Unternehmensidentität an:

- **Strategische Lösung 1: Marken stehen im Vordergrund**

  Die Union Deutsche Lebensmittelwerke ist den Konsumenten sicherlich weniger bekannt als deren Marken *Rama*, *Unox* und *Lätta*. Auch die Marken des Haushaltsmultis *Procter & Gamble* existieren in den Köpfen der Verbraucher selbständig und unabhängig von dem eigentlichen Firmenhintergrund. Diese Form wird z.B. gewählt, wenn Marken unterschiedlich positioniert sind, wie im Fall des Konzerns *EFFEM* und seinen Marken *Whiskas*, *Kitekat* und *Cheba*.

Diese strategische Lösung liegt außerdem nahe, wenn von den Mitarbeitern für die Marke x eine andere Kultur und ein anderes Markenverhalten erwartet wird als von der Marke y, obwohl beide Mitarbeitergruppen zu derselben Firma gehören und Gemeinsamkeiten im Sinne der Unternehmenskultur erwartet werden, um Synergien zu nutzen.

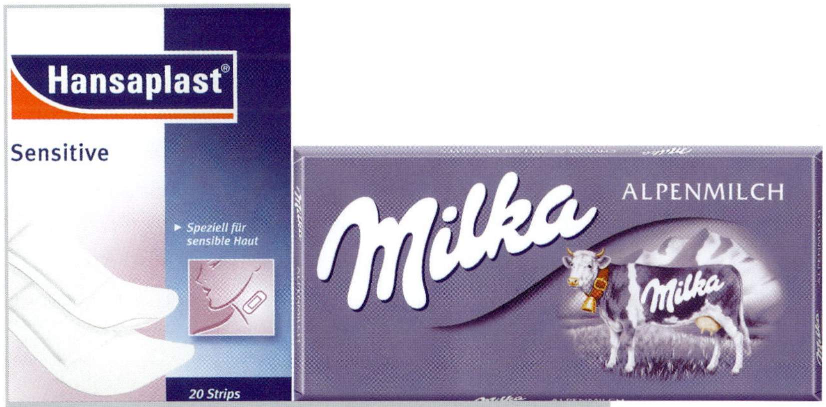

Der Milka-Hersteller Kraft Foods tritt auf der Milka-Schokoladenpackung nicht deutlich sichtbar mit seinem Unternehmenslogo in Erscheinung. Die gleiche strategische Lösung verfolgt auch Beiersdorf bei seinen Produkten Nivea und Hansaplast.

- **Strategische Lösung 2: Unternehmensidentität ist das Dach über die Produkte**

  Das Markenimage vieler Firmen ist durch das Unternehmensimage geprägt, wie im Fall von *Melitta*, *Siemens*, *Osram*, *Herlitz*, *Daimler-Benz*, *VW*, *Vorwerk*, *Bahlsen*, *Ferrero*, *Estée Lauder*, *McDonald's*, *Hilton* oder *Steigenberger*. Hierbei bilden die Unternehmenswerte das Dach über die Produkte und deren Markenpersönlichkeiten. So steht z.B. die Handelskette *The Body Shop* für Pflegeprodukte mit besonderer sozialer und ökologischer Verantwortung, während *Disney* für Familienwerte steht. Eine Profilierung über ein kompetentes Firmenimage bietet die Chance, Produktneuheiten mit einem Vorschuss an Bekanntheit und Vertrauen und viel weniger Aufwand im Markt einzuführen. Die Unternehmensmarke muss dabei nicht mal auf den Produkten erscheinen, wie im Fall von *Aldi*.

Im Produkt und seiner Markierung sollte sich das Selbstverständnis des Unternehmens ausdrücken. Versteht sich das Unternehmen als Qualitätsanbieter, müssen die Produkte durch ausgewählte Qualität, edle Verpackung und exzellenten Service angereichert sein sowie durch anspruchsvolle Werbung differenziert angepriesen werden. *BMW* sollte also kein Billigmodell auf den Markt bringen, um japanischer Konkurrenz Paroli zu bieten.

Melitta ist die Dachmarke über verschiedenen Markenprodukten – vom Kaffee bis zu den Filtertüten.

Strategische Lösung 3: Marken- und Unternehmensidentität stützen sich gegenseitig

In einem Unternehmen mit unterstützender Identität muss das Management entscheiden, wie weit Markenidentität und Unternehmensidentität übereinstimmen und wo Unterschiede sinnvoll erscheinen. Zum Beispiel ist bei Dienstleistern wie der Unternehmensberatung *Roland Berger* oder den *Holiday Inn Hotels* eine hohe Übereinstimmung zwischen der Marken- und Unternehmensidentität naheliegend, weil deren Unternehmensname quasi für das Spektrum und die Qualität ihrer Leistungen steht.

- Ein besonders gelungenes Beispiel für die fein abgestimmte bilaterale Stützung von Produkt- und Unternehmensidentitäten ist die Möbeldesign-Firma *Vitra*: Das Unternehmen hat sich auf die Fahnen geschrieben, Designprodukte herzustellen, die eine gelungene Abstimmung von Material, Form und Funktion erreichen und sowohl Komfort und Technik als auch Ergonomie, Ökologie, Ökonomie und Ästhetik verbinden.

  Stühle, Sessel, Raumteiler, Hocker, Liegen und Tische von *Vitra* stehen in Museen, Flughäfen, Banken, im Deutschen Bundestag und im Europarat. Doch nicht nur die Möbel werden in Zusammenarbeit mit weltweit bekannten Designern hergestellt und sind höchsten Standards verpflichtet. Auch die zum Teil spektakulären Unternehmensbauten - von der Produktionshalle über den Konferenz-Pavillon bis zum Feuerwehrhaus - stammen von angesehenen Architekten aus Japan und Portugal und machen im Einklang mit der Markenidentität konsequent die Unternehmensidentität von *Vitra* für Kunden wie Mitarbeiter sichtbar und erlebbar.

  Prunkstück ist das 1989 in Weil am Rhein eröffnete *Vitra* Design Museum, einer Collage aus Kuben, Türmen und Rampen, in dem *Vitra* historisches und zeitgenössisches (Architektur-)Design ausstellt. 1994 erhielt *Vitra* für seinen Unternehmensauftritt den Corporate Design Award.

Wo sich Image von Produkt und Unternehmen gegenseitig stützen: Die außergewöhnliche Designorientierung von Vitra dokumentieren nicht nur die Möbel, sondern ebenso Kundencenter, Feuerwehrhaus und das Design-Museum. Mit Persönlichkeiten wie dem Maler David Hockney wird dieser Anspruch kommuniziert.

Durch integrierte Identitätskonzepte wird die Entscheidung über die angemessene Strategie erleichtert, weil mit den jeweiligen Persönlichkeitsmerkmalen Kriterien feststehen, die aufeinander abgestimmt sein müssen. Für welche Form sich das Unternehmen auch entscheidet, wichtig ist, dass Unternehmens- und Markenidentität in Einklang miteinander stehen. Dann kann die Kenntnis von Marken- und Unternehmenspersönlichkeit sowie deren integriertes Identitätsmanagement eine Reihe von künftigen Aufgaben unterstützen: Bei Firmenfusionen und Akquisitionen kann eine sorgfältige Analyse der jeweiligen Unternehmenspersönlichkeiten etwa zeigen, dass ein Zusammenschluss von zu unterschiedlichen Kulturen nicht sinnvoll ist oder der Integrationsprozess sehr aufwändig sein wird. Außerdem erleichtert bei Markenerweiterungen die Kenntnis des Markenkerns und der Unternehmenspersönlichkeit die Entscheidung, ob eine Erweiterung glaubwürdig und sinnvoll ist.

So bietet die Profilierung über ein kompetentes Firmenimage die Chance, Produktneuheiten mit einem Vorschuss an Bekanntheit und Vertrauen und mit viel weniger Aufwand im Markt einzuführen. Expertenschätzungen zufolge, werden derzeit rund 90 Prozent der neuen Produkte unter einer Dachmarke eingeführt.[10] Schließlich kann Integriertes Identitätsmanagement Entscheidungen zur Internationalisierung erleichtern, wenn es darum geht, in welchen Ländern und Märkten das Unternehmen auftritt und wie das angestrebte Image in diesen Ländern sein sollte.

3.5 Das IIM am Beispiel Virgin

Die britische Fluggesellschaft *Virgin* ist ein Imperium, zu dem mittlerweile über 200 Firmen mit über 25.000 Beschäftigten in den unterschiedlichsten Branchen gehören. Das Selbstverständnis der Firmenpersönlichkeit von Virgin lässt sich auf der Internetseite der Firma nachlesen: *„What ties all these businesses together are the values of our brand and the attitude of our people. We believe in making a difference. In our customers' eyes, Virgin stands for value for money, quality, innovation, fun and a sense of competitive challenge. We deliver a quality service by empowering our employees and we facilitate and monitor customer feedback to continually improve the customer's experience through innovation."*[11]

Die Unternehmenspersönlichkeit von *Virgin* lässt sich durch Merkmale wie ‚hochwertigen Service, Innovation, Spaß und ein gutes Preis-Leistungs-Verhältnis' beschreiben:

- **Service:**
  Die Fluggesellschaft *Virgin* erhielt schon mehrfach Preise für die beste Business Class. Auszeichnungen gab es für die beste Unterhaltung während des Fluges, die beste Auswahl von Weinen für die Business Class und das beste Schalterpersonal am Airport. Auf der Internet-Website des Unternehmens kann der Fluggast Transfers vom und zum Flughafen buchen.

- **Innovation:**
  Virgin führte 1986 Schlafsitze ein sowie Massagen während des Fluges und Sicherheitssitze für Kinder. *Virgin* investiert fast doppelt so viel Geld in Innovationen im Servicebereich wie amerikanische Fluggesellschaften.

- **Spaß und Unterhaltung:**
  Auf jedem Flug kann der Gast aus acht Filmen wählen. Es gibt Fernsehprogramme, *Nintendo-*

und PC-Spiele für Kinder und die animierte Sky Map zeigt dem Fluggast jederzeit, wo er sich gerade befindet.

- Gutes Preis-Leistungs-Verhältnis:
  Die Flugpreise sind weit unterhalb der sonstigen Fluggesellschaften positioniert, obwohl *Virgin* dies nicht in seiner Kommunikation nutzt, um nicht in den Ruf einer Billig-Fluglinie zu kommen. Zum Business Class-Preis erhält der Fluggast einen Service, wie er ihn von anderen Fluggesellschaften sonst nur aus der ersten Klasse kennt. Genauso verhält es sich mit den anderen Klassen.

Diese gelebten Werte bilden eine Klammer um die unterschiedlichen Geschäftsbereiche von *Virgin*. Zur Marke *Virgin* gehören inzwischen Produkte wie Platten, Kondome, Getränke (Weine, Cola, Energy Drinks, Wodka) und Freizeitkleidung sowie unterschiedlichste Firmen von CD-Läden, Radio- und TV-Gesellschaften über eine Eisenbahngesellschaft bis zu einem Geschäft für Brautmoden.

Virgin steigt in Branchen ein, in denen es normalerweise bereits etablierte Wettbewerber gibt, wie *British Airways*, *Coca Cola*, *Levi Strauss*, *British Rail* und *Smirnoff*. In diesem Wettbewerb positioniert sich das Unternehmen durch seine Firmenwerte und durch die Rolle des ‚David', der gegen diese großen und mächtigen ‚Goliaths' des wirtschaftlichen Establishments kämpft - obwohl David mittlerweile selbst ein Großkonzern ist. Die *British Airways* sah sich sogar veranlasst, eine Kampagne gegen *Virgin* zu starten. *Virgin* wusste diesen Angriff gut in den Massenmedien abzuwehren und sich Sympathien zu sichern, indem es sich als den Schwachen darstellte, der von ‚Goliath' unfair angegriffen wird, wie das folgende Motiv zeigt:

Im Kampf um Marktanteile hat Virgin geschickt die Rolle des 'David' aufgebaut, der gegen 'Goliath' British Airways (BA) antritt und frech auf einem Ballon über London mit dem doppeldeutigen Slogan wirbt: ‚BA can't get it up!' (BA kriegt keinen hoch.)

Im Mittelpunkt von *Virgin* steht der Firmengründer Richard Branson. Er spielt für den Erfolg von Virgin die entscheidende Rolle: Er ist in jeder Hinsicht außergewöhnlich. Er ist abenteuerlustig, überquerte gar den Atlantik im Heißluftballon und provoziert außerdem gern. Dadurch lebt er die Markenwerte und sorgt für deren Glaubwürdigkeit. Man könnte sagen, dass ein Kunde eigentlich Branson kauft, wenn er ein *Virgin*-Produkt kauft.

Branson bietet seinen Zielgruppen Nähe an, indem er zum Beispiel seinen Mitarbeitern seine private Telefonnummer aushändigt und sie bittet, ihn bei neuen Ideen und Problemen anzurufen. Seinen Kunden gegenüber herrscht Offenheit, zum Beispiel durch die Veröffentlichung seines Tagebuchs und seiner Biographie.[12] Diese starke Bindung des Unternehmens an die Gründerpersönlichkeit geht soweit, dass das Logo von *Virgin* entsprechend als Handschrift gestaltet ist, was den Eindruck erweckt, Branson habe es selbst geschrieben:

Das Virgin-Logo ist bewusst so entworfen, als handle es sich um die Unterschrift des Firmenpatriarchen Richard Branson.

Virgin ist ein gelungenes Beispiel dafür, wie ein Unternehmen und seine Marken aufgrund der Kenntnis und des gezielten Einsatzes der Unternehmens- und Markenpersönlichkeit ausgedehnt werden kann. Qualität, Innovation, Vergnügen und Unterhaltung, gutes Preis-Leistungs-Verhältnis, das Image des ‚Underdogs' und Richard Branson passen gut zu einer breiten Palette von Produkten und Dienstleistungen. *Virgin* ist zu einer Marke geworden, deren enge Beziehung zum Kunden nicht ausschließlich auf den praktischen Vorteilen beruht, die sie ihnen bietet, sondern weil sie für einen ganzen Lebensstil steht.

4. Zukunft des Integrierten Identitätsmanagements

Die Zukunft wird eine Neuorientierung in der Unternehmens- und Markenführung erforderlich machen. Integrierte Konzepte werden dabei eine zunehmende Rolle spielen, um ein stimmiges, widerspruchsfreies Image zu gewährleisten. Identitätskonzepte werden an Bedeutung gewinnen, weil sie den internen und externen Zielgruppen die Identifikation mit der Unternehmens- und Markenpersönlichkeit ermöglichen.

Integriertes Identitätsmanagement wird als interner und externer Managementprozess immer wichtiger, um zum einen die Vorteile des Imagetransfers zu nutzen und zum anderen ein stimmiges und geschlossenes Bild vom Unternehmen und seinen Produkten bei seinen Kunden und Konsumenten zu erzeugen.

Die stärkere Ausrichtung an der Identität als strategischem Kern jedes Unternehmens und jeder Marke scheint geeignet, die verlorengegangene Beziehung zum Kunden wieder aufzubauen.

Speziell für die Werbung bedeutet dies, dass die Kommunikation nicht nur innerhalb der Markenkommunikation (Werbung, Verkaufsförderung, Absatz, PR und Sponsoring) stimmig sein muss, sondern auch mit der Kommunikation über das Unternehmen (Unternehmenskommunikation) abzustimmen ist, um einheitliche, passende Botschaften zu gewährleisten. Denn der Verbraucher erlebt nicht nur die Kommunikation über die Marke, sondern auch die Informationen über das dahinterstehende Unternehmen, also dessen visuelles Erscheinungsbild, dessen Kommunikation und dessen Verhalten.

Man sollte immer beachten, dass diese Komponenten in das Vorstellungsbild der Marke einfließen und passen müssen. Denn: *Eine Ente muss immer noch wie eine Ente aussehen, wie eine Ente laufen und wie eine Ente quaken.*

5. Anhang

1 Vergleichen Sie dazu z.B. Köhler, Majer & Wiezorek (2001).

2 Die Studie ‚Dialoge 4', die im Stern-Verlag (Hamburg, 2001) erschienen ist, fand heraus, dass sich nur rund 30 Prozent der Befragten *nicht* beim Kauf von Produkten für das Image der Unternehmen interessieren.

3 Siehe hierzu das Buch ‚Die Praxis der Investor Relations' von Kirchhoff & Piwinger (2001).

4 Zwei weitere Beispiele seien hier genannt: Das Unternehmen Amazon.de versucht schon seit längerem, sich als Internetfirma und nicht nur als Online-Buchhändler in den Köpfen der Investoren und Analysten zu positionieren, um dadurch seinen Börsenwert zu erhöhen. Und Start Ups müssen gegenwärtig enorme Anstrengungen unternehmen, um Bekanntheit aufzubauen und ihr Leistungsspektrum aufzuzeigen, damit sie langfristig im Wettbewerb bestehen können.

5 Das Zitat von Jacob Lux stammt aus der Zeitschrift w&v (1999, Nr. 39, S. 95).

6 Nähere Ausführungen finden Sie bei Keller (1990).

7 Die Ausführungen geben verkürzt Judith von Gordon-Weichelt (1998, S. 132 ff.) wieder, die seit 1991 im Bereich Öffentlichkeitsarbeit und Corporate Identity bei Boehringer-Ingelheim tätig ist.

8 Diesem Ansatz folgen z.B. Kapferer (1992), Aaker (1992), Aaker & Joachimsthaler (2001) und Häusler (2001).

9 Dieses Bild verwenden Meffert & Burmann (1996) in ihrem Arbeitspapier Nr. 100: ‚Identitätsorientierte Markenführung - Grundlagen für das Management von Markenportfolios'.

10 Vergleichen Sie hierzu Köhler, Majer & Wiezorek (2001).

11 Dieses Zitat finden Sie auf der Homepage von Virgin mit folgender Internet-Adresse: www.virgin.com/about.htm.

12 Die Autobiographie von Branson (1999) ist erschienen unter dem Titel ‚Business ist wie Rock 'n Roll. Die Autobiographie des Virgin-Gründers.

Bernd M. Michael
Chef von Grey Europa

Seit 4 Jahrzehnten beschäftige ich mich mit Markentechnik. Nach der Schulausbildung schloss ich eine kaufmännische Lehre ab und studierte dann an der Akademie für Werbung in München. 1963 begann ich als Markenberater bei der Carl Gabler Werbeagentur in München – bis 1966.

Die Begegnung mit Procter & Gamble brachte mich dann als Account Executive nach Düsseldorf zu Werbe Gramm, die spätere Gramm & Grey Werbeagentur. Als Management Supervisor und anschließend Director Client Service waren führende internationale und nationale Markenartikel-Hersteller meine Kunden. 1972 wurde ich Geschäftsführer für Marketing Beratung bei Grey Düsseldorf, 1978 erfolgte die Berufung zum Chief Executive Officer (CEO) und 1982 schließlich wurde ich zum Partner. In den Folgejahren entwickelte sich aus der Werbeagentur Grey eine Marketing Service-Gruppe mit über 60 Agenturen in 20 Ländern in Mitteleuropa, die im Jahre 2000 mit 2200 Mitarbeitern operierte.

Heute bin ich mit 54 Jahren Chief Executive Officer & Chairman Grey Europe, Middle East and Africa mit Sitz in Düsseldorf und London. Diese Region steht für 35 Prozent der Einnahmen aller Werbeagenturen von Grey Worldwide und hat ca. 4000 Mitarbeiter mit 239 Büros in 66 Städten.

Neben meiner Agenturkarriere habe ich mich verbandspolitisch engagiert. Ich war zehn Jahre Vorstandsmitglied des Gesamtverbandes Werbeagenturen (GWA), davon zwei Jahre deren Präsident. Heute bin ich ehrenamtlich im Zentralverband der deutschen Werbewirtschaft (ZAW), President der EACA, dem Board of Directors and President Elect in Brüssel sowie in verschiedenen Beiräten tätig.

In meinen Veröffentlichungen in Büchern, Magazinen und Vorträgen beschäftige ich mich mit Konsumtrends sowie Techniken und Methoden zur Führung von Marken.

Werbung als Baustein für eine höhere Wertschöpfung der Marke

Bernd M. Michael, Grey Europe

Marken sind Werkzeuge für Wertschöpfung. Ohne Wertschöpfung machen Marken keinen Sinn. Der Erfolg jeder Marke besteht darin, was sie dem herstellenden Unternehmen an Wert hinzufügt. Werbung kann und muss daran einen entscheidenden Anteil leisten. Sie dient der Sichtbarmachung einmaliger Markenwerte. Sie wird dadurch zum Teil der Marke, zu ihrer Substanz und zum Generator für Wertschöpfung. Aus der kompetenten Auseinandersetzung mit diesem Ansatz entsteht eine neue Kreativität mit neuen Orientierungslinien.

Wie führt kommunikative Arbeit zu höherer Wertschöpfung? Welche spezifischen Aufgaben muss sie übernehmen? Woher bezieht sie ihr Wissen und ihr Können? Hier soll dargestellt werden, wie Werbung eine höchstmögliche Wirkung im Sinn von Wertschöpfung erzielt.

1. Der lustlose Konsument

In den vergangenen zwei Jahrzehnten hat der Konsument Lust am Konsum von Marken verloren. Dafür spricht die zügellose Jagd auf Schnäppchen (gemäß MediaMarkt-Motto: ‚Ich bin doch nicht blöd.') und das Vordringen von Handelsmarken:[1]

Steigende Bedeutung der Handelsmarken

Handelsmarken-Anteile (inkl. Aldi) 1999 in Prozent	
1. Papierartikel	35,9
2. Backwaren	35,1
3. Molkereiprodukte	31,7
4. Konserven	29,7
5. Heißgetränke	22,8
6. Tiefkühlkost, Fertiggerichte	20,8
7. WPR	19,6
8. Grundnahrungsmittel	18,8
9. Feinkost	15,4
10. Alkoholfreie Getränke	14,4

Bei Gütern des täglichen Bedarfs erreichen in Deutschland Handelsmarken bereits einen Anteil von 30 Prozent. In anderen Ländern ist ihre Bedeutung noch wesentlich höher und liegt weit über 40 Prozent.

Die Lustlosigkeit hat drei Gründe:

- Misstrauen
- Verwirrung
- Übersättigung

Das Misstrauen

Die Aldisierung der Welt hat ihn das entlernen lassen, was für ihn vorher als ‚Wahrheit' und Anstoß zum Handeln galt: Er hat entlernt, dass Marken einen Wert haben, der unveränderbar ist. Der Wert der Marke, aus unwandelbarer und gleich bleibender Qualität, rechtfertigt und erklärt ihren Preis. Die Zahlung des Preises berechtigt zur Teilhabe am Mythos und verschafft Zugang zu einem von gleichen Lebensstil geprägten sozialen Kreis.

Zwei Entwicklungen haben diese feste Vertrauensgröße aus den Angeln gehoben:

Die faktische, die mit dem Verstand erfassbare Qualität eines Produktes ist zur Allerweltsware geworden. Wen wundert da noch, dass sich die Images von bekannten Marken immer mehr annähern!? So unterscheiden sich beispielsweise die drei Premium-Marken der deutschen Automobilbranche in wichtigen Imagedimensionen wie Sympathie oder technischer Kompetenz kaum noch voneinander. In der Käuferwahrnehmung werden sie austauschbar, wie die folgende Graphik verdeutlicht:[2]

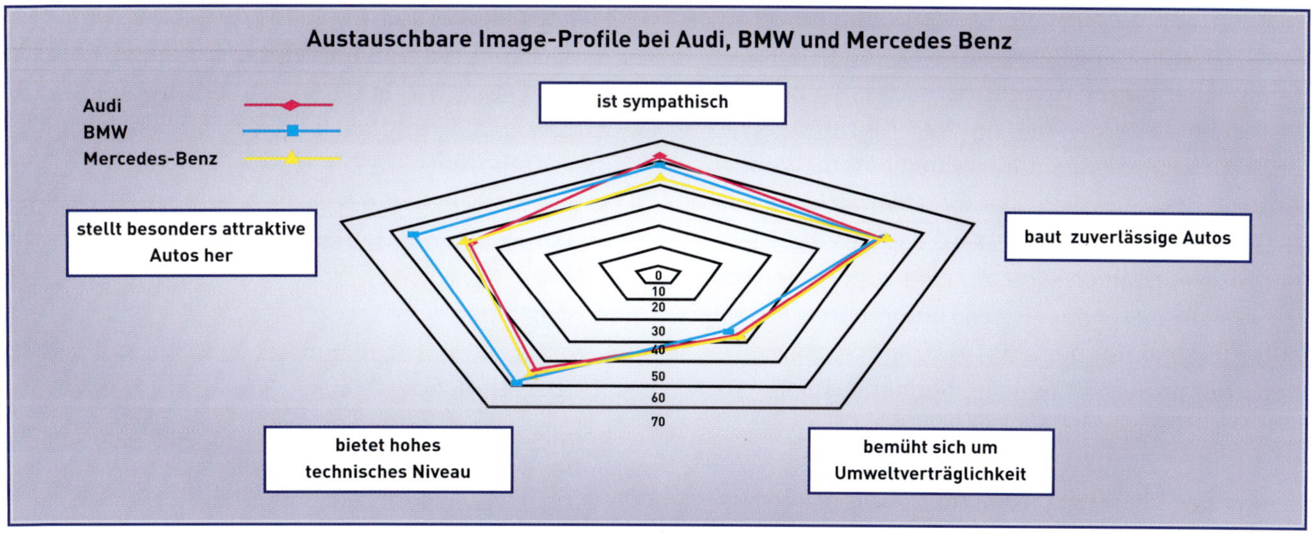

Die zweite Entwicklung, die das Vertrauen in Marken untergräbt, ist der Preisverfall. Der Preis ist zum zentralen Instrument für den Verdrängungswettbewerb geworden. Das hat zur ‚Aldisierung' geführt, zu einem dramatischen Wachstum der Discount-Anbieter in Deutschland:

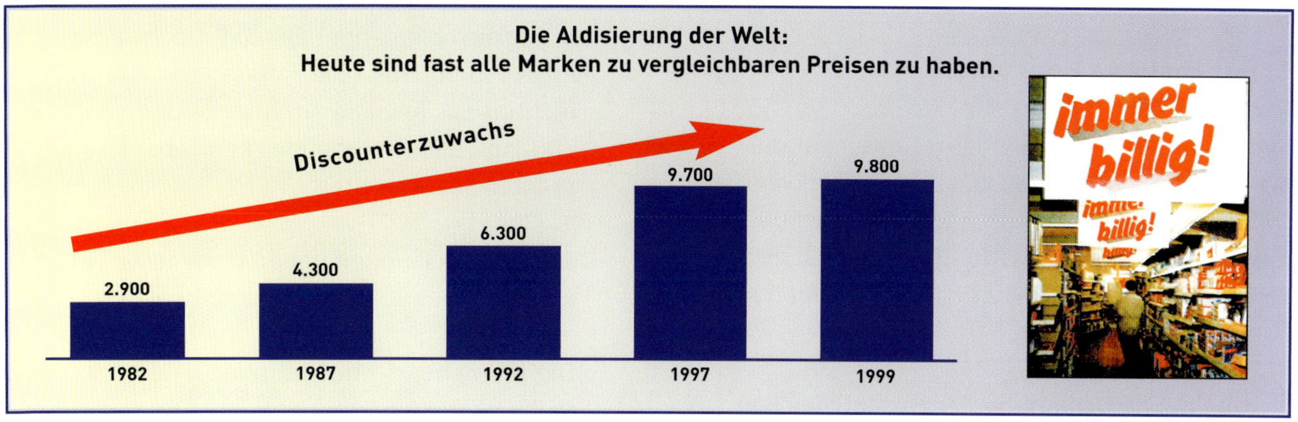

Der unveränderbare Wert einer Marke bildet für den Konsumenten nicht mehr die Leitidee beim Einkauf. Damit ist dem Konsumenten sein erster und wichtigster Bewertungsmaßstab abhanden gekommen. Sein Maßstab wurde ihm von den Marktkräften aus der Hand und aus dem Kopf genommen. Misstrauen ist das Resultat.

Die Verwirrung

Unübersichtlichkeit fügt ein weiteres Verwirrungsmerkmal hinzu. In einer Welt der 40.000 Marken und einer Unzahl von Reizen, die täglich auf ihn einstürmen, droht dem Konsumenten der Orientierungsverlust: Wer nicht durchblickt, schaltet ab und macht nicht mehr mit.

Die Übersättigung

Früher brauchte der Konsument fast alles, was der Markt ihm bot. Heute hat er fast alles und braucht fast nichts. An die Stelle der Grundbedürfnisse (Needs), mit denen es sich relativ leicht umgehen ließ und die in Kaufentschlüsse umgewandelt werden konnten, sind die Wünsche (Wants) getreten. Der Philosoph Günther Anders stellte dazu ganz treffend fest: *„In einer Überflussgesellschaft werden nicht die Angebote knapp, sondern die Wünsche.“*

Ziel der Werbung muss also sein: **Wiedergewinnung von Vertrauen und Lust.** Die Wiederherstellung der Glaubwürdigkeit, Signale der Übersichtlichkeit und der erfolgreiche Umgang mit den Wants stellt die Werbung vor Herausforderungen, die die Konzepte der Kreativität grundlegend verändern. Kreativität als Teil der Ausdruckskraft der Marke tritt in eine neue Dimension, in eine kreative Partnerschaft mit dem Konsumenten. Die diffusen Wants aus dem Gefühlsbereich des Konsumenten herauszulösen, sie zu analysieren und für sein Gefühl richtig umzusetzen, sind der neue Hebel zur Wertschöpfung für die Marke. Der Modeschöpfer *Ralph Lauren* hat diesen Gedanken konsequent in seinem Marketing umgesetzt:

Claim der Anzeige: „I don`t need it, I want it!“

2. Die Neue Brücke: The Whole Brain®

Wo die faktische Qualität selbstverständlich geworden ist und kein wirkliches Argument mehr für den Wert und den Preis einer Marke darstellt, müssen andere Werte erlebbar gemacht werden. Die Wants, die der Konsument meistens nicht einmal selber kennt, sind der Schlüssel zu ihm geworden. Wants sind der neue Hebel.

Emotionale Werte müssen somit rationale Werte in eine neue Dimension rücken. Es gilt, eine Marke aus neuer Perspektive heraus vertrauensvoll zu machen. Der Werbung kommt hierbei die Aufgabe zu, Instrumente zu entwickeln, mit denen sie tiefer greifen kann, um optimale Resultate für die Wertschöpfung zu erzielen. Darin besteht die Chance der Kommunikation. Was allerdings fehlt, ist ein Orientierungsrahmen für die Kommunikation, wie der Markenwert sowohl emotional als auch rational adäquat aufzuladen ist.

Um hier einen Ansatz an der Hand zu haben, der Ratio und Emotio in ein ausgewogenes Verhältnis zueinander setzt, dient uns das Modell ‚The Whole Brain®'. Dieser Ansatz optimiert die Wirkung der Werbung. Was steckt hinter ‚The Whole Brain®'?

Menschen fühlen, bevor sie denken. Deshalb sind die Ergebnisse ihres Denkens von Gefühlen durchsetzt und eingefärbt. Fühlen schafft Vertrauen und beendet Verwirrung. Gefühle können kommunikativ so gesteuert werden, dass für die Marke ein zusätzlicher Bonus entsteht. Markenwerte entstehen durch eine ausgewogene Relation zwischen ‚Rational Values' und ‚Emotional Values'. Die harten und die weichen Fakten werden miteinander verknüpft. Sie wirken füreinander, wie das ‚The Whole Brain®'-Modell im Folgenden verdeutlicht:

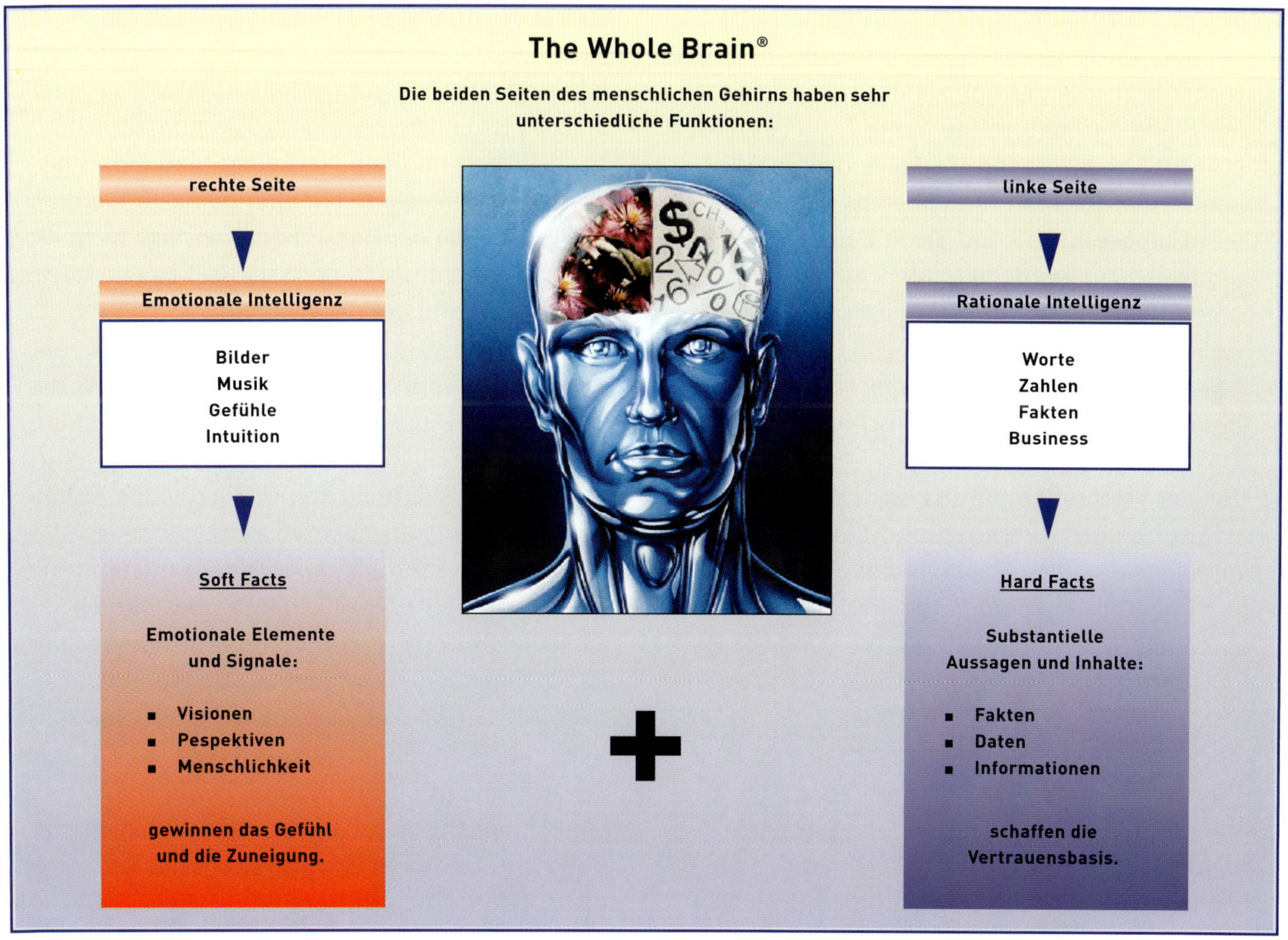

Das Prinzip von The Whole Brain® wollen wir an zwei Beispielen, der *Dr. Best*-Zahnbürste und der *Visa*-Kreditkarte verdeutlichen.

2.1 The Whole Brain® und Dr. Best oder: Wie Gefühls- und Verstandeselemente als Wirkungsverstärker nutzbar gemacht werden.

Die Entwicklung der Zahnbürsten-Marke *Dr. Best* entstand aus einem diffusen ‚Das-fehlt-mir-Gefühl' des Konsumenten heraus. Es fehlte für den Verbraucher eine Zahnbürste, die das Zahnfleisch schonend behandelt. Alle Zahnbürsten reinigen die Zähne, aber keine schont ausdrücklich das Zahnfleisch. Dieser Mangel wurde als Ausgangsposition für die Kommunikation eines besonderen und einmaligen Marken-Mehrwertes benutzt: Die *Dr. Best*-Zahnbürste, die ausdrücklich das Zahnfleisch schont. Die schonende Behandlung des Zahnfleisches wird in der Kommunikation durch den beweglichen Bürstenkopf und die Tomate glaubhaft gemacht und der funktionale Leistungsbeweis erbracht: ‚So sanft ist keine andere.'

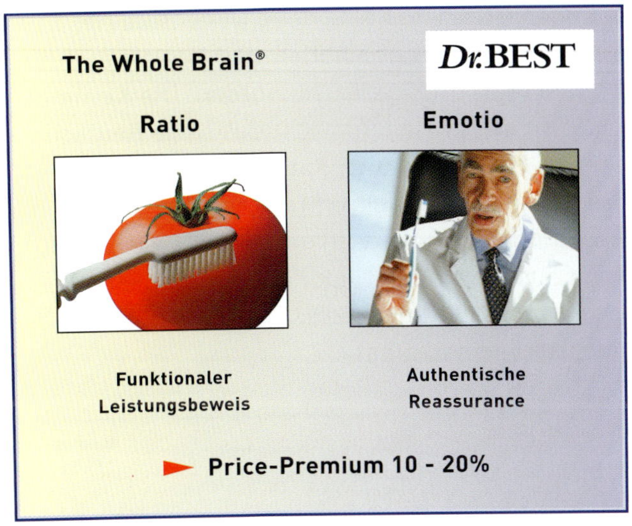

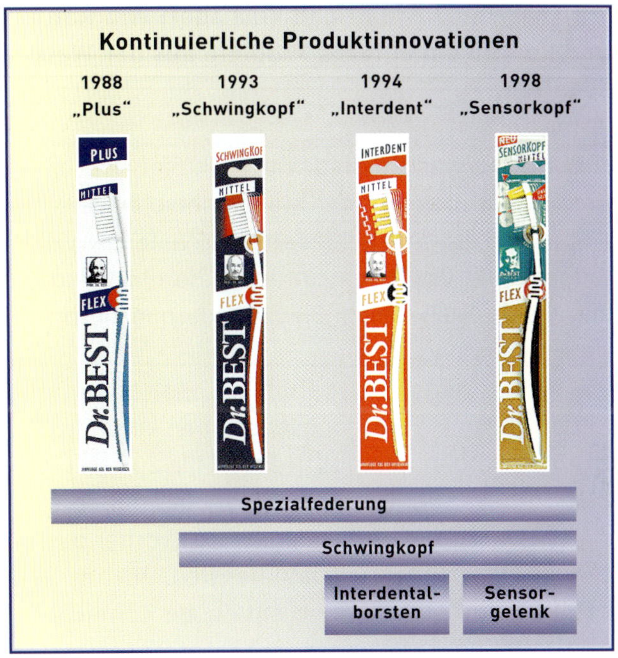

Zudem bestätigt der exzellente Fachmann *Dr. Best*, dass alles seine Richtigkeit hat: ‚Forschung und Entwicklung und mein Wissen haben das möglich gemacht.' Das ist dann der authentische emotionale Beweis rationaler Produktleistung, der Glaubwürdigkeit und Vertrauen schafft. Ratio und Emotio werden in ein genau ausgewogenes Verhältnis zueinander und zu den Bedürfnissen des Marktes gestellt. So wird der emotionale Gewinn eines bereits überzeugenden Produktes der Marke kommunikativ hinzugefügt.

Wertschöpfung vollendet sich im Detail. Eine Flut verbraucherrelevanter Innovationen bringt für die Marke Wertschöpfung in einem durch Preisverfall gekennzeichneten Zahnbürstenmarkt. Kommunikation lässt eine Bühne entstehen, auf der sie immer wieder neu die Hauptrolle spielt: Die Tomate, die die Zahnbürste als sanfteste Problemlösung für empfindliches Zahnfleisch einsichtig und unvergesslich macht, führt in schneller Folge immer neue Sanftheitsinnovationen an den Konsumenten heran. Sie vermittelt die Wahrnehmung im Markt: Schonung, das ist *Dr. Best*.

Die Marke *Dr. Best* konnte dadurch einen Nutzen kommunizieren, der große Gruppen von Verbrauchern an sich zog, die den Mangel bewusst oder unbewusst gespürt hatten und nicht mehr mit ihm leben wollten. Mit der konsequenten Wertschöpfungsstrategie hat die Marke *Dr. Best* die klare Marktführerschaft im Zahnbürstenmarkt erreicht und noch weiter ausgebaut.

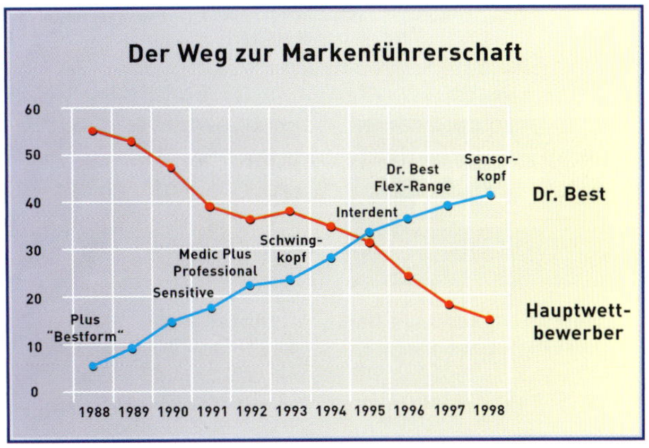

2.2 The Whole Brain® und Visa oder: Wie Ratio und Emotio ein elitäres Problem aus der Welt schaffen.

Am Anfang war die Kreditkarte ein Signal, mit dem sich wenige aus der Menge hervorhoben. Anfänge dieser Art behindern die Weiterentwicklung, sobald der Trend von der ‚Card für wenige' zur ‚Card für alle' geht. Sie behindern insbesondere die Ersten.

Negativ besetzte Ausgangspositionen können benutzt werden, um positive Gefühle zu erzeugen. *Visa* war der letzte Mitbewerber im Markt. *American Express* und andere waren vorher da. *Visa* ist es gelungen, ein latentes Verbraucherbedürfnis aufzuspüren und mit neuen Kommunikationswegen dort positive Akzente zu setzen, wo elitäre Anmutungen den Durchbruch in die Breite verhindert hatten.

Consumer Insights, deren Chancen bis dahin unerkannt geblieben waren, konnten aufgedeckt und für *Visa* eingesetzt werden. Bevor *Visa* erschien, war Sozialprestige angesagt: ‚Ich bin, wer ich bin, durch das, was ich habe.' Seither gilt Aktionsprestige: ‚Ich bin, wer ich bin, durch das, was ich tue.'

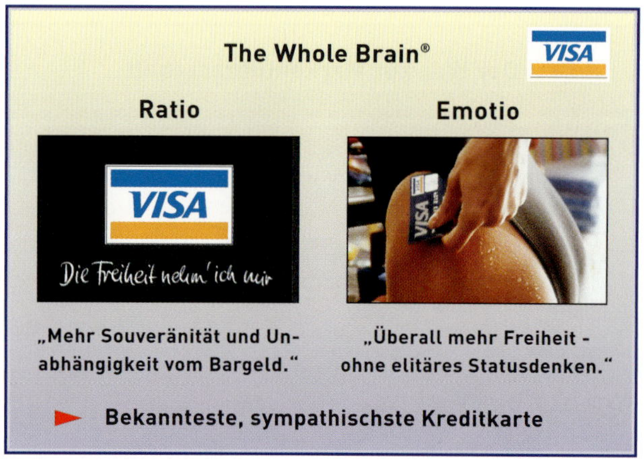

Dadurch ist für *Visa* eine neue Dimension des Denkens und Fühlens geschaffen und der Weg in den breiten Markt frei gemacht worden. Die Kommunikation im Fernsehen macht das Neue deutlich und zeigt die Elemente ‚Ratio' und ‚Emotio' als Triebkraft des Handelns. Marktanteil und Bekanntheitsgrad zeigen die Wirkung der auf Wertschöpfung ausgerichteten Neuorientierung, die in wenigen Jahren den Nachzügler im Markt zum Erfolgreichsten gemacht hat:[3]

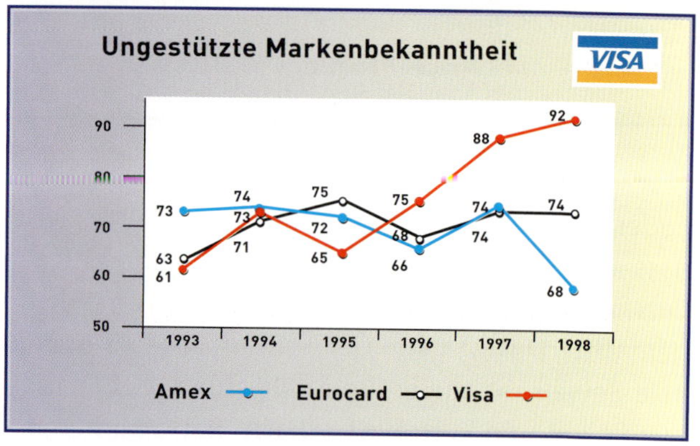

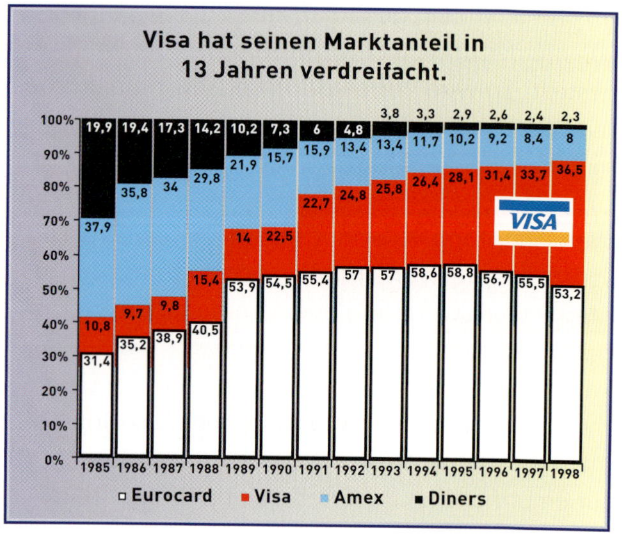

Die wesentliche Voraussetzung für den Erfolg des Einsatzes solcher dualer Wertschöpfungsstrategien sind Consumer Insights. Ihre Erkundung benötigt neue und besondere Instrumente. Wir haben dafür CCC® entwickelt, das für *Creative Consumer Connection* steht. CCC® ermöglicht uns, die richtigen Hinweise herauszufinden. Es geht dabei um die Klärung der Frage, welche emotionalen Werte für den Konsumenten in einer bestimmten Situation von besonderer Bedeutung sind.

Werbung wird ohne solche Instrumente nicht mehr auskommen, weil nur durch sie die unendliche Zahl der Auslöser von Emotionen im Sinne der Marke richtig bewertet und nutzbar gemacht werden kann. Dieses für die Agenturarbeit besonders wichtige Instrument wird im Folgenden noch ausführlicher erläutert. Anhand seines Einsatzes werden wir beispielhaft aufzeigen, wie eine duale Wertschöpfungsstrategie entsteht und mit welchem Erfolg ‚Ratio' und ‚Emotio' gezielt verbunden werden können.

3. Der neue Weg: das Wertschöpfungsmodell CCC®

Creative Consumer Connection (CCC®) ist ein Verfahren zur systematischen Entwicklung von Marken- und Kommunikationskonzepten. Sein Grundgedanke ist, den Verbraucher als dritten Partner in den Prozess der Kommunikationsentwicklung mit einzubeziehen.

Das ist nicht selbstverständlich. Gewöhnlich werden Konzepte linear entwickelt: Der Kunde nennt der Agentur in einem Briefing Voraussetzungen und Ziele. Nachdem die Agentur sich rückversichert hat, dass sie die Aufgabe richtig versteht, gehen ihre Konzeptioner an die Arbeit. Deren Ergebnisse präsentieren sie dem Kunden und erst dann wird eine Stichprobe aus der Zielgruppe mit den Entwürfen konfrontiert.

Anders beim CCC®-Ansatz: Hier wird der Kommunikationsprozess in ein aktuelles und qualitatives Rückkopplungssystem re-engineert: Nach dem Briefing sucht die Agentur unverzüglich das Gespräch mit dem Verbraucher und dessen Feedback. Im fortgesetzten Dialog zwischen Kunde, Verbraucher und Agentur nimmt das Konzept dann weitere Gestalt an.

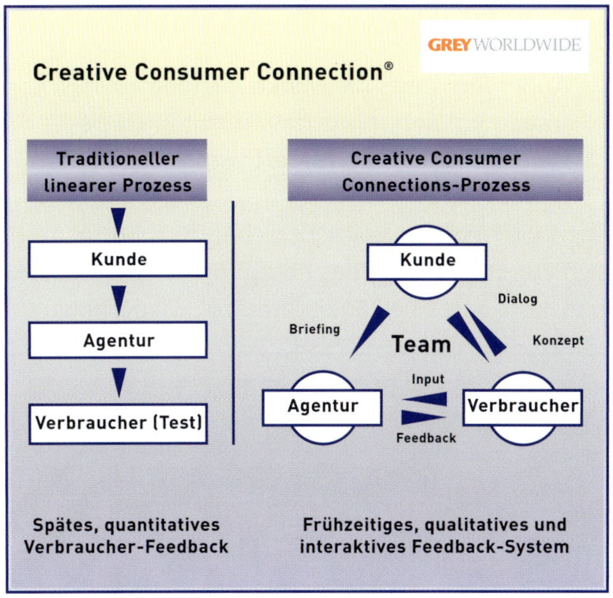

3.1 Das CCC®-Ziel: Vordringen zu den entscheidenden Einsichten, den Consumer Insights

Werbeleute können sich in der Regel recht weit in die Einstellungen, Vorlieben und Abneigungen der Konsumenten hineindenken, denn sie haben ja eigene Lebenserfahrungen als Eltern, Käufer, Köche, Autofahrer etc. gemacht.

Über solche Alltagspsychologie geht CCC® allerdings weit hinaus. Das Instrument beruht auf einem totalen formalisierten und systematisierten ‚Eintauchen' in die Psyche des Verbrauchers, so dass auf der Basis dieser Consumer Insights die aussichtsreichsten Kommunikationsansätze identifiziert. So entsteht die ‚Selling Idea' als Schnittmenge zweier Forderungen:

- Die Idee muss für den Verbraucher relevant, einzigartig und besitzbar sein. Nur so kann sie sich im Konkurrenzumfeld unverwechselbar behaupten.
- Außerdem muss die Marke die Idee auch tragen können, ohne dass damit ihre Leistungsfähigkeit überfordert wird.

Der CCC®-Prozess vollzieht sich in fünf Stufen, die sich zur Erarbeitung des endgültigen Kommunikationskonzeptes beständig (iterativ) wiederholen:

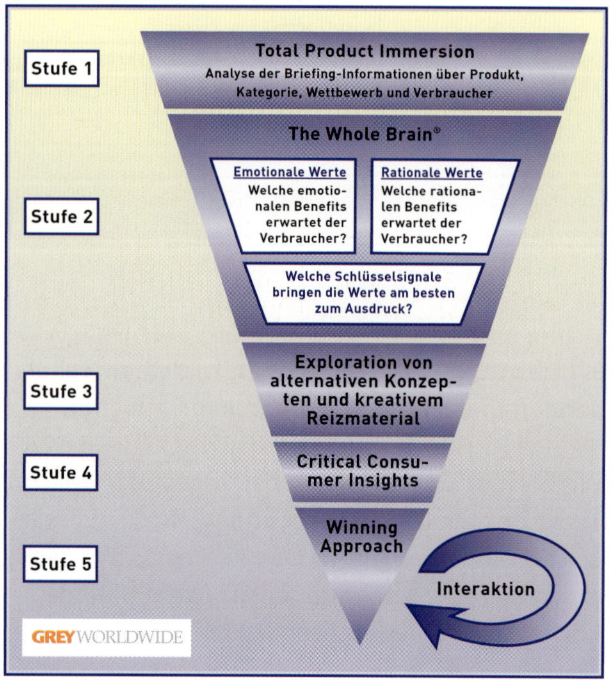

- Stufe 1: Die Erarbeitung des endgültigen Kommunikationskonzeptes beginnt mit der ‚Total Product Immersion'. Die Agentur taucht quasi in das Briefing über Produkt, Kategorie, Wettbewerb und Verbraucher ein und analysiert die Informationen gründlich in allen Facetten.
- Stufe 2: Im Kontakt mit der Zielgruppe kommt in der zweiten Stufe das Whole Brain®-Modell zum Tragen. Hier wird untersucht, welche emotionalen und rationalen Werte bzw. ‚Benefits' der Verbraucher erwartet und welche Schlüsselsignale diese am besten kommunizieren.
- Stufen 3-5: Im Dialog mit den Angehörigen der Zielgruppe werden alternative Konzepte und kreatives Reizmaterial exploriert, um relevante, einzigartige, markengerechte Consumer Insights zu gewinnen. Dies ist ein interaktiver Prozess: Er wiederholt sich unter laufenden Justierungen und Neuansätzen, bis sich ein siegreiches Konzept zu erkennen gibt.

3.2 Der CCC®-Weg: die Research-Bausteine

Bei der Exploration der relevanten Consumer Insights kommen alle Techniken zum Tragen, die näheren Aufschluss über das Denken, Meinen und Fühlen des Verbrauchers versprechen. So geht ‚In-Home-Research' in Haushalte, Küchen und Garagen: Wie, wann und wo benutzen Verbraucher das Produkt? Welche Gefühle haben sie dabei?

Tiefen-Explorationen (projektive Verfahren zur Analyse von Values und Attitudes) kommen ebenso zum Zuge wie schlichtes Zuhören (Naive Listening): Was erzählen uns Verbraucher über die Art, in der sie das Produkt verwenden, welche Erfahrungen haben sie gemacht? Welche emotionale Bindungen und Assoziationen zeichnen sich ab?

In Einzelinterviews wird schließlich ermittelt, wie die Verbraucher auf Konzepte sowie verbale und visuelle Stimuli reagieren. So werden in einem iterativen Prozess Schritt für Schritt tiefgehende Consumer Insights als Basis für wirksame Kommunikationskonzepte gewonnen.

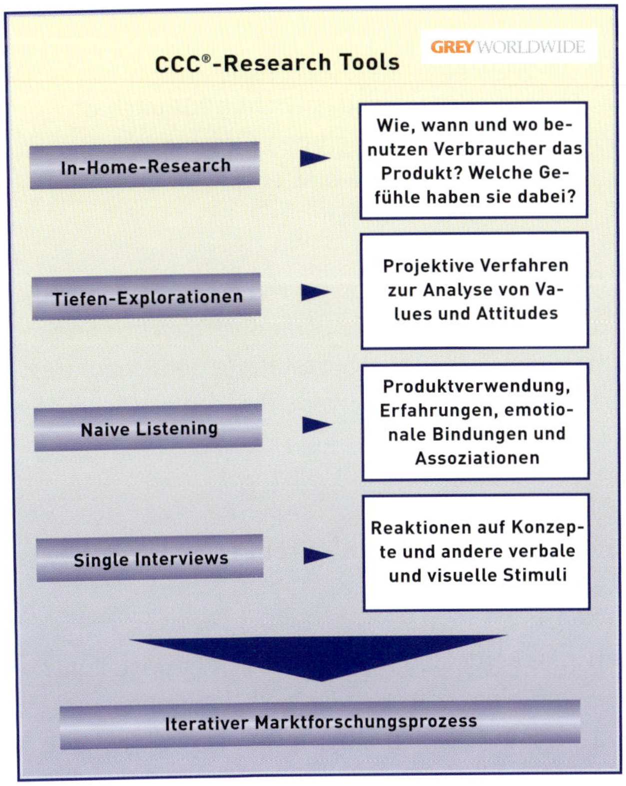

3.3 Der CCC®-Nutzen: Kosten gespart, Einsicht gewonnen.

Creative Consumer Connection® trägt zur zielführenden Arbeitsweise entscheidend bei. Das Verfahren schaltet hohe Anteile an Beliebigkeit aus. Das führt sowohl für den Kunden als auch für die Agentur zu merklichen Kosteneinsparungen. Die Kreativen rücken näher an die Umworbenen heran und gewinnen wertvolle Einsichten in deren Denkmuster und Wertesysteme. Dadurch sind sie stärker involviert und können ihre kreativen Ideen konsequenter ausschöpfen.

Die Rolle des Schiedsrichters fällt dann denen zu, die wirklich zu entscheiden haben, nämlich die Verbraucher. Ihnen wird kein Konstrukt übergestülpt und kein fremder Maßstab angelegt. Auf sie kommt es schließlich an und deshalb wird auf sie gehört. Die Kommunikation mit den Umworbenen entsteht also in einem echten Bottom-up-Approach. Das steigert die Erfolgsquoten dramatisch, denn Umwege werden vermieden. Das erfolgreiche Vorgehen mit unserem Ansatz wollen wir an drei Beispielen verdeutlichen.

3.4 Der CCC®-Wertschöpfungsprozess bei Odol-med 3

3.4.1 Die Markensituation von Odol-med 3

Fast hundert Jahre lang galt die Marke *Odol* als Synonym für Mundwasser. Die Verbraucherforschung konnte aufzeigen, dass dem Markenkern von *Odol* insbesondere ‚Atemfrische' und ‚therapeutische Wirkung' zugeschrieben wurde. Mit diesem Kapital wurde die Monomarke *Odol* in die größte Dachmarke für Mundhygiene in Deutschland verwandelt.

Zu den besonders erfolgreichen Mitgliedern der *Odol*-Familie gehört *Odol-med 3*. Mit dem innovativen Produktkonzept ‚All in One' gelang der zügige Einstieg in einen Zahncreme-Markt, der zuvor in Karies, Parodontose und Zahnstein segmentiert war: Im Frühjahr 1996 wurde mit der Einführung von *Odol-med 3 Samtweiss* der Produkt-Range von *Odol-med 3* noch um eine weitere Variante ergänzt. Im Gegensatz zu Spezialweiß-Zahncremes entfernt diese Innovation Zahnverfärbungen auf schonende Weise und gibt den Zähnen ihr natürliches Weiß zurück.

Odol-med 3 Samtweiss sollte als eine ‚vollwertige' Zahncreme etabliert werden, die sowohl medizinischen Allround-Schutz bietet, als auch einen neuen kosmetischen Zusatznutzen, der einen Premium-Preis rechtfertigt. Für diese Entwicklung lieferte CCC® die Prozessbausteine:

Creative Consumer Connection® Odol-med3

Baustein	Tools	Key Learnings
Idee	Fokusgruppen-diskussion	Der Benefit ‚weiße Zähne' ist attraktiv, wenn der Zahnschmelz nicht angegriffen wird. Schonende Reinigung ist wichtig.
Konzept	Konzept-Test	Breite Überlegenheit gegenüber einem Wettbewerber mit dem Single Benefit ‚Weißmacher'-Zahncreme
Produkt	Produkt-Test	Überlegenheit gegenüber ‚Weißmacher'-Spezial-Zahncreme
Sub-Marke	Namens-Test	‚Samtweiss' wird signifikant aus acht Kandidaten präferiert.
Werbung	Pre-Test	TV-Konzept ‚Zwillinge' erzielt extrem positive Ergebnisse in Advantage-Test.

Zunächst wurde die Idee in einer tiefenpsychologischen Diskussion mit Fokusgruppen auf ihre Resonanz überprüft und zwar mit folgendem Ergebnis:

- Die 3-fach Prophylaxe ist wichtig.
- Das Versprechen ‚weiße Zähne' ist attraktiv.
- Die Verbraucher lehnen Produkte ab, die den Zahnschmelz gefährden.
- Die Verbraucher bevorzugen ‚schonende Reinigung'.

Im Konzepttest wurde *Odol-med 3 Samtweiss* einem Single Benefit-Konkurrenten (Spezialweiß-Zahncreme) gegenübergestellt und holte deutlich bessere Werte bei folgenden Beurteilungen:

- Das Konzept überzeugt mich.
- Es sagt etwas aus, das wichtig für mich ist.
- Es verspricht angenehmen Geschmack.
- Es macht die Zähne glatter und sauberer.
- Das würde ich kaufen.

Und bei der Aussage ‚Das Produkt gibt strahlend weiße Zähne' lagen die beiden Vergleichsmarken fast gleichauf. Zugleich bestätigte der Produkttest, dass *Odol-med 3 Samtweiss* die Idee tatsächlich tragen kann.

3.4.2 The Whole Brain®: From Trust Brands to Love Brands

Aus der Psychologie wissen wir, dass Einstellungen mit einer gewissen Übereinstimmung zwischen Gefühlen, Ansichten und Handlungen einhergehen: Wenn ein Objekt angenehme Gefühle hervorruft, wird man ihm auch eine erhöhte Wirksamkeit zuschreiben - und dieser Annahme entsprechend handeln und das Produkt mit höherer Wahrscheinlichkeit kaufen bzw. nutzen.[4]

Eine Marke, die mit positiven Gefühlen besetzt wird, hat folglich beste Aussichten auf eine höhere Wertschöpfung. Es wird also darum gehen, mit emotionalen Werten die rechte Gehirnhälfte der Umworbenen anzusprechen: Sie ist u.a. in Bezug auf das schöpferische Empfindungsvermögen dominant, wie auch für das Erkennen und Ausdrücken von Gefühlen.[5] Für *Odol-med 3* wurden die von CCC® gelieferten Erkenntnisse im Rahmen des Whole-Brain®-Modells genutzt, um emotionale und rationale Werte in ein ausgewogenes Verhältnis zueinander zu setzen:

- Die 3-fach-Prophylaxe steht für harte Fakten, denn Vorsorge gegen Karies, Parodontose und Zahnsteinbildung ist wichtig. Dies ist die rationale Einsicht in den Nutzen des medizinisch hochwertigen Produkts (‚klinisch getestet').

- *Samtweiss* macht mit dem Versprechen weißer Zähne einen zusätzlichen Schritt von der herkömmlichen ‚Unique Selling Proposition' (USP) zur ‚Emotional Selling Proposition' (ESP): Der medizinisch einzigartige Produktvorteil (USP) wird ergänzt durch einen kosmetisch-emotionalen, der der Marke ihren Mehrwert verleiht.

- Schon der verheißungsvolle Name ‚Samtweiss' erzeugt unmittelbar erlebbare Bilder: zarte, angenehm zu berührende Zahnoberflächen. Im Namenstest schnitt ‚Samtweiss' unter acht Alternativen am besten ab. Er gefiel den befragten Verbrauchern gut und ließ sie an etwas Besonderes, an ein wirksames Produkt denken. Auch die Kaufbereitschaft war hoch.

3.4.3 Brand Value Signals® transportieren den Mehrwert.

Die zunehmende Austauschbarkeit von Produkten und Werbeauftritten stellt die Kommunikation vor neue Anforderungen. Werbung muss den Mehrwert einer Marke überzeugend kommunizieren, um Premium-Preise durchzusetzen. Sie muss kompetitiv und unverwechselbar sein, um einen ‚Return on Advertising Investment' zu gewährleisten.

Die Voraussetzung dazu sind starke Brand Value Signals®. Solche Brand Value Signals® können sowohl visuell als auch verbal angelegt sein. Bei *Odol-med 3* visualisiert das Schlüsselsignal der drei Streifen die therapeutische Kompetenz des All-in-One-Konzepts. Für *Odol-med 3 Samtweiss* hat sich im CCC® der Fernsehspot ‚Zwillinge' als Sieger herausgestellt, der einen anschaulichen Side-by-Side-Vergleich vorstellt:

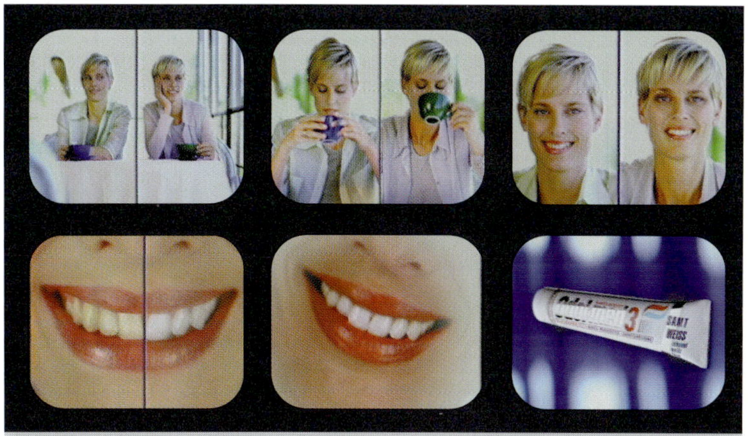

Im TV-Spot zeigt der direkte Zahnvergleich zwischen den beiden Zwillingen die strahlende Wirkung von Odol-med 3 Samtweiss.

Fazit: Wenn die Signale sowohl unmissverständlich als auch bedeutungsträchtig sind, leisten sie Präzisionsarbeit für das Image der Marke: *Samtweiss* wird bezüglich Qualität, Geschmack und Dreifach-Schutz besser oder vergleichbar wahrgenommen als der *Odol-med 3*-Standard-Range. Und *Samtweiss* schneidet signifikant besser bei der Aussage ab: ‚Das Produkt gibt strahlend weiße Zähne.'

Die Pre-Test-Ergebnisse wurden durch den Markterfolg bestätigt: Der von den Brand Value Signals® transportierte Mehrwert führte zu einem vom Verbraucher akzeptierten Preisabstand von 20 Prozent (!) gegenüber dem Durchschnittspreis auf dem Zahncrememarkt.

Nicht zuletzt leisten die Brand Value Signals® Erstaunliches für den Absatz des Produktes: Schon zwei Monate nach Einführung von *Samtweiss* erreichte *Odol-med 3* die Marktführerschaft und wurde neue Nummer Eins im Zahncrememarkt.

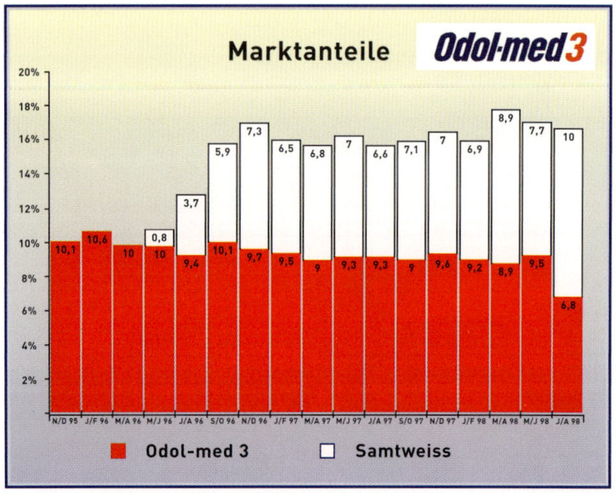

Die Bedeutung starker Brand Value Signals® dürfte deutlich geworden sein. Wir wollen deshalb im Folgenden ausführlicher auf das Schaffen erfolgreicher Brand Value Signals® eingehen.

4

4. Wie wird Marken-Mehrwert sichtbar?

4.1 Brand Value Signals®: Wege zum Mehrwert

Eine Marke lebt aus ihren Signalen heraus, die sie im Markt verbreitet. Signale waren immer das Mittel, durch das eine Marke ihre Informationen an den Markt übergab. Heute hat sich nicht die Notwendigkeit von Signalen geändert, wohl aber die Leistungsfähigkeit der Signale. Sie müssen eine Reihe von Funktionen besser erfüllen und andere Funktionen neu übernehmen:

- Funktion 1: Geschwindigkeit
  Verbraucher haben keine Zeit mehr. Was die Marke ihnen zu sagen hat, muss so schnell geschehen, dass keine Abwendung möglich ist.

- Funktion 2: Einmaligkeit
  Verbraucher haben die unendliche Wahl. Das meiste erscheint ihnen gleich. Das Signal muss die Einmaligkeit unter Beweis stellen und keinen Zweifel übrig lassen.

- Funktion 3: Unverzichtbarkeit
  Needs waren ein guter Boden für Unverzichtbarkeit. Wants sind dünnes Eis, das vorsichtig und kenntnisreich beschritten werden will. Signale müssen den Weg finden, Wants in rational und emotional begründete Bedürfnisse zu transformieren.

Schnell, einmalig, unverzichtbar - Funktionen dieser Art erfordern neue Signale. Das einfache Markensignal muss die Evolution zum komplexen Markenwert-Signal vollziehen. Die nötige kompetitive Substanz, die selbst im Verdrängungswettbewerb noch Wertschöpfung ermöglicht, wird durch eine neue Art von Markensignal erreicht: die Brand Value Signals®.

Brand Value Signals® können in sehr unterschiedlicher Form auftreten: Als Markenzeichen, die in ihrer Prägnanz auch ohne verbale Hilfestellung klar und eindeutig erkannt werden oder als Slogans, die eindeutig bestimmten Marken zugeordnet werden oder auch als bestimmte Produktdemonstrationen, die unverwechselbar für bestimmte Marken stehen:

Visuelle Brand Value Signals®

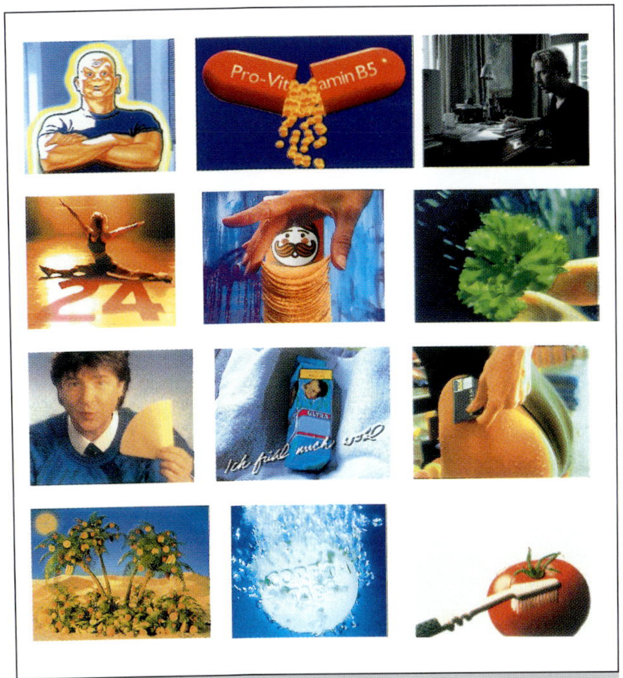

Demonstrative Brand Value Signals®

Verbale Brand Value Signals®

Die Elemente, durch die Brand Value Signals® ihre Wirkung erreichen, sind nicht das Ergebnis einer Agenturmeinung sondern von Wissen. Dieses Wissen entsteht aus einem intensiven Dialog mit dem Verbraucher. Auf Basis dieses Dialogs können die drei Funktionen der Brand Value Signals® bewertet werden. Brand Value Signals® beschreiben daher nicht die Einmaligkeit und die Unverzichtbarkeit der Marke aus der Sicht des Herstellers, sondern sind vielmehr die kreative Umsetzung der Wants der Konsumenten in ein herausragendes, für die Zielgruppe relevantes und unübersehbares Signal.

4.2 Brand Value Signals® auf dem Prüfstand

Nur unverwechselbare Brand Value Signals®, nur Schlüsselsignale mit klaren Bedeutungsinhalten kommunizieren den Mehrwert einer Marke (Added Value). Im Brand Value Signals-Check® werden die Markensignale auf den Prüfstand gestellt, wie die folgende Graphik zeigt:

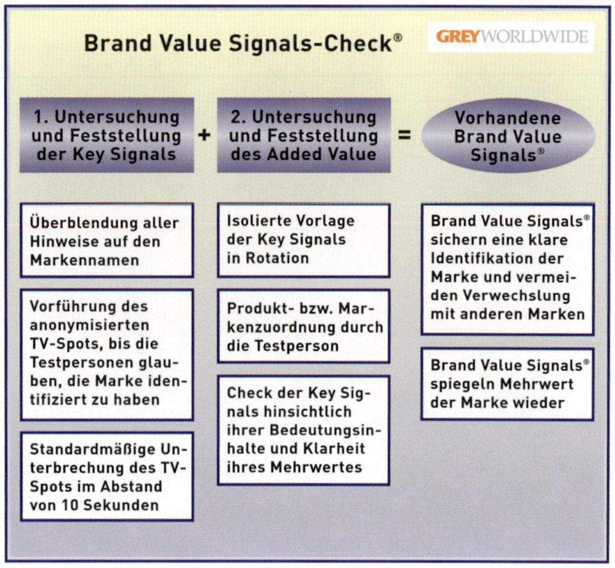

Ein standardisierter Test mit anonymisierter Werbung (die Markennamen sind unkenntlich) überprüft die visuellen, verbalen und akustischen Key Signals auf ihre Unverwechselbarkeit. In dieser ersten Stufe werden TV-Spots im Abstand von 10 Sekunden unterbrochen. Dabei ist entscheidend, nach welcher Zeit die Testpersonen das Signal einer Marke richtig zuordnen. So werden die Key Signals von *Dr. Best* nach 10 Sekunden bereits von 85 Prozent der Testpersonen eindeutig identifiziert und nach Ablauf des gesamten Spots wird ein Traumwert von 90 Prozent eindeutiger Identifizierung erreicht.

Anschließend werden die ermittelten Schlüsselsignale im Hinblick auf Klarheit und Bedeutung der Inhalte für den Verbraucher überprüft. Bei *Dr. Best* ergeben sich klare Bedeutungsinhalte hinsichtlich ihres Mehrwerts. Der Added Value von *Dr. Best* ist eindeutig die anerkannte Überlegenheit der Zahnbürste bei der Schonung des Zahnfleisches.

Wie die folgende Graphik zeigt, führt der von den Brand Value Signals® transportierte Mehrwert zu akzeptierten Preisabständen von bis zu 50 Prozent gegenüber dem Durchschnittspreis der Warenkategorie. Neben dieser signifikanten Wertschöpfung ermöglichen Added Value-Marken gegenüber Durchschnittsmarken derselben Kategorie zudem ein höheres Verkaufsvolumen.

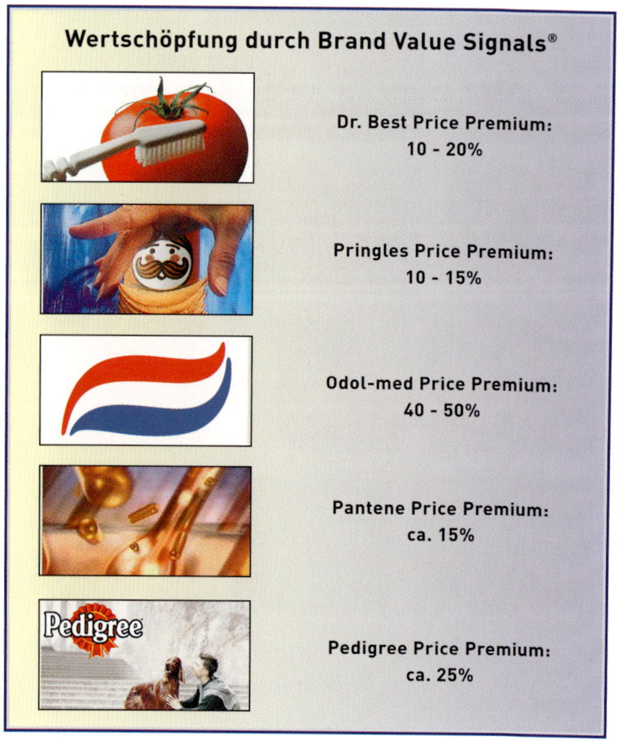

5. Über die fast unmögliche Aufgabe der Wertschöpfung in den Neuen Märkten

In den Neuen Märkten herrscht ein echtes Wertschöpfungsdilemma: Preisorientiertes Overkill-Marketing dominiert die Szene und behindert den Aufbau von Markenwerten. Einige Beispiele der schlechten Art: Das Ende des Telekommunikations-Monopols war eine Chance für die Bildung neuer Marken mit hohem Wertschöpfungspotential. Aber statt eines Wettbewerbs über das Ansehen hat ein Wettbewerb über den Preis stattgefunden. Die Folge: Keiner wird gewinnen. Ähnliches gilt für den Energie-Markt: Billigstrom war die Antwort auf die Markt-Deregulierung, aber bis zum Auftritt von *e.on* wurde Energie nicht wie Mehrwert verkauft, sondern wie Kartoffeln.

5.1 Der Aufbau von Wertmarken in virtuellen Märkten: Bank 24, AOL und e.on

5.1.1 Bank 24: Wie der Letzte der Erste wird.

Die *Bank 24* ist spät auf den Markt der virtuellen Anbieter gekommen. Vereinfacht lässt sich sagen: Dort hatte sich inzwischen die Meinung durchgesetzt, dass virtuelle Finanzdienstleistungen in erster Linie billig sind. Und auch das hatte sich als Überzeugung herausgebildet: Virtuelle Finanzdienstleister können nicht real erlebt werden. Sie sind und bleiben virtuell.

Thomas Holtrop, Mitglied des Vorstandes der *Bank 24*, hat entsprechend aus den Problemen der Virtualität heraus die Aufgaben für die Werbekommunikation formuliert: *„Gerade bei virtuellen Anbietern ist entscheidend, dass Verbraucher eine klare Vorstellung vom Anbieter bekommen."*

Eine virtuelle Bank, eine virtuelle Marke kann nur durch Kommunikation real erlebbar gemacht werden. Und nur durch Kommunikation können die strategischen Ziele im Markt verwirklicht werden. Ziel war das Erreichen der Marktführerschaft und die Besetzung der Kategorie ‚Direct Banking' in kürzester Zeit. Auf dem Weg dahin musste die Markenbekanntheit durch ein starkes Markenbild und einleuchtende Brand Value Signals® etabliert werden: ‚Direct Banking - das ist die *Bank 24*.'

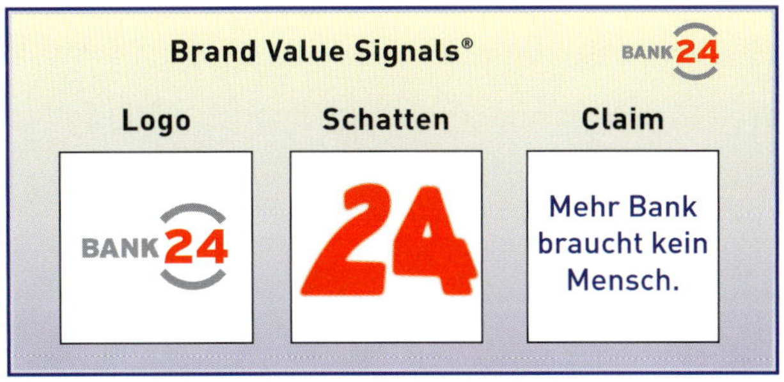

Bank 24 ist als die erste real erlebbare Bank im virtuellen Bereich kommuniziert worden. Sie hat auf dem Weg dahin die Sympathiewerte einer Fernseh-Celebrity genutzt, um die Marke sowohl im faktischen, als auch im emotionalen Bereich aufzubauen und in der Wahrnehmung der Konsumenten zu verankern:

Bank 24-Spot mit Jörg Kachelmann als Sympathieträger

In dem TV-Spot, dessen Bildsprache mit Bezug zum virtuellen Charakter der Bank entwickelt wurde, kommuniziert der populäre ARD-Wetterfrosch Jörg Kachelmann eindringlich den Markenspruch: *„Mehr Bank braucht kein Mensch."*

5.1.2 AOL - der Einsatz der neuen Authentizität

Das Internet ist eine neue Welt. Alle reden vom Surfen, aber nur wenige wissen, was damit gemeint ist, wie es funktioniert und wie man an dieser neuen Welt teilhaben kann. Denn die neue Welt löst nicht nur Lust, sondern auch Hilflosigkeit und Unbehagen aus. Angst steigt auf. Die Angst, den Anschluss zu verpassen.

AOL hat seinen Auftritt auf einer neuen Ebene vorgetragen: Einfachheit, Natürlichkeit, Selbstverständlichkeit. Jeder kann es. Den Beweis tritt Boris Becker erfolgreich an mit seinem berühmten Satz: *„Ja, bin ich denn schon drin? Ich bin drin!"*

AOL-Spot mit dem bekannten Versuch Boris Beckers, ins Internet zu gelangen.

Diesem werblichen Stil haben wir einen Namen gegeben: die neue Authentizität. Aus ihr entstehen neue Regeln für Kreativität mit Zeitgeist. Die neue Authentizität ist die Antwort auf ein essentielles Verbraucherbedürfnis nach Leitlinien, weil wir uns in einer Welt befinden, in der Neues so schnell geschieht, dass wir nicht mehr nachkommen. Durch die neue Authentizität stellt die Marke die bekannte Lebenswelt des Konsumenten und seine Ich-Affinität wieder her.

AOL ist dadurch vom Online-Dienst zum Begriff für Internet schlechthin emporgestiegen. Denn: *AOL* hat das Internet vom Nischen- zum Alltags-Medium für alle gemacht.

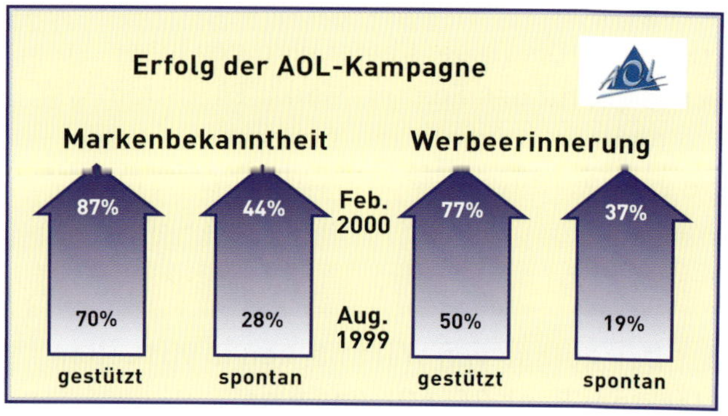

5.1.3 e.on: Energie wird zum Wertobjekt

Die Deregulierung des Energiemarktes hätte dem Aufbau neuer Marken von Wert dienen können. Stattdessen waren erbitterter Preiskampf und eine Wertschöpfung gegen Null das erste Ergebnis. Energie wurde als Billig-Strom und Paradeobjekt für ‚Smart Shopping' kommuniziert. Energie hatte nicht an Wert gewonnen, sondern an Inhalten verloren und war zum Gegenstand einer populären Jagd nach Billigangeboten geworden.

Der Zusammenschluss von *Veba* und *Viag* hat *e.on* entstehen lassen, den in Europa führenden Konzern im Energie- und energienahen Bereich. Der Kommunikation war dadurch die Chance gegeben, eine Marke zu kreieren, die Energie als Offerte von hohem Wert für den Konsumenten bietet. *e.on* vollzieht als erstes Unternehmen den Wertschöpfungstransfer von ‚Energie' als beliebiges, lediglich preisgesteuertes Commodity-Produkt zu einer Marke, die aus ihren Leistungen heraus das Einverständnis der Konsumenten erreicht.

Die Marke *e.on* bezieht ihren Überlegenheitsanspruch gegenüber anderen Wettbewerbern aus ihren innovativen Produkten und Dienstleistungen in allen Geschäftsbereichen, aus denen die Kunden ihren individuellen Nutzwert selbst gestalten können. Die faktischen und emotionalen Bestandteile der Marke *e.on* sind: ‚*e.on* wird jetzt und in Zukunft die innovativsten Dienstleistungen rund um die Energie anbieten und ausgereifte Ideen aus innovativer Marktführerschaft heraus bieten.'

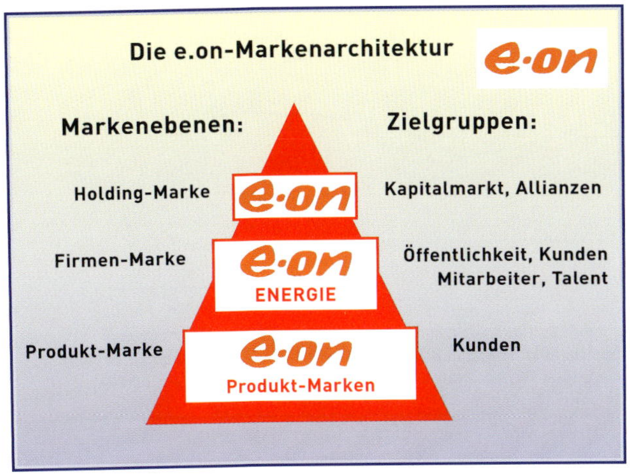

Die Werbung für *e.on* etabliert das Bild eines homogenen Unternehmens, das sich anschickt, mit einer einzigen großen Kraft und einer einzigen, dem Konsumenten nützlichen Zielsetzung, den Alltag zu verwandeln und auf diesem Weg durch Führerschaft unverzichtbar zu werden.

Es ist eine neue Energie, die fasziniert und positive Gefühle für eine neue Umwelt erzeugt. Sie erfasst nach und nach neue Bereiche des Lebens und revolutioniert die alten Vorstellungen von Energie: ‚Telefon aus der Steckdose' und ‚Energiesteuerung aus dem Computer heraus' sind Stichworte für die Dienstleistungen von *e.on*. Die Persönlichkeit der Marke ist gekennzeichnet durch Attribute wie z.B. kraftvoll, schnell, fortschrittlich und optimistisch, aber auch Werte wie menschlich, warm, motivierend und lebensnah: *e.on* steht für neue Energie.

e.on kommuniziert diese Idee der neuen Energie, indem die Etablierung der Marke einem klar definierten Vier-Stufenplan folgt, der von einem spektakulären Teaser-Auftritt zu Beginn bis zur Kommunikation innovativer Energieprodukte reicht.

Die Werbung von *e.on* kommuniziert eigenständig und unverwechselbar den Anspruch der Marke: Prominente Empfehler wie Götz George und Monica Ferres stehen für neue Ideen, für Fortschritt, für Nutzwert-Orientierung und Individualität:[6]

In TV-Spots werben Monica Ferres und Götz George für die neue Energie von e.on.

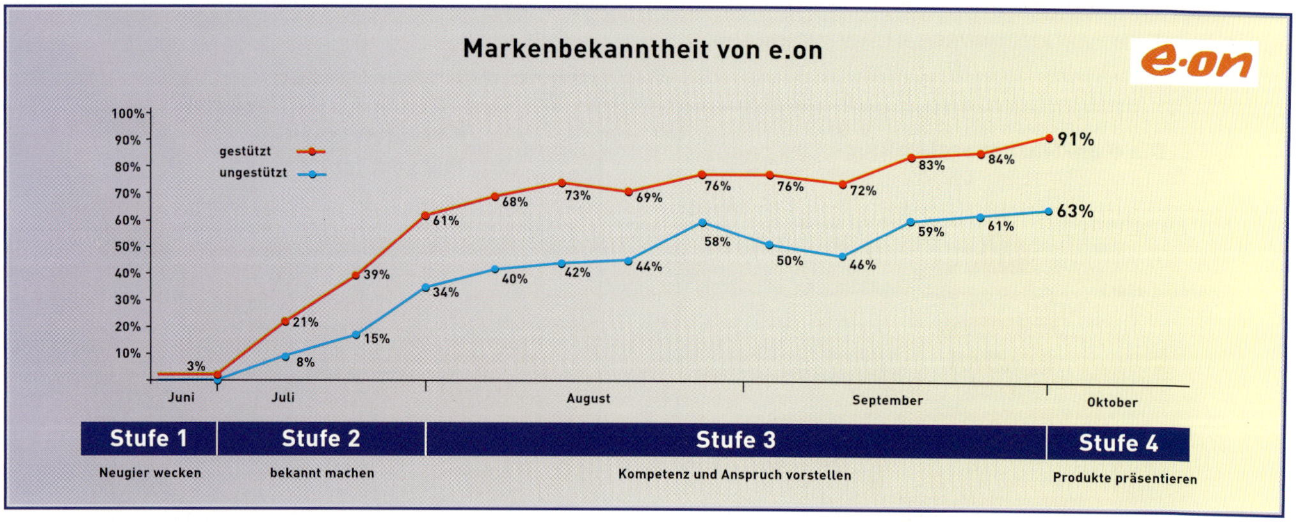

6

Schon wenige Wochen nach Beginn der Kampagne war *e.on* die mit Abstand bekannteste Marke im Energiemarkt und erreichte eine ungestützte Bekanntheit von 63 Prozent und eine gestützte von 91 Prozent. Das sind Werte, wie sie sonst nur renommierte Markenartikel nach langer und intensiver Werbeunterstützung erreichen.

6. Wertschöpfung ‚at its Best': Die Luxus-Marke Bang & Olufsen

Genauso, wie alles Commodity sein kann, kann alles Luxus sein. Nur: Luxus fasziniert - Commodity langweilt. Menschen suchen nach dem Herausragenden. Jeder auf seine Art. In jedem Marktsektor und jeder Kategorie - vom Waschpulver bis zum Automobil - gilt der ungestillte Wunsch von Klasse statt Masse. Wer in der Lage ist, diese exklusivsten aller Wünsche zu erkennen und zu erfüllen, verfügt über Wertschöpfung nach Belieben.

Jede Werbung für *Bang & Olufsen* muss sich mit der Idee der Wertschöpfung durch Luxus auseinandersetzen, denn das Unternehmen kommuniziert die Idee des unvergleichlichen Sounds: Nur *Bang & Olufsen* macht Sound fühlbar und das Fühlbare sichtbar. Die Strategie der Markenführung ist bei *Bang & Olufsen* entsprechend von äußerster Kompromisslosigkeit im Sinne einer Premium-Marke geprägt: Künstliche Produktverknappung, keine preisgünstigen Offerten, keine Unter-Wert-Präsentation im Handel - das Umfeld wird diktiert. Das Ergebnis ist eine Marke von höchster Anmutung und optimaler Wertschöpfung in einem Markt, der sich durch Kompromisse und extremen Preisverfall auszeichnet.

Bang & Olufsen-Case Study ‚see. feel. hear.'

Bang & Olufsen ist die Premium-Marke in der Unterhaltungselektronik, die nicht nur perfekten Hörgenuss, sondern brilliantes Design bietet. Sie löst damit bei der Zielgruppe Gefühlswerte wie keine andere Premium-Marke aus:

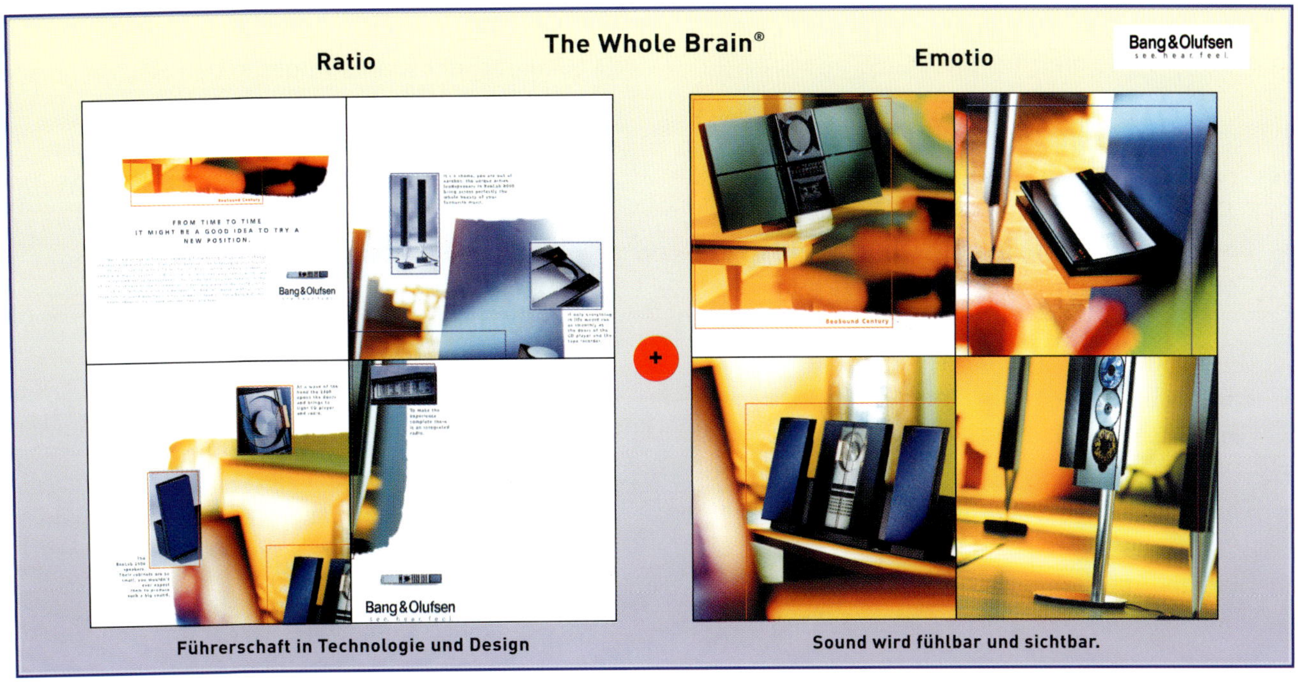

Die kommunikative Linie von *Bang & Olufsen* beginnt beim Angebot unvergleichbarer Qualität. Sie endet allerdings nicht dort, sondern versetzt die Zielgruppe in die Lage, höchste Qualität als Teil ihres eigenen Lebens sichtbar zu machen. Die Aussage der Marke verknüpft den Führungsanspruch von *Bang & Olufsen* bei Technik und Design mit perfekter Kennerschaft auf höchstem Gefühlsniveau: Der Sound von *Bang & Olufsen* ist Teil eines hedonistischen Ansprüchen genügenden Lebens.

7. Erfolgswege ins neue Jahrhundert

Die Werbung hat vielfältige Möglichkeiten, in den Wertschöpfungsprozess der Marke fördernd und verbessernd einzugreifen. Ihr Erfolg ist vom Einsatz ausgereifter Techniken abhängig, die helfen, Sicherheit, Wirkung und Vorsprung zu gewährleisten. *Grey* hat über Jahrzehnte hinweg in einem evolutionären Prozess wichtige Instrumente und Techniken entwickelt, zu einer effizienten strategischen Toolbox perfektioniert und in der Folge in der Praxis erfolgreich eingesetzt.

Fassen wir die Essentials zum Wertschöpfungsprozess der Marke durch Werbung einmal zusammen:

- **Consumer Insights aufdecken mit Creative Consumer Connection®**

  Damit Entwicklungen schneller aufgedeckt und entscheidende Zeit- und Trendvorsprünge vor der Masse des Marktes möglich werden.

- **The Whole Brain® verknüpft Ratio & Emotio**

  Marken brauchen beides. Der Erfolg liegt in der Wahl der harten und der weichen Fakten.

- **Signale entwickeln mit Brand Value Signals-Check® und senden**

  Die Qualitäten der Brand Value Signals® ist ein entscheidender Faktor für die Wertschöpfung, denn Brand Value Signals® vermitteln Einmaligkeit, Unverzichtbarkeit und Wunscherfüllung.

- **Paradigmenwechsel**

  Einzigartigkeit entsteht durch Abgrenzung der Marke vom banalen Mainstream: Eine wie keine zu sein, heißt, die eigene Bühne des Markenauftritts zu bestimmen, wie wir es am Beispiel von *Visa* vorgestellt haben.

- **Neue Märkte**

  Virtuelle Marken können durch Kommunikation real erlebbar gemacht werden und neue Wertschöpfungspotentiale ausschöpfen.

Die Zukunft der Marke findet in den Herzen und Köpfen der Konsumenten statt. Es geht nicht mehr um die Frage, wie gut eine Marke ist, sondern darum, wie gut sie erlebt wird. Höhere Wertschöpfung entsteht aus der Fähigkeit von Werbung, Fakten mit Gefühlen anzureichern. Werbung kann diesen erlebbaren Mehrwert nur herstellen, wenn sie vom Verbraucher her denkt, erkennt und fühlt.

Unseren *Grey*-Ansatz zur Schaffung erfolgreicher Marken haben wir abschließend für Sie im architektonischen Gesamtzusammenhang dargestellt.

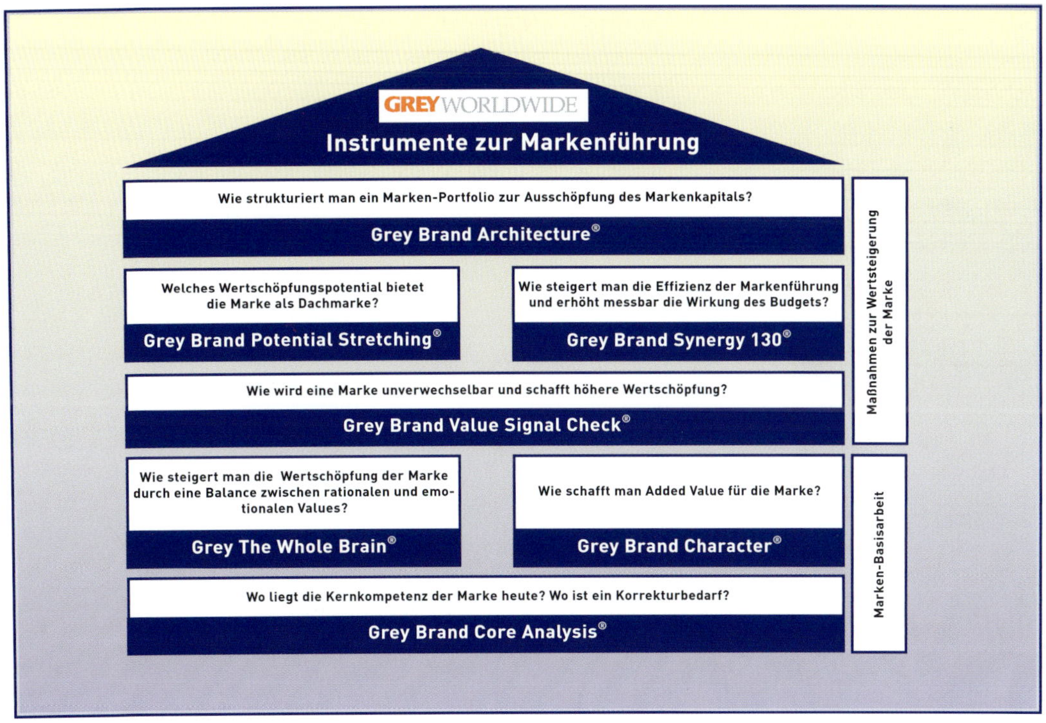

8

8. Anhang

1 Als Quelle für die steigende Bedeutung der Handelsmarken diente die Zeitschrift 'Lebensmittel Praxis' (19/2000).

2 Ergebnisse laut Fame-Studie 1997/ 98 zur konkreten Markenkenntnis von BMW, Mercedes Benz und Audi in der Bevölkerung (ab 14 Jahre).

3 Daten zur Visa-Markenbekanntheit entstammen einer GfK-Tracking-Studie und zu den Visa-Marktanteilen aus der BdB-Datenbank für Wirtschaftsdaten auf der Basis der Kreditkartenverkäufe.

4 Diesen Zusammenhang beschreibt Rosenberg (1960).

5 Entnommen aus der ‚Cambridge-Enzyklopädie der Sprache' von Crystal (1995).

6 Als Quelle diente der GfK-Werbeindikator ATS® Energie von September 2000.

Prof. Erwin H. Geldmacher

Der Autor ist, wie er selber sagt, ‚Oldtimer'. Jahrgang 1923. Jemand, den die jeweilige ‚Krise der Zeit' von Geburt an begleitete. Das macht neugierig, wie es denn so weitergeht... Und wer neugierig ist, sucht Antworten.

Zum Lebenslauf verweist Geldmacher darauf, dass Näheres für Neugierige dem ‚Wer ist wer', dem deutschen Who's Who zu entnehmen sei.

Die hier vorliegende Schrift, so meint Geldmacher, ist eine der möglichen Antworten auf die wichtigste Frage eines nachdenkenden oder einfach neugierigen Menschen: Warum?

Warum Marken - wo doch jeder sowieso nur das haben will, was er kennt?
Warum diese Riesenwerbung für etwas, was sowieso bekannt ist?
Warum so viele Marken für genau das gleiche Angebot?
Warum überhaupt ‚was anderes machen'...?

Wer viele Fragen stellt, bekommt viele Antworten. Wirklich...? Geht es nicht vielmehr darum, sich ‚seine eigenen Gedanken zu machen', seine eigenen Wege zu suchen, zu Erkenntnissen zu kommen, die dann auch in der verflixten Realität funktionieren?

Geldmacher hatte wegen seines spontan zu Assoziationen führenden Familiennamens gelegentlich ernste Probleme. Lieber hätte er ‚Schlüsselmacher' geheißen, denn darum ging es ihm als akademischem Lehrer: „Wer seinen Studenten zeigt, wie man ‚Schlüssel' macht, der hilft ihnen auch, die Türen zu öffnen, deren Schlösser sie irgendwann in der eigenen Lebenspraxis einmal öffnen wollen - oder müssen."

In diesem Sinne mag sein Beitrag zu diesem großen Buch vielleicht eine bescheidene Antwort auf Ihre Frage nach dem ‚Warum?' geben.

Die Kraft der Marke - FASZINATION

Prof. Erwin H. Geldmacher

Immer, wenn ich als Praktiker meinen Studenten einen Gedankenweg in die Vielzahl der planerischen und gestalterischen Möglichkeiten im Bereich der Werbung zu bahnen suchte, habe ich sie gebeten, vom Einfachen her zu denken: Wer von Marken spricht, muss zunächst einmal sagen, was er meint.

Es gibt eine Fülle von Definitionen für den Begriff Marke. Meine Antwort lautet: Ob Gegenstand oder Dienstleistung, eine Marke ist alles das, was einen *guten Namen* hat. Einen Namen, dem viele im Wirtschaftsleben vertrauen, denn *Marken sind Verkehrszeichen der Wirtschaft.*

Marken muss man als Persönlichkeiten begreifen mit einer Herkunft, einer Heimat, einem persönlichen Schicksal, einem bestimmten Auftreten, einer Rolle - vielleicht als ‚Star' einer Branche oder Warengattung, eben mit einem bekannten Namen. Das Merkmal Name macht es leichter, zu verstehen, dass Marken und ‚Personality' viel gemeinsam haben: Menschen orientieren sich an ihnen.

Marken zu verstehen heißt, Menschen in ihrer Vielfalt zu verstehen - und zu verstehen, wie Marken auf Menschen wirken. Weder Marken noch Menschen können isoliert leben. Beide sind Ganzheiten, die nur im Zusammenhang mit den unendlich vielfältigen Beziehungen und Wechselwirkungen in ihrem Umfeld betrachtet werden können.

Wer Marken und Menschen verstehen und mit ihnen umgehen will, muss also die Wechselbeziehungen zwischen ihnen analysieren und verstehen können - in jedem einzelnen Fall. Und wer dabei die Analogie, die sich zwischen Marke und Persönlichkeit anbietet, zur Basis eigener Erkenntnisse macht, besitzt ein praktikables Handwerkszeug, um mit Marken menschlich und damit wirtschaftswirksam umzugehen. So ist das *Greater Efficiency Rules-Markenführungssystem* oder kurz GER-Markenführungssystem entstanden. Es handelt sich um ein lebendiges Denkwerkzeug, welches ich Ihnen im Folgenden vorstellen will. Dabei werde ich zunächst die Grundgedanken erläutern, um dann auf die Einsatzbereiche einzugehen. Abschließend soll ein Beispiel die Wegsuche in der Praxis veranschaulichen.

1

1. Das kommunikative Prinzip und die Marke

Die Beziehung zwischen Marke und Menschen zu analysieren und zu verstehen, hilft, praktikable Lösungen zu finden. Als Basis dient das *kommunikative Prinzip*. Das kommunikative Prinzip lässt sich an einem einfachen Bild begreiflich machen:

- Die Sonne sendet seit undenklichen Zeiten ‚Informationen' aus. Wir nennen dies ‚Licht' und subsumieren darunter eine große Fülle unterschiedlichster Informationen (Strahlen).

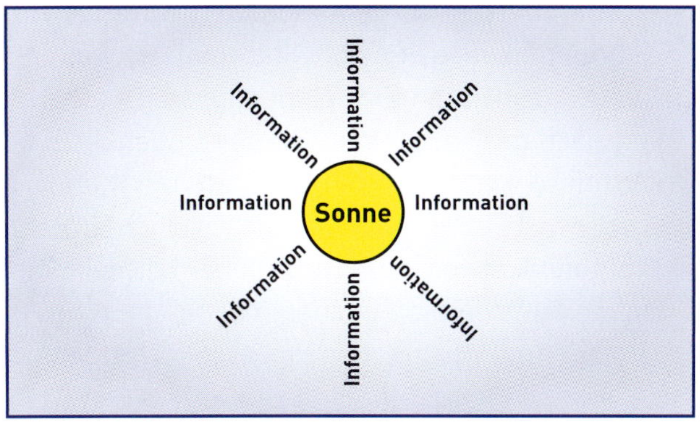

Diese ‚Sonneninformationen' treffen in unserem Beispiel auf zwei unterschiedliche ‚Körper', unsere Erde und den Mond - und wirken dabei höchst unterschiedlich! Die Sonneninformationen dringen bei der Erde durch die Erdhülle, ein Luft-Wasser-Gemisch, und treffen dann erst auf die Oberfläche. Von dieser Oberfläche werden die Sonneninformationen zum Teil aufgenommen und zum Teil reflektiert.

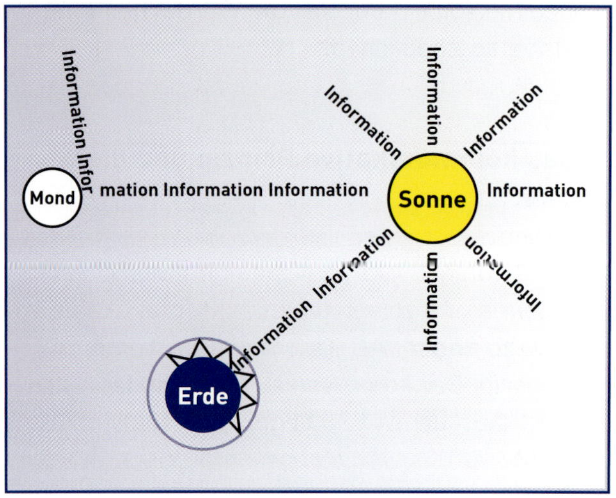

Bei den Sonnenstrahlen, die von der Erde reflektiert werden, verwandeln sich Informationen in Reflexionen. Es entsteht Kommunikation, es entsteht Leben und damit wird das ‚kommunikative Prinzip' wirksam. Das, was wir Natur nennen (uns eingeschlossen), arbeitet nach diesem System: Die seit undenklichen Zeiten wirkende Sonneninformation hat im Lebensbereich der Erde Anlass zu einer Fülle kommunikativer Prozesse gegeben, die sich bis in die feinsten biologischen, chemischen, physischen und psychischen Prozesse fortsetzen.

Da der Mond keine Luft-Wasser-Hülle hat, reflektiert er die Sonneninformationen völlig anders. Die Voraussetzungen für eine Reflexion im Sinne dessen, was wir als Leben bezeichnen, fehlen. Salopp gesagt, handelt es sich um eine ‚Fehlstreuung der Sonne'.

Kommunikation ist - gemäß dem lateinischen Wortstamm ‚communicare' - als ein wechselwirksames System von Information und Reflexion zwischen mindestens zwei ‚Teilnehmern' (meistens aber zwischen vielen) aufzufassen. *Kommunikation ist also nicht nur bloße Ausstrahlung von Information, sondern wechselseitiger Austausch in welcher Art auch immer.*

Übertragen auf die Beziehung von Mensch und Marke heißt dies: Wenn man den Menschen mit der Marke erreichen will, sind nicht nur die ausgesandten Informationen wichtig, denn sie allein bringen noch keine Kommunikation zustande. Vielmehr ist es wichtig, zu erkennen, wer denn wie und warum auf die ausgesandten Informationen reflektiert. Gesucht sind als Kommunikationspartner für eine Marke nicht nur bloße Zielgruppen sondern Reflexgruppen. Um diese zu finden, ist das Verständnis der Beziehung zwischen Marke und Mensch unverzichtbar.

Durch einfaches Nachdenken lassen sich aus unserem Alltag beliebig viele Beispiele ableiten, um das kommunikative Prinzip als Erkenntnisbasis nutzvoll anzuwenden. Allerdings gilt es, sich davor zu hüten, das Sonnen-Beispiel allzu modellhaft und mechanistisch zu übertragen.

Denn es gibt ein Ur-Element der Kommunikation, das nicht mechanistisch messbar und erfassbar ist: **die** *Faszination*. Die Faszination ist ein höchst wirksames Element, von dem in Bezug auf die Marke im Folgenden die Rede sein soll.

2. Marke, Mensch und Faszination

Zunächst - um im Bilde zu bleiben - setzen wir an die Stelle der Sonne eine Marke und an die Stelle der Erde den ‚Konsumenten'. (Den Konsumenten gibt es zwar nur statistisch, denn der lebendige Mensch ist vielfältig und nicht auf ein Absolutum simplifizierbar. Aber um das Ganze etwas verständlicher zu machen, sei hier das Wort Konsument gestattet.)

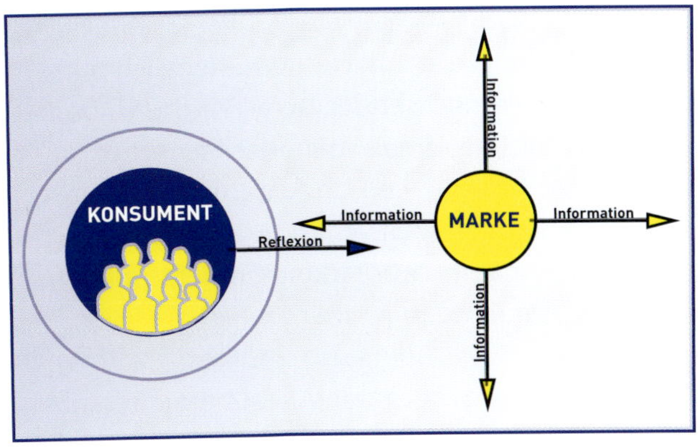

Nehmen wir als Marke der Einfachheit halber einmal *Nescafé*. Die Marke (Sonne) löst nun spontan eine Assoziation (Reflexion) aus:

NESCAFÉ.

Durch den Namen *Nescafé* und die mit diesem Namen gelernten Assoziationen entsteht eine Ganzheit, die sowohl Information als auch - möglicherweise - Faszination auslöst:

- Die *Information* bei *Nescafé* heißt beispielsweise: keine Bohnen, sondern löslicher Kaffee (Pulver oder so etwas Ähnliches), schnell zubereitbar, einfach nur mit heißem Wasser, praktisch, keine große Vorratshaltung, tassenweise zubereitbar und es gibt mehrere Sorten, auch koffeinfrei. Man kann *Nescafé* stark und schwach trinken, je nachdem, wieviel man nimmt. Und: *Nescafé* ist eben *Nescafé*. Mehr noch: Das Synonym für löslichen Kaffee.

- Die *Faszination* von *Nescafé* ist demgegenüber höchst persönlich, das heißt, von Verbraucher zu Verbraucher, von Gruppe zu Gruppe, von Land zu Land unterschiedlich.

Marken lösen also - wie Persönlichkeiten, die einen Namen haben - Reflexionen aus, die zu einer ganz persönlichen Bewertung und im positiven Falle zu dem begehrten, motivierenden *„Ja!"* führen. Dafür zu sorgen, dass möglichst viele gute persönliche Bewertungen dauerhaft im Markt leben, ist die Aufgabe der Markenführung. Das Wort Markenführung stammt im Übrigen aus den fünfziger Jahren und meiner persönlichen Auseinandersetzung mit dem Begriff ‚Markentechnik', den Hans Domizlaff geprägt und damit eine hohe Kultur des Markendenkens initiiert hatte. Mich hatte die leicht missverständliche, rezeptartige Anmutung des Wortes ‚Technik' gestört. Mir ging es in meiner beraterischen Tätigkeit um die Begreifbarmachung lebendiger wirtschaftlicher Zusammenhänge. In Bezug auf die Marke heißt das, nicht ein mechanistisches Uhrwerk in Gang zu setzen und die Geldmaschine Marke profitlich zu nutzen, sondern - wie es Hans Domizlaff wohl auch verstanden hat - Disziplin, Umsicht und Kontinuität in der Führung einer Marke walten zu lassen. Also: Markenführung.

Um die Beziehung zwischen Marke und Mensch und die sich daraus ergebenden Wirksamkeiten im kommunikativen Sinne zu erfassen, muss man einen Standpunkt einnehmen, der von jedermann nachvollzogen werden kann. Eine Antwort darauf, welchen Standpunkt man in der Markenführung einnehmen muss, ergibt sich aus der einfachen Frage: Wen meint die Marke? Einfache Antwort: Die Verbraucher und Konsumenten, also all diejenigen, die aus der Begegnung mit der Marke einen Nutzen ziehen.

Den Verbraucherstandpunkt einzunehmen ist eine wichtige Voraussetzung für ordentliche Markenführung im kaufmännischen Sinne. Wenn man den Verbraucherstandpunkt einnimmt, muss man analysieren, was der Verbraucher eigentlich von der Marke versteht: Wie erfasst er das ‚Phänomen Marke', das als Markenartikel oder Dienstleistung auf ihn zukommt und ihn umwirbt? Er erfasst die Marke durch seine Sinne und seine Informationsverarbeitung, die ihm Aufnahme und Reflexion erst ermöglichen.

So wie in unserem Beispiel die Erde eine Luft-Wasser-Hülle als Besonderheit gegenüber dem ‚toten Mond' hat, so hat der ‚Konsument' ein vielfältiges Instrumentarium, das die Reflexion auf Informationen ermöglicht - ein über alle Unterschiedlichkeit der Konsumenten hinweg gegebenes reflektorisches Instrumentarium - egal, wo sich der Mensch ‚Konsument' auf diesem Erdball befindet.

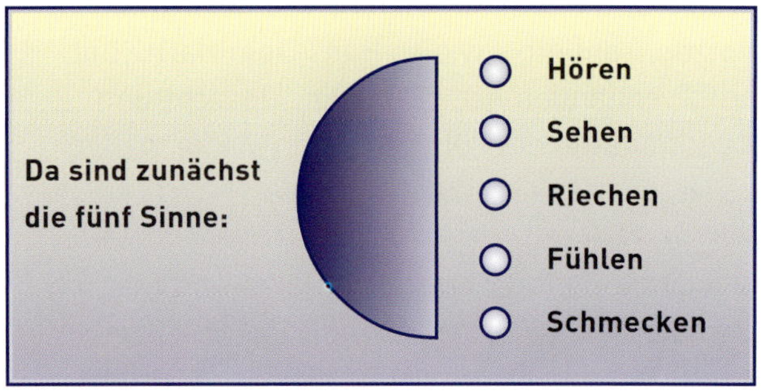

Dieses gemeinsame Instrumentarium reagiert nach Zeit und Ort unterschiedlich. Wer das kommunikative Prinzip auf eine Marke anwendet, muss sich der wandelnden Parameter von Zeit und Raum bezogen auf den Konsumenten bewusst bleiben!

Marken bewegen sich wie Menschen in einem dynamischen Raum-Zeit-Gefüge: Die Marke erreicht den Menschen nicht, wenn er sich körperlich oder geistig außerhalb ihres Raumes oder ihrer Gegenwart bewegt und vice versa.

Jetzt, in diesem Augenblick, bemühen sich mindestens drei Fernsehsender, acht Rundfunkstationen, eine Zeitung, eine Wochenzeitschrift und vielleicht ein Freund via Handy darum, Sie zu erreichen. Aber: Sie sind nicht zu Hause. Damit stimmen die Raum-Zeit-Parameter nicht überein. Also: Fehlstreuung!

Kurz gesagt: Es geht in der Werbung nicht mehr um Reichweiten, also wieviele Konsumenten von einem Informationsträger in einem bestimmten Einzugsgebiet errreicht werden können, sondern um Er-Reichweiten. Planer oder Gestalter, denen im Bereich der Werbung eine bestimmte Aufgabe gestellt wird, sollten das Raum-Zeit-Gefüge immer im Hinterkopf haben, um zu marktwirksamen Lösungen zu kommen.

Zu den fünf Sinnen, die miteinander kommunizieren und reflektorisch nicht scharf abgrenzbar sind, gehört ein durch die Sinne aufgebautes Speichersystem. Dieses Speichersystem setzt sich aus dem Erleben, Erfahren, Erlernen und Wissen zusammen. Wichtig ist, dass das Speichersystem als Reaktionsmedium wesentlich stärker durch die Emotio als durch die Ratio beeinflusst wird!

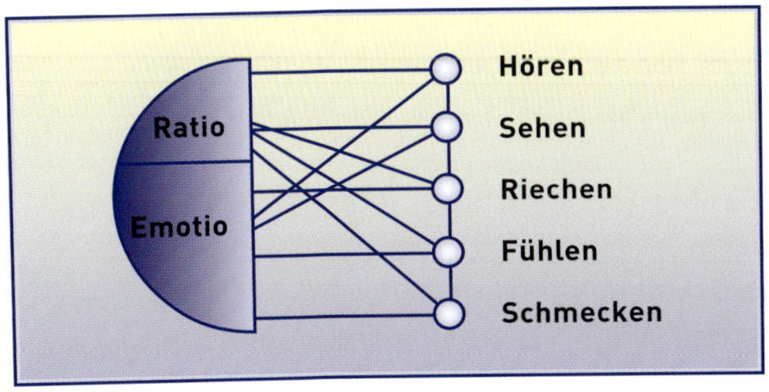

Erst das Zusammenwirken von Sinneseindrücken und Speichersystem ermöglicht die Reflexion auf Informationen, also durch Kommunikation bewirktes Handeln.

Wer sich mit Marken befasst, muss sich mit dem Sinnes- und Erfahrungsspektrum des Menschen befassen, denn das Sinnes- und Erfahrungsspektrum wird von jedem Einzelnen in seiner Rolle als Verbraucher in verschiedener Ausführung und Intensität genutzt, um sich in dieser Welt zurechtzufinden. Hierin liegt ein wichtiger Gedanke für das, was im Bereich der Markenführung die Faszination bedeutet.

3. Faszination als Ur-Element des GER-Markenführungssystems

Faszination ist ein wesentliches Element der Kommunikation zwischen Marke und Verbraucher. Von der Marke her gesehen, verstärkt und lenkt Faszination die Information. Vom Verbraucher her gesehen, ist Faszination ein Reflexionsverstärker. Es gibt also ein Wechselspiel der Faszinationen: Mal ist die Information (Werbung etc.) Auslöser der Faszination, mal der Reflexionswunsch des Verbrauchers (Kauf, Miete etc.). Das Leben bestimmt die Reihenfolge:

- Ein Kurzbeispiel für die Erzeugung von Faszination via Information:

  Werbung im Fernsehen für *Fasa*, ein neues Textildeodorant von *Henkel*. Brittas Mann raucht Zigarren. Der kalte Dunst hängt in den Gardinen. Die Gäste machen dumme Bemerkungen - dann wieder Werbung im Fernsehen. Diesmal schaut Britta genauer hin: Aha, *Fasa* heißt das Zeug! (Faszinationselement Information). Das könnte das Zigarrenproblem lösen. Reflexion: Britta kauft *Fasa*.

- Ein Kurzbeispiel für das Entstehen von Faszination via Reflexion:

  Hanno, ein Computerfachmann, will raus aus der Stadt. Computer funktionieren auch auf dem Lande und da ist bessere Luft und weniger Krach und überhaupt eigentlich... (Aufbau einer Faszination aus der Reflexion über die eigene Lebenslage). Resultat: Hanno sucht nach Informationen. Ein Angebot fasziniert ihn. Der Umzug wird geplant.

Faszination ist eine Kraft, die ähnlich wirkt wie der Magnetismus. Faszination hat wie der Magnetismus einen Push- und einen Pull-Charakter. Das erklärt auch die - je nach Polarisierung - ausgerichtete Richtungswirkung der Faszination: Sie kann positiv aber auch negativ wirken, was sich aus unserer Begegnung mit dem ‚Markenalltag' leicht ableiten lässt. Von einem Markenangebot ‚angezogen' zu sein, ist der erste Schritt zum Kauf. Faszination unterliegt dabei den dynamischen Elementen von Raum und Zeit, denn sie kann stark oder schwach, häufig oder selten, spontan oder lang gehegt sein. Wer hier weiterdenkt, findet kluge Wege zur erfolgreichen Lösung eines gegebenen Problems. Nur Vorsicht: Im konkreten Fall nicht zu mechanistisch denken!

Zurück zur Theorie, die der Praxis auf die Beine helfen kann.

3.1 Die Bedeutung des ‚Markenschlüssels'

Die Systematik des *GER-Markenführungssystems* bietet das Handwerkszeug, um durch Analyse und Synthese praktisch gegebene Aufgaben und Probleme lösen zu können: Am Anfang eines solchen Vorgehens sollte immer die Definition der gegebenen Marke durch eine Art ‚Personalbeschreibung' stehen, damit man weiß, wen man vor sich hat. Um auch hier ein einfaches Bild zu benutzen: Es geht um die Definition des *Markenschlüssels*. Der Markenschlüssel besteht aus dem *Markenwort* und dem *Markenbild*:

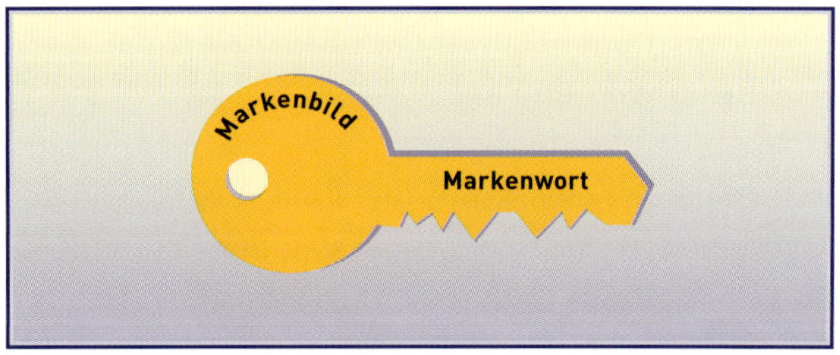

Das *Markenwort* schließt ‚geistig' auf: In dem Augenblick, in dem es genannt wird, wissen wir sofort, worum es geht. Es öffnet sekundenschnell unsere ‚Speicher' und ordnet die Marke zu. Über das Markenwort allein liesse sich ein ganzes Buch schreiben, denn es beinhaltet ‚in a nutshell' eine Welt der Begegnung, der Zuordnung, der Wertung und damit einen persönlichen Standpunkt. Das Markenwort ist ein Kurz-Code. Zum Beispiel *Shell*: Benzin, Diesel, Öl, Tankstelle, Kiosk, teurer oder billiger, liegt am Wege, nette Leute (oder eben nicht)...

Das Markenbild schließt ‚sinnlich' auf: Das Markenwort verbindet sich mit einem bestimmten Bild, einem Markenzeichen (*Mercedes*-Stern, *Bayer*-Kreuz etc.) oder mit einer bestimmten Typographie, die bildhaft wirkt (z.B. *Coca Cola*). Zum Markenbild gehört natürlich auch die Farbe und gelegentlich auch die Form, um die Wiedererkennbarkeit der Marke zu sichern (Getränke, Parfums, Autokühler etc.). Beispiel *Shell*: Markenzeichen ist die Muschel, Markenfarben sind gelb und rot und der Markenschriftzug ist typographisch definiert:

Shell-Logo 1961 Shell-Logo, 1971

Der *Markenschlüssel* hat als ‚Personalausweis der Marke' einen hohen Wert: Er sichert im Markt den gesetzlichen Schutz einer unverwechselbaren Marken-Personality! Im Markenschlüssel steckt der Kern der Faszination, die Marken zu Verkehrszeichen macht. In meinen Beraterjahren zwischen 1950 und 1970 sprach ich, wenn es um die ‚unveränderlichen Elemente' einer Marke ging, gern vom ‚Markenkern'. Heute würde ich der starren

Definition Markenkern - um der Keimfähigkeit der Marke willen - lieber den Begriff ‚Markengene' benutzen.

Der Markenschlüssel macht auch den Lebensraum der Markenpersönlichkeit begreifbar. So macht es Sinn, der Markenherkunft, dem Markenschicksal, dem Markencharakter, der Markenrolle und dem Anmutungsfeld, in dem sich die Marke bewegt, nachzuspüren. Eine solche Analyse der Marke bringt Ordnung in die Markengeschichte und Vision in die Markenzukunft.

In der Markenführung hilft das, dem ‚mechanistischen Tick-Tack' der Budgeterfüllung und dem Diktat des ‚Das haben wir immer schon so gemacht!' den gesunden Menschenverstand entgegenzusetzen, damit die Markenpersönlichkeit - aus der sich auch eine Markenfamilie entwickeln kann - ihre Kraft und ihre Faszination im Markt behaupten kann.

3.2 Die vier Suchfelder - Analyse der Markenfaszination

Der Markenerfolg basiert immer auf der Besonderheit des Angebotes und der Anerkennung der damit verbundenen Leistung. Es gibt in diesem Bereich sogar so etwas, das ich als das *Markencharisma* bezeichnen möchte und eine für jedermann nachvollziehbare und grenzübergreifende Bedeutung hat: Markencharisma ist die Verdichtung und Verfestigung der kommunikativen Kraft einer Marke, die soweit führen kann, dass eine Marke zum Begriff für ‚das Besondere' wird - sei es für eine Warengruppe oder eine Dienstleistung. Man denke im mitteleuropäischen Bereich nur an *Tempo* (Papiertaschentücher), *Maggi* (Würze, Suppen), *Melitta* (Kaffeefilter), *Milka* (Schokolade), *Persil* (Waschmittel), *Adidas* (Sportbekleidung), *UPS* (Paketservice), *Fleurop* (Blumenversand), *Quelle* (Versandhaus) etc. Und weltweit weiß jeder, was *Shell*, *Coca Cola*, *Mercedes-Benz*, *Marlboro*, *AOL*, *Nestlé* und *Microsoft* ist.

Wiedererkennbarkeit, Alleinstellung und Ubiquität, wie sie von den Markenvätern gefordert wurden, sind nur durch die Weckung der faszinativen Elemente einer Marke erreichbar. Wo steckt nun die Faszination einer Marke? Hier:

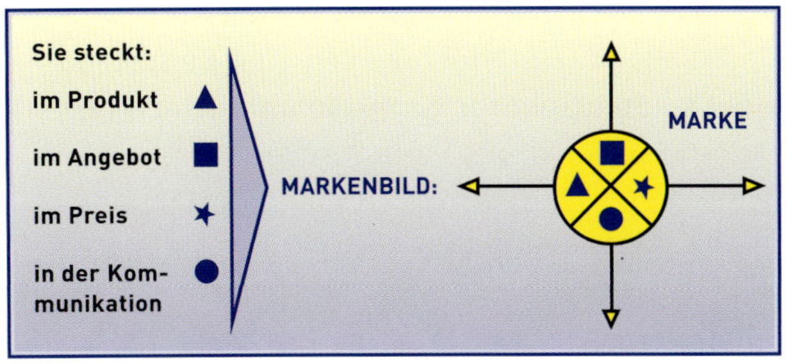

Aber wie findet man die Faszination einer Marke?

Nach dem GER-Markenführungssystem stellt man sich auf den Konsumentenstandpunkt und bildet vier Suchfelder:

▲ 3.2.1 Suchfeld 1: Die Produktfaszination

Das Produkt und seine Leistung ist das, worum es Verbrauchern geht. Je nachdem, was ein Produkt leisten kann, ist der Produktnutzen verschieden:

- Handelt es sich z.B. um ein Genussmittel wie z.B. Kaffee, Kosmetik, Waschmittel, Süßigkeiten oder Fertiggerichte, so geht es um den Verzehr, den Geschmack, den *Verbrauch* als Produktnutzen. Deshalb spricht man auch von *Verbrauchsgütern*. Bei Produkten, wie z.B. Fahrzeugen, Haushaltsgeräten, Computern, Werkzeugen, Sanitärartikeln oder Immobilien dagegen besteht der Nutzen im *Gebrauch*, in der Benutzung. Deshalb spricht man von *Gebrauchsgütern*. Manchmal ist das ‚Produkt' auch nicht gegenständlich, wie zum Beispiel bei einer Dienstleistung (Reisen, Transporte, Vermögensverwaltung, Reinigungs-, Rettungs- und Wachdienste, Betreuungs- und Beratungsleistungen, Versicherungen etc.).

Die Grenzen zwischen den einzelnen Kategorien sind fließend. Zeitungen zählen zum Beispiel sowohl zu den Gebrauchsartikeln als auch zu den Dienstleistungen: Als Verbrauchsartikel wurden Zeitungen inzwischen durch die (Toilettenpapier-) Marke *Hakle* wohltuend ersetzt.

Praktisch geht man bei der Ermittlung der Produktfaszination einer gegebenen Marke nach dem *GER-Markenführungssystem* wie folgt vor:

- *Ego-Analyse:* Wie erfährt der (gedachte) Konsument das Produkt mit seinen fünf Sinnen?

  Da man selbst ‚Konsument' ist, ist es hier gestattet, ohne Scheu eine ganz persönliche, höchst subjektive Wahrnehmungsanalyse durchzuführen.
  Kurz gesagt:

  Was sehe ich,
  was höre ich,
  was fühle ich,
  was rieche ich,
  was schmecke ich?

  Achtung: Es werden nicht immer alle Sinne angesprochen! Eine Zeitung schmeckt nicht, aber die graphische Gestaltung, der Umbruch, die Anzahl der illustrierenden Bilder haben einen wesentlichen Einfluss auf den optischen Sinn.

- *Alter-Ego-Analyse* (Konsumenten-Standpunkt!): Was erleben andere im Testbereich anders und was ist mit den fünf Sinnen so direkt nicht wahrnehmbar - oder nicht für jedermann?

  Oft ist das, was man nicht mit den Sinnen wahrnimmt, was *fehlt*, wichtig. Die meisten Erfindungen beginnen bei dem, was fehlt (die Waschmaschine, der Kühlschrank, der Intervallschalter für den Auto-Scheibenwischer, die Schmerztablette etc.).

  Es ist nützlich, die spontanen Eigenerfahrungen der Raum-Zeit-Parameter-Kontrolle zu unterwerfen und *unbedingt* die eigenen Erkenntnisse auf deren mögliche Nachvollziehbarkeit durch gedachte oder ermittelte Reflexpersonen oder eben Reflexgruppen zu *kontrollieren*.

Man muss sich während dieses Analyseverfahrens der Tatsache bewusst sein, dass es darum geht, Empfindungen, Reaktionen und Meinungen zukünftiger Verbraucher ‚vorzuvollziehen'. Das führt zu einer realistischeren Vorgabe für die Planung und Gestaltung von Marken. Die faszinativen Elemente der Marke erschöpfen sich natürlich nicht in der Nützlichkeit des Produktes. Sie müssen im konkreten Falle über die Produktdefinition, den Produktbenefit, die Produktprofilierung usw. eine Auffächerung erfahren. Und dann gilt es, die Ergebnisse zu einem einfachen nachvollziehbaren Code zusammenzufassen. Rosser Reeves, legendärer Chef der Agentur *Ted Bates*, disziplinierte in diesem Sinne die Kreativen seiner Agentur zur

Unique selling proposition (dem USP bzw. unverwechselbaren Nutzenangebot), eine Formel, die zu anerkannten wirtschaftlichen Erfolgen führte.

Einer erfolgversprechenden Ermittlung der Produktfaszination ist man sehr viel näher, wenn man sich nur mit dem ‚nackten' Produkt beschäftigt - also gewissermaßen ohne das Vorwissen über die Marke, ohne Aufmachung, ohne Markierung, ohne Preiswissen, ohne das Wissen um den Regalplatz oder die Wichtigkeit in der Rangordnung, wie sie der Markt ‚jetzt' widerspiegelt. Dazu gehören Phantasie und Disziplin.

Dies ist dennoch wichtig, weil zum Beispiel die braune heiße Flüssigkeit in der Tasse für den Konsumenten einfach Kaffee ist - und als solcher anonym. Kaffee hat seinen guten Namen bei der Zubereitung und im Verbrauchsakt ‚verloren'. Er schmeckt einfach oder nicht, er braucht Milch oder Zucker oder nicht und er ist frisch oder nicht: Das ist der Konsumentenstandpunkt.

Meist hat der Konsumierende sogar gar keinen Einfluss auf die Markenwahl: Zwischen ihm und dem Verzehr sind die Einstellungen des Einkäufers, die Vorwahl des Handels und die Welt der Werbung wirksam. Der Konsumierende ist aber dennoch die Maßstabsperson, wenn man schon vom Beispiel auf das Ganze schließen möchte, um mehr zu wissen.

Im konkreten Fall lässt sich über die Nachdenklichkeiten und Praktiken im Bereich des Suchfelds Produktfaszination noch sehr viel mehr sagen, denn: Jeder Fall ist anders. Eine Zeitschrift kann man gemeinhin nicht mit der Nase wahrnehmen. Wenn aber jemand auf die Idee kommt, eine Parfumanzeige mit dem spezifischen Duft zu versehen, für den er wirbt, dann entsteht ein ungewöhnlich faszinativer Appellwert. Ebenso ist die Dienstleistung einer Airline gewiss nicht einfach mit den fünf Sinnen zu definieren. Aber die fünf Sinne wirken mit bei der Wahl, wenn es zum Beispiel um den Cateringservice an Bord geht, und sie wirken mit bei dem sicheren Gefühl, das durch einen angenehmen Sitz auf langen Flügen ausgelöst werden kann usw.

Welcher Art auch immer das Produkt ist, man muss sich nur tief genug in die Begegnung des Produktes mit dem Konsumenten hineindenken. So werden die faszinativen Elemente bewusst, interpretierbar, kommunizierbar.

Analyse des ‚nackten' Produkts - Analyseobjekt Kaffee

3.2.2 Suchfeld 2: Die Angebotsfaszination

Die Angebotsfaszination umfasst die Gesamtheit der äußeren Erscheinungsformen, durch die sich ein Produkt dem Konsumenten präsentiert. *Das wesentliche faszinative Kennzeichen der Angebotsfaszination ist die Marke - dargestellt durch den Markenschlüssel.*

Bei *Verbrauchsgütern* ist die Angebotsfaszination im Wesentlichen die Packung: Zahnpasta, Erfrischungsgetränke, Schokolade, Kosmetika, Fertiggerichte, Gewürze, Wasch- und Putzmittel, Milchprodukte, also alles das, was man im Supermarkt bekommen kann, ist verpackt. Selbst die *Chiquita*-Banane, die die Natur mit einer Frischpackung versehen hat, trägt eine Marke. Die Packung ist die erste Begegnungsform des Produktes mit dem Konsumenten, und das macht sie so faszinierend für den ersten, den zweiten und schließlich den gewohnten Einkauf.

Die Packung als Angebotsfaszination setzt die Signale - von der Ferne durch Farbe und Sonderplatzierung, von der Nähe durch emotionale und rationale Information (letzteres bis zur Gebrauchsanweisung). Wer diesen Gedanken bisher gefolgt ist, tut sich selbst einen Gefallen, wenn er einmal die Wirkung der Angebotsfaszination für sich ableitet, die von den täglich benutzten Markenartikeln ausgeht.

Angebotsfaszination von Verbrauchsgütern: Markenartikel aus einem englischen Supermarkt

Bei Gebrauchsgütern definiert sich die Angebotsfaszination im Wesentlichen über den erwarteten Produktnutzen und das Design. Hier sind die ‚Grenzen' zwischen Produkt- und Angebotsfaszination fließend. Man denke nur einmal an ein Auto oder neuen Fernseher oder einfach an den herrlichen Sessel, in dem man sich gemütlich herumlümmeln kann.

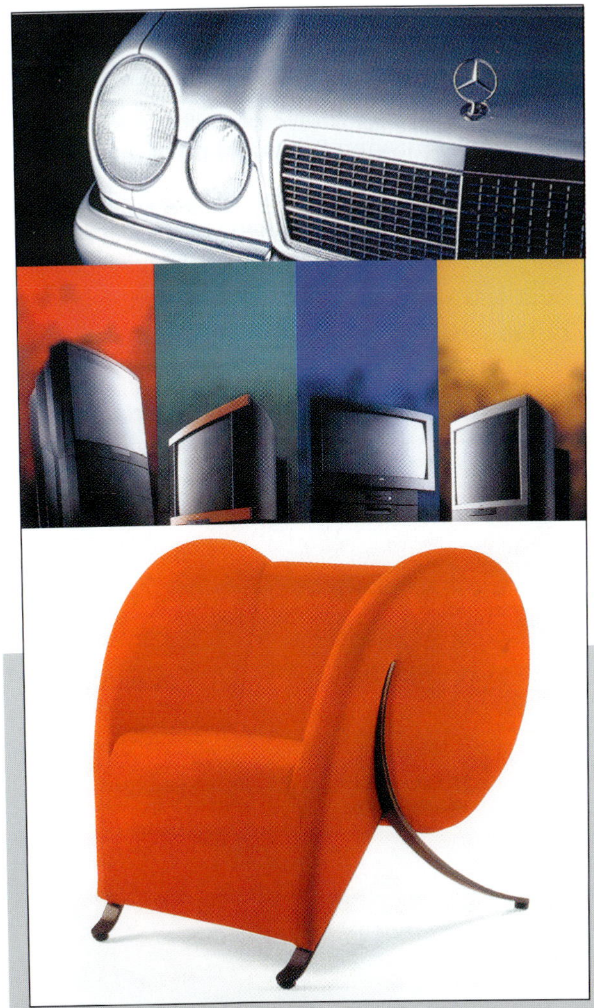

Angebotsfaszination von Gebrauchsgütern: Auto, TV, Sessel

Die Angebotsfaszination von *Dienstleistungen* ist sehr vielfältig. Einerseits ist es die Begegnung mit festgelegten Begegnungsplätzen, wie z.B. Banken, Reisebüros oder Autovermietungen und andererseits sind es medienvermittelte Informationen, wie z.B. Prospekte, Gebrauchsanweisungen oder Internetseiten, die dazu beitragen, eine auf die eigenen Ansprüche projizierte Dienstleistung bewertbar zu machen.

Angebotsfaszination von Dienstleistungen: Begegnungsplatz Bank

Das, was hier nur andeutungsweise zur Angebotsfaszination dargestellt werden kann, soll dazu anregen, bezogen auf eine bestimmte Aufgabe eigene Wege der Ermittlung faszinativer Elemente und ihrer kommunikativen Nutzung zu finden. Erst die Formulierung dieser faszinativen Elemente führt zur gezielten Angebotsprofilierung und damit zur Wahrnehmung von Marktvorteilen und von Innovationen und zur andauernden Behauptung der Marke im Wettbewerbsumfeld.

3.2.3 Suchfeld 3: Die Preisfaszination

Das vordergründig faszinativste Element der Markenführung ist die Preisfaszination. Warum, ist schnell erklärt, denn wir können alle rechnen. Die an eine Währungseinheit wie z.B. den Euro oder den Dollar gebundene Wertvorstellung ‚macht alles messbar', d.h. vergleichbar in Bezug auf die Ansprüche und Erwartungen eines Konsumenten an eine Marke und in Bezug auf die Angebote der Konkurrenz im Markt.

Preise sind schnell lernbare Größen, die die eigenen Wert-Nutzungsvorstellungen beeinflussen. Die Preisfaszination wirkt wie kein anderes faszinatives Element der Markenführung psychodynamisch, denn Preise fixieren gelegentlich die eigenen Vorstellungen gegenüber dem persönlichen Umfeld (Schwiegermutter, Kollegen, Freundeskreis). Darüber lassen sich ganze Fortsetzungsromane schreiben.

Wichtig ist nun, dass es sowohl eine *Niedrigpreisfaszination* (Sonderangebote, Schlussverkauf, Rabatte, Schnäppchen, Ausverkauf etc.) gibt, als auch eine *Hochpreisfaszination* (Luxusgüter, Seltenheiten, Eitelkeiten etc.).

- Die *Niedrigpreisfaszination* hat ihre Wurzeln im Mengenabsatz, in der Ubiquität (‚...ist überall zu haben'), in der Vergleichbarkeit zu jeder Zeit. Die Niedrigpreisfaszination wird insbesondere durch den Handel genutzt: Unter Berufung auf den guten Ruf der Qualität einer Marke. Das erst macht den günstigen Kosten-Nutzen-Vergleich möglich. Zudem wird die Niedrigpreisfaszination durch die zeitliche Rhythmisierung von Angeboten gefördert, die den Markenvorteil begehrenswert machen.

  Die Magie der Zahl (z.B. 999,00 DM und eben nicht 1000,00 DM), der gebrochene Preis (z.B. 59,95 DM), die Münzgrösse (für den Automatenkauf) und manch andere zahlenbezogene Faszinationen kommen zur Geltung. Insbesondere bei Währungen, die von der Megalomanie einer Inflation zur Nüchternheit des Umgangs mit der kleinen Zahl zurückkehren. Die Umstellung auf den Euro wird das - z.B. bei Peseten oder Lira - genauso deutlich machen, wie es bisher jede Währungsreform getan hat.

- Die Hochpreisfaszination erklärt sich aus sich selbst. Es geht um Seltenheit, Prestige, Anerkennung, Individualität, Exklusivität, manchmal auch um Kreditwürdigkeit. Hier ist das psychodynamische Element der Preisfaszination fast eine Regieanweisung für die Dramaturgie des Geschehens. Das Preis-Leistungs-Verhältnis wird bei der Hochpreisfaszination als Messgröße am stärksten individualisiert. Die Zuordnung zu einer gesellschaftlichen Schicht ist hier starkes faszinatives Element.

Der Preis wird meist als die vortrefflichste Anwendung der Ratio gedeutet, verdankt aber seine innere Größe - manchmal gar seine Existenz - der Emotio. Das muss man wissen, wenn man sich mit dem Sein und Werden einer Marke befasst. Die Marke als Marktvorbild ist höchst empfindlich

und verträgt keine equilibristischen Experimente des Marketing.

3.2.4 Suchfeld 4: Die Kommunikationsfaszination

Wenn all die faszinativen Besonderheiten einer Marke in den vorgenannten drei Suchfeldern ermittelt sind, sollte planerisch und gestalterisch Bilanz gezogen werden: Welche faszinativen Informationen, einzigartigen Eigenschaften, alleinstellenden Qualitäten der untersuchten Marke gibt es und mit welchen Maßnahmen, unter welchen Aufwendungen und unter Einsatz welcher Medien lässt sich dies marktwirksam kommunizieren? *Es geht also um die faszinative Positionierung, Formulierung und Konkretisierung.*

Auch hier ist es von großem Vorteil, den Verbraucherstandpunkt als Bezugsbasis für alles künftige Tun und Lassen einzunehmen. Insbesondere sind die wohlfeilen Klischees kommunikativer Umsetzung zu hinterfragen. Ganz konkret heißt dies: So manche Marke eignet sich von der Größe der Reflexgruppe, von der möglichen Marktpenetranz oder den besonderen Umständen in der Handelsstufe (Großhandel, Einzelhandel, Versand etc.) einfach (noch) nicht für das Fernsehen oder eine Homepage im Internet oder für eine große Zeitschrift - wohl aber für hundert andere Möglichkeiten, um den Verbraucher durch Information in Form von Werbung oder sonstige Veranstaltungen zu faszinieren.

Always remember: A brand must fit the budget and no consumer is eager to admire your art of advertising!

Gelegentlich lässt sich ein ganzes Markenkonzept durch eine treffende Formulierung in wenige Worte fassen, etwa:

„Nicht immer, aber immer öfter!“
- Clausthaler
„Nichts ist unmöglich!“
- Toyota
„Have a break - have a Kitkat!“
- Kitkat

Manche Formulierungen sind gar zu geflügelten Worten, ja fast ‚historisch‘ geworden:

„Der Duft der großen weiten Welt.“
- Peter Stuyvesant
„Wenn einem soviel Gutes widerfährt...“
- Asbach Uralt
„Mach mal Pause!“
- Coca Cola
„Etwas Warmes braucht der Mensch!“
- Maggi

Das gelesene, mehr noch das gehörte Wort, hat den Charme, Bilder im Kopf zu erzeugen. Die wirksamsten faszinativen Impulse erfährt die Marke aber wohl über das Auge. Die Marke als *Vor-Bild* prägt sich dem Konsumenten wie ein Code (Pull-Element) ein, wenn sie als Faszinosum wirkt. Hier kommt das zum Tragen, was ich anfangs in einer etwas saloppen Definition der Marke als ‚Verkehrszeichen der Wirtschaft‘ bezeichnete.

Es geht nun bei der Ermittlung der Kommunikationsfaszination einer Marke darum, aus allem Gedachten, Gelernten und Geprüften (Markenschlüssel, Suchfeldanalyse etc.) wieder ein Ganzes zu machen - auch im eigenen Kopf, damit es der geneigte Rezipient nachvollziehen kann.

Darum geht es im Eigentlichen bei dem, was ich als *Kommunikationsfaszination* bezeichnet habe:

- die Begreifbarkeit
- die Behaltbarkeit
- die Abwägung der Verfügbarkeit
- die Faszination des „Ja!"

Der Mensch im Markt begegnet immer nur der Ganzheit einer Marke - wie auch immer sich seine Interessen und Möglichkeiten der Wunschverwirklichung formulieren. Den Kreativen rufe ich zu: *"Find the difference, find the analogy to consumer lifestyle, find the right translation for fascination!"*

4. Quintessenz und Ausblick

Kommt der Mensch zur Marke oder die Marke zum Menschen? Diese Frage erklärt sich aus dem kommunikativen Prinzip und der Anwendung des GER-Markenführungssystems. Man muss lernen und wissen: Eine Information wird nur wirksam durch Reflexion und diese wird nur wirksam durch Faszination. Das sind die Gene der Kommunikation. Die Kraft der Marke ist die Faszination. Faszination ist die Brücke zwischen Mensch und Marke. Die Kommunikation zwischen beiden ‚funktioniert' dabei nach dem Schlüssel-Schloss-System.

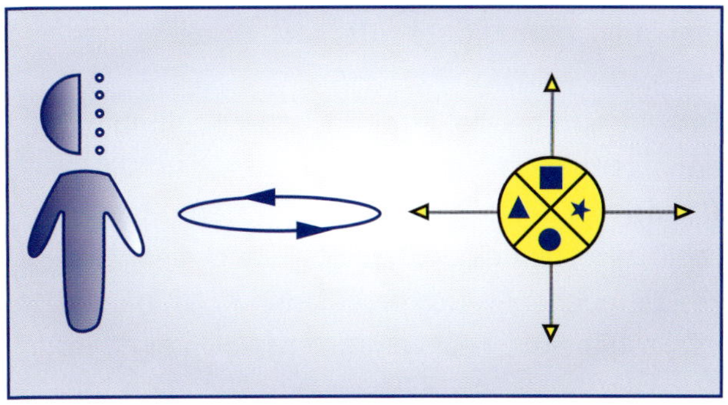

Kommunikation als Bereich wirtschaftswissenschaftlicher Forschung und Erkenntnis bedarf kritischer Geister, die das Gefühl für die Bewegung in Raum und Zeit - und die Frage, warum etwas entsteht und warum etwas vergeht, wie eine Art ‚Basso continuo' in sich präsent haben. Die Quintessenz einer solchen Denkweise ist ein Bekenntnis zur Holosophie:

ALLES IST GANZES UND TEIL ZUGLEICH!

Im Folgenden ein Beispiel als Wegweiser...

5. Ein historisches Beispiel: Die Ernte 23 von Reemtsma

5.1 Das Markenumfeld: Die Situation des Zigarettenmarktes (um 1980)

Als die Welt der großen Zigarettenmarken in Deutschland noch in Ordnung war, war ich Berater des Hauses *Reemtsma*. *Reemtsma* hatte viele traditionell gewachsene gute Marken, angefangen von der *Senussi*, der *Juno*, der *Salem*, der *R6*, *Ernte 23*, *Zuban* etc. bis hin zu den ‚modernen Marken' *Stuyvesant*, *R1* und *West*, und solchen, die nur kurz oder nie den Markt erreichten, wie *Morgan*, *Fairwind* und *Boing 777*.

Einer der großen Unternehmer war Phillip F. Reemtsma, der das Prinzip hatte, sich nur die besten Handschriften für die Öffentlichkeitspflege seiner Marken, sprich Werbung auszusuchen. Diesem

war es auch zu verdanken, dass der ‚Markenfächer' des Hauses *Reemtsma* dem Ansturm internationaler Konkurrenz in den drei Jahrzehnten nach dem Zweiten Weltkrieg standhalten konnte. Marken leben und sterben mit ihren Konsumenten: Kennzeichnend für einige *Reemtsma*-Marken war, dass sie ‚auch ohne Werbung' markentreue Anhänger behielten und zwar solange mit der Zigarettenmarke auch die guten alten Zeiten wach blieben. Doch viel wichtiger für den Zigarettenmarkt waren grundlegende Veränderungen.

Die gesellschaftliche Bedeutung des Rauchens hatte sich gewandelt. Rauchen war nicht mehr ein Privileg der Männer. Vielmehr wurde Rauchen mit dem Aufkommen der Filtertechnik zunehmend eine Sache der bis dahin Vorsichtigen, der Jugendlichen, der Frauen und sogar der Sportler. Kurz: Es wurde schick, zu rauchen - sogar in aller Öffentlichkeit. So vollzog sich ein Wandel vom Zigaretten-Genuss gestandener Männer hin zur Zigarette, die auch Ausweis für die Unabhängigkeit anderer gesellschaftlicher Gruppen war.

Freiheit und Abenteuer hatten gesiegt über die Freude am besonderen Geschmack einer ‚Lieblingsmarke', die man noch am Duft erkennen konnte. Die Faszination der aus fernen fremden Ländern nach Europa importierten Naturgüter wie Kaffee, Kakao oder Gewürze, war, was den Tabak angeht, ins selbstverständlich Alltägliche abgerutscht. Kaum jemand bei den großen Tabakverarbeitern, der etwas zu sagen hatte, sah noch einen Sinn darin, einfach vom guten Tabak zu sprechen oder gar den Genuss spezieller Provenienzen zu preisen, wie etwa beim Wein. Das gute Motto ‚Weniger aber besser' war hier geradezu verboten, ein Sakrileg. Man war mehr und mehr auf die aktuellen Monatszahlen, den ‚Marktanteil' fixiert. Markengenerationen können sich aber nur durch die Bewusstmachung der akzeptierten Markengene erfolgreich entwickeln.

Etwas anderes hatte sich auch dramatisch geändert: Schon früh nach Einsetzen des ‚Flächenbombardements' der Werber in den Print- und audiovisuellen Medien begann der mahnende Gedanke ‚Rauchen schadet der Gesundheit' wirksam zu werden. Er entstand praktisch als Gegenreaktion gegen das Auftrumpfen einiger Großmarken im Zigarettenmarkt. Der grenzenlose Hedonismus, der in bunten Bildern und immer ‚trefflicher' werdenden Sprüchen seinen Ausdruck fand, rief Reaktionen hervor, an denen der Gesetzgeber, der an der Tabaksteuer gut verdient, nicht vorbei kam.

So musste ein Zigarettenhersteller deutlich sichtbar das eigene Produkt diffamieren, um so mit einer ‚amtlichen' Verbraucherwarnung sicherzustellen, dass jedermann weiß, was er tut, wenn er raucht. Noch etwas kam hinzu: Durch ein Abkommen zur Selbstbeschränkung der Zigarettenindustrie wurden Werbung in Hörfunk und Fernsehen faktisch unterbunden. Des Weiteren wurde ‚zuviel' Werbung z.B. in Zeitschriften und Zeitungen eingeschränkt und anderweitige (auch gestalterisch) restriktive Maßnahmen durchgesetzt.

Diese Entwicklung beobachtend, gab es schon sehr frühzeitig Berater, die ein totales Verbot der Werbung und damit eine starke Fixierung des Markenspiegels in einem gegebenen Markt voraussahen. Eine solche Markenphilosophie soll nachstehend dazu dienen, die Überlegungen zur Positionierung und Marktwirksamkeit, also zur Erhaltung der Faszinationskraft einer seinerzeit gut eingeführten Marke zu verdeutlichen.[1] Alle zeitlichen Anmerkungen gelten natürlich für den

Zeitraum meiner Markenberatung bei *Reemtsma*, also Ende der 70er Jahre.

5.2 Die Analyse der Markenpersönlichkeit von Ernte 23

Zigaretten sind mehr als andere Markenartikel ‚Sache des persönlichen Geschmacks'. So lässt sich an der Zigarette ein Phänomen studieren, das es in anderen Märkten nicht in dieser Greifbarkeit der Ausdrucksformen gibt: Das Werden und Bestehen einer Marke wird durch die immer neue Bestätigung des ‚persönlichen Geschmacks' bestimmt, denn der Geschmack wird fast zum Ausweis einer bestimmten gesellschaftlichen Zuordnung (Kult). Eine faszinative Idee kann den Konsumenten dazu veranlassen, seinen persönlichen Geschmack bevorzugt in einer bestimmten Marke ‚wiederzufinden'.

Nachfolgend zitiere ich aus meinen noch vorhandenen Gestaltungs- und Archivunterlagen: Alle Überlegungen, die über Vergangenheit, Gegenwart und Zukunft einer Marke angestellt werden, müssen von einer Ganzheit ausgehen: der *Markenpersönlichkeit*. Nur die Ganzheit einer Marke wird im Markt wahrgenommen und erreicht, je nachdem, wie sich die Marke verhält, das ‚kommunikative Ja', welches Kaufakt, Konsumhäufigkeit und Konsumgröße der Marke bestimmt. Demzufolge müssen alle Gedanken, die auf eine Zukunftsgestaltung der Marke abzielen, in jeder Entwicklungs- und Entscheidungsstufe auf die *Marken-Ganzheit* Bezug nehmen.

Dadurch ergibt sich eine natürliche Rangfolge der zu ergreifenden Maßnahmen und nur dann, wenn eine klare, aus der Markenpersönlichkeit abgeleitete Zielvorstellung für die Zukunft besteht, kann das Leben der Marke positiv beeinflusst werden. Das heißt, die Markenpersönlichkeit muss sich logisch in der Fortsetzung ihrer Geschichte entwickeln können (Markenrolle), denn im Alltag des Verbrauchers ist die Marke ein Ganzheitssignal. Je gelernter dieses Signal ist, desto unterbewusster wird es erlebt (Selbstverständlichkeitsfaktor).

Das Markensignal kann lediglich durch erlebnishafte Assoziationen mittels Kommunikationsmaßnahmen kurzzeitig ins Bewusstsein gehoben werden. Jede kommunikative Disharmonie zwischen dem Konsumenten und der Marken-Ganzheit führt zu Irritationen wie z.B. enttäuschende Geschmackserlebnisse, mangelnde Zuordnungsmöglichkeiten in der soziologischen, psychologischen oder Altersgruppe, Vorurteile bezüglich der Markenzuordnung zu anderen Konsumenten, gaghaftes werbliches Auftreten etc.

Zigarettenschachtel von Ernte 23 (1980)

Mit diesen Überlegungen stellt sich das Kernproblem der Marke *Ernte 23* dar: Die Marke muss, aufbauend auf der Markenpersönlichkeit (Markenkern, Markenfundus, Markenschlüssel, Markenrolle) zur Harmonie geführt werden, aus der sich dann eine neue *Markendynamik* entwickeln lässt. Im Folgenden soll versucht werden, nach

dem in der Praxis bewährten GER-Markenführungssystem für die Marke *Ernte 23* eine Analyse (Markenstatus) durchzuführen, wie auch Anhaltspunkte für die beabsichtigte Weiterführung der Marke (Markendynamik) zu gewinnen.

Die Markenpersönlichkeit der Ernte 23 ist durch Folgendes gekennzeichnet:

- *Markenstandards (Markenschlüssel):*
  - das Markenwort: *Ernte 23* (semantischer Schlüssel)
  - die Markenfarbe: gelb (Sonne, Tabak, Reife, Wärme, Geschmack) und
  - die Farbanteile: rot (Lebensnähe, Persönlichkeit, Herstellerautorität), grün (Naturbezogenheit, Echtheit, Verlässlichkeit), weiß (Leichtigkeit, industrietechnische Autorität), gold (Wertbewusstheit, Vornehmheit, Gediegenheit)
  - die Packungstypographie (uneinheitliche Markenautorität)
  - das Markensymbol: die Tabakpflanze (Natur, Echtheit, Geschmacksgarantie)
  - die Kommunikationsaussage: *‚der gewachsene Geschmack'* (ohne ausdrückliche visuelle Interpretation - sehr knapp rationalisiert)

- *Markenfundus:*
  - geschmacklich im breiten Konsumbereich angesiedelt (vergleichbar zu *HB*, *Lux*, evtl. *Stuyvesant*)
  - vom Auftreten abgeleitete Markenrolle: tabakbezogen, jedoch ohne spezifische Provenienz, Qualität alter Art
  - Markenvorurteil: Seit Generationen bekannte Zigarettenmarke, die vorwiegend traditionell, auch ältlich empfunden wird
  - Tendenz zur statischen Reflexion: *Ernte* gibt es überall, war immer schon da, ist nichts Neues, ordentlich, bieder, ohne besonderen Appellwert.
  - *Ernte 23* ist mehr ‚naturbezogen' als vergleichbare Marken (semantische Ableitung und gelernte Markenrolle)

Bereits aus der schematischen Darstellung der Markenpersönlichkeit lässt sich der für die Zukunftsbetrachtungen wichtige *Markencharakter* (früher Markenkern genannt) ableiten:

Der positive Markencharakter von Ernte 23:	**Der negative Markencharakter von Ernte 23:**
Konsummarke mit anerkannter Autorität durch Geschichte, Markengröße (Konsumfrequenz und Marktpräsenz)	seit vielen ‚Rauchergenerationen' bekanntes Angebot, Überalterungseffekt
gelerntes Markenauftreten: Ernte - dominierend, goldgelbe Packungsfarbe	keine kommunikative Markendynamik
im Kommunikationsbereich: Tabakbezogenheit (‚von höchster Reife', Tabakpflanze, auf Tabakmischung bezogene werbliche Äußerungen etc.)	in neuerer Zeit keine gelernten und zitierfähigen Markenaussagen (Slogans)
offensichtliche Rohstoffbezogenheit (Tabak) der Marke (Mischungskunst, Kennerschaft, Naturbezogenheit)	keine Reflexion auf vorhandene Trends (z.B. wachsendes Umweltbewusstsein, Wechselwirkung zwischen Mensch und Natur etc.)
Markengewöhnung, Vertrauen in die Gediegenheit, Echtheit, Zuverlässigkeit des Angebotes	langweilige, unkommunikative Interpretation der Alleinstellungsmöglichkeit durch Bezug auf Naturprovenienz
	kommunikative Irritation durch inkonsequentes, reklamehaftes, nicht auf den Markenkern bezogenes werbliches Auftreten
	‚Allerweltszigarette' ohne besondere geschmackliche Ausprägung
	Irritationen durch häufige Mischungs- und Konzeptänderungen
	Markenfehler: permanente Projektion des ‚Leicht'-Trends auf eine generische Geschmacksmarke

Aus der Betrachtung des Markencharakters ergeben sich die hinreichend bekannten Markenprobleme, deren Lösung einerseits an der Detailbetrachtung in der Vergangenheit (z.B. Leichtigkeit) gescheitert ist oder an der Mutlosigkeit, dem bei großen Konsummarken festgestellten ‚Fading' (Brand Lifetime-Syndrom) entgegenzuwirken.

Für die *Markenführung* ergibt sich die nüchterne Frage: Ist eine Dynamisierung der Zigarettenmarke *Ernte 23* überhaupt möglich und wenn ja, in welcher Richtung kann das geschehen? Das ist eine Frage des unternehmerischen Standpunktes und der Ganzheitsdefinition dieser Marke.

5.3 Markenschlüssel und Faszinationsbereiche von Ernte 23 - heute und morgen

Wenn man sich dazu entschließen kann, die Marke *Ernte 23* als *generische für den deutschen Geschmack typische Konsumzigarette* zu begreifen, kann die folgende nach dem GER-Markenführungssystem durchgeführte Analyse vieles verdeutlichen und helfen, eine dynamische Zukunftsentwicklung einzuleiten. Der Markenschlüssel von *Ernte 23* und die faszinativen Markenbereiche sollten sich folgendermaßen entwickeln:

►►►

Markenschlüssel:

	Heute:	Morgen:
Markenwort	Ernte 23	Ernte 23
Markenbild	Tabakpflanze gelbe Farbe	integriertes Markensymbol Tabakblatt, Tabakkrone, Tabak-,Welt', Tabaksonne

Packungsfaszination (Angebotsfaszination):

Heute:	Morgen:
Das Markenwort Ernte 23 ist in roten, gold umrandeten Versalien geschrieben	graphische Überarbeitung des Wortes Ernte (Genussmittel-Typographie)
Die derzeitige Zigarettenpackung weist typographisch vier verschiedene Schriften auf	Änderung der Packung durch Verwendung von höchstens zwei verschiedenen Schriftarten
Der goldgelbe Fonds ist durch einen roten Strichrasterraum begrenzt	Befreiung des goldgelben Fonds vom Bilderrahmencharakter
Die Tabakpflanze ist undeutlich hell (röntgenartig), ohne symbolhaften Charakter, fast ein störendes Beiwerk	Schaffung eines merkbaren, vom Tabakblatt oder der Tabakpflanze abgeleiteten Symbols zur Vervollständigung des Markenschlüssels
Der Grünanteil der Packung ist sehr zurückhaltend und semantisch fast unbedeutend	Deutliche Anhebung des Grünanteils (in Typographie oder Ornament)
Die umrandende Goldfarbe ist nur bei näherer Betrachtung erkennbar, also im Prinzip unwirksam, ebenso die Goldfarbe in der Schrift	Fortfall der Goldfarbe
Der Gesamteindruck der Packung ist ‚ältlich', statisch, steif, nicht geschlossen, entspricht nicht der möglichen Autorität des Markenanspruchs	Die Packung soll: ▪ spontan als Marke Ernte 23 empfunden werden (Fernzone - Nahzone) ▪ generischen Geschmacksanspruch mit selbstverständlicher Autorität widerspiegeln ▪ zeitlos, modern im Wert sein ▪ Tabakgenuss und Kennerschaft spiegeln ▪ unverwechselbar gegenüber im Markt vorhandenen Packungen sein ▪ kompromisslos auf ein langfristiges Konzept gestellt sein

Produktfaszination:[5]

Heute:	Morgen:
gelernter Konsumgeschmack ohne besonderen Akzent in Richtung ‚Süsse, Mundigkeit und Duft'	stärker akzentuierter Mildgeschmack (Orientanteil?), süßere, vollmundigere, besondere Tabakmischung (Virginia?)
niedrige Sättigung durch geringeren Nikotinanteil	evtl. geringe Erhöhung des Nikotinanteils durch neue Tabakmischung: höhere Genussbefriedigung (Nikotinpegel)
lose Stopfung der Zigarette	dichtere Stopfung (evtl. durch Fluffing oder andere Feinschnittführung)
schneller Abbrand	verlangsamter Abbrand, geringfügig größerer Zugwiderstand, um ein hastiges Abrauchen zu bremsen, Erhöhung des bewussten Rauchgenusses
leichtes Kratzen oder Belagsempfinden bei häufigem Rauchgenuss	Überprüfung der chemischen Filterpreparation, evtl. basische Beeinflussung der Tabakbehandlung
Normfilter (helles Corkophan)	Normfilter, etwas dunkleres Corkophan (kräftigere Korkzeichnung, um die Naturhaftigkeit zu betonen)
unprägnanter Zigarettenstempel	deutlicher (evtl. braungold) gedruckter Zigarettenstempel

Kommunikationsfaszination:

Heute:	Morgen:
Statische Abspiegelung der gelernten Markenstandards (ursprünglich geplant als Übergangslösung)	Schaffung einer kommunizierbaren Marken-Ideologie, die dynamisch vorgetragen wird und erlernbare (später zitierbare) Markenaussagen enthält, die dem Anmutungsfeld der Marke und dem Erlebnisfeld der Konsumenten ständig neue Nahrung geben
Aufstellung einer Behauptung vom ‚gewachsenen Geschmack', die weder optisch noch textlich mit kommunikativer Chance interpretiert wird	Profilierung eines Slogans als zentraler Werbeaussage in allen Werbemitteln
Bestätigung der ‚Ältlichkeit' der Marke durch quasi autoritäres Auftreten (fast Erinnerungswerbung)	Ständige Adaption der zentralen Werbeaussage auf die veränderten Marktgegebenheiten und Trends

Zusammenfassung:

Aus der - hier nur stichwortartig dargestellten - Markenbewertung geht eindeutig hervor, dass, wenn das Haus *Reemtsma* die Absicht hat, die Marke *Ernte 23* nicht nur - wie das gelegentlich schon offen ausgesprochen wurde - zu ‚melken', sondern dynamisch zu entwickeln, dann die Produkt-, Packungs- und Kommunikationsfaszination als Ganzheit betrachtet und unternehmerisch neu formuliert werden müssen. Die *Ernte 23* der 80er Jahre hat nur dann eine Chance, Großmarke zu bleiben, wenn sie durch ein ideologisches Konzept dynamisiert wird, das auf die ‚zeitlose' Geschmacks- und Genusserwartung des Konsumenten abgestellt ist.

5.4 Maßnahmen zur faszinativen Positionierung der Marke Ernte 23

Ernte 23 ist *die* Marke des Hauses *Reemtsma*, die als typische Geschmacksmarke für den deutschen Markt die größte Chancen des Sortiments hat. Es muss für *Ernte 23* etwas Grundsätzliches getan werden: Es muss eine auf dem ureigensten Anmutungsfeld der *‚Ernte'* aufgebaute *langfristige* Konzeption zum Einsatz gebracht werden. Ziel muss sein, die Zigarette *Ernte 23* aus dem Hause *Reemtsma* zu ‚der deutschen Geschmacksmarke' zu machen. Das ist keine Utopie für denjenigen, der weiß, welche Kraft in der *‚guten alten Ernte'* steckt - und der sich aus der nach dem 1.1.1977 noch stärker werdenden Markenteilung in ‚Leichtmarkt' und ‚Geschmacksmarkt' nüchtern seine Chancen ausrechnet.

5.4.1 Die Vorkonzeption: ‚Der gewachsene Geschmack'

Philosophie:

Ernte hat den gewachsenen Geschmack.

Diese Zigarette zeichnet sich dadurch aus, dass ihr Raucher förmlich die Sonne Virginias, die Erde Mazedoniens, den Wind und das Wetter der Subtropen Südostasiens genießen kann. Die Auslobung würde sich natürlich nach den echten Provenienzen richten.

Ernte. Für diese Zigarette wächst der Geschmack weltweit - Jahr um Jahr - in ausgesuchten Tabakpflanzen.

Die verschiedensten Grundsorten fügen sich in der Ernte-Mischung zu dem typischen Geschmack, der eben nur in freier Natur wachsen kann. Da wird nicht mit chemischen Aromata, Pflaumensaft, Vanille-Auszügen oder Kirschwasser geschönt und ‚nachgeholfen'. Also besteht in allem eine glaubhafte Sachbezogenheit und Übermittlung des Bewusstseins: ‚Wer *Ernte* raucht, weiß warum und bleibt dabei, denn *Ernte* ist ehrlich, sauber gemacht und etwas für Leute mit common sense, die rauchen und genießen wollen - sonst nichts.'

Konzeptionelle Verdichtung (Slogan):

ERNTE 23 - GEWACHSENER GESCHMACK

Ausführung: Zunächst nur plakativ. Sehr nah die Verbindung zwischen dem Fächer von Tabakblättern und der großen *Ernte 23*-Packung (geöffnet mit Zigaretten). Die Aussage liegt immer auf den Naturblättern. Sehr einfach und sehr realistisch dargestellt. Später dann Öffnung ins ‚Humanising', z.B. durch Hände, die den Tabak halten oder einen Experten, der in die Blätter hineinriecht.

In der Entwicklung später: Analogien zu sauberem Landwein, gut anzufassendem Holz, ehrlichem Schmiedeeisen, knusprigem Bauernbrot (rustikal-modern) usw. Die folgenden Printbeispiele der Vor-Konzeption *‚Ernte 23 - gewachsener Geschmack'* bilden, wenn diese Kampagne lange genug penetriert worden ist, eine solide Basis für die danach anschließende und über lange Zeit fortzuführende Groß-Konzeption *‚Ernte Jahrgang'*.

►►►

5.4.2 Die Großkonzeption: Der ERNTE-JAHRGANG

Philosophie:

Ernte ist der höchste Augenblick der Begegnung des Menschen mit der Natur.

Ernte vermittelt den Genuss des in freier Natur gewachsenen Geschmacks weltweiter Tabakernte. Ernte bietet Tabak von höchster Reife.

Nun ist Tabak ein Naturprodukt wie der Wein, der Kaffee und das Getreide, d.h. Sonne, Wind, Regen und Bodenbeschaffenheit beeinflussen Jahr um

Das Reife-Gebot
Wir verpflichten uns, für unsere Cigarette Ernte nur Tabake von höchster Reife zu verwenden, keinerlei Aroma hinzuzufügen, so daß die Ernte-Tabak-Mischung ihren gewachsenen Geschmack nur Erde, Wasser, Luft und Sonne verdankt.
„Wer Gutes schaffen und bewahren will – muß sich ein Gesetz geben, nach dem er handelt."
ERNTE 23
ERNTE gewachsener Geschmack

Dieses Tabakblatt ist ein Symbol. Für den gewachsenen Geschmack.
Wir verpflichten uns, für unsere Cigarette ERNTE nur Tabake von höchster Reife zu verwenden, keinerlei Aroma hinzuzufügen, so daß die ERNTE-Tabakmischung ihren gewachsenen Geschmack nur Erde, Wasser, Luft und Sonne verdankt.
Diese Verpflichtung nennen wir: Das ERNTE Reifegebot.
ERNTE 23
Filter
ERNTE gewachsener Geschmack

Erde, Wasser, Luft und Sonne.
Tabakpflanzen holen alle ihre Kraft, ihr Aroma, ihre Würze und ihren Geschmack aus den Elementen.
Aus dem Boden, der ihnen Mineralien gibt. Aus der Feuchtigkeit, die das Wachstum fördert. Aus dem Wind, der die Pflanzen bewegt. Und aus der Sonne, die zur höchsten Reife führt.
Wir haben uns diesem gewachsenen Geschmack verpflichtet. Und verwenden für unsere Cigarette ERNTE nur Tabake von höchster Reife, denen wir keinerlei Aroma hinzufügen, so daß die ERNTE-Tabakmischung ihren gewachsenen Geschmack nur Erde, Wasser, Luft und Sonne verdankt.
ERNTE 23
Filter
ERNTE gewachsener Geschmack

Gewachsener Geschmack. Und nichts dazu.
Das ist die ehrliche Devise der ERNTE-Raucher, denen es um guten Tabak geht.
Deshalb verpflichten wir uns, für unsere Cigarette ERNTE nur Tabake von höchster Reife zu verwenden, keinerlei Aroma hinzuzufügen, so daß die ERNTE-Tabakmischung ihren gewachsenen Geschmack nur Erde, Wasser, Luft und Sonne verdankt.
ERNTE 23
Filter
ERNTE gewachsener Geschmack

Jahr die Tabakernte. Die Kunst von *Reemtsma* besteht nun darin, Jahr um Jahr dort zu ernten, wo alle Bedingungen günstig sind und der Tabak somit zu höchster Reife gelangen kann.

Diese Tabake aus verschiedenen Anbaugebieten, aus unterschiedlichen Erntejahrgängen (da einige Tabake bekanntlich erst durch Lagerung zur Reife und Aromafülle gelangen) werden im Hause *Reemtsma* nach einem dynamischen Mischungsrezept (das natürlich ein wohlgehütetes Geheimnis ist) so zusammengestellt, dass sich immer frisch und von gleichbleibender Güte die *Ernte-Zigarette eines Jahres* ergibt:

ERNTE 77
ERNTE 78
ERNTE 79 (und so fort)

Taktik: Jedes Jahr, Mitte November, kommt *die neue Ernte*, die bereits die Zahl des kommenden Jahres trägt. Und jede dieser ‚Zigaretten des Jahres' hat ihre eigene besondere Geschichte, so dass es nunmehr eine Zigarettenmarke auf dem deutschen Markt gibt, die mit dem Rhythmus der Zeit synchronisiert ist und entsprechend immer jung, aktuell und lebendig bleibt.

Keine andere Marke kann das,
was die Ernte kann!

Konzeptionelle Verdichtung (Slogan):

ERNTE - VON HÖCHSTER REIFE SONNE ERNTEN.

Ausführung: Es gilt, die drei markentechnisch wirksamen Faktoren Produkt-, Packungs- und Kommunikationsfaszination so zu koordinieren, dass sie sich in diesem langfristigen Konzept ständig gegenseitig ergänzen.

Für die Produktfaszination bedeutet das:

- strenge Mischungsführung zur Gewährleistung der Geschmackserwartung
- ernsthafte Erfüllung des ausgelobten Konzeptes vom Anbau bis zur Fertigung
- permanente Kontrolle durch Experten- und Consumer-Panel
- Beobachtung der Geschmackstrends im Markt (national und international)

Für die Packungsfaszination bedeutet das:

- Schaffung einer konzeptadäquaten, den Geschmack der Zigarette betonenden Packung, wo die Jahreszahl gewechselt werden kann.
- Entwicklung von Mehrfach-Gebinden, die bei Auslauf oder bei Einführung eines Jahrgangs eine größere Handels- und Individualbevorratung ermöglichen.
- konsequente Entwicklung von nur für die Marke Ernte reservierten Klima-, Aroma- und Impact-Schutzpackungen zur Heraussonderung und zur Akzentuierung des Qualitätsgedankens, der dem Konzept innewohnt.

Für die Kommunikationsfaszination bedeutet das:

- Systematisierung der Kommunikationseinsätze und -mittel durch die sich aus dem Konzept ergebenden Markenrhythmen:

1. Einführungsphase	(ca. 15. Nov. eines Jahres)
2. Probierphase	(ca. 1. Dez. bis 30. Jan.)
3. Indoktrinationsphase	(ca. 15. Feb. bis 30. Juni)
4. Aktionsphase A (‚Ernteferien')	(ca. 15. April bis 30. Mai)
5. Aktualisierungsphase (‚Ernte-Report')	(ca. 1. Sept. bis 31. Okt.)
6. Verknappungsphase (altes Jahr ausverkauft!)	(ca. 1. bis 15. Nov.)
7. wieder mit 1. beginnen	

- Einführung, Indoktrination (Markenideefestigung), Aktionen und aktuelle Ernte-Reports sollten jedes Jahr unter einem besonderen Motto stehen, damit der Konsument durch immer neue Erlebnisfelder im Rahmen der Großkonzeption interessiert wird. Zum Beispiel ‚Der Raucher und sein Charakter' oder ‚Andere Länder - andere Zigaretten' oder ‚Die Kultur des Rauchens' oder ‚Rauchen und Zivilisation'. Dadurch wird die Bildung eines für das Auftreten der Marke Ernte typischen Stils erzeugt und gesichert.[2]

Fazit: ERNTE ist die durch Herkunft und generische Tabakqualität beste Zigarette für genussbewusste vernünftige Raucher.

6. Schlusswort

Soviel über Theorie und Praxis - sehr verkürzt dargestellt an einem Beispiel aus den Jahren 1977 bis 1981.[3] Es ging darum, rechtzeitig - bevor das Damoklesschwert der immer neuen Regulationsbestimmungen endgültig zuschlug - einen Weg zu finden, der dem ‚vernünftigen und erwachsenen Verbraucher' die einfachen Vorteile des Qualitätsdenkens nahe brachte. Nach dem Motto: überzeugen, nicht überreden. Im Falle eines totalen Werbeverbotes sollte die Marke *Ernte 23* über den bis zum Verbot gelernten Jahrgangswechsel eine bessere Überlebenschance gegenüber anderen Marken haben.

Die Konzeption *‚Ernte 23 - der gewachsene Geschmack'* wurde in der hier vorgestellten Form *nicht* eingesetzt.[4] Aber: Welch eine herrliche Gelegenheit, seine eigenen Gedanken daran zu wetzen! Und das habe ich gemeint, wenn ich ‚meinen' Studentinnen und Studenten nach einem hitzigen Seminar oder einer bestandenen Prüfung sagen konnte:

„Jetzt wissen Sie, wie man Schlüssel macht. Sperren Sie Ihre Zukunftstüren auf! Sie können es!"

7. Anhang

1 Es handelt sich hierbei um mein ‚Archivmaterial' aus den Jahren 1977-1981, sowohl was die Verbalisierung als auch die Visualisierung angeht und kann damit den Anspruch eines ‚historischen Zitates' stellen. Beachten Sie bitte, dass das Copyright beim Verfasser liegt.

2 Für die Groß-Konzeption wurden lediglich Packungsentwürfe vorgelegt, jedoch keine ausführlichen Anzeigen-Layouts.

3 Ich danke Reemtsma für die freundliche Genehmigung, die Anzeigenlayouts veröffentlichen zu können.

4 Wenn Sie fragen ‚Warum wurde die Konzeption nicht eingesetzt?', dann müssen Sie sich wie bei allen historischen Analysen ‚in die Zeit zurückversetzen' und nach dem ‚Wann, wer, wieso?' fragen. Doch das ist nicht ganz leicht, wenn so viel Zeit vergangen ist.

Professor Norbert Borsch

Ich bin seit 1960 in der Werbung tätig: Zuerst als Texter bei J. Walter Thompson in Frankfurt, dann als Etatdirektor und später als Geschäftsführer bei Foote, Cone & Belding (FCB), Frankfurt. Unter meiner Leitung (1970-1980) entwickelte sich FCB von Platz 35 auf Platz 9 in der Umsatzrangliste.

Von 1981 bis 1998 war ich Geschäftsführer und mehrheitlicher Inhaber von Borsch, Stengel & Partner in Frankfurt. Die Agentur zählte 1998 etwa 150 Mitarbeiter, machte 210 Mio. DM Umsatz und mehr als die Hälfte der Kunden waren Marktführer.

1987 wurde ich von ‚Horizont' zum Werber des Jahres gekürt. Seit 1999 gehört meine Agentur dem Network von FCB unter dem Namen Borsch Stengel FCB an. Bis Mitte 2001 war ich Chairman der Frankfurter Agentur.

Seit Frühjahr 1996 bin ich Honorarprofessor am Studiengang Gesellschafts- und Wirtschaftskommunikation (GWK) an der Hochschule der Künste Berlin. Ich bin dort im Bereich Kommunikationsplanung tätig und spreche über die Entwicklung von Kommunikationsstrategien in der Praxis.

Was ich für den Rest meines langen Lebens plane? Neben einigen privaten Dingen - Konzentration auf das Wesentliche – möchte ich mein umfangreiches in Theorie und Praxis gesammeltes Wissen an die Studentenschaft weitergeben und gelegentlich – wenn mich die Aufgabe reizt – Unternehmen als Berater und Macher in Fragen der Markenführung zur Verfügung stehen.

Meine Devise:
Mit geballter Faust fängt man keine Fliegen.

Auf den Punkt gebracht.
MehrWert für Marken durch Konzentration auf EINEN GEDANKEN

Prof. Norbert Borsch

1. Die Situation der Werbung heute

Die aktuelle Diskussion über die Situation der Werbung gipfelt heute immer in den gleichen Statements, ganz egal, welche Publikation man auch aufschlägt:

- Der Verbraucher wird werbeüberdrüssig.
- Mediaforschung weist sinkende Reichweiten nach.
- Produkte werden immer ähnlicher.
- Werbeerinnerung ist drastisch gesunken.
- Werbung wird als störend empfunden.
- 83 Prozent der Bevölkerung beklagen zu viel Werbung im Fernsehen.
- Stiftung Warentest vergibt bei 27 Testprodukten 26 x gut,1 x zufriedenstellend.

Diese Statements beschreiben eine Landschaft, in der es immer schwieriger wird, Werbebotschaften an die Zielgruppe zu bringen. Heerscharen von Marktforschern beschäftigen sich mit dem Phänomen ‚Kommunikation'. Wissenschaftler versuchen zu ergründen, welche Gesetzmäßigkeiten den Markt von heute bestimmen.

Jeder Marketingmann, jeder Werbungtreibende, jede Agentur - alle nutzen Forschungsergebnisse, um Erkenntnisse über den Markt, Wettbewerber und den Verbraucher zu gewinnen oder um festzustellen, ob ein TV-Spot beim Verbraucher ankommt oder welches Konzept das beste ist.

Aber nur wenige machen sich die Ergebnisse der modernen Kommunikationsforschung auch wirklich zu eigen, um auf dieser Basis erfolgversprechend etwas gegen die missliche Lage der Werbung zu tun.

Alle bejammern die schwierigen Umfeldbedingungen der Werbung. Alle nehmen sie als gottgegeben hin. Aber alle hoffen, dass gerade ihre Werbung davon verschont bleibt: *„Alle anderen TV-Spots werden nicht wahrgenommen, aber bei unserem neuesten ist das anders, denn der bringt echte News zum Produkt. Der fällt auf. Der ist so abgedreht, dass er ganz anders ist. Der hat so viel Witz wie kein Zweiter. Der unterhält die Leute glänzend. Den hat George Lucas für 2 Mio. Dollar produziert. Der setzt so eindeutig auf Emotion. Der ist so laut und schrill, dass ihn keiner überhören kann. Der ist so ruhig und leise, dass er gerade unter dem ganzen Lauten und Schrillen auffällt. Der ist bewusst monochrom. Der ist bewusst bunt. Der hat einen einprägsamen Jingle. Der hat überhaupt keinen Sound ...".*

Bla, bla, bla!

Wir können die Umfeldbedingungen heutiger Werbung nicht ändern, sondern wir müssen uns auf sie einstellen. Das tun wir schon allein dadurch, dass wir sie akzeptieren und zur Grundlage unserer Strategie machen.

Vier Rahmenbedingungen bestimmen das Umfeld der Werbung von heute:

1.1 Die Märkte sind gesättigt.

Wir leben in einer Zeit mit zunehmend austauschbaren Produktleistungen und gesättigten Märkten. Nur in Ausnahmefällen gibt es heute noch neue Märkte, wie etwa im PC- oder Mobilfunkbereich. Das bedeutet, Verdrängungswettbewerb herrscht vor. Um zu wachsen, müssen Marken Marktanteile von Wettbewerbsmarken gewinnen.

1.2 Die Produkte werden immer ähnlicher.

Der technische Fortschritt ist so weit, dass Produktions-Know-how breit gestreut ist. Fast alle Produkte einer Gattung sind von ihren Leistungen her gesehen auf einem Niveau. Gelingt es einem Hersteller doch einmal, einen kleinen Vorsprung herauszuarbeiten, dann hält dieser Produktvorteil nicht lange vor. Man schaue sich nur einmal den Waschmittelmarkt an: Flüssig, Ultra, Color oder Mega-Perls - alles ist in null Komma nichts von allen Wettbewerbern zu haben.

Bei Autos gehören ABS und Airbag heute zur Serienausstattung jedes Modells. Dass *Mercedes-Benz* das mal ‚erfunden' hat, weiß heute keiner mehr. Werden aber die Leistungen der Produkte immer ähnlicher, werden auch die Produkte immer austauschbarer. Je austauschbarer Produkte werden, desto gleichgültiger werden für den Verbraucher Produktleistungen.

1.3 Der Zwang zur Kommunikation führt zur Reizüberflutung in gigantischem Ausmaß.

Produkte differenzieren sich am besten über den Preis. Das gilt insbesondere für austauschbare Produkte. Produkte, die Marken sind, können das auch. Aber nicht ewig, sonst ist der Profit weg. Die Marke entwertet sich selbst, wird zu einem Produkt mit Namen degradiert und stirbt. Marken werden durch Kommunikation gemacht: Durch Markennamen, Packungsgestaltung und v.a. durch Werbung, die ihnen eine Welt beigibt, die ihnen Identität schenkt. Marken, die leben und sich entwickeln wollen, brauchen Kommunikation. Nur: Der Zwang zur Kommunikation führt zur Reizüberflutung in gigantischem Ausmaß.

Und der Zwang zur Kommunikation hat nicht nur die Werbung befallen. Wir leben im Zeitalter der Kommunikation, im medialen Zeitalter. Nie zuvor wurden die Menschen mit so vielen Informationen bombardiert wie heute. Und diese Entwicklung schreitet dramatisch fort. Kann man heute im Durchschnitt ‚nur' dreißig TV-Kanäle empfangen, so werden es laut Experten in naher Zukunft über 500 Stationen sein. Laufend drängen neue Zeitschriften auf den Markt, und immer mehr Spartenprogramme werden im Radio angeboten. Die Zahl der beworbenen Marken hat in zehn Jahren um 70 Prozent zugenommen. Die Werbeaufwendungen steigen jedes Jahr um mindestens 10 Prozent. Die folgenden Zahlen zeigen, wie schwierig es Werbung da hat, eine Marke bzw. Botschaft in den Köpfen der Verbraucher einzunisten:[1]

57.688 Marken	**wurden 1998 in Deutschland beworben.**
5.912 Marken	**haben einen Werbeetat von mehr als 0,5 Mio. Euro.**
Aber:	
1.800 Wörter	**sind durchschnittlicher, aktiver Wortschatz eines Bundesbürgers!**

Bei gedruckter Werbung beträgt die Informationsüberlastung mehr als 95 Prozent. Nehmen wir z.B. die Informationsüberlastung beim *Stern* (1993!):[2] *„Das Informationsangebot des Stern umfasst im Mittel 345 Minuten Lesezeit, davon werden Informationen von 60 Minuten aufgenommen. Nicht beachtet werden also Informationen für eine Lesezeit von 285 Minuten. Das macht 83 Prozent der angebotenen Informationsmenge aus. Das ist der Anteil an verfügbarer Information, der unbeachtet bleibt."* Um die Informationen aufzunehmen, die in einer Zeitschriftenanzeige enthalten sind, müsste der Leser 35 bis 40 Sekunden aufwenden. Tatsächlich betrachten die Leser eine Anzeige aber nur knapp 2 Sekunden!

Wir stellen fest: Gesättigte Märkte und Reizüberflutung schwächen die Durchsetzungskraft einer Werbebotschaft immer mehr.

1.4 Der Verbraucher will gar keine Werbung.

Gleichgültigkeit bis Ablehnung sind bei der Wahrnehmung von Werbung die Regel. Das heißt, es gibt nicht nur viel Werbung und es sind nicht nur ‚natürliche' Wahrnehmungskapazitätsprobleme, die die Durchsetzung von Werbung behindern. Nein, Werbung trifft auf Augen und Ohren, die Werbung gar nicht aufnehmen wollen. Der Verbraucher wehrt sich gegen Werbung - durch Zapping, Paging und und und...[3]

Das Interesse des Verbrauchers an Werbung ist gering. Er meint ja schon alles zu wissen, was für Kaufentscheidungen notwendig ist. Er denkt, es gibt genug Auswahl. Er denkt, alle Produkte sind sowieso gleich. Wozu sich also noch damit auseinandersetzen?! Natürlich gibt es Ausnahmen. Es gibt immer noch Produkte und Lebenssituationen, bei denen sein Interesse lebhaft wird, bei denen er begierig nach Informationen und Werbung dürstet. High Involvement gibt es v.a. bei teuren, technischen, risikobehafteten Produkten, die eine ‚Entscheidung fürs Leben' bedeuten.

Die Regel heutzutage ist allerdings die Low-Involvement-Beziehung zur Werbung: Gucken, was da ist - und auch schon weiterblättern. Werbung hat nur eine ‚Sekunden-Chance', um überhaupt wahrgenommen zu werden: In ein bis zwei Sekunden muss eine Botschaft aufzunehmen sein, sonst geht sie unter. Auch beim Fernsehen hat der Verbraucher immer weniger Geduld. Je kürzer die Spots sind, desto größer ist die Chance, dass er sie mitbekommt. Vorbei sind die Zeiten, in denen es v.a. darauf ankam, einen Spannungsbogen aufzubauen, der erst ganz am Ende der 30 Sekunden (!) durch das Produkt aufgelöst wird. Für diese Art von Werbung ist in Zeiten der Reizüberflutung die Wahrscheinlichkeit gering, überhaupt wahrgenommen zu werden.

Die Werbung von heute hat sich also vier Rahmenbedingungen zu stellen:

- **Die Märkte sind gesättigt. Verdrängung herrscht vor.**
- **Produkte werden immer ähnlicher. Produktleistungen reichen zur Alleinstellung nicht mehr aus.**
- **Der Zwang zur Kommunikation führt zu Reizüberflutung in gigantischem Ausmaß. Die Durchsetzung der Werbung ist immens schwer.**
- **Für den Verbraucher steht Werbung nicht im Mittelpunkt seines Interesses. Nur das Nutzen der ‚Sekunden-Chance' verschafft der Werbung Durchsetzung.**

2

2. Konsequenzen für die Werbung

Neben ausreichender Distribution ist Werbung die einzige Waffe, die den Marken im harten Verdrängungswettbewerb noch geblieben ist: Die Waffe

‚Produktleistung' ist stumpf geworden, weil heute fast alle Hersteller fast alles machen können - und fast zur gleichen Zeit. Die Waffe ‚Preis' ist stumpf geworden, weil ohnehin ständig am Rande des Machbaren operiert wird und der mächtige Handel es schafft, alle auf ein Niveau zu bringen.

Aus den vier Rahmenbedingungen, mit denen sich integrierte Kommunikation heute auseinandersetzen muss, sind die folgenden vier Konsequenzen für die Strategieentwicklung zu ziehen.

2.1 Konzentration auf EINEN GEDANKEN

Reizüberflutung und Informationsüberlastung zählen mit Sicherheit zum Hauptproblem heutiger Kommunikation. Konzentration auf EINEN GEDANKEN schafft es, die Reizüberflutung zu durchbrechen. Warum Konzentration auf EINEN GEDANKEN? Wirft man z.B. jemandem sechs Bälle gleichzeitig zu, dann fängt er keinen. Macht man das mit einem Ball, dann ist die Wahrscheinlichkeit groß, dass er ihn fängt. Werbung, die sich auf EINEN GEDANKEN konzentriert statt, durchbricht die Barrieren der Reizüberflutung, denn...

- EIN GEDANKE kommuniziert schnell.
- EIN GEDANKE übersteht die Selektion, denn er transportiert nur das Wichtigste.
- EIN GEDANKE penetriert besser und gerät nicht so schnell in Vergessenheit, denn er wirkt ständig aktualisierend.
- EIN GEDANKE ist einfach und klar und verlangt nicht nach intensiver Beschäftigung, die ohnehin nicht stattfindet.

Wenn es aber so ist, dass nur eine Idee, eine Botschaft, EIN GEDANKE überhaupt die Chance hat, bis zum Verbraucher durchzudringen, dann muss sichergestellt sein, dass dieser EINE GEDANKE der richtige ist. Dieser EINE GEDANKE muss relevant sein und aus dem rationalen oder emotionalen Umfeld des jeweiligen Produktes stammen. Gift ist aufgesetzte Emotionalität, die gerade ‚in' ist.

2.2 Das Finden des EINEN GEDANKENS setzt die Konzentration auf eine Zielgruppe voraus.

Das Allererste, was auf dem Weg zu dem richtigen, dem EINEN GEDANKEN entschieden werden muss, ist die Frage, an wen sich dieser Gedanke richten soll. Denn es muss sichergestellt sein, dass der Adressat derjenige ist, bei dem es sich lohnt, den EINEN GEDANKEN zu investieren. Wenn nur EIN GEDANKE Aussicht auf Erfolg hat - also ‚nur eine Kugel im Lauf' ist - dann muss man sich auch auf *ein* Ziel konzentrieren. Mit einer Kugel können nicht fünf Hasen auf einmal erlegt werden.

Die Voraussetzung für den EINEN GEDANKEN ist eine exakte Definition der Zielgruppe, der wiederum eine genaue Bestimmung der Geschäftsquelle vorausgehen muss. Bei der Definition der Zielgruppe gilt Konzentration als oberste Maxime. Die Zielgruppe, die die Verwirklichung der Unternehmensziele am wahrscheinlichsten, einfachsten und wirtschaftlichsten ermöglicht, ist auch die Zielgruppe, auf die sich Werbung konzentrieren sollte.

2.3 Werbung muss sich auf das konzentrieren, was sie kann: Einer Marke MehrWert geben.

Nach einer Definition der Zielgruppe beginnt die Suche nach dem EINEN GEDANKEN. Dazu ist es erforderlich, sich darauf zu besinnen, was Werbung wirklich kann. Fragt man nach Zielen, die Werbung haben kann, bekommt man viele Antworten. Antworten wie:

- „Werbung muss verkaufen."
- „Werbung muss unterhalten."
- „Werbung muss Bedürfnisse wecken."
- „Werbung muss Einstellungen verändern."
- „Werbung muss verführen."
- „Werbung muss Spaß machen."
- „Werbung muss Gewohnheiten prägen."
- „Werbung muss Verzehr intensivieren."

Alles richtig und doch auch nicht. Konzentration auf EINEN GEDANKEN bedeutet nicht, möglichst viele Wirkweisen von Werbung zu definieren und dann eine zu erfüllen (oder auch nicht). Die Konzentration auf EINEN GEDANKEN bedeutet, sich auf die Basis, auf das Grundlegende zu besinnen, was Werbung wirklich beeinflussen kann. Diese fundamentalen Beeinflussungsziele sind:

1. Aktualisieren

2. Informieren

3. Erlebniswelten aufbauen

Das ist das Wertesystem, an dem Werbung wirksam ausgerichtet werden kann. Alle anderen Ziele und Werte lassen sich hier subsumieren.

Bevor definiert werden kann, welcher EINE GEDANKE der richtige ist, muss klar sein, welches Ziel der EINE GEDANKE haben soll, welchen Wert er verbessern soll. Dieses Ziel der Kommunikation ist das, was als Wert der Marke anzusehen ist. Und Ziel jeder Kommunikation ist es, diesen Wert zu mehren, also: *einer Marke MehrWert zu geben.*

Oberstes Ziel der Kommunikation wie auch erster Schritt auf dem Weg, den richtigen EINEN GEDANKEN zu finden, der im Mittelpunkt der Kommunikation steht, ist es, **den** MehrWert zu definieren, der der Marke hilft, die Unternehmensziele am besten zu erfüllen. Welcher der drei möglichen MehrWerte einer Marke für die Zielerreichung erfolgversprechend ist, hängt von der Marktsituation, der Zielgruppe und den Zielsetzungen des Unternehmens ab. Jede Marke hat typische Merkmale, die erkennen lassen, auf welchen MehrWert es wirklich ankommt.

1. Mehrwert ‚Aktualisieren'

Aktualisieren bedeutet, eine Marke bekannt zu machen und im Kopf der Verbraucher präsent und aktuell zu halten. Die Aktualisierung ist dabei in allererster Linie allein auf die Marke selbst konzentriert. Darunter ist *nicht* zu verstehen, dass eine Information über die Marke aktuell gemacht wird oder dass eine Einstellung zur Marke aktualisiert wird. Nein, die aktuelle Bekanntheit der Marke selbst ist Ziel der Aktualisierung. Die Marke, die dem Verbraucher zuerst durch den Kopf schießt, wenn er ein Produkt sucht, hat größere Chancen, auch gekauft zu werden. Typische Produktfelder, bei denen Aktualisierung im Vordergrund stehen kann, sind:

- Produkte mit geringem Involvementgrad (z.B. Papiertaschentücher)
- Produkte mit gleicher Qualitätserwartung (z.B. Seife, Geschirrspülmittel)
- Produkte, die routinemäßig gekauft werden (z.B. Zucker, Nudeln, Reis)
- Produkte, die absolut alltäglich sind (z.B. Kondensmilch, Toilettenpapier)

- Produkte, die den Grundbedarf stillen (z.B. Salz, Mehl, Brot)
- Produkte, die keine Informationen mehr brauchen, weil sie jeder kennt (z.B. Kaugummi, Schmelzkäse, Margarine, Butter)
- Produkte, die sich wegen ihrer geringen Bedeutung für den Verbraucher nicht für eine Erlebniswelt eignen (z.B. Gemüsekonserven, Zahnbürsten)

Aktualisieren als angestrebter MehrWert ist aber auch in anderen Produktfeldern dann das Ziel, wenn Marken im Vergleich zum Wettbewerb einen ungenügenden spontanen Bekanntheitsgrad haben. Marken, die aufgrund dieser mangelnden Aktualität nicht im ‚relevant set' der Verbraucher verankert sind, haben da überhaupt keine Chance, ihre Vorzüge auszuspielen. Sie stehen nicht in der Agenda der Verbraucher und sind somit gar nicht existent, also ohne Chance.

Aktualität ist die Grundvoraussetzung für jede Marke. Ohne dieses ‚Agenda Setting' gibt es keine Chance auf Wettbewerb, keine Chance auf die Wahl beim Kauf. Ohne ausreichende *Aktualität* können die beiden anderen MehrWerte *Information* und *Erlebniswelt aufbauen* nicht primäres Ziel der Werbung sein. Deshalb ist zuerst der MehrWert *Aktualität* zu prüfen. Nur wenn er gegeben ist, können die anderen MehrWerte als Zielvorgabe in Frage kommen.

2. Mehrwert ‚Informieren'

Informieren als anzustrebender MehrWert ist immer dann ideal, wenn es echte, relevante Neuigkeiten über ein Produkt gibt. Neuigkeiten, deren Kenntnis notwendig ist, um Kaufentscheidungen zu treffen bzw. Kaufpräferenzen zu bilden. Typische Marktsituationen, die für *Informieren* als Werbeziel sprechen, sind:

- Echte Innovationen: Aber nur solche, die diesen Namen auch verdienen, die also in der Lage sind, das vorhandene Qualitäts- und Leistungsimage zu beeinflussen.
- High-Involvement-Produkte: Produkte, die teuer, langlebig, technisch kompliziert sind. Produkte, die eine ‚Entscheidung fürs Leben' und somit ein hohes Risiko bedeuten.

Wichtig bei der Zielsetzung *Informieren* ist eine wirklich äußerst gewissenhafte und abgesicherte Prüfung der Relevanz, der Glaubwürdigkeit und der Nachvollziehbarkeit der ‚News'. Nur innovativ sein allein reicht nicht, wenn der Verbraucher gar nicht versteht, um was es geht. Was man nicht gleich kapiert, will man auch nicht ergründen. Der MehrWert *Informieren* übt eine hohe Anziehungskraft in der Strategiephase aus. Man kann allzu leicht der Verführung erliegen, ihn als MehrWert auszuwählen. Immer gibt es irgend etwas, was unbedingt über eine Marke oder ein Produkt ausgesagt werden sollte. In vielen Fällen drängt auch der Werbungtreibende dazu, den Verbraucher über vermeintliche Produktvorteile aufzuklären, weil er naturgemäß stolz ist, doch noch etwas gefunden zu haben, was andere Marken oder Produkte nicht oder zumindest nicht so haben. Dieser Falle können wir nur entkommen, wenn wir sorgfältig und konsequent prüfen:

- Hat die Nachricht wirklich die Kraft, alleinstellend zu wirken?
- Ist der Verbraucher wirklich bereit, diese Nachricht aufzunehmen und zu glauben?

- Ist diese Nachricht wirklich von überragender Bedeutung für die Kaufmotivation?

3. Mehrwert ‚Erlebniswelten aufbauen'

Eine *Erlebniswelt aufbauen* ist als angestrebter MehrWert mehr als rein emotionale Werbung. Emotionale Werbung ist eine Ansprachetechnik, die man auch zur Informationsübermittlung nutzen kann. Die emotionale Erlebniswelt ist aber ein Strategieziel, das eine Marke untrennbar mit dieser Welt verbindet und die Marke in der Erfahrungs- und Erlebniswelt der Verbraucher verankert. Ziel des Aufbaus einer Erlebniswelt ist es, einer Marke ein eindeutiges Profil zu geben, das sie von anderen unterscheidbar, also alleinstellend macht. Typische Produkte, bei denen eine Erlebniswelt als MehrWert erfolgversprechend ist, sind:

- Produkte mit uniformen Leistungen
- Produkte, mit denen Erlebnisse möglich sind
- Produkte, die Lebensstil ausdrücken
- Produkte, deren Leistungen abstrakt sind (z.B. Dienstleistungen)

2.4 Der EINE GEDANKE muss aus dem Markenkern kommen.

Aktualisieren, *Informieren* und *Erlebniswelt aufbauen* sind das Wertesystem der Werbung. Nur sind diese Werte viel zu komplex, um als EIN GEDANKE zu gelten. Weitere Reduktion und Konzentration ist erforderlich, allerdings immer auf Basis des definierten MehrWertes. Es ist wichtig, dass der EINE GEDANKE aus dem Umfeld des Produktes stammt. Es kann richtig sein, dass der EINE GEDANKE aus dem Produkt selbst stammt, also Eigenschaften und Leistungen des Produkts beschreibt. Aber in den meisten Fällen reicht das nicht aus, denn Produkte werden uniformer und Produktvorteile halten nicht lange vor. Deshalb ist eine Alleinstellung damit selten erzielbar.

Ganz anders sieht es aus, wenn man die Marke zum Ausgangspunkt seiner Überlegungen macht. Denn die Marke ist mehr als ein Produkt. Wenn also der EINE GEDANKE aus der Marke kommt, dann kann er der Gedanke werden, der die Kraft zur Durchsetzung hat, der die Kraft zur Differenzierung hat. Dann ist es der EINE GEDANKE, der den Verbraucher dazu bringt, meine Marke auszuwählen und zu seiner Marke zu machen. Die Marke ist es, die Produkte differenziert. Die Marke macht das vielschichtige Bild eines Produktes aus:

- Ein rationales,
- ein emotionales,
- ein objektives,
- ein subjektives,
- ein vom Hersteller gewolltes,
- ein vom Verbraucher selbst gemachtes Bild.

Das sind die Dimensionen, die den Kern einer Marke bilden. Aus diesen Dimensionen muss der EINE GEDANKE kommen, auf den man sich konzentrieren muss. Sei es, dass er den Markenkern aktualisiert, sei es, dass er ihn dramatisiert, sei es, dass er ihn ergänzt oder gar neu bildet.

Was ist mit *neuen* Marken, die noch gar keinen Kern haben können? Dieser Fall kann bei Marken eintreten, die wirklich neuartig sind (wie z.B. das Auto, das fliegt). Dann kommt der EINE GEDANKE aus der Innovation, also aus dem, was dieses Produkt kann. Denn das ist dann die Sensation. Außerdem kann dies der Fall bei neuen Marken sein,

3

die aber kein neuartiges Produkt sind. Dieser Fall wird die Regel sein. Ähnliche Produkte gibt es bereits auf dem Markt. Es wird ein Me too-Produkt angeboten und das einzig Neue ist die Marke selbst (z.B. eine neue Mineralwasser-Marke). In diesem Fall müssen die Markenkerne der Wettbewerbsprodukte auf Nischen, auf Lücken, auf unbesetzte Felder untersucht werden. Der EINE GEDANKE kommt dann aus dem Umfeld dieser Produkte. Die Kunst besteht dann darin, die neue Marke mit dem auszustatten, was besser ist als das Bestehende. Aber Vorsicht! Bevor man die Marke mit dem ausstattet, was sie langfristig alleinstellend macht - ob Information oder Erlebniswelt - muss man zuerst die Marke aktualisieren, also bekannt machen.

Fazit: Werbung muss aus den vier Rahmenbedingungen vier Konsequenzen für die Entwicklung der Kommunikationsstrategie ziehen:

- **Nur die Konzentration auf EINEN GEDANKEN schafft es, die Reizüberflutung zu durchbrechen.**
- **Die Konzentration auf eine Zielgruppe ist Voraussetzung für das Finden des EINEN GEDANKENS.**
- **Werbung muss sich auf das konzentrieren, was sie wirklich kann: Einer Marke MehrWert geben durch Aktualisieren, Informieren oder dem Aufbau einer emotionalen Erlebniswelt.**
- **Der EINE GEDANKE basiert auf dem definierten MehrWert und muss aus dem Markenkern kommen. Ausnahme: Neue Marken in bestehenden Produktfeldern oder neue Marken mit innovativer Leistung.**

3. Der Weg zur optimalen Kommunikationsstrategie

Ausgerichtet auf die vier Rahmenbedingungen der Werbung und die Konsequenzen für die Kommunikation erfolgt die Entwicklung einer optimalen Kommunikationsstrategie in drei Phasen:

- Phase 1: Was ist das Bild der Marke jetzt?
- Phase 2: Welchen MehrWert soll die Marke erreichen?
- Phase 3: Was ist der EINE GEDANKE, an dem die gesamte integrierte Kommunikation auszurichten ist?

3.1 Phase 1: Was ist das Bild der Marke jetzt?

Ziel dieser Phase ist die Bestandsaufnahme. Dabei geht es darum, ein Bild der Marke entstehen zu lassen, das plastisch ausdrückt, wo die Marke gerade steht, warum sie dort steht und wohin die Marke es bringen kann. Dafür sind die Marktgegebenheiten genauestens zu analysieren. Als Kriterien können folgende Leitfragen dienen:

- **Der Verbraucher**

  Wie ist die Struktur der Verwender?
  Wie sind die Lebensgewohnheiten?
  Wie sind die sozioökonomischen Merkmale?
  Wie sind die Einstellungen zur eigenen Marke und zu den Wettbewerbern (Anforderungen, Motive, etc.)?
  Wie sind die Verwendungsintensitäten?
  Wie sind die Motivationsbereiche und Persönlichkeitsmerkmale?
  Wie sind Markenpräferenzen und die Markenloyalität?
  Wie ist das Einkaufsverhalten?
  Wie sind die Verwendungsgewohnheiten?
  Wie ist das Medien- und Informationsverhalten?

- **Der Markt**
  Wie groß ist der Markt heute?
  Wie ist seine Zukunft einzuschätzen?
  Ist der Markt wachsend, stagnierend, rückläufig?
  Ist der Markt jung, reif, sterbend?
  Gibt es geographische oder saisonale Besonderheiten?
  Welche Faktoren haben den Markt geprägt?
  Wird es auch in Zukunft so sein?
- **Der Wettbewerb**
  Wie sind die Wettbewerbsverhältnisse?
  Wer ist Marktführer, wer Angreifer, wer Nachzügler?
  Wo stehen die einzelnen Wettbewerber?
  Wer ist Markenführer, wer ist Innovator?
  Was sind die Stärken und Schwächen der Wettbewerber?
  Wie sind Imageprofil, Bekanntheitsgrad und Sympathie-Potential des Unternehmens und seiner Marke?
  Wie sind die Werbeaufwendungen des Unternehmens für seine Marke?
  Wie ist der Anteil der Werbeaufwendungen im Vergleich zum Marktanteil?
  Wer gehört zur Zielgruppe?
  Wie sind die bisherigen Werbeversprechen, Beweisführung und Tonfall?
- **Der Markenkern**
  Wie sieht der Markenverwender aus?
  Wie ist seine Persönlichkeitsstruktur?
  Wie sehen Nichtverwender die Marke?
  Wie sehen Verwender die Marke?
  Wie tritt die Marke auf?
  Was ist die Marke?

Das für die Werbung besonders existentielle Wissen über den Markenkern kann durch gewohnte Marktforschungstechniken nicht eruiert werden. Hierfür ist eine besondere Methode entwickelt worden, die sich speziell mit dieser Frage befasst, nämlich ‚ProGroups'. Das sind projektive Gruppengespräche, die in mehreren vier- bis sechsstündigen Gruppensitzungen mit 8 bis 10 Zielpersonen ablaufen, die zu Verwendern bzw. Nichtverwendern der Marke zählen. Wesentliches Unterscheidungsmerkmal der projektiven Markenkernanalyse zu herkömmlichen Methoden ist der Einsatz vielfältiger qualitativer Techniken, wie z.B. Rollenspielen, Analogien, Märchen erzählen, Collagen, Pantomime oder Personifizierungen.

Neben den ProGroups-Ergebnissen aus den Markenkernuntersuchungen ist in jedem Fall die Analyse der folgenden Quellen wichtig:

- **Unternehmensdaten**
  Quellen sind z.B. Geschäftsberichte, Firmenreports, Branchenbilder[4], Presse-Clippings[5].
- **Produkt-Absatz**
  Menge, Wert, Marktanteil, Distribution, Preis, Regal- und Zweitplatzierungen des Produktes. Quellen sind z.B. Unternehmensdaten, Marktforschungsdaten von Nielsen oder der GfK[6], Branchenreports, Store-Checks[7].
- **Produktauftritt im Markt**
  Produktpackung, Werbung, Public Relations (PR), Verkaufsförderungsmaßnahmen (VKF), Event Marketing[8], Sponsoring und Handelsmarketing[9]. Quellen sind z.B. Produkt-Samples, Werbeaufwendungen, Werbebeispiele, Prospekte, Pressemeldungen, Sales folder[10], etc.
- **Verwendungsgewohnheiten**
  Motive, Anlässe und Barrieren für die und bei der Produktnutzung. Quellen sind z.B. qualitative Studien.
- **Produktbezogene Verbraucher-Kennziffern**
  Aktualität, Bekanntheit, Verwenderreichweite[11], Verwenderstrukturen[12] und Verwendungsgewohnheiten. Quellen sind z.B. eigene Marktuntersuchungen (Primärforschung [13]) und Verlagsstudien[14].
- **Produkt-Sortiment**
  Quellen sind z.B. Store-Checks, Unternehmensdaten, Firmenreports, Marktdaten von Nielsen oder GfK.

- **Werberesonanz**

  Quellen sind z.B. Werbetests, Copytests[15], Spiegel Barometer[16], Werbemonitor[17].

- **Produktleistungen**

  Quellen sind z.B. Unternehmensinfos, Produktpackungen, Prospekte, Werbung, Testberichte, etc.

- **Kompetenzbereiche der Marke**

  Quellen sind z.B. Primärforschung, Judgement[18], Expertenanalyse[19], Eigenanalyse.

- **Markenimage**

  Quellen sind z.B. qualitative Studien.

Am Ende der umfangreichen Bestandsaufnahme liegt ein Röntgenbild der Marke vor, auf der die weitere Planung aufbauen kann. Zusammenfassend geht es bei Phase 1 um die Klärung der folgendenden Punkte für die exakte Definition des Markenkerns:

3.2 Phase 2: Welchen MehrWert soll die Marke erreichen?

Die Frage, die es in Phase 2 zu beantworten gilt, lautet: Was muss die Kommunikation bei wem bewirken, damit der gewünschte Erfolg eintritt? Diese Frage impliziert, dass die Definition des MehrWerts in zwei Schritten erfolgt:

- Schritt 1: Definition der Zielgruppe
- Schritt 2: Definition des MehrWerts

Im ersten Schritt geht es darum, diejenige Verbrauchergruppe auszuwählen, bei der die Unternehmensziele am leichtesten, schnellsten, ökonomischsten und zukunftsträchtigsten erreicht werden können - und diese Auswahl zu begründen! Kriterien dabei sind soziodemographische, motivationale und psychologische Daten. Dazu erfolgt als eine der wichtigsten Grundlagen für die zukünftige Gestaltung eine genaue Definition der

Bezogen auf das Unternehmen:	**Bezogen auf den Verbraucher:**
Absatz/Umsatz	Aktualität
Marktanteil	Bekanntheit
Distribution	Verwenderreichweite
Produkt und Sortiment	Verwenderstruktur
Auftritt der Marke	Verwendungsgewohnheiten
Wettbewerb	Verwendungsmotive
Kompetenzbereiche	Verwendungsbarrieren

Das Bild der Marke im Bewusstsein des Verbrauchers
Das Bild der Marke im Vergleich zum Wettbewerb
Affine Umfelder
Kompetenzbereiche der Marke

Ergebnis: Exakte Definition des Markenkerns

Zielgruppe nach ihrer Involvement-Situation, denn High-Involvement-Situationen verlangen andere kommunikative Ziele und Umsetzungen als Low-Involvement-Situationen. Bei einer Low-Involvement-Situation sind beispielsweise logisch-kausal aufgebaute Informationen bzw. rational-sachliche Darstellungen meist fehl am Platz, weil sich die Zielgruppe damit gar nicht auseinandersetzen will. Die Kommunikationsforschung belegt, dass Verbraucher heute hauptsächlich in Low-Involvement-Dispositionen anzutreffen sind, weshalb die Einstufung einer High-Involvement-Disposition sorgfältigst zu prüfen ist.

Der zweite Schritt ist die Definition des angestrebten MehrWerts selbst. Hier heißt es, sich auf das zu konzentrieren, was Werbung wirklich kann. Wenn die Wirkung von Werbung auf das Grundsätzliche konzentriert wird, dann gibt es nur drei Beeinflussungsziele, die Werbung wirklich haben kann: Werbung kann erstens eine Marke *aktualisieren*. Werbung kann zweitens Wissen über Eigenschaften und Leistungen vermitteln, also *informieren*. Drittens kann Werbung eine Marke untrennbar mit einem emotionalen Erlebnis verbinden, d.h. eine *emotionale Erlebniswelt aufbauen*.

Zuerst ist zu prüfen, ob überhaupt die Voraussetzungen gegeben sind, von Anfang an *Informieren* oder *emotionale Erlebniswelt* als MehrWert wählen zu dürfen. Erst wenn *Aktualisieren* im Sinne einer Erhöhung des spontanen Bekanntheitsgrades als MehrWert ausgeschlossen werden kann, weil die Aktualität der Marke bereits groß genug ist, kann darüber nachgedacht werden, welcher der beiden anderen MehrWerte anzuvisieren ist.

Aktualisieren als MehrWert kann dann die richtige Wahl sein, wenn der Involvementgrad so niedrig ist, dass die Verbraucher für ihre Kaufentscheidung gar keine Informationen benötigen oder Marken sich in diesem Produktfeld gar nicht für eine Erlebniswelt eignen. *Aktualisieren* ist kein Selbstzweck für die Marke, sondern eine Grundvoraussetzung für eine spätere, feinere Positionierung. Um langfristig planen zu können und eine Aktualisierungskampagne von Anfang an in die richtigen Bahnen zu lenken, muss bereits an dieser Stelle definiert werden, ob das Endziel für die Marke der MehrWert *Informieren* oder aber der MehrWert *emotionale Erlebniswelt aufbauen* ist.

Eine Falle, in die man gerne hineintappt, ist die Verwechslung zwischen emotionaler Ansprache und dem Aufbau einer Erlebniswelt. Emotionale Ansprache ist auch dann möglich, wenn eine Information kommuniziert werden soll. Eine emotionale Erlebniswelt geht weit darüber hinaus, weil es keine Ansprachetechnik, sondern bestimmender Inhalt der Werbung ist.

3.3 Phase 3: Was ist der EINE GEDANKE, an dem die gesamte integrierte Kommunikation auszurichten ist?

Der EINE GEDANKE, auf den die werbliche Ansprache konzentriert werden sollte, muss aus dem definierten MehrWert abgeleitet werden. Er reduziert und verdichtet den MehrWert auf eine einzige Idee. Dieser EINE GEDANKE wird dann zum Inhalt der gesamten integrierten Kommunikation.

Eine fundierte Markenkernuntersuchung ist das wichtigste Instrument zur Definition des EINEN GEDANKENS: Heißt der MehrWert *Informieren*, dann kommt der EINE GEDANKE aus dem Umfeld des Produktes und beschreibt seine alleinstellende

Eigenschaft oder Leistung. Kommt der MehrWert aus dem Bereich *emotionale Erlebniswelt*, dann wird die Definition des EINEN GEDANKENS viel schwieriger. Bisher konnte man nur auf Intuition und Eingebung vertrauen, um die richtige, erfolgversprechende Positionierung zu finden, da traditionelle Marktforschungsmethoden den emotionalen Markenkern meist nicht ergründen können.

Die projektive Markenkernuntersuchung (mit Pro Groups) weist hier den Weg. Aber die exakte richtige Definition kann auch sie nur selten erbringen. Es bleibt die hohe Kunst der Strategiefindung, aus den ProGroups-Erkenntnissen die richtige konkrete *emotionale Erlebniswelt* oder die richtige, alleinstellende *Information* herauszukristallisieren, die dann den EINEN GEDANKEN bildet, der erfolgbringend ist. Prinzipiell muss der EINE GEDANKE dabei sechs Anforderungen genügen:

4

- **Er muss sich auf den MehrWert beziehen.**
- **Er muss direkt vom Markenkern abgeleitet sein, d.h. ihn entweder aktualisieren, dramatisieren, ergänzen oder neu bilden.**
- **Er muss für die definierte Zielgruppe relevant und attraktiv sein.**
- **Er muss aus dem Umfeld des Produktes im weitesten Sinne stammen.**
- **Er muss der Marke eine Alleinstellung im Wettbewerbsumfeld zu geben.**
- **Er muss der Marke Zukunft geben.**

Mit der Definition des EINEN GEDANKENS, der werblichen Positionierung, ist die Strategiephase abgeschlossen. Die Eckpunkte der Strategie werden in der ‚Creative Platform' zusammengefasst und begründet. Die Creative Platform enthält:

- die Kernpunkte der Bestandsaufnahme
- die Definition der Geschäftsquelle[20]
- die Definition der Zielgruppe (nach dem Involvementgrad sowie soziodemographischen und psychologischen Kriterien)
- den MehrWert *Aktualisieren, Informieren* oder *emotionale Erlebniswelt aufbauen*
- den EINEN GEDANKEN, der MehrWert und Markenkern auf eine einzige Idee reduziert und verdichtet, die dann die werbliche Positionierung bildet

Die Creative Platform ist die Basis für die kommunikative Umsetzung, also für die Gestaltung der klassischen Werbung, für alle Below-the-Line-Maßnahmen und auch für die Mediaplanung.[21]

4. Beispiele für Kommunikationsstrategien

Die folgenden drei Beispiele für Creative Platforms mit den MehrWerten *Aktualisieren, Informieren* und *Aufbau einer emotionalen Erlebniswelt* mögen das strategische Vorgehen verdeutlichen.

4.1 Mövenpick-Eis

- Zielpersonen:
  Alle Verwender von Premium-Eiskrem (Hauspackungen), v.a. Haushaltsführende zwischen 35 und 59 Jahren, mit überdurchschnittlichem Nettoeinkommen, höherer Schulbildung, hoher Genussorientierung und hohem Qualitäts- und Markenbewusstsein, die modern sind und Neuem gegenüber aufgeschlossen.

- **MehrWert:** *Informieren*
  Begründung: *Mövenpick* gilt aus Verbrauchersicht als das beste Eis, obwohl der Wettbewerb mit Marken wie *Carte d'Or, I Cestelli, Sacher, Ristorante, Käfer, Das Feine* versucht hat, *Mövenpick* diesen Rang streitig zu machen. Entscheidend für den Vorsprung von *Mövenpick* ist neben der überragenden Qualität die Innovationskraft durch neue Sorten, die alle aus der *Mövenpick*-Gastronomie kommen. Die Infomation über die neuen Sorten in der berühmten *Mövenpick*-Qualität ist essentiell für das überragende Image: Jedes Jahr eine neue überragende Sorte zu bringen, dramatisiert den Markenkern als das beste Eis.

- **Der EINE GEDANKE:**
  Mövenpick - das Eis des Jahres.

4.2 Patros Feta-Käse

- **Zielpersonen:**
  Alle Kenner aber Nichtverwender von Feta-Käse (Potential: 18 Mio. Menschen).

- **MehrWert:** *emotionale Erlebniswelt*
  Begründung: Die Markenkernuntersuchung hat ergeben, dass der Genuss von Feta mehr ist als nur rein organoleptischer Natur, mehr als nur reines Essen. Wenn man Feta isst, erlebt man Urlaub, Sonne, Meer, Essen im Freien, Freiheit und Naturverbundenheit wie die Hirten auf dem Felde. Diese Erlebniswelt prägt den Charakter eines Feta mehr als sein Geschmack.

- **Der EINE GEDANKE:**
  Mit Patros holt man sich die mediterrane Genusswelt ins Haus. Eine Genusswelt, die geprägt ist vom Hirten Patros, der für unverfälschten, natürlichen Genuss in freier mediterraner Natur steht.

4.3 Fulda Autoreifen

- **Zielpersonen:**
  Ambitionierte Breitreifen-Käufer, für die Reifen mehr sind als ein selbstverständliches Teil ihres

Autos - vornehmlich männliche Autofahrer zwischen 18 und 35 Jahren.

- MehrWert: *Aktualisieren* (Phase 1) und *Erlebniswelt aufbauen* (Phase 2)
  Begründung: *Fulda* hatte bei Breitreifen-Käufern keine ausreichende *Aktualität*. Deshalb musste zuerst der spontane Bekanntheitsgrad erhöht werden, bevor der *Aufbau einer emotionalen Erlebniswelt* das Ziel sein konnte. Der MehrWert *Informieren* über technische Leistungen des Reifens erschien weniger erfolgversprechend, weil *Fulda* keine herausragenden Leistungen aufwies und das Image der technischen Kompetenz so unausgeprägt war, dass kurzfristig keine Alleinstellung erreichbar war. Die Markenkernuntersuchung ergab, dass auch ein Reifen eine hohe Erlebniskraft haben kann, da er Mittel zur Selbstdarstellung ist: *Breitreifen = schnelleres Auto = ganzer Kerl.*

- Der EINE GEDANKE:
  Fulda ist der Macho-Reifen. So wird Dein Auto geiler, schneller, potenter - so wie Du.

5. Die Bedeutung für die Werbepraxis

Die Entwicklung von integrierter Kommunikation nach dem hier vorgestellten Strategiemodell verspricht größere Markterfolge, weil es den Werbegestalter zu dreierlei zwingt:

- **Er muss die zu gestaltende Kommunikation unter Berücksichtigung von High- und Low-Involvement-Situationen den Rahmenbedingungen anpassen, mit denen sich Kommunikation heute auseinanderzusetzen hat.**
- **Er hat sich klar zu machen, was das fundamentale Beeinflussungsziel ist, also der Marken-MehrWert. Er hat zu entscheiden, ob als Ziel ‚Aktualisieren' oder ‚Informieren' oder ‚Erlebniswelt aufbauen' vorrangig ist und muss danach die Gestaltungselemente einsetzen.**
- **Er muss erkennen, dass es keinen Erfolg bringt, vielen Hasen nachzujagen, sondern sich auf den relevanten, unverbrauchten EINEN GEDANKEN zu konzentrieren und diesen und nichts anderes zum Gegenstand der Kommunikation zu machen und zwar immer orientiert an dem definierten Marken-MehrWert.**

6. Anhang

1 Die genannten Zahlen stammen von 1997. Nielsen ist ein weltweit tätiges Marktforschungsunternehmen, bekannt vor allem durch verschiedene Handelspanel, z.B. NLI (Nielsen Lebensmittel Index), der u.a. Marktanteile und Distribution von Marken im Lebensmitteleinzelhandel ausweist.

2 Das Zitat und nähere Angaben zur Informationsüberlastung lassen sich bei Kroeber-Riel (1993, S. 11-82) nachlesen.

3 Zapping ist die umfassendste und populärste Beschreibung für das Umschaltverhalten von Fernseh(unterbrecher)werbung. Ähnlich bezieht sich Paging auf das bewusste Überblättern von Anzeigen in den Printmedien (z.B. in Zeitschriften oder Zeitungen). Beide Verhaltensweisen zählen zu den Vermeidungsstrategien gegenüber Werbung, die die Werbung vor große Probleme stellt. Im Übrigen geht der Begriff ‚Zapping' auf eine alte amerikanische Comic-Reihe mit dem Weltraum-Cowboy Buck Rogers zurück. Wenn der Comic-Held mit der Laserkanone Weltraumwüstlinge verdampfte, hieß es in der Sprechblase dazu kurz ‚zap'. Gleiches gilt - übertragen - für unliebsame Fernsehwerbung: Die Fernbedienung wird zur Strahlenkanone, die den Eindringling – die Unterbrecherwerbung – wegzappt. Ergebnisse aus Umfragen legen die Schlussfolgerung nahe, dass Zapping besonders häufig praktiziert wird, wenn in einer Fernsehsendung die Werbung beginnt. Allerdings zeigen die Ergebnisse aus direkten (Online-)Messungen, dass nur etwa 15 Prozent der Fernsehzuschauer in diesen Situationen zappen.

4 Branchenbilder geben einen Überblick über Status und Entwicklung von Produkt-/Dienstleistungsbereichen (z.B. Waschmittel). Inhalte: Marktvolumen und Markt-entwicklung, Hersteller und Marken, Werbeaufwendungen, Verbraucherdaten, Entwicklungsprognosen. Herausgeber: Gruner & Jahr.

5 Presse-Clippings werden Zeitungsausschnitte mit speziellen Nachrichten über Firmen, Marken usw. genannt.

6 Die GfK ist ein großes deutsches Marktforschungsinstitut (Nürnberg). Es bietet jede Art von Marktforschung an, u.a. auch Verbraucherpanel (Haushalts- und Individualpanel) für Produkte des täglichen Bedarfs. Die erhobene Daten sind z.B. Verbraucherreichweite, Marktanteile und Einkaufsquellen.

7 Unter Store-Checks sind Besuche im Handel zu verstehen, um sich ein Bild z.B. über die Platzierung eines Produktes zu machen oder um festzustellen, wie Wettbewerbsprodukte distribuiert sind.

8 Event-Marketing ist ein zielgerichtetes und systematisches Planen und Gestalten von Veranstaltungen und anderen Ereignissen nach den Prinzipien des Marketing. Relevante Veranstaltungen sind firmeneigene Events, wie z.B. Außendienstkonferenzen, Startveranstaltungen, Händlerpräsentationen, Messen und Ausstellungen verschiedener Art sowie PR-Veranstaltungen inkl. Sponsoring-Events.

9 Dem Handelsmarketing sind zwei Aspekte zu subsumieren: Erstens ist Marketing eine Leitidee für das Management, nämlich die Führung der Handelsunternehmung vom Markt her und auf den Markt hin (Philosophieaspekt). Zweitens umfasst Handelsmarketing die Gesamtheit aller an den Marketingzielen orientierten Maßnahmen der systematischen Marktbildung. Dazu gehören alle Entscheidungen und Maßnahmen, die auf die gezielte Beeinflussung der Kaufentscheidungen aller potentiellen Abnehmer, aber auch aller Verkaufsentscheidungen potentieller Lieferanten gerichtet sind.

10 Sales folder wird die optisch möglichst attraktiv und funktional richtig gestaltete schriftliche Unterlage genannt, anhand derer ein Außendienstmitarbeiter seine Kunden im Rahmen des persönlichen Verkaufs an die jeweiligen Gesprächsthemen heranführt.

11 Die Verwenderreichweite wird in Panel-Studien festgestellt (z.B. Anteil der Haushalte, die innerhalb eines Jahres ein Produkt bzw. eine Marke wenigstens einmal verwendet haben).

12 Die Verwenderstruktur dient der Beschreibung der Verwender eines Produktes bzw. einer Marke nach demographischen Merkmalen (z.B. Alter, Geschlecht, Einkommen).

13 Primärforschung ist die Marktforschung, welche individuell für ein Untersuchungsproblem angelegt und durchgeführt wird - im Gegensatz zu Sekundärforschung, wo auf bereits vorliegendes Marktforschungsmaterial zurückgegriffen wird.
14 Verlagsstudien sind zu Werbezwecken durch Medienbetreiber, insbesondere Verlagshäuser und Mediengemeinschaften erstellte Standardinformationsdienste, die die Gesamtheit der Leser (und potentiellen Käufer) nach kaufrelevanten Merkmalen zu verschiedenen Typen mit ähnlichem Konsumverhalten zusammenfassen, z.B. von Burda, Gruner & Jahr oder Spiegel.

15 Ein Copytest ist ein Anzeigentest, der vor allem die Erinnerung an Anzeigen (Recall-Test) und/oder die Wiedererkennung von Anzeigen (Recognition-Test) feststellt.

16 Das Spiegel-Barometer ist der Copytest für den Spiegel.

17 Der Werbemonitor von Research International (früher IVE) und der Werbeindikator der GfK sind Werbemitteltests, die die Werberesonanz kontinuierlich in festgelegten Zeitabständen (z.B. alle zwei Monate) messen. Die festgestellte Werbewirkung wird den Werbeaufwendungen gegenübergestellt.

18 Mit Judgement ist die Urteilskraft gemeint, speziell die Auswahl von z.B. Anzeigenentwürfen nicht durch Anzeigentests zu treffen, sondern mit der eigenen durch Erfahrung gebildeten Urteilskraft.

19 Unter Expertenanalyse ist die Analyse bestimmter Probleme durch anerkannte Fachleute zu verstehen.

20 Source of business kennzeichnet eine Geschäftsquelle. Hier wird festgelegt, wo das geplante Geschäft herkommen soll: Durch Marktverdrängung oder Konsumintensivierung oder Gewinnung neuer Konsumenten für die Kategorie und Überleitung auf die eigene Marke.

21 Weitere Einzelheiten bei Borsch, Stengel & Partner (1997).

Udo Klein-Bölting
Geschäftsführer BBDO Consulting

Mein Anspruch ist schnell formuliert: Das, was ich mache, mache ich, so gut ich kann. Mit Leidenschaft - ohne Kompromisse. Und das erwarte ich auch von anderen. Denn: Zu Qualität gibt es keine Alternative. Und der Rest kommt dann von selbst.

Wegen der Qualität bin ich wohl auch bei BBDO. Wir sind ein bißchen wie der 1. FC Bayern München: Nicht alle mögen uns immer. Aber wenn es wirklich darauf ankommt, dann vertraut man eben doch auf uns. Und - wichtig für mich - hier kann ich immer in der Champions League spielen.

Mein Training für die Champions League absolvierte ich nach einer Lehre zum Industriekaufmann an der Uni Münster. Meine Coaches waren Prof. Dr. Meffert und Prof. Dr. Backhaus, die mich in BWL und besonders Marketing und Statistik fit machten. Da habe ich viel gelernt und natürlich wollte ich das auch gleich bei einem guten Verein umsetzen. Nur: Welcher Verein kommt da in Frage? In der Champions League spielten für mich nur 2 Vereine: Procter & Gamble und BBDO. Eines Morgens also – beide Angebote auf dem Tisch liegend – entschied ich mich rein aus dem Bauch heraus, als Trainee nach Düsseldorf zu BBDO zu gehen. Das war Juni 1990. Ich war fast 28 Jahre alt.

Es lief auch alles ganz prima - nicht nur, weil ich meine spätere Frau dort kennenlernte. Super Kunden, tolle Kollegen und auch die Motivation stimmte. Und Ende 1993 durfte ich mich dann „Mitglied der Geschäftsleitung" nennen. Doch dann passierte es: Andere werden auf einen aufmerksam, neue Aufgaben und Umfelder reizen und natürlich lockt auch das liebe Geld. Und so ging ich 1996 als Geschäftsführer nach Frankfurt zu der internationalen Top Ten-Agentur J. Walter Thompson. Das war eine wichtige Zeit für mich.

Irgendwann wollte ich dann aber endlich mal etwas Eigenes machen und so trieb es mich Mitte 1999 zurück nach Düsseldorf. Mit BBDO und meinem Kollegen Dr. Olaf Göttgens gründete ich zum 1.1.2000 die BBDO Consulting. Unser Ziel: die Top Management-Beratung zu sein für Markenmanagement und Customer Relationship Management. Der Stand heute: Es läuft ziemlich gut. Auch wenn wir noch recht klein sind. Von den knapp 3.000 Mitarbeitern bei BBDO in Deutschland sind gerade mal 50(!) bei uns. Aber es wird. Eine tolle Mannschaft mit einer Top-Qualität. Und – wie gesagt – der Rest kommt dann von selbst.

Markenmanagement für die effiziente Steigerung des Unternehmenswertes

Udo Klein-Bölting, BBDO Consulting

Von Jahr zu Jahr wird es in den meisten Branchen schwieriger, sich gegenüber dem Wettbewerb positiv zu profilieren. In vielen Märkten ist die Sättigung erreicht. Das steigende Angebot an Marken, Produkten und Dienstleistungen ist leistungsmäßig austauschbar, preislich auf demselben Niveau, wird über die gleichen Kanäle vertrieben und mit ähnlichen Botschaften kommuniziert. 67 Prozent der Verbraucher sehen zwischen den verschiedenen Marken im Branchenvergleich keine oder nur sehr geringe Unterschiede.[1] Die Gestaltbarkeit der Marketinginstrumente scheint ausgereizt und ihre Wirksamkeit sinkt. Demzufolge werden an das Marketing und insbesondere an die Markenführung immer höhere Anforderungen gestellt.

Denn neben der prekären Marktsituation kommt hinzu, dass der Konsument...

- immer ‚individueller' wird und sich kaum noch in homogene und einfach zu betreuende Gruppen einordnen lässt.
- immer mehr Wert auf eine maßgeschneiderte Ansprache legt.
- an der Informationsüberflutung leidet und die Informationen der Unternehmen immer stärker selektieren muss.
- immer wechselbereiter bei seinen Konsumentscheidungen wird.

In dieser Situation gewinnt das gut geführte Markenmanagement an großer Bedeutung, denn nur starke Marken können sich beim Konsumenten in der Angebotsvielfalt noch behaupten. Mehr noch: Marken sind zu den wesentlichen Werttreibern des Unternehmens geworden, die entscheidend dazu beitragen können, ob ein Unternehmen zu den ganz Großen gehört, wie z.B. *Coca Cola*.

Im Folgenden werde ich näher auf die Notwendigkeit eines strategischen Markenmanagements eingehen und die konkrete Vorgehensweise für eine erfolgreiche Markenentwicklung aufzeigen, so dass eine Marke den Unternehmenswert tatsächlich steigern hilft.

1. Die monetäre Bedeutung der Marke für das Unternehmen

Eine Marke lässt sich als Leistungsversprechen beschreiben, welches in Form von Assoziationen und Werten in den Köpfen der Menschen verankert ist und dort das (Marken-)Produkt gegenüber den Wettbewerbern positiv differenziert. Marken sollen zu (Konsum-)Präferenzen in den Köpfen der Ziel- bzw. Dialoggruppen führen, um deren Preisbereitschaft abzuschöpfen.

In den USA ist die Erkenntnis von der Marke als wesentlichem Asset[2] des Unternehmens bereits ‚gang und gäbe' und setzt sich zunehmend auch geographisch und branchenübergreifend bei uns durch. So stellt Johannes Verhoog von *Procter & Gamble* treffend fest: *„Geld für die Aktien eines Unternehmens wird vor allem dann ausgegeben, wenn Käufer Vertrauen in die Markenartikel des Unternehmens haben. Bekommt das Markenimage einen Kratzer, so kann das zu einem stärkeren Kursrutsch führen als ein Jahresergebnis, das hinter den Erwartungen zurückbleibt."*[3] Den positiven Zusammenhang zwischen Markenwert und Börsenkapitalisierung zeigt eine Untersuchung von *Morgan Stanley*: *Je größer der Markenwert (Brand Equity), desto höher der Aktienkurs.*[4]

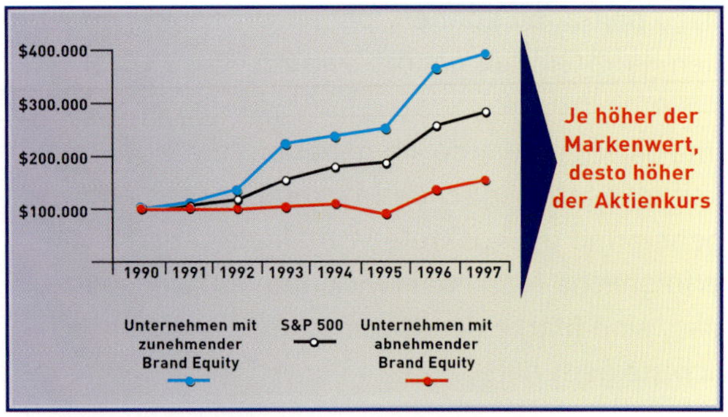

Der Markenwert (Brand Equity) wirkt sich direkt auf den Aktienkurs eines Unternehmens nach dem S&P 500-Ranking[5] aus.

Der Aktienkurs dient der Wachstumsfinanzierung und gleichzeitig als Akquisitionswährung oder Schutzwall gegen feindliche Angriffe. Wertvolle Marken verbessern die Angriffs- bzw. Verteidigungsfähigkeit. Die Marke ist häufig die einzige Möglichkeit, Preisspielräume zu realisieren und gefährliche Abwärtsspiralen im Preiskampf (Pricing) zu verhindern.[6]

Wie hoch lässt sich die monetäre Bedeutung des Markenwertes taxieren? Eine Vielzahl von Modellen widmet sich der Quantifizierung der Brand Equity im Sinne einer statischen Momentaufnahme, ohne dabei die Methodik darzustellen oder die wesentlichen Stellhebel zu identifizieren. Das *Brand Equity Evaluation System*, kurz BEES, ist ein neues Modell, welches hier Abhilfe schafft.[7] Beim BEES werden zunächst eine Reihe von Einflussfaktoren hinsichtlich ihrer Einflussstärke auf den Markenwert analysiert. Folgende Faktoren werden dabei herangezogen:

- das Umsatzentwicklungspotential der Marke -
  als Indikator für die Entwicklung des Absatzpotentials einer Marke
- die Umsatzprofitabilität der Marke -
  die mittlere Umsatzprofitabilität der letzten 3 Jahre als Indikator für die Werthaltigkeit des erzielten Umsatzes
- die Entwicklungsperspektiven der Marke -
  die Meinungen von Analysten zu den Entwicklungsperspektiven der Branche als Indikator für die Wertentwicklung der Marke
- die internationale Ausrichtung der Marke -
  der Anteil des Auslandsumsatzes als Indikator für die globale Entwicklungsfähigkeit der Marke
- die werbliche Unterstützung der Marke -
  das auf die Marke verwendete Werbebudget als Indikator für die werbliche Unterstützung der Marke
- die Stärke innerhalb der eigenen Branche -
  d.h. die Umsatzstärke der Marke verglichen mit anderen Marken der Branche als Indikator für die Dominanz der Marke im relevanten Markt
- das Image der Marke -
  als Indikator für die Anziehungskraft und Attraktivität der Marke
- der Vorsteuergewinn der Marke -
  als Indikator für das Wertpotential der Marke, Steuern werden aufgrund des internationalen Markenhandels nicht berücksichtigt.

Im Rahmen des BEES werden die Einzelwerte entsprechend ihres Einflusses gewichtet, zu Faktoren aggregiert und mit dem gewichteten Mittel der Vorsteuergewinne fusioniert, woraus sich dann der BBDO-BEES-Markenwert ergibt. Die im BEES vereinten Faktoren dienen nicht nur als Analysekriterien zur Bestimmung des Markenwertes, sondern stellen zugleich die relevanten Stellhebel zur Ableitung von to do's für das Markenmanagement dar. Die monetären Markenwerte machen bei vielen Unternehmen einen erheblichen Anteil am gesamten Unternehmenswert aus. Die folgende Tabelle zeigt die monetäre Bedeutung der Marken am Beispiel von 30 Unternehmen in Deutschland, die im DAX notiert sind:[8]

Rang nach Markenwert	Unternehmen	Markenwert (in Mio. Euro)	Börsenwert (in Mio. Euro)
1	DaimlerChrysler	35843	54361
2	Allianz	23200	88572
3	Deutsche Telekom	22495	79739
4	Deutsche Bank	16224	54284
5	E.on	15951	42897
6	Volkswagen	15486	22294
7	Bayer	10269	39000
8	BASF	9902	29665
9	Siemens	8480	71488
10	RWE	7934	23269
11	BMW	7234	24824
12	Dresdner Bank	7041	24083
13	SAP	6677	49567
14	Lufthansa	6674	8506
15	HypoVereinsbank	6629	35128
16	Commerzbank	4720	15137
17	Münchner Rück	4306	61924
18	Thyssen-Krupp	4260	9322
19	Henkel	3637	10075
20	MAN	2406	4627
21	Metro	2321	16774
22	Adidas Salomon	2220	3038
23	Fresenius	1975	7616
24	Linde	1893	6093
25	Preussag	1857	7021
26	Schering	1771	11167
27	Degussa-Hüls	1577	7388
28	Karstadt Quelle	839	4502
29	Epcos	425	4245
30	Infineon	184	21311

Ranking der Markenwerte von 30 Unternehmen aus dem DAX nach dem Brand Equity Evaluation System (BEES) für das Jahr 2000

Bereits anhand dieser Tabelle lässt sich erkennen, dass Unternehmen mit einem hohen Markenwert in der Regel auch einen hohen Unternehmenswert aufweisen. Dieser zunächst augenscheinliche Zusammenhang lässt sich auch rechnerisch nachweisen: Tragen wir dazu in einem ersten Schritt die Börsenwerte und die Markenwerte gegeneinander auf 2 Achsen ab, so ergibt sich die folgende Graphik, die den Zusammenhang zwischen einem hohen Markenwert und einem hohen Börsenwert schon erahnen lässt:

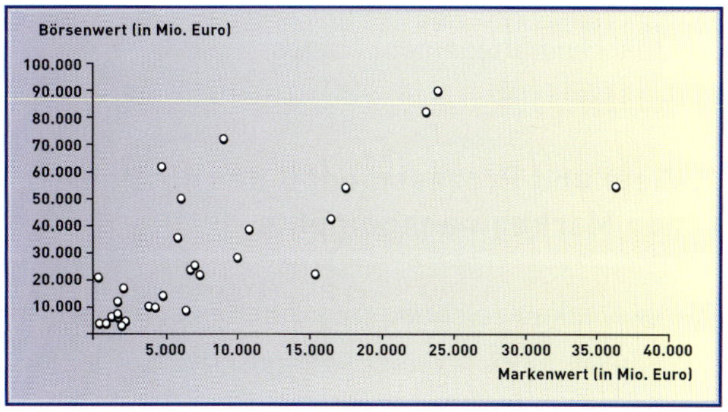

Streudiagramm der Beobachtungswerte für Marken- und Börsenwert ausgewählter Unternehmen (in Mio. Euro) für das Jahr 2000

Um zu prüfen, ob man diesen Zusammenhang zu Recht systematisch nennen darf, dient das statistische Verfahren der Regressionsanalyse. Wie die folgende Graphik zeigt, wird der Einfluss des Markenwerts auf den Unternehmenswert bestätigt.

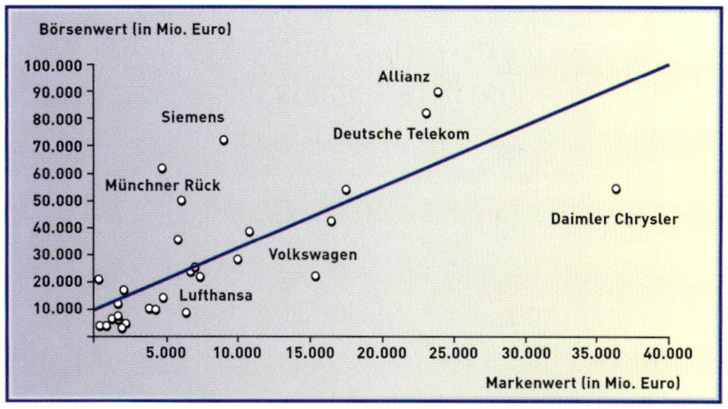

Die Regressionsgerade zeigt den systematischen Einfluss des Markenwerts auf den Unternehmenswert. (r^2 = .51, alpha = .05).

Über 50 Prozent der Gesamtstreuung der Unternehmenswerte lassen sich durch den Markenwert erklären. Ein häufig unterschätzter Vorteil dieser Art von Markenbewertung ist die Sensibilisierung und Disziplinierung aller intern und extern Verantwortlichen für die Markenidentität. Die Unternehmensvorstände sind also gut beraten, das Management ihrer Marken als strategischen Erfolgsfaktor zu begreifen und zur Chefsache zu erklären. An der Markenführung kommt niemand mehr vorbei. Deshalb wollen wir uns im Folgenden ausführlicher mit den Charakteristika und Funktionen des Markenmanagements befassen.

2

2. Ziele und Prozessmodell des strategischen Markenmanagements

Starke Marken zeichnen sich durch bestimmte Eigenschaften aus: Sie sind bekannt, besetzen eine klare Position in den Köpfen der Zielgruppe, bieten einen relevanten Nutzen und Mehrwert, differenzieren gegenüber den Wettbewerbern, senden eindeutige Signale, haben einen eigenen Stil, der sie unverkennbar macht, schaffen Wiedererkennung durch einen einheitlichen konsistenten Auftritt über alle Medien hinweg und pflegen den Dialog mit ihren Konsumenten. Jahrzehntelang bewährte Gesetze der Markenführung und typische Eigenschaften wertvoller Marken haben mehr denn je ihre Berechtigung und Gültigkeit.[9]

Marken werden an den unterschiedlichsten Orten auf verschiedenste Art und Weise erlebt. Ihre Wirkung ist nur dann groß, wenn jeder Kontakt des Konsumenten mit der Marke zum bestehenden Bild passt und es weiter ausbaut: Trotz vieler Stimmen darf immer nur eine Melodie ertönen. Es darf keine Widersprüche geben. Sowohl die klassische als auch die elektronische Kommunikation müssen auf dieselbe ‚Tonart' der Markenidentität eingestimmt werden. Abweichungen würden zu Unglaubwürdigkeit und schwachem Wirkungsgrad führen und dürfen nicht erlaubt sein. So wird oder bleibt eine Marke nur dann erfolgreich, wenn sie ganzheitlich aufgebaut und geführt wird.

Eine Marke ist kein Zufallsprodukt. Eine Marke muss ‚gedacht und gemacht' werden und ist in der Regel das Ergebnis disziplinierter analytischer, strategischer und operativer Arbeit - dem Markenmanagement. Markenmanagement ist der Prozess zur Wertsteigerung der Marke und umfasst die Identifizierung, Positionierung, Steuerung und Kontrolle aller relevanten Erfolgsfaktoren, wie sie in der nachfolgenden Abbildung skizziert sind.

In der Analysephase werden zunächst die externen Rahmenbedingungen wie Zielgruppenbedürfnisse und das Wettbewerbsumfeld unter die Lupe genommen. Darauf folgt eine Analyse des Status der eigenen Marke zum Beispiel in Fokusgruppen oder Mitarbeiter-Workshops. Darauf aufbauend wird in der Phase der Strategieentwicklung die Markenvision entworfen, die allgemeine Leitgedanken für die anschließende Definition der Soll-Positionierung enthält. Entsprechend der Positionierung werden die angestrebten Dimensionen der Marke definiert. Hier werden Lücken deutlich, wenn der festgestellte Markenstatus hinter den Positionierungszielen zurückliegt. Um diese zu schließen, wird eine Kommunikationsstrategie entwickelt, deren Umsetzung inhaltlich, zeitlich und formell integriert sein sollte. Auf die Kernbereiche und Gestaltungsmöglichkeiten strategischen Markenmanagements gehen wir im Folgenden näher ein.

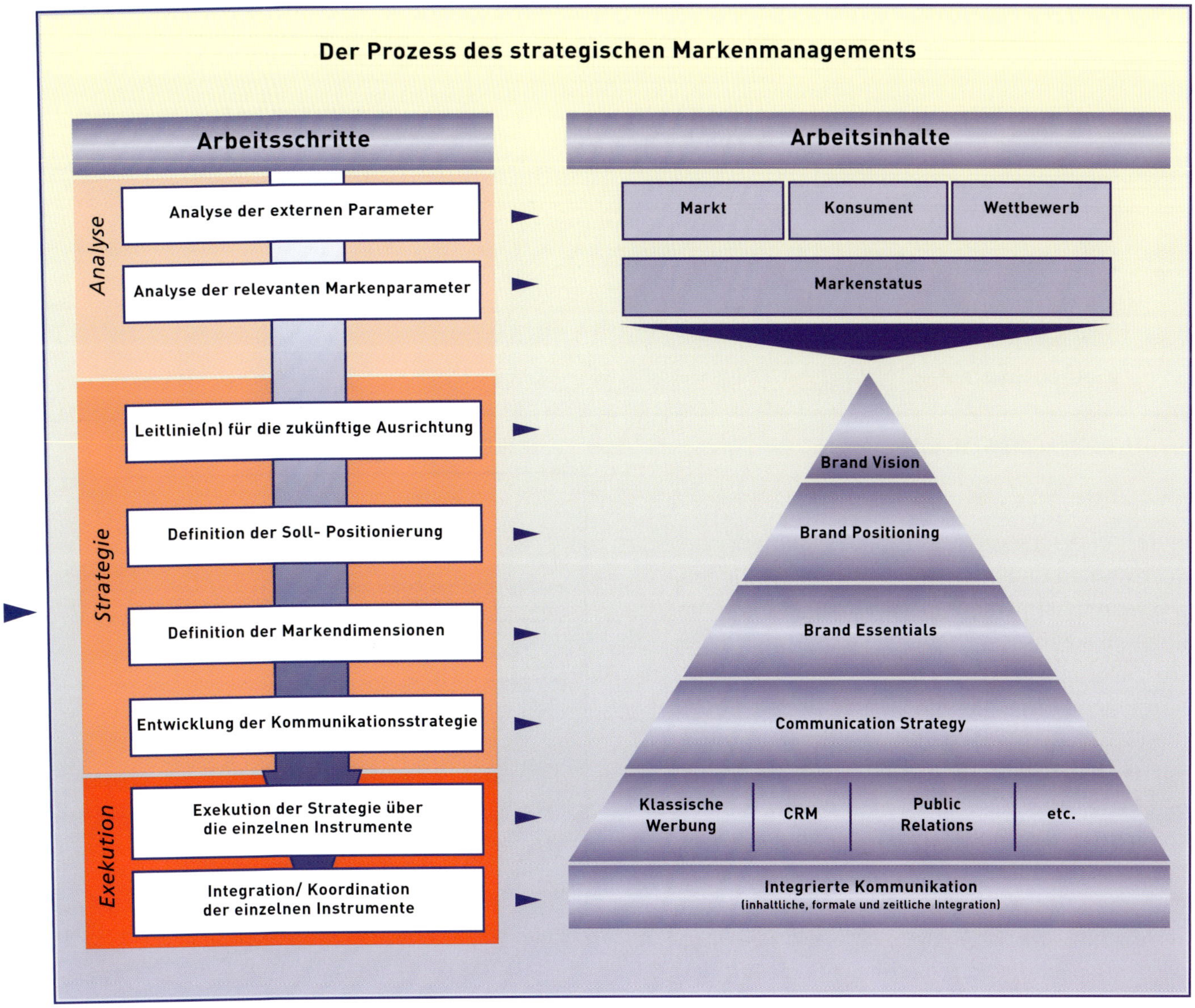

3. Die essentiellen Bausteine der Markenkommunikation

Um eine Marke entweder neu aufzubauen oder eine bestehende Marke klar und deutlich weiterzuentwickeln, ist zunächst eine systematische Analysephase notwendig, aus der sich dann die grundlegenden Erkenntnisse für die strategische Positionierung und kommunikative Gestaltung der Marke ergeben. Die drei Phasen bis zur Entwicklung einer Markenkommunikation sind in der folgenden Übersicht zusammengefasst:

3

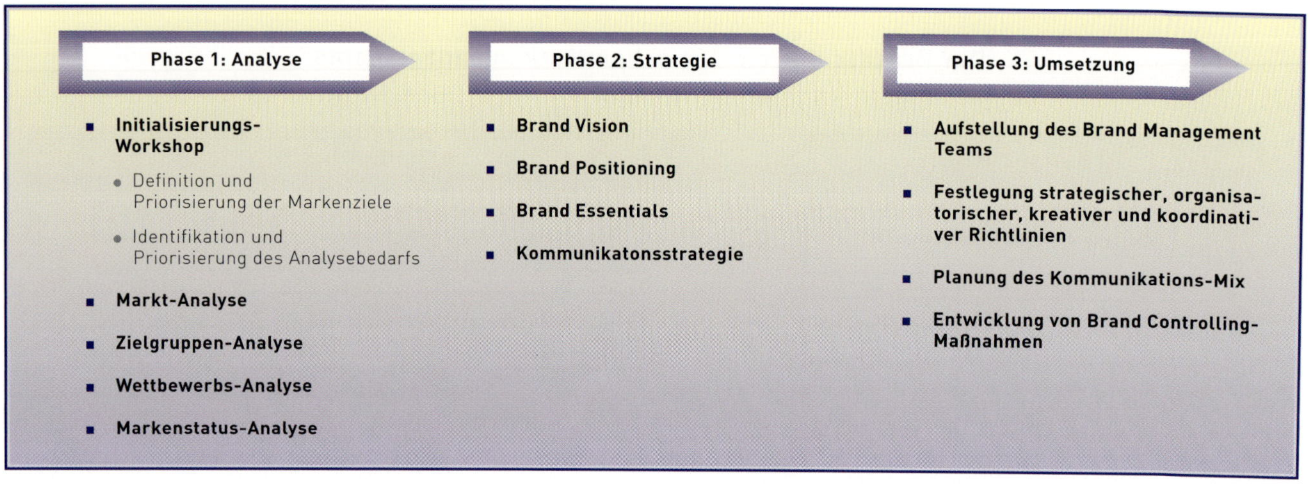

Der mehrstufige Ansatz der Markenentwicklung

In der *Analysephase* muss eine Bestandsaufnahme der externen und internen Rahmenbedingungen, wie Marktparameter, Wettbewerber, Marken- und Kommunikationsstatus und Zielgruppen erfolgen. Der Zielgruppenanalyse kommt im Rahmen der Konsumentenorientierung eine besondere Bedeutung zu: Nur wer die Bedürfnisse der Konsumenten genau versteht, kann ihnen adäquate Lösungen mittels des Marketing-Mix anbieten, diese kommunizieren und eine stabile vertrauensvolle Beziehung aufbauen.

Im Anschluss an die Analysephase folgt die Phase der *Strategiedefinition*. Hierfür sollte die aus der Marketing-Literatur bekannte SWOT-Analyse angewendet werden, indem die Stärken, Schwächen, Risiken und Chancen für die Marke abgeleitet werden. Aufgrund dieser Erkenntnisse lassen sich Richtlinien für die Vision, Positionierung und Kerndimensionen (Essentials) der Marke bestimmen. Die folgende Graphik zeigt die Etappen bis zur Festlegung der Brand Essentials, auf denen die Kommunikationsstrategie aufbaut:

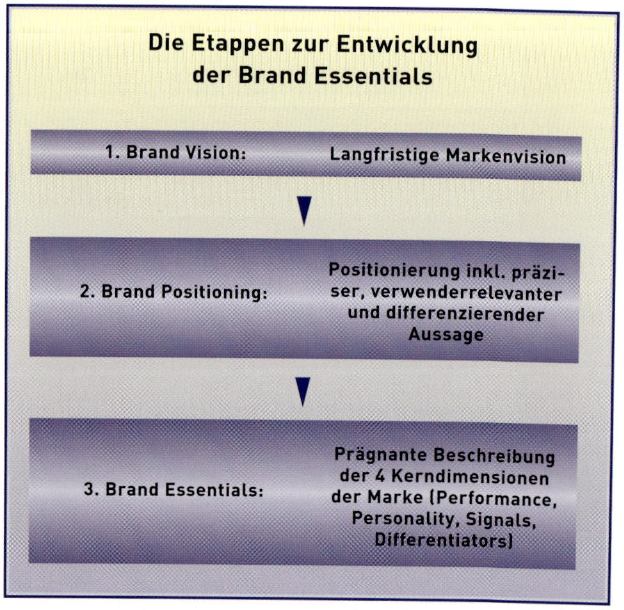

Die *Brand Vision* ist der Leitgedanke für die langfristige strategische Ausrichtung der Marke. Die Markenvision reflektiert das Selbstverständnis und die Daseinsberechtigung der Marke. Sie muss von innen und außen, von und aus dem Markt heraus entwickelt werden. Anders gesagt: Nur die Integration aller Beteiligten des Unternehmens am

Wertschöpfungsprozess gewährleistet eine von allen getragene Vision. Eine Vision ist die Monstranz, die man voranträgt und die Konsumenten und Mitarbeitern gleichermaßen verdeutlicht, wofür man steht - und wofür eben nicht. Sie verhindert allzu opportunistisches Wachstum und hält ein Unternehmen auf Kurs.

Das *Brand Positioning* der Marke beschreibt auf der Basis der Konsumentenbedürfnisse anhand wesentlicher Markeneigenschaften die zukünftige Position im Wettbewerbsumfeld. Während die Brand Vision wesentlich aus dem Blickwinkel der zukünftigen Entwicklung der Märkte geprägt ist, erfolgt das Brand Positioning aus der Wahrnehmung der Konsumenten. Konsumenten nehmen sehr häufig eine ganz andere Segmentierung des-Marktes vor - nämlich aus ihrer Wahrnehmung von Relevanz und Problemlösungskompetenz von Unternehmen und Produkt. Brand Fitness-Studien von BBDO zeigen dies sehr deutlich. Über ein assoziatives, projektives Verfahren werden aus der Sicht des Konsumenten Märkte nach den vorhandenen Markenbildern segmentiert. Daraus ergeben sich Aufteilungen von Märkten, aus denen sich wiederum relevante Positionierungslücken ableiten lassen. Beispielsweise hat sich in einer Brand Fitness-Studie gezeigt, dass sich die Verbraucher bei der Segmentbildung im Biermarkt u.a. an Kriterien geographischer Zuordnung und Geschmacksrichtung orientieren.

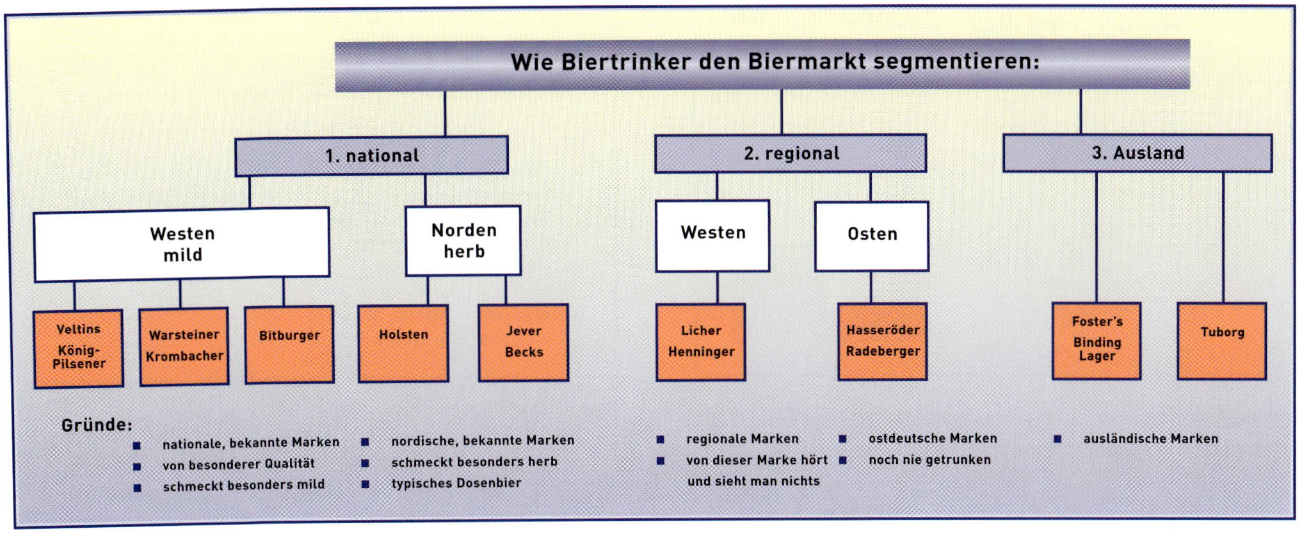

Segmentierung des Biermarktes durch die Verbraucher nach einer Brand Fitness-Studie von BBDO

Zusätzlich erfasst ein weiterer Baustein der Brand Fitness-Studie, der so genannte Attribute Sort, welche funktionalen und emotionalen Eigenschaften einer Marke und ihrem kompetitiven Umfeld zugeordnet werden. Der Attribute Sort zeigt, welche Eigenschaften Marken besitzen, welche Nähe und Ferne sie zu bestimmten Dimensionen aufweisen und welche Bedeutung ihnen beigemessen wird. Der Attribute Sort stellt eine Weiterentwicklung der klassischen Statementbatterien dar. Der

Vorteil gegenüber den herkömmlichen Verfahren liegt insbesondere in der leichten Handhabung umfangreicher und komplexer Datenmengen. Mit diesem Instrument wird sozusagen eine Landkarte eines Marktes und der Eigenschaften der Marken aus Konsumentensicht erstellt. Das Mapping (Positioning) der abgefragten Eigenschaften zeigt, dass z.B. der Marke *Holsten* Eigenschaften wie etwa ‚typische Marke für Kampftrinker' und ‚Billigbier' und ‚typisches Dosenbier' zugeordnet werden.

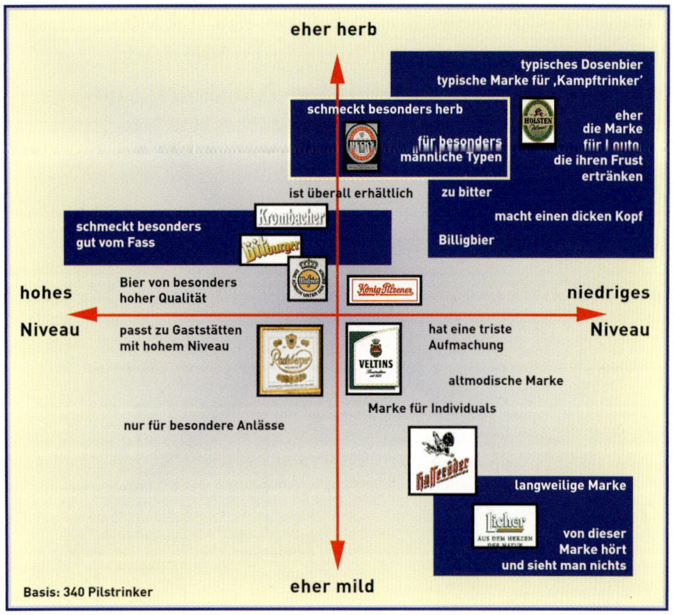

Attribute Sort-Map mit verschiedenen Biermarken, die gemäß ihrer Markenattribute von Verbrauchern positioniert worden sind.

Für eine erfolgreiche Markenführung ist das Brand Positioning unerlässlich, weil es den Gestaltungsraum der Marke kennzeichnet, der von den Konsumenten zugeordnet und entsprechend gebilligt worden ist. Insbesondere im internationalen Vergleich ist darauf zu achten, die jeweilige Position der Marke im Markt und die Entwicklung des Marktes an sich zu betrachten.

Die *Brand Essentials* schließlich dienen als konkrete Handlungsanleitung, indem sie Antworten zu den folgenden vier Leitfragen geben:

Brand Essentials-Modell

Brand Essentials sind der Handwerkskasten, um aus der noch wenig handgreiflichen Gedankenwelt von Vision und Positioning dauerhaft ein festes Gerüst für die Umsetzung und Implementierung zu erstellen. Diese Transformation ist ein wesentlicher Eckpfeiler der Wertschöpfung. Es ist dringend zu empfehlen, ihr höchste Aufmerksamkeit zu widmen und die Ergebnisse in verbindlichen Richtlinien (Guides, Manuals) zu fixieren.

- Bei der ersten Dimension *Brand Performance* werden die rationalen und emotionalen Leistungen und der Nutzen der Marke festgeschrieben.

- Die zweite Dimension *Brand Personality* beschreibt den Charakter bzw. Persönlichkeit und Werte der Marke.

- *Brand Differentiators* legen als dritte Dimension im Wettbewerbsvergleich die differenzierenden Alleinstellungsmerkmale (USP) fest.

- Nach diesen eher ‚inneren' Dimensionen des Markenkerns erfolgt über die *Brand Signals* die Definition der äußeren Symbole wie Name, Farbe, Musik und Slogan.

Als Beispiel für die Ausgestaltung der Brand Essentials wollen wir das Markenkern-Modell für *Loewe* vorstellen. Unter der Marke *Loewe* werden hochwertige TV-, DVD-, Video-, Audio- und Telekommunikationsprodukte mit hoher Designorientierung angeboten. Die Markenkern-Aussagen über *Loewe* lassen sich folgendermaßen auf den Punkt bringen:

Brand Essentials-Modell am Beispiel von Loewe

Im Anschluss an die Definition der Brand Essentials muss die Marke zum Leben erweckt und erlebbar gemacht werden. Dies geschieht mit Hilfe des klassischen Marketing-Mix aus *Produkt-*, *Preis-*, *Distributions-* und *Kommunikationspolitik*, der jeden Kontakt des Konsumenten mit der Marke zu einer glaubwürdigen Begegnung macht und den Markenkern widerspiegelt.

Die *Kommunikationsstrategie* leitet sich aus den definierten Brand Essentials ab (siehe Folgeseite):

Kommunikationsstrategie

Kommunikationsziele

- **Quantitativ:**
  - Steigerung des Bekanntheitsgrads
  - Markenpräferenz
  - Absatzsteigerung (bedingt)
- **Qualitativ:**
  - Imageziele
  - Wertschätzung

Kommunikationselemente

Was?	Kommunikationsinhalte, die konsistent zur Positionierung sind
Zu wem?	Zu definierende Dialog- bzw. Zielgruppen
Welche Mittel?	Bestimmung der für die jeweiligen Zielsetzung und Zielgruppen adäquaten Kommunikationsinstrumente
Wann?	Bestimmung des zeitlichen Einsatzes der Kommunikationsinstrumente
Budget?	Bestimmung des notwendigen Gesamtbudgets sowie optimale Verteilung der Ressourcen auf die Instrumente

Die Ziele und Elemente der Kommunikationsstrategie

Ziel jeder Kommunikationsstrategie ist es, für den Absatz die Steigerung des Bekanntheitsgrades zu erreichen und für die Wertschätzung in der Zielgruppe das Markenimage auszubauen. Hierfür gilt es, positionsgerechte Kommunikationsinhalte zu definieren. Bei *Loewe* musste darauf geachtet werden, das herausragende Design als zentralen Markenwert aller Produkte und als wettbewerbsdifferenzierendes Merkmal zu demonstrieren. Als zweite Anforderung kam hinzu, das Thema ‚Multimedia' nutzenorientiert zu konkretisieren.

Um die technische Kompetenz konkret darzustellen, galt es, sich in jedem Anzeigenmotiv auf ein Thema zu fokussieren. Daher wurde ein modulares Kampagnensystem empfohlen, d.h. jedes einzelne Motiv sollte eine einzige inhaltliche Aussage haben. Gleichzeitig sollte die Einbindung durch einen wiedererkennbaren Gesamtauftritt gelingen. Ein großer Vorteil des modulen Kampagnensystem ist die hohe Flexibilität beim Einsatz unterschiedlicher Medien und die Möglichkeit zur länderspezifischen Anpassung.

Den Fernseher von morgen finden Sie bei uns schon heute.

Natürlich muss ein Fernseher nicht unbedingt einen integrierten Internetzugang haben. Aber praktisch ist es schon.

Nur keine Panik, die Tagesschau kommt weiterhin um 20.00 Uhr.

Jedes einzelne Printmotiv des modularen Kampagnensystems für den digitalen Multimedia-Fernseher von Loewe soll eine einzige inhaltliche Aussage zur Vermittlung technischer Kompetenz enthalten: *Loewe. Welcome to a higher level.*

Als Zielgruppe wurden die folgenden fünf *Sinus-Milieus* (Alter: 20 bis 69 Jahre) ausgewählt:[10]

- Etabliertes Milieu
- Statusorientiertes Milieu
- Adaptives Milieu
- Postmodernes Milieu
- Intellektuelles Milieu

Um diese Zielgruppen optimal zu erreichen, wurde die Nutzung von Printmedien und TV als vorrangige Kommunikationsmittel vorgeschlagen. Entsprechend der zeitlichen Medieneinsätze wird das Gesamtbudget für die Kampagne festgelegt. Dabei ist es ratsam, eine integrierte Budgetallokation durchzuführen, die sich an einer durchgängigen Effizienzbetrachtung orientiert.

Wie lässt sich eine erfolgreiche Kommunikationsstrategie nun längerfristig im Rahmen der strategischen Markenführung sichern? Für die Entwicklung und Realisierung einer Markenkonzeption empfiehlt sich ein mehrstufiger Ansatz, der Inhalt und Prozessführung miteinander verbindet, wofür zunächst eine klassische Projektorganisation günstig ist, die dann sukzessive in die Organisation - und das Denken und Machen - des Unternehmens übergeht. Eine Vernetzung von Brand Equity Managern bzw. Consultants, Werbern und Media-Spezialisten ist hierbei dringend angeraten.

Zudem muss eine verbindliche Methodik vorhanden sein, die dauerhaft ein entsprechendes Auditing ermöglicht und einen stetigen Optimierungsprozess gewährleistet: Beim Auditing werden dabei qualitative und quantitative Entwicklungen der Ist-Situation erhoben, wie zum Beispiel die erreichte Positionierung aus Konsumentensicht und die Höhe und Allokation des Budgets im Vergleich zur Konkurrenz. Dadurch werden Inkonsistenzen und Lücken deutlich. Der Prozess, der zur Entwicklung der Kommunikationsstruktur durchlaufen wurde, wird zur Optimierung in abgekürzter Form wiederholt, so dass entsprechende Lücken dadurch geschlossen werden können. Zudem bleibt hierdurch der effiziente Einsatz des Budgets gewährleistet.

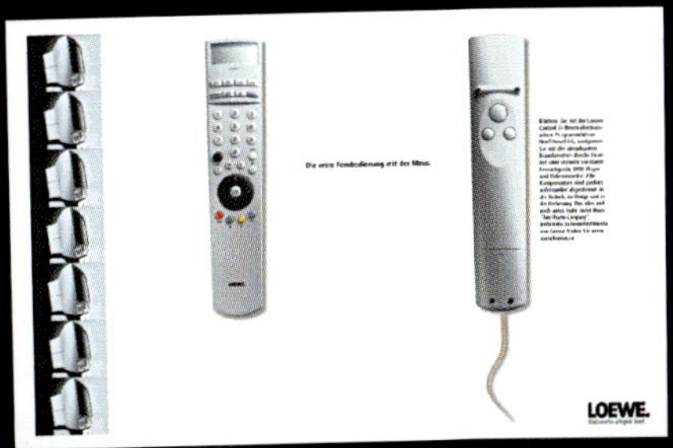

Die erste Fernbedienung mit der Maus.

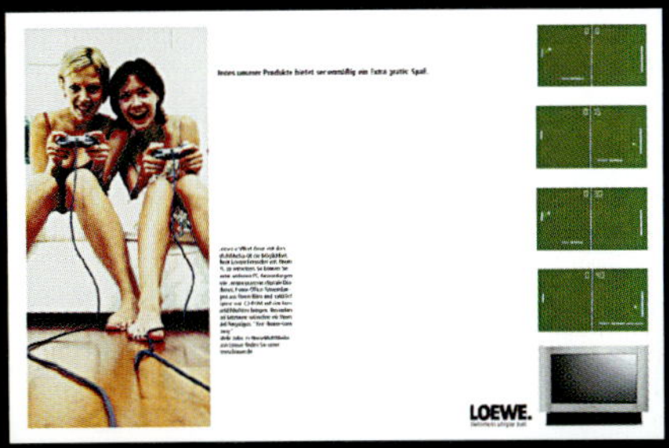

Jedes unserer Produkte bietet serienmäßig ein Extra gratis: Spaß.

Mit dem neuen Credo können Sie sogar Briefe schreiben.

4

4. Die Bedeutung der Integrierten Kommunikation

Eine professionelle Kommunikationspolitik hat einen einheitlichen und systematisch geplanten, gesteuerten und kontrollierten Unternehmensauftritt zum Ziel. Danach erst erfolgt die Vernetzung im Sinne integrierter Kommunikation. Die Kernbotschaften, das ,look and feel' aller marktgerichteten Aktivitäten (auch nach innen) sollten sich gegenseitig bedingen, d.h. Timings, Aussteuerung mit Absatzmittlern, Außendienst etc. stimmig sein.

Hierbei ist zu beachten, dass integrierte Kommunikation nicht heißt: gleiche Headline, gleiches Layout, gleiches Bild. Es geht um medienoptimale Konsistenz. Eine durchgängige Botschaftsgestaltung mit den optimalen Mitteln des jeweiligen Mediums - auch und insbesondere in der Beachtung und Nutzung der spezifischen Leistungsstärke eines bestimmten Mediums. Im Gesamtzusammenspiel der Einzelmaßnahmen ergibt sich so das beste Gesamtbild - zum Nutzen der Brand Vision:

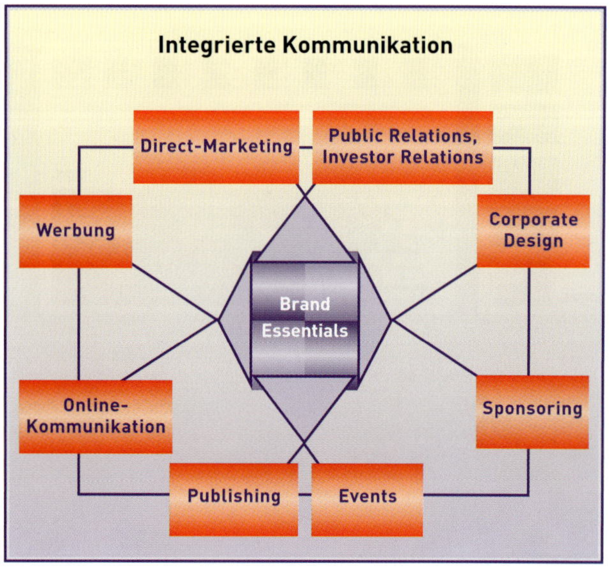

Um den Mitteleinsatz effizient zu gestalten, müssen die Kommunikationsmaßnahmen inhaltlich, zeitlich und formal integriert und koordiniert werden. Dabei ist entscheidend, aus dem Wesen der Marke heraus zu operieren und nicht aus der Sicht der einzelnen Disziplinen zu handeln.

So galt es beispielsweise bei der Etablierung der *DaimlerChrysler*-Bank, alle Kunden, Mitarbeiter, Vertriebspartner, Analysten, Investoren und Journalisten zu erreichen. Hierfür wurden Anzeigen in Wirtschaftspresse, Nachrichtenmagazinen, Online-Zeitschriften und breiteren Titeln wie Fernsehmagazinen geplant. Parallel wurden ein Gewinnspiel in Kooperation mit einem Wirtschaftsmagazin und die Beilage von Visitenkarten eines Anlageberaters vorgeschlagen. Das Thema ,Sicherheit im Internet' war verbindendes Element aller Motive. Zudem wurde angeregt, Mousepads zu distribuieren. Im TV wurden die Belegung reichweitenstarker Tageszeiten und das Sponsoring der Börsenkurspräsentation empfohlen. Neben der Übermittlung einer einheitlichen Nachricht galt es, dem Auftritt ein Corporate Design im Einklang mit dem Image des Automobilherstellers zu verleihen.

5

5. Strategische Markenkommunikation von Morgen - Customer Relationship Management

5.1 Grundlagen und Ziele des Customer Relationship Managements

Um Integrierte Kommunikation kontinuierlich zu realisieren, muss ein ganzheitliches Konsumentenbeziehungsmanagement aufgebaut werden. Hier ist Customer Relationship Management (CRM) -

richtig interpretiert - sicherlich mehr als eine kurzfristige Mode oder nur ein Schlagwort. CRM ist die Philosophie für das Marketing des 21. Jahrhunderts. Es gilt im Sinne einer marktorientierten Unternehmensführung, Konsumentenkontakte mittels moderner Technologie permanent und aktiv in den Steuerungsprozess zu integrieren:

- Der Weg lautet: weg von der Distanz hochentwickelter, anonymer Apparate und ‚back to the intimacy of a grocery store one hundred years ago.'

- Das Ziel lautet: der Aufbau langfristiger, möglichst lebenslanger und aus Unternehmenssicht profitabler Partnerschaften mit dem Konsumenten. Markenstrategie und der Aufbau dauerhafter Wert-Partnerschaften mit dem Konsumenten gehen hierbei Hand-in-Hand.

Im Gegensatz zu einzelnen Marketingdisziplinen wie Direktmarketing, Online Marketing, Public Relations, klassischer Kommunikation oder Sponsoring und Eventmarketing umfasst Customer Relationship Management die gesamte Interaktion eines Unternehmens mit bestehenden und zukünftigen Kunden während des gesamten Kaufentscheidungsprozesses und Besitzzyklus. Als ganzheitliche und übergeordnete Managementdisziplin ist mit dem Customer Relationship Management die erfolgskritische Fähigkeit verbunden, alle Marketingaktivitäten und Kundenkontakte eines Unternehmens zu steuern, zu koordinieren und zu synchronisieren.

Die große Bedeutung von Customer Relationship Management belegt eine BBDO Consulting-Studie, die zeigte, dass eine Senkung der Kundenabwanderungsrate um fünf Prozent pro Jahr eine Steigerung des Gewinns um 25 bis 85 Prozent möglich macht![11] Dieses Gewinnpotential einer dauerhaften Kundenbeziehung resultiert aus der erhöhten Kauffrequenz, gestiegenen Umsätzen, einer höheren Preisbereitschaft und wachsenden Kundenzahlen aufgrund von Weiterempfehlungen. Ferner ist der Aufwand, einen neuen Kunden zu gewinnen, bis zu fünfmal höher, als einen bestehenden Kunden zu halten und den bestehenden Kundenstamm zu pflegen![12]

Welche konkreten *Zielsetzungen* sind mit Customer Relationship Management verbunden? Hier sind v.a. die folgenden fünf Ziele zu nennen:[13]

- Primäres Ziel von CRM ist die Steigerung der *Kundenloyalität* durch verbesserte Kundenzufriedenheit. Dabei wird das Verhältnis von Kundenerwartung und Kundenerlebnis harmonisiert: Alle CRM-Maßnahmen werden als fortlaufender Prozess während des Kundenlebenszyklus wiederholt, wodurch die Steigerung des Kundenwertes erreicht werden soll. Dabei geht man davon aus, dass jeder Kunde bezogen auf sein ganzes Leben für einen akkumulierten maximalen Gesamtwert an Nachfrage, dem so genannten Customer Lifetime Value steht. Im Optimum gelingt es, den Kunden dauerhaft an die Marke bzw. das Unternehmen zu binden und seine gesamte Nachfrage in Bezug auf die Leistung abzuschöpfen.

- Als zweites Ziel soll die *Rate der akquirierten Kunden* gesteigert werden. Die Potentialausschöpfung soll dabei sowohl in bestehenden als auch in neuen Geschäftsfeldern vorgenommen werden.

- Voraussetzung dafür und damit das dritte Ziel ist der erforderliche *Wissenserwerb* über Märkte, Produkte und Wettbewerber und über bestehende und potentielle Kundensegmente. Die Basis von CRM beruht auf der Sammlung von Informationen und der Generierung von Wissen. Das erlernte Wissen ermöglicht den Unternehmen, Entwicklungen, Bedürfnisse und Potentiale im Markt schnell und effektiv zu erkennen, zu bedienen und damit einen Wettbewerbsvorteil zu erlangen.

- Als viertes Ziel sollen die *Profitabilität* und die *Kosteneffizienz* gesteigert werden. Der Profit soll hier nicht als Zeitmoment verstanden werden, sondern als Zeitreihe. So ist zu beobachten, dass zu Beginn einer Kundenbeziehung der Profit pro Kunde noch relativ gering ausfällt. Ursachen hierfür sind die Kosten für die Kundengewinnung, die Vertriebskosten und die niedriger ausfallenden Verkaufserlöse. Die Kundenprofitabilität steigt allerdings, wenn im Laufe einer anhaltenden Kundenbeziehung den Vertriebs- und Betreuungskosten ein stets wachsendes Volumen an Cross- und Up-Selling, Multiplikatoreffekten und geringer Preissensibilität gegenübersteht.[14]

- Die Steigerung der Kosteneffizienz besteht also in einer Optimierung des *Kontaktmanagements*. Nicht selten werden allerdings die durch Kundenbindung erzielten Erlöseffekte durch die steigenden Kosten im Servicebereich und im Kundenkontaktmanagement gemindert. Um dies zu vermeiden, muss ein möglichst effizientes Kontaktmanagement eingeführt werden: Solch ein *Ressourcenallokationsmodell* ist konsequent an realen Kundenbedürfnissen und -verhaltensweisen orientiert und macht Marketingaktionen planbar und kontrollierbar. Dadurch können Budgethöhen festgelegt und deren Allokation gezielt vorgenommen werden. Unter Einbeziehung der Vertriebskosten können zielgruppengenaue Deckungsbeiträge ermittelt werden und zukünftige Planungen gesteuert und optimiert werden.

- Die fünfte Zielsetzung besteht in der Verbesserung des *Markenimages* nach innen und außen, denn die Bereiche Customer Relationship Management und Markenimage sind wechselseitig voneinander abhängig: Durch das Erzielen einer höheren Kundenzufriedenheit wird das Markenimage des Unternehmens positiv beeinflusst. Zudem korreliert ein positives Markenimage positiv mit der Kundenzufriedenheit. Deshalb sind CRM- und Markenimage-Aktivitäten grundsätzlich in zeitlicher, formaler und inhaltlicher Sicht aufeinander abzustimmen.

BBDO Consulting hat in der Studie ‚CRM und Börsenkapitalisierung' belegt, dass Unternehmen, die ihre Prozesse, Strukturen und Marketingaktivitäten konsequent an den individuellen Kundenbedürfnissen ausrichten und die genannten Customer Relationship Management-Ziele erfüllen, mittel- bis langfristig bessere Unternehmensergebnisse und eine höhere Börsenkapitalisierung erzielen.[15]

Zum strategischen Rahmen einer erfolgreichen Customer Relationship Management-Transformation gehören neben der Definition einer Vision und unterstützenden Leitlinien vor allem die Festlegung von strategischen Schlüsselelementen. Die CRM-Vision und strategischen Leitlinien in Management-Workshops erarbeitet und dienen als elementare Grundlage für die Ableitung aller operativen Maßnahmen und Prozesse (siehe Graphik):

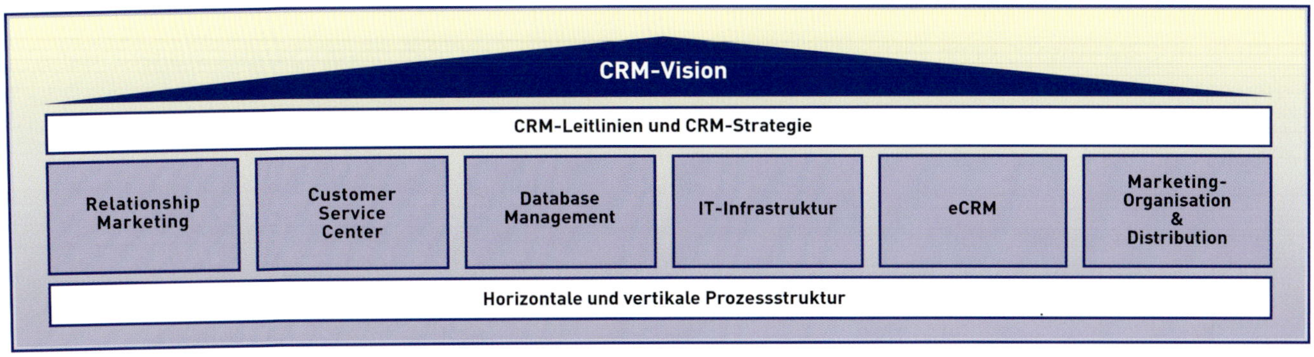

Struktur und strategische Instrumente des Customer Relationship Managements

- Zum Beispiel wollte ein Automobilhersteller als CRM-Vision die Bereitstellung von benutzerfreundlichen Schnittstellen für die Kontaktaufnahme zwischen Kunden und dem Hersteller sowie Informationstransparenz über alle organisatorischen Ebenen hinweg erreichen. Als Leitlinie galt, die Nutzung der Website zu verdoppeln, ein innovatives Image aufzubauen, Nutzerprofile zu generieren, die Kundenloyalität zu stärken und den täglichen Kontakt zwischen Kunden und dem Hersteller zu erreichen.

Eine schnelle und erfolgreiche CRM-Implementierung und die Transformation auf alle Unternehmensbereiche ist nur dann gewährleistet, wenn das Top-Management hinter der CRM-Philosophie steht und kontinuierlich in den Prozess einbezogen wird. Aufbauend auf der Unternehmensvision und den strategischen Leitlinien kommen die strategischen Elemente von Customer Relationship Management zum Einsatz. Diese strategischen Instrumente sind bei allen CRM-Vorhaben die gleichen, wobei sich jedoch zwingend die Ausgestaltung und deren Inhalte ändern.

Die Herausforderung eines CRM-Projektes liegt somit primär in der *Implementierung*, d.h. in der inhaltlichen Ausgestaltung der Instrumente. Die Instrumente werden entsprechend den Anforderungen des Unternehmens spezifiziert und auf die Produkte bzw. Dienstleistungen hin angepasst. Die folgenden Ausführungen charakterisieren die Customer Relationship Management-Instrumente zur Umsetzung eines holistischen CRM-Ansatzes:

- Das *Relationship Marketing* (RM) schließt die Lücke zwischen der stark emotionalen, Image- und Awareness-orientierten Massenkommunikation (TV und Print) und dem persönlichen Kundenkontakt der Vertriebsorganisation. Angepasst an die individuelle Bedürfnisstruktur der Kunden sowie an die Zielgruppenpotentiale werden maßgeschneiderte Relationship Marketing-Programme entwickelt.

- Das *Customer Relationship Center* (CRC), nicht zu verwechseln mit einem gewöhnlichen Call Center, integriert und koordiniert alle reaktiven Kunden- und Interessentenkontakte und bildet eine zentrale Säule von CRM. Es verfügt über eine einheitliche Sprache, ist in allen Märkten über die gleichen Telefon- und Faxnummern zu erreichen und operiert auf der Basis einer ganzheitlichen IT- und Database-Architektur.

- Das *Database Management* ist eine zentrale Säule im CRM-Ansatz, denn vernetztes Wissen wird zum entscheidenden Erfolgsfaktor bei der erfolgreichen Umsetzung von Customer Relationship Management. Data Warehousing und Data Mining-Applikationen bieten fortgeschrittene IT-Lösungen, um Informationen zu verwalten, selektieren, analysieren und interpretieren.

- Eine unternehmensweit implementierte *IT-Infrastruktur* ist wiederum die Grundlage für die einheitliche Datenbank. Die Datenbank kann nur optimal genutzt und ausgeschöpft werden, wenn nicht nur das Customer Service Center, sondern jeder Baustein innerhalb des CRM jederzeit Zugriff auf aktuelle Daten hat.

- Das Internet wird sich zunehmend als Angebots-, Bestell- und Transaktionsmedium und damit als paralleler oder eigenständiger Vertriebsweg etablieren. Basierend auf einer ganzheitlichen IT-Architektur bilden Internet, Electronic Commerce und Database Management eine elektronische Einheit, das *eCRM*. Durch eCRM werden sie integraler Bestandteil von Customer Relationship Management. Nicht zuletzt ist es darum unabdingbar, das gesamte *Vertriebsnetz* in das System einzubinden, so dass die im Customer Service Center gewonnenen Informationen optimal genutzt werden können.

Ein weiterer Teil der CRM-Implementierung liegt in der Anpassung der Organisationsstruktur. Dahinter steht der grundlegende Gedanke, dass bei kundenorientierten Unternehmen der Kunde auch Mittelpunkt der Organisationsstruktur sein muss. Während in der Vergangenheit Unternehmen primär funktional ausgerichtet und organisiert waren, initiiert CRM eine *Prozessorganisation*, die stringent an *Kundenbedürfnissen* ausgerichtet ist. In diesem Zusammenhang sprechen wir von einer *Customer Centric Organisation*, welche in der folgenden Abbildung dargestellt ist.

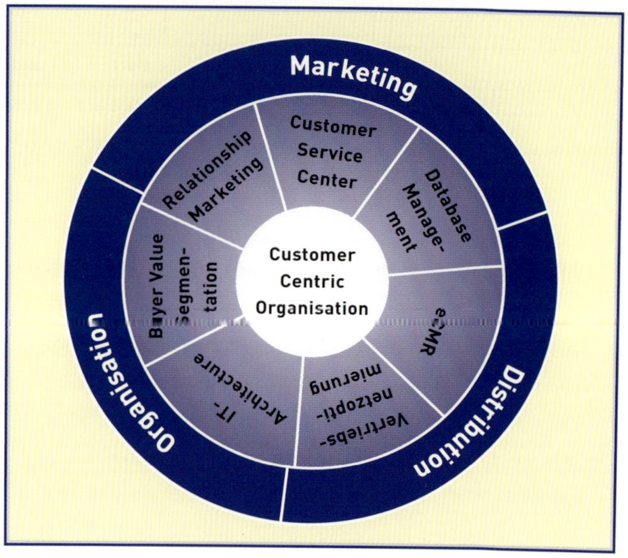

Zukunftsmodell eines konsumentenorientierten Unternehmens

Die Customer Centric Organisation umfasst nicht nur die Prozesse innerhalb eines Unternehmens, sondern bindet die Absatzkanäle vollständig mit ein. Im Kern geht es darum, eine Prozessorganisation dauerhaft im Unternehmen zu implementieren, die den Konsumenten konsequent zum Maß aller Dinge macht. Eine solche Organisationsstruktur braucht vor allen Dingen eine durchgängige Unternehmenskultur und eine zeitgemäße Informationstechnologie-Infrastruktur zur Speicherung, Auswertung, Bereitstellung und Nutzung der im Konsumentenkontakt anfallenden Daten. Dann bedeutet Customer Relationship Management einen erfolgreichen Weg, wie die folgenden Beispiele praktischer CRM-Umsetzungen zeigen.

5.2 Praxisbeispiele für Customer Relationship Management

Viele Unternehmen haben sich den Herausforderungen bereits vor einigen Jahren gestellt und ihre Kundenbeziehungen, Unternehmensprozesse und Organisationsstrukturen mit Hilfe von Customer Relationship Management neu gestaltet. Der resultierende finanzielle Erfolg wird bereits von einigen Unternehmen erfolgreich demonstriert:

Die britische Einzelhandelskette *Tesco* wurde - aufbauend auf seinem Kundenbindungsprogramm ‚thank you' - innerhalb von 4 Jahren zur führenden Supermarktkette und zu einem der ernsthaftesten Herausforderer von Finanzdienstleistern in Großbritannien. Mit Hilfe des Club Card-Konzeptes konnte *Tesco* seine profitablen Geschäftsfelder weiter ausbauen und neue entwickeln. Ziel der Reorganisation zum kundenzentrierten Unternehmen war es, neue Kunden zu erobern, die Kundenzufriedenheit und Kundenloyalität zu verbessern, die Ausschöpfung des Cross Selling-Potentials und den Customer Lifetime Value zu erhöhen. Seit der Einführung der Kundenkarte 1995 und des damit verbundenen Club-Konzepts hat sich die Zahl der Kartennutzer von 1,5 Mio. auf 19 Mio. erhöht. Der Umsatz pro Kunde stieg dabei um 30 Prozent und der Aktienkurs hat sich mehr als verdoppelt. *Tesco* expandierte in weitere profitable Dienstleistungsbereiche. Laut offizieller Umfrage würden 45 Prozent aller Briten heute von *Tesco* Farbfernsehgeräte und Waschmaschinen kaufen und 15 Prozent sogar Autos. Kunden und Investoren haben *Tesco* im dritten Jahr in Folge zum kundenfreundlichsten und profitabelsten Unternehmen in Großbritannien gewählt.

Laut einer Studie der Harvard Business School verliert das typisch amerikanische Unternehmen derzeit pro Jahr rund 10 bis 30 Prozent seiner Kunden. Noch dramatischer wird dieser Verlust, wenn man anstelle des jährlich entgangenen Ertrags den Lifetime-Value nimmt, also den Ertrag errechnet, den ein Kunde über sein ganzes Leben hinweg zugunsten des Unternehmens generiert hätte: Wechselt z.B. ein Topkunde einer Fluggesellschaft mit einem Lifetime-Value von über 1 Mio. Mark bereits im Alter von 35 Jahren zu einer anderen Airline, entgehen der Fluggesellschaft mehr als 750.000 Mark, die sie mit dem Fluggast im Laufe seines weiteren Lebens umgesetzt hätte.

American Airlines und die deutsche *Lufthansa* waren eine der ersten ihrer Branche, die sich mit den Themen Kundenbindungsmanagement und Customer Lifetime Value auseinander gesetzt haben. So hat beispielsweise *American Airlines* eine sehr erfolgreiche Internet-Strategie (eCRM) zur ‚Steigerung der Kundenloyalität' entworfen: Bei diesem auf hochwertige Kunden ausgerichteten Marketinginstrument ist nicht der kurzfristige Verkauf von Tickets das Ziel, sondern der Aufbau einer langfristigen ‚Learning Relationship', die durch kontinuierlichen und individuellen Dialog unterstützt wird. Dazu stellt *American Airline* zum Beispiel ihren Vielfliegern persönliche Customer User-Homepages zur Verfügung, die ausschließlich Informationen und Angebote enthalten, die auf das individuelle Flugverhalten des einzelnen Kunden abgestimmt sind. *American Airlines* konnte seit Einführung der eCRM-Strategie die Kundenzufriedenheit deutlich ausbauen und den Umsatz pro Kunde im Segment der Vielflieger bereits im ersten Jahr um 15 Prozent erhöhen.

Unter dem Aspekt ‚Ausbau des Kundenpotentials' lässt sich der Ansatz von *Lufthansa* beispielhaft nennen: Der Aufbau des Customer Datawarehouse bildet dabei die Basis für das Miles&More-Bonusprogramm und die individuelle Kundenansprache durch das One-to-One-Marketing. Das dahinterstehende Ziel ist es, neue Interessenten für die Airline zu gewinnen und zusätzliches Geschäft von bestehenden Kunden zu generieren, um damit den ‚Share of Wallet', also den Anteil am Gesamtpotential des Kunden zu steigern. Die getätigten CRM-Investitionen sowie die Umsetzung der kundenzentrierten Organisationsstruktur haben dazu beigetragen, dass es der *Lufthansa* in den letzten 5 Jahre gelungen ist, wieder in die Gewinnzone zurückzukehren: 1998 wurden über 3 Mio. Miles&More-Mitglieder registriert, die 600.000 Prämien (Flüge, Upgrades, Sachprämien) einlösten. Die Umsatzerlöse stiegen 1998 um knapp 5 Prozent auf nahezu 8,2 Mrd. Euro. Das Ergebnis der betrieblichen Tätigkeit verbesserte sich auf 9,2 Mio. Euro. Auszeichnungen der London School of Economics sowie der Zeitschriften *Manager Magazin* und *online today* bestätigen die hohe Akzeptanz des Lufthansa-Auftritts im Internet. 15 Mio. Zugriffe verzeichnete der InfoFlyway von *Lufthansa* allein im November 1999 und generierte damit mehr Kundenkontakte als alle anderen Online-Reiseshops in Deutschland zusammen. Rund 900.000 Kunden haben sich bisher mit ihrem Profil wie Name, Anschrift, E-Mail-Adresse und Reisewünsche registrieren lassen, was ein solide Basis für die Customer Datawarehouse bildet und eine weiterhin verbesserte Kundenansprache ermöglicht.

Die eindrucksvolle Erfolgsgeschichte des Computer- und Softwareanbieters *Dell* verdeutlicht, welches Potential sich mit Hilfe von Customer Relationship Management erschließen lässt. Firmenpatriarch Michael Dell gibt die Richtung vor: *„Our ultimative goal is to deepen relationships with customers by providing added convenience, efficiency, cost saving and a wider array of services."* Kein anderes Unternehmen weltweit hat es innerhalb so kurzer Zeit geschafft, die Unternehmensphilosophie des ‚kundenzentrierten Unternehmens' so schnell umzusetzen. Die technischen Möglichkeiten von *Dell* sind mittlerweile so weit entwickelt, dass die individuellen Kundenbedürfnisse- und wünsche direkt in die Produktion oder Servicekette integriert werden - und zwar ohne gleichzeitig ökonomische Vorteile wie Economies of Scale[16] außer Acht zu lassen. Der Lohn für die konsequente Umsetzung dieser Strategie ist der Aufstieg zur weltweiten Nr. 2 unter den IT-Herstellern und eine ‚Vervierzigfachung' des Aktienkurses seit 1996.

Im Automobilsektor existiert eine Vielzahl von Beispielen für CRM. So setzt *General Motors* (*GM*) verstärkt CRM ein, um die Preise zu sichern und verfügt mit seinem Online-Auftritt ‚*GM* Buy Power' wohl über den modernsten ‚buying web service' in der Automobilbranche. *GM* Buy Power integriert neben den verschiedenen *GM*-Marken (Buick, Cadillac, Chevrolet, GMC, Oldsmobile, Pontiac und Saturn) vor allem *GM*-Lieferanten, Mietfahrzeuggesellschaften, GMAC Financial Services, Telematic Systems ‚OnStar' etc. Kundenanfragen und Probefahrt-Anforderungen werden direkt an das Customer Assistance Center und die Händler weitergeleitet. Bereits 73 Prozent der 7800 U.S.-Händler nutzen den Online-Service zur Gewinnung neuer Kunden. Bereits vier Monate nach Einführung von *GM* Buy Power konnten fast 50 Prozent der generierten Adressen (leads) über die Händler in Käufe umgewandelt werden.

Der französische Autokonzern *Renault* verfügt über integrierte Loyalitätsprogramme, welche der Marke ein kundenfreundliches Image vermitteln sollen. *Mercedes-Benz* hat ein ganzheitliches CRM-Projekt durchgeführt, welches über ein europäisches Call Center sowie ein einheitliches Akquisitions- und Loyalitätsprogramm verfügt. Die *Porsche* AG hat seit der Einführung des *Porsche*-Kundenkontaktprogramms in den Jahren 1994/95 nicht nur die Loyalitäts- und Kundenzufriedenheitsrate deutlich verbessert, sondern auch die Zulassungen sind mit 50 Prozent signifikant gestiegen. Analysten und Investoren belohnte *Porsche* mit einer Versechsfachung des Aktienkurses seit 1996.

Zusammenfassend lässt sich feststellen, dass gerade Automobilunternehmen im Customer Relationship Management die entscheidende Waffe im Wettbewerb der Zukunft sehen. Aber auch Unternehmen im Finanz- und Dienstleistungssektor investieren in CRM-Lösungen. So konnte *American Express* seine Kundenprofitabilität durch CRM signifikant verbessern. Ähnliches gilt für die *Barclays Bank*. Eine Untersuchung über Kreditkarten hat nämlich ergeben, dass eine 5%ige Steigerung der Kundenloyalität eine Profiterhöhung zwischen 25 und 30 Prozent ergibt.

5.3 Faktoren für erfolgreiches Customer Relationship Management

Aufgrund der gewonnenen Erkenntnisse aus der CRM-Studie sowie praktischer Erfahrungen aus zahlreichen Projekten lassen sich für Unternehmen, die sich durch eine hohe CRM-Kompetenz auszeichnen, gewisse Gemeinsamkeiten festlegen, die sich durch folgende Erfolgsfaktoren für die Realisierung von CRM-Konzepten zusammenfassen lassen:

- Die Zustimmung des Top-Managements ist unabdingbare Voraussetzung für die erfolgreiche Umsetzung von CRM-Projekten.
- Die Integration aller beteiligter Abteilungen, Kundenschnittstellen und Verantwortungsbereiche muss von Anfang an betrieben werden.
- Es gilt, eine klare Definition und Festlegung von Verantwortungen, Zuständigkeiten, Ressourcen und Prozessen zu erreichen.
- Die Transformation von der produktorientierten Organisationsform zur kundenzentrierten Organisationsform muss stufenweise erfolgen.
- Die Penetration des CRM-Gedanken ist nach außen und innen (Internes Informations- und Kommunikationsmanagement) zu richten.
- Die Berechnung eines Business Case und Durchführung eines CRM-Pilotprojektes sind wichtige Basiselement vor der unternehmensweiten Realisierung.
- Damit haben intensive Schulung und Coaching der Vertriebsorganisation einher zu gehen.

CRM stößt in der Praxis zunächst häufig auf Ablehnung. Dabei geht es nicht so sehr um die Akzeptanz des Ansatzes an sich, denn die Erkenntnis der allgemeinen, fast zwingenden Notwendigkeit wird gesehen. Das Problem besteht vielmehr in der Größe des Ansatzes, die den einzelnen Manager vor eine schier unendliche Vielfalt von Einzelmaßnahmen stellt.

Was also ist zu tun? Man fängt in einzelnen Ausschnitten mit der Vernetzung an. In den meisten Fällen führt die Vernetzung ausgewählter Einzelausschnitte schon zu erheblichen Verbesserungen. Letztendlich geht es um eine relative Verbesserung - im Rahmen des besten Kosten-Nutzen-Verhältnisses. Erfolgversprechend ist also ein dauerhafter, stetiger Prozess der Weiterentwicklung, nicht ein einmaliger Kraftakt!

6. Fazit: Die Notwendigkeit zu strategischem Markenmanagement

Marken stellen einen wesentlichen Treiber des Unternehmens dar. Häufig werden Marken singulär geführt, d.h. die einzelnen Facetten werden inhaltlich wie organisatorisch nicht oder nur unzureichend miteinander vernetzt. Abhilfe schafft hier ein integriertes und vernetztes Markenmanagement - über alle wesentlichen Faktoren und Organisationseinheiten hinweg. Dies stellt Unternehmen vor große Herausforderungen, da in vertikalen Organisationen zu wenig Platz für horizontale Vernetzungen herrscht.

Ausgangspunkt eines erfolgreichen Markenmanagement ist eine Bestandsaufnahme der Brand Equity-Situation, die dann - in der Regel zunächst als Projektorganisation - die einzelnen Stellhebel bestimmt, den Ist-Soll-Zustand beschreibt, Arbeitspläne definiert und die Implementierung kontinuierlich begleitet.

Am ‚Ende des Tages' muss dies alles stabil in das Know-How und die Organisation des Unternehmens eingehen. Unternehmen, die dies erreichen, sind bestens gerüstet für die Zukunft. Denn die Zukunft gehört der Marke und einem übergreifenden strategisch geführten Markenmanagement.

7

7. Anhang

1 Dies belegt die unveröffentlichte Brand Parity-Studie von BBDO (1999).

2 Anders als in Deutschland kann in den USA der Markenwert als Asset, als immaterieller Vermögensanteil des Unternehmens bilanziert werden. In Deutschland ist dies bislang nur erlaubt, wenn eine Marke käuflich erworben wurde.

3 Das Zitat von Verhoog stammt aus dem Beitrag ‚Leitbild und Lagerfeuer' der Zeitschrift ‚Econy' (06/1999, S. 83).

4 Das Schaubild entstammt der 'Total Research Study: 200 American and British Blue Chip Companies' von Morgan Stanley und ist hier der unveröffentlichten Brand Parity-Studie von BBDO (1999) entnommen.

5 Der S&P 500, der in dieser Graphik als Referenzmaßstab für die Performance markenstarker gegenüber markenschwachen Unternehmen dient, zählt zu den weltweit anerkannten Aktienindices von Standard & Poor's, dem weltweit führenden Anbieter unabhängiger Finanzanalysen und -informationen. Die S&P-Indices messen den Kursverlauf von Aktien der wichtigsten Märkte weltweit messen und werden von Investoren, Asset Managern und Finanzinstituten als Benchmarks genutzt, um die Performance öffentlich gehandelter Aktien allgemein und der aktiv gemanagten Portfolios im Besonderen aufzuzeigen.

6 Paradoxerweise wird diese bekannte Erkenntnis des Marketing durch die vermeintliche Informationstransparenz des Internets zusätzlich gefördert - und nicht beseitigt, wie in einer ersten Anfangseuphorie zunächst postuliert wurde. Nach dem Untergang der Marke steht die Marke jetzt vor einem erstaunlichen Revival - eben wegen ihrer preisstabilisierenden Macht.

7 Das Brand Equity Evaluation System (BEES) wurde von BBDO Consulting (2001) und Prof. Dr. Wirtz, Universität Witten-Herdecke entwickelt.

8 Für die Berechnung der Einflussfaktoren mit dem BEES-Instrument wurden Börsendaten, BBDO-Datenmaterial sowie Imagewerte eines Rankings des ‚manager magazins' verwendet. Die Brancheneinteilung wurde im Einklang mit der Einteilung an der Börse vorgenommen.

9 Die klassischen Regeln gelten auch im Internet, müssen aber internetspezifisch interpretiert und erweitert werden. Gestaltungsspielraum dafür ergibt sich hauptsächlich in den vier Dimensionen Präsentation, Inhalt, Dialog und Abwicklung. Das Internet ist zwar eine revolutionäre Entwicklung, bleibt aber immer nur ein Medium unter vielen, wenn auch ein wichtiges mit zunehmender Bedeutung. Als Kommunikations- und Transaktionskanal muss es sich dem größeren Prinzip Marke und seinem Anspruch der Selbstähnlichkeit unterordnen.

10 Für die Loewe-Kampagne wurden die folgenden fünf Sinus-Milieus ausgewählt, die hier nach der Studie ‚Soll & Haben 5' (Spiegel-Verlag Hamburg, 2001, S. 12-20) beschrieben sind *(Note: Seitdem gibt es eine neue Version der Sinus-Milieus, die im Beitrag von Manfred Niesel vorgestellt wird.)*:

Etabliertes Milieu: Die erfolgsorientierte Konsum-Elite unserer Gesellschaft mit ausgeprägten Exklusivitätsansprüchen. Lebensziele sind beruflicher und materieller Erfolg durch Leistung, Zielstrebigkeit, Führungs- und Gestaltungsbereitschaft; die Zugehörigkeit zur gesellschaftlichen Elite, Statusdenken und Machtbewusstsein; ein distinguierter Lebensrahmen, finanzielle Unabhängigkeit, Besitz, hoher Lebensstandard und ein intaktes Familienleben. Die soziale Lage ist wie folgt: Der Altersschwerpunkt liegt bei den über 40-Jährigen; ein überdurchschnittlich hohes Bildungsniveau. Zu diesem Milieu sind viele leitende Angestellte und höhere Beamte; Selbständige, Unternehmer, Freiberufler zu zählen, also hohe Einkommensklassen. Das persönliche Verhältnis zu Arbeit und Leistung: Identifikation mit der übernommenen Aufgabe, Leistungsbereitschaft, Erfolgsdenken, Winner-Mentalität, Streben nach gehobenen hierarchischen Positionen und ausgeprägte Führungs- und Gestaltungsbereitschaft.

Statusorientiertes Milieu: Die beruflich und sozial aufstrebende untere Mitte, die die Erfolgsinsignien unserer Konsumgesellschaft im Blick hat. Als Lebensziel steht der berufliche und soziale Aufstieg (sich hocharbeiten) als zentraler Lebensinhalt sowie vorzeigbare Erfolge haben, mehr erreichen als der Durchschnitt und Ansehen genießen. Große Bedeutung haben Konsumwerte (Auto, Urlaub, exklusive Freizeitaktivitäten), auch Geld spielt eine große Rolle, nicht nur für den Lebensstil, sondern auch für die eigene Absicherung (wenn möglich Aufbau eines Vermögens). Die soziale Lage lässt sich so beschreiben: Häufig mittlerer Abschluss oder Hauptschule mit abgeschlossener Berufsausbildung, viele Facharbeiter und qualifizierte Angestellte, auch (kleinere) Selbständige und Freiberufler, also gehobene Einkommensklassen. Arbeit und Leistung dienen der Identifikation mit dem Beruf und dem Karrierestreben (Mythos vom ‚selfmademan', aber starker Realitätsbezug). Damit verbunden sind eine ausgeprägte Leistungsorientierung, hoher Arbeitseinsatz, Risikobereitschaft und häufig auch die Furcht vor sozialem Abstieg und Einbußen im Lebensstandard.

Adaptives Milieu: Der gut ausgebildete, mobile und pragmatische Mainstream der jungen modernen Mitte. Lebensziel ist, das Leben so angenehm wie möglich zu gestalten, sich leisten zu können, was einem gefällt - aber dabei flexibel und realistisch zu bleiben (realitätsbezogener Hedonismus). Es ist wichtig, Ideen und Pläne zu haben, (Mit-)Verantwortung zu übernehmen, eigenständig zu handeln, nicht fremdbestimmt zu leben und sich geistig und fachlich weiter zu entwickeln, also nicht stehen zu bleiben (lebenslanges Lernen). Sozial betrachtet handelt es sich um ein junges Milieu, der Altersschwerpunkt liegt unter 40 Jahre und häufig sind bereits Kinder im Haushalt. Zu diesem Milieu zählen Personen mit mindestens Realschulabschluss, viele Auszubildende, Schüler und Studenten sowie qualifizierte Arbeitnehmer in modernen Berufen wie etwa Facharbeiter (häufig in Schrittmacher-Industrien), qualifizierte Angestellte, Beschäftigte im öffentlichen Dienst mit mittleren bis gehobenen Einkommen, häufig auch Doppelverdienern. Arbeit und Beruf werden dem Anspruch auf Freizeit, Lebenslust und Genuss untergeordnet. Im Vordergrund stehen beim Job Problemlösungsorientierung, die Akzeptanz des individuellen Leistungsprinzips, eine hohe horizontale Job-Mentalität und eine eher geringe Bindung an Firma und Position.

Postmodernes Milieu: Die extrem individualistische, ‚multioptionale` Lifestyle-Avantgarde unserer Gesellschaft. Lebensziele sind die ungehinderte Entfaltung der eigenen Persönlichkeit, das Ausleben der eigenen Gefühle, Begabungen und Sehnsüchte, die Zurückweisung von äußeren Zwängen, Normen, Ideologien und Leitbildern sowie die Ablehnung, sich festzulegen bzw. sich zu etablieren. Es geht um lustvolles Leben, um Körper, Geist und Sinne an existenzielle Grenzen treiben. Es handelt sich um ein junges Milieu mit dem Altersschwerpunkt zwischen 20 bis 35 Jahren mit gehobenen Bildungsabschlüssen. Dazu zählen viele Singles, (mittlere) Angestellte, (kleinere) Selbständige und Freiberufler, viele Schüler und Studenten sowie Jungakademiker. Bei Arbeit und Leistung zählen das Streben nach Unabhängigkeit, die Selbstverwirklichung und Autonomie. Man möchte sich keinen Hierarchien und Zwängen unterordnen, weshalb eine Vorliebe für freie Berufe besteht - vorzugsweise in den Bereichen Medien, Werbung, Kunst und Architektur. Es finden sich viele unkonventionelle Karrieren, gebrochene Lebensläufe, phasenweise auch Beschäftigung unter Qualifikationsniveau (‚McJob').

Intellektuelles Milieu: Die aufgeklärte, postmateriell orientierte Werte-Avantgarde unserer Gesellschaft. Zu den Lebenszielen gehören ökologische Verantwortung, politische Korrektheit, soziale Gerechtigkeit, Rücksichtnahme auf die Schwachen der Gesellschaft, Weltoffenheit und Toleranz. Im Mittelpunkt stehen postmaterielle Ansprüche wie Selbstverwirklichung, Individualität, Freiräume für sich selbst schaffen (und auch gegen Sachzwänge) und ‚Entschleunigung'. Es geht um sinnstiftende Identität und Erfolg im Beruf, die Suche nach einer kreativen, identitätsstiftenden Arbeit, die Sinn macht und Herausforderungen bietet. Wichtig sind dabei Selbständigkeit, individuelle Freiräume und persönliche Verantwortung. Es gilt zwar ein ausgeprägtes professionelles Ethos, aber kein rigides Karrierestreben. Sozial gesehen finden sich hier qualifizierte und leitende Angestellte, Beamte und Freiberufler sowie ein hoher Studentenanteil. Dieses Milieu weist hohe bis höchste Formalbildung (Abitur, Studium) und Einkommensklassen auf.

11,12,15 Die Studie zum Einfluss von CRM auf die Börsenkapitalisierung von Unternehmen wurde von BBDO Consulting (2000) erstellt und ist unveröffentlicht.

13 Diese Ausführungen entstammen der unveröffentlichten BBDO Consulting-Studie ‚CRM-Konzeption' (2001).

14 Ziel von Cross- und Up-Selling-Aktivitäten ist es, verwandte Produkte mitzuverkaufen.

16 Economies of Scale (Skaleneffekte) bedeuten eine Kostenführerschaft des Unternehmens aufgrund der Ausnutzung von Mengeneffekten oder Spezialisierungsvorteilen.

Herbert J. Putz
General Manager Young & Rubicam Frankfurt

Eigentlich sollte ich Diplomat, am besten gleich Botschafter werden. Berufsvorbereitend studiert man dazu traditionellerweise Rechtswissenschaften. Es kam - wie immer im Leben - ganz anders und ich erlag der Faszination Werbung bei Young & Rubicam Wien. Ich bin jetzt 20 Jahre bei Young & Rubicam und das ist der beste Beweis von Markenfaszination und -treue.

Markenmanagement wird bei Young & Rubicam groß geschrieben. Ausdruck dieses Bekenntnisses ist die Investition aus eigener Kraft in eine Studie, die Marken- und Länder übergreifend so ziemlich einzigartig ist. Eine Studie, die es uns erlaubt, auf faktischer Basis Zu- und Umstände der jeweiligen Kategorie und Markensituation zu begreifen, mit dem Ziel, eine kreative Plattform zu artikulieren, die die Zukunft der Marke sichert.

So gesehen bin ich wieder bei meinem ursprünglichen Ausgangspunkt gelandet. Ich präsentiere die Fakten zu dem zu verhandelnden Fall und vermittle zwischen Markt-Marke-Konsument-Kunde und Kreation, um die Gegenwart zu sichern und die Zukunft zu gestalten.

Gerhild Werner
Beratung Strategische Kommunikation

Menschen und ihr Handeln haben mich immer schon fasziniert. Meinen Eltern wäre es lieber gewesen, wenn ich mich für ein anständiges Studium entschieden hätte, aber ich durfte dann doch Psychologie studieren. Ich wollte verstehen, warum wer wie reagiert und ob bzw. wie man das steuern kann. Deshalb war die Motivforschung, in die ich zufällig als Studienleiterin im Frankfurter Ernest Dichter-Institut geriet, für mich der denkbar beste Beginn meiner beruflichen Laufbahn.

Schnell waren Markt- und Motivforschung alleine nicht genug. Ich wollte meine Erkenntnisse auch im Markt umsetzen: Also wechselte ich in den Marketing-Bereich der Agentur BBDO in Düsseldorf, wurde anschliessend Geschäftsführerin für Strategische Planung bei Willkens Ayer in Hamburg und kam dann in derselben Position wieder nach Frankfurt zu Young & Rubicam. All diese Agenturen gaben mir 25 Jahre lang die Möglichkeit, für große Marken tätig sein zu können - vielfach sogar international.

Die von den Kunden heute zunehmend angestrebte Trennung der Verantwortung für Werbung und Markenführung war für mich dann der Anlass, mich als Beraterin für Markenführung selbständig zu machen. Meine Werbewurzeln habe ich dabei allerdings nie verleugnet, denn was nützen alle Theorien, wenn sie in der Praxis dann nicht richtig übersetzt werden?!

Fakten statt Hypothesen: Vom Aufstieg und Fall von Marken.

Herbert J. Putz und Gerhild Werner, Young & Rubicam

„This is the end of the world as we know it." Mit diesen Worten umriss vor einiger Zeit Stuart Agres, Y&R-Senior Vice President, die Zukunft von Marketing und Kommunikation. So viel ist klar: Wir gehen. Aber wer weiß wirklich, *wohin*?

Seit über 40 Jahren strukturieren Werbeagenturen ihre Präsentationen im Prinzip gleich: Es werden unterhaltsame und intellektuell anspruchsvolle kreative Konzepte vorgestellt, die mit der ‚Copy Platform' begründet werden. Dabei handelt es sich um ein Denkschema, das sich von Agentur zu Agentur höchstens durch die gewählte Terminologie unterscheidet. Das dahinterstehende Markenmodell beruht nach wie vor auf den bis heute fundamentalen Überlegungen von Markentechnik-Pionier Hans Domizlaff aus den 30er Jahren und - 30 Jahre später - dem ‚einzigartigen Produkt-Nutzenversprechen' (USP) von Rosser Reeves.[1]

Damals war eine Marke allerdings nicht viel mehr als ein ‚markiertes Produkt'. Die Aufgabe der Werbung bestand hauptsächlich darin, jene Produkteigenschaft zu kommunizieren, die das Produkt als eigenständig und von der Konkurrenz unterscheidbar auswies, indem auf diesen (faktisch nachzuweisenden) Produktvorteil eine Überlegenheit aufgebaut wurde. Aber: Auf welche Marke trifft dies heute noch zu? Welche Marke beruht heute noch auf dem glücklichen Umstand, einen objektiv feststellbaren Produktvorteil im Sinne eines echten USP's bieten zu können?

Die meisten Marken bezeichnen heute nicht mehr nur ein Produkt, sondern ein ganzes Produkt-Sortiment. Viele Marken sind außerdem in unterschiedlichen Märkten mit unterschiedlichen Traditionen und Wettbewerbern erfolgreich. Zusätzlich müssen sie nicht nur für eine Zielgruppe, sondern gleich für mehrere Personenkreise mit gänzlich unterschiedlichen Anforderungen attraktiv sein. Angesichts dieser Entwicklung muss man sich die Frage stellen, ob wir unser Markenverständnis dementsprechend verändert haben, ob wir das ‚Phänomen Marke' richtig verstehen und ob wir entsprechend damit umgehen.

Eine starke Marke ist für jedes Unternehmen die Basis langfristigen wirtschaftlichen Erfolgs. Umso erstaunlicher ist es, wie seltsam leichtsinnig und ratlos oft in den Unternehmen mit diesem Wert umgegangen wird und wie wenig konkret das Wissen über Marken - deren Wert, aber auch deren Aufbau und Pflege - ist.

Young & Rubicam nahm diese Situation zum Anlass, um sich im Rahmen einer weltweiten Studie mit ‚der Marke' auseinander zu setzen. In Zusammenarbeit mit Prof. David Aaker gelang der Nachweis, dass sich der Erfolg bzw. Misserfolg einer Marke mit der Ausprägung von vier Kernfaktoren begründen lässt, die einen ‚Zustandsbericht' von der Kraft (Wachstumspotential) und emotionalen Statur der Marke zu geben vermögen, nämlich...

- Differenzierung
- Relevanz
- Ansehen
- Vertrautheit

Die Analyse dieser vier Faktoren ermöglicht eine Stärken-Schwächen-Analyse der eigenen Marke, aber auch im Vergleich zu konkurrierenden Marken sowie die Ableitung und Entwicklung von strategischen Optionen für die Markenführung. Da die Untersuchung in bisher 32 Ländern identisch durchgeführt wurde, ist ein direkter internationaler Vergleich des Markenstatus möglich. Darüber hinaus wurde die Studie mittlerweile weltweit zum dritten Mal wiederholt, so dass nicht nur Aussagen über den gegenwärtigen Markenstatus, sondern auch über den Entwicklungsverlauf von Marken gemacht werden können.

Im Folgenden gehen wir zunächst auf die Bedeutung von Marken ein, um dann den Young & Rubicam *Brand Asset™ Valuator*, unser Markenmodell und Instrument zur Markendiagnose vorzustellen. Anhand mehrerer Beispiele werden wir dessen Nutzen für den strategischen Aufbau und die Pflege von Marken - auch im Rahmen internationaler Markenführung - verdeutlichen.

1

1. Die Marke als Schlüssel zum Erfolg

Im Begriff ‚Marke' steckt das französische ‚marquer', was soviel bedeutet wie ‚kennzeichnen, bezeichnen, merken'. Die Geschichte der Marke begann entsprechend damit, dass man die Produkte bzw. Leistungen eines Unternehmens einfach markierte, um ihre Herkunft und gleichbleibende Qualität deutlich zu machen.[2] Heute erwartet man von einer Marke den Aufbau eines hoch komplexen Beziehungsgeflechts zum Kunden. Damit ist nicht nur der Anspruch verbunden, dass eine Marke dazu fähig ist, eine subtile, nonverbale Kommunikation mit dem Kunden zu erzeugen, sondern auch die Kommunikation zwischen den Kunden selbst zu beeinflussen, indem diese auf das Markenangebot eingehen und es nutzen. Eine Marke zu benutzen, profiliert Verwender heute schneller als die Auseinandersetzung mit dem Menschen selbst. Durch den zunehmenden Bedeutungsverlust anderer Institutionen ist die Marke längst zum Ausdruck des Wertesystems der Konsumenten geworden.[3]

Eine starke Marke bietet jedem Unternehmen beste Voraussetzungen für langfristigen wirtschaftlichen Erfolg. Eine von *Boston Consulting* im Juli 1998 durchgeführte Studie belegt, dass Aktien von Unternehmen, die nach Markengesichtspunkten geführt werden, eine Bewertungsprämie von bis zu 7 Prozent erzielen. Die Konsequenz ist, dass bei vergleichbaren wirtschaftlichen Ergebnissen das Unternehmen die höheren Aktienkurse erzielt, das nach Markengesichtspunkten geführt wird.[4]

Lässt sich der Wert einer Marke also materiell definieren? Die Diskussion, die in den USA unter dem Stichwort ‚Brand Equity', in Großbritannien unter ‚Brand Valuation' und in Deutschland unter ‚Markenwert' geführt wird, beschränkt sich tatsächlich in erster Linie auf absatzwirtschaftliche Kennzahlen. Diese allein werden aber dem wirklichen Wert und besonders dem Wachstumspotential einer Marke in keiner Weise gerecht![5] Produkte werden in Fabriken hergestellt, Marken aber entstehen in den Köpfen und Herzen der Verbraucher.[6] Dort sind sie leider nicht mehr so leicht objektivierbar, was den Umgang mit ihnen schwierig macht.

2

2. Die vier Entwicklungsstufen des Markenerfolgs

Es versteht sich von selbst, dass das Verständnis von Marken für eine international tätige Markenagentur wie Young & Rubicam von besonderer Bedeutung ist. Wegen der sich dramatisch ändernden Anforderungen an Marken sah man daher zu Beginn der 90er Jahre die Notwendigkeit, ein Markenverständnis zu entwickeln, das nicht auf Hypothesen und Plausibilitäten, sondern auf breiter empirischer Basis beruht. Die Voraussetzung war eine eindeutige und die wichtigsten Bestimmungselemente umfassende Markendefinition. So hat Young & Rubicam folgende Markendefinition gewählt, die sowohl die Beziehung der Marke zum Produkt, als auch zum Konsumenten und zum Unternehmenserfolg einbezieht:

- *„Eine Marke ist eine Anzahl unterschiedlicher expliziter und impliziter Versprechen, die das Produkt mit seinem Kunden verbinden. Die Marke garantiert dem Konsumenten gleichbleibende Qualität sowie einen funktionalen und emotionalen Wert, für die der Kunde bereit ist, die Marke immer wieder zu kaufen und zwar zu einem Preis, der dem Unternehmen eine gesunde wirtschaftliche Basis verschafft."*

In einer aufwendigen Reihe eigener Untersuchungen und umfassender Literaturrecherchen wurden zunächst sämtliche Dimensionen zusammengetragen, die als relevant für die Markenbildung erkannt wurden, also diejenigen Dimensionen, die...

- aus einem Produkt eine Marke machen,
- eine individuelle Diagnose von Marken ermöglichen,
- die Beurteilung der Kraft (Wachstumspotential) erlauben, die eine Marke beim Verbraucher besitzt und zudem
- die Einschätzung ökonomischer Kennwerte für die Marke ermöglichen.

In Zusammenarbeit mit Marketing-Professor David Aaker von der University of Berkeley entstand aus dieser Sammlung die erste Fassung des *Y&R Brand Asset™ Valuators*, einem standardisierten Fragebogen mit ungefähr 60 Items. Der Fragenkatalog zur Markendiagnose erhebt:

- die Bewertung der wesentlichen Schlüsseldimensionen der Marke,
- die Nutzungsintensität der Marke,
- die Intensität der Präferenz für die Marke
- sowie zahlreiche Persönlichkeits- und Stilkriterien (unter anderem mit Einstellungen zur Mediennutzung, Psycho- und Demographie) des Befragten selbst.

Die mit Hilfe der Befragungen gewonnenen Daten sind mittlerweile zur weltweit größten Datenbank mit markenbezogenen Verbraucherreaktionen angewachsen: Mehr als 13.000 Marken wurden bisher mit dem *Y&R Brand Asset™ Valuator* in drei Wellen diagnostiziert. Über 120.000 Verbraucher haben an den aufwendigen Interviews teilgenommen. Der Fragebogen wird dabei nach jeder Untersuchungswelle, die etwa alle drei Jahre stattfindet, an die jeweils aktuellsten Erkenntnisse neu angepasst.

Die regelmäßige Wiederholung der Studie erlaubt nicht nur Aussagen über den aktuellen Status von Marken, sondern gibt auch die Möglichkeit, Entwicklungen von Marken zu beschreiben und in der Folge vorhersagen zu können. Die Studie wird in allen Ländern identisch durchgeführt, so dass sich die Möglichkeit des direkten Vergleichs des Entwicklungsstandes einer Marke über mehrere Länder hinweg ergibt. So existieren von 522 Marken Datenprofile aus 32 Ländern.

Unabhängig von diesen Einzeldiagnosen ergibt sich aufgrund der Fülle an Markeninformationen über alle Kategorien und Länder hinweg die Möglichkeit, endlich auch zahlreiche, generelle Annahmen zur Bewertung von Marken zu evaluieren und ggf. zu falsifizieren. Besonders relevant war hierbei zunächst der Fragenbereich, ob sich Gesetzmäßigkeiten in der Markenentwicklung, im Aufbau und der Pflege von Marken finden lassen und ob diese mit Markterfolg bzw. -misserfolg korrelieren:[7] Die nunmehr eindeutig bewiesene Erkenntnis ist, dass erfolgreiche Marken nicht nur auf einer Verkettung glücklicher Umstände beruhen, sondern mindestens ebenso sehr die Folge konsequenten Handelns sind. Die Auswertung der Ergebnisse aus aller Welt hat gezeigt: *Erfolgreiche Marken entwickeln sich systematisch.* An diese Erkenntnis schließt sich natürlich die Frage an: Nach welcher Systematik entwickeln sich erfolgreiche Marken?

Der *Y&R Brand Asset™ Valuator* ist hier nicht nur als Diagnoseinstrument von Marken zu verstehen, sondern mit seiner Konstruktion ist auch eine wichtige modellbildende Funktion verbunden: So dient der *Y&R Brand Asset™ Valuator* zur empirischen Fundierung einer Theorie der Markenbildung, wonach als abgesichert gelten kann, dass erfolgreiche Marken durch eine ganz spezifische Entwicklung (progression) in den Wahrnehmungen der Verbraucher entstehen:

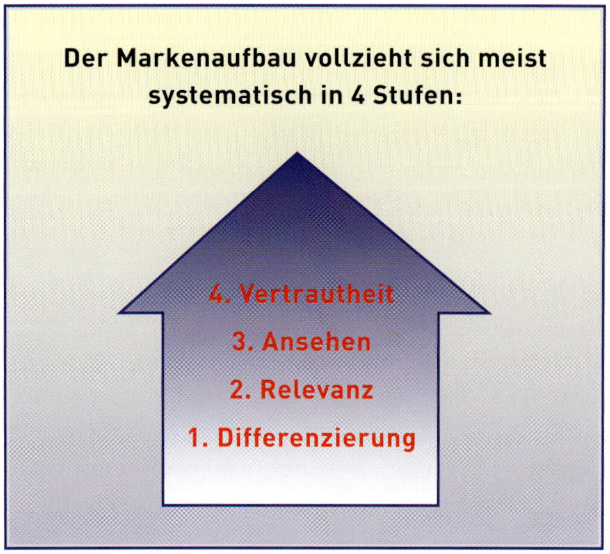

2.1 Stufe 1: Es gilt, Markenpersönlichkeiten erfolgreich zu differenzieren.

Die Geburtsstunde einer erfolgreichen Marke beginnt mit der Differenzierung, also damit, dass sie eine für den Verbraucher nachvollziehbare und eigenständige Existenzberechtigung im Markt aufweist, dass sie sich für den Verbraucher gegenüber der Konkurrenz differenziert darstellt.[8] In früheren Zeiten geschah dies durch die Definition faktischer Produktvorteile. Das ist heute nicht mehr so einfach. Sollte es im Ausnahmefall doch gelingen, hätte man, nachdem dieser Produktvorteil erfolgreich im Markt platziert wurde, gegenüber der Konkurrenz bestenfalls einen zeitlichen Vorsprung errungen, aber keine Basis für die dauerhafte Überlegenheit der Marke geschaffen, da die Überlegenheit von Marken irrational ist und sehr viel stärker auf der jeweiligen Markenpersönlichkeit als auf der Produktleistung beruht.

In dem Augenblick, in dem man zur Kenntnis nehmen musste, dass nicht physische Produkteigenschaften, sondern daraus abgeleitete emotionale Werte die Überlegenheit von Marken ausmachen, war die Bequemlichkeit eindimensionaler Formulierungen vorbei: Persönlichkeiten sind immer mehrdimensional, Emotionen selten isoliert zu haben. Aber immer noch wird in vielen Briefings an Werbeagenturen verlangt, den einzigartigen faktischen ‚USP' (Unique Selling Proposition) zu bestimmen und zu kommunizieren, der die Dachmarke und damit ein möglichst breites Produktportfolio und ebenso viele Zielgruppen abdecken soll. Und alle machen gerne mit, denn es ist erheblich einfacher, sich auf ein Merkmal zu einigen, als sich mit der Komplexität einer starken Markenpersönlichkeit auseinander zu setzen.

Marken erweisen sich heute als emotionale Netzwerke, kombiniert mit Vorurteilen und konkreten Erfahrungen, als hoch komplexe Sammelsurien unterschiedlichster Eindrücke und Beziehungen, die sich wohl kaum durch einen einzigen ‚Benefit' und ‚Reason why' beschreiben und erklären lassen. Emotionale Netzwerke sind immer irrational, widersprüchlich und vor allem sehr komplex. Insofern sind Markenpersönlichkeiten in ihren Strukturen durchaus vergleichbar der Persönlichkeit von Menschen: Wer erkennt nicht denselben Menschen wieder, auch wenn man ihn in extrem unterschiedlichen Erscheinungsformen antrifft - sei es im Büro, beim Sport, in seiner Freizeit oder bei einer Abendveranstaltung? Wer erkennt nicht denselben Menschen wieder trotz unterschiedlichster Ausprägungen - mal unterhaltsam, mal wortkarg, mal anspruchsvoll?

Die Kunst moderner Markenführung besteht nicht mehr darin, nur Kontinuität in jeder Hinsicht sicherzustellen, sondern *jene inhaltlichen und formalen Kerndimensionen zu erkennen, die eine erfolgreiche Markenpersönlichkeit ausmachen* - unabhängig von der jeweiligen Umgebung oder dem jeweiligen Medium. Die Einzigartigkeit von Marken besteht heute aus der Kombination einiger weniger Kernwerte, die man entsprechend der unterschiedlichen Produkte, vielleicht sogar Produktkategorien und Zielgruppen ebenso unterschiedlich fokussieren muss: Gefunden werden muss nicht der eine differenzierende Wert, sondern die differenzierende und überzeugende Kombination von Kernwerten, die die Markenpersönlichkeit prägnant und wiedererkennbar macht.

Man könnte die Aufgabe auch so definieren: Welche Wertekombination macht den unveränderbaren Kern der Markenpersönlichkeit aus? Und welche Freiheitsgrade ihrer Ausprägung stehen bei der Kommunikation unterschiedlicher Produkte bzw. Leistungen des Markenportfolios, bei der Ansprache unterschiedlicher Zielgruppenbedürfnisse und bei der Nutzung unterschiedlicher Medien zur Verfügung? Den komplexen und differenzierten Aufbau einer Markenpersönlichkeit zeigt das folgende Modell:[9]

Diese Marke repräsentiert im Kern beispielsweise die Werte ‚Perfektion', ‚Authentizität', ‚Weltoffenheit' und greift nach ‚Markt- und Meinungsführerschaft'. Jeder dieser Kernwerte muss nun durch weitere Attribute in seiner Interpretation festgelegt und präzisiert werden, so dass der Wert dadurch anfassbar wird: Durch die Begriffe des äußeren Ringes erhält die Marke ihre Lebendigkeit. So wird aus der Analyse von einigen wenigen Eigenschaften eine homogene und geschlossene - wenn auch komplexe - Persönlichkeit der Marke.

Stuart Agres spricht hier auch von dem ‚Mythos der Marke', der ihre Differenzierung ausmacht, hinter jeder großen Marke steht und wesentlicher Teil ihrer Kraft ist. Die differenzierenden Kernwerte der Marke lassen sich allerdings verbal oft nur sehr schwer fassen: Wie lässt sich z.B. rational die Überlegenheit der Milch der *Lila Kuh* begründen oder der Geschmack von ‚Freiheit und Abenteuer', dem weibliche und männliche Möchtegern-Cowboys der Großstädte offensichtlich verfallen sind?

Oder warum ist man immer noch bereit, für *Aspirin* mehr zu bezahlen als für *ASS Ratiopharm*? Was kann *Persil*, was *Spee* nicht kann? Aber will man das überhaupt wissen? Die Menschen beginnen, sich zunehmend gegen die Fülle der Informationen zu wehren. So wissen wir immer weniger und glauben dafür umso mehr. Das Faktum verliert an Kraft, denn alles, so scheint es aus Sicht der Verbraucher, kann bewiesen und schnell wieder widerlegt werden. Also glaubt man lieber. Der immer wieder gern zitierte ‚kritische Verbraucher' be-stimmt die ‚Wahrheit' zunehmend selbst. Jeder lebt letztlich mit und in seiner selbst konstruierten Wahrheit. Dies führt dazu, dass die subjektiv empfundenen Unterschiede zwischen Produktangeboten nicht immer den objektiv vorhandenen Unterschieden entsprechen: Die Differenzierung der Marken wird auch dadurch immer irrationaler.

Das macht den Werbern das Leben nicht einfacher, denn sie können nur kommunizieren, was der Verbraucher auch glauben wird, ohne viel dabei nachzudenken oder gar seine Meinung ändern zu müssen: Der Abbau von Vorurteilen mittels Werbung ist in unserer Mediengesellschaft längst unbezahlbar geworden.

Ohne Differenzierung aber, ohne das Gefühl, mit diesem Angebot etwas Eigenständiges zu bekommen, haben die Verbraucher keine Auswahl, kann der Hersteller keinerlei Loyalität erwarten und der Preis wird zum alleinigen Selektionskriterium. Ohne Differenzierung gibt es keine Marke, keinen Mehrwert, keine Kundenbindung, sondern ausschließlich Preiskampf!

2.2 Stufe 2: Nur die relevante Differenzierung ist der Schlüssel zum Erfolg.

Differenzierung allein ist allerdings nicht genug. Die Analysen in allen 32 Märkten kommen letztlich zu demselben Schluss: *Relevante Differenzierung* ist der Schlüssel zum Erfolg einer Marke. *Relevanz* spiegelt das Ausmaß an persönlicher Betroffenheit, das Ausmaß an persönlichem Engagement, mit der der Konsument (aus welchen Gründen auch immer) auf ein Angebot reagiert. In ihm zeigt sich das Ausmaß an Kraft, Wachstumspotential und Dynamik einer Marke. Differenzierung allein schafft Aufmerksamkeit und Probierkäufe. Relevanz allein beschreibt unsere ‚*Me too*-Kultur'. Nur gemeinsam schaffen die beiden Dimensionen Erfolg im Markt. Es sind die aktiven Variablen in der Verbraucherwahrnehmung einer Marke: Marketing und Kommunikation müssen dafür sorgen, dass relevante Differenzierung vorhanden ist und ebenso glaubhaft umgesetzt wird.

Die relevante Differenzierung einer Marke schafft nicht nur Aufmerksamkeit, sondern Auseinandersetzung, gibt Orientierung, im erfolgreichen Fall eine Identifikationsbasis und damit Kundentreue. Eine relevant differenzierende Marke ist mehr wert, denn erst die Relevanz der Differenzierung sorgt für Absatzvolumen. Erst wenn aus einem Vorteil ein subjektiv empfundener Nutzen geworden ist, wird der Verbraucher nicht nur zur Kenntnis nehmen, sondern auch kaufen. Relevante Differenzierung ist die Überlegenheit der Marke. Erstaunlicherweise existiert dennoch eine große Anzahl von Angeboten, deren relevante Differenzierung unterschiedlich gut ausgeprägt ist, wie der Zusammenhang zwischen Differenzierung und Relevanz bei 1.200 deutschen Marken zeigt:

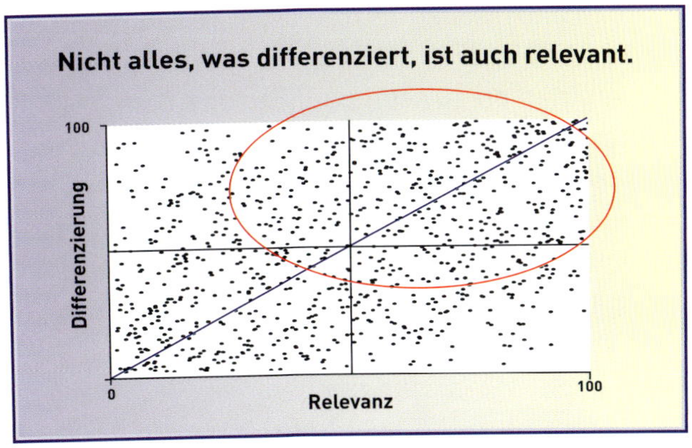

Der obere rechte Quadrant enthält die Marken mit ausreichender relevanter Differenzierung. Bei der gemeinsamen Betrachtung beider Dimensionen schneidet die Mehrzahl der Marken nicht optimal ab - darunter auch durchaus erfolgreiche Anbieter. Natürlich kann ein Anbieter etwa durch eine geschickte Standortauswahl seine fehlende Markendifferenzierung solange kompensieren, solange es sich aus Sicht des Kunden nicht auszahlt, wenige Schritte weiter zum Konkurrenten zu gehen. Eine solche Strategie funktioniert allerdings nur so lange, bis ein Anbieter mit einem überlegenen Konzept die Kategorie neu definiert, wie z.B. *Ikea* im Möbelbereich, *Hennes & Mauritz* im Modebereich oder *Media Markt* bei elektronischen Geräten.

Der Erfolg dieser Marken liegt sicherlich zunächst in den faktisch differenzierenden Leistungen, wäre aber ohne ihre Markenpersönlichkeit, abgeleitet aus einer offensichtlich relevanten unternehmerischen Haltung und Ideologie, nicht denkbar gewesen: *„Die starke Marke"*, so wusste schon Hans Domizlaff, *„ist immer Ausdruck unternehmerischen Wollens."*[10]

Auf der anderen Seite gibt es auch starke Marken, deren Relevanz nicht für jeden gegeben ist: *Rolls Royce*, *Ferrari*, *Rolex* und *Gucci* sind nur einige Beispiele für nicht besonders relevante, dennoch aber starke Marken, deren Erfolg sich eher über Margen als über Relevanz definiert. Grundvoraussetzung dafür ist umso mehr deren auch für die Gesamtbevölkerung erkennbare hohe Eigenständigkeit der Markenpersönlichkeit.

Die Qualität einer Werbeagentur erkennt man u.a. daran, wie gut es ihr gelingt, der Zielgruppe die Relevanz der Differenzierung blitzschnell zu kommunizieren. Mehr denn je läuft Werbung hierbei Gefahr, eher die kreative Idee als das Angebot selbst zu bewerben. Werber sollten sich nur dann als Künstler sehen, wenn ihre Kunst darin besteht, Differenzierung innerhalb von Sekundenbruchteilen - sei es im TV-Spot oder einer Printanzeige - der jeweiligen Zielgruppe in ihrer Relevanz darzustellen und damit die Überlegenheit der Marke zu demonstrieren. Gelingt das, schafft relevante Differenzierung in der Folge ‚Ansehen'.

2.3 Stufe 3: Relevante Differenzierung verschafft der Marke Ansehen.

Je relevanter das Angebot, desto schneller lässt sich **Ansehen** erreichen. Die Wertschätzung der Markenleistung scheint - wie die Verlässlichkeit im Halten von Versprechen - unabdingbar für den Erfolg einer Marke, die in der Dimension ‚Ansehen' zusammengefasst ist. Ansehen korreliert darum weniger mit der tatsächlichen Größe der Marke im Markt, als vielmehr mit ihrer erlebten Präsenz und der Klarheit, Verständlichkeit und Glaubwürdigkeit ihres Profils: Die starke Marke ist aus Sicht der Konsumenten Teil des gesellschaftlichen Lebens: Man spricht darüber, sie ist präsent.

Dementsprechend setzt sich *Ansehen* (oder auch ‚Wertschätzung') in erster Linie aus den Dimensionen *Popularität* und *Qualitätsanmutung* zusammen. Das macht die Ursachenforschung bei einem eventuellen Ansehensverlust einfacher: Liegt es an einer wahrgenommenen Qualitätsverschlechterung, bietet vielleicht ein Konkurrent bessere Qualität oder ist die Marke nicht mehr aktuell, weil sie aus Sicht der Verbraucher verschwunden ist?

Bemerkenswert erscheint die Tatsache, dass das Ausmaß an Ansehen *nicht* mit der Nutzung der Marke korreliert: So scheint es ein Wesenszug von starken Marken zu sein, dass Personen dieser Marke Wertschätzung entgegenbringen, ihre Nutzung aber gleichzeitig für sich selbst ablehnen. Ansehen bedeutet also eine Art sozial akzeptierte Existenzberechtigung. Meinungsführer genießen hierbei üblicherweise das größte Ansehen, müssen aber nicht unbedingt Marktführer sein.

Interessant ist auch der kulturell bedingte unterschiedlich hohe Prozentsatz, der je nach nationaler Mentalität notwendig ist, um Ansehen zu erreichen. Wie die folgende Graphik zeigt, gibt es offensichtlich Länder, in denen eine Marke schneller Ansehen durch ihre entsprechende Präsenz erwirbt, während in anderen Ländern der Qualitätsanmutung der Marke größere Bedeutung beigemessen wird: Während in Polen und China für das Ansehen einer Marke besonders deren *Popularität* wichtig ist, bestimmt in Holland sehr stark die *Qualität* das Markenansehen.

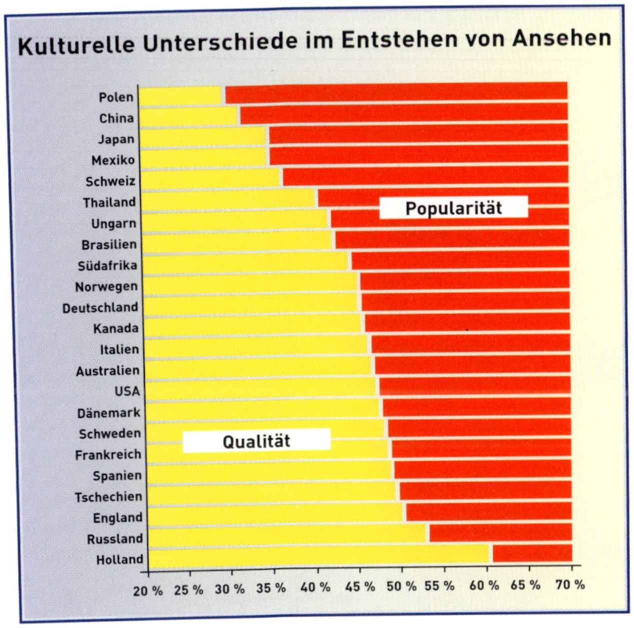

Eine Marke wird im *Y&R Brand Asset™ Valuator* nicht nur in den vier Kerndimensionen *Differenzierung*, *Relevanz*, *Ansehen* und *Vertrautheit* bewertet, sondern zusätzlich anhand von 48 weltweit identischen Attributen beurteilt. Dabei handelt es sich um Items wie z.B. ‚fortschrittlich', ‚beste Marke der Kategorie', ‚authentisch' oder ‚erlebnisorientiert'. Korreliert man nun die Einschätzung der Marke anhand dieser 48 Items mit dem Ansehen der Marke, so lässt sich errechnen, welche Imagedimensionen der Marke bzw. der Produktkategorie am meisten zu Ansehen verhelfen.

Die Ergebnisse sind mitunter überraschend: Wer hätte z.B. nach all den Angriffen gedacht, dass ausgerechnet die deutsche Pharmaindustrie aus Sicht der Deutschen im besonderen Maße für ‚große Nützlichkeit', ‚fortschrittliche Intelligenz' und ‚Innovationskraft' steht? Demgegenüber repräsentiert das deutsche Pils in erster Linie ‚Tradition' und ‚Stil', was ihm bei jungen Leuten wahrscheinlich nicht helfen wird. Und Kreditkarten gelten heutzutage zwar durchaus als hilfreich und nützlich, aber sie werden erstaunlicherweise immer noch als reichlich ‚elitär' beurteilt.

2.4 Stufe 4: Vertrautheit schafft die Verbindung zwischen Mensch und Marke.

Ein relevant differenzierendes Angebot schafft über die Zeit nicht nur Ansehen, sondern auch *Vertrautheit* mit der Marke: Diese emotionale Beziehung entsteht aus der subjektiven Sicherheit, nun alles über die Marke zu wissen und sicher sein zu können, was man davon halten darf und wie man damit umgeht. Erst jetzt kann man korrekterweise von einer ‚Marke' sprechen, denn erst jetzt lässt sich das Ausmaß dieser irrationalen Beziehung zwischen Marke und Verbraucher abschätzen. Diese Beziehung muss nicht immer positiv sein, man kann Marken schließlich genauso irrational ablehnen, wie man unbeirrt an sie glauben kann, wie das Beispiel der *Mercedes-A-Klasse* während der ‚Elchtest'-Krise gezeigt hat.

Vertrautheit beruht zuallererst auf Kontinuität in Form und Inhalt. Deshalb ist der Aufbau von Vertrautheit eine Funktion der Zeit, denn sich zu bewähren, braucht bekanntlich Gelegenheiten und damit Zeit. In vielen Fällen braucht es (leider) mehr Zeit, als es die Karriereerwartungen der verantwortlichen Markenbetreuer zulassen. Ungeduld aus Ehrgeiz ist neben mangelhafter Differenzierung und nicht ausreichender Relevanz die größte Gefahr für die Marke.

2.5 Das Y&R Brand Asset™ Valuator-Modell der Markenbildung im Überblick

Fassen wir zusammen: Erfolgreiche Marken zeichnen sich dadurch aus, dass sie zuallererst *differenziert* erscheinen, also vom Verbraucher als unverwechselbar wahrgenommen werden. Des Weiteren muss erfolgreichen Marken *Relevanz* zukommen, d.h. sie werden vom Verbraucher als für sie persönlich geeignet und passend geschätzt. Weder Differenzierung noch Relevanz alleine sind der Schlüssel zum Markenerfolg, erst die *relevante Differenzierung* - also vom Verbraucher sowohl verschieden von anderen Marken, als auch persönlich geeignet wahrgenommen zu werden - macht die *Markenkraft* aus. Die Markenkraft ist nach unserem Modell der Markenbildung der Leitindikator für die künftige Performanz und das Wachstumspotential einer Marke.

Wenn die jeweiligen Markenverantwortlichen erfolgreich eine relevante Differenzierung beim Konsumenten erreichen konnten, so bringt dieser der Marke Wertschätzung entgegen. Die Marke hat beim Verbraucher *Ansehen* erworben. Die *Vertrautheit*, die der Verbraucher zur Marke entwickelt, ist schließlich der Lohn der Markenführung. Vertrautheit geht viel tiefer als die reine Brand-Awareness und umfasst das vertraute, enge und persönliche Markenverständnis des Verbrauchers darüber, wofür die Marke steht. Ansehen und Vertrautheit sind Re-Aktionen des Verbrauchers und werden von ihm der Marke ‚verliehen'. Man kann die Herzen der Verbraucher nur bedingt durch Werbespendings kaufen. Ansehen und Vertrautheit ergeben zusammen die *Markenstatur*, die als ein Korrelat der emotionalen Zuwendung zur Marke interpretiert werden kann.

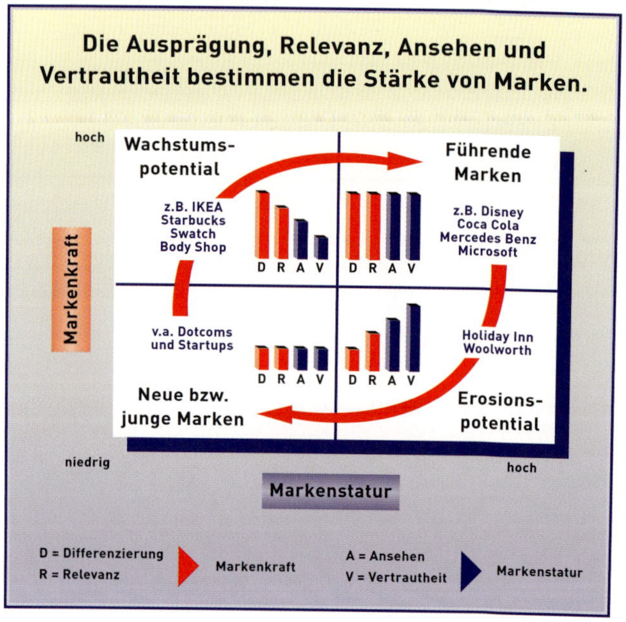

3. Wie große Marken entstehen

Um den Markt abbilden zu können, werden die aktiven Variablen einer Marke ‚Differenzierung' und ‚Relevanz' (= Markenkraft) gegen die passiven Variablen ‚Ansehen' und ‚Vertrautheit' (= Markenstatur) im so genannten *Power Grid* aufgetragen. Mit dieser Art der Darstellung lässt sich nachvollziehbar aufzeigen, wie große Marken entstehen:

3

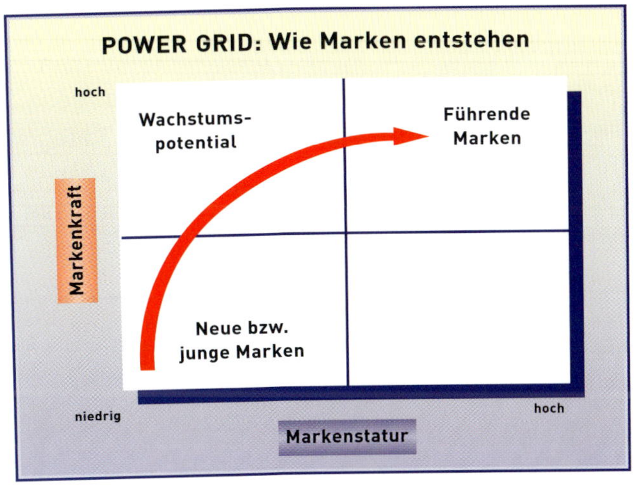

Die Genese erfolgreicher Marken beginnt im unteren linken Quadranten des Power Grids. Die relevante Differenzierung wird kommuniziert, muss von den Konsumenten aber zunächst gelernt und vor allem akzeptiert werden. Wenn das gelingt, werden immer mehr Menschen das Angebot kennen. Die Folge ist ein steiler Anstieg in den linken oberen Quadranten im Power Grid.

Spätestens dort ist die Zeit der vielen Probierkäufe nun vorbei und es entscheidet sich, ob das Angebot die Kraft für einen Meinungs- oder sogar Marktführer hat - oder ein Nischenprodukt bleibt. Zu erkennen ist das in der Entwicklung daran, dass die Menschen nicht nur die relevante Differenzierung kennen, sondern diese auch mit Ansehen und der Entwicklung von Vertrautheit belohnen: Die Kurve im Power Grid wird flacher, die Marke im Markt dabei aber meist größer.

Es liegt in der Natur der Sache, dass die Marktführer im rechten oberen Quadranten des Power Grids zu finden sind, denn sie zeigen die höchsten Werte in allen vier Dimensionen. Allerdings befinden sich in deren unmittelbarer Nähe manchmal auch Marken, die von ihrer wirtschaftlichen Größe nicht mit den Marktführern konkurrieren können, dafür aber beim Verbraucher über ein klares eigenständiges Profil verfügen. Solche Marken erzeugen beim Verbraucher eine eindeutige Erwartungshaltung. Es sind eben starke Marken, wie das gute Beispiel *Toblerone*.

Toblerone, eine Schokolade mit Charakter, der auch die Braut nicht widerstehen kann.

4

4. Wie große Marken vergehen

Das Power Grid zeigt auch, wie Marken an Markenkraft verlieren: *Marken erodieren in den allermeisten Fällen, weil die differenzierende Eigenständigkeit ihrer Leistung verloren gegangen ist.* Aus Verbrauchersicht machen es andere besser.

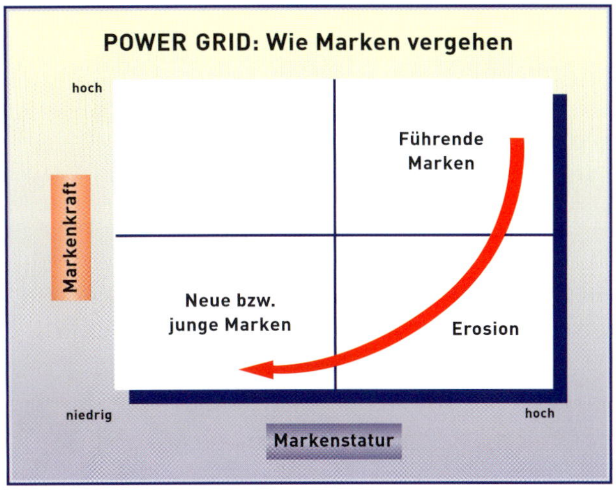

Die Marke bleibt zwar hoch relevant und auch Ansehen und Vertrautheit bleiben über lange Zeit noch erhalten, dennoch purzeln die Marktanteile. Übliche Imageanalysen würden das Problem nur selten rechtzeitig aufdecken, denn der Verbraucher wird in vielen Fällen seine Wertschätzung gegenüber der Marke mit innerer Überzeugung ausdrücken, auch wenn er sie nicht mehr oder nur noch gelegentlich kauft. Hier gilt es, die differenzierende Leistungsfähigkeit der Marke für den Verbraucher wieder ins rechte Licht zu rücken.

Mitunter erodiert eine Marke auch über den *Verlust an Relevanz*, nämlich dann, wenn die Marke prototypisch für eine ganze Produktkategorie steht, die aus Sicht der Verbraucher an Relevanz verliert. Typische Beispiele dafür waren über längere Zeit die Marken *Verpoorten* und *Citroen*:

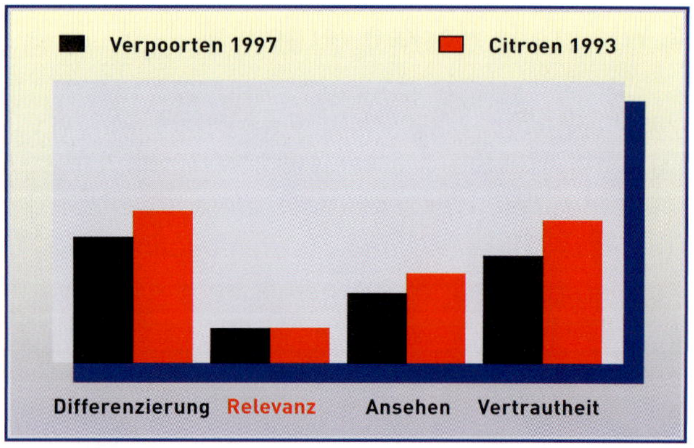

Die Marke *Verpoorten* stand (und steht) für ‚Eierlikör' schlechthin, ein Produkt, das 1997 vom Verbraucher als nicht mehr so relevant eingestuft wurde. Mit der Automarke *Citroen* verband man lange eine besondere Art ‚Autofederung', die aber vielen Autofahrern heute wenig relevant scheint.

Nicht immer fällt in der Analyse sofort auf, dass der Relevanzverlust nicht durch die Markenführung verursacht wurde, sondern ein Problem der Produktkategorie an sich ist. Deshalb sollte man vor einer Markendiagnose immer auch sehr genau die Konkurrenten beobachten. Im Fall der Kategorie ‚Pils' wird dann schnell klar, dass wohl unabhängig von der Marke die Kategorie ‚Pils' als Ganzes ein Relevanzproblem aufweist:

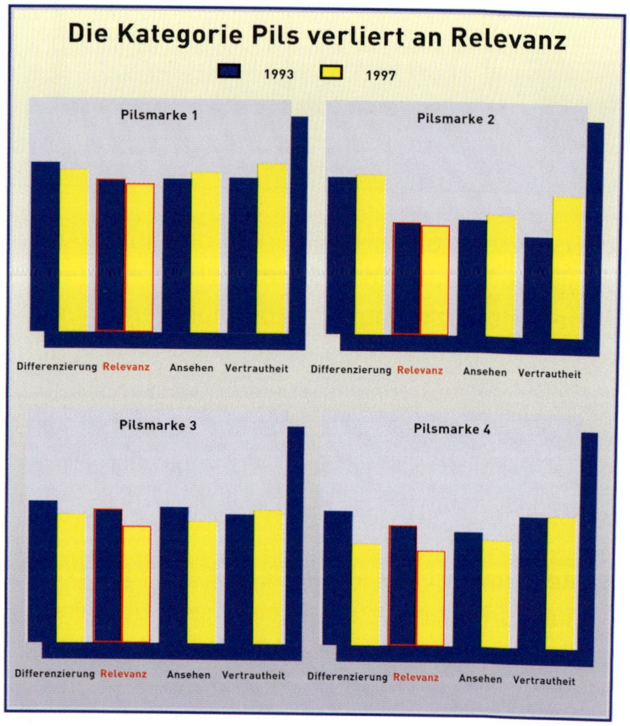

Alle vier Marken haben seit 1993 an Relevanz verloren und das Bild ließe sich über alle Pilsmarken hinweg fortsetzen. Da hilft auch wenig, dass die zweite Marke durch einen ungewöhnlichen Werbeauftritt ihre Differenzierung insgesamt erhöhen konnte. Die beiden unteren Marken zeigen deutliche Erosionszeichen: Sie verlieren nicht nur - wie alle anderen auch - an Relevanz, sondern die sinkende Zahl an Pilstrinkern sieht offensichtlich immer weniger Gründe, diese Pilsmarken zu präferieren - ein typisches Signal für ruinöse Preiskämpfe.

Selten erodiert eine Marke durch den *Verlust an Ansehen*. Da der Fall damals über Wochen durch die Presse ging und anzunehmen ist, dass die Markenerosion dieser Marke mittlerweile aufgehalten werden konnte, sei das Beispiel hier genannt: Die Marke *Benetton* hatte mit ihrer Werbekampagne zwar sehr viel Aufsehen erregt, aber gleichzeitig auch so viel Reaktanz geweckt, dass die Menschen sich bewusst von dieser Marke abwandten. Durch die Auseinandersetzung in der Öffentlichkeit gewann *Benetton* zwar sogar noch an Differenzierung und Vertrautheit, verlor dafür aber deutlich an Relevanz und Ansehen:

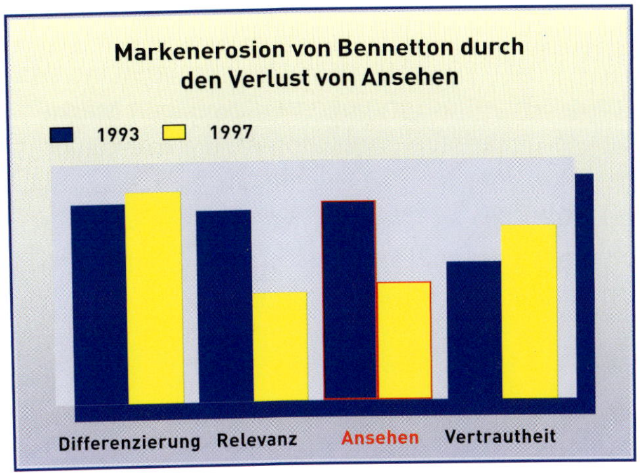

Es versteht sich von selbst, dass Marken, die sich an bestimmte Generationen wenden, wie etwa *Bravo* oder *Nivea Vital* bei den nicht betroffenen Generationen weniger Relevanz besitzen. Nichtsdestotrotz zeichnen sich starke Marken dadurch aus, dass auch nicht betroffene Generationen deren Angebot kennen und die Marke wertschätzen. Starke Marken zeigen auch dort eine hohe Differenzierung und genießen ein ebensolches Ansehen, wo sie ursprünglich nicht positioniert wurden: Marken wie *Golf* oder *Levis* werden trotz ihres sehr jungen Images von allen Generationen gekauft. Über alle Altersstufen hinweg lässt sich bei solchen Marken (mit kleinen Abweichungen) prinzipiell dasselbe Markenbild feststellen.

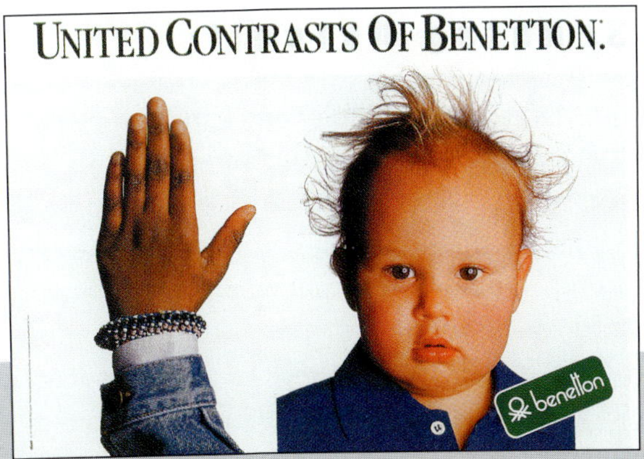

Auf die ‚brave' Benettonkampagne von 1989 (linkes Motiv) folgte die Aufsehen erregende Kampagne des Fotografen Oliviero Toscani (Motiv rechts), infolgedessen v.a. das Ansehen der Marke Benetton schwand.

Als Zeichen drohender Markenerosion ist dagegen zu deuten, wenn Menschen unterschiedlicher Altersklassen solche Marken deutlich unterschiedlich erleben, was sich im *Y&R Brand Asset™ Valuator* dann folgendermaßen darstellen würde:

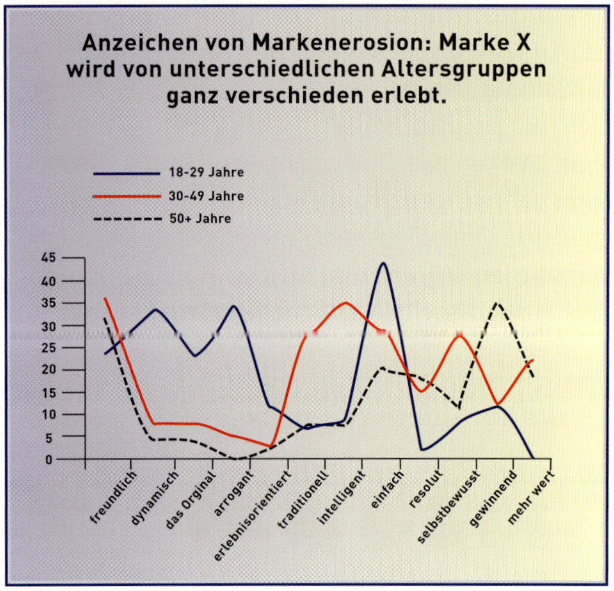

Darüber hinaus kann es sein, dass *Marken den ‚Generationensprung' nicht schaffen* und fest mit den Ansichten und Gewohnheiten einer bestimmten Generation verhaftet bleiben. Im *Y&R Brand Asset™ Valuator* kann man dieses Phänomen beispielsweise daran erkennen, dass jüngere Menschen eine Marke als hoch differenziert und ebenso relevant einstufen, ja, ihr sogar eine bestimmte Wertschätzung entgegenbringen, dann aber ehrlicherweise zugeben müssen, mit der Marke in keinster Weise vertraut zu sein. *In diesem Fall erodiert die Marke über den Verlust an Vertrautheit*. Sie ist nicht mehr aktuell und wird letztlich aussortiert, weil eine zunehmende Zahl von Konsumenten schlichtweg nicht weiß, was man mit ihr anfangen soll.

In den meisten Fällen handelt es sich dabei um einen langsamen, aber ab einem bestimmten Punkt unaufhaltsamen Prozess, weshalb wir hier aus Fairnessgründen auf die Nennung konkreter Beispiele verzichten wollen.

Die gute Nachricht bei der Feststellung einer Markenerosion mit dem *Y&R Brand Asset™ Valuator* ist, dass Markenerosion kein unausweichliches Schicksal darstellt, sondern sich immer die Möglichkeit bietet, diesen Erosionsprozess wieder umzukehren, denn man weiß ja nun, woran es liegt und kann auch was dagegen tun. Betrachtet man zudem die Markenkennwerte nicht nur für die Gesamtbevölkerung, sondern aufgesplittet nach einzelnen Zielgruppen, so kann man bei den frühen Adoptionsgruppen der jeweiligen Marke, den so genannten ‚Innovatoren', die Anzeichen der Markenerosion zu einem so frühen Zeitpunkt erkennen, dass man den Prozess möglicherweise stoppen kann, bevor er den breiten gesellschaftlichen Mainstream erreicht hat.[11]

5. Markenerfolg im internationalen Vergleich

Einer der größten Vorteile des *Y&R Brand Asset™ Valuator* besteht darin, die Kraft und die Statur einer Marke über verschiedene Länder hinweg miteinander vergleichen zu können. Auf diese Weise wird der *Y&R Brand Asset™ Valuator* nicht nur zur wichtigen Unterstützung in der Markenführung, sondern schafft auch die Vorausetzungen für die Entwicklung internationaler Kommunikationskonzepte. Zum Beispiel zeigt das folgende Ergebnis aus dem Jahre 1993, dass sich die Marke *BMW* abhängig vom jeweiligen Land in unterschiedlichen ‚Entwicklungsstadien' befand:

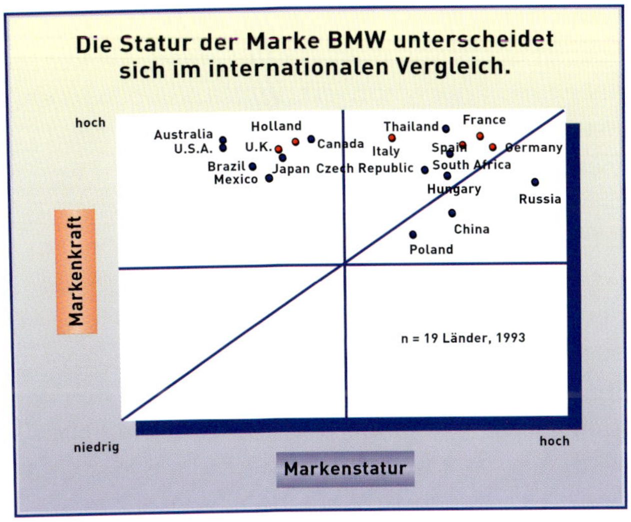

In vielen europäischen Ländern, aber auch in Thailand, Südafrika und Russland wurde *BMW* als starke Marke erlebt, die nicht nur klar und relevant differenzierte, sondern auch höchstes Ansehen genoss und sehr vertraut war. In Ländern wie Australien, USA, Brasilien oder England dagegen war die Marke weniger entwickelt: Ansehen und Vertrautheit waren hier deutlich geringer ausgeprägt. Dies legt in den jeweiligen Ländern unterschiedliche Marketingstrategien und kommunikative Vorgehensweisen für *BMW* nahe, wie das produktbezogenere Motiv von 1993 aus England gegenüber der deutschen Kampagne von 1993 zeigen mag:[12]

Anders die internationale Situation der Marke *Canon*, die 1993 einen bemerkenswerten Grad an Konsistenz aufwies:

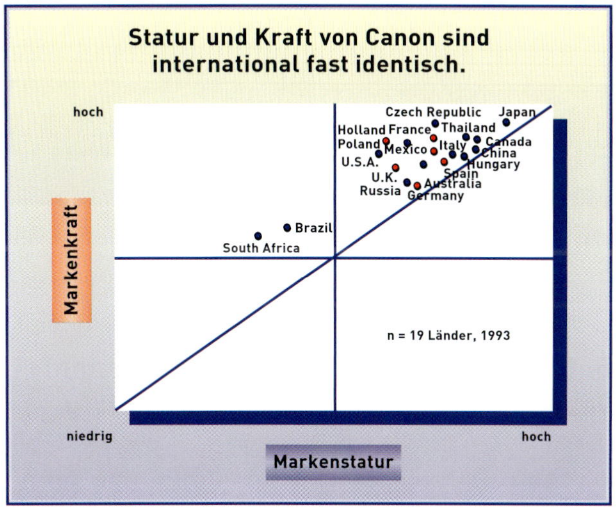

Hier zeigte sich die Markenstärke bis auf die Länder Brasilien und Südafrika praktisch identisch. Dies bedeutet nun aber nicht automatisch, dass dieselbe Markenkommunikation in allen Ländern gleich gut gearbeitet hätte. Allerdings war der Entwicklungsstand von *Canon* 1993 in den meisten Ländern so ähnlich, dass man eine einheitliche Kampagne hätte überlegen können.

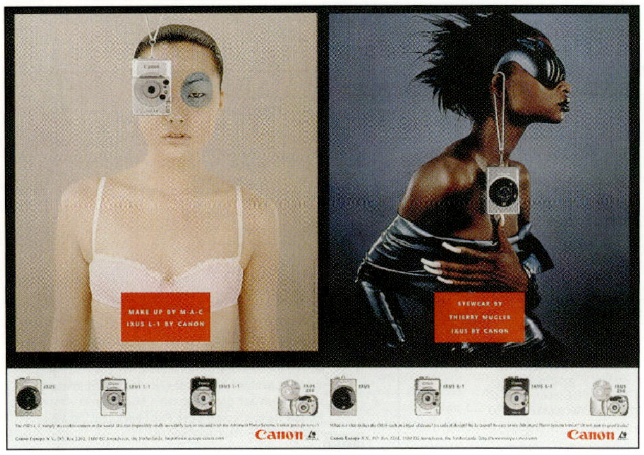

6. Der Beweis: Systematische Markenentwicklung bringt wirtschaftlichen Erfolg

Der Aufbau starker Marken bringt nicht nur *Ansehen* und *Vertrautheit* beim Konsumenten, sondern auch Profit für das Unternehmen. Niemand würde ernsthaft an dieser Aussage zweifeln. Der *Y&R Brand Asset™ Valuator* bringt dazu den Beweis:[13]

Gewusst haben wir es sicherlich immer schon, nun aber ist es statistisch signifikant: *Starke Marken haben nicht nur Mehrwert, sondern sind in jeder Hinsicht mehr wert.* Anhand von 84 Unternehmensmarken konnte der Nachweis erbracht werden, dass starke Marken auch wirtschaftlichen Erfolg bringen.[14] Die Position einer Marke im Power Grid beschreibt nicht nur ihre Diagnose aus der Sicht der Verbraucher, sondern spiegelt zudem auch ihre wirtschaftliche Potenz wider, so dass sogar eine Prognose ihrer ökonomischen Entwicklung mittels *Y&R Brand Asset™ Valuator* möglich wird: Aus der Position einer Marke im Power Grid lassen sich mit hoher Wahrscheinlichkeit ihre ökonomischen Kennwerte bestimmen. Mit starken Marken kann man schneller mehr Geld verdienen - nicht nur Unternehmen, auch die Aktionäre.

Halten wir abschließend fest: Starke Marken sind der Schlüssel zum wirtschaftlichen Erfolg von Unternehmen. Allerdings erfordert der Aufbau und die erfolgreiche Pflege von Marken eine solide und systematische Markenführung. Wo bisher eher Hypothesen als Fakten vorherrschten, ist uns der Nachweis gelungen, dass der Erfolg von Marken systematisch planbar ist und zwar über vier Kernschritte: *Differenzierung, Relevanz, Ansehen und Vertrautheit*. Die Markenanalyse mit dem *Y&R Brand Asset™ Valuator* vermag hierbei einen detaillierten Zustandsbericht der Marke in Bezug auf ihre Markenkraft (ihr Wachstumspotential) und ihre (emotionalen) Markenstatur zu geben. Wie wir gezeigt haben, wird erst durch diese fundierte Markenanalyse eine strategisch erfolgreiche Markenführung möglich - für eine starke Marke und den Gewinn des Unternehmens.

7

7. Anhang

1 Die einflussreichen Gedanken zur Markentechnik lassen sich bei Hans Domizlaff (1939) und zur Unique Selling Proposition (USP) bei Rosser Reeves (1960) nachlesen.

2 Vergleichen Sie hierzu Sommer (1998).

3 *Mehr zur Beziehung zwischen Marken und Wertesystem der Konsumenten finden Sie in den Beiträgen von Lorenz Fischer & Günter Wiswede, Manfred Niesel, Susanne Paul sowie Hanno Vischer & Eva Altenburg.*

4 Die Ergebnisse der Boston Consulting-Studie sind bei Momberger (1998, S. 104) zu finden. *Mit dieser Thematik beschäftigt sich auch der Beitrag von Udo Klein-Bölting.*

5 Zu dieser Bewertung kommt Kapferer (1992, S. 22).

6 Auf den wichtigen Unterschied weist Runkel (1997, S. 5) hin.

7 Eine Untersuchung über die Bedeutung der Markenstärke für den Unternehmenserfolg unter Verwendung des Y&R Brand AssetTM Valuators hat Baumann (1999) in seiner Diplomarbeit durchgeführt.

8 So hat es bereits Hans Domizlaff (1939) Ende der 30er Jahre gefordert: „Ein Unternehmen, das sich auch nicht zur geringsten Sonderleistung aufraffen kann, hat sowieso kein moralisches Recht auf die große Macht, die eine wachstumsfähige, lebenskräftige Marke verschafft."

9 *Markenmodelle stellen auch Paul McGowan & Marcus Thiel, Udo Klein-Bölting und Bernd M. Michael vor.*

10 Das Zitat von Hans Domizlaff (1939) stammt aus seinem Werk ‚Die Gewinnung öffentlichen Vertrauens'.

11 Über eine solche Erosionsprognose schreibt Graf (2000) in seiner Diplomarbeit.

12 Für die BMW-Motive danken wir Herrn Manfred Grunert vom BMW-Archiv.

13 Zwei ökonomische Kennwerte seien hier kurz erläutert: Unter EVA (‚Economic Value Added') versteht man die Differenz zwischen Geschäftsergebnis und Kapitalkosten. Ist der EVA-Betrag positiv, hat das Unternehmen im betrachteten Zeitraum einen Wert geschaffen. Das S&P-Rating ist eine weltweit anerkannte wirtschaftliche Unternehmensbeurteilung von Standard & Poor's, dem führenden Anbieter unabhängiger Finanzanalysen und -informationen.

14 Starke Marken hängen mit den relevanten wirtschaftlichen Kennwerten statistisch signifikant zusammen. (Das Signifikanzniveau liegt bei Alpha = .90.)

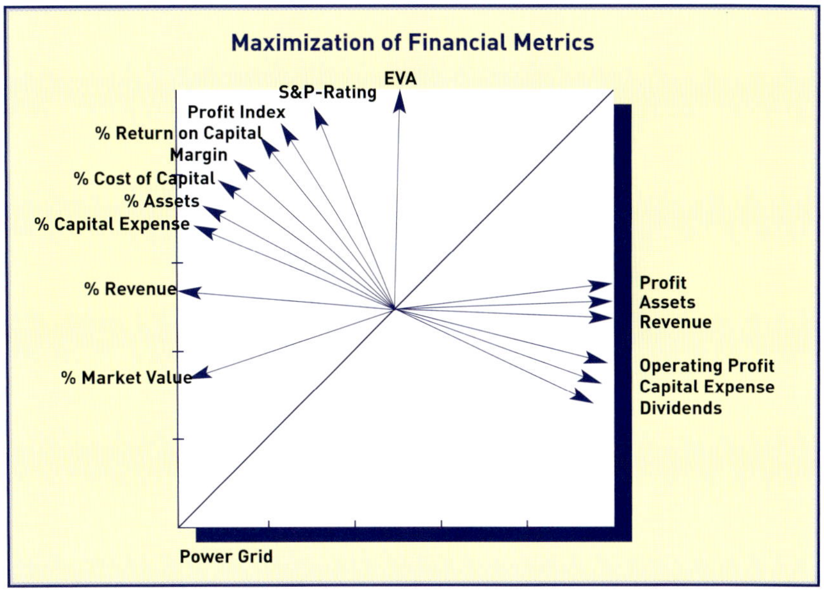

Christian Köhler
Managing Director Kraft Foods

Geboren im März 1958, wuchs ich die ersten 18 Jahre in Essen (Ruhr) auf, wo zumindest ein Thema immer mit Markenbindung vergleichbar ist: die Liebe zum lokalen Fußballklub. Fußball im Ruhrgebiet war und ist ein Stück Religion.

Nach dem Abitur verließ ich den ‚Pott' und fing 1976 mit dem Wirtschaftsingenieur-Studium (Schwerpunkt Maschinenbau) an der Technischen Universität in Berlin an. Dank eines Fulbright-Stipendiums bekam ich im Hauptstudium die Chance, an der Roosevelt University in Chicago den Studiengang Marketing Communications zu absolvieren und 1980 mit dem Master of Science erfolgreich abzuschließen. Zurück in Berlin begann ich, in einem Forschungs- und Beratungsinstitut zu arbeiten, wo ich vor und nach meinem Diplom-Abschluss (1983) den neuen Bereich Industrieberatung mitaufbauen und maßgeblich gestalten konnte. Die Breite der Aufträge erstreckte sich vom Automobilbau über die Container-Berufsschiffahrt bis hin zur Tiernahrung.

Mitte 1986 wechselte ich dann ganz in die Tiernahrungsindustrie, wo ich mich fortan mit dem interessanten Spannungsverhältnis zwischen den Konsumenten (den Haustieren, die allerdings nicht selber einkaufen), den Einstellungen der Käufer (also den Tierhaltern) und der besonderen Rolle beschäftigte, die diese Tiere für unterschiedliche Menschen spielen. Im Jahre 1997 schließlich trat ein ganz anderes Tier in mein Leben - die lila Kuh.

Als General Manager für den Bereich Süßwaren – und damit der lila Milka Kuh - begann ich bei der Firma Kraft Jacobs Suchard, wo ich seither in verschiedenen Vorstandspositionen tätig bin. Dort arbeite ich intensiv auf dem Gebiet der strategischen Ausrichtung des Unternehmens und der Rolle von Visionen und Grundwerten, die den Mitarbeitern Ausrichtung und Orientierung geben können. In der Werbung möchte ich vor allem solche Formen und Inhalte fördern, an denen sich Menschen reiben können und die entsprechend im positiven Sinne zu polarisieren und zu bewegen vermögen.

Mein besonderes Interesse gilt der Frage, wie Menschen eigentlich lernen, also welche Prozesse im menschlichen Gehirn für die persönliche Erfahrung und Erweiterung wichtig und verantwortlich sind. Ganz in diesem (Lern-)Sinne lautet mein persönliches Lebensmotto:

„Oggi sono bravo, ma domani voglio essere ancora piu bravo", auf deutsch: „Heute bin ich gut, aber morgen möchte ich besser sein."

Suchard – eine alte Marke neu gedacht. Herausforderung für Marketing und Markenkommunikation

Christian Köhler, Kraft Foods

Werbung kann bei der Wiederbelebung einer ehemals starken, heute aber vom Vergessen bedrohten Marke einen unverzichtbaren Beitrag leisten: Die Marke *Suchard*, die als starke Dachmarke begann, verlor in der Folge gegen die immer bedeutsamer werdende Marke *Milka* ihre führende Rolle - bis zur nur mehr latent vorhandenen Markenerinnerung bei den Konsumenten.

Auf der Basis einer präzisen psychologischen Zielgruppendefinition und einer daraus resultierenden eindeutigen Kommunikation wurde deshalb die Entwicklung einer neuen, im Premiumsegment angesiedelten Marke angestrebt. Im Folgenden soll ausführlicher gezeigt werden, dass und wie man alte Imagewerte ökonomisch nutzen kann, um neue Marken aufzubauen. In einer Zeit, in der es auch um die Wertstruktur von Produkten geht, kann Kommunikation dabei mindestens so viel zur Attraktivität eines Produkts beitragen wie das Produkt selbst.

1. Die Geschichte der Marke Suchard - vom Aufstieg bis zum Fall

Im Jahre 1826 gründete Phillippe Suchard[1] im schweizerischen Neuchâtel ein Unternehmen für die Herstellung von Schokolade und Süßwaren. Unter dem Namen des Gründers wurden unterschiedliche Schokoladentafeln, Pralinen und Kakaogetränke angeboten. Schon sehr früh gab Philippe Suchard einigen seiner Produkte eigenständige Markennamen, um sie zu kennzeichnen und damit untereinander zu differenzieren. Die ersten so geschaffenen Markennamen ergaben sich dabei aus ihren spezifischen Produkteigenschaften, wie z.B. *Milka*, deren Markenname aus ihren beiden charakteristischen Produktbestandteilen MILch und KAkao entstand und bereits bei ihrer Einführung 1901 in der prägnanten Farbe Lila auf den Markt gebracht wurde.

Über 140 Jahre blieb die Marke *Suchard* die Dach- und Absendermarke für alle Schokoladenangebote. Für den Verbraucher repräsentierte sie das überlegene Wissen des Hauses um die Herstellung von Schokolade und damit die hervorragende Qualität jedes einzelnen Schokoladen-Produkts. Allerdings emanzipierte sich *Milka* durch ihren überragenden Erfolg zunehmends gegenüber der Dachmarke *Suchard*: Die Werbung mit der *Lila Kuh*, die seit 1973 als optisches Signal für die cremige Alpenmilch und damit die besondere Qualität eingesetzt wurde, erwies sich als überzeugender und einprägsamer für die Verbraucher als deren Abstammung aus dem Hause *Suchard*.

Suchard verschwindet über die Zeit hinweg von den Milka-Produkten: Milka-Tafeln von 1922, 1975, 1988 und 2000.

Periodisch durchgeführte Befragungen zeigten immer wieder auf, dass der Verbraucher in der symbolträchtigen *lila Kuh* ein Wahrzeichen für zarteste Schokoladenqualität sah.[2] Die Dachmarke *Suchard* verlor an Relevanz und entwickelte sich konsequenterweise von der Dach- zur Herstellermarke. Der Name *Suchard* wurde auf der Packung

1

immer kleiner, bis er im Jahre 1986 schließlich ganz von der Packung genommen wurde. Heute ist *Milka* die in Deutschland verbreitetste Tafelschokoladen-Marke. Nur noch wenige Menschen denken daran, dass sie aus dem Hause *Suchard* stammt.[3] In der Folge konzentrierten sich die Werbeausgaben immer mehr auf das Marken-Portfolio von *Milka*. *Suchard*-Produkte wurden immer weniger und schließlich gar nicht mehr beworben. Im Jahre 1994 wurden dann die letzten Pralinenprodukte von *Suchard* aus dem Markt genommen.

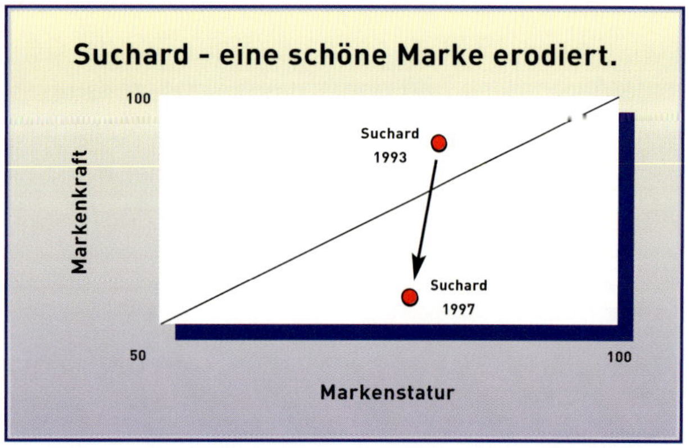

Verfall der Marke Suchard 1993 und 1997, gemessen mit dem Brand Asset™ Valuator von Young & Rubicam, wobei Suchard-Produkte ab 1994 nicht mehr im Markt erhältlich waren.[4]

Entsprechend rückläufig entwickelten sich seit diesem Zeitraum Markenbekanntheit und aktiv erinnerte Imagedimensionen der Marke *Suchard*, da unter diesem Markennamen lediglich noch Schokoladen-Getränke angeboten wurden.[5]

2

2. Die neue Situation auf dem Schokoladen-Markt

Der Preisverfall im Tafelschokoladen-Geschäft sowie der immer stärker werdende Trend zu speziellen und sich geschmacklich differenzierenden Schokoladen-Produkten machten es Mitte der 90er Jahre notwendig, über die Etablierung einer weiteren Schokoladen-Marke neben *Milka* nachzudenken.

Da *Milka* den Mainstream[6] erfolgreich abdeckte, sollte die neue Marke in allen Positionierungsbereichen - und nicht zuletzt in der Preisstellung - im Premium-Bereich angesiedelt werden, denn natürlich sollten die neuen Produkte die Produkte von *Milka* nicht ersetzen, sondern ergänzen und zusätzliche, attraktive Zielgruppen ansprechen.

Die Positionierung einer neuen Premium-Schokolade bedeutete zunächst, dass sich die künftige Schokoladen-Marke hinsichtlich Geschmacksrichtung, Geschmacksprofil und Produktcharakteristik aus Sicht der angestrebten Zielgruppe angemessen gegenüber den Konkurrenzprodukten differenziert. Damit die Verbraucher das neue Angebot möglichst schnell erkennen, sollte die Schokolade nicht nur höherwertig sein, sondern sich auch optisch vom bisherigen Angebot unterscheiden.

3. Die Definition der Zielgruppe für Premium-Schokolade

Eine Marke für ein Genussmittel wie Schokolade und dann auch noch in einem höherwertigeren Segment relevant und differenzierend bei der Zielgruppe zu positionieren, bedarf eines sehr präzisen Verständnisses der Psychologie der Zielgruppe. Die Auswertung der Konsumgewohnheiten der Bevölkerung für Schokolade machte schnell klar, dass Frauen und Männer mit zunehmendem Alter geschmacklich andere Anforderungen an Schokoladen-Produkte stellen als jüngere Menschen. Insbesondere bei Frauen wandelt sich die Bedeutung von Qualität offensichtlich mit den Lebensjahren, ergänzt durch das Gefühl, sich diesen speziellen Genuss, diese spezifische Qualität nun auch leisten zu dürfen:[7] Die Zielgruppe der Frauen mittleren Alters bevorzugt Geschmacks-*Erlebnisse*. Und sie ist auch bereit (und in der Lage), dafür den angemessenen Preis zu bezahlen.

Konsequenterweise kamen aus dieser Verbrauchergruppe im Wesentlichen auch die Verwender potentieller Konkurrenzprodukte.[8] Konkurrenzprodukte waren deshalb ‚potentiell' zu nennen, weil sich interessanterweise bis zum damaligen Zeitpunkt in Deutschland keine andere Premium-Marke fokussiert an diese Zielgruppe gewandt hatte: Premium-Marken operierten vorzugsweise im Prestigebereich und stellten sich im Schokoladen-Markt als Produkte dar, die man weniger für sich selbst einkauft, sondern mit gutem Gefühl verschenkt. Man setzte also auf seit langem gelernte Klischees, die das gesellschaftliche Klima aber nicht mehr richtig interpretierten.

Menschen von heute sind viel stärker bereit, sich selbst zu verwöhnen. Als Zeichen der Wertschätzung des anderen verschenkt man folglich am liebsten den Genuss, den man auch sich selbst gern gönnt. So zeigten weiterführende Verbraucherstudien zur Erforschung der Motive, dass die anvisierte Zielgruppe nicht nur bereit ist, in Qualität zu investieren, sondern sich auch zum eigenen Genuss zu bekennen. Eine der wichtigsten Motivationen für den Konsum von Schokolade ist und bleibt seine Genuss-Funktion. Schokolade verhilft dazu, die kleinen Widrigkeiten des täglichen Lebens auf angenehme Art und Weise zu kompensieren.

Darüber hinaus wurde in zahlreichen projektiven Gruppendiskussionen und psychologischen Einzelbefragungen deutlich, dass diese Motivation mit dem gewandelten Rollenverständnis der Frau zusammenhängt, wie Studien über die ‚moderne Frau in der Gesellschaft' ergeben haben:[9]

	Die typische Rolle der Frau	**Die ‚Instrumente' zur Ausübung der Rolle**
1950/60	Hausfrau und Mutter	Familie, Kinder
1970/80	selbstbewusster Single mit Vorzeigeberuf	der eigene Körper, die Psyche
1990/00	die integrationsfähige, selbstbestimmte Frau mit Eigenleben	berufliche Probleme, soziale Anforderungen, der Partner

Die veränderte Rolle der Frau in der Gesellschaft

Es lassen sich hier klar definierte Phasen feststellen, die durchschnittlich 20 Jahre, also eine Erziehungsgeneration lang dauern. Ein deutlich gestiegenes Selbstbewusstsein ist das auffälligste Merkmal für die Rollenentwicklung der Frau in den 90er Jahren. Dies zeigt sich auch an der als wichtig bewerteten Verwirklichung in Beruf und Familie: Die lange vorherrschende alleinige Ausrichtung auf die Familie und deren Mitglieder wird durch die Etablierung einer deutlich stärkeren Eigenorientierung ergänzt. Eine Mutter ordnet sich nicht mehr total den Interessen der Familie unter, sondern ist bei all ihrer Verantwortung für die Familie eine gesellschaftlich akzeptierte, eigenständige Persönlichkeit. Als Konsequenz dieser Zielorientierung erlebt die neue Frauengeneration das Schaffen und Genießen von Momenten der Eigenfokussierung als wesentlich.

Besonders große Bedeutung bekommt die Ich-Bezogenheit, wenn sich durch den Auszug des Nachwuchses die Mutterrolle fast über Nacht grundlegend ändert. Aus der neuen familiären Situation ergibt sich zwangsläufig die Suche nach einer neuen Identität, nach einer neuen Definition der eigenen Rolle und Person. Nicht jeder Frau fällt es zu einem solchen Zeitpunkt leicht, sich mitunter völlig neu orientieren zu müssen. Der Gestaltungsspielraum, den die Gesellschaft der Frau dabei bietet, ist nicht nur eine große Herausforderung, sondern mindestens ebenso oft die Ursache psychischer Belastung.

Die Ausprägung des neuen Selbstwertgefühls beginnt nicht selten mit der bewussten Entscheidung zum persönlichen Genuss als Bestätigung des eigenen Wertes. Dass hierbei Schokoladen-Produkte in vielen Fällen eine wesentliche Rolle spielen, kann nicht weiter überraschen: Sind sie es doch, mit deren Hilfe solche Momente des Selbstverwöhnens besonders genussvoll zelebriert werden können! Gleichzeitig ist es ein Ausdruck des Selbstverwöhnens, dass - anders als bei vorherigen Generationen - dieser Genuss gänzlich ohne Reue, sondern als verdiente Belohnung, ja, fast als Anspruch erlebt wird. Dieser Genuss ist eine bewusste Entscheidung, die uneingeschränkt gewollt und in die auch bereitwillig investiert wird.[10]

Zusammenfassend hat die gesellschaftliche Entwicklung also insgesamt dazu geführt, dass sich der Stellenwert von Premium-Produkten signifikant verändert hat. Während man teure Schokoladen-Produkte bis zu Beginn der 90er Jahre in erster Linie verschenkt hat, gibt man heute nur weiter, was man auch selbst genießt. Premium-Produkte werden in weit höherem Ausmaß für den **eigenen** Konsum gekauft. Denn das ‚Sich-Verwöhnen' ist zu einem allgemein akzeptierten Verhaltensmuster geworden, das besonders von Frauen mittleren Alters (zum Teil neu) definiert und beansprucht wird.

Diese Entwicklung veränderte grundlegend die Anforderungen an die Positionierung, die Produktleistung und nicht zuletzt an die Kommunikation, die genau dieses Spannungsfeld positiv aufgreifen muss, wie im Folgenden deutlich wird.

4. Die Wiederentdeckung von Suchard als Premium-Marke

Mit der neuen Premium-Marke sollte eine Produkt-Persönlichkeit aufgebaut werden, die glaubwürdig Souveränität und Selbstbewusstsein verkörpert. *Suchard* erwies sich als bestens dafür geeignet. Die Marke hatte in der Zwischenzeit zwar erheblich an aktiver Bekanntheit und Profilierung eingebüßt, aber es waren immerhin mehr oder weniger diffuse Erinnerungen an Markeneigenschaften von *Suchard* übrig geblieben. *Suchard* wurde noch assoziiert mit:

- qualitativ hochwertigem Kakao,
- hohem Kakaogehalt,
- dem Wissen von Schweizer Chocolatiers seit Generationen,
- der Schokolade für Erwachsene,
- hoher Wert- und Qualitätsanmutung.

Die Überprüfung von *Suchard* mit dem *Brand Asset™ Valuator* von *Young & Rubicam* stützte die Ergebnisse der qualitativen Untersuchungen:[11] Obwohl die Marke seit vielen Jahren werblich nicht mehr unterstützt worden war, zeigte sie immer noch ein hohes Niveau an gestützter Relevanz, qualitativer Wertschätzung (Ansehen) und Markenvertrautheit, wenn auch der Grad an Differenzierung über die vergangenen Jahre stark nachgelassen hatte.

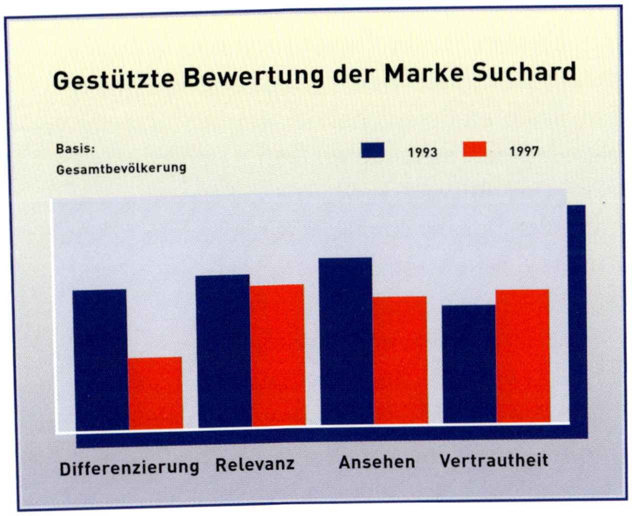

Bewertung der Marke Suchard 1993 und 1997 mit dem Brand Asset™ Valuator von Young & Rubicam. (Suchard war ab 1994 nicht mehr im Markt erhältlich.)[12]

Wichtig war zudem die Erkenntnis, dass der Verfall der Marke *Suchard* hauptsächlich in jungen Zielgruppen festzustellen war. Der Verfall trat hingegen weniger stark in der angestrebten Zielgruppe der Frauen mittleren Alters auf. Diese Zielgruppe assoziierte mit der Marke *Suchard* nach wie vor hochwertige Schokoladenqualität und beste Schokoladentradition.

Durch die in den vergangenen Jahren fehlende Kommunikation mit dem Verbraucher war die differenzierende Aufladung der Marke allerdings in ihrer Bedeutung immer allgemeiner geworden. Die ehemals kompetitive Positionierung hatte an Kraft verloren. *Suchard* wurde zwar immer noch für eine Marke gehalten, die erstklassige Schokolade anbietet, aber es war weniger klar, warum diese Schokolade so erstklassig war.

Gerade die weiterhin hohe Markenvertrautheit, aber nicht mehr spezifisch geladene Wertanmutung ließ die Marke für die angestrebte Premium-Positionierung außerordentlich geeignet und für eine *neue, zeitgemäße* Differenzierung gegenüber der Familienmarke *Milka* tragfähig erscheinen. Schließlich sollte die neue Marke *Suchard* nicht mehr prestigeträchtige, qualitativ hochwertige Pralinen zum Verschenken anbieten, sondern diejenige Marke werden, mit der sich insbesondere Frauen mittleren Alters identifizieren können.

5. Die Feinabstimmung von Marken-Positionierung und Marketing-Mix

Die auf Erfahrung und Tradition beruhende Geschmacks- und Genusskompetenz der Marke *Suchard* wurde genutzt, um sie entsprechend der Zielgruppenmotivation als **die** Marke für Schokoladengenuss zu positionieren:

Suchard wird von Frauen über 40 bevorzugt zum Eigenverzehr genossen, weil jedes seiner Produkte ein ganz besonderes Geschmackserlebnis bietet.

Nicht allein die hohe Relevanz von hochwertigem Schokoladengenuss an sich, sondern vor allem die offene Bereitschaft und Souveränität der Frauen-Zielgruppe, diesen Genuss für sich selbst zu reklamieren, hat sich als hoch aktuelles psychologisches Phänomen erwiesen, welches eine Verbindung zwischen den qualitativ hochwertigen Vorstellungen der *Suchard*-Schokolade aus der Vergangenheit und der Aktualisierung der heutigen Marke schafft.

Auf der Grundlage der Positionierung wurden verschiedene *Logo- und Verpackungsdesigns* entwickelt und auf ihre Tragfähigkeit untersucht. Insbesondere die Verpackung hatte ja die Aufgabe, als ein ganz wesentliches Element der Kommunikation Lust auf den besonderen Genuss vor dem Regal zu machen.

Gelingt es der Packung nicht, den Wertmaßstäben der Zielgruppe der Frauen zu genügen, werden sie sich mit der Schokolade selbst wohl kaum mehr auseinandersetzen wollen.

Das neue Markendesign der Marke Suchard von 1999

Der Packungstest zeigte, dass das ausgewählte Design hohe Wertigkeit vermittelt. Das Packungsdesign hatte offensichtlich genau die Balance zwischen Qualität, Geschmack und Tradition einerseits und Aktualität und der wichtigen Orientierung auf Eigenverzehr andererseits getroffen: Die ausgewählte Farbwelt wurde zum einen sympathisch, warm und weich erlebt und versprach zum anderen bereits bei der Betrachtung der Verpackung den besonderen Genuss durch das Produkt. Das goldene *Suchard*-Logo bestätigte seine hohe Wertigkeit, Traditionsverankerung und die Aussicht auf besten Schokoladengenuss.

Die zu entwickelnden Produkte hatten nicht nur das Geschmacks- und Genussversprechen der Packungen zu erfüllen, sondern mussten der Zielgruppe zudem die angekündigte überlegene Produktqualität beweisen. Um sicherzustellen, dass die Verbraucherinnen möglichst rasch die *Andersartigkeit des Angebots* wahrnehmen, sollte sich diese Andersartigkeit auch im Format der Produkte wiederfinden: So wurden z.B. die 100g-Tafeln der *Suchard*-Schokolade nicht in einem herkömmlichen Format angeboten, sondern in den für den deutschen Markt noch neuen, besonders dünnen Großtafeln. Derartige, noch ungewöhnliche Produktformate wurden auch für die Pralinenkategorie und die Saisonprodukte für die Oster- und Weihnachtszeit entwickelt.

Bei der *Preisstellung* musste ebenso ein Niveau gefunden werden, welches sowohl die Produktqualität glaubwürdig widerspiegelt und deutlich genug vom Preissegment des ‚Massenmarktes' entfernt ist, als auch den Frauen ermöglicht, sich tagtäglich und nicht nur zu ganz besonderen Gelegenheiten selbst verwöhnen zu können.

Der neue Produktrange der Marke Suchard von 1999/2000

6

6. Die Rolle der Markenkommunikation

Gerade an die Kommunikation stellten sich - wie bei jedem Genussprodukt - besonders hohe Anforderungen und zwar insbesondere dann, wenn Genuss auch gleichzeitig ein gewisses persönliches Luxusgefühl repräsentieren soll:

Für die Kommunikation galt es, eine relevant differenzierende Marken-Persönlichkeit zu etablieren und über Produktversprechen glaubwürdig zu transportieren, um eine Dachmarke für ein breites Produkt-Portfolio aufzubauen.

Es ging hier eben nicht nur darum, den Genuss eines bestimmten Produktes mit seinem besonderen Geschmacksprofil und seiner Genussqualität zu kommunizieren, sondern das einzelne Produkt zum Ausdruck einer persönlichen Grundeinstellung, eines Selbstwertgefühls werden zu lassen: Jedes *Suchard*-Produkt soll den (angestrebten) Selbstwert des neuen Rollenverständnisses seiner Verbraucherin reflektieren. Die richtige, vollendete Verwöhnung tritt erst dann ein, wenn das Produkt nicht nur gut schmeckt, sondern in seiner Hochwertigkeit auch die Qualitätsansprüche der modernen Frau befriedigt.

Als die beste Zusammenfassung dieser Grundeinstellung und der Markenposition von *Suchard* erwies sich der *Claim*, der zum souveränen Verhalten ermuntert: *„Stehen Sie zu Ihren Leidenschaften."* Diese Aussage trifft genau das ‚Mission Statement' der Zielgruppe und gewinnt seine Relevanz aus der Lebenseinstellung der Frauen in ihrer besonderen Lebensphase.

Der Claim ist ein befreiendes Bekenntnis zu sich selbst und dem eigenen Wollen, denn er befreit zumindest gefühlsmäßig aus einem in dieser Lebensphase oft beklemmenden Dilemma zwischen Anforderungen von außen und eigenen Bedürfnissen. *Suchard* ist damit der souveräne Weg, die Leidenschaft für den Genuss von Schokolade auszuleben und auszudrücken - trotz aller Diskussionen um Kalorien, trotz aller Aufrufe zur Disziplin.

Als wesentliches markendifferenzierendes und die Markenpersönlichkeit unterstützendes Stilmerkmal wurde eine *kommunikative Positionierung* gewählt, die in ihrer Wirkung und Relevanz bewusst eine deutliche Polarisierung zwischen Kernzielgruppe und anderen Zielgruppen in Kauf nimmt. Die Identifikation mit der vermittelten Botschaft soll der Zielgruppe ermöglichen, die fehlende Akzeptanz von anderen als Ausdruck des eigenen Selbstbewusstseins lächelnd zu akzeptieren.

Die kommunikative Positionierung der alten und neuen Marke *Suchard* beruht also nicht nur auf dem Markenversprechen von *Suchard,* qualitativ beste Schokolade zu sein, sondern ebenso auf der Demonstration einer Lebenseinstellung. Erst die Kombination von Einstellungen und Gefühlen mit den daraus abgeleiteten Produkteigenschaften machen die Marke attraktiv und unverwechselbar.

Werbung kommt hierbei die spezielle Aufgabe zu, die zielgruppenadäquaten Motivationsstrukturen anzusprechen, also Mut zu machen, die eigenen Wünsche mit *Suchard* auszuleben. Das Markenversprechen geht weit über ein reines Produktversprechen hinaus und erfordert entsprechend eine emotionale Kommunikation mit multidimensionaler Ansprache: Werbung hat nicht bloß die Aufgabe, einzelne Produkte in den Mittelpunkt zu stellen, sondern in Form und Inhalt den Anspruch aufzubauen, der vielen unterschiedlichen Schokolade-Produkten wie Tafeln, Pralinen, Figuren und ähnlichem ein kommunikatives Dach bietet.

Das Ansprechen der Gefühle und Sinne ist hierbei essentiell - eine Zielsetzung, die in breiter Form ohne klassische Werbung nicht erreichbar wäre. Darüber hinaus ist eine kommunikative Linie gewählt worden, die eine Polarisierung der Zielgruppe gegenüber solchen Menschen beinhaltet, die den Aufruf zur persönlichen Freiheit ablehnen. Die kommunikative Ansprache sollte deshalb schnell zur Identifikation mit der Marke und ihrem Versprechen führen - oder aber zur Ablehnung.

Die Umsetzung dieser Kommunikationslinie erfolgte sowohl über Fernsehspots als auch in Form von Printanzeigen.

Die Gestaltung der Printanzeigen verdeutlicht, dass neben der Darstellung der souveränen Frau und ihrer bewussten Entscheidung für sich selbst weitere formale Elemente entscheidend sind:

- die durchgängige Farbgebung, die die Packungsgestaltung aufnimmt, und konsequent weiterentwickelt,
- die Auswahl der Frauen-Charaktere, die das neue Selbstbewusstsein widerspiegeln und
- eine deutlich reduzierte Copy (Textteil), die Eleganz und Souveränität der Frau signalisiert.

Genauso reduziert und fokussiert in seiner Gestaltung ist auch die Fernsehkampagne, die nicht nur die konzeptionell festgelegten Gestaltungselemente konsequent nutzt, sondern auch die zeitgemäße Einstellung verdeutlicht, *sich selbst wichtig genug zu sein für das Beste.*

Über den Einsatz dieser Werbemittel und den Gesamtauftritt der Marke konnte eine multidimensionale Ansprache mit hoher Emotionalität sichergestellt werden. Der Fokus liegt dabei auf der Etablierung der Marke, ausgehend von der notwendig starken Visualisierung und der konsequenten Aufladung der Marken-Persönlichkeit im Sinne des Selbstverständnisses der Zielgruppe.

In dem Suchard-TV-Spot wird eine attraktive Frau vom Mann umgarnt, um auch an die Suchard-Schokolade zu gelangen. Ein 'sanfter' Tritt mit dem Absatz auf seinen Fuß, beendet schmerzhaft seinen 'Naschangriff'. Denn: Sie ist nicht gewillt, den Suchard-Genuss zu teilen.

7

7. Die Ergebnisse im Markt

Bereits wenige Monate nach der Neuausrichtung und Neuetablierung der wiederbelebten Marke *Suchard* kann festgehalten werden, dass die Marke ihre Traditionsanteile positiv nutzt und gleichzeitig in der Lage ist, das Neue zu integrieren.

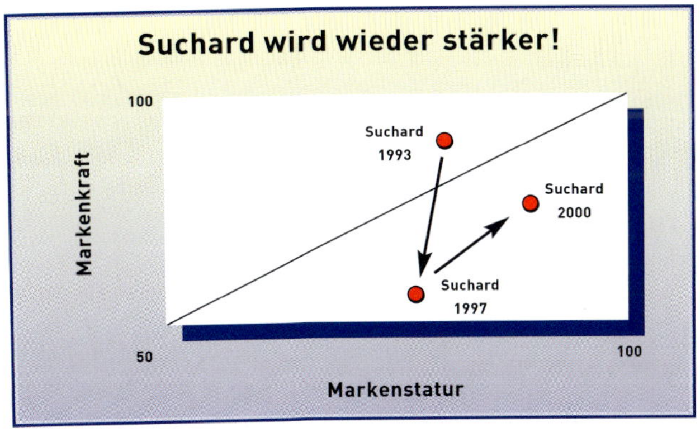

Fall und Aufstieg der Marke Suchard von 1993 bis 2000 - gemessen mit dem Brand Asset™ Valuator von Young & Rubicam [13]

Die nur mehr latent vorhandene Bekanntheit[14] und Image-Aufladung der Marke *Suchard* konnte viel schneller als bei einer neuen Marke aktualisiert werden und wird nun zunehmend mit konkreten Informationen gefüllt.

	1. Halbjahr 1999	1. Halbjahr 2000
Die Marke Suchard ist mir bekannt.	9 %	16 %
Damit verwöhne ich mich gerne selbst.	6 %	14 %
Sie bietet ein ganz besonderes Geschmackserlebnis.	10 %	17 %

Ebenso positiv operieren die Produkte im Markt, die in ihrer Entwicklung bereits heute zu führenden Einzelartikeln dieses hochpreisigen Segments zählen. Der Produktrange wird weiterhin konsequent ausgebaut werden.

Werbung bleibt auch künftig für die Profilierung dieser Marke unersetzlich, die offensichtlich in der Lage ist, ihre althergebrachte Schokoladenqualität neu und kompetitiv über ihre zeitgemäße Aufforderung aufzuladen:

„Stehen Sie zu Ihren Leidenschaften!"

8

8. Anhang

1 Phillippe Suchard (1797 - 1884), ein Schweizer Industrieller hugenottischer Abstammung, gründete die erste Schokoladenfabrik im Jahre 1826. 1970 kommt es zur Schokoladen-Heirat zwischen Suchard und Tobler zur Interfoods AG. Weitere Umfirmierungen folgen: 1982 fusionieren Interfoods AG und Jacobs AG zur Jacobs Suchard AG und ab 1991 übernimmt Philip Morris die Geschäftsleitung und Kraft Jacobs Suchard entsteht, die seit 2000 dann Kraft Foods heißt.

2,3,5,10,14 Alle Ergebnisse resultieren aus einer hausintern beauftragten Marktforschungsstudie.

4,11,12,13 Der Brand Asset™ Valuator ist die größte Datenbank der Welt mit Reaktionen von weltweit über 120.000 Verbrauchern zu mehr als 13.000 Marken. Das Strategie-Instrument erlaubt die präzise Diagnose einer Marke bezüglich ihres Wachstumspotentials (‚*Markenkraft*') sowie der emotionalen Beurteilung bzw. Bindung des Verbrauchers (‚*Markenstatur*').

6 Gemeint sind hier die Zielgruppen von Milka-Produkten.

7 Die Erkenntnisse sind Auswertungen der Sinus-Milieus, der Studie ‚Future Woman' von BBDO, der ‚Psychologie Heute' (1996 - 1998), der Studie von ‚Freundin' (1996), der Verbraucher Analyse (VA, 1996/97), der Typologie der Wünsche (TdW, 1996/97) und einer Recherche im Reuter- und Stern-Archiv.

8 Dies sind Resultate der Typologie der Wünsche (1996/97).

9 Dies sind Ergebnisse aus einer Datenbank-Recherche in PSYNDEX und dem ‚Journal für die Frau' (1998).

Sebastian Turner
Vorstandsvorsitzender Scholz & Friends AG

Sebastian Turner, Jahrgang 1966, ist Vorstandsvorsitzender der Werbeagentur Scholz & Friends AG. Der Vorstandssprecher des ADC (Art Directors Club) für Deutschland lehrt als Gastprofessor an der Hochschule der Künste Berlin und ist Autor des Werkes ‚Spring! Das Geheimnis erfolgreicher Werbung'. Er wurde in Clausthal-Zellerfeld im Harz geboren und wuchs in Stuttgart auf.

1985 gründete er MediumMagazin, die heute führende Zeitschrift für Journalisten. 1990 schloss er sein Studium an der Duke University, USA, mit dem Master of Arts ab. Turner ist einer der meistausgezeichneten Kreativen in Deutschland. Als erster Deutscher war er Vorsitzender der Clio Jury in New York. Von der Fachzeitschrift ‚New Business' wurde er 1999 zusammen mit Thomas Heilmann zum ‚Agenturkopf des Jahres' gekürt.

Scholz & Friends gehört zu den kreativsten Werbeagenturen in Deutschland und seit der Gründung 1981 zahllose nationale und internationale Kreativ- und Effizienzpreise erhalten, darunter viermal die Auszeichnung ‚Kampagne des Jahres'. Mit derzeit rund 800 Mitarbeitern betreut Scholz & Friends u.a. Tchibo, Reemtsma, Mercedes-Benz, Land Baden-Württemberg, Messe Frankfurt, Meissener Porzellan und Activest – die HypoVereinsbank-Investmentgesellschaft.

Die Praxis erfolgreicher Werbung

Sebastian Turner

im Interview mit Axel Mattenklott und Alexander Schimansky (Frühjahr 2000).
Im Fokus standen dabei die folgenden Themen:

1. Die Bedeutung von Kreation und Planung

Ihre FAZ-Kampagne wurde für Kreativität und Effizienz mehrfach ausgezeichnet. Wie greifen Kreation und Planung ineinander?

Wir erarbeiten zunächst eine vernünftige Planung, um aus dem Ergebnis der Planung dann die Kreation zu entwickeln. Nun können Sie aber nicht in einem Kopf Gartenzäune anlegen. Das heißt, es kann schon mal sein, dass Sie auf eine kreative Idee kommen und dann sehen, ob die auch planerisch stimmt. Je erfahrener Sie als Werber werden, desto weniger können Sie diese Zweistufigkeit wirklich sauber im Kopf trennen. Mir geht es gelegentlich so, dass ich erst einen Einfall habe und dann kommt die Planung. Aber systematisch ist richtig und es ist auch das, was wir in der Agentur anstreben: *erst* Planung oder Strategie und erst dann darauf aufsetzen mit allen Kreativlösungen.

Heißt das, da kommen Experten zusammen oder werden diese verschiedenen Aufgaben in einer bestimmten Person integriert?

Wenn man es in einer Person integrieren kann, ist das der Idealfall. Da wir aber arbeitsteilig arbeiten und natürlich auch immer wieder junge Nachwuchsleute dazukommen, die sich weiterentwickeln möchten und sollen, ist es auf viele Schultern verteilt. Üblicherweise ist das so: Ein Kunde kommt zu uns mit einer Aufgabe. Diese Aufgabe wird zu einem Briefing für die Kreation verarbeitet. Von diesem Creative Brief hängt sehr viel ab. Je mehr Verstand, je mehr Kenntnis, je mehr Fingerspitzengefühl in diesen Prozess fließen, bei dem es darum geht, welche Kernaussage wir eigentlich kommunizieren wollen, desto wirksamer kann hinterher die Kreation sein.

Es gibt dabei ja so einen Glaubensstreit: Die einen sagen, die richtige Werbung ist die, die eher im Sinne eines ‚hard selling' die Leute mit der Nase darauf stößt, was sie machen wollen. Und die andere Schule sagt, nur die grandiose, fast verspielte Kreativität bringt es. Für meine Begriffe sind beide Standpunkte zu pauschal. Aus meiner Sicht ist der Weg zum besten Ergebnis, zunächst einmal in einer etwas buchhalterisch-pingeligen Art und Weise eine Strategie zu formulieren. Also: Was macht der Wettbewerb? Wo ist unsere Lücke? Wo kommen wir her? Was will die Zukunft von uns? Das müssen Sie alles sorgfältig ausbreiten und dann wie ein guter Fußballer sagen: *„Da steht das Tor, da soll der Ball rein!"* Und dann kommt der Kreative, der den Freistoß oder den Elfmeter tritt und hoffentlich auch verwandelt.

Sehr oft wird dieser Planungsprozess nicht diszipliniert genug gemacht. Dann heißt es: *‚Das Tor steht irgendwo da drüben.'* Und dann ist es ein Glückstreffer, wenn man das Tor trifft. Die Kunden honorieren es, wenn man sie präzise in diesem Strategieprozess bedient. Je präziser man sagt: *„Das ist unser Gedanke gewesen, was wir erreichen müssen."*, und dann - ohne irgendeine Anzeige vorgezeigt zu haben, sondern nur die Messlatte, an der die Kreation gemessen werden soll - den Kunden fragt: *„Halten sie diesen Maßstab für richtig?"* Und wenn dann der Kunde sagt: *„Ja, diese Messlatte ist es!"*, so kann man erstens zeigen, dass man als Agentur inhaltlich redlich arbeitet und zweitens kann man einem Kunden eher einen Sprung hin zu einer herausragend kreativen Lö-sung abverlangen. Denn er muss jetzt eben nicht allein aufgrund des Hintergrunds, der Farbigkeit, der Plakativität oder des Herausforderns irgendeiner Kreation urteilen.

- **Ist diese Messlatte qualitativ oder quantitativ angelegt?**

Die Messlatte ist zunächst qualitativ, also inhaltlich. Wie müssen Sie zum Beispiel den *Mercedes Actros* bei den Spediteuren, Fuhrpark-Anschaffern und Fernfahrern verankern? Das ist eine inhaltliche Frage. Und erst dann ist die Frage, ob Sie soundso viele Einheiten verkaufen wollen oder einen Imagewert um soundso viel Prozent verstärken wollen. Das ist dann die Umsetzung in quantitative Parameter.

Wenn Sie, um bei unserem Beispiel zu bleiben, diesen Lastwagen positionieren, dann legen Sie diese Messlatte fest, indem Sie meinetwegen als das Auto dastehen wollen, das die beste Wirtschaftlichkeit und die beste Langlebigkeit vermittelt. Und zwar deswegen, weil Wirtschaftlichkeit und Langlebigkeit Interessen sind - das sind jetzt nur Hypothesen - in denen sich sowohl der Fahrer als auch der Anschaffer, also Fuhrparkunternehmer oder Spediteur, in beiden Punkten treffen. Und dann machen Sie eine Kampagne, die das vermittelt. Man könnte auch sagen, das Design ist das wesentliche Kriterium oder ‚Hergestellt in Deutschland' oder was auch immer. Sie müssen sich da klar auf einen Punkt festlegen und versuchen, dieses Tor zu schießen.

Motiv der Mercedes-Kampagne von Scholz & Friends Berlin, die die Langlebigkeit der Lkw's betont.

Ein anderes Beispiel: Bei der *Frankfurter Allgemeinen Zeitung* haben wir gesagt, die Positionierung der FAZ ist: ‚Die anspruchsvolle Zeitung in deutscher Sprache'. Punkt. Ganz einfach und schlicht. Und das haben wir dann unterfüttert mit anderen Merkmalen und daraus entstand die Kampagne, die mehrfach für Kreativität und Effizienz ausgezeichnet worden ist.

Motiv von Scholz & Friends Berlin mit Kardinal Karl Lehmann unter Schafen hinter der FAZ-Zeitung. Claim: Dahinter steckt immer ein kluger Kopf.

Liefert der Kunde auch selber Daten?

Sehr oft liefert er Daten. Sehr oft liefert er auch schon die Lösung, ohne es zu wissen. Mir ist es mehr als einmal in einem Kundengespräch passiert, dass ich von dem Kunden im Prinzip schon die ‚Steilvorlage' bekommen habe. Der Ball lag bereits auf der Torlinie und man musste ihn nur noch anpusten, damit er rübergeht.

Das geht einem ja auch selber manchmal so: Sie mühen sich mit etwas ab und es geht nicht. Und dann kommt einer von außen und gibt einem den entscheidenden Tipp und Sie denken sich: *„Natürlich, so einfach geht's!"*

Der LKW ist ja ein Bereich, der einem so nicht näher vertraut ist. Da muss man für Lösungen schon deutlicher fragen...?

Und nachdenken, natürlich. Von vielen Kunden gibt es sehr viel Material. Je größer das Budget, je größer der Markt, je größer die Professionalität, umso eher gibt es Daten. Aber die Datenmenge befreit einen nicht davon, diese dann vernünftig zu interpretieren und eben diese Festlegung zu treffen, indem man sagt: *„Da geht es hin! Das ist das gemeinsame Ziel."* Und da tut man sich ungeheuer schwer, weil das eine Haltung, eine Auswahl und eine Entscheidung verlangt. Wenn Sie sagen: *„Wirtschaftlichkeit ist es"*, dann ist es eben nicht mehr irgendetwas anderes.

Wie zum Beispiel Sicherheit...

Ja, denn Sie können nicht allzuviel ans Publikum heranbringen. Wirtschaftlichkeit und Sicherheit und Solidität gehen alle durchaus miteinander einher und schließen sich gegenseitig auch nicht aus, aber Sie müssen sich immer auf einen Kernpunkt festlegen. Wenn Sie das nicht tun, dann haben Sie eine unfokussierte Kampagne, die vom Publikum nicht aufgenommen wird.

Wie können Sie im Planungsprozess soweit Gewissheit schaffen, dass Sie sagen können: „Da steht das Tor und da müssen wir den Ball reintreten"?

Gewissheit kennen nur Ahnungslose. Es gibt keine Gewissheit, sondern es sind immer nur Hypothesen. Dazu ist es ein viel zu offenes System, ein System mit vielen Variablen. Und sei es durch Intuition oder durch intensive Beschäftigung oder durch wissenschaftliches Vorgehen, irgendwann müssen Sie zu einer Einschätzung kommen und eine Entscheidung treffen, nämlich unser Ziel ist dieses oder jenes Vorgehen.

Da gibt es grandiose Treffer und es gibt grandiose Fehlentscheidungen. Sie können sich dem immer nur annähern. Aber eine Gewissheit, glaube ich, kann es nicht geben. Gewissheit haben Sie nur hinterher, wenn es geklappt hat oder schief ging.

Sie erzeugen Gewissheit.

Ja, für den Verbraucher. Dem wollen wir ein klares Versprechen geben. Irgendeine Art von Superlativ müssen Sie haben. Man kann dazu auch Unique Selling Proposition (USP) sagen oder Eigenständigkeitsmerkmal. Wenn man sagt: *„Wir sind wahrscheinlich die zweitbeste Zahnpasta!"*, dann gäbe es keinen Grund, diesen Punkt zu kommunizieren. Wenn man als Konsument die beste Zahnpasta sucht, dann nimmt man nicht die Erstbeste sondern die Allerbeste! Dieses Kommunikationsziel ausgewählt zu haben, war eine Entscheidung unter Unsicherheit.

Sie können natürlich im Verlauf eines Marketingprozesses sehen, wie nah Sie dem Ziel kommen und ob Sie überhaupt näher kommen. Dabei muss man jedoch aufpassen: Wenn man zu ungeduldig ist, dann unterschätzt man den Trägheitseffekt im Markt und wirft etwas weg, was sich hervorragend hätte entfalten können, aber eben eine gewisse Zeit braucht.

Sie arbeiten also die Positionierung heraus und entscheiden: „Da will ich hingehen." Was tragen Sie dann dem Kunden vor?

Dann sagen wir ihm: *„Das hier ist die Strategie!"* Idealerweise macht man das in zwei Stufen, um die beiden Bereiche Strategie und Umsetzung auch wirklich hygienisch zu trennen und nicht die unzureichende Positionierung durch die gute Idee zu korrumpieren.

Dann haben Sie dieses Ziel festgelegt und auf diese Aufgabenstellung hin werden kreative Ideen produziert. In unendlicher Menge oder manchmal auch nur eine oder zwei. Und dann treffen wir intern eine Auswahl, verfeinern die ausgewählten Ideen, machen dann wieder eine Auswahl und zwar solange, bis wir am Ende sagen können: *„Mit diesem Ergebnis gehen wir jetzt ins Rennen."* Entscheidend ist eigentlich eher die eigene Einschätzung vom Kunden und ob der auch etwas Besonderes zulässt.

Diesen Auswahlprozess, den Sie beschreiben, wie kann man sich den vorstellen? Läuft der in einer Runde von Experten ab?

‚Experte' ist ja eigentlich ein Schimpfwort, aber wenn Sie so wollen, handelt es sich um Experten. In einer Werbeagentur haben Sie beim Auswahlprozess einen permanenten Zielkonflikt. Auf der einen Seite wollen Sie immer das beste Ergebnis und auf der anderen Seite wollen Sie die Motivation hochhalten. Sie können kein gutes Ergebnis produzieren, wenn Sie keine Lust haben oder wenn Sie sich einer Sache inhaltlich nicht richtig zuwenden. Ich weiß nicht, wie es in einer Schraubenfabrik ist, aber ich nehme an, dort kann man zur Not unter Zwang die Produktivität steigern. Das ist in einer Werbeagentur nicht möglich!

Sie müssen also auf der einen Seite auswählen und Entscheidungen treffen, die sich immer für oder gegen jemand richten, und auf der anderen Seite müssen Sie die Leute am Ball halten und sie involvieren. Die dürfen nicht das Gefühl haben, es ist eine Entscheidung gegen sie, sondern eine Entscheidung für die richtige Sache. Das erreicht man idealerweise, indem man Entscheidungsprozesse transparent macht und indem man die Beteiligten, soweit es möglich ist, einbezieht.

Wenn wir eine Vorauswahl treffen, dann kommen alle Dinge auf den Tisch. Sie sehen das Board da hinter mir an der Wand hängen. Das nennen wir die ‚Blutrinne'. Das ist unser Präsentationsplatz, wo die Entscheidung gefällt wird, ob eine Idee hängenbleibt oder in die ‚Rinne' kommt. Da kommt dann alles drauf, der Raum ist voll mit allen Beteiligten und dann wird darüber diskutiert. Und wenn sich eine Agentur den Luxus leistet, aus irgendwelchen egoistischen oder Macht- oder Hierarchiegründen nicht das Beste zu nehmen, dann kann sie sehr, sehr schnell die guten Leute enttäuschen und verlieren.

Irgendwann muss es zu einer Lösung kommen, denn die Deadline ist ja da. Wie kommt es dann zur Entscheidung?

Dafür haben wir dann doch die Hierarchie. Die wird ja auch akzeptiert. Es können ja nicht frei irgendwelche Anzeigen oder ganze Kampagnen geschaltet werden. Irgendwie muss ja eine Auswahl stattfinden. Man sollte aber immer versuchen, diesen Prozess offen zu gestalten. Sie können natürlich sagen: *„Ich bin der Chef. Ich gehe jetzt da rein und sage: Das ist es, hinsetzen, weitermachen."* Das kann in ‚Notsituationen' auch mal so passieren. Aber der Normalfall ist, dass man die viele Energie, die hineingeflossen ist, da nicht durch einen brutalen Schnitt kappt, sondern dass man sagt: *„Jetzt liegt alles hier, was meinen wir denn?"* Dann kommt es oft genug vor, dass man sich komplett auf einen Entwurf einigt, weil alle sagen: *„Der ist einfach überlegen."* Wenn man das nicht tut, dann muss einer die Entscheidung treffen und das ist in aller Regel derjenige, der für das Projekt die Verantwortung trägt.

Das klingt jetzt sehr rational. Was macht die Kreativität? Wo ist die Intuition?

Die spielt eine Rolle: Wenn da z.B. drei Kreativentwürfe stehen, so prüfen Sie natürlich einerseits, welcher davon bestimmte wichtige Punkte rüberbringt. Das ist sowieso immer ein Kriterium für die Vorauswahl. Aber dann fragen Sie immer auch: *„Was haut mich um? Was ist wirklich neu, herausfordernd, auffällig?"* Sie stehen also davor und sagen: *„Das hat was!"* Was immer das auch sei.

2. Der Wert von Marken

Haben Sie da lieber mit ganz neuen Produkten zu tun oder eher mit welchen, die schon länger im Markt sind?

Das ist egal. Die *Frankfurter Allgemeine Zeitung* kann nicht 50 Jahre auf dem Markt gewesen sein, ohne ein Image zu haben, genauso wie die Nutzfahrzeuge von *Mercedes*. Sie steigen bei allen Produkten, die auf dem Markt sind, bei einem bestimmten Punkt ein und müssen die Markengeschichte berücksichtigen.

FAZ und Mercedes sind ja etablierte Marken. Was ist für Sie eine ‚Marke'?

Ich finde die Definition von Klaus Brandmeyer[1] sehr schön: ‚Marke ist ein Vorurteil'. Idealerweise ist eine Marke ein positives Vorurteil. Sie ist ein Orientierungssystem für Verbraucher. Sie sind als Konsument mit einer unendlichen Fülle von Auswahlprozessen und Entscheidungen belastet. Und Marken erleichtern ihnen da die Entscheidung, weil sie ihnen eine gewisse Orientierung geben. Sie stehen zum Beispiel im Supermarkt vor dem Zahnpasta-Regal und sehen fünfzig Marken, von denen ein paar für etwas stehen. In aller Regel wird man nicht enttäuscht, wenn man dann eine dieser Marken kauft.

Dienstleistungen sind da noch anspruchsvoller, da gegenständliche Produkte ja im Kauf testbar sind - oder vor dem Nachkauf spätestens. Bei Dienstleistungen ist es noch zwingender, Marken zu etablieren und langfristig aufzubauen. Alle Dienstleistungen sind schwierig. Sie müssen sich eine Bankverbindung oder Software anschaffen, und damit sind die Menschen dann eine Ewigkeit verheiratet. Da sind Marken von großer Bedeutung. Sie helfen ei-nem, einfacher Kauf- und Auswahlentscheidungen zu treffen.

Preisgekrönte FAZ-Motive mit Architekt Helmut Jahn im alten Kaisersaal des Esplanade am Potsdamer Platz (kurz vor der langsamen Verschiebung des Gebäudes) und Dirigent Kurt Masur in einem Fenster des Chrysler Building in New York - jeder hinter einem Exemplar der FAZ. Claim: Dahinter steckt immer ein kluger Kopf.

Marken sollen ja künftig sogar ‚Stammesgrenzen' definieren.

Ja, da kommt die Marke ja her. Die ersten Marken sind Wappen gewesen. Das Wappen hatte der Ritter auf seinem Schild und mit dem Schild ist er in die Schlacht gezogen. Da sind Sie also einer von diesem oder von jenem Stamm. In diesem Sinne wirken Produkte in einer Wohlstandsgesellschaft auch als Stammes-Botschaften.

Ein Beispiel: Es gibt unendlich viele Uhren, die genau gehen. Aber sie zeigen nicht nur die Zeit an, sondern auch, wie ihr Träger gesehen werden will. Sportlich, wohlhabend, erfolgreich, puristisch oder intellektuell oder männlich. Sie können z.B. durch eine *Swatch* sagen: *„Ich bin übrigens kein verknöcherter, grauer Typ, sondern ich bin eher jemand, der innovativ ist und mit der Zeit geht."*

Ein anderer würde vielleicht seine goldene *Rolex* rausrutschen lassen und uns damit erzählen wollen, dass er besonders wohlhabend, ein gefragter Ratgeber und ich weiß nicht was ist.

Sie geben mit der Uhr also ein Signal - ebenso mit der Handtasche oder mit dem Auto oder mit dem Füllfederhalter oder was immer Ihnen ein Signal sein mag. Damit kommunizieren Sie an Ihre Umgebung, wie Sie gesehen werden wollen und wie Sie sich selber sehen. Da haben Marken eine große Bedeutung und wahrscheinlich wird sie eher zunehmen.

Soziologen diskutieren, dass die Bindungen der Menschen an politische Parteien und Werte abnehmen wird und sich auf Konsum und Marken verlagern. Sehen Sie das ähnlich?

Wir sind ja seit Jahrzehnten mit großem Erfolg dabei, die drängenden Ursachen für Gruppenbildungen zu reduzieren. Chancengleicheit, Durchlässigkeit und Mobilität der Gesellschaft nehmen zu. Damit verlassen wir leichter das Milieu, in das wir geboren wurden. Zugleich nehmen die Bindungen ab. Wenn Sie so wollen, ist das das Ergebnis einer Erfolgsgeschichte.

Sind wir eine Ständegesellschaft, in der die Marken zu den Ständen gehören?

So kann man es sehen. Die Grenzen in der Gesellschaft sinken, aber unser Bedürfnis, uns zu differenzieren, geht wahrscheinlich nicht gleichartig zurück. In Märchen war es beispielsweise die Qualität des Purpurs oder der Samtschuh, die damals zwischen einem König erster Klasse und zweiter Klasse differenziert haben. Dieses Differenzierungsbedürfnis hat es schon immer gegeben. Eitelkeit ist keine Erfindung des 20. Jahrhunderts.

Welche Marken werden überleben unter den vielen hunderttausenden? Sie haben einmal gesagt, es gibt täglich oder monatlich neue Marken.

Auf jeden Fall mehr, als man sich merken kann. Drei Ziffern beschreiben das Problem ganz gut. Wir haben alle einen aktiven Wortschatz von 10.000 Wörtern. Da sind so Worte drin wie ‚Banane' und ‚Wurst' und ‚Tasse' und ‚und' und ‚oder'. Nun gibt es aber in Deutschland allein 500.000 eingetragene Marken. Da zählt allerdings auch jede Pharmasalbe und -pastille dazu. Da wird das Problem schon ganz deutlich: Wenn der Wortschatz 10.000 ist und da gibt es eine halbe Million Marken, die da rein wollen, dann ist klar, dass da nicht alles reinkommen kann. Dies sind die ersten

zwei Ziffern. Die dritte ist die Anzahl der Werbebotschaften, die täglich auf einen eintrommeln. Es sind wohl um die 3.000. Da wird deutlich, dass wir einen ganz hervorragenden Abschottungsmechanismus gegen diesen Andrang von außen haben und nur ganz bestimmte Dinge durchlassen. Und es ist da die Aufgabe für uns Werbeleute, bei den Menschen durchzukommen, die wir erreichen wollen, indem wir ihnen etwas Interessantes erzählen.

- **Martin Sorrell[2] hat in diesem Zusammenhang gesagt, es sei heute ganz wichtig, über die Medien Konsumenten mehr Erfahrungen zu vermitteln. Spielt das eine Rolle?**

Erfahrungen spielen ganz sicher eine prägende Rolle. Die Kommunikation *über* eine Sache ist immer viel schwächer als die Erfahrung *mit* einer Sache. Sie sehen von uns beispielsweise einen Spot mit *Tchibo*-Kaffee, sind aber bis jetzt noch nicht in irgendeiner Form mit dem Kaffee in Berührung gekommen. Jetzt trinken Sie diesen Kaffee und sagen: *„Der schmeckt."* Unsere Werbung hat Sie vielleicht ein bisschen positiv eingestimmt, aber letztlich treffen Sie eine Geschmacksentscheidung. Wenn Ihnen der Kaffee schmeckt, ist diese Erfahrung viel, viel stärker, als es die Werbebotschaft dafür sein kann.

Oder nehmen Sie eine Autowerbung: Sie haben ein tolles, italienisches Auto gesehen. Phantastische Bilder, die Sie vollkommen einnehmen. Und dann haben Sie sich vielleicht ein Modell gekauft und sind unzufrieden, weil es nur in der Werkstatt ist - nur Mist, nur Ersatzteile, teuer, teuer, teuer. Wenn Sie das nächste Mal die gleiche Anzeige sehen, werden Sie sagen: *„Auf dich Lump fall ich nicht mehr rein!"* Alles dreht sich ins Gegenteil um. Insofern ist die Erfahrung mit einem Produkt immer dominant.

Jetzt kommt aber der interessante Punkt: Man kann versuchen, erfahrungsnah in der Werbung zu sein und eine Erfahrung praktisch zu vermitteln. Je mehr es sich um konkrete Dinge handelt, die man bewirbt, umso eher kann einem das auch gelingen. Und die Medien geben einem da immer Möglichkeiten: Wenn mir ein Spot von einem Produkt ein sinnliches Erlebnis, eine Quasi-Erfahrung verschafft, die ich dann durch den Gebrauch des Produktes genauso wieder habe, dann ist das natürlich stärker als eine konventionelle Werbung, die sagt: *„Kauf mich!"* Das sehen Sie bei der Zigaretten-Werbung. Da werden ja vor allen Dingen Emotionen und Welten transportiert.

- **Wie kann es da Werbung gelingen, eine tolle, emotional überzeugende Genuss-Welt für den Konsumenten aufzubauen, ohne dabei zu weit weg von der eigentlichen Erfahrungswelt des Konsumenten zu sein? Wie kann z.B. der Schokoriegel Bounty mit Strand, Palmen, Musik und hübschen Menschen beworben werden, obwohl der Bezugsort von Bounty dann die Tankstelle von nebenan ist?**

Es hat zwei Seiten. Die eine ist, zu sagen: ‚An welcher Tankstelle hat man schon eine Südsee-Insel.' Oder: ‚Ist es nicht toll, dass Sie an jeder Tankstelle ein Stück Südsee-Insel kriegen?' Die Frage ist, inwieweit der Geschmack, die Zutaten und so weiter von diesem Produkt eine gewisse Stimmigkeit haben. Sie können sagen, dass in der Werbung einem Produkt eine Welt beigegeben wird, und diese Welt kann ich mir dann mit dem Produkt immer kaufen. Seien es Zigaretten, Schokoriegel

wie zum Beispiel *Bounty* oder alkoholische Getränke. Wenn Sie es zu sehr überspannen, funktioniert es gar nicht! Wenn Sie es aber richtig hinkriegen, dann kann es schon sehr gut funktionieren, wie zum Beispiel die Produktgeschichte von *Baccardi*, einem Rum, der aus der Karibik kommt. Da ist so ein Karibik-Gefühl nicht ganz falsch. Und genauso beißen Sie an der abgeratztesten Tankstelle in diesen Schokoriegel und haben gleichzeitig trotzdem das Gefühl, es ist ein Stückchen Erholung. Das ist die eine Seite.

Die andere Seite ist, dass Sie ganz direkt auf den Produktnutzen gehen können, also ganz rational kommunizieren. Das setzt natürlich voraus, dass es diesen Produktnutzen wirklich gibt und dass Sie sich in diesen Merkmalen von den Wettbewerbern auch wirklich unterscheiden. Wenn Sie das tun, ist diese Art von Werbung sehr sehr effektiv.

Das berühmteste Beispiel ist sicherlich *Procter & Gamble*. Die haben eine Art Bedienungsanleitung für ihre Werbung: Da muss immer der Produktnutzen kommuniziert werden. Die Sekundenlängen sind genauso vorgeschrieben wie die Dauer einer Produkteinblendung und so weiter. Die können diesen Wettbewerb so angehen, weil deren Produkte in aller Regel Qualitätsvorteile haben.

Und die Verbraucher akzeptieren es auch, von dieser platten Art von Werbung angesprochen zu werden. Wehe aber, es gibt ein reißfesteres Tuch oder einen saugfähigeren Feudel, dann ist diese Werbung natürlich verloren. Und je austauschbarer Produkte werden, umso sinnvoller ist es, eine rational-logische Nutzenaussage mit einer emotionalen Aussage zu verbinden, um sie in der Warenwelt dann auch vollkommen einzigartig zu machen.

- **Wie ist da die Werbewirkung zu sehen? Ist Werbewirkung eher als Diffusionsprozess zu verstehen oder eher als Aha-Erlebnis? Sagt man bei guter Werbung „Aha, toll!“ oder wirkt sie langsamer?**

Sowohl als auch! *„Aha, toll!“* und die Wirksamkeit von Werbung sind zwei verschiedene Dinge. Darin liegt die Kraft der kreativen Werbung und darin liegt auch das begründete, berechtigte Vorurteil gegenüber versponnener, kreativer Werbung:

Es gibt Aha-Effekte, die sind irrelevant. Irrelevant für den Kauf eines Produktes. Das ist z.B. der Fall, wenn man bei einem Spülmittel das Design der Verpackung kommuniziert, indem man eine phantastische, kreative Kampagne entwirft, die sagt: *„In diesem Wahnsinns-Behälter ist dein Spülmittel.“* Nun ist das aber den Leuten egal, denn die wollen vor allen Dingen Bequemlichkeit.

Wenn dann eine andere Kampagne auf die stupideste Oberlehrer-Art sagt: *„Dank Extrawaschkraft, kein Abtrocknen mehr und mehr Zeit für dich!“*, so hat sie mehr Erfolg. Diejenige Werbung, die den relevanten Punkt kommuniziert, wird dabei immer gewinnen.

Man muss also zuerst ermitteln, was den Leuten am wichtigsten ist und wo die Chancen der eigenen Marke in diesem Wirkungsfeld liegen, anstatt mit einer phantastischen Kampagne verführerisch einen irrelevanten Punkt zu kommunizieren. Davor muss man seine Kunden bewahren.

Die erfolgreichste Kampagne ist die, die den relevanten Punkt herausragend kreativ vermittelt.

3

3. Die Kennzeichen einer guten Werbeagentur

Was macht für Sie eine gute Agentur aus?

Weshalb ein Kunde zu einer Agentur kommt, ist ganz schlicht ,Erfolg'. Wenn er glaubt, dass er dort Erfolg bekommt, dann ist das das allerstärkste Lockmittel. Alle anderen Dinge sind hinten dran. Weil der Erfolg nun aber nicht in Mark und Pfennig bemessen werden kann, gibt es natürlich Anhaltspunkte, die eine gute Agentur ausmachen. Jeder Kunde besteht darauf, präzise, pünktlich, sorgfältig und genau bedient zu werden. Es gibt so eine alte Bauernregel unter Werbeleuten: *„Man gewinnt einen Etat mit einer grossen Idee und man verliert ihn wieder mit einem kleinen Fehler."*

Es ist geradezu die Kernaufgabe für ein Agentur-Management, einerseits die großen Ideen zuzulassen, also all die Dinge, die nichts mit Disziplin sondern mit viel Freiheit zu tun haben. Und andererseits müssen Sie es gleichzeitig hinbekommen, dass es eben ganz präzise und diszipliniert zugeht, wenn es darum geht, den gefundenen Weg zu beschreiten und die Druckvorlagen pünktlich zu liefern und auch sonst alles in einer guten Qualität zu haben. Das müssen Sie unter einen Hut kriegen. Sehr oft tun sich Agenturen dabei schwer.

Es gibt da so eine Beobachtung in der Praxis: Sehr viele Kreativ-Agenturen sind schlampig und sehr viele disziplinierte Agenturen sind ideenlos. Sie müssen aber beide Ziele erreichen. Ein gutes Auto muss schließlich auch schnell sein *und* sicher.

Wie kriegen Sie unter einen Hut, dass der Kreative kreativ bleibt und verlässlich ist?

Verlässlichkeit erwarten wir von allen Mitarbeitern. Man muss die Teams da richtig mischen. Wir haben da sehr präzise und gewissenhafte Kreative und wir haben Kreative, die Schwierigkeiten haben, pünktlich zu sein. Sie müssen dem Kreativen, der sich mit der Uhr ein bisschen schwer tut, eben Anreize schaffen. Mindestens einmal im Jahr unterhalten wir uns über berufliche Perspektiven und da kann man dann sagen: *„Wenn Du weiterkommen willst oder wenn Du Deinen Kunden kreativ voranbringen willst, dann musst Du ihm das Gefühl geben, dass Du Dich um ihn kümmerst."* So einfach und banal ist es.

Stichwort Mitarbeiter: Man hört oft, die künftigen Mitarbeiter müssen viel mehr können und viel mehr Kompetenzen mitbringen. Was müssen die für Sie können?

Ich weiß gar nicht, ob die viel mehr können müssen. Die müssen vor allen Dingen ihren Kopf bedienen. Den Setzkasten-Denker brauchen wir nicht, der sagt: *„Das da drüben ist mein Revier und das hier geht mich nichts mehr an."* Dieses Denken ist, egal wie hoch entwickelt, zum Scheitern verurteilt und zwar deswegen, weil die Entwicklungen unvorhersehbar verlaufen. Sie können nicht sicher prognostizieren, wie eine Sache in der Zukunft sein wird. Sie wissen nur, es wird schnell gehen. Das ist zumindest unser Empfinden.

Ich glaube nicht, dass man immer mehr können muss. Wie soll das gehen? Menschen entwickeln ja nicht einen doppelt so großen Kopf. Aber bestimmte Fähigkeiten dürfen nicht verkümmern. Sie kommen mit einem Kopf auf die Welt. Sie sind als Kind hervorragend in der Lage damit rumzuspielen, und auf einmal sind Sie ein verschnarchter Sesselfurzer, der sagt: *„Das geht mich nichts an,* *das passiert im Nachbarraum."* Wie kam diese Domestizierung über uns?! Ich weiß es nicht. Aber es ist auf jeden Fall ein großes Ärgernis und ein großer Unfug. Kennen Sie die drei Antworten des deutschen Verhinderers? *„1. Es war noch nie so. 2. Da könnte ja jeder kommen. 3. Wo soll das hinführen!?"* Solche Menschen sind der Untergang!

- **Greifen Sie zurück auf Ausgebildete oder geht die Ausbildung, die letztlich wichtig ist, dann in der Agentur vonstatten?**

Wir holen uns die Leute, wo wir sie herkriegen. Wir bilden aus im Sinne von Lehrberufen und wir holen Leute von der Universität. An die kommt man dann über Praktika ran oder über Junioren-Positionen. Und wir holen Leute, die wir interessant finden, die schon Berufserfahrung haben.

Wir suchen uns die Leute, die zu uns passen, die neugierig sind und etwas bewegen wollen. Und die versuchen wir dann nicht zu beschädigen. Wir versuchen also deren Bewusstsein für den Zusammenhang und für den Überblick nicht einfach kaputtzumachen. Und dann kann es funktionieren.

- **Gibt es Konkurrenten außerhalb der Werbung, die sich um die gleichen Leute bemühen wie Sie?**

Ja, scharfe Konkurrenten, denn eigentlich wollen die alle haben. Wir suchen Leute mit zwei Strängen von Kompetenz: Das eine ist die fachliche Kompetenz, nämlich die werbefachliche. Und die andere ist dann die Eignung, was Kommunikationsvermögen, Grundeinstellung und so weiter einschließt. Da suchen wir eine Schnittmenge. Und diese Leute, die unternehmerisch denken, die ganzheitlich an Sachen rangehen, die neugierig sind und lebendig, wollen alle haben. Da müssen Sie dann hingehen und sagen, dass wir das bessere Biotop haben, damit sich dieses Talent weiterentwickeln kann. Konkret: *„Wenn Du zu uns kommst, so wird aus Dir mehr, und Du hast mehr Entfaltungsmöglichkeiten als woanders."*

4. Zukünftige Herausforderungen für die Werbung und der Beitrag von Markt- und Werbeforschung

- **Thema Zukunft: Wie werden sich die künftigen Aufgaben von Werbeagenturen verändern?**

Das Zusammenspiel zwischen dem Hersteller eines Produktes oder einer Dienstleistung und seinem Verbraucher ist im Begriff sich zu ändern und es wird sich wahrscheinlich so verändern, dass man es gar nicht wiedererkennt. Wir als Mittler oder Moderatoren in diesem Prozess zwischen Verbraucher und Hersteller müssen uns selbstverständlich darauf einstellen. Das ist gar keine Frage. Das ist aber einfach nur ein Lern- und Orientierungsprozess für die Agenturbranche. Es gibt ja auch heute schon Werbeagenturen, die für den *Otto*-Versand das Thema Katalog-Kommunikation mitbetreuen, mitdenken, mitmachen. Und es ist etwas ganz anderes als klassische Werbung, einen Katalog perfekt aufzubauen, so dass sie eine hohe Bestellquote haben, so dass die Bestseller gut laufen und die Schwachen herausfallen. Das ist eine Wissenschaft für sich. Die gibt es aber heute schon.

Und genauso ist das Thema E-Commerce im Prinzip auch so eine neue Baustelle, bei der Sie schnell Erfahrung sammeln müssen und bei der Sie versuchen müssen, an die Spitze der Erfahrung zu kommen: Was geht wie? Über welchen Link kommt einer? Wie kauft der dann? Welche Produkte verkaufen sich wieder, wenn man sie wie darstellt? Was muss man wie hinstellen?

Zum Beispiel gibt es im Einzelhandel so eine auf schlichter Erfahrung beruhende Weisheit: *„Am Samstag müssen Sie die Großpackung Windeln neben das Bier stellen."* Denn am Samstag kauft der Vater ein und wuchtet dann die schweren Getränkekästen und großen Familienpackungen ins Auto. Unter der Woche gilt das nicht, weil da die Mutter einkauft, aber zum einen kein Bier schleppt und zum anderen die Windeln eher in kleineren Packungen mitnimmt.

Das sind Erfahrungswerte, die müssen Sie eben lernen und umsetzen. Und Sie müssen den Kunden beraten und Sie müssen Ihr eigenes Handeln darauf ausrichten. Das ist letztlich nicht voneinander zu trennen.

- Sie sagen, es wird sich so verändern, dass man es nicht wiedererkennt, also dass sich was ändern wird, aber man nicht wissen kann, wo die Reise hingeht. Wie können Sie sich noch vorbereiten?

Zuhören, lesen, aufmerksam sein, eigenes Verhalten beobachten, Signale aufnehmen. Die Eindrücke sind ja da, man muss sie nur wahrnehmen und umzusetzen versuchen. Also nachdenken und versuchen, die wichtigsten Informationen zu bekommen und zu verarbeiten und dann Schlussfolgerungen daraus ziehen.

- **Es gibt ja auch spezielle Agenturen, die als Zubringer für Informationen und Trends fungieren. Nutzen Sie die?**

Wir haben die *Scholz & Friends Consulting* gegründet, die im Vorfeld des Kreativprozesses, so gar noch im Vorfeld des Briefings, Marktforschung macht und Unternehmens- sowie Strategieberatung leistet. *Scholz & Friends Consulting* befasst sich mit solchen Fragen. Es macht einen großen Unterschied, ob man einen neuen Turnschuh in den Markt bringen will oder irgendetwas gegen Inkontinenz für Menschen über 50. Das ist einfach fundamental unterschiedlich. Derselbe Trend-Scout, der einem sagen kann, dass man in Japan jetzt wieder *Adidas* trägt, ist für Hygiene-Produkte vielleicht der falsche. Da machen wir Marktforschung und versuchen alles, aber es bleibt dabei: Informationen sammeln, auswerten, bewerten und dann Entscheidungen treffen. Intuition kann Ihnen da helfen oder aber auch im Weg stehen.

- **Kommt der größte Wissenszuwachs dann durch die Mitarbeiter selbst?**

Ja, natürlich. Deswegen setzen wir auch weniger auf freie und mehr auf feste Mitarbeiter, weil wir eine starke wechselseitige Befruchtung haben wollen. Nur über e-mail-Kontakt hat man einfach viel zu wenig direkte Berührung. Ideen entstehen schließlich auch auf dem Flur oder bei der Zigarettenpause und nicht nur, wenn jeder für sich konzentriert vor dem Rechner brütet.

- **Und welchen Nutzen hat die Werbeforschung für Sie?**

Manchmal ist sie unverzichtbar, manchmal ist sie nicht zu gebrauchen. Beispielsweise bei der Bewertung von Werbeträgern ist es Standard und vollkommen unverzichtbar, die entsprechenden quantitativen Daten zu haben. Ich kenne keine vernünftige Agentur, die ohne das auskommt.

Natürlich muss man auch diese dann wieder bewerten. Sie können nicht nur von der Leser- oder Zuschauerstruktur her kommen. Sie müssen auch ein Gefühl für die Umfelder haben. Das lässt sich dann nicht so sehr in Daten festmachen, sondern man hat einfach ein begrenztes Budget und muss sagen, jetzt gehe ich mal in die überregionalen Tageszeitungen oder ich gehe in die Regionalzeitungen oder ich gehe ins Fernsehen oder ich mische auf eine bestimmte Art. Dafür braucht man ein Gefühl. Forschung kann dabei eine absolut essentielle Säule sein.

Nutzen Sie auch die Marktforschung?

Ja, natürlich. Zunächst einmal nutzen wir sie, um den Kontext auszuforschen, in dem eine Kampagne oder ein Produkt sich entwickeln soll. Nehmen Sie das Beispiel Tageszeitung: Wie ist da der Markt der gehobenen Informationsmedien? Kann man jetzt das Segment der überregionalen Tageszeitungen als Maßstab nehmen oder stehen wir vielleicht mit ganz anderen Sachen im Wettbewerb? Das müssen wir über die Marktforschung herausbekommen. Vielleicht steht eine Zeitung ja im Wettbewerb mit Frühstückseiern und nicht im Wettbewerb mit anderen Zeitungen. Vielleicht steht sie auch im Wettbewerb mit U-Bahn-Zügen. Sie können einen Haufen von Spekulationen anstellen und können auf dem Wege ihren Markt explorieren. Man muss eben nur immer auswählen, bewerten und zur Entscheidung kommen. Sie dürfen eben in diesem Informationsozean nicht ertrinken.

Und dann haben wir in der Marktforschung noch die Bewertung von Kampagnen. Da gibt es sowohl den Versuch, Kampagnen im Vorhinein zu bewerten als auch während des Verlaufes. Im Vorhinein gibt es einige Elemente, die halten wir für sehr wertvoll und es gibt einige Elemente, die sind sehr problematisch.

Aus meiner Sicht ist es immer richtig, das Verständnis abzufragen. Da brauchen Sie auch keine großen Gruppen. Man hält jemandem, der unbeteiligt ist, etwas vor und fragt, was er da liest und versteht. Der kann sich also über die Testsituation vollkommen bewusst sein und soll uns erst einmal nur beantworten, ob er eigentlich versteht, was wir sagen wollen. Also schlichteste Grundfragen. Manchmal liegen Sie da richtig schön daneben, weil Sie bestimmte Dinge nicht miteinkalkuliert haben und betriebsblind waren.

Eine andere Geschichte ist, wenn Sie versuchen, im Vorhinein weitere Facetten als das Verständnis zu ermitteln. Ganz oft kriegt man da Pretest-Ergebnisse für eine Kampagne, die ganz problematisch sind. Das liegt an folgendem Punkt: Das Unerwartete bringt zunächst einmal eine vorsichtige, zurückhaltende, ablehnende Reaktion mit sich, und so muss man bei Pretests sehr sorgfältig sein, damit man nicht alles abschleift, was originell ist, was abhebt und was differenziert. Das kann nämlich zu dem Ergebnis führen, dass man hinterher eine austauschbare Kampagne hat, die keine Wirkung entfaltet, weil sie niemand sieht und niemand wahrnimmt.

Man muss also sehr sorgfältig differenzieren. Dabei braucht man auch etwas Intuition, um sagen zu können, was wirkt in meiner Zielgruppe im positiven Sinne polarisierend und deswegen will ich es haben, was wirkt abstoßend, dann kann man es natürlich nicht gebrauchen, und was wirkt nur im ersten Augenblick abstoßend und ist langfristig eine positive Polarisierung.

Nehmen wir die *FAZ*-Kampagne: Wir hatten die noch nicht getestet, sondern nur im Umfeld die Reaktionen beobachtet. Da war die Reaktion: *„Die Leute sieht man ja gar nicht hinter der Zeitung!"* Wenn mir da ein Pretest-Institut gesagt hätte, dass diese Kampagne nicht verstanden wird, dann hätten wir diese kreative Idee einfach gemeuchelt.

Da ist die wesentliche Aufgabe einer Agentur, diese Idee zu erhalten, indem sie prüft, was an der Marktforschung relevant ist und uns auch Verbesserungspotentiale gibt und was ein riesengroßer Humbug ist, vor dem man sich schützen muss und den man gar nicht genug ignorieren kann, weil er einfach alles zerstört, was an Originalität und Wirkungsmechanismus in der Kampagne drin ist.

Preisgekrönte FAZ-Motive mit Kunstsammler Heinz Berggruen und Regisseur Billy Wilder - Jeder hinter einem Exemplar der FAZ. Claim: Dahinter steckt immer ein kluger Kopf.

Wie entscheiden Sie bei einer Marktforschungsstudie zwischen Nutzen oder aber Humbug?

Zunächst einmal ist es eine Frage der Plausibilität. Bei Verständnisfragen kann man sagen, das Publikum hat immer Recht. Wenn das Publikum etwas nicht versteht, hat es dies nicht verstanden. Bei Einschätzungs- und Geschmacksfragen muss man einfach wissen, dass der Geschmack sich wandelt und dass es sich lohnt, Avantgarde zu sein. Nicht zu viel, aber schon gleich gar nicht zu wenig. Deswegen wird Werbung nicht von allen Leuten gemacht, sondern es bilden sich eben Firmen und Leute heraus, die das dann besser können. Deren Rat kann man sich ja holen.

Warum lohnt es sich, Avantgarde zu sein?

Jeder Mensch braucht Orientierung, jede Marke kann Orientierung geben. Sie muss es nur wollen. Wenn sie ein Orientierungspunkt ist, ist sie im Vorteil, weil sie sich hervorragend von anderen Marken differenziert. Das setzt aber voraus, dass sie einen Standpunkt einnimmt, den eben noch nicht alle haben. Wenn der Marktplatz voller Leute ist und man geht in die Mitte rein, dann wird einen kein Mensch in der Mitte sehen. Wenn man aber auf einen der Balkone an dem Marktplatz geht, dann wird man gesehen und hat die Chance, diese Menge auf sich zu beziehen. Das setzt aber den Mut voraus, aus dem Mainstream aufzusteigen und eine Markierung zu setzen. Die kann manchmal falsch sein, aber keine Markierung zu setzen, ist immer falsch.

Und was gibt Ihnen die Werbeforschung, die an Universitäten betrieben wird?

Mir ist jede Quelle willkommen, wenn das Wasser nur klar ist. Viele Agenturen, wir natürlich auch, stöhnen unter der Last der Arbeit und kommen nicht immer dazu, intensiv die wissenschaftliche Szene zu beobachten. Das ist ein Kommunikationsauftrag an die Kommunikationswissenschafter, ihre Informationen so als Maximen aufzubereiten, dass sie von den Werbeleuten aufgenommen werden können. Wenn sich die Forschung also konkret auf Aufgaben von uns als Agentur bezieht, müssen die Ergebnisse idealerweise so formuliert sein, dass sie auf einen Bierdeckel passen.

Auf einem Symposium vom Gesamtverband der Werbeagenturen (GWA) wurde gegen die Werbeforschung eingewandt, dass es prinzipiell schlecht geht, einzelne Gestaltungsmerkmale auf ihre Werbewirkung hin zu untersuchen bzw. über deren Vor- und Nachteile zu diskutieren. Können Sie diese Kritik nachvollziehen?

Das ist ja das Grunddilemma wissenschaftlichen Arbeitens, dass man auf der einen Seite Faktoren isolieren muss, aber andererseits auch die Zusammenhänge erkennen will. Ein Beispiel: Eine Anzeige ist in Orange gehalten, die Schrift ist grün und das Format ist dreieckig. Außerdem erscheint die Anzeige in Medien, die vorher nicht belegt wurden. Auf einmal steigt der Verkauf dieses Produktes. Woran lag es? Am dreieckigen Format, am Orange, am Grün oder am Medium? Oder lag es daran, dass ganz unabhängig von der Kampagne ein Popstar gesagt hat, er verwendet das Produkt?

Es ist das Problem jeder forschenden Arbeit, Faktoren zu isolieren und auch richtig bewerten zu müssen. Sie kennen sicher das Beispiel, dass der Eisverkauf mit der Elastizität der Straße korreliert, weil uns die Sonne einerseits nach Abkühlung durch ein Eis verlangen lässt und zugleich die Straße aufwärmt und die Oberfläche beweglicher macht. Zwei Folgen einer Ursache und nicht Ursache und Wirkung.

Was wünschen Sie sich von der Werbeforschung?

Plausible, handhabbare, verständliche Ergebnisse. Das, was sie machen sollte, sollte sich auf die relevanten Punkte beziehen, und das sollte dann handhabbar sein. Mir hilft eine Bedienungsanleitung nichts, die ich nicht verstehe. Und sehr oft sind die wissenschaftlichen Bedienungsanleitungen unverständlich.

Das schlimmste Verbrechen der Wissenschaft ist die Unverständlichkeit. Und dafür gibt es keine Entschuldigung. Der bedeutende Wissenschaftler Karl Deutsch[3] hat eine wunderbar einfache Formulierung gefunden. Er hat gesagt: *„Die deut-*

schen Wissenschaftler verwenden die Sprache wie der Medizinmann die Maske, nämlich als eine Maskerade, um das Publikum zu beeindrucken." Ich spreche Englisch eben nur wie eine zweite Sprache und trotzdem ist es mir oft leichter gefallen, anspruchsvolle wissenschaftliche Literatur von englischen Autoren zu verstehen als diejenige von deutschen. Das ist ein Skandal. Mit welcher Berechtigung nennt sich einer Kommunikationswissenschaftler, der unverständlich kommuniziert. Ein Arzt muss sich seinen Patienten auch verständlich machen, sonst kann er sich seine Beratung sparen. Verständlicher darf es sein, in Form von pragmatischen Handlungsrichtlinien. Werbewissenschaftler brauchen, wie alle anderen Menschen auch, den Mut zur Vereinfachung und zur Klarheit.

- **Ein amerikanischer Werber hat mal gesagt: „Die beiden schlimmsten Fehler in der Werbung sind die, wenn eine Agentur gewechselt wird, bevor die Kampagne überhaupt Zeit hatte, zu wirken bzw. wenn vom Unternehmen das Produkt gewechselt wird, bevor die Werber es überhaupt verstanden haben." Sehen Sie das ähnlich?**

Kontinuität ist wichtig. Zunächst einmal ist es an den Kunden als Letztentscheider, für die Kontinuität dann auch wirklich zu sorgen. Man kann als Agentur da nur eine dienende Rolle übernehmen, die man dann aber wenigstens richtig ausfüllen kann. Diskontinuität geht meist dann vom Kunden aus, wenn die handelnden Personen wechseln: neuer Marketingleiter und alles wird anders. Das ist ein Grundproblem, das alle haben. Da muss man dann beim Kunden versuchen, mit vorsichtigen Argumenten die Fortsetzung und Weiterentwicklung des Begonnenen zu vertreten. Das ist ganz häufig, dass da ein neuer Mann reinkommt, die Agentur feuert, die wichtigsten Mitarbeiter feuert und alles neu machen will. Dafür brauchen Sie verbindliche Eckpunkte für die Kommunikation. Es gibt Unternehmen, da merken Sie diese Fluktuation nicht.

Ich weiß nicht, wieviele Marketingleiter *Marlboro* gehabt hat, und wieviele Werbekreative darauf gearbeitet haben, aber verdammt nochmal, das ist ein Supertanker, der geradeaus geht. Über viele, viele Personalien hinweg mit großem Erfolg.

Aber viel zu oft geht auch von Agenturen Diskontinuität aus, aus schlechtem Management, aus schlechter Kenntnis oder aus Eitelkeit. Das ist aus meiner Sicht fatal. Ein weiteres Dilemma oder ein weiterer Grundwiderspruch ist, dass Sie als Kreativer in einer Agentur arbeiten wollen, weil Sie das Neue möchten. Nun ist aber das Neue geradezu verboten, wenn Sie auf eine bestimmte Linie festgelegt sind. Das ist wie ein Kanal. Innerhalb dieses Kanals können Sie immer wieder variieren, aber wehe, Sie verlassen den Kanal.

Wenn Sie z.B. für die *Lila Kuh* von *Milka* verantwortlich sind, dann haben Sie nach drei, vier, fünf Jahren das Bedürfnis, dieses Tier zu erschießen oder umzufärben. Das ist aber streng verboten! Die Kuh muss lila bleiben. Was machen Sie jetzt als Werbemann, der damit befasst ist? Die erste Möglichkeit ist, Sie lassen die Leute gelegentlich rotieren oder geben ihnen mehrere Aufgaben. Das heißt, sie machen neben der *Lila Kuh* auch noch einen Auto-Etat, so dass sie Abwechslung haben.

Die zweite Möglichkeit ist, dass sie die Leute ganz auf einen anderen Etat wechseln lassen, nachdem sie die *Lila Kuh* zwei Jahre gemacht haben.

Und wie sichern Sie konkret Kontinuität gegenüber einem Kunden, der zu Ihnen kommt und sagt: „Also wir wollen alles am besten sofort oder besser noch: gestern"?

Das ist eine Frage der Professionalität. Der Kunde kann ja auch nicht hexen und weiß, dass er dann eben nur das kriegt, was man nach einer Woche kriegen kann, wenn er nicht einen gewissen Reifungszeitraum zulässt. Natürlich gibt es Situationen, da brennt die Hütte und da muss die Agentur Tag und Nacht schaffen, um ganz, ganz schnell zu löschen. Wer sich dem entzieht, der hat den Kunden das letzte Mal gesehen, das ist klar. Das würde ich mir als Kunde auch nicht gefallen lassen, wenn da die Agentur nicht mitziehen würde.

Auf der anderen Seite haben Sie eine umfangreiche Entwicklungsaufgabe und es ist besser, sechs Wochen zu haben als zwei. Und in aller Regel sind die Kunden demgegenüber aufgeschlossen. Wir machen es beispielsweise so, dass wir zum Kunden sagen: *„In zwei Wochen treffen wir uns und reden über unsere ersten Strategie-Ideen."* Das ist der Planungsprozess. Und dann würden wir noch einmal zwei Wochen sagen, da steht dann die verfeinerte Strategie und der erste kreative Ansatz und nach weiteren zwei Wochen gibt es die fertige Strategie, die fertige Kampagne und Häkchen drunter. Das ist dann ein Arbeitsprozess von insgesamt sechs Wochen, den viele Kunden auch akzeptieren und mitmachen. Denn letztlich geht es um die Qualität für die Kunden und da haben sie in aller Regel nichts dagegen.

5. Anhang

1 Klaus Brandmeyer ist der Direktor des Institutes für Markentechnik in Genf (Schweiz) und gibt das bekannte Jahrbuch für Markentechnik (z.B. Brandmeyer & Deichsel, 1997/98, Frankfurt am Main) heraus.

2 Martin Sorrell ist der Chef der internationalen WPP-Holding mit Sitz in London, die 1987 die US-Agentur J. Walter Thompson, 1989 das Ogilvy & Mather-Network und 2000 Young & Rubicam übernahm und damit zu den ganz großen Konzernen in der Werbebranche zählt.

3 Karl Deutsch ist ein renommierter Politikwissenschaftler aus Prag, der in Harvard tätig war und später nach Deutschland kam. Er arbeitet in Wissenschaftssendungen und erstellt u.a. Explorationsmodelle für die Zukunft.

Jean-Remy von Matt
Geschäftsführer Jung von Matt

Am 2. November 1952 wurde ich in Brüssel geboren und wuchs in Zürich auf. Dort hat mein Vater Dr. Hansjakob von Matt eine Buch- und Kunsthandlung und mein Bruder Dominique leitet die Werbeagentur Jung von Matt/Limmat.

1975 ging ich nach Deutschland und begann meine Karriere als Texter. Ich arbeitete in Düsseldorf, Frankfurt, München und Hamburg in verschiedenen Agenturen, bis ich mich 1991 mit meinem Partner Holger Jung selbständig machte.

Schon 1995 wurde Jung von Matt zu der nach nationalen und internationalen Auszeichnungen erfolgreichsten Werbeagentur Deutschlands und liefert sich seither mit Springer & Jacoby ein spannendes Duell um Platz 1 im Kreativranking.

1998 berief die Fachzeitschrift ‚Campaign' Jung von Matt in ihr ‚Dream Network' der weltweit besten nationalen Agenturen. 1999 wurde unsere Agentur zur Aktiengesellschaft und 2001 expandierten wir in die Schweiz und Österreich. Heute arbeiten 430 Mitarbeiter in Hamburg, Frankfurt, München, Berlin, Stuttgart, Zürich und Wien für Kunden, wie z.B. BMW, Wella, Deutsche Post, Sparkasse, Deutsche Bahn, Sixt, Ikea, Panasonic.

Kreativität ist für mich ‚das Schießpulver des Kommunikationszeitalters'. Ich bin davon überzeugt, dass nichts der Wirtschaft mehr Schubkraft verleiht als eine überraschende, zielführende Idee. Mein persönliches Erfolgsrezept ist einfach: "Ich bin früher im Büro und später zufrieden als andere."

Erfolg ist Kreation.

Jean-Remy von Matt, Jung von Matt

im Interview mit Axel Mattenklott und Alexander Schimansky (Frühjahr 2000).
Im Fokus standen dabei die folgenden Themen:

1 **Die Bedeutung von Kreation und Planung für erfolgreiche Werbung**

2 **Die Kennzeichen guter Werbung**

3 **Zukünftige Herausforderungen für die Werbung und der Beitrag von Markt- und Werbeforschung**

1

1. Die Bedeutung von Kreation und Planung für erfolgreiche Werbung

- **Viele sehen Sie als personifizierte Kreativität der Werbung. Fühlen Sie sich durch Strategie und Planung eingeengt oder können Sie sich entfalten?**

Grundsätzlich sind wir Werbeleute unter den Kreativen sowieso die Spezies mit den meisten Auflagen und Beschränkungen, weil unsere Kreativität zielführend sein muss. Was hat ein Schriftsteller oder ein Bildhauer für Freiheiten gegenüber uns! Insofern kommen als Werbekreative nur Leute in Frage, die ‚auf engem Raum ein Tor schießen' können, wie man im Fußball sagt, die also nicht viel Freiraum brauchen, um zu zählbaren Treffern zu kommen.

Ich persönlich liebe enge Räume und fühle mich in der großen, weiten Freiheit völlig verloren. Schon als Schüler tat ich mich sehr schwer, wenn uns der Lehrer das Thema für einen Aufsatz selber wählen ließ. Das waren jedesmal schwere Stunden für mich, weil ich die Herausforderung eines konkreten Problems brauche, um Kreativität zu entwickeln. Oder anders ausgedrückt: Nur Not macht mich erfinderisch. Ich blühte auf, wenn der Lehrer z.B. als Thema vorgab: ‚Der kränkelnde Greis in einer modernen Welt'. Je konkreter, desto besser.

Auch innerhalb meiner Arbeit in der Werbung komme ich mit engen Vorgaben besser zurecht, sei es, dass sie vom Kunden kommen oder dass sie in der Agentur von einem Effizienz-Planer vorgegeben werden, wie der strategische Planer bei uns heißt. Vorgaben nützen einem allerdings nur etwas, wenn sie präzise sind. Insofern muss man einem Planer blind vertrauen können. Kann man das nicht, steht er einem nur im Weg. Ein schwacher Planer hilft einem überhaupt nicht weiter, weil man ihm immer nachrecherchieren wird. Ist die erste Weiche falsch gestellt, landet man weit vom Ziel entfernt, auch wenn man alle weiteren Weichen richtig stellt. Wenn ein Planer aber kompetent ist und seine Analysen durchdacht sind, kann er einem viel Mühe und Zeit sparen. Und Zeit ist im kreativen Prozess eine wichtige Größe.

Das Problem in der Praxis ist oft, dass aus Zeitgründen die Planer und die Kreativen gleichzeitig starten müssen, obwohl der Kreative eigentlich auf den abgeschlossenen Planer-Job angewiesen ist. Oft ist es so, dass Strategie und Kreation parallel loslegen, sich dann aber irgendwann synchronisieren. Die Kreation beginnt auf der Basis des Kunden-Briefings, also ohne allzu eng definierte Strategie. Die Strategie beginnt gleichzeitig und wühlt sich in den ganzen Fall rein. Die Kreation legt mehr oder weniger unbelastet los, und dann trifft man sich und nähert sich an, bis man den gemeinsamen Weg gefunden hat. Insgesamt ist es sehr schwer, den kreativen Prozess exakt zu organisieren. Ganz abgesehen davon kann ein gewisses Maß an Chaos sehr inspirierend wirken.

In einer kreativ orientierten Firma ist nicht immer ganz genau planbar, was da geschieht, und es ist auch nicht immer sichergestellt, dass die Empfehlung, die man am Schluss abgibt, diejenige ist, die exakt der ausgearbeiteten Strategie entspricht. Wenn wir dicht neben der Strategie einen Weg gefunden haben, der um vieles faszinierender ist als unsere so genannte ‚richtige' Kampagne, dann tendieren wir dazu, den kreativen Weg auch zu gehen. Allerdings nicht, ohne das zu kommunizieren. Wir gehen dann beispielsweise zum Kunden und sagen: ‚Die exakt richtige Strategie wäre, Sie genau *so* zu positionieren. Aber wir sind aus dem und dem Grund davon abgewichen.'

Grundsätzlich kann man festhalten, dass sich die Zeitabläufe durch die neuen Medien und die New Economy geändert haben. Vieles ist viel schneller geworden. Vieles ändert sich fast täglich. Es wird auch viel schneller kopiert. In den letzten Jahren sind die alten Zeitstrukturen stark ins Rutschen geraten. Zum Beispiel auch die Entwicklung einer Werbekampagne. Früher galt die Regel, dass die Entwicklung eines völlig neuen Werbeauftritts mindestens vier Wochen dauert. Plötzlich entsteht ein Umfeld, das alle gewohnten Abläufe auf den Kopf stellt. Der Dot-Com-Unternehmer möchte seine Kampagne in zwei Wochen haben. Aber was passiert, wenn ein Job, für den ein Mensch bisher vier Wochen brauchte, plötzlich in der Hälfte der Zeit fällig wird? Der Mensch ist nicht schneller geworden. Seine Technik ist nicht schneller geworden. Resultat: Der Job wird leider nur halb so gut. Es gibt keinen anderen Grund, warum so viele Dot-Com-Kampagnen so schlecht sind und entsprechend schlechte Resultate liefern.

■ **Ist es ein allgemeiner Trend, dass die Zeitvorgaben enger werden?**

Die neuen Laufzeiten haben viel mit Nervosität und Desorganisation zu tun. Ein Problem ist sicher, dass Dot-com-Produkte an sich schon sehr schnell sind. Sie müssen es sein, denn nichts schützt sie davor, kopiert und überholt zu werden. Ein Gegenbeispiel ist die Automobilindustrie, nach wie vor der Werbetreibende Nummer Eins. Werbung für ein Automobil kann man vergleichsweise langfristig planen, weil die Entwicklung der Werbung viel weniger Zeit einnimmt als die Entwicklung eines Autos. Vom Beginn der Entwicklung bis zur Serienreife bzw. der Markteinführung vergehen Jahre. Hier hat eine Werbeagentur alle Zeit, Ihren Job seriös zu machen und jeden Schritt von der Positionierung über die Zielgruppenanalyse bis zur fertigen Kampagne zu planen.

Eine kreative Umsetzung kann man, wenn man sich etwas beeilt und einem niemand reinredet, in wenigen Tagen fertigstellen. Natürlich hilft uns dabei auch, dass sich alle Abläufe verschnellert haben. Alleine durch die modernen Übertragungstechniken von Bildern, von Graphik, von Ton, von

bewegten Bildern etc. sind heute ganz andere Timings realisierbar. Wenn wir z.B. hier in Hamburg einen TV-Spot vertonen wollen und der Sprecher oder Sänger, den wir haben wollen, in Berlin oder London sitzt, wird keine komplizierte Reise gemacht, sondern einfach per ISDN überspielt. Auch Abstimmungen mit Kunden sind heute unkomplizierter. Ich kann heute in einer Viertelstunde unserem Kunden, z.B. dem Autovermieter *Sixt* in München, eine fertige Anzeige rüberspielen, die sie dort betrachten und abzeichnen können. Das war früher alles wesentlich mühsamer.

- **Von der Zeitschrift w&v werden die besten Agenturen danach gekürt, inwieweit sie eine ganze Reihe Leistungen aus Sicht der Werbekunden erfüllen, wie z.B. die Güte der strategischen Planung, die Branchenkenntnis, das kostenbewusste Arbeiten und so weiter. Welche Leistungen bzw. Fähigkeiten machen für Sie eine Agentur aus?**

Was eine Werbeagentur letztlich ausmacht, ist das kreative Potential. Das bestätigt uns jede Untersuchung, die abfragt, was der Kunde letztendlich von einer Agentur erwartet. Natürlich sind ihm auch Termintreue, Abrechnungstransparenz etc. wichtig, aber das sind letztlich Qualitäten, die Sie für jedes Business aufbringen müssen, auch für einen Pizzadienst.

Die entscheidende Bedeutung des Kreativen kann man auch daran ablesen, wenn man beobachtet, welches die erfolgreichsten Werbeagenturen der letzten Jahrzehnte waren: Es sind durchweg Agenturen mit starkem, kreativem Profil. Und ich rechne damit, dass sich dieser Trend noch verschärft.

Die Forderung der Stunde bzw. des Jahrzehnts für eine Werbeagentur ist die Fähigkeit zur integrierten Kommunikation. Damit meine ich vor allem die Integration der neuen Medien in die alten zu einem ganzen, einheitlichen Kommunikationsauftritt. Eine Streitfrage dabei ist sicher, wie weit sich die markenführende Werbeagentur in die neuen Medien hineintraut. Zeichnet sie nur für den Online-Auftritt verantwortlich? Oder bietet sie auch das gesamte E-Business-System an?

Ich persönlich glaube nicht, dass das eigentliche E-Business im Kompetenzfeld einer Werbeagentur liegt. Aber noch viel weniger glaube ich daran, dass eine New-Media-Agentur eine Marke führen sollte. Das haben die Macher dieser Agenturen in der Regel nie gelernt, weil sie aus einer ganz anderen Richtung in die Kommunikation gestoßen sind. Und weil sie eine ganz andere Talent-Konstellation haben. Sie waren vorher vielleicht Unternehmensberater oder Programmierer oder sonst etwas. Woher soll ein IT-Fachmann den Spirit für einen großen Slogan mitbringen?

2

2. Die Kennzeichen guter Werbung

Was macht für Sie Werbung wirksam und wie sollten die Konsumenten Ihrer Erfahrung nach angesprochen werden?

Zunächst muss man ihn überhaupt zu einer Auseinandersetzung bringen. Man muss ihn irgendwie aus seinem Desinteresse bzw. aus seiner Reserviertheit locken, denn nach wie vor wartet kein Verbraucher gespannt auf das, was ihm die Werbung heute wieder anbietet. Er muss irgendeinen Reiz daran finden, sich mit der Botschaft auseinanderzusetzen und der Reiz, der aus meiner Sicht am besten funktioniert, ist die Überraschung.

Das heißt: Wir müssen den Verbraucher irgendwie überraschen, auf dem falschen Fuß erwischen, erfreuen oder erschrecken. Also irgendetwas tun, was er nicht erwartet. Das ist die sicherste Methode, um Aufmerksamkeit zu gewinnen - ob in der Liebe, ob im Theater oder in der Werbung. Diese Überraschung ist aber nur die Einflugschneise, mehr nicht. Sie ist das Ticket zu etwas Aufmerksamkeit, das aber sehr schnell seine Gültigkeit verliert. Jetzt muss der Inhalt kommen, die konkrete Botschaft.

Wie sollte die Botschaft aussehen?

Das ist sehr, sehr unterschiedlich. Es gibt Botschaften, die auf sofortige Aktion zielen wie zum Beispiel: ‚Besuchen Sie jetzt diese Internet-Seite!'. Es gibt aber auch Botschaften, die langfristig eine Beziehung zu einer Marke herstellen sollen. Das Problem ist, dass Auftraggeber oft alle Ziele auf einmal erreichen wollen, was aber schwer zu vereinbaren ist. Ich nenne das die *Aspirin*-Mentalität: eine Kampagne, die alle Probleme löst.

Der erste wichtige Job einer Werbeagentur ist es, zusammen mit dem Kunden ein Briefing zu gewichten. Was hat die allerhöchste Priorität? Ist das kurzfristige Ziel wichtiger oder das langfristige? Gibt es vielleicht die Möglichkeit, Verkaufsziele und Markenprofilierung miteinander zu verquicken, gemäß dem Motto: ‚Build your brand, while you make the sale?'

Und welche Ziele sind überhaupt mit dem zur Verfügung stehenden Etat zu erreichen? Kann man vielleicht zweigleisig fahren? Das sind die Fragen, die erörtert werden müssen, bevor man überhaupt über eine mögliche Botschaft nachdenkt.

- **Haben Sie eine Vorliebe für einen bestimmten Gestaltungsstil?**

Nein, gar nicht, im Gegenteil. Ich bin stolz, wenn es uns gelingt, eine Kampagne zu machen, die man von uns zuletzt erwartet hätte. Ich bin stolz, dass wir uns noch nie wiederholt haben und zum Beispiel auch für drei Automobilmarken, für die wir Werbung gemacht haben, zu unterschiedlichen Lösungen kamen. Agenturen müssen Marken inszenieren und nicht sich selbst! Ich bin stolz auf unser breites Portfolio mit sehr populären TV-Kampagnen wie für *DEA*, für die *Sparkasse* oder für den Börsengang der *Deutschen Post* bis hin zu sehr speziellen Kampagnen wie für *CinemaxX*, *Wirtschaftswoche* etc.

Eine gewisse Tendenz habe ich zu kompetitiver Werbung. Die mag ich ganz besonders. Wenn ein Kunde sich traut und seine Stellung im Markt so einen Weg als sinnvoll erscheinen lässt, dann macht kompetitive Werbung wirklich Spaß. Denn sie ist Wettbewerb pur.

Schließlich macht Tennis-Spielen auch mehr Spaß, wenn man sich mit einem Gegner messen kann, als nur mit einer Ballmaschine zu spielen. Genauso arbeitet kompetitive Werbung mit einem ganz klaren Feindbild: ‚Das ist der Gegner. Den gilt es zu schlagen. Wir müssen besser, schneller und vor allem anders sein als der.' Das macht am meisten Spaß. Nach dem positiven Urteil des Bundesgerichtshofs von 1998 wurde ja ein Boom an kompetitiver Werbung heraufbeschworen, der sich aber bisher nicht bewahrheitet hat. Verändert hat sich nicht viel. Die *Sixt*-Werbung ist schon so lange kompetitiv, wie ich sie mache: seit 15 Jahren.

■ **Gibt es bestimmte grundlegende Motive der Konsumenten, die verlässlich wirken?**

3

Natürlich kann man sich auf bestimmte Reaktionen verlassen. Auch wenn Trendforscher alle halbe Jahre einen neuen Verbraucher proklamieren, der auf völlig andere Dinge reagiert als sein Vorgänger, gibt es die großen, alten Schlüsselreize. Siehe Hollywood: Der erfolgreiche Hollywood-Film besteht seit Jahrzehnten aus den immer gleichen Ingredienzien. Sie können in großen Kinoerfolgen aus verschiedenen Jahrzehnten wie ‚Titanic' und ‚Vom Winde verweht' sehr ähnliche Muster erkennen. Natürlich hat sich im Detail viel verändert. Die Schnitt-Technik ist anders. Die Sprache ist anders. Doch das, was Menschen wirklich bewegt, verändert sich sehr langsam.

Ein noch banaleres Beispiel können Sie an jedem Kiosk erleben: Fast alle Massen-Zeitschriften haben auf ihrem Cover, also auf ihrem wichtigsten Werbemittel, eine schöne Frau abgebildet. Kaum eine Zeitschrift widersetzt sich dem Mainstream. Und wenn doch, dann schwenkt sie nach schlechter Erfahrung auch schnell wieder ein. Selbst eine aktuelle Illustrierte wie der *Stern* verkauft am meisten, wenn ein Bikini-Mädchen den Titel ziert. Und das ist keineswegs ein Macho-Phänomen! Denn auch alle Frauenzeitschriften und Fernsehzeitschriften beugen sich diesem Gesetz. Es hätte ja sein können, dass eine Frauenzeitschrift schöne Männer abbilden muss, um erfolgreich zu sein. Es ist aber nicht so. Es war nie so. Und ich bin guten Mutes, dass eine Zeitschrift auch in zwanzig Jahren, wenn es sie dann überhaupt noch gibt, so verkauft wird. Da werden nie Raketen oder Autos drauf sein. Und auch keine Handys. Gegen alle Trends und Segmentierungstheorien wird eine Grundregel der Kommunikation immer bestehen bleiben: *Nichts interessiert den Menschen so sehr wie andere Menschen.* Und dabei schlägt die Frau offensichtlich den Mann.

3. Zukünftige Herausforderungen für die Werbung und der Beitrag von Markt- und Werbeforschung

■ **Was wünschen Sie sich von der Werbeforschung?**

Mein größter Wunsch an die Werbeforschung ist simpel: Was ich erwarte, sind schnellere und günstigere Methoden, die einem in der Hitze und Hektik des kreativen Prozesses nützlich sind. Die meisten Testmethoden sind aus meiner Sicht in die falsche Richtung optimiert. Sie versuchen die Wahrheitsfindung auf die Spitze zu treiben, versagen aber in der Praxis, weil sie zu behäbig sind oder eben auch zu aufwendig, um im kreativen Prozess lenkend einzugreifen.

Was Testinstitute den Auftraggebern anbieten, ist sicherlich meistens sinnvoll. Aber wenn ich Marktforscher wäre, würde ich einen zweiten Markt eröffnen, einen zweiten Kundenkreis: die Agenturen. Denen würde ich flexible Methoden anbieten, um den kreativen Prozess besser lenken zu können. Die meisten Kreativen arbeiten völlig im Dunkeln. Etwas mehr Licht wäre gut. Denn das Problem eines Werbekreativen ist, dass er sich, wenn er über einen Slogan nachdenkt, längst in das Produkt verliebt hat. Er ist also dem Verbraucher, was das Involvement angeht, weit voraus. Er kennt das Produkt, weiß genau, wozu es gut ist und hat es im Geiste längst gekauft. In dieser geistigen Verfassung denkt er über Kommunikation nach. Jetzt braucht er Hinweise vom Planeten Erde, den er geistig längst verlassen hat. Hier ist jemand gefordert, der ihn auf den Teppich der Tatsachen zurückholt. So etwas kann durch nichts besser erreicht werden als durch eine schnelle, unkomplizierte Verbraucher-Befragung.

Wir haben da reagiert und seit zehn Jahren ein Instrument, das wir sehr pflegen. Wir nennen es *Trend-Video*, und es ist zunächst nichts anderes als eine Video-Befragung der Zielgruppe. Das Besondere ist, *wie* wir fragen. Das Trend-Video zielt nicht nur auf rationale Antworten, sondern auch auf emotionale Reaktionen ab. Konkret läuft das so, dass wir Leute zum Beispiel mit einem Slogan konfrontieren. Wir fangen dann aber nicht nur deren Kommentar ein, sondern vor allem auch deren emotionale Reaktion, also Mimik, Körpersprache etc. Der große Vorteil dieses Instrumentes ist, dass es schnell ist. Wenn ich heute mittag eine Slogan-Idee habe, dann ist heute nachmittag ein Team von uns auf der Straße und zwar dort, wo die Zielgruppe sich am ehesten aufhält, also vor dem Supermarkt oder so, und fragt diesen Slogan ab. Das Team fragt dann zum Beispiel: *„Verstehen Sie den Slogan? Was assoziieren Sie mit dem?“* Also einfache Fragen. Erster Vorteil: schnell. Zweiter Vorteil: das Ergebnis ist plastisch.

Ich glaube, dass ein Kreativer viel mehr damit anfangen kann, wenn er echte Menschen reden hört, als wenn er irgendeinen Berichtband bekommt und da steht dann, dass 85 Prozent der Leute „Ja“ gesagt haben und 14 Prozent „weiß ich nicht“. So ein Video gibt einem ein gutes Gefühl dafür, wo man steht. Die Unexaktheit dieses Instrumentes ist da kein großes Problem. Denn das Schöne an dieser Testmethode ist, dass sie völlig überraschend ist. Die Leute sind spontan, weil sie gar keine Chance haben, sich zu verstellen. Das sind entscheidende Aussagen, die sie in keinem Bericht eines repräsentativen Tests finden.

Ein Beispiel: Als wir eine Kampagne für die *Mövenpick*-Restaurants entwickelten, testeten wir den Slogan ‚*Mövenpick* macht glücklich‘ mit einem Trendvideo. Ergebnis: Die Mehrheit fand dieses Versprechen unangemessen, übertrieben, unpassend oder schlicht und einfach blöd. Aber das Entscheidende war: Fast alle Befragten lächelten, waren amüsiert oder positiv provoziert - kurz: Sie *reagierten*. Jeder musste schmunzeln, bevor er überhaupt die Chance hatte, den Sinngehalt des Slogans kritisch zu analysieren. Keinen ließ der Slogan kalt. Wir konnten das Management von *Mövenpick* vom Slogan überzeugen, weil wir seine emotionale Kraft darstellen konnten.

Seit neuestem arbeiten wir an einer Methode, um via Internet Meinungen abfragen zu können. So können wir zum Beispiel innerhalb kürzester Zeit das Verständnis eines Slogans überprüfen. Ob diese Methode dann repräsentativ ist oder nicht, ist aus meiner Sicht zweitrangig. Wichtig ist, dass sie einen schnellen ersten Hinweis liefert, einen Trend aufzeigt. Wann hat in der Politik jemals eine Wahlauszählung nicht bestätigt, was sich in der Hochrechnung schon abzeichnete?! Wir Kreativen brauchen Hochrechnungen, Tendenzen, Trends. Wir können nicht warten, bis der letzte Stimmzettel ausgezählt ist. Da das nun aber ein unwissenschaftliches Vorgehen ist, wird es selbstverständlich von Marktforschern abgelehnt. Es ist wie mit der Schulmedizin und der Naturheilkunde. Dagegen sind wir sehr, sehr skeptisch bei den Methoden, bei denen ein Proband in ein Studio geführt wird, wo er dann auch noch irgendein Präsent bekommt. Denn dieser Mensch verwandelt sich auf dem Weg von der Fußgängerpassage, wo er von einem Marktforscher angesprochen wird, zum Studio, wo er befragt wird, zu einem Monster. Zu einem Kritik-Junkie.

Bis der im Studio sitzt, ist er kein normal empfindender Mensch mehr. Er denkt: *„Scheiße, jetzt bin ich wichtig! Ich wurde aus Tausenden von Passanten ausgewählt! Jetzt muss ich einen schlauen Eindruck machen."* Er fühlt sich in etwa wie ein Versuchskaninchen im Labor. Er lacht nicht mehr, er fühlt nichts mehr, er will nur noch Erwartungen erfüllen. Und entsprechend antwortet er. So ein Mensch lacht ja nicht mehr, wenn der einen Spot sieht. Der verkneift sich jede menschliche Regung und fängt an, so intelligent, wie es nur geht, über diesen Spot zu diskutieren. Und das kann jeder guten Werbeidee gefährlich werden. Und noch schlimmer! Die Testperson denkt: *„Die fragen mich nur, weil sie unsicher sind. Wenn die sicher wären, dass diese Werbung gut ist, würden die mich nicht fragen. Also kann irgendetwas nicht stimmen."* Und das zerstört jeden guten Spot.

Aus meiner Sicht muss auch Werbung die normative Kraft des Faktischen nutzen. Sie muss selbstbewusst die Bühne der Öffentlichkeit betreten und darf nicht ängstlich bei einzelnen vorfühlen, wie Sie wohl ankommen wird. Sie darf nicht anklopfen, sie muss eintreten. Genauso wie der Verführer wenig Erfolg hat, wenn er vorher fragt: Wie möchtest Du verführt werden?

Wenn Sie sich die Zukunft der Werbung vorstellen, was wird sich ändern?

Als Werbemann werde ich oft nach neuen Trends gefragt. Meistens antworte ich, dass mich Trends nicht interessieren, weil wir schnell genug sind, jeden Trend zu adaptieren, wenn er eine gewisse Breite erreicht hat. Wir sind ein rasch reagierendes Gewerbe. Der Werbekreative muss nie lange vorausschauen. Er muss sich nicht fragen, welche Form von Reiz für einen Biertrinker in drei Jahren interessant sein könnte. Er kann zwei Jahre entspannt warten, um dann umsetzen, was aktuell gefragt ist. Aber wenn man die Werbung der letzten Jahre sieht, ist die Frage nach der Zukunft in der Tat eine große philosophische Frage. Die Zukunft der Werbung wird dadurch bestimmt sein, dass Mediennutzung und damit auch das Betrachten von Werbung immer freiwilliger wird. Und mit dieser Freiwilligkeit steigen auch die Chancen, der Werbung zu entfliehen. Daraus folgt: Werbung verliert ihr altes Recht, unangemeldet ins Wohnzimmer zu platzen und als Gast brav geduldet zu werden. Das war einmal. Werbung muss sich in Zukunft Zutritt verschaffen, muss hereingelassen werden, muss sich mit Charme und Witz durchsetzen.

Das Medium Fernsehen verändert sich und mit ihm der Zuschauer. Durch D-Box und bald Web-TV wird er endlich ein freier Mensch und schaut sich Werbung nur noch an, wenn sie wirklich gut ist. Das könnte das endgültige Aus für die typische Fernsehwerbung aus dem Land der Riesenwaschkraft sein. Ich glaube aber nicht unbedingt, dass Online-Werbung die Werbung der Zukunft wird. Vom Volumen her wird sie sicher einen wichtigen Platz einnehmen, aber was die kreative Herausforderung angeht, kann es gut sein, dass das Internet-Banner die Postwurf-Sendung von morgen ist. Ich bin gespannt. Aber ich bin auch sicher, dass in Zukunft die Fähigkeit, Menschen zu begeistern, wichtiger denn je sein wird.

Was immer im Detail passiert und wohin auch die Entwicklung exakt geht, die Tage des klassischen Massenmediums sind gezählt. Wenn Sie vor 20 Jahren Deutschlands Männer erreichen wollten, konnten Sie einen Spot unmittelbar vor der ARD-Sportschau schalten. Davon sind wir weit entfernt. Vielleicht wird man große Massen eines Tages nur noch mit Außenwerbung erreichen können. Das Bedauerliche an unserem Beruf ist ja, dass die Halbwertszeit unserer Leistungen weiter abnehmen wird. Wenn ein Plakatmaler der 50er Jahre ein Werbeplakat gestaltet hat, konnte das für ein Jahrzehnt eine Marke prägen. Heute sind wir froh, wenn ein Spot länger als drei Monate läuft. Und die Zukunft wird noch kurzatmiger. Dafür muss ich die Zukunft nicht kennen. Dafür muss ich nur die Gegenwart gut kennen. Manchmal habe ich den Eindruck, dass man sich auch sehr leicht verzetteln kann, wenn man zu weit in die Zukunft guckt und dass das einem den Blick für die Gegenwart verstellt. Was für uns wichtig ist, ist das, was heute bei den Leuten auf der Straße ankommt. Das, was Menschen heute bewegt. Aber irrelevant ist, was die Menschen im Jahre 2005 bewegt. Als Kreativer, als jemand, der Werbung macht, die eben nach einem halben Jahr vergessen ist und irgendwo in einer Kiste liegt, brauche ich die Zukunft nicht zu kennen. Das ist der Grund, warum ich mir heute noch wünsche, dass ich Architekt geworden wäre. Als Architekt wäre ich mit dem gleichen Talent und Erfolg in der Lage, meinem Enkel zu zeigen: *„Guck mal, das hat Opa damals gemacht."*

Als Werber bleibt nicht viel übrig. Es ist jetzt schon alles weg und uninteressant, was ich früher gemacht habe. Es zählt immer nur das, was gerade aktuell ist. Das ist ein bißchen wie beim Theater, wenn eine Inszenierung abgesetzt wird. Der Vorteil zum Theater ist, wir haben es dann wenigstens noch auf Kassette. Nur hilft es ja nicht, sich mit Dingen von gestern zu brüsten. Sie sind immer darauf angewiesen, eine frische Show zu haben, mit neuen Sachen. Das zählt. Und das ist anstrengend. Das Highlight von gestern ist nicht viel wert.

Das Schöne ist, dass Kommunikation immer wichtiger werden wird, ganz gleich, ob als Massenware oder als Maßarbeit. Der Kommunikationsexperte wird in zehn Jahren wichtiger sein als heute. Es boomt. Es wird viel mehr Produkte rund um Kommunikation geben. Kommunikation wird so spannend, so vielschichtig, so unwägbar wie noch nie. Keiner weiß dabei, wo die Reise hingeht. Und das macht alles noch spannender! In diesem Sinne können wir fröhlich verunsichert sein.

Prof. Dr. Werner Gaede

"Gestalten heißt strukturell denken."

Ich habe an der Freien Universität Berlin Publizistik, Theaterwissenschaft und Germanistik studiert und über Lessing als Polemiker promoviert. Danach wollte ich Journalist oder Dramaturg werden. (Klappte nicht.)

Daraufhin habe ich Werbung an der Meisterschule für Graphik, Druck und Buchgewerbe Berlin studiert und war dann in der Werbung tätig: Stern, Lintas, McCann - alle in Hamburg.
(Die reine Werbe-Tätigkeit genügte mir nicht.)

Meine Lehrtätigkeit begann ... und endete am Studiengang Gesellschafts- und Wirtschaftskommunikation an der Hochschule der Künste Berlin.
(Hier in Berlin klappte alles!)

Seit 1989 bin ich Emeritus, aber auch weiterhin als Lehrbeauftragter, Vortragender und Autor aktiv. 1997 wurde ich zum Ehrenmitglied des Art Directors Club (ADC) ernannt. Zwei Bücher tragen meinen Namen: ‚Vom Wort zum Bild' (1991) und ‚Abweichen von der Norm' (2001).

Kreative Werbung hat System: Das Prinzip ABWeichung

Prof. Dr. Werner Gaede

Im Trojanischen Krieg fragte Odysseus nicht wie alle anderen, wie man in die Stadt Troja hineinkommt, sondern er fragte: Wie kommt die Stadt zu uns? Seine kreative Lösung war bekanntlich das Trojanische Pferd, welches die Trojaner selbst in ihre Stadt brachten!

Die Mehrzahl der Kreativen bzw. Werber hält kreative Arbeit vor allem für eine Sache der Intuition. Und meint damit auch: Kreativität kann man eigentlich gar nicht lehren und lernen - in Anlehnung an den antiken Philosophen Plato, nach dem die schönsten künstlerischen Werke nicht durch die Kunstfertigkeit der Künstler geschaffen wurden, sondern weil sie inspiriert und besessen waren. Kreativität ist also eine göttliche, dämo-nische und letztlich undefinierbare Kategorie. Kreativ sein - eine Gnadenwahl?!

Demgegenüber behauptet der italienische Semiotiker und Schriftsteller Umberto Eco: *„Wenn ein Künstler sagt, er habe gearbeitet, ohne an die Verfahrensregeln zu denken, meint er damit nur, dass er gearbeitet hat, ohne zu wissen, dass er die Regeln kannte."*[1] Kreative Gestaltungsfähigkeit ist also nicht von dem endgültig wirkenden Satz bestimmt: ‚Man hat es oder man hat es nicht.' Sondern es sind förderungsfähige kognitive und charakterliche Prozesse, mit denen man jeden Menschen unter normalen Voraussetzungen zu dieser Fähigkeit hinführen kann.

Das Trojanische Pferd ist das Resultat einer beschreibbaren und wiederholbaren kreativen Gedankenoperation: Hier wird eine Erfahrungsnorm, eine bestimmte Folgeordnung umgedreht und damit sinnvoll-provokativ durchbrochen - gemäß Oscar Wilde: *„The play was a success, but the audience was a desaster."*[2] Also: Break the Rules!

Michael Conrad, Kreativchef der internationalen Werbeagentur *Michael Conrad & Leo Burnett*, bringt es auf den Punkt: *„Regeln sind nicht dazu da, dass man sie befolgt, sondern dass man sie bricht. Bevor man sie bricht, muss man sie natürlich sehr gut kennen."*[3] Nimmt man diese Aufforderung ernst, kommt man zu einem System für das kreative Gestalten (nicht nur in der Werbung), das auf dem Regelbruch basiert. Gestalten heißt: strukturell denken.

Mit dem ‚Prinzip ABWeichung' und den von mir erarbeiteten systematischen und heuristischen Ausprägungen ist zum ersten Mal der Versuch unternommen worden, kreative Werbung ganzheitlich in ihren strukturellen Zusammenhängen zu erfassen. Im Folgenden will ich Ihnen das ‚Prinzip ABWeichung' und das daraus abgeleitete Ordnungssystem kreativer Werbung vorstellen, das sowohl eine allgemeine gedankliche Orientierung gibt, als auch eine heuristische Arbeitshilfe bietet.

1. ABWeichung - was heißt das?

Es heißt, abweichen von der Norm - also von Regeln, Konventionen, Erwartungen usw. Da wir uns mit den kreativen ABWeichungen der Werbung beschäftigen wollen, lautet unsere erste Frage: Von welchen Normen wird in der Werbung abgewichen?

Es gibt vier Normen-Bereiche, aus denen Werbung kreative ABWeichungen schöpfen kann:[4]

- Kommunikations-Normen
- Gesellschafts-Normen
- Erfahrungs-Normen
- Wissens-Normen

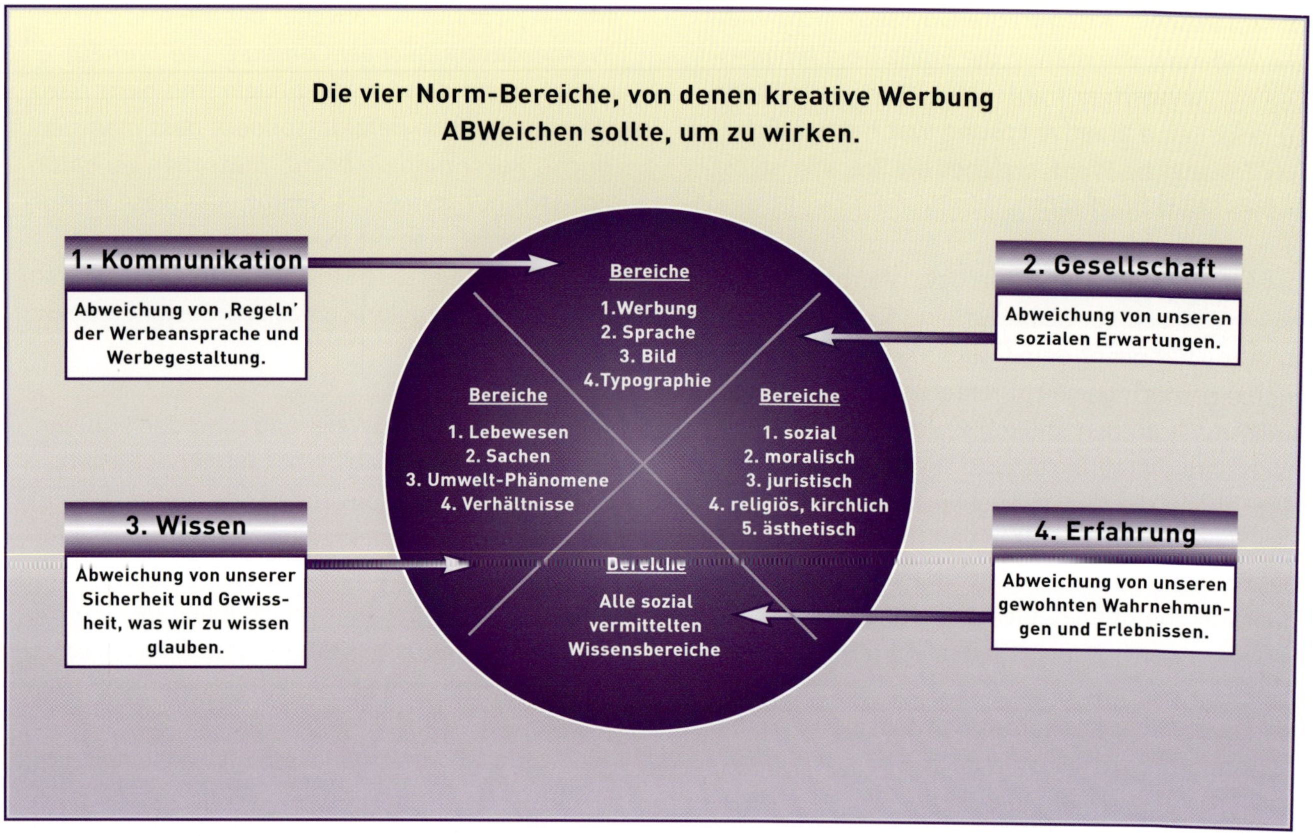

Ich will Ihnen im Folgenden die vier Normen-Bereiche und mögliche ABWeichungen davon anhand von Beispielen veranSCHAUlichen, bevor ich näher auf den Ansatz selbst zu sprechen komme.

2

2. ABWeichung von Kommunikations-Normen

Abweichungen von Normen der Kommunikation können in vier Formaten auftreten:

- Werbe-Normen
- Sprach-Normen
- Bild-Normen
- typographische Normen

2.1 ABWeichung von Werbe-Normen

Werbe-Normen leiten sich aus der Grundtatsache ab, dass Werbung ein Produkt ‚verkaufen' will. Diese Normen zu verletzen, ist eine gewagte Abweichung. Sehen wir uns drei Beispiele von Werbenormen und ihren Verletzungen an:

- **Beispiel 1: Kookai**

  Die Werbe-Norm lautet:
  ‚Werbung hat ein Produkt so zu loben, dass es auch das soziale Umfeld des Konsumenten gut findet.'

  Die ABWeichung davon ist:

Die französische Modemarke *Kookai* wirbt bewusst mit provokativen Motiven nach dem Motto: *‚Mein Mann hasst diese Mode'.*

- **Beispiel 2: Erdmann**

Die Werbe-Norm ist:
‚Werbung zeigt immer das Produkt.'

Die ABWeichung lautet:

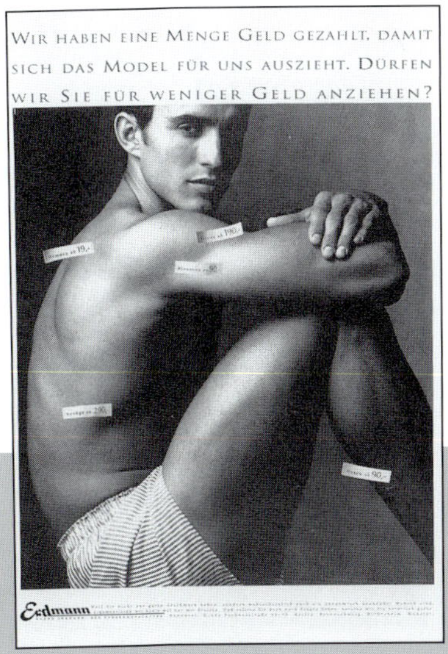

Die Anzeige für Herrenmode von *Erdmann* zeigt einen Mann mit nacktem Oberkörper, aber keine Kleidung.

- **Beispiel 3: Heineken**

Die Werbe-Norm lautet:
‚Werbung hat ein Produkt zu loben und es positiv darzustellen.'

Die ABWeichung davon ist:

Das bewusste Understatement wird in der *Heineken*-Anzeige deutlich, in der alle Komplimente durchgestrichen worden sind und der Claim lautet: *,When you make a great beer, you don't have to make a great fuss.'*

2.2 Abweichung von Sprach-Normen

Die Sprache ist ganz offensichtlich ein differenziertes Normen-System (Grammatik, Orthographie, Syntax, Semantik usw.). Gegen sprachliche Normen und Regeln wird seit der antiken Rhetorik auf unterschiedliche und attraktive Weise verstoßen. Zunächst zwei Beispiele für ABWeichungen von der Orthographie.

- **Beispiel 1: VW mit 4-Radantrieb**

Die ABWeichung lautet:

Allllrad

Kreative Falschschreibung!

- **Beispiel 2: Mercedes Benz**

Die ABWeichung lautet:

„Ich tanke vegetarisch."

Hierbei handelt es sich um die ABWeichung von der semantischen Verträglichkeit zweier Wörter: tanken und vegetarisch.

- **Beispiel 3: Stern**

Die ABWeichung lautet:

Analogisches Wegnehmen von Buchstaben.

- **Beispiel 4: Lufthansa**

Die ABWeichung lautet:

„Das Schönste an Tokio ist Bangkok."

Also ein Verstoß gegen die Logik, gegen das Identitätsgesetz.

2.3 ABWeichung von Bild-Normen

Auch Bilder und ihre Elemente haben Normen. Da wir in einer von Bildern überfluteten Welt leben, sind diese Normen von großer Bedeutung. Bei den Bild-Normen unterscheiden wir:

- Semiotische Bild-Normen
- Semantische Bild-Normen
- Syntaktische Bild-Normen

2.3.1 Semiotische Bild-Normen

Die semiotische Norm ist:
‚Ein Bild besteht aus visuellen Zeichen - nicht aus verbalen.'

- **Beispiel 1: Marilyn Monroe**

Die ABWeichung lautet:

Marilyn Monroe auf Subway-Luftschacht.

- **Beispiel 2: Einstein**

Die bekannte *Stern*-Ausstellung ‚Bilder im Kopf' zeigte (abweichend) keine Bilder, sondern Bild-*Beschreibungen*: Statt eines Fotos von Einstein, der die Zunge rausstreckt, hing dort eine *Schrifttafel*:

„Einstein, die Zunge rausstreckend."

2.3.2 Semantische Bild-Normen

Sie betreffen die Auswahl, Beziehung und Veränderung von Bild-Inhalten.

- **Beispiel 1: Tipp-Ex**

Die semantische Norm ist:
‚Bilder haben einen Inhalt.'

Die ABWeichung lautet:

Statt eines Bildes - eine weiße Fläche.

- **Beispiel 2: Jever**

Die semantische Norm ist:
‚Bild-Elemente haben stimmig zu sein.'

Die ABWeichung lautet:

JEVER
PILSENER
Nicht alles, was so tut wie ein Jever,
schmeckt auch wie ein Jever.

2.3.3 Syntaktische Bild-Normen

Diese Normen beziehen sich darauf, *wie* Bild-Inhalte darzustellen sind.

- **Beispiel 1: Jockey**

Die syntaktische Norm ist:
‚Bildinhalte werden immer im Sinne der Übereinstimmung von Objekt und Abbildung wiedergegeben (Abbildungsrichtigkeit).'

Die ABWeichung lautet:

Die ganze Person wird *weggenommen*, es bleiben nur: Bademantel und Slip. Also: Keine realistische Übereinstimmung von Objekt und Abbildung.

- **Beispiel 2: Görtz**

Auch hier geht es um eine Verletzung der syntaktischen Norm der Abbildungsrichtigkeit.

Die ABWeichung lautet:

Es kann auch etwas *hinzugefügt* werden: Möwe mit Schuhen.

2.4 ABWeichung von typographischen Normen

Auch die Typographie hat durch jahrhundertelange Tradition und durch redundante Anwendung bestimmter Typo-Ausprägungen eine Vielzahl von Normen entwickelt.

Beispiel 1: Sparkasse

Die typographische Norm ist:
‚Die Buchstaben eines Wortes stehen gleichmäßig und gerade.'

Die ABWeichung lautet:

Zwei Buchstaben stehen quer in dem Wort ‚Probleme' und setzen seine Bedeutung um.

Beispiel 2: British Airways

Die typographische Norm ist:
‚Buchstaben haben den gleichen Abstand.'

Die ABWeichung lautet:

Der sich steigernde Abstand der Buchstaben im Wort ‚extended' realisiert analogisch die Bedeutung: ‚verlängert'

Beispiel 3: McDonald's

Die ABWeichung lautet:

Infolge des abweichenden Austauschs zweier Buchstaben durch das Logo von *McDonald's* bekommt das Wort ‚Pizza' eine neue Bedeutung: *Bei McDonald's gibt es Pizza!*

Beispiel 4: Earth Island Institute

Eine Norm der Typographie ist:
‚Sprachliche Botschaften werden bedeutungsneutral transportiert.'

Die ABWeichung lautet:

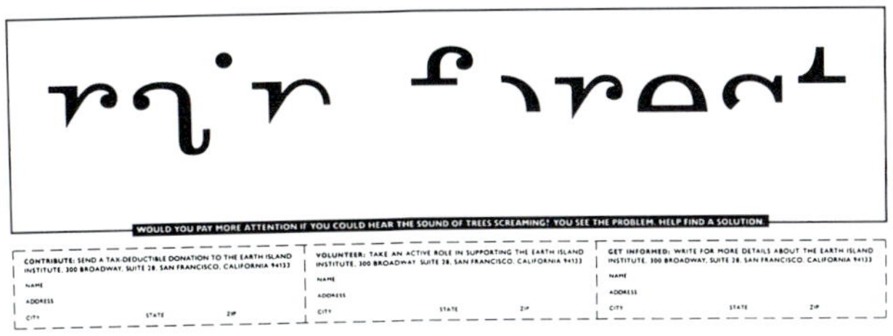

Im Sinne der Aussage ‚Die Zerstörung des Regenwaldes führt zu Klimaschäden' ist die Typographie abweichend verändert.

3. ABWeichung von Gesellschafts-Normen

Neben den Kommunikations-Normen sind es vor allem die Gesellschafts-Normen, die ABW-Möglichkeiten für die Werbung bereithalten. Wir unterscheiden zwischen

- sozialen Normen
- moralischen Normen
- juristischen Normen
- ästhetischen Normen
- religiös-kirchlichen Normen

3.1 ABWeichung von sozialen Normen

- **Beispiel 1: Einstein**

Die soziale Norm ist:
‚Man streckt nicht die Zunge heraus.'

Die ABWeichung lautet:

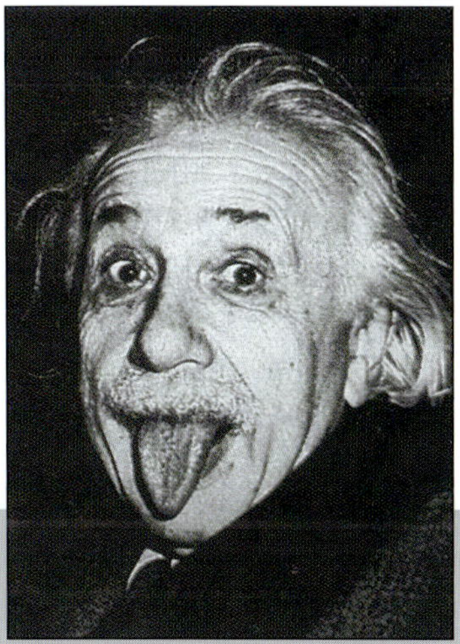

- **Beispiel 2: Benetton**

Die soziale Norm ist:
‚Jeder hat ein Recht auf Menschenwürde.'

Die ABWeichung lautet:

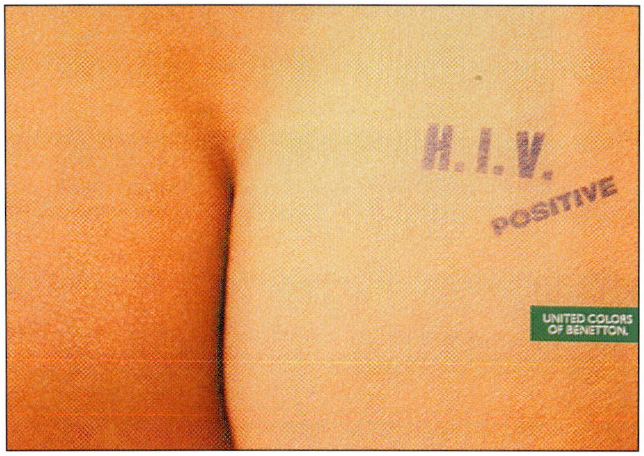

Die Abstempelung eines Menschen als ‚H.I.V. positiv'.

3

3.2 ABWeichung von moralischen Normen

- **Beispiel 1: Lucky Strike**

Die moralische Norm ist:
‚Die moralischen Tugenden sind zu achten und einzuhalten.'

Die ABWeichung lautet:

- **Beispiel 2: Sixt**

Man kann natürlich auch durch den Appell an andere Untugenden von der moralischen Norm abweichen.

Die ABWeichung lautet:

3.3 ABWeichung von juristischen Normen

- **Beispiel: SWF 3**

Die juristische Norm ist:
‚Menschen sollen sich nicht beleidigen oder diskriminieren.'

Die ABWeichung lautet:

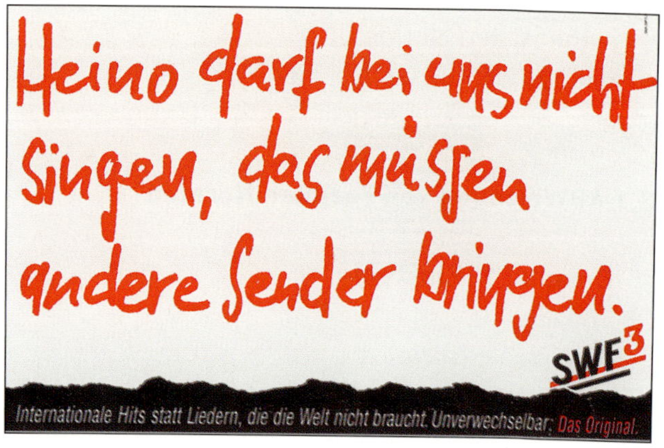

Beleidigung bzw. Diskriminierung des deutschen Schlagersängers Heino.

3.4 ABWeichung von ästhetischen Normen

- **Beispiel: elbeo**

Die ABWeichung lautet:

Verstoß gegen eine modisch-ästhetische Regel.

Bleiben noch zwei Normenbereiche, die für die Werbung relevant sind:

- Wissens-Normen.
- Erfahrungs-Normen

3.5 ABWeichung von religiös-kirchlichen Normen

- **Beispiel: Frauenzeitschrift Women**

Die ABWeichung lautet:

Das berühmte Bildnis Michelangelos von der Erschaffung Adams durch Gott wird als christlich-heiliges Motiv verfremdet: Statt Adam und Gott sind zwei Frauen abgebildet.

4. ABWeichung von Wissens-Normen

Wissen erwerben wir entweder direkt über unsere Wahrnehmung oder durch andere vermittelt (wie z.B. Eltern, Lehrer, Bücher, Zeitungen, Fernsehen). Wissen sagt uns, was wir für wahr oder falsch halten sollen - wann also eine ABWeichung vorliegt.

- **Beispiel: Multibionta-Vitamine**

Die Wissens-Norm ist:
‚In Obst und Gemüse sind viele Vitamine.'

Die ABWeichung lautet:

Was ihr fehlt, sind Vitamine.

5

5. ABWeichung von Erfahrungs-Normen

Erfahrungs-Normen umfassen alles über Lebewesen, Gegenstände, Umweltphänomene und Sachverhalte, deren Verhalten bzw. Gestalt wir in gleicher Weise wiederholt beobachten bzw. erleben. Und darum auch so erwarten!

- **Beispiel 1: Bellissima-Gesichtscreme**

Selbst so genannte ‚paradoxe' Aussagen können ABWeichungscharakter haben.

Die ABWeichung lautet:

**„Wasser. Für Ihre Haut zu trocken.
Bellissima Gesichtscreme."**

Also: Wasser ist zu trocken.

- **Beispiel 2: Wasa**

Die Erfahrungs-Norm ist:
‚Aufgrund wiederholter Beobachtung haben wir Erfahrung darin, wie ein Kornfeld aussieht.'

Die ABWeichung lautet:

Statt des Urstoffes - das Ergebnis, das Produkt. (Text: Wasa-Knäckebrot ist reich an Ballaststoffen, weil es aus Vollkorn gebacken wird.)

6

6. Mit dem kreativen Prinzip ABW gegen die Informationsüberlastung

Viele Beispiele - ein Prinzip. Nur eine Gedankenoperation, ein Prinzip führte bei allen Beispielen zur kreativen, zur attraktiven Lösung, nämlich...

- das ABWeichen von einer Norm (z.B. Werbung hat das Produkt zu loben.)
- das Verletzen einer Regel (z.B. Ortographie)
- das Durchbrechen einer Erwartung (Wie sieht ein Mensch oder eine Möwe aus?)

Sollte Inspiration doch Methode sein? Ja.

Kreativität bedeutet die Neuordnung existierender Informationen und der Weg zu neuen Ordnungen erfordert methodisches Vorgehen. Das methodische Prinzip lässt sich auf einen Begriff bringen:[5] *ABWeichen - das Prinzip ABW*

Eine ABWeichung nenne ich ‚kreativ', weil nach übereinstimmender Ansicht von Kreativitätstheorie und kreativer Praxis das konstituierende Merkmal der Kreativität das Durchbrechen eines vorgegebenen kognitiven oder verhaltensmäßigen Rahmens (Norm, Regel, Konvention, Erwartung) ist.[6]

Damit die ABWeichung nicht zum bloßen ‚Happening' wird, braucht sie allerdings noch ein zweites Merkmal: Die ABWeichung muss einen kommunikativen Sinn, einen Nutzen haben. Wenn zum Beispiel *IBM* das Wort ‚Schreibmaschinen' als

schreIBMaschinen

bewusst orthographisch falsch schreibt, dann hat *IBM* keinen Fehler gemacht, sondern eine kreative Leistung vollbracht.

Und mehr noch: Die überraschende Andersartigkeit, die Verdichtung einer Aussage auf ein kreativ umgestaltetes Wort verschafft dem Rezipienten einen kommunikativen ‚Nutzen', denn die Informationsverarbeitung im Kopf des Rezipienten kann dadurch einen unerwarteten und lustvollen Weg gehen - einen Weg, abweichend von der normalen kommunikativen Langeweile.

ABWeichung ist heute wichtiger denn je, weil das Ausgangsproblem aller Kommunikation ‚Informationsüberflutung' heißt oder weniger dramatisch: ‚Informationsüberlastung'. *„Unter Informationsüberlastung wird der Anteil der nicht beachteten Informationen am gesamten Informationsangebot verstanden."*[7] Der Medienwissenschaftler Jürgen Bolten wird konkreter: *„Heute werden nur noch zwei bis fünf Prozent der in den Medien angebotenen Informationen überhaupt beachtet - im Gegensatz zu 30 bis 60 Prozent im Jahr 1960."*[8]

Also: ABWeichung tut not!

Die ABWeichung von der Norm erhöht die Aufmerksamkeit, die Beachtungschance. Warum? ABW bewirkt ‚Aktivierung'. Unter ‚Aktivierung' versteht man *„einen Zustand vorübergehender oder anhaltender innerer Erregung und Wachheit, der dazu führt, dass sich der Empfänger einem Reiz zuwendet."*[9]

Das Prinzip ABW gibt also die Chance, sich erfolgreich gegen die Informations-Überlastung zu behaupten. Oder mit den Worten von Werner Kroeber-Riel: *„Je größer die Aktivierungskraft eines Werbemittels ist, umso größer wird seine Chance, unter konkurrierenden Werbemitteln beachtet und genutzt zu werden."*[10] Das Prinzip ABW bewirkt noch mehr: Denn ein Werbemittel mit einer größeren Aktivierungskraft führt auch zu einer besseren Gedächtniswirkung.[11]

Mit dem Prinzip ABW erreichen wir die Wirkungen und Nutzen, die das heutige Grundproblem der Kommunikation zu lösen vermögen - ein Überwinden der Informationsüberlastung durch ein

- verstärktes und dadurch aufmerksameres Wahrnehmen,
- vertieftes, weil lustvolleres Verarbeiten und
- verbessertes Erinnern durch Aktivierung und ‚Gratifikation'.

7

7. Das Prinzip ABW als Chance - nicht nur für Gestalter

Die Normenbereiche sind - wie auch die ABWeichungsheuristiken - offene Systeme, die die kreative Chance des eigenen individuellen Weiterdenkens und Weitersuchens offen lassen. Eine Chance für alle, die eine kreative Lösung suchen: Werbegestalter, Kommunikationsplaner, Medienberater wie auch Produktmanager.

Das ABW-System schafft endlich Transparenz für ein Gebiet intuitiver Dunkelheit. ‚To break the rules you have to know them.' Dieser Satz findet ein solides theoretisches Fundament, wo bisher intuitives, halbbewusstes Wissen herrschte.

Kreative Werbung muss kein Zufall sein. Wer die Normen kennt, findet bewusst kreative ABWeichungen. Die konsequente Anwendung des Prinzips ABW macht aus einer konventionell-richtigen Lösung eine kreativ-attraktive und gibt der Gestaltung eine neue, kreative Qualität. Oder mit den Worten des Philosophen Rupert Lay: *„Langfristig ist man nur erfolgreich, wenn man weiß, warum man erfolgreich ist.“*[12]

8. Die Zukunft des Prinzips ABW

Welchen Gewinn dieser Ansatz für die kreative Werbepraxis bedeuten kann, lässt sich erst endgültig sagen, wenn er dort auch angekommen und adoptiert worden ist.

Das hängt auch davon ab, inwieweit Kreative gewillt sind, ein Stück weit von dem Glauben an die angeborene genialische Kreativität im Sinne Platos abzurücken.

Abschließend möchte ich Ihnen die Frage nach der Zukunft systematischer Kreativität mit den Worten des Kreativen Sebastian Turner beantworten:[13]

„Professor Werner Gaede hat die Artenvielfalt in der kreativen Fauna und Flora genau beobachtet und geordnet. Sein liebstes Wesen ist dabei die Abweichung, die systematische und geplante Verletzung von Regeln. Prof. Gaede hat eine Konzeption entwickelt, indem systematisch die zweckmäßigsten Regelbrüche solange nacheinander durchgespielt werden, bis eine oder mehrere überzeugende Werbeideen geboren sind. So machen es die wenigsten...

Tatsächlich arbeiten fast alle Kreativen mit einer unsystematischen Rasterfahndung, mit dem System Gaede in umständlich. Sie nennen die Prinzipien nicht beim Namen, sondern rufen sie sich am Beispiel erfolgreicher Kampagnen in Erinnerung. Es heißt dann: „Das machen wir wie bei Sixt.“

Da bleibt mir nur zu fragen:
Warum denn so umständlich?

9. Anhang

1 Das Zitat von Umberto Eco findet sich in der Nachschrift seines bekannten Werkes ‚Der Name der Rose' (1986, S. 18).

2 Oscar Wildes Ausspruch wurde in die Bloomsburry Dictionary of Quotations (London, 1992, S. 221) aufgenommen.

3 Das Zitat von Michael Conrad stammt aus der Zeitschrift w&v (1990, S. 176).

4 Alle Normen sind hier exemplarisch dargestellt. Eine ausführliche Darstellung finden Sie in meinem Buch: ABWeichen von der Norm. Eine Enzyklopädie kreativer Werbung, 2002.

5 Das methodische Vorgehen nach dem Prinzip ABW zeigt auch, wie sehr Gestaltung eine Kopf-, eine Denkaufgabe ist: Um kreativ sein zu können, genügt jedoch keine Methode, kein Muster, kein Heurismus, sondern es muss breites Wissen hinzukommen - sowohl verbal, als auch visuell und weltlich. Denn wer kein Känguruh kennt, kommt auch mit der besten Methode nie auf die Idee ‚Känguruh'.

6 Für die ‚Theorie' wäre der Aufsatz von Jackson & Messich (1973) zu nennen und für die ‚Praxis' kann stellvertretend das Zitat des amerikanischen Kreativ-Gurus Bill Bernbach (zit. nach Levenson, 1987) stehen: „Rules are what the artists break." Man kann sagen: Die ABW-These ist allgemein akzeptiert.

7 Das Zitat stammt von Jutta Maas (1996, S. 242).

8 Das Zitat ist von Jürgen Bolten (1996, S. 130).

9, 10 Nachzulesen bei Kroeber-Riel (1996, S. 121).

11 Kroeber-Riel & Meyer-Hentschel (1983) bringen Belege zur Aufmerksamkeitsthese. Die Gedächtniswirkung wird von Ute Diehl (1986) am ‚Beweisstück', der Milka-Kuh aufgezeigt.

12 Das Lay-Zitat steht in Quadberg-Seeger (1988, S. 22).

13 Diese Zeilen entstammen der Laudatio von Sebastian Turner (1998, S. 8), anlässlich meiner Ehrenmitgliedschaft 1997 im Art Directors Club.

René Heymann
Vorstand Heymann Schnell AG

„René ist ein lebhafter Schüler, der regen Anteil am Unterricht nimmt. Er arbeitet ausdauernd, zielstrebig und mit gutem Erfolg. Seine Kombinationsfähigkeiten in Mathematik und die Möglichkeit des klaren Gestaltens im Malen sind beachtlich.“

Dem ist eigentlich kaum etwas hinzuzufügen. Erwähnenswert ist nur, dass dieses Zeugnis mein erstes von vielen war. Genauer gesagt war dies mein Zeugnis aus der ersten Klasse. Beste Voraussetzungen also, wie ich meine, um viele Jahre später in die Werbung zu gehen.

Als gebürtiger Berliner studierte ich an der Hochschule der Künste in Berlin visuelle Kommunikation sowie nebenbei Marketing und gründete während des Studiums - zwei Jahre vor der Maueröffnung - die Heymann & Partner Werbeagentur GmbH. 1997 kam mein heutiger Partner Pieter Schnell hinzu. Gemeinsam firmierten wir 1999 in Heymann Schnell Werbeagentur AG um und feierten unsere ersten gemeinsamen Erfolge mit der mehrfach ausgezeichneten Kampagne für die Berliner Stadtreingungsbetriebe (‚We Kehr for You'). Bald kamen andere namhafte Kunden wie Sony und der Axel Springer-Verlag hinzu - seit Mitte 2001 auch die FDP. Heute betreuen wir nationale und internationale Kunden mit einem Billingvolumen von ca. 15,3 Mio. Euro.

Neben dem Spaß in der Werbung und dem damit einhergehenden Erfolg in der Marketingkommunikation ist mir mein soziales Engagement wichtig. Ich meine, wer Erfolg hat, trägt auch soziale Verantwortung. Als Mitglied im Kuratorium der Berliner Aids-Hilfe e.V. bin ich Initiator der Kampagne ‚Ich bin ein Täter' und ‚Ich wart' auf Dich', die zum Welt-Aids-Tag 2000 realisiert und mehrfach prämiert wurde. Das Spendenaufkommen ist seitdem um über 50 Prozent gestiegen. Zudem ist die Heymann Schnell AG Hauptsponsor, Ideengeber und Initiator der Aids-Aktion ‚Vergessen ist ansteckend©', die am 6. Juli 2001 mit der Veranstaltung des ersten Reminders Day© ihren bisherigen Höhepunkt fand. Mit der von mir mitgegründeten RemindersDay-Projekt GmbH wollen wir mit der jährlichen Etablierung des RemindersDay© dafür sorgen, dass durch professionelle integrierte Marketingkommunikation das Thema Aids solange wieder in die Köpfe der Menschen gebracht wird, bis Aids eine heilbare Krankheit wird (mehr Informationen unter: http://www.remindersday.com).

Mein Credo: Die meiste Werbung ist langweilig. Deshalb sei mit Deiner Werbung unterhaltsam, sei spannend. Erzähle Geschichten, die emotionale Anker bei der Zielgruppe setzen. Gute Werbung ist wie ein erstes Rendezvous. Sei mutig! Sei neuartig! Und bedenke: Du sollst nicht langweilen!

Die Präsentation - Bretter, die die Welt bedeuten. Oder: Showbusiness zwischen Realität und Wahnsinn

René Heymann, Heymann Schnell AG

Erinnern Sie sich noch an die Referate, die in der Schule von den Mitschülern vorgetragen wurden? Meist war (und ist) dies der Zeitpunkt für Schüler, um andere Dinge zu erledigen. Natürlich nur wirklich wichtige Dinge wie z.B. ausführliche Gespräche über den letzten Kinobesuch oder intensive Problemerörterungen über diesen oder jenen Lehrer oder Mitschüler. Auf jeden Fall ist die Aufmerksamkeit bei Referaten nie besonders hoch.

Alles fing für mich damit an, dass ich ein Referat halten sollte. In meinem Leistungskurs Biologie. Ich weiß es noch wie heute: Es ging um Genetik. Schon als ich das Referat schrieb, machte ich mir viele Gedanken darüber, wie ich es vortragen sollte. Mir war klar, dass nicht nur der Inhalt sondern auch die Art des Vortrags benotet werden würden. Das war die eine Seite. Aus diesem Grund wollte ich mein Thema wirklich beherrschen. Nun, das würde ich schon schaffen, dachte ich. Doch wie begeistere ich meine Mitschüler für das Thema? Das war die andere Seite.

In aller Regel hat man als Schüler ja ein wenig Angst, vor die Klasse zu treten und sein Thema vorzutragen. So werden zuvor oft schriftliche Fassungen an die Mitschüler ausgeteilt, um sich selbst ein wenig die Angst zu nehmen und die anderen mit dem eigenen Vortrag und nichts anderem zu beschäftigen. Dies ist natürlich fatal, da nunmehr kaum noch jemand zuhört. Da ich es hasse, wenn mir keiner so richtig zuhört, beschloss ich, es anders zu machen. Schließlich war (und ist) ein Vortrag immer verdammt viel mehr Arbeit als sonst.

Die Klasse erwartete also, dass es in jedem Fall ein Manuskript gibt. Zu Beginn meines Vortrages teilte ich den verdutzten Mitschülern kurzerhand mit, dass es leider kein Skript geben würde, weil das Thema viel zu umfangreich sei und außerdem würde ich viele der Informationen auf dem (guten alten) Overhead-Projektor präsentieren. Verständlicherweise setzte ein großes Raunen und Gemaule ein. Doch es schrieben alle mit und klebten mir förmlich an den Lippen. Mein Referat war eine Mischung aus Vortrag, Meinungsaustausch sowie Fragen und Antworten, die ich mit aktuellen wissenschaftlichen Erkenntnissen versah, die nicht einmal der Lehrer kannte. Die Mitschüler und der Lehrer waren voll dabei. Um es kurz zu machen: Ich erhielt eine gute Note und das Lob des Lehrers, dass auch er dabei noch etwas gelernt hatte. Rundum war es also ein ganz passables Ergebnis.

Und was lernen wir daraus. Die Präsentation ist eine Show zwischen Realität und Wahnsinn - je besser sie vorbereitet ist, desto größer ist die Wahrscheinlichkeit des Erfolges. Hört sich einfach an. Ist aber leider nicht so.

Im Übrigen war das mit dem nicht vorhandenen Skript natürlich gelogen. Eine Notlüge sozusagen. Ich war aber so ehrlich, dies meinen Mitschülern nach Beendigung meines Vortrages auch zu sagen. Ich glaube, die hätten mich am liebsten geteert und gefedert. Aber ich denke, dass sich heute noch einige an diesen Vortrag erinnern können. Und das ist doch schon mal etwas.

Sie werden sich sicherlich fragen, warum ich Ihnen das jetzt erzähle. Immerhin ist das schon ein paar Jahre her. Und sicherlich ist ein Referat etwas anderes als eine Wettbewerbspräsentation zwischen mehreren Agenturen. Auch gibt es bestimmt nur wenige Präsentationen, die noch mit Overhead-Folien hantieren. Wenn Sie dennoch eine solche miterleben dürfen, seien Sie sich gewiss, dass Sie

Zeuge von etwas Besonderem werden. Es ist eine der letzten ihrer Art. Vom Aussterben bedroht. Also: Fotoapparat bereit halten.

Dennoch: Vieles folgt immer noch den gleichen Grundregeln, wenn es darum geht, sein Publikum mitzureißen und zu begeistern. Trotz digitaler Technik sind Präsentationen heute mehr denn je richtige Materialschlachten. Da zaubern Agenturen Unmengen von Pappen aus Ihren Zauberhüten mit noch mehr wunderschönen Bilderwelten darauf. Also eine Präsentation ist wirklich schon etwas Tolles.

Ähnlich wie bei dem berühmten Magier David Copperfield beschleicht einen allerdings die Frage, ob da alles mit rechten Dingen zugeht... Gerade im heutigen Werbebusiness weiß man oft nicht mehr, worum es eigentlich bei den Präsentationen geht! Geht es um einen ,Gladiatorenkampf der Kreativen', bei dem nur der Beste überlebt oder geht es vielmehr nur um reine ,Hütchenzauberei', bei dem nicht die beste Kampagne die Bestnote erhält und den Zuschlag des Kunden gewinnt, sondern die am besten verpackte Idee? *Was ist die sorgfältigste Planung, die beste Strategie, die schönste kreative Idee wert, wenn andere mit der zweitbesten Idee die Kunst der Hütchenzauberei besser beherrschen? Und: Was macht die Kunst einer guten Präsentation eigentlich aus?* Das will ich Ihnen im Folgenden erzählen.

1

1. Wie auch die beste Idee noch Schiffbruch erleiden kann

Schauen wir uns zunächst einmal an, wie Präsentationen in der Werbepraxis ablaufen: Meist werden von einem werbetreibenden Unternehmen mehrere Agenturen zu einem *,Pitch'* (neudeutsch für Wettbewerbspräsentation) eingeladen. Die Agentur erhält dann von dem potentiellen Kunden die Aufgabenstellung, das sogenannte (Kunden-) Briefing, in dem die Rahmenbedingungen und Ziele für das zu lösende Kommunikationsproblem ganz konkret formuliert sein sollten.

Zum Beispiel kann es darum gehen, das Image des Unternehmens bei seinen Konsumenten zu verbessern oder die Neueinführung eines seiner Produkte am Markt kommunikativ zu begleiten. Daraufhin entwickelt man als Agentur eine Werbekonzeption. Die wird dann dem Kunden in einer wilden visuellen Schlacht - Präsentation genannt - als der Weisheit letzter Schluss verkauft. So weit, so gut. Das ist die Theorie. Nun gibt es aber ein paar unschöne Abweichungen von diesem Drehbuch, die die eigentliche Arbeit und Leistung der Agentur potentiell mindern und damit die Chance eines guten Konzeptes schmälern. Solche Abweichungen oder schlechten Angewohnheiten - wie ich es mal nennen möchte - finden wir oft beim Kunden, dem beauftragenden Unternehmen. Also: Argusauge, sei wachsam!

Wenn es zum Beispiel darum geht, das Image eines Markenproduktes zu verbessern, dann sollte bei Kunde und Agentur Klarheit darüber herrschen, was das Produkt ist, welchen Vorteil es gegenüber anderen vergleichbaren Produkten besitzt, wie der Wettbewerb aussieht, was man erreichen will, welche Existenzberechtigung es überhaupt hat und viele andere Dinge mehr. Diese Fragen sind existenziell, denn auf dieser Basis entwickelt die Agentur ein Kommunikationskonzept für den Kunden, in dem die wichtigsten Werbemaßnahmen visualisiert und verbalisiert werden. Umso erstaunlicher ist, dass ich in den

letzten 15 Jahren maximal 10 bis 12 Briefings erhalten habe, die das Papier wert waren, auf dem sie standen! Unglaublich, aber wahr. Man sollte doch meinen, dass bei den heutigen Investitionen, die in die Werbung gesteckt werden, mehr Sorgfalt bei der Vorbereitung auf Unternehmensseite herrscht. Pustekuchen! Leider ist dies nur selten der Fall. Woran das im Einzelnen liegt, möchte ich hier nicht explizit erläutern, weil es ein Thema für sich ist. Nur soviel sei verraten: Nicht jeder, der sich wichtig tut, auch Wichtiges tut.

Wesentlich beim Briefing ist nur eines: Sie müssen sichergehen, dass alle Fragen beantwortet werden. Denn darauf bauen Sie auf. Und daher sollten Sie darauf achten, dass Sie nicht auf Sand bauen, denn der wird dann schnell zum Treibsand für Sie. Deshalb sollte es fast immer ein so genanntes Agentur-Briefing oder Rebriefing geben, in dem die Agentur ihre Sichtweise der Aufgabenstellung wiedergibt. So vermeidet man gleich zu Beginn Ungereimtheiten zwischen Kunden und Agentur. Sonst heißt es schnell, die Agentur hat den Kunden nicht verstanden.

In diesem Zuge ist auch zu prüfen, ob die Zielsetzung mit dem vorhandenen Budget realisierbar ist. Gerade das wird in Zukunft noch viel wichtiger werden. Sicherlich: Idee schlägt Etat! Das ist grundsätzlich richtig und jeder Kunde hat diese ‚Weisheit' parat, weil er natürlich denkt, das gleiche Ergebnis für wesentlich weniger Geld zu erhaschen. Dennoch führt auch die beste Idee nicht zum Erfolg, wenn sie nicht eine entsprechende Marktdurchdringung hat. Und eine Marktdurchdringung wird in Zukunft immer schwerer zu realisieren sein, denn in Zeiten von Internet, Multichannel-TV, Mobil-Marketing und M-Commerce werden die Zielgruppen immer atomisierter und damit schlechter erreichbar. Dazu braucht man einfach den entsprechenden Etat.

Eine unverwechselbare Idee braucht man natürlich auch... Aber die kommt eben nicht von irgendwo her. Jedenfalls nicht, wie viele glauben, einfach so unter der Dusche. Nein, es müssen sich viele Kreative viele kreative Ideen ausdenken, überdenken, verwerfen, verifizieren und kontrollieren, bis dann endlich die Idee da ist, die die Zielgruppe genau anspricht, auf die Zustimmung des Kunden trifft und auch der Agentur mordsmäßig gut gefällt. Da gehen schon einige Stunden ins Land und das kostet Geld und zwar nicht gerade wenig, wenn man sich vorstellt, dass eine Agentur ungefähr drei Wochen mit fünf Kreativen benötigt, um diese tolle ‚Big Idea' hervorzuzaubern. Drei Wochen für Recherche, Vorbereitung, Konzeptentwicklung und Visualisierung. Das sind über 70 Arbeitstage.

Neben ungenügenden Briefings und ungenügenden Etats sind es oftmals persönliche Empfindlichkeiten des Kunden, die ein gutes Konzept kippen können. Die Spezies Kunde ist da unkalkulierbar und wird damit zur großen Unbekannten in der Präsentation. Um ein Beispiel für die Unergründbarkeit der Kundenentscheidungen zu nennen: Im Herbst 2000 gewannen wir den Pitch für eine bekannte tschechische Biermarke, die in Deutschland zu den erfolgreichsten Exportbieren gehört.

Nachdem der Pretest alle Erwartungen übertraf und das erste Motiv in England realisiert worden war, sollte die Kampagne im Winter 2000 in Deutschland starten. Sie ahnen vielleicht schon, was jetzt kommt. Nach einiger Zeit bekamen wir den Anruf, dass die Kampagne nicht starten wird. Und auch im Juli 2001 gab es noch immer keine Kampagne. Warum? Das fragen Sie mich? Ich

habe keine Ahnung. Adam und Eva haben jedenfalls im Paradies nichts zu Trinken...

Budweiser-Motiv ‚Paradies', das bis heute auf seine Premiere in Deutschland wartet.

Ein weiteres Beispiel? Bitte schön! Vier Agenturen ‚pitchten' um den Etat eines Betriebes für den Öffentlichen Nahverkehr. Diesmal gewannen wir den Etat nicht.

Unreleased Motiv ‚Rotkäppchen' für die Berliner Verkehrs-Gesellschaft (BVG)

Man kann eben nicht immer gewinnen. Aber im Ernst: Ich sehe das sportlich - sofern wirklich der Bessere gewinnt. Nur zwei Wochen später kam die Meldung, dass die Gewinner-Agentur den Etat an den Kunden zurückgibt. Die Agentur gibt den Etat an den Kunden einfach zurück? Was war passiert?

Unreleased Motiv ‚Dummy' für die Berliner Verkehrs-Gesellschaft (BVG)

Wie ich erfahren habe, hatte sich der Kunde zwar für diese Agentur entschieden, aber die Kampagne, für die er sich entschieden hatte, stammte von einer anderen Agentur! Warum sich der Kunde nicht für die Agentur mit der Sieger-Kampagne entschieden hat, bleibt sein Geheimnis.

Nur sollte die ausgewählte Agentur jetzt die Kampagne, die dem Kunden eigentlich gefiel, sozusagen ‚adaptieren'. Verständlich, dass es da zum Eklat gekommen ist. Unglaublich, sagen Sie? Noch unglaublicher fanden wir, dass dann auch noch einige unserer Ideen von einer Agentur ‚adaptiert' wurden, die dem Kunden nahe stand.

Das ist alles so passiert. Tja, die Wege des Kunden sind eben unergründlich! Wenn Sie sich fragen sollten, ob man nichts dagegen machen kann. Ja, das kann man. Die nächste Kundenpräsentation besser vorbereiten und solch einen Kunden beim nächsten Mal links liegen lassen.

Es heißt so schön: Möge der Bessere gewinnen. Der Haken an der Sache ist nur - und das werden mir alle Agenturen bestätigen - dass nicht immer der Bessere gewinnt. Wenn das nämlich so wäre, dann wäre es für die Agenturen relativ einfach. Man müsste nur alles dafür tun, um besser zu werden als die konkurrierenden Agenturen. Damit würde ein Pitch zur olympischen Disziplin. Dort gewinnt nur der Beste. Ok, gut - auch da gibt es Hütchenzauberei. Dort heißt es Doping.

Leider läuft das im Agenturbusiness nur selten nach diesen Regeln ab. Allzu oft habe ich Kampagnen hängen sehen, die erstens das mir bekannte Briefing nicht erfüllten und zweitens definitiv schlechter waren als Kampagnen, die nicht gewonnen hatten. Trotzdem hingen diese in der Öffentlichkeit - im wahrsten Sinne des Wortes.

Eine weitere Herausforderung, die sich der Agentur stellt und die nicht weniger wichtig ist, will ich nicht unerwähnt lassen: Stellen Sie sich vor, da treten mehrere Agenturen gegeneinander an und zeigen Ihnen, dem Kunden, *die* Lösung für Ihr Kommunikationsproblem. Jeder ist natürlich der Meinung, dass sein Weg der einzig wahre ist. Aus ihren schwarzen Mappen und Laptops zaubern die Referenten bunte Bilder und unglaubliche Kreativität. Das ist schon beeindruckend.

Da ist es für den Kunden oft wirklich gar nicht so einfach, sich zu entscheiden. Und so habe ich schon viele Kunden sagen hören: ‚Die Ansätze sind so extrem unterschiedlich. Es fällt uns schwer, eine Entscheidung zu treffen.' Manchmal würde ich dem Kunden dann am liebsten sagen: ‚Aber warum zum Teufel haben sie dann so viele Agenturen beauftragt? Doch sicher nicht, um ähnliche Lösungsansätze vorgetragen zu bekommen?!'

Und damit komme ich zum Kern der Präsentationsproblematik - die Wettbewerbspräsentation oder besser: der *Präsentationsmarathon*. Wie das Wort schon sagt, befinden sich hier die Agenturen im Wettbewerb. In der Hoffnung, dass es die Agenturen auf der Basis des Briefings schon richten werden, lädt der Kunde mehrere Agenturen zur Präsentation ein. In der Regel sind es mindestens drei. Diese Lösung halte ich für optimal bei einem Pitch.

Allerdings sind es meist mehr als drei Agenturen, denn der Kunde will kein Risiko eingehen! Motto des Kunden: Mehrere Agenturen bieten ein Mehr an Spektrum. Falsch! Die Realität zeigt, dass dies meist zur Verwirrung führt und die Vielzahl der Agentureinladungen meist auf eine Unsicherheit beim Kunden oder auf schlechte Vorbereitung des Kunden zurückzuführen ist. Beides sind schlechte Voraussetzungen für die Agenturen.

Wenn man davon ausgeht, dass eine Agentur in einer Stunde ungefähr 20 Motivideen für eine Kampagne (Anzeigen, Plakate, Spots etc.) präsentiert, dürfte es nicht schwer fallen, sich vorzustellen, wie diffizil es ist, da noch eine Entscheidung zu treffen. Gerade angesichts der Tatsache, dass einige Kunden dazu übergehen, sich Konzepte von sechs und mehr Agenturen präsentieren zu lassen. Wahrscheinlich noch am gleichen Tag. Es gibt sogar Kunden, die lassen 15 Agenturen zum

Pitch antreten! Sie glauben das nicht? Alles schon passiert. Der Kunde sieht dann mitunter bis zu 200 Motivideen! Bei solch einem Präsentationsmarathon sind am Ende des Tages kaum noch klare Zuordnungen möglich. Da verwechselt man dann als Kunde schon mal aus Versehen das Motiv der einen Kampagne mit der Headline der anderen. Doch der Kunde, der so etwas initiiert, ist selbst schuld. Oder die Agentur, die daran teilnimmt.

Ein in letzter Zeit von Kunden häufiger beschrittener und meiner Meinung nach besserer Weg ist das so genannte Agentur-Screening. Dabei schaut sich der Kunde mehrere Agenturen, die in die nähere Auswahl kommen, genauer an. Da wird man als Agentur dann in intensiven Gesprächen auf Herz und Nieren geprüft: Hierbei kontrolliert der Kunde, ob die Agentur das hält, was sie verspricht. Neben dem Know-how werden die Denkweise der Agentur, die Struktur und vor allem die Menschen hinter der Agentur überprüft. Die Persönlichkeiten der verantwortlichen Mitarbeiter in der Agentur spielen hier meist die entscheidende Rolle, denn schließlich muss zwischen Kunde und Agentur die Chemie stimmen.

Nach diesem Screening entscheidet sich der Kunde für eine Agentur, mit der er zusammen das Briefing ausarbeitet. So kann der Kunde sicher sein, dass er ein Konzept von der Agentur erhält, das fundiert ist. Das strategisch ausgerichtet ist und kreative Lösungen beinhaltet. Die Agentur wird von Anfang an als Partner betrachtet. Dieser gemeinsame Weg ist eine gute Lösung. Für den Kunden und für die Agentur.

Eine schlechte Angewohnheit, die geeignet ist, ein starkes Konzept bzw. den heimlichen Gewinner zu torpedieren, finden wir auf Seiten der Agenturen: Nun - wie gesagt - im Pitch gewinnen nicht immer die Besten. Dies liegt aber nicht nur am Kunden, sondern auch an den Agenturen, die mit Hütchenzauberei den Etat des Kunden gewinnen wollen. Sei es aus Zeitnot, sei es, weil der Kunde zu unwichtig ist oder weil man keine wirklich gute Idee gefunden hat. Bei der Hütchenzauberei geht es in erster Linie darum, den Kunden ausschließlich mit der Präsentation zu überzeugen und nicht mit der besten Idee. Da werden bombastische Präsentationsshows abgefahren. Es gibt einige Agenturen, die zwei Kampagnen machen: Eine, die den Kunden in der Präsentation überzeugt und eine andere, die dann realisiert wird. Das ist meist der Zeitpunkt, an dem die Show-Wirkung nachlässt und der Kunde nach einer realisierbaren Idee fragt...

Andere Agenturen bleiben da glücklicherweise konsequent und stellen mit ihrer präsentierten Lösung einen Ansatz vor, der folgenden Forderungen gerecht wird - und zwar genau in dieser Reihenfolge:

Er funktioniert auf dem Markt.
Er passt zum Kunden.
Er fördert das Agenturimage.

Agenturen neigen allerdings manchmal dazu, die Prioritäten etwas durcheinander zu bringen. Kleiner Exkurs dazu: Das populärste Beispiel, wo diese Reihenfolge fast genau umgedreht wird, sind die Werbefestivals wie z.B. Cannes. Um an die begehrten Preise für die kreativsten Ideen im Kräftemessen der Agenturen zu gelangen, produzieren viele Agenturen Werbespots, -prints und -promotions, die nicht unbedingt zum Briefing oder zum Kommunikationskonzept des Kunden passen bzw.

von diesem in Auftrag gegeben worden sind. Und manchmal werden hierbei sogar Konzepte für Kunden kreiert (bzw. verschenkt), die sich das niemals hätten leisten können. Nur, damit die Agenturen einen Preis erhalten.

So wird z.B. für eine Berliner Modeboutique eine Kampagne kreiert, die bei einem großen Werbefestival in New York einen Preis gewinnt. Aber: Wen interessiert das? Zwar fördert dies kräftig das Agenturimage und so manches Unternehmen lässt sich auch vom Gold blenden und geht automatisch, ohne rechts und links zu schauen, zu den Agenturen, die die meisten Preise einheimsen, was nur recht und billig ist. Aber es erhöht gleichzeitig das Risiko, dass der Kunde mit seinem individuellen Zuschnitt gar nicht zur preisgekrönten Agentur passt. Exkurs beendet.

Im Grunde ist eine Präsentation immer etwas von beidem - Gladiatorenkampf und Hütchenzauberei. Beides ist wichtig und auch erlaubt. Solange das präsentierte Konzept wirklich stimmig ist, eine wirklich gute Konzeptidee enthält und dabei auch zum Kunden passt.

Ein gutes Konzept braucht eine gute Präsentation. Das lässt natürlich den Umkehrschluss zu, dass ein weniger gutes Konzept eine sehr gute Präsentation benötigt. Was wiederum die Vermutung zulassen würde, je besser und engagierter die Präsentation ist, desto höher ist die Wahrscheinlichkeit, dass hier ein Maultier zum Rennpferd gemacht wird. Das stimmt nicht ganz. Erstens bin ich der Überzeugung, dass der Kunde mündig genug ist, dies zu erkennen, und zweitens lässt sich nur in den seltensten Fällen durch eine enthusiastische Präsentation aus Bockmist Gold machen. Heißt dies, dass es in Deutschland besonders viele überdurchschnittliche Präsentatoren gibt? Wie könnte man sonst die durchschnittliche Qualität der deutschen Werbung erklären?

2. Eine gute Präsentation ist wie ein guter Film oder ein guter Kellner

Ein gutes Konzept wirkt natürlich noch überzeugender durch eine exzellente Präsentation. Sie kennen das sicherlich auch: Wenn Sie einen guten Film im Kino gesehen haben, dann bewegt er Sie auch noch einige Zeit danach. Andere Filme schaffen das noch nicht einmal, bis das Licht angeht. Das ist bei einer Präsentation nicht viel anders. Was macht nun aber den Unterschied aus?

Nehmen wir an, Sie befinden sich in einem Bewerbungsgespräch. Sicherlich würden Sie sich alle Mühe geben, Ihre Vorteile anzupreisen. Sie würden diese vor allem so darstellen, dass Ihr potentieller Chef in Ihnen, dem zukünftigen Mitarbeiter, mehrere Vorteile für sein Unternehmen sieht. Da ist es egal, mit wem Sie sprechen. Ihre Vorzüge bleiben immer die gleichen. Nur werden Sie diese - je nachdem, wer Ihnen gegenübersitzt - jedes Mal in Priorität und Tonalität anders darstellen. Sie orientieren sich entsprechend den Wünschen ihres Gegenübers, weil Sie den Job haben wollen und sich dazu bestmöglich verkaufen wollen. Das ist auf kleinster Ebene Präsentation in Reinform. Das bleibt, wenn Sie das gut machen, dann hängen, wie ein guter Film.

Jetzt stellen Sie sich dieses Gespräch noch einmal vor. Sie haben die gleichen Gesprächspartner wie vorher. Nur diesmal machen Sie es anders. Sie erzählen Ihrem Gegenüber, welche Verantwortung Sie bisher übernommen haben, was Sie schon für verschiedene Konzepte entwickelt haben, wie groß das Unternehmen war, in dem Sie bisher arbeiteten, und was Sie sonst noch alles Tolles gemacht haben. Und man kann nur staunen, was Sie schon alles geleistet haben. Diese Art der Präsentation wäre genau so, als würden Sie in ein Restaurant gehen und der Kellner würde Ihnen entgegnen: *„Guten Tag. Ich an Ihrer Stelle würde mich für das Rumpsteak entscheiden. Am besten blutig, so mag ich es nämlich. Aber auch der Schweinebraten ist lecker. Ich habe ihn selbst probiert. So richtig saftig. Glauben Sie mir, ich habe 12 Jahre Erfahrung. Aber Sie können auch etwas anderes bestellen, wenn Sie unbedingt wollen…"*

Haben Sie gemerkt, wo der Unterschied liegt? Natürlich ist es unwahrscheinlich, dass so etwas im Restaurant passiert. Ja, das stimmt. Aber noch unwahrscheinlicher ist, dass so etwas ankommt. Immerhin hat der Kellner uns noch gefragt, was wir wollen.

Wenn Sie Ihre Konzepte präsentieren und auch verkaufen wollen, dann sollten Sie sich verhalten wie ein guter Kellner. Die erste und wichtigste (imaginär gestellte) Frage an den Kunden, vor dem Sie präsentieren wollen, sollte darum lauten:

„Was kann ich für Sie tun?"

3

3. Der Kunde bestimmt - also lernen Sie diese Spezies genau kennen

Der Königsweg einer erfolgreichen Präsentation besteht darin, sich möglichst genau in die Lage desjenigen zu versetzen, der Ihre Präsentation erleben wird. Je besser Sie Ihren Kunden kennen, desto besser verstehen Sie seine Lage: Aus welchen Beweggründen entscheidet er wie? Was ist das für ein Mensch? Extravertiert? Ruhig? Wie ist das Board der Präsentationsentscheider festgelegt? Wer ist Mit-Entscheider? Wer sind die Beeinflusser? Wie ist die Wirkungsweise der Gruppe?

Aber übertreiben Sie es nicht. Eine Einladung zu einem gemeinsamen Saunabesuch ist sicherlich unangemessen. Versuchen Sie aber trotzdem im Rahmen des Möglichen, alles über die Präsentationsentscheider herauszufinden. Denn in einer Präsentation kann Ihnen alles passieren, etwa ein Machtkampf, der zwischen den Entscheidern mitten in der Präsentation entbrennt. Oder ein Wichtigtuer ohne Entscheidungsgewalt kippt durch unqualifizierte Aussagen die Präsentation. Oder der Kunde sagt Ihnen plötzlich: *„Danke für die Vorstellung. Ich glaube wir haben genug gesehen."* Das ist dann definitiv der Tod der Präsentation.

Genau das ist mir einmal passiert. Die Agentur war gerade gegründet und ich noch unerfahren im Agenturbusiness. Damals rief der für uns definitiv größte potentielle Kunde an, ein Kosmetikunternehmen. Man wollte uns kennenlernen. Sie können sich vorstellen, welche Begeisterung bei uns ausbrach. Doch nach dem Enthusiasmus folgte auch ebenso schnell die Ernüchterung. Was sollten wir dem Kunden präsentieren? Wir hatten zwar schon einige ganz passable Kampagnen gemacht, aber im Bereich Kosmetika hatten wir definitiv keine Erfahrung. Kurzerhand brach ein Streit in der Agentur los, was jetzt zu präsentieren sei. Das Ergebnis war, dass wir viel zu viel von unserer Agenturarbeit präsentierten. Nach einer Dia-Show von 90 Minuten Länge beendete der Kunde die Präsentation mit dem Satz: *„Danke, ich glaube wir haben genug gesehen."* Genau in dem Moment, als der damalige Direktor gerade ein neues Dia-

Magazin mit neuen Motiven einlegen wollte. Schluss. Aus. Sechs. Setzen!

Wir sind natürlich nicht zum Pitch eingeladen worden. Dennoch hat mich dieser Vorfall nachhaltig beeinflusst. Seitdem achte ich peinlich genau darauf, dass die Präsentation präzise und so knapp wie möglich gehalten wird. Im besten Fall kündige ich vorher an, wie lange die Präsentation dauern wird und halte mich dann auch daran. Sollte es dennoch länger dauern, so liegt es meist an den Fragen des Kunden. Aber das ist dann auch in Ordnung. Das zeigt schließlich Interesse. In den meisten Präsentationen, die wir im Jahr 2000 hielten, dauerte die eigentliche Präsentation ungefähr zwischen 20 und 30 Minuten. Ein optimaler Zeitraum. Mehr sollte in der Regel nicht nötig sein. Der Kunde hat dann noch genügend Spielraum, um seine Fragen zu stellen.

Ein guter Präsentator achtet und nutzt also nicht nur seine Zeit. Er fesselt sein Publikum. Sanft umgarnt er seine Zuhörer. Er steht im Dialog mit seinem Publikum - weil er es soweit wie möglich kennt. Er überrascht *und* überzeugt. Jederzeit bereit zum Sprung - wie eine Katze. In der Regel ist der Zuschauer da tief beeindruckt. Zumindest sollte es der Kunde nach der Präsentation sein - wenngleich es nicht bedeutet, dass man die Präsentation schon gewonnen hat.

4. Die Präsentation verbindet Realität mit Showbusiness

In einem Präsentations-Marathon von mehreren Agenturen vor einem Kunden reichen die genannten Künste des Präsentators dennoch nicht aus. Denn jetzt kommt es noch darauf an, dass die Agentur sich in dem Wettbewerb mit den anderen erfolgreich positioniert. Meine beste persönliche Erfahrung in diesem Zusammenhang will ich Ihnen im Folgenden schildern.

Im Jahre 1998 wurden wir zusammen mit sechs anderen Agenturen zu einer Wettbewerbspräsentation eingeladen. Alle Agenturen sollten innerhalb von sechs Stunden vor einem Gremium von 16 Leuten präsentieren, was das Zeug hält. In dem Entscheidergremium saßen Vorstände, Senatoren, Unternehmensberater und Fachleute aus Marketing, PR und Marktforschung. Und obwohl wir die Tatsache, dass sechs Agenturen in sechs Stunden präsentieren sollten, aus besagten Gründen für den absoluten Wahnsinn betrachteten, haben wir mitgemacht.

Allein für die Entwicklung des Konzeptes arbeiteten fünf Leute vier Wochen lang sehr intensiv. Die Ausarbeitung des Präsentationskonzeptes dauerte noch einmal volle drei Wochen. Und dann war es endlich soweit. Doch halt! Zuvor sollte ich erwähnen, um welchen Kunden es ging: Die *Berliner Stadtreinigungsbetriebe* (BSR) wollten ihr Image mit einem für Berlin beachtlichen Etat verbessern.

Das Briefing sah vor, dass die BSR wettbewerbsfähiger werden sollte. Damit dies auch gelingt, sollte die Berliner Bevölkerung ein besseres Bewusstsein für die Sauberkeit ihrer Stadt entwickeln. Schließlich macht nicht die BSR den Dreck, sondern die Bevölkerung. Im Bewusstsein der Öffentlichkeit lag die Sauberkeit Berlins aber trotzdem eindeutig im Verantwortungsbereich der BSR. Und Umfrageergebnisse zeigten damals, dass etwa 80 Prozent der Berliner ihre Stadt als schmutzig empfanden. Diese Kritik am Schmutz in der Stadt beinhaltete also zugleich Kritik an der BSR. Das Ansehen der ‚Straßenfeger' näherte sich dem Nullpunkt. Dabei verdiente ihre Leistung durchaus Respekt. Rechnet man die Kehrstrecke aller Straßenreiniger zusammen, so umrunden die Mitarbeiter der BSR immerhin alle zwei Wochen einmal den Erdball!

Vor der Entwicklung unseres Kommunikationskonzeptes haben wir deshalb mit den Mitarbeitern der BSR ausgiebig gesprochen. Wir kamen zu dem Schluss, dass sie ihren Job ja eigentlich ganz gerne machen, nur war das Bild von ihnen in der Öffentlichkeit völlig verschoben. Der BSR-Mitarbeiter wurde als faul, unhöflich und unzuverlässig angesehen, also Wertungen, die allesamt ein Klischee widerspiegelten.

Die BSR-Mitarbeiter leisten viel bei ihrer täglichen Arbeit – doch ihr Image bei den Berlinern war lange Zeit schlecht.

Mit der Realität hatte dies, unserer Meinung nach, wenig zu tun. Also mussten wir zunächst am Meinungsbild der BSR-Mitarbeiter und damit der BSR insgesamt feilen. Aus diesem Grund entschieden wir uns in unserem Konzept dafür, *die Mitarbeiter und ihre Leistungen sichtbar zu machen* - und darüber hinaus nicht nur die Leistung der Mitarbeiter, sondern auch die Dienstleistung der BSR insgesamt. Bisher war es nämlich eher so, dass die Dienstleistung erst dann sichtbar wurde, wenn sie nicht richtig erfüllt wurde. Ich nenne das den ‚Kopierer-Effekt': Erst wenn er ausfällt, nimmt man ihn wahr. Ansonsten schätzt man ihn nicht besonders, wie er seinen Dienst Tag für Tag treu erfüllt, denn das ist ja schließlich sein Job.

Genau das wollten wir ändern. Die Bevölkerung sollte sich darüber freuen, dass sie eine solch tolle Truppe hat, die Berlin sauber hält. Nicht gerade ein leichtes Unterfangen, denn wer möchte sich schon freiwillig mit Dreck und Müll beschäftigen? Und das noch in der Werbung!

Doch zurück zur Präsentation: Nach intensiver und langer Vorarbeit war es endlich soweit. Für unsere Präsentation planten wir die Umsetzung des Konzeptes in Reinform, denn wir wollten der Führung der BSR etwas deutlich machen. Und so stellen Sie sich bitte das folgende ‚Präsentations-Event' vor:

- Wir hatten genau fünf Minuten zum Aufbau der gesamten Präsentation, also für das Set Up von Beamer, Laptop, Plakaten usw. Zwei unserer Agentur-Mitarbeiter begrüßten in Anzügen ganz ordentlich das komplett versammelte Gremium, während mein Partner Pieter Schnell und ich uns um den Aufbau kümmerten. Nachdem die fünf Minuten vorüber waren, bedankten sich die beiden Mitarbeiter und verabschiedeten sich wieder. Von ratlosen Blicken verfolgt, verließen sie die Bühne. Was sollte das? Das Fragezeichen stand den Mitgliedern des Gremiums förmlich ins Gesicht geschrieben. Kurzerhand übernahmen Pieter Schnell und ich das Wort, stellten uns vor und begrüßten alle zu der heutigen Präsentation. Ein leises Raunen ging durch den Saal, denn die beiden Agentur-Geschäftsführer Pieter Schnell und René Heymann standen in der orangefarbenen BSR-Arbeitskleidung vor ihnen. Sogar die Schuhe waren original. Während des gesamten Aufbaus wurden wir überhaupt nicht beachtet. Und jetzt das! Das Überraschungsmoment war auf unserer Seite.

Leider existieren keine Aufnahmen von der Präsentation, aber ungefähr so dürften Pieter Schnell und René Heymann auf der Bühne bei der BSR-Präsentation ausgesehen haben.

Wir präsentierten unser Konzept und beendeten dann die Präsentation mit zwei weiteren, neuen Mitarbeitern. Eigentlich waren es keine Mitarbeiter der Agentur, sondern Musik-Studenten von der Hochschule der Künste Berlin. Die beiden waren ebenso wie wir in Orange gekleidet und kamen mit zwei Mülltonnen auf die Bühne. Sie klappten die Deckel auf und holten Müll heraus. Keine Angst, es wurde nicht eklig. Die Irritation war geplant. Aber Sie hätten die Gesichter der BSR-Vorstände und Senatoren sehen sollen. Köstlich.

Derweil nahmen die beiden Musik-Studenten den ‚Müll', um damit auf den Tonnen herumzuklopfen - zunächst noch unregelmäßig, aber mit der Zeit entwickelte sich aus dem Geklopfe ein Rhythmus, der immer heftiger wurde und schließlich durchaus Ähnlichkeit mit der Percussion aus dem Musical ‚Stomp' hatte. Schauten zu Beginn noch alle zweifelnd zu, waren sie zum Schluss fast durchweg begeistert. Das war keine Präsentation mehr, das war ein Event.

Mit unserer Präsentation wollten wir die Entscheider wachrütteln. Wir wollten dem Entscheidergremium sagen: *„Es geht hier für die BSR ums Ganze. Unser Konzept ist wirklich gut. Um es umzusetzen, müsst Ihr allerdings völlig anders denken als bisher."* Deshalb unsere ungewöhnliche Verkleidung und darum die Percussion auf den Mülltonnen. Wir wollten das Gremium wachrütteln, es zum Umdenken bewegen.

Insgesamt war die Präsentation für uns ein großes Risiko: Das Konzept war nicht 100 Prozent am Briefing orientiert. Aber wir waren total überzeugt von unserer Idee. Das mussten wir auch, denn schließlich hatten wir in die Präsentation fast 33,500 Euro investiert - an Arbeitsleistung, an Material und natürlich an Manpower. Aber es hat sich gelohnt. Wir haben den Etat damals gewonnen. Mit einer sehr guten Idee, einer mitreißenden Präsentation und Präsentatoren, die von ihrer Idee sehr überzeugt waren und andere mit ihrer Überzeugung in den Bann gezogen haben.

Der Vorstand der BSR traf dabei sicherlich auch eine sehr mutige Entscheidung. Doch er wurde reichhaltig belohnt. Bereits drei Monate nach dem Start der Kampagne konnte der BSR-Vorstand ein erstes positives Fazit ziehen: Die Plakate mit den sympathischen Müllmännern, brachten nicht nur viele Berliner zum Schmunzeln. Sie verschafften auch den ca. 7.000 Beschäftigten, die tagtäglich dem Schmutz den ‚Kehraus' machen, einen gewaltigen Sympathiegewinn. Die witzigen Motive und Aktionen machten die BSR zum Stadtgespräch. Plakate von ‚Dirty Harry' und dem ‚Saturday Night Feger' wurden zu Sammlerobjekten.

Hertha BSR

Hertha BSR

Kehrt Müller
Wir bringen das in Ordnung
Der Held
Berlin sauber
Wir bringen das in Ordnung
Nach dem Spiel
ist vor dem Müll
9
Wir bringen das in Ordnung
Cleansmann
Wir bringen das in Ordnung

Dirty Harry

M.I.O.
Man in Orange
Wetter tough
Öffentlichkeitsarbeit
Saturday Night
Feger

Öffentlichkeitsarbeit

Es wurde eine der besten Kampagnen 1999 und eine der beliebtesten Kampagnen, die weit über Berlin hinaus wirkte.[1] Oder mit anderen Worten:

Auch die nüchternen Zahlen sprachen eine klare Sprache. Als die Marktforscher nach Abschluss der ersten Kampagnenstaffel erneut nach dem Image der BSR fragten, konnten sie in allen Kategorien deutliche Verbesserungen feststellen. Besonders die Sympathiewerte waren in nur drei Monaten um fast 15 Prozent gestiegen. Selbst bei der Einschätzung der Sauberkeit Berlins, schnitt die Stadt deutlich besser ab als zuvor. So sagten 30 Prozent aller Berliner, dass die Stadt jetzt sauberer sei und vor allem: Es seien mehr Müllmänner als vorher zu sehen! Dabei arbeitete nicht ein Müllmann zusätzlich auf den Straßen.

Es war ein Konzept, das von Anfang an stimmte und begeisterte: von der Idee über die Präsentation bis zur Realisation. Nicht nur das Publikum, auch die Presse. Die BSR war danach eine andere.

Wenn Sie also ein wirklich gutes Konzept haben und es exzellent präsentieren, dann gewinnen alle: der Kunde, das Publikum und die Agentur. Und so sollte es doch sein, oder?

5. Sieben plus Eins auf einen Streich: Mein servierfertiges Rezept für eine gute Präsentation

Sie werden es inzwischen sicher gemerkt haben. Ich liebe Präsentationen. Sie sind die Bretter, auf denen man einbricht oder die die Welt bedeuten. (Na ja, ob es dann gleich die Welt ist, hängt natürlich auch vom Kunden bzw. vom Etat ab.) Eine gute Präsentation gibt vor allem auch mir als Präsentator einen Grund, warum ich das überhaupt mache. Es ist einfach eine lebendige Sache, weil man in der Regel nur diese Chance hat. Du ergreifst Sie oder Du lässt es bleiben. Es hängt viel vom Augenblick ab. Wenn er da ist, kannst Du ihn nicht verschieben. Jetzt oder nie.

Was lässt sich aus dem bisher Gesagten festhalten? Aus meinen Erlebnissen lassen sich die folgenden acht Regeln ableiten, die Sie verinnerlichen - und gleich wieder vergessen sollten, denn die wichtigste Regel für spontane Überzeugungskraft heißt: Vergessen Sie alle Regeln.

1. Investieren Sie viel Zeit in die Art und Weise der Präsentation.

Denn diese Vorbereitung entscheidet über den Erfolg oder Misserfolg. Bestanden oder nicht. So einfach ist das. Nur der Weg dahin ist meistens etwas beschwerlich. Eine Präsentation sollte genau geplant werden. Das Timing muss einfach stimmen. Ich spreche da wirklich aus Erfahrung, denn auch bei mir hat es mal vorne und hinten mit der Vorbereitung nicht gepasst.

Ich kam fast eine Stunde zu spät zum Präsentationstermin, obwohl der Kunde mit dem Auto in fünf Minuten zu erreichen war. Wir waren fleißig am Pappen kleben. Einen Anruf, dass wir etwas später kommen würden, hatten wir schon hinter uns. Der Kunde rief nach 45 Minuten in der Agentur an und teilte uns mit, dass ich gar nicht mehr kommen bräuchte, wenn ich nicht in 10 Minuten präsentieren würde. Ich schaffte es noch auf den letzten Drücker, alle Materialien zusammenzutragen und das Konzept zu präsentieren. Das Konzept war gut. Die Präsentation? Na ja, reden wir nicht darüber. Den Kunden haben wir jedenfalls nicht in unser Portfolio aufnehmen können. Und ich war um eine Erfahrung reicher. Denn so lernte ich auf schmerzhafte Art, wieviel entspannender (und erfolgreicher) eine zeitlich gut geplante Präsentation sein kann. Dazu habe ich nur ein paar Jahre Agenturarbeit gebraucht. Das geht bestimmt auch schneller. Aber: Nobody is perfect.

2. Machen Sie Ihre Hausaufgaben.

Und machen Sie diese gründlich. Ihr Kunde merkt sofort, wenn Sie die Hausaufgaben nicht gemacht haben. Im Unterschied zu meinem Referat in der Schule erhalten Sie hier keine Note, sondern nur ein Ja oder Nein. Was ungefähr gleichzusetzen ist mit der Note Eins oder eben Sechs. Bereiten Sie Ihre Hausaufgaben sorgsam vor. Auch wenn es mühsam ist, es ist definitiv der ‚einfachste Teil' der Präsentation. Glauben Sie mir, der Rest der Präsentation wird noch viel schwerer.

3. Glänzen sie mit Zusatzinformationen.

Damit meine ich die Dinge, die Ihren Kunden wirklich interessieren. Also all die Dinge, über die Ihr Kunde noch nichts gewusst hat oder aber so noch nicht darüber nachgedacht hat. Nur übertreiben Sie es nicht. Denken Sie daran, dass Sie nicht den Anschein erwecken sollten, mehr zu wissen als der Kunde. Also keine Angeberei. Das könnte wirklich unangenehme Folgen haben. Der Kunde sieht in diesem Fall dann schnell inkompetent aus. Und das kann er auf keinen Fall zulassen. Lieber bestraft er dies mit irrationaler Kritik an Ihrem Konzept oder an Ihrer Präsentation. Meist haben Sie in diesem Augenblick auch schon verloren. Was in diesem Fall mit einer klaren Sechs bestraft wird.

Aus solch einer Präsentation gehen die Kontakter bzw. Kreativen dann mit folgendem Ergebnis heraus: Der Kunde hat nichts verstanden. Oder der Kunde war nicht ‚reif' für dieses Konzept. Das schützt natürlich die Agentur und zeigt, wie innovativ die Kreativen waren. Ob der Kunde das präsentierte Konzept wirklich verstanden hat oder nicht, lässt sich natürlich schwer beurteilen. In jedem Fall hat es die Agentur nicht verstanden, den Kunden zu überzeugen. Schluss. Aus. Nicht bestanden. Außer, dass eine Agentur damit ihr täglich Brot verdient, ist das nicht weiter wichtig.

4. Seien Sie Feuer und Flamme.

Zeigen Sie Engagement. Je begeisterter Sie von Ihrer Sache sind, desto eher springt der Funke über. Wenn Sie präsentieren, sind Sie der Funke, der das Feuer entfacht. Denn kein noch so gutes Konzept verkauft sich von allein. Also stehen Sie in Flammen, seien Sie ein sprühendes Feuerwerk. Der Kunde spürt dies. Und Sie setzen einen Flächenbrand in Gang, den keiner stoppen kann!

5. Seien Sie echt.

Wie ich schon sagte: Das Wichtigste an der Präsentation sind Sie. Wenn der Kunde Ihnen glaubt, glaubt er auch dem präsentierten Konzept. Er kauft zuerst Sie und dann das Konzept. Ihr Kunde merkt sofort, wenn das, was Sie darzustellen versuchen, überhaupt nicht Ihrer Persönlichkeit entspricht. Dies färbt dann sofort negativ auf Ihr Konzept ab. Also seien Sie lieber Sie selbst.

6. Seien Sie überzeugend.

Also das müssen Sie auf jeden Fall sein! Sonst sollte besser jemand anderes den Job machen. Wenn Sie Ihre Argumentation souverän vortragen, dann wird der Kunde Ihnen folgen. Sie sind sein Mann/Frau. Strahlen Sie das auch aus.

7. Seien Sie überraschend und spontan.

Denn erstens kommt es anders und zweitens als man denkt. Bereiten Sie nicht alles für Ihre Präsentation bis zum letzten Witz, bis zum letzten Detail vor. Lassen Sie einen gewissen Freiraum für Spontaneität. Wenn Sie den Kunden in der Präsentation von Anfang an schachmatt setzen, dann wird er es auch sein, nämlich schachmatt. Doch das ist nicht das Ziel. Gewonnen haben Sie damit gar nichts. Der Kunde will mitspielen - er möchte teilhaben. Also planen Sie nicht alles. Was nicht heißt, dass Sie überhaupt nicht planen!

8. Seien Sie ehrlich.

Es ist schon komisch, dass ich das erwähne. Aber allzu oft hat der Kunde den Eindruck, hier wird ihm ein listiges, unehrliches Schauspiel dargeboten. Denken Sie an die Zunft der Hütchenspieler.

Wenn der Kunde hingegen tatsächlich den Eindruck hat, dass Sie ehrlich und offen zu ihm sind, dann ist er es auch - soweit er es zulassen kann. Sie können ruhig einmal zugeben, dass Sie an diese oder jene Sache noch nicht gedacht haben. Natürlich nur, sofern diese Sache nicht wirklich wesentlich ist. Dieser Punkt ist sehr wichtig, denn nur so baut sich gegenseitiges Vertrauen auf - der Grundstein einer jeden Beziehung.

Bitte verstehen Sie diese Regeln nicht als ‚Weltformel' für eine steile Karriere zum Millionär. Es sind meine persönlichen Erfahrungswerte. Ich glaube allerdings, dass sie so elementar sind, dass ein Nichtbeachten fast schon eine Garantie für Misserfolg sein kann. Alles schon selbst ausprobiert. Zugegeben, das Beachten dieser Regeln ist nicht immer einfach. Aber habe ich gesagt, dass es einfach ist? Eben. Dann könnte das ja wohl jeder.

6. Präsentieren in Zeiten der New Economy

Das Jahr 2000 war das Jahr der New Economy. Wir haben kometenhafte Aufstiege gesehen und beobachteten den tiefen Fall vieler Unternehmen. Einige sind schon ausgeschieden, andere liegen im ‚Sterben' oder werden auf der Intensivstation betreut. Es war ein ‚Hype', der auch vor der Agenturszene nicht Halt gemacht hat. Viele Agenturen stürzten sich förmlich auf diese neue Klientel. Einige hatten damit Erfolg, viele aber erlitten Schiffbruch. Was war geschehen?

Die New Economy rühmte sich damit, die Gesetze des Marktes zu revolutionieren, ja geradezu sie umzukehren. Es zählte plötzlich nicht mehr das, was einmal war. Während die Vorstände der so genannten Old Economy an dem Cash Flow und den realisierten Gewinnen gemessen wurden, war es plötzlich normal und schick, mit Verlusten zu protzen. Kein Unternehmen der Old Economy würde es wagen, seinen Kunden und vor allem seinen Aktionären und Investoren mitzuteilen, dass man frühestens in zwei bis drei Jahren schwarze Zahlen präsentieren könne. Je höher der Verlust, so schien es, desto besser die Aussichten auf eine strahlende Zukunft.

Die schier unendliche Gier auf ein neues *Microsoft* zu Beginn seiner Geschäftstätigkeit ließ die Börsenkurse in die Stratosphäre schießen. Und die Agenturszene spekulierte mit. Nicht an der Börse, sondern bei der Betreuung der Kunden. Ganz in dem Glauben, hier ein kleines, aber künftig großes Unternehmen zu betreuen und damit später ganz groß rauszukommen. So hatten die Agenturen wesentlichen Anteil an der Spekulationsblase.

Die Chefs der New Economy lockten die Agenturen mit verhältnismäßig großen Etats - oder zumindest mit den Aussichten darauf. Nicht selten lagen die Etats bei mehr als 50 Prozent der gesamten Business-Investitionen. Goldgräberstimmung war ausgebrochen. Marketing war das Zauberwort. Fast war es wie 1989, als nach der Öffnung der Grenzen die damaligen DDR-Betriebe in Scharen an die Türen der Werbeagenturen klopften. Im Ernst: Man hätte damals Nummern wie beim Zahnarzt austeilen müssen. Der Glaube an den Gott ‚Marketing' war immens. Im Jahr 2000 hatte dies aber noch einen wesentlichen, anderen Grund: Die Produkte und Dienstleistungen sind durch das Internet unsichtbar geworden. So kann man sie nicht mehr fühlen, riechen oder anfassen. Zudem sind viele neue Dienste hinzugekommen, die es ohne das Internet gar nicht geben würde. Werbung sollte (und soll) dieses Manko ersetzen. Also präsentierten viele Agenturen ‚auf Teufel komm raus'. Wer nicht mitmachte, war ‚out', eine 'Old Agency' sozusagen.

Sie können sich sicherlich vorstellen, dass diese Umwälzungen nicht spurlos an den ‚Brettern, die die Welt bedeuten', vorübergegangen sind. Die Präsentationswelt ist eine andere geworden. Auch hier haben die Chefs aus der New Economy neue Maßstäbe gesetzt. Aber was für welche! Die Werbeagenturen sollten einen Teil des unternehmerischen Risikos mittragen. Das fing mit dem Fehlen eines Präsentationshonorars an und ging dann so weit, dass der Kunde ganz in Frage stellte, dass die Agentur an ihm etwas verdiente. Schließlich könne man ja später, wenn der Kunde groß geworden sei, richtig ‚absahnen'. Nun, von dem Sahnehäubchen haben die meisten Agenturen nichts gesehen. Bei den meisten ist außer Spesen nichts gewesen bzw. geblieben.

Sie erinnern sich vielleicht noch an den typischen Ablauf des Geschehens bis zur Präsentation, den ich zu Beginn des ersten Kapitels kurz vorstellte. Nun, das lief jetzt so ab: Der New Economy-Kunde teilte in einem Wirrwarr von marketingtechnischen Fachbegriffen sein Briefing mit, meistens nur noch mündlich. Daraufhin hatte die Agentur eine Woche Zeit bis zur Präsentation. Tja, das Internet ist schnell und in zwei Wochen kann alles anders sein. Was natürlich völliger Blödsinn ist. Obwohl ich dem ganzen ‚Hype' von Anfang an etwas skeptisch gegenüberstand, konnten auch wir uns nicht ganz von der Hysterie befreien und nahmen also an verschiedenen Präsentationen teil. Wir saßen teilweise Chefs gegenüber, die aussahen, als hätten sie gerade das Abitur gemacht. Mit sehr wichtigen Fachtermini umschrieben sie die wahnsinnige Aufgabe, für sie arbeiten zu dürfen. Dabei dachte ich oftmals: *„Junge, geh doch erstmal Dein Zimmer aufräumen."* Kein klares Briefing, kein realistisches Timing, meist kein definitiver Etat und oftmals auch kein wirklicher Geschäftszweck.

Alle sprachen nur noch von Markenbildung. Einer der wichtigsten und immer wiederkehrenden Leitsätze der New Economy-Chefs war: *„Wir müssen aus unserem Start Up zunächst einmal eine Marke machen."* Und das, obwohl die Zielgruppe noch nicht einmal wusste, was das Unternehmen für ein Produkt oder eine Dienstleistung anbietet! Sicherlich ist es richtig und wichtig, alle Marketingbestrebungen in den Aufbau einer Marke zu setzen. Dazu gehört allerdings auch, den Nutzen für den Anwender zu kommunizieren, der zum Großteil gar nicht bekannt war!

Für die Markenbildung gaben die Auftraggeber dann in der Regel einen Zeitraum von drei bis sechs Monaten vor. Und viele Agenturen haben sich darum gerissen, für diese Kunden arbeiten zu dürfen - auch wenn sie wussten, dass dies ein zweifelhafter Weg ist und sie wahrscheinlich nichts oder nur wenig verdienen würden. Und warum? Ganz einfach. Der Letzte macht das Licht aus. Und keiner will gerne der Letzte sein. Also machten alle mit.

Dabei brauchte man sich nur zu fragen, welchen Vorteil der Verbraucher davon hat, wenn er die angebotene Dienstleistung über das Internet nutzt und nicht auf dem konventionellem Wege! Seine Bankgeschäfte in Zukunft über das Internet abzuwickeln, ist sicherlich sehr sinnvoll. Aber meine Jeans oder meinen Anzug muss ich ansehen, anziehen und fühlen können. Daher überrascht es mich überhaupt nicht, dass manche Vertriebsideen nicht über das Internet funktionieren und einige Firmen mit Investitionen von über 51,2 Mio. Euro nach wenigen Monaten Pleite sind. Trotz alledem sind solche und andere Dienstleistungen sehr intensiv beworben worden. Dabei lohnt es schon im Ansatz nicht, dafür Konzepte zu entwickeln, geschweige denn, sie zu präsentieren.

Zum Glück findet jeder ‚Hype' das gleiche Ende wie der Modetrend des letzten Sommers. Jetzt, da alle wieder auf den Boden der Tatsachen zurückgekommen sind, wobei einige ziemlich hart aufschlugen, besinnt man sich wieder auf die alten Werte und Gesetze. Man achtet wieder darauf, dass das Geschäftsmodell sinnvoll ist, dass es in kurzer Zeit einen angemessenen Return On Investment (ROI) verspricht, dass es Gewinne abwerfen wird usw. Auch die Präsentationen folgen wieder dem gleichen Muster wie schon in der Old Economy. Gute Vorbereitung kostet Zeit, ist aber die halbe Miete. Das haben auch die Chefs der noch bestehenden Dot.Com-Unternehmen inzwischen verstanden. Und ein interessantes Geschäftsmodell lässt sich mit einem gut präsentierten und überzeugenden Werbekonzept immer vermarkten.

Die Auswirkungen dieses Hypes sind allerdings 2001 noch heftigst zu spüren. Es wurde viel Geld verbrannt. Der Übertreibung folgt die Untertreibung. Von den Dot.Coms sind wenige übrig geblieben. Die Investoren verloren Geld, die Aktionäre ebenfalls. Alle sind vorsichtiger geworden. Etats in der New Economy sind nicht mehr schick und meist sowieso nicht mehr vorhanden. In der Old

Economy besinnt man sich wieder auf das Kerngeschäft und leckt seine Wunden aus den Fehlinvestitionen in der New Economy. Es bleibt also alles, wie es ist. Es gibt nur eine Economy. Und die funktioniert, wie schon seit eh und je. Nur die Absatzkanäle verändern sich. Und wer weiß: Vielleicht werden wir in nicht allzu langer Zeit über das Internet präsentieren. Rein virtuell, versteht sich. Glauben Sie das wirklich?

Ich glaube, dass die gute alte Präsentation immer bestimmten Gesetzen folgen wird. Die Präsentation wird sich sicherlich stark in der Technik verändern. Dennoch: Eine Präsentation ist wie ein erstes Rendezvous. Seien Sie klar, verständlich, überraschend und emotional ansprechend. Behalten Sie immer die Bedürfnisse des Anderen im Auge. Lernen Sie, wie Ihr Kunde zu denken, zu fühlen und zu handeln. Erzählen Sie mit Ihren Konzepten Geschichten, die emotional bewegen. Machen Sie aus Ihrer Präsentation ruhig ein Event. Verstehen Sie es als ein Event! Sie werden sehen, dann wird es auch ein zweites Rendezvous geben! Ob Sie dabei wie vor 30 Jahren rote Rosen einsetzen oder vielleicht in 20 Jahren digitale Rosen. Wichtig ist nur eines: Du sollst nie langweilen! Weder bei der Präsentation, noch bei dem Rendezvous.

7. Anhang

1 Die Kampagne der Berliner Stadtreinigungsbetriebe (BSR) erhielt die Auszeichnung für den Branchensieger im Jahrbuch der Werbung 1999 und schaffte es in die Endrunde der Effie-Awards 1999 für effiziente Werbung. Das Motiv des Monats April 1999 ‚Saturday Night Feger' kam unter die zwölf Finalisten zur ‚Anzeige des Jahres' beim Wettbewerb der Zeitungs Marketing Gesellschaft (ZMG). Ferner wurde die Kampagne mit der Auszeichnung ‚Plakat 1998/99' dekoriert und im Bereich Tageszeitungsanzeigen mit dem Preis ‚Kampagne des Jahres' ausgezeichnet.

Auszeichnungen der Kampagen bisher:

1999	Bestes Motiv des Monats April 1999 (w&v, Anzeige ‚Saturday Night Feger')
1999	Branchensieger im ‚Jahrbuch der Werbung 1999' (Econ, Beste Kampagne für Umwelt- und Wirtschaftsförderung)
2000	Beste Kampagne des Jahres 1999 (TZ Kreativ, Kampagne ‚We Kehr for You')
2000	Auszeichnung ‚100 Beste Plakate 2000' (Motive aus der BSR-Kampagne ‚We Kehr for You')
2000	Auszeichnung für die Wirksamkeit von Werbung (Effie, BSR-Kampagne)
2001	Bronze für ‚Gewinnende Werbung' (Kampagne ‚Mach's rein')
2001	Auszeichnung ‚100 Beste Plakate 2001' (2 Motive aus der BSR-Kampagne ‚Machs rein')
2001	Auszeichnung ‚Deutscher Preis für beste Wirtschaftskommunikation 2001' der FHTW Berlin

Prof. Dr. Ingomar Kloss

Das Motto „It is easier to act the way into a new way of thinking, than to think the way into a new way of acting" kennzeichnet vielleicht am besten meine Auffassung vom Marketing: Die Suche nach pragmatischen Lösungen.

Die Praxis konnte ich in 13-jähriger Berufserfahrung im Marketing von namhaften internationalen Markenartiklern aus dem Nahrungs- und Genussmittelbereich kennenlernen. Ich verbrachte fünf Jahre im Hause Jacobs Suchard sowohl im Kaffee- als auch im Schokoladenbereich, zuletzt in Brüssel mit der Verantwortung für Milka in Belgien. Mein Wechsel zu der zu Reemtsma gehörenden Badischen Tabakmanufaktur Roth Händle führte mich zurück nach Deutschland in den Schwarzwald. Von dort zog es mich nach drei Jahren zu Knorr nach Heilbronn, wo ich zuletzt für den Bereich Saucen verantwortlich zeichnete.

1994 bot sich mir die Möglichkeit, meine praktischen Erfahrungen in der Lehre als Professor für Marketing weiterzugeben und ich wechselte an die Fachhochschule Stralsund, die sich damals noch im Aufbau befand, aber heute bereits unter den Top 5 der deutschen Fachhochschulen rangiert. Ich halte Lehrveranstaltungen über Strategisches Marketing, Werbung, Werbeträger, Werbung below the line, Copy Analyse, Internationale Markenführung und Internationale Werbung.

Da Werbung schon immer der Bereich war, der mich im Marketing am meisten faszinierte, konnte ich gewissermaßen mein Hobby zum Beruf machen und mich auch in Forschung und Lehre auf diesen Bereich konzentrieren. Ich promovierte über den Einfluss des Werbeumfeldes auf die Werbewirkung, wobei ich Effizienz- und Effektivitätsaspekte in der Planung der Programmumfelder für die Fernsehwerbung in Deutschland untersuchte.

Mein derzeitiges Hauptprojekt besteht in der Transparentmachung von Werbebedingungen in unterschiedlichen Ländern. Ich akquiriere über das Internet Kollegen aus aller Herren Länder für Beiträge darüber, was ein Werbungtreibender in seinem Land zu beachten hat. Bisher liegen Beiträge aus 30 Ländern in der Reihe ‚Advertising Worldwide' vor. Es bleibt also noch viel zu tun.

Internationale Werbung - Herausforderung für Unternehmen

Prof. Dr. Ingomar Kloss

Im Zeitalter der Globalisierung überschreiten immer mehr Unternehmen ihre nationalen Grenzen. Dies kann aus eigenem Antrieb geschehen, weil die Möglichkeit verlockend erscheint, die eigenen Produktionskosten zu senken, Überkapazitäten abzubauen oder neue Märkte zu erschließen. Es kann aber auch sein, dass Unternehmen vom Wettbewerb zu diesem Schritt gezwungen werden, weil sich z.B. ausländische Konkurrenten im Heimatmarkt niedergelassen haben.

Globalisierung im Sinne weltweiten Wettbewerbs und weltwirtschaftlicher Arbeitsteilung hat in die internationalen Märkte eine Dynamik gebracht, die sich auch in den weltweiten Werbeausgaben niederschlägt: Für das Jahr 2001 werden sie mit etwa 340 Mrd. Dollar beziffert, von denen mehr als 70 Prozent auf Nordamerika und Europa entfallen, 18 Prozent auf Asien und den pazifischen Raum und weniger als 10 Prozent auf den Rest der Welt.[1] Die 50 größten werbungtreibenden Unternehmen der Welt, die v.a. aus der Automobil-, der Nahrungs- und Genussmittel- und der Körperpflegebranche kommen, werben mit Etats, die zwischen 340 Mio. und 4,7 Mrd. US-Dollar liegen! Diese Summen lassen die Bedeutung erahnen, die der Internationalen Werbung zukommt.[2]

All diese Unternehmen stehen - wie internationale Werbung insgesamt - vor der schwierigen Aufgabe, die Standardisierbarkeit von Markennamen, Markenlogos (International Branding) und Werbekampagnen international erfolgreich umzusetzen: Sollte ein Unternehmen, das grenzüberschreitend werben will, im Ausland die gleiche Werbung schalten wie im Heimatmarkt? Kann es international eine einheitliche Werbekonzeption verfolgen oder sollte für jedes Land eine spezifische Werbekonzeption erstellt werden, die die jeweiligen nationalen Eigenheiten berücksichtigt? Auf diese wichtigen Fragen wollen wir Antworten suchen.

Prinzipiell ist festzuhalten, dass die weltweit identische Werbekonzeption nach dem Motto ‚one product, one message worldwide' für die Strategie der *Standardisierung* steht und üblicherweise als *globale Werbung* bezeichnet wird. Demgegenüber werden im Rahmen der *Differenzierungsstrategie* mehrere Länder völlig unabhängig voneinander bearbeitet, so dass länderspezifische Gegebenheiten berücksichtigt werden können. Dieses Vorgehen wird auch *multinationale Werbung* genannt.

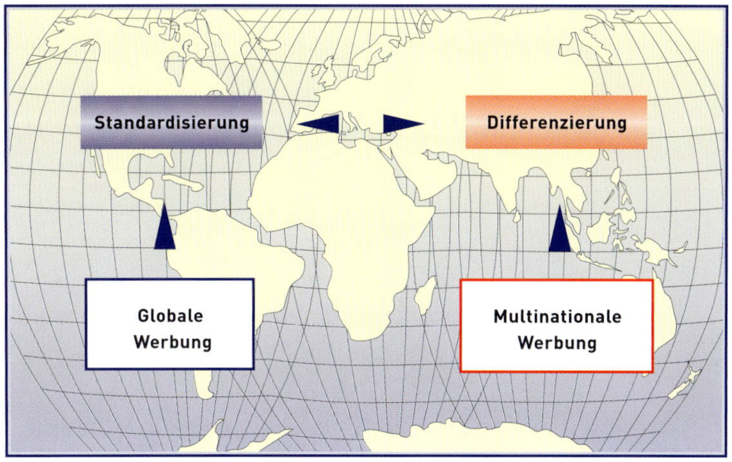

Gegensätzliche Grundstrategien internationaler Werbung

Ich werde im Folgenden zunächst die beiden Positionen der differenzierten und der standardisierten internationalen Werbung vorstellen, um dann auf potentielle Problembereiche in Form von Kommunikationsbarrieren einzugehen, die beide strategische Vorgehensweisen berücksichtigen sollten, um erfolgversprechend zu sein. Abschließend will ich versuchen, eine Antwort zu geben, ob und wann es Sinn macht, im Ausland genauso vorzugehen wie im Heimatmarkt.

1

1. Die Kontroverse - Standardisierung oder Differenzierung als internationale Marketing- und Werbestrategie?

1.1 Vorteile von Standardisierungsstrategien (Globale Werbung)

Die Diskussion über die Vor- und Nachteile eines standardisierten oder differenzierten Vorgehens wurde vor allem durch einen Aufsatz des Harvard-Professors Theodore Levitt belebt. Er vertritt die These, dass sich die Verbraucherbedürfnisse weltweit immer stärker angleichen, was er auf zunehmende psycho- und soziodemographische Ähnlichkeiten der Zielgruppen, hohe Mobilität und neue Kommunikationstechnologien zurückführt. Die Konvergenz der Verbraucherbedürfnisse führt gemäß Levitt zur weltweiten Homogenisierung der Nachfrage, was eine Standardisierung der Produktion ermöglicht und Kostenvorteile (Skalen- und Erfahrungskurveneffekten[3]) mit sich bringt.[4] Im Rahmen internationaler Werbung sind mit einer standardisierten Kommunikation insbesondere folgende Vorteile verbunden:[5]

1. Länderübergreifende Ressourcen-Nutzung

Innerhalb multinationaler Unternehmen lassen sich Ressourcen länderübergreifend entweder finanziell oder im Hinblick auf das Know-how bündeln. Ein Unternehmen kann z.B. in internationalen Arbeitsgruppen das Marketing-Know-how der einzelnen Länderniederlassungen zusammenführen. Auf diese Weise können Kampagnen abgestimmt werden, die in allen beteiligten Ländern auf Akzeptanz treffen. Wenn das Kommunikationsbudget von mehreren Ländern gebündelt wird, kann das zur Produktion von Kampagnen führen, die ansonsten zu kostspielig wären. So konnte beispielsweise *Philips* einen mit 2,56 Mio. Euro dotierten 3-Jahres-Vertrag mit Boris Becker nur deshalb unterzeichnen, weil mehrere Länderniederlassungen ihre Werbebudgets zusammenlegten.

2. Erzielung von Kosteneinsparungen

Den mit Abstand bedeutendsten Teil der Werbekosten bilden die Streukosten (also die Ausgaben für die Schaltung von Werbemitteln wie z.B. Spots in den Werbeträgern, etwa Fernsehen oder Hörfunk). Einsparmöglichkeiten ergeben sich v.a. bei den Produktionskosten und den Agenturhonoraren, deren Anteil an den Gesamtkosten in Deutschland etwa bei einem Drittel liegt. Zum Beispiel produziert *Coca Cola* seine Werbespots zentral. Die nationalen Niederlassungen von *Coca Cola* können sich dann diejenigen Spots aussuchen, die sie für das jeweilige Land als geeignet erachten. Durch die Produktion weltweiter Werbespots konnten im Laufe von 20 Jahren mehr als 90 Mio. Dollar an Werbekosten gespart werden. Soweit sprachliche Anpassungen notwendig sind, werden die Spots neu synchronisiert, was in jedem Fall erheblich preiswerter ist, als wenn der Spot neu produziert werden müsste.

3. Ausschöpfung von Medien-Overspills

Ein Medien-Overspill bezeichnet die Nutzung ausländischer Werbeträger im Inland bzw. inländischer Werbeträger im Ausland, z.B. den Empfang deutscher Fernsehwerbung in den grenznahen Regionen der Beneluxstaaten und umgekehrt. Derartige Reichweitenüberhänge stellen für die Werbungtreibenden einen Bonus dar, weil solche Überhänge zusätzliche Reichweiten bedeuten, für die sie nicht zu zahlen brauchen. Derartige Overspills lassen sich allerdings nur bei einheitlicher Kommunikationsstrategie nutzen. Wenn in benachbarten Ländern unterschiedliche Kampagnen gefahren werden, kann es in den Overspill-Gebieten zur Verwirrung bei den Verbrauchern kommen. Grenzüberschreitende Reichweiten beschränken sich im Wesentlichen auf diese Medien-Overspills, da es derzeit noch keine transnationalen Medien gibt, die international eine flächendeckende Zielgruppenansprache erlauben. Die Medienstrukturen sind nach wie vor regional und national geprägt.

4. Aufbau globaler Images

Die vielleicht wichtigste Zielsetzung eines standardisierten Werbeauftritts ist die Gewährleistung eines international einheitlichen Auftretens der Marke mit entsprechend einheitlicher Positionierung. Allerdings führt eine weltweit einheitliche Kommunikation nicht notwendigerweise auch zu einer weltweit einheitlichen Positionierung, denn ein und derselbe Kommunikationsinhalt kann von internationalen Zielgruppen durchaus verschieden interpretiert werden. Für weltweit operierende Unternehmen ist ein einheitlicher Auftritt jedoch naheliegend. Beispielsweise orientiert sich die *Lufthansa* an folgenden Werberichtlinien: *„Da unsere Kunden sich von Land zu Land und von Kontinent zu Kontinent bewegen, sollte es selbstverständlich sein, dass sie uns überall in unserer Werbung auch sofort als Lufthansa identifizieren können. Je kontinuierlicher wir uns in unserem werblichen Auftreten verhalten, je weniger wir den Stil unserer Werbung variieren oder gar wechseln, umso größer ist die kumulierte Wirkung aller unserer werblichen Anstrengungen und umso wirtschaftlicher ist der Einsatz unseres Werbebudgets."*[6]

In der Tat scheint vieles für die These Levitt's zu sprechen. Viele Produkte werden weltweit distribuiert und nachgefragt. Marken wie *Coca Cola*, *Marlboro*, *Nike* und viele Designerprodukte werden weltweit mit weitgehend identischem Marketing-Mix geführt.

Für den Aufbau einer Weltmarke im Rahmen des International Branding steht die Standardisierung im Vordergrund. Als Weltmarke wird eine Marke bezeichnet, wenn sie weltweit weitgehend einheitlich erscheint und eine hohe symbolische Wirkung bei den Verbrauchern hat, d.h. von allen in gleicher Weise verstanden wird. In diesem Sinne sind z.B. *Apple*, *IBM*, *Hyatt*, *Coca Cola*, *Ford*, *VW*, *Porsche*, *Nivea*, *Lacoste*, *Pizza Hut*, *BMW*, *Rolex* und *Rolls Royce* als Weltmarken zu bezeichnen.[7,8]

Logos von Weltmarken

Wenn das strategische Ziel verfolgt wird, eine Weltmarke aufzubauen, so kann die Standardisierung von Markenname und Markenlogo als der Regelfall im internationalen Marketing angesehen werden. Als notwendige Voraussetzung für international standardisierte Werbung muss mindestens eine internationale Einheitlichkeit der Marke und der Unternehmenszielsetzungen gegeben sein, um dann in allen Ländern möglichst ähnliche Zielgruppen ansprechen zu können. Ein gutes Beispiel für eine standardisierende Schwerpunktsetzung bei internationalem Marketing und Kommunikation ist die Kosmetikbranche und *L'Oréal:*[9]

„L`Oréal ist heute nicht mehr das multinationale Unternehmen, das in mehreren Ländern agiert und seine Produkte und Strategien jeweils voll an die lokalen Gegebenheiten anpasst. Vielmehr sind wir inzwischen in die Phase des global operierenden Unternehmens hineingewachsen, das die Welt als großen, einheitlichen Markt sieht, der im Prinzip überall mit den gleichen Produkten und denselben Strategien bedient wird. Dennoch hat das Feintuning des 'act locally' natürlich nach wie vor seine Berechtigung – etwa im Vertrieb, Merchandising und bei den Promotions.

In der Markenpolitik kommt es also zu einer Bündelung der Kräfte, zu einer Standardisierung und Vereinfachung, die nicht mehr die Unterschiede in den einzelnen Ländern sucht, sondern die Gemeinsamkeiten. Dies wird insbesondere in den Kosmetikmärkten dadurch erleichtert, dass es heute starke internationale Trends gibt. Die Vorstellungen von Schönheit und Lebensstil laufen rund um den Globus zusammen. Kurz, die Konsumenten, zumindest diejenigen, die die Zielgruppe großer Kosmetikmarken sind, reagieren in allen Ländern ungefähr gleich. So wird L`Oréal in Zukunft Mittel und Strategien noch weiter konzentrieren. Von den über 500 Marken, die heute weltweit in allen Segmenten des Kosmetikmarktes angeboten werden, sind es nur zehn Mega-Brands, die bereits über 80 Prozent des Konzernumsatzes auf sich vereinen: L`Oréal, Laboratoires Garnier, Maybelline (USA), Vichy, Lancôme, Helena Rubinstein, Giorgio Armani, Ralph Lauren, Redken und Biotherm. Diese großen Dachmarken haben in allen Ländern dieselbe Positionierung, ja meistens sogar eine identische Werbeaussage."

1.2 Multinationale Werbung: Vorteile von Differenzierungsstrategien

Die Gegner der These Levitt's argumentieren, dass sich das Verbraucherverhalten international genau entgegengesetzt entwickelt, nämlich in Richtung einer zunehmenden Individualisierung, die entsprechend eine stärkere Differenzierung erfordert. Der bekannte Marketing-Professor Philip Kotler hält Levitt entgegen, dass dieser den Erfolg internationaler Marken falsch interpretiere.[10] Auch *McDonald`s* hätte sich mit seinem Angebot an den Geschmack unterschiedlicher Regionen angepasst: In Deutschland bietet *McDonald`s* Bier an, in Frankreich Wein und in Singapur und Malaysia Fruchtsaft. In Indonesien wird Reis zum *Big Mac* serviert und in Mexico Chilisoße statt Ketchup.

Die vor allem kulturgeprägten Unterschiede zwischen den Verbrauchern sind nach dieser These in den einzelnen Ländern größer als deren Gemeinsamkeiten. Dafür spricht, dass die Differenzierungsstrategie insbesondere auf gesättigten Märkten ein Grundgesetz des Marketing und die Basis für Wettbewerbsvorteile ist. Marken wie *McDonald`s*, *BMW* oder *Nescafé* bzw. der größte Teil aller internationalen Lebensmittelunternehmen wie *Unilever* oder *Nestlé* verfolgen ein länderspezifisches Produktmarketing.

Werbungtreibende, die national differenzierte Werbeauftritte verfolgen, begründen dies mit der Unterschiedlichkeit der Verbraucher von Land zu Land, die entsprechend nur mit maßgeschneiderten, länderspezifischen Kampagnen erreicht werden können. So geht der Trend bei international Werbungtreibenden zu differenzierten Werbeauftritten.[11] Selbst der vermeintlich ‚globalste' Markenartikler *Coca Cola* überdenkt seine Strategie und gibt seinen Führungskräften in den Regionen vor, so lokal wie möglich zu denken. Der ehemalige Chief Operating Officer Jack Stahl hat die Richtung vorgegeben: *„Unsere Kunden auf der ganzen Welt wollen in einer Art und Weise angesprochen werden, mit der sie etwas anfangen können. Die wollen keine Werbung, die überall gleich aussieht. (...) Wir müssen genau wissen, wie wir einen New Yorker ansprechen wollen oder einen Menschen in einer Stadt in Brasilien. Das ist der beste Weg, immer mehr Coca Cola zu verkaufen"*.[12]

Länderspezifische Unterschiede im Produktdesign bei Coca Cola

Die Kategorisierung einer Marke als ‚global' bedeutet also nicht notwendig, dass sie auch im Hinblick auf Markenname, Produkt, Verpackung oder Werbung global standardisiert ist. Diese Voraussetzungen erfüllt kaum eine globale Marke. Fast immer ist der Marketing-Mix dieser Marken den lokalen Notwendigkeiten angepasst. Selbst *Coca Cola* variiert im Geschmack, je nachdem, ob in den jeweiligen Ländern süßere oder weniger süße Getränke präferiert werden. Globale Marken sind nur in seltenen Fällen in allen Märkten wirklich identisch. Deshalb gilt als Hauptkriterium für die Klassifizierung einer Marke als Weltmarke lediglich, dass sie unabhängig von der konkreten Ausgestaltung des Marketing-Mix weltweit die gleiche Positionierung besitzt.[13] Das *Bacardi*-Feeling, mit dem man Karibik, Sonne und Strand verbindet, dürfte wohl weltweit kommunizierbar sein.

Das Karibik-Flair der Bacardi-Werbung dürfte auf der ganzen Welt Sehnsüchte wecken.

Demgegenüber ist die länderübergreifende Kommunikation mit dem *IKEA*-Elch begrenzt: Während ihm in Deutschland viele Sympathien entgegen gebracht werden, gilt er in Skandinavien als dummer, waldschädigender und Verkehrsunfälle provozierender Schmarotzer, weshalb *IKEA* dort auf seine kommunikative Einbindung verzichtet.[14]

Der IKEA-Elch wurde in den 70er Jahren zum Sympathieträger, den in Deutschland Groß und Klein mochte. In Skandinavien allerdings hat IKEA auf ihn verzichtet, weil der Elch als Tier dort nicht sonderlich geschätzt wird.

Ein weiterer Grund für die Notwendigkeit, eine Marke international differenziert zu führen, ergibt sich, wenn Unternehmen nicht mit ihrer eigenen Marke ins Ausland expandieren, sondern sich dort existierende Marken hinzukaufen. Beispielsweise bietet der *Unilever*-Konzern seine zugekauften Speiseeismarken international mit identischem Markenzeichen (Bildmarke) an, aber mit unterschiedlichen Markennamen (Wortmarke), wie sie in den Ländern vor der Übernahme üblich waren (siehe untenstehende Weltkarte): *Langnese* in Deutschland; *Algida* in Italien, Griechenland und der Türkei; *Ola* in Holland und Belgien; *Frisko* in Dänemark; *Frigo* in Spanien; *Eskimo* in Österreich und Ungarn; *Miko* in Frankreich; *Good Humor* in den USA und Kanada; *Pierrot Lusso* in der Schweiz und *Bresler* in Chile.

Speiseeismarken des Unilever-Konzerns

International unterschiedliche Marken finden sich auch in den Bereichen Waschmittel und Hauhaltsreiniger. Aber: Unabhängig davon ist es *Unilever* gelungen, seine Premium-Eismarke *Magnum* als globale Marke mit einem länderübergreifenden Konzept in 50 Ländern zu positionieren.

Fazit: Die Argumente für oder gegen international standardisierte Werbekampagnen stehen diametral zueinander: Die Befürworter standardisierter globaler Werbung argumentieren, dass die Verbraucher weltweit die gleichen Grundbedürfnisse haben und somit in gleicher Weise angesprochen werden können. Dem halten die Gegner der Standardisierung entgegen, dass die Unterschiede zwischen den Verbrauchern in einzelnen Ländern eher grundsätzlicher denn gradueller Art sind.

National Werbungtreibende haben hier den Vorteil, dass sie den politischen, sozialen und kulturellen Rahmen kennen, in dem sie ihre Werbung schalten. Für international werbende Unternehmen stellt sich eine fundamental andere Situation dar, da internationale Werbung immer in unterschiedlichen soziokulturellen Systemen erfolgt.[15] Obwohl in den industrialisierten Ländern dieser Welt eine gewisse Homogenisierung der Nachfrage behauptet wird, findet der Konsum doch immer unter nationalen Gegebenheiten statt.

Für international Werbungtreibende stellt sich somit das grundlegende Problem, *Informationen über die jeweiligen nationalen Werbebedingungen zu bekommen, also zu analysieren, wie in den einzelnen Ländern geworben werden soll.* Es sind vor allem die folgenden Fragen, auf die eine Antwort gefunden werden muss und zwar für jedes Land, in dem geworben werden soll:[16]

- Welche sozialen, kulturellen oder religiösen Besonderheiten sind zu berücksichtigen?
- Gibt es irgendwelche Tabus?
- Welche Werbeinfrastruktur ist gegeben?
- Wie steht es mit der Verfügbarkeit der verschiedenen Werbeträger?
- Welche Besonderheiten hinsichtlich des Mediennutzungsverhaltens bestehen?
- Gibt es rechtliche Beschränkungen?

Wir wollen uns im Folgenden näher mit Hindernissen und Barrieren für internationale Werbung beschäftigen, wie sie in Form von kulturellen, infrastrukturellen und mediennutzungsbezogenen Unterschieden sowie rechtlichen Beschränkungen zum Ausdruck kommen, um dann abschließend noch einmal auf die beiden gegensätzlichen Positionen von Levitt und Kotler zurückzukommen.

2. Kommunikationsbarrieren für internationale Werbung

Die Hauptaufgabe international orientierter Werbung besteht darin, dass Verbraucher in einem Land die gleichen Assoziationen mit der Werbung verbinden wie Verbraucher in anderen Ländern. Dabei trifft länderübergreifende Kommunikation auf eine Reihe von Kommunikationsbarrieren, die es zu überwinden gilt.[17]

Grundproblem jeder Kommunikation ist, dass der Empfänger die Botschaft auch so versteht, wie der Sender sie gemeint hat. *Kommunikation erfolgt nur dann und ist nur dann einflussreich, wenn die Bedeutungsinhalte für die andere Seite unmissverständlich übermittelt werden.* Es ist unmittelbar nachvollziehbar, dass die Wahrscheinlichkeit für kommunikative Missverständnisse steigt, wenn

Kommunikation kulturelle Grenzen überschreitet, wie die folgender Abbildung abstrakt darstellt:

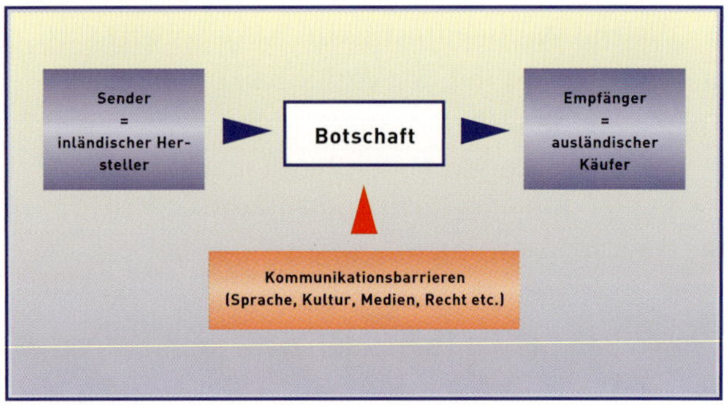

Grundmodell internationaler Kommunikation und potentieller Störungen

Internationale Märkte umfassen mehrere Kulturräume. Auf den Kommunikationsprozess wirken dabei völlig andere Störsignale, als wenn Sender und Empfänger gleiche kommunikative Voraussetzungen haben. Bei dem beabsichtigten Austausch von wechselseitig verständlichen Informationen sind somit unterschiedliche Wertesysteme von Sender und Empfänger zu berücksichtigen, wie sie nicht erst in der Kultur sondern bereits in der Sprache zum Ausdruck kommen können.

2.1 Die Sprache als Kommunikationsbarriere

Die offensichtlichste Kommunikationsbarriere ist die Sprache. Probleme können bereits bei der Übersetzung auftreten. So zeigen die folgenden zwei Beispiele, wie eine schlechte Übersetzung die Kommunikationsziele beeinträchtigen kann:[18]

> **„Ladies, leave your clothes here and spend the afternoon having a good time."**
> **(Anzeige einer römischen Wäscherei)**

> **„There will be a Moscow exhibition of Arts by 1.500 Soviet Republic painters. These were executed over the past two years."**
> **(Aus einer Moskauer Wochenzeitschrift)**

Ist die Übersetzung gelungen, so kann nichtsdestotrotz durch die Interpretation des Übersetzten eine kulturelle Verformung entstehen, wie das folgende Positivbeispiel zeigt:[19]

> **So wird z.B. der Markenname Coca Cola im Chinesischen so übersetzt, dass das chinesische Wort zum einen etwas vom ursprünglichen Klang enthält, zusätzlich aber auch eine Bedeutung: ‚Kekou kelè' ist eine interpretierende, den Laut angleichende Übersetzung von Coca Cola. (...) Die chinesische Übersetzung kennt in China jedermann. Sie klingt phonetisch ähnlich wie Coca Cola, so dass der Konsument sogleich an ein ausländisches Produkt denkt. Zusätzlich lenkt die Bedeutung der chinesischen Lautfolge die Phantasie jedoch in eine bestimmte Richtung. Denn sie besagt wörtlich: ‚Es schmeckt gut und man trinke es mit Behagen.'**

Unterschiede zwischen einzelnen Sprachen gehen häufig weit über die bloße Übersetzungs- und Interpretationsproblematik hinaus. Manche Konzepte lassen sich nicht in andere Sprachen transferieren, da auch die Sprache in hohem Maße Ausdruck des jeweiligen kulturellen Verständnisses ist. Am deutlichsten wird diese Tatsache vielleicht am Beispiel des Humors, der selbst innerhalb eines Sprachraumes sehr unterschiedliche Ausprägungen annehmen kann. *(Mit der Wirkung von Humor beschäftigt sich Axel Mattenklott näher.)*

Außerdem benötigen die einzelnen Sprachen unterschiedlich viele Wörter, um ein und denselben Zusammenhang auszudrücken. Das Englische benötigt normalerweise am wenigsten Platz. Dies kann Probleme bereiten, wenn in einer internationalen Anzeige der Raum, der für den Text zur Verfügung steht, nach der englischen Version bemessen ist, aber für die französische oder spanische Version ein Drittel mehr Platz benötigt wird. Auf der anderen Seite hat das Englische nicht die Feinheit und Raffinesse der Wortwahl, wie sie etwa das Griechische, Chinesische oder Französische besitzen. Diese Sprachen haben viele unterschiedliche Worte für Situationen und Gefühle, die sich nicht genau ins Englische übersetzen lassen.

Kommunikationsbarrieren grundsätzlicherer Art sind z.B. unterschiedliche Schriften oder Lesegewohnheiten, die einer weltweiten Standardisierung Grenzen setzen. Um in den arabischen Staaten, Russland oder China gelesen und identifiziert werden zu können, müssen die Markenzeichen entsprechend in arabische, kyrillische oder chinesische Schriftzeichen umgesetzt werden. Selbst weitgehend standardisierte Marken wie *Coca Cola* sind den jeweiligen Schriftarten der unterschiedlichen Sprachräume angepasst.[20]

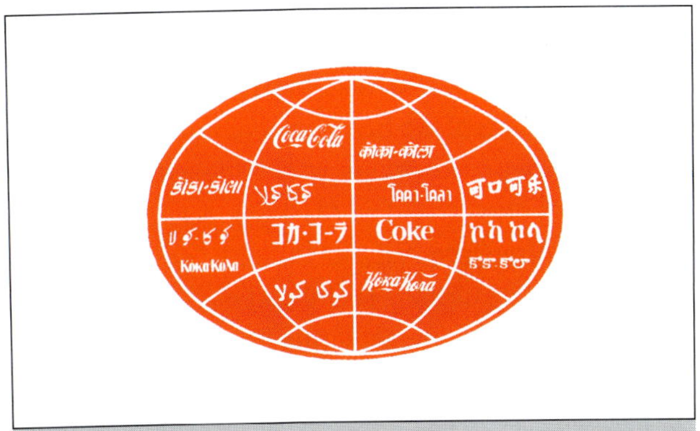

Länderspezifische Anpassung des Schriftzugs von Coca Cola

Darüber hinaus wird im westlichen Sprachraum von links nach rechts gelesen, während im arabischen Sprachraum die Leserichtung von rechts nach links verläuft. Die folgende Abbildung zeigt, wie die Nichtbeachtung dieser kulturellen Lesegewohnheit durch eine standardisierte Werbekampagne für das Kopfschmerzmittel ‚Schmerzfrei' zu einer Werbewirkung bei arabischen Konsumenten führt, die sicherlich so nicht beabsichtigt ist:

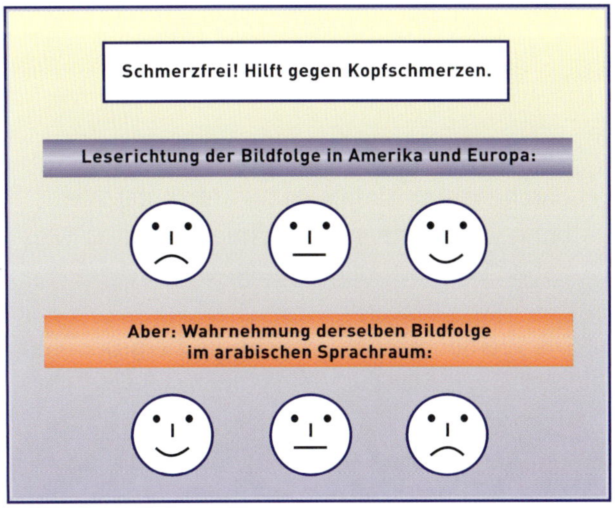

Im arabischen Sprachraum würde solch ein Printmotiv, das eine an Kopfschmerzen leidende Person vor, während und nach einer Tabletteneinnahme der Marke ‚Schmerzfrei' zeigt, als völlig sinnlos, weil kontraproduktiv wahrgenommen werden.[21]

Die geschilderten grundsätzlichen Kommunikationsbarrieren machen im Einzelfall eine Anpassung der Werbung an die nationalen Gegebenheiten unumgänglich. Daneben wirken in der internationalen Kommunikation auch noch spezifische Kommunikationsbarrieren, die eine fallweise Überprüfung der Anpassungsnotwendigkeit von Werbekampagnen erfordern. Insbesondere bei internationaler Werbung geht es um die Überwindung der folgenden Kommunikationshindernisse:[22]

- Die Werbebotschaft erreicht nicht die anvisierte Zielgruppe. Dies ist v.a. ein Streuungs- und Reichweitenproblem bei der Media-Planung.

- Die Werbebotschaft erreicht die Zielgruppe, wird aber nicht verstanden oder missverstanden. In diesem Fall hat das Unternehmen als Werbungtreibender bzw. die beauftragte Werbeagentur die Werbebotschaft nicht adäquat formuliert und/oder übersetzt.

- Die Wirksamkeit der Werbebotschaft wird durch externe Einflüsse, z.B. durch die Werbung von Wettbewerbern beeinträchtigt. Dies haben Werbestrategen zu berücksichtigen.

- Die Werbebotschaft erreicht die Zielgruppe und wird von dieser auch verstanden, bewirkt aber dennoch nicht den beabsichtigten Beeinflussungserfolg. Hier kann das Problem darin liegen, dass die soziokulturellen Eigenheiten der Zielgruppe vernachlässigt worden sind.

Der letzte Punkt berührt eine Schlüsselfrage internationaler Werbung. Die meisten Fehler passieren deshalb, weil die Werbungtreibenden fremde Kulturen nicht verstanden haben bzw. die Werbebotschaft nicht entsprechend adaptiert wurde, weshalb wir im Folgenden ausführlicher auf diesen Aspekt eingehen wollen.

2.2 Kulturelle Kommunikationsbarrieren

Als bedeutendste Kommunikationsbarriere sind die kulturellen Besonderheiten eines Landes zu betrachten. Gehören Sender und Empfänger unterschiedlichen Kulturen an, kann Kommunikation zwischen ihnen nur dann funktionieren, wenn diese auf der Ebene gleicher Bedeutungssysteme erfolgt. Welche Bedeutungssysteme und Ebenen dabei kulturell unterschieden werden können, mag der folgende Ansatz verdeutlichen.

2.2.1 Das 5-D-Modell kultureller Unterschiede

Sollen verschiedene Länder und Kulturen miteinander verglichen werden, ist es notwendig, Kriterien zu haben, die zwischen allen Kulturen als normative Größen Geltung besitzen und mit denen der Grad der Gemeinsamkeit bzw. Verschiedenartigkeit aufgezeigt werden kann. Das 5-D-Modell[23] unterscheidet fünf Dimensionen, anhand derer sich Kulturen miteinander vergleichen lassen:

- Machtdistanz,
- Maskulinität versus Feminität,
- Vermeidung von Unsicherheit,
- Individualismus versus Kollektivismus,
- Kurzzeit- versus Langzeitorientierung.

- Kulturdimension 1: Machtdistanz

Machtdistanz kann definiert werden als Grad der Autoritätsakzeptanz bzw. -ablehnung, also das Ausmaß, in dem weniger mächtige Mitglieder einer Gesellschaft erwarten, dass Macht ungleich verteilt ist und entsprechend Autorität akzeptieren. Das Ausmaß an Machtdistanz beeinflusst die Art und Weise, in der Menschen mit Autorität umgehen. In Kulturen mit großer Machtdistanz hat jeder seinen Platz in der gesellschaftlichen Hierarchie. Akzeptanz und Ausübung von Autorität werden als natürlich angesehen. Für die Japaner ist z.B. die soziale Hierarchie so natürlich wie das Atmen. In Kulturen mit geringer Machtdistanz wie z.B. den USA ist Autorität negativ besetzt. Diese Kulturen setzen auf Gleichheit von Rechten und Möglichkeiten. In den USA werden Vorgesetzte und Untergebene grundsätzlich als gleichwertig angenommen. Die Akzeptanz von Hierarchie lässt sich im persönlichen Verhalten erkennen: In Japan muss jedes Grüßen und jeder soziale Kontakt Art und Ausmaß der sozialen Distanz erkennen lassen. In Kulturen mit großer Machtdistanz ist akzeptiert, dass jeder einen bestimmten Parkplatz hat, der die hierarchische Stellung des Inhabers in der Organisation reflektiert. In solchen Kulturen entschuldigt sich derjenige, der angerempelt wird, was ganz im Gegensatz zu Kulturen mit geringer Machtdistanz steht, wo sich der Rempler entschuldigt. Dieses Konzept des ‚richtigen Platzes in der Gesellschaft' kommt auch in der Berichterstattung der Presse zum Ausdruck. Gesellschaftliche Skandale werden in England sehr viel stärker aufgegriffen als in Frankreich. Eine hohe Machtdistanz schlägt sich in Gewaltanwendung in der Innenpolitik und Einkommensunterschieden in diesen Ländern nieder. Angehörige von Kulturen mit geringer Machtdistanz sind intensive Zeitungsleser. Allerdings haben sie nicht so viel Vertrauen in die Berichterstattung wie Angehörige von Kulturen mit hoher Machtdistanz. Malaysia rangiert in der Machtdistanz-Skala am höchsten, Österreich am niedrigsten. Mexiko und Frankreich weisen hohe Skalenwerte auf, während die USA, Dänemark und Ungarn gering liegen.

Kulturdimension 2: Maskulinität versus Femininität

Maskulinität ist hier als eine gesellschaftliche Situation definiert, in welcher die dominanten Werte Erfolg und Geld heißen. Feminität beschreibt demgegenüber eine Situation, in der die Sorge für andere und die Lebensqualität als gesellschaftliche Werte dominieren. In maskulinen Gesellschaften sind die Geschlechterrollen klar gegeneinander abgegrenzt, während sich in femininen Gesellschaften Rollenerwartungen und -verteilungen überschneiden. In einer maskulinen Kultur ist Status wichtig. Erfolg wird gezeigt: Schnell und groß ist schön. Feminine Gesellschaften sind eher dienstleistungsorientiert und haben eine hohe Personenorientierung: Small is beautiful. Es besteht eine Tendenz zum Konsens. Lebensqualität ist wichtiger als Gewinnen. Status ist weniger relevant, um Erfolg zu zeigen bzw. Erfolg wird überhaupt nicht demonstriert. ‚Winner-Typen' sind in einer maskulinen Gesellschaft positiv und in einer femininen Kultur negativ besetzt. In maskulinen Kulturen lernen Kinder, die Starken zu bewundern. In femininen Kulturen hat man dagegen Sympathien für ‚Underdogs' und ‚Loser-Typen'. Feminine Kulturen sind darauf bedacht, nicht die Gefühle von anderen zu verletzen. Maskulin geprägte Staaten sind durch hohe Rüstungs- und unterdurchschnittliche Sozialausgaben gekennzeichnet. Schweden hat den geringsten Maskulinitätswert, Japan den höchsten. Alle angelsächsischen Länder und Deutschland laden hoch auf der Maskulinitätsdimension, während Holland und Skandinavien geringe Werte aufweisen. In Mittelamerika sind die Kulturen weniger maskulin geprägt als in Ländern Nord- und Südamerikas.

Kulturdimension 3: Vermeidung von Unsicherheit

Vermeidung von Unsicherheit bezieht sich auf den Grad an Risikobereitschaft bzw. Risikoscheu und wird definiert als das Ausmaß, in dem Personen Angst vor Unklarheit haben und versuchen, derartige Situationen zu vermeiden. Letztlich beschreibt diese Dimension die Suche des Menschen nach

Wahrheit. In Gesellschaften mit starker Vermeidung von Unsicherheit wird versucht, unklare Situationen durch exakte Richtlinien zu vermeiden. Auf religiöser Ebene äußert sich dies im Glauben an eine unbedingte Wahrheit. Personen in Kulturen mit hoher Vermeidung von Unsicherheit haben ein hohes Angstniveau. Solche Personen erkennt man daran, dass sie lauter sprechen, beim Sprechen mit den Händen gestikulieren, schneller Auto fahren und emotionaler umarmen. Das Zeigen von Emotionen ist akzeptiert. Spannung und Stress werden aufgebaut und suchen nach einem Ventil. Mitglieder von Kulturen mit schwacher Unsicherheitsvermeidung neigen dazu, ihre Gefühle nicht zu zeigen und sind tolerantere Autofahrer. Solche Personen möchten so wenig Regeln wie möglich haben. Sie glauben mehr an Generalisten und Gemeinsinn, weniger an rituelles Verhalten. Konflikte und Wettbewerb werden nicht als bedrohlich empfunden. In Deutschland, Österreich und Japan ist die Unsicherheitsvermeidung hoch, während England, USA, Schweden, Dänemark und Hongkong geringe Werte aufweisen.

Kulturdimension 4: Individualismus versus Kollektivismus

Individualismus findet sich bei Personen, die sich in erster Linie um sich selbst und ihre Familie kümmern. Kollektivismus liegt im Gegensatz dazu bei Personen vor, die zu Gruppen gehören, die sich um sie kümmern - im Austausch gegen Loyalität. In individualistischen Kulturen liegt die Identität in der Person. Individuelle Entscheidungen werden höher bewertet als Gruppenentscheidungen, so dass eigene Meinungen auch ausgedrückt werden können. In individualistischen Kulturen wird die Sache höher bewertet, in kollektivistischen Kulturen die Beziehungen zu anderen Personen. Individualistische Kulturen sind stärker auf das ‚Ich' bezogen als auf das Umfeld. Kollektivistische Kulturen sind wir-bezogen. Ihre Identität basiert auf dem sozialen System, zu dem sie gehören. Die Vermeidung von Gesichtsverlust ist wichtig. Wenn jemand etwas Falsches getan hat, fällt das auf die Gruppe zurück, weshalb derjenige Scham empfindet. Kollektivistische Kulturen sind in hohem Maße umfeldbezogen. In individualistischen Kulturen gibt es eine strikte Trennung von Privat- und Berufsleben, in kollektivistischen Kulturen ist diese Trennung nicht sehr strikt. Dies kommt z.B. in der Tatsache zum Ausdruck, dass es in kollektivistischen Kulturen relativ wenig private Gärten gibt. Individualismus korreliert mit nationalem Wohlstand und Mobilität zwischen sozialen Schichten. Individualistische Kulturen sind stärker verbal und kollektivistische Kulturen stärker visuell ausgerichtet. Selbst die Nutzung von PC und Internet ist kulturabhängig, denn sie hängt davon ab, wie Personen zwischen Berufs- und Privatleben trennen. Während in individualistischen Kulturen Arbeit schon einmal mit nach Hause genommen wird, ist dies in kollektivistischen Kulturen nicht üblich. So ist in Japan der Besitz eines privaten PC´s nicht sehr ausgeprägt und entsprechend auch nicht die private Nutzung des Internet.[25] Die meisten westlichen Kulturen sind individualistisch. In Europa ist England am höchsten und Portugal am geringsten individualistisch geprägt. Allerdings leben mit Asien und Lateinamerika 70 bis 80 Prozent der Weltbevölkerung in mehr oder weniger kollektivistischen Kulturen.

Kulturdimension 5: Kurzzeit- versus Langzeitorientierung

Die Langzeitorientierung bezieht sich auf die extrovertierte bzw. introvertierte Einstellung einer Gesellschaft. Langzeitorientierung ist das Ausmaß, in dem eine Gesellschaft auf eine pragmatische Zukunftsperspektive ausgerichtet ist - ganz im Gegensatz zu einer konventionellen, kurzfristigen Perspektive. Konsequenzen einer Langzeitorientierung sind Beharrlichkeit, Ausdauer und die Einordnung von Beziehungen nach Status, Sparsamkeit und Schamgefühl. Kurzzeittorientierung beinhaltet persönliche Festigkeit und Stabilität, die Wahrung des Gesichts, Respekt vor Traditionen und die Erwiderung von Gefallen, Grüßen und Geschenke. Das Streben nach Glück ist wichtiger als das Streben nach innerer Gelassenheit. Die meisten asiatischen Länder, besonders solche mit hoher chinesischer Bevölkerung sind kulturell kurzzeittorientierter. Das westliche Wahrheitskonzept existiert in ostasiatischen Ländern nicht - Gegensätze müssen sich nicht ausschließen: Wenn das eine wahr ist, muss das Gegenteil nicht automatisch falsch sein, wie es die westliche Logik postuliert. Pragmatismus lässt Personen das präferieren, was funktioniert gegenüber dem, was stimmt oder richtig ist. Gesellschaften mit langfristiger Orientierung weisen ein hohes nationales Wirtschaftswachstum auf.[24] Besonders angelsächsische Länder sind langzeitorientiert geprägt.

Was bedeuten diese kulturellen Unterschiede für eine international orientierte Werbung? Welche kulturellen Besonderheiten gilt es, hinsichtlich der Mediennutzung, des Konsumverhaltens als auch der Produktverwendung zu beachten?

2.2.2 Kulturunterschiede und internationale Werbung

Festzuhalten bleibt, dass unsere Kultur die eigene Wahrnehmung beeinflusst: Sie bestimmt, wie und was wir kommunizieren. So kommunizieren wir das, was unseren eigenen (kulturell überformten) Denkschemata entspricht, was aber oft nicht mit den Schemata des Empfängers übereinstimmt.

Das 5-D-Modell kann in eindrucksvoller Weise belegen, dass eine Werbebotschaft, die in einem Land entwickelt wurde und in anderen Ländern zum Einsatz kommt, nur in Ausnahmefällen überall gleich verstanden wird: *„There may be global products, but there are no global people."*[26]

Die Berücksichtigung kulturspezifischer Merkmale ist offensichtlich und findet auch in der Werbung statt. Beispielsweise zeigt sich, dass Fernsehspots in Ländern mit hoher kollektivistischer Ausprägung wie z.B. Korea oder Thailand mehr Gruppensituationen enthalten. Hingegen ist für die USA und Deutschland zu beobachten, dass in der Werbung kleinere Gruppen oder Einzelpersonen im Vordergrund stehen. In Ländern mit hoher Machtdistanz zeigt Werbung mehr statusungleiche Personen, während in Ländern mit geringer Ausprägung eher statusgleiche Personen zu sehen sind.[27]

Vergleichen wir einmal die kulturgebundenen Eigenheiten der Werbung in verschiedenen Ländern:

- Ein Land, dessen spezifische kulturelle Unterschiede häufig untersucht worden sind, ist Japan. Japanische Werbung ist durch ‚soft selling' charakterisiert: Die Werbebotschaften appellieren v.a. an die seelischen Empfindungen der Empfänger und die Formen der Ansprache sind indirekt. Das im Westen häufig anzutreffende ‚hard selling' mit seiner direkten Herausstellung der Produktvorteile (z.T. sogar im direkten Produktvergleich) wird von den Japanern als unhöflich empfunden. *„Japanische Werbespots erklären nicht viel, bleiben eher wortkarg. Sie versuchen, eine möglichst hohe Aufmerksamkeit für das Produkt zu wecken und mit Imageaspekten zu verknüpfen. Dabei bedienen sich die Japaner eines Humors, der* *für Westeuropäer mitunter schon fast albern wirkt."*[28] Auch westliche Werbung bedient sich in ihrer Ansprache japanischer Konsumenten zunehmends des typisch japanischen, für westliche Zuschauer aber häufig irritierenden ‚soft selling'-Stils.

- US-Werbung richtet sich im Allgemeinen an spezifische Verbraucherbedürfnisse. Sie nutzt logische Argumente und nennt, warum der Verbraucher das betreffende Produkt kaufen soll, und stellt das Produkt aggressiv in den Vordergrund. Geworben wird mit Prominenten, Produktverwendern oder anderen glaubwürdigen Quellen, die spezifische Produktnutzen übermitteln wie z.B. Sicherheitsaspekte oder Nährwerte und dergleichen.

- Französische Werbespots zielen mehr auf die Unterhaltung der Zuschauer mit Symbolik, Humor oder dramatischen Ereignissen. Häufig erfolgt dies ohne direkten Produktbezug. Werbung vermeidet Urteile und Argumentationen. Personen werden in der Werbung nur selten eingesetzt, um das Publikum zu belehren oder einzelne Tatsachen herauszustellen. In Frankreich erfolgen Preisinformationen in der Werbung häufig mit Appellen an den Status.

- In England werden Status-Appelle weitgehend vermieden. Während französische Werbung dazu neigt, Kinder in realistischer Umgebung zu zeigen, präsentiert englische Werbung Kinder eher in einer idealen Umgebung - sauber und lächelnd.

- Taiwanesische Werbespots stellen im Allgemeinen Verbindungen zwischen dem beworbenen Produkt und traditionellen chinesischen Werten her, wie z.B. Respekt vor der Obrigkeit oder familiären Bindungen. Eine Verbraucherorientierung ist häufig nicht gegeben.[29]

Neben Werbegestaltung und Werbestrategie sind natürlich Produktnutzung und Konsum von großer Bedeutung. Es ist fraglich, ob die Produktverwendung unabhängig vom kulturellen Umfeld gesehen werden kann, denn Kultur wirkt einerseits als Wahrnehmungsfilter, der die Art und Weise beeinflusst, wie wir unsere Umwelt erfassen, und andererseits als kollektives Gedächtnis, das unser aller Wertesystem weiterentwickelt und weitergibt. Daher können die gleichen Produkte in unterschiedlichen Kulturen unterschiedliche Funktionen haben und sich unterschiedlich in die Bedürfnisstruktur der Konsumenten einfügen. So sind z.B. die auf den ersten Blick kulturfrei wirkenden *Recaro*-Sportautositze in Westeuropa und Nordamerika in einem Image-Dreieck aus Gesundheit, Sport und Lifestyle positioniert. In Japan jedoch wird auf den Gesundheitsaspekt verzichtet, da Krankheit in Japan ein Tabu-Thema ist.

Sicherlich gibt es Produkte, deren Konsum in unterschiedlich starkem Maße von kulturellen Aspekten beeinflusst wird. Aus dieser Tatsache heraus wurde eine Einteilung in kulturgebundene und kulturfreie Produkte vorgeschlagen. Während beispielsweise Investitionsgüter als kulturfrei angesehen werden können, da sie nach objektivierbaren und homogenen Kriterien nachgefragt werden, sind Konsumgüter und Dienstleistungen eher als kulturgebunden anzusehen, da sie eher traditionellen Konsummustern unterliegen und von einem kulturellen Verwendungskontext umgeben sind. Kulturgebunden sind v.a. Nahrungsmittel. Der Verzehr von rohem Fisch ist für einen Japaner selbstverständlicher als für einen Europäer. Kulturfreie

Produkte sind demgegenüber besonders technologische und hoch involvierende Produkte, wie z.B. Video- und Audiogeräte oder Computer. Kulturelle Hintergründe spielen hier nur noch bei einer stark unterschiedlichen Verbreitung in den einzelnen Ländern eine Rolle, weil dies die Nutzung der Geräte beeinflusst. *Standardisierte Werbung eignet sich v.a. für kulturfreie Produkte, da diese keine starken kulturellen Bindungen aufweisen.*

2.3 Mediennutzungsverhalten und Medienverfügbarkeit als Kommunikationsbarrieren

Wie auch der Einfluss kultureller Faktoren sind länderspezifische Unterschiede im Mediennutzungsverhalten und in der Medienverfügbarkeit bedeutsam für die internationale Werbeplanung. Je nach Land gibt es teilweise stark ausgeprägte Besonderheiten, die ein international Werbungtreibender berücksichtigen muss. Unterschiede ergeben sich hinsichtlich des Vorhandenseins, des Verbreitungsgrades, als auch der Nutzungsintensität der verschiedenen Werbeträger (TV, Radio, Print usw.).

Einer der wichtigsten Werbeträger weltweit (wenn nicht das wichtigste Medium überhaupt) ist das Fernsehen. Indikator für die Wichtigkeit des Fernsehens im täglichen Leben ist die *Sehdauer (siehe die ausführliche Übersicht im Anhang).*[30] Mit mehr als viereinhalb Stunden täglich hält Mazedonien den Rekord. Am anderen Ende der Skala steht die deutschsprachige Schweiz mit einem Fernsehkonsum von mehr als zwei Stunden täglich. Der Fernsehkonsum wird dabei durch die Anzahl der empfangbaren Kanäle beeinflusst. Tendenziell lässt sich sagen, dass die Sehdauer umso höher ist, je mehr Programme empfangbar sind. Jüngere Personen verbringen weniger Zeit vor dem Fernseher. Daher weisen Länder mit einem geringeren Durchschnittsalter der Bevölkerung einen geringeren Fernsehkonsum auf. Südeuropäer verbringen mehr Zeit vor dem Fernseher als Skandinavier. Dieser Mediennnutzungsunterschied ist einerseits mit den Lesegewohnheiten nördlicher Länder und andererseits mit dem Einfluss ökonomischer Faktoren begründbar. So haben Länder mit hohem Frauen-Beschäftigungsanteil wie in Skandinavien einen geringeren TV-Konsum.

Unterschiede im Mediennutzungsverhalten zeigen sich nicht nur anhand soziodemographischer Kriterien, sondern auch hinsichtlich gesellschaftlich-kultureller Merkmale: Ein höherer TV-Konsum findet sich z.B. bei den bildbetonten Kulturen im Süden und auch in England mit seiner langen Unterhaltungstradition. Wie groß die kulturellen Unterschiede bei den fernsehenden Europäern sind, verdeutlicht die folgende Analyse von Dirk Engel:[31]

Europa: kein einig Fernsehland

„Allen Kulturkritikern zum Trotz, die da befürchten, dass das TV mit seiner dominierenden Stellung im Freizeitverhalten und den international ähnlichen Inhalten die kulturelle Identität der Nationen gefährde: In der Realität lässt sich eine solche Nivellierung nicht feststellen. Das TV gewinnt und verliert an Bedeutung, je nachdem, welche Grenze man gerade überschritten hat:

Für Engländer hat das Fernsehen oft eine soziale Komponente, wenn sie sich zum Fußballspiel im Pub versammeln. Die Franzosen versüßen sich mit TV ihre Mittagspause, ohne dass dabei die Aufmerksamkeit durch Nebenbeschäftigungen wie Kochen oder Essen beeinträchtigt wird. Die Spanier entspannen sich während der Siesta mit TV-Serien, bevor sie den zweiten Teil ihres Arbeitstages angehen. In Italien flimmert das Fernsehen den ganzen Tag nebenher, während in Deutschland der Fernsehabend erst mit den Prime Time-Programmen so richtig beginnt.

In der TV-Nutzung gibt es also noch kein vereintes Europa. Für die internationale Mediaplanung heißt dies, dass die genaue Kenntnis der nationalen Unterschiede dabei hilft, einerseits Fehler zu vermeiden und andererseits Chancen zu nutzen, die viele nicht sehen, weil sie nicht über ihren nationalen Tellerrand hinausblicken."

An Engel's Ausführungen wird deutlich, dass ein wichtiger kultureller Aspekt, der den Fernsehkonsum beeinflusst, die Art und Weise ist, wie das Fernsehen in den *Tagesablauf* integriert wird. Dies zeigt sich schon an der Prime Time: Neben dem weltweit festzustellenden Fernsehkonsum-Höhepunkt am Abend tendieren südeuropäische Länder zu einer zweiten Prime Time während der Mittagszeit, da eine ausgedehnte Mittagspause (‚Siesta') zum normalen Tagesablauf gehört. In den USA wird im Vergleich zu anderen Ländern besonders tagsüber viel ferngesehen. In Japan gibt es sogar eine dritte Prime Time in den frühen Morgenstunden. Anders als die Europäer, die dazu tendieren mit dem Radio aufzuwachen, holen sich die Japaner ihre Neuigkeiten vom Bildschirm.[32] Wie der folgende Überblick zeigt, weist die Medien- bzw. Fernsehkultur in Japan nicht nur in Bezug auf die dritte Prime Time beim Fernsehen charakteristische Besonderheiten auf:[33]

Die Medienlandschaft Japan

Zeitschriften: Landesweit werden in Japan annähernd 3.000 Zeitschriftentitel angeboten. Jedes Jahr kommen 200 neue Titel hinzu. Der Markt ist in höchstem Maße segmentiert: Da gibt es Magazine für Schulabgänger, für die 11jährigen, für die 30jährigen, für junge Berufseinsteiger und für Rentner - also für fast jedes denkbare Segment der Bevölkerung. Die Auflage der einzelnen Titel ist entsprechend gering. Magazine werden in Japan fast ausschließlich an Kiosken und Bahnhöfen gekauft. Das Abonnement ist so gut wie unbekannt. Große Bedeutung haben Comic-Magazine, die so genannten ‚Mangas'. Jedes dritte gedruckte Heft ist ein Comic. ‚Mangas' sind bei Kindern und Jugendlichen genauso verbreitet wie bei den Erwachsenen.

Plakate: Entlang der Autobahnen und Schnellstraßen gibt es kaum Plakatwerbung. In den U-Bahnhöfen und Zügen hat das Medium Plakat dagegen einen hohen Stellenwert: ‚Sie sind zu einer eigenen Kunstform geworden, die ihresgleichen wohl nur noch in der Londoner Underground findet', lautet das qualitative Urteil über das Werbemedium Plakat in Japan.

New Media: Unter New Media versteht man in Japan neben Video- und Teletext auch das bisher unterentwickelte Kabel- und Satellitenfernsehen. Besonders die hohen Installationskosten haben bisher verhindert, dass diese Medien eine nennenswerte Bedeutung im japanischen Media-Mix erreicht haben. Bisher wird von den Werbern weniger als 1 Prozent des gesamten Aufkommens in New Media investiert.

Fernsehen: Fernsehen wird in Japan fast ausschließlich terrestrisch verbreitet. Satellitenfernsehen spielt kaum eine Rolle. Auch die Verkabelung ist noch nicht sehr weit vorangeschritten - erstaunlich in einem so hochtechnisierten Land. Als Grund dafür geben Experten die ungünstige topographische Struktur Japans an: Fast 80 Prozent des Landes sind gebirgig. Auch in Japan sind die Frequenzen begrenzt. Im Großraum Tokio können neben den beiden öffentlich-rechtlichen Programmen sechs private Sender empfangen werden.
Das Preisgefüge für TV-Spots ist kompliziert. Zwar gibt es keine saisonbedingten Unterschiede in den Schaltpreisen. Aber der Sekundenpreis umfasst auch Produktionskosten und eine Gebühr für die Nutzung der Frequenzen (‚microwave charge'): 30 Minuten Prime Time bei TBS Network kosten z.B. zwischen 923.077 und 1.076.923 US-Dollar. Alle Sender haben ein dreigeteiltes Tarifsystem - unterteilt nach Sendeplätzen in die Gruppen A, B und C. Sendeplätze in der begehrten A-Gruppe können nur im Paket mit mittleren und schlechten Werbezeiten gebucht werden. Deshalb läuft auch schon mal ein Whisky-Spot im Kinderprogramm. Dieses System fördert die Gewohnheit der Agenturen, große Werbestrecken[34] schon im Voraus aufzukaufen.
In Japans Haushalten ist der TV-Apparat im Schnitt fast 22 Stunden pro Woche eingeschaltet. Allerdings werden Zapping und Zipping zum Problem. Japanische Werber stellen fest, dass reine Quantitäten an Aussagekraft verlieren und interessieren sich zunehmend für ‚viewer characteristics'.

So verbreitet das Fernsehen auch ist, globale Medien finden sich (von Online-Medien einmal abgesehen) ausschließlich im Print-Bereich, da sie weltweit distribuiert werden. Dazu gehören Tageszeitungen (wie z.B. *Financial Times*, *Frankfurter Allgemeine Zeitung*), Zeitschriften (*Time*, *Reader`s Digest*) und Fachzeitschriften (*Harvard Business Review*). Allerdings sind die Auslandsauflagen dieser Titel nicht vergleichbar mit den jeweiligen nationalen Auflagen und häufig nur über wenige Distributionspunkte (z.B. an internationalen Flughäfen) zu beziehen. Eine Produktionskosten sparende, standardisierte Werbekampagne setzt allerdings voraus, dass die Werbeträger international auch eingesetzt werden können, für die die Werbemittel produziert wurden. Eine Einführungskampagne, die auf dem Basismedium Fernsehen aufbaut, ist z.B. in manchen (Entwicklungs-)Ländern nicht einsetzbar. Da das Fernsehen aber nicht so ohne weiteres durch andere Medien ersetzbar ist, wäre in einem solchen Fall zu überprüfen, ob eine weltweite Einführung überhaupt sinnvoll ist.

Soviel zur europa- und weltweiten Medienlandschaft. Wie sieht es mit kulturellen Unterschieden hinsichtlich der Werbenutzung aus? Die Frage ist berechtigt, denn schließlich blickt Werbung in den einzelnen Ländern auf unterschiedliche Traditionen zurück. Insbesondere in den Ländern Osteuropas ist diese Tradition sehr kurz: Während in den westlichen Ländern davon ausgegangen werden kann, dass der Konsument den Umgang mit Werbung gelernt hat und in der Lage ist, Werbeaussagen zu relativieren, ist dies - nach meiner persönlichen Einschätzung - in den osteuropäischen Ländern sicherlich noch nicht der Fall. Bewusste Übertreibungen, die in der Werbung im Westen eingesetzt werden, um auf bestimmte Eigenschaften der Produkte aufmerksam zu machen, und die im Einzelfall auch notwendig sind, um in der Werbeflut wahrgenommen zu werden, laufen im Osten mitunter Gefahr, wörtlich genommen zu werden und Irritationen auszulösen. Dies ist bei der Gestaltung der Werbemittel zu berücksichtigen.

Welcher Stellenwert Werbung und den klassischen Werbemittelträgern (TV, Radio, Print etc.) weltweit zukommt, lässt sich gut an den jeweiligen Pro-Kopf-Werbeaufwendungen der Länder feststellen *(siehe die ausführliche Übersicht im Anhang)*:[35] Auch wenn die Länder aufgrund verschiedener Erhebungsmethoden nur bedingt miteinander vergleichbar sind, zeigen sich doch deutliche Unterschiede in der Werbeintensität: Die USA nehmen mit 809 Euro Werbung pro Kopf der Bevölkerung die absolute Spitzenposition ein, gefolgt von Japan mit rund 440 Euro und Italien mit rund 350 Euro. Deutschland weist mit rund 200 Euro noch eine vergleichsweise moderate Werbeintensität auf. Die osteuropäischen Staaten müssen in diesem Vergleich noch als Werbeentwicklungsländer aufgefasst werden.

2.4 Kommunikationsbarrieren durch rechtliche Werbebeschränkungen

In dem zusammenwachsenden Binnenmarkt Europa wächst auch der Anteil grenzüberschreitender Werbung. *„Eine grenzüberschreitende Werbung liegt vor, wenn das Medium, in dem die Werbung enthalten ist, auch in anderen Staaten als dem eigentlichen Ursprungsstaat des Mediums erhältlich ist."*[36] Werbeselbstdisziplinäre Einrichtungen wie z.B. der Deutsche Werberat (DWR) haben grundsätzlich nur auf das Gebiet ihres Staates Einfluss. Die werbeselbstdisziplinäre Funktion des Deutschen Werberates liegt neben der Prüfung von Beschwerden über Werbung in der Überwachung der Einhaltung bestimmter Verhaltensregeln und Leitlinien für die deutsche Werbung, wie z.B. für die Werbung mit und vor Kindern, unfallriskanten Bildmotiven, alkoholischen Getränken oder gegen die Diskriminierung von Personen.

Bei grenzüberschreitender Werbung können die nationalen Einrichtungen nicht tätig werden. Aus diesem Grunde hat sich 1991 die European Advertising Standards Alliance (EASA) formiert, ein Zusammenschluss von 15 Einrichtungen der Werbeselbstdisziplin in Europa. Die EASA hat ein Verfahren festgelegt, wonach für die inhaltliche Überprüfung der Werbung jeweils die Verhaltensregeln und Standards desjenigen Staates anzuwenden sind, in dem das Medium seinen Ursprung hat.[37] Die deutsche Rechtsprechung wendet deutsches Wettbewerbsrecht dann auf Werbung an, wenn die Werbung für den deutschen Markt bestimmt ist. Im Gegensatz zu den Einrichtungen der Werbeselbstdisziplin ist für die deutschen Gerichte nicht entscheidend, woher die Werbung kommt, sondern ob sie deutsche Verbraucher zu Kaufentscheidungen veranlassen soll:

- Bietet beispielsweise ein englischer Hersteller via Satellitensendung, die überall in Deutschland empfangbar ist, ein in Deutschland nicht zugelassenes Potenzpräparat an, wäre deutsches Wettbewerbsrecht hier anwendbar. Dabei ist es unerheblich, ob die Werbung in englischer oder in deutscher Sprache erfolgt, da ein großer Teil der deutschen Verbraucher auch des Englischen mächtig ist. Der Fall wäre dann anders zu beurteilen, wenn lediglich unwesentliche Grenzbereiche Deutschlands die Sendung als Overspill empfangen könnten und die Werbung auch ihrem Inhalt nach nicht für den deutschen Konsumenten bestimmt wäre.[38]

Jedes Land hat seine eigenen Werberegelungen und unterschiedliche Restriktionen, die ein Werbungtreibender zu beachten hat, wenn er international werben will. Neben gesetzlichen Verboten haben sich z.B. die Fernsehsender oft auch freiwillige Selbstbeschränkungen auferlegt. Fernsehwerbung wird in den einzelnen Ländern unterschiedlich restriktiv gehandhabt. In einigen Ländern ist beispielsweise vergleichende Werbung erlaubt, in anderen nicht. Als vergleichende Werbung ist jede Werbung anzusehen, die einen Wettbewerber bzw. dessen Produkte unmittelbar oder mittelbar erkennbar macht. In Deutschland ist vergleichende Werbung seit 1998 grundsätzlich erlaubt, sofern der Vergleich nicht irreführend oder verunglimpfend ist. Nachprüfbare und typische Produkteneigenschaften dürfen verglichen werden.

- Obwohl vergleichende Werbung in Deutschland grundsätzlich zulässig ist, wird sie doch, insbesondere im Hinblick auf den Grundsatz der Nachprüfbarkeit, sehr restriktiv gehandhabt. Der folgende Rechtsstreit zwischen zwei konkurrierenden Schnellrestaurants erscheint dafür exemplarisch: Der beklagte Wettbewerber hatte in der Werbung behauptet, bei einem Probeessen hätten die Konkurrenten bei der Mehrheit der befragten Tester schlechter abgeschnitten. Das Gericht meinte, dass ein subjektiv geprägter Geschmack nicht nachprüfbar sei und erachtete diese Werbung als unzulässig.[39]

Es bleibt abzuwarten, inwieweit deutsche Hersteller, die über Jahrzehnte ihre Positionierungen aufgebaut haben, von vergleichender Werbung Gebrauch machen werden. Der vermutete ‚Dammbruch' ist bisher jedenfalls nicht eingetreten.

Neben der vergleichenden Werbung sind es vor allem Produktbeschränkungen, die von Land zu Land unterschiedlich gehandhabt werden. In den meisten Ländern ist Fernsehwerbung für Tabakwaren und Spirituosen verboten, aber eben nicht in allen. Einzelne Länder haben noch zusätzliche Verbote aufgenommen: Italien z.B. für Tierfutterwerbung und Griechenland sogar für Kinderspielzeugwerbung. Festzuhalten ist, dass es innerhalb der Europäischen Union keine einheitlichen Werberegelungen gibt, so dass international Werbetreibende selbst im rechtlichen Bereich nationale Besonderheiten berücksichtigen müssen.

3

3. Internationale Werbung - Quo vadis? Global oder multinational?

Insgesamt lässt sich feststellen, dass das Für und Wider von Standardisierung und Differenzierung genau abzuwägen ist: Eine weltweit einheitliche Identität gewinnt ein Unternehmen nur durch ein weltweit einheitliches Auftreten bezüglich Erscheinungsbild und Verhalten.[40] *(Zu diesem Gedanken schreibt auch Dieter Herbst in seinem Beitrag.)* In je mehr Ländern ein Unternehmen vertreten ist, desto schwieriger ist dieses Ziel zu erreichen und desto unwahrscheinlicher ist es, dass das angestrebte Image in den einzelnen Ländern in gleicher Weise verstanden wird. Im Normalfall ist davon auszugehen, dass bei den Konsumenten in den einzelnen Ländern unterschiedliche Images über das Unternehmen und seine Produkte bestehen. Daher muss die Kommunikationsstrategie länderspezifisch so ausgerichtet werden, dass in allen Ländern ein einheitliches Soll-Image erreicht wird. Sicherlich kein einfaches Unterfangen, denn mit zunehmender Zahl von Ländern, in denen ein Unternehmen vertreten ist, steigt die Anzahl der zu koordinierenden Tochtergesellschaften. Gleichzeitig erhöht sich auch der Anpassungsbedarf an nationale Gegebenheiten. Je zentralistischer ein Unternehmen geführt wird, desto eher lässt sich ein einheitliches Auftreten durchsetzen. Aber desto größer ist auch die Gefahr, dass notwendige Kommunikationsanpassungen unterbleiben.

Eine strategische Grundsatzentscheidung für Standardisierung oder aber für Differenzierung ist sowohl unter Effizienz- als auch Effektivitätsaspekten zu betrachten. Der wirtschaftliche Aspekt der *Effizienz* betrifft die Frage, mit welcher Genauigkeit bzw. Streuverlust die Zielgruppen auf internationalen Märkten erreicht werden können und welche Kosten dafür entstehen. Die *Effektivität* bezieht sich auf die Frage, welche Auswirkungen die gewählte Kommunikationsstrategie auf der Wirkungsebene hat. Es geht hier also um das Verständnis der kommunizierten Bedeutungsinhalte, d.h. ob eine standardisierte Werbekampagne in allen Ländern in gleicher Weise verstanden und interpretiert wird.

Für die produktionsorientierte Strategie der Standardisierung beim Marketing-Mix spricht, dass mit ihr v.a. Kostensenkungen erzielt werden können durch ‚Economies of Scale'-Effekte.[41] Die Gefahr der Standardisierung liegt darin, dass die jeweiligen Verbraucherbedürfnisse ungenügend berücksichtigt werden. Dagegen bietet die Strategie der Differenzierung den Vorteil, dass sie sich eher an den jeweiligen Marktfaktoren, wie etwa Verbraucherverhalten und Wettbewerb, ausrichtet - allerdings unter Inkaufnahme von höheren Kosten und gesteigertem Aufwand. Während also Effizienzaspekte eher für eine Standardisierung sprechen, ist unter Effektivitätsaspekten eher der Differenzierung der Vorzug zu geben, weil die Kostenvorteile durch standardisierte Werbekampagnen leicht durch Wirkungsverluste konterkariert werden. Zwar scheint es in vielen Bereichen tatsächlich so zu sein, dass die Verbraucherbedürfnisse weltweit mehr oder weniger gleich sind. Daraus kann aber nicht geschlossen werden, dass diese Bedürfnisse auch weltweit in gleicher Weise angesprochen werden können!

Es ist kommunikationsstrategisch offensichtlich, dass eine international standardisierte Werbekampagne nur dann sinnvoll ist, wenn international die gleichen Ziele verfolgt werden. Die weltweit gleiche Werbekampagne setzt dabei voraus, dass sich das Produkt in allen Ländern in der gleichen

Lebenszyklusphase befindet und auf vergleichbare Wettbewerbsprodukte trifft, gegenüber denen es sich in vergleichbarer Weise positioniert. Die Notwendigkeit zu differenzierten Werbezielen ergibt sich, wenn sich das Produkt in den einzelnen Ländern in unterschiedlichen Lebenszyklusphasen befindet: Während sich das Produkt in dem einen Land in der Sättigungsphase befindet, wo die Aufgabe der Werbung vorrangig darin besteht, psychologisch wirksame Differenzierungen zu den Wettbewerbsprodukten aufzubauen, steht das Produkt im anderen Land gerade in der Einführungsphase, wo es vorrangig um die Bekanntmachung geht. Eine weitere Voraussetzung für eine international standardisierte Werbekampagne ist, dass der *Markenname* in allen Ländern ähnliche Assoziationen und Bedeutungsinhalte weckt, rechtlich schutzfähig ist und die Marke dem Unternehmen auch in allen Ländern gehört. Ist eine dieser Voraussetzungen nicht gegeben, muss auch beim Markennamen international eine Strategie der Differenzierung verfolgt werden.

Die Frage nach international standardisierter oder differenzierter Kommunikationsstrategie ist also nicht pauschal zu beantworten. Grundsätzlich ist der Zielkonflikt zwischen Standardisierung und Differenzierung in der internationalen Werbung als eine Grenzkosten- bzw. Grenzerlös-Betrachtung zu sehen: *Überwiegen die zusätzlichen Erlöse der Differenzierung deren Kosten?* Wie die Antwort ausfällt, hängt entscheidend von den folgenden Marktbedingungen ab, bei denen eine standardisierte Kommunikation möglich erscheint:

- Marke, Positionierung, Zielgruppe und Unternehmenszielsetzung müssen in allen Ländern einheitlich sein. Standardisierte Werbung setzt natürlich standardisierte Produkte voraus.
- Die Werbung muss in allen Ländern in gleicher Weise akzeptiert, verstanden und interpretiert werden können. Das gilt selbstverständlich vor allem für das beworbene Produkt.
- Die Marktposition des Unternehmens sollte in allen Ländern vergleichbar sein und zwar sowohl im Hinblick auf die Konkurrenzprodukte, als auch im Hinblick auf die Konkurrenten.
- Das Unternehmen muss in der Lage sein, seine Strategie international auch durchzusetzen, sowohl innerhalb des eigenen Konzerns, als auch innerhalb der betreuenden Agentur(en). Dies setzt ein stark zentralisiertes Unternehmen mit einer internationalen Agentur voraus.
- Die Produktmärkte müssen weitgehend homogen und wenig segmentiert sein. Dies ist v.a. bei Statusprodukten der Fall, aber auch bei Massenprodukten, wenn diese eine weltweit eindeutige Alleinstellungs-Chance (USP) haben.

Diese Voraussetzungen müssen alle erfüllt sein, wenn eine international standardisierte Werbekampagne Aussicht auf Erfolg versprechen soll. Da diese Voraussetzungen aber nur in wenigen Fällen gegeben sein dürften, erscheint eine länderspezifisch differenzierte Kommunikationsstrategie als der Regelfall im internationalen Geschäft. Bei Produkten, die im internationalen Rahmen beworben werden, stellt sich auch weniger die Frage nach standardisierter oder differenzierter Werbestrategie, als vielmehr nach der Ausgestaltung von Standardisierungs- und Differenzierungselementen.[42]

Die Entscheidung für oder gegen eine stärkere Standardisierung wird zudem in erheblichem Maße von der *Art des Produktes* beeinflusst: Spirituosen, Investitionsgüter, High-Tech- und High-Touch-Produkte (Kleidung, Parfum, Schmuck) lassen sich eher standardisieren als Nahrungs- und Waschmittel, Autos und Medikamente. Die größte kommunikative Standardisierung findet sich bei Fluggesellschaften und Zigaretten.

Darüber hinaus ist auch der *Produktlebenszyklus* entscheidend: Neue Produkte sind eher zu standardisieren als Produkte in gesättigten Märkten, die sich stärker von den Konkurrenzprodukten differenzieren müssen. Sicherlich gibt es Produkte, bei denen eine weltweite Konvergenz der Verbraucherbedürfnisse festzustellen ist. Es lassen sich auch ‚Cross-Cultural-Groups' identifizieren, die sich durch einheitliche Verhaltens- und Konsummuster auszeichnen. Aber bei vielen Produkten sind die Unterschiede zwischen den einzelnen Ländern zu groß. Die Unterschiede liegen im Wesentlichen in folgenden Faktoren begründet:

- den Kaufkraftverhältnissen
- Bedarfs- und Geschmacksgepflogenheiten
- dem Werteverständnis in unterschiedlichen Kulturkreisen
- Wettbewerbssituationen
- den unterschiedlichen Rechtsbedingungen (z.B. Kennzeichnungspflicht, Produkthaftung)
- Imageunterschieden bei Marken und Herkunftsländern
- den Kostenstrukturen (Rohstoffkosten und Lohnkosten)
- den Handelsstrukturen

Diese Faktoren bewirken häufig schon innerhalb nationaler Grenzen unterschiedliche Konsumpräferenzen, beispielsweise zwischen Ost- und Westdeutschland oder Nord- und Süditalien.

Dem Verbraucher ist es letztlich häufig egal, ob eine Marke national oder global ist. Es zeichnen sich im Gegenteil immer wieder Tendenzen ab, dass Verbraucher nationale Marken präferieren bzw. Marken, die sie als nationale Marken ansehen. Selbst erfolgreiche globale Marken profitieren davon, wenn sie in einzelnen Ländern vom Verbraucher als nationale Marken wahrgenommen werden, wie beispielsweise *Nivea* in Deutschland.

So sei zum guten Schluss festgehalten: *Trotz aller Globalisierungstendenzen sind auch auf den ‚internationalen' Märkten wieder nur die Marktbedingungen des jeweiligen Landes vorzufinden, die berücksichtigt werden müssen - mal mehr, mal weniger.* Unternehmen agieren zwar im globalen Maßstab, um Produktion und Distribution weltweit auszurichten, aber globale Kommunikation muss in erheblichem Maße nationale Aspekte berücksichtigen.[43]

4. Anhang

1 Weltweite Werbeausgaben (Es gibt leider keine Informationen über den Anteil von Unternehmen, die in mehr als einem Land werben im Verhältnis zu rein national Werbenden.):

Weltweite Werbeausgaben in Mrd. US-Dollar

	1998	1999	2000	2001	2002
Nordamerika	121,9	130,6	139,6	147,9	156,9
Europa	79,5	84,3	89,5	94,9	101,1
Asien, Pazifik	54,2	56,3	58,9	62,3	65,9
Lateinamerika	23,2	21,4	22,9	24,8	26,3
Afrika, Mittlerer Osten	6,8	7,2	8,1	8,8	9,7
Total	285,6	299,7	319,6	338,8	359,2

Quelle: Zenithmedia

2 Die 45 größten Werbungtreibenden der Welt gemäß Advertising Age (siehe unter: http://www.adage.com):

Die 45 größten Werbungtreibenden der Welt in Mio. US-Dollar

	Werbungtreibender	Land	Werbevolumen
1	Procter & Gamble	USA	4.747,6
2	Unilever	NL, GB	3.428,5
3	General Motors	USA	3.193,5
4	Ford	USA	2.229,5
5	Philip Morris	USA	1.980,3
6	DaimlerChrysler	D	1.922,2
7	Nestle	CH	1.833,0
8	Toyota	J	1.692,4
9	Sony	J	1.337,7
10	Coca Cola	USA	1.327,3
11	Volkswagen	D	1.325,8
12	L`Oreal	F	1.244,1
13	Johnson&Johnson	USA	1.177,2
14	McDonald`s	USA	1.164,0
15	Nissan	J	1.124,9
16	Honda	J	1.094,3
17	Walt Disney	USA	1.078,0
18	Mars	USA	1.069,6
19	Time Warner	USA	1.057,0
20	Diageo	GB	917,1
21	Peugeot-Citroen	F	855,0
22	Colgate-Palmolive	J	732,3
23	Kellogg	USA	705,7
24	Pepsi	USA	705,7
25	Henkel	D	700,5
26	Renault	F	688,3
27	Tricon Restaurants	USA	637,0
28	Fiat	I	631,9
29	News Corp.	AUS	629,3
30	IBM	USA	626,1
31	Warner Lambert	USA	599,4
32	Seagram	CAN	590,4
33	Danone	F	588,6
34	Kao	J	583,4
35	Ferrero	I	581,2
36	BMW	D	562,0
37	Mitsubishi	J	549,5
38	Philips	NL	538,6
39	SmithKline Beecham	GB	528,3
40	Mattel	USA	515,9
41	Benckiser	D	491,4
42	Mazda	J	451,9
43	Hasbro	USA	443,2
44	Bayer	D	433,5
45	American Home Pr.	USA	427,7

3,41 Durch die Globalisierung kann das Unternehmen ‚Economies of Scale' (Skaleneffekte) und ‚Economies of Scope' (Erfahrungskurveneffekte) erzielen. Während ersteres die globale Kostenführerschaft durch Ausnutzung von Mengeneffekten oder Spezialisierungsvorteilen bedeutet, bezieht sich letzteres auf die weltweite Qualitätsführerschaft durch gestiegenes Innovationspotential (über globale Lerneffekte und Ressourcen-Pooling) und gestiegenes Technologie- und Kunden-Knowhow.

4 Die Position der Standardisierung vertritt Levitt (1983).

5,6,14 Diese Passagen finden Sie bei Kreutzer (1989).

7 Weltmarken sind eher die Ausnahme. Ihre Alleinstellung basiert häufig auf echten Produktinnovationen (*Coca Cola*, *Mc Donald`s*) oder auf herausragenden Kommunikationskonzepten (*Marlboro*), die sie zu eigenen Produktgattungen machen.

8 Beispiele für Weltmarken nennt Kelz (1989).

9 Das L'Oreal-Beispiel stammt aus Witzens (1998).

10 Für Differenzierung treten Kotler & Bliemel (1999) ein.

11 Den Trend zu differenzierter Werbung findet Kanso (1992).

12 Das Jack Stahl-Zitat zu Coca Cola stammt aus der ‚FAZ' vom 19. März 2001, S. 19.

13 Es ist sinnvoll, hierbei Firmenmarken und Individualmarken zu unterscheiden: Firmenmarken wie z.B. *Siemens* oder *IBM* finden sich häufig bei technischen Produkten, bei denen das gesamte Produktionsprogramm unter der Firmenbezeichnung beworben wird. Individualmarken wie z.B. *Marlboro* sind dagegen als Weltmarken markentechnisch interessanter, weil sie auf individuellen Produktdifferenzierungen innerhalb vergleichbarer bzw. austauschbarer Produkte basieren.

15 Das Ikea-Beispiel nennt Meissner (1995).

16 Für ausgewählte Länder finden Sie Details bei Kloss (2001).

17 Kommunikation wird hier als der Austausch von wechselseitig verständlichen Informationen verstanden.

18 Diese Beispiele nennen Wells, Burnett & Moriarty (2000).

19 Das *Coca Cola*-Beispiel in China entstammt Felser (1997).

20,21 Diese Beispiele sind aus Berndt (1993) adaptiert.

22 Kommunikationsbarrieren nennen Keegan & Green (1997).

23 Details finden Sie bei Hofstede (1984) und de Mooij (1998). Hofstede entwickelte das 5-D-Modell auf Basis von *IBM*-Daten aus 116.000 Fragebögen (72 Länder in 20 Sprachen), mit denen *IBM* herausfinden wollte, warum einige Motivationskonzepte nicht in allen Ländern gleichermaßen arbeiten.

24 Dieses Ergebnis berichtet Weidmann (1995).

25 Diese Beobachtung schildert de Mooij (2001).

26 Das Zitat stammt von de Mooij (1998).

27 Weitere Details geben Mayer & Illmann (2000).

28 Über japanische Spots schreibt Brockmeyer (1994).

29,33 Über die asiatische Werbelandschaft schreiben Zandpour, Chang & Catalano (1992).

31 Das Zitat können Sie bei Engel (1999) nachlesen.

30,35 Übersicht über Internationale Werbedaten (s.u.):

32 Daten der ‚TV 2000'-Studie von IP Deutschland (2001).

34 ‚Werbestrecke' meint den Einkauf einer größeren Zahl von Werbespots. Agenturen fungieren in Japan als Werbebroker.

36,37 Vergleichen Sie hierzu Nickel (1994).

38 Dieses Beispiel berichtet Jaeger-Lenz (1999).

39 Das Gerichtsurteil wird im ZAW-Jahrbuch (1999) genannt.

40 Diese Voraussetzung nennt Meissner (1995).

42 Vergleichen Sie hierzu Backhaus, Büschken & Voeth (1996).

43 Weitere Ausführungen finden Sie bei Kloss (2000).

Internationale Werbedaten von 1999

Land	Werbeaufwendungen		Werbeanteile in Prozent				
	Mio. Euro	Euro pro Kopf der Bevölkerung	TV	Print	Hörfunk	Außenwerbung	Tägliche Fernsehdauer in Minuten
USA	212.832	809,2	23,4	29,0	8,0	0,8	259
Japan	55.498	438,8	33,5	43,7	3,6	9,6	215
Italien	20.063	348,5	59,2	33,7	4,5	2,6	229
Deutschland	16.215	197,7	42,8	48,6	6,0	2,6	198
Großbritannien	15.572	265,6	46,1	38,5	6,8	7,4	232
Frankreich	13.080	217,3	33,5	42,9	11,1	11,6	199
Spanien	8.739	215,5	40,4	42,5	9,0	4,2	220
Mexiko	7.500	75,9	60,3	9,8	29,8	k.A.	188
Brasilien	7.422	43,6	50,4	48,5	k.A.	1,2	k.A.
Holland	3.169	201,1	37,2	40,0	7,8	4,1	166
Schweden	2.573	290,4	39,0	54,0	2,0	5,0	152
Russland	2.542	17,3	77,1	12,6	5,4	5,0	182
Schweiz	2.271	318,8	16,7	68,8	3,1	9,7	136**
Polen	1.775	45,9	53,9	32,4	6,5	7,0	214
Österreich	1.716	212,0	24,8	59,5	8,8	7,0	147
Belgien	1.674	163,9	41,3	38,4	9,3	9,5	208*
Griechenland	1.527	144,7	41,4	43,0	4,7	10,9	227
Portugal	1.451	145,4	57,6	25,9	7,3	8,7	194
Norwegen	1.442	324,4	32,4	58,2	5,9	2,2	149
Südafrika	1.284	31,6	41,2	43,1	11,7	3,2	k.A.
Dänemark	1.180	222,1	36,2	58,4	0,9	3,8	165
Finnland	943	182,4	20,0	73,0	3,0	3,0	161
Israel	932	154,3	25,1	60,7	7,2	6,8	170
Türkei	880	14,0	63,2	28,6	5,8	0,5	k.A.
Ungarn	679	67,6	54,4	32,9	5,9	6,4	252
Tschechien	582	56,4	54,6	40,0	5,4	k.A.	197
Irland	568	153,3	30,0	52,0	9,0	8,0	188
Rumänien	250	11,1	70,7	23,8	2,7	2,2	214
Ukraine	228	4,5	58,6	19,9	6,4	15,0	193

* = Südbelgien, Nordbelgien = 164 Min. ** = deutschsprachige Schweiz Quelle: IP (2000), European Key Facts und jeweilige nationale Marktforschungsinstitute

Dr. Klaus Goldhammer
Geschäftsführer GoldMedia Consulting & Research

In Berlin und London habe ich (geb. 1967) Publizistik und BWL studiert. Parallel zum Studium war ich mehrere Jahre als Medienjournalist tätig, u.a. beim Berliner Tagesspiegel. Seit 1996 arbeite ich als selbständiger Berater für Unternehmen und Institutionen im Medienbereich. Daraus entstand 1999 die GoldMedia Consulting & Research, eine strategische Unternehmensberatung mit den Spezialgebieten Hörfunk, digitales Fernsehen und Internet-Rundfunk. Wir entwickeln und implementieren auf der Basis von Markt- und Wettbewerbsanalysen Strategien im Bereich neuer elektronischer Medien.

Als Lehrbeauftragter für Medienökonomie bin ich am Studiengang Publizistik- und Kommunikationswissenschaft der Freien Universität Berlin und am MBA-Studiengang Medien der Steinbeis-Hochschule aktiv. An der Freien Universität habe ich mehrere Jahre zur Rundfunk- und Internetökonomie geforscht, zum Thema ‚Hörfunk und Werbung' promoviert und folgende Bücher geschrieben: ‚Formatradio in Deutschland', ‚Rundfunk Online' und ‚Die Internet-Ökonomie'. Bis 1999 war ich Managing Editor des European Communication Councils (ECC), einer Gruppe unabhängiger Wissenschaftler.

Frank Fölsch M.A.

Neben meinem Studium der Publizistik und BWL an der FU Berlin habe ich als freier Redakteur beim Berliner Stadtmagazin ‚flyer' (seit 1997) und als freier Mitarbeiter beim SFB/ORB-Radiosender ‚Fritz' im Bereich Marketing (seit 1999) gearbeitet. Von Oktober 1997 bis September 2000 war ich zudem am Institut für Publizistik- und Kommunikationswissenschaft der FU Berlin im Arbeitsbereich ‚Ökonomie und Technik der Massenkommunikation' bei Prof. Dr. Axel Zerdick beschäftigt. Mit meiner Magisterarbeit zum Thema ‚Online-Radio in Deutschland' habe ich das Studium im Frühjahr 2001 abgeschlossen.

Mit Klaus Goldhammer verbindet mich eine 3-jährige Zusammenarbeit an mehreren Projekten, wie z.B. einem Gutachten für die Niedersächsische Landesmedienanstalt über ‚Potentiale des privaten Hörfunks in Niedersachsen' (erschienen 1999 im Vistas Verlag).

Dr. Christian Bachem
Geschäftsführer von .companion

Nach Abschluss des Studiums der Publizistik, Soziologie, Cognitive Science und VWL in Mainz, Bloomington und Berlin, arbeitete Christian Bachem von 1991 bis 1994 als Mediaplaner und Berater bei Werbeagenturen in Berlin und New York. Parallel promovierte er über ‚Fernsehwerbung in den USA'.

Anfang 1995 wechselte Christian Bachem zu Pixelpark, wo er die Bereiche Strategic Planning, Marketing Services und Online Advertising aufbaute und als Managing Director leitete. Im Sommer 1998 machte er sich selbständig. Seine Firma ist eine auf Strategieentwicklung und -begleitung spezialisierte Unternehmensberatung mit den Schwerpunkten E-Commerce und Online Marketing. Zu den Kunden zählen Markenartikler, Dienstleister und Start-Ups.

Als Mitglied diverser Fachgremien engagierte sich Christian Bachem langjährig auf verbandspolitischer Ebene für die Gestaltung des deutschen Online-Marktes. Er ist Autor zahlreicher Fachveröffentlichungen, fungiert bei vielfältigen Branchenveranstaltungen als Juror, Moderator oder Referent und ist seit 1996 als Dozent an verschiedenen Hochschulen und MBA-Studiengängen aktiv. Im Herbst 2000 wählte ihn die WirtschaftsWoche unter die 'Top 100 der New Economy'.

Ralf Scharnhorst
Director Media, SinnerSchrader AG

Seit 1998 bin ich Director Media der SinnerSchrader AG in Hamburg. Bei dem eBusiness-Dienstleister in Hamburg habe ich diesen Bereich, wie vorher schon in zwei Agenturen, aufgebaut und zu einem eigenständigen Bereich entwickelt. Die klassische Mediaplanung habe ich dazu von Grund auf gelernt. Zur Zeit plant und gestaltet mein Team Online-Werbung für Kunden wie Tchibo, Otto-Versand und Deutsche Bank-Gruppe.

Ich habe die Entwicklung der Online-Werbung in Deutschland von Anfang an begleitet und möchte sie auch auf politischer Ebene mitgestalten: Ich bin Gründungsmitglied des Arbeitskreises ‚Ad-Server im dmmv', des späteren ‚Arbeitskreises Media', den ich seit 1999 leite. Wir haben es uns zur Aufgabe gemacht, für das Online-Marketing Standards, Messmethoden, Transparenz und Vergleichbarkeit zu schaffen. So entstand 1999 auf meine Initiative hin die ‚omdb.de', die Online-Mediadatenbank der Medienverbände.

Die Impulse aus beiden Tätigkeiten geben mir die Ideen und Inhalte für meine internationalen Kongress- und Pressebeiträge und Seminare - vielleicht eines Tages auch für eine Promotion.

Zusätzlich zu meinem Abschluss als Diplom-Kaufmann habe ich Medienwissenschaft, Geografie und Hispanistik in Paderborn, Madrid und Paris studiert. Wenn ich nicht surfe, halte ich mich bevorzugt am, auf oder unter Wasser auf, reise oder repariere mein Auto.

Werbung goes Online: Werbestrategien im Internet

Dr. Klaus Goldhammer und Frank Fölsch, GoldMedia Consulting & Research, Berlin
unter Mitarbeit von Dr. Christian Bachem und Ralf Scharnhorst

Die Wachstumskurve der Online-Werbung ist wirklich imposant zu nennen: Das Werbevolumen stieg von 26,1 Mio. Euro in 1998 auf 76,7 Mio. Euro in 1999. Im Boom-Jahr 2000 wurden sogar 153,4 Mio. Euro in Online-Werbung investiert. Deutschland liegt damit im europäischen Vergleich auf Platz 3. Somit folgte auch der deutsche Online-Markt den starken Zuwächsen, wie sie sich international in diesem Werbesegment in den letzten Jahren abgezeichnet haben.[1]

Mögen auch prominente Pleiten einen anderen Eindruck erwecken: Die deutsche Internet-Wirtschaft lebt und wächst. Rund 15.000 New Economy-Unternehmen sind in Deutschland aktiv. Jährlich verschwinden zwar 750 vom Markt, aber es kommen 2.500 neue hinzu.[2] Trotz der New Economy-Krise in 2001 führt wohl kein Weg an einer Auseinandersetzung mit dem (Werbe-)Medium Internet vorbei. Unterstrichen wird dies noch durch den Umstand, dass mit 24 Mio. Nutzern in Deutschland so viele Menschen online sind wie sonst nirgendwo in Europa.[3]

Das Internet hat in den letzten Jahren die Kommunikationsprozesse in der Gesellschaft grundlegend revolutioniert. In diesem Zuge hat sich die Werbekommunikation von der One-Way-Kommunikation bei den klassischen Medien zur Two-Way-Kommunikation im Online-Bereich geändert: Statt wie bisher durch Unterbrecherwerbung zur Rezeption genötigt zu werden, können die Konsumenten Werbung plötzlich abrufen und selbst auswählen. Für die Unternehmen ist diese Entwicklung insofern von Bedeutung, als sie bei ihrem Online-Engagement entscheiden müssen, welche Werbeformen in diesem Medium am besten funktionieren und die gewünschte Werbewirkung bei den Zielgruppen erzielen. Des Weiteren müssen sie überlegen, wie und wo sie Werbung im Internet platzieren sollten und wie sie ihre eigenen Internetangebote (teilweise) über Werbung refinanzieren können. Um hier erfolgreiche Entscheidungen treffen zu können, gilt es, die Mechanismen dieses Marktes zu kennen!

Im Folgenden werden wir zunächst Stärken und Schwächen der ‚alten Medien' und klassischer Werbung gegenüber dem Internet und Online-Werbung aufzeigen. Sodann werden wir ausführlicher die Grundlagen der Online-Werbung erläutern, bisher bekannte Probleme diskutieren, die im Zusammenhang mit Werbekommunikation im Internet aufgetreten sind und absehbare Trends und Entwicklungen neuer Online-Werbeformen beschreiben. Sodann werden wir kurz auf die Möglichkeiten der Werbeerfolgskontrolle, Nutzeranalyse und Mediaplanung im Online-Bereich eingehen, um dann abschließend künftige Perspektiven der Werbung zu skizzieren, wie sie durch die Neuartigkeit des Online-Marketing überhaupt erst denkbar geworden sind.

(Leserhinweis: Einige Begrifflichkeiten aus dem Internetbereich haben wir explizit mit Verweisen auf Websites versehen, die zur Vertiefung herangezogen werden können, deren ausführliche Darstellung den Textfluss aber gestört hätte.)

1

1. Werbekommunikation im Wandel

1.1 Online-Werbung vs. Klassische Werbung - ein Stärkenvergleich

Als Marketingplattform hat jedes einzelne Medium seine spezifischen Stärken (und Schwächen). Bei der Werbeplanung und bei der Auswahl der geeigneten Werbeform kommt es darauf an, die

Vorteile des jeweiligen Mediums zu kennen und entsprechend auszunutzen. Welche Stärken die Neuen Medien und besonders das Internet gegenüber den klassischen Werbeträgern Fernsehen und Print-Medien haben, zeigt folgende Übersicht:[4]

Werbeträger-Vergleich: Klassische Medien vs. Neue Medien

+++ = sehr gut
++ = gut
+ = zufriedenstellend

	Klassische Medien		Neue Medien	
	TV	**Print**	**CD-ROM**	**Internet**
Multimediale Technologie				
Möglichkeit individueller Informationsselektion	+	+	+	+
Intensität des Werbekontaktes	++	+	++	+
Aktualität der Marketinginformationen				
Möglichkeit zur Aktualisierung	++	+	++	+
Permanent verfügbare Marketinginformationen	++	+	++	+
Globale Verfügbarkeit	++	+	++	+
Geringe Kostenintensität	++	+	++	+
Direkte Kontrollmöglichkeit	++	+	++	+
Unaufwendige Optimierungsmöglichkeit	+	+	+	+
Reichweite	+++	++	+++	++

Fernsehen und Print-Medien sind im Leistungsvergleich Multimedia unterlegen.

Vergleicht man TV und Print mit den Werbemöglichkeiten Neuer Medien kommt man zunächst zu einem sehr positiven Ergebnis für das Internet:[5,6]

- Die Rezipienten können bei den Klassischen Medien TV, Print und Rundfunk nur die im Rahmen des Programminhalts angebotenen Informationen aufnehmen. Die Möglichkeit, Informationen zu selektieren, besteht für die Konsumenten nur über die Wahl des Leseverhaltens oder über die Fernbedienung. Klassische Medien können mit der umfangreichen und dialog-gesteuerten Interaktivität der Online-Medien nicht mithalten.
- Darüber hinaus ist die Intensität der Werbekontakte bei den interaktiven Medien deutlich höher als bei den klassischen Massenmedien TV und Print. Das ist darauf zurückzuführen, dass die Kommunikation über Online-Medien (und entsprechend Online-Werbung) keinen zeitlichen Restriktionen unterliegt. Beides, Auftritt *und* Angebot im Internet, können permanent aktualisiert werden. Dazu kommt, dass ein ‚Execution Delay', der für Spots oder Kampagnen Produktionsende und Einbuchung bei den Werbeträgern terminiert, nicht existiert.
- Das Fehlen zeitlicher Restriktionen bedeutet auch, dass auf Online-Informationen und -Angebote (also auch auf Banner) jederzeit zugegriffen werden kann. Werbebotschaften in herkömmlichen Medien sind auf den Zeitraum des Werbeblocks begrenzt.
- Im Internet gibt es zudem, anders als beim klassischen TV und Rundfunk, keine zeitliche Trennung zwischen Werbung und redaktionellen Inhalten: Wie bei Tageszeitungen ist die Werbung auf den Websites um den Content herum angeordnet und kann parallel zur Nutzung der Inhalte wahrgenommen werden. Werden Banner auf einer Site jedoch wie Werbespots ein- und ausgeblendet, dann wird der eben beschriebene Vorteil wieder etwas abgeschwächt (mehr dazu in Kapitel 2).
- Außerdem ermöglichen verwaltete Benutzerprofile, dass die User mit Werbung zielgruppengenauer erreicht werden können (siehe Kapitel 3). Auf diese Art und Weise kann Online-Werbung besser wirken, da sich die Nutzer von potentiell für sie interessanter Werbung weniger gestört fühlen.

Betrachten wir neben den Medien einmal die Online-Werbung direkt im Vergleich mit klassischer Werbung, so lassen sich folgende Vorteile finden:[7]

Unterschiede zwischen Online-, TV- und Printwerbung

	Online	TV	Print
Zeitpunkt der Übermittlung	weitgehend unabhängig	abhängig	unabhängig
Ort der Rezeption	weitgehend gebunden	gebunden	ungebunden
Kosten der Rezeption	hoch	gering	gering
mögliche Interaktivität	hoch	niedrig	gering
Echtzeit-Übermittlung	unterschiedlich	ja, möglich	ja, möglich
Kontakt mit Werbung	zufällig, weitergehend nur durch Nutzer	zufällig	zufällig
Streuverluste	gering	hoch	unterschiedlich
Einsatz im Kommunikationsmix	bislang überwiegend im Mix verwandt	isolierter Einsatz möglich	isolierter Einsatz möglich
Erscheinung beim Kunden	Unterschiede möglich	gleich bei allen Rezipienten	gleich bei allen Rezipienten

Online-Werbung zeichnet sich durch ganz eigene Charakteristika gegenüber TV- und Printwerbung aus, die neue Werbestrategien ermöglichen.

- Während es beim Verbreitungsraum von Werbekampagnen in den klassischen Medien deutliche Limits, wie z.B. die räumliche Begrenzung bei Satelliten- oder Kabel-TV gibt, ermöglicht das globale Medium Internet den Nutzern, weltweit auf Angebote mit entsprechenden Marketinginformationen zugreifen zu können.

- Vorteile für Online-Werbung existieren auch auf der Kostenseite: Print- und TV-Kampagnen sind in der Regel sehr teuer. Zudem besteht nach der Fertigstellung von Print- und TV-Werbung keine Möglichkeit mehr, kurzfristig Änderungen an den Kampagnen vorzunehmen. Im Gegensatz dazu sind Herstellung und Schaltung von Online-Kampagnen nicht nur relativ günstig, sondern auch schnell und flexibel optimierbar (siehe Kapitel 2.9).

- Ein ähnliches Bild ergibt sich bei der Kontrolle der Werbewirkung: TV- und Print-Kampagnen können mittels Reichweitenforschung und Daten aus Werbetests evaluiert und optimiert werden. Diese Werbewirkungstests sind allerdings im Gegensatz zur Kontrolle von Online-Marketingkampagnen sehr aufwendig und teuer. Online-Kampagnen lassen sich ‚in Echtzeit', also über Zugriffsdaten zeitnah kontrollieren (mehr dazu in Kapitel 3). Auch Verkaufszahlen lassen sich über die getätigten Online-Bestellungen direkt messen, wobei jedoch kritisch angemerkt werden muss, dass man schlecht erfassen kann, ob der Produktkauf tatsächlich durch Werbung in Online-Medien oder in klassischen Medien ausgelöst wurde.

Zusammengefasst ergeben sich für Online-Marktkommunikation die folgenden Charakteristika und Vorteile:[8]

- **Multimedialität**
  Multisensorische Ansprache durch Integration von Text, Bild und Ton
- **Aktualität, Flexibilität, Variabilität, Modularität**
  Kurzfristige und schnelle Anpassung, Veränderung und Erweiterung von Inhalt und Form
- **Ubiquität**
  Potentiell weltweite Verfügbarkeit
- **Einfachheit, Multioptionalität, Komplexität**
  Freie Wahl der Informationstiefe und -vielfalt
- **Linearität und Non-Linearität**
  Wahl zwischen gezielter und assoziativer Informationsselektion und -aneignung
- **Individualität**
  Möglichkeit der individuellen Ansprache
- **Intensität**
  Starke Involviertheit in den Kommunikationsprozess
- **Integration von Kommunikation und Transaktion**
  In das Medium integrierte Rückkopplungs- und Dialogmechanismen

Aufgrund dieser Qualitäten und Eigenschaften lässt sich das Internet nicht nur für Werbung und PR nutzen, sondern auch zur Kundengewinnung und Kundenbindung, als Vertriebskanal, für die Marktforschung und Produktentwicklung, zur gleichzeitigen Erfolgskontrolle und -messung sowie für rein unternehmensinterne Kommunikation. Die Integration dieser unterschiedlichen Anwendungsmöglichkeiten ist die Stärke des Online-Marketing.

Allerdings: Die insgesamt positive Bewertung des Internet wird durch die bislang noch zu geringen Reichweiten der Online-Medien relativiert. Online-Angebote mit mehr als einer Million Seitenabrufen sind zwar keine Seltenheit mehr; jedoch schafft ein Werbeblock im Fernsehen bei einer Dauer von 30 Sekunden in einem erfolgreichen Programmformat oft das Zehnfache. Dies ist das schwerwiegendste Defizit für eine konsequente Markenführung (‚Branding') im Online-Bereich.

Aus dem Vorteil der klassischen Medien, schnell große Reichweiten aufzubauen, folgt, dass an klassischer Werbung auch in naher Zukunft kein Weg vorbeiführt. Obgleich die bisher im Online-Bereich erzielten Reichweiten durchaus für Direktmarketing-Aktivitäten ausreichen, wird Online-Werbung in absehbarer Zeit keine Reichweiten wie klassische Werbung erzielen können.

Eine Lösung, die klassische Medien und Internet einschließt, bietet die Doppelvermarktung: Online-Marketing kann nicht nur als Ergänzung klassischer Medien im Markenaufbau dienen, sondern auch zur Bekanntmachung der eigenen Existenz.[9] Mit Cross-Media-Kampagnen können die Vorteile der verschiedenen Medien ausgenutzt werden. Integrierte Marketingaktivitäten sind gefragt. Für Michael J. Wolf, Medien-Chef bei *Booz, Allen & Hamilton*, führt kein Weg an dieser Strategie vorbei:[10] *„Unternehmen, die für ihre Produkte werben wollen, müssen eine medienübergreifende Gesamtstrategie entwickeln und dabei auch die TV-Spartenkanäle, die Lokalradios, die Internet-Portale, die themenspezifischen Publikumszeitschriften und ähnliches berücksichtigen."* Welch gewichtigen Anteil dabei der Online-Kommunikation zukommt, wollen wir im nächsten Abschnitt verdeutlichen.

1.2 Der Paradigmenwechsel im Marketing durch Online-Kommunikation

Die Vorteile des Internet bedeuten für werbungtreibende Unternehmen nicht nur neue Werbemöglichkeiten, sondern insbesondere eine grundlegende Neuorientierung in der Markenkommunikation. Christian Bachem, Experte und Vorreiter im Bereich Online-Kommunikation, spricht mit Blick auf die Werbung in den klassischen Medien von einer ‚Krise der klassischen Marketingkommunikation'.[11] Seine These lautet: *Durch strukturelle Veränderungen im Beziehungsgeflecht zwischen Marke, Kommunikation und Konsumenten wird sich die Werbeeffizienz in den klassischen Medien drastisch verringern.*

Diese Beziehungsveränderungen sind nicht allein auf die Schwächen der klassischen Medien hinsichtlich ihrer Möglichkeiten bei der Konsumentenansprache zurückzuführen, sondern gehen auch auf die neuen Kommunikationspotentiale des Internet zurück. Nach Bachem findet im Marketing ein *Paradigmenwechsel* statt. Dieser Paradigmenwechsel ist durch die folgenden Merkmale gekennzeichnet:[12]

- **Vom ‚One to Many' zum ‚One to One'**
  Statt breit streuender, massenmedial gestützter Ansprache kann plötzlich punktgenau und individuell kommuniziert werden.
- **Vom ‚Push' zum ‚Pull'**
  An die Stelle der aufdringlichen werblichen Ansprache tritt das unverbindliche Angebot zum Dialog.
- **Vom Monolog zum Dialog**
  Der einstmals passiv konsumierende, allenfalls auf Botschaften reagierende Rezipient kann zum aktiven, den Kommunikationsprozess mitbestimmenden Nutzer werden.
- **Von der Irrelevanz zur Relevanz**
  Besonders die für den Rezipienten relevanten Inhalte führen zum Dialog. Das klassische Marktkommunikationsmodell verursacht eher Streuverluste.
- **Von der ‚Zwangsbeziehung' zur Partnerschaft**
  Statt erzwungener Beziehungen mit wechselnder Intensität kommt es zu einer von beiden Seiten aktiv und verlässlich gestalteten Partnerschaft.

Dieser Paradigmenwechsel hat drei wesentliche Auswirkungen auf die konkrete Online-Unternehmens- und Werbekommunikation zur Folge:[13]

- *Eigene Inhalte, statt eigener Werbung*
  Die klassische Unterscheidung in Werbekunde und Werbeträger wird erweitert. Das werbungtreibende Unternehmen kann selbst zum Werbeträger werden, indem es auf eigenen Websites selbstproduzierte Inhalte anbietet und damit partiell Werbeausgaben bei anderen (Internet-)Medien einspart.
- *Konsumentenautonomie*
  Alte Unterbrecherwerbung-Konzepte funktionieren nur noch bedingt. Online-Werbung muss v.a. den Nutzer und seine Interessen in den Vordergrund stellen, indem ein erkennbarer Mehrwert angeboten wird. Nur dieser Mehrwert wird auf Dauer die Nutzer zu positiven Reaktionen veranlassen.
- *Kreativität von Unternehmen und Werbern*
  Eine ganze Palette neuer Interaktionsmöglichkeiten wird durch das Internet realisierbar, die im Werbekontext bislang noch nicht ausgereizt worden sind.

Wir werden in Kapitel 4 auf Auswirkungen dieses Paradigmenwechsels noch ausführlicher eingehen. Doch zuvor wollen wir in Kapitel 2 aktuelle und sich künftig abzeichnende Werbeformen näher vorstellen und neben deren Nutzen auch problematische Effekte beleuchten, die im Zusammenhang mit diesen neuen Werbeformen aufgetreten sind. In Kapitel 3 werden wir uns dann mit den Möglichkeiten der Erfolgskontrolle dieser Werbeformen beschäftigen.

2

2. Grundlagen und Nutzen der Online-Werbung

„Online-Werbung ist die kampagnenorientierte Unterstützung der Kommunikations- und Marketingziele eines Online-Auftritts durch den strategisch geplanten Einsatz von Werbemitteln und Website-begleitenden Maßnahmen."[14] Diese zielgerichtete Definition von Online-Werbung sagt jedoch noch nichts darüber aus, wie die ideale Umsetzung von Online-Werbekommunikation auszusehen hat. Und genau das ist die Schwierigkeit für Werbungtreibende und Werber, denn das Wissen über die Gestaltung, Platzierung und Wirkung von Online-Werbung ist noch nicht allzu umfangreich. Die Werbebranche steckt in diesem Bereich immer noch in einer ‚Online-Experimentierphase' und versucht, nach der Trial-and-Error-Methode ihre jeweiligen Werbekonzepte zu optimieren,

während sich parallel dazu die Nutzererwartungen wie auch die technischen Möglichkeiten ständig weiterentwickeln, so dass die vorliegenden Erkenntnisse über Werbeformen und deren Nutzen nur tendenzielle Aussagen zur künftigen Entwicklung erlauben. Wir werden im Folgenden mit den Werbe-Bannern und ihren Spielarten auf die derzeit gängigsten Werbeformen eingehen und dann weitergehende integrierte und interaktive Ansätze vorstellen. (*Vergleichen Sie hierzu auch Kapitel 3 im Beitrag von Lorenz Fischer & Günter Wiswede.*)

2.1 ‚Klassische' Online-Werbeformen: Banner, Buttons & Co.

Auch im Internet kann man bereits von ‚klassischen' Werbeformen sprechen, obwohl diese erst wenige Jahre alt sind. Gemäß dem Sinnspruch *‚Internetjahre sind wie Hundejahre - sie zählen siebenmal so schnell'*, dürften Online-Werbeformen wie Werbelinks, Banner und Buttons als ‚etabliert' angesehen werden.

Der Klassiker der Online-Werbung ist der *Banner*. Obwohl die Online-Werbebranche ständig über neue Werbeformen ‚beyond the banner' nachdenkt und neue Technologien fordert, ist der Banner die Online-Werbeform Nummer Eins im World Wide Web. Laut einer Studie von *Jupiter Communications* aus dem Jahre 1998 entfallen 80 Prozent der Werbeumsätze auf Bannerwerbung, 15 Prozent auf Sponsoring und 5 Prozent auf Interstitials (die wir in Kapitel 2.3 näher vorstellen).[15] Diese Popularität liegt zum einen an der inzwischen einfachen Handhabung der verschiedensten Banner und zum anderen am umfassenden Werbeplatz-Angebot im Internet für die relativ kleinen Banner.

Werbebanner stehen in der Tradition graphisch orientierter Werbemittel und sind kleinere Werbeflächen auf einer Bildschirmseite, die vom eigentlichen Inhalt abgeteilt stehen. Die Bannergestaltung entwickelte sich innerhalb kürzester Zeit vom reinen Link[16], der wie eine gedruckte Anzeige aufgebaut ist, hin zu Kreationen mit eigenständiger Funktionalität. So sind ‚Bannerarten' entstanden, die verschiedene Möglichkeiten der graphischen Darstellung und Interaktivität bieten. Allen sind jedoch folgende Grundmerkmale gemein:

- Integration in eine Website (Werbeträger)
- Rechteckiges Format
- Möglichkeit der Interaktion mit dem Betrachter

Trotz der Anstrengungen von Verbänden und Interessengruppen konnte bisher keine Übereinkunft über Standard-Formate für Banner erreicht werden.[17] Im März 2001 hat das *Internet Advertising Bureau* neue Richtlinien für Online-Werbeformate vorgelegt.[18] Die Standards sind nicht bindend, sondern dienen nur als Vorschläge, die zu einer möglichst einfachen Abwicklung zwischen Werbungtreibenden und Werbeträgern führen sollen. Neu sind einige deutlich größere Werbeformen, wobei Anzeigen in den neuen Formaten Dateigrößen von 15K (Skyscraper) bzw. 20K (alle übrigen neuen Formate) nicht übersteigen sollen. Die folgenden Online-Werbeformate lassen sich im Wesentlichen unterscheiden, wobei sich der Begriff ‚Button' (Knopf) als Bezeichnung für kleinere quadratische Banner etabliert hat:[19]

‚Half Banner' (234x60 Pixel)

‚Square Pop-up' (250x250 Pixel)

‚Square Button' (125x125 Pixel)

‚Medium Rectangle' (300x250 Pixel)

‚Micro Button'
(88x31 Pixel)

‚Full Banner' (486x60 Pixel)

‚Skyscraper' (120x600 Pixel)

Hinsichtlich der *Werbewirkung* dieser Standardformen lässt sich generell festhalten, dass die Erinnerungsleistung und Betrachtungsdauer mit der Größe der Banner zunimmt. Allerdings vollzieht sich diese Zunahme nicht proportional zur Bannergröße, so dass die höheren Kosten für einen großformatigen Banner nicht immer gerechtfertigt sind. Skyscraper erfordern gegenüber klassischen Bannern zwei- bis dreimal so hohe Produktionskosten, längere Vorlaufzeiten und setzen ein besonderes Seiten-Design voraus, das noch nicht alle Websites anbieten. Doch trotz höherer Produktions- und Schaltkosten scheinen Großformate gerechtfertigt, weil sie eine relativ hohe Klickrate und Awareness aufweisen können und eine weniger hohe Kontaktdichte als bei kleineren Formaten notwendig scheint.[20]

Neben der Größe des Banners ist die graphische, inhaltliche und animierte Konzeptualisierung bedeutsam: Anfangs wurde noch versucht, das Anklicken des Banners durch Texte auf dem Banner (Rätselfragen, Gewinnspiele oder Hinweise auf kostenlose Software) anzuregen. Später, als die Nutzer immer häufiger auf Banner stießen, setzten die Gestalter zunehmend auf blinkende, flackernde und sogar piepende Reize. Inzwischen zählen animierte Banner, bei denen sich innerhalb der Banner mindestens ein Gegenstand über das Bild bewegt, zu den häufigsten Versionen. Oftmals findet man Banner, die aus mehreren (üblicherweise vier) Einzelbildern bestehen, die sich zyklisch abwechseln. Durch solche Banner-Wechsel können z.B. Rätsel mit Auflösung oder mehrteilige Slogans realisiert werden.

Solche Strategien sind auch notwendig, denn grundsätzlich ist mit der Integration eines Werbebanners auf einer Website das (Werbe-)Problem verbunden, die Aufmerksamkeit des Betrachters vom eigentlichen Inhalt der Website zum Banner zu lenken. Dafür hat ein Banner im Schnitt rund eine Sekunde Zeit.[21] Es empfiehlt sich daher, den Animationsverlauf der Bannerinhalte nicht zyklisch mit drei oder vier Banner-Motiven hintereinander zu konzipieren, sondern den Bannerinhalt nach einigen Sekunden enden zu lassen.

Die Betrachtungsdauer kann zusätzlich etwa durch Audiobotschaften (Musik, Sprache) deutlich erhöht werden, was zur Entwicklung immer neuer Bannerarten geführt hat, die den Betrachter anlocken sollen. Jedoch stoßen Versuche, die neuen Gestaltungsmöglichkeiten mit immer aufwendigeren Formen und interaktiven Funktionen auszureizen, schnell an Grenzen. Konsumenten lehnen die große Experimentierfreudigkeit der Gestalter ab, da sie sich von zu aufwendig gestalteter Bannerwerbung wegen der langen Ladezeiten gestört fühlen. Außerdem ist trotz eines Anteils von über 90 Prozent animierter Bannerwerbung weder die Beachtung noch die Erinnerung besser als bei statischen Bannerformen.[22] Bewegte, bunte Bilder scheinen also im Gegensatz zur klassischen Werbung nicht unbedingt die Wirkung des Werbemittels zu erhöhen (zur zukünftigen Entwicklung siehe aber Kapitel 5).

Neben der Gestaltung ist für die Werbewirkung der Banner natürlich die richtige Platzierung wichtig. Dabei scheint eine zentrale Platzierung des Banners auf der jeweiligen Website vorteilhaft zu sein.[23] Effizient sind Banner z.B. auf Websites von *Focus* oder *Spiegel*, wo ihre Schaltung Ad-Click-Raten[24] von bis zu drei Prozent und mehr bringen. Und auch die restlichen 97 Prozent führen bei einem Werbekontakt immer noch zu einem Imagegewinn für Marke und Unternehmen.[25] In diesem Sinne dienen Banner nicht nur als Instrument der Weiterleitung von Online-Nutzern, sondern stellen auch selbst ein wirksames Werbemittel dar: Gut gemachte Werbebanner erhöhen nicht nur die Klickrate, sondern erzielen selbst bereits eine kommunikative Werbewirkung. Nach einer Studie des *Internet Advertising Bureau* von 1998 gehen positive Wirkungen für Produkt- und Werbeawareness (Werbeaufmerksamkeit) zu 96 Prozent auf Banner-Sichtkontakte und nur zu vier Prozent auf den tatsächlichen Besuch der jeweiligen beworbenen Website (,Click-Through') zurück.[26] Banner könnte man somit in ihrer Werbewirkung als wichtiger ansehen als die eigentlichen werblichen Internetauftritte der Unternehmen.

Allerdings muss einschränkend hinzugefügt werden, dass die Bannerwirkung in Bezug auf Klickraten schnell nachlässt. Der Banner stellt zwar nach wie vor das Basiswerbemittel der Online-Werbung dar, wird aber vom User mittlerweile mit gegen Null tendierenden Klickraten (0,5 Prozent) honoriert.[27] Verschiedentlich spricht man schon vom ‚Banner-Burnout' (mehr dazu in Kapitel 2.7.3).

Zusammenfassend lässt sich festhalten, dass der klassische Banner hinsichtlich seiner Klickraten zu wünschen übrig lässt. Deshalb ist es sinnvoll, dass er um die oben vorgestellten Werbeformat-Alternativen erweitert worden ist. Akzeptable Klickraten sind ein wichtiger Faktor, ein zweiter sind längerfristige Werbewirkungen wie Recall oder Kaufabsicht. Während hier die neuen Werbeformen (Skyscraper, Pop-up und Rectangle) ihre Wirkung erst noch unter Beweis zu stellen haben, gibt es für den Banner positive Hinweise. Auch die angesprochenen positiven Imageeffekte für das Unternehmen sprechen für ein konsequentes Bannering auf relevanten stark besuchten Websites.

2.2 Weiterentwicklungen des Werbebanners 1: Coupons & Interstitials

1998 war das Jahr des Durchbruchs für den Online-Anzeigenmarkt.[28] Als ein Grund hierfür können die seit Mitte 1998 in Deutschland geschalteten Banner gelten, die auf der komfortableren Programmiersprache Java basieren und entsprechend direkte Interaktionen erlauben. Außerdem dürfte die inzwischen automatisierte und damit erleichterte Handhabung von Bannern durch Verwalten und Austausch von Banner-Inhalten mittels Ad-Management-Systemen zum Erfolg beigetragen haben (mehr dazu in Kapitel 2.9).

Somit kommt dem Online-Werbemarkt als Motor der Internet-Angebotsentwicklung allmählich eine ähnliche Schlüsselfunktion zu wie dem Werbemarkt im Print- oder TV-Bereich. Auffällig ist allerdings, dass sich im Vergleich zur Gesamtwerbung bestimmte Branchen bei der Bannerwerbung noch stark zurückhalten. Banner-Werbung wird in der General-Interest-Sparte v.a. von Unternehmen aus den Bereichen Telekommunikation, Medien, EDV und Banken betrieben, während die Investitionsfreude bei den klassischen ‚Big Spenders' aus den Bereichen Automobil, Nahrungsmittel, Pharmazie und Haushaltsartikel eher gering ist (*siehe die vergleichende Übersicht im Anhang*).[29]

Diese Zurückhaltung ist auch bis zu einem gewissen Grad berechtigt, denn aussagekräftige Werbewirkungskennwerte wie in der klassischen Werbung sind erst noch fest zu etablieren. Besonders die neuen Werbeformate müssen ihre Wirkung erst noch unter Beweis stellen. Dies ist ein klares Hemmnis für die Online-Werbung, denn eine solche Effektivitäts-Transparenz ist wichtig, um Vertrauen in Medium und Werbemittel aufzubauen.

Schauen wir uns im Folgenden erwähnenswerte Entwicklungen an, die sowohl aus dem Banner, als auch unabhängig davon entstanden sind.

(Leserhinweis: In den folgenden Kapiteln können wir Ihnen nur wenige Bildbeispiele anbieten, weil dies aufgrund der Dynamik und Interaktivität der Werbeformen (wie z.B. bei Interstitials) wenig Sinn macht. Wenn Sie, lieber Leser, sich weitere Beispiele für die beschriebenen Werbeformen ansehen möchten, können Sie unter: http://www.werbeformen.de fündig werden.)

2.2.1 Coupon-Banner

Die Verknüpfung von Online-Werbung mit Rabatten bedeutet möglicherweise einen Entwicklungsschritt, der sogar die herkömmliche Banner-Werbung verdrängen könnte, wie Online-Experten aus den USA mutmaßen. Bei der Coupon-Werbung handelt es sich um Banner, die dem Verbraucher einen unmittelbaren Preisvorteil versprechen und vermutlich deshalb weit häufiger angeklickt werden als klassische Werbe-Banner: Herkömmliche Werbe-Banner erzeugen im Schnitt eine Click-through-Rate von weniger als 2 Prozent, während es bei Coupon-Werbung bis zu 20 Prozent sein können. Inwieweit sich dieses Modell in Deutschland durchsetzen wird, bleibt offen. Das seit 1933 geltende, strenge Rabattgesetz ist zwar seit 2001 nicht mehr gültig, aber ob bei den engen Gewinnspannen tatsächlich eine ‚Rabattwelle' entstehen wird, bleibt abzuwarten.

2.2.2 Interstitials, Superstitials & Pop-ups

Interstitials, Superstitials und Pop-ups sind eigentlich Online-Spielarten von Unterbrecherwerbung (Ad-Breaks). Obwohl die aus Rundfunk und Fernsehen bekannte Form der Unterbrecherwerbung insgesamt kritisch zu werten ist, haben die User im World Wide Web Unterbrecherwerbung akzeptiert - zumindest als ‚Gegenleistung' für adäquate kostenlose Dienste, wie z.B. Spiele, einen eigenen Internet-Zugang oder Speicherplatz für die Einrichtung der persönlichen Homepage. Online-Unterbrecherwerbung ist darüber hinaus für Websites mit Unterhaltungscharakter geeignet, wirkt aber störend, wenn beim User das Informationsbedürfnis im Vordergrund steht.[30]

Interstitials bestehen zumeist aus einer bildschirmfüllenden Werbeseite, die der Nutzer eine Zeit lang anschauen muss, bevor er auf der für ihn interessanten Website weitersurfen kann.[31] Anlässlich der Produkteinführung von *Microsoft Office XP* in Österreich wurde z.B. eine Art Fullscreen-Vorhang entwickelt und auf reichweitenstarken Websites vor die Startseite ‚gehängt', wo er mittels integrierter Buttons weggeklickt werden musste. Die zweitägige Online-Kampagne führte zu Klickraten von über 10 Prozent.[32]

Superstitials funktionieren ähnlich wie Interstitials. Es handelt sich um ein Programm, das parallel zum Browser aktiv ist und immer dann bildschirmfüllende Werbung darstellt, wenn der Browser gerade mit dem Laden von Dateien beschäftigt ist.

Im Ad-Break-Kontext sind auch Pop-up-Fenster mit Werbeinhalten zu nennen, die sich beim Aufrufen oder Verlassen bestimmter Sites automatisch öffnen und schon allein dadurch Aufmerksamkeit erregen, dass diese Fenster extra einzeln geschlossen werden müssen. Neuere Pop-up-Formen sind sogar beweglich und wandern - je nach Navigation des Users - über die Website mit, so dass sie auch dann noch im Blickfeld bleiben, wenn der User auf der Seite nach unten scrollt.

2.3 Weiterentwicklungen des Werbebanners 2: Interaktive Werbung

Würde man herkömmliche Werbekonzepte direkt 1:1 ins Internet übertragen, so ließe man die Interaktivität des World Wide Web ungenutzt. Die Entwicklung ist vorgezeichnet: Die Internet-Werbung wird immer stärker nützliche und/oder unterhaltende Angebote machen müssen (siehe Kapitel 4), wobei die Möglichkeit der Multimedialität ein klarer Vorteil für die interaktive Nutzung ist.

2.3.1 Multimediale Werbung

Die Werbewirkung der Werbebanner in Form von Beachtung und Erinnerung der Anzeige kann durch integrierte Musik-Jingles und Sprachausgabe deutlich erhöht werden.[33] Damit wird eigentlich eine Binsenweisheit belegt: Im Gegensatz zu eindimensionalen Werbebannern erzielen multimediale Werbeformen im Internet deutlich höhere Aufmerksamkeitswerte. So gibt es bereits ‚InterVU-Banner' bzw. ‚Click-to-Video-Banner', mit denen kurze Videofilme in einem Banner abgerufen werden können.[34] Gestalterisch wird damit zunehmend auf Bewegtbild-Formate und ‚E-Mercials' gesetzt, bei denen mit Sound unterlegte Fullscreen-Animationen den Surf-Vorgang unterbrechen. Ein mit einer Filmsequenz versehener Interstitial kann eine Werbebotschaft in Bezug auf Erinnerung und Kaufabsicht ähnlich wirksam zum Konsumenten transportieren wie ein TV-Spot.[35]

Problematisch ist allerdings der deutlich größere Speicher- und Bandbreitenbedarf von multimedialer Werbung. Viele Werbeträger limitieren die Größe von Bannern, die auf ihrer Site geschaltet werden dürfen, auf 10 bis 12 Kilobyte, was gerade mal dem Umfang einer Textseite mit 10 geschriebenen Zeilen entspricht.[36] Zusätzliche Sound-Dateien würden noch wesentlich größere Speicher- und v.a. Übertragungskapazitäten verlangen. In Zukunft können solche Banner allerdings wegen neuer Technologien (SMIL-Protokoll[37]) vermehrt eingesetzt werden.

Diese Entwicklung bringt in der Folge ein weiteres Problem mit sich, nämlich das der Platzierung solcher Banner. Hier ist eine geeignete Balance besonders auf den stark frequentierten Websites zu finden, denn zu viele Multimedia-Banner würden eine Website in ein übel klingendes Konzert mit 10 Melodien gleichzeitig verwandeln, was weder im Interesse der Nutzer, noch im Sinne der Website-Anbieter und Werbungtreibenden sein kann. Der Werbeerfolg dürfte hier ausbleiben.

2.3.2 Javabasierte Werbespiele

Die Programmiersprache Java ermöglicht es, unterschiedliche Programme auf den Computer des Nutzers zu übertragen, die eine eigene Funktionalität besitzen. So kann ein javabasierter Werbebanner als Spiel genutzt werden, bei der die Werbebotschaft nur im Hintergrund auftaucht. Diese Werbeidee hat der Computerhersteller *Hewlett-Packard* bereits 1995 umgesetzt: Sein Werbebanner erschien als Reminiszenz an das Video-Tennisspiel ‚Pong', dem ersten graphischen Computerspiel überhaupt.

Weitere Spiele-Banner, wie z.B. die Bestellung eines *Tamagotchis* bei *Milka*[38], zeigen auf, wie ein Werbebanner für den einzelnen User einen konkreten Nutzwert bieten kann, während die Werbebotschaft in den Hintergrund tritt. Das vormals statische Banner bekommt eine multimediale Funktionalität, die den Aufmerksamkeitswert deutlich zu steigern vermag. Zu überwältigender Popularität gelangte das Gewinnspiel 'Moorhuhnjagd',das von der schottischen Whisky-Destillerie *Johnnie Walker* initiiert worden ist.

Milka-Gewinnspiel: Tamagotchi im Tal der Lila Kühe

2.3.3 Nanosites

Eine Weiterentwicklung der Java-Bannerwerbung stellen Nanosites dar. Nanosites sind Mini-Websites in der Größe eines Banners.[39] Es handelt sich um eine ‚Site in der Site', die Werbeangebote und interaktive Möglichkeiten des Internets auf kleinstem Raum zusammenbringt und damit bereits innerhalb der Bannerfläche die Interaktion mit dem Nutzer ermöglicht. Solche Angebote werden auch als ‚Transactive Banner' bezeichnet und erlauben die Bestellung von Produkten direkt vom Banner aus, ohne die aufgerufene Website verlassen zu müssen. Mit dieser Strategie arbeitet z.B. seit Juli 1998 die deutsche Online-Mall *Shopping* 24, deren Dienste direkt über rein javabasierte Banner abrufbar sind.[40] Von der Nanosite können so z.B. Informationen über ein Produkt erfragt oder an einem Gewinnspiel teilgenommen oder Bestellungen aufgegeben werden.[41] Nanosites erfordern zwar in der Regel eine besondere Vereinbarung mit dem Werbeträger, aber zur Zeit lassen nahezu alle Werbeträger die Platzierung von Transactive Bannern auf ihren Sites zu.[42]

2.3.4 Micro-Sites

Micro-Sites sind als ‚Satelliten' der eigentlichen Website eines Anbieters vorgelagert. So kann ein Gewinnspiel als Micro-Site, also als eigene kleine Website eingerichtet sein, ohne den Umweg über die Hauptseite des Werbungtreibenden nehmen zu müssen. Dadurch wird von den Nutzern nicht verlangt, sich langwierig zum Spiel vorzuklicken. Ein weiterer Vorteil neben der günstigen, aufgabenadäquaten Gestaltung der Site ist die Kontrolle über den zu verzeichnenden Besuch: Da die Besucher der Micro-Site nur durch Verweise oder die jeweiligen Banner auf die Adresse kommen können, ist eine Erfolgskontrolle leichter möglich. Typische Anwendungen für Micro-Sites sind Einzelkampagnen und Gewinnspiele.

Micro-Sites können aber auch als Folgeseiten für Transactive Banner konzipiert sein, indem der Nutzer bereits auf dem Banner verschiedene Navigationsmöglichkeiten zur Verfügung hat, die ihn dann auf die spezielle Site führen.[43] Das Marktforschungsinstitut *Forrester Research* empfiehlt Micro-Sites bei Produkten, die erklärungsbedürftig sind und eher selten online verkauft werden, wie z.B. Möbel oder Haushaltsgeräte. Micro-Sites finden ihre Anwendung auch bei Produkten oder Dienstleistungen, für die sich umfangreich und aufwendig gestaltete Webpräsenzen nicht lohnen. Gegenüber den Websites sind Micro-Sites gerade für kleine und mittelständische Firmen von Vorteil, die mit solch preiswerten Internet-Präsenzen leichter in die ‚Arena' des E-Commerce einsteigen können. Werden Micro-Sites zudem noch an strategisch günstigen Stellen auf attraktiven Seiten platziert, dann lässt sich ein kommerzieller Werbeerfolg mit relativ wenig Aufwand herstellen.[44]

Bevor wir auf integrierte Werbeformen eingehen, wollen wir an der *BMW*-Online-Kampagne zeigen, wie ein strategisches Vorgehen unter Nutzung der vorgestellten Werbeformen aussehen kann:[45]

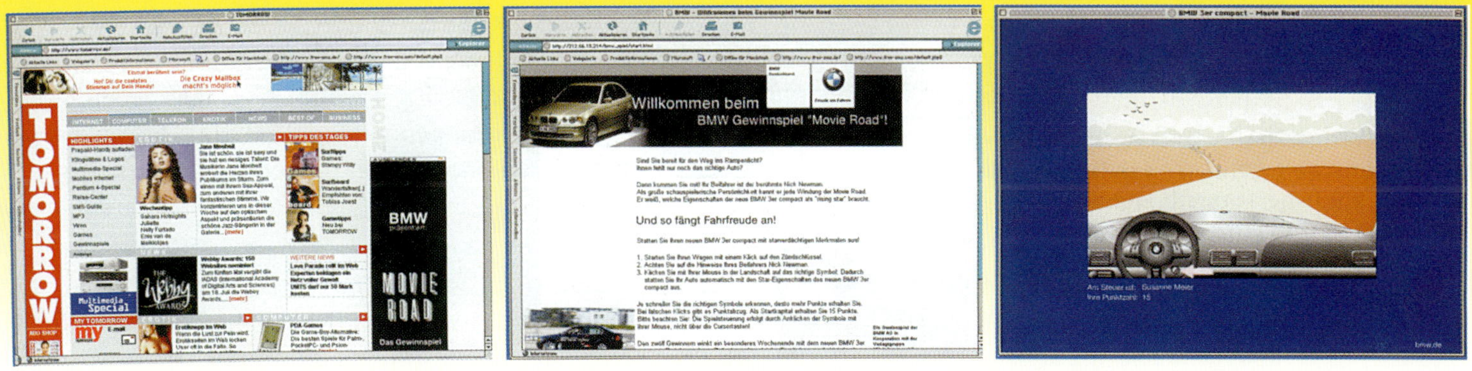

Statt auf klassische Banner setzt BMW auf teurere aber auch auffälligere animierte Skyscraper. Sie sollen die User auf frequentierten Websites, wie z.B. der Startseite des Internet-Magazins Tomorrow Online, zur Website von BMW locken, wo nicht Unternehmensinformationen warten, sondern das Gewinnspiel ‚Movie Road', bei dem der User im virtuellen BMW 3er Compact einen Parcour mit fünf Etappen zu meistern hat. Je nach Punktzahl winkt am Ende die Aussicht auf ein Urlaubswochenende.

2.4 Integrierte Werbeformen: Sponsoring und Keyword Advertising

2.4.1 Sponsoring

Eine Möglichkeit, Werbeeinnahmen aus dem eigenen Online-Auftritt zu generieren, besteht in der Akquisition von Sponsorengeldern. Unter Sponsoring im Internet wird allgemein das Platzieren von Marken- und Firmenlogos auf stark frequentierten Seiten gegen Bezahlung verstanden. Dabei kann das Sponsorenlogo auch als aktiver Link auf der jeweiligen Website dargestellt werden, was zeigt, wie fließend die Grenzen zu Werbebannern und Buttons sind.[46] Online-Sponsoring kann darüber hinaus die kostenlose Bereitstellung von benötigtem Serverplatz oder eigener Homepage durch den Sponsor sein, wie es im Non-Profit-Bereich häufig praktiziert wird.[47]

Beim Sponsoring werden Channel- und Event-Sponsoring unterschieden: Beim Channel-Sponsoring wird die gesamte Website bzw. eine spezielle Sub-Site des Internet-Auftritts gesponsert, während beim Event-Sponsoring nur kurzfristige Events oder Aktionen auf einer Site unterstützt werden (siehe dazu Kapitel 2.6). Sponsoren-Hinweise werden oft an einer besonders auffälligen Position - wahlweise am Kopf oder Fuß - der Website positioniert.[48]

Die Unterschiede zwischen Banner-Werbung und Sponsoring verwischen im Internet aufgrund der bei beiden Werbeformen vorhandenen Interaktionsmöglichkeiten stärker als in anderen Mediengattungen. Daher bekommt die Einnahmequelle Sponsoring im Internet eine größere Bedeutung als in den herkömmlichen Bereichen. Der Anteil des Sponsoring am Online-Werbebudget beträgt etwa 20 Prozent mit stark steigender Tendenz.[49]

Problematisch wird Sponsoring, wenn gesponserte redaktionelle Blöcke, Spezialthemen oder Sonderthemen nicht eindeutig als bezahlte Inhalte (‚sponsored by') kenntlich gemacht werden (siehe auch Kapitel 2.7). Dies kann dann zu Lasten der ansonsten seriös aufgemachten Website gehen und der Zielerreichung des Sponsors wenig dienlich sein, denn erst die aktive und positive Auseinandersetzung des Konsumenten mit der Marke bringt den Sponsoren Awareness und Erfolg.[50]

2.4.2 Keyword Advertising

Keyword Advertising bedeutet eine themenorientierte Ansprache von Internet-Nutzern. Die Möglichkeit zum gezielten Keyword Advertising bieten v.a. Internet-Suchmaschinen wie *yahoo*, *google* oder *altavista*. Der Grundgedanke bei der Werbung mit Keywords ist, dem Nutzer immer nur dann eine bestimmte Werbung zu präsentieren, wenn dieser ein beliebiges Suchwort eingibt, welches zuvor vom Werbungtreibenden als Stichwort definiert und belegt worden ist. So hatte die *Ravensburger AG* bei der *Focus*-Suchmaschine *Netguide* die Begriffe ‚Spiele', ‚CD-ROM' und ‚Buch' bereits 1996 als Trigger für die Schaltung ihrer Werbebanner bestimmt.[51]

Inzwischen erhält der Nutzer der Suchmaschinen *Yahoo* und *Google* nicht nur die Internet-Suchergebnisse zu seinem eingebenen Schlagwort, sondern es erscheinen automatisch auch zwei Werbebanner der beiden konkurrierenden Online-Buchhändler *Amazon* und *Bol*, die generisch ‚mehr zu diesem Suchwort in ihren Angeboten' versprechen. Mittlerweile gibt es sogar eine Suchmaschine im Internet, die ihre Suchergebnisse nicht nach Wichtigkeit oder Treffernähe sortiert, sondern nach den Preisen, die Werbungtreibende für die Berücksichtigung zuvor bezahlt haben. Für solch eine zielgruppengenaue Werbung bezahlen die Werbekunden eine höhere Gebühr, die sowohl fixe als auch erfolgsabhängige Komponenten beinhalten kann.

Keyword Advertising ist zu einer weit verbreiteten Online-Werbestrategie geworden, mit der viele Portals und Suchmaschinen ihre Werbeeinnahmen erhöhen. Marissa Gluck, Analystin für Online-Werbung, schätzt, dass Anbieter von Internet-Portalen auf diesem Weg 20 bis 30 Prozent ihrer Umsätze generieren. Wie wichtig und umkämpft Keyword Advertising im Internet geworden ist, mag der folgende Fall verdeutlichen: Vom Hamburger Landgericht wurde im März 2000 der Internetfirma *Excite* das Keyword Advertising in Deutschland verboten. Der Kosmetikkonzern *Estée Lauder* reichte damals in den USA, Frankreich und Deutschland Klage ein, nachdem *Excite* an die Firma *iBeauty* Werbebanner verkauft hatte, die bei der Suche nach *Estée Lauder* eingeblendet wurden. Dies hielten die Hamburger Richter für wettbewerbswidrig.

2.5 Neue Werbeformen müssen erst entwickelt werden - Beispiel: Online-Events

Es werden permanent neue Werbeformen für das Internet entwickelt. Seien es aufwendig programmierte Java-Applikationen oder audiovisuelle Mini-

Spots, ständig sind Werbungtreibende im Internet bestrebt, durch ausgereifte Interaktionsmöglichkeiten sowie vielfältige multimediale Eigenschaften den Reiz der Werbung und damit die Anzahl der Kontakte und die Nutzungsintensität nachhaltig zu erhöhen. Diese Formen müssen ihre Einsatzfähigkeit und Tauglichkeit allerdings in der Praxis erst noch unter Beweis stellen. Ihre Grenzen finden diese Innovationen in der engen Bandbreite des Internets und bei Nutzergruppen, die wegen veralteter Hard- und Software nicht in den ‚Genuss' dieser audiovisuellen Leckerbissen kommen.

Dennoch gehört den multimedialen Eigenschaften der Online-Werbung die Zukunft.[52] Welche Werbeformen sich auf Dauer durchsetzen werden, kann heute nicht gesagt werden, da ständig neue Werbeformen entwickelt werden.[53] Zu den vielversprechenderen Ansätzen zählen Online-Events:

- Will ein Unternehmen mit Online-Werbung seiner Marke Profil verleihen, muss es die Bedürfnisse der Nutzer berücksichtigen und ihnen aktuelle, für sie relevante Inhalte mit Entertainment-Charakter anbieten (siehe Kapitel 4). Dazu zählen Online-Events, die sich im Internet bereits zu einem wichtigen Instrument des Online-Marketing entwickelt haben.[54] Allgemein können drei Formen von Online-Event-Angeboten unterschieden werden:

  - Informative Formen
    Websites, die extra zu Nachrichten-Ereignissen eingerichtet werden
  - Narrative Formen
    Das Schaffen konsensueller Welten, z.B. von Online-Soap-Operas
  - Partizipative bzw. interaktive Werbeformen
    Das Einrichten von Chat-Möglichkeiten

  Als Beispiele für interessante Online-Ereignisse sind Sport-Events, Konzerte und große Feste zu nennen. Rein virtuelle Cyber-Events können Online-Auktionen, Live-Chats oder Gewinnspiele sein. Ein Live-Chat (z.B. mit einem Fernsehstar oder etwa Renten-Experten), ein Online-Spiel (wie etwa die Moorhuhnjagd), eine Abstimmung (z.B. zum politischen Wahlausgang), eine Auktion oder ein Real-Life-Event (wie etwa exklusiv das Madonna-Konzert online), sind Inhalte, die das Interesse der Nutzer wecken und eine Marke online erlebbar machen können.

  Ein weiterer Vorteil, Inhalte mit Event-Charakter anzubieten, besteht in ihrer Verknappung, d.h. sie finden z.B. nur zu bestimmten Zeiten statt. Anstatt kontinuierlich hochwertige Inhalte anbieten zu müssen, ist durch die zeitliche Begrenzung und Bündelung von Online-Events der Ressourceneinsatz für Anbieter und Nutzer kalkulierbarer.

Eventorientiertes Online-Marketing macht vor allem Sinn für Unternehmen, die nicht die Ressourcen (Infrastruktur, Inhalte und Personal) von Medienanbietern haben können, aber mit ihnen um die Aufmerksamkeit der User buhlen müssen. Gegenüber den aufwendigen Online-Angeboten der Medienindustrie besteht für werbungtreibende Unternehmen im Internet mitunter die Gefahr, mit dem eigenen Angebot nur zweite Wahl zu sein.

Online-Events können dieses Ungleichgewicht mitunter kompensieren, denn sie sind einfacher zu realisieren als irgendwelche Anpassungsversuche an ‚echte' Events, die einen beträchtlichen Mehraufwand bedeuten, weil auf die Anbieter solch Probleme wie inhaltliche Kompetenz, Nutzungs- bzw. Übertragungsrechte, Moderation der Gruppendynamik bei virtuellen Communities usw. zukommen können.

2.6 Grenzen der Online-Werbung

2.6.1 Fragwürdige und unlautere Werbeformen

Im Internet kann per Mausklick direkt und unmittelbar ein Kontakt zwischen dem Werbungtreibenden bzw. seinem Produkt und dem Internet-User hergestellt werden. Einmalig dabei ist, dass die übliche Zeitspanne zwischen Kaufwunsch und Kauf auf ein Minimum reduziert wird: Ein Banner, der zum *'Jetzt klicken!'* einlädt, kann per Klick augenblicklich zum Produkt und meist auch seiner Online-Bestellung führen. Diese durch das Internet ermöglichte Zeitverkürzung zwischen dem Wecken eines Interesses und seiner potentiellen Befriedigung durch das Anklicken (und des eventuellen Bestellens) hat zu einem hohen Anteil an 'täuschender' Werbung geführt.[55]

Schon heute finden sich Werbeformen im World Wide Web, die keineswegs begrüßenswert sind. So werden 'betrügerische' Banner geschaltet, die eine Leistung versprechen, die nach dem Anklicken nicht erbracht wird: Beispielsweise findet man Werbebanner, die als simulierte Pop-up-Menüs eine Auswahl suggerieren, die es nicht gibt. Oder es werden im Banner falsche Scroll-Balken angeboten, die den Eindruck erwecken, man könne ein nur teilweise dargestelltes Bild (z.B. mit einer nur in Ansätzen zu sehenden nackten Frau oder Palmen und Strand oder 1 Mio. Euro-Gewinn) weiter hochscrollen, um mehr sehen zu können. Klickt man aber darauf, wird man mit der Website des Werbungtreibenden verbunden.

Darüber hinaus können betrügerische Banner in Form von 'Fehler'-Meldungen auftreten, die allerdings keine sind. So gibt es Banner, die geschickt an das Design von Windows-Programmen angepasst sind und vorgeben, das Computersystem des Nutzers zu überprüfen. In der ersten Schrecksekunde, in der der verängstigte Surfer einen Zugriff auf seinen Computer vermutet, klickt er 'panisch' auf den Werbebanner, um den Vorgang abzubrechen - und landet auf einer Werbeseite.

Mitunter erzielen 'betrügerische' Banner stattliche AdClick-Raten von bis zu 14 Prozent.[56] Ziel ist allerdings immer, den Nutzer zum Anklicken zu verleiten. Schon bald lernen die meisten Nutzer, mit solchen (Vor-)Täuschungen umzugehen. Weil das Versprechen des Banners nicht das geweckte Interesse befriedigt, sondern den User nach dem Anklicken in aller Regel enttäuscht, kommt es bestenfalls zum sofortigen Verlassen der Seite. Darüber hinaus führt diese Art der Werbung vielfach zum Image-Verlust des Werbungtreibenden.

2.6.2 Junk-Mails

Werbemails zählen als elektronische Massendrucksache zwar nicht zur vielzitierten Netiquette, werden aber trotzdem gern wegen ihrer technisch unproblematischen Realisierbarkeit genutzt. Doch die Erfolge sind zweifelhaft. Berühmt geworden ist das Direct Mailing der amerikanischen Anwaltskanzlei *Canter & Siegel*: Die Anwälte waren auf Klientensuche und versandten dazu tausendfach Werbemails, was auch als 'Spamming' bezeichnet wird. Sie erreichten allerdings vornehmlich wütende Internet-Aktivisten, die die Kanzlei mit so genannten 'Flame-Mails' (das sind Mails mit beleidigendem, verletzendem oder provozierendem Inhalt) 'bombardierten' und damit den Server der Kanzlei lahmlegten.

Seit dem Frühjahr 1997 existiert in den USA ein Spamming-Gesetz, das den Versand von Junk-

Mails über das Internet verbietet. Empfänger solcher Mails haben dadurch die Möglichkeit, den Empfänger auf 500 US-Dollar Schadensersatz pro Kopie zu verklagen.[57] Obwohl in Deutschland bereits ein entsprechendes Grundsatzurteil gegen den Versand von Werbefaxen besteht, existieren nur zwei Gerichtsentscheidungen, die Werbemails als Eingriff in den Betrieb bzw. unlauteren Wettbewerb einstufen. Bislang fehlt eine Rechtsprechung des Bundesgerichtshofes bezüglich der Werbemails. Zugleich bereitet die Europäische Union eine Haftungsrichtlinie vor, die den Versender von eMail-Werbung dazu verpflichtet, diese entsprechend zu kennzeichnen.[58] Doch die EU-Richtlinie würde nicht das Zeit- und Geld-Problem der Nutzer lösen, das für das Laden und Erkennen unerwünschter Werbung investiert werden muss.

Ärgerlich sind werbliche Mails bzw. ‚Junk-Mails' für nahezu alle Empfänger. Doch da sich bei Versandkosten nahe Null selbst eine Erfolgsrate von unter 0,01 Prozent für die Absender lohnt, wird es immer wieder Versuche geben, 10.000 oder gar 100.000 Online-Nutzer mit unerwünschten Werbebotschaften zu behelligen, unterstützt durch den mittlerweile regen Adresshandel im Internet.

2.6.3 Werbevermeidung

Gerade die Konfrontation mit unlauteren, täuschenden Werbeformen und aufdringlichen Junk-Mails führt, verbunden mit der allgemeinen Zunahme von Internetwerbung, zu ähnlichen Phänomenen der Werbevermeidung, wie sie auch in der klassischen Werbung bekannt sind. Zwar schneidet der ‚Störfaktor' Bannerwerbung gegenüber der Unterbrecherwerbung im Fernsehen noch äußerst gut ab und wird als weniger störend empfunden, aber auch Internet-User bringen der Online-Werbung wenig Begeisterung entgegen.[59]

Direkte Abhilfe bieten dem entnervten User Software-Programme zur Vermeidung von Bannerwerbung. Sie filtern die werblichen Bestandteile, die auf den Websites installiert wurden, bevor die Seite auf dem Bildschirm des Users erscheint.[60] Im Gegensatz zur Fernsehwerbung sind diese Programme für Werbungtreibende besonders gravierend, weil nicht extra die Fernbedienung zum Zapping bemüht werden muss, sondern eine automatische Werbevermeidung stattfindet. Werbung wird vermieden, noch bevor sie überhaupt eine Chance hat, gesehen zu werden.

Da Werbekunden natürlich daran interessiert sind, nur diejenigen Websites zu bewerben und auch zu bezahlen, die auch tatsächlich mit ihren Bannern gesehen werden, könnten neue Messmethoden erforderlich werden, die jenseits der in Kapitel 3 vorgestellten Messansätze die tatsächlichen Werbekontakte auch garantiert abbilden. Allerdings bleibt fraglich, ob sich der Einsatz von Software zur Werbevermeidung auch wirklich bei den Nutzern durchsetzt. Der Verbreitungsgrad scheint nicht sonderlich hoch zu sein. Außerdem gibt es wiederum Möglichkeiten, bei der Programmierung von Websites diese Software zu berücksichtigen und zu umgehen, wie es z.B. auf der *Focus*-Website praktiziert wird.

2.7 Überblick der Internet-Werbeformen

Wir hoffen, den Dschungel an Internet-Werbeformen ein wenig gelichtet zu haben, wobei festzuhalten ist, dass selbst in der Internetbranche eine ‚babylonische Sprachverwirrung' herrscht. Die folgende Übersicht dokumentiert noch einmal die gängigsten Formen der Online-Werbung, wobei zu beachten ist, dass die Grenzen dazwischen fließend sind:[61]

Klassische Werbeformen	**Statische Banner** **Animierte Banner** **HTML-Banner** **Transactive Banner** **Rich Media-Banner**
Weiterentwickelte Werbeformen	**Interstitials** **Superstitials** **Pop-ups** **Multiple Link-Banner**
Interaktive Werbeformen	**Javabasierte Werbespiele** **Nanosites** **Micro-Sites**
Sonderwerbeformen	**Online-Sponsoring** **Keyword Advertisement** **Online-Events** **Streaming Video-Ads** **Werbe-Mails, Junk Mails**

Anzumerken bleibt, dass der Trend zwar zu Bewegtbild-Formaten geht, aber im Einzelfall genau abzuwägen ist, welche Werbeform letztlich den größten Kosten-Nutzen-Vorteil bringt. So kann in bestimmten Fällen ein geschickt platzierter und z.B. ein Gewinnspiel ‚begleitender' Banner sinnvoller sein, als ein aufwendig produzierter Banner mit integrierter Filmsequenz. Diese genaue Abwägung gilt umso mehr, als bei der Platzierung genau zu analysieren ist, ob die jeweilige Werbeform überhaupt die Chance hat, auf einer attraktiven und entsprechend stark beworbenen Website ihre Werbewirkung gegenüber den konkurrierenden Bannern zu entfalten oder ob es nicht gerade Sinn macht, ein Alternativkonzept zu schalten, dass sich vom werblichen Umfeld wirksam abhebt. Auch die Erfahrungen US-amerikanischer Agenturen mit Online-Werbung belegen dies: Es kommt in erster Linie nicht darauf an, dass Banner mit den neuesten technischen Möglichkeiten eingesetzt werden. Zwar erhöhen sie die Attraktivität der Werbeform, aber viel wichtiger ist die Anpassung der Banner an die konkreten Marketingziele des Unternehmens.[62] Außerdem sollten Agenturen berücksichtigen, dass aufwendigere Werbeformen nicht automatisch höhere Etats bedeuten. Insofern kannibalisieren sich die vielfältigen Werbeformen gegenseitig.[63]

Von all diesen Werbeformen ist gerade der klassische Banner oft tot gesagt worden. Aber Totgesagte leben ja bekanntlich länger. So sind gegen den Banner-Burnout Optimierungstools entwickelt worden, die wir im Folgenden vorstellen werden.

2.8 Tools gegen den Banner-Burnout

Auch wenn Werbebanner von der multimedialen Gestaltung bis zur statistischen Vollerhebung (siehe Kapitel 3) eine Vielzahl von Möglichkeiten bieten, bleibt die Frage bestehen, wie man den kurzlebigen Erfolg einer Online-Kampagne sichern kann, denn die AdClick-Raten gehen bei Bannern schnell gegen Null. Als Ursache kann u.a. die unterschiedliche Erfahrung der User mit dem Internet angesehen werden: Werbebanner fallen Internet-Neulingen eher auf und wirken bei ihnen entsprechend besser. Jedoch kauft diese Nutzergruppe seltener Online-Angebote, da sie unerfahren und vorsichtig im Umgang mit dem neuen Medium ist. Erfahrene Nutzer hingegen kaufen zwar eher online ein, lassen sich jedoch kaum mehr von Bannern zum Anklicken von Angeboten verführen.[64]

Der Banner-Burnout tritt relativ schnell ein. Normal ist in den ersten Tagen eine AdClick-Rate in der Größenordnung von etwa 2 Prozent. Bezogen auf einen vierwöchigen Zeitraum gelten Werte unter 1 Prozent als akzeptabel.[65] Die folgende Testschaltung eines Banners zeigt, wie drastisch seine Reichweite sinkt. Schon eine geringe Penetration verhilft nicht zum Erfolg, sondern zum Burnout.

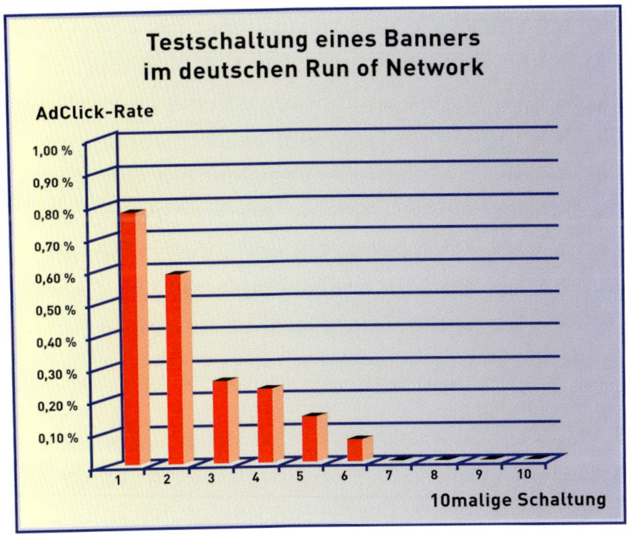

Da nach drei Werbemittelkontakten die AdClick-Rate unter 1 Prozent liegt, sollte eine längere Schaltdauer vermieden werden. Werbungtreibende reagieren mit häufigerem Austausch der Banner, um den Erfolg von Bannerkampagnen zu gewährleisten. Dies erfordert eine permanente Banner-Optimierung, weshalb Ad-Server zur systematischen Steuerung von Online-Kampagnen eingesetzt werden. Der Einsatz von Ad-Servern bietet sich außerdem an, weil sie im Rahmen der Bannerplatzierung helfen, der steigenden Angebotsvielfalt an Websites Herr zu werden und zudem die Verschaltung so optimieren können, dass die Banner dem dispersen Nutzerspektrum entsprechen.

Ad-Server sorgen dafür, dass die richtige Werbung zum richtigen Zeitpunkt an den gebuchten Werbeplätzen ausgeliefert wird. Mit Hilfe eines Ad-Servers lässt sich die gesamte Werbeverwaltung von der Buchung über die Schaltung bis hin zur Resonanzauswertung steuern. Nach vorgegebenen Parametern übernimmt die Software die Steuerung der zu schaltenden Werbung durch direkten Zugriff auf die gebuchten Werbeflächen. Hierzu können je nach Ad-Server-Technologie unterschiedlich leistungsfähige Pakete mit Regeln definiert werden, nach denen der Ad-Server in Bruchteilen von Sekunden entscheidet, welches Banner-Motiv wo gezeigt werden soll.[66]

Zur Steuerung und Verwaltung von Werbebannern sind mittlerweile über 30 verschiedene Software-Systeme auf dem Markt. Diese Admanagement-Tools übernehmen fünf verschiedene Aufgaben:[67]

- Publishing: Um Banner auf einer Website zu platzieren, greifen die Systeme auf eine Datenbank zurück, von der die unterschiedlichsten Banner abgefragt und auf der Website untergebracht werden können. Diese Funktion bieten nicht alle der unterschiedlich leistungsstarken Admanagement-Systeme.
- Targeting: Die zielgruppenaffine Platzierung von Werbebannern wird durch die Systeme besonders unterstützt, d.h. je nach Nutzergruppe kann definiert werden, wann welcher Banner auf welchen Werbeplatz gesetzt werden soll.
- Tracking: Der Zugriff auf die Banner (AdClick) wird in einer Datenbank registriert, die für die weitere Optimierung genutzt werden kann.
- Reporting: Dazu werden die in der Datenbank gespeicherten Aktionen der Nutzer statistisch zusammengefasst und ausgewertet. Anhand der Berichte kann die Leistungsfähigkeit einzelner Banner oder ganzer Kampagnen recht genau bewertet werden.
- Konfiguration und Administration: Mit Hilfe von Admanagement-Systemen lassen sich der Zugriff und die Verwendung einzelner Banner in den entsprechenden Kontexten determinieren und optimieren.

Um diese Optimierungssysteme allerdings effizient einsetzen zu können, sind u.a. Informationen über die Werbewirkung von Werbemitteln und Werbeträgern notwendig, um danach die Parameter der Admanagement-Tools ausrichten zu können. Daher wollen wir ausführlicher auf die Möglichkeiten und Schwierigkeiten der Werbewirkungsmessung und Nutzeransprache im Internet eingehen.

3

3. Werbewirkungskontrolle und Nutzeranalyse für wirksame Online-Werbung

3.1 Werbewirkungskontrolle

Wie erfolgreich eine Kampagne ist, lässt sich anhand verschiedener Messparameter feststellen. Werden diese Messwerte unter- oder überschritten, kann man intervenieren, indem z.B. Banner ausgetauscht werden. Hinsichtlich der Leistung des Werbeträgers (Website) sind die wichtigsten Messparameter die PageImpressions, Visits und AdClicks. Es können aber auch noch eine ganze Reihe weiterer Erfolgsparameter gemessen werden, wie die folgende Tabelle zeigt:

Nutzungs- und Werbeleistungsmessung bei Online-Werbung

Visits	Besuche bzw. Aufrufe einer Website
PageImpressions	Aufgerufene Einzelseiten einer besuchten Website
AdImpressions	Potentielle Sichtkontakte mit einem Werbemittel
AdRequests	Anforderungen eines Werbemittels durch eine Website (von einem AdServer)
AdClicks	Zahl der Klicks auf ein Werbemittel, z.B. einen Banner
View Time (in Planung)	Verweildauer in einem Bereich

Den Betreibern von Websites, also potentiellen Online-Werbeplatz-Anbietern, liegt verständlicherweise viel daran, mit genauen Zahlen über die Nutzungshäufigkeit ihrer Sites aufwarten zu können, da sie sich oft über Werbebanner finanzieren. Um eine zuverlässige Aussage über die Attraktivität einer Website bzw. der darauf befindlichen Werbung machen zu können, ist eine einheitliche Messmethode nötig, die von einer unabhängigen Organisation überwacht wird. Hier hat sich die *Informationsgemeinschaft zur Feststellung der Verbreitung von Werbeträgern e.V.* (IVW)[68] hervorgetan und als Basis für die Mediaplanung im Online-Bereich die beiden Erfolgsgrößen Visits und PageImpressions etabliert:[69]

- Mit PageImpressions und Visits stehen der werbungtreibenden Wirtschaft im monatlichen Rhythmus objektive Daten über die Nutzungshäufigkeit von Online-Angeboten zur Verfügung: Die PageImpressions entsprechen dabei der Anzahl der vom Nutzer abgefragten Einzelseiten einer Website, auf denen Werbung platziert werden kann. Sie erlauben Rückschlüsse auf die potentiellen Sichtkontakte, die z.B. ein Werbebanner haben kann, wenn ein werbungtreibendes Unternehmen ihn an dieser Stelle platziert. Die Zahl der PageImpressions ist zur Zahl der Visits meist wesentlich größer, da ein Visit als beendet gilt, wenn ein Nutzer von einer Website auf eine andere wechselt: Klickt sich ein Nutzer z.B. auf die Website des Spiegel und schaut sich dann der Reihe nach die Sport-, die Wirtschafts- und die Politikseiten an, so wird ein Visit für den Gesamtbesuch und vier PageImpressions für die Startseite und die drei folgenden Content-Seiten verbucht.

- Das Verhältnis von PageImpressions zu Visits wird bei Angeboten von redaktionellen Inhalten wesentlich größer sein als bei reinen Suchmaschinen bzw.

Portalseiten, wo oft nur eine Seite (meist die Such- oder Startseite) abgerufen wird. Der Internetauftritt des Nachrichtenmagazins Focus konnte z.B. im Mai 1998 fast 9 Mio. PageImpressions verbuchen, die auf etwa 2 Mio. Visits zurückgingen. Bei einem Visit der Focus-Site wurden also im Schnitt viereinhalb weitere Einzelseiten abgerufen. Bereits an dieser Stelle lassen die Daten eine Interpretation zu, die über die Angaben von Auflagenzahlen im Print-Bereich hinausgeht. Von der IVW wird die Summe der Visits, die Summe der PageImpressions aller Seiten eines Internet-Angebots sowie einzelner Belegungseinheiten ausgewiesen. Die IVW hat damit einen Online-Messstandard geschaffen.

Das Messverfahren wird von der IVW ständig verfeinert, um dem Markt immer validere Nutzungsdaten für Online-Medien liefern zu können.[70] Allerdings bleibt einschränkend festzuhalten, dass es für einen Website-Betreiber keine validen soziodemographischen Daten (wie z.B. Alter, Geschlecht, Einkommen etc.) über den Besucher seiner Website geben kann, sofern sich der Nutzer nicht bei ihm angemeldet hat, womit bereits das grundlegende Problem der Erfolgskontrolle und auch der genauen Nutzeranalyse angesprochen ist, auf das wir im Folgenden eingehen.

3.2 Möglichkeiten und Grenzen der Nutzeranalyse (Tracking)

Das Internet bietet Werbungtreibenden außer der nahezu direkten Werbewirkungskontrolle auch komfortable Marktforschungsmöglichkeiten zum User-Tracking, der Analyse der Nutzerschaft. Mit relativ preiswerter Tracking-Software lassen sich umfangreiche Informationen über die Nutzer der eigenen Site sammeln, nämlich...

- *„woher die Nutzer (einzeln oder im Ganzen) kamen. Was sie auf der Website taten, wie sie von Seite zu Seite sprangen, wohin sie als nächstes steuerten. Die kleinste und die größte Anzahl der Nutzer zu einem bestimmten Zeitpunkt, der Verkehr auf der Site im Zeitverlauf. Die am wenigsten besuchte Seite, die am meisten besuchte Seite einer Site. Der am häufigsten genutzte Weg zu einer Website. Der populärste Weg durch das Website-Angebot. Die Anzahl der Personen, die etwas gekauft haben, fast etwas gekauft haben oder nie so nahe kamen, überhaupt irgendetwas zu kaufen. Welches Betriebssystem die Nutzer installiert haben. Welchen Browser sie benutz(t)en. Und falls Nutzer wiederkamen, wie sich ihr Verhalten bei jedem neuen Besuch auf den Seiten verändert hat. Kurz: alles, ohne jemals eine einzelne Frage an die Nutzer zu richten. Es ist denkbar, alle möglichen Daten (Zahlen, Durchschnittswerte, Trends, Fallstudien einzelner Nutzergruppen) zusammenzustellen - nicht nur für eine wissenschaftliche Analyse, sondern auch für alle Nutzer [...] Das ist wirklich etwas Neues in der Medienlandschaft."*[71]

Ob ein Surfer eher an Informationen oder Entertainment (etwa schöne Bilder, Spiele oder Rätsel) interessiert ist, ob er Kaufabsichten hegt und entsprechend Preise und Lieferzeiten auf der Site anklickt, lässt sich schnell herausfinden, denn der Weg eines Site-Besuchers kann mittels einer Logdatei verfolgt werden, so dass die gefragten gegenüber den weniger attraktiven Seiten herausgefiltert und der Nachfrage gemäß verbessert werden können. Diese im Vergleich zu Umfragen äußerst kostengünstigen Analysen lassen zwar Rückschlüsse auf die Nutzer zu, doch ist damit natürlich noch keine individuell abgestimmte Betreuung gegeben.[72] Die hierzu notwendigen individuellen Profile des Computers (und damit des dahintersitzenden Nutzers) lassen sich erst mit Hilfe von Cookies generieren, die bestimmte Informationen von den Besuchern einer Seite sammeln, um sie beim nächsten Besuch ‚wiederzuerkennen' und gezielt ansprechen zu können:[73] So ist es z.B. Cookies zu verdanken, dass man bei einem wiederholten Website-Besuch des Online-Buchhändlers *Amazon* unversehens mit seinem Namen begrüßt wird und eine Reihe Bücher präsentiert bekommt, die zu demselben Oberthema (z.B. Werbung oder Marketing) wie das Buch gelistet sind, über welches man sich das vorhergehende Mal informiert hat. Cookies-Daten, einst von Bill Gates beschönigend als ‚a few profile bits' bezeichnet, können gemeinsam mit eMail-Adressen oder Kreditkartennummern aus Online-Transaktionen zu sehr nützlichen, persönlichen Nutzerprofilen zusammengefasst werden. Da es sich bei Online-Kontakten um Bruttowerte handelt, so dass nicht unmittelbar ersichtlich ist, ob 1.000 Visits von 1.000 unterschiedlichen Besuchern oder einem einzigen stammen, der tausendmal wiedergekommen ist, kann das Anwenden von Cookies auf Anbieterseite hilfreich sein, um in punkto Nettokontakte sowie Banner-Kampagnenoptimierung mehr Klarheit zu erzielen.

Aufgrund fehlender Datenschutzbestimmungen wird in den USA mit großem Einsatz an der Generierung und Auswertung solcher Daten gearbeitet. Amerikanische Unternehmen wie *IntelliQuest*, *Net Count* oder *Doubleclick* versuchen nicht nur, mit Hilfe solcher Daten Werbebotschaften möglichst zielgenau zu platzieren, sondern unter Verwendung aller verfügbaren Datenbanken eine möglichst umfassende Abbildung der Nutzungsgewohnheiten amerikanischer Haushalte zu erstellen.[74] Das explizite Ziel der US-Anbieter ist dabei, AdServer-Technologie mit Cookies-Informationen über Nutzungsgewohnheiten und verfügbaren soziodemographischen Kundendaten zu verbinden, um eine größtmögliche Nutzertransparenz für die werbliche Ansprache zu erhalten. Mit solchen Ansätzen tut man sich in Deutschland sehr schwer, zumal die Speicherung von Personaldaten in Deutschland gesetzlich stark eingeschränkt ist.[75] Außerdem wird von den Werbungtreibenden durchaus die mit der Ausnutzung solcher Daten verbundene Gefahr gesehen, die Akzeptanz gegenüber Online-Werbung zu unterminieren. Sicherlich liebäugeln aber auch einige Unternehmen mit den komfortablen und Wettbewerbsvorteile bietenden Möglichkeiten des User-Trackings. So darf vermutet werden, dass sich deutsche Werbungtreibende solche Dienste in den USA einkaufen und entsprechend nutzen.

Trotz der Möglichkeiten, die Tracking bieten mag, dürfen drei Dinge nicht vergessen werden:

- Es ist fast immer nur die Netzadresse des Rechners bekannt, nicht aber, ob und wann unter der Adresse der Vater oder aber die zwölfjährige Tochter surft. Unklar bleibt auch, wie viele Personen tatsächlich vor dem Bildschirm sitzen und wie viele sich demgegenüber ‚offline' Inhalte anschauen, die eventuell ohne sichtbare Werbebanner abgespeichert wurden.
- Trotz der theoretisch idealen Forschungsmöglichkeiten werden bislang nur relativ wenig Daten tatsächlich erhoben. Dies liegt an der Vorsicht der Nutzer bei der Preisgabe ihrer Daten und den angesprochenen Datenschutzbestimmungen in Deutschland, die die ‚Sammelwut' vieler Unternehmen begrenzen.
- Außerdem müssen die einmal generierten Datenberge verarbeitet und intelligent interpretiert werden, was die Unternehmen vor neue Probleme stellt, da bei starker Nutzung eines Web-Angebotes, was durchaus mehrere hunderttausend Nutzer im Monat bedeuten kann, schnell Datenmengen im Giga- und Terabyte-Bereich entstehen. Hier bildet sich derzeit

eine neue Branche, die sich auf ‚Data Mining' bzw. ‚Data Warehousing' als Service konzentriert und versucht, durch anspruchsvolle Software die automatisierte Interpretation solcher Datenberge voranzutreiben und als neue Erlösquelle zu nutzen.

Es ist also nicht alles Gold, was glänzt. Die Trackingmöglichkeiten des Internets werden zwar immer wieder hervorgehoben, denn sie bieten eine Fülle neuer Möglichkeiten, um jeden einzelnen Nutzer und sein Verhalten zu erfassen. Zudem liegt die Qualität und Reliabilität der Online-Nutzerdaten sicherlich weitaus höher als bei Panel-Erhebungen zu Hörfunk oder Fernsehen.[76] Aber der vielbeschworene ‚heilige Gral des Marketing', der Weg zum gläsernen Konsumenten, der nun zielgenau zum Kauf umworben werden kann, ist es nicht. Wer hinter dem Rechner zu Hause sitzt, kann nicht immer erfasst werden und wenn einmal die riesigen Datenberge erfolgreicher Websites vorliegen, fangen die Probleme der Interpretation und intelligenten Strategiebildung überhaupt erst an.

Zusammenfassend bleibt festzuhalten, dass im vergleichsweise jungen Werbemedium Internet noch viel zu tun ist, um ähnlich komfortable Standards bei der Werbewirkungsmessung und -erfolgskontrolle zu erreichen, wie es die Markt-Media-Studien und Marktforschungsinstitute bei der klassischen Werbung bereits vorweisen können. Solche Standards sind notwendig, um Werbungtreibenden Transparenz zu bieten, Leistungsvergleiche zu ermöglichen und damit Vertrauen in das neue Werbemedium zu geben. Auch das professionell betriebene User-Tracking ist noch in der Entstehung begriffen. Trotz dieses Verbesserungsbedarfs ist und bleibt der absolute Vorteil der Online-Werbung sein Momentum: Während für Rücklauf, Auswertung und Verbesserung einer Fernsehkampagne etwa sechs bis acht Wochen benötigt werden, lässt sich eine entsprechende Optimierung von Online-Werbung leicht in sechs bis acht Tagen realisieren - von der Datensammlung und -auswertung über die kreative Umsetzung bis zur Neuschaltung. Inwieweit dabei bereits durch die Vorauswahl geeigneter Online-Werbeträger die Weichen auf Erfolg gestellt werden können, wird nun Christian Bachem vorstellen.

3.3 Mediaplanung im Online-Bereich
(von Dr. Christian Bachem)

Im Rahmen einer Online-Werbekampagne gilt es, aufbauend auf der Mediastrategie und unter Einbeziehung von Copy- und Kampagnenkonzeption, die geeigneten Werbeträger und -umfelder auszuwählen und das verfügbare Budget sinnvoll auf diese zu verteilen. Zudem muss das konkrete Timing der Kampagne festgelegt und mit den Aktivitäten in klassischen Medien in Einklang gebracht werden. Angesichts der schier grenzenlosen Zahl an Werbeplätzen im Internet - wie sie bei klassischen Medien so nicht zu finden sind - kommt der Selektion der geeigneten Online-Werbeträger eine besondere Bedeutung zu, weshalb wir uns im Folgenden auf diesen Aspekt konzentrieren wollen.[77]

Ein mit Kampagnen-Briefing und Mediastrategie ausgestatteter Mediaplaner muss die folgenden drei Fragen beantworten:

- Welche Online-Werbeträger gibt es?
- Welche quantitativen und qualitativen Leistungsdaten bieten diese Werbeträger?
- Zu welchen Konditionen sind diese Leistungen von den Online-Betreibern zu haben?

3.3.1 Die Identifikation der relevanten Online-Werbeträger

Schon die Recherche nach geeigneten Werbeträgern kann sich zu einer Art ‚Schnitzeljagd' entwickeln, da allein in Deutschland wöchentlich mehrere neue Content-Angebote (Inhalte) ins Netz gehen, die als potentielle Werbeträger fungieren können. Ganz zu schweigen von der kaum noch überschaubaren Menge semiprofessioneller Websites, die nicht selten eine stattliche und treue Nutzerschaft vorweisen können. Wichtig bei der Selektion ist, dass im Internet zuerst nach Umfeldern (und nicht wie z.B. bei Publikumszeitschriften nach Titeln) geplant werden muss. Keine leichte Aufgabe, wenn man bedenkt, dass Internetauftritte wie die von *Spiegel* oder *Focus* vorherrschen, die unterschiedlichste thematische Umfelder auf einem einzigen Werbeträger anbieten.

Für die erfolgreiche Mediaselektion und -platzierung ist die *Affinität* des Nutzers zum Content-Umfeld und zum beworbenen Produkt von herausragender Bedeutung. In die Überlegungen zur Einschätzung dieser Affinität sind natürlich auch die Interessen, Motivationen und Erwartungen der Nutzer einzubeziehen: Zum Beispiel mag die Platzierung eines Markenartiklers in einem Chat-Umfeld nicht hochgradig affin wirken. Bedenkt man aber, dass Nutzer chatten, um sich auf unterhaltsame Art und Weise die Zeit zu vertreiben und zugleich etwas Neues kennenzulernen, kommt man der Logik einer derartigen Platzierung schon näher. Und es ‚klickt' spätestens dann, wenn einem bewusst wird, dass Chatter immer dann geneigt sind, einen Werbebanner anzuklicken, wenn sich niemand findet, mit dem sie chatten können. Die nicht befriedigte Erwartungshaltung des Nutzers bidet hier das Affinitätspotential für den Banner.

Dem Mediaplaner stehen bei seinen Recherchen mehrere Hilfsmittel zur Verfügung. Zunächst kann er auf gedruckte Verzeichnisse wie das ‚Netbook'-zurückgreifen.[78] Diese Kataloge bieten einen ersten Überblick, verlieren aber - weil Papier geduldig ist - schnell an Aktualität. Die entstehenden Lücken müssen durch fortwährende eigene Recherchen gefüllt werden. Hierbei hilft die Online-Media-Datenbank (OMDB) weiter, die ausführliche Werbeträgerbeschreibungen und Tarifinformationen kostenlos im Internet zur Verfügung stellt.[79]

3.3.2 Leistungsbewertung der Online-Werbeträger

Ist die mühselige Recherche und Datensammlung erfolgreich abgeschlossen, muss der Mediaplaner die sich ergebenden Optionen planerisch bewerten, um sicherzustellen, dass er für seinen Kunden die optimale Investitionsentscheidung trifft. Dabei ist er auf einfache Algebra und schlüssige Plausibilitätsüberlegungen angewiesen. Planungsinstrumente, die über selbstgestrickte Datenbanken oder Excel-Arbeitsblätter hinausgehen, kommen mit Ausnahme der Ad-hoc-Planungsfunktionalitäten von AdServern (siehe Kapitel 2.9.1), die die Banner von Werbekunden speichern und verwalten, noch nicht zum Einsatz. Denn das Internet ist seit Anbeginn ein schwieriges und aufwendig zu planendes Medium und dies wird es in weiten Teilen auch bleiben.

Immerhin besteht inzwischen Einigkeit und Klarheit bei der Definition und Bewertung der ‚harten' Planungskriterien zur Beschreibung der quantitativen Medialeistung: Die vergleichsweise frühe Einführung des in Grundzügen anerkannten IVW-Verfahrens hat einen wesentlichen Beitrag zur Entwicklung des Online-Werbemarktes in Deutschland geleistet. PageImpressions und Visits, die zwei wesentlichen quantitativen IVW-Leistungskriterien von Online-Werbeträgern, stecken den Rahmen ab, an dem sich ein Mediaplaner orientieren kann. Dabei sind PageImpressions von größerer Bedeutung als Visits mit ihrer eingeschränkten Aussagekraft. Darum bilden PageImpressions die relevanten Belegungseinheiten für die Berechnung von Tausend-Kontakt-Preisen (TKP[80]) und für intramediale Effizienzvergleiche.

Teilt man die PageImpressions durch die Visits einer Website, so erhält man einen Anhaltspunkt für ihre Nutzungsintensität, die von Website zu Website - je nach Zielsetzung und Nutzenversprechen - enormen Schwankungen unterworfen sein kann (siehe Kapitel 3.1). Dementsprechend individuell und differenziert muss dieser Koeffizient auch bewertet werden: So ist ein niedriger Koeffizient für eine Suchmaschine wie *Yahoo* oder *Altavista* alles andere als ein schlechtes Zeichen, denn der Nutzer will ja nur ein Suchwort eingeben und mit der nächsten PageImpression bereits fündig werden. Für ein feuilletonistisch ausgerichtetes Online-Magazin wie *Focus* oder *Spiege*l ist ein niedriger Koeffizient bescheiden und für einen Online-Shop sogar ungenügend, weil allein der Vorgang einer Bestellung etwa acht PageImpressions erfordert. Da sich die genannten qualitativen Aspekte, die es bei der Bewertung von Online-Werbeträgern zu berücksichtigen gilt, nicht in ein grobes quantitatives Raster pressen lassen, muss ein Mediaplaner hier individuelle und differenzierte Entscheidungen fällen.

Die Gewinnung von Erkenntnissen und Daten für die geeignete Nutzeransprache, Werbewirkungskontrolle und Mediaplanung bilden wichtige Voraussetzungen für wirksame Online-Werbung. Von ebensolcher Bedeutung sind aber auch theoretische Marketing- und Werbekonzepte, die hier den Neuen Medien gerecht werden. Ansätze, die dazu geeignet sind, wollen wir im Folgenden vorstellen.

4. Neue Ansätze der (Online-)Werbung

Welche Werbeansätze machen für ein netzbasiertes, interaktives Medium wie das Internet Sinn? Aus den Leistungsmöglichkeiten des World Wide Web bzw. des digitalen Fernsehens schält sich eine Reihe neuer Modelle heraus, die auch für den klassischen Bereich Geltung beanspruchen können und sich schlagwortartig folgendermaßen auf den Punkt bringen lassen:

- **Advertising Enlargement**
  „So big, you can't miss it."
- **Advertising Enrichment**
  „So good and funny, you got to see it."
- **Advertising Enlightenment**
  „So smart (or useful), you don't mind."

- *Ansatz 1: Vom Branding zum Targeting durch Mass Customization*

  Wie wir schon zu Beginn betont haben, wird sich Werbung zwangsläufig verändern, weil das Internet die einmalige Kombination von altbekannter Massenkommunikation und Eins-zu-Eins-Beziehung zwischen Werbungtreibenden und Rezipienten ermöglicht. Der Weg vom ‚Branding' zum ‚Targeting' ist vorgezeichnet. Statt im Internet pauschal Marke und Image zu bewerben, muss Werbung möglichst nah und individuell bei den Zielgruppen ankommen.

Aus dem *Advertising Enrichment* leitet sich das Konzept der *Mass Customization* ab, der Personalisierung und Individualisierung von Werbung. Wenn es - wie in Kapitel 3.2 beschrieben - möglich ist, mit Hilfe von Datenbanken und kollaborativer Filter ein psychologisches Profil des Rezipienten zu erstellen und mit einer hierauf abgestimmten Werbung zu verknüpfen, erhält der einzelne Betrachter im Optimalfall seine Werbung oder sein persönliches Angebot, das genau diejenigen Aspekte herausstellt, die ihn gerade ansprechen:[81]

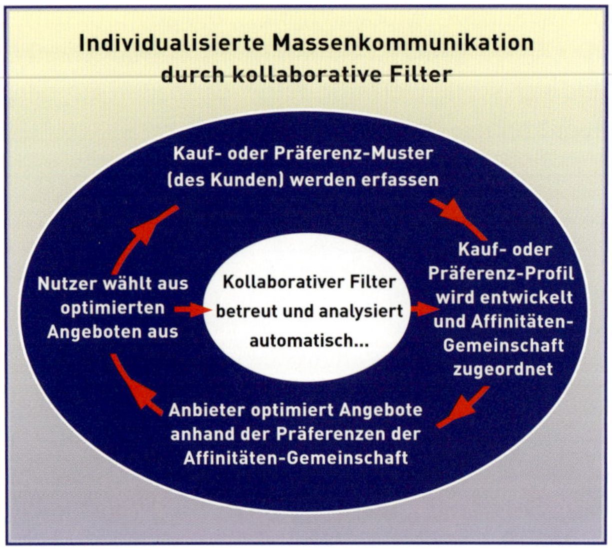

So sehr eine möglichst zielführende Ansprache der Rezipienten auch wichtig sein mag, so wenig geklärt bleibt die Relation zwischen dem zu betreibenden Aufwand und dem erreichbaren Mehrumsatz durch ziel(gruppen)genaue Werbung. Es ist nicht sicher, ob sich ein solcher Einsatz überhaupt rechnet. Kritiker sprechen hier von ‚Peanuts-Targeting', welches zudem durch einige datenschutzrechtliche Probleme in Deutschland seine Grenzen findet.[82]

Wenn es aber Werbungtreibenden unter Beachtung der Datenschutz-Richtlinien doch schaffen, Mass Customization zu verwirklichen und ihre Werbung auf den einzelnen zuzuschneiden, so ist der Gewinn nicht nur mehr Aufmerksamkeit, sondern auch ein wertvoller Kundenstamm, der bei einer Marke bleibt, weil das Unternehmen seine Kunden kennt und entsprechend bedienen kann. Deshalb gilt: *Macht Werbung persönlich!*

- *Ansatz 2: Consumer Empowering durch Branded Content*

Die Interaktivität des World Wide Web ermöglicht den Wandel vom Push- zum Pull-Marketing.[83] Rezipienten erhalten durch das Internet eine neue Souveränität, indem sie sämtliche Inhalte gezielt aussuchen können. Sie können Werbung auswählen, wann und so oft sie wollen, statt wie beim Fernsehen ungefragt mit Werbebotschaften überhäuft zu werden und wegzappen zu müssen. Dies bedeutet zwangsläufig die Abkehr von dem, was Marketing bislang bedeutet hat, weil das Internet seinen Nutzern die autonome Entscheidung darüber gibt, was sie sehen wollen und was nicht.

Wollen Unternehmen im Netz zur Kenntnis genommen werden, müssen sie letztlich zu Anbietern von Inhalten ‚mutieren'. Hier kann von der Fernsehwerbung gelernt werden, wo immer mehr Spots auf eine schöne Geschichte Wert legen, bei der das Produkt (manchmal) nur noch am Rande vorkommt. Ebenso müssen sich auch Internet-Anbieter von simplen Bildern verabschieden und Inhalte zur Verfügung stellen, die gerne genutzt werden. *Mehrwert heißt die Devise!*

Damit dreht sich das Bild von rein werblichen Angeboten zu anspruchsvollen, informativen und unterhaltenden Inhalten, die in werblicher Absicht produziert werden, dem *Branded Content*. Unter Branded Content können alle Inhalte verstanden werden, die von einem Unternehmen (selbst oder im Auftrag) produziert und im Internet zur Verfügung gestellt werden und zwar jenseits klassischer Werbebanner, interner und externer Unternehmenskommunikation oder E-Commerce. Branded Content stellt für die Nutzer ein Unterhaltungs-, Service- oder Informationsangebot dar, das anstelle von werblichen Inhalten wirkliche Unterhaltung oder nützliche Informationen bietet.

Die Botschaft sickert langsam durch: Im Internet finden sich immer mehr allgemein interessierende Inhalte, die nicht von einem unabhängigen Provider hergestellt, verbreitet und mittels Werbung refinanziert worden sind, sondern direkt von einem werbungtreibenden Unternehmen stammen. Dieser Umstand kommt einer kleinen Revolution gleich. Statt Reklame in Form flackernder Banner und reiner Unternehmens-Websites zu bieten, entwickeln Werbungtreibende Ideen und Services als Mehrwert und bieten diese online feil, um so Nutzer an sich zu binden.

Attraktiv sind Inhalte, die informieren, die unterhalten, die einen echten Service bieten. Zum Spektrum solcher Online-Angebote kann z.B. die Live-Übertragung des 24-Stunden-Rennens von LeMans durch *BMW* im Internet gehören, wobei dann die *BMW*-Box ausführlicher gezeigt wird. Ebenso könnte die *ATP-Tour*[84] ihre Tennismatches live im Internet übertragen oder ein Börsenmakler stellt nicht nur eine Telefonnummer und das Bürogebäude z.B. in *Bild online* vor, sondern bietet seinen Website-Besuchern die Möglichkeit, täglich das eigene Aktien-Portfolio anhand der aktuellen Kurse zu berechnen und die Werte per eMail auf den heimischen Rechner des Nutzers zu schicken, wie es die *Financial Times Deutschland*[85] bereits macht. Branded Content muss noch nicht einmal direkt mit dem Werbungtreibenden verknüpft sein. So offerieren mittlerweile einige Unternehmen intensiv genutzte Gewinnspiele.[86] Recht verbreitet ist auch die Produktion von Internet-Soaps.[87]

Der Versicherungskonzern *Victoria* kombiniert Information, Unterhaltung und Service auf seiner Website für Jugendliche. Berufseinsteigern werden Adressen und Tipps sowie eine Sammlung relevanter Links rund um das Thema Berufseinstieg geboten. Der Unterhaltung dienen dabei ein Gewinnspiel und der weibliche virtuelle Charakter *Vee*, der mit den Jugendlichen kommuniziert.[88]

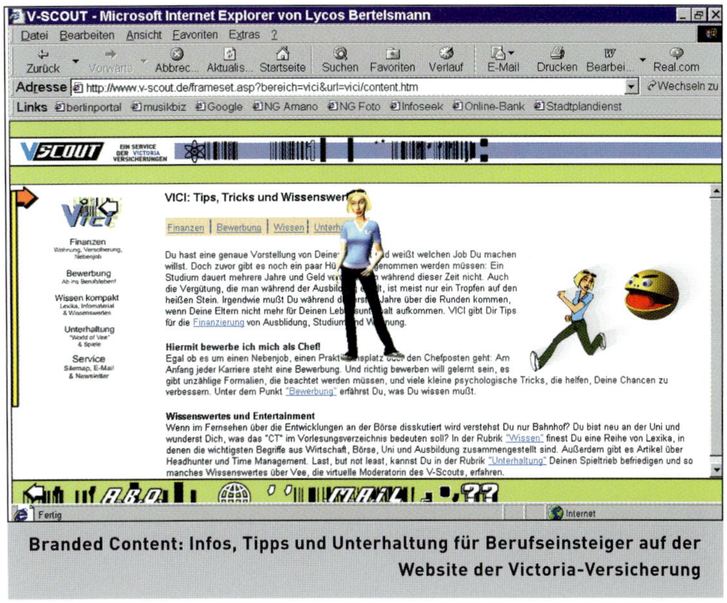

Branded Content: Infos, Tipps und Unterhaltung für Berufseinsteiger auf der Website der Victoria-Versicherung

Um den eigenen Internetauftritt mit Branded Content adäquat zu gestalten, können drei unterschiedliche Strategien verfolgt werden:[89]

Infotisement (Information + Advertisement)

- eignet sich vorwiegend für erklärungsbedürftige Produkte und Dienstleistungen
- bietet detaillierte Produktinformationen an
- und schafft für den Nutzer individuell selektierbare Informationskombinationen

Advertainment (Advertisement + Entertainment)

- eignet sich eher für technisch einfache Produkte und Dienstleistungen
- bietet unterhaltende Aspekte wie zum Beispiel Gewinnspiele
- und schafft so die Möglichkeit zur individuellen, zeitunabhängigen Teilnahme

Benefitting (Benefits + Advertising)

- eignet sich hauptsächlich für alltäglich verwendete Verbrauchsgüter
- bietet produktnahen oder assoziierten Nutzen
- und schafft so eine individuell verfügbare Produkteinsetzbarkeit und -integration

An den drei Strategien zeigt sich, in welche Richtung Online-Werbung steuert: Sie muss Werbung mit Informationen bzw. Unterhaltung verknüpfen und wenn irgendmöglich einen Zusatznutzen bieten.[90] Einen besonderen Zusatznutzen dürften z.B. die Vermittlung von Jobs oder der Versand elektronischer Grußkarten bedeuten. Allerdings ist festzuhalten, dass der Branded Content-Ansatz derzeit eher für beratungsintensive als für imageorientierte Produkte geeignet sein dürfte. Besonders Low-Involvement-Produkte wie etwa Güter des täglichen Bedarfs dürften demgegenüber vor großen Aufmerksamkeits- und Kreativitätsproblemen stehen.

Wenn die Zukunft der Online-Werbung im Branded Content-Bereich liegt, sind die folgenden drei Szenarien denkbar, die deutlich machen, dass die Veränderungen, die Online-Kommunikation bedingt, Auswirkungen auf die gesamte Infrastruktur der Werbebranche haben können.

- *Szenario 1:* Die Unternehmen lernen selber dazu und beginnen mit der Produktion von Inhalten, um diese im Internet zur Verfügung zu stellen. Damit erwächst für klassische Medienanbieter eine völlig neue Wettbewerbssituation, weil sie sich plötzlich einem ungleich größeren Anbietermarkt gegenüber sehen, als dies bislang denkbar schien.
- *Szenario 2:* Die Unternehmen verlagern ihre Produktion von Inhalten (wie bei der klassischen Kommunikation üblich) nach außen und kaufen den Content für ihre Websites ein. Dann müssen sich Werbe- und PR-Agenturen neu orientieren, indem sie lernen, weniger werbelastige Medieninhalte für das Internet zu produzieren. Wenn Werbe- und PR-Agenturen es schaffen, ihren Kunden auch die Produktion von klassischen Contents anbieten zu können, werden sie am Wachstum in diesem Segment partizipieren können.
- *Szenario 3:* Werbe- und PR-Agenturen sind nicht willens oder in der Lage, von ihrer Kernkompetenz der Kreation und Kommunikation werblicher Botschaften Abstand zu nehmen, so dass Medienunternehmen (z.B. Zeitungsverlage) Aufgaben und Etats aus dem Bereich Internet-Kommunikation übernehmen, weil sie in der Lage sind, aktuelle und interessante Inhalte zuverlässig bereitzustellen. Werbe- und PR-Agenturen verlieren potentielle Umsätze und sie nehmen am zu erwartenden Wachstum des Internet-Kommunikationsmarktes nicht angemessen teil. Es wäre auch eine neue Vielfalt von Content-Anbietern denkbar, die die bisherige Marktdominanz der Medienkonzerne im Internet zumindest in Frage stellt.

Ansatz 3: Pay for Eyeballs

Inzwischen gilt die Bezahlung von Aufmerksamkeit als attraktive neue Werbemöglichkeit: Anstatt Medien dafür zu bezahlen, Werbung auszustrahlen, die keiner sieht, haben sich manche Unternehmen entschlossen, lieber die Konsumenten direkt dafür zu bezahlen, dass sie sich deren Werbung anschauen. So bietet ein US-Unternehmen seinen Internet-Nutzern 50 Cents pro Online-Stunde bzw. maximal 20 Dollar im Monat an, wenn sie eine Werbeleiste (‚Viewbar') permanent auf ihrem Bildschirm geöffnet lassen.[91]

Allerdings besteht bei dieser Art von Werberezeption das Problem, dass die intrinsische Motivation beim Konsumenten gering bleiben dürfte und das rein finanzielle Interesse möglicherweise zu einer Entwertung der Werbung führt. Die Grundidee aber, an Stelle der bloßen Verbreitung von Werbung lieber die Kunden direkt für die Rezeption von Werbung zu bezahlen, ist sicherlich reizvoll.[92]

Bis auf den Pay for Eyeballs-Ansatz geht es bei den dargestellten Werbeansätzen im Kern um individuellere Kundenansprachen und persönlichere Angebote, die helfen sollen, den Produktabsatz zu steigern - natürlich abhängig von den jeweiligen Werbezielen. Allerdings ist die Umsetzung dieser Ansätze aufwendig und planungsintensiv, wenn sie erfolgreich sein sollen. Dennoch gilt: Wenn der Internet-User interessante Inhalte er-hält, kann eine Website mehr Werbung bedeuten als jeder andere Werbeträger, da der Rezipient aus einem umfassenden Angebot sein individuelles Profil wählen kann.

5. Vier Trends zur Zukunft der Online-Werbung (von Ralf Scharnhorst)

Nach mehr als einem halben Jahrzehnt Online-Werbung in Deutschland vertreten manche die Ansicht, mit dem ‚Abschied der New Economy' sei auch der Nutzen der Online-Werbung widerlegt worden, während andere wiederum sicher sind, dass die Werbungtreibenden dem Mediennutzungsverhalten der Rezipienten nachfolgen werden und endlich aktiver ins Internet einsteigen. Einerseits überschreiten die Internet-Werbebudgets in 2001 bereits diejenigen für Kinowerbung und sind auf dem Sprung, die Plakatwerbung zu überholen. Und andererseits stagnieren bzw. sinken die Werbeausgaben in einigen Bereichen. Websites, die sich allein durch Einnahmen aus dem Verkauf von Werbefläche finanzieren, wird eine unsichere Zukunft prognostiziert.

Wie diese zum Teil gegensätzlichen Vorhersagen zeigen, ist es schwierig, eindeutige Zukunftstrends für das Internet und die Online-Werbung zu formulieren. Im Folgenden will ich aber vier Trends vorstellen, bei denen absehbar ist, dass sie in den nächsten Jahren für Online-Werbung eine wichtige Rolle spielen werden. Diese Trends beziehen sich auf die vier relevanten Bereiche Strategie und Planung, Marktforschung, Kreation und Rentabilität von Online-Werbung.

Trend 1: Werben oder Verkaufen als künftige Online-Strategie

Direktmarketing und Werbung in Massenmedien gelten in Bezug auf die Werbeziele als klassische Gegensätze: Während Direktmarketing durch direkte Ansprache mit Werbepost möglichst sofort einen Kauf- oder Bestellprozess auslösen will (‚Die ersten

100 Besteller bekommen zusätzlich...'), soll ein TV-Spot mittelfristig Markenbekanntheit, Image und Sympathie verändern, um auf Dauer die Kaufbereitschaft zu erhöhen. Werbungtreibende, die Weihnachten 2000 für einen 30-Sekunden-Spot im Werbeblock vom Spielfilm ‚Titanic' 153.387 Euro investiert haben, erwarteten sicherlich nicht, dass sich ihr Absatz am nächsten Tag verdoppelt.

Demgegenüber ist Online-Werbung immer als etwas Neues zwischen diesen beiden Welten angesehen worden. Der Trend für die nächsten Jahre ist, dass Werbungtreibende ihre Online-Aktivitäten direkt einem der beiden Bereiche zuordnen werden. Die beiden Welten sind zu unterschiedlich, als dass sich eine Online-Kampagne in beide Richtungen auslegen ließe, denn fast alle Eckpunkte einer Online-Kampagne fallen bei diesen Extremen gegensätzlich aus:

	Klassischer Markenansatz	Direktmarketing (E-Commerce)
Kreation	an klassischer Kampagne orientiert, großformatig	kurz und prägnant, meist auf Produkt und Preis fokussiert
Abrechnungsweise	der Sichtkontakt mit dem Werbemittel wird bezahlt (TKP)	provisionsorientiert: Vergütung in Abhängigkeit z.B. vom Umsatz
Budget	fest definiert, meist prozentualer Anteil am Gesamt-Mediabudget	kann bei Erfolg erhöht werden
Platzierungen	in bestimmten redaktionellen Umfeldern	flexibel
Ziele	Wahrnehmung der Marke	direkter Abverkauf
Erfolgsmessgrößen	Markenbekanntheit und -sympathie	Bestellungen

Markenartikler nutzen Online-Werbung als Ergänzung zur klassischen Werbung. Bei der *Deutschen Bank 24* entstehen die Motive in Anlehnung an die klassischen Kampagnen und sollen für die gesamte Marke arbeiten, nicht nur die Online-Präsenz.

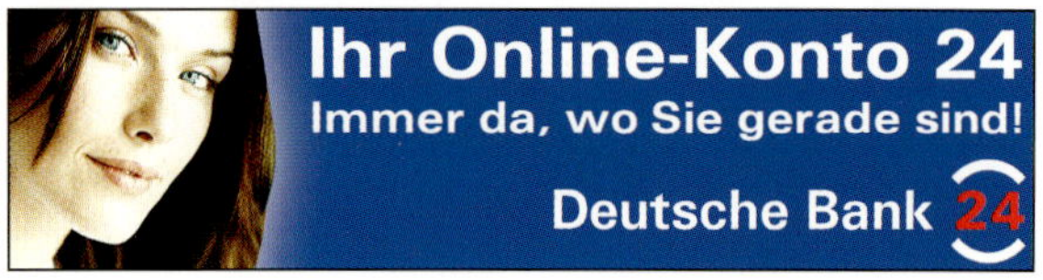

Auf der anderen Seite stehen E-Commerce-Anbieter, deren Ziel die bloße Generierung von Umsatz über ihre Website ist. Zu ihnen gehören auch große klassische Marken wie beispielsweise *Tchibo*. Die Website ist bei diesen Werbungtreibenden - ebenso wie die Werbung - allein auf Transaktionen ausgerichtet. Es geht nicht um Steigerung der Markensympathie, sondern um die Generierung von Bestellungen.

- *Trend 2: Das Internet misst sich mit anderen Werbemedien - Marktforschung und umfassende Beratung werden wichtiger.*

Aufgrund fehlender Informationen und Marktdaten war es Werbungtreibenden bisher kaum möglich, die Wirksamkeit ihrer Online-Strategie zu überprüfen. Kleine Budgets ließen sich noch als Experiment deklarieren, doch diese Phase geht dem Ende zu. In der Zwischenzeit sind zahlreiche Strategie-Tools und Hilfestellungen entstanden (siehe Kapitel 3.3). Das folgende Schaubild zeigt überblicksartig für 2002, welche Orientierungshilfen einem Werbungtreibenden bei seiner strategischen Marketing-Planung im Online-Bereich bereits zur Verfügung stehen.

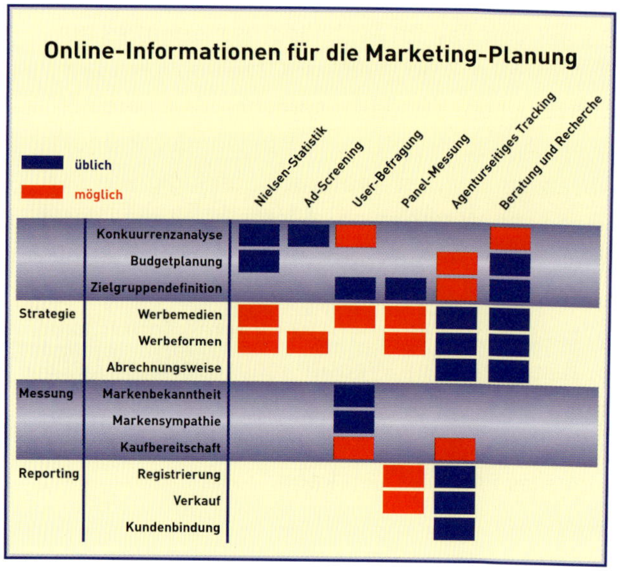

Das Internet bietet hinichtlich der Messbarkeit des Online-Werbeerfolgs zwar vielfältige, ja teilweise einzigartige Möglichkeiten, aber sie waren verglichen mit den Werbeerfolgskriterien der klassischen Medien in 2001 noch unterentwickelt. GRP's, Netto-Reichweiten und viele Werbewirkungsanalysen lassen sich bisher kaum auf den Online-Bereich übertragen. Gerade danach suchen aber die Werbungtreibenden, denn sie müssen das Internet mit den anderen Werbeträgern vergleichen können, wenn sie ihm Teile ihrer Marketingbudgets zuteilen sollen.

Panels, die Auskünfte über die Internet-Nutzung von Privatpersonen geben, existieren bereits. Mit einem anderen Ansatz misst die IVW die Nutzung vieler großer deutscher Websites. Durch die Weiterentwicklung dieser bislang konkurrierenden Messmethoden und -technologien können sie zusammenwachsen. Wenn Panel- und IVW-Daten kombiniert werden, wird der Vergleich von Online-Werbung mit klassischer Werbung auf einer gemeinsamen Datenbasis möglich. Auch die eigentliche Media-Planung für das Internet kann dann (zumindest als eine Variante) analog der klassischen Methoden mit Datenbanken und Zählprogrammen erfolgen.

Für die klassischen Medien existiert die Faustregel, dass 10 Prozent des Werbebudgets in die Marktforschung zu investieren sind. Dies dient dazu, die eingesetzten Budgets rechtfertigen zu können und sukzessive zu optimieren. Im Online-Bereich wurde bisher aufgund der kleinen Test-Budgets die Werbewirkungsforschung vernachlässigt. Dadurch ist ein großer Vorteil, nämlich der der schnellen Optimierbarkeit von Online-Kampagnen (und folglich größeren Effizienz der Werbung), nur unzureichend ausgeschöpft worden. Eine besonders erfolgversprechende und für das Internet neue Methode dürfte der Copy-Test sein.[93] Mit der Methode des (Online-)Copy-Testing lassen sich unter anderem folgende für die Evaluation von Internet-Kampagnen wichtigen Fragen beantworten:

- Wird das Werbemittel wahrgenommen?
- Welche Elemente des Werbemittels (Aussage, Bilder, Farbe) werden beachtet?
- Welches Motiv erreicht die höchste Aufmerksamkeit?
- Wird die Werbebotschaft richtig verstanden?
- Spricht die Werbebotschaft die Zielgruppe an?
- Weckt das Motiv das Kaufinteresse?
- Steigert das Werbemittel die Bekanntheit?

Trend 3: Online-Werbung wird multimedialer und kreativer.

Haben Sie mal Bilder der ersten Litfaßsäulen mit Plakatwerbung gesehen oder wie die ersten gesendeten TV-Werbespots aussahen? Über dieses Stadium ist Online-Werbung inzwischen hinausgewachsen. Erstmals rückläufig sind Bannerformen wie falsche Windows-Fehlermeldungen und irreführende GIF-Banner. Mehr denn je stellt sich nun die Frage, welche Werbeformen Sinn machen, damit Online-Werbung vom User nicht nur als ein notwendiges Übel, sondern als überzeugendes Kommunikationsmittel wahrgenommen und erlebt wird.

In den letzten Monaten sind zahlreiche Studien erschienen, die Online-Werbeformen verglichen haben. Das Ergebnis war vorhersehbar: Bigger is better. Entsprechend sind die neuen IAB-Standardmaße für die Nachfolger des Banner (abgebildet in Kapitel 2.1) höher und breiter ausgefallen. Solange dabei herkömmliche Graphikformate (wie z.B. GIF's) verwendet werden, haben größere Graphiken allerdings auch mehr Datenmengen zur Folge, die dann längere Übertragungszeiten verursachen, bis die

Werbung auf dem Monitor des Users erscheint. Dadurch be-kommt sie fast einen ähnlichen Stellenwert wie die Unterbrecherwerbung im Fernsehen, denn sie wird beim Herumsurfen im Internet lästig und macht es vor allem teurer.

Gegen dieses Hindernis auf dem Wege zur (kreativen) Multimedialität gibt es für die Web-Werbung zwei Lösungsmöglichkeiten: breitbandigere Übertragungswege oder neue Komprimierungstechniken. Die erste Lösung, die Breitband-Technologie, hat allerdings derzeit das Problem, dass sie nach Meinung der Marktforscher voraussichtlich erst 2003 den Massenmarkt erreicht haben wird. Wenn sich also nicht mehr Daten übertragen lassen, müssen sie (Lösungsweg 2 nehmend) stärker komprimiert werden. Für Werbemittel ist hier die Komprimierungstechnologie ‚Flash' bereits stark verbreitet, die auch über 95 Prozent aller Internet-Browser standardmäßig entschlüsseln können. Darüber hinaus liegt die Zukunft in der Verkleinerung der Software zur Entschlüsselung, damit z.B. nicht für jede Online-Werbung, die einen kurzen Werbefilm anbietet, zum Abspielen extra das gesamte ‚Real Player'-Programm geladen werden muss.

Ein weiterer wichtiger Schritt auf dem Weg zur multimedialen Online-Werbung ist die Verbesserung ihrer Bild- und Tonqualität, denn ein Bild sagt mehr als tausend Worte, aber noch besser ist ein Film. Die Bild- und Tonqualität entscheidet ganz wesentlich über die Qualität der Emotionen, die mit dem Werbemittel kommunizierbar und erzeugbar sind. In mäßiger Auflösung ist es bereits jetzt möglich, kurze Filme im Format der gesamten PC-Monitorgröße ablaufen zu lassen, wie es z.B. *BMW* in den USA vorgemacht hat. Von großer Bedeutung sind hier ‚Streaming-Technologien', durch die der Anfang des Werbefilmes bereits auf dem Monitor des Users dargestellt werden kann, während das Ende des Films noch vom PC heruntergeladen wird.

Die Zukunft bringt viele unterschiedliche Werbemedien: Vom breitbandigen Digital-Fernsehen über Highspeed-Internet bis hin zu UMTS und i-Mode[94] wird es alles geben - und auch weiterhin das Internet. Daher wird es zunehmend wichtiger, verschiedene Versionen der Werbemittel zu erstellen und dem User die zu seiner Plattform, Bandbreite, Hard- und Software passende Version zu zeigen. Kreativität ist gefragt. Nicht nur in der Gestaltung, sondern auch in der Form.

Trend 4: Werben wird rentabler und Rentabilität zur (Online-)Pflicht.

Die in 2001 gefallenen Preise für Online-Werbeflächen erhöhen aus Sicht der Werbungtreibenden die Rentabilität dieser Werbeplätze, was dazu führt, dass neue Unternehmen das Internet erstmals als Werbemedium testen. Dabei kommt die Weiterentwicklung der Abrechnungsmodelle den Werbungtreibenden entgegen: Zunehmend setzt sich durch, für die Bezahlung der Werbeträger die Erfolgsmessgrößen des Kunden (z.B. die Anzahl der generierten Bestellungen; siehe Anhangsnote 24) zu nehmen.

Ein zusätzlicher Grund für den Einstieg ins Internet liegt neben den gefallenen Preisen in der gestiegenen Effizienz der Online-Werbung. Diese Effizienzsteigerung kommt durch Änderungen im Layout der Websites zustande: Bislang wurden Websites mit vielen kleinen Werbeflächen überfrachtet, so dass ein Banner mitunter mit fünf anderen Werbeflächen um die Aufmerksamkeit des Users konkurrieren musste. Dieser Trend ist rückläufig: Viele Websites verzichten bereits auf die Einrichtung von Standard-Bannerflächen.

Für Werbungtreibende also beste Aussichten. Für Online-Anbieter wird die große Herausforderung künftig die Sicherung der Rentabilität ihrer Websites sein. Ganz gleich, ob es sich um einen Technologie- oder Content-Anbieter handelt, für beide wird die Refinanzierung durch Werbung ein wichtiges Standbein bleiben. Die besten Fortschritte auf dem Weg zur Rentabilität erzielen zur Zeit die Suchmaschinen. Kritiker sagen, das liege daran, dass sie bestechlich werden, weil Suchergebnisse und Werbung immer schwerer voneinander unterschieden werden können. Die Verschmelzung von Werbung und redaktionellem Inhalt ist bei Suchmaschinen relativ einfach. Weil es den Erfolg der Werbung steigert, wird sich dieses Modell aber auch zunehmend auf redaktionellen Websites ausbreiten.

Gegenüber der Refinanzierung durch Werbung sind zwei andere Möglichkeiten zur Sicherung der Rentabilität im Online-Bereich erst noch in der Entwicklung. So kommt die Einführung von *Micro-Payment* und Abonnements zur Bezahlung von Contents durch die User nur schleppend voran, denn zu viele ähnliche Inhalte erschweren es jedem Anbieter, als erster Gebühren zu verlangen. Diese Hürde wird nur durch eine kartellartige, konzertierte Aktion zu nehmen sein, die angeblich auch bereits geplant ist.

Unter dem gleichen Problem leidet die dritte Säule der Refinanzierung: *Content Syndication*. Hierüber wird zumeist versucht, einen Inhalt, der oft bereits mehrfach im Netz steht, noch ein weiteres Mal auf dem Business-to-Business-Markt zu verkaufen. Solange diese beiden Möglichkeiten zur Refinanzierung nicht greifen, bleibt Werbung die dominierende Einnahmequelle, die es durch Ansätze, wie sie in Kapitel 4 vorgestellt wurden, zu sichern und auszubauen gilt.

6. Ein Schlusswort mit 10 Erfolgsregeln für erfolgreiche Online-Werbung

Die Marketingaktivitäten von Unternehmen können durch die Möglichkeiten der Online-Kommunikation eine neue Qualität bekommen, denn der Kommunikationsprozess bei der Übermittlung von Werbebotschaften ändert sich: Konsumenten können autonom entscheiden, was sie aufnehmen wollen. Mit dieser ‚neuen Selbstständigkeit' bei der Medienrezeption ändern sich zahlreiche Parameter der Werbung. Die neuen Möglichkeiten führen zu einem Paradigmenwechsel in der Marketingkommunikation, mit dem eine Infrastrukturänderung der Werbebranche einhergehen könnte. Werbliche Angebote müssen zum Dialog umgebaut werden, statt als Unterbrecherwerbung zu stören. Einheitliche Massenprogramme sollten als personalisierte Angebote präsentiert werden, damit sie für die potentiellen Kunden interessant werden. Durch den Versuch, den Kundeninteressen noch stärker zu entsprechen, können sich intensivere Kundenbeziehungen entwickeln. Es ist auf jeden Fall notwendig, sich bei der Werbekommunikation den neuen Marktbedingungen anzupassen. Wer die neuen Spielregeln nicht kennt und beherrscht, wird mit seiner Kampagne nicht die gewünschte Wirkung erzielen.

Werbung wird weiter eine Schlüsselstellung als Motor von Angebotsentwicklungen im Internet innehaben. Das liegt maßgeblich an neuen Werbeformen und -möglichkeiten, die u.a. in der Interaktionsfähigkeit des Mediums begründet liegen: Werbe- und Sponsoringmaßnahmen nähern sich einander an und personalisierte Informationsangebote sind nur ‚einen Mausklick' entfernt. Mit eigenen attraktiven Inhalten (Branded Content) können Werbungtreibende Internetnutzern einen

Mehrwert anbieten, der nicht nur mehr Aufmerksamkeit, sondern auch höhere Nutzerbindungen generiert. Online-Werbung wird daher zunehmend in Richtung *Infotisement*, *Advertainment* und *Benefitting* gehen müssen. Daraus folgt eine Kombination von Programminhalten mit Werbung, die raffiniert, aber auch rechtlich schwierig ist.

Ein weiterer Vorteil von Online-Werbung ist die Möglichkeit zur absoluten Erfolgskontrolle: Im Internet ist es prinzipiell möglich, von jedem Besucher ein Nutzerprofil zu erstellen, was völlig neue, personalisierte Kampagnen erlaubt. Allerdings erfordert dies die Kompetenz und das notwendige Wissen zur Bewältigung der Komplexität an Daten und Erkenntnissen, um Online-Kampagnen auch erfolgreich planen, kontrollieren und auswerten zu können. Aus den komfortablen Erhebungsmöglichkeiten resultieren zudem neue datenschutzrechtliche Probleme, denn Online-Angebote kennen keine Grenzen und sind global verfügbar. Datenschutzbestimmungen, sofern sie überhaupt existieren, enden (leider) oft an nationalen Grenzen. Hier besteht Verständigungs- und Regulierungsbedarf auf internationaler Ebene.

Der Markt der Online-Werbung blickt auch trotz New Economy-Krise einer rosigen Zukunft entgegen. Das Marktvolumen ist in den letzten drei Jahren auf das Zehnfache des ursprünglichen Wertes angewachsen. Allerdings werden nützliche Inhalte und Formate immer noch zu spärlich entwickelt. Das kreative Potential wird weiterhin viel zu wenig genutzt. Bis die Mehrheit der Unternehmen erkannt hat, dass es im Internet nicht darum geht, zu werben, um zu verkaufen, sondern einen echten Mehrwert anzubieten, werden noch einige kreative Köpfe überzeugende Ideen und noch mehr Berater ebensolche Konzepte entwickeln und vermitteln müssen. Auch die Werbeträger sollten erkennen, dass künftig der Wettbewerb nicht mehr nur über die günstigsten Mediakonditionen auf ihren Websites läuft, sondern auch und gerade über ihre Serviceleistungen. Fazit: *Die wahre Revolution steht noch bevor.*

Zum guten Schluss haben wir Ihnen 10 Empfehlungen für eine erfolgreiche Online-Werbung zusammengestellt.[95] Wir wünschen viel Erfolg.

10 Regeln für erfolgreiche Online-Werbung

1.Bewerben Sie nur Bewerbenswertes: Bevor Sie über Online-Werbung nachdenken, sollten Sie sich kritisch Ihr (Online-)Angebot anschauen. Bieten Sie einen tatsächlichen Nutzen für Ihre Zielgruppen? Setzen Sie die Besuche auch optimal entsprechend Ihren Zielsetzungen (Vertrieb, Adressengenerierung, Informationen) um?

2.Verlinken Sie die Banner nicht mit Ihrer Homepage: Führen Sie Ihre Zielgruppe stattdessen gleich auf eine (spezielle) Aktions-Seite, die dem Versprechen Ihrer Banner auch gerecht wird und unmittelbar zu weiteren Handlungen (z.B. Bestellung) führt.

3.Individualisieren Sie Ihre Kampagne: Mit dem gleichen Banner auf allen Platzierungen verschenken Sie Klicks. Entwickeln Sie spezielle Banner für die einzelnen belegten Umfelder und sprechen Sie Ihre Zielgruppen individuell an.

4.Testen Sie Ihre Bannergestaltung: Durch ganz einfache Veränderungen können Sie die Klickrate um bis zu 600 Prozent (!) steigern.

5.Platzieren Sie nicht nur auf Homepages: Analysieren Sie stattdessen die Lese- und Themeninteressen Ihrer Zielgruppen und platzieren Sie die Banner gezielt in den Umfeldern, die Ihre Zielgruppe am intensivsten nutzt. Die Klickrate wird Ihnen Recht geben.

6.Stellen Sie sich auf den Response ein: Werbung wirkt. Durch mehr Zugriffe auf Ihre Seiten werden Sie auch mehr Anfragen erhalten. Deshalb werben Sie ja auch. Stellen Sie deshalb im Vorfeld sicher, dass Sie den Response nicht nur quantitativ sondern vor allem auch qualitativ bewältigen können.

7.Kontrollieren Sie alles: Geben Sie sich nicht mit der Werbeträgerleistung (Page-Impressions) zufrieden. Kontrollieren Sie im Detail die Leistung jeder einzelnen Platzierung und jedes einzelnen Motivs. Nach Kosten pro Adview, Kosten pro Klick und der Qualität der Besucher Ihres Angebotes. Nur so können Sie Ihren Mediaeinsatz permanent optimieren.

8.Lassen Sie sich nicht verwirren: Der Markt ist derzeit nicht sonderlich transparent. Unterschiedliche Tarifsysteme, permanent neue Angebote und neue Technologien erschweren eine gründliche Analyse und Planung. Aber kein anderes Medium bietet Ihnen die Möglichkeit, Ihre Werbewirkung so detailliert und günstig zu kontrollieren und zu optimieren.

9.Machen Sie nicht alles selbst: Es ist teuer, das Planungs-Know-how in Ihrem Hause aufzubauen. Noch teurer ist es, es aktuell zu halten. Suchen Sie sich deshalb einen professionellen Dienstleister, der nicht nur einkauft, sondern der Sie auch konzeptionell berät und die notwendige Technologie zur professionellen Onlineplanung, -kontrolle und -optimierung bietet.

10. Freuen Sie sich auf den Erfolg: Denn mit keinem anderen Medium können Sie derzeit so günstig Response erzielen. Vorausgesetzt natürlich, Sie beachten die Regeln 1 bis 9.

7. Anhang

1,3 Die Studie ‚Internet 2001 - European Key Facts' (von IP Deutschland, 2001) hat erstmalig detailliert die Bedeutung des Internets in 20 europäischen Ländern zusammengestellt. Spitzenreiter ist Großbritannien mit 248 Mio. Euro, gefolgt von Frankreich (157 Mio. Euro) und Deutschland auf Platz 3 (153 Mio. Euro). (zitiert aus: Media & Marketing, 8-9/2001, S. 80).

2 Diese Angaben stammen aus Bizz (11/2001, S.134).

4,5,9 Nachzulesen bei Altobelli & Hoffmann (1997).

6 Vergleichen Sie hierzu den Artikel von Zimmer (1998), der den Entwicklungsstand und die Perspektiven von Online-Werbung in Deutschland beschreibt.

7 Die Darstellungen über die Unterschiede zwischen Online-, TV- und Printwerbung sind Zimmer (1998) und Werner & Stephan (1997) entnommen.

8,11,14 Weitere Einzelheiten finden Sie bei Bachem (1997).

10 Das Zitat stammt aus dem Buch von Wolf (1999).

12 Den Paradigmenwechsel in der Marketingkommunikation postuliert Bachem (1997). Siehe auch Siegle (1998).

13 Nähere Angaben machen Goldhammer & Zerdick (1999).

15 Die Website finden Sie unter: http://www.jupiter.com. Laut Internet Advertising Bureau (siehe unter: http://www.iab.net) dominiert Bannerwerbung trotz der hohen Verbreitung allerdings nur mit 55 Prozent Anteil am Werbevolumen, gefolgt von Sponsoringmaßnahmen mit 40 Prozent.

16 Werbelinks sind im Vergleich zum Banner unscheinbarer, denn dabei handelt es sich um einen rein textbasierten Hyperlink, der von einem Werbungtreibenden bezahlt wurde. Werbelinks, die andersfarbig markiert aus dem redaktionellen Umfeld hervorstechen, dürften zu den frühesten Werbeformen im Internet zählen. Werbebanner mit einem ‚Hyperlink', also einer Verknüpfungsfunktion zur Website des jeweiligen Werbungtreibenden, nennt man aktiv. Ohne eine Verlinkung handelt es sich um passive Banner bzw. Buttons. Klickt ein Rezipient auf einen aktiven Banner oder Button, so wird eine Verbindung auf die entsprechende Website des Werbungtreibenden hergestellt. Solche Banner und Buttons werden auf möglichst stark frequentierten Websites platziert.

17 Als Hotwired, der Onlineableger des Magazins Wired, im Oktober 1994 damit begann, Bannerwerbung zu vermarkten, war man sich nicht bewusst, mit den Vorgaben in Bezug auf die Pixelgröße für die bis dahin unbekannte Werbeform de facto einen Standard zu schaffen (Sterne, 1997). Während Banner in den USA eine Standard-Größe von 468x60 Pixel haben, sind z.B. Buttons (‚Knöpfe') mit ihrer klassischen Größe von 88x31 Pixel deutlich kleiner. Damit ist auch der Umfang der Darstellungsmöglichkeiten von den kleinen Buttons gegenüber Bannern deutlich begrenzt, was gleichzeitig aber auch als Herausforderung an die Macher gesehen wird, mit einem Button trotzdem noch Aufmerksamkeit zu erreichen. In Deutschland kam der Durchbruch bei der Bannerwerbung durch eine Standardisierung der Bannerformate durch die Verbände der Zeitungs- und Zeitschriftenverleger im März 1998. (vgl. w&v new media update, 1998, 1999). Sehr dienlich war außerdem der Schritt der IVW (Informationsgemeinschaft zur Feststellung der Verbreitung von Werbeträgern), auch die Reichweiten der Online-Angebote zu überprüfen. Der IVW-Standard bezeichnet den einheitlichen Mess- und Veröffentlichungsstandard für die von einem Online-Werbeträger monatlich erzielten Seitenabrufe (PageImpressions) und Besuche (Visits). Vergleichen Sie hierzu auch Kapitel 3.1 sowie die ausführliche Beschreibung der Messkriterien unter: http://www.ivw.de.

18 Die neuen Standards finden sich auf der Website des IAB unter: http://www.iab.net. Die Abbildungen in diesem Buch entsprechen den exakten Maßen in cm für einen 17-Zoll-Monitor bei 1024x768 Pixel Auflösung.

19 Einen detaillierten Überblick erhalten Sie im Internet unter: http://www.werbeformen.de.

20 Dies schätzt Oliver Gertz, Planungsleiter der Online-Agentur PlanNet (aus: Media & Marketing, 8-9/2001, S. 55).

21 In seiner Diplomarbeit ‚Wie wirkt Werbung im Web?' analysiert Bachofer (1998) bestimmte Verhaltensmerkmale von Usern beim Kontakt mit Internet-Werbung.

22 Diesen Wert ermittelte Bachofer (1998) durch die Registrierung von Blickverläufen.

23 Den Nachweis, dass eine zentrale Banner-Platzierung die Klickrate deutlich erhöht, erbrachten Doyle, Minor & Weyrich (1997) in ihrer ‚Banner ad placement study', die zu finden ist unter: http://www.webreference.con/dev/banners.

24 Die Werbewirkung von Bannern und ihre Messung ist ein Thema für sich: Ähnlich wie bei Printanzeigen sollen Banner und Buttons ja Aufmerksamkeit erregen und möglichst das Konsumverhalten in der beworbenen Richtung günstig beeinflussen – in diesem Fall den Nutzer meist zu einem Besuch der vom Banner beworbenen Website veranlassen. Die Häufigkeit des Anklickens eines Banners wird ‚AdClick' genannt. Die ‚AdClick-Rate' gibt dabei Auskunft über das Verhältnis zwischen maximal möglichen und tatsächlich erfolgten AdClicks bzw. Sichtkontakten. Aus der AdClick-Größe leitet sich oftmals der Abrechnungsmodus für die Banner-Schaltung ab. Zum Beispiel ergeben 1000 bezahlte Kontakte 0,77 Euro pro AdClick. Neben der Bezahlung nach AdClicks gibt es noch folgende Abrechnungsweisen:

- Bezahlung nach Zeitraum (z.B. ein Banner steht eine Woche auf der Website zum Pauschalpreis)
- Bezahlung nach TKP (z.B. 10,2 Euro für 1000 Sichtkontakte bzw. AdImpressions; diese Abrechnung wählt z.B. die Deutsche Bank bei ihrer Branding-Kampagne)
- Bezahlung nach Werbeerfolg (Diese Methode wird im E-Commerce z.B. vom Otto-Versand angewandt: So werden z.B. 10,2 Euro für jede durch einen Werbebanner generierte Bestellung im Online-Shop berechnet, was allerdings eine komplexe Messsystematik bedingt.)

Bei allen vier Varianten lässt sich unabhängig von der Abrechnungsweise der erreichte ‚Cost per Click' berechnen, der eine wesentliche Erfolgsmessgröße darstellt.

25 Diese Angaben machen Runkehl, Schlobinski & Siever (1998) basierend auf den Ergebnissen von Bachofer (1998).

26 Diese Zahlen nennt das IAB unter: http://www.iab.net. Vergleichen Sie hierzu auch Uli Gleich (1998).

27 Zu dieser Beurteilung kommt Herta Paulus in ihrem Beitrag ‚Mit Skyscrapern aus der Online-Flaute' (zitiert aus: Media & Marketing, 8-9/2001, S. 55). Die Studie 'Frequency and banner burnout' wurde von Double Click Inc. (1998) erstellt unter: http://doubleclick.net/nf/general/freq_uset.htm.

28 Entnommen aus der w&v new media update (1998).

29 Einen detaillierten Überblick über die unterschiedliche Bedeutung von Offline- und Online-Werbung in einzelnen Unternehmensbranchen zeigt die Ranking-Tabelle auf der folgenden Seite. Weitere Einzelheiten finden sich unter: http://www.horizont.net/marketfacts/branchen.html. (*Siehe auch den Beitrag von Lorenz Fischer & Günter Wiswede.*)

30 Dies schätzt Martin Michel, Geschäftsführer von IP New Media (zitiert aus: Media & Marketing, 8-9/2001, S. 56).

31 Weiterführende Angaben können Sie Albers, Clement & Peters (1998) entnehmen. Ein Beispiel für Unterbrecherwerbung gibt es unter: http://www.werbeformen.de/users/wf_data/interstitial/inter.html.

32 Das Beispiel ist aus Media & Marketing, 8-9/2001, S. 56.

33 Dies belegt die Studie ‚Markenprofile 6: Telekommunikation - Computer - Online', herausgegeben von der Stern-Anzeigenabteilung, Hamburg 1998.

34, 36 Die Angaben stammen aus dem w&v new media update (1998). Siehe dazu auch: http://www.werbeformen.de/werbeformen/klassisch/ag.html.

Ranking der Wirtschaftsbereiche Internet vs. klassische Medien

Kategorie	Online Rank	Offline Rank
Dienstleistungen	1	13
Ausbildung und Medien	2	1
Handel und Versand	3	4
Telekom	4	8
Banken und Sparkassen	5	11
sonstige Wirtschaftsbereiche	6	7
EDV, Hardware, Software	7	14
Touristik	8	9
Sonstige Finanzen	9	12
Verkehrsmittel	10	2
Versicherungen	11	16
EDV Dienstleistungen	12	30
Freizeit und Sport	13	29
Audio und Video	14	19
Energie	15	21
Getränke	16	6
Körperpflege	17	5
Pharmazie	18	10
Investitionsgüter	19	27
Ernährung	20	3

Quelle: A.C. Nielsen Werbeforschung

35 Zu diesem Ergebnis kommt eine Studie des internationalen Marktforschungsinstitutes Harris Interactive (zitiert aus: Media & Marketing, 8-9/2001, S. 56).

37 Das SMIL-Protokoll (Synchronized Multimedia Integration Language) erlaubt eine einfachere Steuerung von multimedialen Website-Inhalten. Damit wird die simultane Übertragung und separate Ansteuerung von mehreren tausend einzelnen Fenstern mit je unterschiedlichen Inhalten (Text, Audio, Video) auf dem Bildschirm des Nutzers möglich. Der Vorteil dieser Sprache liegt in der Einfachheit: Mit nur einer Handvoll Befehle wird es möglich, komplexe Multimedia-Darstellungen zu programmieren, die zudem noch weniger Bandbreite als vorher benötigen. Das SMIL-Protokoll wurde im Juni 1998 vom World Wide Web-Konsortium (http://www.w3c.org/TR/PR-SMIL) als Standard verabschiedet. Der aktuelle Stand der SMIL-Protokoll-Entwicklung findet sich unter: http://www.w3.org/AudioVideo. Beispiele zum SMIL-Protokoll unter: http://www.realnetworks.com/devzone/library/creating/smiltips/samples/index.html.

38 Dieses Banner finden Sie unter: http://www.milka.de. Für die freundliche Bereitstellung des Motivs danken wir Herrn Arpe von Kraft Foods.

39 Vergleichen Sie hierzu die Website über Werbeformen unter: http://www.werbeformen.de/transactive.html.

40 Die Adresse der Website lautet: http://www.shopping24.de.

41 Beispiele von Nanosites finden Sie unter: http://www.werbeformen.de/nanositebanner.html.

42, 43, 44 Weitere Informationen sind in der w&v new media update (1998 und 1999) zu finden.

45 Das Beispiel ist aus Media & Marketing (8-9/2001, S. 55)

46, 48, 51 Nähere Informationen hierzu gibt Siegle (1998).

47, 50 Die Angaben entstammen den Fachzeitschriften Horizont (2000) und w&v (6/2001).

49, 52 Weitere Angaben können Sie Albers, Clement & Peters (1998) entnehmen.

53 Es existiert seit langem eine Werbeform, die ihre Wirkung stets belegen konnte: die Direkt-Werbung. Doch im Gegensatz zu aufwendigen und kostspieligen Direkt-Werbekampagnen mit einer durchschnittlichen Erfolgs- sprich Antwortrate von 2 bis 3 Prozent, fallen für Netzwerbung nahezu keine Distributionskosten an. Dafür sind die durchschnittlichen Antwortraten zwischen 0,1 und 1,6 Prozent noch geringer und es ist mit Reaktanz zu rechnen (siehe Kapitel 2.7.2).

54 Vergleichen Sie hierzu Kabel (1998).

55 Nähere Angaben finden sich bei Runkehl, Schlobinski & Siever (1998).

56 Eine ‚Hitliste' täuschender Werbung bietet z.B. Link4Link unter: http://www.link4link.com/hitlisten/index.html.

57 Auf die rechtliche Situation in den USA zum Spamming geht Siegle (1998) ein.

58 Über die rechtliche Situation zu Junk-Mails in Europa informiert Steinhau (1999, S.33) in seinem Artikel ‚Die Kosten trägt der Empfänger. Wer unerwünschte E-Mail-Werbung erhält, muss die Übertragung noch aus eigener Tasche bezahlen.', in: Der Tagesspiegel vom 04.04.1999.

59 Das Ergebnis zur Unterbrecherwerbung im Internet stammt aus einer Studie von Gruner & Jahr Electronic Media Services, die zu finden ist unter: http://www.ems.guj.de.

60 Da sie sich von Bannerwerbung und den damit verbundenen Wartezeiten beim Download einer interessanten Site oftmals gestört fühlten, entwickelten fünf US-Studenten bereits 1996 eine Software, die die Anzeige von Werbebannern beim

Surfen im Internet unterdrückt. Das Programm ‚Internet Fast Forward' (IFF, http://www.privnet.com) ist ein Plug-in für den Browser von Netscape. Das Prinzip dieses so genannten Ad-Zappers ist einfach: Der Nutzer klickt die Werbegrafik an, die er in Zukunft nicht mehr auf seinem Monitor sehen möchte. Innerhalb eines Block-Files werden die Daten dieses Banners registriert und beim nächsten Aufruf der Seite dann entsprechend ausgeblendet (vgl. Siegle, 1998). Das Programm ‚Web Washer' von Siemens, das anhand von Größenangaben Werbebanner aus Internetseiten herausfiltert, stößt in die gleiche Richtung. Bei der Verbreitung dieses Programms ist Siemens allerdings seinerzeit auf Widerstand bei werbefinanzierten Anbietern wie Germany.net gestoßen. Zudem entsteht beim Filtern der standardisierten Bannergrößen das Problem, dass gleich große Textbausteine und Grafiken, die aber zum Inhalt der Website gehören, ebenfalls ‚herausgewaschen' werden.

61 Diese Übersicht ist adaptiert von der Internetseite: http://www.werbeformen.de.

62 Die Angaben sind aus w&v new media update (1998).

63 Diese Erfahrung berichtet Sascha Berlik, Geschäftsführer des Vermarkters Active Agent (zitiert aus: Media & Marketing, 8-9/2001, S. 56).

64 Die Angaben stammen aus dem w&v new media report (1998). *Möglichkeiten der Kundenbindung im eCommerce beschreiben Günter Wiswede & Lorenz Fischer in ihrem Beitrag.*

65 Die Angaben sind aus w&v new media update (1998).

66 Weitere Informationen zu Adservern unter: http://www.werbeformen.de/adserver.html.

67 Über Admanagement-Systeme informiert Reibold (1998).

68 Die IVW ist eine Unterorganisation des Zentralverbandes der deutschen Werbewirtschaft (ZAW) und im Internet zu finden unter: http://www.ivw.de.

69 Aufgrund des raschen technischen Fortschritts wird die neu etablierte Werbewährung sicherlich zahlreiche Anpassungen und Weiterentwicklungen erfahren. Mit den etablierten Messgrößen wurde jedoch der Grundstein für die Planbarkeit von Online-Medien gelegt. Damit diese Daten für Werbungtreibende nachvollziehbar sind, hat die IVW ab 1. Oktober 1997 die Kontrolle der Anbieterangaben übernommen. Die Zahl der IVW-geprüften Online-Medien hat sich 1999 um 25 Prozent auf 204 Werbeträger erhöht. Die Nutzung der IVW-geprüften Internet-Angebote hat sich innerhalb eines Jahres verdreifacht und ist auf rund eine Milliarde Seitenabrufe gestiegen (zitiert aus: Die Welt vom 16.02.2000). Seit Mitte 2000 sind mehr als 220 Online-Medien der IVW angeschlossen, die von ihr in Bezug auf Zugriffsdaten (Nutzerzahlen) ‚beobachtet' werden. Darunter finden sich Online-Ableger von Tageszeitungen wie die TAZ (http://www.taz.de) oder Die Welt (http://www.welt.de), Publikums-, General- und Special-Interest-Zeitschriften wie Der Spiegel (http://www.spiegel.de) oder Brigitte (http://www.brigitte.de) und Online-Angebote sowohl von Fernsehveranstaltern wie etwa Sat1 (http://www.sat1.de), als auch auf einzelne Sendungen bezogene Websites wie die Harald Schmidt-Show (http://www.harald-schmidt-show.de). Informationen der IVW zur Erfassung und Messung gibt es unter: http://www.ivw.de/data/index.html. Weitere Angaben zu PageImpressions und Visits finden sich bei Runkehl, Schlobinski & Siever (1998).

70 Um den Wünschen der angeschlossenen Online-Medien-Anbieter nach genaueren Online-Nutzungsdaten zu entsprechen, reagierte die IVW mit einem verfeinerten Auswertungsverfahren: Seit dem 1. Juli 1999 werden bei der Ermittlung der Visits nur noch solche Nutzungsvorgänge berücksichtigt, die mindestens eine PageImpression erzeugt haben. Dadurch fallen gerade die Zugriffe von Nutzern aus der Zählung, die die Grafik-Ladefunktion ihres Browsers deaktiviert haben und die somit auch keine Werbebanner aus dem Netz laden. Eine weitere Verfeinerung betrifft Zugriffe von so genannten ‚Robots' und persönlichen Suchagenten, die sich beim Webserver des Anbieters wie normale Browser (etwa Netscape oder Internet Explorer) anmelden, bei denen der User aber keine Sites aktiv betrachtet und auswählt, da dies der Suchagent für ihn tut. Derartige Zugriffe werden nunmehr mit deutlich höherer Präzision herausgefiltert und zwar sowohl bei PageImpressions als auch bei Visits. Als Folge dieser Präzisierungen gab die IVW ein Absinken der Nutzung um 5 Prozent an (http://www.ivw.de/news/pm_index.html vom 13.3.2000). Die vorangegangenen Nutzerzahlen wurden also um diesen Faktor überschätzt.

71 Das Zitat ist eine Übersetzung einer entsprechenden Passage bei Anuff (1998, S. 92).

72 Darauf weisen Zimmer (1998) als auch Goldhammer & Lange (1997) hin.

73 Zu Cookies schreiben Runkehl, Schlobinski & Siever (1998).

74 Die US-Tracking-Unternehmen Doubleclick und Net Count finden Sie unter: http://www.doubleclick.com und unter: http://www.netcount.com. Über die Versuche, ausführliche Nutzerdatenbanken aufzubauen, informiert Wired unter: http://www.wired.com/news/news/business/story/15456.html.

75 Die Speicherung von Personaldaten schränkt das IuKD-Gesetz (http://www.iukdg.de) stark ein. Weitere Informationen zur rechtlichen Seite geben Zimmer (1998) sowie Albers, Clement & Peters (1998).

76 *Über die Nutzung von Paneldaten im TV-Bereich für die Werbeerfolgskontrolle und Mediaplanung berichten Andrea Scharrenbroch & Jörg Westphal in diesem Buch.*

77 *Über Mediaplanung und korrektes Timing in klassischen Medien informiert Dirk Engel in seinem Beitrag.*

78 Das ‚Netbook' wird von der Media-Daten Verlagsgesellschaft in Walluf herausgegeben.

79 Die OMDB ermöglicht es, den ersten Schritt der Mediaplanung mit der gebotenen Effizienz zu bewältigen, da die relevanten Daten direkt per Download in ein Excel-Formular übernommen werden können. Leider ist die OMDB von den Marktteilnehmern noch nicht in dem Maß angenommen worden, wie es zur weiteren Vereinfachung der Mediaplanung im Online-Markt wünschenswert wäre. Die OMDB ist zu finden unter: http://www.omdb.de/start/search/search.frame.html.

80 *Eine Beschreibung der Leistungsparameter für die Mediaplanung wie den TKP finden Sie im Beitrag von Dirk Engel.*

81 Die Graphik ist adaptiert aus Zerdick, Picot, Schrape, Artopé & Goldhammer (1999, S. 196).

82 Über Datenschutz im Internet informiert Zimmer (1998).

83 Die 1997 vieldiskutierten Push-Konzepte - eine Übertragung der Broadcasting-Idee auf das Internet - scheinen sich bis auf einige kostenlos abonnierbare Newsletter bereits wieder erledigt zu haben.

84 Die Adresse der ATP-Tour lautet: http://www.atptour.de.

85 Die Financial Times steht unter: http://www.ftd.de.

86 Internet-Soaps sind genauso triviale Seifenopern wie im Fernsehen, nur mit ein bisschen mehr Interaktivität (z.B. vote your star). Beispiele für nternet-Soaps sind Esprit (http://www.esprit-intl.com) und ‚90-60-90' von t-online (http://fun.t-online.de/90sechzig90/index.htm) zu nennen.

87 Verschiedene Gewinnspiele sind zu finden unter: http://www.gewinnspiele.de.

88 Die Website der Victoria-Versicherung steht im Internet unter: http://www.v-scout.de/home.asp.

89 Diese Strategien orientieren sich an Altobelli & Hoffmann (1997) sowie Siegle (1998).

90 Allerdings könnte Branded Content v.a. in Deutschland rechtliche Probleme mit sich bringen, da der aus den klassischen Medien bekannte Grundsatz der Trennung von Werbung und Programm hier durchbrochen wird: Branded Content bedeutet ja gerade, beide Aspekte miteinander zu verknüpfen. Solche Angebote könnten dann als Dauerwerbesendungen mit zum Teil nicht-werblichen Inhalten angesehen werden, deren Behandlung und mögliche Kennzeichnung für die Medienanstalten ein relevantes Thema werden könnte.

91 Über das Pay for Eyeballs-Angebot wird berichtet unter: http://www.news.bbc.co.uk/hi/english/sci/tech/newsid_308000/308723.stm.

92 Weiterführende Angaben bei Zerdick, Picot, Schrape, Artopé & Goldhammer (1999).

93 Beim Copy-Test werden zufällig ausgewählte Personen in zwei Gruppen geteilt - solche, die eine bestimmte Kampagne gesehen haben und solche, die sie nicht gesehen haben - und dann hinsichtlich ihrer Einstellungen zu der jeweils beworbenen Marke befragt. Beim Online-Copy-Testing werden die Fragebögen per Pop-up-Fenster gezeigt und somit online die Wirkung einer Kampagne abgefragt - vorausgesetzt, die Befragten beider Gruppen unterscheiden sich nicht sonderlich in anderen Merkmalen als der Kampagnenkenntnis, was aber über die Stichprobenziehung bis zu einem gewissen Grad gesteuert werden kann.

94 i-mode ist ein mit WAP konkurrierendes Verfahren zur Text- und Grafikdarstellung auf Handy-Displays, das in Japan sehr erfolgreich ist. Diese Plattform mit unterschiedlichen Serviceleistungen (Spiele, Sport, Wetteransage) für das Handy wird in Deutschland demnächst von e-Plus eingeführt.

95 Die Regeln sind adaptiert aus: http://www.horizont.net

Prof. Dr. Lorenz Fischer

Nach dem Studium der Soziologie, Sozialpsychologie und Volkswirtschaft an den Universitäten von Köln und Kiel promovierte ich 1976 über die ‚Institutionalisierung alter Menschen', um mich dann 1985 zum Thema ‚Strukturen der Arbeitszufriedenheit' zu habilitieren. Nach verschiedenen Etappen als Professor an der Universität Köln (1986), Gastprofessor für Arbeits- und Organisationspsychologie in Gießen sowie für Soziologie in Güstrow bei Rostock (1989-1992) kehrte ich nach Köln zurück, wo ich seit 1992 Professor für Wirtschafts- und Sozialpsychologie bin.

Bei meinen Arbeitsschwerpunkten geht es allgemein um empirische Zugangsmöglichkeiten zu den Erfahrungswelten des Menschen in verschiedenen Lebenskontexten. So interessiert mich sowohl die Messung und Differenzierung der Lebenszufriedenheit alter Menschen als auch die Motivation und Arbeitszufriedenheit von Menschen in Betrieben und Verwaltungen. Weiterhin gilt mein Interesse der Finanzpsychologie - konkret dem Einfluss von sozialen und psychologischen Faktoren im Umgang mit Geld und Aktien.

Last not least beschäftige ich mich mit den Wirkungen medialer Kommunikation.

Mein Beitrag auf dem Gebiet der Werbung liegt derzeit in der Weiterentwicklung von Verfahren zur Messung emotionaler Reaktionen, die ein stark umstrittenes Unterfangen ist. Eine in der Umfrageforschung vielversprechende Herangehensweise ist die Verwendung von Comic-Figuren (‚SAMs bzw. Self Assessment Manikin'), die sich international sowohl in der Marketingforschung wie auch in der akademischen, psycho-physiologisch orientierten Forschung bewährt haben.

Zu diesem dreidimensional angelegten Messverfahren haben wir ein deutsches Wörterbuch für Emotionen entwickelt, das die Möglichkeit eröffnet, den Antwortkombinationen in diesen drei Dimensionen konkrete Emotionen zuzuordnen. Erste Ergebnisse finden Sie in:
L. Fischer, D. Brauns & F. Belschak (Hrsg.) Messung von Emotionen in der angewandten Forschung. Analysen mit den SAMs. Lengerich: 2001.

Prof. Dr. Günter Wiswede

Zunächst studierte ich an der Universität Erlangen-Nürnberg Ökonomie, was ich allerdings enttäuschend fand, weil Ökonomen oftmals mit sehr lebensfremden Modellen arbeiten. Nach meiner Promotion habilitierte ich mich für das Fach Soziologie, was wiederum mit einer Enttäuschung endete, weil die Soziologie hierzulande häufig als ‚Flug über den Wolken" betrieben wird. Meine ‚Heimat' fand ich dann in der Wirtschafts- und Sozialpsychologie, als ich 1974 einem Ruf an die Universität zu Köln folgte. Nach einem Zwischenaufenthalt an der Universität Hohenheim übernahm ich 1986 die Leitung des Instituts für Wirtschafts- und Sozialpsychologie in Köln.

Entsprechend den Wirrungen meiner Ausbildung ist mein wissenschaftliches Œuvre durch interdisziplinäre Brückenschläge zwischen Ökonomie, Soziologie, Psychologie und wirtschaftlichem Verhalten geprägt. Hier entstanden drei Lehrbücher: Soziologie (1999), Einführung in die Wirtschaftspsychologie (2000) und Grundlagen der Sozialpsychologie (2001, mit Lorenz Fischer). Daneben erfolgten viele Publikationen im Bereich Marktpsychologie, in der auch Werbung und Kommunikation einen gewichtigen Stellenwert haben.

Für die Zukunft der Werbung würde ich mir wünschen, dass die Werbepraxis nicht nur den Anregungen der ‚Kreativen' folgt, sondern auch den Rat der Werbepsychologen beherzigen kann. Außerdem sollte man Werbespots und auch Werbegags nicht zu Tode reiten. Denn allzu häufige Wiederholungen erhöhen zwar den Lerneffekt, begünstigen aber auch Sättigungseffekte, die zu einer generalisierten Abwehrhaltung der Umworbenen führen können.

Zukunftsperspektiven unserer Konsumgesellschaft

Prof. Dr. Lorenz Fischer und Prof. Dr. Günter Wiswede

Mit der Zukunft unserer Konsumgesellschaft haben sich zahlreiche ‚Trendgurus' beschäftigt. Sie profilieren sich mit allen möglichen Trends, die sie in modische Schlagworte verpacken wie etwa ‚Luxese', ‚Cocooning' oder auch ‚Egonomics' und dergleichen mehr.[1] Das futurologische Geschäft boomt, denn es stillt unser natürliches Interesse, Klarheit über unser künftiges ‚Schicksal' haben zu wollen. Der Wirtschaft stellt sich darüber hinaus die Zukunftsfrage hinsichtlich der künftigen Entwicklung des gesellschaftlichen Konsums. Den Unternehmen ist natürlich daran gelegen, zu wissen, was die Konsumenten demnächst umtreibt, um sich rechtzeitig mit ihren Produkten und Serviceleistungen darauf einstellen zu können.

Wer sich jenseits von Zukunfts-Propheten ernsthaft mit der Zukunft (der Konsumgesellschaft) beschäftigt, muss in Kauf nehmen, dass die Zukunft nur begrenzt vorhersagbar ist - auf jeden Fall nicht so eindeutig, wie es viele glauben machen wollen. Aussagen über die Zukunft werden nämlich umso eher zur bloßen Spekulation, je schneller sich die Randbedingungen von Trends ändern. So könnte sich zum Beispiel der ‚Cocooning'-Trend, also der prognostizierte Rückzug vieler in ihren privaten ‚Kokon', allein dadurch erübrigen, dass die gesetzlichen Bestimmungen für die Öffnungszeiten von Geschäften, Bars und Restaurants gelockert werden oder eine bundesweite Initiative zur Schaffung attraktiverer öffentlicher Plätze erfolgreich greift.

Wir werden im Folgenden drei Entwicklungen - soweit diese in der Lage sind, den Charakter des Konsums zu verändern - vorstellen, die nicht nur Momentaufnahmen sind, sondern in die weitere Zukunft hineinragen werden:

- der Wandel der persönlichen Werte,
- der Wandel der sozialen Strukturen und
- der Wandel durch technische Veränderungen, (denn in absehbarer Zukunft sind es vor allem die gesteigerten technischen Möglichkeiten, die im Zuge der modernen Informationstechnologie unsere Konsumlandschaft entscheidend beeinflussen werden).

Diese drei Wandlungstendenzen sind natürlich nicht völlig unabhängig voneinander zu sehen. Sie weisen aber eine besondere Eigendynamik auf, die jeweils eine gesonderte Betrachtung lohnt. Betrachten wir zunächst einige Facetten des Wertewandels, wobei uns bewusst bleiben sollte, dass der Wertewandel recht eng mit dem sozialen Strukturwandel einhergeht.

1. Zukunftsthese 1: Das Konsumverhalten wandelt sich

Der Wertewandel in unserer Gesellschaft hat entscheidende Auswirkungen auf den Konsumbereich.[2] Die Wertewandel-These geht auf den Politologen Ronald Inglehart zurück und besagt im Wesentlichen, dass sich besonders die jüngere Generation von solchen Zielvorstellungen abgekehrt hat, die an materielle Güter gebunden sind.[3] Diese postmaterialistische Orientierung sei dadurch entstanden, dass materielle Güter als Selbstverständlichkeit abgewertet werden. Man kann dies mit der eigenen Gesundheit vergleichen, die man nicht besonders schätzt, wenn es einem gut geht.

Die Abwertung materieller Güter als Selbstverständlichkeit war eine Zeit lang unter Sozialforschern umstritten, konnte jedoch in eingeschränkter Form empirisch ganz gut bestätigt werden.

Auch die Wertewandel-These insgesamt ist nicht unumstritten gewesen. Einige Sozialwissenschaftler haben die Existenz eines Wertewandels überhaupt bestritten. Andere Forscher haben wiederum kontrovers darüber diskutiert, ob der Wertewandel schon stattgefunden habe oder nach wie vor weiterwirke - ganz abgesehen von der Frage, ob der Wertewandel angesichts realer Einkommenseinbußen nicht schon wieder in die umgekehrte Richtung verlaufe.

Festzuhalten bleibt, dass der Wertewandel nicht von allen Bevölkerungsteilen und gesellschaftlichen Gruppierungen gleichermaßen vollzogen worden ist. Einige waren Vorreiter, an anderen ist er fast spurlos vorbeigegangen. Das Lebensalter allein spielt da oft nur eine untergeordnete Rolle. Vielmehr vollzieht sich der *Wertewandel in sozialen Milieus*, wie es das *Sinus*-Modell zeigt:[4]

Sinus-Milieus® in Gesamtdeutschland 2001

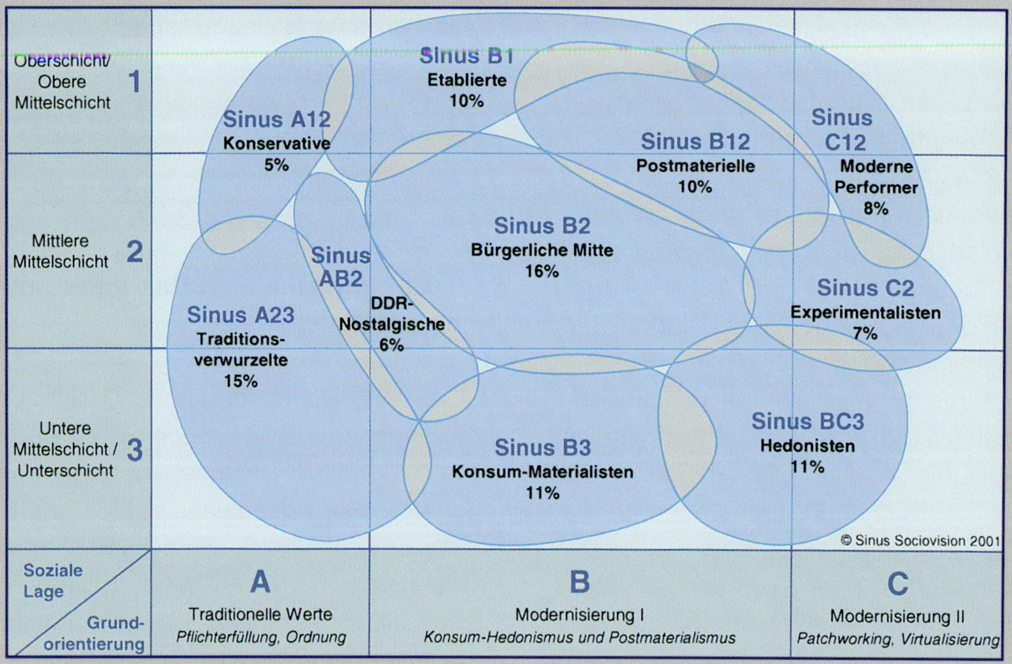

Die Sinus-Milieus dokumentieren die unterschiedlichen Ausprägungen des Wertewandels in Deutschland.

Das Sinus-Modell nimmt direkten Bezug zum Wertewandel, indem es sozialen Status und Wertorientierung in Beziehung zueinander setzt. Der soziale Status beruht auf den Merkmalen Ausbildung, Beruf und Einkommen, während sich die Werte als Kontinuum aufspannen zwischen traditionellem Pflicht- und Ordnungsstreben, Hedonismus und Postmaterialismus und neueren Orientierungen wie Patchworking und Virtualisierung.[5]

Bei den Sinus-Milieus handelt es sich um eine repräsentative Befragung der deutschen Bevölkerung, die - in mehrjährigen Abständen aktualisiert - einen guten Querschnitt für die Betrachtung der Ausprägungen des Wertewandels liefert. Allerdings steht dabei nicht explizit der langfristige Verlauf des Wandels im Blickpunkt. Für eine solch längsschnittliche Ermittlung der Werteverschiebungen in unserer Gesellschaft haben wir den ‚Trendsensor Konsum' entwickelt, der seit drei Jahren eingesetzt wird.[6] Mit dem ‚Trendsensor Konsum' ermittelten wir drei Haupttendenzen:[7]

- die Tendenz zur Hedonisierung
- die Tendenz zur Sublimierung
- die Tendenz zur Individualisierung

Von diesen drei Wertewandel-Tendenzen wird der Raum aufgespannt, in dem sich die gesellschaftlichen Konsumorientierungen vollziehen, wie das folgende Wertewürfel-Modell zeigt:

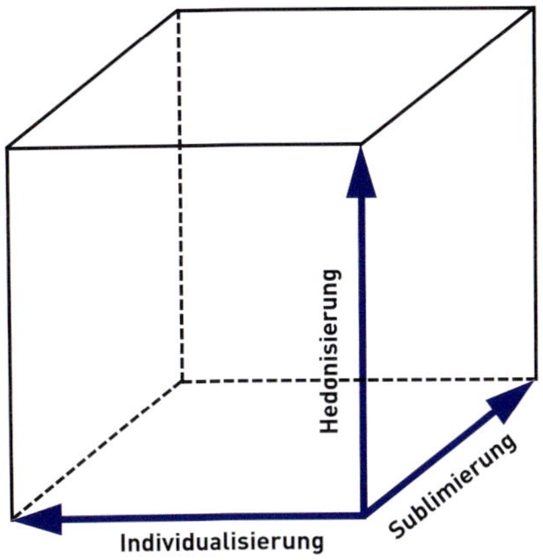

Die folgenden Ausführungen werden diesen Würfel mit ‚Leben' füllen, wobei wir auch auf die Bedeutung des Wertewandels für Gesellschaft, Marketing und Werbung näher eingehen.

1.1. Die Hedonismusthese

Die Hedonismusthese ist wissenschaftlich gut abgesichert. Der Wandel zum Hedonismus bedeutet, dass sich der zeitgenössische Konsum zunehmend in Richtung Erlebnis und Genuss bewegt.[8] Im Vordergrund steht dabei eine Orientierung am Hier und Jetzt: Güter werden danach beurteilt, in welcher Weise sie dazu beitragen, ein schönes und erlebnisreiches Leben zu realisieren.

Während in den 70er Jahren in der Gesellschaft noch ein moralisch ambivalenter Konflikt zwischen ‚Fun'-Orientierung und ‚puritanischen Fesseln' feststellbar war, löst sich diese Spannung mehr und mehr auf.[9] Die Ausprägung der Erlebnisorientierung variiert allerdings zwischen den einzelnen Milieus (siehe das obige Sinus-Modell) und ist naturgemäß auch altersabhängig.

Genuss- und Erlebnissuche im Konsum stehen dabei nach unseren Befunden nicht in direktem Gegensatz zu Vernunft und Verantwortung. Vielmehr zeigt sich, dass der behauptete Trend keineswegs als schrankenloser Hedonismus in Erscheinung tritt: Im Spannungsfeld zwischen hedonistischer Unbekümmertheit und Verantwortungsbewusstsein ist die zeittypische Konsumentenhaltung durch eine Genussmoral gekennzeichnet, die gleichermaßen kontrolliert wie dosiert ist.

Für die Werbung bedeutet dies, dass Werte wie ‚Freude', ‚Genießen', ‚Faulsein' und ‚Muße' positiv genutzt werden können, ohne dass ambivalente Reaktionen (wie z.B. etwaige Schuldgefühle) zu befürchten wären (wie die folgenden Werbe-Motive illustrieren mögen). Das ‚Erlebnis-Marketing' kann hier um die Dimension des ‚Genuss-Marketing' sinnvoll ergänzt werden.

Die hedonistische Suche nach Erlebnis und Genuss zählt zu den stärksten Wertewandel-Tendenzen unserer Gesellschaft, die Werbung auch ‚vorlebt', wie beim Ski-Abenteuer in der Audi-Werbung oder der Freude am Genießen des Jever-Mannes.

1.2 Die Sublimierungsthese

Sublimierung steht für das Bestreben des Konsumenten, sich nicht nur über den beruflichen Status und seine finanziellen Möglichkeiten vom Umfeld abzuheben, sondern ebenso durch einen Lebensstil, der durch Kennerschaft, Alltagsästhetik und Geschmack geprägt ist. Über den eigenen Lebensstil wird so die Zugehörigkeit zu bestimmten Gruppen oder Milieus signalisiert und symbolisiert. Diese Sensibilisierung für feine soziale Unterschiede ist nicht als Folge eines bestimmten sozialen Status zu sehen, sondern umgekehrt ergibt sich die Schichtzugehörigkeit erst in wachsendem Maße aus den jeweiligen Konsummustern.[10]

Da die Möglichkeit zur persönlichen Abhebung besonders im sozial sichtbaren Bereich vonstatten geht, hängt sie weniger mit dem Kaufverhalten als mit dem Verwendungsverhalten zusammen: Der feine Unterschied gegenüber den anderen entsteht weniger dadurch, dass ich zeige, was ich habe bzw. mir leisten kann, sondern vielmehr wie einzigartig ich damit vor den anderen auftreten kann und mich von ihnen abhebe.

Die Folge ist, dass das Wertsystem unserer Gesellschaft zunehmend mit Insignien des Konsums angereichert wird. Unsere Lebenswelt ist umzingelt von Produkten, Dienstleistungen, Werbesignalen und Angeboten. Die Güterwelt expandiert in Gebiete, die vordem nicht als konsumierbar galten: Medien, Aktienkurse, Sonnenstunden, Sexualität, Berggipfel, Politik, Information usw. Nahezu alles wird als Konsumgut auf dem Markt bereitgestellt - bis hinein in die Welt der Gefühle und des Erlebens. Dabei werden die Güter mit sozialer und psychischer Symbolik aufgeladen. Sie verwandeln sich zur dinglichen Hülle gesellschaftlicher Ambitionen und Mobilität, indem durch sie neue Ausdrucksmöglichkeiten und Lebensstile vermittelt werden können. Soziologen der Postmoderne sprechen angesichts dieser Verschmelzung von Konsum und Kultur auch von ‚Konsumkultur'.[11]

Die Sublimierung unserer Konsumgesellschaft erfordert eine ganz spezifische Kompetenz, nämlich die Kennerschaft, Konsumgüter alltagsästhetisch adäquat verwenden und nutzen zu können. Für die Werbung bedeutet dies, an diese Kennerschaft zu appellieren und das Gespür für feine Unterschiede zu betonen, also geschickt psychologische Differenzierung zu betreiben und Status über Differenzierung zu vermitteln.

Werbung zelebriert den kleinen, feinen Unterschied, der in der Gesellschaft gesucht wird, wie die Handtasche exklusiv für ‚Vamps' und der idyllische Parkplatz reserviert nur für BMW-Fahrer.

1.3 Die Individualisierungsthese

Das Individualisierungskonzept hat sowohl Bedeutung für die Veränderung sozialer Strukturen, auf die wir im nächsten Kapitel näher eingehen, als auch für den Wertewandel.[12] Im Konsumbereich wird Individualisierung häufig im Sinne des Egoismus interpretiert: ‚Egomanics' stellen die eigenen Interessen und Wünsche in den Vordergrund und nehmen auf Interessen der anderen oder der Gruppe (wie z.B. die Familie) wenig Rücksicht.

Wir wollen hier allerdings einer etwas anderen Sinngebung von Individualisierung folgen: Individualisierung entsteht dann, wenn Menschen einen individuell einzigartigen Konsumstil auf höchstem Niveau praktizieren wollen, aber durch ihr begrenztes Einkommen gezwungen sind, individuelle Akzente zu setzen. In meinem Streben nach Individualisierung leiste ich mir z.B. eine teure Stereoanlage, gebe aber kaum Geld für Kleidung aus. Oder ich leiste mir ein Ferienhaus, wohne aber zuhause in einer günstigen Mietwohnung. Diese Akzentsetzung ‚bedient' zwei Hauptmotive unseres Konsumentenverhaltens, nämlich die Möglichkeit, personale Identität *und* soziale Identität zu gewinnen: Ich kann mich also von den anderen abheben *und* weiß ebenso, zu welcher Statusgruppe ich gehöre.

Individualisierung tritt also dann auf, wenn Konsumenten auf Verringerungen ihres Budgets nicht proportional reagieren, indem sie entsprechend weniger ausgeben, sondern indem sie selektiv konsumieren: Das Budget wird so eingeteilt, dass man sich möglichst deutlich von anderen Personen abhebt, der eigene Konsum also eine individuelle Handschrift trägt. Es handelt sich hierbei um eine bereichsbildende Individualisierung.

Man spricht in diesem Zusammenhang vom *hybriden Konsumenten* unserer Tage, der in bestimmten Bereichen selektiven und partikularen Luxus zeigt und in anderen Bereichen kalkulierte Bescheidenheit und auch Nicht-Konsum als Akt demonstrativer Vernunft praktiziert.[13] Der ‚hybride' Verbraucher schafft so den Spagat zwischen allseits gestiegener Genussmoral und der notwendigen Einschränkung seiner Konsumausgaben.

Die bereichsbildende Individualisierung erklärt, weshalb sich der Wertewandel trotz restriktiver gewordenen Bedingungen (wie z.B. dem allgemeinen Rückgang des Realeinkommens) noch vollzieht. Das *Drei-Stadien-Modell der Wohlstandsgesellschaft* trägt diesem Umstand Rechnung und beschreibt die Entwicklung von Wertewandel und Wohlstandskonsum:[14]

- Am Anfang ist der Wohlstand noch neu, gehört also nicht zu den Selbstverständlichkeiten. Ein ständiger Begleiter ist da die Furcht, der Überfluss sei nicht von Dauer. So bleibt die Werteordnung überwiegend konservativ und traditionell geprägt.

- Die zweite Phase ist durch einen sprunghaften Optimismus gekennzeichnet. Werte wie Hedonismus, Erlebnisorientierung und Individualismus breiten sich aus und das Streben nach Selbstausdruck und Selbstverwirklichung stehen im Mittelpunkt.

- Die dritte Phase ist durch Grenzen des Wachstums und Einbrüche in der Einkommensentwicklung gekennzeichnet. Arbeitslosigkeit, die Senkung der Realeinkommen durch höhere steuerliche Belastungen und Einschränkungen von Sozialleistungen sind kennzeichnend für diese dritte Entwicklungsphase. Dennoch trotzt der eingetretene Wertewandel dieser neuen Entwicklung. Selbst der Zwang, materielle Ansprüche zurückschrauben zu müssen, lässt die Menschen ihre neuen Wertorientierungen nicht aufgeben. Im Gegenteil: Der Versuch, auch unter schwierigen Umständen diese veränderten Orientierungen beizubehalten und zu bewahren, ist eines der auffälligsten Kennzeichen des Wohlstandseffektes in dieser Phase. Und eine Möglichkeit, dies zu erreichen, ist das selektive ‚Abspecken' des Konsums, das man treffend mit dem Ausdruck ‚lean consumption' charakterisieren könnte.[15]

Hybrider Konsum: Luxuslimousine und Aldi-Einkauf

Die Werbung hat die Individualisierungstendenz längst aufgegriffen, indem sie dem Konsumenten nahe bringt, auf welche Weise der Konsum und die Verwendung von Produkten Status, Individualität, Einzigartigkeit und Unverwechselbarkeit verleihen. Werbung hat die Widersprüchlichkeiten des hybriden Verbraucherverhaltens erkannt und dieses ‚Sowohl-als-auch' der bereichsbildenden Individualisierung positiv aufgegriffen und betont.

Zusammenfassend lässt sich der Wandel der konsumrelevanten Werte in unserer Gesellschaft gut an den drei Tendenzen zur Hedonisierung, Sublimierung und Individualisierung festmachen. Die Zukunft unserer Konsumgesellschaft wird aber nicht nur durch den Wertewandel, sondern auch durch grundlegende strukturelle Veränderungen maßgeblich beeinflusst, wie es bereits bei der Individualisierungstendenz angeklungen ist.

2

2. Zukunftsthese 2: Der Strukturwandel beeinflusst den gesellschaftlichen Konsum

Ent-strukturierung, Ent-differenzierung, Ent-bettung, Ent-schichtung... Die meisten Soziologen stimmen darin überein, dass unsere Gesellschaft strukturelle Auflösungserscheinungen zeigt. Besonders wichtig sind hier breite gesellschaftliche Veränderungen hinsichtlich der Bedeutung von Familie, dem Geschlechterrollenwandel, der Aufweichung kultureller Identität, dem Wandel der Arbeit und der Altersentwicklung in Deutschland.

2.1 Der Wandel von Familie und Geschlechtsrollen - die neue ‚Unübersichtlichkeit'

Mit den gesellschaftlichen Auflösungserscheinungen geht eine wesentliche Veränderung des Verbraucherverhaltens einher: Der Verbraucher ist sowohl ‚Otto-Normalverbraucher' als auch ‚Markus-Möglich', d.h. ein und derselbe Verbraucher kann vielfältige Gestalt annehmen.[16] Mal ist er souveräner Käufer und Nutzenmaximierer, dann wieder Verschwender und impulsives Wesen. Sodann kann er Identitäts- und Erlebnissuchender wie auch Rebell und Hedonist sein.

Die Entwicklung zur Multioptionalität hat grundlegende Auswirkungen auf Kaufentscheidungen in der Familie und innerhalb der Geschlechterrollenverteilung: Die Konsummuster sind nicht mehr strikt nach männlichen und weiblichen Rollenbildern bzw. -stereotypen getrennt, wenn auch Restbestände alter Zuordnungen heute noch wirksam sind. So zeigt sich z.B. beim Kauf technischer Güter oder bei Geldanlage-Entscheidungen noch eine Dominanz des Mannes gegenüber der Frau. Ansonsten sind aber wechselnde Zuständigkeiten und relative Autonomie im Vormarsch, was zum Schlagwort der ‚Feminisierung der Konsumwelt' geführt hat. Die ‚neue Unübersichtlichkeit' des Konsumentenverhaltens nimmt im Gefüge von Vater-Mutter-Kind sogar noch zu. Vor allem in der Initiierungsphase wächst der Anteil der Kinder an den Konsumentscheidungen, so dass der Entscheidungsprozess oftmals eine bunte Mischung unterschiedlichster Zuständigkeiten und Präferenzen ist, die keinem erkennbaren Einheitsmuster folgen.

Die Multioptionalität des modernen Konsumenten macht es schwierig, mit den traditionellen Konzepten von Normen, Werten, Lebensstilen, Marktsegmenten usw. zu operieren, um damit die Strukturen des Konsumentenverhaltens zu erkennen. Entwicklungen wie die Ent-Standardisierung von Familien, die Pluralisierung der Lebensformen und die Verbreitung von nicht-familialen Haushaltstypen, wie es der dramatisch gestiegene Anteil der Single-Haushalte dokumentiert, lassen die soziale Einbettung in Familien-Kontexte für die konsumbezogene Betrachtung vernachlässigbar erscheinen. In gleichem Maße nimmt je nach situativem Kontext und Konsumbereich auch die Prägekraft konsumrelevanter Bezugspersonen und -gruppen ab, da die Bezugsinstanzen multioptional ausgewählt werden und somit ständig wechseln.

Aus wissenschaftlicher Sicht macht die allgemeine Ent-Standardisierung die älteren idealtypischen Lebenszyklus-Modelle zu einem erheblichen Teil überflüssig: Viele Lebenswege verlaufen nicht mehr gradlinig, sondern wechseln häufig sprunghaft, so dass auch neuere Versuche, diese Veränderungen in Lebenslaufmodelle einzubeziehen, den geänderten Bedingungen kaum noch gerecht werden. Für die Werbung bedeutet diese Entwicklung, dass rollenspezifische Werbeappelle zunehmend an Bedeutung verlieren werden. Gleichwohl bedeutet es auch eine Chance des Transfers über alle Rollen hinweg, da es keine Domänen und klaren Abgrenzungen mehr gibt.

2.2 Der Wandel der kulturellen Identität - die ‚glokalisierte' Gesellschaft

Die Werte der Traditionskultur und die Werte der Konsumkultur zählen zu den idealtypischen Grenzfällen: Auf der traditionellen Seite finden sich äußerste Strukturierung und Festlegung sowie Regelbewusstsein und soziale Einordnung, während Angehörige der Konsumkultur die Optionsvielfalt und Entstrukturierung nach dem Motto ‚no rules, only options' favorisieren.

Ansonsten aber konvergieren die Konsummuster, d.h. die Unterschiede in der Konsumgesellschaft erfahren eine immer stärkere Einebnung (Konvergenzthese). Das gilt zunächst für sämtliche subkulturellen Bereiche, wie etwa die immer geringer werdenden Konsumunterschiede zwischen Stadt- und Landbevölkerung, zwischen verschiedenen Altersgruppen oder zwischen männlichen und weiblichen Konsummustern. Dies alles läuft auf eine gewisse Beliebigkeit des Verhaltens und die Verwischung von Zuordnungen zu bestimmten Segmenten und Milieus hinaus.[17]

Unterstützt wird diese Entwicklung durch eine Auflösung der regionalen kulturellen Identitäten, was der Soziologe Mike Featherstone vor allem auf die wirtschaftliche ‚Kolonialisierung' bzw. ‚Amerikanisierung' durch die zunehmende Verbreitung amerikanischer Modegewohnheiten und Jugendkultur zurückführt (wobei manche dieser Konsumgüter auch eine befreiende Botschaft verheißen können, z.B. Jeans, Rockmusik und Hollywood-Filme.)[18] Die Grundthese lautet dabei, dass die internationalen Marketing- und Absatzstrategien im Rahmen der Globalisierung universalisierend wirken, so dass es zur so genannten ‚McDonaldisierung' kommt. (*Diese These diskutiert auch Ingomar Kloss in seinem Beitrag.*)

Allerdings sind Zweifel an dieser Globalisierungsthese angebracht, sofern darunter wachsende Verwestlichung und zunehmend unilinear geprägte Konsummuster verstanden werden. Vielmehr gewinnt man den Eindruck, dass die Ausbreitung globaler Konsummuster eher äußerlich-formaler Natur ist und demgegenüber die subjektiven Inhalte von Lebensstilen und Lebenszielen ganz unterschiedliche Dimensionen aufweisen: So wird es trotz ähnlicher Ausstattung und Kaufverhalten bei den Konsumenten entscheidende Unterschiede hinsichtlich der Funktionalität, Motivation und kulturellen Bedeutungszusammenhänge geben, die einer weltweit konsumgeprägten Unifikation entgegenwirken.

Mehr noch: Die Rückkehr zur Lokalisierung wird sichtbar, so dass noch keineswegs von einer gegenwärtigen Auflösung interkultureller Differenzierung gesprochen werden kann. Die Globalisierung scheint vielmehr Universalismus und Partikularismus gleichzeitig zu fördern, die sich beide parallel in der Gesellschaft zeigen: Auf der einen Seite stehen Neue Medien, *McDonald's* und Blue Jeans, während sich auf der anderen Seite die Rückbesinnung auf Lokales, Provinzielles und Hausgemachtes finden lassen.

Es handelt sich also um eine Art Doppelbewegung in der Konsumgesellschaft, die der Soziologe Robert Robertson in einer Wortverbindung von

Globalisierung und Lokalisierung als ‚Glokalisierung' charakterisiert hat.[19] Die hybriden Verbraucher einer ent-strukturierten Konsumgesellschaft lassen sich in ihren globalen und gleichzeitig lokalen Orientierungen durch die Konvergenzthese allein jedenfalls nicht angemessen beschreiben.

Glokalisierung: Trachtenkostüm, Hamburger und Coca Cola sind heute nicht mehr unvereinbar.

Die Glokalisierung bedeutet für Marketing und Werbung, dass es ‚Einheitsprodukte' für globale Märkte zwar geben wird, wofür *Coca Cola* oder *McDonald's*-Hamburger sicherlich bezeichnende Beispiele sind. Dabei sind jedoch lokale, regionale und nationale Besonderheiten zu beachten, in denen subtile Formen der Marktsegmentierung Platz greifen, für die das Marketing erhebliche Sensibilität zu entwickeln hat.

2.3 Der Wandel der Arbeit - der Prosument

Ökonomen bemerken bereits seit längerem eine Verwischung zwischen Produktion und Konsum und versuchen, diesem Sachverhalt durch ‚neue' Konsumtheorien (home-economics) Rechnung zu tragen. Der bekannte Zukunftsforscher Alvin Toffler hat das Wort vom ‚Prosumenten' geprägt:[20] Das ist ein Konsument, der seine Rolle nicht mehr passiv wahrnimmt, sondern gestaltend und produktiv im wirtschaftlichen Prozess mitwirkt und dabei auch seine kreativen und schöpferischen Komponenten einbringt.

Dieses ‚Reich' informeller Arbeit hat mit der Do-it-your-self-Welle begonnen - zunächst als ‚Not' gegenüber immer teurer werdenden Dienstleistungen und später als Chance der Selbstgestaltung. Hier werden Handlungsräume erschlossen, die dem formellen Arbeitsbereich mit seinen ausgeprägten Komponenten der Fremdkontrolle längst verlorengegangen sind. Es geht dabei um neue Spielräume bei der Selbstentfaltung und Selbstdarstellung. Es geht um Sinnerfüllung durch Arbeit - aber eben einer Art Arbeit, die freiwillig ist und autonome Gestaltung zulässt.

Andererseits wird der private Bereich zunehmend auch zum Austragungsort verschiedener Verpflichtungen und Dienstleistungen, wie z.B. Arztbesuche, Behördengänge, Pflegetätigkeiten, Hilfe bei Schulaufgaben oder dem Zusammenbau von Geräten, für die der Markt kein angemessenes Äquivalent zur Verfügung stellt. Die Freizeitforschung hat allerdings aufgezeigt, dass diese Gestaltungsräume zunehmend wieder verschüttet werden.[21]

Der Wandel des Konsumenten zum Prosumenten bedeutet für Marketing und Werbung, dass aktive Formen des Konsumierens in den Vordergrund rücken: Produkte erhalten ein neues Wertgewicht - je nach ihrer Eignung zur Produktivität und Kreativität. Man denke nur an das erfolgreiche Heimwerker-Konzept von Baumärkten. Andererseits sind einer solchen Kreativität enge zeitliche Grenzen gesetzt, so dass ‚Prosuming' oft nur außerhalb des Berufs bzw. erst nach dem Ausstieg aus dem Berufsleben entsprechend ausgelebt werden kann. Das macht neben den nicht-berufstätigen Frauen die große Zielgruppe der ‚neuen Alten' interessant, auf die wir im Folgenden eingehen wollen.

2.4 Der Wandel der Altersstrukturen - die ‚neuen Alten'

Eine weitere wichtige strukturelle Veränderung in unserer Konsumgesellschaft ist mit dem künftigen Altwerden und Altsein verbunden: Der Anteil älterer Menschen an der deutschen Gesamtbevölkerung steigt, während die Geburtenrate sinkt. So wird bereits im Jahr 2010 der Anteil der über 60-Jährigen in Deutschland mehr als 25 Prozent betragen und damit eine zunehmend bedeutsame Bevölkerungsgruppe darstellen.

Menschen über 60 werden immer reicher. Obgleich es immer noch so etwas wie Altersarmut gibt, handelt es sich doch insgesamt um die reichste aller Zielgruppen. So verfügen die 55- bis 69-Jährigen über eine Kaufkraft von 7,7 Mrd. Euro im Monat.[22] Menschen über 60 fühlen sich immer besser, sind zufriedener als früher und ihre Selbstwahrnehmung zeigt, dass sie psychologisch immer jünger werden. So empfinden sich Menschen ab 66 Jahren im Schnitt 10 Jahre jünger, als sie es tatsächlich sind. 'Alt' ist man ihrer Meinung nach erst ab 74,5 Jahre.[23] Selbst der Ausdruck ‚Senior' ist oft ein Reizwort, wie der Marktforscher Kai Schiwy kürzlich angemerkt hat.[24] Insbesondere die ‚neuen Alten' grenzen sich von den ‚Senioren' ab. Denn ‚Senioren' werden als altertümlich und unmodern angesehen, und so ist man nicht und will es auch nicht sein. Es gibt, so Schiwy, kein höheres Prinzip, als den Senioren als Normalkonsumenten zu sehen. Das Seniorenmarketing ist also gut beraten, die Frage nach altersspezifischen Produkten in den Hintergrund zu stellen, denn typische ‚Alten-Produkte' haben in den Augen der ‚neuen Alten' wenig Aussicht auf Erfolg.

Die ‚jungen Alten' haben nichts mehr mit den ‚Senioren' von einst gemeinsam.

Was folgt daraus? Neue Segmentierungen werden nötig. Menschen, die ausschließlich über 60 sind, gibt es nicht mehr. Kategorien wie 50+, 65+ oder 80+ werden realistisch. Darüber hinaus ist festzuhalten, dass der Anteil an Single-Haushalten stetig wachsen wird. Diese werden vor allem von Frauen unterhalten, die zwei Drittel der älteren Menschen ausmachen und bei den Hochaltrigen ist dieser Unterschied sogar noch größer.[25]

Die Entdeckung des Seniorenmarktes mit seinen vielfältigen Möglichkeiten bewirkt, dass Senioren

3

aus dem Schatten des Marktes heraustreten. Diese Entwicklung könnte den Jugend-Kult in der Werbung ablösen, indem nicht mehr primär auf Jugend sondern auf ‚Jugendlichkeit' gesetzt wird. Diese Erkenntnis muss sich in der Werbung allerdings erst noch durchsetzen - zumindest aus Sicht der 'neuen Alten', von denen mehr als 30 Prozent der Aussage zustimmten: *„Werber wissen oft nicht, worum es uns reiferen Menschen geht."*[26]

2.5 Fazit zum Werte- und Strukturwandel der Konsumgesellschaft

Die Pluralisierung der Lebens- und Konsumstile sowie die zunehmende Ablösung von vormals ‚zwingenden' sozial-ökonomischen Lebenslagen verhindern, dass wir künftig noch über strukturell eindeutige Segmentierungen des Marktes verfügen werden. Einstige Zielgruppen zerfasern in unzählige Milieus, Szenen oder Life-Style-Segmente mit jeweils unterschiedlicher Subkultur und Differenziertheit. Featherstone sieht hier das ‚Ende der Marktsegmentierung', eine Vision, die an die ‚kollektiv-individualisierte Existenzweise' erinnert, die der Soziologe Beck propagiert hat.[27]

Dies ist für das Marketing nun keine sehr ermutigende Perspektive. Vielleicht spricht auch einiges dafür, dass diese neuen Entwicklungen nicht eine völlige Ent-Strukturierung der Konsumgesellschaft bedeuten, sondern nur eine Neu-Strukturierung auf einem komplexeren Niveau bewirken. Aber: Es heißt, von konventionellen Formen soziodemographischer Marktsegmentierung Abschied zu nehmen und sich an subtileren Formen psychographischer Segmentierung wie Lebensstilen, Einstellungen, Interessen, Motiven und Persönlichkeitsstrukturen zu orientieren.

3. Zukunftsthese 3: Das Konsumverhalten wandelt sich durch E-Commerce

Mit Einführung der Neuen Medien und insbesondere interaktiver Kommunikationstechniken entwickelt sich ein neues Konsumverhalten, das mindestens das Kaufverhalten bestimmter Kundensegmente bei bestimmten Produktgruppen beeinflussen wird, möglicherweise aber auch das gesamte Konsumverhalten revolutionieren kann. Wir wollen zur Einschätzung der künftigen Wichtigkeit der Neuen Medien für den gesellschaftlichen Konsum deren wesentliche Wirtschaftsplattform - den E-Commerce - näher betrachten.

Was ist E-Commerce? Die meisten Leser werden in Form von Home-Banking, Electronic Shopping, Internet-Auktionen, Interaktiver Werbung u.ä. schon selbst Erfahrungen mit den Möglichkeiten des E-Commerce gesammelt haben. Weitere Realisationen sind gegenwärtig in der Entwicklung wie z.B. Video-On-Demand, dürften aber eher erste, noch vorläufige Konkretisierungen neuer Marktformen als ein vollständiger Katalog sein.[28]

Home-Shopping: E-Commerce bringt den Marktplatz ins Internet – bereits heute lässt sich frisches Gemüse problemlos im Internet bestellen. Der virtuelle Einkauf wird auf Wunsch nach Hause oder zur Arbeit geliefert.

Unter E-Commerce wird allgemein ein breites Spektrum an wirtschaftlichen Tauschprozessen verstanden, deren Anbahnung, Aushandlung und Abwicklung weitestgehend elektronisch erfolgt. Solche Tauschprozesse können im Prinzip zwischen beliebigen Koalitionspartnern erfolgen: Business-to-Business, Business-to-Administration, Consumer-to-Administration oder Business-to-Consumer. In unserem Zusammenhang ist in erster Linie der Bereich Business-to-Consumer von Bedeutung. Dabei werden als wesentliche Merkmale des Marktgeschehens gesehen:

- Konzentration auf homogene Güter mit klarer Spezifizierung (Bücher, Hardware, Flugtickets),
- Geschäftsanbahnung, ausgehend vom Angebot (Vertriebsorientierung),
- Statik von Preisen ohne Verhandlungssituation (Shop-Lösung),
- direkte Informationsbeziehung zwischen Anbieter und Nachfrage.

Von welchen Faktoren hängt nun der Erfolg der E-Commerce-Realisationen beim Konsumenten bzw. Nutzer ab? Schauen wir uns zunächst die dafür relevanten Einflussgrößen an:[29]

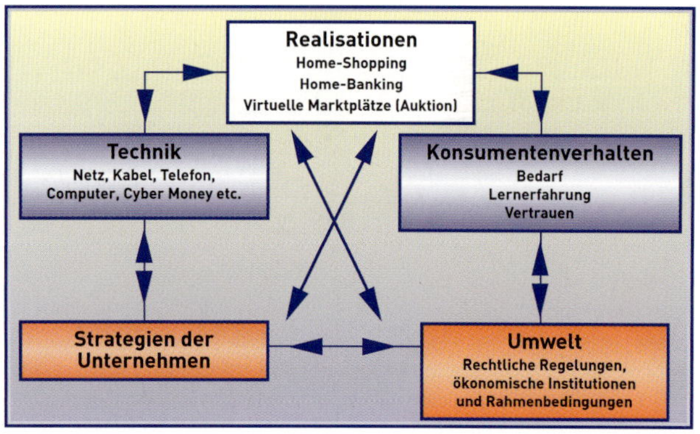

Einflussfaktoren für den Erfolg von E-Commerce-Realisationen

Für den Erfolg des E-Commerce dürften v.a. der Einfluss der Technik und des Konsumentenverhaltens ausschlaggebend sein, die gemeinsam als relativ autonome Faktoren die Realisationen bestimmen.[30] Demgegenüber sind rechtliche und ökonomische Umweltfaktoren eher Barrieren. Auch die erforderlichen Marktstrategien der Unternehmen sind eher als Interventionsmaßnahmen zu sehen, die sich den Marktbedingungen anpassen müssen und nur in geringerem Maße die Realisationen des E-Commerce gestalten können.

Die künftige Entwicklung wird besonders vom Bedarf und der Lernbereitschaft der Konsumenten einerseits und von den technologischen Entwicklungen andererseits abhängen: Aus psychologischer Sicht ist das Zusammenpassen von Technik und Konsumentenbedürfnissen von großer Bedeutung, weil die Interpretation der Situation durch den Konsumenten maßgeblich den Grad seines Nutzungs- und Kaufverhaltens beeinflusst. *E-Commerce-Realisationen sollten Attraktivität, Vertrautheit und Transparenz vermitteln, um ein angemessenes Vertrauensverhältnis zu ermöglichen!*

Die *Attraktivität* der Realisation wird durch die Leistungsfähigkeit der Technik beeinflusst: Virtuelle Kaufhäuser, in denen sich Kunden bewegen und die in hoher Auflösung und vielen Farben gezeigt werden oder interaktive Kommunikation mit gleichzeitiger Verfilmung des Partners (Video-Konferenz), setzen eine erheblich höhere Leistungsfähigkeit der Technik voraus als schlichte Internet-Kaufkataloge.

Darüber hinaus hat E-Commerce mit den üblichen Lernerfahrungen der Konsumenten zu kämpfen: So führt die mangelnde *Vertrautheit* mit den Endgeräten zu typischen Akzeptanz-Widerständen.

Die Gewöhnung an neue Verkaufswege wie dem E-Commerce stellt zunächst eine erhebliche Lernleistung dar, die zumindest in der Anfangsphase technisch versierte Zielgruppen privilegiert und andere ausschließt. Eine leistungsfähigere Technik erlaubt hier eine einfachere und intuitivere Nutzung, so dass die Akzeptanzschwelle eher sinken als steigen dürfte. Immer breitere Bevölkerungskreise sammeln Erfahrungen mit dem Netz - ob in Schule, Beruf oder Freizeit. Man wird also von einem steigenden Lerntransfer in den Bereich des Konsumverhaltens ausgehen können.

Das Kriterium der *Transparenz* ist - vor allem aus Konsumentensicht - besonders bedeutsam, wie auch das folgende Zitat aus dem Wirtschaftsblatt *The Economist* verdeutlicht: *„The promised land (...) is one of more transparency, greater efficiency and, yes, higher productivity."*[31] Verschiedene Autoren erwarten, dass das Internet durch Erhöhung der Transparenz langfristig weltweit einen ‚fast vollständigen Markt' ermöglichen wird. Die für den Konsummarkt derzeit noch typischen Informations-Asymmetrien zu Ungunsten des Kunden würden dann der Vergangenheit angehören. Der Endverbraucher sollte sich unmittelbar und umfassend über das Angebot eines Produzenten (und natürlich dessen Konkurrenten) informieren können und gleichzeitig eine schnelle Bestellung von Produkten rechtskräftig tätigen, ohne einen Händler als Zwischenstufe einschalten zu müssen.

- So gehen z.B. Reiseveranstalter wie die *LTU* zunehmend dazu über, ihre Leistungsangebote und erforderlichen Reiseinformationen mit geringem Aufwand ins Internet zu stellen und damit einer großen Zahl potentieller Kunden online verfügbar zu machen - bis hin zur Buchung des Fluges oder einer Reise, die den Gang ins Reisebüro überflüssig werden lässt. Darüber hinaus können etwa auf Websites mit Lastminute-Angeboten auch die Angebote der Konkurrenz für den einfachen Preis-Leistungs-Vergleich geprüft werden.

  Aber auch die Hersteller können von der Transparenz des Internets profitieren: So können sie durch neue Formen des Direktmarketing engere Beziehungen zum Kunden aufbauen und Geschäfte durch Umgehung der unterschiedlichen Handelsstufen schneller und kostengünstiger abschließen. Dem Produzenten ermöglicht die direkte und sparsame Kommunikation zwischen beiden Seiten ein unmittelbares Erkennen der Bedürfnisse und Erwartungen der Kunden. So denken z.B. Autohersteller über die Möglichkeit nach, Kunden über das Internet die direkte Bestellung ihres ‚ganz individuell zusammengestellten Autos' zu bieten, das dann sofort nach Eingang der Bestellung in Arbeit genommen und wenige Tage später ausgeliefert werden kann. Bei *Volkswagen* geht man gegenwärtig davon aus, dass sich in den nächsten Jahren bereits ca. 20 Prozent der Fahrzeuge über das Internet vermitteln lassen. Ein solches Vorgehen steht in vollständigem Kontrast zur lange Zeit üblichen Produktion einheitlicher Typen mit wenigen Ausstattungsvarianten, die in Zeiten geringer Nachfrage notfalls auf Halde produziert wurden und hinterher nur mit erheblichen Preisnachlässen verkauft werden konnten. In diesem Fall ginge die Erhöhung von Transparenz mit der Senkung von Koordinationskosten einher. Der Zwischenhandel wird allerdings bei dieser Entwicklung aller Voraussicht nach schrumpfen.

Eng mit der Transparenz verknüpft, ist die Notwendigkeit für den Konsumenten, den Austauschprozess kontrollieren zu können. Aus der Analyse der interpersonalen Kommunikation wissen wir, dass die *laufende Kontrolle* des Interaktionsprozesses für die Beteiligten ein zentrales Anliegen und Voraussetzung für die *Vertrauensbildung* ist. Bei Face-to-Face-Interaktionen wird eine solche Kontrolle v.a. über die Beobachtung der Mimik und Gestik geleistet. Entsprechend gilt es, vergleichbare Kontrollmöglichkeiten auch bei der medienvermittelten Kommunikation zu realisieren, um ein angemessenes Vertrauen zu erreichen.

Gegenwärtig sind die nötigen Regulierungen der elektronisch angebahnten Austauschbeziehung allerdings noch wenig ausgereift, was auf der psychologischen Ebene zunächst eine größere subjektive Unverbindlichkeit (niedrigeres Commitment) mit sich bringt als bei einer persönlich angebahnten Kaufsituation (face-to-face). Ein besonderes Hindernis stellt das mangelnde Vertrauen in die Sicherheit der Zahlungssysteme dar, welches sich bei 73 Prozent der Nutzer finden lässt.[32] Dies unterstreicht die zentrale Bedeutung der Entwicklung eines vertrauenswürdigen Cyber Moneys. Die rechtlichen Rahmenbedingungen stehen hier offenkundig erst am Anfang, wobei die Problematik darin besteht, eine rechtlich verbindliche Gestaltung der Kaufsituation zu erreichen. Das Beispiel der Online-Auktionen mag die Schwierigkeiten einer guten Regelung verdeutlichen:

- Im Jahre 1999 sind bei der Federal Trade Commission (FTC) 11.000 Beschwerden wegen nicht-regulärer Deals bei elektronischen Auktionshäusern eingegangen:[33] Verschiedentlich werden keine Waren geliefert oder falsche oder gefälschte Markenprodukte verkauft oder Verkaufsangebote nach Zuschlag noch mit weiteren Vorbehalten versehen. Auch renommierte Anbieter wie das Auktionshaus *eBay* sind nicht gegen solche Praktiken gefeit. Die großen Auktionshäuser installieren mittlerweile interne Prüfroutinen, die die Verkaufsangebote auf Schlagworte wie Waffen, Drogen etc. durchforsten. Gründe für diese Situation mögen die größere Anonymität und Unverbindlichkeit der Geschäftsbeziehungen oder auch die bislang geringere Regelungsdichte im E-Commerce sein.

Attraktivität, Vertrautheit, Transparenz und Kontrolle sind für den Aufbau eines angemessenen Vertrauensverhältnisses im E-Commerce unabdingbare Voraussetzungen für eine hohe Nutzungsintensität der Konsumenten. Um dabei nicht nur kurzfristige Erfolge zu feiern, muss im E-Commerce auch langfristig auf eine hohe Kundenbindung abgezielt werden. Vor welchen Problemen E-Commerce hierbei steht und welche Ansätze und Strategien zur erfolgreichen Online-Kundenbindung es gibt, wollen wir im Folgenden näher erläutern.

3.1 Erfolgreiche Kundenbindung im E-Commerce

Kundenbindung zu erzielen, stellt sich im Internet als besonders problematisch dar. Dass ein Erstkunde in Zukunft häufiger oder gar regelmäßig bei einem bestimmten Verkäufer kauft, stellt schon die ‚Old Economy' vor große Aufgaben. Dort wird eine starke Kundenbindung als typisch für Fachgeschäfte angesehen, wo der Kunde eine ausführliche Fachberatung erwarten darf, auf die er immer gerne zurückgreift, wenn er Probleme in diesem Produktbereich hat. Eine große Rolle spielt dabei natürlich die persönliche Face-to-Face-Kommunikation mit dem Fachberater.

Beim E-Commerce tritt nun an die Stelle der persönlichen Interaktion die medienvermittelte Kommunikation, mit der eine hohe Kundenbindung erreicht werden muss. Gegenüber der realen Kaufsituation im Kaufhaus kann das Internet hier nur eine sozial stark verarmte Situation bieten. Um eine hohen Kundenbindung im E-Commerce zu erreichen, gilt es, diesen grundsätzlichen Nachteil auszugleichen. Strategien der Kundenbindung versuchen, die Dauer der Austauschhandlungen prinzipiell zu erhöhen bzw. zu stabilisieren.[34] Allerdings werden die Möglichkeiten einer erfolgreichen medialen Kundenbindung recht unterschiedlich bewertet - je nach theoretischem Ansatz:[35]

1. Das *Modell der ‚Kanalreduktion'* geht davon aus, dass Kommunikation generell dann am besten gelingt, wenn die Medien möglichst alle Kommunikationskanäle zur Verfügung stellen, die auch in der natürlichen Face-to-Face-Situation gegeben sind, also sowohl optische, als auch akustische und u.U. sogar haptische Reize. Insbesondere die textbasierte Telekommunikation (E-Mail) wird nach diesem Modell als ent-sinnlicht, ent-emotionalisiert bzw. entkontextualisiert bezeichnet. Da computerbasierte Kommunikation über weite Entfernungen stattfinden und zu völlig unterschiedlichen Zeitpunkten versendet und rezipiert werden kann, wird zudem von Ent-Räumlichung und Ent-Zeitlichung gesprochen.

   Allerdings ist dieses ‚Defizit-Modell' der Medien-Kommunikation für eine angemessene Analyse nur beschränkt geeignet, da die Bewertung des jeweiligen Kommunikationskanals z.B. sehr stark abhängig von den Zielsetzungen und Fertigkeiten der Kommunizierenden im Umgang mit dem Medium ist. Computer-Freaks reichen die optischen, einkanaligen Reize des E-Mail-Verkehrs z.B. vollkommen aus und gerade bei persönlich interessanten oder wichtigen Nachrichten werden sie dieses Medium sehr schätzen und entsprechend wenige Einbußen bei der Kommunikation empfinden.

2. Das *Modell des ‚Herausfilterns sozialer Hinweisreize'* bewertet die unbestreitbare Reduktion der kommunikativen Reize durch elektronische Medien nicht ausschließlich negativ. Unter bestimmten Umständen kann eine Verminderung der Reizübermittlung auch durchaus eine sinnvolle ‚Ent-Kontextualisierung' sein. So können z.B. stark verminderte Informationen über den psychosozialen Hintergrund des Gegenübers (Alter, Aussehen, Bildung, Vermögen etc.) bei einer rein aufgabenbezogenen bzw. dienstlichen Kommunikation als hilfreich und nützlich betrachtet werden.

   Aufgrund der weitgehenden Anonymität oder Pseudonymität werden zwar die für die Face-to-Face-Interaktion typischen sozialen Wahrnehmungs-, Kontroll- und Konformitätsprozesse stark beeinträchtigt, allerdings kann dies völlig unterschiedliche Konsequenzen haben: Es kann einerseits (im Sinne einer wünschenswerten Enthemmung) zu erhöhter Offenheit, Ehrlichkeit und Freundlichkeit kommen oder aber zu verstärkter Feindlichkeit und antisozialem Verhalten. (Die gehäuft zu beobachtenden Vandalismen, wie z.B. der Beschuss kommerzieller Internet-Plätze mit großen Datenmengen, oder auch Betrugsfälle, die gegenwärtig noch kaum in den Griff zu bekommen sind, mögen auf diese Ent-Kontextualisierung zurückgehen.[36] Man wird rechtliche Flankierungen entwickeln müssen, die in der Lage sind, den medial bedingten Kontrollverlust im Vergleich zur Face-to-Face-Situation auszugleichen.)

3. Der *Ansatz der ‚Rationalen Medienwahl'* akzeptiert, dass man über technisch vermittelte Kommunikation weniger soziale Präsenz und mediale Reichhaltigkeit erreichen kann. Gegenüber der Face-to-Face-Situation eignet sich die mediale Kommunikation eben weniger zur Übermittlung mehrdeutiger Botschaften oder von Gefühlen der Geselligkeit und persönlichen

Zuwendung. Doch in manchen Situationen, wie z.B. einer Buchbestellung im Internet, sind weder soziale Präsenz noch mediale Reichhaltigkeit gefordert. In solchen Fällen ist die technisch vermittelte Kommunikation der Situation vollständig angemessen - auch im Hinblick auf Kosten-Nutzen-Erwägungen. Zudem weisen v.a. E-Mails gegenüber der Face-to-Face-Kommunikation spezifische Vorteile auf: So können etwa frühere Botschaften erneut gesichtet (Reviewability) und/oder vor ihrer Weitergabe überarbeitet werden (Revisibility). Die Auswirkungen einer geringeren ,Media-Richness' werden insbesondere durch die Bedienungskompetenz (Lernerfahrung) beeinflusst:[37] Geübte E-Mail-Verwender bewerten E-Mails gegenüber ungeübten Nutzern als reichhaltiger, denn sie können gut und schnell tippen und verwenden häufig ,Emoticons' und Akronyme als gruppenspezifische Sprache.[38]

Auswahl an Akronymen und Smileys (Emoticons)

bb	bye bye	:-)	Standard-Smiley
GuK	Gruß und Kuss	;-)	augenzwinkern
jon	jetzt oder nie	:-(	traurig
kgw	komme gleich wieder	:->	sarkastisch
kK	kein Kommentar	:-c	ganz traurig
mfG	mit freundlichen Grüßen	:*)	betrunken
nn	nichts Neues	I-)	gelangweilt
ZK	zum Kotzen	:-o	schockiert
zZ	zur Zeit	:@	Was?!
2d	to delete	:-f	grinsend
4e	forever	>-	weiblich
b4	before	:-	männlich
bbl	be back later	:)	glücklich
btw	by the way	:-D	lachend
cu	see you	8-O	Oh, mein Gott!
dk	don't know	:-&	sprachlos sein
F2F	face to face	:-/	unentschlossen
hand	have a nice day	8-)	Brillenträger
mg	many greetings	>:-)	Dummkopf
nc	no comment	(@@)	Du machst Witze!
o4u	only for you	#:-)	Oh, nein!
sc	stay cool	:-x	Kuss
t+	think positiv	:-X	dicker Kuss
tt	till tomorrow	>:-<	verärgert
tuvm	thank you very much	:-P	schreiend

Aus Sicht der ,rationalen Medienwahl' dürfte der Verkauf von Standardprodukten zu festen Preisen über den E-Commerce zunehmen, da verschiedene Angebote miteinander in kürzester Zeit verglichen werden können. Dagegen erscheint E-Commerce für Verkaufssituationen, die eine persönliche Beratung und Betreuung des Kunden erfordern, derzeit noch wenig vielversprechend. Diese Einschränkung dürfte allerdings nur für besonders komplexe und/ oder ausnehmend teure Produkte zutreffen, für die der Kunde eine persönliche Beratung wünscht.

4. Eine noch optimistischere Erwartung für die Entwicklung des E-Commerce lässt sich mit der *Theorie der sozialen Präsenz* und insbesondere dem *Ansatz der Parasozialen Interaktion* formulieren.[39] Danach dürfte das ständige Bemühen um Annäherung der virtuellen Medienwelten an die tatsächlich erfahrbare Alltagswelt insoweit erfolgreich sein, wie die Betrachter zunehmend involviert werden und sich so verhalten können, als ob diese virtuellen Fiktionen Realität wären. Denn aus der Medienwirkungsforschung ist bekannt, dass viele Fernsehzuschauer die TV-Akteure tatsächlich ,wie gute Freunde für sich' empfinden. Dies ist auch dann der Fall, wenn die Beobachter von Filmen oder Internet-Auftritten auf Befragen hin völlig korrekt die Medienumwelt beschreiben können - sich also der Virtualität des Erlebten bewusst sind.

Über die virtuelle Vermittlung realer Erlebniswelten wird darum versucht, auch im ,sozial verarmten' Internet Kundenbindungen aufzubauen. Solche Strategien werden mit Schlagworten wie ,Kundenorientierung durch Shop-Realität im Internet', ,Relationship-Management', ,Aftersales-Communication and Profiling' oder ,One-to-One-Marketing' umschrieben. Dabei wird versucht, das konkrete Kauferleben im Kaufhaus zum einen durch die graphische Verbesserung der Bildoberfläche zu imitieren und andererseits durch wiederholte und individualisierte Kontaktaufnahme die Bindung zu erhöhen. Namhafte Protagonisten des E-Commerce sind sogar der Überzeugung, dass die Berücksichtigung gruppenpsychologischer Faktoren möglich sein wird und dann dem E-Commerce zum vollständigen Durchbruch verhilft. Gegenwärtig wird dabei noch an Gruppenbestellungen gedacht, bei denen sich potentielle Käufer eines bestimmten Produktes zusammenschließen, um bei dem günstigsten Anbieter einen Mengenrabatt zu erzielen, wie es bereits bei dem Online-Auktionshaus *eBay* möglich ist. Dabei ist natürlich die vorherige Bekanntschaft (soziale Vernetzung) unter den potentiellen Käufern ein günstiger Ausgangspunkt, jedoch keine notwendige Bedingung.

Des Weiteren wird daran gearbeitet, auch die sozialen Charakteristika der Kaufsituation weitgehend zu simulieren, in dem man in Kaufhäusern andere virtuelle Kunden auftreten lässt, die von dem potentiellen Käufer bei ihrem Kaufverhalten beobachtet werden können. Deren Verhalten kann bzw. soll für die tatsächlichen Internet-Kunden als Vorbild (soziales Rollenmodell) wirken bzw. durch einfache Konformitätsprozesse zum Kaufverhalten animieren.

Interessant ist auch das Online-Konzept des Berliner *Sony Style Store*, bei dem auf den Internet-Besucher möglichst viel Shop-Realität wartet. Beim virtuellen Rundgang im *Sony Style Store* kann man durch jede einzelne Etage schlendern, indem man per Maus-Click ein Stockwerk des Gebäudemodells auswählt (links oben in der Graphik) und anschließend einen der Standorte auf dem Lageplan darunter einnehmen kann. Von dem gewählten Standpunkt aus, ist es möglich, sich mittels einer Kamera um 360 Grad in dem Store zu drehen und sich alles anzusehen, als stünde man wirklich im Verkaufsraum von *Sony*:[40]

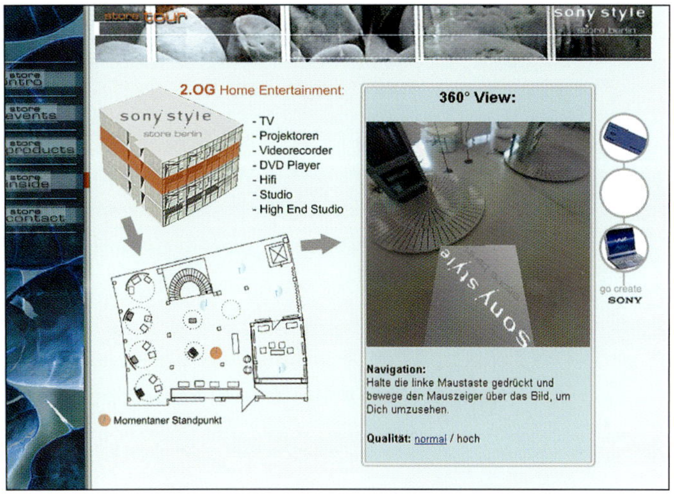

Im virtuellen Kaufhaus kann man einen Einkaufsbummel machen und neben einer ‚Verschnaufpause' im Café noch eine Kunstausstellung (Kultur) besuchen.[41]

5. Die systematischste Steigerung des Managements der Kundenbeziehung verfolgt der *Ansatz des kundenorientierten Wissensmanagements*. Ziel ist dabei, den richtigen Kunden für bestimmte Artikel adäquat anzusprechen und zu verhindern, dass er zur Konkurrenz abwandert. Dies setzt voraus, dass die Anbieter ausreichend Informationen über den Kunden besitzen, was entsprechend fundierte Analysen auf der Basis von Wissensmanagementsystemen notwendig macht. ‚Nur wer seine Kunden kennt, kann sie richtig bedienen', lautet der Leitspruch des Managements der Kundenbeziehung.

Wer Kunden zielgruppengerecht in der Kommunikationspolitik ansprechen möchte, benötigt allerdings nicht nur soziodemographische sondern auch psychographische Informationen zu Vorlieben, Wünschen und Interessen der Konsumenten. Damit rückt der Kundenservice noch mehr in den Mittelpunkt des Unternehmens. *(Mehr zu diesem Gedanken finden Sie im Beitrag von Udo Klein-Bölting.)*

Das Ziel liegt darin, anonyme Zielgruppenwerbung durch individuelles One-to-One-Marketing abzulösen. Die umfangreichen Filterfunktionen von E-Technologien erlauben es, dass auch kleinere Markt- und Kundensegmente flexibel und effizient angesprochen werden können. *(Mehr zum Thema Tracking finden Sie bei Klaus Goldhammer und Frank Fölsch.)*

Marketing-Experten erkunden gegenwärtig die Chancen individualisierender Kundenorientierung unter Nutzung des Informationspotentials der Neuen Medien. Bislang ist allerdings noch nicht zu erkennen, wie die Kunden auf diese Bemühungen reagieren werden, denn schließlich wird gerade dadurch deutlich, wie weit der ‚virtuelle Big Brother' über deren persönliches Denken und Handeln informiert ist. In diesem Fall ist mit Reaktanz zu rechnen.[42]

Welcher dieser fünf Ansätze am besten die Erfolgsaussichten auf Kundenbindung im E-Commerce abbildet, ist derzeit nicht vorherzusagen. Skeptiker sehen die Entwicklungschancen von Internet-Anbietern allerdings eher beschränkt und zwar zum einen auf fragmentierte Märkte, die über das Medium Internet gebündelt werden können, und zum anderen auf Märkte, in denen relativ homogene Güter zu besonders günstigen Preisen angeboten werden.

Beispiele hierfür sind etwa Online-Auktionshäuser oder der Internet-Anbieter *Priceline*, der Kunden das Gefühl gibt, den Preis für ein Produkt festlegen zu können, indem sie vorgeben, welchen Preis sie z.B. für Babywindeln, Hotelübernachtungen oder Flugtickets zu zahlen bereit sind. *Priceline* führt den Auftrag durch, wenn die Datenbank einen ‚Preisfit' signalisiert. Die Kunden müssen dann allerdings akzeptieren, dass sie bei den Windeln *Huggies* statt *Pampers* erhalten oder ihr Flug morgens um 5 Uhr startet. Das Kundensegment der ‚Schnäppchenjäger' hat somit ein optimales Angebot. Bei dieser reinen Preis-Strategie handelt es sich im Übrigen um ein vollständig komplementäres Profil zur populären Markenartikel-Strategie. Die Produktinformationen, die viele Kunden mit einem Markennamen verknüpfen, sind hierbei völlig belanglos, da ausschließlich der Preis über das Geschäft entscheidet.

Möglicherweise wird sich in Zukunft ein Kompromiss durchsetzen: Eine Verknüpfung von Preiswettbewerb mit dem erforderlichen Vertrauensbonus des Kunden und der notwendigen Logistik für die Lieferung können besonders die ‚alten, klassischen' Handelskonzerne wie z.B. *WalMart* oder *Metro* bieten, die ihren Rückstand im E-Commerce mit gewaltigen Anstrengungen aufzuholen bemüht sind - und inzwischen die mit am häufigsten ‚angeklickten' Seiten besitzen.[43] Welche Chancen und Möglichkeiten im E-Commerce absehbar sind, wollen wir abschließend unter Berücksichtigung des bereits Gesagten skizzieren.

3.2 Die künftige Bedeutung des E-Commerce

Welche Entwicklung wird E-Commerce in Zukunft nehmen? Nach einer Studie des Kölner Instituts der Deutschen Wirtschaft sehen bislang mehr als die Hälfte der deutschen Unternehmen keine Veranlassung, die Möglichkeiten des E-Commerce für sich zu nutzen. Grund für diese Zurückhaltung dürften mangelnde Transparenz und Vertrautheit mit dem Medium sein. Zudem wird der Schlüssel für Unternehmenserfolg gegenwärtig eher in Einspar-Potentialen bei der Produktion gesehen als in der Stärkung des Vertriebs.[44] So liegen aus Sicht dieser Unternehmen nach wie vor die ‚Klassiker' der Vertriebsinstrumente und -methoden an der Spitze: Persönliche Kundenbesuche, Markt- und Kundenfeedback sowie die Beteiligung an Messen und Ausstellungen werden als sehr bedeutsam eingeschätzt. Viele Unternehmen lassen ein vorsichtiges Vorgehen in Sachen E-Commerce erkennen. Dazu passt die Meldung, dass der Bankkonzern *Credit Suisse* gerade in symbolischer Weise eine aufwendige Filiale in Top-Lage am Mailänder Dom eingerichtet hat. Begründung: ‚Reiche vertrauen ihr Geld ungern einer virtuellen Bank an.'[45]

Angesichts der stürmischen Entwicklung des E-Commerce in anderen Orten und Branchen dürfte diese Zurückhaltung allerdings eher vorläufiger Natur sein. Und so wird auch von den unterschiedlichen Branchen in naher Zukunft viel Potential im E-Commerce gesehen:[46]

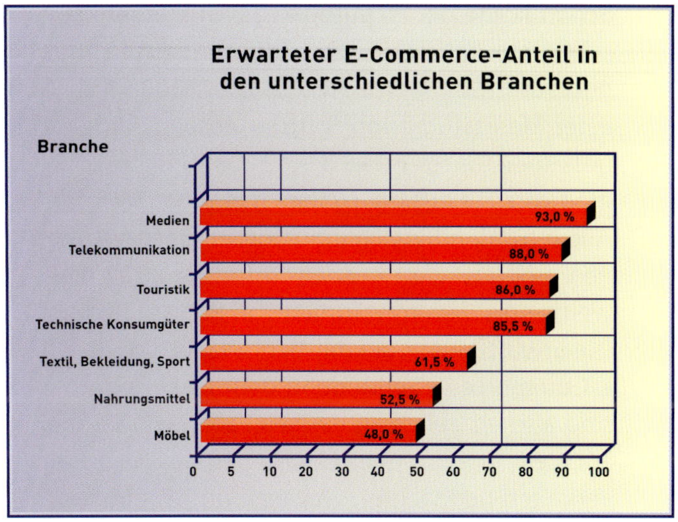

Allein in der Medien- und Telekommunikationsbranche liegt der erwartete E-Commerce-Anteil für das Kerngeschäft bei 90 Prozent. Nicht viel weniger Potential wird in der Tourismus- und technischen Konsumgüterbranche (Vertrieb von PC, TV, Kameras etc.) gesehen. Pionierunternehmen wie der Computerhersteller *Dell* oder der Online-Buchhändler *Amazon* haben völlig neue Vertriebswege unter Ausschaltung bestehender Handelsstufen realisiert, indem ihre Produkte ausschließlich über das Internet (bzw. Fax und Telefon) bestellbar sind. Wegen ihrer Funktionsvielfalt rechnen Analysten mit einem wahren Boom für intelligente Technologien (IT).

Der Durchdringungsgrad und die Akzeptanz von internet-gestützten Kommunikations- und Transaktionsformen (E-Mail, Web-Pages, Online-Shops) hat in bestimmten Bereichen des Business-to-Consumer-Marktes bereits ganz erheblich zugenommen. Derzeit besonders gefragt beim E-Shopping sind Reisebuchungen, gefolgt von Bekleidungsartikeln, noch vor PC's, PC-Zubehör und Büchern.[47]

Schon heute geben europäische und amerikanische Unternehmen etwa 20 Prozent ihres IT-Budgets für E-Commerce aus. Im Jahr 2003 wird nach einer Marktstudie von *Forester Research* im Business-to-Business-Bereich ein E-Commerce-Volumen von 1.330 Mrd. Dollar (!) realisiert werden. Allein für den Bereich industrieller Online-Auktionen prognostiziert *Keenan-Vision* für 2002 ein weltweites Gesamtvolumen von 90 Mrd. Dollar. Die Erwartungen, die mit dem Wachstum des E-Commerce in Verbindung gebracht werden, sind also erheblich. In einigen Fällen wurde aber auch ein unerwartetes Nachlassen des Nachfrageverhalten beobachtet, was eine ungebremste Entwicklung des E-Commerce fragwürdig macht.

Derzeit lässt sich die Qualität der Veränderungen und ihrer Konsequenzen nur vage umschreiben, denn die relevanten Markt- und Kommunikationsbedingungen haben sich in den letzten Jahren sprunghaft gewandelt: Auf der Angebotsseite stehen eine wachsende Zahl von Produkten und Dienstleistungen, eine Zunahme der Medien und ein Anstieg der Kommunikation innerhalb der verschiedenen Medien. Und auf der Nachfrageseite finden sich gesteigerte Informationsinteressen der Konsumenten, die allerdings angesichts der Informationsüberflutung auch zu Desorientierung und Wahrnehmungsabwehr führen können.

Für involvierte Konsumenten (information seekers) ist hier ein größeres Informationsangebot sowie die Auswahl verschiedener Informationsquellen eher von Vorteil, während der ‚information overload' besonders weniger involvierte Konsumenten bedrängen dürfte, da sie erst lernen müssen, die für sie relevanten von den irrelevanten bzw. die glaubwürdigen von den unglaubwürdigen Informationen zu trennen. Die Leichtigkeit der Informationsgewinnung wird auf jeden Fall an Bedeutung gewinnen - vor allem im Rahmen von extensiven Konsumentscheidungen, wie sie für teuere Produkte üblich sind. Hierbei werden diejenigen Produkte gegenüber den Wettbewerbern das Rennen machen, für die der Konsument schnell und ohne Umstände reichhaltige (Internet-)Informationen bekommt.

Noch warten wichtige Fragen zum Konsum im E-Commerce auf ihre Klärung: Die sozialen Determinanten des Kaufverhaltens im E-Commerce sind noch gänzlich unklar und auch über die Ausbildung habitueller und v.a. impulsiver Kaufhandlungen existieren gegenwärtig noch wenig Anhaltspunkte, was gerade im Internet mit seiner vereinfachten Kaufentscheidung durch einen Maus-Click eine wichtige Konsumsituation darstellt und sicherlich auch Habitualisierung und damit Kundenbindung beeinflussen dürfte. Andererseits scheint der Einkauf in den meisten Online-Shops noch zu umständlich zu sein und viel zu lange zu dauern, da zwei Drittel aller potentiellen Käufer ihre Online-Bestellungen deshalb vorzeitig abbrechen.[48]

Ebenso wenig ist noch abzusehen, ob auch künftig die Zielgruppe des E-Commerce auf eine eher jugendlich-elitäre Clique beschränkt bleibt oder aber ob es sich gleichermaßen bei den Durchschnittskonsumenten durchsetzen kann. Zumindest derzeit kann nur ein Drittel der Deutschen etwas mit dem Begriff E-Commerce anfangen.[49]

Klar ist aber, dass das Informationsverhalten über Produkte einerseits und die Anbieter-Käuferbeziehung andererseits durch diese Technologie entscheidend beeinflusst wird, denn die Neuen Medien vermögen prinzipiell die Distanz zwischen

Produktion und Konsumtion zu verringern. Bei herkömmlichen, mehrstufigen Absatzwegen gibt es dagegen kaum Kommunikationsmöglichkeiten zwischen Produzent und Konsument. Der Einsatz neuer Kommunikationstechniken stellt angesichts der interaktiven Optionen eine ideale technische Ergänzung zu der anfangs geschilderten Individualisierung des Konsums dar.

Allerdings muss sich der individualistische Verbraucher von morgen vor allem selektiv bewähren. Da die Voraussetzungen einer solchen Bewährung sehr unterschiedlich verteilt sind, vermuten wir eine gewisse Polarisierung im Hinblick auf die Nutzung der sich bietenden inflationären Möglichkeiten des Internets: Abhängig von der differenziellen Lernfähigkeit werden sich diejenigen, die da schneller und fundierter Wissen über den Umgang mit den Neuen Medien erwerben, mitunter gravierende Vorteile gegenüber denjenigen verschaffen, die keinen Zugang zu der neuen Entwicklung finden und sie an sich vorbei ziehen lassen - sei es, weil ihnen das Zugangsverständnis fehlt und/oder weil sie sich davon keinerlei Vorteile versprechen.

Aber der größte Hinderungsgrund auf dem Weg zur Internetgesellschaft in Deutschland sind weniger fehlende Computerkenntnisse, geringe Vernetzung oder mangelnde Bandbreiten: Nahezu jeder zweite PC-Nutzer hat Angst, im Internet überwacht und ‚ausgeraubt' zu werden. So wird aus Furcht vor Datenklau und Online-Bespitzelung lieber gleich ganz auf das Surfen im Internet verzichtet.[50] Die Anbieter von Home-Banking oder Online-Shopping werden in Zukunft viel in die Sicherheit der Kundenbeziehung zum Schutz der Privatsphäre investieren müssen, um das Vertrauen geschenkt zu bekommen, das für eine hohe Kundenbindung erforderlich ist.

4. Die Zukunft der Konsumgesellschaft - ein Schlusswort

Abschließend wollen wir einen Ausblick wagen, ohne in das anfangs angesprochene futurologische Geschäft einsteigen zu wollen. Wir haben gezeigt, dass der Trend zur Individualisierung sowohl auf der Werte-Ebene wie auch auf der strukturellen Ebene fortschreitet. Dies bedeutet für die Anbieter eine zunehmende ‚Unübersichtlichkeit' auf ihren Märkten. Besonders herausfordernd dürfte der Trend zur Sublimierung sein: Wenn viele versuchen, die eigene Identität über einen Konsumstil zu definieren, der sich von der sozialen Umwelt sublim abhebt, so ist hierfür ein kreativ vielfältiges Warenangebot und eine ebenso geartete Kommunikation nötig. Eine solche Strategie wird in erhöhtem Maße Marktforschung nach neuen Kriterien erforderlich machen.

Die technische Entwicklung des Internets und hier ganz besonders der E-Commerce können in gewisser Weise als komplementäre Ergänzung zum Trend der Individualisierung verstanden werden: Im Prinzip kann sich jedes Individuum durch das Internet erheblich schneller und umfassender als je zuvor objektiv informieren und diese Informationen für die eigenen Kaufentscheidungen nutzbar machen. Dieser Vorteil wird aber nur bei denjenigen Gütern zum Tragen kommen, deren Konsum mehr oder minder vollständig rationalen Kriterien unterworfen werden kann, wie etwa bei externen PC-Laufwerken. Demgegenüber werden v.a. Güter wie Kleidungsstücke, Vorhänge oder kulinarische Spezialitäten, bei deren Konsum vielfältige sensorische Erfahrungen und soziale Vergleiche zur Selbst-Symbolisierung und Selbst-Differenzierung im Vordergrund stehen, eher traditionellen Vertriebswegen vorbehalten bleiben.

5

5. Anhang

1 Mit ‚Luxese' wird der Trend bezeichnet, nach dem wir zwischen Luxus und Askese pendeln sollen. ‚Cocooning' meint die Tendenz, dass wir uns immer stärker ins Private zurückziehen, und ‚Egonomics' beschreibt uns als selbstsüchtige Verbraucher, die sich dauernd auf Egotrips begeben müssen.

2,13,16 Vergleichen Sie hierzu Szallies & Wiswede (1991).

3 Die Wertewandel-These entwickelte Inglehart (1977, 1989).

4 Kritisch an den Sinus-Milieus bleibt anzumerken, dass manche Autoren Auflösungstendenzen in der Weise sehen, als es künftig nicht mehr sinnvoll möglich scheint, nach innen homogen gestaltete, nach außen jedoch heterogene, distinkte Cluster von Lebensstilen zu unterscheiden.

5 *Mehr Informationen zu den Sinus-Milieus finden Sie in dem Beitrag von Manfred Niesel.*

6 Der Trendsensor Konsum ist ein geeichtes Messinstrument zur Ermittlung des Wertewandels, das seit etwa drei Jahren in Längsschnitt-Studien eingesetzt wird und das wir gemeinsam mit der GfK entwickelt haben (vgl. Wiswede & Engelmann, 1997). Als ein Ergebnis tritt am deutlichsten die Tendenz zur Hedonisierung in Erscheinung und weist auch über die Zeit hinweg gesehen die größten Steigerungsraten auf.

7 Das Drei-Faktoren-Modell des Wertewandels zeigt starke Parallelen zu soziologischen Ortsbestimmungen der Gegenwart (und auch der Zukunft). So steht die Hedonismus-Tendenz im Mittelpunkt von Schulzes ‚Erlebnisgesellschaft' (1996), die Sublimierungstendenz im Zentrum von Bourdieus Gesellschaftsstudien über ‚Die feinen Unterschiede' (1982) und die Individualisierungstendenz im Fokus von Becks ‚Risikogesellschaft': Das Buch ‚Erlebnisgesellschaft' (1996) gilt unter Soziologen als ‚großer Wurf' der Ortsbestimmung unserer Gesellschaft und enthält eine äußerst differenzierte Analyse des Lebensstils der deutschen Bevölkerung, dargestellt an unterscheidbaren Segmenten. Wie ein roter Faden zieht sich die gesteigerte Genussmentalität und die Suche nach Erleben, Erregung und Spaß als Wesenszug unserer Gesellschaftsentwicklung durch Schulzes Buch, weshalb viele Beiträge zum Erlebnis-Marketing auf diesem Buch fußen. Bourdieus ‚Die feinen Unterschiede' (1982) ist mittlerweile schon ein Klassiker moderner Kulturanalyse. Der wichtigste Aspekt ist, dass Menschen ihren Status heute weniger durch Besitz und Konsumstandard, sondern durch den subtilen Modus der Verwendung und der Kennerschaft definieren. Becks ‚Risikogesellschaft' (1996) behandelt das Thema der Individualisierung als universelle Gestaltungstendenz postmoderner Gesellschaften, die mit einer zunehmenden Ent-Strukturierung des Daseins einhergeht. Zwar habe der Mensch (gerade als Konsument) alle möglichen Optionen, doch sei er verunsichert und allein gelassen zur Selbstgestaltung gezwungen.

8 Vergleichen Sie hierzu die Ausführungen von Schulze (1996).

9 Nähere Angaben entnehmen Sie bitte Scitovsky (1977).

10 Vergleichen Sie hierzu Bourdieu (1982). Riesman sprach in diesem Zusammenhang von ‚marginal differentiation' in Anknüpfung an Freuds ‚Narzissmus kleiner Unterschiede'. Riesman ist in den fünfziger Jahren durch sein Buch ‚Die einsame Masse' bekannt geworden und dann wieder in Vergessenheit geraten. Dabei hat Riesmann vieles von dem vorweggenommen, was die großen Kultursoziologen der Gegenwart wie Bourdieu, Schulze oder Beck ausfindig gemacht haben: Bekannt geworden ist die Metapher vom außengeleiteten Menschen unserer Zeit, der gegenüber allen Dingen des Lebens eine ausgesprochene ‚Konsumentenhaltung' entwickelt.

11 Hier sind die Soziologen McCracken (1986) oder auch Featherstone (1987, 1991) zu nennen, die sich mit der Thematik der Verschmelzung von Konsum und Kultur tiefergehend beschäftigt haben. *Mehr dazu in dem Beitrag von Susanne Paul.*

12 Das Individualisierungskonzept stellt Beck (1996) vor.

14 Das Drei-Stadien-Modell der Wohlstandsgesellschaft beschreibt Yankelovich (1994).

15,44 Nähere Einzelheiten finden Sie bei Wiswede (2000).

17 Unterstützt wird diese Entwicklung noch durch die horizontale Ausbreitung von Innovationen. Lange Zeit verlief die Neueinführung und Aufnahme von Produktinnovationen vertikal, also in aller Regel von gehobeneren zu niedrigeren Milieus, aber nunmehr horizontal verläuft und eine eindeutige Zuordnung und Vorhersagbarkeit des Konsumverhaltens im Rahmen der Milieus aufhebt.

18 Diese Auffassung vertritt Featherstone (1991).

19 Den Begriff der ‚Glokalisierung' prägte Robertson (1995).

20 Alvin Toffler beschreibt den 'Prosumenten' näher in seinem Werk ‚Der Zukunftsschock' (1971).

21 Diese Auffassung vertritt Opaschowski (1998).

22 Die Zahlen sind aus der Studie 'Marktmacht Senioren' vom Axel Springer-Verlag (in: media & marketing, 8/9, 2001, S. 82).

23 Diese Angaben macht die Studie 'Die freie Generation - das Lebensgefühl der Menschen ab 45' von der Quelle Versicherung (aus: media & marketing, 8/9, 2001, S. 82).

24 Vergleichen Sie hierzu Schiwy (2000, S.143).

25 Weiterführende Angaben entnehmen Sie bitte Tews & Naegele (1990) sowie Tews (1991).

26 Diese Aussage machten mehr als 30 Prozent von 1.870 Personen zwischen 50 und 79 Jahren im Rahmen der Studie ‚50 plus' der GfK (aus: media & marketing, 8/9, 2001, S. 83).

27 Nähere Angaben finden Sie bei Featherstone (1987).

28,29 Hierzu sind z.B. Video-On-Demand, Online-Marketing, Supply-Chain-Management, Home-Shopping und Online-Auktionen zu zählen. Vergleichen Sie hierzu auch Schoder & Strauß (1998).

30 Auf der technischen Ebene werden im Hinblick auf die recht unterschiedlichen Gestaltungsmöglichkeiten Netzwerke (Telefon, Kabel Satellit, Internet etc.) und Endgeräte (Computer, Internet-Konsolen, Fernsehgeräte etc.) unterschieden.

31 Das Zitat stammt aus ‚The Economist' vom Februar 2000.

32 Dies sind Ergebnissen der Mediatransfer AG (‚Handelsblatt' vom 19.1.2000). Siehe auch den Artikel ‚Das Unbehagen an der Freiheit' von Heuser in ‚Die Zeit' vom 2.3.2000, S. 24.

33 Diese Angaben stammen aus dem Artikel ‚Online-Auktionen - Fälschungen' aus ‚Die Zeit' vom 17.2.2000, S. 39.

34 Ein verkürztes Verständnis des Kundenbindungsbegriffs konzentriert sich im Zusammenhang mit dem Internet auf die ‚Stickiness' (Klebrigkeit) von Auftritten, in der die besuchte Seitenanzahl oder die Aufenthaltsdauer der Besucher festgehalten werden. Eine Einengung der Fragestellung auf dieses Kriterium (z.B. könnte man dann die Kundenbindung durch Einbeziehung von Spielen erhöhen) dürfte allerdings den negativen Effekt haben, der von zu starken erotischen oder ästhetischen Appellen in der Werbung bekannt ist: Die Aufmerksamkeit der Kunden wird von den eigentlichen Produkten abgelenkt. Das Verweilen bei den Auftritten korreliert dann eher negativ mit dem tatsächlichen Kaufverhalten. Ein umfassenderer Kundenbindungs-Ansatz zielt eher auf eine Systemlösung ab, bei der der Kauf von Einstiegsprodukten nur das erste Element darstellt. Hinzu kommen aus Verkäufersicht z.B. erwartete Gewinne aufgrund der Abnahme von Zusatzleistungen und nicht zuletzt Neukunden, die durch Weiterempfehlung oder Reputation gewonnen werden.

35 Einen guten Überblick vermittelt hier Nicola Döring (1999).

36 Nachzulesen in dem Artikel von E.N. Luttwak mit dem Titel ‚Vandalismus im Internet' aus der ‚FAZ' vom 6.3.2000, S. 49.

37 Begründungen entnehmen Sie bitte Schmitz & Fulk (1991).

38 Die Übersicht der Emoticons und Akronyme finden Sie bei Runkehl, Schlobinski & Siever (1998, S. 64/65).

39 Näheres zur Theorie der ‚Sozialen Präsenz' finden Sie bei Lombard & Ditton (1997). Die ‚Parasoziale Interaktion' wird ausführlicher von Horton & Wohl (1956) erläutert.

40 Den Sony Style Store können Sie erleben unter: www.sony.de/sonystyle/index.html.

41 Das Virtuelle Kaufhaus wurde als Prototyp von der get AG aus Leipzig entwickelt. Es ist ein komplettes 3D-Konstrukt und ermöglicht dem User, sich wie in einem realen Kaufhaus zu bewegen. Die get AG hat das Virtuelle Kaufhaus aufgebaut, um die derzeit im Internet noch immer nicht ausgeschöpften Möglichkeiten einer virtuellen Realität anhand eines eingängigen Beispiels zu zeigen, ohne lange Ladezeiten oder irgendwelche Plug-Ins zu benötigen. Weiteren Kontakt und Zugang zur näheren Betrachtung unter: info@get-ag.com.

42 *Eine Ahnung zum Reaktanzpoblem im Internet mag der Beitrag von Klaus Goldhammer & Frank Fölsch vermitteln.*

43 Über die Anstrengungen und Internet-Möglichkeiten des klassischen Handels schreibt C. Tenbrock in seinem Artikel ‚Die Geldvernichter' in ‚Die Zeit' vom 11.5.2000, S. 23.

45 Dieses Beispiel nennt U.J. Heuser in seinem Artikel ‚Reiche geben ihr Geld ungern einer virtuellen Bank' in der ‚FAZ' vom 1.3.2000, S. 32.

46 Kurt Salmon Associates (KSA) befragten in ihrer Studie 416 Unternehmen zum Thema E-Business und Zukunft des Kerngeschäftes (aus einem Artikel in der ‚FAZ' vom 24.5.2000).

47 Nach den Ergebnissen der Studie ‚Webscope' der GfK werden Reisebuchungen (Flug- und Fahrscheine) von 28,6%, Bekleidungsartikelkäufe von 12,8%, PC- und Zubehör-Käufe von 9,6% und Buchbestellungen von 8,8% getätigt (aus: Bizz, 11/2001, S. 134).

48 Dies ist das Ergebnis einer Studie von 2001 des Internet-Marktforschers Jupiter MMXI (http://de.jupitermmxi.com).

49 Während Internet, Home-Banking oder E-Mail bei nahezu 90% der Deutschen bekannt sind, ist das Wort E-Commerce nach der Studie ‚Acta 2001' nur 34,1% geläufig (aus: Bizz, 11/2001, S. 134). Siehe auch den Artikel ‚E-Commerce in Deutschland' von Wildemann in der ‚FAZ' vom 28.2.2000, S. 5.

50 Zu diesem Ergebnis kommt die Studie ‚Der gläserne Konsument' des B.A.T.-Instituts (aus: Bizz, 11/2001, S. 135).

Manfred Niesel
Leiter Research, BAC Burda Advertising Center

Die sehr unterschiedlichen Lebensformen von Menschen haben mich (geb. 1958 in Duisburg) schon früh interessiert - als Kind galt ich als ‚Beobachter'. Wahrscheinlich hat mich das zur Psychologie gebracht (Studium der Stadtplanung und Psychologie an der RWTH Aachen, Psychologie-Diplom an der Philipps-Universität Marburg/Lahn).

Nachdem dann unterschiedliche therapeutische Erfahrungen (u.a. 1985-86 als Wissenschaftlicher Mitarbeiter am Institut für Familientherapie Marburg) die Unwägbarkeiten der Verhaltensveränderung deutlich gemacht haben, habe ich mich der Zielgruppenforschung zugewandt (seit 1986 im Burda-Verlag in Offenburg; seit 1996 Studienleiter der Typologie der Wünsche Intermedia, seit 1998 Leiter Research bei der BAC Burda Advertising Center GmbH). Hierbei fasziniert mich bis heute die große Spannbreite von Lebensformen und die begeisterte Hinwendung von Menschen zu Medien, aber auch die Begeisterung der Macher von Medien und Mediaforschung (z.B. als Mitglied der Technischen Kommission der Arbeitsgemeinschaft Media-Analyse AG.MA).

Diese Begeisterung gebe ich ab und zu auch gerne weiter (z.B. als Beiratsmitglied des Modellstudiengangs Europäische Medienwissenschaft der Universität Potsdam, Leiter der Burda Advertising Academy oder Lehrbeauftragter an der Universität Hohenheim für Psychographische Zielgruppenmodelle).

Über den Nutzen psychographischer Zielgruppenmodelle

Manfred Niesel, BAC Burda Advertising Center

Statusorientierte, DINKs[1], Hedonisten, Erlebnisgesellschaft, Harmoniemilieu... Eröffnen diese Klassifikationsversuche von Konsumenten der Kommunikationsplanung neue Perspektiven? Ja und nein. Von begeisterter Erwartung bis zu vehementer Ablehnung reichen jedenfalls die Reaktionen auf diese Ansätze, wenn man mit Leuten spricht, die Marketing- und Mediaentscheidungen treffen. Diese Reaktionen lassen schnell ahnen, dass es hier um ein kontroverses Thema geht.

In der angewandten Forschung wird derzeit oft und intensiv diskutiert, ob und in welcher Weise solche ‚qualitativen' Zielgruppenbeschreibungen die gewohnten soziodemographischen Parameter (Alter, Geschlecht, Einkommen etc.) ergänzen bzw. sogar ersetzen. Warum wird diese Diskussion überhaupt geführt? Die hierbei oft zitierte Frage lautet: Kennen Sie den Unterschied zwischen Sylvester Stallone und Woody Allen? In Bezug auf Lebensalter, Einkommen, Familienstand und Beruf gibt es jedenfalls (fast) keinen. Sie sind ‚demographische Zwillinge'. Betrachtet man dagegen die Lebensführung der beiden, wird man vielfältige und bedeutsame Unterschiede finden.

Die Frage nach der generellen Relevanz von ‚Lebensstilen' und ‚sozialen Milieus' zur Beschreibung von Unterschieden zwischen Menschen und Zielgruppen in westlichen Industrienationen ist insbesondere in Deutschland in den letzten Jahren diskutiert worden. Obwohl ‚vertikale' Zielgruppeneigenschaften wie Bildungs-, Besitz- und Einkommensunterschiede zweifellos relevante Einflussgrößen auf das menschliche Verhalten darstellen, werden ‚horizontale' Differenzierungen wie etwa unterschiedliche Werthaltungen und ästhetische Vorlieben von Forschung und Marketing als immer wichtiger, ja z.T. sogar als allein bestimmend für ein angemessenes Verständnis der Lebensgestaltung angesehen. Schlagworte wie zunehmende gesellschaftliche Differenzierung, Individualisierung, Werteverlust und postmoderner Neuorientierung sind allgegenwärtig.

So sind seit Anfang der Siebziger Jahre vor dem Hintergrund der damals erkennbaren gesellschaftlichen Veränderungen (Ölkrise, Protestbewegung etc.) eine Vielzahl psychographischer Ansätze und Milieumodelle entstanden, die für ein besseres Konsumentenverständnis die Analyse ästhetischer und wertebezogener Lebensstile betonen, die als wichtiger als traditionelle Raster wie Beruf, Bildung, Einkommen oder Lebensalter erachtet werden. Mehr noch postulieren diese verschiedenen Ansätze relativ stabile Gruppierungen mit jeweils ähnlichen Geschmacks- und Wertemustern, die mehr oder weniger unabhängig vom sozialen Status der Mitglieder sind. Zu diesen Ansätzen zählt neben sozialen Milieu- und Lebensstil-Modellen seit einigen Jahren auch der semiometrische Ansatz. Als ‚Pionier-Studie' hinsichtlich der Analyse von Lebenswelten in Deutschland kann u.a. die ‚Typologie der Wünsche' gelten, die 1974 als groß angelegte, bevölkerungsrepräsentative Markt-Media-Analyse entstand, um Prozesse des Wandels auch auf den Gebrauch von Medien zu beziehen.

Die Praxis erhofft sich von dieser Entwicklung eindeutigere Hinweise, nach welchen Kriterien Zielgruppen zu bestimmen sind, um sie genauer erreichen und effizienter ansprechen zu können. Dies ist Grund genug, sich ausführlicher mit den wesentlichen Aussagen von qualitativen Zielgruppenmodellen zu beschäftigen und die Hilfestellungen, die man von diesen Typologien gegenüber bisherigen Zielgruppenansätzen erwarten kann, unter die Lupe zu nehmen. Deshalb soll es im Folgenden darum gehen, einige dieser Modelle vorzustellen und zu fragen, welcher Nutzen, aber auch welche Hürden mit ihrer Anwendung für Werbung und Marketing verbunden sind.

1. Von der Demographie zur Psychographie

Ob nun einer demographischen oder aber einer psychographischen Beschreibung gesellschaftlicher Gruppen der Vorzug zu geben ist, hängt v.a. von der Frage ab, inwieweit die Mitglieder einer Gesellschaft in ihren Entscheidungen bezüglich Lebensart und Lebensstil determiniert sind. Sind wir in unserer Wahlfreiheit eher eingeschränkt oder so autonom, dass statt sozialer Herkunft, Alter, Geschlecht und Einkommen in erster Linie persönlicher Geschmack, Vorlieben, Interessen und Wünsche zu einem Großteil ausmachen, wie wir uns von anderen Menschen unterscheiden bzw. diesen ähnlich sind? An Merkmalen, die für die persönliche Lebensgestaltung und Zielgruppenbeschreibung relevant sind, lassen sich prinzipiell zwei Gruppen unterscheiden, wobei noch die Verhaltensebene als dritte Gruppe hinzukommt:

Soziodemographische Merkmale	**Psychographische Merkmale**	**(Konsum-)Verhalten**
u.a. Alter	u.a. Wünsche	u.a. Freizeitverhalten
Geschlecht	Neigungen	Kaufverhalten
Bildung	Einstellungen	Besitzansprüche
Berufsstand	Vorurteile	Mediennutzung
Einkommen	Ängste	Sparverhalten
Familienstand	Erwartungen	Ernährung
Wohnort (Größe etc.)	Hoffnungen	Partner-/ Familienplanung

Wie steht es also um die Wahlfreiheit von Verhaltensweisen? Natürlich steht zunächst außer Frage, dass die individuelle Wahlfreiheit der Lebensform von physiologischen Grundgegebenheiten wie z.B. Lebensalter, Geschlecht, evtl. Behinderungen beeinflusst und begrenzt wird. Auch andere nur mit einigem Aufwand wechselbare Eigenschaften wie etwa die Zugehörigkeit zu einer ethnischen Kultur oder einer Sprachgemeinschaft setzen der Wahlfreiheit Grenzen. Fasst man Wahlfreiheit jedoch weiter, ergeben sich sehr wohl immense Möglichkeiten: Alltagsästhetische Äußerungen wie Kleidung und Wohnungseinrichtung, Freizeitbeschäftigungen, erwartete Rollenverteilungen z.B. zwischen Mann und Frau oder die persönliche Bedeutung von Erwerbsarbeit im Vergleich zur Freizeit sind Beispiele für wichtige Facetten individueller Lebensgestaltung, die auch zur Beschreibung und Abgrenzung sozialer Milieus herangezogen werden. Sind diese Facetten tatsächlich Zeichen individueller Wahlmöglichkeiten oder doch nur Ausdruck der jeweiligen sozial determinierten Lage?

Bereits vor fast fünfzig Jahren diagnostizierte der deutsche Soziologe Helmut Schelsky einen ‚sozialen Nivellierungsprozess' in Westdeutschland, dem *„weitgehend eine Vereinheitlichung der sozialen und kulturellen Verhaltensformen"* folgt und der in traditionellen Schichtbegriffen als ‚kleinbürgerlich-mittelständisch' zu bezeichnen sei.[2] Nun spiegelte Schelsky's Sichtweise zwar das Ende einer rein auf ständegesellschaftliche bzw. klassenbezogene Prozesse fixierten Verhaltensanalyse wider. Doch seine Erwartung einer kollektiven ‚kleinbürgerlich-mittelständischen' Lebensart hat sich gerade *nicht* erfüllt. Im Gegenteil scheinen die bis heute stark gestiegenen Konsummöglichkeiten bestimmte Gruppen darin zu ermutigen, sich via Konsum sozial zu unterscheiden. Konsum wird zur ‚Legitimation neuer sozialer Ungleichheit'.[3]

Allerdings werden gerade diese beobachtbaren Differenzierungen bei der Lebensgestaltung und bei den alltagsästhetischen Präferenzen als Ausdruck schicht- und klassenabhängiger Kompetenzen bzw. Ressourcen gedeutet, die nun kaum frei wählbar sind. So stellt z.B. der französische Soziologe Pierre Bourdieu die ‚feinen Unterschiede' in der Lebensführung heraus und interpretiert sie als Kennzeichen eines ‚neuen Kleinbürgertums', die auf ‚Klassenstrukturen' zurückgehen.[4] Aus dieser Perspektive sind die Stilisierungsmöglichkeiten in modernen Gesellschaften nur scheinbar, weil sie nur im Rahmen der fortbestehenden gesellschaftlichen Strukturen realisierbar sind: Während sich so das ‚Besitz- und Bildungsbürgertum' durch eine Vorliebe für Hochkultur auszeichnet, die von einem Ethos frei gewählter Distanz zu den Zwängen des Lebens geprägt ist, versucht die große Gruppe der ‚Kleinbürger' mit ‚normierter Ethik' seinem Bildungsideal zu frönen. Die Unterschichten zeichnen sich demgegenüber durch ihren sozial bedingten ‚Notwendigkeitsgeschmack' aus.[5]

So ist die (teilweise) Ablösung soziodemographischer Ansätze durch psychographische Modelle in den letzten Jahren verschiedentlich auch wieder in Frage gestellt worden, da *„wichtige fortbestehende Ungleichheitsstrukturen unterschätzt, übersehen und damit ideologisch verschleiert werden."* [6] Gerade vor dem Hintergrund der Globalisierungsdebatte und der Frage der Alterung der Gesellschaft stellt sich zudem die Frage, ob die postulierten stilistischen Wahlchancen nicht nur für junge, gut gebildete Berufstätige gelten. Ein Indiz für diese Vermutung mag der Umstand sein, dass der zunehmend fortschreitende und weitreichende Differenzierungsprozess der Gesellschaft eigentlich vorwiegend innerhalb der (westdeutschen) Mittelschichten beobachtet wird.[7]

Zusammenfassend lässt sich festhalten, dass die individuelle Lebensgestaltung einerseits in erster Linie als Ausdruck der Schichtlage verstanden und andererseits als relativ ‚frei getroffene' Wahl gesehen wird. Ganz gleich, auf welche der beiden Prozesse - mit natürlich unterschiedlichen Freiheitsgraden - unsere Lebensgestaltung zurückzuführen ist, wichtig ist zunächst die Erkenntnis, dass *der jeweilige Lebensstil zum Verständnis von und zum Zugang zu Zielgruppen unabdingbar ist*! Denn für Marketing- und Kommunikationsentscheidungen ist das Verstehen der Menschen und ihrer Verhaltensweisen unerlässlich, um sie auch überzeugend ansprechen und persönlich erreichen zu können. Für den Kommunikationserfolg wird daher eine Kenntnis der psychologischen Lebenswelt der Zielgruppen immer wichtiger. Soziodemographische Merkmale können zwar leichter erhoben werden als psychologische Eigenschaften, aber sie reichen für eine optimale Zielgruppenbeschreibung und -ansprache heutzutage alleine nicht mehr aus. Eine bloße Kopplung soziodemographischer Merkmale mit Kauf- und Mediennutzungsdaten greift häufig zu kurz, denn die Produkt- und Markenwahl wird insbesondere von psychographischen Merkmalen und resultierenden Verhaltensweisen der Verbraucher bestimmt. Deshalb gilt es, die komplexe Persönlichkeit des Verbrauchers kennenzulernen, indem typische Lebensstile analysiert und transparent gemacht werden.

Unter einem Lebensstil kann man die *„unverwechselbare Struktur und Form der Lebensorganisation eines privaten Haushalts bzw. der in ihm lebenden Individuen" verstehen. Er wird von seinen ‚Produzenten' bzw. Anhängern in biographischen Prozessen von Versuch und Irrtum sowie des Vergleichs mit anderen Personen oder Gruppen entwickelt und bildet daher einen erprobten, bewähr-*

ten und in-sofern sinnvollen Gesamtzusammenhang von Alltagsroutinen, Symbolen, Verhaltensmustern und Bezugsgruppen."[8]

Betrachten wir im Folgenden verschiedene Ansätze zur Erfassung von Lebensstilen. Wie wir sehen werden, unterscheiden sich diese Modelle neben der Methodik insbesondere durch ihre Grundannahmen zur ‚Wahlfreiheit' des Lebensstils, weshalb sie nach diesem Kriterium getrennt vorgestellt werden.

2

2. Charakteristika verschiedener (psychographischer) Zielgruppenmodelle

2.1 Lebensstil als Ausdruck der Schichtlage

Die Tradition, den Lebensstil von Statusgruppen zu beschreiben, lässt sich bis zum Ende des 19. Jahrhunderts zurückführen.[9] Den neuesten Ansatz in dieser Tradition der Beschreibung von Verhaltenweisen in demographisch umgrenzten Gruppen bildet das gerade veröffentlichte *Modell der Biografischen Lebenswelten.*[10] Dieser Ansatz begründet und beschreibt die Lebensführung von Zielgruppen auf der Basis ihrer demographischen Eigenschaften. Die untenstehende Graphik zeigt die 15 Biografischen Lebenswelten in der Bundesrepublik Deutschland und ihren jeweiligen prozentualen Anteilen an der Gesamtbevölkerung.[11]

Als zentrale Komponenten für das Verständnis Biografischer Lebenswelten werden die Lebensphase und die Lebenslage von Personen und Zielgruppen herausgestellt. Die Lebensphasen gliedern sich in drei Hauptabschnitte: Ausbildung, bezahlte Erwerbs- bzw. unbezahlte Hausarbeit sowie den Ruhestand. In der Ausbildungsphase werden die Lebenswelten ‚Jugendliche' und ‚Studierende' unterschieden. In der Berufs- bzw. Hausarbeitsphase werden als Lebenslagen drei hierarchische Stufen (Top, Mitte, einfache Lebenslage) differenziert, so dass sich als Lebenswelten acht Unterteilungen aus Berufs- und Hausarbeit und jüngerem und mittlerem Alter ergeben. In der Phase des Ruhestandes entdifferenzieren sich die Statusunterschiede wieder. Hier ist für das Verständnis von Lebenswelten entscheidender, ob Personen alleine leben oder nicht. Die allein lebenden Älteren bilden eine eigene Lebenswelt.

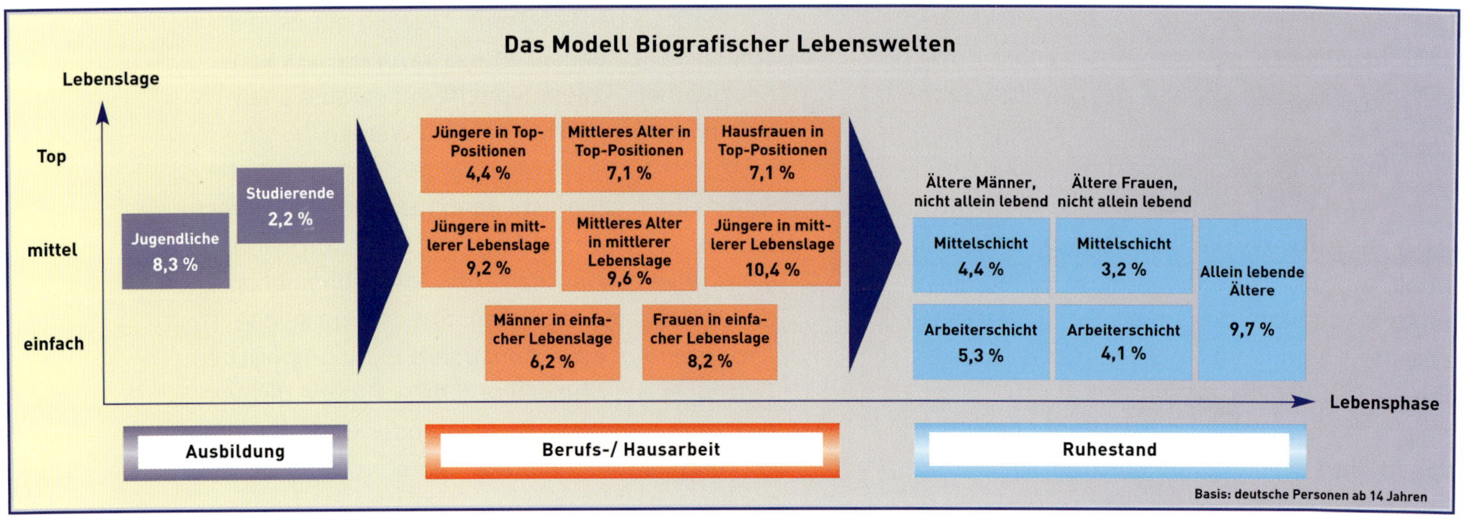

Hintergrund dieses Ansatzes ist die Annahme, dass sich mit der jeweiligen Lebensphase auch die Bedürfnisse von Menschen verändern. Die Ausformung der Bedürfnisse hängt von der jeweiligen Lebenslage ab. Dabei ist zu beachten, dass die Lebensphase genauso wenig mit dem Alter gleichzusetzen ist, wie die Lebenslage einfach nur Bildung, Einkommen und Berufsstand umfasst. Aus der Kombination dieser Kriterien resultieren jeweils ganz verschiedene Lebenswelten. So kann eine Vierzigjährige allein lebend, ledig, verheiratet, mit oder ohne Kinder, allein erziehend, berufstätig oder Hausfrau sein. Diese Aspekte bestimmen ihre Lebenswelt deutlich stärker als das nominale Alter. Außerdem verändern sich die jeweils dominanten Lebensumstände beim Durchlauf durch die Biografischen Lebenswelten.

Welche Erkenntnisse erlaubt dieses Modell? Betrachten wir dazu die einfach strukturierte Zielgruppe ‚Ich gebe im Allgemeinen mehr als 250 Euro (gefragt als 500 DM) für eine Armbanduhr aus', so erhalten wir die folgende Verteilung:[12]

„Ich gebe im Allgemeinen mehr als 250 Euro für eine Armbanduhr aus."

Lebenswelt	Prozent	Index[13]
Jugendliche	2,5	30
Studierende	2,1	92
Jüngere in Top-Positionen	8,6	196
Mittleres Alter in Top-Positionen	23,1	325
Hausfrauen in Top-Positionen	14,9	208
Jüngere in mittlerer Lebenslage	5,9	64
Mittleres Alter in mittlerer Lebenslage	8,3	87
Hausfrauen in mittlerer Lebenslage	6,6	64
Männer in einfacher Lebenslage	3,0	48
Frauen in einfacher Lebenslage	3,5	43
Ältere Männer, nicht allein lebend, Mittelschicht	5,9	120
Ältere Männer, nicht allein lebend, Arbeiterschicht	2,3	44
Ältere Frauen, nicht allein lebend, Mittelschicht	4,1	128
Ältere Frauen, nicht allein lebend, Arbeiterschicht	1,6	39
Allein lebende Ältere	7,5	77

Wie die Tabelle zeigt, ergeben sich sehr typische Strukturmuster in den Biografischen Lebenswelten. So liegt die Zielgruppe für höherpreisige Uhren besonders in den Top-Positionen der Lebenslagen. Die Erkenntnis der Schichtabhängigkeit des Konsumverhaltens bei Luxusprodukten ist auf den ersten Blick trivial. Man erkennt jedoch den besonderen Schwerpunkt in den Lebenswelten der Berufstätigen.

Aus der spezifischen Kombination von Lebensphase und Lebenslage erwachsen spezifische Lebenswelten. Die Kenntnis der Verteilung und Ausprägung der 15 Biografischen Lebenswelten ermöglicht ein genaueres Zielgruppenverständnis und eine entsprechende Zielgruppenansprache, denn über die quantitativen Anteile der Lebenswelten können die Märkte für bestimmte Produkte analysiert werden. So kann u.a. aufgezeigt werden, dass sich etwa Hausfrauen, die oftmals fälschlich als eine einzige Zielgruppe aufgefasst werden, je nach ihrer Lebenslage stark voneinander unterscheiden. Hausfrauen in gehobenen Lebensverhältnissen interessieren sich z.B. mehr für Theater, Oper und Reisen als Hausfrauen aus mittleren und einfachen Lebenslagen.

Das Modell der Biografischen Lebenswelten bedeutet keine Rückkehr zu traditioneller Demographie, es geht vielmehr um die Analyse multidimensionaler Zusammenhänge von demographischen Variablen und um die Beschreibung von Lebensstilen vor dem Hintergrund dieser demographischen Zusammenhänge. Das Besondere liegt in der charakteristischen Verknüpfung unterschiedlicher demographischer Variablen, um so typische Lebenswelten herauszuarbeiten.

Mit der *Typologie der Wünsche Intermedia* ist das Modell der Biografischen Lebenswelten quantifiziert und im Jahr 2001 vorgestellt worden. Während das Modell Biografischer Lebenswelten die Lebensstile aufgrund demographischer Ähnlichkeiten und Unterschiede untersucht, fassen die folgenden psychographischen Ansätze Lebensstile als freiere Wahlentscheidungen in Bezug auf persönlicher Wünsche, Interessen und Präferenzen auf, wobei entsprechend demographische Kriterien in den Hintergrund rücken.

2.2 Lebensstil als ,frei getroffene Wahl'

Bereits vor über 100 Jahren beobachtete der deutsche Soziologe Georg Simmel die gesellschaftlichen Prozesse und diagnostizierte, dass die industrialisierte Moderne eine Pluralität und Unbestimmtheit von Lebensstilen hervorbringt, die zu einem ,Massenschicksal der Individualisierung' führt, *„denn das Aneinander-Gedrängtsein und das bunte Durcheinander des großstädtischen Verkehrs wären ohne jene psychologische Distanzierung einfach unerträglich."*[14] Damit kann man Simmel als einen Vorreiter psychographischer Ansätze bezeichnen.

An relevanten psychographischen Ansätzen sind für Deutschland exemplarisch zu nennen:

- der AIO-Ansatz (Activities-Interests-Opinions), u.a. von William D. Wells
- die Life Style-Studien von Michael Conrad & Leo Burnett
- das Euro-Socio-Styles-Modell der GfK Nürnberg
- die Semiometrie von TNS Emnid
- das Values and Life Styles-Modell (VALS) des Forschungsinstituts SRI

Die Vorstellung, dass Stilwelten mehr oder weniger unabhängig von demographischen Faktoren beschreibbar sind, findet sich schon bei den frühen *Activities-Interests-Opinions-Konzepten* (kurz: AIO).[15] Diese Lebensstil-Konzepte wurden in den sechziger Jahren in den USA entwickelt und beruhen in der Regel auf umfangreichen Fragebogenmessungen, bei der den Befragten Aussagen zu ihren Aktivitäten, Interessen und Einstellungen vorgelegt werden, die sie mit „Ja" oder „Nein" zu beantworten haben. So wird die Zustimmung bzw. Ablehnung zu Aussagen erhoben wie z.B.:

- ,Gutes Aussehen ist sehr wichtig im Leben.'
- ,Die Kirche passt nicht in unsere Zeit.'
- ,Eine Frau sollte ganz für ihre Familie da sein.'

Die folgende Zusammenstellung gibt einen Überblick, welche Lebensstil-Themen im Rahmen des AIO-Ansatzes ermittelt werden:[16]

Aktivitäten in Form von:	Interessen in Bezug auf:	Einstellungen zu:
Arbeit	Familie	sich selbst
Hobbys	Zuhause	sozialen Belangen
soziale Ereignisse	Beruf	Politik
Urlaub	Gemeinschaft	Geschäftswelt
Unterhaltung	Medien	Wirtschaft
Vereinsmitgliedschaft	Erholung	Erziehung und Bildung
Gemeinschaften	Mode	Produkten
Einkaufen	Essen	Zukunft
Sport	Leistungserreichung	Kultur

Der Entwicklungsmotor für viele Lebensstil-Modelle war zunächst ihr pragmatischer Nutzwert für die Beschreibung von Marketingzielgruppen. Theoretische Überlegungen traten dabei oft zugunsten einer ,ganzheitlicheren' Beschreibung von Zielgruppen in den Hintergrund. Ausgangspunkt waren in der Frühphase eine Vielzahl psychographischer Variablen, die häufig aus klinisch-psychologischen Anwendungsfeldern übernommen wurden. Zusammen mit den konsumbezogenen Statements wurden diese Variablen in Fragebogenform gegossen und großen ‚nicht-klinischen' Stichproben zur Beantwortung vorgelegt. Mit Hilfe statistischer Cluster- und Faktorenanalysen wurden dann Lebensstil-Gruppen ermittelt, die repräsentativ für relevante soziale Segmente stehen sollen.

AIO-Ansätze haben nach wie vor insbesondere im Marketing-Bereich eine große Bedeutung, wo sie hauptsächlich in den Bereichen Entwicklung, Strategie und Gestaltung von Werbekampagnen, Produktpositionierung und Zielgruppensegmentierung zum Einsatz kommen.[17]

Auch in den *Life Style-Typologien* der Werbeagentur *Michael Conrad & Leo Burnett* (MC&LB) sind mit Hilfe typologischer Segmentierungen Verbrauchergruppen herausgebildet worden, die sich in ihrem jeweiligen Lebensstil ähnlich sind. Um diese Life Style-Gruppen anschaulicher zu machen, haben *MC&LB* teilweise idealtypische Life Style-Vertreter jeder Gruppe steckbriefartig beschrieben (und fotographisch illustriert):[18]

- Zu Beginn der 90er Jahre wurden von *MC&LB* für die ‚alten' Bundesländer insgesamt 12 deutlich unterscheidbare Lebensstile festgestellt, die sich grob in die drei Kategorien traditioneller, moderner und gehobener Lebensstil einteilen lassen. Beispielhaft für den traditionellen Lebensstil steht Erwin, der Bodenständige, der ca. 13 Prozent der westdeutschen Gesamtbevölkerung ausmacht. Erwin hat in Jahrzehnten harter Arbeit als Facharbeiter, Meister oder Landwirt bescheidenen Wohlstand erreicht, ist eher anspruchslos, steht mit beiden Beinen fest im Leben und hat über alles eine unverrückbare Meinung. Tim und Tina zählen demgegenüber zu den funorientierten Jugendlichen mit modernem Lebensstil (7 Prozent der Bevölkerung). Tim und Tina leben im Hier und Jetzt: Leben und Job sollen Spaß machen, eine eigene Meinung oder Lebensperspektive ist bei ihnen nicht ausgeprägt. Beispielhaft für den gehobenen Lebensstil stehen Stefan und Stefanie mit einem Anteil von 6 Prozent der Bevölkerung. Sie sind junge Individualisten aus sozial gehobener Schicht und mit hoher Bildung, die klare Lebenspläne haben und diese zielstrebig verfolgen. Sie sind extrovertiert, tragen extravagantes Outfit und erleben die Werte Haben, Sein und Genießen nicht als Widerspruch.

Auf dem Einstellungsansatz des AIO-Konzeptes baut auch die Studie *Euro-Socio-Styles* der *Gesellschaft für Konsumforschung* (GfK) auf.[19] *Euro-Socio-Styles* werden als ‚multidimensionale' Betrachtung des Menschen verstanden, die über soziodemographische Merkmale hinaus ein komplexes Porträt von Menschen oder Verbrauchergruppen liefern sollen, indem sie Auskunft über demographische und ökonomische Lebensbedingungen, Verhaltensweisen und Gewohnheiten, Meinungen und Einstellungen, Motivationen und Emotionen geben. Seit 1989 erhebt die *GfK* mit diesem Ansatz in 15 (west-)europäischen Ländern die Lebenswelten von Konsumenten. Aus den in der ursprünglichen Basiserhebung abgefragten 3.500 Variablen, die zur Beschreibung von Lebensstilen dienen können, wurden die stärksten Unterscheidungsmerkmale herausgefiltert und dann in einem Kurzfragebogen zusammengefasst, der für die Bestimmung des Euro-Socio-Styles der befragten Person dient, so dass im Prinzip alle Europäer eindeutig einem Socio-Style zugeordnet werden können. In der aktuellen Version von 2002 werden acht repräsentative Euro-Socio-Styles identifiziert, die in jedem europäischen Land anzutreffen sind. Mentalitätsbedingte Unterschiede zwischen Ländern oder Regionen werden dabei durch unterschiedliche prozentuale Verteilungen der jeweiligen Stile berücksichtigt. Die folgende Graphik gibt die acht in Europa relevanten Lebens-,Welten' wieder:

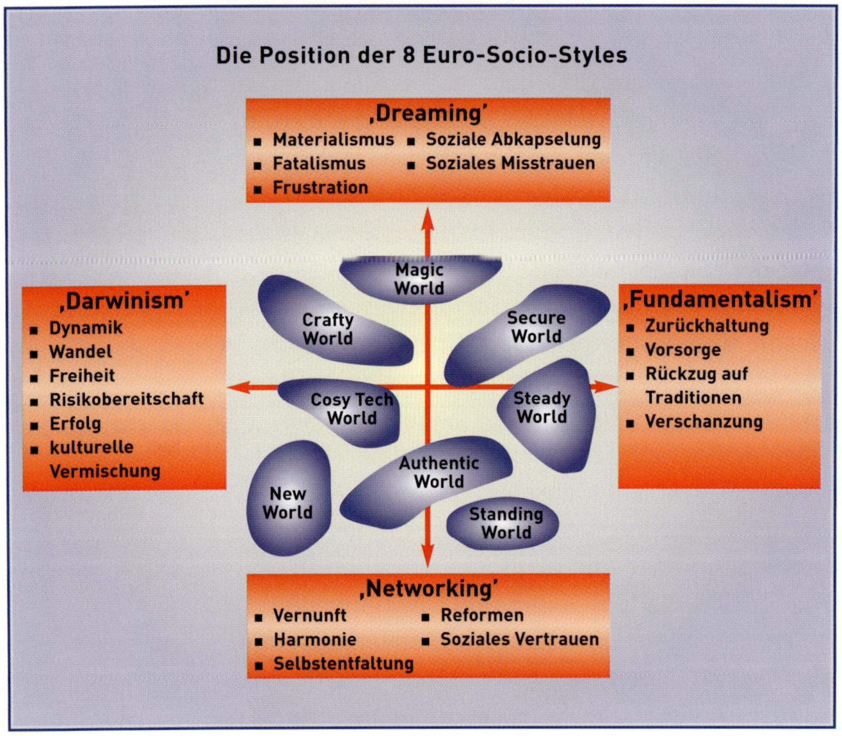

Die acht Lebenswelten erstrecken sich vom darwinistischen Pol, der für Freiheit, Wandel, Risiko, Erfolg und Dynamik steht, zum fundamentalistischen Pol mit einer Lebensorientierung, die von Zurückhaltung und Tradition geprägt ist. Eine zweite Differenzierungsdimension entsteht zwischen dem Pol ‚Dreaming' einerseits, der für Materialismus, Frustration und soziales Misstrauen steht, und dem Pol ‚Networking' andererseits, der mit Harmonie, Selbstentfaltung und sozialem Vertrauen verbunden ist. In diesem Werteraum sind alle acht Euro-Socio-Lebenswelten positioniert. Drei der acht Euro-Socio-Styles sind folgendermaßen charakterisiert:

Cosy Tech World: Aktive moderne Paare mittleren Alters mit meist überdurchschnittlicher Haushaltsausstattung, die auf der Suche nach persönlicher Entfaltung sind.

Steady World: Traditionsorientierte, konformistische Senioren mit mittlerem Lebensstandard, die ihren Ruhestand voll und ganz ausschöpfen.

Secure World: Konformistische, hedonistische Familien aus einfachen Kreisen, die sich abkapseln, von einem einfacheren Leben träumen und sich den traditionellen Rollen verbunden fühlen.

Innerhalb der Zielgruppe der 14- bis 49jährigen liegt der Bevölkerungsanteil der ‚Cosy Tech World' bei 4,1 Prozent, der ‚Steady World' bei 8,5 Prozent und der ‚Secure World' bei 12,7 Prozent. Die Euro-Socio-Styles sind - ähnlich wie der Ansatz der Biografischen Lebenswelten von Kleining - in nahezu alle Verbraucherpanels der *GfK* integriert worden, so dass die einzelnen Lebensstil-Typen mit realen Einkaufsdaten in Beziehung gesetzt werden können.

Einen auf den ersten Blick ganz anderen Ansatz scheint die *Semiometrie* zu bieten. Es handelt sich dabei um ein französisches Modell, das von *TNS Emnid* in Deutschland eingesetzt wird. Bei der Semiometrie werden die soziokulturellen und psychologischen Grundhaltungen von Befragten gemessen, indem ihre Reaktionen auf bestimmte Begriffe analysiert werden. Hinter dieser Verfahrensweise steht die Grundannahme, dass sich bei Individuen spezifische innere Grundhaltungen unterscheiden lassen, die über das Medium Sprache nach außen transportiert und über die Bewertung von Wörtern gemessen werden können. Hervorgehoben wird der nicht den Mechanismen der sozialen Erwünschtheit unterliegende Erhebungsprozess, bei dem nicht Statements, sondern freistehende Begriffe vorgegeben werden. Die Bewertungen von ausreichend vielen Befragten lassen sich dann für die Beschreibung von Zielgruppen mit jeweils bestimmten Grundhaltungen verwenden. In umfangreichen Vorstudien sind 210 Begriffe, auf die Befragte reagieren sollen, ermittelt worden, die als Basis aller semiometrischen Studien dienen: Diese Begriffe werden in einem semantischen Raum geordnet, der sich zwischen den beiden Grunddimensionen ‚Pflicht' und ‚Lebensfreude' sowie ‚Individualität' und ‚Sozialität' entfaltet. So werden der ‚Pflicht' etwa Begriffe wie ‚Vaterland' oder ‚gehorchen' zugeordnet und der ‚Lebensfreude' Worte wie z.B. ‚lustvoll' oder ‚Feuer'. Nahe der ‚Individualität' stehen Begriffe wie ‚befehlen' oder auch ‚Angst' und bei ‚Sozialität' finden sich Worte wie ‚Treue' und ‚Zuneigung'. Das Ergebnis jeder semiometrischen Umfrage wird im untenstehenden Basis-Mapping festgehalten:[20]

Das Semiometrie-Basismapping

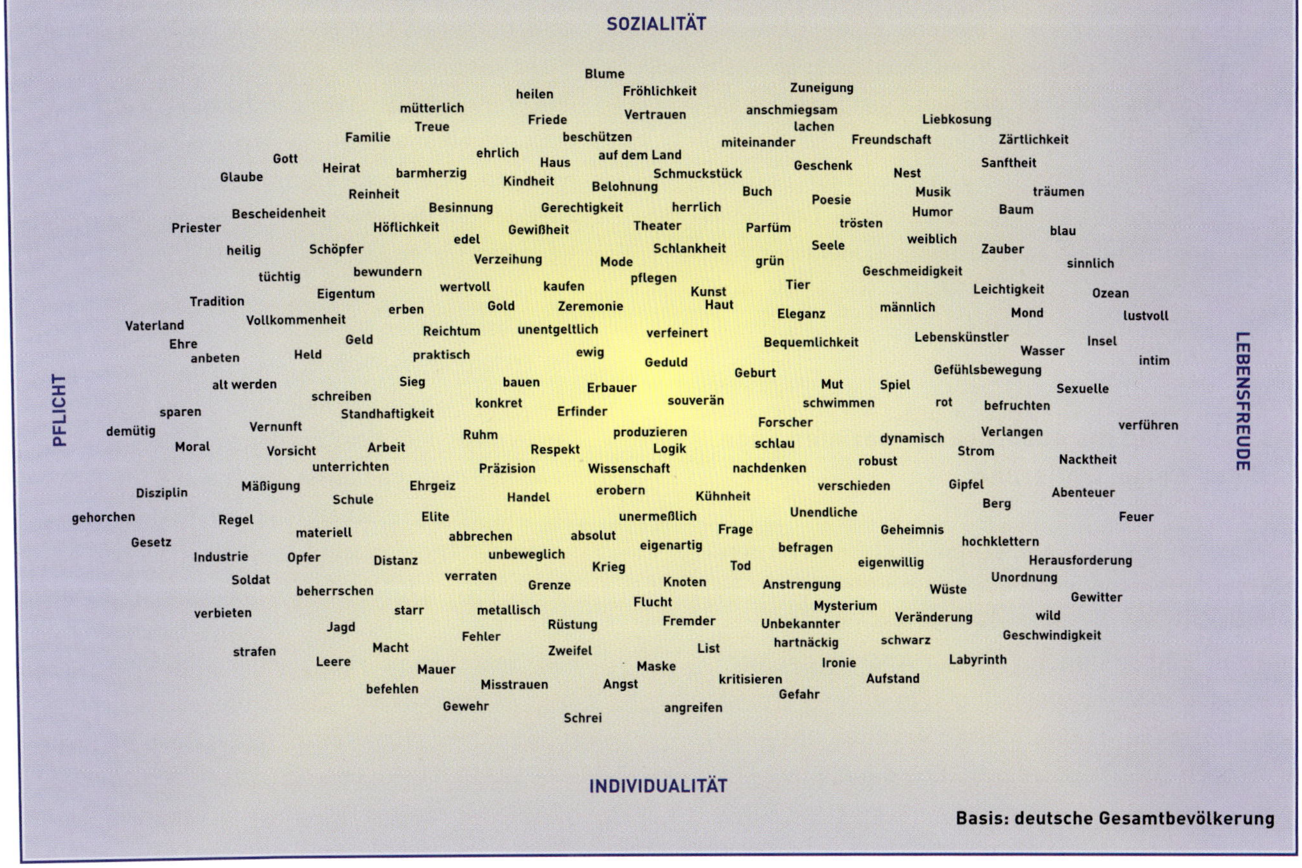

Gemäß Semiometrie-Ansatz wird die Position für jedes Wort bestimmt, indem seine Koordinaten im semantischen Raum über eine multivariate Analyse errechnet werden. Welche Erkenntnismöglichkeiten bietet der semiometrische Ansatz? Zu einem Untersuchungsgegenstand wie z.B. zu einer Marke oder einem Unternehmen können bei unterschiedlichen Zielgruppen sowohl über- und unterrepräsentierte, als auch gemeinsame Begriffe berechnet und graphisch hervorgehoben werden, um spezifische bzw. gemeinsame Wertungen zu dem Untersuchungsgegenstand aufzuzeigen, wie das folgende plakative Beispiel dokumentiert:[21]

- *TNS Emnid* und *Promikativ* ermittelten per Semiometrie, dass die Fernseh-Moderatorin Jenny Elvers bei den Deutschen für Begriffe wie ‚Sexualität' und ‚Geschwindigkeit' steht, während ‚Kultur', ‚Logik' und ‚Präzision' nicht mit ihr in Verbindung gebracht werden. Mit dieser von den Befragten für Jenny Elvers ermittelten Grundhaltung, die man als ‚Lust auf Leben, aber kein Interesse an Wissenschaft und Kultur' umschreiben könnte, eignet sich die bei jungen Zielgruppen hochgradig bekannte Moderatorin für den werblichen Auftritt für Marken wie *BMW*, *Audi*, *Adidas*, *Beck's* oder *Debitel*.

2.3 Lebensstil als Ausdruck der sozialen Lage und der Wertorientierung

In neueren psychographischen Modellen werden häufig die persönlichen Werte und Motive zur Beschreibung gesellschaftlicher Differenzierung genutzt.[22] Eng verbunden mit der Analyse der sich wandelnden Wertvorstellungen in unserer Gesellschaft sind die vieldiskutierten Arbeiten des amerikanischen Politik-Professors Ronald Inglehart:[23]

- Inglehart geht in Anlehnung an das populäre Bedürfnis-Pyramidenmodell des amerikanischen Motivationspsychologen Abraham Maslow davon aus, dass die sozio-ökonomische Lage einer Person ihre Wünsche deutlich beeinflusst. So sind Personen, die sich in physischer oder materieller Not befinden, zuallererst bestrebt, diese Bedrohung zu bewältigen und grundsätzliche Bedürfnisse wie Essen, Schlaf etc. zu befriedigen. Erst wenn diese Bedürfnisse befriedigt sind, finden weitergehende Motive wie Selbstverwirklichung und kultureller und ästhetischer Genuss Raum zur Entfaltung. Dies ist der Hintergrund für die zwei zentralen Thesen von Inglehart: Die ‚Mangelhypothese' besagt, dass die angestrebten Ziele und Prioritäten einer Person ihre soziale Situation reflektieren, wobei der größte persönliche Wert denjenigen Ressourcen zugeschrieben wird, die aktuell knapp sind. Die zweite These, die ‚Sozialisationshypothese', besagt, dass eine Person ihre grundlegenden Werte insbesondere während der Kindheit entwickelt. Es sind zwar auch zu späteren Zeitpunkten noch Werteveränderungen möglich, aber das größte Entwicklungspotential liegt eindeutig in den frühen Jahren.

Aus diesen beiden Hypothesen entwickelt Inglehart das Erklärungsszenario für einen Wertewandelprozess in den westlichen Industriestaaten: In diesen Ländern hat nach dem zweiten Weltkrieg eine relativ lange Phase materieller Absicherung für die größten Teile der Gesellschaft (abgesichert durch Sozialsysteme) stattgefunden. Diese Entwicklung ist als Voraussetzung für die Entstehung eines ‚postmateriellen Wertegefüges' zu sehen, die in dem Wunsch nach Selbstverwirklichung und Individualitätsstreben ihren Ausdruck findet. Dies führte jedoch nicht dazu, dass quasi ‚über Nacht' alle Personen postmaterielle Werte für sich übernommen hätten. Vielmehr ist nach der zweiten Hypothese zu erwarten, dass

> dieser Wertewandel relativ langsam vollzogen wird, da er v.a. in der jüngeren Generation beginnt und sich von dort aus langsam fortsetzt. Beide Prozesse laufen parallel ab und haben nach Inglehart dazu geführt, dass in den westlichen Industriestaaten postmaterielle Werte zunehmend an Boden gewinnen. Für ihn ist diese ‚silent revolution' bestimmend für die Analyse der gesellschaftlichen Prozesse.[24]

In den achtziger Jahren wurde dieser Wertewandel-Ansatz von Inglehart im (in den USA recht verbreiteten) *Values and Life Styles-Modell* (VALS) aufgegriffen und zur Klassifizierung der US-Bevölkerung in acht Life Style-Groups eingesetzt, die in der folgenden Graphik aufgeführt sind:[25]

Values and Life Styles-Modell (VALS)

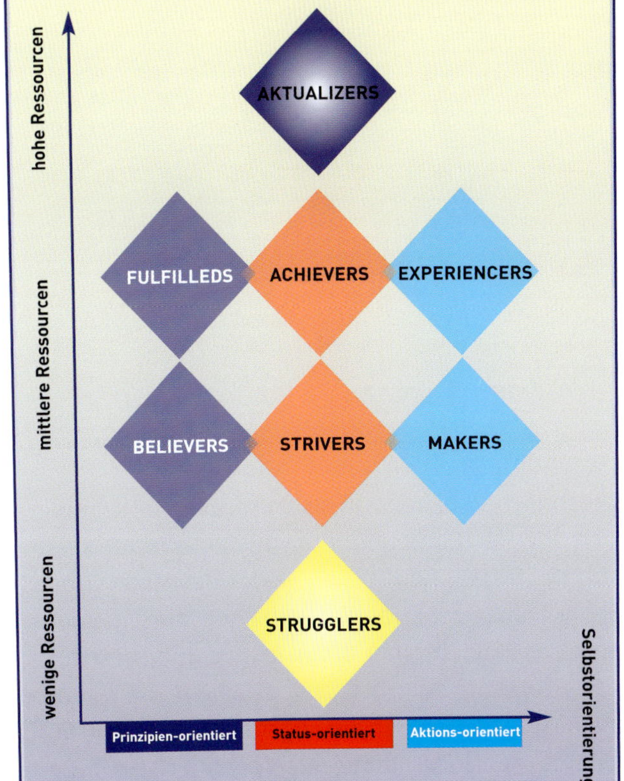

Quelle: SRI Consulting Business Intelligence

Zur Erstellung dieser Typologie wurden die Antworten von über 2.700 Befragten zu ca. 800 Fragen analysiert und daraus dann die relevanten Lebensstilgruppen der erwachsenen US-Bevölkerung gebildet. Im neuen VALS-Modell können Teilnehmer je nach Fragebogenergebnis einem Segment der achtteiligen Typologie zugeordnet werden. Die (amerikanischen) Lebensstil-Gruppen sind auf den zwei Hauptdimensionen ‚Selbstorientierung' und (sozialen) ‚Ressourcen' zueinander positioniert: Nach dem VALS-Ansatz können Menschen in ihrem Verhalten prinzipien-, status- oder aktionsorientiert motiviert sein: *Prinzipienorientierte* (Fulfilleds, Believers) treffen ihre Kaufentscheidungen weniger aufgrund persönlicher Stimmungen, Meinungen anderer oder um etwas zu beweisen, sondern eher anhand abstrakter, übergeordneter Ideal-Kriterien. *Statusorientierte* (Achievers, Strivers) suchen dagegen nach Produkten und Angeboten, die gegenüber dem Umfeld ihren Erfolg im Sinne von Erreichtem demonstrieren. *Aktionsorientierte* (Experiencers, Makers) schließlich sind konsummotiviert durch den Wunsch nach physischer und sozialer Selbstbetätigung, wobei Abwechslung und Risiko (z.B. Freeclimbing) gesucht werden.

Neben der ‚Selbstorientierung' ist auch das eher soziale Differenzierungsmerkmal ‚Ressource' für die Ausprägung des Lebensstils entscheidend. Unter Ressourcen werden hier die gesamten psychologischen, physischen, demographischen und materiellen Mittel und Kapazitäten eines Menschen verstanden. Sie manifestieren sich u.a. in Form von Bildung, Einkommen, Berufsstand, Selbstvertrauen, Gesundheit, Intelligenz, persönlicher Energie und Besitzansprüchen, die in der Regel in jungen Jahren ansteigen, in der Erwachsenenphase am höchsten ausgeprägt sind und im hohen Alter wieder abfallen. Entsprechend wird im VALS-Ansatz angenommen, dass jedes Individuum eine Reihe (nicht nur altersbezogener) Entwicklungsstadien durchläuft, die jeweils seine Einstellungen, Verhaltensweisen und psychologischen Bedürfnisse beeinflussen und seine jeweilige Zugehörigkeit zu einem der acht Lebensstil-Gruppen ausmachen. Die acht VALS-Lebensstil-Gruppen sind folgendermaßen charakterisiert:[26]

Actualizers: Actualizers sind erfolgreich, arbeiten in verantwortungsvollen Positionen, sind sozial am besten gestellt, hoch gebildet und haben ein ho-hes Selbstvertrauen. Sie sind an persönlicher Weiterentwicklung und entsprechend vielseitig interessiert, sei es prinzipienorientiert, sei es status- oder aktionsbezogen. Ihr Image ist ihnen nicht als Beweis von Status oder Macht wichtig, sondern als Ausdruck von Geschmack, Charakter und Un-abhängigkeit. Ihr Lebensstil ist durch Reichtum und Vielschichtigkeit charakterisiert mit einem Gespür ‚for the finer things in life'.

Fulfilleds: Fulfilleds sind gut gebildete, gereifte, zufriedene Menschen, die komfortabel leben und Ordnung, Wissen und Verantwortungsgefühl schätzen. Sie sind gut informiert über das nationale und weltweite Geschehen und suchen nach Informationen. Ihre Freizeit dreht sich um Familie und das eigene Heim. Sie respektieren den Status quo von Autoritäten und Institutionen, aber sind bis zu einem gewissen Grad auch offen für neue Gedanken. Ihre Entscheidungen fußen eng auf den eigenen Prinzipien, was sie trotz ihrer finanziellen Möglichkeiten zu konservativen Konsumenten macht, die bei Produkten auf Haltbarkeit, Funktionalität und Qualität achten.

Achievers: Achievers sind arbeitsorientierte Karrieremenschen. Arbeit gibt ihnen ein Gefühl von Sinnhaftigkeit, materieller Belohnung und Prestige. Sie schätzen Konsens, Vorhersagbarkeit und Sicherheit mehr als Risiko und Selbstfindung, was sich auch in ihrem sozialen Leben widerspiegelt, das sich um Familie, Kirche und Karriere dreht. Ihr Lebensstil ist konventionell geprägt. Sie sind politisch konservativ, autoritätshörig und fixiert auf Image und Status quo. Achievers bevorzugen etablierte Prestigeprodukte, die ihrem Umfeld persönlichen Erfolg signalisieren.

Experiencers: Experiencers sind jung, vital, enthusiastisch, impulsiv und rebellisch. Sie suchen Abwechslung und Aufregung in Form von neuen, unkonventionellen und riskanten (sportlichen und sozialen) Herausforderungen. Ihre Lebenswerte sind noch nicht gefestigt, weshalb sie sich schnell für neue Dinge begeistern, die sie aber ebenso schnell wieder aufgeben. Sie sind uninformiert, politisch noch ungebunden und unentschieden, was sie glauben sollen. Sie verknüpfen Konformität mit Outsider-Dasein. Experiencers geben viel von ihrem Einkommen für Kleidung, Fast Food, Musik und Videos aus.

Believers: Believers sind sehr konservative, konventionell denkende Menschen mit traditionellen, z.T. streng moralischen Glaubensgrundsätzen in Bezug auf Familie, Kirche, Gemeinschaft und die eigene Nation. Sie verfolgen etablierte Routinen, die sie größtenteils im Rahmen von Familie und Heim sowie sozialen oder religiösen Organisationen realisieren. Als konservative Konsumenten bevorzugen sie amerikanische Produkte und etablierte Marken.

Strivers: Strivers suchen nach Selbstbestätigung in ihrer Umwelt. Sie zeichnen sich durch hohe Unsicherheit aus, die sich entsprechend auch in ihrer sozialen Situation niederschlägt. Geld ist für sie gleichbedeutend mit Erfolg, von dem sie nicht genug haben, weshalb sie sich oft vom Leben benachteiligt fühlen. Strivers versuchen 'stylish' zu sein, aber ihre Wünsche bleiben oft hinter ihren finanziellen Möglichkeiten zurück.

Makers: Makers sind praktisch begabte Menschen, die Selbstgenügsamkeit schätzen. Sie zeigen wenig Interesse für Dinge, die außerhalb von ihrem traditionellen Umfeld Familie, Beruf und Freizeit liegen: das Haus verschönern, die Kinder aufziehen, das Auto reparieren sind Tätigkeiten, die sie persönlich ausfüllen. Makers sind politisch konservativ links und verschlossen gegenüber Neuem. Sie lassen sich von praktisch-funktionalen Gütern beeindrucken wie Autozubehör oder Angelausrüstung.

Strugglers: Strugglers sind chronisch verarmt, schlecht gebildet, wenig begabt und ohne soziale Bindungen. Sie sind meist älter, resigniert, passiv und um ihre Gesundheit besorgt. Da sie ihre gegenwärtigen Bedürfnisse nicht realisieren können, zeigen sie auch keine ausgeprägte Selbst-Orientierung. Ihre Hauptsorge gilt der eigenen Sicherheit. Strugglers sind vorsichtige Konsumenten, die besonders loyal zu starken Marken stehen.

Während der VALS-Ansatz in den USA recht verbreitet ist, hat sich in den vergangenen Jahren in Deutschland - neben dem Erlebnismilieu-Ansatz des Soziologen Gerhard Schulze - ein anderer Ansatz als besonders tragfähig erwiesen und große Verbreitung gefunden: das *Sinus-Milieu-Modell*.[27] Das *Sinus*-Modell zählt zu den psychographischen Ansätzen, die - wie auch der VALS-Ansatz - den persönlichen Lebensstil als Ausdruck der jeweiligen sozialen Lage und individuellen Wertorientierung auffassen, der bis zu einem gewissen Grade frei wählbar ist. Ende der siebziger Jahre meldete sich das Heidelberger *Sinus-Institut* mit seinem Milieu-Ansatz zu Wort, weil es Zweifel an der angemessenen Differenzierungsfähigkeit von soziodemographischen und schichtbezogenen Modellen anmeldete, insbesondere in Bezug auf politische Wahlentscheidungen: *„Abgesehen von der Schwierigkeit, dass verschiedene Schichtungsmodelle in der Literatur angeboten werden, hat sich eine Ergebnisdarstellung im Sinne der traditionellen Schichtdifferenzierung für die Analyse unserer Daten nicht besonders gut bewährt, weil das herkömmliche Schichtungsmodell auf Merkmale der subjektiven Lebenslage eben gar nicht Bezug nimmt."* [28] Im Unterschied zu anderen Milieu- und Lebensstilmodellen geht der *Sinus*-Ansatz von relativ unstrukturierten Selbstbeschreibungen der Befragten über ihr Alltagswissen und -handeln aus. *„Dahinter steckt die Überlegung, dass eine zureichende Rekonstruktion der sozialen Wirklichkeit der Personen nur über die Erfassung ihres Alltagsbewusstseins gelingt."*[29] Diese in qualitativen Interviews erhobenen Selbstbeschreibungen werden anhand mehrerer Leitkriterien wie etwa Lebenszielen, Freizeitmotiven und Berufsauffassungen ausgewertet und kategorisiert, so dass sich ‚Milieus' mit unterschiedlichen Ausprägungen in diesen Merkmalen ergeben. Den Prozess der Milieubildung veranschaulicht die folgende Graphik.[30]

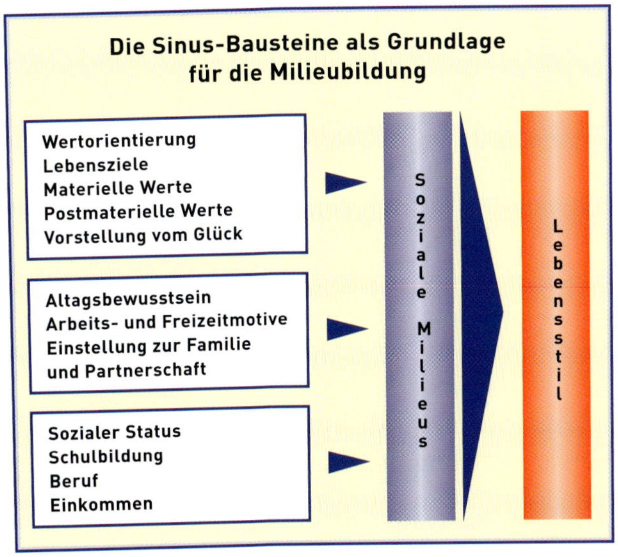

„Soziale Milieus sind Lebensstilgemeinschaften, in denen sich Menschen wiedererkennen, die Vorlieben und Abneigungen in der Lebensführung, im Ausdruck der eigenen Person, in ihren Gewohnheiten, in ihrer Sicht der Dinge, ihren Kommunikationsgewohnheiten teilen."[31] Jedes soziale Milieu erhält dabei ein Label wie etwa ‚Etablierte' oder ‚moderne Performer', das das Kennzeichnende der umschriebenen Personengruppe deutlich machen soll. Die aktuellen zehn Sinus-Milieus mit ihren Labels und jeweiligen prozentualen Bevölkerungsanteilen zeigt die folgende Kurzcharakteristik:

Die 10 Sinus-Milieus 2001

Gesellschaftliche Leitmilieus		
Sinus B1 (Etablierte)	10 %	Das selbstbewusste Establishment: Erfolgs-Ethik, Machbarkeitsdenken und ausgeprägte Exklusivitätsansprüche
Sinus B12 (Postmaterielle)	10 %	Das aufgeklärte Nach-68er-Milieu: Postmaterielle Werte, Globalisierungskritik und interlektuelle Interessen
Sinus C12 (Moderne Performer)	8 %	Die junge, unkonventionelle Leistungselite: intensives Leben - beruflich und privat, Multi-Optionalität, Flexibilität und Multimedia-Begeisterung
Traditionelle Milieus		
Sinus A 12 (Konservative)	5 %	Das alte deutsche Bildungsbürgertum: konservative Kulturkritik, humanistisch geprägte Pflichtauffassung und gepflegte Umgangsformen
Sinus A 23 (Traditionsverwurzelte)	15 %	Die Sicherheit und Ordnung liebende Kriegsgeneration: verwurzelt in der kleinbürgerlichen Welt bzw. in der traditionellen Arbeiterkultur
Sinus AB 2 (DDR-Nostalgische)	6 %	Die resignierten Wende-Verlierer: Festhalten an preußischen Tugenden und altsozialistischen Vorstellungen von Gerechtigkeit und Solidarität
Mainstream-Milieus		
Sinus B 2 (Bürgerliche Mitte)	16 %	Der statusorientierte moderne Mainstream: Streben nach beruflicher und sozialer Etablierung, nach gesicherten und harmonischen Verhältnissen
Sinus B 3 (Konsum-Materialisten)	11 %	Die stark materialistisch geprägte Unterschicht: Anschluss halten an die Konsum-Standards der breiten Mitte als Kompensationsversuch sozialer Benachteiligungen

Hedonistische Milieus		
Sinus C 2 (Experimentalisten)	7 %	Die extrem individualistische neue Bohème: Ungehinderte Spontaneität, Leben in Widersprüchen, Selbstverständnis als Lifestyle-Avantgarde
Sinus BC 3 (Hedonisten)	11 %	Die Spaß-orientierte moderne Unterschicht/ untere Mittelschicht: Verweigerung von Konventionen und Verhaltenserwartungen der Leistungsgesellschaft

Kernstück des *Sinus*-Ansatzes ist, dass die unterschiedlichen gesellschaftlichen Milieus zweidimensional angeordnet werden: Die vertikale Dimension bildet der sozio-ökonomische Status im Sinne sozialer Schichtzuordnung, und die horizontale Dimension wird durch die Werteorientierung (,traditionelle Werte', ,Konsumhedonismus-Postmaterialismus', ,Patchworking', ,Virtualisierung') gebildet. Dieser horizontalen Differenzierung wird hier besonderes Gewicht beigemessen. Die zehn Milieus in ihrer zweidimensionalen ,Verortung' sind im folgenden ,Kartoffelmodell' dargestellt:[32]

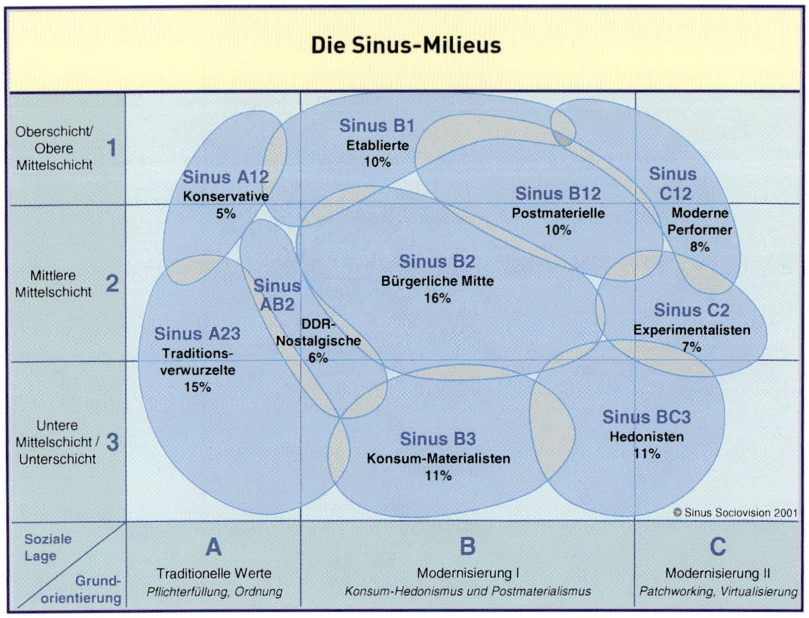

Dieses Modell hat in den letzten Jahren kontinuierlich Überarbeitungen erfahren.[33] Vor allem die Einbeziehung der ehemaligen DDR hat zu mehrfachen Umstrukturierungen geführt. Die aktuelle Darstellung vom Herbst 2001 integriert die Strukturen der sozialen Milieus von Ost- sowie Westdeutschland. Bemerkenswert ist die neu eingeführte Strukturierung der nun dreigeteilten Lage- und Werte-Achsen mit Ziffern und Buchstaben, die die Grundlage für eine Internationalisierung der Milieu-Perspektive bilden. Modernisierung, Regression und Segregation werden im neuen *Sinus*-Modell als wichtige Hintergrundprozesse für eine Neuformulierung des Ansatzes angesehen.

Die Anpassung des *Sinus*-Ansatzes unterstreicht, dass die Gesellschaft in einem kontinuierlichen Wandel begriffen ist und folglich auch kein Analysetool ,stabil' bleiben darf. Die Veränderungen der *Sinus*-Milieus sind also ein wichtiger Vorteil. Ändert man Strukturen selten oder nie, wie dies z.B. bei dem seit Mitte der achtziger Jahre unveränderten Modell der ,Erlebnisgesellschaft' von Gerhard Schulze der Fall ist, so lässt sich fragen, ob der gesellschaftliche Wandel nicht doch solche Veränderungen nötig macht. Auf der anderen Seite ist eine gewisse zeitliche Stabilität eines Modells natürlich bedeutsam für die Analysefähigkeit und Vorhersage von (Konsum-)Verhalten.

Der *Sinus*-Ansatz hat von allen hier vorgestellten Modellen die größte Popularität erlangt, was zur breiten Rezeption dieses Ansatzes und seiner Integration in eine Reihe bedeutsamer Markt-Media-Studien geführt hat.[34] Das *Sinus*-Modell ist seit Anfang der neunziger Jahre in die *Typologie der Wünsche Intermedia* integriert worden, um eine optimale Zielgruppenanalyse und -planung zu ermöglichen. Die Neuformulierung des *Sinus*-Modells wurde am Datenbestand der *Typologie der Wünsche Intermedia 2001/02 Trend* quantifiziert. Im Folgenden soll ein Beispiel den Mehrwert des psychographischen (*Sinus*-)Ansatzes für die Mediaplanung veranschaulichen.

3. Marketingplanung mit psychographischen Ansätzen - ein Beispiel

Die *Typologie der Wünsche Intermedia* (TdWI) kann man als ‚Pionier' bei der Analyse von Lebenswelten ansehen. Sie wurde erstmals 1974 als repräsentativ angelegte Markt-Media-Analyse durchgeführt. Ausgangspunkt waren die teilweise grundlegenden Alltagsveränderungen in den späten sechziger Jahren: Die erkennbaren sozialen Umbrüche jener Zeit, wie z.B. eine Infragestellung von linearem Wachstum und Institutionen wie Familie und Staat, gaben Anlass, die Menschen in ihren differenzierten Medien- und Konsumgewohnheiten besser verstehen und nachvollziehbarer beschreiben zu wollen. Dabei wurde die Frage nach den ‚Lebenswünschen' in den Mittelpunkt gerückt. Der damals neuartige Weg, für die Strukturierung des Gesellschaftswandels Typologien einzusetzen, gab dem Projekt seinen Namen - *Typologie der Wünsche*.

Die im Sommer 2001 erschienene neueste Ausgabe der *Typologie der Wünsche Intermedia 2001/02* basiert auf einer bevölkerungsrepräsentativen Stichprobe von über 20.000 Personen ab 14 Jahren aus deutschen Privathaushalten. Die Teilnehmer werden nach dem randomisierten Adressen-Auswahlverfahren bestimmt und anhand eines Fragebogens mündlich interviewt. Zudem wird eine schriftliche Befragung mit einem Haushaltsbuch ‚angehängt'. Der aktuelle Datenpool liefert Informationen zum Kauf und zur Verwendung von über 1600 Marken aus über 400 Produktbereichen, zur Nutzung von mehr als 140 Zeitschriften, 10 überregionalen Tageszeitungen, regionalen Tageszeitungen, Supplements, Apotheken-Kundenzeitschriften und Büchern sowie Fernsehprogrammen, Videotext, Hörfunksendern und Online-Angeboten. Darüber hinaus bietet die *Typologie der Wünsche Intermedia 2001/02* mehrere Zielgruppen-Modelle, um marketing-relevante Fragestellungen zu beantworten. Neben den psychographischen Ansätzen der *Sinus*-Milieus und Indizes zur Emotionalen Intelligenz (EQ) stehen z.B. der bereits vorgestellte Biografische Lebenswelten- und Familien-Lebenswelten-Ansatz sowie ein Modell der Konsum-Motive (‚Rationalität', ‚Spontaneität', ‚Emotionalität', ‚Kontrolle') zur Verfügung.[35]

Mit der *Typologie der Wünsche Intermedia 2001/02* kann somit marketingorientiert und intermedial geplant werden: Es können Kommunikationsstrategien erarbeitet und Zielgruppen qualitativ und quantitativ definiert, Marktpotentiale bestimmt und Wettbewerbs-Situationen differenziert analysiert werden.

An dieser Stelle wollen wir an einem Beispiel den konkreten Nutzen für die Planung aufzeigen, den die Berücksichtigung psychographischer Informationen (hier von den *Sinus*-Milieus) bei der Analyse haben kann. Das folgende Beispiel zur fiktiven Marke ‚Ultra' beruht auf den Auswertungen für eine real existierende Marke.

- Der Hersteller der hochpreisigen Herrenmodemarke ‚Ultra' möchte als Line-Extension einen gleichnamigen Herrenduft lancieren, um bei den Verwendern der Modemarke die Markenbindung zu steigern. Dabei soll ein Imagetransfer erreicht werden, der den

Duft in der Lebenswelt der Kunden im Sinne der Modemarke positioniert. Gemäß dieses Marketingziels gilt es zunächst, die typischen Käufer der Herrenmodemarke ‚Ultra' zu beschreiben. Sie repräsentieren die bisherige Kernzielgruppe. Mit Hilfe der *Sinus*-Milieus ist es möglich, eine Milieuverortung derjenigen Käufergruppe durchzuführen, die in den letzten vier Jahren die Marke gekauft hat. Das Ergebnis zeigt die folgende *Sinus*-Graphik:[36]

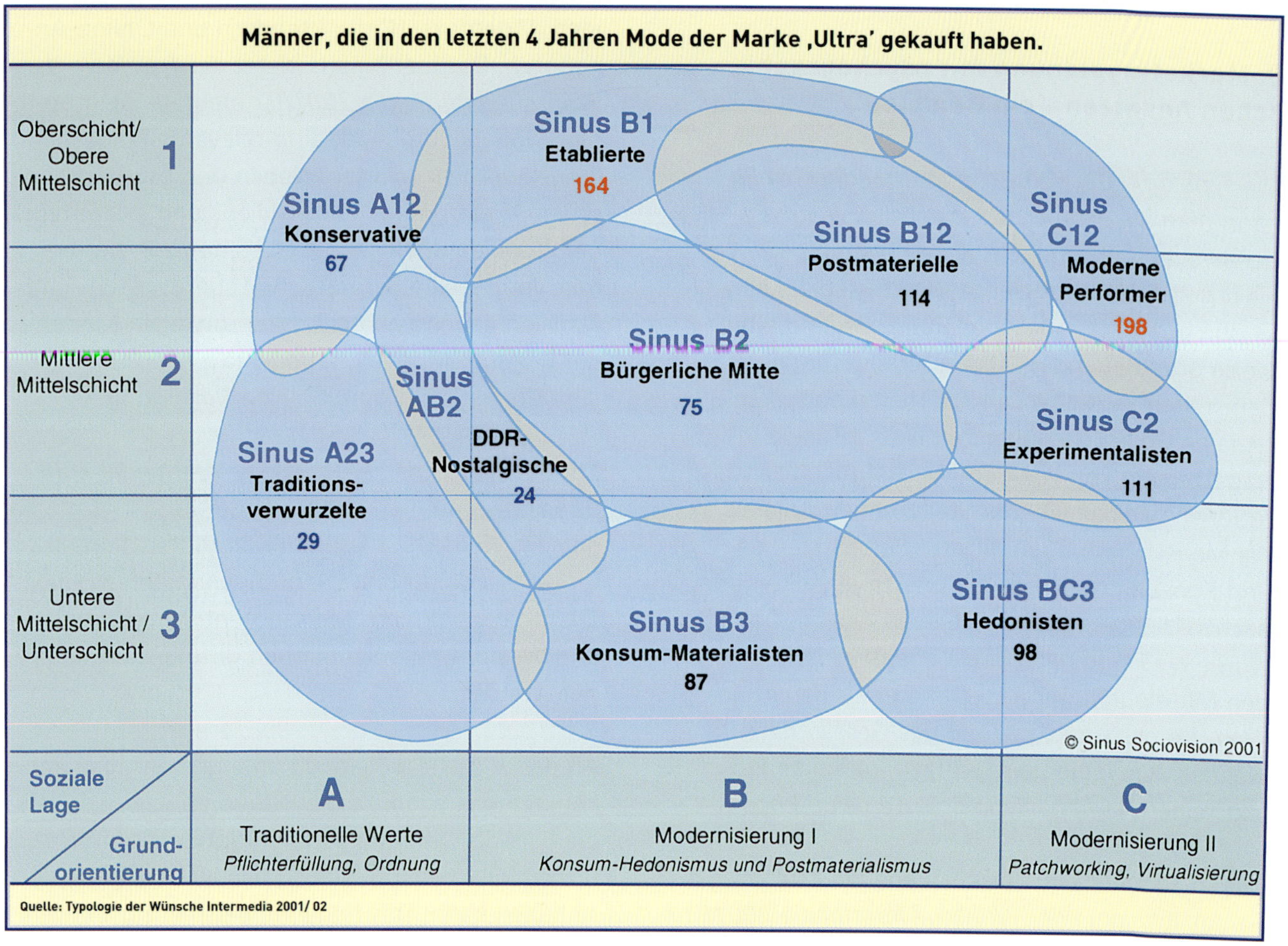

In den einzelnen Milieus der Graphik sind jeweils Indexwerte angegeben.[37] Ein unterproportionaler Anteil der Männer-Zielgruppe in dem jeweiligen Milieu wird durch einen blauen Wert angezeigt (Index ist gleich oder kleiner 80). Ein roter Wert gibt demgegenüber einen überproportionalen Anteil am Milieu an (Index von 120 oder darüber).

Dabei wird deutlich, dass Käufer der Modemarke ‚Ultra' in drei gesellschaftlichen Milieus deutlich überrepräsentiert sind und zwar absolut und relativ im Vergleich zu allen Männern. Dies sind die Milieus der ‚Etablierten', ‚Postmateriellen' und ‚Modernen Performer'. Diese Positionierung in den *Sinus*-Milieus verdeutlicht, dass der Verwenderschwerpunkt in der gehobenen Mittelschicht liegt und zum Exklusivitätsanspruch von ‚Ultra' passt.

Als Zielgruppe eignen sich also zunächst die drei gefundenen Leitmilieus. Nun geht es aber nicht um die Positionierung der Modemarke an sich, sondern um eine Line-Extension im Duftbereich. Daher müssen die über die Modemarke ‚Ultra' ermittelten Schwerpunktmilieus, die den Markenkern der Modemarke beschreiben, mit der neuen Produktlinie in Verbindung gebracht werden. Die zu definierende Zielgruppe kann nur dann effektiv medial beworben werden, wenn sie auch regelmäßige Verwender von Eau de Toilette umfasst. Unter Berücksichtigung der Verortung in den *Sinus*-Milieus lauten die Ober- und Teilzielgruppen dann:

- *Oberzielgruppe:* Männer, die mindestens 1 Mal pro Woche Eau de Toilette verwenden. Das sind ca. 9,02 Mio. Männer (29,5 Prozent).
- *Teilzielgruppe 1:* Die Oberzielgruppe im *Sinus*-Milieu der ‚Etablierten' (B1). Das sind ca. 1,5 Mio. aller Verwender (16,7 Prozent).
- *Teilzielgruppe 2:* Die Oberzielgruppe im *Sinus*-Milieu der ‚Postmateriellen' (B12). Das sind ca. 0,79 Mio. aller Verwender (8,8 Prozent).
- *Teilzielgruppe 3:* Die Oberzielgruppe im *Sinus*-Milieu der ‚Modernen Performer' (C12). Das sind ca. 1,17 Mio. aller Verwender (13,0 Prozent).
- *Gesamtzielgruppe:* Die Gesamtzielgruppe umfasst demnach 3,46 Mio. Zielpersonen, was ca. 11,3 Prozent aller Männer der Bundesbevölkerung ausmacht.

Vergleichen wir dieses Ergebnis mit einer demographisch ausgerichteten Zielgruppenanalyse: Aus demographischer Sicht lässt sich festhalten, dass Männer, die der Modemarke ‚Ultra' nahe stehen, eher jünger sind und in Haushalten mit hohem Haushaltsnettoeinkommen leben. Für den neuen Duft werden nun also Männer zwischen 20 und 49 Jahren gesucht, die mindestens 1 Mal pro Woche Eau de Toilette verwenden und über ein Haushaltsnettoeinkommen von mehr als 2000 Euro verfügen. Die sich ergebende Verteilung in den *Sinus*-Milieus gibt die folgende Graphik wieder:[38]

Männer zwischen 20 und 49 Jahren mit einem Haushaltsnettoeinkommen von mehr als 2.000 Euro, die Eau de Toilette verwenden.

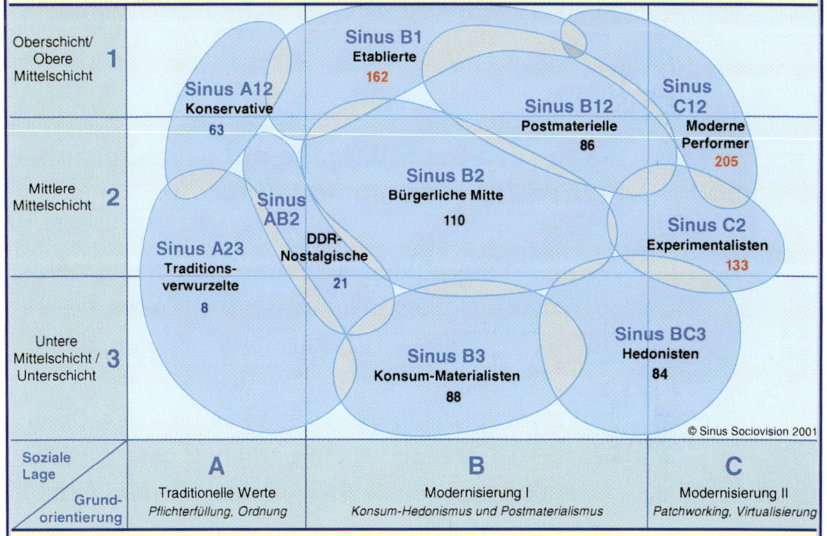

Quelle: Typologie der Wünsche Intermedia 2001/ 02

Die demographisch definierte Zielgruppe ist überproportional in den Sinus-Milieus der ‚Etablierten' und ‚Modernen Performer' vertreten, während sie im Milieu der ‚Postmodernen' unterrepräsentiert ist. Außerdem ist hier das Milieu der ‚Bürgerlichen Mitte' stärker vertreten, der aber in der Marketingzielgruppe nur unterdurchschnittliche Bedeutung zukommt. Zudem ergibt eine Rangreihenübersicht der Mediennutzung nach der *Typologie der Wünsche Intermedia 2001/02*, dass die Teilzielgruppe der ‚Bürgerlichen Mitte' über andere Medien angesprochen werden müsste als die drei verwendungsorientiert definierten Milieus (nämlich über Medien, die eher Unterhaltung und Sport zum Schwerpunkt haben). Deshalb ist hier der verwenderbezogenen psychographischen Zielgruppenbestimmung gegenüber einer Definition nach demographischen Kriterien der Vorzug zu geben.

Beim Einsatz von psychographischen Ansätzen erwarten Konstrukteure wie Anwender neben vielen interessanten Erkenntnissen aber auch einige bedenkenswerte Hürden, die im folgenden Kapitel betrachtet werden sollen.

4

4. Hürden beim Umgang mit psychographischen Zielgruppenmodellen

Milieu-Modelle und Lebensstil-Typologien erheben den Anspruch, allumfassende ‚holistische' Beschreibungen gesellschaftlicher Strukturen zu liefern. Die Kritik an diesen Ansätzen bezieht sich auf zwei Bereiche, die ganz wesentlich den Qualitätsgehalt ihrer Aussagen berühren: geringe Validität und mangelnde Reliabilität. Während sich die Validität auf die adäquate und gültige (valide) Abbildung der psychographischen Merkmale und Gruppen bezieht, ist mit dem wissenschaftlichen Gütekriterium der Reliabilität die Genauigkeit gemeint, mit der die Merkmale erfasst und bewertet werden. Beide Kriterien müssen psychographische Ansätze bis zu einem gewissen Grad erfüllen, wenn sie repräsentative Aussagen über die Lebensauffassungen und Verhaltensweisen der Bevölkerung machen wollen.

Von der akademischen Forschung wird oft die ‚Theorielosigkeit' und entsprechend die ausschließlich pragmatische Gegenwartsbezogenheit von Lebensstil-Modellen kritisiert. Ohne Theorie oder Modell ist eine zufriedenstellende Validität nur schwer erreichbar, da ein Bezugsrahmen fehlt, der besagt, welche psychologischen Merkmale für Lebensstile eigentlich zu erheben sind, nach welchen Kriterien diese dann kategorisiert werden sollten. So steht die ‚Willkürlichkeit' bei der Auswahl der Kriterien, die zur Konstruktion und Beschreibung von Lebensstil-Gruppen herangezogen werden, häufig an erster Stelle der Kritik. Offensichtlich ist, dass diese Auswahl bei angewandten Lebensstil-Ansätzen häufig aufgrund eines bestimmten, unmittelbar praktischen Erkenntnisinteresses vollzogen wird.

Diese Plausibilitätsauswahl ist umso problematischer, als Individuen eine Vielzahl z.T. sehr unterschiedlicher Rollen zu erfüllen haben und sich in unterschiedlichen sozialen Feldern bewegen. So stellt sich die Frage, ob die Annahme eines individuell durchgängigen Lebensstils überhaupt haltbar ist. Zweifel daran nährt die Forschung zum Selbstkonzept, die deutlich macht, dass die Vorstellung eines stabilen, überdauernden individuellen Selbstkonzeptes nur begrenzt angemessen ist.[39] Die Forderung nach theoretischer Begleitung bei der Auswahl von Kategorien ist also mindestens insofern berechtigt, als die späteren aus Clusteranalysen extrahierten Lebensstile stets abhängig von den vorher ausgewählten Variablen und den zur Clusterbildung herangezogenen Algorithmen sind. Die Validität einzelner Stichprobenergebnisse aus Lebensstiluntersuchungen lässt sich mangels externer Kriterien häufig nur als interne Konsistenz oder Face-Validität (Plausibilitäts-Validität) fassen.

Eng mit der validen Merkmalsbestimmung und -kategorisierung zu Lebensstilen ist die Frage nach der angemessenen Clusterzahl verbunden. Besondere Probleme ergeben sich vor allem dann, wenn in Frage steht, in welchem Ausmaß eigentlich die Beschreibungen der Segmente auf die einzelnen, individuellen Mitglieder dieser Segmente zutreffen, also wie homogen die beschriebenen Gruppen sind. Wie viele Lebensstile sind sinnvoll voneinander abgrenzbar? Es geht bei diesem Aspekt um die geeignete ‚Brennweitenwahl', die Festlegung der Systemgrenzen, der Kontextweite, den angestrebten ‚Abbildungsmaßstab' der Betrachtung. Je stärker man dabei Details analysiert, desto deutlicher wird natürlich das sozio-kulturelle Spektrum, aber desto mehr fächert es sich auch auf. So konnten z.B. bei einer besonders fein gegliederten Betrachtung des 'Mikro-Kosmos' Berlin-Schöneberg diverse soziale Milieus wie etwa ‚homosexuelle Subkultur', ‚gutbürgerliches Schöneberg', ‚Drogenszene', ‚Punks', ‚Links-alternative Szene', ‚New-Wave-Generation', ‚neue Mittelschicht', ‚Altlinke', etc. entdeckt werden.[40] Bei einer Beschreibung der Gesamtbevölkerung ist demgegenüber z.B. eine Verdichtung der Strukturen auf fünf Milieus vorgeschlagen worden und der *Sinus*-Ansatz geht von 10 relevanten Lebensstil-Milieus aus.[41]

Die ‚Brennweitenwahl' bestimmt somit den Grad an ‚Unschärfe' und Differenziertheit. Je feinmaschiger die Beschreibung wird, d.h. je mehr Cluster beschrieben werden, desto geringer wird aber auch die Fallzahl in jedem Cluster. Dies kann dazu führen, dass letztlich Zufallsergebnisse interpretiert werden. Umgekehrt stellt sich bei sehr wenigen Clustern die Frage nach der Adäquatheit der Gruppenbeschreibungen, da ‚inhomogene Sammelschubladen' entstehen können, denen Einzelfälle nicht mehr eindeutig zuordenbar sind. Damit zusammenhängend ist auch die Frage nach der Identifikation von ‚Stilpionieren', von Gruppen, die neue relevante Aspekte gesellschaftlicher Differenzierung signalisieren. Bei den oft eingesetzten Routineverfahren werden solche Gruppen u.U. ‚eingeebnet' oder aber als besonderes Gruppenkriterium überpointiert. Hier sind also ebenfalls theoretische Überlegungen notwendig, um in der Praxis über valide und überprüfbare Kriterien zur Differenzierung von Lebensstilen zu verfügen.

Die Frage nach der geeigneten ‚Brennweitenwahl' berührt ein weiteres zentrales Problem bei den Lebensstilkonzepten: ihre Reliabilität.[42] Prinzipiell ist festzuhalten, dass man nur das Richtige erheben kann (Validität), wenn man es genau erhebt (Reliabilität). In Lebensstil-Untersuchungen werden häufig große Stichproben betrachtet, so dass unsystematische Messfehler, die die Reliabilität mindern können, innerhalb eines Samples kaum ins Gewicht fallen. Die (Un-)Genauigkeit der Messungen aus Interviews und Fragebögen hält sich bei großen Stichproben in vertretbaren Grenzen.

Gravierender ist die Frage nach der Reliabilität der Struktur. Aufgrund der meist eingesetzten multivariaten statistischen Auswertungsverfahren (Cluster- und Faktorenanalysen bzw. Regressions- und Korrelationsverfahren) ist zu erwarten, dass sich die Strukturen und Größenverhältnisse von Stichprobe zu Stichprobe verändern. So fällt z.B. bei der Betrachtung der Life Style-Studien von *Michael Conrad & Leo Burnett* auf, dass in Deutschland bestimmte Cluster aus dem Jahr 1985 im Jahr 1990 nicht mehr wiedergefunden werden konnten. Nun stellt sich die Frage, ob sich die beobachteten Strukturen tatsächlich verändert haben oder ob solche Beobachtungen als methodisches Artefakt anzusehen sind. Die Verwendung fester Clusterkerne zur Replizierung von einmal gefundenen Strukturen führt ebenfalls nicht zur Klärung, weil dadurch die Prozesskomponente des gesellschaftlichen Wandels künstlich unterdrückt würde. Die Gefahr, dass Lebensstil-Modelle zu pragmatischen Tools werden, die schon nach einigen Monaten ihre Relevanz einbüßen, ist zumindest gegeben.

Eine dritte Hürde ist wieder eine Frage der (diesmal externen) Validität. Es geht um die Übertragbarkeit und Anwendbarkeit der Ergebnisse der Lebensstil-Ansätze auf Alltagsverhalten. Inwieweit kann die Mitgliedschaft in einer bestimmten Lebensstilgruppe zur Vorhersage konkreter Verhaltensweisen wie etwa Kaufverhalten oder Mediennutzung dienen? Lebensstilkonzepte machen in der Regel unspezifische Aussagen, gerade weil sie aus vielen Einstellungsfacetten zusammengestellt worden sind. Deshalb ist zu fragen, wie stark eine allgemein erhobene Disposition wie der ‚Lebensstil' mit konkretem Verhalten zusammenhängen kann bzw. muss, so dass man Lebensstile vorhersagend oder erklärend heranziehen darf. Die in der Sozialpsychologie viel diskutierte Frage nach dem Zusammenhang zwischen Einstellungen und konkreten Verhaltensweisen stellt sich hier ebenso für die Verhaltensrelevanz der ‚Einstellungskonglomerate', die in Lebensstiluntersuchungen zur Beschreibung von sozialen Milieus und Dispositionen benutzt werden. Folgt man der gängigen wissenschaftlichen Argumentation, so ist aufgrund der Zuordnung zu einem bestimmten sozialen Milieu bzw. Lebensstil kaum eins zu eins auf spezifische, individuelle Verhaltensweisen zu schließen.[43] Als Lösungsversuch werden deshalb häufig spezielle Typologien erstellt, die sich nur mit einem Lebensbereich beschäftigen, der häufig über verhaltensnah erfragte Einstellungen erhoben wird.

Zusammenfassend kann man sagen, dass der Grad an Komplexitätsreduktion, den Lebensstilmodelle anstreben, Chance und Gefahr zugleich ist: Psychographische Ansätze sind - wie im Übrigen alle Kategoriensysteme (wie z.B. Schichtzuordnungen und Einkommensklassen) - bis zu einem gewissen Grad ‚willkürlich'.[44] Demgegenüber ist der große Vorteil von Lebensstil- und Milieumodellen ihre relativ ökonomische Beschreibung komplexer Phänomene der sozialen Realität unter Wahrung einer hohen Aussagekraft. Komplexitätsreduktion kann somit zentraler Vorteil als auch Nachteil sein.

5. Was heißt das für die Planungspraxis? Ein Fazit.

Die Frage, ob nun Demographie oder Psychographie vorteilhafter ist, stellt sich dem Praktiker in dieser Form gar nicht. Wer auf der Suche nach momentanen Verwendern seines Produktes ist oder sich Gedanken zu potentiellen Zielgruppen macht, wird möglichst alle Aspekte berücksichtigen. Er wird sich zunächst für Verwender oder Anschaffungsplanende interessieren. Wer Zigaretten verkaufen möchte, wird sich in erster Linie an Raucher wenden, wer Versicherungen anbietet an Interessierte in entsprechenden Altersgruppen. Diese Informationen stehen meist ad hoc aus einer Reihe kontinuierlich erscheinender Markt-Media-Studien wie z.B. der *Typologie der Wünsche Intermedia* zur Verfügung. Bei Stichprobengrößen oberhalb von 20.000 Fällen liefern die Datenpools dieser Studien ohne Zeitverzögerung weitreichende Zielgruppeninformationen - von Aktienbesitzern bis zu Versorgern von Zimmerpflanzen. An dieser Stelle planerischer Überlegungen ist die Stilwelt der Zielgruppe - wenn es sie denn überhaupt so homogen gibt - zunächst eher zweitrangig.

Wenn es um die spezifische Positionierung eines Produktes geht, wird man kaum um ein Verständnis der (momentanen oder angestrebten) Zielgruppe als *Stilgruppe* allerdings kaum herumkommen. Um ein Produkt durch Marketing- und Mediaaktivitäten sinnvoll mit den Käufererwartungen zu verknüpfen, sind Instrumente und Modelle hilfreich, die die stilistischen Spezifika der Konsumenten zielgruppenbezogen herausarbeiten und kommunizierbar machen.[45] Psychographische Ansätze sind entsprechend bei der Neueinführung von Marken wichtig, bei der man z.B. besonders marken-wechselbereite Milieus ansprechen will. Gleiches gilt für innovative Produkte, bei denen die Ansprache von Innovatoren bzw. Gruppen interessant ist, denen das ‚Mithalten können' und rasche Aufgreifen neuer Moden und Entwicklungen besonders wichtig ist.

Darüber hinaus geht es in vielen Fällen darum, marketing- und mediatechnisch neue Positionierungen anzugehen oder Produkte adäquat zu relaunchen. Auch in diesen Fällen ist es von zentraler Bedeutung, die Lebenswelt der bisherigen und mutmaßlichen neuen Konsumenten zu *verstehen*, um die Machbarkeit solcher Veränderungsbestrebungen abschätzen zu können. Selbst für starke Marken besteht die Kunst darin, zu einem wichtigen Symbol für ein soziales Milieu bzw. eine psychographisch beschreibbare Gruppe zu werden. Auf diese Weise wird sie - zumindest für einen bestimmten Zeitraum - für andere Marken schwer angreifbar.

Insofern gilt es, das eine zu tun, ohne das andere zu lassen. Zum Verständnis von Zielgruppen ziehen Praktiker sowohl Informationen zur Produktverwendung und Anschaffungsplanung, als auch zu soziodemographischen und psychographischen Eigenschaften potentieller Zielgruppen in Betracht. In der angemessenen Gewichtung und Zusammenschau aller Informationen liegt der Kommunikationserfolg begründet.

6

6. Anhang

1 DINKs ist eine geläufige Abkürzung für ‚Double income no kids', ein Label für die Zielgruppe der meist jüngeren Paare, die beide berufstätig und kinderlos sind.

2 Diese Ausführungen zur ‚nivellierten Mittelstandsgesellschaft' sind bei Schelsky (1979, S. 327) zu finden.

3 Den Prozess sozialer Distinktion via Konsum vermutet Lüdtke (1989, S. 13).

4 Diesen Ansatz vertritt Bourdieu (1982) in seinem populären Werk ‚Die feinen Unterschiede'.

5 Diese Ausführungen macht Müller (1986).

6 Die zunehmende Bedeutung psychographischer Ansätze kritisieren z.B. Lüdtke (1990, S. 434), Kleining (1995) und Geißler (1996, S. 319).

7 Diese Differenzierungsprozesse der Gesellschaft beschreiben Beck (1986, 1995) und Schulze (1992).

8 Die Lebensstil-Definition stammt von Lüdtke (1990, S. 434).

9 Ende des 19. Jahrhunderts legte der norwegisch-amerikanische Ökonom Thorstein Veblen seine ‚Theorie der feinen Leute' vor, in der er auf Verhaltensweisen wie den ‚demonstrativen Müßiggang' hinwies, durch die privilegierte Gruppen ihre Vormachtrolle sichtbar machen. Auch der deutsche Soziologe Max Weber beschrieb zu dieser Zeit die Ausprägungen ständischer Verhaltensweisen zur Betonung und Sichtbarmachung sozialer Distanz.

10 Das Modell der Biografischen Lebenswelten stammt von dem Hamburger Professor Gerhard Kleining (2001).

11 Die aktuelle Quantifizierung des Biografischen Lebenswelten-Ansatzes nahm Professor Kleining anhand des Datensatzes der Typologie der Wünsche Intermedia (TdWI, 2001) vor.

12 Dieses Anwendungsbeispiel zu den Biografischen Lebenswelten entstammt der TdWI (2001).

13 Die Indexbetrachtung ist ein Unterschiedsmaß: Wenn z.B. die Gesamtbevölkerung gleich 100 gesetzt wird, dann drückt ein Index von 200 aus, dass der Wert in der Zielgruppe doppelt so hoch ist wie in der Gesamtbevölkerung (Referenzgruppe).

Formal ausgedrückt: Index = Messwert der Zielgruppe zum Messwert der Referenzgruppe.

14 Das Zitat stammt aus Simmel (1989, S. 665).

15 Das AIO-Konzept wurde u.a. von dem Amerikaner William D. Wells (1975, S. 196 ff.) mit entwickelt.

16 Die Übersicht der AIO-Themen ist adaptiert aus J. T. Plummer (1974, S. 34).

17 Über die Bedeutung des AIO-Ansatzes für den Marketing-Bereich informieren z.B. Drieseberg (1992, 1995) und Kramer (1991).

18 Die Life Style-Forschung von Michael Conrad & Leo Burnett (1991) wird mittlerweile in den USA und Deutschland nicht mehr in dieser Form fortgeführt (aber in Osteuropa).

19 Mehr Informationen zur Euro-Socio-Styles-Studie der GfK sind zu finden unter: http://www.gfk.de/lebensstilforschung. Den Socio-Style-Ansatz stellt Cathelat (1993) vor.

20 Über seinen Semiometrie-Ansatz informiert TNS Emnid unter: http://www.emnid.tnsofres.com.

21 Das Beispiel ist wiedergegeben aus media & marketing (8-9/2001, S. 80).

22 *Ein Werteansatz stammt z.B. von Milton Rokeach, der bei Paul McGowan & Marcus Thiel, als auch Hanno Vischer & Eva Altenburg sowie Dirk Engel behandelt wird.*

23 Der Ansatz des Wertewandels geht auf die Arbeiten von Inglehart (1990) zurück. *Diesen Ansatz stellen auch Lorenz Fischer & Günter Wiswede in ihrem Beitrag vor.*

24 Die Ableitungen aus dem Wertewandel-Ansatz von Inglehart sind mittlerweile durchaus kontrovers diskutiert worden. So stellt Duncker (1998) den proklamierten systematischen Wandel hin zu ‚Selbstverwirklichungswerten' für Deutschland in Frage. Nach seinen Analysen ergibt sich vielmehr ein Nebeneinander von traditionellen Werten und Selbstverwirklichungswerten.

25 Über das VALS-Modell informiert die Arbeit von Arnold Mitchell (1983) ausführlicher.

26 Die aktuelle Darstellung der VALS-Typen findet sich unter: http://future.sri.com/VALS/types.shtml.

27 Seinen Erlebnismilieu-Ansatz stellt Schulze (1992) vor. Mehr Informationen zu den Sinus-Milieus gibt das Burda Advertising Center (2002) oder auch die Sinus-Homepage unter: http://www.sinus-milieus.de.

28 Das Zitat stammt von Becker & Nowak (1982, S. 255). Mit als erste Publikation erschien die Studie ‚Wohnwelten in Deutschland - Alltagsästhetik, Wohnphilosophien, Wohnstile' (herausgegeben von ‚Das Haus' und der Burda GmbH, 1986), die anhand des privaten Einrichtungsverhaltens die besonderen Eigenschaften der einzelnen sozialen Milieus verdeutlichte.

29 Das Zitat stammt von Becker & Nowak (1982, S. 250).

30 Die Abbildung zur Milieubildung steht bei Becker & Nowak (1982, S. 258). In der praktischen, quantitativ ausgerichteten Anwendung wird in Westdeutschland anstelle von Interviews den Befragten eine Statementbatterie mit 46 Items vorgelegt, die verschiedene Aspekte sich verändernder Werthaltungen aufgreifen.

31 Die Milieubeschreibung ist ein Zitat aus Flaig, Meyer & Ueltzhöffer (1993).

32, 33 Die Abbildung der Sinus-Milieus ist der Veröffentlichung des Burda Advertising Center (2002) entnommen, in der auch über die Überarbeitungen des Sinus-Modells informiert wird.

34 *Auf die Bedeutung der Sinus-Milieus für Markt-Media-Studien geht Dirk Engel in seinem Beitrag ein.*

35 Das Modell der Konsum-Motive wurde in Zusammenarbeit mit dem Freiburger ifm-Institut entwickelt. Weitere Informationen sind auf der Homepage http://www.tdwi.com zu finden.

36 Die Abbildungen sind der aktuellen Typologie der Wünsche Intermedia (TdWI, 2001) entnommen.

37 Die Indexbetrachtung ist ein Unterschiedsmaß: Wenn z.B. die Gesamtbevölkerung gleich 100 gesetzt wird, dann drückt ein Index von 200 aus, dass der Wert in der Zielgruppe doppelt so hoch ist wie in der Gesamtbevölkerung (Referenzgruppe).

38 Die Abbildungen sind der aktuellen Typologie der Wünsche Intermedia (TdWI, 2001) entnommen.

39 Dieses Ergebnis zum Selbstkonzept berichten Markus & Wurf (1987).

40 Diese Einteilung der sozialen Milieus im Erhebungsraum Berlin-Schöneberg stellen Berking & Neckel (1990) in ihrer Milieu-Studie vor.

41 Eine Verdichtung der Strukturen auf fünf Milieus wird im Erlebnismilieu-Modell von Schulze (1992) vorgenommen.

42 Auf das Reliabilitätsproblem psychographischer Ansätze weist bereits Wells (1975, S. 196 ff.), einer der Pioniere der amerikanischen Life Style-Forschung, hin.

43 Ihre Überlegungen zum Verhältnis von Einstellungen und Verhalten beziehen die beiden bekannten amerikanischen Einstellungsforscher Fishbein & Ajzen (1980) allerdings nicht auf Lebensstilmodelle. *Auf den Einstellungs-Verhaltens-Zusammenhang geht Michaela Wänke in ihrem Beitrag ausführlicher ein.*

44 Formale soziodemographische Kriterien (z.B. Einkommensklassen oder Schichtzuordnungen) sind in vielen Fällen ebenfalls ‚willkürlich' bzw. beruhen auf Konventionen. Zudem stellt sich die pragmatische Frage nach der Alternative: Jede Beobachtung ist insofern ‚willkürlich', als die Beobachtungskategorien ausgewählt werden müssen.

45 So hervorragend die Differenzierungs- und Analysemöglichkeiten psychographischer Tools auch sind, so schwer wiegt doch bisweilen das Problem, dass es auf Seiten der Ansprache nur selten spezifische bzw. einzigartige Zugangswege zu einzelnen Milieus gibt. Massenmedien haben immer nur bestimmte über- oder unterproportionale Affinitäten zu Zielgruppen und erreichen in den meisten Fällen deutlich mehr Personen, die nicht dem Kern der Zielgruppendefinition entsprechen. Diese ‚Fehlstreuung' bietet dennoch ein wichtiges Kontaktumfeld, denn natürlich ist jede Zielgruppendefinition eine bewusst überspitzte Einengung der tatsächlichen Käuferschaft.

Dirk Engel
Grouphead Research
Universal McCann

Gießen ist sicherlich nicht die aufregendste Stadt. Vielleicht habe ich deshalb viel ferngesehen – eine Tätigkeit, die entgegen der Erwartungen meiner Eltern für meine berufliche Laufbahn äußerst hilfreich war.

In Gießen wurde ich 1969 geboren und sammelte dort erste journalistische Erfahrung als freier Mitarbeiter beim Gießener Anzeiger. Nach dem Abitur begann ich mein Studium an der Johannes Gutenberg-Universität in Mainz. Dem Namenspatron der Universität verpflichtet, widmete ich mich den Medien und studierte Publizistik mit den Nebenfächern Psychologie und Soziologie. 1995 schloss ich das Magisterstudium ab und begann als Journalist beim Wiesbadener Kurier, der mich zu dieser Zeit mit seiner neuen Stadtteil-Berichterstattung reizte.

Bereits im September 1995 wechselte ich vom Lokaljournalismus zu meinem zweiten großen Interessengebiet, der Medien- und Sozialforschung. Ich begann als Assistent bei Universal McCann in Frankfurt am Main. Das Unternehmen gehört international zu den führenden Mediaagenturen und betreut Kunden wie Opel, L'Oréal, Nestlé, Deutsche Bank, BASF, UPS, Deutsche Telekom und Camel.

Bei Universal McCann lernte ich durch die führenden Mediaforscher Michael Hofsäss und Alfred Müller die Mediabranche kennen. Als Ergänzung zu meiner sozialwissenschaftlichen Ausbildung absolvierte ich ein berufsbegleitendes Studium in Betriebswirtschaft und Marketing an der Universität Basel. Seit 1999 bin ich als Grouphead Research u.a. mitverantwortlich für den deutschen Teil der Studie ‚media in mind'. Außerdem bin ich als Dozent an der Akademie für Marketing-Kommunikation e.V. in Frankfurt a.M. tätig, wo ich die Fächer Kommunikationstheorie, Analyseverfahren und Werbewirkung lehre. Derzeit arbeite ich in der Europa-Zentrale von Universal McCann in London an der Weiterentwicklung unserer internationalen Forschungsprojekte.

Wann ist der richtige Augenblick für eine Werbebotschaft? Zielführende Mediaplanung mit media in mind.

Dirk Engel, Universal McCann

Wenn man sich mit der Zukunft der Werbung beschäftigt, so darf ein Blick auf die Mediaagenturen nicht fehlen. Denn das sich immer stärker ausdifferenzierende Mediensystem ist zu einem Wildwuchs geworden, in dem Marken und Unternehmen Scouts benötigen, die ihnen zielsicher den Weg zu den Konsumenten (oder besser: Rezipienten) zu weisen vermögen.

Zwar bringt das zunehmende Medienangebot der werbungtreibenden Wirtschaft eine Fülle an Werbe- und Kommunikationsmöglichkeiten, aber andererseits müssen diese Möglichkeiten auch effizient für die eigenen strategischen Ziele genutzt werden können. Die Rolle der unentbehrlichen Scouts fällt mehr und mehr den Mediaagenturen und der Mediaplanung zu.

Mediaplanung ist in den vergangenen Jahren immer mehr ins Zentrum des Interesses gerückt. Heute gibt es etliche hochprofessionelle Mediaagenturen, die sich um Mediaplanung und Mediaeinkauf kümmern. Der Grund für diese Entwicklung ist naheliegend: Was nutzen alle strategischen Überlegungen und kreativen Konzepte, wenn Werbung den Konsumenten nicht im richtigen Augenblick erreicht?!

Ebenso sind Daten zur Mediennutzung und zu Zielgruppenprofilen sicher wichtig. Aber der alles entscheidende Erfolgsfaktor ist - nach all diesen Dingen - die Kenntnis des genauen Moments der Medien- und Werberezeption, damit ich die Zielgruppe im ‚richtigen' Zeitpunkt mit meiner Werbung erwischen kann. *Ich mag meine Nutzer noch so genau studiert haben und kennen - aber ich muss trotzdem noch wissen, wann genau welches Medium bei wem wie ankommt und wirkt.*

Viele Planer treffen hier nicht selten ihre Entscheidungen aus dem berühmten ‚Bauchgefühl' heraus. Doch Bauchgefühl alleine kann teuer werden, da potentiell Fehlentscheidungen getroffen bzw. mögliche Chancen nicht gesehen werden. Es wird eine solidere Datengrundlage benötigt, die anzugeben vermag, wann welche situativen Gegebenheiten die Wirkungschancen der Werbebotschaft erhöhen (oder senken). Allerdings gab es eine solche Informationsbasis lange Zeit nicht.

Was fehlte, war ein ganzheitlicher Studienansatz, um klare Entscheidungshilfen für die strategische Mediaplanung zu erhalten. Universal McCann hat deshalb mit ‚media in mind' eine eigene Untersuchung ins Leben gerufen.

Im Folgenden werde ich die komplexer gewordenen Aufgaben der Mediaplaner skizzieren und die wachsende Bedeutung der Mediaforschung herausstellen. Ein kurzer Überblick über den Stand der Mediaforschung in Deutschland folgt, in dem die Leistungen der bestehenden Forschung gewürdigt, aber auch einige noch wenig beackerte Forschungsfelder identifiziert werden, die zu unserer Studie ‚media in mind' geführt haben. Ihre Bedeutung und Anwendungsmöglichkeiten in der Werbepraxis stelle ich ausführlicher in Kapitel 4 vor.

1

1. Werbung droht, ohne Media-Planung in der heutigen Medienwildnis unterzugehen

Alljährlich werden von der Wirtschaft viele Milliarden in die Werbung investiert und zwar mit stetig wachsender Tendenz, wie es das folgende Schaubild verdeutlicht:

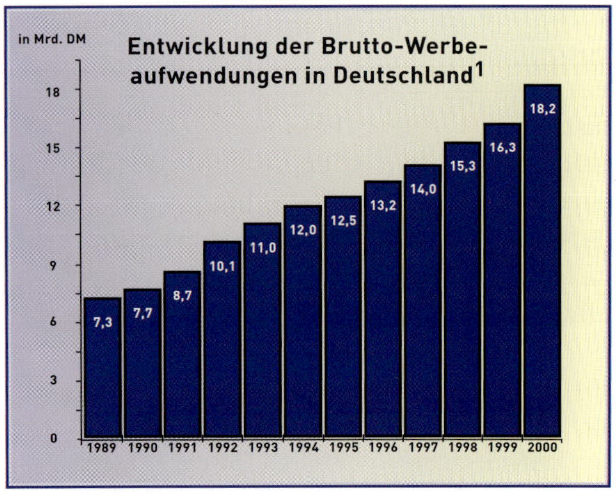

Im Jahre 2000 waren es gute 17,9 Mrd. Euro, die über die Schreibtische, Computer und Systeme der Mediaagenturen wandern, bevor sie endgültig in den Taschen der Medien landen. Medialeute gelten deshalb als die ‚zahlenfixierten Buchhalter' der ansonsten schillernden Werbebranche.

Ihre Bedeutung ist allerdings in den vergangenen Jahrzehnten gestiegen und auch die Werbeflaute, die auf das Rekordjahr 2000 folgte, hat die Stellung der Mediaagenturen nicht beeinträchtigt, denn in Deutschland haben wir seit vielen Jahren ein kontinuierlich zunehmendes Medienangebot, in dem Werbung wirken muss:

- Mit der Einführung des dualen Rundfunksystems explodierte die Zahl der Werbemöglichkeiten in Fernsehen und Radio regelrecht.[2] Nicht nur bei Fernsehen und Radio hat sich das Angebot ausgeweitet, auch die Zeitschriftenverlage haben immer mehr Titel an die Kioske gebracht. Technische Innovationen erweiterten das Repertoire der Werbemöglichkeiten bzw. Werbeträger: Beilagen, Warenproben in Zeitschriften, hinterleuchtete City-Light-Poster und übergroße Plakate, Ladenfunk, Kundenzeitschriften, TV-Sponsoring, Teilbelegungen und Sonderformate in Print, paneuropäische TV-Sender, Direct Response-Werbung, Teleshopping, Bannerwerbung im Internet, kostenlose Anzeigenblätter, Haushaltsdirektverteilung von Prospekten, Bandenwerbung im Fußballstadion, Sonderwerbeformen von der bedruckten Brötchentüte bis zur Werbung in Golflöchern und und und. Die Liste ließe sich beliebig lang fortführen.[3] Wen verwundert da die seit 1995 eindrucksvoll gestiegene Zahl der Werbeträger, wie der untenstehende Überblick zeigt:[4]

Werbeträger in Deutschland

Mediengruppe	Anzahl 1995	Anzahl 2000	Veränderung Prozent	Auflage 1995	Auflage 2000	Veränderung Prozent
Tageszeitungen	414	388	- 6,3	30,9 Mio.	28,9 Mio.	- 6,5
Wochenzeitungen	30	24	- 20,0	2,3 Mio.	2,1 Mio.	- 8,7
Anzeigenblätter	1 282	1336	+ 4,2	77,6 Mio.	90,8 Mio.	+ 17
Publikumszeitschriften	709	847	+ 19,5	136,5 Mio.	138,9 Mio.	+ 1,7
Fachzeitschriften	984	1094	+ 11,2	24,1 Mio.	27,7 Mio.	+ 15
Kundenzeitschriften	51	93	+ 82,3	26,9 Mio.	64,1 Mio.	+ 138
Telekommunikationsverzeichnisse	93	160	+ 72,0	26,9 Mio.	38,5 Mio.	+ 43
Massendrucksachen/Infopost	-	-	-	5,2 Mrd.	6,4 Mrd.	+ 23
Bundesweite und regionale TV-Programme	87	109	+ 25,3	32,6 Mio. angemeldete	35,1 Mio. TV-Geräte	+ 7,7
Bundesweite, regionale und lokale Hörfunkprogramme	221	240	+ 8,6	36,6 Mio. angemeldete	39,7 Mio. Hörfunkgeräte	+ 8,5
Filmtheater, Kinos	3809	4783	+ 25,6	124,5 Mio. Kinobesucher	152,5 Mio.	+ 22,5

Immer mehr Medien und immer mehr Werbeträger konkurrieren also um die Aufmerksamkeit der Nutzer. Mehr Medien beanspruchen natürlich auch mehr Zeit, und Zeit ist ein begrenztes Gut bei jedem Nutzer. Schlimmer noch: Das Zeitbudget, das die Deutschen für die Medien aufbringen, stagniert seit Jahren - allerdings auf einem sehr hohen Niveau von über acht Stunden.[5] Wenn man Nebenbei-Medien wie Radio und Tonträger (CD, Musik-Cassetten, Platten) abzieht, werden für Fernsehen, Printmedien und Internet noch fast vier Stunden aufgewendet. Eine Steigerung ist da kaum noch möglich!

Auch das Geld, das ein Haushalt für Zeitung, Radio, Fernsehen usw. aufwenden müsste, lässt sich nicht beliebig steigern. Schon jetzt geben die Deutschen für ihre Mediennutzung zwischen 10,2 und 15,3 Euro pro Monat mehr aus als in den 90er Jahren.[6] Neue Mediendienste wie das Internet oder Pay-TV werden künftig für weiteren finanziellen Aufwand sorgen, den sich nicht jeder Haushalt leisten kann bzw. leisten will.

Die Folge ist eine zunehmende Differenzierung bzw. Fragmentierung des Nutzungsverhaltens:[7]

- Dem Individuum stehen zum einen immer mehr Wahlmöglichkeiten zur Verfügung. Es wird geblättert, gesurft und gezappt. Die Fernbedienung macht jeden Zuschauer zum eigenen Programmdirektor.[8] Dieser Blickwinkel ist wichtig, denn hinter den Zahlen und Daten der Mediaplaner stehen immer Menschen. Und zu diesen Menschen möchte man den Kontakt herstellen und nicht nur rein quantitativ ‚Kontakte einkaufen'. Mehr Auswahl bedeutet aber auch geringere Kontaktchancen.

- Für den Werbungtreibenden wird es zum anderen immer schwieriger, mit seiner Botschaft zum Konsumenten zu gelangen, weil es z.B. im Fernsehen immer mehr Spartenkanäle (z.B. Nachrichtenkanäle wie *n-tv* und *N24* oder Sportkanäle wie *Eurosport* und *DSF* oder Teleshopping-Kanäle etc.) und Special-Interest-Umfelder gibt, aber immer weniger wirkliche Massen-Programme wie ‚Wetten dass...?' oder die Fußball-WM.

  Dadurch wird es immer teurer, die gewünschte Medialeistung und entsprechende Werbewirkung zu bekommen: Viele Werbungtreibende müssen schon seit einiger Zeit ihre Budgets erhöhen, um die gewohnte Werbeleistung zu erhalten. Man spricht hier von der so genannten Mediainflation, die zu einer Verschlechterung des Preis-Leistungs-Verhältnisses führt. Sie wird durch die Erhöhung der Einschaltpreise (die von Anbietern mit höheren Programm- bzw. Produktionskosten gerechtfertigt werden) einerseits und durch sinkende Reichweiten und Auflagen andererseits beeinflusst.

- Wenn die Werbung im Schnitt immer teurer, aber der einzelne Werbeblock bzw. die einzelne Anzeige von immer weniger Menschen gesehen wird, verliert der Werbemarkt mit der Zeit an Wert. Vergleicht man das Preis-Leistungs-Verhältnis von heute mit dem Wert von 1989, so muss man eine Media-Inflation von 43 Prozent konstatieren: Für die gleiche Leistung bzw. die gleiche Anzahl an erreichten Kontakten wie 1989 muss ein Unternehmen heute statt einem Budget von 6,1 Mio. Euro zwischen 8,1 und 9,2 Mio. Euro einplanen. Die Agenturen bemühen sich, diese Entwicklung für den Werbungtreibenden durch ziel-

genaueren Einsatz seiner Mittel zu kompensieren. *Wer bei diesem Millionenspiel kein Experte in Sachen Medienangebot und Mediennutzung ist, hat schon verloren.*

Früher war zwar nicht alles besser, aber vieles einfacher. Es gab nur wenige Massen- und Zielgruppenmedien, deshalb war der Entscheidungsspielraum bei der Mediaplanung eher begrenzt. Auch damals gab es schon Media-Experten, die eine wichtige Arbeit auf hohem Niveau verrichteten. Aber: Wenn es nur zwei TV-Sender gibt, muss ich mich auf diese beschränken, wenn ich Werbespots schalten will. Damals war es auch einfacher, an den Adressaten mit meiner Werbebotschaft heranzutreten, denn Massenmedien konnten tatsächlich noch Massen erreichen. Die Konsequenz war, dass bei der Werbung die Kreation im Vordergrund stand, denn Media war kein besonders kritischer Punkt, über den man sich allzu viele Gedanken machen musste. Man beschäftigte sich deshalb bevorzugt mit kreativen Fragen, Media war da nur ein Anhängsel im Werbe-Business. Media-Leute standen entsprechend in dem Ruf, penible Zahlenknechte und Erbsenzähler zu sein. Kreativität und Media. Das schloss sich fast aus - zumindest in der Vorstellung einiger Marketing-Leute.

Heute herrscht die ‚große Unübersichtlichkeit'. Interaktive Medien wie das Internet verwischen die Grenzen zwischen Kommunikation und Verkauf: Im gleichen Medium kann ich mich über Produkte informieren und sie sogleich bestellen. E-Commerce, klassische Werbung, Verkaufsförderung, Dialog-Marketing und Public Relations rücken immer näher zusammen. Integrierte Kommunikation wird zu einem der wichtigsten - allzu oft aber noch nicht verwirklichten - Konzepte des modernen Marketing.[9] Ins Zentrum jeder Marketingplanung rückt immer stärker die Frage: ‚Wie erreiche ich meine Zielgruppe?' Der zeitgenössische Mediaplaner muss allein bei der Planung **einer** TV-Kampagne prüfen, welche Umfelder passen oder nicht, ob Sonderformen wie Sponsoring oder Product Placement einzusetzen sind, ob es sich um Direct Response-TV handelt, ob Teletext ergänzend eingesetzt wird und und und ... *Aus den Zahlenknechten von einst sind hoch spezialisierte Kommunikationsexperten geworden.*

Im folgenden Abschnitt wollen wir die Aufgaben dieser Kommunikationsexperten genauer anschauen und zeigen, wie sie die Herausforderungen der ‚großen Unübersichtlichkeit' meistern.

2. Neue Koordinaten für eine zeitgemäße Media-Planung im Marketing-Mix

Mediaagenturen gehören zum so genannten Backoffice der Werbeszene, den Hinterzimmern, die vom regen Publikumsverkehr verschont bleiben. Ihre Arbeit steht nicht im Blickpunkt der Öffentlichkeit - ganz im Gegensatz zu den Kollegen in den Creativ- und Full-Service-Werbeagenturen. Die Art-, Creativ- und Etat-Direktoren gestalten die viel beachteten vierfarbigen Doppelseiten-Anzeigen, drehen Spots mit Verona Feldbusch oder Claudia Schiffer an exotischen Schauplätzen und denken sich millionenschwere Werbekampagnen aus, die im günstigsten Fall dem Werbekunden satte Umsätze garantieren.

Aufgabe der Mediaagenturen ist es jedoch, dafür zu sorgen, dass die von anderen ausgedachten Anzeigen, Spots und Kampagnen auch den richtigen Adressaten erreichen. Und nicht nur das: Sie sollen die Adressaten, d.h. die Zielgruppe auch

richtig erreichen, also so *oft* wie nötig, damit eine Werbewirkung entsteht, die das werbende Unternehmen auch in der eigenen Kasse bemerkt. *Mediaagenturen entscheiden, in welchen Medien bzw. Werbeträgern die jeweilige Werbung wie oft eingesetzt wird*. Ihre Kunden, die Werbungtreibenden, erwarten den treuhänderischen Umgang mit ihren Werbemillionen: *So ist nicht nur wichtig, die richtigen Adressaten zu erreichen, sondern dies möglichst effizient und kostengünstig zu tun.*

Bevor eine Anzeige in der Zeitung erscheint oder ein Spot über den Bildschirm flimmert, ist die Arbeit vieler Menschen notwendig. Wo und wie setzt da die heutige Mediaplanung an bzw. sollte sie es tun? Sehen wir uns dazu einen Ablauf von der Marketing- bis zur Mediaplanung an, wie ihn Michael Hofsäss, Forschungsdirektor bei Universal McCann, beschrieben hat, wobei die roten Rückkopplungspfeile den Idealzustand der Mediaplanung im Prozess andeuten sollen:[10]

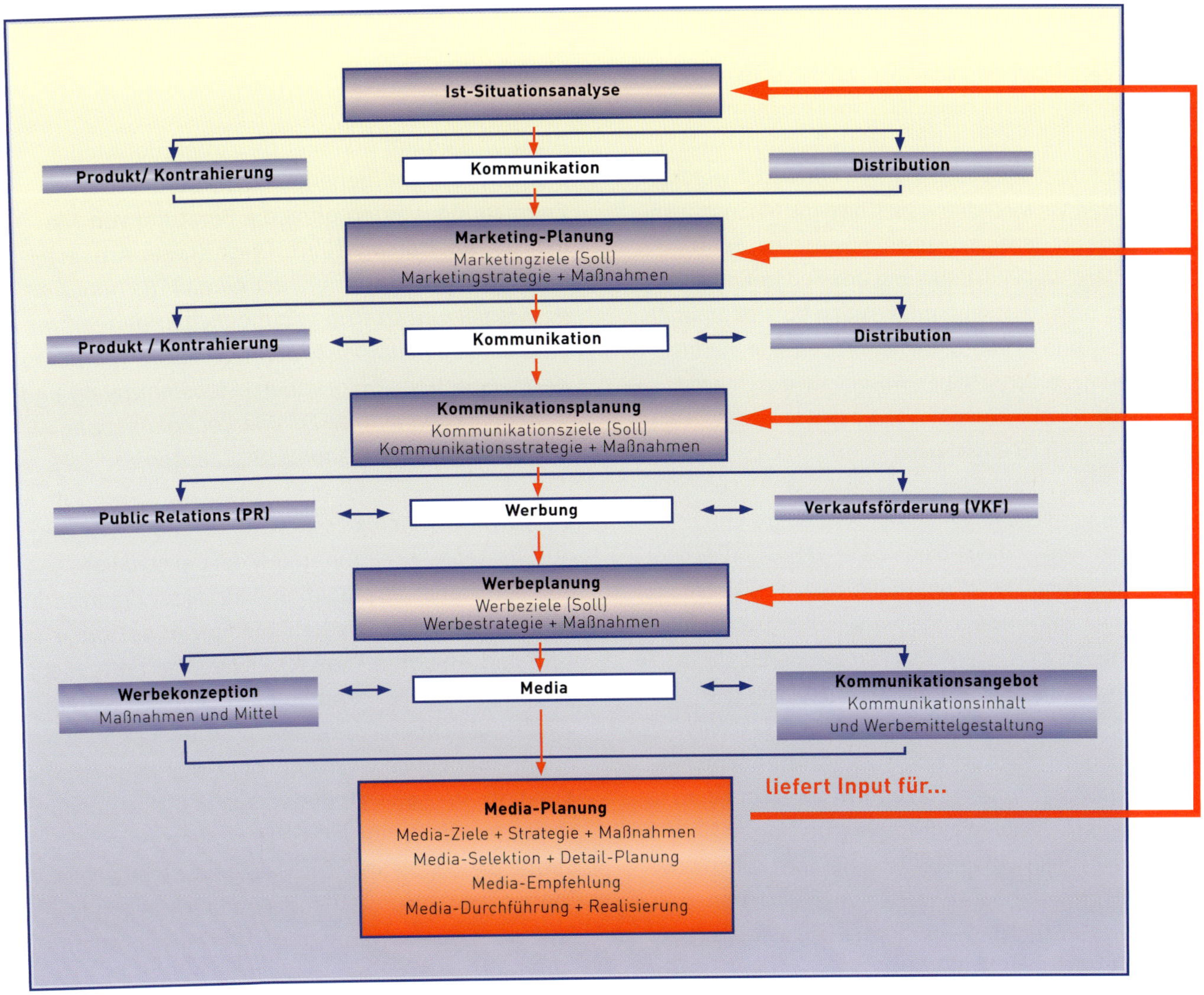

- Am Anfang steht eine sorgfältige *Situationsanalyse:* Stärken und Schwächen des eigenen Produkts und der Mitbewerber werden analysiert, Erkenntnisse über die Marktentwicklung und die derzeitigen und potentiellen Kunden gesammelt und die Kommunikation aller Marktteilnehmer unter die Lupe genommen. Darauf aufbauend werden Marketingziele formuliert, eine Strategie ausgearbeitet und die geeigneten Maßnahmen ins Auge gefasst.

Die *Marketingplanung* bezieht sich auf alle vier P's des Marketing-Mixes: Product, Place (Distribution), Price (Kontrahierungs- und Preispolitik) und Promotion (Kommunikationspolitik). Bei der Kommunikationspolitik müssen die Marketingziele in konkrete Kommunikationsziele transformiert und eine adäquate Kommunikationsstrategie entwickelt werden, zu deren Verwirklichung verschiedene Maßnahmen in Betracht gezogen werden müssen: Von Public Relations, Verkaufsförderung und Sponsoring über Direct bzw. Relationship-Marketing bis zu Corporate Identity und natürlich Mediawerbung sind alle Instrumente in der richtigen Abstimmung zu nutzen, um die Konsumenten mit den eigenen werblichen Botschaften zu erreichen.

Wie eine solche *Kommunikationsstrategie* entwickelt wird und wer daran beteiligt ist, unterscheidet sich immer noch von Unternehmen zu Unternehmen. In den vergangenen Jahren hat sich in den Agenturen eine eigene Disziplin entwickelt, die in enger Zusammenarbeit mit den Marketingabteilungen und der Marktforschung für die Markenführung mitverantwortlich ist, die **strategische Planung** (‚Planning') - nicht zu verwechseln mit der strategischen Unternehmensplanung aus der klassischen Betriebswirtschaftslehre. ‚Planner' sehen sich als die Anwälte der Konsumenten und beraten Unternehmen dabei, wie ihre Marken aufgebaut, gepflegt und kommuniziert werden.[11] Dafür benötigt man Erkenntnisse über den Verbraucher, die *‚Consumer Insights'*. Diese liefern sowohl qualitative Forschung (z.B. aus Gruppendiskussionen oder Tiefeninterviews), als auch Standardinstrumente der Mediaplanung wie etwa die *Markt-Media-Studien*.

Die Vorgaben aus dem Planning werden dann in die konkrete **Werbeplanung** umgesetzt, bestehend aus Werbekonzeption (Bestimmung der notwendigen Maßnahmen und Mittel), Gestaltung (Inhalt und kreative Umsetzung), Produktion (z.B. von TV-Spot, Anzeige, Internet-Auftritt etc.) und natürlich dem Mediaeinsatz.

Allzu oft beginnt erst hier die Arbeit der Mediaplaner. Die vorhergehenden Schritte der Marketingplanung werden *ohne* die Beratung von Mediaexperten durchgeführt. Diese strikte Arbeitsteilung ist heute nicht mehr zeitgemäß. *Richtiger ist es, Medialeute so früh wie möglich in den Strategieprozess einzubinden, denn sie haben mit ihrem Know-how über Zielgruppen, Mediennutzung und Werbewirkung einiges zur Marketingkonzeption und strategischen Planung beizutragen.*

Wenn wir uns den klassischen Planungs-Dreiklang aus Strategie, Kreation und Media anschauen, so standen früher Strategie und vor allem Kreation im Zentrum des Interesses. Media war gestern noch ein Anhängsel, bewegt sich aber heute mehr und mehr von der Peripherie ins Zentrum. Damit wird es gleichberechtigt neben Strategie und Kreation - manchmal vielleicht sogar wichtiger als die Kreation. Wer dies als verwegene Behauptung ansieht, der denke nur an die Direct Response-TV-Spots, die dazu auffordern, eine bestimmte Telefonnummer anzurufen - sei es zum Bestellen eines Produktes oder um in den Genuss einer bestimmten Dienstleistung direkt am Telefon zu kommen. Solche TV-Spots beeindrucken sicherlich nicht durch ihre tolle Kreation, sind aber erfolgreich, wenn sie richtig platziert werden.[12]

Die Aufgaben zeitgemäßer Mediaplanung fasst der folgende (zugegeben lange) Satz zusammen:

Aufgabe der Mediaplanung ist es...

- **mit einem bestimmten Budget**
- **bestimmte Personen (Zielgruppen)**
- **zielgerecht (entsprechend den Kommunikations- und Werbezielen)**
- **im richtigen Zeitraum (d.h. unter Berücksichtigung von Saisonalitäten)**
- **in einem bestimmten Gebiet (d.h. regional ausgesteuert)**
- **mit den richtigen Medien (Media-Selektion)**
- **genügend oft (d.h. die notwendige Kontakthäufigkeit erreichend)**
- **mit einer bestimmten Botschaft (Kommunikationsangebot bzw. Werbemittel)**
- **ökonomisch (also zu einem guten Kosten-Leistungs-Verhältnis)**
- **anzusprechen.**

Für diese Aufgaben sind in den Mediaagenturen eine ganze Reihe verschiedener Experten zuständig.[13] Von den Mediaagenturen werden solche Experten künftig zunehmend gebraucht:[14]

- *Mediaeinkäufer* besorgen die kaufmännischen Aufgaben: Sie schicken die Buchungen raus, versuchen die besten Platzierungen zu bekommen und kontrollieren, ob alles tatsächlich so erschienen ist, wie es mit dem Verlag abgesprochen war, d.h. ob die Platzierung stimmt, die Farben in Ordnung sind etc. Wenn es hier zu Reklamationen kommt, muss der Verlag in einer der nächsten Ausgaben für einen Ausgleich sorgen.

- *Mediaabrechner* sorgen dafür, dass alle Rechnungen bei den Medien bezahlt werden und die Kosten an den Kunden weiterberechnet werden. Ihr Job ist wenig glanzvoll, aber bildet zusammen mit dem Einkauf das Rückgrat des Mediageschäfts.

- Für die TV-Werbung gibt es noch einen eigenen Berufsstand, die so genannten *TV-Optimierer*. Sie sind an der Schnittstelle zwischen Planung und Einkauf angesiedelt, indem sie tagtäglich dafür sorgen, dass die Spots der Kunden immer in die besten Werbeblöcke und Programmumfelder (also TV-Sendungen) kommen. Da sich Programmangebot, Einschaltpreise und Reichweiten mitunter täglich ändern, ist hier im Gegensatz zu den Printmedien eine tägliche Optimierungsarbeit notwendig.

- In den meisten Agenturen gibt es außerdem noch Service-Abteilungen, die routinemäßig Reportings für die Kunden erstellen oder Daten für die Kollegen in der Agentur aufbereiten. Oft sind diese Aufgaben auch der Abteilung Mediaforschung zugeordnet. *Mediaforscher* sorgen in den Agenturen dafür, dass immer die aktuellsten und besten Datenquellen zur Verfügung stehen.

Eine Schlüsselfunktion aber haben die *Mediaplaner* inne: Sie halten den Kontakt zum Kunden, beraten sie in allen Bereichen der Strategie und des Budgets, selektieren die Werbeträger und verhandeln mit den Medien. Entscheidungen, die Mediaplaner in der Zusammenarbeit mit ihren Ansprechpartnern auf Kundenseite treffen müssen, sind zum Beispiel:

- *Wie sieht die Zielgruppe aus, was denkt sie, wie verbringt sie ihre Freizeit, welche Mediennutzungsmuster lassen sich beobachten?*
  (Hier sollten Media und strategische Planung Hand in Hand arbeiten.)

- *Welche Mediengattungen sollen für die werbliche Kommunikation eingesetzt werden? Was ist mein Basismedium: Publikumszeitschriften oder TV? Reicht mein Budget für eine TV-Kampagne? Sollen außerdem Plakat, Radio, Tageszeitung, Internet oder Kino eingesetzt werden?*

- *Welches Budget benötige ich, um die gesetzten Ziele zu erreichen?*
  (Oft stellt sich diese Frage nicht, da meist die finanziellen Ressourcen des Kunden für die Festsetzung des Mediabudgets ausschlaggebend sind und nicht die Agenturempfehlung.)

- *Wie wird der Mediaeinsatz auf den Kampagnenzeitraum verteilt? Soll kontinuierlich geworben werden? Oder ist eine ‚Flighting'-Strategie besser, bei der das Budget auf einige kurze Perioden konzentriert und dazwischen pausiert wird? Oder muss man am Beginn der Kampagne einen hohen Werbedruck haben (‚Front-loading'), der dann später abnimmt?*

- *Hat der Kunde regionale Schwerpunkte (Filialen, Verbreitungsgebiete) oder besondere Distributionsstärken bzw. -schwächen?*
  (Wenn ja, müssen gegebenenfalls regional aussteuerbare Medien belegt werden, z.B. Tageszeitung oder Plakat, eventuell auch Radio.)

- *Welche Printtitel, Sender, Zeitschienen und Programmumfelder werden am besten eingesetzt?*
  (Hier gibt es verschiedene Kriterien, die zur Beurteilung von Werbeträgern herangezogen werden, nämlich Reichweite, Durchschnittskontakte, Affinität und der Tausend-Kontakt-Preis (TKP).[15] Diese Daten liefern Media-Studien, wie sie z.B. die Arbeitsgemeinschaft Media Analyse (AG.MA) oder die Arbeitsgemeinschaft Fernsehforschung (AGF) erstellen (mehr dazu weiter unten). Man bekommt sie als benutzerfreundliche Zählprogramme, so dass jeder Planer selbstständig Rangreihen aller Werbeträger errechnen kann, die nach dem jeweils relevanten Kriterium sortiert werden.)

- *Wieviele Kontakte sind notwendig, damit eine Werbebotschaft bei Rezipienten durchdringt und es zu einer Wirkung kommt?*
  (Hier sind Grundlagenstudien, die Werbedruck und Werbewirkung im Zusammenhang analysieren, als auch kundenspezifische statistische Analysen und Modelling hilfreich - doch dazu später mehr.)

- *Wie kann der Mediaplan noch günstiger werden? Kann man tarifliche Rabatte ausnutzen oder sogar Sonderkonditionen herausschlagen?*

Dies ist nur eine Auswahl der wichtigsten Fragen, die es zu entscheiden gilt. Aber eine Sache sollte an dieser Stelle schon deutlich geworden sein: Ohne Daten, d.h. ohne Mediaforschung, geht gar nichts. Denn die Aufgaben der Mediaagenturen werden immer anspruchsvoller, worauf die Mediaforschung reagiert, in dem sie immer mehr Daten erhebt, Consumer Insights sammelt, genauere Zielgruppenmodelle entwickelt und Analyse-Methoden zum kundenindividuellen Modelling bereitstellt. Alle Welt jammert über die Informationsflut - nicht so die Mediaplaner. Sie wollen soviele Informationen wie möglich haben. Welche der in Deutschland zahlreichen Quellen den Mediaplanern zur Verfügung stehen, wollen wir im Folgenden kurz vorstellen, um dann auf die Erkenntnisse unserer ‚media in mind'-Studie einzugehen.

3. Mediaforschung: Daten für die erfolgreiche Werbekommunikation

Die Arbeit der Mediaagenturen basiert größtenteils auf den Früchten der Mediaforschung, denn nur mit einer ausreichenden Datenbasis lassen sich Entscheidungen über Budgethöhe, Zielgruppendefinition, Mediaziele und Werbeträgerselektion treffen. Obwohl sich die Mediaforschung auf einem hohen Niveau befindet, müssen ständig neue Datenquellen erschlossen werden, damit Agenturen und Kunden den Herausforderungen im Kampf um die Aufmerksamkeit der Konsumenten gewachsen sind. Mediaforschung gibt Entscheidungshilfen - auch mit Blick auf die Zukunft, denn die Daten haben nicht nur einen diagnostischen, sondern auch einen prognostischen Wert. Dadurch wird Mediawerbung planbar.[16]

Damit Mediaagenturen ihren Job machen können, benötigen sie wie gesagt Daten:[17] Zum einen, um im Vorfeld die richtige Auswahl aus den Mediengattungen, Werbeträgern und TV-Umfeldern treffen zu können. Zum anderen, um gegenüber den Auftraggebern nachweisen zu können, dass z.B. die TV-Kampagne auch tatsächlich so viele Haushaltsführende zwischen 20 und 49 Jahren erreicht hat, wie es im Mediaplan ursprünglich versprochen wurde. Diese Daten liefert die Mediaforschung, die das professionellste und kommerziell erfolgreichste Spezialgebiet innerhalb der Medien- und Sozialforschung ist.[18] Drei Ziele verfolgt dabei die Mediaforschung:

- Sie ermittelt, wie groß die Nutzerschaft eines Werbeträgers ist. Sie misst seine *Reichweite*.
- Sie gibt Aufschluss darüber, wie sich die Nutzerschaft der Werbeträger zusammensetzt, d.h. wie die *Struktur* der Leser- und Zuschauerschaft konkret aussieht. (Wie hoch ist z.B. der Frauen- oder Raucheranteil bei Lesern des *Stern*?)
- Sie misst die *Wirkung*, die Medien und Werbung (insbesondere meine konkret geschaltete Kampagne) erzielt.[19]

3

Historisch gesehen begann die Mediaforschung in der Bundesrepublik Deutschland bereits im Jahre 1949 mit einer Leserstudie des Allensbacher Instituts für Demoskopie.[20] Ohne unbescheiden sein zu wollen, möchte ich erwähnen, dass der Auftraggeber kein Medienanbieter, sondern eine Werbeagentur war: *McCann-Erickson*, aus der später auch *Universal McCann* hervorging. Es waren schon immer Werbungtreibende und Agenturen, die von den Verlegern und Fernsehsendern immer genauere und validere Daten einforderten. Die Medienanbieter kamen dieser Forderung (mehr oder minder notgedrungen) nach und bemühten sich, ihre Leistung möglichst differenziert darzustellen. Das hat dazu geführt, dass die institutionalisierte Mediaforschung in Deutschland bei der Reichweitenerhebung inzwischen hohe Standards erreicht hat, auf die sie zu Recht stolz sein kann.

Durch eine weitgehend partnerschaftliche Zusammenarbeit werden die Reichweiten für Zeitungen,

Zeitschriften, Radio und Fernsehen auf methodisch höchstem Niveau erhoben. Im Rahmen der Media Analyse (MA) und des TV-Panels der *AGF* werden Zahlen ermittelt, die von allen Marktpartnern akzeptiert und deshalb oft auch als ‚Währung' bezeichnet werden.[21] Diese Bezeichnung ist nicht ganz falsch, denn die MA- und *AGF*-Zahlen bestimmen die Preise, die die Werbeträger für die Bereitstellung von Werbezeiten und Anzeigenplätzen verlangen können.[22]

Die Notwendigkeit für die Medienanbieter, möglichst differenzierte Leistungsprofile anzubieten, hat dazu geführt, bei der Reichweitenerhebung immer mehr zusätzliche Informationen abzufragen. Die Zeiten, in denen Agenturen ihre Media-Zielgruppen ausschließlich nach soziodemographischen Merkmalen wie z.B. Alter oder Geschlecht bestimmt haben, sind lange vorbei! So werden etwa in den Markt-Media-Studien zusätzlich zur Mediennutzung die Verwendung und der Kauf von Produkten und Marken erhoben, wie z.B. bei der Verbraucher Analyse (VA), der Allensbacher Werbeträger-Analyse (AWA) oder der Typologie der Wünsche (TdWI, *die Manfred Niesel in diesem Buch näher vorstellt*).[23]

Neben reinen Kauf- und Mediennutzungsdaten kommen Informationen über Einstellungen, Freizeitverhalten und Lifestyle hinzu: Soziologen und Marktforscher haben intensiv geforscht, um die komplexe gesellschaftliche Milieubildung zu beschreiben und zu verstehen.[24] Pionier war hier der französische Soziologe Pierre Bourdieu. Auf seinen Arbeiten beruhen viele Typologien, die die Gesellschaft in Lebensstilgruppen gliedern.[25] So kann die deutsche Gesellschaft heute in eine Vielzahl von sozialen Gruppen unterteilt werden, die sich nicht mehr nur durch den sozialen Status unterscheiden, sondern auch durch ihre Wertorientierungen und Lebensweisen (Lifestyle). Das erfolgreichste Modell entwickelte das Heidelberger *Sinus*-Institut, dessen Milieu-Ansatz auf der Kombination von Wertorientierung und sozialem Status beruht. Die einzelnen Zugehörigen der verschiedenen *Sinus*-Milieus wie z.B. die ‚Etablierten' und die ‚Traditionsverwurzelten' unterscheiden sich in Freizeitverhalten, Wohnungseinrichtung und Lebenszielen voneinander.[26] (*Auf die Sinus-Milieus und die Lebensstilforschung gehen Manfred Niesel sowie Lorenz Fischer & Günter Wiswede in ihren Beiträgen ausführlicher ein.*)

Für die Mediennutzung sind diese Modelle höchst relevant, denn die Medien dienen dem Menschen heutzutage als Mittel, um seinen individuellen Life Style zu zelebrieren und sich dadurch von anderen abzugrenzen! Durch das immer breiter werdende Medienangebot kommt es mitunter zu milieutypischen Mediennutzungsverhalten. So gibt es Zeitschriften und TV-Sendungen, in deren Nutzerschaft bestimmte Milieus über- oder unterproportional vertreten sind. Mittlerweile sind die *Sinus*-Milieus darum in die wichtigsten Markt-Media-Studien integriert worden, wie z.B. bei der ‚Typologie der Wünsche', dem Fernsehpanel der *AGF*, der Verbraucher Analyse (VA) und der Verbraucher- und Medien-Analyse (VuMA). Die Bedeutung der *Sinus*-Milieus hat dadurch in der Marketing- und Mediaplanung noch stärker zugenommen. Durch diesen Siegeszug werden heute komplexe theoretische Modelle für die Planung fruchtbar gemacht.

Auf welche Daten aus Forschungsstudien sich die Mediaplaner in Deutschland vornehmlich stützen können, zeigt die folgende Übersicht:

Die wichtigsten Datenquellen der Mediaplaner

- **IVW-Auflagen:** Wie viele Exemplare von einer Zeitschrift oder Zeitung verkauft oder verbreitet werden, ist ein wichtiger Wert für die Mediaplanung. Damit kein Verlag höhere Auflagen veröffentlicht, als er tatsächlich unters Volk gebracht hat, gibt es seit 1949 die Informationsgemeinschaft zur Feststellung der Verbreitung von Werbeträgern e.V. (IVW). Die IVW kontrolliert stichprobenartig die Verlagsangaben und veröffentlicht einmal im Quartal die Auflagen- und Verkaufszahlen. Für die wichtigsten Publikumszeitschriften gibt es seit einigen Jahren neben den Quartalszahlen auch Auflagen für jedes erschienene Heft. Im Internet unter: www.ivw.de oder www.pz-online.de.

- **MA-Reichweiten:** Auflagen sagen noch nichts darüber aus, wie viele Menschen tatsächlich eine Zeitschrift oder eine Zeitung nutzen. Um das herauszufinden, muss man eine repräsentative Befragung über das Leseverhalten in der Gesamtbevölkerung durchführen. Dies ist seit den 50er Jahren die Aufgabe der Media Analyse (MA). Sie wird von der Arbeitsgemeinschaft Media Analyse (AG.MA) zweimal im Jahr veröffentlicht. In der AG.MA sind Verlage, Sender, Werbungtreibende und Agenturen organisiert, die gemeinschaftlich und einvernehmlich die Erhebung und Veröffentlichung überwachen. In der MA werden die Reichweiten für Publikumszeitschriften, Tageszeitungen, Radiosender und Kinobesuche erhoben. Die TV-Einschaltquoten werden in einem ge-meinsamen Datensatz fusioniert. Die in der MA veröffentlichten Reichweiten sind die ‚Standard-Währung' in der Mediabranche.

- **AGF/GfK-TV-Forschung:** Ähnlich wie die AG.MA ist auch die Arbeitsgemeinschaft Fernsehforschung organisiert. Ihre Aufgabe ist es, die TV-Nutzung zu erheben. Anders als bei der MA wird in einem repräsentativen Panel von Haushalten rund um die Uhr die TV-Nutzung gemessen. Die Daten eines jeden Tages, die von den Marktforschern der Gesellschaft für Konsumforschung (GfK) erhoben werden, liegen bereits am Folgetag in einer vorläufigen Form vor. Obwohl die als ‚Einschaltquoten' oder ‚GfK-Ratings' bekannten Zahlen sekundengenau gemessen werden, stehen den Werbungtreibenden und Agenturen nur Durchschnitts-Reichweiten für Sendungen, Werbeblöcke und Fünf-Minuten-Zeitschnitte zur Verfügung.

- **Markt-Media-Studien:** Während die MA die Mediennutzung so genau wie möglich erhebt, gibt es zahlreiche Markt-Media-Studien, die eine reduziertere Media-Abfrage mit einer dafür detaillierteren Erhebung von Konsumverhalten und Zielgruppen-Informationen verbinden. Zwar werden die Markt-Media-Studien nicht von der AG.MA, sondern von einzelnen Medienunternehmen in Auftrag gegeben, doch werden die Reichweiten durch eine Gewichtung an die MA angeglichen. Die wichtigsten jährlich erscheinenden Markt-Media-Studien sind: die Verbraucher Analyse (VA), die Typologie der Wünsche Intermedia (TdWI, *die Manfred Niesel in seinem Beitrag näher vorstellt)*, die Verbraucher- und Medien-Analyse (VuMA mit dem Schwerpunkt Radionutzung), die Kids VA (untersucht Kinder und Jugendliche zwischen 6 und 17 Jahren), die Studie MarkenProfile (beinhaltet Daten über Markenbekanntheit und –sympathie), die *Brigitte* Kommunikations-Analyse (mit Frauen zwischen 14 und 64 Jahren als Grundgesamtheit), FAME (eine Studie, bei der das Image von Marken und Medien detailliert erhoben wird) und die Leseranalyse Entscheidungsträger (LAE, die die Mediennutzung und Kompetenzen von Entscheidungsträgern untersucht). Eine Sonderstellung hat die Allensbacher Werbeträger Analyse (AWA) vom Allensbacher Institut für Demoskopie, die einst die erste Markt-Media-Studie war. Allerdings wird bei der AWA eine von der MA in vieler Hinsicht abweichende Methodik verwendet, warum die AWA mitunter andere Reichweiten ausweist als die MA.

- **PMA:** Die Plakat Media Analyse (PMA) wird vom Fachverband Außenwerbung (FAW) herausgegeben und ermittelt die Kontaktchancen von Plakatkampagnen. Parallel dazu gibt es ein von der GfK vermarktetes Verfahren, das die Leistung jeder einzelnen Plakatstelle errechnen kann, den so genannten G-Wert.

- **Werbestatistik:** Das Marktforschungsunternehmen A.C. Nielsen erhebt in einem aufwendigen Verfahren die jeden Monat veröffentlichte Werbung. Die S+P-Werbestatistik (so benannt nach Schmidt + Pohlmann, den ursprünglichen Erfindern des Systems) errechnet darüber hinaus anhand der Tarife der Medien die Brutto-Werbeaufwendungen. Diese Daten sind sowohl für die Situations- und Wettbewerbsanalysen wie auch für die Ex-post-Kontrollen von Kampagnen unentbehrlich.

- **Marktdaten:** Die großen Marktforschungsinstitute, allen voran A.C. Nielsen und die GfK, erheben eine Vielzahl von Marktdaten (wie etwa Abverkäufe, Marktanteile, Durchschnittspreise etc.) in ihren Handels- und Haushaltspanels.[27] A.C. Nielsen betreibt unter der Bezeichnung Nielsen-Single Source ein besonderes Panel, bei denen sowohl TV-Nutzung als auch Haushaltseinkäufe elektronisch gemessen werden. *(Hier ist auch der MOVE-Ansatz der GfK zu erwähnen, den Andrea Scharrenbroch & Jörg Westphal in ihrem Beitrag vorstellen.)*

- **Tracking-Studien:** Viele Marktforschungsunternehmen bieten kontinuierliche Wellenbefragungen an, bei denen Werbeindikatoren wie Markenbekanntheit, Werbeerinnerung und Kaufbereitschaft im Zeitverlauf gemessen werden. Solche Daten sind wichtig, um Erkenntnisse über Werbedruck und Werbewirkung zu erlangen bzw. den kommunikativen Kampagnenerfolg zu kontrollieren.[28]

Jede dieser Studien vermittelt mit jeweils unterschiedlichem Schwerpunkt und Tiefgang Medien-, Werbe- und Konsumenteninformationen, die dem Mediaplaner ein umfassendes und detailliertes Bild zu geben vermögen. Die Nutzer bzw. Zielgruppen möglichst gut zu kennen, ist für die Auswahl der geeigneten Medien elementar wichtig - aber noch nicht alles. Wenn ich die Mediennutzer mit ihren Nutzungsgewohnheiten, Lebensweisen und Wünschen kenne und weiß, bei wem welches Medium wie ankommt, so muss mich nun noch interessieren, wie meine Werbung wirkt, die ich in den jeweiligen Medien schalte.

Die Messung der *Werbewirkung* hat bei vielen großen Markenartiklern einen hohen Stellenwert - aber noch lange nicht bei allen.[29] Während oder nach einer Kampagne wird überprüft, ob sie etwas bewirkt hat - im Kopf der Verbraucher und in den Kassen der Auftraggeber. Die kommerziellen Marktforschungsunternehmen haben viele Standardinstrumente entwickelt, um bei laufenden Kampagnen Wirkungsindikatoren, wie Marken- und Werbebekanntheit, Markensympathie oder Kaufbereitschaft zu erheben.[30] Hierfür hat sich der Begriff ‚Tracking-Studien' eingebürgert. Ex-post-Kontrollen mittels Trackings helfen, eine Kampagne zu bewerten und haben diagnostische Funktion. (*Zum Internet-Tracking schreiben Klaus Goldhammer & Frank Fölsch in diesem Buch.*)

Die Werbungtreibenden möchten aber gerne schon vorher wissen, ob ihre Kampagne funktionieren wird. Große Verlage und Rundfunksender (bzw. ihre Vermarkter) geben viel Geld für Grundlagenstudien aus, die den Zusammenhang von Mediageldern und Werbewirkung erforschen sollen.[31] (*Über Werbewirkung schreiben Klaus Moser und Jenzowsky & Schimansky in diesem Buch.*)

Darüber hinaus werden unter dem Schlagwort ‚Accountable Advertising' Tipps gegeben, wie man Werbegelder und Markterfolg in Beziehung zueinander setzen kann, um Werbeerfolgsmöglichkeiten zu identifizieren. Simon Broadbent, der Autor des Bestsellers ‚Accountable Advertising' (zu deutsch: ‚Wie sich Werbung rechnet'), gibt jedoch nur Instrumente an die Hand, wie man Analysen und Modelle entwickeln kann.[32] So führt er eine konstruierte Variable ein, den so genannten ‚Adstock', der die Langzeitwirkung von Werbung berechenbar machen soll. Schlussfolgerungen und Interpretationen - ganz zu schweigen von allgemeinen Gesetzen oder Handlungsanweisungen - werden dem Leser nicht gegeben.

Das ist auch nicht verwunderlich, da die Analyse und Prognose von Werbewirkung auf der Basis von kundenspezifischen Daten eine der großen Herausforderungen der modernen Mediaplanung ist und viel Expertenwissen und Erfahrung erfordert. Aufwendige statistische Verfahren und auf neuronalen Netzwerken basierende Software verbessern die Güte der Prognosen. Dieses ‚Modelling', also die Berechnung von Prognosemodellen für Werbewirkung und TV-Nutzung, wird immer mehr zu einer der wichtigsten Aufgaben in den Forschungsabteilungen der Mediaagenturen.[33]

Wie wichtig kundenspezifische Analysen und maßgeschneidertes Modelling sind, zeigen auch Grundlagenstudien, die nicht selten zu dem Ergebnis kommen: Jede Kampagne sieht anders aus.[34] Branche, Produkt, Zielgruppe, Gestaltung und Mediastrategie haben in einer jeweils einzigartigen Kombination einen spezifischen Einfluss auf den Kampagnenerfolg, wodurch es schwierig wird, generalisierende Ergebnisse zu erhalten.

Fassen wir zusammen: Wir wissen durch die Mediaforschung, welche Nutzerschaft mit welchem Werbeträger Kontakt hat. Außerdem wissen wir, wie das Werbemittel (z.B. Hörfunk- oder TV-Spot) gestaltet ist und welche Werbebotschaft es vermitteln soll. Aber ob und wie das alles wirkt, lässt sich nicht so einfach voraussagen. Denn das Problem, welches sich nun ergibt, ist: Es nutzen alle Erkenntnisse über Medienwirkung und Nutzerschaft nichts, wenn ich den Rezipienten nicht im *richtigen* Augenblick mit meiner Werbebotschaft erwische. Medium und Nutzer zu kennen, ist natürlich wichtig, aber die *Einbeziehung der Situation* ist oft der Schlüssel, um aus einem durchschnittlichen Mediaplan einen guten zu machen.

Ohne Daten geht auch das nicht. Leider liefert uns die etablierte Mediaforschung nur wenig Informationen über die situativen Aspekte des Medienkonsums. Um dieses Defizit auszugleichen, haben wir die Studie ‚media in mind' initiiert. Mit ihr können wir einen situationsadäquaten Einsatz der Mediawerbung realisieren. Über die theoretischen Grundzüge und praktischen Erkenntnisse aus ‚media in mind' berichte ich im Folgenden.

4. ‚media in mind' - eine neue Media-Studie

4.1 Theoretischer Hintergrund und Informationsbasis von ‚media in mind'

Die wissenschaftliche Medienwirkungsforschung ist eine wichtige Quelle der Inspiration für Mediaplaner und -forscher, die leider allzu wenig genutzt wird. Es ist aber lohnend, sich eingehender mit den Erkenntnissen der Kommunikationswissenschaft zu beschäftigen: Theoretischer Anknüpfungspunkt von ‚media in mind' ist der Involvement-Ansatz. Beim Involvement handelt es sich um ein ‚Schlüsselkonstrukt' der Marketing- und Kommunikationsforschung.[35] *Involvement wird als der Grad der persönlichen Verbundenheit mit einem Thema bzw. als Grad der Beschäftigung mit einer Botschaft aufgefasst*. Bei der Rezeption von Werbung werden mehrere Involvement-Arten unterschieden, wobei das *Situationsinvolvement* für uns hier die wichtigste Form darstellt:[36]

- Involvement ist nicht unbedingt über die Zeit konstant, sondern oft von der jeweiligen Situation abhängig. Wenn ich z.B. abends Hunger habe, bin ich für die Werbung des lokalen Pizza-Service sehr empfänglich, während sie mich morgens beim Frühstück eher kalt lässt. Werktags sitze ich spätabends müde vor dem Fernseher und die Werbespots rauschen einfach an mir vorbei. Aber am Samstagabend bei der Fußball-Show ‚ran' schaue ich konzentrierter zu und bin somit auch für die Werbung zwischendurch empfänglicher. Es macht ebenfalls einen Unterschied, ob ich beim Fernsehen oder Radiohören alleine bin oder mit anderen zusammen, und ob ich nebenbei etwas anderes mache oder mich ausschließlich dem jeweiligen Medium widme. Mein Involvement ist also von Situation zu Situation verschieden und so sind es auch die Wirkungschancen der Werbung.

Das situationsspezifische Involvement ist theoretisch hoch interessant, denn es stellt einen Erklärungsansatz dar, der angibt, wann und warum ich involvierter und damit für Werbung aufnahmefähiger bin und wann nicht. Im Rahmen der Medienwirkung spricht der Kommunikationswissenschaftler Dennis McQail hier von ‚kontextuellen Bedingungen', die dafür sorgen, dass die gleiche Medienbotschaft bei unterschiedlichen Menschen zu unterschiedlichen Zeitpunkten mitunter ganz unterschiedliche Wirkungen hervorruft.[37] Selbst in der rein betriebswirtschaftlichen Werbewirkungsforschung, die z.B. der New Yorker Wirtschafts-Professor John Philip Jones oder sein Kollege Erwin Ephron vertreten, wird der Wert des Situationsinvolvements erkannt, nämlich als ‚Recency planning':[38] *„Recency planning starts with the idea that* ***when*** *is more important than how many. If, whether a consumer is ‚in the market', is the critical variable, then advertising effects are controlled by* ***when*** *the message is received."*[39]

Der Kontakt mit Werbung muss im richtigen Augenblick erfolgen. Aber wann ist dieser? Kontextuelle Variablen verhindern leider eine klare Vorhersage von Werbewirkung. Schließlich gibt es auf den ersten Blick unendlich viele Möglichkeiten, wie eine Situation konkret ausgestaltet ist. Wenn Herr Müller einen Tadel seines Chefs oder ein Strafmandat im Straßenverkehr bekommen hat, dann reagiert er abends auf einen Werbespot anders, als wenn er gelobt wurde oder einen kleinen Lottogewinn verbuchen konnte. Doch nichts davon lässt sich im Vorfeld antizipieren oder in einer Markt-Media-Studie erheben und berechnen.

Hier lohnt die Beschäftigung mit den unterschiedlichen Theorien und Erkenntnissen aus der Kommunikationswissenschaft. Aus den Überlegungen der wirkungs- und rezipientenorientierten Forschung lassen sich einige Grundsätze ableiten, die aus diesem Dilemma der Unvorhersagbarkeit von Medienwirkungen heraushelfen:

- Bei der Mediennutzung (und damit auch Werbemittelnutzung) handelt es sich um keine isolierte Tätigkeit. In unserem Alltag bieten uns Medien die Erfüllung bestimmter Funktionen und Bedürfnisse wie etwa Entspannung oder Orientierung.[40] Diese Bedürfnisbefriedigungen sind in vielen Fällen nicht unabhängig von den sonstigen Aktivitäten im Tagesverlauf.[41] So sucht man Entspannung eher am Abend bzw. nach getaner Arbeit, während man morgens vor der Arbeit eher Informationen zur Orientierung sucht. Dadurch gibt es trotz individueller Legenslagen, Alltagsroutinen und Bedürfnissen bestimmte Häufigkeiten und Regelmäßigkeiten statistischer Art. Menschen arbeiten zwar in unterschiedlichen Jobs, doch haben die meisten zur gleichen Zeit Feierabend. Sie schauen zur gleichen Zeit die Tagesschau, wenn auch die Motivation dazu vielleicht von Individuum zu Individuum unterschiedlich ist. Viele dieser Muster sind kulturell geprägt.[42]
- Das Involvement beim Kontakt mit einer Werbebotschaft hängt nicht nur vom beworbenen Produkt, der Gestaltung des Werbemittels und den individuellen Bedürfnissen des Rezipienten ab, sondern auch von kontextuellen Gegebenheiten. Diese Gegebenheiten können die Werbewirkung sowohl unterstützen, als auch beeinträchtigen. So kann das situative Umfeld die Verarbeitungswahrscheinlichkeit der Werbebotschaft erschweren, indem etwa eine Ablenkung durch parallele Tätigkeiten, Stimmungen oder Anwesenheit anderer Personen im Raum besteht. Natürlich kann das Involvement in bestimmten Situationen auch höher sein, etwa kurz vor dem Einkauf.[43] *(Weitere Ausführungen bei Jenzowsky & Schimansky und Moser.)*

Wie können diese Erkenntnisse nun den Mediaplanern bei ihrer Arbeit helfen? *Man muss überlegen, welche situativen Gegebenheiten es gibt, die die Wirkungschancen der Werbebotschaft erhöhen (oder senken)*. Durch Nachdenken und qualitative Forschung lassen sich solche Gegebenheiten identifizieren. Und viele Planer machen dies seit Jahren und Jahrzehnten auch so - nicht selten nur fundiert durch das berühmte ‚Bauchgefühl'. Doch so wertvoll dieses Bauchgefühl auch sein mag, man benötigt doch eine solidere Datengrundlage, denn Bauchgefühl alleine kann teuer werden, da vielleicht Fehlentscheidungen getroffen oder mögliche Chancen nicht gesehen werden.

Die Forschung liefert oft nur isolierte Hinweise, aber bisher keine einheitliche Datenquelle, die man für die strategische Mediaplanung nutzen kann. Auch wenn die Nutzung einzelner Medien im Tagesablauf erhoben wird, wie z.B. bei der Ermittlung der Radioreichweiten in der Media Analyse (MA)[44], und es auch vereinzelte Studien zum Tagesablauf[45] gibt, so fehlt doch ein umfassenderer Ansatz. *Diese Lücke wurde von Universal McCann erkannt und mit ‚media in mind' eine eigene Studie ins Leben gerufen, mit der sowohl Informationen zum Situationsinvolvement der Rezipienten als auch Daten zu Person, Konsum und Mediennutzung erhoben und integriert werden.*

Obwohl es sich bei ‚media in mind' um eine quantitative Studie handelt, die repräsentativ für rund 380 Mio. Europäer im Alter von 16 bis 75 Jahren ist, liegt der Schwerpunkt auf den qualitativen Aspekten der Mediennutzung *und* dem Tagesablauf mit allen wichtigen Aktivitäten. Kernstück der Studie, mit der wir fundierte Hinweise auf das Situationsinvolvement und die individuelle Mediennutzung erhalten, ist ein detailliertes Tagebuch, welches die Befragten eine Woche lang ausfüllen müssen. Dadurch erhalten wir Informationen über alle Tätigkeiten im Tages- und Wochenablauf, den Ort der Aktivitäten, die Umfeldsituation (z.B. ob man alleine oder mit anderen zusammen war), den Medienkonsum sowie die auf Medien verwendete Aufmerksamkeit und Stimmung, in der sich die Befragten dabei befunden haben, wie die folgende Übersicht verdeutlicht.

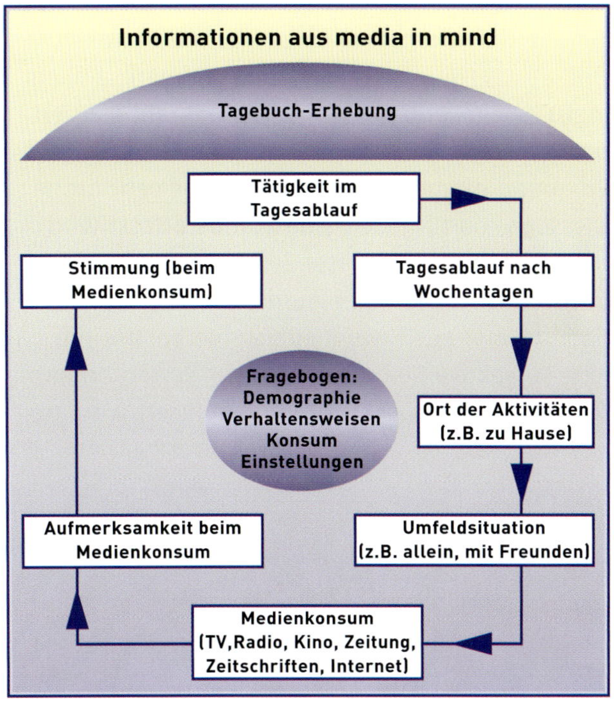

Diese Tagebuch-Daten können mit Informationen aus einem Fragebogen über allgemeine Einstellungen, Mediennutzung, Konsum und Einkaufsverhalten sowie persönlichen Wertorientierungen verknüpft werden.[46]

Informationen aus media in mind

Fragebogen

- Einstellungen zu Konsum, Politik, Gesellschaft, Ernährung und Werbung
- Wertorientierungen (nach Milton Rokeach)
- Konsum von Lebensmitteln und Verbrauchsgütern
- Nutzung von Finanzdienstleistungen
- Autobesitz und -kauf
- Interessen und Freizeitverhalten
- Nutzung von Print-Titeln und TV-Sendern
- Markenverwendung und -bekanntheit
- Soziodemographie

Tagebuch (für jeden Wochentag und jede halbe Stunde des Tages)

- Aktivitäten (Essen, Schlafen, Trinken, Autofahren, Arbeit, Hausarbeit)
- Freizeit (Sport, sich Unterhalten, Besuch von Theater etc.)
- Ort (Zuhause, Arbeitsplatz, Schule, außer Haus unterwegs)
- Begleitung (Erwachsene, Kinder)
- Mediennutzung (TV, Radio, Zeitschriften, Tageszeitungen, Internet, Kino)
- Aufmerksamkeit bei der Mediennutzung (hohe, mittlere oder niedrige Aufmerksamkeit)
- Stimmung, die in der jeweiligen halben Stunde vorgeherrscht hat (z.B. entspannt, gestresst, glücklich etc.)

Gerade die Informationen zur Aufmerksamkeit sind etwas Neues. Bisher wurde Aufmerksamkeit meist nur in Laborexperimenten operationalisiert und gemessen. Sicherlich handelt es sich bei der Erhebung in ‚media in mind' um eine sehr grobe Messung, da für jede halbe Stunde erfasst wird, ob die Befragten in dieser Zeit Medien mit hoher, mittlerer oder niedriger Aufmerksamkeit genutzt haben. Aber auch wenn es sich hierbei nur um eine subjektive Selbstauskunft der Befragten handelt, so können doch Zeiten identifiziert werden, in denen die Mediennutzer tendenziell aufmerksamer sind als zu anderen Zeiten. Außerdem haben interne Validierungsstudien der britischen *Universal McCann* gezeigt, dass die Selbstauskunft über eine hohe Aufmerksamkeit mit einer erhöhten Werbewirkung korreliert.

Durch ‚media in mind' kann die wichtige Variable Aufmerksamkeit erstmals für die Mediaplanung nutzbar gemacht werden, wie das folgende Beispiel veranschaulichen mag.

TV-Nutzung und selbstberichtete Aufmerksamkeit von Erwachsenen (16-75 Jahre) am Samstag

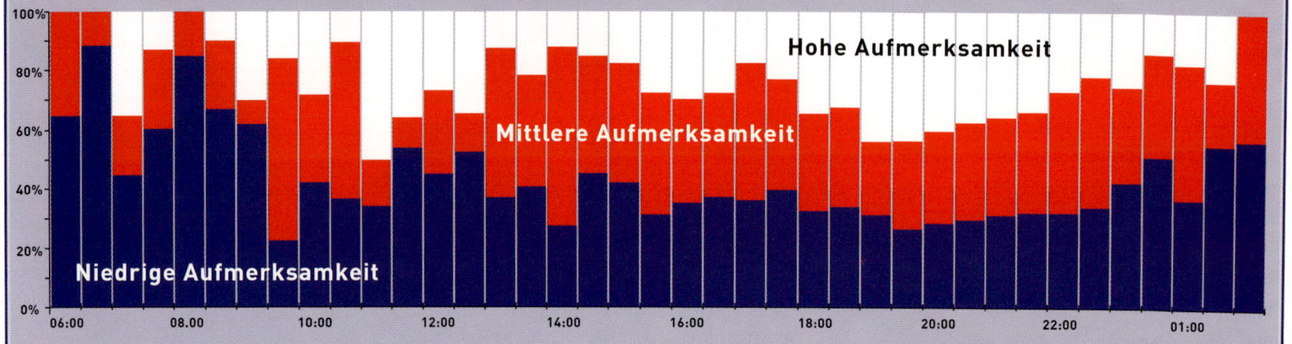

Quelle: media in mind (deutscher Datensatz), Universal McCann

Wie man sieht, schwankt der Prozentsatz der Zuschauer, die dem Fernsehen mit hoher Aufmerksamkeit folgen, stark im Tagesverlauf: In der Primetime (ab ca. 19.00 Uhr) ist ein sehr hoher Wert zu beobachten, der dann aber kontinuierlich abnimmt. In der Daytime überwiegen eher niedrige und mittlere Aufmerksamkeit. Allerdings gibt es immer wieder Zeiten, wo der Zuschaueranteil mit hoher Aufmerksamkeit ansteigt (z.B. kurz vor Mittag). Damit haben Mediaplaner neben der Reichweite ein zweites Kriterium an der Hand, mit dem sie passende Zeitschienen selektieren können.

Mit den im Fragebogen von ‚media in mind' erhobenen Informationen lässt sich fast jede beliebige Zielgruppe definieren. *Der Tagesablauf für jede definierbare Zielgruppe kann in Halbstunden-Intervallen dargestellt werden, wodurch sich strategisch wichtige Situationen identifizieren lassen, an denen die Werbebotschaft für den Empfänger vermutlich besonders relevant ist* (z.B. während oder kurz vor dem Einkauf). Wir nennen eine solche Situation in Anlehnung an den Point of Sale (POS) den *Point of Relevance* (POR).

Während der POS ausschließlich räumlich definiert ist, nämlich der Laden, in dem der Kauf vollzogen wird, ist der POR dem Konzept des Situationsinvolvements verbunden und hängt von Ort, Zeit und anderen kontextuellen Faktoren ab. *Wir gehen dabei von der Vorstellung aus, dass sich jenes Medium am besten für Werbung eignet, das während oder zeitlich nahe zum POR genutzt wird.*

Die folgenden Vorteile bieten die in ‚media in mind' erhobenen Daten:

- Flexibilität bei der konsumspezifischen und psychographischen Zielgruppendefinition, indem Merkmale erhoben werden, die in anderen Studien nicht zu finden sind, wie z.B. 30 Statements zum Thema Ernährung oder auch die grundlegenden Wertorientierungen nach Milton Rokeach.
- Tiefgehende Consumer Insights über die Zielgruppe und ihren Tagesablauf werden geliefert.
- Wie ist die Mediennutzung im Tagesablauf eingebunden? Es wird z.B. detailliert analysiert, welche Medien genutzt wurden, bevor die Zielpersonen eingekauft oder ein Restaurant besucht haben.
- Welche Tage eignen sich besonders für Werbung? Die Daten erlauben, für alle Medien und Tätigkeiten Tagesreichweiten nach Wochentagen zu errechnen.
- Wann werden Medien aufmerksamer genutzt? Welche Zeitschienen eignen sich für TV- und Radiowerbung besser oder schlechter? Die Studie bietet Informationen über hohe, mittlere oder niedrige Aufmerksamkeit in Halbstunden-Schritten, wobei auch Nebentätigkeiten und parallele Mediennutzung erfasst werden.
- In welchen Situationen sind die Zielpersonen empfänglicher für Werbung? Mit ‚media in mind' lässt sich der ‚Point of Relevance' identifizieren.
- Wann sind die Zielpersonen in einer Stimmung, die zur Marke passt oder bei der eine erhöhte Werbewirkung angenommen werden kann? Keine andere Studie liefert repräsentative Daten über Stimmungsverläufe im Tagesablauf.
- Der Vergleich von verschiedenen Zielgruppen ist möglich, indem umfassende Zielgruppen-Profile erstellt werden können.

- ‚media in mind' bietet die Chance zur interkulturell vergleichenden Mediaforschung europa- und weltweit, denn die Studie ist in 22 europäischen Ländern mit rund 52.000 Interviews durchgeführt worden. Nachdem Europa den Vorreiter gespielt hat, setzt *Universal McCann* ‚media in mind' auch in anderen Teilen der Welt ein: Es liegen bereits Daten vor aus den USA, Japan, Indien, China und weiteren Ländern in Asien, dem Mittleren Osten und Mittel- und Südamerika. Weitere Länder werden in den nächsten Jahren folgen.

Seit 1997 wurden insgesamt sechs Wellen von ‚media in mind' durchgeführt.[47] Betrachtet man die Ergebnisse der einzelnen Wellen, so zeigen sich zwar etliche gesellschaftliche Veränderungen wie z.B. ein kontinuierlich anwachsender Handybesitz. Aber bei vielen Einstellungen und dem Tagesablauf ist auch eine große Konstanz festzustellen. Deshalb können die Interviews der verschiedenen Wellen in einem Datensatz vereint werden. Die höhere Fallzahl erlaubt dann auch Auswertungen für kleinere Zielgruppen. ‚media in mind' hat sich etabliert und ist fest im Mediaplanungsprozess von *Universal McCann* verankert.

4.2 Erkenntnisse zum Point of Relevance für eine effizientere Mediaplanung

Wie können die Daten aus ‚media in mind' bei der strategischen Mediaplanung helfen? Ein exemplarischer Fall einer umfassenderen Analyse soll das verdeutlichen:

- Die Aufgabe bestand darin, eine Kampagne für eine Biermarke zu entwickeln. Wir begannen mit einer Situationsanalyse, indem wir in qualitativen Interviews die Charakteristika des Bierkonsums näher explorierten. Dabei wurde unsere Vermutung bestätigt, dass Bierkonsum oft mit Werten wie ‚Geselligkeit' und ‚Freundschaft' verbunden wird. Nun definierten wir in ‚media in mind' die Kernzielgruppe.

Laut Kundendaten zählten Männer zwischen 16 und 39 Jahren zu den wichtigsten Verwendern, die wir anhand ihres Bierkonsums in zwei Gruppen (‚mehrmals pro Woche' versus ‚seltener') gliederten. Zudem konnten wir alle Männer nach ihrer Geselligkeit bzw. Kontaktfreudigkeit unterteilen, indem wir bei jedem den Grad der Zustimmung zu dem Statement ‚Ich habe viele Freunde und Bekannte' ermittelten.

Bei der Kernzielgruppe, die für die Kampagne am relevantesten war, handelte es sich also um kontaktfreudige Männer, die regelmäßig Bier trinken. Wie groß und damit repräsentativ der Datensatz dieser Kernzielgruppe bei ‚media in mind' ist, zeigt die folgende Graphik:

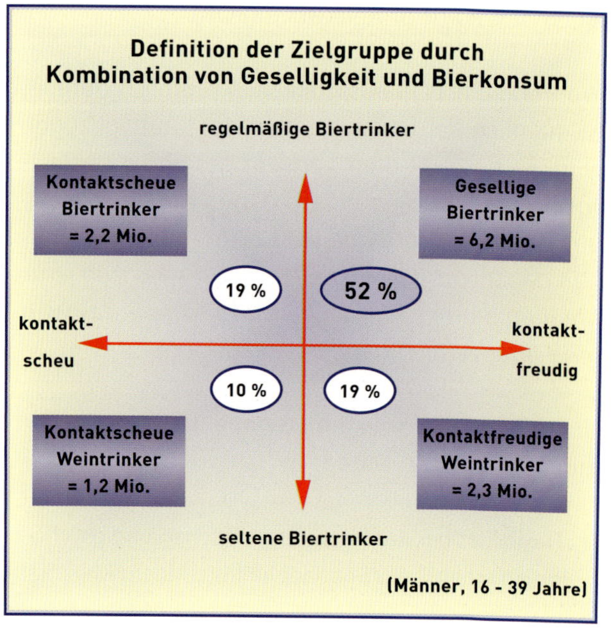

Nun wurde diese Zielgruppe unter die Lupe genommen. Bei der Mediennutzung zeigten sich auf den ersten Blick keine besonderen Ausprägungen: Über die Woche gesehen war die Nutzung von TV, Radio und Tageszeitung sehr nah am Bevölkerungsschnitt und lediglich die Nutzung von Zeitschriften war deutlich unterdurchschnittlich. Um die Besonderheiten dieser Zielgruppe für die Mediaplanung aufzuzeigen, war also eine detailliertere Analyse notwendig, die daher auf Wochentage und Uhrzeiten heruntergebrochen wurde.

Als Erstes überlegten wir, wo der Point of Relevance für diese Zielgruppe (und damit die Biermarke) liegen könnte. Natürlich ist das Involvement am höchsten, wenn gerade Bier getrunken wird. Wichtige Situationen sind hier: Daheim, beim Lebensmitteleinkauf oder beim Weggehen in Kneipe, Disco und Restaurant. Betrachten wir zunächst, welche Aussagen ‚media in mind' über die ‚Weggeh'-Situation (Kneipe, Disco etc.) machen kann. Die folgende Graphik zeigt, wann unsere Kernzielgruppe der geselligen Biertrinker besonders gern mit anderen unterwegs ist.

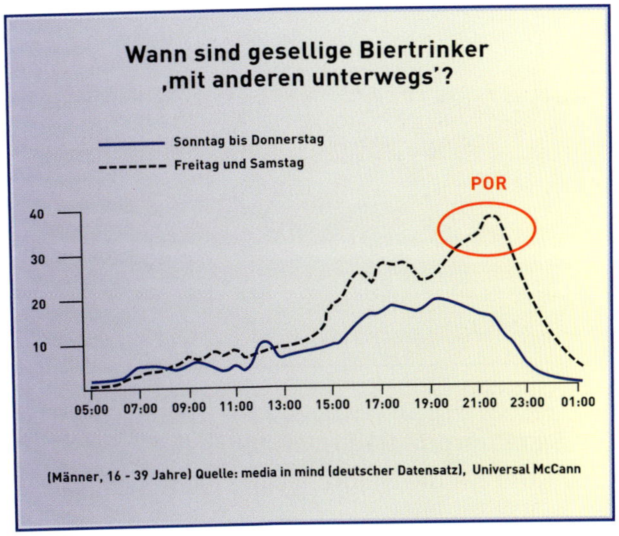

Der POR liegt eindeutig am Freitag- und Samstagabend, an dem die Zielgruppe mit Freunden unterwegs ist. Diese Zeiten sind für die Markenkommunikation entscheidend. Hier helfen Medien wie TV und Zeitschriften, die zu Hause genutzt werden, nicht weiter. Geeigneter sind da Medien wie Plakat, Kino, nicht-klassische Werbeformen (Event-Marketing, Promotion Teams etc.) sowie Ambient Media wie z.B. Gratis-Postkarten in Kneipen, Flyer oder Plakatierung in Kneipen und Clubs, um die Zielgruppe nahe am POR zu erreichen.

Natürlich ist das Fernsehen trotzdem ein wichtiges Medium, das auch in dieser Zielgruppe stark genutzt wird. Die Analyse zeigte, dass als Fernsehtage besonders Sonn- und Montage wichtig sind, an denen sich die Zielgruppe daheim ausruht. Da die Nutzung in einer entspannten, positiven Stimmung vonstatten geht, sind diese Tage geeignet, um eine angenehme Assoziation mit der Marke aufzubauen, wozu Fernsehspots sehr gut geeignet sind. Auch andere Zeiten sind als Sendeplätze interessant, besonders die Abende vor Tagen, an denen hauptsächlich ausgegangen und eingekauft wird. Wie die folgende Graphik zeigt, sollte TV-Werbung verstärkt vor den Einkaufstagen (am Donnerstag und Freitag) geschaltet werden.

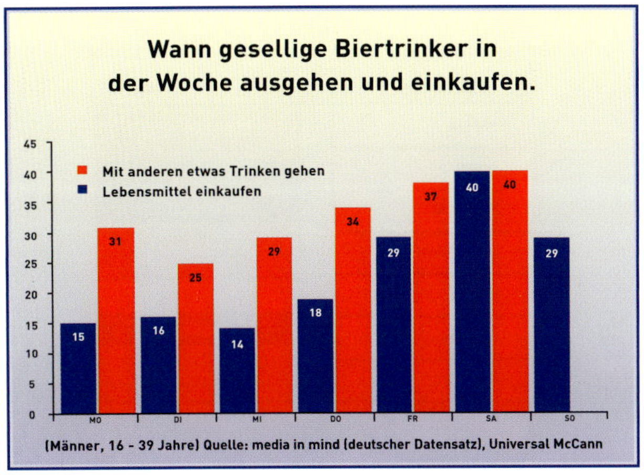

Welche konkreten TV-Zeitschienen sind bei dieser Zielgruppe nun besser oder schlechter? Natürlich ist die Primetime zwischen 20.00 und 22.00 Uhr auch hier relevant, weil dann nicht nur die Reichweite sondern auch die Aufmerksamkeit am höchsten ist. Darüber hinaus zeigte die Analyse, dass auch die Zeit nach 23.00 Uhr noch interessant ist: Zwar schauen zu dieser späten Zeit weniger Personen fern, dafür sind sie aber umso aufmerksamer. Die Analyse der Nebentätigkeiten zeigt, dass sie mitunter auch mehr vor dem Fernseher trinken, d.h. hier ist ein besonderer Point of Relevance.

Die Ergebnisse über die effizientesten Tage und Zeiten für die TV-Werbung fließen nun in die strategische TV-Planung ein. Mit einer agentureigenen Budget-Allokationssoftware werden dabei alle relevanten Einflussfaktoren wie z.B. Reichweite, Einkaufstage, Aufmerksamkeit etc. zueinander gewichtet und verrechnet. Solche strategischen Schwerpunktbildungen beim Budgeteinsatz verringern mögliche Streuverluste und steigern die Wirkungschancen. In unserem Beispiel wurde eine Gleichverteilung des TV-Budgets auf alle Wochentage durch eine nach verschiedenen Kriterien gewichtete Aufteilung abgelöst:

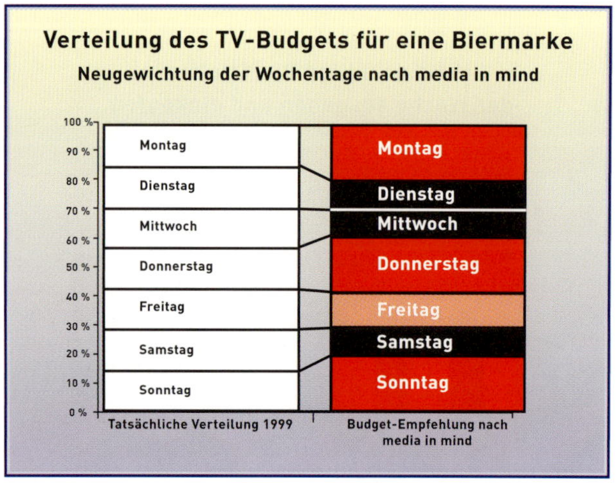

An ‚starken' TV-Tagen wie Montag und Sonntag wurde der Werbedruck erhöht, ebenso an Vortagen zum Einkauf (Donnerstag und Freitag). An den übrigen Tagen wurde das Budget reduziert.

Des Weiteren haben wir den Lebensmitteleinkauf als wichtige Situation für den Point of Relevance für unsere Zielgruppe und Marke identifiziert: Erkenntnisse der Konsumentenforschung besagen, dass bis zu 75 Prozent der Kaufentscheidungen erst vor dem Regal getroffen werden.[48] Wenn wir im Sinne des bereits erwähnten Recency Planning-Ansatzes einen Werbeimpuls direkt vor dem Kauf platzieren wollen, benötigen wir Medien, die vor dem Einkauf die Zielgruppe adäquat erreichen. Welche außer den bereits genannten Medien erreichen diesen Transfer? Schauen wir uns dazu das folgende Ergebnis von ‚media in mind' zum Konsumverlauf am Haupt-Einkaufstag Samstag und der Nutzung der Zielgruppe von Zeitung und Radio an demselben Tag an:

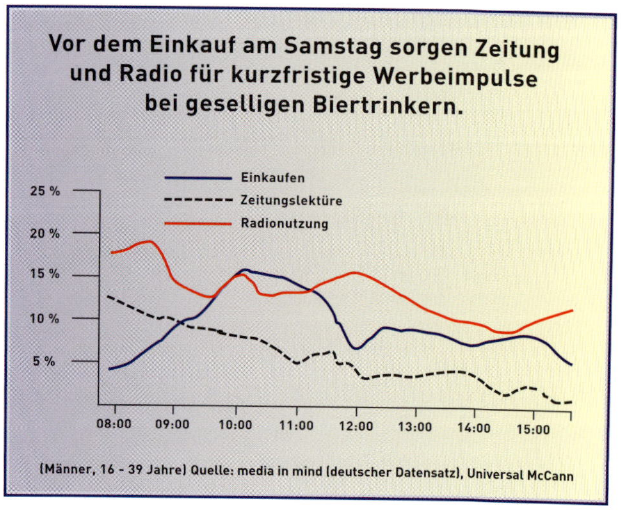

Der Samstagvormittag ist zwischen 9.30 und 12.00 Uhr für die Zielgruppe am relevantesten in

Sachen Lebensmitteleinkauf. Für die Mediaplanung ist es daher naheliegend, an diesem Tag zur geeigneten Zeit die Zielgruppe mit Radio und Tageszeitung zu bewerben.

Fassen wir nun noch einmal die Ergebnisse der Analyse mit ‚media in mind' zusammen: Auf den ersten Blick zeigt die Zielgruppe ein durchschnittliches Mediennutzungsverhalten. Doch nach tiefergehender Analyse zeigen sich für die Mediaplanung die folgenden strategischen POR-Optionen:

- Der Einsatz von Outdoor- und Szene-Medien, Event-Marketing sowie Promotions in Discos, Clubs etc. empfiehlt sich.

- Primetime-TV-Werbung und zwar verstärkt am Sonntag und Montag; aber auch die Late Night-Schiene eignet sich wegen höherer Aufmerksamkeit und Biertrinkens während des TV-Konsums.

- Radio und Tageszeitung an Einkaufstagen (besonders Samstag) sind wichtig.

- TV verstärkt vor Einkaufstagen (Donnerstag, Freitag) und vor Kneipenbesuchen (Donnerstag, Freitag und Samstag).

Zwei weitere Beispiele sollen zeigen, dass die Anwendung des Point of Relevance-Konzepts nicht nur für Lebensmittel sinnvoll ist:

1. Beispiel ‚Medikament gegen Sodbrennen'

Für einen Hersteller verschreibungsfreier Medikamente hat unsere Agentur eine Analyse für ein Medikament gemacht, das gegen Sodbrennen hilft. Aus der medizinischen Forschung wissen wir, dass sowohl Alter als auch Ernährungsweise die Anfälligkeit für Sodbrennen beeinflussen. Also haben wir eine Zielgruppe gebildet, die neben dem Alter solche Merkmale umfasst, aufgrund derer man auf eine eher ungesunde Ernährung schließen kann. Dazu haben wir die in unserem Fragebogen erfassten Einstellungen und Verhaltensweisen beim Lebensmittelkauf und der Zubereitung von Mahlzeiten ausgewertet und konnten so eine Zielgruppe mit Personen bilden, die potentiell für Sodbrennen anfällig sind.

Wann ist nun der Point of Relevance für diese Zielgruppe? Auch hier hat uns die qualitative Forschung und etwas Nachdenken geholfen: Das Thema Sodbrennen ist natürlich dann interessant, wenn man gerade Sodbrennen hat. Das ist zugegeben keine besonders originelle Erkenntnis. Doch schauen wir weiter: Sodbrennen tritt oft einige Zeit nach einer ausgiebigen Mahlzeit auf. Aber auch schon während des Essens oder beim Einkauf von Lebensmitteln denken manche Betroffenen über Sodbrennen, als mögliche Folge nach.

Der Point of Relevance lässt sich also sowohl beim als auch nach dem Essen vermuten. Des Weiteren dürfte er auch wieder beim Lebensmitteleinkauf liegen. Durch die Studienergebnisse aus ‚media in mind' können wir nun feststellen, wann die Zielgruppe isst, wann sie einkaufen geht und welche Medien sie während des Essens oder beim Einkauf (bzw. in zeitlicher Nähe zu diesen Tätigkeiten) nutzt, wie das folgende Chart für die Essenszeiten und Mediennutzung der Zielgruppe zeigt:

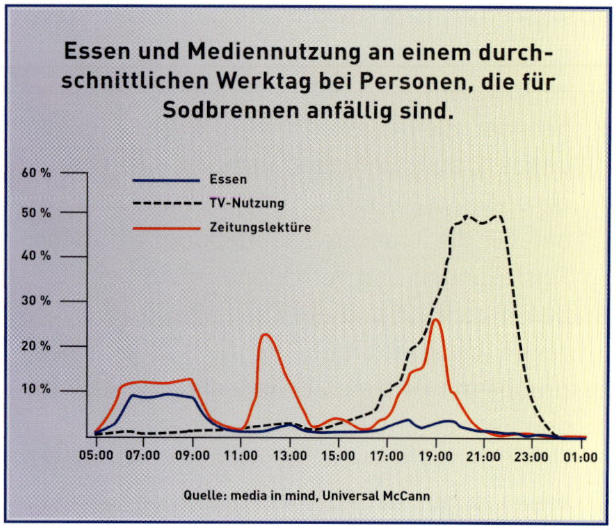

Wichtig ist hierbei v.a. der Abend. Das Essen findet oft parallel zur TV-Nutzung statt bzw. der Fernseher läuft nach dem Essen zur Verdauung. Diese Hinweise helfen uns bei der Auswahl der geeigneten Medien bzw. Zeitschienen, wie sich leicht ablesen lässt.

2. Beispiel ‚Kopfschmerzmittel'

Anders sieht es bei der zweiten Marke aus, für die wir eine Analyse gemacht haben: Es handelt sich um ein Kopfschmerzmittel. In unserem Fragebogen wird u.a. abgefragt, wie oft die Auskunftsperson unter Kopfschmerzen leidet - ein Merkmal, wie man es auch in gängigen Markt-Media-Studien findet. Es ist keine neue Erkenntnis, dass Kopfschmerzen in vielen Fällen mit Stress einhergehen. ‚media in mind' erhebt zwar nicht, wann die Befragten unter Kopfschmerzen leiden. Aber sie geben an, wann sie in einer gestressten Stimmung sind. Dies ist der Point of Relevance für diese Marke. Auch hier können wir diesen POR zeitlich lokalisieren und jene Medien selektieren, die parallel genutzt werden:

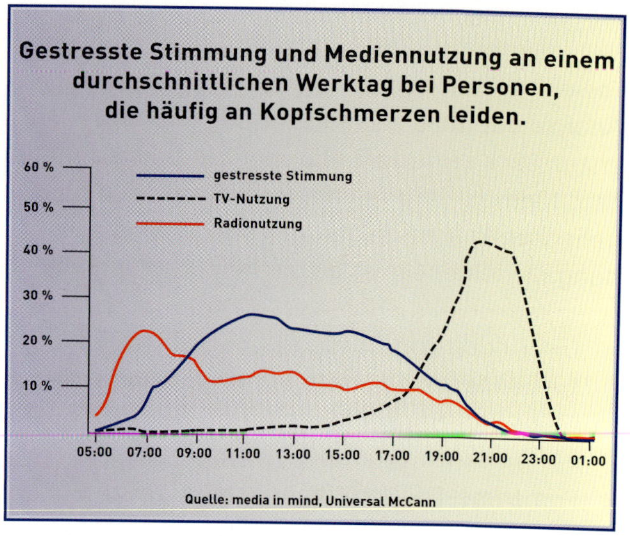

Hier sticht das Daytime-Radio als geeignetes Werbemedium hervor. Das Fernsehen wird in dieser Betrachtung eher als Anti-Stress-Medium gesehen, das nur einen schwachen Bezug zum Kopfweh aufweist. Bei der Formulierung einer Mediastrategie und der Auswahl der geeigneten Mediengattungen und Einschaltzeiten helfen uns solche Ergebnisse aus ‚media in mind' natürlich weiter.

5. ‚media in mind' - keine Revolution, aber die konsequente Ausnutzung von Chancen

Die Aufgaben der Mediaagenturen werden immer komplexer und schwieriger. Die konventionelle Mediaforschung liefert nicht immer genug Daten, die für die Bewältigung dieser Aufgaben notwendig sind. Durch die konsequente Nutzung von wissenschaftlicher Wirkungsforschung und eigenen

5

Studien können Agenturen aber neue Ansätze finden, die helfen, den Mediennutzer und sein Umfeld besser zu verstehen und dadurch die Mediaplanung zu verbessern.

Die internationale Studie ‚media in mind' und das heuristische Konzept des Point of Relevance können solch einen Beitrag leisten. Unser Ansatz revolutioniert nicht die Mediaplanung, auch sind wir weit davon entfernt, ihn unseren Kunden aufzudrängen. Aber er erweitert unser strategisches und planerisches Repertoire und kann in individuellen Fällen helfen, konsequent Chancen zu nutzen, die durch herkömmliche Planungsroutinen vielleicht vernachlässigt worden wären.

Unsere Kunden wissen das zu schätzen. Das ergab eine unabhängige Befragung der Fachzeitschrift ‚werben & verkaufen' über die Kundenzufriedenheit in der Mediabranche: *Universal McCann* landete bei den Dimensionen ‚Eigene Forschung zur Optimierung des Mediaeinsatzes' und ‚Eigene Forschung zur Werbewirkung' auf Platz eins.[48] Ähnliche Auszeichnungen gewann *Universal McCann* auch in anderen Ländern. Dies mag ein dezenter Hinweis darauf sein, wie wichtig forscherische und planerische Kreativität heute sind. *Mit ‚Erbsenzählerei' alleine sind die Mediaagenturen jedenfalls nicht für die Zukunft gewappnet*!

Einen Wermutstropfen muss ich Ihnen, lieber Leser, zum Abschluss leider verabreichen: Bei ‚media in mind' handelt es sich um eine Exklusiv-Studie, deren Ergebnisse der Agentur und ihren Kunden vorbehalten sind. Eine Veröffentlichung von Daten und Erkenntnissen findet bisher nur vereinzelt in nicht wissenschaftlichen Fachpublikationen statt.[49] Dieser Beitrag ist eine große Ausnahme.[50]

6. Anhang

1 Die Daten entstammen der elektronischen Datenbank des Marktforschungsinstituts A.C.Nielsen S + P Werbeforschung.

2 Das duale Rundfunksystem hat nichts mit dem ‚Grünen Punkt' zu tun, auch wenn man manchmal beim TV-Konsum den Eindruck hat, dass hier massenhaft gebrauchte Inhalte recycelt werden. Vielmehr bedeutet das duale Rundfunksystem, dass in Deutschland seit Anfang der 80er Jahre kommerzielle Rundfunkanbieter Programme ausstrahlen dürfen, die sie rein über Werbung finanzieren. Die technischen, rechtlichen und politischen Gründe, die dazu geführt haben, lassen sich in dem Herausgeberwerk von IP Deutschland (1999) zur Geschichte des Fernsehens nachlesen.

3 Über die Entwicklung der verschiedenen Mediengattungen informieren Reiter (1999) und Vogel (1998).

4 Die Zahlen nennt das Werbe-Jahrbuch des ZAW (2001, S. 238), dem Zentralverband der deutschen Werbewirtschaft.

5 Diese Werte berichten Ridder & Engel (2001).

6 Als Quelle dient hier Berg (2000).

7 Mehr zur Fragmentierung des Nutzungsverhaltens der Rezipienten finden Sie bei Jäckel (1996).

8 Auf die Fernbedienung als Macht des TV-Zuschauers macht u.a. Rossmann (2000) aufmerksam.

9 Auf diese Entwicklung weist z.B. Bruhn (1997) hin.

10 Die Darstellung stammt aus Hofsäss et al. (1994, S. 67).

11 Einen ausführlicheren Einblick in die Aufgaben des strategischen Planers vermittelt Beninde (2000).

12 Einzelheiten finden Sie bei Auer & Bauer (1997).

13 Kommunikationsexperten werden immer mehr gebraucht - selbst in einem schwachen Werbejahr wie 2001. Dazu genügt ein Blick auf die aktuelle Statistik der Stellenangebote, die jährlich vom Zentralverband der deutschen Werbewirtschaft (ZAW, 2001, S. 73) veröffentlicht wird: 1999 waren 1.582 offene Stellen für Mediaexperten von Agenturen und Medien ausgeschrieben. Ein Jahr später waren es schon 2.256 offene Stellen, also 43 Prozent mehr als im Vorjahr. Wen wundert es da, dass das Fach Kommunikationswissenschaften in den vergangenen Jahren einen regelrechten Boom erfahren hat (vgl. Schmidt & Zurstiege, 2000)?

14 Jobprofile in Mediaagenturen beschreibt Hattemer (1995).

15 Zur Beurteilung von Werbeträgern werden in der Regel folgende Kriterien herangezogen:

1. Die Reichweite, also die Anzahl derjenigen Personen, die zur Zielgruppe gehören und den Werbeträger nutzen.
2. Die Durchschnittskontakte, also die Anzahl der Werbekontakte, die eine Person in der Zielgruppe im Laufe der Kampagne damit hat.
3. Die Affinität, also den Anteil, den meine Zielgruppe an der Nutzerschaft des jeweiligen Werbeträgers im Vergleich zur Gesamtbevölkerung hat und
4. der so genannte Tausend-Kontakt-Preis (TKP), also die Kosten einer Schaltung meiner Kampagne in dem jeweiligen Medium, um 1.000 Nutzer zu erreichen.

16 Aus der Ex-Post-Erhebung von Reichweiten und Strukturmerkmalen lassen sich nämlich die Kontaktchancen berechnen, die die Grundlage der Ex-Ante-Entscheidungen der Mediaplaner liefern. Mehr zum prognostischen Nutzen der Mediaforschung finden Sie bei Hess (1996), Scheler (1996) und Löffler (1999).

17,18 Über die Grundlagen der Mediaforschung informieren die Beiträge von Schulz (1994), Unger et al. (1999) und Winter & Fritzen (1999).

19 Die 3. Aufgabe der Mediaforschung, nämlich die Werbewirkung, ist eindeutig die Kür. Die Aufgaben 1 und 2 sind die Pflicht und machen nach Hess (1999) den Großteil der geldwerten Forschungsaktivitäten von Medienunternehmen und Agenturen bzw. ihren gemeinsamen Forschungsorganisationen wie AG.MA oder AGF aus.

20,21,23 Wissenswertes nicht nur über die historischen Wurzeln der deutschen Mediaforschung findet sich in den Beiträgen von Scheler (1996) und Noelle-Neumann (1996).

22 Genau genommen verkaufen Werbeträger keine Zentimeter auf Zeitungspapier oder Sekunden Sendezeit, sondern die Zugangschance zu einem Publikum. Dank der exakten Zahlen der Mediaforschung kann die Leistung der Werbeträger intramedial (und in etwas eingeschränkterem Maße auch intermedial) vergleichbar gemacht werden, wodurch das Publikum zu einem (homogenen) Produkt auf dem Werbemarkt wird. Die verschiedenen Werbeträger konkurrieren auf einem Markt, den man auch salopp als das ‚Verkaufen von Publika' umschreiben kann (Kiefer, 2001).

24 Über die Lebensstilforschung informiert Hartmann (1999).

25 Bourdieus Werk ‚Die feinen Unterschiede' (1987) ist recht einflussreich geworden.

26 Informationen zu den Sinus-Milieus erhalten Sie von Sinus Sociovision (Tel: 06221/ 80 89-0; Fax: 06221/ 80 89-25; E-Mail: sinus@sociovision.de; Internet: http://www.sinus-milieus.de).

27 Den Panelansatz beschreiben Günther et al. (1998) in ihrem Werk ausführlich.

28 Über Werbeerfolgsmessung und -kontrolle informiert Pepels (1996).

29 Defizite und Möglichkeiten zwischen Werbewirkungsforschung und Mediaentscheidung schildert Spanier (2000).

30 Einen Überblick über Marktforschungsmethoden und -instrumente geben z.B. Engelhardt (1999) oder Pepels (1996).

31 Dazu gehören z.B. Studien wie ‚Qualitäten der Fernsehwerbung III', ein Expertenband herausgegeben vom ZDF Werbefernsehen und der ARD Werbung Sales & Services (Mainz, 1996) oder der IP-Werbewirkungskompass (vgl. IP Deutschland, 2000; Hess, 1996).

32 Die deutsche Fassung erschien unter dem gleichen Titel von Broadbent & Haarstick (1999).

33 Über Prognosemodelle zur Vorhersage der Fernsehnutzung informiert Weber (2000). *(Zur TV-Werbung schreiben auch Andrea Scharrenbroch & Jörg Westphal in diesem Buch.)*

34 Die psychologische und kommunikationswissenschaftliche Grundlagenforschung an den Universitäten bemüht sich um die Erhellung des komplexen Zusammenspiels beim Werbewirkungsgeschehen, indem überwiegend einzelne Variablen isoliert und unter experimentellen Bedingungen erforscht werden. Für die deutsche Forschung zur Fernsehwerbung geben z.B. Friedrichsen & Jenzowsky (1999) einen aktuellen Überblick. (Ein wichtiger Bereich ist hier z.B. das ‚Consumer Information Processing', den die Beiträge von Michaela Wänke und Georg Felser von zwei verschiedenen Seiten beleuchten.) Die akademische Forschung wird jedoch von den Mediaentscheidern eher ignoriert. Einen wirklichen Wissenstransfer zwischen Universitäten und Praxis gibt es kaum, wie Spanier (2000) betont. Das ist schade, denn ein tieferes Verständnis der Wirkungsprozesse sollte eigentlich Voraussetzung einer effektiven Mediaplanung sein. Hier bieten sich große Chancen an, mit Hilfe der Wissenschaft die Praxis zu befruchten. Allerdings gilt es, diesen Austausch sinnvoll zu gestalten, damit beide Seiten etwas davon haben, denn die angewandte Forschung in der Praxis betreibt Wirkungsforschung nicht als Selbstzweck, sondern um Entscheidungshilfen zu bekommen. Bei der Rezeption wissenschaftlicher Theorien haben da Praktiker die ‚Dreistigkeit', sehr eklektisch vorzugehen und ganz pragmatisch nur diejenigen Theorie-Bausteine abzugreifen, die ihnen für ihre eigenen bescheidenen Modelle hilfreich sind. Von Seiten der Akademiker kann man diese unwissenschaftliche Vorgehensweise bedauern und kritisieren, doch das bereitet den Praktikern wenig Kopfschmerzen, haben sie doch anderes zu tun, als philosophische und methodologische Debatten zu führen. Wie heißt es so schön: Nichts ist praktischer als eine gute Theorie.

35 Der Involvement-Begriff wurde von dem amerikanischen Werbeforscher Herbert E. Krugman (1965) geprägt und lässt sich schwer ins Deutsche übersetzen. Auch gibt es keine einheitliche Definition, weshalb der Begriff für Kommunikations- und Wirtschaftswissenschaftler, Sozial- und Kognitionspsychologen, Konsumentenforscher und Praktiker jeweils etwas Unterschiedliches bedeuten kann, wie Donnerstag (1996) unterstreicht. Diese Diskussion wollen wir hier aber nicht nochmals nachvollziehen. *(Mehr zum Involvement-Konzept und seiner Bedeutung für die Werbung finden Sie in den Beiträgen von Klaus Moser und Jenzowsky & Schimansky.)*

36,43,48 Näheres dazu bei Trommsdorff (1998).

37 Mehr zu den kontextuellen Bedingungen der Medienwirkung finden Sie bei McQuail (2000), der auch Verfasser eines Standardwerkes über Kommunikationstheorie ist.

38 Ergebnisse der betriebswirtschaftlichen Werbewirkungsforschung berichtet z.B. Jones (1995).

39 Dieses Zitat stammt von Ephron (1997, S. 62).

40 Über die unterschiedlichen Bedürfnisse, die Medien in der heutigen Gesellschaft erfüllen, berichten u.a. Gauntlett & Hill (1999), Rubin (2000) sowie Silverstone (1998).

41 Über den Medieneinfluss auf unser Freizeitverhalten berichtet Opaschowski (1997).

42 Über kulturelle Unterschiede beim Fernsehen in Europa schreibt Engel (1999).

44 Weitere methodische Details liefern Eimeren (1995) und Franz (1999).

45 Vereinzelte Studien zum Tagesablauf finden sich etwa bei Berg & Kiefer (1996) oder Ridder & Engel (2001).

46 Milton Rokeach (1973, vgl. auch Schröder, 1998) entwickelte in seinem Standardwerk ‚The Nature of Human Values' ein Verfahren, mit denen Werte als Einstellungen messbar gemacht und für interkulturelle Vergleiche herangezogen werden können. *(Das Messinstrument mit den abgefragten 18 Lebenszielen und 18 instrumentellen Werten finden Sie in dem Beitrag von Paul McGowan & Marcus Thiel ausführlicher vorgestellt.)*

47 Die Feldarbeit besorgt das Marktforschungs-Network NFO-Infratest. Koordiniert wird die Studie von NFO Trendbox in Amsterdam.

48 Die genauen Angaben zu den Auszeichnungen finden Sie bei Feldmeier (2000).

49 Folgende nicht wissenschaftliche Fachpublikationen lassen sich nennen: Hofsäss & Engel (1998) und Engel (1999, 2000) und die Website von Universal McCann www.universalmc-cann.de.

50 *Auch wenn mein Name in der Autorenzeile genannt wird, so ist doch Forschung immer ein Gemeinschaftsunternehmen. Deshalb möchte ich stellvertretend für viele andere Michael Hofsäss, Director Research & Marketing Services bei Universal McCann Deutschland, danken. Besonderer Dank gilt auch Jim Kite, Director of Global Research, und Helen Ixer, International Research Manager Europe, beide bei Universal McCann Worldwide in London und verantwortlich für die Koordination der weltweiten Studie ‚media in mind'. Ebenfalls erwähnen möchte ich Fred Schipper, Research Director bei NFO Trendbox, der mit seinem Team für die Feldarbeit und technische Abwicklung der Studie verantwortlich zeichnet.*

Andrea Scharrenbroch
Key Account Manager
Research Consulting & Development

Ich wurde 1963 in Bamberg geboren. Meinen Interessen folgend fing ich mit dem Studium der Betriebswirtschaftslehre an der Universität Erlangen-Nürnberg an, wobei ich mich besonders auf die Bereiche Marketing, Unternehmensführung und Kommunikationswissenschaften konzentrierte. Meine Diplomarbeit zum medienwissenschaftlichen Thema ,Medienverhalten Jugendlicher und junger Erwachsener' setzte den ersten Eckpfeiler für meine spätere Tätigkeit.

1991 begann ich dann in Nürnberg bei der Gesellschaft für Konsumforschung (GfK), wo ich seit 1993 den methodischen Bereich der Fernsehforschung betreue. Meine Arbeitsschwerpunkte liegen in der Methodenoptimierung bei der Panelforschung und der Methodenentwicklung im Bereich der Datenergänzungstechniken (Datenfusion und -injektion, Fragebogen-Splittingansätze) sowie der Entwicklung genereller Modellansätze im Markt-Media-Bereich. Seit 1998 bin ich für den Markt-Media-Ansatz MOVE verantwortlich und analysiere hier auch die Wirkung von Werbung.

Meine künftige Zielsetzung ist es, weiterhin neue kreative Forschungsansätze und -modelle im Einklang mit praktischen Erfordernissen am Markt zu etablieren. Mein Motto: „Solange man zu Diskussionen beiträgt, hat man sicherlich wieder ein wenig (am Markt) bewegt."

Jörg Westphal
Senior Research Consultant

In Nürnberg, der Hauptstadt der Bratwürste und Lebkuchen, wurde ich am 07. Juli 1972 geboren. Nach meiner Ausbildung zum Industriekaufmann bei Triumph-Adler, einem führenden Hersteller für Büromaschinen, wechselte ich zur Apple-Niederlassung in Nürnberg, um dort als Junior-Vertriebsmitarbeiter erste Erfahrungen im Berufsalltag zu sammeln.

Seit Februar 1993 bin ich bei der GfK, Deutschlands größtem Marktforschungsinstitut, im Bereich Fernsehforschung tätig. Mein Aufgabengebiet umfasste zunächst die Panelsteuerung und Gewichtung sowie Sonderauswertungen und Erstellung von Testdesigns. Seit Januar 2001 bin ich im neu gegründeten Ressort ‚Research Consulting & Development' der GfK Fernsehforschung tätig und betreue hier als Senior Research Consultant das Projekt MOVE, die Vermarktung von Fusionsverfahren und den neu entwickelten Controlled Split Survey® (Fragebogensplitting).

Als Ausgleich zur Arbeitswelt suche ich Erholung bei Musical- und Theaterbesuchen. Doch mein ganzes Herz schlägt für meine Hündin ‚Sarah', die mich ordentlich auf Trab hält.

MOVE - Erfolgskontrolle für die Fernsehwerbung

Andrea Scharrenbroch und Jörg Westphal, GfK

In den letzten Jahren hat der Wettbewerbsdruck in den einzelnen Märkten stark zugenommen. Der Kampf um die Gunst des Verbrauchers steigt stetig an. Notwendige Voraussetzung für die Erlangung dieser Gunst ist die optimale Ansprache der Verbraucher. Dabei ergibt sich immer wieder - und künftig noch verstärkt - die Frage, wer denn eigentlich der adäquate Verbraucher für ein konkretes Produkt oder eine Dienstleistung sein könnte und wie der Verbraucher genau angesprochen werden kann und will. Im Fokus des (werbe-)wirtschaftlichen Interesses stehen - neben der genauen Bestimmung der Zielgruppe - sowohl die Gewinnung konkreter Erkenntnisse für die mediale Zielgruppenansprache, als auch Ergebnisdaten darüber, wie die Werbekampagne dann letztlich bei den anvisierten Verbrauchern angekommen ist.

Allein schon bei der Zielgruppenbestimmung ergibt sich dabei das Problem, die potentiellen Verbraucher in der Komplexität und Unübersichtlichkeit der Märkte zu finden bzw. ‚dingfest' zu machen. Markt-Media-Studien schaffen hier Transparenz, weil sie zum einen für das jeweilige Unternehmen eine Definition der relevanten Zielgruppe erlauben und auch eine Auswahl ermöglichen, wann und über welche Medien die Zielgruppe am besten, also zielgruppen-affin angesprochen werden kann: In Deutschland bleibt - trotz neuer Medien und erhöhter Freizeitbedürfnisse - das Fernsehen das wichtigste Medium überhaupt.[1] Im letzten Jahr wurden rund 17,7 Mrd. Euro in Werbung investiert, davon allein knapp 43 Prozent in den Fernsehbereich. Damit stellt TV den größten Werbeträger dar.[2]

Das hohe Werbeaufkommen im Bereich TV macht eine Stärkung der Marken durch ausgefeilte Marketingstrategien immer notwendiger. Deshalb wird es für Hersteller zunehmend wichtiger, Kenntnis über die Konsumprioritäten der Verbraucher zu erlangen. Werbekampagnen müssen die definierten Zielgruppen ohne große Streuverluste erreichen und zwar so effizient, dass sich die Position des Produktes im Bewusstsein des Verbrauchers so verbessert, dass dies gleichzeitig positive Auswirkungen auf die Erträge hat. In einem Satz: ‚Werbung muss verkaufen!'

Nach der erfolgreichen Fusion des Fernsehforschungspanels der *AGF/GfK* mit ConsumerScan, dem Verbraucherpanel der *GfK Panel Services*, steht nun mit *MOVE* dem Markt ein Tool zur Verfügung, welches durch die Verknüpfung von Konsum- und Fernsehnutzungsdaten erlaubt, potentielle und tatsächliche Käufer einer Marke aufzuspüren. Die Kampagnenplanung mit *MOVE* berücksichtigt neben soziodemografischen Merkmalen auch Konsumprioritäten auf der Basis gemessenen Kaufverhaltens: Light-, Medium- und Heavy-Buyer können sowohl bei der Planung, als auch bei der Optimierung und Werbewirkungskontrolle als Zielgruppenkriterien hinzugezogen werden. Durch *MOVE* kommt es nicht mehr zu Verlusten in Form von ‚Übersetzungsungenauigkeiten', weil von der Planung bis zur Kontrolle in einer gemeinsamen Sprache gesprochen und in einer Währung gerechnet wird.

Im Folgenden werden wir zunächst kurz auf die allgemeine Bedeutung heutiger Markt-Media-Studien eingehen, um dann Aufbau und Charakteristika von *MOVE* vorzustellen. Nach der Erläuterung des Fusionsprozesses werden wir an einem Beispiel die (aufgrund der Datenfusion entstandenen) neuen Nutzungsmöglichkeiten von *MOVE* für die Werbewirkungsanalyse von TV-Werbekampagnen veranschaulichen.

1

1. Wesen und Charakteristika des Markt-Media-Ansatzes MOVE

Markt-Media-Studien dienen der Schaffung von Markt-Transparenz für Werbungtreibende, Werber und Mediaplaner, um eine bessere Bestimmung und Ansprache von Zielgruppen zu ermöglichen. Markt-Media-Studien bieten dabei ihren Nutzern unterschiedliche Erkenntnisse zu den drängenden Fragen über die Zielgruppe - je nachdem, wie komfortabel und umfassend die Studien jeweils angelegt sind.[3] Der Trend geht dabei heutzutage weg von rein soziodemographisch definierten Zielgruppen (nach Alter, Geschlecht, Einkommen, Bildungsniveau usw.) und hin zu komplexeren Ansätzen, bei denen zusätzlich etwa das Kauf- bzw. Verwendungsverhalten einbezogen wird. Darüber hinaus werden die komplexen Lebensstil-Ansätze immer populärer, die zur Ausdifferenzierung von Zielgruppen besondere Charakteristika der Verbraucher wie Einstellungen, Wünsche, Interessen, Ziele, Vorlieben usw. berücksichtigen. (*Über die Lebensstilansätze informiert der Beitrag von Manfred Niesel.*)

Zu den besonders bekannten und gebräuchlichen Markt-Media-Studien zählen die Typologie der Wünsche (TdWI), die VuMA (Verbrauchs- und MedienAnalyse) oder auch die AWA (Allensbacher Werbeträger Analyse). (*Eine Erläuterung dieser Markt-Media-Studien finden Sie bei Dirk Engel.*) Die folgende Übersicht zeigt, dass die Nutzung von Markt-Media-Studien bei Unternehmen wie Werbeagenturen gleichermaßen verbreitet ist.

Vergleich der wichtigsten Markt-Media-Studien

	Nutzung überhaupt			Nutzung bei Zielgruppenbestimmung			Nutzung bei Medienauswahl		
	Total	Unternehmen	Agenturen	Total	Unternehmen	Agenturen	Total	Unternehmen	Agenturen
Media Analyse	86	84	86	53	51	54	71	75	69
Allensbacher Werbeträger Analyse (AWA)	62	55	65	47	30	54	42	41	42
Leseranalyse Entscheidungsträger (LEA)	62	43	69	49	26	59	49	31	56
Verbraucheranalyse (VA)	80	77	81	69	60	73	51	45	53
Kontaktqualitäten und Verbraucheranalyse (KQ+VA)	42	37	44	26	22	27	32	26	34
Typologie der Wünsche (TDW)	67	58	70	61	47	66	29	21	32
Kommunikationsanalyse (KA3)	37	22	42	32	16	38	20	14	22
Markenprofile	57	42	63	48	30	55	26	16	29
Gehobene Zielgruppen (GZ)	36	20	42	30	14	36	20	12	24

Quelle HORIZONT, alle Angaben in Prozent

Die Nutzungszahlen stammen aus den 90er Jahren und dürften in der Zwischenzeit stark gestiegen sein, da die Aussagequalität dieser Studien immer besser und ihre Nutzungsmöglichkeiten immer komfortabler geworden sind. Zudem setzt sich zunehmend die Erkenntnis durch, dass ohne diese Tools eine adäquate Zielgruppensegmentierung und -ansprache immer unwahrscheinlicher wird.

Die Grundlage vieler Markt-Media-Studien bilden Befragungs- bzw. Beobachtungsdaten, die aus Forschungspanels stammen.[4] Panels bieten den Vorteil, dass durch sie das Marktgeschehen im Längsschnitt erfasst werden kann und nicht nur punktuell wie bei Einmalbefragungen. Dadurch können saisonale Schwankungen erkannt und die wirklich interessierenden Veränderungen im Markt (wie z.B. durch Preisänderungen oder Werbung) überhaupt erst untersucht werden. Über solche Panels können je nach Zusammensetzung der Untersuchungsteilnehmer (also z.B. Händler oder produzierende Unternehmen oder Konsumenten) unterschiedliche Ausschnitte des Marktgeschehens repräsentativ abgebildet werden und entsprechend reichhaltige Informationen für die Marktteilnehmer bieten, wie die folgende Graphik veranschaulicht:[5]

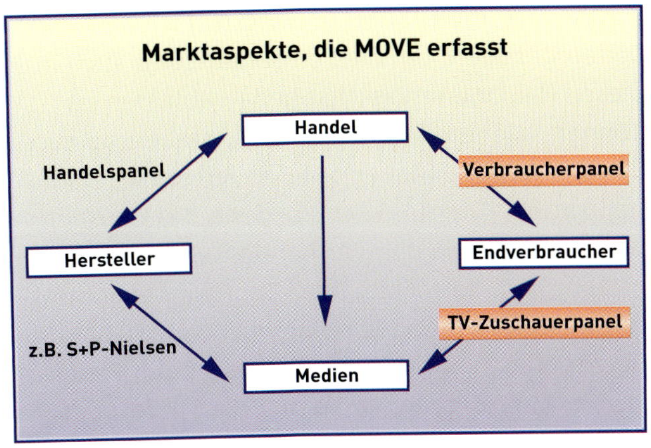

Welchen Ausschnitt des Marktgeschehens beleuchtet *MOVE*? Bei *MOVE* handelt es sich insofern um einen ganzheitlichen Ansatz, als das TV-Zuschauerpanel und das Verbraucherpanel in einem integrierten Modell zusammengeführt worden sind. *Ziel von MOVE ist es, durch eine Verknüpfung von Fernseh-Nutzungsdaten und Kaufdaten Zielgruppeninformationen für die Media-Planung und Media-Kontrolle zur Verfügung zu stellen, bei denen sämtliche Aussagen aus dem Fernsehforschungspanel um relevante kaufgruppenbildende Merkmale ergänzt sind.* Dadurch haben sowohl Werbungtreibende bzw. Werber als auch TV-Anbieter bzw. Mediaplaner die Möglichkeit, für ihre spezifische käuferorientierte Zielgruppenplanung mediale Leistungswerte bestimmen und darüber hinaus auch ihre Kampagne gezielt evaluieren zu können, sprich: wie kam sie bei den Rezipienten an? *MOVE* ermöglicht Werbe- und Mediaagenturen somit sowohl die fernsehbezogene Media-Planung und -Kontrolle, als auch die Analyse der TV-Werbewirkung umfassend und unkompliziert zu realisieren.

1.1. Panelstudien, die MOVE vereint.

Welche Panelteilnehmer mit welchen entsprechenden Charakteristika (Messgrößen) werden in *MOVE* konkret zusammengeführt? Zum einen handelt es sich um Daten des Fernsehforschungspanels der *AGF/GfK* (Arbeitsgemeinschaft Fernsehforschung) und zum anderen um das ConsumerScan-Panel der *GfK Panel Services*. Beide Panels und die an ihnen erhobenen Erkenntnisse werden wir im Folgenden ausführlicher vorstellen. Das *TV-Panel* der *AGF/GfK* wurde 1985 eingerichtet. Die *AGF* setzt sich heute aus den folgenden Trägern zusammen:[6]

Zum Fernsehforschungspanel der *AGF/GfK* gehören in Deutschland 5640 Privathaushalte, von denen 5500 einen deutschen Haupteinkommensbezieher haben und 140 Haushalte einen ausländischen Haushaltsvorstand besitzen. In diesen Haushalten wird die Information darüber, wer wann was wie lange im Fernsehen verfolgt, über das *GfK-Meter TC-XL* erhoben.

Das Messgerät ist an mindestens einem Fernsehgerät in den zum Panel gehörenden Haushalten installiert und liefert sekundengenaue Daten der Einschaltdauer einzelner Sender. Erhoben werden die Daten für alle in einem Haushalt lebenden Personen ab drei Jahren. In jeder Nacht werden die Messdaten per elektronischer Fernabfrage abgerufen. Daran schließt sich die Gewichtung der Messdaten an, wobei je nach nächtlicher Ausschöpfung jedem Haushalt zunächst ein vorläufiges Gewicht erteilt wird (vor allem aus technischen Gründen kann es beim Abruf Ausfälle geben). Erst nachdem versucht wurde, eventuell entstandene Datenlücken in den zwei darauffolgenden Nächten zu schließen, findet die endgültige Gewichtung der Daten anhand der Anzahl tatsächlich erreichter Haushalte statt.

Wie sehen Stichprobe und damit die repräsentative Abdeckung des TV-Panels (Coverage) aus? Das *AGF/GfK*-Fernsehforschungspanel ist in der ersten Stufe eine disproportional geschichtete Zufallsstichprobe: In Regionen mit kleinen Fallzahlen (z.B. Saarland) wird im Verhältnis zu ihrer relativen Größe eine überproportionale Anzahl von Haushalten gezogen, um die Fernsehnutzung auch in diesen Regionen möglichst genau abbilden zu können. Weiterhin findet eine Aussteuerung nach Empfangsebene (Kabel, Satellit, Terrestrik), Haushaltsgröße, Alter und Schulbildung des Haushaltsvorstandes sowie dem Vorhandensein von Kindern im Haushalt statt. Einmal pro Jahr wird eine Strukturerhebung unter den teilnehmenden Haushalten durchgeführt, um die Gegebenheiten der Panelstichprobe zu kontrollieren und die Strukturdaten zu aktualisieren. In diesen Befragungswellen werden u.a. soziodemographische Daten, Angaben zur Haushaltsausstattung, verschiedene (Konsum-) Einstellungsdimensionen der Teilnehmer sowie die Verwendung bestimmter Produkte erfragt.

Das Haushaltspanel *GfK-ConsumerScan* stellt die Produktdaten für die Fusion zur Verfügung. Mit dem *Electronic Diary*, einem Handscanner, werden Daten über Einkäufe von ‚fast moving consumer goods' bei rund 12.000 repräsentativ ausgewählten Haushalten erhoben. Das Electronic Diary speichert die Einkaufsdaten durch Einscannen des auf jeder Produktverpackung befindlichen EAN-Strich-Codes. Diese Daten werden von GfK Panel Services wöchentlich per Fernabfrage aus dem Electronic Diary abgerufen.

Neben den gemessenen Daten über Produktkäufe werden Haushaltsdaten wie Soziodemographie und Einstellungsdimensionen über regelmäßige Befragungen erhoben. Mit den vorhandenen Daten wird monatlich eine repräsentative Berichtsmasse aus den kontinuierlich berichtenden Haushalten nach soziodemographischen Strukturen und Plausibilität des Einkaufsverhaltens gebildet. Das wichtige Merkmal ‚Käufer einer Warengruppe oder Marke' hat dabei folgende Ausprägungen:

- Probier-Käufer
- Light Buyer (Gelegenheitskäufer)
- Medium Buyer (Wiederkäufer)
- Heavy Buyer (Treuekäufer)

Zudem ist das Konsum-Merkmal ‚Innovator', d.h. jemand, der Produktneuerungen gegenüber aufgeschlossen ist, im ConsumerScan mit erhoben und bei der Datenfusion in den *MOVE*-Bestand übernommen worden.

Die Panelfluktuation, die bei etwa 18 Prozent aller installierten Haushalte pro Jahr liegt, wird durch mehrere Anwerbewellen jährlich ausgeglichen, indem über eine Zufallsauswahl aus (nach bestimmten Vorgaben gefilterten) Adressen neue Panelteilnehmer angeworben und mit GfK-Meter bzw. Electronic Diary ausgestattet werden. Neu angeworbene Haushalte gelangen zunächst in die Reserve, aus welcher sie nach Bedarf in die monatlich neu gebildete repräsentative Berichtsmasse aufgenommen werden.

1.2 Der Vergleich von GfK-ConsumerScan und AGF/GfK-Fernsehforschungspanel als Grundlage für die Daten-Fusion in MOVE

Wie bereits betont, handelt es sich bei *MOVE* um ein Modell, welches das TV-Zuschauerpanel und das Verbraucherpanel integriert. Hierbei sind prinzipiell zwei Vorgehensweisen möglich: einerseits die Bildung eines übergreifenden Single Source-Panels[7] (wie es z.B. AC Nielsen betreibt) oder aber andererseits die statistisch basierte Fusion von bestehenden Panels. Wir haben uns für die Strategie der Datenfusion entschieden. Der Grund, eine Datenfusion dem Anlegen eines Single Source-Bestandes vorzuziehen, liegt vor allen Dingen in der erhöhten Belastung der Teilnehmer eines Single Source-Panels. Man kann sich leicht vorstellen, welche Zusatzbelastung es bedeutet, wenn bei einer Person, deren Fernseher bereits mittels GfK-Meter kontrolliert wird, zusätzlich noch mit dem Electronic Diary deren Kaufverhalten (und darüber hinaus weitere Einstellungen und Messvariablen zur Person) erhoben werden. Dies hat oft eine überhöhte Austrittsquote bei Single Source-Untersuchungen zur Folge, so dass mit Abweichungen von den Gesamtpopulationsnormen zu rechnen ist, da der Erhalt repräsentativer Teilnehmerstrukturen sehr problematisch wird.

Die Technik der Datenfusion ist bereits bei anderen Markt-Media-Studien angewendet worden. Wie bei *MOVE* sind z.B. bei der VuMA-Studie (Verbraucher- und Medien-Analyse) Daten zur Produktverwendung und zur Fernsehnutzung fusioniert worden. Allerdings handelt es sich bei den Kauf- bzw. Verwendungsdaten der VuMA aus den Ergebnissen einer zwei Mal im Jahr stattfindenden ad-hoc-Befragung, die in das Fernsehpanel fusioniert werden. Bei *MOVE* dagegen werden die Daten kontinuierlich aus zwei Panelstudien miteinander verglichen, so dass laufend aktuelle und repräsentative Daten zur Verfügung gestellt werden können, was ein zentraler Vorteil dieser Studie ist. Die Daten können zeitgenau und kontinuierlich aus zwei Panels, die am Markt als Währung anerkannt sind, übertragen werden. Sicherlich sind aufgrund der Thematik gewisse Anknüpfungspunkte zu weiteren am Markt vorhandenen Studien gegeben. Inwieweit sinnvolle Ergänzungen zu diesen Studien künftig möglich sind bzw. welcher Datenbestand für welche Haupt-Planungsfelder heranzuziehen ist, wird die Mediapraxis zeigen.

An den vorangegangenen Ausführungen wird bereits verschiedentlich durchgeklungen sein, dass für das Gelingen einer Fusion die Vergleichbarkeit der verwendeten Stichproben von großer Bedeutung ist. Zielsetzung ist, dass beide Auswahlgesamtheiten dieselbe Grundgesamtheit repräsentieren. Die Grundgesamtheit der *MOVE*-Daten bilden private Haushalte in der Bundesrepublik Deutschland mit mindestens einem Fernsehgerät, was etwa 33 Mio. Fernsehhaushalten entspricht.[8]

	GfK Fernsehforschungspanel	ConsumerScan
Grundgesamtheit	Fernsehhaushalte in Deutschland	Privathaushalte in Deutschland
Stichprobenanlage	disproportional, Mindestanzahl bei kleinen Bundesländern	proportional, Zusammenfassung bei kleinen Bundesländern*
Stichprobengröße	ca. 5.500 Haushalte	ca. 12.000 Haushalte
Schichtung, Klumpung[8]	regional nach Kreis und B.I.K.-Ortsgrößenklasse[8]; ein Haushalt pro Point	keine
Aussteuerung	pro Empfangsebene (Kabel, Satellit, Terrestrik) gesplittet nach den Merkmalen ▪ Alter des Haushaltsvorstandes ▪ Haushaltsgröße/ Kinder im Haushalt ▪ Schulbildung des Haushaltsvorstandes	pro Bundesland* nach den Merkmalen ▪ Regierungsbezirk und Ortsgrößenklasse ▪ Alter der haushaltsführenden Person ▪ Haushaltsgröße ▪ Kinder unter 6 und 14 Jahren ▪ Haushaltsnettoeinkommen ▪ Berufsgruppe
Gewichtung[8]	täglich, getrennt für Haushalte und Personen Außenvorgabe: Media-Analyse (MA)[8]	monatlich auf Haushaltsebene Außenvorgabe: Microcensus**
Berichtsmasse[8]	tägliche Neugewichtung aller berichtenden Haushalte	monatliche Zusammenstellung einer Berichtsmasse gleicher Größe nach den Kriterien ▪ regelmäßige Berichterstattung ▪ Aussteuerungsmerkmale
durchgehende Jahresmasse[8]	ca. 80 Prozent	ca. 75 Prozent
Panelpflege	Neuanwerbung über 6 Screeningwellen pro Jahr durch Interviewer (Random Route)	Kontinuierliche Neuanwerbung durch ▪ Interviewer (Random Route) ▪ Mailing (Adresspool) ▪ CATI[8]

* Dabei zusammengefasst: Schleswig-Holstein + Hamburg; Rheinland-Pfalz + Saarland; Niedersachsen + Bremen
** Mit geringen Abweichungen zum Microcensus, z.B. bei Ein-Personen-Haushalten

Insgesamt zeigt die Gegenüberstellung von *AGF/GfK*-Fernsehforschungspanel und GfK-ConsumerScan eine hohe Ähnlichkeit. Insbesondere der statistische Vergleich der Verteilungen gemeinsamer Merkmale bei beiden Panels zeigt eine hohe Übereinstimmung auf. Um hier gemeinsame Merkmale zum Vergleich der beiden Panels zu erhalten, wurden im Fernsehforschungspanel zusätzlich Daten zur Produktverwendung (wie sonst im ConsumerScan-Panel üblich) erhoben und unter den Teilnehmern des ConsumerScan-Haushaltspanels eine zusätzliche Erfragung der Fernsehnutzung durchgeführt, um eine Abstimmung mit den Daten aus dem TV-Forschungspanel zu erreichen.

1.3 Funktion und Ablauf der MOVE-Datenfusion

Werbe- und Mediaagenturen verlangen in der Regel nach ganz präzisen Informationen über die Zuschauer- und Käuferschaft für das jeweilige beworbene Produkt. Denn die zielgruppengenaue Ansprache erfordert eine Media-Planung (und Erfolgskontrolle), die sich bis auf die Markenebene genau ausrichten lässt, und entsprechend müssen auch die gemessenen und fusionierten Daten von *MOVE* diesen Anforderungen genügen können.

Die methodische Grundlage von MOVE bildet die Datenfusion. *Ziel der Fusion ist es, Merkmalsträger aus verschiedenen Datenquellen mit jeweils unterschiedlichem Informationsgehalt in einer Weise zu verknüpfen, dass der dabei entstehende erweiterte Datenbestand die Information aus beiden vormals getrennten Datenbeständen in sich vereint und damit Auswertungen möglich werden, als wären die unterschiedlichen Informationen gemeinsam aus einer Erhebung gewonnen worden.* Im Rahmen des *MOVE*-Projektes werden erhobene Kaufdaten erstmals in die Daten des Fernsehforschungspanels integriert und zwar so, als wären die Kaufdaten originär im Fernsehforschungspanel erhoben worden. Dies ist eine wichtige Ergänzung und Erweiterung bisheriger Analysemöglichkeiten.

Da eine Verknüpfung der Daten von einer Testperson mit denen einer anderen nicht so ohne weiteres realisierbar ist, ohne Gefahr zu laufen, ‚Äpfel mit Birnen' zu vergleichen, muss die Messlatte für solche Datenfusionen recht hoch angesetzt werden, zumal Fusionen deshalb auch immer wieder in den Fokus der (Methoden-)Kritik geraten sind. Aus diesem Grund wollen wir uns das konkrete Vorgehen zunächst genauer ansehen, bevor wir auf die Aussagen, die mit *MOVE* möglich sind, näher eingehen.

Anhand gemeinsamer Merkmale, also Variablen, die in den beiden zu fusionierenden Datenbeständen gleichermaßen vorhanden sind, werden ‚Zwillinge' gesucht, die in ihren gemeinsamen Variablen hohe Ähnlichkeit aufweisen.[9] Ist ein solches Paar gefunden, findet eine Übertragung der spezifischen Merkmale des Spenders, auch Donor genannt, statt: Der Empfänger, auch Rezipient genannt, wird um jene Merkmale ergänzt, die ausschließlich beim Spender (Donor) vorhanden sind. Im Fall der *MOVE*-Fusion werden die TV-Nutzungsdaten des *AGF/GfK*-TV-Forschungspanels um Informationen zum Einkaufsverhalten angereichert.

Damit dies gelingt, finden neben soziodemographischen Variablen sowohl allgemeine Merkmale der Produktverwendung, wie auch Merkmale der Fernsehnutzung als gemeinsame Merkmale Verwendung. Beispielsweise wird angestrebt, männliche Kaffeetrinker mit häufiger Fernsehnutzung zwischen 19.00 Uhr und 20.00 Uhr aus dem Fernsehforschungspanel mit entsprechenden männlichen Kaffeetrinkern und häufiger Fernsehnutzung zwischen 19.00 Uhr und 20.00 Uhr aus dem Haushaltspanel zusammenzubringen, ebenso wie die Daten einer weiblichen Teetrinkerin aus dem Haushaltspanel ausschließlich mit den Daten einer korrespondierenden Teetrinkerin aus dem TV-Panel fusioniert werden sollen. Am Ende des Zuordnungsprozesses steht ein künstlicher Single-Source-Datenbestand, der jetzt die Auswertung des Fernsehverhaltens von Zielpersonen im Zusammenhang mit ‚deren' Einkaufsverhalten erlaubt.

In den folgenden drei Graphiken haben wir den Fusionsprozess noch einmal veranschaulicht: Ausgangspunkt bilden die beiden voneinander unabhängigen Stichproben des Fernsehpanels und des Verbraucherpanels mit ihren ‚Merkmalsträgern', die jeweils unterschiedliche Informationen (TV-Nutzung einerseits und Produktkäufe andererseits) liefern - symbolisiert durch verschiedene Farbgebungen der ‚Info-Pakete' der Merkmalsträger.

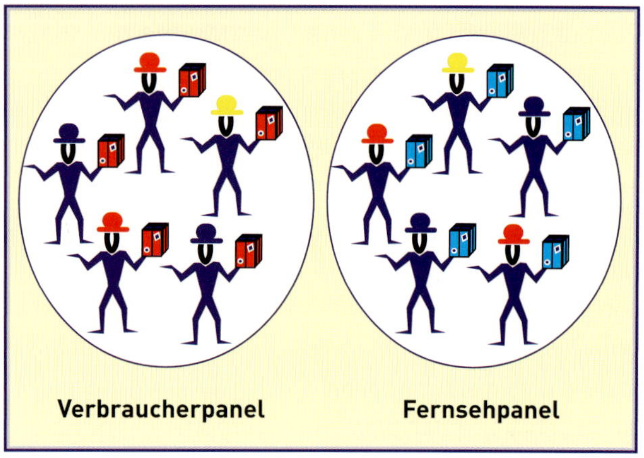

Die zentrale Aufgabe der Fusion besteht in der Paarfindung unter der Bedingung der Erhaltung von Strukturen. Als Zuordungsvorschrift für die Übertragung von spezifischen Merkmalen dient die Ähnlichkeit von Spender (Donor) und Empfänger (Rezipient), d.h. Ziel ist es, dass die Merkmale an die Person übertragen werden, die in ihren gemeinsamen Merkmalen dem Spender hinreichend gleicht. In der folgenden Abbildung ist die hinreichende Ähnlichkeit zweier Merkmalsträger durch die Hutfarbe angedeutet und es geht bei der Fusion darum, die ‚Info-Pakete' (also die zu übertragenden Merkmale) an diejenigen Merkmalsträger mit gleicher Hutfarbe zu übergeben.

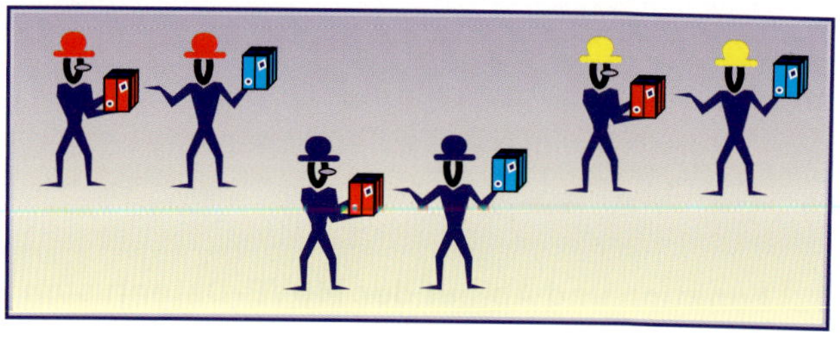

Sind die spezifischen Merkmale aus dem Donoren-Bestand übertragen, werden die ‚Paare' wieder getrennt. Im Ergebnis resultiert der ursprüngliche Empfängerbestand, der um die Information des Donoren-Bestands erweitert wurde, sowie der unveränderte Donoren-Bestand. Auf diese Weise verbindet die *MOVE*-Fusion Einkaufsdaten aus dem ConsumerScan-Panel mit Fernsehnutzungsdaten aus dem Fernsehforschungspanel.

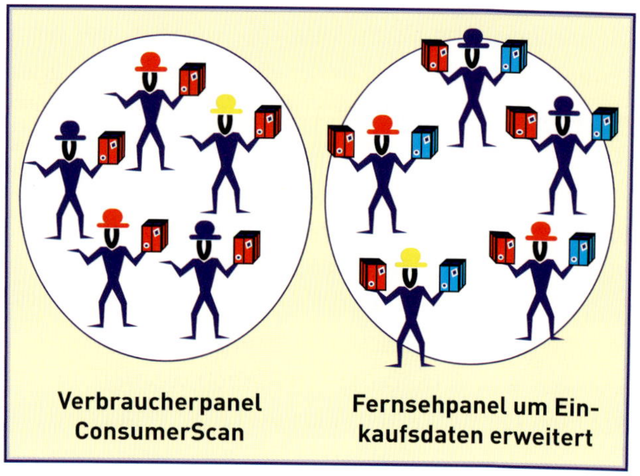

Die methodische Messlatte der *MOVE*-Fusion wurde sehr hoch angesetzt, indem sie sich prinzipiell am Konventionen-Katalog der *AG.MA* (Arbeitsgemeinschaft Media-Analyse) orientierte, ergänzt um spezifische Notwendigkeiten des Fusionsansatzes bzw. des Marktinteresses von *MOVE*. Danach mussten für eine Datenfusion die folgenden Bedingungen erfüllt sein:[10]

- Die zugrundeliegenden Stichproben müssen von hoher Qualität sein, d.h. die Studien sollen Währungscharakter am Markt besitzen bzw. anerkannt sein.
- Die Stichproben sind auf (bedeutsame) Unterschiede zu prüfen, die sich ggf. qualitätsmindernd auf die Aussagekraft des Fusionsbestandes auswirken können. Zu beachten sind u.U. unterschiedliche Zeiträume der Datenerhebungen der Stichproben sowie deren absolute Größe, ihre Größenrelationen und eventuell auftretende Disproportionalitäten.
- Gemeinsame Merkmale sollen gleiche Fragestellungen und Verteilungen in beiden Datenbeständen aufweisen.
- Es soll eine ausreichende Menge gemeinsamer Merkmale zur Verfügung stehen.
- Das Gelingen einer Datenzusammenführung soll dokumentiert werden. Dies kann u.a. durch den sog. Kreuzvergleich realisiert werden, indem die Relationen zwischen gemeinsamen und spezifischen Merkmalen im Rezipienten-Bestand vor der Übertragung im Vergleich zu den Relationen, wie sie sich nach der Übertragung ergeben, dargestellt werden.

Um darüber hinaus zu gewährleisten, dass die Verknüpfung der Daten aus beiden Panels auf hohem Niveau stattfinden kann, wurde zusätzlich als Vergleichsbasis ein so genanntes ‚Normierungspanel' eingerichtet. Das Normierungspanel ist in diesem Fall ein Teilpanel aus dem Verbraucherpanel, welches zusätzlich mit Messgeräten zur Erfassung der Fernsehnutzung ausgerüstet ist. Durch dieses Panel konnten diverse methodische Optimierungen für die Fusion abgeleitet werden.

1.4 Evaluierung der Datenfusion

Grundsätzlich sind nach der Fusion Kontrollen durchzuführen, die das Gelingen der Fusion aufzeigen. Bei den klassischen statistischen Analysen zur Güte der Fusion wurde z.B. die Stärke des Zusammenhangs der gemeinsamen Merkmale nach der Fusion berechnet. Zudem wurden die Merkmalsverteilungen im fusionierten Datenbestand mit dem Ausgangsdatenbestand verglichen und dabei analysiert, inwieweit individuelle Treffer, d.h. individuell exakte Ergebnisse in der Datenfusion erzeugt werden können.

Ergänzend zu den statistischen Analysen wurde ein eher praxisbezogener Ansatz entwickelt. Die Tests bezogen sich im Wesentlichen auf zwei zentrale Bereiche, nämlich

- die Überprüfung der Media-Planung und
- die Werbewirkungskontrolle (siehe Kap. 2).

Für die Vorgehensweise in der Mediaplanung wurde explizit überprüft, inwieweit durch die Anwendung der fusionierten Daten bestehende Mediapläne (wie etwa Rangreihenergebnisse) aufrechterhalten werden können. Es geht bei diesem Ansatz also um die Überprüfung, inwieweit in der Mediapraxis bestehende Planungsmuster durch die Datenfusion repliziert werden können, also erhalten bleiben bzw. zu verändern sind. Im Ergebnis konnte auch hier die Fusion sehr schlüssige Erkenntnisse liefern. Die ‚Welt des Planers' wurde dabei nicht grundsätzlich verändert.

In der Zusammenschau waren sowohl die statistischen, als auch die eher praktischen Prüfungen hoch zufriedenstellend. Die Daten von *MOVE* konnten problemlos in das Auswertungssystem der GfK integriert werden - in diesem Fall die Planungssoftware *Plan-TV* bzw. *TV-Control*.[11] Durch *MOVE* wird eine kontinuierliche Media-Planung und Werbe-Kontrolle möglich, bei der aktuell auf ca. 170 Warengruppen und über 800 Marken zurückgegriffen werden kann.

Da sich der Fokus dieses Buches besonders auf Werbung richtet, haben wir die Media-Planung relativ kurz gehalten (*weitere Eindrücke mag der Beitrag von Dirk Engel vermitteln*), um uns im Folgenden ausführlicher dem Bereich der Werbewirkungskontrolle und dem Nutzen, den *MOVE* hier bieten kann, zu widmen.

2

2. Werbewirkungsanalysen mit MOVE

Die Zielrichtung einer Fusion ist u.a. abhängig von den Auswertungsinteressen, die an das Verfahren gestellt werden: Für den Bereich Media-Planung und Media-Kontrolle, wo viel mit fusionierten Daten gearbeitet wird, fand eine Fusion vom Verbraucherpanel in das Fernsehforschungspanel hinein statt. Als Übertragungsebene wurden dabei haushaltsführende Personen gewählt, die täglich ihre Haushaltseinkäufe mit dem Scannergerät aufzeichnen. Diese Kaufdaten wurden dann auf die haushaltsführenden Personen im TV-Forschungspanel übertragen. Solch ein haushaltsbezogener Ansatz macht für all diejenigen Produktbereiche Sinn, die zu einem überwiegenden Teil von haushaltsführenden Personen gekauft werden.[12] Der Bereich der Werbewirkungsanalysen mit *MOVE* basiert ebenso auf einer Datenfusion, allerdings ist die Zielsetzung etwas anders: Beim Werbewirkungsansatz wird aus dem Verbraucherpanel nach Kontaktklassen getrennt ausgewertet, inwieweit eine Abverkaufssteigerung durch Werbekontakte erzielt werden kann. Im Gegensatz zur Fusion bei der Media-Planung und -Kontrolle geht es hierbei nicht darum, Kaufdaten an das TV-Forschungspanel ‚anzudocken', sondern möglichst genau die Werbekontaktdaten des TV-Forschungspanels im Verbraucherpanel zu schätzen. Entsprechend sind die diversen Ausprägungen der Fernsehnutzung das zentrale Bindeglied für diese Fusionsrichtung.

Wie kann man sich den Fusionsprozess prinzipiell vorstellen? Nehmen wir an, wir möchten als Werbungtreibende die folgenden für uns zentralen Fragestellungen beantwortet haben:

- Was bringt uns ein anderes Werbebudget?
- Erzielt eine höhere Zahl von Kontakten eine höhere Werbewirkung?
- Liegt die wirksame Reichweite auch im akzeptablen Bereich?
- Haben Personen der Zielgruppe unser Produkt gekauft oder hat die Werbung andere Personen zum Kauf veranlasst?

Im Rahmen quantitativer Analysen würde man nach bisherigen Ansätzen der Werbewirkungsforschung zur Beantwortung eine Verbindung zwischen Produktkauf einerseits und Medienkonsum andererseits auf aggregierter Datenbasis herstellen oder Auswertungen in so genannten Testmärkten durchführen, wie es z.B. beim Testmarkt Haßloch der *GfK-Testmarktforschung* geschieht.[13] Derartige Auswertungen sind allerdings zeitaufwendig und von ihrer Anlage her regional begrenzt. Des Weiteren bietet sich der Single Source-Ansatz als Alternative zur klassischen Werbewirkungsanalyse an, bei dem aus einem Panel sowohl Kaufdaten, als auch Fernsehdaten erfasst und kombiniert ausgewertet werden. Wie bereits erwähnt, ergibt sich dabei allerdings die Problematik einer sehr hohen Belastung der Panelteilnehmer, hohe Austrittsquoten und eine daraus resultierende eingeschränkte Repräsentativität der Panelstrukturen.[14] Diese Schwierigkeiten sind bei dem Fusionsansatz von *MOVE* nicht oder nur eingeschränkt gegeben.[15] Darüber hinaus kann im Bereich Werbewirkungsanalysen ein der Fragestellung entsprechender Fusionsansatz gewählt werden, also für jede Kampagne eine eigene spezifische Datenfusion.

Zurück zum Beispiel: Um uns, den Werbungtreibenden, obige Fragen zu beantworten, wird bei *MOVE* für die zu untersuchende Kampagne zunächst die Zahl der gesehenen Werbespots sowie die Gesamtzahl an gesehener Werbung im Fernsehpanel ermittelt. Sodann wird in Abhängigkeit von soziodemographischen Variablen unserer Zielgruppe, den Fernseh-Zeitschienen usw. eine statistische Vorhersage (Regressionsgleichung) der ‚Zahl gesehener Werbespots' und der ‚Gesamtzahl an gesehener Werbung' errechnet und auf das Verbraucherpanel übertragen. Im Anschluss werden dann anhand des Kriteriums ‚Zahl gesehener Werbespots' die Kontaktverteilung sowie die Gesamt-Fernsehdauer vom TV-Panel auf den jeweiligen Partner im Verbraucherpanel übertragen. Dadurch ist eine optimale Abbildung der relevanten TV-Werbevariablen vom TV-Panel im Verbraucherpanel sichergestellt.

Nach der Fusionierung gilt es im nächsten Schritt, die ermittelte TV-Werbevariable in Bezug zur Kaufvariable zu setzen, um damit die Werbewirkung (etwa einer zu untersuchenden TV-Spotkampagne) zu ermitteln. Ausgangspunkt der *MOVE*-Werbewirkungsanalyse bildet hierbei das STAS-Differenzial (Short Therm Advertising Strength), bei dem Kaufakte ohne Werbung in Relation zu Kaufakten mit Werbung gestellt werden, was im Prinzip die effektiven Werbekontakte[16] einer Kampagne ergibt. Da nun eine einfache Differenzbildung zwischen Kaufakten ohne Werbung und Kaufakten mit Werbung als Ausdruck für die Werbewirkung zu stark simplifizieren würde, muss das STAS-Differenzial noch durch relevante Einflüsse auf die Werbewirkung erweitert werden, um sie als potentielle Störfaktoren (durch Berücksichtigung) zu eliminieren, wie folgende Graphik zeigt.

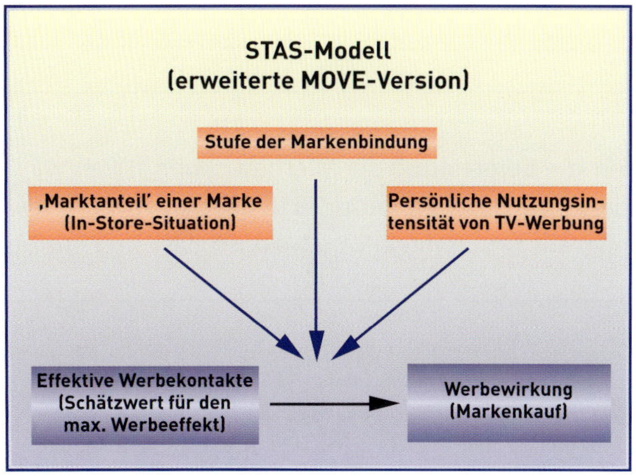

Beim *MOVE*-Werbewirkungsansatz fließen als zentrale, unabhängige Störvariablen zusätzlich ein:

- der ‚Marktanteil', d.h. die Werbe- und Promotionstätigkeit (In-Store-Situation),
- die Persönlichkeitsvariable ‚Nutzungsintensität von Fernsehen und TV-Werbung' und
- die Stufe der ‚Markenbindung', also die Tendenz, eine bestimmte Marke zu kaufen (unterteilt in die vier Stufen ;Nichtkäufer, Gelegenheitskäufer, Wiederkäufer und Treuekäufer').

Es hat sich nämlich im Berechnungsmodell herausgestellt, dass durch die zusätzliche Einbindung dieser Störvariablen über 96 Prozent des Zusammenhangs zwischen TV-Werbung (hier: effektive Werbekontakte[17]) und Werbewirkung (hier: Markenkauf) erklärt werden können! Diese Variablen bilden somit die zentralen Modellbausteine des Werbewirkungsansatzes bei *MOVE*.[18] Zur Bestimmung der Werbewirkung wird bei *MOVE* ein multiples Regressionsverfahren angewandt. Die zugrundeliegende logistische Regressionsformel für die Werbewirkungsmessung lautet:

$$P(y_i = 1) = \frac{1}{1+e^{-(ß0+ß1xi1+ß2xi2+...+ßnxin)}}$$

Für die Berechnung der Werbewirkung füllen wir diese statistischen Kennwerte mit den von uns als relevant bestimmten Variablen, so dass sich ergibt:

Die Werbewirkung (Wahrscheinlichkeit p für den Kauf einer Marke i) ist umso höher...

- **je größer der Einfluss des Spotsehens (effektive Werbekontakte) ist,**
- **je höher die Nutzungsintensität von TV-Werbung ist,**
- **je höher der vorhandene Marktanteil der Marke (In-Store-Situation) ist und**
- **je größer der Grad an Markenbindung ist.**

Dabei kann die zu erklärende (abhängige) Variable ‚Kauf einer Marke' zwischen den Ausprägungen 1 (= Kauf) und 0 (= Nicht-Kauf bzw. Kauf der Konkurrenzmarke) variieren. Die vier unabhängigen Variablen können (über die Regressionsgewichte) im Rahmen der Regressionsrechnung so geschätzt werden, dass die Kaufwahrscheinlichkeit für die Marke maximiert wird. Daraus ergeben sich Hinweise zur Kaufwahrscheinlichkeit der Marke bei dem aktuellen Werbedruck und ggf. zu optimierbaren Größen für eine bessere Werbewirkung.

Um den Erkenntnisnutzen dieses regressionsanalytischen Vorgehens in *MOVE* zu veranschaulichen, wollen wir ein Beispiel betrachten. Das Fallbeispiel stellt einen Auszug aus diversen Analysen dar, die aktuell im Bereich *MOVE*-Werbewirkung für Werbungtreibende gerechnet worden sind. Schauen wir uns den folgenden Auszug aus der *MOVE*-Datenbasis an, die die Grundlage der Werbewirkungsanalyse für eine beworbene Schokoriegel-Marke bildet:

Ausprägung der STAS / MOVE-Variablen für die Schokoriegel-Marke bei 8 Haushalten

Kauf	Werbung	Markt-anteil	Werbung gesamt	Probier-käufer	Gelegen-heits-käufer	Wieder-käufer	Treue-käufer
1	4,37	28,93	26,62	1	0	0	0
0	9,05	0,16	36,44	1	0	0	0
0	1,62	0,16	36,44	1	0	0	0
0	0	10,88	36,44	0	1	0	0
1	0,34	10,88	36,44	1	0	0	0
1	2,43	10,88	36,44	0	1	0	0
1	2,15	10,88	36,44	0	0	1	0
1	8,26	10,88	36,44	0	0	0	1

Jede Zeile in der Tabelle zeigt die werbewirkungsrelevanten Daten für einen Haushalt aus dem fusionierten Datenbestand von ConsumerScan- und TV-Panel. In Datenzeile 1 der Tabelle finden wir den ersten Kaufakt für die beworbene Schokoriegel-Marke (kodiert als Kauf = 1). Der Kauf fand auf der untersten Loyalitätsstufe statt, war also ein Probierkauf (Probierkäufer = 1). Dieser Haushalt hatte bis zur Woche des Kaufs 4,37 effektive

Werbekontakte in Bezug auf die Marke gehabt und dabei insgesamt 26,62 Stunden TV-Werbung gesehen. Der Marktanteil für unsere beworbene Marke (d.h. die Werbe- und Promotionstätigkeit) betrug in der betreffenden Woche 28,9 Prozent.

Zwar betrachten wir bei diesem Ausschnitt lediglich fünf von acht Haushalten, die die beworbene Marke gekauft haben, doch insgesamt besteht der Datensatz aus 6305 in dieser Warengruppe (Süßwaren) registrierten Einkaufsakten, von denen 828 für den Marken-Schokoriegel waren. Mit dem bereits vorgestellten Regressionsmodell, welches wir in *MOVE* verwenden, ermitteln wir nun die folgenden Zusammenhänge:

Regressionswerte für die Werbewirkung der Schokoriegel-Kampagne auf den Kauf der Marke

Variable	Standardisiertes Beta-Gewicht	t-Wert
Effektive Werbekontakte	0,05	4,05
Werbung total	-0,05	-4,83
Marktanteil	0,19	17,93
Probierkäufer	0,00	-0,16
Gelegentliche Käufer	0,17	15,49
Wiederkäufer	0,21	19,86
Treuekäufer	0,46	39,06
F-Wert	501,5	
R^2	35,8 %	

Was sagen diese Werte über die Werbewirkung für die beworbene Marke aus? Alle Variablen sind (mit Ausnahme der Probierkäufer-Variable) hoch signifikant, was ihre Bedeutung für die Erklärung des Kaufverhaltens der Marke unterstreicht. *Die in unserem Werbewirkungsansatz verwendeten Variablen erklären zusammen über ein Drittel des Kaufs der Schokoriegel-Marke* (Varianzaufklärung R2 = 35,8 Prozent), was als guter Wert betrachtet werden kann. Die Qualität der gesamten Regression wird durch den hoch signifikanten F-Wert von 501,5 noch unterstrichen.

Die effektiven Werbekontakte mit der Markenkommunikation haben auf das Einkaufsverhalten einen positiven Effekt, der mit einem t-Wert von 4,05 (auf dem 0.01-Signifikanzniveau) sehr signifikant ist. Interessant ist sicherlich auch, dass bei den effektiven Werbekontakten[19] die Berechnung einer ‚Sättigungsgrenze' einfließt, deren Intervallgrenzen angeben, dass über und unterhalb dieser Grenzwerte keine zusätzlichen Werbeeffekte mehr auftreten. Der untere Schwellenwert dieser Sättigungsgrenze beträgt in unserem Beispiel 0, d.h. *bereits der erste Werbekontakt hat zum Kauf geführt*. Die obere Sättigungsgrenze liegt bei dem Wert 13, d.h. *ab dem 14. Kontakt ist mit keiner weiteren positiven Beeinflussung des Kaufverhaltens durch die Markenwerbung mehr zu rechnen.*

Weitere Einsichten erhalten wir für die Werbung unserer Schokoriegel-Marke, wenn wir die Modellparameter verändern. Wie hoch wäre eigentlich der Marktanteil der Marke, wenn *keinerlei* Werbeanstrengungen für die Marke unternommen würden? Um diesen Effekt durch das Regressionsmodell zu schätzen, müssen wir die effektiven Werbekontakte einfach gleich Null setzen und den erhaltenen Wert für den Marktanteil mit dem tatsächlichen Marktanteil mit Werbung vergleichen. Dabei ergibt sich ein geschätzter Marktanteil ohne Werbung von 10,4 Prozent gegenüber 13,4 Prozent Marktanteil mit Werbung. *Der Werbeeffekt, den die aktuelle Kommunikation für unsere beworbene Marke bewirkt, beträgt 29 Prozent!*[20] Angesichts der Tatsache, dass eine zusätzliche Werbewirkung von über 10 Prozent als guter Wert gilt, können wir von einer hohen Wirkung der TV-Werbung für unseren Schokoriegel sprechen.

Mit dem Werbewirkungsansatz von *MOVE* lassen sich also eindeutige und interessante Ergebnisse für die Wirkung einer Werbekampagne auf das jeweilige Kaufverhalten analysieren. In größeren Warengruppen sind auch noch niedrigere Werbewirkungen hoch signifikant nachweisbar. Festzuhalten bleibt, dass sich das *MOVE*-Analysemodell bewährt hat: Das konkrete Kaufverhalten (Werbewirkung) lässt sich gut vorhersagen aus dem Grad

- der effektiven Werbekontakte der Konsumenten mit der jeweiligen TV-Markenkommunikation *und*
- der Bindung des Konsumenten an die beworbene Marke *und*
- des ‚TV-Werbekonsums' des Rezipienten *und*
- des Marktanteils (In-Store-Situation der Marke).

Für den Marketing-Manager ergeben sich aus dem Werbewirkungs-Analysemodell Antworten und Erkenntnisse u.a. für die folgenden Fragenbereiche:

- Wie wirkt Werbung auf unterschiedliche Zielgruppen (z.B. bestimmter soziodemographischer Gruppierungen)?
- Lassen sich Gelegenheitskäufer und Treuekäufer unterschiedlich beeinflussen? Wie liegen die Effekte bei Erstkäufern und Wiederkäufern?
- Lassen sich die Käufer von Markenprodukten anders erfolgreich ansprechen als z.B. Handelsmarkenkäufer? Gibt es Ausstrahlungseffekte zwischen einzelnen Warengruppen bzw. Marken?
- Was bedeutet eine Veränderung des Werbebudgets für die Werbewirksamkeit? Wie wirkt sich eine veränderte Zahl bzw. Ausstrahlung von Kontakten aus?

Das Gesamtkonzept der Werbewirkungsanalyse mit *MOVE* erlaubt neben quantitativen Analysen, die im Zentrum des Ansatzes stehen, auch die Ergänzung durch qualitative Analysen, wie z.B. die Anreicherung um Aussagen aus dem *GfK-Werbetracking*. Das Werbetracking stellt eine kontinuierliche Untersuchung zur Analyse des Kampagnenerfolges am Markt dar. Die aus dem Werbetracking generierbaren Imagekomponenten für einzelne Kampagnen sowie Abverkaufs-Erfolgschancen können dann mit dem Werbewirkungsansatz von *MOVE* kombiniert werden. Der Erfolg bzw. Nichterfolg von Kampagnen kann dadurch noch tiefgehender evaluiert werden. Schließlich kann der Werbewirkungsansatz von *MOVE* um den ‚Brand Performance Evaluator' ergänzt werden, einem Verfahren, mit dem sämtliche Marketing-Mix-Komponenten modelliert und in ihrem Wirkungszusammenspiel analysiert werden können.

3. MOVE - ein Schlusswort

Zusammenfassend lässt sich festhalten, dass Werbewirkung in fusionierten Datenbeständen analysiert werden kann. Durch den Aufbau von Datenbanken und die daraus mögliche Ableitung von so genannten Benchmarks für eine Beurteilung von Kampagnen werden zukünftig noch zusätzliche wichtige Informationen dem Markt zur Verfügung gestellt werden können.

An der Optimierung des Verfahrens sowie der Anpassung an Kundenbedürfnisse bzw. die Marktdynamik insgesamt wird kontinuierlich gearbeitet. Dies beinhaltet auch eine mögliche Ergänzung des beschriebenen Datenmodells um zusätzliche marktrelevante Felder, wie z.B. neue Produktfelder (aus dem Investitions- oder Finanzdienstleistungsbereich) oder Konkurrenzmedien und andere Mediengattungen. Die Möglichkeiten von *MOVE* sind noch lange nicht ausgeschöpft.

Mit *MOVE* steht dem Markt ein umfassender Ansatz zur Analyse der Marktpositionierung, zur Zielgruppendefinition, zur mediengerechten Ansprache der Zielgruppe (Media-Planung bzw. Media-Kontrolle) sowie zur Überprüfung des effektiven Einsatzes des Werbeetats zur Verfügung.

4. Anhang

1 Seit Mitte der 80er Jahre hat mit der Einführung des Privatfernsehens in Deutschland eine kontinuierliche Verschiebung der Werbeaufwendungen v.a. von den Publikumszeitschriften zum TV stattgefunden, wie die untenstehende Graphik zeigt.

2 Die nebenstehende Graphik verdeutlicht die Werbeausgaben bei den klassischen Medien für 2001.

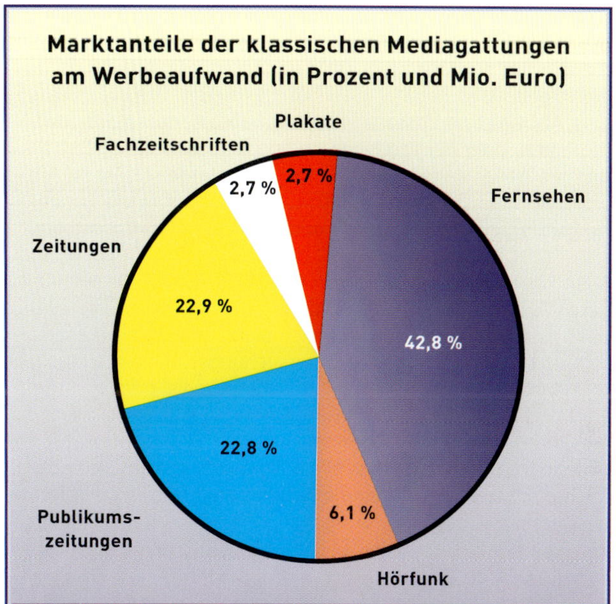

TV	Hörfunk	Publikumszeitschriften	Zeitungen	Fachzeitschriften	Plakate	Gesamt
5.495.624	768.245	2.929.047	2.944.754	350.442	347.016	12.835.128

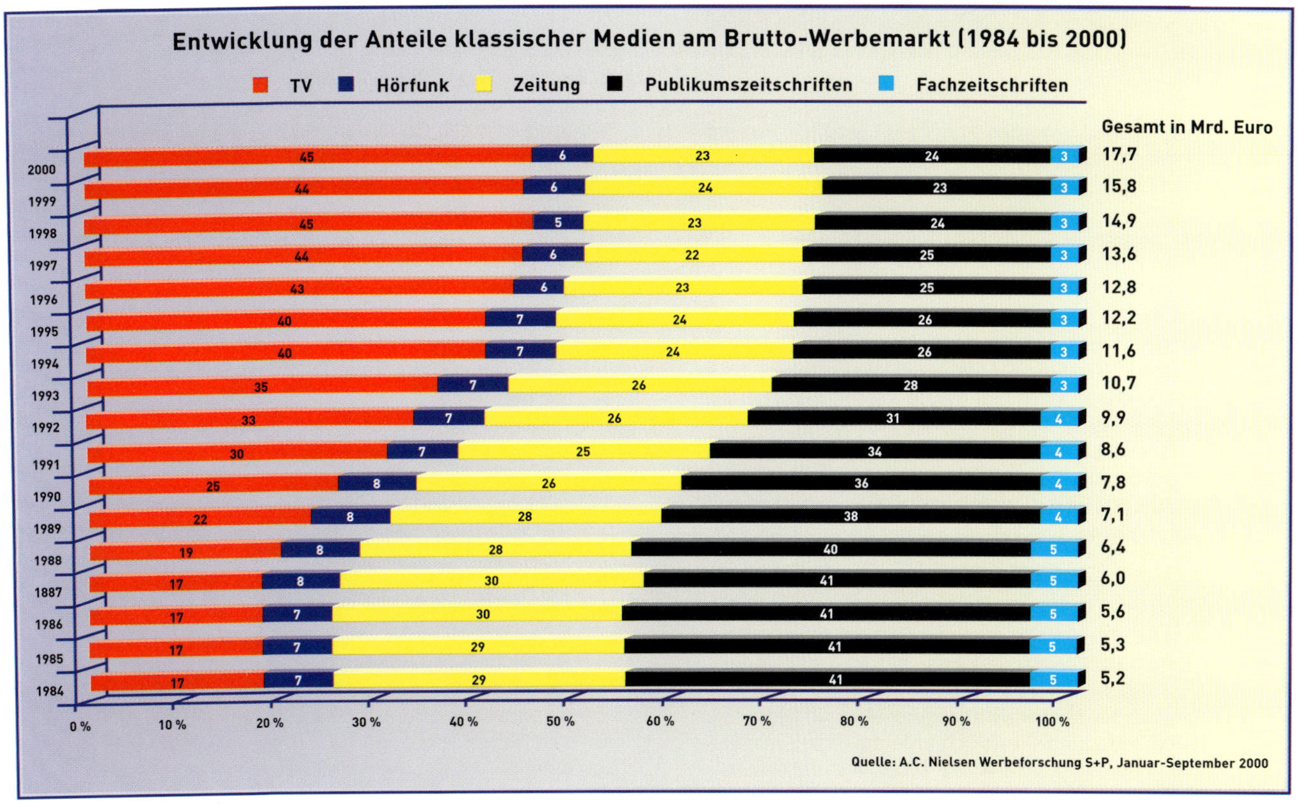

3 Es soll allerdings nicht verschwiegen werden, dass Markt-Media-Ansätze häufig mit Beschränkungen zu kämpfen haben, die sich auf die Aussagequalität der Erkenntnisse aus den Studienergebnissen negativ auswirken: Es findet oftmals lediglich eine Abfrage von Verhaltensweisen, wie z.B. dem Kauf von Produkten oder der Mediennutzung statt. Bei solchen Befragungen treten dann in aller Regel Verzerrungen (Bias) im Antwortverhalten der befragten Konsumenten auf, etwa Erinnerungseffekte oder Antworten gemäß sozialer Erwünschtheit.

4 Ein Panel ist eine Gruppe von Personen, die über einen längeren Zeitraum untersucht wird, und deren Zusammenstellung über diesen Zeitraum immer gleich bleibt. Im Fall der Panelforschung stellen ausgewählte Untersuchungseinheiten (Haushalte, Händler, Lieferanten etc.) ihre Daten - meist gegen Entgelt - zur Verfügung, um dadurch (repräsentative) Rückschlüsse auf die Grundgesamtheit zu ermöglichen. Die Repräsentativität im Panel hängt davon ab, dass alle ausgewählten Mitglieder der Stichprobe auch zur Zusammenarbeit bereit sind. Ist diese Voraussetzung nicht erfüllt, muss man eine gewisse Einseitigkeit in der Zusammenstellung der Stichprobe befürchten (zitiert nach Felser, 2001, S. 432).

5 Diese Graphik ist in leicht abgewandelter Form aus Günther, Vossebein & Wildner (1998) entnommen.

6 Vor 1985 wurde die Fernsehzuschauerforschung von den Instituten Infratam (1963-1974) und Teleskopie (1975-1984) durchgeführt.

7 Single Source-Ansätze werden so genannt, weil alle Erkenntnisse mit kombinierten Messtechnologien aus ein- und derselben Verbraucher-Stichprobe (Panel) gewonnen werden.

8 Zur Erläuterung der Begrifflichkeiten in dieser Tabelle:

B.I.K.: Die Geschichte und Ausrichtung des 1970 von Kurt Behrens gegründeten Instituts (siehe unter: http://www.bik-gmbh.de) ist geprägt von Liselotte Aschpurwis, die sich nach dem Aufbau der Werbestatistik in der Firma Kapferer & Schmidt (heute Nielsen S+P Werbeforschung) mit B.I.K. 1970 selbständig machte. Innerhalb der Markt- und Mediaforschung galt ihr besonderes Interesse der Regionalforschung, woraus die Entwicklung des MOD-Konzeptes (MarktOrientierungsDaten-Ansatz) resultierte. Ein Ergebnis ihrer Arbeit sind die B.I.K.-Stadtregionen und -Verflechtungsgebiete zur Abbildung der Einzugsbereiche von Städten.

ag.ma, MMC: Die Arbeitsgemeinschaft Media-Analyse e.V. (siehe unter http://www.agma-mmc.de), kurz ag.ma genannt, ist eine Non-Profit-Organisation mit fast 50-jähriger Tradition, die das Medien-Nutzungsverhalten in Deutschland durch Befragungen erforscht. Mehrmals pro Jahr werden im Rahmen der Media-Analyse (MA) die ermittelten Daten veröffentlicht. In der ag.ma sind die 250 wichtigsten Unternehmen der Werbewirtschaft vereint. Ziel dieser offenen Allmedia-Dachorganisation ist es, im Konsens aller Marktpartner Werbeträger aus den Gattungen TV, Radio, Tageszeitungen, Zeitschriften, Kino, Plakat und demnächst auch Online-Medien zu erheben. Damit stellt die ag.ma auf der Basis ihrer Forschungsergebnisse die ‚Werbewährung' für Deutschland, nach der sich die Preise für die Mediaplanung und Buchung in den Werbeträgern (TV, Radio, Print etc.) ableiten.

Berichtsmasse: Masse der Haushalte, die in einem Zeitraum (Tag, Monat, etc.) berichtet, d.h. Daten liefert.

Durchgehende Jahresmasse: Berichtende Haushalte müssen mind. ein Jahr lang im Panel sein und Daten berichten.

CATI: Computergestütztes Telefoninterview, die heute effizienteste und am häufigsten eingesetzte Befragungsform für Standarduntersuchungen.

Auswahl- und Gewichtungsverfahrens: Eine detailliertere Darstellung findet sich in einer Dokumentation von Andrea Scharrenbroch zur Media-Analyse 2000 mit dem Titel ‚Methode und Technik der kontinuierlichen Fernsehzuschauerforschung. Die AGF/GfK-Fernsehforschung im Partnerschaftsmodell' (2000, S. 23-25).

9 Die Angleichung von unterschiedlichen Abfragen bzw. Skalen sowohl auf Seiten der Einfrage wie auch auf Seiten der Messung ist durch Normierungsprozesse hergestellt worden.

10 Im Rahmen der Datenfusion konnte die GfK Fernsehforschung zahlreiche Erfahrungen im Vorfeld sammeln. Seit 1987 gibt es unter anderem das so genannte Partnerschaftsmodell mit der AG.MA, bei dem Daten aus dem AGF/GfK-Fernsehforschungspanel in die Media-Analyse hinein übertragen werden. Dieses Projekt wurde von GfK-Fernsehforschung mitbetreut. Des weiteren konnten zahlreiche Erfahrungen bei der Entwicklung eines Dateninjektionsverfahrens gesammelt werden, bei dem Befragungslücken auf Grund von Ähnlichkeitsmaßen von Personen, die geantwortet haben, auf Nichtantwortende übertragen werden.

11 Die Planungs-Software PLAN TV bzw. TV Control ist ein Produkt der Firma DAP-Software in Frankfurt. Um bei der Nutzung des Auswertungssystems zusätzlich eine gewisse Sicherheit für die Media-Planung zu bieten, ist eine so genannte ‚Ampel' in das Auswertungssystem eingebaut worden. Diese ‚Ampel' erscheint als Warnhinweis, wenn sich der Planer in einem so kleinen Fallzahlbereich befindet, dass es hinsichtlich der Aussagekraft der Daten kritisch wird. Dies hat aber weniger mit spezifischen Fusionsergebnissen zu tun, als generell mit der Erkenntnis, dass Marktforschung in einem gewissen Fallzahlbereich keine sinnhaften Analysen mehr erlaubt.

12 Auswertungen aus dem Bestand des Fernsehforschungspanels heraus sind dann auf Ebene der haushaltsführenden Person zulässig bzw. für Personen in Haushalten, die eine bestimmte Warengruppe bzw. eine übertragene Marke gekauft haben. Eine Erweiterung um individuelle Kaufdaten, wie sie in den Individualpanels der GfK Panel Services z.B. bei Süßwaren oder Kosmetik vorliegen, kann natürlich auf Wunsch des Kunden stattfinden.

13 Seit 1986 unterhält die GfK in Haßloch ein Panel aus 3000 repräsentativ ausgewählten Haushalten, von denen 1000 ohne und 2000 Haushalte mit TV-Kabelanschluss (inklusive GfK-Meter) ausgestattet sind. Dadurch sind Stichprobenvergleiche möglich. Ein komplettes TV-Studio in Haßloch ermöglicht die unbemerkte Einspeisung von Testfilmen in die regulär ausgestrahlte Werbung der Fernsehanstalten. Dabei können jeder der Testhaushalte einzeln angesteuert und bei 200 Haushalten zusätzlich sekundengenaue Einschaltquoten registriert werden. Bereits am Tag darauf kann die TV-Wirkung der Testwerbung auf die Kauflust gemessen werden, da die Einkäufe der Testhaushalte im Supermarkt über Chipkarte erfasst werden. Ähnlich ist das Verfahren bei Printmedien. Bei TV-Werbung können Auswirkungen von Werbedruckveränderungen und die Verkaufskraft alternativer TV-Kampagnen untersucht werden. (zitiert nach Kotler & Bliemel, 1995, S. 989).

14 So hat die GfK in einem 1995 durchgeführten Single Source-Test festgestellt, dass durch derartige Belastungen die Fluktuation der Studienteilnehmer drastisch ansteigt.

15 Da es sich auch bei MOVE um Paneldaten, also sich kontinuierlich ‚bewegende' Daten handelt, muss der Datenbestand ständig aktualisiert bzw. das Panel entsprechend ‚gepflegt' werden: Um den Strukturgegebenheiten bzw. -veränderungen in den Panels gerecht zu werden, findet zwei Mal pro Jahr eine neue Fusion statt. Daneben wird eine Angleichung der Kaufdaten vorgenommen, d.h. die als Jahresdurchschnittsdaten übertragenen Kaufdaten werden quartalsweise aktualisiert. Zusätzlich wird jeden Monat die Fluktuation in den Panels ausgeglichen, d.h. es wird ein neuer Teilnehmer aus dem Fernsehforschungspanel mit einem Spender (Donor) aus dem Verbraucherpanel neu versorgt bzw. Donoren, die aus dem Verbraucherpanel verloren gehen, durch andere ersetzt.

16,17,19 Die Bildung der Variablen ‚effektive Werbekontakte' beruht auf folgenden Annahmen:

- Es gibt eine untere Grenze, bei der Werbung wirkt, die wir auf Größe = 0 (also keine Wirkung) setzen.
- Es gibt darüber hinaus eine ‚Sättigungsgrenze', bei der keine zusätzlichen Werbeeffekte auftreten, die es zu bestimmen gilt.
- Es ist möglich, dass zurückliegende Werbekontakte weniger wirken als aktuelle Kontakte (Abzinsungsfaktor für Werbung/Diskontierung).

Die spezifischen Werte für diese Annahmen sind so zu schätzen, dass die Werbewirkung maximiert wird.

18 Eine Erweiterung um die Nutzung von Konkurrenzmedien ist möglich und wird aktuell geprüft. Prinzipiell sollte man allerdings darauf achten, den Modellansatz nicht zu überfrachten, um eine eindeutige Aussagefähigkeit aus dem Modell heraus sicherzustellen.

20 Die 29 Prozent Werbewirkung ergeben sich aus dem Zuwachs des Marktanteils mit Werbung in Relation zum ursprünglichen Marktanteil (also 3 Prozent dividiert durch 10,4 Prozent des ursprünglichen Marktanteils = ca. 29 Prozent).

Zu folgenden Produkten liegen mit Move Daten vor bzw. können berechnet werden:

Warengruppe:	Markenbeispiele:
Alkoholfreie Getränke (Fruchtsäfte,Wasser, Limonaden)	Granini, Valensina, Natreen, Apollinaris, Gerolsteiner, Liptonice, Coca Cola, Pepsi Cola, Fanta, Seven Up, Sprite, Schweppes
Alkoholhaltige Getränke (Bier, Sekt, Spirituosen, Wein)	Beck's, Bitburger, Diebels, König, Paulaner, Veltins, Warsteiner, Faber, Freixenet, Mumm Dry, Asbach, Mariacron, Korn, Ouzo, Wodka, Verpoorten, Underberg, Amaretto, Berentzen, Sangria, Cidre, Cinzano, Martini
Dauerbackwaren (Kuchen, Snacks, Süßgebäck, Zwieback)	Bahlsen, Lieken, Yes, Chio, Pringles, Funny Frisch, Leibnitz, Knoppers, Mars, Brandt
Heißgetränke (Kaffee, Tee, Kakao, Instant)	Dallmayr, Eduscho, Jacobs, Melitta, Tchibo, Onko, Idee, Nestlé, Caro, Kaba, Nesquik, Suchard, Meßmer, Milford, Teekanne
Körperpflege (Shampoo, Seifen, Zahnpflege, Toilettenartikel)	Axe, Duschdas, Fa, Nivea, Palmolive, Odol, Kleenex, Tempo, Zewa, Lux, Corega, Kukident, Hakle, Danke, Aronal, Colgate, Dr. Best, Blendax, Elmex-Aronal, Signal
Molkereiprodukte (Butter, Joghurt, Käse, Quark, Milch, Sahne)	Kerrygold, Landliebe, Weihenstephan, Bresso, Buko, Exquisa, Miree, Gervais, Ehrmann, Bauer, Danone, Fruttis, Lünebest, Mövenpick, Müller, Onken, Strothmann, Zott, Frischli, Tuffi, Westmilch, Milram, Hochland, Kraft, Du darfst, Kiri, Rotkäppchen, Patros
Nahrungsmittel (Fertiggerichte, Eis, Soßen, Suppen, Gewürze, Brotaufstrich, Salate, Tiefkühlkost)	Dr. Oetker, Knorr, Maggi, Kelloggs, Kölln, Nestlé, Erasco, Langnese, Schöller, Hengstenberg, Kühne, Homann, Pfennings, Bonduelle, Unox, Pfanni, Heinz, Kraft, Livio, Wasa, Becel, Biskin, Homa, Lätta, Rama, Sana, Thomy, Barilla, Birkel, Oryza, Uncle Ben's, Biskin, Schwartau, Zentis, Nutella, Zentis, Iglo, Frosta, McCain
Tierbedarf (Hunde-, Katzen- und Vogelfutter)	Frolic, Pedigree, Brekkies, Kitekat, Whiskas, Catsan, Trill, Vitakraft
Wasch-, Putz- und Reinigungsmittel	Coral, Perwoll, Fairy, Palmolive, Pril, Ajax, Der General, Frosch, Meister Proper, Zewa, Calgonit, Somat, Ariel, Persil, Spee, Sunil, Vizir, Lenor, Softlan, Calgon

(detailliertere Aufstellung unter: http://www.gfk.de/produkte/studien.php)

Susanne Paul
Director of Qualitative Research
creative analytic 3000

Schon während des Studiums der Psychologie interessierte mich das Phänomen Zeitgeist. Qualitative Marktforschung bietet Zugang zu wechselnden Befindlichkeiten und Strategien im Alltag der Menschen. Deshalb begann ich meine Laufbahn bei dem Marktforschungsinstitut ‚creative analytic', das unter der Ägide von Klaus Hendrischk, einem Psychologen und ehemaligen Creative Director, der Kommunikationsforschung großen Raum einräumt.

Nach 5 Jahren qualitativer Marktforschung arbeitete ich weitere 5 Jahre für die Werbeagentur Leo Burnett, zunächst in der Marktforschung, später in der strategischen Planung. Vor zwei Jahren habe ich mich dazu entschlossen, mich wieder stärker der Forschung zu widmen und kehrte deshalb zu ‚creative analytic' zurück. Dort verantworte ich heute den Bereich qualitative Marktforschung. Meine Arbeitsschwerpunkte liegen dabei im Bereich der Consumer Insights und der Marken- und Kommunikationsentwicklung.

Ich möchte gerne, dass Konsumenten ein gutes Verhältnis zu ihrem Konsum behalten und nicht vom Konsum überwältigt werden. Konsum soll bereichern und nicht belasten. Konsum soll Kultur spiegeln und nicht Kultur sein.

Fishing for Insights - eine Einführung in die Tiefen der Verbraucherseele.

Susanne Paul, creative analytic 3000

Kennen Sie die schöne Metapher von dem Affen, der den Fisch aus dem Wasser holt und ihn auf einen Baum setzt, weil er glaubt, damit eine gute Tat zu vollbringen, indem er ihn vor dem Ertrinken rettet? Dieses Bild ist gar nicht so weit entfernt vom Werbealltag. Denn so wie der Affe nicht unbedingt das, was für ihn gut und gültig ist, auf den Fisch übertragen kann, darf auch der Kreative einer Werbeagentur nicht einfach Werbeideen entwickeln, die er genial findet, die aber das adressierte Publikum mitunter überhaupt nicht interessieren und somit nicht erreichen. Dafür, dass dies nicht geschieht, gibt es den (strategischen) Planer. Aufgabe des strategischen Planers ist meist, sicherzustellen, dass über die gesamte Werbeentwicklung nicht der Verbraucher aus den Augen verloren wird. Diese Notwendigkeit zur zielgruppennahen Ansprache von Werbung erfordert einen unmittelbaren Kontakt zu den adressierten Verbrauchern. Marktforschung ist hier das probate Mittel, um nicht an der Zielgruppe vorbei zu schießen. Insofern könnte man die Leistung des strategischen Planers auch mit ‚(consumer) research done right' beschreiben.

Traditionell stehen die Vertreter kreativer Werbung allerdings eher auf Kriegsfuß mit der Konsumenten-Marktforschung.[1] Die Kreativen fordern eine Konsumentenforschung, die sowohl wahre Aussagen über die Konsumenten treffen kann und sie gleichzeitig schöpferisch inspiriert. Die Ergebnisse der Forschung sollen zudem nicht wie üblich den Verbraucher ‚sezieren', sondern die komplexe Artenvielfalt des Konsumenten dokumentieren und trotzdem noch verständlich sein. Unmöglich? Consumer Insights erfüllen diese Forderungen.

Consumer Insights sind ein geläufiges Konzept, wenn es im Rahmen der werbestrategischen Ansprache um die Berücksichtigung der Wünsche, Interessen und Bedürfnisse des Verbrauchers geht. Kreative einer Werbeagentur verlangen in der Regel nach Consumer Insights, also nach tiefergehenden Einsichten aus der Zielgruppe, welche es den Kreativen ermöglichen, mit ihren Werbeideen auf den Punkt bzw. den Konsumenten zu treffen. Dahinter steht die grundlegende Idee, dass ein ‚guter' Consumer Insight zur Kreation von ‚guter' Werbung beiträgt.

So stellt etwa der 'Werbeguru' Bill Bernbach fest: *„Im Herzen einer effektiven Kreativ-Philosophie steht der Glaube, dass nichts machtvoller ist, als die Einsicht in die menschliche Natur, also welche Zwänge einen Menschen bewegen und welche Instinkte seine Handlungen dominieren - auch wenn seine Sprache oft verbirgt, was ihn wirklich motiviert. Wenn man diese Dinge über einen Menschen weiß, dann kann man ihn im Kern seines (Da-)Seins berühren."*[2]

Prinzipiell geht es bei dem Consumer Insight-Ansatz um den Gedanken, nicht einfach zu behaupten, Produkt XY befriedige so bedeutsame Motive wie Sicherheit, Individualität, Liebe usw., sondern festzustellen, bei welchen Bedürfnissen Produkt XY überhaupt zu deren Befriedigung beitragen kann und wie sich dies in Form von Erleben ausdrückt. *Es gilt, die Schnittstelle zwischen dem Erleben des Produktes und dem Motiverleben des Menschen zu finden - eben den Consumer Insight, der zur Marke passt und umgekehrt.* Das Ziel für die Werbung lautet dann, die Markeneinsichten und die Konsumenteneinsichten so zu verknüpfen, dass eine zündende Verbindung entsteht, die sich auf die Formel bringen lässt: Consumer Insight + Brand Insight = Sweet spot: *„Sweet spot is the place in the consumer's mind where you make a* *connection between a consumer insight and a brand insight."*[3] Auf diesen ‚süßen Punkt' muss Werbung abzielen.

Auf die konkrete Bedeutung der Consumer Insights für das (Marken-)Produkt und für die Werbung, auf die Schwierigkeiten, ihrer habhaft zu werden und auf Techniken, sie trotzdem zu explorieren, werde ich im Folgenden näher eingehen.

1

1. Auf der Suche nach Consumer Insights 1: der Mensch

Es existiert leider keine eindeutige Vorstellung davon, was mit dem Begriff ‚Consumer Insight' tatsächlich gemeint ist. Eine in der Werbepraxis immer wieder vorkommende und in sich nicht trennscharfe Klassifizierung unterscheidet beim ‚Consumer Insight' den ‚Human Insight' und den ‚Brand Insight' (Produkt- bzw. Marken Insight). In dieser Unterscheidung kommt zum Ausdruck, dass ein Insight mal mehr den ‚Menschen an sich' und mal mehr ‚die spezifische Wahrnehmung des Produktes oder der Marke' zum Inhalt haben kann. Für die Umstände und Faktoren, die zwischen Mensch und Marke vermitteln, interessiert sich die Psychologie des Konsumierens. Nähern wir uns den Consumer Insights, indem wir zunächst den ‚Menschen an sich' betrachten.

Äußerlich betrachtet sind ‚brauchbare' Consumer Insights oft ‚kleiner' als eine grundlegende Psychologie des Konsumenten, gleichzeitig aber ‚erhellender' als die einfache Beschreibung alltäglichen (Konsum-)Verhaltens. Mit ‚kleiner' ist gemeint, dass die Aussagen, die über die jeweiligen Konsumenten getroffen werden, in ihrem Geltungsanspruch begrenzter sind, als es so grundlegende Konstrukte wie Intelligenz, Motivation oder Emotion tun. Denn Consumer Insights bleiben an den jeweiligen Kontext, an die Situation gebunden, was wiederum den Vorteil der Konkretheit mit sich bringt.

Consumer Insights können solch spezifische Beobachtungen wie zum Beispiel die Tatsache sein, dass der Mensch beim Staubsaugen besonders die Geräusche liebt, die entstehen, wenn grober Schmutz aufgesaugt wird oder dass man sich mit Alkohol die Dinge schön trinkt. Es kann sich um ganz schlichte Alltags-Wahrheiten handeln wie z.B. ‚Kinder mögen kein Gemüse' oder auch um subtilere Einsichten wie etwa ‚Ein Wohnungskauf kann bedeuten, den Unwägbarkeiten des Lebens etwas Stabiles entgegenzusetzen'.

Für die beiden Forscher Manfred Böhmer und Christoph Melchers gibt es klassische und moderne Auffassungen darüber, welcher Natur Consumer Insights sind. *Consumer Insights lassen sich zunächst einmal als in der Person (hier: dem Verbraucher) vorkommende (seelische) Strukturen beschreiben, an die sich eine Werbebotschaft anknüpfen lässt.*

- Nach der klassisch-tiefenpsychologischen Auffassung handelt es sich bei diesen seelischen Strukturen *„um ein Arsenal von Bedürfnissen oder Trieben... vom Sexualtrieb über das Geltungsbedürfnis bis hin zum Ruhebedürfnis."*[4] Böhmer und Melchers fügen hinsichtlich des Erkenntnisnutzens dieser Bedürfnisse und Triebe hinzu, dass sie bereits *„alle ausgiebig strapaziert"* worden sind.[5]

- Nach der moderneren Auffassung dagegen können die bindenden Strukturen für eine

Werbebotschaft auch überindividuell sein, z.B. soziale und kulturelle Gegebenheiten wie Moden, Erlebniswelten oder Trends, die dann in dieser Form als ‚Gedächtnis' für die Werbebotschaft fungieren können. (Auf diese Überlegung kommen wir im nächsten Abschnitt noch einmal zu sprechen).

Mit den unterschiedlichen Auffassungen, worauf sich die geeigneten Consumer Insights beziehen sollen, geht auch die Problematik einher, wo und welche Insights konkret eingegrenzt werden können und sollten: *„Übersichtlich ist das Feld der Grundgegebenheiten, die sich zum Festhalten werblicher Information eignen, wahrhaftig nicht."*[6] Die Bestimmung von Consumer Insights wird damit zu einer komplexen Aufgabe, denn *„bei allen in Frage kommenden überdauernden Strukturen ergibt sich außerdem das Problem, ob das Produkt, das mit ihnen in Zusammenhang gebracht werden soll, psychologisch auch tatsächlich etwas damit zu tun hat."*[7] Genau diese Werberelevanz aber ist aus Sicht der Werbung als unbedingtes Muss zu fordern: *„Advertising that fails to recognize the truth of a consumer's relationship with a product or category, does not connect on a visceral level, and consequently does little or nothing to shift consumer perceptions or behaviour."*[8]

Werbung wirkt demnach nur erfolgreich, wenn sie es schafft, *„zu einem Bestandteil der seelischen Momente und Motivationen zu werden. Es geht um einschleusen, festmachen und konservieren des Werbeappells im Seelenleben der Verbraucher."*[9] Wenn auch unterschiedliche Auffassungen darüber bestehen, welche seelischen Strukturen sich dazu eignen, Werbebotschaften zu ‚konservieren', so bleibt doch unstrittig, dass mit der Analyse relevanter Consumer Insights im Vorhinein gesichert werden soll, dass sich der Konsument später von der Kommunikation angesprochen fühlt und beeinflussen lässt. Denn: In den für das Produkt relevanten Consumer Insights wird das Potential gesehen, Werbung ‚tiefer legen' und ‚einzuschleusen' zu können. Der Consumer Insight wird hierbei gerne als Schlüssel für den Eintritt der Werbebotschaft in das Konsumentendenken gedacht. Er soll dazu verhelfen, schnell eine Beziehung zum Werberezipienten herzustellen, die verhindert, dass der Verbraucher die Kommunikation ganz einfach ignoriert oder abwehrt.

Die psychologische Grundlage für den Ansatz, das weite Feld der ‚seelischen Strukturen' des Konsumenten überhaupt nach relevanten Consumer Insights zu sondieren, liefert die Erkenntnis, dass man das Verständnis einer Werbebotschaft nach seiner kognitiven Verarbeitungstiefe untergliedern kann und entsprechend prüfen kann, welchen Effekt eine Werbebotschaft für das beworbene Produkt hinsichtlich der Verarbeitungstiefe erzielt hat: *„Denkt der Rezipient der Werbung nur über den expliziten Inhalt der Werbung nach oder zieht er darüber hinaus auch Schlussfolgerungen aus den Inhalten der Botschaft, die nicht explizit in der Werbung genannt werden? Geht er vielleicht noch tiefer und schmückt die Werbeinhalte aus, indem er sein eigenes Wissen darüber einfließen lässt, wie für ihn die Welt funktioniert? Oder geht er sogar noch tiefer und bezieht die Werbeinhalte auf sein eigenes Leben, auf seine eigenen Erlebnisse, auf seine Fantasien mit ein?"*[10]

Der Werbeerfolg scheint direkt mit der Tiefe der Verarbeitung der Werbebotschaft zusammenzuhängen. So ist der Werbeforscher David Mick der Ansicht, dass *"the deeper the level of such subjec-*

tive comprehension, the more effective the ad will be in credibility, in being liked, in persuasion, and in recall.“[11] Ein guter Consumer Insight kann also die Wahrscheinlichkeit erhöhen, dass die spätere Aufnahme und das Verständnis der Werbung beim Verbraucher eine solche Verarbeitungstiefe erreicht, dass die Werbung (und ggf. das beworbene Produkt) höhere Sympathie- und Überzeugungswerte erzielen. Dies ist ein Umstand, der Consumer Insights schon bei der Werbeentwicklung interessant macht, zumal Consumer Insights von ihrer Konzeption her diskriminierend sind und damit den Vorteil bieten, nicht alle Verbraucher anzusprechen, sondern jeder Insight wirkt potentiell zielgruppenspezifisch.

Ein möglicher Erklärungsansatz, warum gute Consumer Insights eine Werbebotschaft so überlegen einleiten, mag darin liegen, dass sie die Freiwilligkeit der Botschaftsverarbeitung erhalten: Während eine direkte und ungeschminkte persuasive Kommunikation den Konsumenten davon überzeugen will, dass eine Alternative allen anderen vorzuziehen ist, was auf Seiten des Empfängers zu Reaktanz führen kann, erhält eine auf Basis von Consumer Insights konzipierte Werbebotschaft möglicherweise die Freiheit, sich freiwillig mit der Botschaft auseinanderzusetzen, weil sie den Konsumenten interessiert, seine Motive berührt und er sich angesprochen fühlt.[12] In diesem Fall wird Reaktanz vermieden, da Werbung nicht als ‚aufgezwungene' Alternative erlebt wird.

Da die bisherige Suche nach dem ‚Wesen' der Consumer Insights auf Seiten der Human Insights noch keine befriedigenden Antworten liefern konnte, kann uns vielleicht das Verhältnis des (Marken-)produktes zum Konsumenten weiterhelfen, weshalb wir im Folgenden die Seite der Brand Insights näher betrachten wollen. Dazu wollen wir uns zuerst vor Augen halten, welche Bedeutung einer Marke oder einem Markenprodukt zugeschrieben wird und dann dementsprechend un-tersuchen, welche Vorstellungen und Ansätze zur Beziehung zwischen Marke und Konsument existieren.

2. Auf der Suche nach Consumer Insights 2: die Marke(nbeziehung)

Werbung hat den Auftrag, die potentielle Käuferschaft von dem einzigartigen Nutzen eines Produktes oder einer Dienstleistung zu überzeugen. Den Nutzen kann man auch als den Sinn auffassen, den das Produkt für den Verwender macht bzw. letztlich besitzen soll. Hierbei kann es sich um instrumentelle oder psychologische (Sinn-) Funktionen handeln:[13]

1. Die *instrumentelle Funktion* bezeichnet den direkten Produktnutzen (Shampoos waschen Haare, Mäntel wärmen...), der jedoch in Anbetracht immer ähnlicher Produktqualitäten kaum noch zwischen den verschiedenen Marken differenzieren kann.

2. Die *psychologische Funktion*, die häufig als ‚Added Value' konzipiert wird und sich durch die folgenden Teilfunktionen auszeichnet:

    - *Orientierungsfunktion*, indem die Marke durch ihre Unterscheidbarkeit Transparenz und Übersichtlichkeit im Markt bietet. Sie hilftdamit dem Konsumenten, Komplexität zu reduzieren und unter der Vielzahl an Alternativen und Konsummöglichkeiten ein gewisses Maß an Sicherheit zu vermitteln.

- *Erlebnisfunktion*, wobei die Marke das Bedürfnis nach Stimulation, nach Anreicherung und Intensivierung von Wahrnehmungsqualitäten bedient. Versprochen werden reale Erlebnisse (,Erlebnisurlaub') oder imaginativ über kommunikative Zeichensysteme vermittelte Erlebnisse (z.B. die Joghurtmarke, die durch ihre Packung und Werbung ein besonders natürliches Esserlebnis vermittelt, oder die Eismarke, mit der man sich verwöhnen kann).

- *Symbolische Funktion*, indem die Marke durch ein verständliches Zeichensystem (die *Rolex* am Arm) Bedeutung übermittelt, wodurch ein schneller und zugleich ganzheitlicher Eindruck von einer Person transportiert wird. Die symbolische Bedeutungsübermittlung wirkt sowohl nach außen wie nach innen, indem die Marke (hier: die *Rolex*) zu einer ,Bereicherung' des Selbstkonzeptes beitragen kann.[14]

Für die heutige und künftige Markenwerbung (und natürlich auch Marketing) steht die psychologische Markenfunktion im Vordergrund, indem der Nutzen des Produktes in ,übergreifende Bedeutungsmomente' eingebettet wird, die der (Produkt-)Verwendung Sinn verleihen.[15] Dass einem Markenprodukt Bedeutung inne wohnt, heißt letztlich nichts anderes, als es mit solcher Bedeutung auszustatten, dass sein Erwerb gewünscht wird, um auch dessen Bedeutung in Besitz nehmen zu können.[16]

In die Bedeutungsstruktur des Produktes gerät der einzelne Konsument dann als ,Besitzer' unmittelbar hinein, so dass diese Bedeutung zum Teil auch sein Verhalten mitbestimmen kann. Das reicht von der Bedeutung der Produktklasse (das Fan-Trikot des Fußballvereins ,macht' etwas anderes mit dem Konsumenten als der Joghurt oder die Tageszeitung) bis zur jeweiligen Bedeutung der einzelnen Marke. Beispielsweise bedeutet *Landliebe*-Joghurt ,natürliche Landwirtschaft' und wer sich am Joghurtregal dafür entscheidet, entscheidet sich für ein Produkterlebnis, dass sich von dem eines *Nestlé LC* 1 oder *Mövenpick*-Joghurt unterscheidet. Der Käufer von *Fisherman's Friend* kauft keine Bonbons, sondern ein ,Genussmittel', dass genauso ,tough' wie z.B. Zigaretten ist und nicht so ,schnullig' wie Bonbons.

Die Produktmarke kann ihren Besitzer sogar mit ihrer Bedeutung ,belasten', wenn beispielsweise ein Mann das ,falsche Auto' (etwa einen *Ferrari*) fährt, das Aussagen über ihn trifft, die seinen anderweitig geäußerten Ansichten (z.B. besonders umweltbewusst zu sein) widersprechen. Oder der Teenager, der die falschen Schuhe trägt und entsprechend unter der ,ungeliebten' Bedeutung zu leiden hat, weil er in der Schule oder seiner Clique plötzlich ,out' ist.

Wie Marken diese (symbolische) Bedeutung erlangen und an den Konsumenten weitergeben können, erklärt der Kulturanthropologe Grant Mc Cracken folgendermaßen:[17]

- Unsere Welt ist die Welt der Alltagswahrnehmung, die aus authentischen Erlebnissen oder solchen, die uns die Massenmedien vermitteln, besteht. In dieser kulturell konstituierten Welt stellen sich dem Individuum die Phänomene der Welt in kulturell überformter Weise dar - überformt durch Werte und Annahmen aus der Kultur des Individuums. Kultur wirkt dadurch zum einen als Linse, durch die die Phänomene wahrgenommen, beachtet und geistig verarbeitet werden und zum anderen als Vorlage ‚menschlicher Aktivität', welche die Richtlinien sozialen und produktiven Handelns bestimmt. In Form von Kultur wird eine Welt durch Bedeutungszuordnung erstellt.

Objekte (wie z.B. Produkte) tragen zur Konstruktion der kulturell erschaffenen Welt bei, weil sie eine lebendige und berührbare Wiedergabe kultureller Bedeutung sind, die ansonsten nicht sichtbar wäre. Ob-jekte geben der kulturellen Bedeutung individuell erlebbare Konkretheit bei. Die materielle Kultur macht die Welt der Bedeutungszuordnungen damit zum Teil sichtbar und vorzeigbar: Kleidung, Transport, Essen, Hausausstattung und -einrichtung, alles dient als Medium der Expression der kulturellen Bedeutung, die unsere Welt konstituiert.

Die kulturelle Bedeutung von Konsumgütern ist Verbrauchern nicht zwangsläufig bewusst. Manchmal wird sie ihnen nur zugänglich, wenn sie das Gut verloren haben, etwa durch Einbruch, Verarmung oder Verlust. Insofern sind Menschen ständig damit beschäftigt, ihre kulturelle Welt zu erstellen und zu erhalten. Konsumgüter sind dabei beides - die Kreationen und die Kreateure der kulturell konstituierten Welt. *„The significance of consumer goods rests largely in their ability to carry and communicate cultural meaning."*[18] Der Trendforscher Peter Wippermann geht dabei noch einen Schritt weiter, wenn er feststellt: *„Anhand der ideologischen Kodierung der Warenwelt wird ein Dialog deutlich, den wir mit uns selber und mit anderen führen. Dieser Dialog konstituiert uns als Gesellschaft..."*[19]

Durch Werbung fließt kontinuierlich Kulturbedeutung in Konsumgüter. Alte und neue Produkte geben alte Bedeutungen auf und nehmen neue an. Als aktiver Teilnehmer an diesem Prozess ist der Verbraucher informiert über den gegenwärtigen Stand und Grundstock an kulturellen Bedeutungen, die in Form der Konsumprodukte existieren. In diesem Sinne dient Werbung als ein Lexikon gegenwärtiger kultureller Bedeutungen: Werbung offeriert ein Forum für die Erstellung und Abwandlung von Konventionen, liefert Skripte für den Umgang mit dem Alltäglichen und bietet Stile und Verfassungen an. Dabei greift sie vorhandene kulturelle Bewegungen und Impulse auf, die sie nutzt, abwandelt, aufbläht und umdeutet.

Das genuine Interesse der Werbung, schnell Anhänger zu erreichen, bewirkt, dass kulturelle Impulse mit einem schnellen Verbreitungspotential bevorzugt werden oder - wie im Falle von *Nike* erfolgreich angewendet - eine Marke gleich direkt mit einem bestimmten kulturellen Begriff gleichgesetzt wird, hier mit dem ‚Wesen des Sports'. Die Marke erklärt sich zum Verkünder bestimmter Inhalte. Damit wird aus dem Konsumenten ein ‚Believer', ein Anhänger einer bestimmten, ihm wichtigen Bedeutung.

Dementsprechend lassen sich für die Einflussnahme von Werbung bzw. einer Werbebotschaft neben der Bekanntheit und positiven Darstellung wichtiger Produkteigenschaften und Vorzüge einer Marke darüber hinausgehende Kriterien formulieren, die zu erfolgreicher Werbung führen.[20] Dazu zählt, dass Werte[21] und Rollenmodelle erlebbar gemacht werden, mit welchen man sich dauerhaft oder vorübergehend identifizieren kann.[22] Des Weiteren können Gefühle assoziiert werden, so dass eine Marke zur Einstimmung oder zu einem Stimmungswandel beiträgt. Schließlich kann die Marke mit Bezugsgruppen, Experten und Gruppennormen verknüpft sein, die die Normen, Standards und Einstellungen bestimmter Milieus oder Subkulturen transportieren, die wiederum Zugehörigkeit und Differenzierung[23] dokumentieren und Anleitung für die Ausübung von (neuen) Rollen anbieten.

Auf der Suche nach relevanten Consumer Insights wollen wir festhalten, dass ein Produkt oder eine Marke offensichtlich eine Reihe von Funktionen erfüllen kann bzw. muss, um erfolgreich zu sein: Die Bedeutung einer Produktmarke und damit ihre Beziehung zum Konsumenten kann sich auf prinzipielle Vertrautheit, Wissen und Einstellugen, assoziierte Gefühle, Werteorientierungen und Rollenidentifikation, Bezugsgruppen-Zugehörigkeit und Abgrenzung gründen. Dieser Komplexität der Produktbeziehung wird man im Rahmen einer Bestimmung der *Consumer Insights am ehesten gerecht, wenn man den Consumer Insight als Motivbündel, als ‚Produktmotivkonstellation' oder als Motivlage betrachtet, die auch die Motive der symbolischen, kulturellen und psycho-sozialen Ebene einschließen kann.*[24] Dadurch werden die Ergebnisse aus Kapitel 1 berücksichtigt, aber noch um konkrete Erkenntnis- und Handlungsfelder erweitert.

Das Ziel ist klar: Erst die erfolgreiche Verknüpfung des Welt-Erlebens der Verbraucher mit der Produktbotschaft schafft eine sinnvolle Aufladung des Produktes mit ‚Added Values', also psychologischen Nutzen bzw. Sinn-Funktionen. So kann es dann seinen Platz im Motivgefüge des Verbrauchers einnehmen. Allerdings wird dabei der Sinn, den Produkte erfüllen, gewöhnlich viel zu eng angesetzt, weil Produkte und Marken in aller Regel ‚vielen Herren' gleichzeitig dienen müssen und somit ‚viele Rollen' zu erfüllen haben.[25] In diesem Sinne ist es hilfreich, *Produkte als Angebote zu verstehen, die widerstreitende Motive in verträglicher Weise vereinen und ordnen helfen und so eine Art Dissonanzreduktion*[26] *erzielen, die positiv und angenehm erlebt wird.*[27]

Allerdings kann die Werbung nie genau wissen, welchen dieser vielfältigen Sinngehalte sie hervorheben soll bzw. für welche Sinngehalte ein Produkt oder eine Marke am meisten tut. Erfahrungsgemäß führt dies immer wieder zu Diskussionen um die Einbettung eines Angebotes in den richtigen Bedürfnis- bzw. Motivbündelzusammenhang.

Die Erforschung von Consumer Insights kann hier wichtige Impulse und Antworten liefern. Bei der Exploration der Consumer Insights bleibt aber zu berücksichtigen, dass vieles den Konsumenten nicht bewusst ist. Insofern kann nicht alles direkt erfragt oder beobachtet werden, sondern einiges muss erschlossen werden. Wie erschließt man einen Consumer Insight und wie weiß man, dass es ein ‚guter' Consumer Insight ist? Darauf werde ich in den folgenden Kapiteln näher eingehen.

3. Wie kommt man an gute Consumer Insights heran?

Das Auffinden zündender Consumer Insights zählt zu einer der Schlüsselvoraussetzungen für gute, d.h. wirksame Werbung. Über die Schwierigkeiten und auch das Faszinierende, gute Consumer Insights zu entdecken, hat Ulrich Meyer, der Human Insights Director der Werbeagentur *Michael Conrad & Leo Burnett*, viele Erfahrungen sammeln können:[28]

- „Für mich ist ein Insight zuallererst eine Sache, die etwas Zauberhaftes und Magisches hat. Etwas, worauf der Satz zutrifft: ‚Insight ist, wenn ich etwas erfahre und in demselben Moment weiß, dass ich es schon immer wusste, aber mein Bewusstsein es mir nicht zur Verfügung gestellt hat.' Dieser grandiose Erkenntnisgewinn ist ein Glücksfall für den Betroffenen. Wenn dieses ‚Glück auslösen' jede Sekunde beliebig herstellbar wäre, wäre das Glück nicht mehr so groß.

Unser krampfhafter Versuch, Insights auszugraben, ist eigentlich wie der Befehl, eine Goldader zu finden. Unsere Verpflichtung, Insights zu generieren, ist eigentlich ein Betrug, denn dahinter steckt die Vorstellung, dass man Insights machen kann. Das ist falsch, und so wird man mit den üblichen ergebnisorientierten Tools auch nur etwas Konkretes, bereits Vorgestelltes finden können. Dabei wird dann übersehen, dass man Insights nicht maßschneidern kann.[29] Ich glaube nicht, dass wir als Individuum so konstruiert sind, dass wir uns wie eine Maschine verhalten und auf Knopfdruck angeschaltet werden können, um dann abzuschnurren. Nein, dieses komplexe System Mensch möchte nicht entzaubert werden! Ein Insight ist - wie alles irrational Schöne und Große auch - ein Geschenk. Ein Insight kommt beiläufig, der liegt am Wegesrand, der steckt in einem Statement aus einer Gruppendiskussion oder in einer ansonsten vielleicht etwas dummen quantitativen Untersuchung.

Ein Insight braucht immer einen Dialog. Es gibt Leute, die kommen viel eher an diese unbewussten, versteckten Aspekte heran, weil sie es nicht so krampfhaft machen, weil sie selbst eine positive Energie und Begeisterung bei den Befragten auslösen. Denn ein Insight ist eigentlich, im Gegenüber den Menschen gelten zu lassen, also hinhören und zuhören bis zu dem Punkt, wo der andere sich nicht mehr mit oberflächlichen, rationalen oder sozial erwünschten Aussagen wiederholt, bis er etwas sagt, was aus der Tiefe kommt, was er vielleicht jahrzehntelang verstecken konnte. (Es ist mir jetzt egal, ob ich hier damit das Irrationale in den Vordergrund stelle, denn es ist für mich sowieso das fruchtbarere Suchfeld.)

Es geht darum, die Sprache des Verbrauchers zu sprechen und die Bedeutung dahinter mitzuerleben. ‚Verstanden werden' sagt mir, ich bin wichtig für den anderen. Ich will verstanden werden, gespiegelt werden, ich suche regelrecht danach! Der Verbraucher will angesprochen und verstanden werden, auch und gerade in der Werbung! Wenn mir jemand zwei Stunden lang wirklich zuhört, dann sind die erfundenen oberflächlichen Dinge, die mir mein Bewusstsein anbietet, um irgendein Verhalten oder irgendwelche Dinge vernünftig zu erklären, weitgehend erschöpft. Irgendwann musst Du etwas anderes sagen, und in dem Moment kommt es dazu, dass du eine neue Bewusstseinsebene draufsetzt.

Der Insight ist im Dialog das Tröpfchen, welches das Fass des Altbekannten zum Überlaufen bringt, wo ein anderes Verstehen erreicht wird. Dieses Verstehen wird gespürt und löst das bereits erwähnte Glücksgefühl aus. Es geht dabei um Transformation, um den Übertritt in eine andere Ebene.

Ein Insight kann ein Verhaltenstatbestand sein, ein Märchen, eine Spruchweisheit oder eine Weisheit überhaupt.[30] So ein Insight kann sich ganz sanft, ganz beiläufig einschleichen. Wenn er dann eingedrungen, wenn er durchgedrungen ist, steht erst einmal die Zeit still. Man ist atemlos ob der Äußerung, die da jemand gesagt hat. Es geht nicht nur einfach um einen Satz, sondern darum, was er auslöst: Bin ich dann immer noch der gleiche, wenn ich bei dieser Betrachtung angekommen bin?

Der Insight bringt eine neue Qualität, einen neuen Weg, die Dinge zu betrachten.[31] Das ist so intensiv im Erleben, dass man das nicht wieder vergessen wird, wie in einem Schauspiel oder Theaterstück, wo ich hingehe, um mich in einen solchen Zustand versetzen zu lassen. Es geht eigentlich um das Drama einer heroischen Geschichte: ‚Stürze dich in eine dramatische Geschichte und komme mit einem neuen Bewusstsein zurück.' Das Drama kommt aus dem Widerspruch, aus dem Kontroversen. Das Leben in einer Person ist aus solchen Widersprüchen zusammengesetzt und der Widerspruch zwischen zwei oder mehreren Personen schafft Energie. Wenn alles ausgependelt wäre, wäre es tot. Es wird langweilig, wenn man nichts mehr an Reibung auszutauschen hat. In diesem Sinne sind Motive immer eine Bilanz, die sich als Nettoeffekt aus innerem Antrieb und äußerem Anreiz ergibt. Oder mit den Worten Goethes: ‚Halb zog sie ihn, halb sank er hin'. So sind und wirken Motive.

Der tiefe Einstieg in die Verbrauchermotivation kann dabei nach meiner Vorstellung überhaupt nie durch irgendetwas anderes abgelöst werden. Nicht auf einer formalen stilistischen Ebene und auch nicht auf einer Ebene, die sich nicht wirklich in die Tiefe des Gemütes, in die Seele, in die Grundmotivation, in die core needs, letztendlich die unbewussten Ebenen der Zielgruppe vorarbeitet. Weil das so schwer ist, wird dieses Thema auch nie vollkommen erschöpfend abgegrast sein. Da gibt es zu viele Tricks und Techniken auf Seiten des Verbrauchers, um diesen Zugriff zu verhindern. Oder allgemeiner ausgedrückt: Es gibt zu viele Tricks und Techniken in unserem menschlichen Bewusstsein, um uns selbst auf die Spur zu kommen."

Auch die Marktforscherin und Consumer Insight-Expertin Lisa Fortini-Campbell geht davon aus, dass man weiß bzw. spürt, wenn man einem Consumer Insight begegnet.[32] Häufig erklärt ein Consumer Insight eine Reihe von zuvor unzusammenhängenden Daten. Der Consumer Insight ist halt schlicht und elegant, hat die Macht Menschen zu bewegen und kann einem das Gefühl geben: ‚Somebody understands me'.

Um Insights zu entdecken, muss man ein guter Detektiv sein: *„Sherlock Holmes knew how to watch people and what to watch for. He could make incredible deductions form the simplest of observations"*.[33] Von Sherlock Holmes kann man laut Fortini-Campbell vor allem lernen, die kleinen Dinge zu beachten, die viel erzählen. Die kleinen Dinge verweisen auf assoziierte Konzepte, die im Haupterzählstrang als Nebensächlichkeit unterdrückt werden, aber nichtsdestotrotz psychologisch wichtige Einsichten bedeuten.

Zudem gilt es, das Gesagte vor dem Hintergrund des Tatsächlichen zu betrachten, also die Bedeutung kontext-abhängig zu interpretieren sowie mehrere Perspektiven bei der Wahrnehmung des Sachverhaltes zu nutzen.[34] Die Technik detektivischer Feinarbeit, wie sie in der Erforschung von Consumer Insights gebräuchlich ist, will ich im Folgenden näher vorstellen.

4. Das Tiefeninterview als methodischer Zugang zu den Consumer Insights

Detektivarbeit ist nötig, weil Konsumenten in der Befragungssituation vieles eher rekonstruieren, als dass sie sich tatsächlich daran erinnern. Sie entwerfen unter Rückgriff auf ihre kognitiven Schemata[35] ein aktuelles Bild ihrer selbst und ihrer Beweggründe (z.B.: ‚Ich bin ein kritischer Verbraucher'). Es handelt sich dabei um ein gewolltes Bild, um ein Ergebnis ihrer Rationalisierungen. Die tatsächlichen Beweggründe des Konsumverhaltens sind sehr viel unzugänglicher.

Consumer Insights berühren hier Bereiche, die den Menschen selbst oft nicht bewusst sind. Dabei kann es sich um Inhalte handeln, die nicht reflektiert werden, weil sie selbstverständlich oder unwichtig erscheinen (‚Darüber habe ich mir noch nie Gedanken gemacht'). Es kann auch um Zugehörigkeitswünsche im Rahmen von Rollenidentifikationen gehen, die die befragten Personen oft erst gar nicht bewusst erleben und die sie entsprechend nicht benennen können - oder sich nicht eingestehen wollen. Diese Herausforderungen muss man bei der Erforschung von Consumer Insights überwinden.

Wenn es um das Auffinden von Consumer Insights geht, wird meist mit psychologisch-qualitativen Techniken wie z.B. Gruppendiskussionen oder Einzelexplorationen gearbeitet. Die Tatsache, dass es sich bei Consumer Insights um Untersuchungsgegenstände handelt, die nicht Bestandteil unseres tagtäglichen, gewöhnlichen Umgangs miteinander sind und entsprechend nicht unbedingt im Marktforschungsgespräch zugänglich und artikulierbar sind, legt den Einsatz solcher Verfahren nahe, die aus der Psychodiagnostik und -therapie stammen.

Zu den klassischen Methoden zählen hierbei die assoziativen und projektiven Techniken, die neben dem Gesagten vor allem der szenisch-symbolischen Information große Bedeutung beimessen, weil oftmals im Ungesagten umso mehr das Wirksame artikuliert wird. Das psychologische Tiefeninterview ist hier als das renommierteste Verfahren zu sehen und soll deshalb im Folgenden in Anlehnung an den Morphologen Hans-Jürgen Freichels genauer vorgestellt werden:[36]

- Im tiefenpsychologischen Gruppen- oder Einzelinterview muss der Interviewer eine bestimmte Verfassung aufbauen, die es den Interviewten erlaubt, Dinge zur Sprache zu bringen, die in einer üblichen und alltäglichen Verfassung nicht thematisiert werden können. Darin weist die Situation eine gewisse Nähe zur Psychotherapie auf. Zudem wird versucht, mit dem Interviewten eine ‚Forschungspartnerschaft' zu bilden.[37] Ziel ist, bei den Probanden ‚Neugierde an sich selbst als unbekanntem Wesen' zu wecken, indem man spannende Entdeckungen über sich und seine Kultur machen kann. Da über ein gemeinsames ‚Werk' gesprochen wird, bleibt das ‚sich dem anderen preisgeben' mit seiner ganzen Beziehungsproblematik eher außen vor. Die Rollenerwartungen müssen im Prozess dahingehend gestaltet werden, dass das Bild einer ‚Forschungsreise ins zunächst Ungefähre und Offene' entstehen kann.

Erlebnisse, Erfahrungen, Beweggründe müssen im Forschungsprozess gegenwärtig werden. Sie sind in der Regel nicht einfach abrufbar, vor allem wenn es sich um Sachverhalte handelt, die eher unbewusst sind. Sofern es sich nicht um einfache Meinungskonventionen handeln soll, haben Probanden häufig zu dem Forschungsgegenstand gar keine differenzierte Meinung, die einfach abrufbar ist. Sie müssen ihre Meinung vielmehr rekonstruieren und assoziierte Gedanken und Gefühle aktualisieren. Eine Aktualisierung geschieht zum Beispiel durch konkrete Erlebnisberichte: *„Wirklich zu untersuchendes Material ist nicht das Allgemeine, sondern die konkrete Erlebnisrealität im Sinne einer detaillierten Beschreibung: ‚Wie geht das genau - das Duschen, das Frühstücken, das Milch verwenden?'."*[38]

Der ganze Bereich des Unangenehmen findet in der Regel nur äußerst indirekt Ausdruck in den Interviews, denn es sind Dinge, die verschwiegen werden und die man sich in der Regel auch nicht selbst eingesteht. Sie äußern sich trotzdem, aber eher durch unreflektierte Gewohnheiten und ‚Festlegungen', also Handlungen und Einstellungen, die aus ‚wichtigen Gründen', nämlich dem Selbstschutz, eine hohe Resistenz aufweisen, aber einen umso höheren Erkenntnisgewinn bedeuten können. Dabei können besonders ‚feststehende Meinungen' genau das Gegenteil von dem bedeuten, gegen das sie aufgerichtet worden sind: Zum Beispiel geben die Haltungen erbitterter Gegner des Privatfernsehens häufig tiefgründige Auskünfte über die Bedeutung der darin verborgenen Wünsche. Manche Interviews können nur aus solchen ‚Gegengeschichten' bestehen und gewinnen dadurch erst einen besonderem Erkenntniswert. Diese unangenehmen Bereiche brauchen viel Zeit und Raum und dürfen vom Forscher nicht zu ‚beflissen gedeutet' werden, um die Zusammenarbeit nicht zu gefährden.

Prinzipiell sollte der Forscher der Normalität, Natürlichkeit und Selbstverständlichkeit von Handlungen im Forschungsprozess eine ‚methodisch begründete Naivität' entgegenhalten (Leitfrage: „Warum ist das wohl normal?"). Dadurch wird im Interview der vom Befragten vermutete kulturelle Konsens bezüglich seiner Verhaltensweisen seitens des Forschers ‚vorenthalten'. Quasi-natürliche Phänomene können hinsichtlich ihres Symbolgehaltes hinterfragt werden und damit hinsichtlich ihrer ‚verborgenen' Bedeutung untersucht werden.

Freichels weist darauf hin, dass nicht alle Überlegungen in einem solchen Prozess gleichbedeutend und damit ‚gleich gültig' sind. Es kommt auch darauf an, auf ‚so genannte emotionale Beteiligungen und Affektverläufe' zu achten, um festzustellen, was eigentlich emotional bewegt und damit einen inneren Widerhall bei den Befragten auslöst. Der Interviewer muss im Prozess ausdrücklich erlauben und unterstützen, dass Gefühle vom Befragten ausgedrückt werden können, denn Beteiligtsein bedeutet ja nichts anderes als Involviertheit. Freichels nennt diese methodische Haltung das ‚Dramatisieren von Verhältnissen'. Das Fördern und Zulassen emotionaler Beteiligung verlangt von dem Interviewer ein gewisses Maß an Selbsterfahrung. Der Interviewer darf nicht selbst Angst vor seinen Emotionen haben. So entwickelt sich im Tiefeninterview die Bedeutung des Untersuchungsgegenstandes, d.h. das Forschungsthema entwickelt eine ‚Gestalt'.

Diese Ausführungen zum Tiefeninterview dokumentieren einige wichtige grundlegende Haltungen, die es erleichtern, den psychologischen Repräsentationen und Begründungen des Verhaltens von Konsumenten auf die Spur zu kommen. Typischerweise lassen sich auf dem Weg zum Consumer Insight bei der direkten Befragungssituation in der Gruppendiskussion oder im Einzelinterview zwei Phasen unterscheiden - zum einen die Konzeptaktivierung und zum anderen die kreative Bearbeitung des Themas:

1. Die Phase der Konzeptaktivierung

Den Probanden wird zunächst die Gelegenheit gegeben, sich überhaupt ein Bild von ihren Meinungen zum Untersuchungsgegenstand zu machen. Indem Assoziationen zum Thema, Erinnerungen und Geschichten erhoben werden, entwickelt sich Stoff, der untersucht werden kann. Dies geschieht durch Hinterfragen der ‚selbstverständlichen' Details und durch die Analyse des Erlebens, welches durch das Thema ausgelöst wird. Der Interviewer hat die Aufgabe, die Reaktionen der Verbraucher so zu begleiten, dass die Befragten bei ihren eigenen Empfindungen bleiben können. Abschnittweise kann der Interviewer auch den Empfindungen begegnen, um sie zu vertiefen. Dabei leistet er dem Verbraucher ‚emotionale Gesellschaft', so dass dieser bei dem bleibt, was er spürt und fühlt und sich auch noch tiefer darauf einlassen kann.

2. Die Phase der kreativen Bearbeitung des Themas

Durch kreative Produktionen wird versucht, der Bedeutung des Forschungsthemas ein Gesicht, eine Gestalt zu geben: ‚fashioning meaning'. Anhand von Zeichnungen, Collagen, Analogien, Rollenspielen usw. wird versucht, den (bewussten und unbewussten) Bedeutungen (eine neue) Form zu verleihen. Diese Formen können dann gemeinsam mit der Gruppe gedeutet, interpretiert und bewertet und zudem auf ihre Aussagekraft und Plausibilität hin überprüft werden. Es geht bei diesem Vorgehen nicht darum, nach der Klassifikation die Zahl der (geäußerten mentalen) Produktionen zu erhalten, sondern die Beziehung der Produktionen zum Thema nachzuvollziehen. Es geht um das Erleben und die Bedeutung des Themas für die Befragten, z.B. Autofahren.

Bei der Erforschung von Consumer Insights geht es also letztlich darum, die tieferen Bedeutungen des Verbraucherverhaltens festzustellen, weil Bedeutungen den Menschen dazu dienen, ihre Handlungen danach auszurichten, zu kontrollieren und gegebenenfalls zu korrigieren. Im Fokus des Forschungsinteresses stehen deshalb prinzipiell die Bedeutungen der Handlungen für den Handelnden. *Es geht nicht darum, eine sichtbare Welt zu beschreiben, sondern eine bedeutete Welt. Der Forscher muss klarstellen, welche Bedeutungen in der Sprache und den Handlungen der Menschen verkörpert werden und wie sie dort verkörpert werden. Dies kann nur durch die Interpretation des Verhaltens im Untersuchungsprozess geschehen.*

Im Untersuchungsprozess gilt es, die Bedeutung sich entfalten zu lassen (‚fashioning meaning'), nicht um ein ‚Herausdestillieren'. Die Bedeutung sucht sich ihre Ausdrucksmittel im Prozess. Die Interpretation der Bedeutung wird im Untersuchungsprozess vorgenommen. Das funktioniert nur deshalb, weil sich Forscher und Befragte auf gemeinsame Deutungsschemata berufen:

Wir unterliegen privat wie öffentlich den gleichen Interpretationsressourcen[39], unabhängig davon, ob sie uns bewusst sind oder nicht. Diese Schemata steuern sowohl das Erleben und die Erfahrung der Bedeutung, als auch den Austausch zwischen Forscher und Befragtem darüber.

Wenn sich der Austausch über die ‚bedeutete Welt' des Konsumenten erfolgreich entfalten konnte, dann vermögen uns Consumer Insights etwas darüber zu erzählen, wie das (vordergründige) Erleben von Produkteigenschaften unsere (hintergründigen) Wünsche befriedigen kann:

- Der *Mercedes*-Fahrer, der in einem fremden, lauten und hektischen Land die Tür seines *Mercedes-Benz* schließt, um sich mit der plötzlich einkehrenden Stille im Wagen des Distanzierungseffektes seiner Marke zu vergewissern.

- Der kleine Junge, der die von seinen Geschwister heiß begehrten Fruchtzwerge alle für sich behalten kann, weil er geschickt die gesunden (aber ungeliebten) Eigenschaften der Joghurts preist, darf sich ausgesprochen clever fühlen: *„Fruchtzwerge von Danone. So clever wie Ihr Kind."* Und welche Eltern möchten nicht gerne clevere Kinder?

- Der Urlaubsanbieter, bei dem selbst Paare gleichermaßen zufrieden sind (‚Der Partner hat gar nichts zu meckern'), verspricht Befriedigung aller noch so heterogenen Bedürfnisse zur gleichen Zeit, so dass keiner zu kurz kommt:

- Oder die Kampagne, die erzählt, dass man mit der *HypoVereinsbank* an komplexen Geldgeschäften teilhaben kann, ohne sie durchschauen zu müssen. Man kann sich vielmehr auf sein Anliegen, seine Wünsche und Ziele konzentrieren, denn die Übersetzung in die Sprache des Geldes übernimmt deren Bank: *„Leben Sie, wir kümmern uns um die Details."*

Bei diesen Beispielen für erfolgreiche Werbekampagnen handelt es sich um Geschichten, die artikulieren, dass Menschen in ihren Insights verstanden wurden - von dem überwältigenden Erlebnis im fremden Land bis zur Futter-Konkurrenz zwischen Geschwistern. Alle Geschichten verstehen es, Konflikte zwischen verschiedenen Motiven zu lösen: Lecker und gesund zugleich, egoistisches Ausleben und harmonische Partnerschaft, nicht ‚Geld oder Leben' sondern ‚Geld und Leben'. Und die Geschichten erzählen uns eine Menge über unsere Kultur, über gemeinsame Konzepte, die uns durch die Geschichten vergegenwärtigt werden, die erlebbar gemacht und damit verhandelbar werden - immer in enger Verknüpfung zum Markenprodukt.

5

5. Consumer Insights - Kapital für die Werbung?

Kommen wir zum Fazit meiner Ausführungen. Was sollte deutlich werden? Ich hoffe, ein Stück weit gezeigt zu haben, inwieweit Consumer Insights Kapital für die Werbung bedeuten können. Werbung kann sehr erfolgreich sein, wenn es ihr gelingt, mit Hilfe von Consumer Insights relevante kulturelle Bedeutung auf ein Markenprodukt zu übertragen, so dass die Marke später diese Bedeutung wieder an ihren Käufer oder Nutzer weitervermittelt und überträgt.

Den Kreativen in Werbeagenturen kommt die Aufgabe zu, die zwei Elemente ‚Kulturelle Bedeutung' und ‚Produkt' in einer Weise darzustellen, dass der Rezipient der Werbung eine essentielle Gemeinsamkeit erlebt. Wenn diese symbolische Gleichheit erfolgreich etabliert wurde, verleiht der Rezipient dem beworbenen Produkt bestimmte (wünschenswerte) Eigenschaften und Fähigkeiten, die in seiner Kultur vorkommen. Damit vollendet er genau genommen erst die Arbeit der Werber. Die bekannten und gewünschten Eigenschaften der kulturellen Welt des Konsumenten ‚residieren' dann gleichsam in den Eigenschaften des Produktes. Nach erfolgreicher Wahrnehmung einer ‚Gleichheit' von Produkt und Welt steht das Produkt nun für eine kulturelle Bedeutung, die es vorher nicht hatte.

Bevor eine Marke kulturelle Bedeutung erlangt, muss also erst ein Bedeutungstransfer stattfinden. Deshalb ist die Suche nach relevanten Consumer Insights wesentliche Voraussetzung für einen gelungenen Bedeutungstransfer, denn Consumer Insights repräsentieren als tiefreichende Verankerungen im Konsumenten die Möglichkeiten und Grenzen dessen, was ein Markenprodukt an Bedeutung übernehmen kann.

Für den Kreativen bleibt daher die Notwendigkeit bestehen, ein tieferes Verständnis über das zu entwickeln, was uns ausmacht, damit nicht der Affe mit den besten Absichten den Fisch auf den Baum setzt. Consumer Insights für den ‚sweet spot'.

6

6. Anhang

1 Der Marktforschung wird dabei unterstellt, den ‚sicheren Weg' und eben nicht den ‚kreativen Weg' zu empfehlen und damit Bewährtes und nicht das Unbekannte und Neue zu unterstützen, also nicht die durchschlagende kreative Idee, die so gut ankommt, weil sie so neu und anders ist. Ein weiterer Vorwurf lautet, dass das Bedürfnis, die Wirkung von Werbung zu messen und zu kontrollieren, eine Konsumentenforschung gefördert hat, die distanziert-zergliedernd nach objektiv messbaren Werbewirkungsgrößen sucht und dabei den ‚ganzheitlich-schöpferischen' Akt der Werbekreation pervertiert. So betont Jon Steel (1998, S. 15), strategischer Planer von Goodby, Silverstein & Partners, „that far from embracing consumers, much of research these (research) companies do has a distancing effect." Der Konsument werde damit zum Untersuchungsgegenstand und nicht zum Vertrauten.

2 Das Zitat ist übersetzt von mir aus einer Rede von Bill Bernbach vor der American Association of Advertising, die er 1980 hielt und sich bei Steel (1998, S. 13) nachlesen lässt.

3 Vergleichen Sie hierzu die Ausführungen von Fortini-Campbell (1992) in ihrem Buch ‚Hitting the sweet spot'.

4,5,6,7,9 Vergleichen Sie hierzu den Beitrag von Böhmer & Melchers in der Zeitschrift ‚Zwischenschritte' (1986, Nr. 1, S. 37 und 38).

8 Nachzulesen in dem Buch von Steel (1998, S. 13).

10 Das Zitat ist eine Übersetzung von mir nach Batra, Myers & Aaker (1996, S. 237).

11 David Mick's Auffassung ist hier wiedergegeben nach Batra, Myers & Aaker (1996, S. 237).

12 Eine Darstellung der Reaktanztheorie im Kontext von (TV-) Werbung finden Sie bei Schimansky (1999).

13 Die Ausführungen stammen aus dem Buch ‚Markenmythos' von Bismarck & Baumann (1995).

14 Batra, Myers & Aaker (1996, S. 326) fassen die symbolische Funktion so zusammen: „Brands incapsulate social meanings - as a consequence of these symbolic associations that brands have, what is ‚me' depends, in part, on what is ‚mine'. As part of this self-defining process, consumers select those brands that have a brand personality that is congruent with their own self-concept."

15,24 Dieses Thema behandeln Dammer & Szymkowiak (1998) in ‚Die Gruppendiskussion in der Marktforschung'.

16,17,18 Vergleichen Sie hierzu den Beitrag von McCracken (1986, S. 71-84).

19 Zitiert aus Horx & Wippermann (1996, S. 126).

20 Diese Ausführungen stammen aus Batra, Myers & Aaker (1996, S. 48). Anzumerken bleibt, dass einige der genannten Konzepte eher dem Bereich des Erwünschten als des Tatsächlichen zuzuordnen sind.

21 Ein Wert wird in Anlehnung an Rokeach definiert als „centrally held, enduring belief which guides actions and judgements across specific situations and beyond immediate goals to more ultimate end-states of existence" (nach: Batra, Myers & Aaker, 1996, S. 322).

22 Eine vorübergehende Identifikation kann sich auf ein Rollenmodell beziehen, welches eine situative Eignung aufweist, wie z.B. ein ‚Vamp' in einer Flirtsituation oder ein ‚Mitfühlender' am Krankenbett. Dauerhafte Identifikationen können sich auf Rollenmodelle beziehen, die das Selbstverständnis in Bezug auf grundlegende Kategorien benennen, wie zum Beispiel ein ‚emanzipierter Mann' oder die ‚moderne Frau'. Bei den werblich angebotenen Rollenmodellen kann es sich auch um gesellschaftlich normierte Rollen handeln, wie zum Beispiel die ‚gute Mutter'.

23 Werbung kann Maßstäbe setzen. Beispielsweise werden bestimmte Produkte im Hip Hop-Milieu bevorzugt genutzt und dort auch einer eigenen Verwendungskultur unterzogen: Turnschuhe werden offen getragen, die Hosen ohne Gürtel und dicke Goldketten lösen andere Statussignale der Jugend ab. Werbung kann wesentlich zur Verbreitung der Verwendungskultur beitragen, denn sie offeriert Normen, Stile und Ästhetik, mit deren Hilfe sich Milieus herausbilden. Werbung erlaubt dadurch Personen, sich zuzuordnen oder zu differenzieren. Nach morphologischer Auffassung bilden sich verschiedene Produktverfassungen mit ihren entsprechenden Verwendungskulturen zwangsläufig heraus. So können sich sogar Verwendungskulturen und neue Maßstäbe für Seife entwickeln.

25,27 Vergleichen Sie hier den Beitrag von Böhmer & Melchers in der Zeitschrift ‚Zwischenschritte' (1986, Nr. 1, S. 37 und 38).

26 Nach Dammer & Szymkowiak (1998) lassen sich Motivationsbeziehungen stets als mehrdimensionale, gegenläufige und spannungsvolle Konstellationen auffassen, wie z.B. ‚Sich gehen lassen' und trotzdem ‚Form bewahren' oder ‚Behalten' und trotzdem ‚Verändern'. Marken bieten hierfür Lösungen an, weil sie bestimmte Verwendungskulturen und -stile in einem Produktbereich repräsentieren und damit Motivspannungen lösen können. So kann z.B. das gepflegte Marken-Pils trotz der Alkoholwirkung die Wahrung einer gewissen Form vermitteln. Die Qualität dieses Motivationsprozesses beruht nicht nur auf der Wirksamkeit von widersprüchlichen Regungen und Wünschen, sondern wird dadurch intensiviert, dass nur ein Teil dieser (wirksamen) Wünsche bewusst ist, und der andere unbewusste Teil nach tiefenpsychologischer Auffassung die Konsumhandlungen auf eine Weise beeinflusst, die der Konsument nicht durchschaut.

28 Das Interview mit Ulrich Meyer wurde im Herbst 2000 in Frankfurt am Main geführt.

29 So zeigen laut Reister & Tress (1995) Untersuchungen psychoanalytischer Therapien, dass ‚bisher Verdrängtes' von Patienten dann reichlich berichtet wurde, wenn der Therapeut zuvor einen Test bestanden hatte, worin er sich gerade nicht den Erwartungen und Ängsten des Patienten gemäß verhalten hatte. Das erwartete Beziehungsschema mit all seinen Ressentiments wird verworfen und es entsteht im Dialog Raum für neue, unerwartete oder unerlaubte Inhalte. ‚Wahre psychoanalytische Einsichten' fördern neue Perspektiven zutage, in welchen eine gemeinsame Wirklichkeit von Analysand und Analytiker aufscheinen.

30 Vergleichen Sie hierzu Denzin & Lincoln (1994, S. 112).

31 Ganz ähnlich schreiben Denzin & Lincoln (1994, S. 415): „People live stories, and in the telling of them reaffirm them, modify them, and create new ones. Stories lived and told, educate the self and others."

32,33 Vergleichen Sie hierzu die Ausführungen von Fortini-Campbell (1992) in ihrem Buch ‚Hitting the sweet spot'.

34 Das Einkreisen eines Untersuchungsgegenstandes, um ihn zu erfassen, ist ein Verfahren, das in der Sozialforschung zur Validierung eingesetzt wird. Das dahinterliegende Konzept stammt aus der Geometrie. Es geht davon aus, dass sich ein unbekannter Aufenthaltsort genau bestimmen lässt, wenn drei sichtbare Landmarken bekannt sind, die ein Dreieck ergeben, dessen Mittelpunkt geometrisch bestimmbar ist. Das Verfahren wird ‚Triangulierung' genannt.

35 Die Repräsentationsform komplexen Wissens wird in der Kognitionspsychologie als Schema bezeichnet. So ist kategoriales Wissen in Form einer Struktur von Leerstellen (Slots) repräsentiert. Diese Leerstellen können ergänzt werden und bestimmen dann die konkrete Ausprägung des Schemas. „Schemata sind Abstraktionen spezifischer Exemplare, die zu Schlussfolgerungen über Exemplare der in den Schemata repräsentierten Konzepte genutzt werden können. Wenn wir wissen, dass etwas ein Haus ist, dann können wir an Hand der Schemadefinition erschließen, dass es wahrscheinlich aus Stein oder Holz gemacht ist, dass es Wände und Fenster hat und dergleichen." Zitiert aus Anderson (2001, S. 157).

36,38 Weiterführende Literatur entnehmen Sie bitte Freichels (1995, Nr. 2, S. 87-97) in der Zeitschrift ‚Zwischenschritte'.

37 Diese Forschungsauffassung unterstreichen auch Denzin & Lincoln (1994, S. 112): „Instead of being a ‚disinterested scientist' as informer of descision makers be a ‚passionate participant' as facilitator of multivoice reconstruction."

39 Den Terminus ‚Interpretationsressourcen' präzisieren Denzin & Lincoln (1994, S. 111) noch näher: „Concertedly local, interpretation relies upon delimited cultural categories that are diversely and artfully articulated with, and attached to, experience. The culture supplies resources for interpretation."

Paul McGowan
Chairman, Added Value

Paul McGowan was born in Liverpool, England in 1967 where he largely remained for the first 20 years of his life. After a brief flirtation with beer and books, McGowan graduated from Oxford in 1988 to pursue a life of brands and marketing.

The journey began with full immersion in the traditional anglo-saxon school of qualitative consumer research. Initial exploration of the attitudes and needs of French lingerie consumer quickly made way for intensive investigation of the financial services market and the discovery that whilst needs differed radically, emotions and attitudes could often be related to a common framework.

In 1991 he joined the Added Value Group in London, then a small specialist consultancy where he went on to develop expertise in the areas of market segmentation, brand positioning, and brand identity. As the group grew from 20 people in one city to 320 people spread across 7 countries, his involvement spanned all areas of the group's business and client responsibility including famous international brands such as Levi's, Guinness, Opel, Coca Cola, Kelloggs and British Airways.

Today, he is responsible for the Insight division of Added Value's global business and as such for almost 50% of the group's revenues and profits.

Marcus Thiel
Projekt-Manager, Added Value

Meine Leidenschaft für Marken begann früh im elterlichen Einzelhandelsunternehmen. Um dies zu vertiefen, ging ich an die Hochschule der Künste in Berlin, um Gesellschafts- und Wirtschaftskommunikation zu studieren. Warum nicht BWL? Weil ich überzeugt bin, dass erfolgreiche Markenführung in gesättigten Märkten nicht nur betriebswirtschaftliches Handwerk erfordert, sondern Kreativität und Mut, neue Wege zu gehen.

Das Studium ging einher mit Herausforderungen sowohl für die rechte als auch die linke Gehirnhälfte: Texterpraktikum bei Jung von Matt, Strategiepraktikum bei Borsch Stengel FCB und freie Tätigkeiten im strategischen und kreativen Bereich für Werbeagenturen und Unternehmen. Highlights im Studium waren (neben einer sonnigen Dachterrasse) mein Kommunikationsprojekt für die umweltverträgliche Mode von Britta Steilmann und meine Diplomarbeit zur Übertragbarkeit des Markenkonzepts auf TV-Sender.

Nach dem Studium wollte ich zunächst viel über unterschiedlichste Märkte und ‚Consumer Insights' lernen und fing bei der Marketing-Beratung Added Value an, wo ich zuletzt als Projekt - Manager arbeitete. Im Frühjahr 2001 wechselte ich die ‚Perspektive': Statt Marken auf Beratungsseite weiterzuentwickeln, wollte ich Markenführung noch unmittelbarer betreiben, weshalb ich nun im Produktmanagement bei Tchibo tätig bin.

Bei der Markenführung reizt mich die Balance zwischen Gegensätzen: Marken brauchen einerseits ein hohes Maß an Kontinuität, leben aber andererseits von einer starken Vision und innovativen Impulsen. Die Kombination aus diesen und vielen anderen Merkmalen führt zu einer starken und interessanten Persönlichkeit, die Marken in übersättigten Märkten brauchen, um für Konsumenten erstrebenswert zu sein. Gleichzeitig ist dies ist für mich die Energiequelle, die Markenführung so lebendig und spannend macht.

Value Mapping - Consumer Insights für den Markenerfolg

Paul McGowan & Marcus Thiel, Added Value

Zukunft der Werbung heißt immer auch Zukunft der Marke. Doch welche Zukunft haben Marken? Ein Blick auf die meisten Dienstleistungs- und Konsumgütermärkte zeigt, dass nahezu alle Bereiche durch Überangebot, Austauschbarkeit, sinkende Margen und Verdrängungswettbewerb gekennzeichnet sind. Und die permanent fortschreitende Globalisierung wird die zukünftige Situation auf den Märkten eher noch verschärfen.

Unternehmen können sich unter diesen Bedingungen nur noch durch Kosteneinsparungen, Nachfrageintensivierung und den Zukauf neuer bzw. Verkauf alter, unrentabler Bereiche behaupten. Alle drei Strategien sind sicher wichtig und oftmals komplementär zueinander zu sehen. Doch allein die Intensivierung der Nachfrage nach den eigenen Produkten bzw. Dienstleistungen ist die beste Maßnahme für langfristigen unternehmerischen Erfolg. Allein die Nachfrageintensivierung stärkt den Wert der Marke und damit das größte immaterielle Kapital des Unternehmens.

Das Potential für ein konsequent am Konsumenten ausgerichtetes Marketing ist nahezu unbegrenzt. Voraussetzung ist aber, den Konsumenten umfassend verstanden zu haben und dieses Verständnis für die eigene Marke nutzbar zu machen. Nur dann kann eine Marke entstehen, die Menschen brauchen, wollen und wünschen. Für Unternehmen bedeutet es in zunehmendem Maße, die Bedürfnisse ihrer Zielgruppen zu identifizieren und diesen durch fokussierte Marketingaktivitäten gerecht zu werden. Entscheidende Vorteile gegenüber der Konkurrenz können nur dann noch erzielt werden, wenn der Konsument so gezielt angesprochen werden kann, dass er eine Marke als ‚seine' Marke erlebt, als eine Marke, die wie für ihn geschaffen ist.

Viele Unternehmen haben allerdings Schwierigkeiten, die Positionierung ihrer Marke präzise zu definieren und danach eine zielgerichtete Markenstrategie zu entwickeln, die ihre Marke für die Zielgruppe einzigartig gegenüber der Konkurrenz macht. Für die wirksame Positionierung einer Marke ist es notwendig, ihre Markenpersönlichkeit zu definieren, die die folgenden Bereiche umfasst:

- das Nutzenversprechen (Proposition)
- die Nutzenvorteile (Benefits)
- die Gründe für Versprechen und Vorteile (Substantiators)
- die Werte (Values)
- die Eigenschaften (Personality)
- der Markenkern (Essence)

An dieser Herausforderung setzt die qualitative Marktforschung an. Denn für die genaue Formulierung der Positionierung einer Marke ist die Analyse der Zielgruppenbedürfnisse essentiell. Nur durch grundlegende Informationen über die ‚Seele des Verbrauchers' können Marken geschaffen werden, die für den Konsumenten relevante und dauerhafte Vorteile besitzen, die er auch mit Markentreue belohnt. Die qualitative Marktforschung vermag hier dem Unternehmen gewinnbringende Consumer Insights zu vermitteln.

Mit dem ‚Value Mapping'-Ansatz stellen wir eine Systematik zur Diagnose der Wertewelt des Konsumenten vor, die wir erfolgreich bei der Markenpositionierung und Neuprodukt-Entwicklung anwenden. Auf das Wesentliche dieses Ansatzes, seine Anwendung und seinen Nutzen für die Wertschöpfung der Marke wollen wir zunächst ausführlicher eingehen, bevor wir mit dem Bulls Eye©-Konzept unser Zielmodell für die Bestimmung von Markenpersönlichkeiten vorstellen.

1

1. Die Bedeutung der Marke

Ganz gleich, ob es um Fernseher, Zigaretten, Hosen oder Waschmaschinen geht - objektive Nutzenunterschiede unter Konkurrenzprodukten sind aus Konsumentensicht meist marginal zu nennen. Die Wettbewerbsvorteile konzentrieren sich daher auf das Aufspüren von Consumer Benefits, von Vorteilen, die sich der Konsument vom Produktkauf verspricht. Das Ziel erfolgreicher Markenführung ist erreicht, wenn die Eigenschaften der Marke vom Konsumenten als geeignet wahrgenommen werden, um seine Wünsche und Bedürfnisse zu befriedigen. Marken werden also zu Marken, indem sie nicht bloß funktionale Produkteigenschaften vermitteln, sondern grundlegende Bedürfnisse der Konsumenten ansprechen und auch emotionale Vorteile bieten.

Bier stillt meinen Durst.
Guinness belebt meinen Geist.

Wie wichtig der Aufbau und Erhalt eines Markenproduktes ist, wird deutlich, wenn wir uns vor Augen halten, dass wir von den auf uns einströmendenden Mengen an Informationen lediglich einen Bruchteil nutzen können und deshalb selektieren müssen, indem wir nur die für uns relevanten Informationen wahr- und aufnehmen.[1] Dieses Prinzip der ‚kognitiven Entlastung' können sich Marken zu Nutze machen, indem ihre Markenpersönlichkeit vornehmlich mit prägnanten Schlüsselinformationen aufgeladen wird, die Konsumenten umso leichter (und lieber) aufnehmen.

Marken müssen deshalb mehr sein als das dahinterstehende Produkt. Marken sind am besten als eine Ansammlung wünschenswerter Eigenschaften und Vorteile zu verstehen, die sie im Kopf der Verbraucher von Konkurrenzprodukten unterscheiden. Marken sind Produkte mit einer hochentwickelten Persönlichkeit, denen fast menschliche Eigenschaften zukommen können:[2] Marketing-Experten sprechen deshalb der Beziehung zwischen Konsumenten und ‚ihren' Marken eine vergleichbar große Bedeutung wie zwischenmenschlichen Beziehungen zu. *Danach wählen Konsumenten Marken ähnlich aus wie ihre Freunde, nämlich auf der Basis einer gewissen Übereinstimmung zwischen dem, was sie tun und wie sie sich verhalten.* Was ‚tun' Marken, um eine intensive Beziehung zum Konsumenten aufzubauen?[3]

- Sie bieten Transparenz und Orientierung, indem sie Komplexität auf für die Zielgruppe relevante Nutzenvorteile reduzieren und ein verlässliches Angebot bereitstellen.

- Marken haben eine wertsteigernde Funktion, die über ihren eigentlichen Nutzen hinausgeht, indem sie z.B. durch faszinative Elemente eine besondere Anziehungskraft auf Konsumenten ausüben und so als etwas ganz Besonderes wahrgenommen werden.

- Marken geben ihren Nutzern auch ein Gefühl der Affinität, d.h. sie erscheinen dem Einzelnen 'wie für ihn gemacht' und unterstützen damit seinen Lebensstil sowohl auf persönlicher Ebene als auch gegenüber seinerUmwelt.

Wie auch bei zwischenmenschlichen Beziehungen gibt es zwischen dem Konsumenten und ‚seinem' Markenprodukt verschiedene Stufen an möglicher Bindungsintensität:[4]

- Stufe 1: Marken, die dem Konsumenten schlichtweg unbekannt sind.
- Stufe 2: Marken mit einer gewissen Bekanntheit, aber nur begrenzter Relevanz für den Konsumenten.
- Stufe 3: Marken mit großer Akzeptanz, d.h. die meisten Konsumenten würden sie nicht ablehnen.
- Stufe 4: Marken mit großer Präferenz, d.h. unter konkurrierenden Angeboten würde die Wahl auf sie fallen.
- Stufe 5: Marken mit großer Markentreue, d.h. der Konsument würde ggf. sogar Mühen in Kauf nehmen, um möglichst an seine Marke zu gelangen.

Die stärkste Form der Markentreue ist die so genannte ‚affektive Treue'. Sie beruht auf positiven emotionalen Bindungen zwischen Konsument und Marke und stellt das größte immaterielle Kapital dar, das eine Marke haben kann. Es liegt natürlich im Interesse des Unternehmens, dieses Verhältnis so intensiv und lange wie möglich aufrechtzuerhalten. Eine derartige Treue kann aber nicht durch beliebige Botschaften, sondern ausschließlich auf der Basis relevanter Consumer Insights erzeugt werden, auf denen die ganzheitliche Planung sämtlicher Marketingaktivitäten aufbauen muss.

Das Postulat einer starken Markenpersönlichkeit hat sich erst in den letzten Jahren wirklich etabliert.[5] Bis in die 70er Jahre war das Markenverständnis noch von reiner Funktionalität geprägt, bei der allein der funktionale Produktnutzen im Vordergrund stand. Die 80er Jahre waren das goldene Zeitalter der Markenimages, wobei es hauptsächlich um die Leistungsfähigkeit einer Marke (größer - weiter - höher - schneller) ging, während die Beziehung der Marke zur Zielgruppe selbst noch weitgehend unberücksichtigt blieb.

Zu Beginn der 90er Jahre gerieten Marken mit vormals erfolgreichen, funktionalen Wettbewerbsvorteilen immer stärker unter Druck, da derartige Vorteile nicht (mehr) ausreichten, um einer Marke eine nachhaltige 'affektive Treue' gegenüber den Konkurrenzprodukten zu sichern. Beispielsweise mussten die großen Unternehmen der Telekommunikationsbranche im Wettlauf um neueste Technologien erkennen, dass sie versuchten, Produktvorteile glaubhaft zu machen, die oft schon nach extrem kurzer Zeit durch neue Entwicklungen abgelöst wurden. Und viele Anbieter von Finanzdienstleistungen stellten fest, dass sich ihre Angebote eigentlich nur geringfügig voneinander unterscheiden. In fast allen Branchen wurde den Unternehmen immer bewusster, dass sie sich an individuellen Konsumentengruppen auszurichten haben, anstatt den ganzen Markt anzusprechen, in der Hoffnung, dass es sich um eine einzige konsumbereite, homogene Gruppe handelt.

Um der zunehmenden Angleichung objektiver Produktqualitäten zu begegnen, hat sich in jüngster Zeit der Wettlauf um die Markenvorherrschaft auf die Befriedigung der eigentlichen Bedürfnisse der Konsumenten verlagert.[6] Autohersteller werden inzwischen von Wirtschaftsfachleuten gelobt, weil sie es schaffen, völlig unterschiedliche Marken trotz weitgehend identischer Produkteigenschaften erfolgreich zu vermarkten, indem sie Markenidentitäten für unterschiedliche Zielgruppen entwickeln. Damit hat das Zeitalter der beziehungsorientierten Marken begonnen.

Für ein Unternehmen ist es von immensem Vorteil, wenn die eigene Marke mit dem maßgeblichen Set an Bedürfnissen der Zielgruppe in Einklang steht. Denn es erlaubt im Kampf um Konsumententreue die Stärke und Relevanz der Marke gegenüber Konkurrenzmarken zu sichern. Um dies zu erreichen, gilt es, die Stärken und Schwächen der Marke beim Konsumenten zu identifizieren.

Qualitative Marktforschung kann die avisierte Zielgruppe so eingehend beleuchten, dass die daraufhin zu entwickelnden Kernkompetenzen der Marke von der Zielgruppe auch als echte Consumer Benefits wahrgenommen werden. Erst dann können Konsumenten Beziehungen zu Marke aufbauen, die beständig sind - auch in den (hoffentlich) kurzen Perioden, in denen das Produkt oder die Dienstleistung nicht die geforderte Spitzenleistung bringt. Es muss im Interesse jedes Unternehmens liegen, das Beziehungsgefüge zwischen eigener Marke und Konsumenten zu verstehen und zu fördern.

2

2. Value Mapping: Das Tor zu den Bedürfnissen der Konsumenten

Um mit Marken affektive Treue aufzubauen, hat qualitative Marktforschung die Aufgabe, die tiefgründigen und weitreichenden Bedürfnisse der Zielgruppe freizulegen und für die Marke so nutzbar zu machen, dass ihre Markenpersönlichkeit nur mit denjenigen Reizen 'ausgestattet' wird, die auch aktivierend und emotionalisierend auf die Zielgruppe wirken. Wird dieser Prozess übergangen, besteht die Gefahr, dass die zu entwickelnden Marketingmaßnahmen zwar durchaus schlüssig erscheinen, aber für die tatsächlichen Bedürfnisse der Zielgruppe völlig irrelevant sind.

Zur Erkundung der tieferen Bedürfnisse der Zielgruppen dient uns die ‚Value Mapping'-Methode. Im Rahmen dieser Methode gehen wir davon aus, dass es letztlich unsere persönlichen Werte (‚Values') sind, die bestimmen, was wir jenseits aller funktionalen Produkt- und Serviceeigenschaften als erstrebenswert erachten. Wo der reine Produktnutzen unsere eigentlichen Grundbedürfnisse vielleicht schon längst befriedigt hat, sagen uns unsere Werte, was wir darüber hinaus wünschen, erwarten und wollen. Unser individuelles Wertesystem bildet ein Zugangstor zu unseren tieferen (Konsum-)Bedürfnissen. *(Vergleichen Sie auch den Werteansatz, den Vischer & Altenburg in ihrem Beitrag vorstellen.)*

Die Value Mapping-Methode basiert auf dem umfassenden Werteforschungsprogramm des amerikanischen Sozialpsychologen Milton Rokeach.[7] Nach Rokeach ist unsere innere Wertewelt ähnlich unseren Einstellungen durch Erziehung, Ausbildung und eine Vielzahl von Kontakten mit unserer Umwelt entstanden, wobei Werte in ihrer Wichtigkeit den Einstellungen aber noch vorgelagert sind. Tief verwurzelt in unserer Persönlichkeit strukturieren sie als generelle Ordnungsleitlinien die persönlichen Einstellungen und beeinflussen sogar unsere Motive und Emotionen.[8] Hinter einer unüberschaubaren Zahl von Einstellungen finden sich relativ wenige grundlegende ‚Human Values'.

Rokeach definiert *Werte als verinnerlichte Standards und Handlungsmaßstäbe*, die sowohl dem Verhalten, als auch Einstellungen und Ideologien zugrunde liegen. Somit prägt unser Wertesystem ganz entscheidend, wie wir unsere Umwelt wahrnehmen, welchen sozialen Vergleich mit anderen wir anstreben und wie wir auf soziale Einflüsse reagieren. Darüber hinaus sind Werte ein wichtiger Einflussfaktor für unser Entscheidungsverhalten und unsere Handlungen. Kurz: Werte steuern, wie wir uns selbst darstellen und rechtfertigen, wie wir urteilen und uns allgemein anderen gegenüber verhalten. Die ich-zentrale Stellung der ‚Human Values' innerhalb der menschlichen Persönlichkeit und ihre aktivierende Bedeutung für unsere Einstellungen, Motive, Emotionen und unser Handeln machen ihre Analyse und Nutzung für die Markenpersönlichkeit essentiell.

Um welche grundlegenden Werte handelt es sich? Das persönliche Wertesystem besteht zum einen aus relativ dauerhaften Überzeugungen, wie etwa Freiheit, Glück oder Frieden, die sich auf Ideal-Zustände unserer menschlichen Existenz beziehen. Rokeach bezeichnet diese Überzeugungen als ‚Terminal Values' und meint damit wünschenswerte Ziel-Werte. Den ‚Terminal Values' stellt Rokeach die ‚Instrumental Values' gegenüber. Instrumentelle Werte sind verhaltensbezogene Soll-Vorstellungen, wie z.B. hilfreich, mutig oder ehrgeizig zu sein. Diese Werte steuern diejenigen Verhaltensweisen, die darauf abzielen, unsere angestrebten Ziel-Zustände zu erreichen. So hat ein jeder von uns übergeordnete Ziele, die er oder sie für absolut wünschenswert hält, und ebenso Handlungsideale, die zur Erreichung des Wertes erstrebenswert sind.[9] Insgesamt postuliert Rokeach die folgenden 18 Ziel-Werte und instrumentellen Werte:

Ziel-Wert	Instrumenteller Wert
Ein komfortables Leben (ein Leben in Wohlstand)	Ehrgeizig (hart arbeitend, aufstrebend)
Ein aufregendes Leben (ein stimulierendes, aktives Leben)	Großzügig (offene Einstellung)
Das Gefühl, etwas erreicht zu haben	Fähig (kompetent, effektiv)
Eine Welt im Frieden (ohne Kriege und Konflikte)	Froh (sorglos, fröhlich)
Eine Welt voller Schönheit (Schönheit der Natur und Künste)	Sauber (ordentlich, aufgeräumt)
Gleichheit (Brüderlichkeit, gleiche Chancen für alle)	Mutig (für die eigenen Ansichten einstehen)
Sicherheit der Familie (sich um die Angehörigen kümmern)	Nicht nachtragend (bereit, anderen zu vergeben)
Freiheit (Unabhängigkeit, freie Wahl)	Hilfsbereit (sich um das Wohl anderer bemühen)
Glück (Zufriedenheit)	Ehrlich (aufrichtig, wahr)
Innere Harmonie (frei von inneren Konflikten)	Phantasievoll (wagemutig, kreativ)
Reife Liebe (sexuelle und geistige Intimität)	Unabhängig (sich selbst vertrauen, sich selbst genug)
Nationale Sicherheit (Schutz vor Angriffen)	Intellektuell (intelligent, reflektiv)
Vergnügen (ein fröhliches, freies Leben)	Logisch (konsequent, rational)
Erlösung (ewiges Leben)	Liebevoll (zärtlich, zuwendend)
Selbstrespekt (Selbstachtung)	Gehorsam (pflichtbewusst, respektvoll)
Soziale Anerkennung (Respekt, Bewunderung)	Höflich (freundlich, gute Manieren)
Wahre Freundschaft (enge Kameradschaft)	Verantwortlich (verlässlich, zuverlässig)
Weisheit (reife Einstellung zum Leben)	Selbstkontrolliert (zurückhaltend, diszipliniert)

Dieses umfassende Wertesystem haben wir unter Berücksichtigung motivationspsychologischer Erkenntnisse zu einer Ordnungsstruktur relevanter Werte verdichtet - der ‚Value Map'. Zur besseren Verständlichkeit bezeichnen wir alle in der Value Map enthaltenen zentralen Begrifflichkeiten als ‚Values' bzw. Werte, weil es sich durchgehend um wünschenswerte Ziele, Ideale und Soll-Vorstellungen handelt.[10] Mit und in der Value Map haben wir ein Beziehungssystem erstellt, welches v.a. das Verhältnis zwischen den Ziel-Werten und den instrumentellen Werten systematisieren soll:

Die Wertesystematik des Value Map

Bewahren	Sorgen, Schützen	Dazugehören	Erfolg haben	Genießen	Lernen	Herausfordern	Schaffen
Anstand	Pflicht	Geselligkeit	Perfektion	Schönheit	Neugierde	Hochgefühl	Macht
Tradition	Verantwortung	Zufriedenheit	Ambition	Sinnlichkeit	Intelligenz	Abenteuer	Originalität
Konvention	Sorge	Zugehörigkeit	Entschlossenheit	Vergnügen	Unabhängigkeit	Spaß	Phantasie
Integrität			Kontrolle		Offenheit	Optimismus	Respektlosigkeit

Stabilität Sicherheit Pragmatismus

Wir haben die Value Map als Spektrum strukturiert und in 8 verschiedene Facetten gefächert. Zusätzlich enthält das Fundament die 3 Grundwerte ‚Sicherheit', ‚Stabilität' und ‚Pragmatismus'. Das Gesamtgerüst vereint insgesamt 32 Werte. Jede der 8 Facetten ist an einer basalen Wertdimension aufgehängt, die vom ‚Bewahren' bis zum ‚Schaffen' reicht. Die Werte zur Mitte hin, wie z.B. ‚Spaß haben' oder ‚Entschlossenheit', sind eher instrumenteller, verhaltensbezogener Natur. Die Werte an den oberen Enden des Spektrums, wie z.B. ‚Macht', ‚Leistung' oder ‚Schönheit' entsprechen eher angestrebten Ziel-Werten.

Auf den meisten Märkten zielen Marken darauf ab, einen von zwei Typen emotionaler Beziehung zu ihrer angestrebten Zielgruppe aufzubauen: Entweder ist es erklärtes Ziel, die eigenen Vorteile der Marke so ansprechend hervorzuheben, dass sich der Konsument direkt damit identifizieren kann, oder es werden Vorteile versprochen, die vom Konsumenten als Ziel angestrebt werden. Marken, die sich auf Identifikation konzentrieren, legen normalerweise den Schwerpunkt auf Werte, die sich in der Value Map nahe am Zentrum des Spektrums und auf der linken Seite befinden, wie etwa ‚Sicherheit', ‚Integrität' und ‚Verantwortung'. Marken, die darauf abzielen, von der Zielgruppe angestrebt zu werden, legen den Schwerpunkt auf die Werte, die sich eher rechts und an den Enden des Spektrums befinden, wie z.B. ‚Abenteuer', ‚Phantasie' oder ‚Genießen'.

Die Zusammenstellung einer Value Map darf nicht als endgültig gesehen werden. Aber wir sind davon überzeugt, dass mit den Value Maps die maßgebliche Gruppe menschlicher Grundwerte erfasst wird, die das Verhältnis zwischen Konsument und Marken steuern und deshalb für Unternehmen von großem Nutzen sein können. Insgesamt hat sich die Value Map in einer Vielzahl unterschiedlicher Märkte als nützlich erwiesen, wie wir noch in Kapitel 4 an Beispielen aufzeigen wollen. Zunächst gehen wir kurz auf die Vorgehensweise bei der Erstellung von Value Maps ein.

3. Die Technik des Value Mapping

Da es sich bei Werten um sehr grundlegende, persönlichkeitszentrale Überzeugungen handelt, sind sie uns meist nicht bewusst und selten sofort verfügbar, wenn wir danach fragen. Vielmehr liegen sie unter den Schichten unseres Bewusstseins verborgen und müssen dort erst freigelegt werden. Nach dem Stufenansatz des Bewusstseins finden sich an unserer Bewusstseinsoberfläche die traditionellen, stereotypen Verhaltensweisen und Reaktionen.[11] In den Schichten darunter stößt man auf Verteidigungsstrategien, tiefgreifende Gedanken und Gefühle sowie unser unterdrücktes Selbst. Ganz tief unten liegt schließlich unser Unterbewusstsein. Um hinter den rationalen Schutzschild zu den tieferen Werten und Motiven zu gelangen, sind in der qualitativen Marktforschung besondere Techniken entwickelt worden.

Im Rahmen des ‚Value Mapping', dem Erstellen von Wertefeldern, gelangen wir zu den relevanten ‚Value Sets', indem wir insbesondere das Entscheidungsverhalten von Konsumenten stufenweise hinterfragen. Die zugrundeliegende qualitative Fragetechnik ist als ‚Laddering'-Interview bekannt geworden, weil man sich wie beim Besteigen einer Leiter Stufe um Stufe in die Tiefen des Bewusstseins begibt. So wird bei dieser Technik davon ausgegangen, dass man zu den relevanten Werten und Motiven einer Person gelangt, wenn man immer weiter nachhakt, **warum** etwa ein Markenprodukt gekauft, genutzt oder ausgewählt wurde. Dabei wird absichtlich mit den offensichtlichen Gründen, mit den rationalen Erklärungen angefangen, um dann zu den tieferen Schichten vorzudringen. *(Mit dieser Technik befassen sich auch Hanno Vischer & Eva Altenburg in ihrem Beitrag.)*

Wird dieser Prozess des stufenweisen Hinterfragens bei einer ausreichenden Anzahl von Personen wiederholt, so können wir die gewonnenen Informationen zu Value Maps verdichten und gelangen so zu übergreifenden Erklärungsmustern menschlichen Verhaltens, die sich thematisch auf den jeweils behandelten Konsumzusammenhang beziehen. Der folgende, fiktive Verlauf eines Laddering-Interviews zum Thema ‚Van' (geräumiger Pkw) mag die Vorgehensweise beispielhaft veranschaulichen, mit dem sich übergeordnete Werte gewinnen lassen. Hierbei handelt es sich um eine Mini-Sequenz aus einem in der Regel mehrere Stunden dauernden Tiefeninterview:

4

- **Welche Gründe gab es für Sie, sich einen Van zu kaufen?**

  Er hat ein großes Heck und alle Sicherheitsmerkmale, die man sich nur vorstellen kann.

- **Was war für Sie dabei am wichtigsten?**

  Das geräumige Heck, glaube ich, war mir vor allem wichtig, denn die meisten Autos sind ja heute sicher.

- **Warum war das für Sie wichtig?**

  Wir haben drei Kinder, und die brauchen ganz schön viel Platz und so ein Van hat eben Sitze im Heck. *(Raum)*

- **Warum war Ihnen der Platz für Ihre Kinder wichtig?**

  Sind Sie schon mal mit Kindern verreist? Die können Sie ganz schön verrückt machen. So können sich die Kinder entspannen und wir infolgedessen auch. *(Verantwortung, Sorge)*

- **Warum ist es für Sie wichtig, entspannt zu sein?**

  Wir haben beide mehr als genug Stress bei der Arbeit. Da ist das Auto für uns so eine Art Oase… *(Genießen)*

Für die Markenpersönlichkeit eines Vans können diese Informationen mitunter sehr wertvoll sein: Wir wissen nun, welcher funktionale Produktnutzen eine wichtige Rolle spielt (in unserem Beispiel ‚Raum') und mit welchem übergeordneten Wert dieser in Verbindung steht (hier ‚Genießen'). Diese Erkenntnis kann zum Beispiel dazu genutzt werden, den Markenvorteil ‚Raum' für die Zielgruppe ‚kinderreiche Familienväter' mit dem Wert ‚Genießen' emotional aufzuladen und erlebbar zu kommunizieren, so dass dieser übergeordnete Wert vom Konsumenten auf die Eigenschaften des Markenprodukts bezogen werden kann. Durch die Ergebnisse des Value Mapping kann ein Unternehmen somit gezielter Schwerpunkte bei seinen Produkt- und Kommunikationsinvestitionen setzen.

4. Anwendungsbereiche von Value Maps

Value Maps sind für uns ein grundlegender Bestandteil, um herauszufinden, welche bereichernde Funktion Werte für die jeweilige Markenpersönlichkeit haben, und um verständlich zu machen, wie sich Marken besser voneinander differenzieren lassen. Denn der Schlüssel zu einer effektiven Markenpositionierung liegt in einer relevanten, glaubhaften und nachhaltigen emotionalen Differenzierung. Im Folgenden wollen wir auf einige erfolgreiche Marken Bezug nehmen, um zu zeigen, wie ‚Value Mapping' dabei helfen kann, Unterschiede zwischen Konkurrenzmarken zu finden, aufgrund derer die emotionalen Vorteile der eigenen Marke definiert werden können. Diese Vorgehensweise hat sich besonders in den Bereichen der Markenpositionierung und Entwicklung neuer Marken als nützlich erwiesen.

1. Sportbekleidung: Nike versus Adidas

Sowohl *Nike* als auch *Adidas* haben sich erfolgreich auf dem Markt für Sportbekleidung etabliert, indem sie über viele Jahre hinweg technisch hervorragende Produkte entwickelt haben. Durch ein Höchstmaß an funktionaler Leistungsfähigkeit bedienen sie erfolgreich das (funktionale) Grundbedürfnis dieser Kategorie. Hinsichtlich der emotionalen Identität haben beide Marken jedoch deutlich unterschiedliche Richtungen eingeschlagen:

- Als *Nike* mit der Aufforderung ‚Just Do It' auf den Markt drängte, wurde die Zielgruppe offensiv aufgefordert, ihre persönlichen ‚Ambitionen' und Ziele durch die Marke zu verwirklichen. Kampagne um Kampagne wurden oft einsame, durchschnittliche Helden in dunklen, regengepeitschten Szenarien gezeigt, die kämpfen, um ihr Bestes zu geben. ‚Persönlicher Ehrgeiz' war der Wert, der der Marke *Nike* zugrunde lag. Dieser wurde geschickt mit dem ‚respektlosen Streben' gemischt, den vorherrschenden Mainstream in Frage zu stellen. *Nike* förderte dies, indem in der Welt des Sports gezielt die Außenseiter und Rebellen gesponsert wurden, die bewiesen, dass nicht nur die Großen und Guten gewinnen können.

Als sich im Laufe der Jahre der Zeitgeist wandelte, versprach *Nike* zwar auch weiterhin den Sieg. Jedoch wurde das Gewicht von der 'Trotz'-Ambition der frühen und mittleren 90er Jahre verschoben hin zu einer erheblich weicheren Darstellung, bei der sportliche Höchstleistung mit ‚Schönheit', ‚Sinnlichkeit' und reinem ‚Spaß' assoziiert wurde. Diese Werte wurden in den brasilianischen Fußballwerbespots umgesetzt, die im Vorfeld der WM 1998 in Frankreich ausgestrahlt wurden. *Nike* konzentriert sich jetzt auf die hedonistischen und ästhetischen Dimensionen sportlicher Höchstleistung und weist dem ursprünglichen Wert ‚Leistung' lediglich den Rang eines impliziten Ergebnisses zu.

Nike betont die ästhetischen Dimensionen sportlicher Höchstleistung.

- Demgegenüber hat sich *Adidas* mit seinem teutonischen und technisch ‚toughen' Erbe darauf konzentriert, sein ursprüngliches Ansehen wiederherzustellen, indem es Werte aufbaut, die mit den anerkannten produkttechnologischen Entwicklungen von *Adidas* verbunden sind. In den meisten Werbebotschaften wird versucht, *Adidas* ein Gesicht zuzuweisen, das gleichzeitig dunkel, ‚tough' und unnachgiebig ist. *Adidas* wirkt entsprechend erbarmungslos in seinem entschlossenen und ambitionierten ‚Streben nach Perfektion':

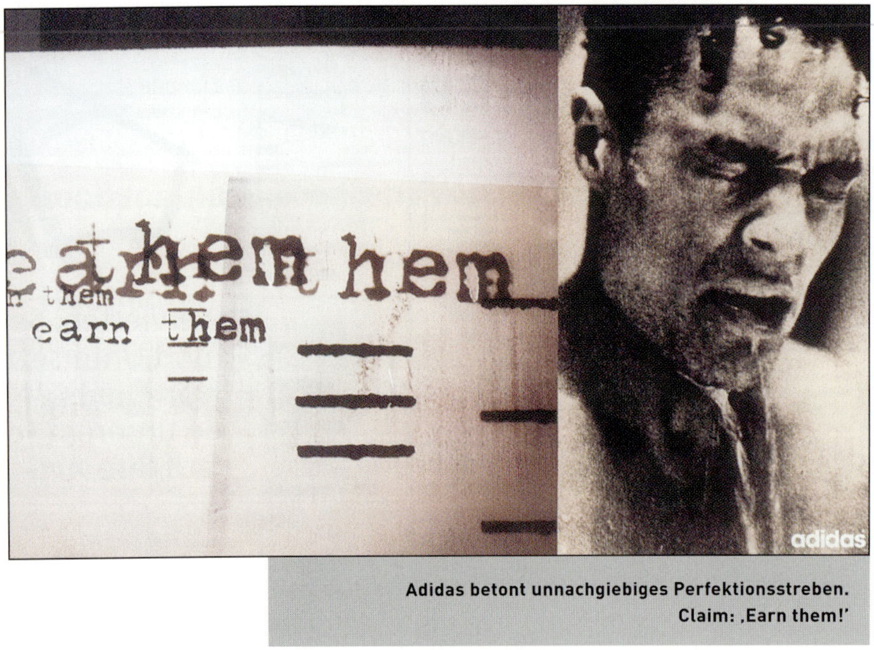

Adidas betont unnachgiebiges Perfektionsstreben. Claim: ‚Earn them!'

Die durch die Markenstrategien aufgebauten Markenpersönlichkeiten von *Nike* und *Adidas* belegen unterschiedliche Wertekombinationen, mit denen die Zielgruppen erreicht werden sollen, wie das folgende Value Map verdeutlicht:

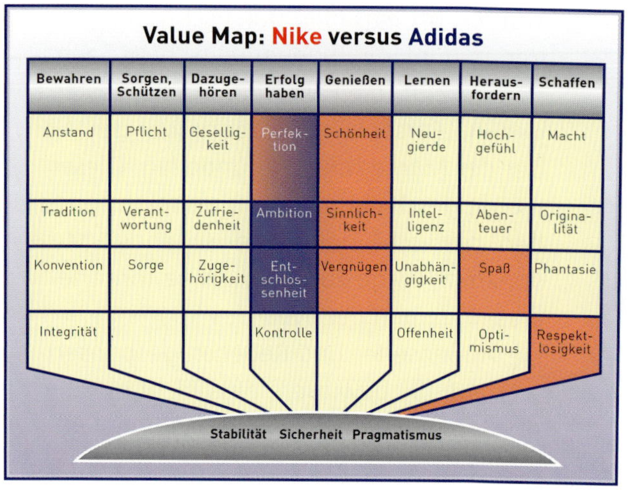

2. Freizeitkleidung: Gap versus Diesel

Auf dem Jeansmarkt wird die Polarisierung der Markenstrategien mit Hilfe von Value Maps noch deutlicher:

- Die Marke *Gap* stürmte im Jeansmarkt ganz nach oben - und dies auf sehr unkonventionelle Weise. Während die meisten, auf Jugendliche ausgerichteten Modemarken den Kids traditionell etwas boten, nach dem sie streben konnten, brach *Gap* mit dem ‚Schall und Rauch' des Modemarktes und brachte etwas völlig Neues. Sie boten eine breite Palette von Freizeitkleidung, mit der leicht experimentiert werden konnte und die jedem gefiel, also Kleidung und Image, mit denen sich die Kids identifizieren konnten. Die unspektakulären und preiswerten, aber sehr ansprechenden Looks waren darauf ausgelegt, in die Garderobe der Kids in jeder Modesaison frischen Wind zu bringen. *Gap* verkündete, dass es o.k. sei, ‚dazuzugehören' und Konformität freudig gefeiert werden könne, solange die gekaufte Konformität so frisch, einfach und sexy sei wie eben *Gap*.

- In der Zwischenzeit war die Modemarke *Diesel* am anderen Ende der Werteskala damit beschäftigt, die traditionelle Aristokratie der Jeanswelt zu stürzen. Der Gründer von *Diesel* ist in die Annalen eingegangen, indem er sagte, dass es sein Ziel sei, den von *Levi's* geschaffenen Mythos vom Sockel zu stoßen, Jeans würden sexy machen. In allen folgenden Aktivitäten der Marke *Diesel* wurde in Form von Produkten, beim Vertrieb und in der Kommunikation versucht, anarchistisch, ‚respektlos' und ironisch aufzutreten.

Damit will die Marke den Konsumenten auffordern, ein Spiel zu kreieren, das nicht sofort verstanden wird, sondern erst nach und nach von einem eher anspruchsvollen und fordernden Publikum gewürdigt und respektiert wird. Bei *Diesel* geht es ganz und gar um Aspirationen: Die Marke konzentriert ihre Aufmerksamkeit darauf, sicherzustellen, dass stets der Anspruch vermittelt wird, die Quelle für respektlose, phantasievolle Straßenkleidung zu sein.

Die fast gegensätzliche Besetzung von Werten bei *Gap* und *Diesel*, in ihrem Versuch, junge Zielgruppen erfolgreich anzusprechen, zeigt die folgende Value Map:

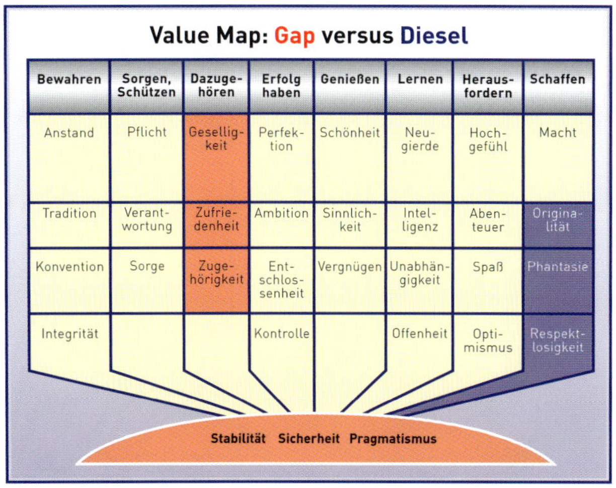

Value Maps können also einerseits dazu dienen, Strategien klarer zu definieren, die für vorhandene Marken verfolgt werden, wie wir es (ex-post-facto) an zwei Beispielen verdeutlicht haben. Value Maps können aber andererseits auch auf Lücken aufmerksam machen und damit potentielle Gelegenheiten für eine weitreichendere emotionale Differenzierung einer Marke anbieten, wie die folgenden beiden Beispiele zeigen mögen.

3. Porsche als Sportmarke

Wenn wir davon ausgehen, dass es bei dem traditionellen Wettbewerb auf dem Sportbekleidungsmarkt um den Wert ‚etwas zu erreichen' (Leistung) geht, dann öffnet sich die Arena für Marken, die über starke Eigenschaften verfügen, welche das Leistungsversprechen auch rechtfertigen. *Nike* und *Adidas* mögen hervorragende technische Qualität und Leistung verkünden - aber was würde passieren, wenn *Porsche* die Arena beträte und dadurch ganz neue Dimensionen für die von *Adidas* versprochenen Werte ‚Entschlossenheit' und ‚Ambition' eröffnete?

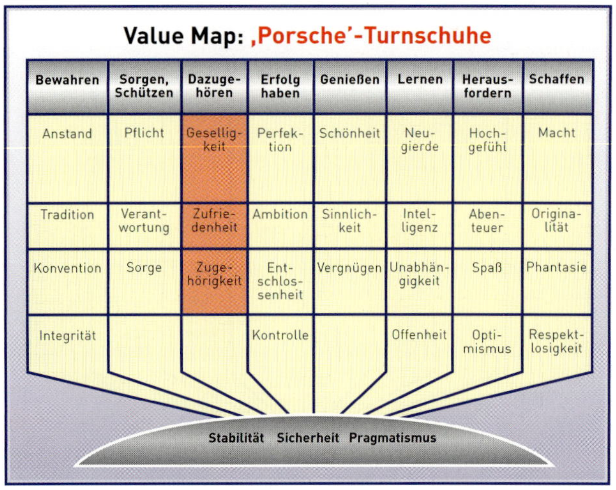

Wer weiß, ob nicht ein Paar bestens ausgestatteter *‚Super-Premium Carrera 4' Cross*-Turnschuhe in diesem relativ preisunabhängigen Markt einschlagen würde wie eine Bombe?

4. ‚Gesundheit' als Sportmarke

Die meisten Konkurrenten im Sportmarkt sind zwar sehr bemüht, den ihrer Produktkategorie innewohnenden generischen Vorteil differenziert zu vermitteln. Jedoch scheint der Markt die Tatsache zu ignorieren, dass für viele Konsumenten der primäre Wert am Sport ‚Gesundheit' heißt und nicht im Erzielen außerordentlicher Leistungen besteht. Eine auf ‚Gesundheit' basierende Markenpersönlichkeit würde die folgende Wertekombination besetzen:

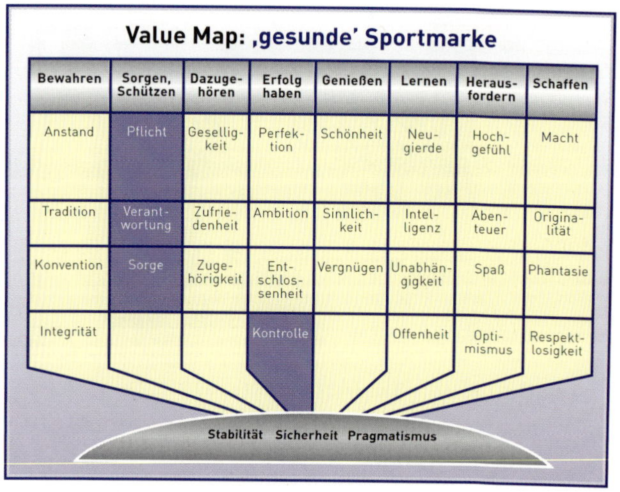

Eine gesundheitlich ausgerichtete Marke für Sportbekleidung müsste entsprechend mit Werten wie ‚Sorge' (sich kümmern), ‚Verantwortung' und ‚Pflicht' assoziiert werden können, eine Markenpersönlichkeit also, die die Trainingsbedürfnisse der Zielgruppe mit ihrem gesunden Auftreten unterstützt, wie z.B. durch die Verwendung hypo-allergener Materialien mit positiver Hautwirkung oder welchen, die den Körper rehydrieren usw. Es wäre interessant, die Chancen für solch eine ausgerichtete Sportmarke zu ergründen, die das Resultat aus den (fiktiven) Value Map-Erkenntnissen sind.

5. Markenpositionierung mit Bulls Eye©

Wie bereits am Anfang unserer Ausführungen betont, zählt zu den wichtigsten Anliegen eines jeden Markenstrategen, eine Positionierung mit einem Set an relevanten Eigenschaften zu entwickeln, die die Marke einzigartig macht und in der Lage ist, die Kaufentscheidung der Zielgruppe nachhaltig zu ihren Gunsten zu beeinflussen. Value Mapping ist hier ein geeigneter Ansatz für die Erkundung der Wertewelt einer anvisierten Zielgruppe, um dann auf dieser Basis Markenpositionierungen entwickeln zu können, die Relevanz für die Zielgruppe besitzen und der Marke ein ausgeprägtes eigenständiges Profil geben, das sich signifikant gegenüber den Konkurrenzmarken differenziert. Diese Erkenntnisse fließen in eine komplexe Markenpersönlichkeit, die sich idealerweise durch Einzigartigkeit und eine harmonische Gesamtkomposition ihrer Eigenschaften auszeichnet.

Um ein präzises und systematisches Lösungsvorgehen für die Entwicklung einer komplexen Markenpersönlichkeit zu ermöglichen, haben wir das Bulls Eye©-Modell entwickelt, ein Leitmodell, das die Marke als Ganzheit begreift. Zum Verständnis haben wir es am Beispiel ‚*Nike*' veranschaulicht: Das Bulls Eye©-Modell reflektiert unser Verständnis

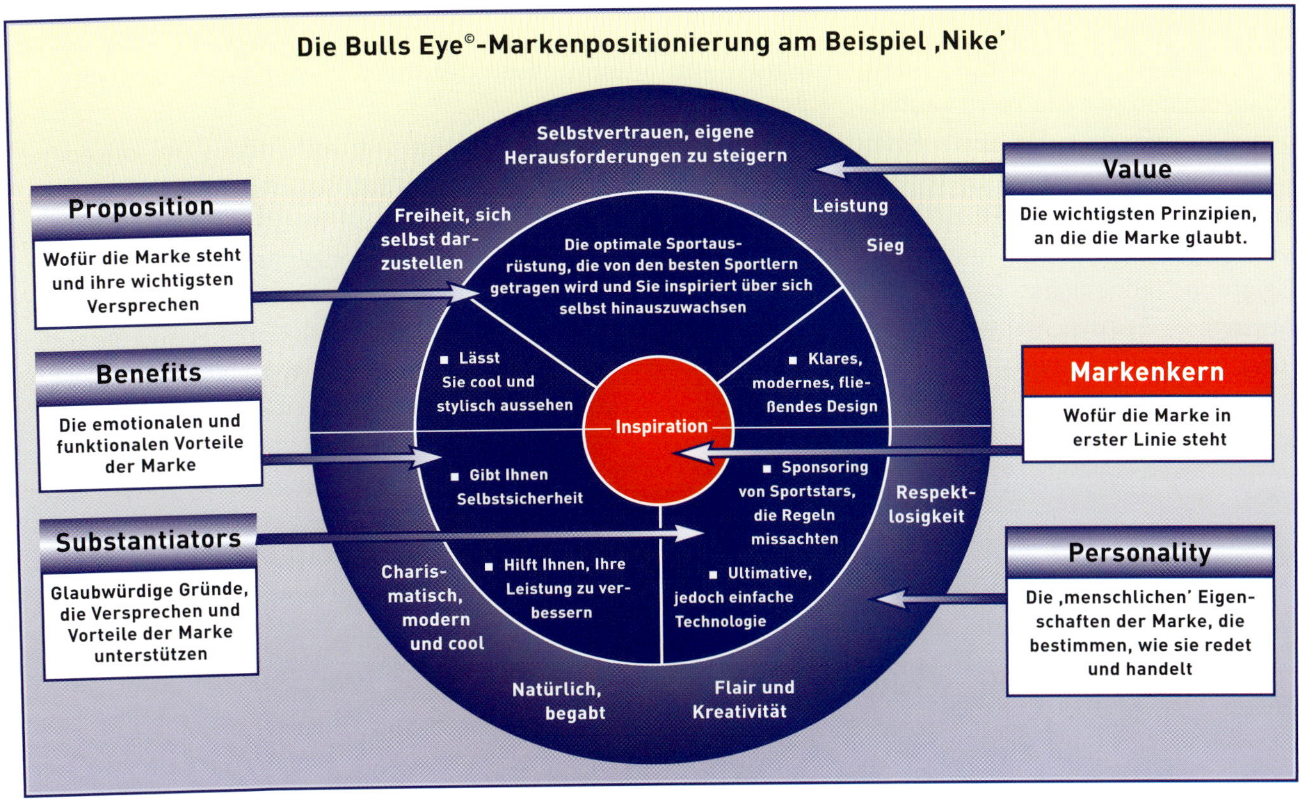

von der Markenpersönlichkeit als einem komplexen Zusammenschluss des Sets an ‚funktionalen und emotionalen Kompetenzen', die dem Unternehmen aufzeigen, welche strategischen Schwerpunkte im Rahmen der Markenpositionierung zu setzen sind. Im Zentrum befindet sich der Markenkern, der den genetischen Markencode beinhaltet. Dieser bringt auf den Punkt, wofür die Marke in erster Linie steht - bei *Nike* ist dies ‚Inspiration'.

Weiterhin unterscheiden wir zwischen der Proposition der Marke und ihren Benefits: Die Proposition sagt nicht nur aus, was die Marke ist (‚Die optimale Sportausrüstung...'). Sie kann gleichzeitig eine Aussage darüber treffen, wer dafür in Frage kommt (‚die von den besten Sportlern getragen wird.') und/oder für welche Gelegenheiten (wann) bzw. an welchen Orten (wo) die Marke wichtig ist. In jedem Fall sollte die Proposition eine Aussage treffen, warum die Marke besser ist (‚die Sie inspiriert, über sich selbst hinauszuwachsen.') Damit definiert sie den Hauptgrund des Konsumenten, die Marke zu kaufen. Die Benefits geben Antworten auf spezielle Bedürfnisse der Konsumenten. Sie sollten bestehende Probleme lösen oder neue Möglichkeiten aufzeigen, indem sie emotionale und funktionale Bedürfnisse der Zielgruppe befriedigen - bei *Nike* sind dies ‚cooles Aussehen', ‚Selbstsicherheit' und ‚Leistungssteigerung'. Proposition und Benefits werden durch die Substantiators ergänzt, welche diejenigen Eigenschaften umfassen, die das Versprechen sowie die Vorteile der Marke glaubwürdig untermauern.

Die Markenhülle wird zum einen vom Charakter (Personality) der Marke bestimmt, der konkretisiert, wie die Marke 'redet' und 'handelt', und zum anderen von den Werten, an die die Marke 'glaubt'. Der Charakter und insbesondere die Werte stellen gleichermaßen die Basis für eine kontinuierliche Beziehung zu den Konsumenten der Marke dar. Alle Bereiche zielen *synergetisch* darauf ab, diejenigen relevanten Abgrenzungsvorteile der Marke zu treffen, die einen nachhaltigen emotionalen Bindungsgewinn liefern, weil die Markenpersönlichkeit nur als Ganzes den Konsumenten überzeugen kann. Die Markenbotschaft muss dabei durchgehend klar und eindeutig sein, so dass sie von allen bestehenden und potentiellen Konsumenten verstanden wird.

Wir sind davon überzeugt, dass wir durch unser ganzheitliches Verständnis der Markenpersönlichkeit und die fundierte Evaluation der ‚Values' von Konsumenten einer Marke stärkere und klarer abgrenzbare Vorteile verschaffen können, die für die emotionale Aufladung der Marke notwendig sind. Dafür steht uns in Form des Value Mapping ein effizientes Tool zur Verfügung, das eine maßgebliche Zusammenstellung der grundlegenden verhaltenssteuernden menschlichen Werte darstellt.

Markenpositionierung verfolgt das Ziel, diejenigen Benefits und Values zu bestimmen, für die eine bestimmte Marke in den Herzen und Köpfen der angestrebten Zielgruppe stehen soll. Durch Value Mapping können wir dies genauer definieren und daher die Entwicklung des Produkts und die dazugehörige Kommunikation in effektivere Bahnen lenken. Außerdem können wir bei der Erschließung neuer Märkte noch unbesetztes ‚emotionales Terrain' identifizieren und klären, warum es sich z.B. niemals für die Entwicklung einer Marke eignen würde, oder aber inwieweit ein Markt aufgrund unserer Erkenntnisse neu segmentiert werden kann, indem wir neue emotionale Positionierungsfelder eröffnen.

6

6. Anhang

1 Die psychologischen Aspekte beschreibt Kroeber-Riel (1996).

2,4,5 Näheres finden Sie bei Mayer & Thiel (1998).

3 Wir folgen hier der Auffassung von Helene Karmasin (1998).

6 Vergleichen Sie hierzu Becker (1998).

7 Seine grundlegenden Erkenntnisse hat Rokeach in seinem 1973 erschienenen Werk ‚The Nature of Human Values and Value Systems' dargestellt.

8 Wir folgen hier den Erläuterungen von Staehle (1994).

9 Milton Rokeach (1973) entwickelte ein Verfahren, mit denen Werte als Einstellungen messbar gemacht und für interkulturelle Vergleiche herangezogen werden können. Das Messinstrument nach Rokeach basiert auf einer Liste von 18 Lebenszielen, die von den Befragten in eine Rangfolge nach der persönlichen Wichtigkeit gebracht werden müssen. Das gleiche Vorgehen muss der Befragte mit einer weiteren Liste wiederholen, in der 18 Eigenschaften aufgeführt sind. Die Fragebogeninstruktion lautet: *‚Nachfolgend sind 18 verschiedene Lebensgrundsätze und 18 menschliche Eigenschaften aufgeführt. Lesen Sie sich bitte alle 18 gut durch und ordnen Sie dann alle danach, wie wichtig sie Ihnen als Leitfaden für Ihr Leben sind.`*

10 In der Wissenschaft gibt es auch andere Lesarten. So gelten z.B. die Werte ‚Leistung' und ‚Macht' als wichtige Kernbegriffe populärer Motivationstheorien (vgl. Heckhausen, 1980). Die Forschung hat hier wiederholt die terminologische Unschärfe zwischen den Begriffen ‚Bedürfnis, Motiv, Wert und Interesse' kritisiert, worauf besonders Kmieciak (1976) hingewiesen hat.

11 Eine solche Stufenkonzeption des Bewusstseins schlägt z.B. Kegan (1986) vor.

Hanno Vischer
Research Manager, contest census

Mein Berufsleben sollte ursprünglich nicht viel mit dem zu tun haben, was ich heute tue, denn ich genoss zunächst eine Ausbildung zum Fernmeldetechniker. Doch trieb mich weiter die Frage um, warum Menschen tun, was sie tun. Meinem alten Wunsch nach Antworten auf diese Frage folgend, entschloss ich mich über den zweiten Bildungsweg zum Studium der Psychologie. Das Lehrangebot an der Universität Frankfurt, das den weiten Bogen von tiefenpsychologischen Theorien bis zu exakten experimental-psychologischen Methoden spannte, traf genau meine Interessensschwerpunkte und so beschäftigte ich mich während meines Studiums damit, wie sich menschliche Gefühle und Einstellungen messen lassen.

Die Motive für das Handeln und Erleben der Menschen zu verstehen, ist für mich auch heute, nach mehr als 15 Jahren als Psychologe in der Marktforschung, noch aktuell. Die Praxis der Marktforschung gibt Antworten darauf und bedient sich verschiedener Standardtechniken, die nicht immer dem Erkenntnisinteresse gerecht werden.

Im Rahmen meiner jahrelangen Tätigkeit in der Marktforschung bei contest census hat sich für mich gezeigt, dass man sich mit dieser Frage immer wieder neu auseinandersetzen muss und viele Forschungsfragen nach neuen Möglichkeiten und Antworten verlangen. In einem Team von engagierten Mitarbeitern habe ich es mir zur Aufgabe gemacht, Marktforschung als eine Dienstleistung weiter zu entwickeln, die Antworten gibt, aus denen Handlungskonsequenzen abgeleitet werden können. Und dazu gehört eben, zu verstehen, warum Menschen tun, was sie tun.

Eva Altenburg
Research Consultant, contest census

Meine ersten Erfahrungen mit Marktforschung durfte ich bereits im zarten Alter von 10 Jahren machen, als ich von einem Institut dazu eingeladen wurde, in gemütlicher Runde Schokolade zu testen und zu bewerten. Das mit dem Bewerten klappte noch nicht so, das mit dem Testen dafür umso besser.

Die Marktforschung geriet dann lange in Vergessenheit, bis ich sie im Laufe meines Studiums der Psychologie wieder entdeckte. Obwohl die Marktforschung als Teildisziplin im Studium meist nur eine kleine Nebenrolle zugewiesen bekommt, bemerkte ich, dass sie vieles zu bieten hat und durch die Impulse aus der Praxis immer wieder neu belebt wird. Mit der Zeit schaffte sie es sogar, mein tiefes Interesse an der Forensischen Psychologie auf den zweiten Platz zu verbannen und sich selbst in den Vordergrund zu schieben.

So ist es noch heute. Seit meinem Studienabschluss arbeite ich im Markt- und Meinungsforschungsinstitut contest census. Dort habe ich es mir zur Aufgabe gemacht, an einer sinnvollen und effektiven Verknüpfung zwischen theoretisch fundiertem Wissen und dessen praktischer Anwendung zu arbeiten.

„Das kaufe ich, weil ich es mir wert bin."
Ganzheitliche Konsumentenforschung für die Gestaltung von Werbung

Hanno Vischer und Eva Altenburg, contest census

Werbung ist langweilig! Jeder sagt: ‚Mein Kaffee ist der beste - bekömmlich und vollendet im Geschmack!' Doch Unterschiede in den Produktleistungen sind für die Konsumenten in vielen Märkten heute kaum mehr auszumachen. Konsequenterweise versucht daher die Werbung neben der Vermittlung von Produkteigenschaften auch eine emotionale Aufladung von Produkten und Marken zu erreichen - getreu dem Motto ‚Gefühle sind die wahren Wünsche der Verbraucher.' Dies gelingt allerdings mehr oder weniger glaubwürdig. Nicht selten bekommt man Kommentare zu hören wie ‚Was hat das denn mit Kaffee zu tun?' oder ‚Wofür wird da geworben?' Derartige Äußerungen machen deutlich, dass die Einbettung des Produkts in eine angemessene emotionale Welt ein schwieriges Unterfangen ist und die Anforderungen bestimmter Zielgruppen nicht immer erfüllt.

Der standardmäßige Rückgriff auf archaische sexuelle Wünsche und Bedürfnisse ist zwar weit verbreitet, aber nicht immer wird eine Werbung, die in mehr oder minder subtiler Form mit sexuellen Anspielungen arbeitet, auch dem Produkt gerecht, weil sie von der Zielgruppe emotional einfach nicht nachvollzogen und akzeptiert wird: Das lasziv die Motorhaube eines Sportwagens zierende Topmodel mag die avisierte Käufergruppe ansprechen und von ihr richtig verstanden werden. Es ist aber sehr fraglich, ob Werbung mit einem ähnlichen Model, das den Geldschalter einer Bank schmückt, die Bedürfnisse von Anlegern trifft, die ihr Geld gut verwaltet wissen wollen. Es bleibt also sehr häufig die Aufgabe, für die anzusprechende Zielgruppe andere ‚Motivatoren' bzw. ‚Wertvorstellungen' mit einer möglichst hohen emotionalen Bedeutung zu identifizieren, über die eine gefühlsmäßig nachvollziehbare Verbindung zum Produkt aufgebaut werden kann.

Wie lassen sich solche für das jeweilige Produkt relevanten Wertvorstellungen der Verbraucher ermitteln? Wie kann man herausfinden, welche Funktion und Bedeutung ein Produkt oder eine bestimmte Produkteigenschaft im Netzwerk der individuellen Wertvorstellungen und Lebensziele hat? Was sind die Grundlagen für eine zielgerichtete emotionale Ansprache, so dass zwischen dem Produkt bzw. der Marke und den Konsumenten eine positive psychologische Beziehung entsteht?

In der Praxis hat sich hier eine Methode gut bewährt, die aufzeigen kann, welche Rolle ein bestimmtes Produkt im Erleben des Konsumenten spielt: Die *Laddering-Technik* und die *Hierarchical Value Map* (HVM) gehören zu einem methodischen Ansatz, der sich durch eine ganzheitliche Betrachtung des Konsumenten auszeichnet, bei der sein Verhalten im Zusammenhang mit seinen individuellen Wertvorstellungen und Lebenszielen gesehen wird. Es wird ermittelt, im Dienste welcher persönlichen Werte und Ziele der Konsum oder Besitz eines Produkts steht. Die theoretischen Hintergründe dieser Methode - das *Means-End-Chain-Modell* (Mittel-Ziel-Leiter) - und ihre praktische Anwendung stellen wir im Folgenden vor.

1. Das Modell der Means-End-Chain

Die Erforschung und Aufdeckung der Motive und subjektiven Gründe für eine bestimmte Kaufentscheidung des Konsumenten nimmt im Marketing und in der Marktforschung eine wichtige Rolle ein. Schließlich lassen sich aus ihrer Kenntnis Strategien für eine gezielte Produktentwicklung und Ansprache der Konsumenten ableiten. Die theoretische Grundlage für die Erforschung konsumrelevanter Motive mit der Methodik der Laddering-

Technik und der Hierarchical Value Map bildet das in der Konsumentenforschung recht verbreitete Einstellungskonzept der Means-End-Analyse (Mittel-Ziel-Analyse).[1] Die Means-End-Analyse beruht auf der grundlegenden Annahme, dass es eine Verbindung zwischen den persönlichen Werten und Lebenszielen (Ends) eines Konsumenten und seinem Kauf- bzw. Konsumverhalten gibt.[2] So lässt sich an der Einstellung eines Konsumenten zu einem bestimmten Produkt (Means) feststellen, ob und inwieweit dieses Produkt in der Wahrnehmung des Konsumenten zur Erreichung eines (Konsum-) Ziels benutzt werden kann und welche subjektive Bedeutung bzw. Befriedigungswert dieses Ziel für den Konsumenten hat.

Eine für die Praxis wichtige Weiterentwicklung und Konkretisierung stellt das Modell der Means-End-Chain (Mittel-Ziel-Leiter) dar.[3] Im *Modell der Means-End-Chain* wird wie bei der Mittel-Ziel-Analyse davon ausgegangen, dass *der Kauf eines Produktes dann zustande kommt, wenn der Konsument das Produkt mit seinen spezifischen Eigenschaften als geeignetes Mittel wahrnimmt, um wünschenswerte Ziele zu erreichen.*

Zusätzlich geht das Modell der Means-End-Chain aber noch von einer ‚Zwischenebene' aus, den Konsequenzen, die aus dem Konsumverhalten resultieren. Diese Konsequenzen spielen eine wichtige Rolle, denn sie stellen das Bindeglied zwischen den Zielen und Werten des Konsumenten und dem auf Grund seiner Produktattribute unter verschiedenen Alternativen ausgewählten Produkt dar. *Es sind die erwarteten positiven Konsequenzen, die das Kaufverhalten wesentlich steuern.* Diese Zusammenhänge soll das folgende Beispiel eines Konsumenten veranschaulichen, der sich auf einer Party für alkoholfreies Bier entscheidet.

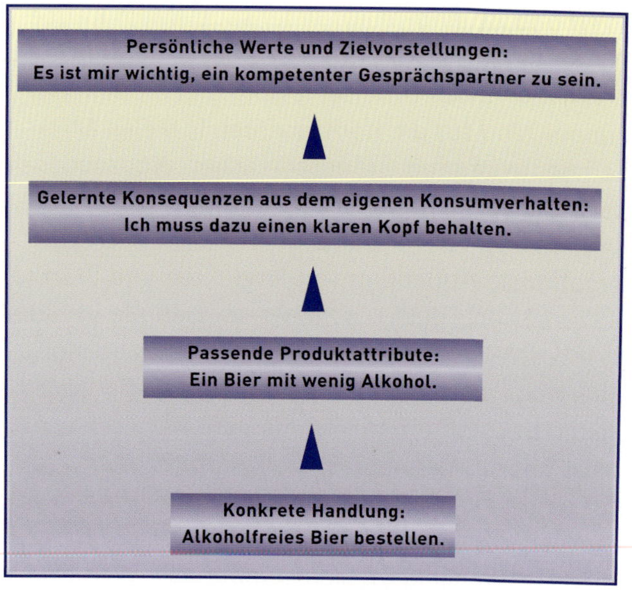

Die Ebenen des Means-End-Chain-Modells nach Gutman[4]

Der Partygast weiß, wie er sich zu entscheiden hat, wenn er sein Ziel ungetrübter Gesprächskompetenz erreichen will, weil sein Wissen darüber, welche Attribute konkret welche Konsequenzen auslösen und inwieweit diese dem Erreichen persönlicher Ziele und Wertvorstellungen dienen, in Form von hierarchisch organisierten Wissensstrukturen in seinem Gedächtnis repräsentiert ist:[5] Auf drei verschiedenen Abstraktionsebenen sind die einzelnen Wissenselemente hierarchisch angeordnet, wobei auf der niedrigsten Abstraktionsebene die Produktattribute angesiedelt sind, gefolgt von den Konsequenzen auf der mittleren Ebene, wohingegen die Werte den höchsten Abstraktionsgrad aufweisen.

Um der Komplexität der bei Kaufentscheidungen aktivierten kognitiven Strukturen gerecht zu werden, lassen sich darüber hinaus auf jeder der drei Abstraktionsebenen noch jeweils zwei Abstraktionslevels unterscheiden:

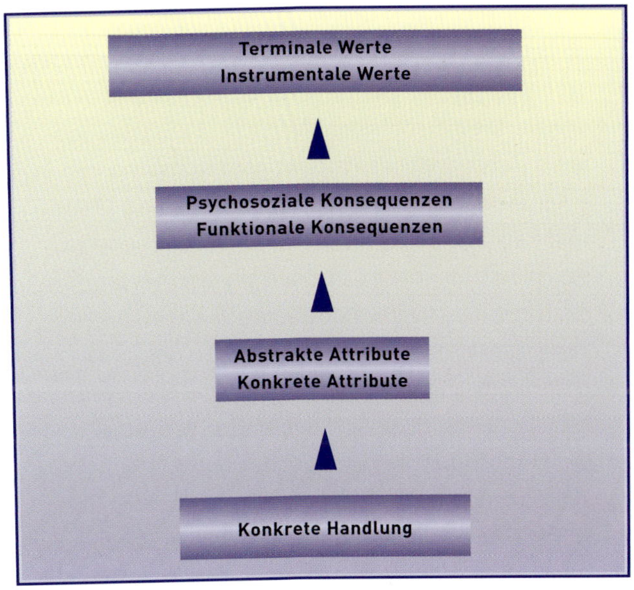

Das differenzierte Means-End-Chain-Modell von Olson & Reynolds[6]

In der Praxis ist das differenzierte Modell nicht in jedem Fall relevant. Nichtsdestotrotz ist für das Verständnis des Means-End-Chain-Modells wichtig, eine klare Vorstellung davon zu haben, was genau den Attributen, Konsequenzen und Werten zuzuordnen ist. Im Folgenden wollen wir deshalb diese Begriffe ausführlicher erläutern:

Attribute

Bei der Aufdeckung von subjektiv bedeutsamen Zusammenhängen zwischen Produktattributen, Nutzen (Konsequenzen) und Werten (Zielvorstellungen) interessieren sowohl die objektiven als auch die subjektiv wahrgenommenen Produktvorteile. Eigenschaften wie z.B. Preis, Größe oder Farbe gehören zu den objektiven und damit konkreten Produktattributen. Von subjektiven Produkteigenschaften spricht man dann, wenn es sich um Einschätzungen des Konsumenten handelt. Solche Attribute bezeichnet man auch als abstrakt. Beispiele sind Bezeichnungen wie ‚gute Qualität' oder ‚schönes Aussehen'. Die subjektiv bedeutsamen Produktvorteile entstehen, wenn der Konsument eine bestimmte Motivation, ein bestimmtes Ziel mit dem Produkt befriedigen kann bzw. glaubt, damit befriedigen zu können.

Konsequenzen

Nach dem Means-End-Chain-Modell ruft jegliches Verhalten des Konsumenten Konsequenzen hervor, die für ihn entweder positiver oder negativer Art sein können. Der Konsument lernt dabei mehr oder minder unwillkürlich, diese positiv bzw. negativ erlebten Konsequenzen mit spezifischen Verhaltensweisen zu beantworten und assoziativ zu verknüpfen: Verhaltensmuster, die positive, also wünschenswerte Konsequenzen mit sich bringen, werden verstärkt gezeigt und Verhaltensweisen, die negative Konsequenzen zur Folge haben, minimiert. Durch diesen Lernprozess eignet sich der Konsument Wissen darüber an, welche Eigenschaften Produkte aufweisen müssen, um positive Konsequenzen zu erzeugen, so dass er sich unter verschiedenen Alternativen für dasjenige Produkt entscheiden kann, bei dem er den größten Nutzen wahrnimmt.

Konsequenzen, die als Folge von Verhaltensweisen auftreten, können dabei entweder funktionaler oder psychosozialer Natur sein. Ein Beispiel für eine funktionale Konsequenz wäre die persönliche Erfahrung des Konsumenten, dass ein bestimmtes Produkt einfach zu handhaben ist. Von einer psychosozialen Konsequenz spricht man eher dann, wenn sie in stärkerem Maße einen Einfluss auf das Wohlbefinden oder die Gefühle der Person nimmt. Hierzu zählen z.B. Konsequenzen wie ‚wirkt entspannend' oder ‚trägt zu meinem Prestige bei'.

Werte

Im Rahmen seines Modells definiert Gutman Werte als ‚erstrebenswerte Ziele des Lebens'.[7] Werte werden demnach mit Zielen gleichgesetzt, die im Leben des Individuums eine so bedeutsame Rolle spielen, dass sie als existentiell bezeichnet werden können. Werte wie ‚Lebensfreude', ‚Gesundheit' oder auch ‚soziale Anerkennung' sind Beispiele hierfür. Da Menschen mehrere persönlich relevante Werte besitzen, spricht man in diesem Zusammenhang häufig von einem Wertesystem. Die Bildung und Entwicklung des individuellen Wertesystems eines Menschen wird durch die Gesellschaft, die Kultur und die eigene Persönlichkeit beeinflusst. Welche Werte letztendlich Bestandteil dieses Systems werden, hängt in starkem Maße davon ab, welche Aspekte die Person als persönlich bedeutsam wahrnimmt. Gemäß dieser Definition stellt das Wertesystem einen Teil des Selbstkonzepts einer Person dar.

In der Tradition Rokeachs, der bereits 1968 zeigte, dass Werte einen erheblichen Einfluss auf das Verhalten des Individuums in allen Lebensbereichen nehmen, geht Gutman davon aus, dass Werte eine maßgebliche Rolle bei Entscheidungsmustern spielen, die dem Kauf- und Konsumverhalten zu Grunde liegen. Durch Werte des Konsumenten erlangen Verhaltenskonsequenzen erst an Valenz und Wichtigkeit. Die persönlichen Werte sind ausschlaggebend dafür, welches Produkt vom Konsumenten in einer bestimmten Situation präferiert wird. Olson und Reynolds differenzieren auf dieser Ebene zwischen instrumentalen und terminalen Werten.[8] Instrumentale Werte beziehen sich dabei auf eher konkrete Verhaltensweisen, die dazu beitragen, ein bestimmtes Ziel zu erreichen. Sie sind die ‚Wegbereiter' für die Befriedigung derjenigen Bedürfnisse, die dem Individuum am wichtigsten sind, wie z.B. der Wert ‚im Mittelpunkt der Aufmerksamkeit stehen'. Wird dieses Verhalten ermöglicht, kann das Individuum unter anderem mehr an Selbstachtung oder eigener Wertschätzung gewinnen, was für den Betreffenden vielleicht von großer Bedeutung ist.

Werte wie ‚Selbstachtung', ‚Sicherheit' oder ‚Freiheit' werden zu den terminalen Werten gezählt, die auf der abstraktesten Ebene der Means-End-Chain-Hierarchie angesiedelt sind. Sie stellen im Prinzip die existentiellen Ziele dar, die so genannten ‚desirable end-states of existence'.[9] Die folgende Tabelle zeigt eine Übersicht der am häufigsten genannten Werte.

Instrumentale Werte	Terminale Werte
Abwechslung, offen für Neues	Gesundheit, langes Leben
Leistungsfähigkeit	Familie
Soziale Anpassung	Lebensfreude, Spaß
Streben nach Erfolg	Innere Harmonie und Ausgeglichenheit
Unabhängigkeit	Selbstachtung
Zufriedenheit, Wohlbefinden	Selbstbestimmung
	Selbstverwirklichung
	Soziale Anerkennung

Die am häufigsten genannten instrumentalen und terminalen persönlichen Werte

Nicht jede Means-End-Chain führt zwangsläufig zu einem instrumentalen oder terminalen Wert. Das Ende einer Mittel-Ziel-Leiter kann auch auf einem niedrigeren Abstraktionsniveau markiert sein. Ebenso ist es möglich, dass eine Mittel-Ziel-Leiter nicht alle Abstraktionsebenen durchläuft, also nicht automatisch aus Attribut, funktionaler und psychosozialer Konsequenz, instrumentalem und terminalem Wert besteht, sondern einzelne Ebenen können auch ohne weiteres übersprungen werden. Im Extremfall kann bereits ein bestimmtes Attribut eine direkte Assoziation mit einem instrumentalen oder terminalen Wert hervorrufen. Tritt der besondere Fall ein, dass ein Attribut keinerlei assoziative Verbindungen zu Konsequenzen oder Werten aufweist, kann davon ausgegangen werden, dass dieses Attribut wenig Einfluss auf das Konsumentenverhalten hat.

Von grundlegender Bedeutung für das Means-End-Chain-Modell ist die Art und Weise, *wie* ein Produkt mit den relevanten Wertvorstellungen und Zielen des Konsumenten verknüpft wird, so dass eine konkrete Motivation zum Produktkauf entsteht. Im nebenstehenden Schema ist dieser Prozess der Konsumentscheidung dargestellt.[10]

►►►

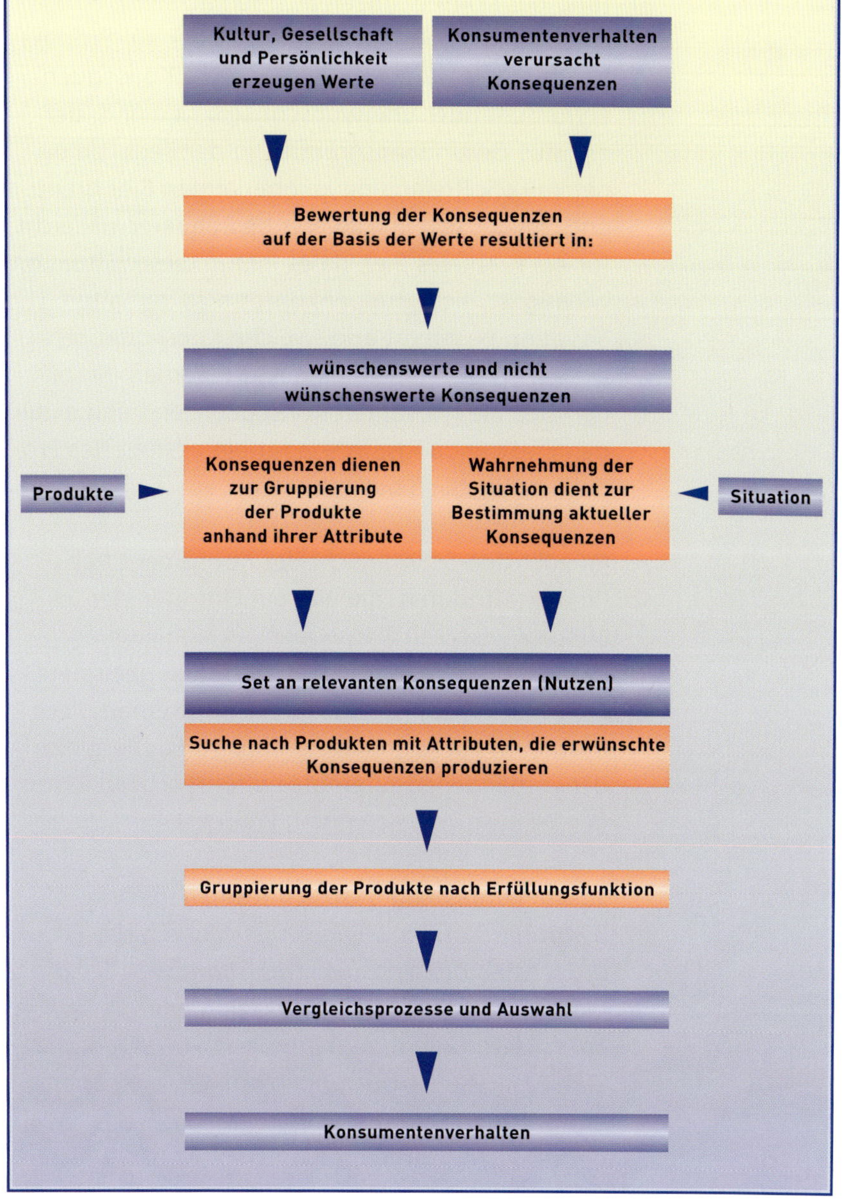

Das Means-End-Chain-Modell der Kauf- bzw. Konsumentscheidung

Hat der Verbraucher infolge seiner Konsumerfahrungen erst einmal gelernt, bestimmte Konsequenzen mit bestimmten Verhaltensweisen in Verbindung zu bringen, werden diese Konsequenzen einer persönlichen Bewertung unterzogen und abhängig von den angestrebten Lebenszielen und Wertvorstellungen in zwei Kategorien eingeordnet. Die eine Kategorie beinhaltet die positiven Konsequenzen, deren Auftreten erwünscht ist, da sie zur Erreichung der persönlichen Ziele und Werte beitragen. Die andere Kategorie umfasst all diejenigen Konsequenzen, die für den Konsumenten subjektiv gesehen keine Vorteile mit sich bringen. Verhalten mit negativen Konsequenzen versucht der Konsument daher möglichst zu minimieren.

2

Neben den grundlegenden Wertvorstellungen wirken sich auch situative Einflüsse auf die Bewertung der Konsequenzen aus. Je nachdem, zu welchem Anlass oder zu welchem Zweck ein Produkt benötigt wird, kann eine bestimmte Konsequenz erwünscht oder unerwünscht sein. Jemand, der z.B. aus Gesundheitsgründen in der Regel zu einem alkoholfreien und kalorienarmen Bier greift, entscheidet sich in Anwesenheit anderer vielleicht für ein normales Bier, da es ihm in dieser Situation wichtig ist, sich gruppenkonform zu verhalten. Die Situation bestimmt also, welche Konsequenzen aktuell als bedeutsam eingestuft werden. So bilden sich die relevanten Konsequenzen heraus, die den Entscheidungsprozess für ein bestimmtes Produkt maßgeblich beeinflussen.

Im nächsten Schritt sucht der Konsument nach Produktattributen, die ihm ein Eintreten der von ihm erwünschten Konsequenzen signalisieren. Wenn anhand dieser Produktattribute geeignete Produkte identifiziert worden sind, werden diese nach ihrer Funktionalität gruppiert. Ein Vergleich der vorhandenen Alternativen führt schließlich zu der Wahl eines bestimmten Produkts.

Zusammenfassend lässt sich festhalten, dass *im Zentrum des Means-End-Chain-Modells das Produktwissen des Konsumenten steht, welches die hierarchisch geordneten Verknüpfungen zwischen Produktattributen, Verhaltenskonsequenzen und Ziel- bzw. Wertvorstellungen enthält, die abhängig von situativen Gegebenheiten die Produktwahl beeinflussen*. Der Begriff ‚Wissen' ist dabei recht weit gehalten, da es sich nicht nur um all das handelt, was dem Konsumenten bewusst ist. Schließlich wird das Konsumverhalten auch durch Emotionen und unbestimmte Erwartungen beeinflusst, die oft dem Konsumenten rational wenig zugänglich sind. Um dieses ‚verborgene' Wissen sichtbar zu machen, bedarf es eines besonderen Erhebungsverfahrens, das wir im Folgenden vorstellen.

2. Die Messung und Analyse von Means-End-Chains in der Praxis

Basierend auf dem theoretischen Konzept der Means-End-Chains wurden in den vergangenen Jahren Methoden entwickelt, um die praktische Umsetzung des Konzepts zu ermöglichen. Der Means-End-Chain-Ansatz verlangt nach speziellen Erhebungs- und Auswertungsmethoden, die der hierarchischen Struktur der Mittel-Ziel-Leiter angepasst sind. Die methodische Vorgehensweise umfasst drei gut voneinander abgrenzbare Schritte, die sowohl qualitative als auch quantitative Komponenten beinhalten:[11]

- das Laddering-Interview
- die Inhaltsanalyse
- die Darstellung als Hierarchical Value Map

1. Erhebung mit dem Laddering-Interview

Das Laddering-Interview ist eine Weiterentwicklung des traditionellen Face-to-face-Tiefeninterviews. Es wurde ursprünglich in den 60er Jahren konzipiert und v. a. in der Klinischen Psychologie und Persönlichkeitsforschung eingesetzt. Die Laddering-Technik dient - ganz allgemein ausgedrückt - der Erhebung von Wissensstrukturen.[12]

Betrachtet man sich die der Laddering-Technik zu Grunde liegenden Annahmen genauer, so wird deutlich, dass sie auch zur Erfassung des

Produktwissens von Konsumenten herangezogen werden kann.[13] Gutman hat daher im Rahmen seiner Arbeiten zur Theorie der Means-End-Chain die Laddering-Technik aufgegriffen und in leicht modifizierter Form mit dem Ziel verwendet, ein großes Repertoire an spontan genannten Wissenselementen zu erhalten, die anschließend den verschiedenen Ebenen der Attribute, Konsequenzen und Werte zugeordnet werden können. Die von Gutman beschriebene Vorgehensweise wird inzwischen als klassische Form der Laddering-Technik bezeichnet, die sich bis heute in der Praxis bewährt hat.[14]

Die Planung und der Ablauf eines Laddering-Interviews soll im Folgenden an einer fiktiven Befragung zum Thema ‚Kaffee' dargestellt werden: Zu Beginn des ca. 60-minütigen Interviews werden die für den Befragten relevanten Attribute bezüglich eines bestimmten Produkts oder einer bestimmten Produktklasse ermittelt - in diesem Fall die relevanten Attribute der Produktklasse ‚Kaffee'. Hierfür bieten sich nun mehrere Verfahren an, die je nach konkretem Anwendungsfall unterschiedlich gut für die Ermittlung der relevanten Eigenschaften geeignet sind. Zu den am häufigsten genutzten Verfahren gehören der *Triadenvergleich* und das Verfahren des *Präferenzentscheids*.[15] Beide Verfahren basieren auf der Annahme, dass Konsumenten zwischen Produkten auf Grund der wahrgenommenen bedeutungsvollen Unterschiede differenzieren.

In unserem Kaffeebeispiel werden beim *Triadenvergleich* aus der Menge der verschiedenen Kaffeemarken Triaden gebildet, die dann dem Probanden vorgelegt werden. Die Aufgabe ist dabei, sich zu überlegen, in welcher Weise zwei der drei Marken einander ähnlich sind und sich darin von der dritten unterscheiden. Im Fall der verschiedenen Kaffeemarken könnte eine Unterscheidung z.B. anhand des Attributs ‚Geschmack' (etwa kräftig versus mild) getroffen werden. Wichtig ist dabei, dass die Unterscheidung möglichst bipolar ausfällt, was der Fall ist, wenn zwei Kaffeemarken als kräftig bewertet werden und die dritte als mild. Anschließend soll der Befragte angeben, welchem der beiden Pole ‚kräftig' oder ‚mild' er den Vorzug gibt. Erst dann wird die nächste Triade behandelt und somit eine weitere, subjektiv relevante Produkteigenschaft gewonnen.

Beim Verfahren des *Präferenzentscheids* ersetzt die Bildung einer Rangreihenfolge die Gruppierung der Produkte zu Triaden. Der Befragte wird gebeten, die ihm dargebotenen Kaffeemarken so anzuordnen, dass die Reihenfolge seine persönliche Bewertung widerspiegelt. Im zweiten Schritt wird er nach Gründen für seine Entscheidung befragt. Eine solche Frage könnte z.B. lauten: *„Sie haben dem koffeinfreien Kaffee den ersten Platz und dem ‚Kaffee Klassik' den zweiten Platz zugewiesen. Was macht den koffeinfreien Kaffee Ihrer Meinung nach wünschenswerter?"* Nachdem die für den Befragten subjektiv bedeutsamen Differenzierungsmerkmale erhoben wurden, müssen die so genannten *Schlüsselattribute* selektiert werden, die den Ausgangspunkt für die sich anschließende Befragung bilden. Als Schlüsselattribute bezeichnet man diejenigen Attribute, denen eine besondere Bedeutung zugeschrieben wird. In unserem Beispiel handelt es sich um Produkteigenschaften, die nach Ansicht des Befragten einen ‚guten Kaffee' ausmachen. In der Regel ist es Aufgabe des Befragten, eine Auswahl zu treffen. Weniger zu empfehlen ist die Variante, nach der der Untersucher die Bestimmung der Schlüsselattribute auf Grund seines Vorwissens vornimmt.

Mit der Identifikation der zentralen Eigenschaften ist der erste wichtige Erhebungsschritt abgeschlossen. Nun kann mit der systematischen Hinterfragung der Schlüsselattribute begonnen werden. Dies geschieht durch wiederholt gestellte Fragen nach dem Muster: *„Warum ist das wichtig für Sie?"* Dadurch soll der Befragte dazu ermutigt werden, über seine Entscheidungen und sein Verhalten zu reflektieren und Gründe dafür zu benennen. Da die Antwort auf eine ‚Warum'-Frage die Grundlage für die nächste ‚Warum'-Frage bildet, werden mit der Zeit immer höhere Abstraktionsebenen erreicht. Beginnend auf der Ebene der Attribute, führt diese Befragungstechnik auf die Ebene der Konsequenzen und schließlich auf die Ebene der Werte und Ziele des Konsumenten. Individuelle ‚Ladders' oder Assoziationsketten zwischen Produktattributen, Konsequenzen und Werten werden so transparent. Der folgende Laddering-Interviewausschnitt zu unserem Kaffee-Beispiel soll die Besonderheiten dieser Fragetechnik verdeutlichen:

- **Sie sagten, dass Sie starken Kaffee bevorzugen. Warum ist es wichtig für Sie, dass der Kaffee stark ist?**

  „Wenn der Kaffee nicht richtig schön stark ist, hat er auch keine **anregende Wirkung**. Außerdem **verliert er an Geschmack**."

- **Sie haben jetzt zwei Gründe genannt, auf die ich beide gerne eingehen möchte. Bleiben wir zunächst einmal bei der anregenden Wirkung. Sie sagten, dass Sie darauf eigentlich nicht verzichten möchten. Warum ist die anregende Wirkung von Kaffee wichtig für Sie?**

  „Die anregende Wirkung wird ja durch Koffein verursacht. Das hilft mir im Büro oft durch mein Mittagstief. Nach einer Tasse Kaffee bin ich nicht mehr so müde, und ich kann **besser weiterarbeiten**."

- **Warum ist Ihnen das wichtig?**

  „Ich möchte meine Arbeit gut erledigen, damit ich **keine Probleme** bekomme. Außerdem möchte ich **im Beruf weiter kommen** und das klappt nur, wenn ich eine gute **Leistung erbringe**."

- **Sie sagten, Sie möchten im Beruf weiter kommen. Warum ist Ihnen das wichtig...**

Die Laddering-Befragung wird solange auf allen Abstraktionsebenen fortgeführt, bis der Befragte keine Gründe mehr angeben kann - auch nicht nach wiederholter Ermunterung seitens des Interviewers. Es wird postuliert, dass in einem solchen Fall die Endpunkte der individuellen ‚Ladder' erreicht sind.[16]

Die Praxis zeigt, dass von einer lückenlosen ‚Ladder', also der Assoziation sämtlicher Einzelelemente auf allen Abstraktionsebenen, nicht ausgegangen werden kann. Dies liegt daran, dass Befragte entweder nicht in der Lage oder nicht willens sind, dem Interviewer Einblick in ihre teils sehr persönlichen Ziel- und Wertvorstellungen zu gewähren. Um dennoch ein Höchstmaß an Vollständigkeit zu erlangen, muss der Interviewer hohen Anforderungen gerecht werden. Eine genaue Kenntnis der Befragungstechnik und auch der zu Grunde liegenden Means-End-Chain-Theorie sind notwendige Voraussetzungen für den Umgang mit eventuell auftretenden Schwierigkeiten und somit für das Gelingen eines Laddering-Interviews. Mindestens von genauso großer Bedeutung ist eine empathische aber dabei nicht suggestive Interviewführung, wie sie auch bei klinischen Interviews verlangt wird.

2. Datenkodierung mit der Inhaltsanalyse

Nun müssen die Laddering-Interviews systematisch inhaltsanalytisch ausgewertet werden. Hierfür ist es erforderlich, das verbal erhobene Material vollständig und im genauen Wortlaut zu erfassen. Deshalb sollte für jedes Interview ein wörtliches Transkript angefertigt werden.

Ziel der Inhaltsanalyse ist es, das sehr umfangreiche Datenmaterial der Laddering-Interviews durch die Entwicklung eines Kategoriensystems zu reduzieren, so dass eine möglichst vollständige, eindeutige und überschneidungsfreie Zuordnung der individuellen Aussagen entsteht. Üblicherweise geht man dabei so vor, dass zuerst die individuellen Antworten jedes Befragten schriftlich fixiert werden und dann in konkrete und abstrakte Attribute, funktionale und psychosoziale Konsequenzen sowie instrumentale und terminale Werte klassifiziert werden. Wichtig ist dabei die Überprüfung der Vollständigkeit und Sinnhaftigkeit der sich ergebenden individuellen Verbindungen.

Anschließend wird versucht, auf allen Ebenen und für alle individuellen Äußerungen, übergeordnete Begriffe oder Kategorien zu finden, nach denen die Antworten klassifiziert und zusammengefasst werden können. Es wird also ein gemeinsames Kategoriensystem entwickelt, das alle einzelnen Äußerungen der Befragten reflektieren soll. Dadurch erfahren die qualitativ erhobenen Daten eine Art ‚Umwandlung', denn sie werden nun wie quantitative Daten behandelt und gewertet. Durch diese einzigartige Vorgehensweise unterscheidet sich das Laddering-Verfahren maßgeblich und vorteilhaft von anderen qualitativen Methoden.[17]

3. Datenaufbereitung mit der Hierarchical Value Map (HVM)

Im letzten Schritt werden die Daten graphisch aufbereitet. Dazu wird ein Diagramm erstellt, das die Assoziationen zwischen den Attributen, Konsequenzen und Werten wie ein hierarchisch geordnetes kognitives Netzwerk abbildet. Dieses Diagramm wird nach Reynolds und Gutman als Hierarchical Value Map (HVM) bezeichnet.[18]

Wie kommt man zu einer Hierarchical Value Map? Als Grundlage für die Hierarchical Value Map dient die *Implikationsmatrix*, da in ihr zunächst die übergeordneten Begriffskategorien der individuellen Assoziationsketten aus den Interviews zusammengefasst werden. Eine Implikationsmatrix wird erstellt, indem alle definierten übergeordneten Begriffe aus den Interviews in den Zeilen und Spalten der Matrix aufgelistet werden. Die Zellen der Matrix bilden dann die Schnittpunkte zwischen den in den Zeilen und Spalten stehenden Begriffskategorien und geben Auskunft über die bestehenden Beziehungen zwischen den einzelnen Begriffen. Diese Beziehungen können nun entweder direkter (z.B. A-B, B-C, C-D) oder aber indirekter Natur (z.B. A-C, A-D usw.) sein.[19] Diese Differenzierung ist besonders für die Bestimmung der dominanten Pfade in der Hierarchical Value Map sinnvoll.

Dominante Pfade bilden sich heraus, wenn bestimmte Assoziationen häufig genannt worden sind. Allerdings sollte immer auch die Relation der direkten zu den indirekten Beziehungen analysiert werden, da direkte Beziehungen natürlich auf einen stärkeren Zusammenhang zwischen den Assoziationen hinweisen.[20]

Bei der Konstruktion einer Hierarchical Value Map auf Basis der Implikationsmatrix werden zuerst die unmittelbar aneinander angrenzenden Verbindungen wie A zu B, B zu C und C zu D betrachtet. Aus diesen Verbindungen wird dann ein A-B-C-D-Chain graphisch entwickelt, wie es die folgende Hierarchical Value Map zu unserem Kaffee-Beispiel zeigt.

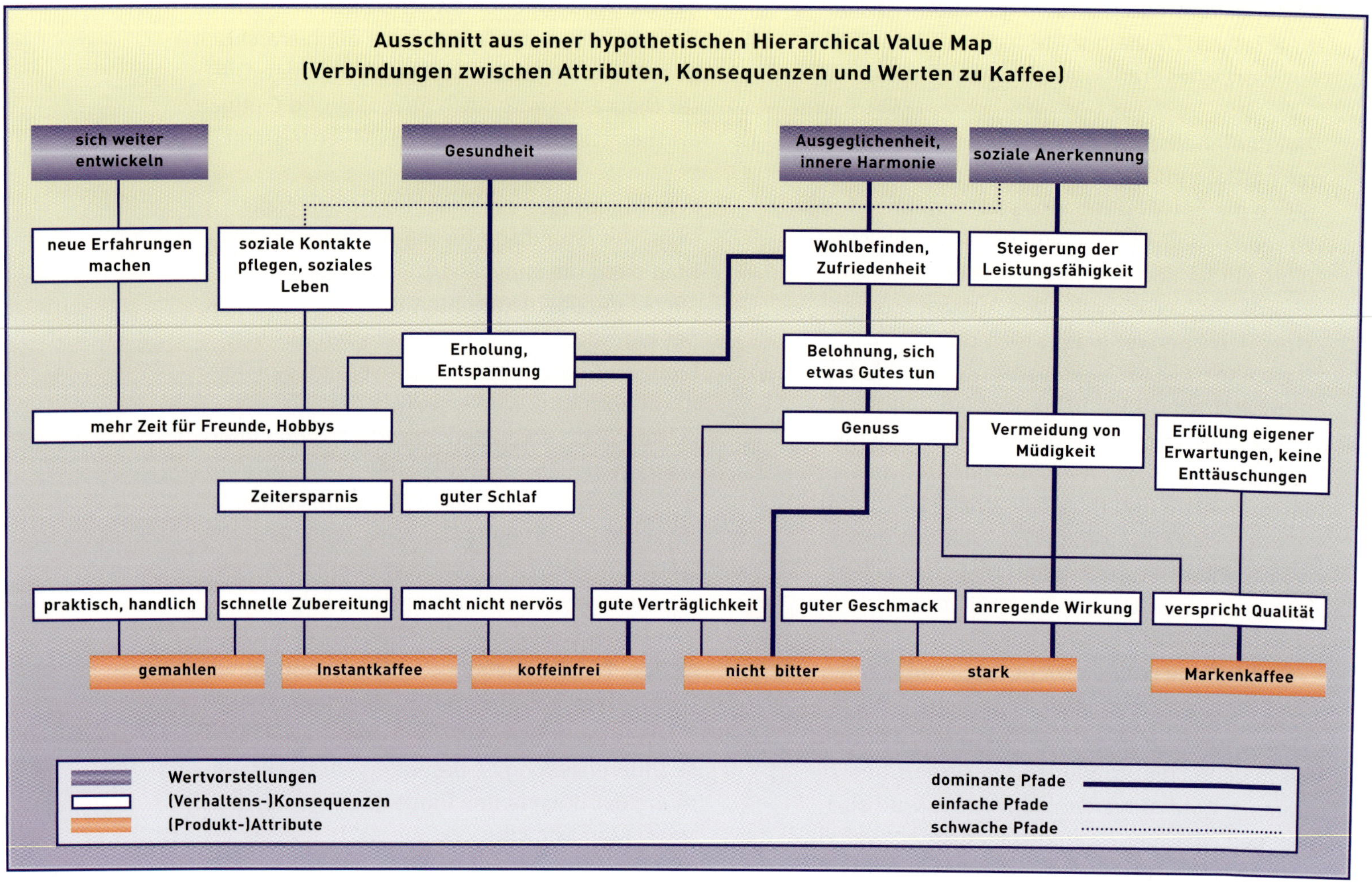

Eine Hierarchical Value Map spiegelt alle genannten Assoziationen zwischen den Attributen, den Konsequenzen und den Werten wider. Aus diesem Grund ist ihr Erscheinungsbild auch meist sehr komplex und wenig übersichtlich. Es empfiehlt sich daher, ausschließlich die häufig genannten Kategorien und Assoziationen abzubilden. Zu diesem Zweck wird im Vorfeld ein ‚Cut off'-Wert festgelegt.

Der ‚Cut off'-Wert kann als Richtwert angesehen werden, der darüber entscheidet, welche

Verbindungen letztlich in der Hierarchical Value Map repräsentiert sind. Wenn die Auftretenshäufigkeit einer Verbindung den festgelegten ‚Cut off'-Wert erreicht, wird diese Verbindung bei der Konstruktion der Hierarchical Value Map berücksichtigt. Falls nicht, bleibt die Verbindung zwar in der Implikationsmatrix erhalten, wird aber graphisch nicht dargestellt. Bei der Festlegung des ‚Cut off'-Werts ist unbedingt zu beachten, dass ein steigender Wert auch mit einem zunehmenden Informationsverlust der Hierarchical Value Map einhergeht.[21]

3. Die Bedeutung der Means-End-Chain-Ergebnisse für Werbung und Marketing

Das Ziel der Means-End-Chain-Analyse ist es, für die Kaufentscheidung relevante Verbindungen zwischen Produkteigenschaften (Attributen), Nutzenerwartungen (Konsequenzen) und - auf der höchsten Ebene - Zielen und Wertvorstellungen der Konsumenten transparent zu machen. Aus der Kenntnis dieser Verbindungen erhält die Werbung wertvolle Hinweise für eine vom potentiellen Konsumenten intellektuell und emotional nachvollziehbare werbliche Ansprache.

Wenn man für die höheren hierarchischen Ebenen adäquate Motive benutzt, kann auf die Darstellung des konkreten Produkts oder konkreter Produktattribute unter Umständen verzichtet werden. Dadurch entstehen mehr Freiheitsgrade für eine originelle Ansprache der Zielgruppe.

Allerdings ist dabei zu beachten, dass auf höheren Abstraktionsebenen auch immer unspezifischere Motive angesprochen werden. Durch das konsequente ‚Nachfragen' im Laddering-Interview entfernt man sich schrittweise vom ursprünglichen Produktattribut und kommt auf den höheren Ebenen der Konsequenzen und Werte zu Verbindungen, die für den Befragten eine allgemeinere Gültigkeit besitzen und auch für andere Attribute bzw. andere Produkte relevant sein können.

Es genügt deshalb unter Umständen nicht, bestimmte Konsequenzen oder Werte in origineller Weise zu präsentieren. Der Zielgruppe müssen mitunter auch konkrete Hinweise auf das Produkt bzw. auf die beworbene Produkteigenschaft gegeben werden, um klarzustellen, welche Leistungen man anbietet, die konsequent zum Erreichen der wünschenswerten Ziele führen. Hierfür müssen die einzelnen Komponenten einer Werbestrategie mit den verschiedenen Ebenen der Means-End-Chains koordiniert werden.

In den folgenden Anzeigen von *Siemens* wurde diese Aufgabe geschickt gelöst, wobei man sich hier für die konkrete Darstellung der Produkte und gleichzeitig auch für die unmittelbar von den jeweiligen Zielgruppen erstrebenswerten Ziele ‚Sicherheit für die ganze Familie' und ‚Individualität' entschieden hat. Die Verbindung zwischen Produkt und Wert wird durch eine plausible Argumentation in Headline und v.a. Fließtext gestützt.

Die Claims ‚Alle schlafen! Einer wacht!' bzw. ‚Alles auf Knopfdruck? Ganz nach Lust und Laune' unterstützen nicht nur die visuell kommunizierte Botschaft, sondern weisen bereits auf die bestehende Verbindung zwischen Produkt und persönlichem Wert hin. Die konkrete Hinführung übernimmt der kleingedruckte Fließtext, der dem Leser hilft, auch das letzte Rätsel der Anzeigen zu entschlüsseln, nämlich die Bedeutung der Buchstabensymbole ‚s' (Sicherheit) und ‚i' (Individualität).

‚Alle schlafen! Einer wacht!' Siemens-Printwerbung für Sicherheitstechnik

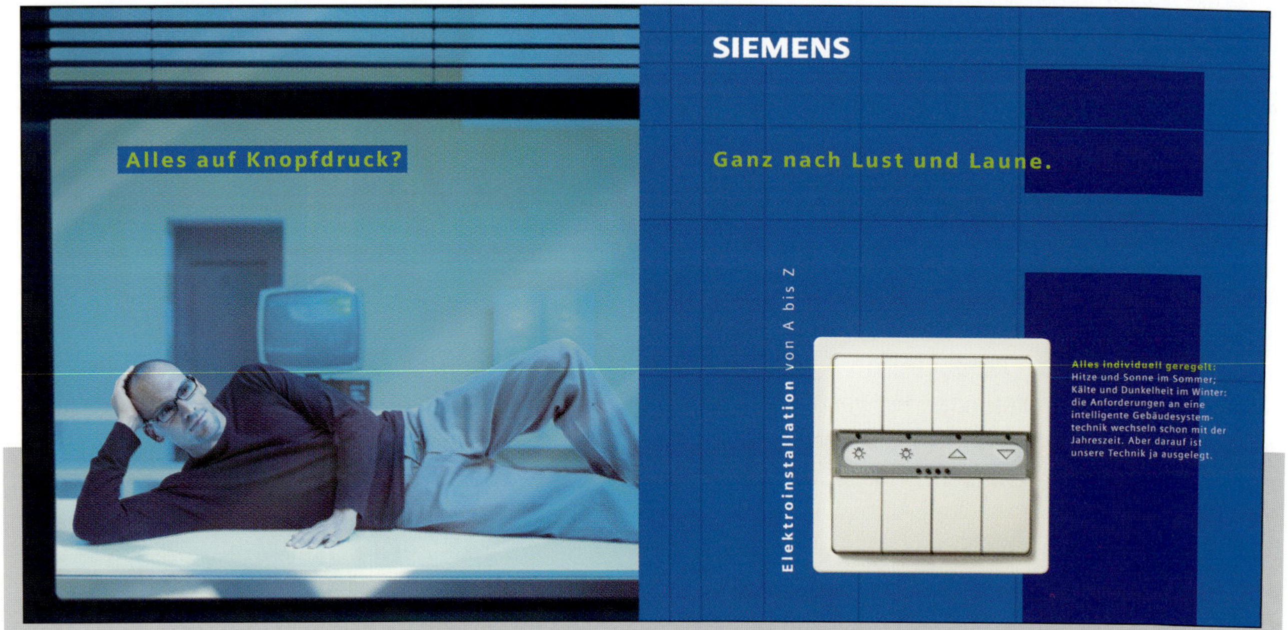

‚Alles auf Knopfdruck? Ganz nach Lust und Laune.' Siemens-Printwerbung für intelligente Klimatechnik

Insgesamt eignet sich der Ansatz der Means-End-Analyse (Ziel-Mittel-Betrachtungen von Einstellungen) für verschiedene Aufgaben im Bereich Marketing und Werbung. Durch den ganzheitlichen Ansatz, der tiefe Einblicke in die Motivstruktur und Wertvorstellungen der Befragten erlaubt, eignet sich diese Methode sehr gut für die Konzeption von Werbung, die Produktentwicklung und die Produktpositionierung. *(Vorschläge machen Paul McGowan & Marcus Thiel in ihrem Beitrag.)*

Für die strategische Positionierung eines Produkts ist seine Gestaltung von entscheidender Bedeutung, wobei es vor allem darauf ankommt, solche Produktattribute zu betonen, die für die Konsumenten subjektiv relevant sind und hinsichtlich derer sich das Produkt von Konkurrenzprodukten abhebt. In den üblicherweise gesättigten Märkten, in denen Produkte sich häufig als qualitativ gleichwertig und somit austauschbar darstellen, spielen objektive Attribute für die Differenzierung so gut wie keine Rolle mehr. Statt dessen gewinnen psychologische Produktvorteile wie z.B. emotionale Werte immer mehr an Bedeutung. In Werbekampagnen ist es daher wichtig, diejenigen Attribute der Produkte in den Mittelpunkt zu stellen, die von der Zielgruppe mit ihren zentralen Werten und Lebenszielen verbunden werden können und zu deren Erreichung der Produktkauf dann dient.

Nicht nur für die zielgerichtete Produktgestaltung, sondern auch für die Zielgruppendifferenzierung und -ansprache ist es wichtig, das Spektrum der verschiedenen Verknüpfungen zwischen Attributen und Wertvorstellungen in den Zielgruppen zu kennen. Beispielsweise kann für eine Gruppe von Autokäufern die Eigenschaft ‚starker Motor' (hohe PS-Zahl) insgesamt gleichermaßen wichtig sein. Die Analyse der Motive für den Wunsch nach hoher Motorleistung könnte nun aber offenbaren, dass es sich bei der zunächst homogen erscheinenden Gruppe tatsächlich um zwei ganz verschiedene Kundengruppen handelt: Während für die einen etwa die Leistungsreserve in kritischen Situationen (z.B. bei Überholvorgängen oder Bergfahrten) als erwünschte Konsequenz im Vordergrund steht, die sie letztlich mit einem Bedürfnis nach ‚Sicherheit' verbinden, steht für die anderen vielleicht die höhere Geschwindigkeit und das schnellere Erreichen von Zielen als ein Aspekt von ‚Selbstbestätigung' im Mittelpunkt. Möglicherweise gibt es hier auch noch weitere Gruppen, wie z.B. diejenigen, die mit höherer Motorleistung Spaß am Autofahren verbinden und dies dann als Teil ihrer Lebensqualität bzw. als Möglichkeit zur Erreichung des Wertes ‚Lebensfreude' betrachten.

Es ist leicht nachvollziehbar, dass solche Unterschiede für die adäquate Ansprache der jeweiligen Kundengruppen sehr relevant sind und deshalb nicht erst bei der Konzeption der Werbung, sondern bereits im Stadium der Produktentwicklung berücksichtigt werden sollten.

Zwar ist die Means-End-Analyse in erster Linie ein betont qualitatives Verfahren, aber es ist gerade die Stärke dieser Methode, dass sie bei Bedarf sowohl auf der qualitativen als auch auf der quantitativen Ebene relevante Aussagen ermöglicht. So ist es z.B. sinnvoll, nicht nur das Vorkommen bestimmter Mittel-Ziel-Pfade als ein wichtiges qualitatives Kriterium zu betrachten, sondern auch zu berücksichtigen, wie häufig die verschiedenen Pfade zu finden sind. So wäre beim Beispiel mit der Motorleistung unter Marketing-Gesichtspunkten sicher interessant zu wissen, wieviel Prozent der Zielgruppe zu den ‚Sicherheitstypen' und wieviel Prozent zu den ‚Selbstverwirklichungs-Orientierten' gehören. Wenn eine entsprechend große Zahl von Laddering-Interviews durchgeführt wird, können die qualitativ erhobenen Daten auch statistisch ausgewertet werden und eine umfassendere Aussagekraft beanspruchen.

Eine solche Quantifizierung der im Rahmen von Laddering-Interviews erhobenen Daten ist oft wünschenswert, wird jedoch selten in der Praxis umgesetzt, da damit ein relativ hoher finanzieller und zeitlicher Aufwand verbunden ist. In der Praxis dominiert deshalb zur Zeit ein ,halb'-quantitativer Erhebungsansatz, bei dem auf der Grundlage von ca. 30 klassischen Laddering-Interviews auch vorsichtige quantitative Schlussfolgerungen abgeleitet werden können.[22]

Eine alternative Möglichkeit besteht darin, in einer ersten qualitativen Phase das relevante Spektrum an Means-End-Chains im Rahmen von Gruppeninterviews zu ermitteln, um dann in einer anschließenden repräsentativen Befragung eine Quantifizierung der relevanten Pfade vorzunehmen. An der Weiterentwicklung dieses Erhebungsinstrumentes arbeiten die Autoren zur Zeit.

4

4. Anhang

1 Dieses Konzept bezieht sich auf Erkenntnisse der kognitiven Psychologie und beschäftigt sich mit dem Einfluss von Wertvorstellungen und persönlichen Zielen auf das Verhalten einer Person. In seinen Grundzügen entspricht dieses Konzept der kognitiven Sicht der Motivation, nach der die Begriffe Einstellung und Motivation quasi austauschbar sind.

2 In diesem Zusammenhang wurde eine Reihe von theoretischen Modellen entwickelt, deren gemeinsames Ziel es ist, diese Verbindungen aufzuzeigen. Die wichtigsten Studien stammen von Gutman (1982), Howard (1977), Olson & Reynolds (1983), Rokeach (1968, 1973), Vinson, Scott & Lamont (1977) sowie Young & Feigin (1975).

3 Das Modell der Means-End-Chain (Mittel-Ziel-Leiter) wird von Gutman (1982) und Olson & Reynolds (1983) vorgestellt.

4 Dieses Means-End-Chain-Modell stellt Gutman (1982) vor.

5 Erkenntnisse darüber, wie ,Wissen' organisiert ist, stammen aus der kognitiven Psychologie. Dabei wird von kognitiven Netzwerken ausgegangen, die darstellen, wie Wissenselemente gespeichert und miteinander assoziativ verknüpft sind. Im Modell der kognitiven Netzwerke nimmt man an, dass semantisches Wissen als ein Netzwerk von miteinander verbundenen Begriffen repräsentiert werden kann, wobei die Begriffe umso höher in der Hierarchie stehen, je inklusiver sie sind, d.h., je mehr untergeordnete Begriffe sie umfassen. Jede Eigenschaft ist dabei nur ein einziges Mal im Netzwerk repräsentiert und zwar auf der höchst möglichen Ebene. Man geht davon aus, dass ein aktivierter Begriff bzw. ein aktivierter Knotenpunkt im Netzwerk zu einer sich ausbreitenden Aktivierung führt. Begriffe, die mit dem ursprünglich aktivierten in Verbindung stehen und somit gemäß der Grundannahme des Netzwerkmodells mit diesem assoziativ verknüpft sind, werden aktiviert und ebenfalls erinnert.

6,8 Das differenzierte Modell der Means-End-Chain finden Sie bei Olson & Reynolds (1983).

7,9,10 Mit dieser Thematik hat sich Gutman (1982) befasst. *Den Werte-Ansatz von Rokeach (1968, 1973) finden Sie im Beitrag von Paul McGowan & Marcus Thiel näher erläutert.*

11,14 Die Erhebungs- und Auswertungsmethodik zeigt Gutman. Siehe dazu Reynolds & Gutman (1988).

12 Eine besondere Rolle spielt die Laddering-Technik im Zusammenhang mit der Theorie der Persönlichen Konstrukte von Kelly (1955), da mit Hilfe des Ladderings Konstrukte höherer Ordnung und somit globalere Aspekte des Konstruktsystems der Probanden erfragt werden können.

13 Zu den Grundannahmen der Laddering-Technik stellen Rugg & McGeorge (1995) fest: „Laddering assumes that the respondent's knowledge is organised as a poly-hierarchy, i.e. multidimensional (multifaceted) set of hierarchies, and also assumes that this knowledge is categorical, i.e. consisting of nominal values arranged in categories."

15 Der Triadenvergleich stammt aus dem Repertory Grid-Verfahren von Kelly (1955).

16,18,21 Die Ergebnisse ihrer Untersuchungen und weiterführende Anmerkungen können Sie bei Reynolds & Gutman (1988) nachlesen. Dort werden auch Hinweise zur Festlegung von ,Cut off'-Werten gegeben.

17 Reynolds & Gutman (1988) schreiben dazu: „It is this ‚crossing over' from the qualitative nature of the interviews to the quantitative way of dealing with the information obtained that is one of the unique aspects of laddering and clearly the one that sets it apart from other qualitative methods."

19 Von direkten Beziehungen spricht man also immer dann, wenn ein Element Folge eines vorangegangenen Elements ist. Liegen jedoch weitere Elemente zwischen einer Verbindung vor, so wird die Beziehung zwischen den Endpunkten dieser Verbindung als indirekt bezeichnet.

20 Werden indirekte Beziehungen nicht berücksichtigt, entstehen nur wenige signifikante Pfade. Denn Verbindungen, die zwar zu demselben Endpunkt (etwa einem Wert oder einer Wertvorstellung) führen, aber andere ‚Zwischenelemente' (z.B. Konsequenzen) aufweisen, werden als viele Einzelpfade betrachtet und nicht als gemeinsamer Pfad. Des Weiteren stellt sich die Frage, ob eine spezifische Verbindung zwischen zwei Elementen, die von einem Befragten mehrmals angesprochen wird, jedes Mal oder nur ein einziges Mal gezählt wird. Diese Frage erhält ihre Berechtigung, wenn man bedenkt, dass die Bedeutung eines Elements maßgeblich von der Anzahl der Verbindungen bestimmt wird, die dieses Element mit anderen Elementen vorweist. Wenn die Stärke des Zusammenhangs zwischen den Assoziationen als überindividuelle Größe verstanden werden soll, ist eine Mehrfachzählung nicht sinnvoll.

22 An Versuchen, diesen Aufwand durch Modifikationen des Erhebungsverfahrens zu reduzieren, hat es nicht gefehlt. Vergleichen Sie hierzu etwa die Arbeiten von Hofstede, Audenaert, Steenkamp & Wedel (1998), Vallette-Florence & Rapacchi (1990), Vanden -Abeele (1992) oder Walter & Olson (1991). Insgesamt ist jedoch festzuhalten, dass auf diesem Gebiet noch weitere Forschungsarbeiten erforderlich sind, da die bisherigen Ansätze zur Reduktion des Erhebungsaufwands verglichen mit der klassischen Laddering-Technik nicht in jeder Hinsicht befriedigende Ergebnisse liefern konnten.

Prof. Dr. Klaus Moser

Ich wurde im Mai 1962 in Offenburg in Baden geboren. Von 1981 bis 1986 studierte ich Psychologie und Wissenschaftslehre an der Universität Mannheim und begann mich dort für die Anwendbarkeit psychologischer Theorien und Methoden auf wirtschaftspsychologische Fragen zu interessieren. Ab 1986 übernahm ich Lehraufträge für Marketing und Werbepsychologie an der damaligen Fachhochschule für Gestaltung in Mannheim.

Von 1986 bis 1995 war ich als wissenschaftlicher Angestellter an der Universität Hohenheim bei Stuttgart tätig, wo ich 1989 promovierte und 1994 auch habilitierte. Während dieser Zeit entstand mein Lehrbuch zur Werbepsychologie. Ab 1995 hatte ich für 3 Jahre die Professur für Arbeits-, Betriebs- und Organisationspsychologie an der Universität Gießen inne. Während dieser Zeit entstand u.a. eine Monographie zum Sex-Appeal in der Werbung.

Seit 1998 bin ich Professor für Psychologie, insbesondere Wirtschafts- und Sozialpsychologie an der Universität Erlangen-Nürnberg. Am Thema Werbung interessiert mich derzeit am meisten die Wirkung ausgewählter visueller Elemente wie z.B. Erotik oder Unternehmenslogos auf den Konsumenten, ferner die Laienvorstellungen über die Wirkung von Werbung sowie der Bereich Personalmarketing. Das neue Lehrbuch „Markt- und Werbepsychologie“ ist gerade erschienen (2002).

Werbewirkung - Modelle und Perspektiven

Prof. Dr. Klaus Moser

1. Stufenmodelle der Werbewirkung

Heutzutage wird kaum jemand meinen, dass Werbung unmittelbar und unvermittelt ihre intendierte Wirkung erreicht und z.B. den Kauf eines Produktes veranlasst. Vielmehr wird gemeinhin erwartet, dass es verschiedene Variablen gibt, die zwischen der Präsentation einer Werbung und dem Kauf des beworbenen Produkts vermitteln.

In den letzten Jahrzehnten wurden zunehmend differenziertere Überlegungen und Untersuchungen zur Erklärung von ,Werbewirkung' angestellt.[1] Insbesondere wurden Annahmen zur Bedeutung verschiedenster Wirkungsebenen formuliert, die am Zustandekommen von Werbewirkung beteiligt sind. Den Modellannahmen und diese stützenden empirischen Befunden zufolge tritt Werbewirkung je nach Randbedingung durch unterschiedliche Prozesse und auf verschiedenen Ebenen ein. Ein Modell, das bereits zum Ende des 19. Jahrhunderts bekannt wurde, macht solche Annahmen: das AIDA-Modell der Werbewirkung. Es unterscheidet vier Stufen der Werbewirkung:

- Attention (Aufmerksamkeit)
- Interest (Interesse)
- Desire (Drang)
- Action (Aktion)

Dieses bis heute populäre Werbewirkungsmodell lässt sich zunächst als Beschreibung des Ablaufs der Werbewirkung lesen: Werbung kann die Aufmerksamkeit wecken, dann Interesse erzeugen, im Anschluss diverse Motive (,Drang') ansprechen und schließlich zur Aktion (zum Kauf) bewegen.

Warum ist dieses Modell von Bedeutung? Zunächst macht es eine Aussage über den Verlauf von Werbewirkung: Die Aufmerksamkeit ist Voraussetzung für das Interesse, auf die dann Zielsetzung und schließlich Handlung folgen. Es gibt also einen geordneten Ablauf der Werbewirkung. Des Weiteren legt es einige Empfehlungen nahe, wie Werbung gestaltet werden sollte: Um wirksam zu sein, sollte Werbung alle vier Ebenen ansprechen. Zudem begründet bzw. legitimiert es die Verwendung bestimmter Methoden zur Evaluierung der Werbewirkung. So lässt sich z.B. die Aufmerksamkeit (attention) anhand von Blickbewegungsprotokollen erfassen oder die angesprochenen Motive (desire) durch lautes Denken und projektive Testmethoden.[2] Und schließlich ist das AIDA-Modell nicht nur das älteste, sondern auch das einfachste und handlichste aller Werbewirkungsmodelle, weshalb es in der Werbepraxis große Popularität genießt. Allerdings liegt genau in der Einfachheit des angenommenen Werbewirkungsprozesses die große Schwäche des AIDA-Modells. Außerdem ist die Annahme problematisch, dass jede vorherige Stufe eine notwendige (wenn auch nicht hinreichende) Bedingung für die nachfolgende Stufe ist.

Deshalb hat es im Laufe des 20. Jahrhunderts eine Vielzahl weiterer Werbewirkungsmodelle gegeben, die einen ähnlichen Aufbau postulieren, aber noch zusätzliche Wirkungsebenen annehmen, die angeblich nacheinander angesprochen oder durchlaufen werden sollen, um schließlich das Werbeziel zu erreichen.[3] So vollzieht sich gemäß einer Weiterentwicklung des AIDA-Modells der Werbewirkungsprozess über insgesamt sechs Stufen:[4] Aufmerksamkeit, Wissen, Sympathie, Präferenz, Überzeugung und Kauf. Im komplexesten (und aktuellsten) Stufenmodell werden schließlich sogar 12(!) Wirkungsebenen unterschieden. Das ,Modell persuasiver Kommunikation' beansprucht dabei nicht nur für den Werbekontext Geltung, sondern für alle Kommunikationssituationen, bei denen der Überzeugungsprozess eine Rolle spielt:[5]

Modell der persuasiven Kommunikation

1. Sich einer Kommunikation aussetzen
2. Aufmerksamkeit
3. Interesse
4. Den Inhalt verstehen
5. Verknüpfte Kognitionen (Gedanken) generieren
6. Relevante Fertigkeiten erwerben
7. Einer Position zustimmen (Einstellungsänderung)
8. Die Veränderung im Gedächtnis speichern
9. Das relevante Material im Gedächtnis speichern
10. Auf Grundlage des erinnerten Materials entscheiden
11. Entsprechend der Entscheidung handeln
12. Konsolidierung des neuen Verhaltensmusters

So trivial es ist, aber eine wichtige Voraussetzung wird erst in diesem Modell persuasiver Kommunikation berücksichtigt: Werbewirkung kann nur dann entstehen, wenn sich die Beworbenen überhaupt der Werbung aussetzen, also die entsprechende Zeitschrift kaufen, den Fernsehkanal einschalten oder die Homepage im Internet aufrufen. Deshalb wird bei der Untersuchung von Werbewirkung überhaupt nach Leserschaft, Einschaltquoten oder Ad-Click-Raten[6] gefragt. Und deshalb beschäftigen sich Werbeforscher mit Phänomenen wie dem Wegschalten von Fernsehwerbung (Zapping).[7] Das Modell persuasiver Kommunikation verdeutlicht zudem, dass nicht nur der einmalige Kauf das Ziel von Werbung ist, sondern im Idealfall von Werbung eine Stabilisierung (Konsolidierung) des Verhaltens in Form von Markentreue oder häufiger Verwendung des Produktes angestrebt wird.[8]

2

2. Hierarchie-von-Effekten-Modelle

Die drei vorgestellten Stufenmodelle unterstellen *eine* klare Abfolge der Werbewirkung - eine ‚Hierarchie von Effekten'. Nur wie überzeugend ist diese eine Effekt-Hierarchie? Gibt es auch andere? Und wenn ja, welche Hierarchien treten wann bei Werbung am wahrscheinlichsten auf? In der untenstehenden Übersicht werden neben dem AIDA-Modell noch zwei weitere Effektfolgen betrachtet und Bedingungen genannt, wann jeweils welcher Werbewirkungsprozess am ehesten abläuft:[9]

Hierarchie-von-Effekten-Modelle

Lern-Hierarchie (z.B. AIDA-Modell)	Dissonanz-Attributions-Hierarchie	Geringes-Involvement-Hierarchie
learn-feel-do	do-feel-learn	learn-do-feel
Wenn die Rezipienten involviert und die Alternativen klar unterscheidbar sind: 1. Lernen (Kognition) 2. Einstellungsänderung (Affekt) 3. Verhaltensänderung (Konation)	Wenn die Rezipienten involviert und die Alternativen kaum unterscheidbar sind: 1. Verhaltensänderung (Konation) 2. Einstellungsänderung (Affekt) 3. Lernen (Kognition)	Wenn Rezipienten wenig involviert und die Alternativen kaum unterscheidbar sind: 1. Lernen (Kognition) 2. Verhaltensänderung (Konation) 3. Einstellungsänderung (Affekt)

Beim AIDA-Modell handelt es sich um eine ‚Lernhierarchie', bei der Werbung die ‚traditionell' angenommene Sequenz ‚Kognition-Affekt-Konation' durchläuft. Das zweite Modell wird als ‚Geringes-Involvement-Hierarchie' bezeichnet und besteht aus einer Kognition-Konation-Affekt-Sequenz. Schließlich wird noch ein drittes Modell mit einer Kognition-Konation-Affekt-Sequenz unterschieden, die ‚Dissonanz-Attributions-Hierarchie' heißt. Worin bestehen die Unterschiede der drei Modelle in Bezug auf die Wirkung von Werbung? Zunächst nehmen alle drei Hierarchie-von-Effekten-Modelle gleichermaßen kognitive, affektive und konative Komponenten im Werbewirkungsgeschehen an:

- *Kognitive Komponenten* umfassen Aufmerksamkeit, Bewusstsein, Verstehen und Lernen.

- *Affektive Komponenten* sind Interesse, Bewertung, Einstellung, Gefühl und Überzeugung.

- *Konative Komponenten* sind Verhaltensabsicht, Verhalten und Handlung.

Über welchen hierarchischen Ablauf nun Werbung konkret ihre Wirkung entfaltet, hängt bei allen drei Modellen von zwei Stellgrößen ab, die sich von Situation zu Situation unterscheiden können und dann einen jeweils anderen Wirkungsprozess auslösen: *Zum einen vom Involvement des Rezipienten und zum anderen von dem Grad der Unterscheidbarkeit möglicher (Werbe- bzw. Produkt-) Alternativen.* Unter Involvement ist dabei ganz allgemein ein individueller, interner Zustand der Aktiviertheit zu verstehen ist, der sich in Intensität, Richtung und Dauer unterscheidet.[10] Zum Beispiel kann man in eine Sache (Richtung) unterschiedlich intensiv und lange involviert sein, wenn man seine Haare mal nicht schön findet. Bei einem Mal mag ein kurzes Kämmen reichen, während es ein anderes Mal nur noch der Frisör richten kann. Wir wollen kurz die wesentlichen Kernpunkte jedes der drei Hierarchie-von-Effekten-Modelle betrachten:

- Modell 1: learn-feel-do-Hierarchie

  Nach der Lernhierarchie beginnen die Rezipienten bei Werbung zunächst damit, etwas über das beworbene Produkt zu lernen. Im nächsten Schritt ändern sie ggf. ihre Produkteinstellung, so dass es schließlich zum Verhalten, z.B. dem Produktkauf kommt. Voraussetzung ist, dass *die Rezipienten involviert sind und das beworbene Produkt von eventuellen Alternativen klar unterscheidbar ist.* Solch eine Konstellation wäre etwa gegeben, wenn Telekommunikationsunternehmen mit niedrigen Verbindungsgebühren um die Verbrauchergunst werben, so dass der sparsame Verbraucher die Telefonpreise direkt vergleichen kann.

- Modell 2: do-feel-learn-Hierarchie

  Die Grundüberlegung bei diesem Modell ist, dass Rezipienten ihre Entscheidung für ein Produkt vor sich und den anderen rechtfertigen müssen. Diese Annahme ist gar nicht so unplausibel, wenn man bedenkt, dass jedes Produkt nicht nur positive, sondern auch negative Merkmale hat, die einem meist erst nach dem Erwerb des Produktes richtig deutlich werden. Diese Erkenntnis führt meist zur Entstehung von Dissonanz, einem inneren Spannungszustand, der dadurch reduziert werden kann, dass die von einem selbst gewählte Alternative positiv aufgewertet wird. Das gezeigte Verhalten wird dann so erklärt bzw. attribuiert, dass man mit dem Kauf seines Produktes sicherlich die beste Entscheidung getroffen haben wird und so die Dissonanz reduziert. Besonders bei kostspieligen Konsumentscheidungen, wie z.B. dem Kauf eines Fernsehers oder einer teuren Stereoanlage, tritt häufig der Fall ein, dass *die Produkte kaum noch unterscheidbar scheinen, aber die Rezipienten wegen des Risikos einer Fehlentscheidung entsprechend involviert sind*. Die dabei zu erwartenden Einstellungs- und Lerneffekte sind eher eine Folge des Produktskaufs in Richtung der beschriebenen Selbstbestätigung, als dass sie dem Konsumverhalten vorausgehen und es steuern.

Für die Werbung wiederum bietet sich hierbei die Möglichkeit, den Dissonanz-Attributions-Prozess z.B. in Werbespots für Geldanlagen von Kreditinstituten zu nutzen und etwa folgendermaßen darzustellen: Die eigene Vermögensanlage ist ein involvierendes Thema und die angebotenen vielfältigen Anlagemöglichkeiten erscheinen oft nicht nur schwer durchschaubar, sondern klingen auch alle irgendwie ähnlich. Ob die beworbene Dienstleistung dann auch wirklich ihr Versprechen einlöst und das eigene Geld günstig vermehrt, stellt sich erst im Laufe der Inanspruchnahme heraus. Da dies aber erst möglich ist, wenn man sich bereits entschieden hat, kann Werbung die eintretende Dissonanz vorab reduzieren, indem sie einem die Feststellung erleichtert, dass man die beste Entscheidung getroffen haben wird.

- Modell 3: learn-do-feel-Hierarchie

Die Geringes-Involvement-Hierarchie ist dann relevant, wenn *Rezipienten kaum Unterschiede zwischen den beworbenen Alternativen zu erkennen vermögen und zudem auch wenig involviert sind*. Trotz des geringen Involvements ist es Werbung durch massive Wiederholung möglich, die kognitive Struktur der Zuschauer zu beeinflussen und eine Vorstellung über das beworbene Produkt zu vermitteln, was zu Lerneffekten z.B. in Form von Markenbekanntheit führt.[11] Aus diesen Effekten resultieren mitunter Probekäufe, die schließlich Einstellungsänderungen infolge der unmittelbaren Produkterfahrung nach sich ziehen (wie bei Modell 2). Die v.a. kognitiven Änderungen finden statt, ohne dass sich der einzelne dessen bewusst ist oder eine elaborierte Einstellung entwickelt.[12] Gebildet wird die Einstellung erst *nach* dem Kauf bzw. nachdem Erfahrungen mit dem Produkt gemacht worden sind. Es lässt sich - auch im Einklang mit Modell 2 - vereinfacht sagen, *dass Menschen nicht deshalb Produkte kaufen, weil sie diese mögen, sondern dass sie sie mögen, weil sie diese gekauft haben*. Eine Werbung, die diese Werbewirkungsfolge berücksichtigt, ist z.B. die *Test the West*-Kampagne, die explizit zum Ausprobieren auffordert.

Diese drei vorgestellten hierarchischen Werbewirkungsabläufe sind nun in das folgende Informations-Reaktions-Modell integriert worden:[13]

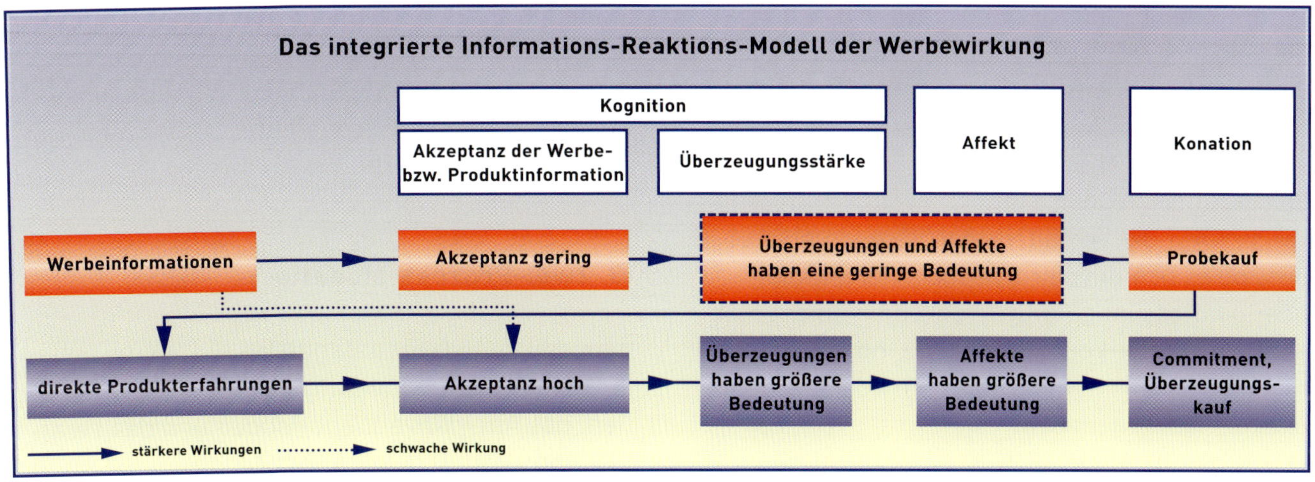

Im Informations-Reaktions-Modell finden sich explizit sowohl die learn-feel-do-Hierarchie, als auch die do-learn-feel-Sequenz wieder. Dadurch werden der Einfluss von Produktkauf und Produkterfahrung in die Werbewirkungskette integriert.

Zunächst ist festzuhalten, dass sich die Wirkung der Werbung in diesem Modell auf die kognitive Komponente bezieht, konkret auf die Akzeptanz der Werbebotschaft und die Überzeugungskraft, die sie beim Rezipienten erzielt. Die Stärke der Überzeugung hängt davon ab, inwieweit ein Rezipient eine werbliche Information über ein Produkt akzeptiert. In der Regel wird man finden, dass Werbung als Informationsquelle eine geringe Akzeptanz erfährt und lediglich zu schwachen Überzeugungen führt, da die Quelle der Information als wenig glaubwürdig eingeschätzt wird. In der Folge werden zwar positive Affekte bzw. Einstellungen entstehen, aber meist nur gering ausgeprägt sein, so dass sie oftmals gar nicht festgestellt bzw. gemessen werden können. Damit wird auch die Möglichkeit einer learn-do-feel-Hierarchie noch berücksichtigt, wonach die durch Werbung ausgelösten Lerneffekte nicht zu ausgeprägten Einstellungen führen, sondern direkt in (Konsum-)Verhalten resultieren können. In diesem Fall hat der Produktkauf v.a. die Funktion, mehr über das Produkt zu erfahren. So ist der Erwerb eines Produktes nicht immer das Ergebnis einer Einstellung, sondern mitunter auch eine Methode, um durch das Ausprobieren Informationen aus erster Hand zu erhalten. *Diese direkten Produkterfahrungen werden vergleichsweise glaubwürdig empfunden und ergänzen bzw. ersetzen die Informationen aus der Werbung.* Das ‚Ausprobieren' kann in verschiedenen Formen auftreten. Bei niedrigpreisigen Produkten kann es ein Probekauf sein, in anderen Fällen auch der Besuch von Ausstellungsräumen (z.B. Möbelhäusern), Probefahrten (z.B. Autos) oder Probeabonnements (z.B. Zeitungen).

Haben nunmehr direkte Erfahrungen (z.B. durch das Ausprobieren des Produkts) die Entstehung sehr viel stärkerer Überzeugungen bewirkt, kann der nun folgende Produktkauf Ausdruck von Commitment, von einer ‚Bindung' zum Produkt sein. Damit ist der Produkterwerb das Ergebnis einer differenzierten, positiven Einstellung, der - wiederholt getätigt - zur Markentreue werden kann.

3

Das Informations-Reaktions-Modell erklärt durch die beiden jeweils unterschiedlichen Varianten von Produktinformationsverarbeitung und Kaufverhalten, warum der Zusammenhang zwischen der Einstellung eines Konsumenten zum Produkt und dem Kauf des Produkts unterschiedlich hoch sein kann:[14] Auf der Verhaltensseite ist zu unterscheiden, ob es sich um einen versuchsweisen Kauf oder um Konsum aufgrund von Commitment handelt und auf der kognitiven Ebene, ob die Erfahrungen aus der Werbung stammen oder aus dem direkten Produkterleben.

Schließlich lassen sich aus dem Modell Wirkungserwartungen für die Werbung ableiten. So können z.B. wenig involvierende Produkte (Convenience-Artikel) von Werbung profitieren, weil Werbung günstige (wenn auch schwache) Überzeugungen bewirkt, aufgrund derer es zum Probierkauf kommen kann. Im Rahmen einer solchen Werbemaßnahme muss allerdings sichergestellt werden, dass durch parallele Aktionen, wie etwa kostenlose Proben, Coupons, Preis- und Promotionaktionen, dem Beworbenen ein Ausprobieren ermöglicht wird. Danach kann dann die Folgewerbung die positiven Aspekte des Probekaufs verstärken, indem z.B. ‚zur Entscheidung gratuliert wird'.

Insgesamt betrachtet machen die Hierarchie-von-Effekten-Modelle deutlich, dass die Entstehung und Änderung von Produkteinstellungen und Kaufverhalten auf unterschiedliche Prozesse zurückgeführt werden kann, auf die mit dem Involvementgrad und der jeweiligen Produkterfahrung sowohl Merkmale der beworbenen Konsumenten, als auch Eigenschaften der Marke Einfluss haben.

Diese Annahmen liegen auch den folgenden Zwei-Prozess-Modellen zugrunde, die aber den Vorteil bieten, nicht nur *eine* mehr oder minder ausdifferenzierte Wirkungskette zu postulieren, sondern zwei verschiedene unabhängige Prozesse anzunehmen, über die Werbung (mit unterschiedlichem Ergebnis) wirken kann.

3. Zwei-Prozess-Modelle

Von den Zwei-Prozess-Modellen wollen wir im Folgenden die beiden wichtigsten Ansätze betrachten: das *Alternative-Wege-Modell* und das *Verarbeitungs-Wahrscheinlichkeits-Modell*.

Das Alternative-Wege-Modell basiert auf den Hierarchie-von-Effekten-Modellen, indem es auf das ‚learn-do-feel'- und das ‚feel-do-learn'-Modell zurückgreift. Das Alternative-Wege-Modell geht aber über den Erklärungsbeitrag des integrierten Informations-Reaktions-Modells noch hinaus, weil es diese beiden Effekt-Hierarchien als unabhängig voneinander annimmt und Bedingungen präzisiert, wann jeweils welche der beiden Werbewirkungsketten abläuft.

Einige Annahmen davon kennen wir bereits aus den besprochenen Vorläufern dieses Modells. *Wichtig ist bei diesem Modell, dass sich die Wirkung von Werbung je nach dem Grad des Involvements über einen kognitiven oder aber affektiven Weg der Informationsverarbeitung beim Rezipienten vollzieht.* Involvement bezeichnet hierbei das Ausmaß, in dem Rezipienten Motivation, Fähigkeit und Gelegenheit haben, sich mit den (werblichen) Argumenten über die Qualität des beworbenen Produkts auseinanderzusetzen. Schauen wir uns das Modell mit seinen wesentlichen Wirkungskomponenten und -abläufen in der folgenden Darstellung an:[15]

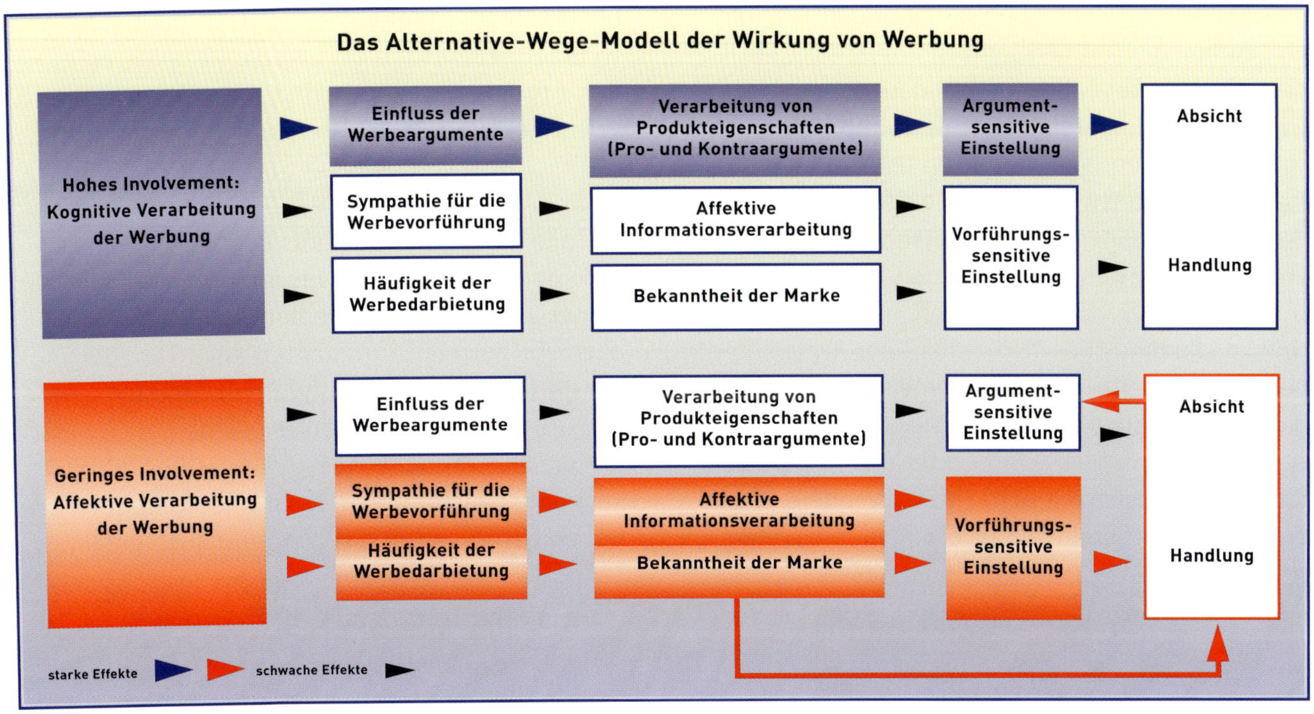

Die kognitive Verarbeitung von Werbung (blauer Weg) tritt ein, wenn der Rezipient hoch involviert ist. Dies ist z.B. bei besonders kostspieligen oder wichtigen, weil gerade benötigten Kaufentscheidungen der Fall. Beim kognitiven Wirkungsweg hängt die Wirkung der Werbung v.a. von der *Qualität der werblichen Argumente* ab. Sind die Werbeinformationen überzeugend, so wirkt sich dies zunächst positiv auf die entsprechenden Produkteinstellungen aus, um dann Kaufabsicht und Kaufhandlung zu beeinflussen.

Zur affektiven Wirkung von Werbung (roter Weg) kommt es, wenn das Involvement gering ist, was der Regelfall bei Werbung sein dürfte. Die Qualität der Werbeargumente spielt hierbei eine geringere Rolle, wichtiger sind Sympathie für die Werbevorführung und die Häufigkeit der werblichen Darbietung. Wenn die Art der Werbung (z.B. ein humorvoller TV-Spot) dem Rezipienten gefällt und er eine genügende Zahl an wiederholten Kontakten mit der Werbung hatte, bewirken diese beiden Faktoren eine positive (vorführungssensitive) Einstellung zur Werbung, die dann entprechend die Kaufabsicht und Kaufhandlung beeinflusst. Durch den Kauf kann sich wiederum die argumentbezogene Produkteinstellung nachträglich ändern.

Das Alternative-Wege-Modell erlaubt nun eine Reihe interessanter Schlussfolgerungen, die wir uns am Beispiel von Sex-Appeal in der Werbung näher ansehen wollen:[16] Betrachten wir zunächst den Fall, dass die Rezipienten hoch involviert sind. Hierbei spielen v.a. die Werbeargumente für das Produkt eine Rolle, die von den Rezipienten (bezüglich ihrer Überzeugungskraft) positiv oder negativ beurteilt werden. Wenn eine Werbung die betreffenden Argumente nun zusammen mit einem sexuell stimulierenden Motiv präsentiert, um erst einmal die Aufmerksamkeit auf sich zu ziehen, so kann der Fall eintreten, dass die hoch involvierten Rezipienten breiter nach Informationen suchen möchten, aber durch die überwältigende Aufmerksamkeitswirkung des Sex-Appeals in der Werbung von einer Auseinandersetzung mit der Werbebotschaft abgelenkt werden.

Nun ist allerdings das Involvement der Rezipienten beim Betrachten von Werbung meist gering. In diesem Fall wird Werbung mit Sex-Appeal - wenn sie positiv empfunden wird - öfter und mit größerer Wahrscheinlichkeit betrachtet als andere Werbungen. Da bei geringem Involvement eine eher begrenzte Informationssuche stattfindet, ist es weniger bedeutsam, ob sich die Rezipienten mit den Argumenten der Werbung auseinandersetzen. Wichtiger ist, dass die Werbung Gefallen auslöst.

Bedeutet dies, dass die Wirkung von Sex-Appeal im Falle hohen Involvements allenfalls neutral, im Falle geringen Involvements aber positiv ist? Nicht immer. Bei hohem Involvement kann Sex-Appeal auch von solchen Argumenten ablenken, die ansonsten negativ bewertet würden. Und bei geringem Involvement ist darauf zu achten, dass nicht nur die Illustration, sondern mindestens der Markenname beachtet wird. Und: Alle Wirkungen sind nur zu haben, wenn die Werbung auch gefällt.

Das andere, sehr populäre Zwei-Prozess-Modell ist das *Verarbeitungs-Wahrscheinlichkeits-Modell*. Wie das Alternative-Wege-Modell betont auch dieses Modell die Bedeutung des Involvements, also der Motivation und Fähigkeit des Rezipienten, Informationen zu verarbeiten. Auch hier entscheidet das Involvementniveau darüber, wie Werbung wirkt, wobei eine tiefere und eine oberflächlichere Art der (Werbe-)Verarbeitung ablaufen kann:[17]

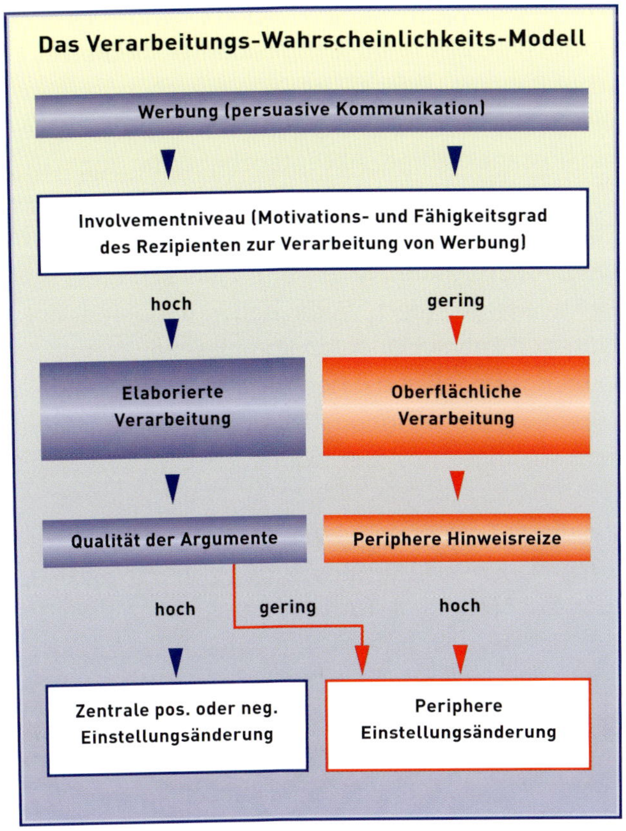

Betrachten wir zunächst den für die Werbung üblichen Wirkungsweg: Die Rezipienten sind wenig involviert, so dass der ‚periphere' (rote) Weg der Verarbeitung von Werbung ausgelöst wird. In diesem Fall hängt die weitere Wirkung bzw. der Erfolg der Werbung nur noch davon ab, ob es so genannte ‚periphere Hinweisreize' gibt, die von den Rezipienten positiv bewertet werden, wie z.B. die reine Zahl der Werbeargumente und Wiederholungen, die Humorigkeit der Werbung, die Attraktivität der dargestellten Models oder der Expertenstatus von der Werbequelle. Es sind dann solche Werbeinhalte oder Stilmittel, die das Denken erleichtern oder sogar unnötig machen. Gibt es diese Hinweisreize nicht oder gefallen sie nicht, wird die Verarbeitung abgebrochen und die alte Einstellung beibehalten. Werden die peripheren Hinweisreize aber beachtet und verarbeitet, resultieren nur temporäre Einstellungen, die leicht beeinflussbar sind und aufgrund derer man entsprechendes Verhalten kaum vorhersagen kann.

Demgegenüber wirkt Werbung über den ‚zentralen' Verarbeitungsweg bei hoher Fähigkeit und Motivation des Rezipienten. Dies ist etwa der Fall, wenn u.a. die dargebotenen Informationen als persönlich relevant erlebt werden; genügend Vorwissen und Interesse bestehen, um sich mit den Informationen auch beschäftigen zu können und das Vermittelte zudem verständlich genug ist. Außerdem ist es wichtig, dass der Rezipient Zeit zur intensiveren Informationsverarbeitung erübrigt, ein Faktor, der bei Werbung recht selten zu finden ist. Wenn das Involvement des Rezipienten hoch ist, spielt - wie auch beim Alternative-Wege-Modell - die Argumentqualität der Werbebotschaft eine Rolle. Es wird geprüft, ob die Argumente z.B. für den Kauf eines Produktes persönlich überzeugend gefunden werden. Ist das der Fall, kommt es entsprechend zur Einstellungsänderung. Diese ‚zentralen' Einstellungen haben die Eigenschaft, über längere Zeit hinweg stabil zu bleiben, gegenüber Kritik resistent zu sein und einen deutlichen Zusammenhang zum Verhalten aufzuweisen, also

Vorhersagekraft zu besitzen. Kann Werbung hier nicht überzeugen, kommt es lediglich zu einer peripheren Einstellungsänderung mit entsprechend geringer Konsistenz zum Verhalten.

An dieser Stelle soll noch ein drittes Zwei-Prozess-Modell erwähnt werden, weil es sich in einer wichtigen Aussage vom Verarbeitungs-Wahrscheinlichkeits-Modell unterscheidet: das *heuristisch-systematische Modell der Informationsverarbeitung und Einstellungsänderung.*[18] Auch bei diesem Modell wird angenommen, dass sich Rezipienten einerseits systematisch mit Argumenten auseinandersetzen, um entsprechend der verstandenen und bewerteten Informationen letztendlich ihre Einstellung zu bilden oder aber andererseits Informationen heuristisch verarbeiten, indem sie einfache Entscheidungsregeln nutzen, um Urteile schnell und effizient fällen zu können, wie z.B. die Faustregel ‚die Mehrheit hat immer Recht'. Interessant ist der Befund, dass selbst bei hoher Motivation, die Informationen systematisch verarbeiten zu wollen, heuristische Hinweisreize einen Einfluss haben.[19] Heuristische und systematische Informationsverarbeitung können sich also ergänzen, was gegen eine strikte Trennung von zwei Wirkungsprozessen bei Werbung sprechen würde.

Insgesamt bleibt festzuhalten, dass alle vorgestellten Werbewirkungsmodelle in ihren Grundzügen eine gewisse Ähnlichkeit aufweisen. Der Werbewirkungsprozess wird also nicht gänzlich unterschiedlich gesehen, sondern lediglich bestimmte Bereiche in ihrer Gewichtung variieren. *Bemerkenswert ist, dass alle Modelle für den Grad der Werbewirkung mehr oder weniger explizit die Bedeutung der Einstellung zur Werbung bzw. zum Werbeinhalt thematisieren.* Damit wird eine der neuesten Entwicklungen im Bereich der Werbewirkungsforschung angesprochen, nämlich die Forschung über Einstellung zur Werbung (attitude toward the ad, abgekürzt: A_{ad}), auf deren Erkenntnisse zur Werbewirkung wir deshalb abschließend ganz kurz eingehen wollen.

4. Der Ansatz ‚Einstellung zur Werbung'

Die Rolle der *Einstellung zur Werbung* zu analysieren, ist eigentlich ein naheliegender Sachverhalt. Doch lange Zeit fehlte ein geeigneter theoretischer Rahmen. Deshalb wurden Forschungsergebnisse über die Einstellung zur Werbung oft als wenig aussagekräftige ‚Akzeptanzbefunde' abgetan, die in ihrer Validität bezweifelt oder auch auf der Ebene der ‚prinzipiellen' Werbekritik abgehandelt wurden. Erst in den 80er Jahren hat sich diese Sichtweise geändert, wobei neben der bereits erläuterten Entwicklung von komplexeren Werbewirkungsmodellen die geradezu explodierende Forschung zur ‚emotionalisierenden Werbung' ein sehr wichtiger Auslöser war.[20]

Bei dieser Forschung wird untersucht, welche Wirkung die Einstellung zur Werbung auf die Einstellung zur Marke hat. Ist diese Art Wirkung direkt oder ist sie indirekt? Bei einer direkten Wirkung wäre z.B. die Einstellung zur Marke umso positiver, je positiver die Einstellung zur Werbung vorher ausfiele. Eine indirekte Wirkung würde einen Umweg über weitere Stationen machen, wie z.B. über die jeweiligen Gedanken (Kognitionen) zur Werbung, zur Marke oder über Gefühle dazu. Bei indirekter Wirkung würde eine positive Einstellung zur Werbung nur dann positiv auf die Markeneinstellung ‚abfärben', wenn auch die Gedanken zur Marke günstig ausfielen. Wie Einstellungen zur Werbung wirken, zeigt die folgende Graphik:

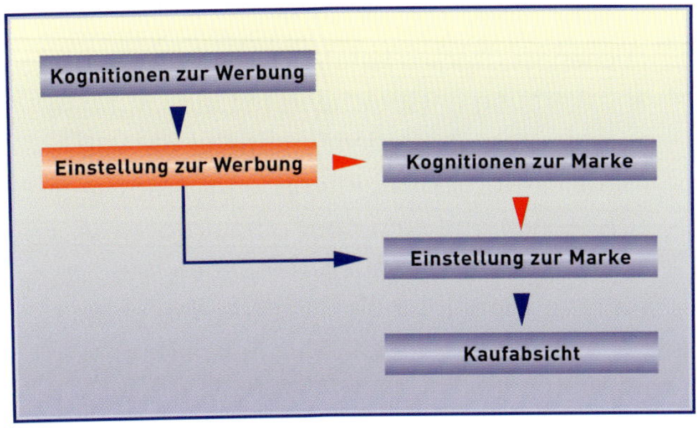

Die duale Vermittlungshypothese erklärt die Wirkung der Einstellung zur Werbung auf Marke und Kaufabsicht.

Die Ergebnisse zur Wirkung von Einstellungen zur Werbung werden am besten durch die oben dargestellte *duale Vermittlungshypothese* abgebildet, nach der sowohl eine direkte (blau), als auch eine indirekte Wirkung (rot) von der Einstellung zur Werbung auf die Einstellung zur Marke existiert.[21] Die indirekte Wirkung ist dabei als stärker anzusehen als die direkte Wirkung. Indirekt wirkt die Einstellung zur Werbung über die Gedanken zur Marke auf die Markeneinstellung. Gefühle gegenüber der Werbung oder der Marke sind nicht explizit aufgeführt, sind hier aber als Teil der Einstellung zur Werbung und zur Marke zu verstehen. Allerdings wird Gefühlen keine so große Bedeutung für die Wirkung auf die Markeneinstellung zugesprochen wie der Wirkung von Kognitionen, weil die Verbindungen zwischen Gefühlen und Einstellung zur Marke weniger stabil sind als zwischen Kognitionen und der Einstellung zur Marke.

5. Werbewirkungsmodelle - eine Bilanz

Warum wurden nun die verschiedenen Werbewirkungsmodelle vorgestellt? Weil sich aus der Zusammenschau dieser Modelle bedeutsame theoretische als auch praktische Empfehlungen ableiten lassen. Besonders vier Funktionen seien genannt:

- Erklärung der Entstehung von Werbewirkung

  Die ureigenste Aufgabe von Werbewirkungsmodellen besteht darin, die Entstehung von Werbewirkung zu erklären. Die differenzierte Auflistung von 12 Wirkungsstufen im Modell persuasiver Kommunikation zu Beginn dieses Beitrags macht deutlich, auf welchen unterschiedlichen Ebenen Werbewirkung stattfindet und prinzipiell erfasst werden sollte. Die dann folgenden Modelle weisen darauf hin, dass einzelne Wirkungsebenen je nach gegebenen Umständen von größerer oder geringerer Bedeutung sind. Eine große Rolle bei der Werbewirkung spielt aber die Frage, *wie hoch das Involvement des Rezipienten ausgeprägt ist und wie positiv seine Einstellungen zur Werbung sind*. Entsprechend lässt sich aus den Modellen ableiten, wie und an welcher Stelle sich Werbewirkung entfaltet, also Einstellungsänderungen dem Konsumverhalten vorangehen oder aber nachfolgen. Zum Teil kommen die Modelle dabei zu unterschiedlichen Ergebnissen.

- Hinweise für die Nutzung von Testmethoden

  Wenn wir die Wirkung von Werbung genauer empirisch untersuchen wollen, dann sollte eigentlich immer Bezug auf das eine oder andere Werbewirkungsmodell genommen werden, weil sich daraus relativ einfach ableiten lässt (oder besser: abgeleitet werden sollte), welche Methode zur Überprüfung der jeweiligen Werbewirkung einzusetzen ist. Dabei ist zu beachten, dass die Evaluation eines Werbewirkungsziels nach den Zwei-Prozess-Modellen natürlich mit ganz anderen Methoden verbunden ist als beim Einstellung-zur-Werbung-Ansatz. Auch spielt z.B. die Erinnerung an Werbeinhalte im Modell persuasiver Kommunikation eine wichtige Rolle, während beim Alternative-Wege-Modell bereits die vage Erinnerung an den Markennamen genügt. Die Anwendung der populären Erinnerungstests (Recall- und Recognition) lässt sich jedoch allenfalls durch einen Teil der Werbewirkungsmodelle rechtfertigen!

- Begründung von Werbezielen

Mit der Entscheidung oder dem ‚Bekenntnis' zu bestimmten Werbewirkungsmodellen gehen auch unterschiedliche Werbeziele einher. Während ein Teil der Modelle Verhaltensänderungen in den Vordergrund stellt, ist für andere die (veränderte) Einstellung bedeutender. Man kann hier auch einen Schritt weitergehen und das Werbeziel so definieren, dass bestimmte Wirkungen erst noch erzeugt werden sollen. Dies macht Sinn, wenn man bedenkt, dass der (letztendliche) Kauf eines Produkts bestimmt nicht das einzige Ziel von Werbung ist. So könnten z.B. bestimmte Werbeinhalte das Ziel haben, das Involvementniveau der Rezipienten zu beeinflussen, um sie für Argumente überhaupt erst zugänglich zu machen, wie es die Zwei-Prozess-Modelle nahelegen. Darüber hinaus ist neben dem Produktkauf die Erreichung von Markentreue als Werbeziel aufzunehmen.

- Ableitung von Gestaltungsempfehlungen

Die frühen Modelle wurden (und werden) als Gestaltungsanweisungen verstanden. Das nach wie vor populäre AIDA-Modell unterstellt z.B. als Grundvoraussetzung der Werbewirkung, dass beim Rezipienten Aufmerksamkeit zu erreichen ist. Daraus leitet sich die Empfehlung ab, Werbung entsprechend mit einem ‚teaser' zu gestalten. Außerdem empfiehlt das AIDA-Modell ausdrücklich, Interesse und Motive anzusprechen und zum Kauf aufzufordern. Auch aus den neueren Modellen ergeben sich Gestaltungsempfehlungen, die von den gerade genannten abweichen! So ist es nach dem integrierten Informations-Reaktions-Modell werbewirksamer, zu Verhaltensproben wie etwa Testfahrten aufzufordern. Nach dem Einstellung-zur-Werbung-Ansatz wiederum sollte auf Verhaltensaufforderungen ganz verzichtet werden und vielmehr das ‚Gefallen' der Werbung im Vordergrund stehen und durch Werbung positive Markenkognitionen erzeugt werden.

6. Perspektiven für die Zukunft

Alle hier vorgestellten Werbewirkungsmodelle beanspruchen für sich, die grundlegenden Prozesse und Faktoren der Werbewirkung zu erfassen und erklären zu können. Dabei handelt es sich allerdings nur um unterschiedliche Ausschnitte aus dem Erleben und Verhalten ‚des Rezipienten' oder ‚Konsumenten'. Durch diese notwendige Eingrenzung des wissenschaftlichen Erkenntnisfeldes ist der Geltungsbereich dieser Modelle entsprechend ausschnitthaft, so dass ihre Aussagen nur auf bestimmte Situationen zutreffen, während sie bei anderen nicht mehr gelten.

Insofern birgt der derzeitige Erkenntnisstand zur Werbewirkung noch erhebliches Verbesserungspotential. Meines Erachtens sind die folgenden fünf Punkte wichtig, um in Zukunft ein besseres Verständnis von Werbewirkung zu erlangen.

1. Klärung der emotionalen Werbewirkung

Das Interesse an der Rolle von Emotionen bei der Werbewirkung hat in den letzten beiden Jahrzehnten rapide zugenommen. Wer sich allerdings etwas intensiver mit diesem Forschungszweig befasst, stößt auf wichtige ungelöste Probleme.[22] So ist z.B. die Diskussion um die angemessene Messung emotionaler Werbung noch in vollem Gange: Während einige Autoren sprachgebundenen Methoden den Vorzug geben, plädieren andere mit Nachdruck für nicht-verbale Methoden.[23]

Ein Beispiel nonverbaler Methoden zur Evaluierung von Werbung ist die Vorgabe von verschiedenen Gesichtsausdrücken auf Bildern mit der Instruktion an die Versuchspersonen, anzugeben, wie sie sich bei der Verwendung des beworbenen Produkts fühlen würden. Dahinter steht die Annahme, dass die Wahl von Gesichtern, die Emotionen wie ‚glücklich', ‚zufrieden' und ‚angenehm' ausdrücken, positive Urteile über das beworbene Produkt darstellen.[24]
Mit dieser Methode konnte z.B. belegt werden, dass Spots mit rationalen *und* psychologischen Argumenten bzw. Elementen am besten abschneiden. ‚Rational' sind Werbeaussagen, die etwas über den Grundnutzen des Produktes aussagen (z.B. ‚Dieses Shampoo wird Ihrer Frisur wunderbaren Halt geben.'), wohingegen die emotionalen Aspekte der Werbung als ‚psychologisch' bezeichnet werden (z.B. ‚Mit diesem Shampoo werden Sie sich gut fühlen.'). Dieses Ergebnis lässt sich auf die (fast paradox klingende) Formel bringen: *Werbung ist dann wirksam, wenn sie ein gutes Gefühl versprechen kann und einen guten Grund dafür liefert, warum man dieses Gefühl haben darf!*

2. Angemessener Einsatz von Testmethoden zur Messung von Werbewirkung

Bis vor wenigen Jahren waren Erinnerungstests die am häufigsten eingesetzte Methode zur Überprüfung der Werbewirkung. Gleichwohl mehrten sich kritische Stimmen, die insbesondere auf den geringen Zusammenhang zwischen Recall-Testwerten und persuasiver Werbewirkung hinwiesen: So hängt z.B. die Valenz der erinnerten Werbeinhalte nur geringfügig mit der erhobenen Einstellung gegenüber der Marke zusammen. *Ob also die Erinnerung an eine Werbung für die beworbene Marke günstig oder ungünstig ausfällt, scheint für die Markeneinstellung unerheblich zu sein. Dasselbe gilt für die Erinnerung an bestimmte Werbespots und die Bereitschaft, die beworbene Marke auch zu kaufen.*[25]

Auffällig ist bei dieser Diskussion, dass die Forschung seltsam abstinent ist, wenn es um die Frage geht, welches Ziel denn die jeweilige Werbung hat. *Es ist nämlich weitaus zweckmäßiger, die Auswahl von Werbewirkungstests auf die Überprüfbarkeit der jeweiligen Funktionserfüllung der Werbung abzustimmen!*

3. Gestaltung anwendungsfreundlicherer Werbewirkungsmethoden

Darüber hinaus gilt es, die ebenfalls alte Diskussion zu klären, *wem der Einsatz von Werbewirkungsmethoden eigentlich nützen sollte*. Sollte es v.a. das Marketingmanagement sein, also die Gruppe der ‚Entscheider'? Oder sollten es nicht ebenso die Kreativen sein? Wenn Werbewirkungsmethoden beiden Gruppen dienlich sein sollen, reicht es nicht aus, nur über solche

Methoden zu verfügen, die lediglich über die Qualität der eigentlich schon fertigen Werbung zu befinden erlauben (Post-Tests).

Wie sieht es aber mit der Aussagekraft (Validität) von Werbewirkungsmethoden (Pretests) aus, die die Wirkung von kreativen Vorversionen wie Storyboards oder Animatics angeben sollen? Bei einem der wenigen Versuche, diese Frage zu klären, wurden Storyboard, Animatic und fertiger TV-Spot einer Werbekampagne miteinander verglichen. *Der Grad an Emotionalisierung, den der fertig gestellte Fernsehspot erreichte, wurde vom Storyboard unterschätzt, während die Bewertung des Animatic eine realistische Prognose für den fertigen TV-Spot ergab.*[26] *Bemerkenswert ist, dass aber die Recallwerte für den Storyboard am höchsten waren. Einmal mehr zeigt sich, dass emotionale und kognitive Wirkungen zumindest teilweise gegenläufig wirken können!*

4. Erforschung der Werbewirkung Neuer Medien

Zu Beginn des dritten Jahrtausends kommt man kaum mehr ohne einen Hinweis auf die Möglichkeiten der ‚neuen' Informations- und Kommunikationstechnologien aus. Das Internet eröffnet aufgrund seines interaktiven Charakters ganz neue Wege, Werbebotschaften zu übermitteln und Reaktionsmöglichkeiten auf Werbung zu ermöglichen.[27] Allerdings scheinen Werbetreibende noch recht verunsichert bei Online-Werbung zu sein.[28] Diese Vorsicht ist berechtigt, gibt es doch (bislang) nur Hinweise, welche Werbewirkung Online-Werbung tatsächlich erreichen kann. Auch ist noch nicht vollends geklärt, wie z.B. das ‚Durchklicken' von Websites konkret zu interpretieren ist.[29]

5. Stärkere Berücksichtigung von Ergebnissen aus der Einstellungsforschung

Nachdem mehrere Jahrzehnte ein pessimistisches Bild zur Prognosekraft von Einstellungen gezeichnet wurde, hat sich dieses Bild neuerdings gewandelt:[30] Unter bestimmten Bedingungen ist der Zusammenhang zwischen Einstellung und Verhalten von respektabler Höhe.

Was aber verändert sich genau bei einer Einstellungsänderung? Die bisherige Forschung nimmt an, dass Einstellungen mehr oder weniger resistent (stark) sind.[31] *Womöglich sollte aber besser von dualen Einstellungen ausgegangen werden, wobei es Werbung dann lediglich gelingen kann, die explizite Einstellung zu verändern, nicht aber die implizite Einstellung.*[32] Hier muss die Zukunft zeigen, ob diese Unterscheidung zur Entwicklung neuer Einstellungsänderungskonzepte und in der Folge zu neuen Werbewirkungsmodellen führt.

7

7. Anhang

1 Weiterführende Informationen zur Werbewirkung können Sie Moser (1997a,b) entnehmen.

2 Nähere Angaben lassen sich z.B. bei Spiegel (1970) und Moser (1990, 2001) nachlesen.

3 Über Werbewirkungsmodelle informiert z.B. Six (1983).

4 Das 6-Stufen-Modell stammt von Lavidge und Steiner (1961).

5 Das Modell der persuasiven Kommunikation stammt von McGuire (1985).

6 *Nähere Einzelheiten über Ad-Click-Raten im Rahmen von Werbewirkungsmessung im Internet vermittelt der Beitrag von Klaus Goldhammer & Frank Fölsch.*

7 Mit Zapping befassen sich Brockhoff & Dobberstein (1989).

8 Auf die Erhöhung der Produktnutzungsintensität als Werbewirkungsziel gehen Wansink & Ray (1996) näher ein.

9 Die 3 Hierarchie-von-Effekten-Modelle vergleicht Ray (1973).

10 Diese Definition von Involvement geben Andrews, Durvasula & Akhter (1990). *Auf eine weitere wichtige Form des Involvement geht Dirk Engel in seinem Beitrag ein.*

11 Dieses Modell postulieren Smith & Swinyard (1982).

12 Beispielsweise konnten Hawkins & Hoch (1992) in ihrer Studie zeigen, dass Werbeaussagen von Rezipienten dann glaubhafter eingeschätzt wurden, wenn sie wiederholt präsentiert worden waren. Dieser Effekt trat dann stärker auf, wenn die Rezipienten wenig involviert waren. Ergibt sich dann später die Notwendigkeit oder Gelegenheit, ein Produkt zu kaufen, dann können Konsumenten die solchermaßen intensiv beworbene Marke – auf der Grundlage der neuen kognitiven Struktur – auswählen, ohne bereits eine differenzierte Einstellung zur Marke zu haben.

13 Das integrierte Informations-Reaktions-Modell findet sich bei Smith & Swinyard (1982).

14 Mit der Einstellungs-Verhaltens-Konsistenz befasst sich der Artikel von Smith & Swinyard von 1983.

15 Batra & Ray (1985) nennen ihr Alternative-Wege-Modell auch ‚Prozentsatz-Beitragsmodell', um zu verdeutlichen, dass die Pfade bzw. Wege jeweils unterschiedlich bedeutsam sind.

16 Mit diesem Thema beschäftigt sich Moser (1997b) näher.

17 Hierbei handelt es sich um eine vereinfachte Fassung des Verarbeitungs-Wahrscheinlichkeits-Modells, das bei Petty & Cacioppo (1986) dargestellt ist und auch als ELM, als Elaboration-Likelihood Model in der Literatur bekannt geworden ist. *Mit der Informationsverarbeitung von Werbung beschäftigen sich auch die Beiträge von Michaela Wänke und Georg Felser.*

18 Das Modell findet sich bei Chaiken (1987) und unterscheidet - wie auch das Verarbeitungs-Wahrscheinlichkeits-Modell - zwei Prozesse der Informationsverarbeitung: Systematische Informationsverarbeitung ist eine an Verständigung orientierte, analytische Orientierung, Informationen zu verarbeiten, wobei der Rezipient versucht, alle Informationen zu prüfen, die zugänglich sind und für das zu bildende Urteil eine Bedeutung haben könnten. Heuristische Informationsverarbeitung ist demgegenüber eine begrenztere Art, mit Informationen umzugehen, und sie geht mit weniger kognitiver Anstrengung einher. Systematische Informationsverarbeitung beansprucht Motivation und kognitive Kapazität, während heuristische Informationsverarbeitung von der Anwesenheit heuristischer Hinweisreize abhängt, wie z.B. der Humorigkeit der Werbung.

19 Auf diesen wichtigen Aspekt weist die Arbeit von Maheswaran & Chaiken (1991) hin.

20,22 *Mit ‚emotionalisierender Werbung' beschäftigt sich ausführlich der Beitrag von Axel Mattenklott.*

21 Die duale Vermittlungshypothese und einen Überblick über die Werbewirkung der Einstellung zur Werbung findet sich bei Brown & Stayman (1992).

23 Für sprachgebundene Methoden plädieren z.B. Aaker & Stayman (1990), dagegen spricht sich Agres (1990) aus.

24 Diese Studie stammt von Agres (1990). Zur Anwendbarkeit nonverbaler Methoden der Emotionsmessung siehe auch die SAMs-Studie von Fischer, Brauns & Belschak (2001).

25 Zu diesem Ergebnis kommt Srull (1990).

26 Diese Studie stammt von Goodstein, Edell & Moore (1990).

27 Vergleichen Sie hierzu Coupey (1999).

28 Auf diese Situation weisen Bush, Bush & Harris (1998) hin.

29 Mit dieser Frage beschäftigen sich Briggs & Hollis (1997). Über die Indikatoren für Werbewirkung im Internet gibt Werner (1999) einen Überblick. *Nähere Einzelheiten zur Werbewirkungsmessung im Internet vermittelt der Beitrag von Klaus Goldhammer & Frank Fölsch.*

30 Zu guten Resultaten kommen die Meta-Analyse-Studien von Kim & Hunter (1993a,b).

31 Mit Bedingungen starker Einstellungen befassen sich z.B. Petty & Krosnick (1995).

32 Das duale Einstellungskonzept stellen Wilson, Lindsey & Schooler (2000) vor.

Prof. Dr. Michaela Wänke

Ich war wohl 15 oder 16 als ich durch Zufall Vance Packards ‚Die geheimen Verführer' in die Hände bekam. Das Buch war damals zwar schon etwas veraltet - ich bin Jahrgang 1959 - aber ich war absolut fasziniert und meine bis dahin vage Wunschvorstellung nahm konkrete Gestalt an: Ich wollte Werbepsychologin werden. Genauer gesagt, wollte ich erforschen, wie Menschen durch Werbung oder Marketing beeinflusst werden können. Vom Wunsch beseelt, im Ausland zu studieren, fing ich ganz bescheiden in meiner Heimatstadt Mainz an, wo ich sehr bald feststellen musste: Werbepsychologie gab es in Mainz nicht und auch kaum anderswo.

Mittlerweile fand ich jedoch Gefallen an experimenteller Forschung und nutzte ein Austauschprogramm der Universitäten Mainz und Haifa (Israel), um erstens einmal etwas anderes zu sehen, zweitens am Stressforschungszentrum in Haifa zu arbeiten und drittens alles noch einmal zu überdenken. Das Ergebnis: Ich wollte immer noch Werbepsychologie studieren. Es verschlug mich nach Mannheim, was sich als Karriereweiche erwies, denn dort fand ich eine quicklebendige und hoch produktive Gruppe von Sozialpsychologen und begann mich für deren Forschung zu interessieren.

Hin- und hergerissen zwischen dem alten Traum Werbung oder doch zumindest Marktforschung und dem neuen Interesse an sozialpsychologischer Forschung entschied ich mich erst einmal für einen richtigen Job und wurde Markforscherin bei der Braun AG. Nach drei Jahren wusste ich alles über Rasierer und die Psychologie des Mannes beim Rasieren, was mich dann nach Höherem streben ließ.

Ich gab Job und Gehalt auf, zog zurück nach Mannheim in eine ungeheizte Wohnung und forschte für meine Dissertation über Umfrageforschung. In diesem Zusammenhang ging ich auch in die USA (University of Illinois) und arbeitete dort zum ersten Mal mit einer ‚richtigen' Werbepsychologin zusammen: Sharon Shavitt war von Haus aus auch Sozialpsychologin, was mir zeigte, wie gut eigentlich beides zusammenpasst bzw. kombinierbar ist. Die Verbindung von sozialpsychologischer Grundlagenforschung und deren Anwendung im Marketing- bzw. Werbekontext wurde zum Leitthema meiner Forschung und so hieß meine Habilitationsschrift (1996) an der Universität Heidelberg: ‚Schnittstellen zwischen Sozialpsychologie und Konsumentenpsychologie.'

Heute mache ich als Professorin für Sozial- und Organisationspsychologie an der Universität Erfurt so ziemlich genau das, was ich früher angestrebt hatte: Ich forsche darüber, wie Menschen Werbe- oder Produktinformationen verarbeiten. Am meisten Spaß macht mir dabei, diese Erkenntnisse dann tatsächlich bei der Beratung von Werbepraktikern einzusetzen, was auch zunehmend auf Nachfrage stößt.

CIP. Was mit der Werbung in den Köpfen der Konsumenten geschieht.

Prof. Dr. Michaela Wänke

Muss Werbung für Parfum nicht völlig anders aussehen als Werbung für Motoröl oder für Bundesschatzbriefe? Und muss man deshalb nicht jeweils ganz spezifische (Markt-)Forschung betreiben? Wer nun eine Antwort à la Radio Eriwan (‚Im Prinzip ja, aber...') erwartet, wird enttäuscht werden.

Eigentlich ist es genau umgekehrt: Natürlich soll Parfum-Werbung bei den Rezipienten andere Bedürfnisse ansprechen und andere Gedanken und Gefühle auslösen als Werbung für Bundesschatzbriefe. *Aber die zugrundeliegenden Prinzipien, mit denen Werbung wirkt, sind in beiden Fällen dieselben.* Während sich Inhalt, Stil und Tonfall der Werbung je nach Werbeziel unterscheiden müssen, um entsprechende Reaktionen auszulösen, sind es bei der Informationsverarbeitung der Werbung immer relativ konstante Prinzipien, die zwischen Werbe-Input einerseits und der Konsumentenreaktion andererseits vermitteln:

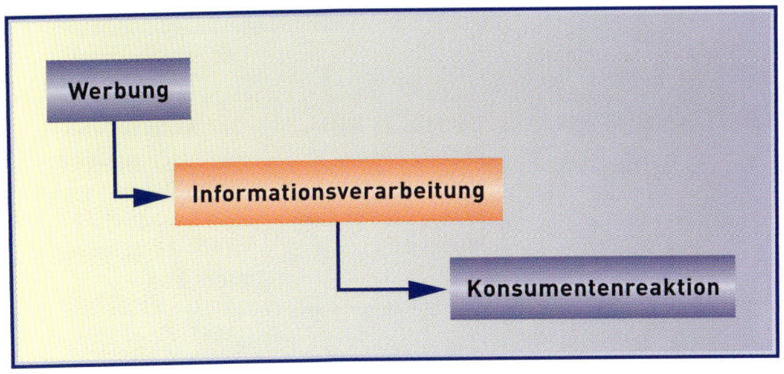

Informationsverarbeitung ist die Instanz zwischen Werbung und Konsumentenreaktion, die nach konstanten Prinzipien funktioniert.

Im Konsumbereich umfassen Informationsverarbeitungsprozesse (englisch: ‚Consumer information processing' oder kurz: CIP) alle allgemeinen Prozesse, mit denen Konsumenten zu ihren Einstellungen, Urteilen und Verhaltensweisen in Bezug auf die verschiedenen Produkte, Marken, Dienstleistungen und Werbung kommen.[1]

Wozu braucht man eigentlich Erkenntnisse über die Informationsverarbeitungsprozesse des Konsumenten? Ganz einfach. Schauen Sie sich die folgende Anzeige an:

Wenn Sie nun fragen, wovon es abhängt, dass wir diese Anzeige in einer Zeitschrift auch wahrnehmen und ob wir sie dann lesen, vermag CIP Ihnen Antworten zu geben. CIP liefert auch Erkenntnisse darüber, wie wir diese Anzeige verstehen, welche eigenen Gedanken dabei angeregt werden und warum diese wichtig sind. Und wenn wir wissen wollen, wovon es abhängt, was wir von dem

1

Wahrgenommenen dann noch erinnern werden, wie sich unsere Einstellungen und unser Verhalten dazu verändern und welchen Einfluss verschiedene Randbedingungen dabei haben können (z.B. ob wir müde sind, gut gelaunt, an E-Business interessiert oder nicht), so sind CIP-Ergebnisse relevant.

Allgemeiner ausgedrückt: Werbung kann unterschiedliche Ziele haben. In einer Kampagne mag es nur um die Steigerung der Bekanntheit gehen, in einer anderen um die gezielte Vermittlung bestimmter Produktinformationen, in einer dritten um die Weckung von Bedürfnissen und in einer vierten um ganz konkrete Verhaltensänderungen. Bei all diesen unterschiedlichen Zielen sind Erkenntnisse über Prozesse der Informationsverarbeitung beim Konsumenten wichtig.

Denn das Wissen um die relevanten Abläufe ist Voraussetzung für eine erfolgreiche Zielerreichung. Wenn man beispielsweise die Erinnerung (recall) steigern will, ist es sinnvoll, sich mit Gedächtnisprozessen zu beschäftigen. Wenn man Einstellungen verändern will, ist es angebracht, Befunde der psychologischen Forschung zur Einstellungsänderung hinzuzuziehen. Erkenntnisse über CIP spielen somit eine wichtige Rolle, wenn man die Wirkung von Werbung verstehen möchte.

Im Weiteren werde ich zunächst den grundlegenden Ablauf des menschlichen Informationsverarbeitungsprozesses vorstellen, um einige allgemeine Prinzipien zu erläutern. Im Anschluss werde ich jeweils die einzelnen Informationsverarbeitungsschritte bzw. die damit verbundenen Prinzipen näher beleuchten und dabei auch die jeweilige Bedeutung für die Werbepraxis und die Marktforschung herausstellen.

1. Die Grundprinzipien menschlicher Informationsverarbeitung

Konsumenten sind tagtäglich einer Unmenge an Werbeinformationen ausgesetzt, wie etwa Slogans, Fakten, Bildern, Musik, Behauptungen usw. Welche kognitiven Prozesse bei der Informationsverarbeitung eines Werbespots oder einer Printanzeige in unseren Köpfen ablaufen, veranschaulicht die folgende Darstellung:[2]

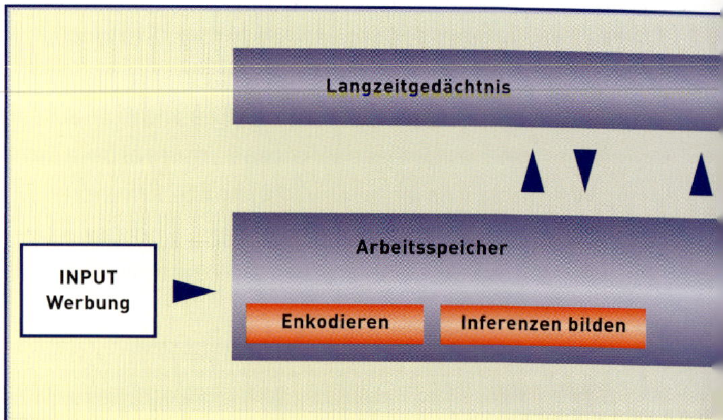

■ Mercedes Benz	Formel 1-Weltmeister Mika Häkkinen fährt einen Diesel von Mercedes.	Das Auto ist ungewöhnlich leise für einen Diesel. Diesel und Sportlichkeit schließen sich wohl nicht aus.
■ IBM	Irgendetwas mit E-Business.	Keine weitere Verarbeitung.
■ AOL	Boris Becker will sich ins Internet einloggen.	Es scheint ganz einfach zu gehen. Das glaube ich aber nicht, denn meine Erfahrungen sind anders. Wahrscheinlich bekommt Boris Becker viel Geld für diese Werbung.

Der Informationsverarbeitungsprozess bei Werbung

In dem Modell sind einige Schritte der Einfachheit halber zusammengefasst und Schleifen und Rückkoppelungsprozesse sind nicht nur möglich sondern die Regel. Aber im Großen und Ganzen darf man sich den menschlichen Informationsverarbeitungsprozess so vorstellen. Wie ist das Modell nun konkret bei Werbung und Konsum zu verstehen?

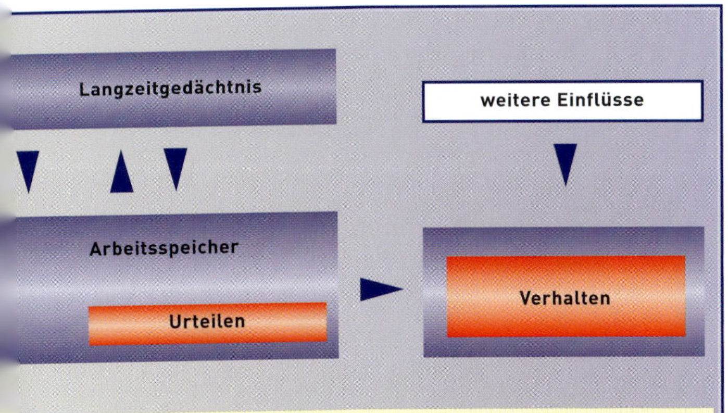

Mercedes Diesel gefällt mir. Das ist ein modernes, sportliches Auto.	Probefahrt vereinbaren.
Keine weitere Verarbeitung.	Kein Verhalten.
AOL ist sicher auch nicht besser oder leichter als andere Anbieter.	Ich lasse das vorerst ganz mit dem Internet.

Nehmen wir Beispiel 1: Stellen wir uns einen Werbespot vor, in dem der (frühere) Formel 1-Weltmeister Mika Häkkinen eine *Mercedes*-Limousine mit einem scheinbar sehr leisen Dieselmotor fährt.

Nun muss der Rezipient diesen Spot zunächst überhaupt erst einmal **wahrnehmen**. Was im Alltagssprachgebrauch oft als Wahrnehmung bezeichnet wird, sind psychologisch gesehen eigentlich zwei Prozesse, nämlich die rein sensorische Wahrnehmung (z.B. mit Auge und Ohr) und die meist zeitlich damit eng verbundene Übersetzung in eine ‚mentale Repräsentation', als die der Reiz im Gedächtnis abgelegt wird (**Enkodierung**). Ein identischer Reiz kann unterschiedlich enkodiert werden: So kann man z.B. einen blonden Mann wahrnehmen (wie die Frau im Spot) oder aber Mika Häkkinen (wie wir, die geschulten TV-Zuschauer es tun sollen). Darüber hinaus kann man einen leisen Diesel wahrnehmen oder aber ein Auto, das gut in den Kurven liegt.

Werbung wird nicht nur passiv aufgenommen: Wir interpretieren Aussagen, verknüpfen sie mit unseren eigenen Erfahrungen und unserem Wissen, generieren eigene Gedanken, ziehen Schlussfolgerungen und setzen uns aktiv mit dem Dargebotenen auseinander (**Inferenzenbildung**). So könnten (und sollen) wir aus dem Spot schließen, dass ein Diesel kein Motor sein muss, der nur für Traktoren gut ist - wenn sogar ein Formel 1-Weltmeister einen Diesel fährt (natürlich nur von *Mercedes*). Etwas weiter weg von dem direkten Werbeinhalt kommt uns dann vielleicht in den Sinn, dass *Mercedes* für gute Qualität steht.

Rezipienten könnten hier aber auch Gegenargumente bilden, etwa dass der Service bei *Mercedes* recht teuer ist oder wie im dritten Beispiel, dass Boris Becker viel Geld für den Spot von *AOL* bekommen haben wird und deshalb seine Statements geldwerte Behauptungen sind - zumal, wenn man vielleicht selbst schon schlechte Gegenerfahrungen mit dem Internet gemacht hat. Wie auch immer: Wichtig ist, dass all diese Reaktionen in ein **Urteil** eingehen und darüber unser weiteres **Verhalten** bestimmen können.

Boris Becker versucht, mit AOL-Software ins Internet zu gelangen, was er für ein schier unmögliches Unterfangen hält. Mit zweifelndem Blick stellt er überrascht fest: „Ja, wie? Bin ich denn schon drin – oder was?!"

Welche allgemeinen Grundprinzipien ergeben sich nun aus diesem Modell?

1. Wichtig ist, dass die Informationsverarbeitungssequenz nicht automatisch von Anfang bis Ende durchläuft, sondern an jeder Stelle abgebrochen und zu späteren Zeitpunkten wiederaufgenommen werden kann. Ein Rezipient kann also eine Werbebotschaft zwar oberflächlich wahrnehmen, muss sich aber nicht weiter damit beschäftigen. Wenn er sich doch intensiv damit beschäftigt, so muss er nicht unbedingt zu einem Urteil kommen. Hat er ein Urteil gebildet, muss es nicht zwangsläufig in Verhalten münden. In einer Situation (z.B. vor dem Regal im Supermarkt), die eine Auswahlentscheidung und ggf. ein Kaufverhalten vom Konsumenten erfordert, wird er nicht unbedingt (oder nicht nur) die ursprüngliche Werbebotschaft erinnern, sondern auch auf früher gebildete Urteile zurückgreifen.

Für den Einsatz von Werbewirkungstests, die die Erinnerung (recall) an die jeweiligen Werbeinhalte messen, bedeutet dies, dass die tatsächliche Bedeutung von solchen recall-Daten nicht überschätzt werden sollte:[3] Falls Konsumenten schon **vor** der Darbietung der fraglichen Werbung ein Urteil zu dem Produkt oder der Kampagne getroffen haben, können sie dieses zum Zeitpunkt der Testbefragung abrufen und so über ein gut fundiertes Urteil verfügen, obwohl sie die (ganz anderen) Werbeinhalte, aufgrund derer sie sich ihr Urteil gebildet hatten, schon längst wieder vergessen haben. Nur Personen, die sich bei der Darbietung vorher noch kein Urteil gebildet haben und es deshalb in einer späteren Situation nachholen müssen, werden ihr Urteil auf die zu diesem Zeitpunkt erinnerte Information stützen.

2. Außerdem können die beschriebenen Informationsverarbeitungsprozesse je nach Interesse und individueller Aufnahmemöglichkeit mehr oder weniger aufwendig ablaufen. Rezipienten können flüchtig hinsehen, das Dargebotene oberflächlich mitnehmen und weiterblättern oder aber alles interessiert studieren. Sie können Argumente genau prüfen, sich eigene Gedanken machen und diese zu einem komplexen Urteil verknüpfen oder sich durch schöne Bilder überzeugen lassen. Sie können ihr Verhalten genau planen und sämtliche Für und Wider berücksichtigen oder Spontankäufe tätigen. Wieviele Schritte durchlaufen werden und wie intensiv die jeweilige Verarbeitung letztlich erfolgt, hängt von der Lust und Laune bzw. Motivation der Rezipienten ab, sich mit Werbung näher beschäftigen zu wollen und von ihrer jeweils dafür verfügbaren kognitiven Kapazität. *(Siehe auch Georg Felsers Beitrag.)*

So kann es sein, dass ein Rezipient selbst bei hohem Interesse für ein Produkt oder gewecktem Interesse durch eine Werbung die Informationen trotzdem nicht intensiv verarbeiten kann, weil er müde oder abgelenkt ist oder weil ihm einfach das notwendige Wissen zum Verstehen fehlt. Die Motivation, sich mit einer Werbebotschaft auseinanderzusetzen, ja sie überhaupt zu beachten, hängt wiederum von den jeweiligen Zielen und Interessen der Person ab. Eine Unternehmerin, die vor der Einführung von E-Business steht, wird eher geneigt sein, sich den ganzen Text der *IBM*-Anzeige durchzulesen als die Person in Beispiel 2, die scheinbar an E-Business nicht weiter interessiert ist. In jedem Fall wird die Motivation zur intensiven Verarbeitung umso höher sein, je höher die (nicht nur finanziellen) Kosten des Betreffenden bei einer Fehlentscheidung ausfallen.

3. Des Weiteren ist die Verarbeitung von Werbung kein Alles-oder-Nichts-Prozess. Rezipienten, die wegen kognitiver oder motivationaler Defizite nicht in eine aufwendige (systematische) Verarbeitung einsteigen, müssen deshalb die Werbung nicht ignorieren. Sie können auch eine Strategie wählen, die den Verarbeitungsaufwand mindert, indem sie so genannte Heuristiken (einfache Faustregeln) oder oberflächliche Hinweisreize für sich nutzen.[4] So könnte man z.B. einfach der Expertise von Formel 1-Weltmeister Mika Häkkinen glauben, ohne seine Argumente noch großartig zu prüfen - gemäß der Faustregel: ‚Einem Experten kann man glauben, denn der muss es ja wissen.'

Ob und wann Rezipienten bei Werbung eher eine intensive oder eine heuristische Verarbeitungsstrategie wählen, hängt dabei wesentlich von der Höhe der Motivation ab (hier: dem Konsum- bzw. Produktinteresse). So wurden Rezipienten, die bereits vor der Darbietung einer Werbeanzeige vorhatten, in der beworbenen Produktkategorie eine Kaufentscheidung zu fällen, mit Rezipienten verglichen, die keine solche Kaufentscheidung planten. Es zeigte sich, dass das Urteil der Rezipienten, bei denen eine Kaufentscheidung anstand, wesentlich stärker von der (Schlagkraft der) Sachinformation in der Werbung beeinflusst wurde. Weil sie eine optimale Entscheidung treffen wollten, waren sie motiviert, die Informationen der Werbung für diese Produktkategorie intensiv zu verarbeiten. Rezipienten, die die Werbung nicht vor dem Hintergrund einer anstehenden Entscheidung betrachteten, ließen sich dagegen in ihrem Urteil stärker von nicht-sachlichen, oberflächlichen Merkmalen leiten, wie z.B. guter Musik[5], dem Prominentenstatus oder der Attraktivität der in der Anzeige verwendeten Personen.[6]

Inhaltlich stichhaltige Werbeargumente entfalten ihre Wirkung also nur, wenn Rezipienten den hohen Verarbeitungsaufwand einer systematischen Verarbeitung betreiben. Sind sie nicht dazu gewillt oder nicht in der Lage, können oberflächliche Hinweisreize effektiver sein, wie eben gute Musik, Expertentum, das sympathische Auftreten des Werbemodels, die reine Anzahl an Argumenten u.v.a.m. Sogar wenig stichhaltige Argumente können überzeugend sein, wenn die Rezipienten wenig kognitive Kapazität auf deren Verarbeitung lenken können oder wollen. (Solche Argumente lösen allerdings Verärgerung und Reaktanz bei den Konsumenten aus, die sich näher mit den Inhalten der Werbung auseinandersetzen.)

4. Darüber hinaus gilt, dass die Verarbeitung einer Werbebotschaft ein Wechselspiel zwischen der neuen Information und den bereits im Gedächtnis vorhandenen Informationen ist. Die in einer Werbung dargebotene Information fällt beim Konsumenten nicht auf eine tabula rasa, also eine leere Wissens- und Einstellungswelt, sondern der Rezipient verwendet bereits vorhandene Gedächtnisinhalte, um neue Information zu verarbeiten. Ob Rezipienten einen blonden Mann oder den Formel 1-Weltmeister Mika Häkkinen erkennen, ob sie ein leiser Diesel erfreut oder überrascht oder langweilt, hängt davon ab, welche Inhalte im Gedächtnis gespeichert sind - und daraus abgerufen werden können. Ob uns bei *McDonald's* der Slogan ‚Every time a good time' einfällt oder aber Schweinepest und BSE-Problematik, hängt davon ab, welche dieser im Gedächtnis vorhandenen Informationen am zugänglichsten sind.

Die Leichtigkeit, mit der uns in einer Situation Informationen aus dem (Langzeit-)Gedächtnis in den Sinn (Arbeitsspeicher) kommen, spielt bei der Informationsverarbeitung eine ganz zentrale Rolle. Der Ablauf der Prozessschritte ‚Enkodierung - Inferenzen - Urteil und Verhalten' hängt nicht nur von den jeweiligen Reizen (Input) ab, sondern auch ganz entscheidend davon, welches Vorwissen (Gedächtnisinformation) dazu herangezogen wird, was wiederum von der jeweiligen Zugänglichkeit abhängt: Je zugänglicher eine Information ist, desto weniger aufwendige Suchprozesse sind notwendig und desto eher wird auf diese Information auch zurückgegriffen. Abruf- und Speicherprozesse sind deshalb zentral für die Informationsverarbeitung.[7]

Welche Faktoren beeinflussen die Zugänglichkeit von Informationen? Man kann das Gedächtnis in dieser Hinsicht gut mit einem Schrank vergleichen:

- Manche Dinge liegen versteckt in der hintersten Ecke, andere fallen einem schon beim Öffnen der Tür entgegen. Ob man bis in den letzten Winkel sucht, hängt von Motivation und Kapazität ab.
- Manche Dinge im Schrank sind uns zugänglicher, weil sie uns allein schon wegen ihrer Größe oder Farbe sofort ins Auge fallen. Ebenso sind besonders auffällige Reize salienter und werden deshalb besser erinnert.
- Manche Gegenstände im Schrank sind so mit anderen Gegenständen verhakt, dass man sie zwangsläufig in die Hände bekommt, wenn man irgendetwas herausnimmt. Ähnlich gilt auch für das Gedächtnis, dass die Aktivierung einer Information umso wahrscheinlicher ist, je mehr andere Informationen mit ihr verknüpft sind.
- Ein ganz zentrales Konzept ist dabei das Selbst. Menschen interessieren sich nun mal ganz besonders für alles, was mit ihnen selbst zu tun hat. Informationen, die für unser Selbst relevant sind, haben deshalb einen Gedächtnisvorteil.
- Manche Dinge im Schrank sind mit System abgelegt. Man findet sie an den ihnen bestimmten Plätzen. Analog hängt die Abrufwahrscheinlichkeit der Informationen von ihrer Organisation im Gedächtnis ab.
- Wenn man sich beim Einräumen im Schrank lange mit einem Gegenstand beschäftigt und ihn mit Bedacht bewusst abgelegt hat, wird man ihn leichter finden als solche, die man gedankenverloren irgendwohin geräumt hat. Entsprechend wird man Informationen besser erinnern, je länger und intensiver man sich mit ihnen bei der Enkodierung beschäftigt hat.
- Weiter stehen im Schrank Dinge, die oft benutzt werden, in der Regel ganz vorne und fallen einem von selbst in die Hände.
- Auch die Dinge, die man erst vor kurzem benutzt hat, wird man schneller finden als lange nicht genutzte Sachen. Ebenso sind Informationen im Gedächtnis, die häufig oder vor kurzem aktiviert wurden, zugänglicher als selten oder lange nicht mehr aktivierte Informationen.

Die Bedeutung der kognitiven Zugänglichkeit, der Leichtigkeit, mit der uns Informationen in den Sinn kommen, kann hier gar nicht genug betont werden. Denn es kommt nicht nur darauf an, dass uns eine Information überhaupt in den Sinn kommt. Die Leichtigkeit, mit der uns die Information in den Sinn kommt, bedeutet den qualitativen Vorteil, dass sie uns auch noch glaubwürdiger erscheint und man von ihr überzeugter ist.[8] Werbeargumente sind also abgesehen vom Grad ihrer Stichhaltigkeit umso wirksamer, je leichter diese Argumente erinnert werden können.

Was resultiert aus diesen Erkenntnissen über die grundlegenden Prinzipien der Informationsverarbeitung für die Werbepraxis?

Der Schluss liegt nahe, die geringe Zugänglichkeit von Informationen durch die Anregung von Suchprozessen mittels Werbung zu kompensieren. Dafür sprechen Belege, wonach wenig stichhaltige Werbeargumente, deren Erinnerung erleichtert wird, genauso überzeugend wirken wie starke Argumente, deren Erinnerung erschwert wird![9] Für die Werbepraxis lassen sich noch weitere Hinweise ableiten, wie die Erinnerung an Markennamen, Slogans, Produktvorteile etc. gesteigert werden kann: Gerade eine häufige Aktivierung und ein kurzer zeitlicher Abstand zur letzten Aktivierung (recency-Effekt) sind von besonderer Bedeutung für die Werbung, da Werbung beides beeinflussen kann. Je öfter eine Werbung geschaltet wird, desto häufiger wird die Information aktiviert, und desto größer ist auch die Wahrscheinlichkeit, dass zu einem bestimmten Zeitpunkt die letzte Aktivierung erst kurz zurückliegt.

Einstellungen zu Marken- und Produktattributen, die häufig oder aber kurz zuvor aktiviert werden, sind auch leichter abrufbar, werden besser wiedererkannt und eher gewählt.[10] Bei der Wiederholung von Werbung kommt hinzu, dass nicht nur das beworbene Produkt und dessen Produktinformationen aktiviert werden. Wenn dabei eine wiederholte Aktivierung der Einstellung zum Produkt erfolgt, wird auch deren Zugänglichkeit erhöht, was wichtig ist, weil zugänglichere Einstellungen verhaltensrelevanter sind als unzugänglichere.[11]

Allerdings kann die häufige Aktivierung eines Slogans oder einer Werbung deren Zugänglichkeit erhöhen, aber wir alle kennen Beispiele, wo wir zwar den Slogan oder die Werbung erinnern, aber nicht die *Marke*. Testen Sie sich selbst und nennen Sie spontan die Marken, die Ihnen zu diesen Slogans einfallen (Die Lösung steht im Anhang.):

‚Vorsprung durch Technik.'[12]
‚Sie haben es sich verdient.'[13]
‚Man gönnt sich ja sonst nichts.'[14]

Wenn Ihnen die Slogans bekannt vorkommen, Ihnen aber die Marke nicht einfällt, scheint die Verknüpfung von Marke und Slogan nicht gelungen zu sein. Nehmen Sie mal die folgenden Slogans:

‚Hoffentlich ____________ versichert.'[15]
‚__________ macht mobil.'[16]
‚Test the ___________.'[17]
‚____________ - für das Beste im Mann.'[18]

Wahrscheinlich fiel Ihnen das leichter. Hier ist die Marke Bestandteil des Slogans und somit sind Slogan und Marke untrennbar verknüpft. Fehlt diese Verknüpfung, kann sie auch noch am Point of Sale wiederhergestellt werden und dort für die nötige Wiedererkennung sorgen: Obwohl sicher viele die Werbung kennen, mag uns vielleicht die Erinnerung schwer fallen, für welchen Spinat Verona Feldbusch mit dem Satz wirbt: ‚Mach doch noch mal Blubb.' Die Packungsaufschrift ‚Der Spinat mit dem Blubb' stellt für uns die Erinnerungsmöglichkeit am Kühlregal wieder her und aktiviert dort (hoffentlich) die nötigen positiven Gedanken und Urteile, die durch die Betrachtung der Werbung gebildet worden sind, um ihn zu kaufen.

Werbung kann auch die Bedeutung, die alles Selbstrelevante für uns hat, ausnutzen. Nicht nur aus gedächtnispsychologischer Sicht ist die Verknüpfung mit dem Selbst wichtig. Alles, was mit uns selbst zu tun hat, genießt einen Vorteil. Das geht sogar so weit, dass selbst die Initialen des eigenen Namens im Durchschnitt besser gefallen als andere Buchstaben. Werbung kann natürlich auf die Eigennamen der Rezipienten keine Rücksicht nehmen (außer beim Direct Mailing). Der Selbstbezug lässt sich aber sehr leicht durch die Verwendung von Wörtern wie ‚ich' oder ‚mein' oder eine ‚ganz persönliche' Ansprache herstellen. Beispiele dafür sind: ‚Mein Haus, mein Auto, mein Pferd, mein Anlageberater.'[19] Oder: ‚Otto, find ich gut.' (anstelle von: ‚Otto ist gut.')

Die Zugänglichkeit von Informationen hängt primär vom Aufwand bei der Enkodierung ab. Je mehr es Werbung gelingt, den Rezipienten dazu zu bringen, sich mit der Werbung zu beschäftigen bzw. diese geistig zu wiederholen, desto besser werden deren Inhalte erinnert: So gibt es eine Radiokampagne gegen Ausländerfeindlichkeit, bei der die Zuhörer aufgefordert werden, wie in einem Sprachkurs Sätze gegen Ausländerfeindlichkeit nachzusprechen und einzuüben.

Eine andere Technik, den Rezipienten zu involvieren, sind direkte Fragen, die bewirken, dass man sich kaum der Versuchung entziehen kann, in Gedanken zu antworten und damit die Werbebotschaft oder Marke zu aktivieren: ‚Welche Farbe hat der Strom? Gelb.' ‚Was wollt ihr denn? MA-O-AM.' Dabei werden ungewöhnliche und deshalb auffällige Informationen nicht nur eher betrachtet, sondern auch besser behalten wie die Sprüche: ‚Die meiste Kreditkarte Deutschlands.'[20] Oder: ‚Hier werden Sie geholfen.'[21]

2. Die Wirkung von Werbung auf unsere Wahrnehmung und Enkodierung

Die Grundvoraussetzung für jegliche weitere Verarbeitung ist trivial: Werbung muss wahrgenommen werden. Aus diesem Grund postulierte ein guter Teil klassischer Werbetheorien, dass die Erregung der Aufmerksamkeit das A und O effektiver Werbung sei.[22] Das Erregen flüchtiger Aufmerksamkeit, die dafür sorgt, dass der Reiz überhaupt (selektiv) wahrgenommen wird, macht jedoch noch keine Werbung effektiv. Für die spätere Erinnerung ist entscheidend, dass die Aufmerksamkeit an die dargebotene Information gebunden wird, so dass deren Weiterverarbeitung erfolgen kann und sie im Gedächtnis enkodiert wird. Je intensiver wir uns dabei mit der Information beschäftigen und je mehr wir sie mit bestehenden Gedächtnisinhalten verknüpfen, desto leichter können wir sie später auch wieder aus dem Gedächtnis abrufen.

Welche Faktoren führen dazu, dass Werbung nicht nur auffällt, sondern dass man sich auch weiter mit ihr beschäftigt? Es gibt natürlich Gestaltungsmerkmale wie Größe oder Farbe, die von vornherein für mehr Aufmerksamkeit sorgen. Allerdings macht eine Katalogisierung hier wenig Sinn, denn entscheidender als das Merkmal per se ist der jeweilige Kontrast zum Kontext: Obwohl bunt per se zwar besser ist als schwarz-weiß, fallen in einem gewohnheitsmäßig farbigen Umfeld schwarz-weiße Werbefilme sicher eher auf. Bedenkt man die Fülle von Informationen, die um die Aufmerksamkeit des Konsumenten wetteifern, wird Werbung immer versuchen müssen, sich vom Umfeld abzusetzen. Darum erregen ungewöhnliche, neuartige, überraschende und erwartungsinkongruente Ausführungen auch mehr Aufmerksamkeit.
Die Werbeplatzierung spielt ebenfalls eine große Rolle für die Wahrnehmungsleistung. An welcher Platzierung Anzeigen oder Werbefilme am meisten Beachtung finden, war schon frühzeitig Gegenstand der Forschung, nicht zuletzt deshalb, weil sich die Schaltungspreise danach ausrichten. Es mag nicht sonderlich überraschen, dass man in Kulturen, die von links nach rechts und von oben nach unten lesen, einen Vorteil für linksseitig präsentierte Information vorfindet, während z.B. in Japan die rechte Seite Vorteile aufweist.[23] Allerdings wird durch die Notwendigkeit des Umblätterns in Zeitschriften die rechte Seite eher wahrgenommen. Bei Verkaufsregalen wiederum liegt der bevorzugte Platz in Augenhöhe.

Darüber hinaus sind die jeweils gewählten Suchstrategien vor bzw. während einer Konsumentscheidung wichtig. Ist jemand sehr interessiert, wird der Suchprozess nach noch mehr relevanten Informationen ausgedehnt und auch weniger augenfällige Platzierungen werden berücksichtigt. Hat es der Käufer dagegen eilig, wird das nicht der Fall sein. Konsumenten suchen intensiver, wenn die Kosten einer suboptimalen Entscheidung hoch sind (z.B. bei hochpreisigen oder selten ge-kauften Produkten) oder wenn eine extensivere Suche Vorteile verspricht.[24]

Allerdings sind heute homogene Märkte die Regel, so dass weitere Informationssuchen oft nicht zu besseren Alternativen führen. Die Wahrnehmungsselektion und Ausführlichkeit bei der Beschäftigung mit Werbeinformationen wird außerdem prinzipiell von dem in der jeweiligen Situation aktivierten Ziel (Motiv) des Konsumenten beeinflusst. So werden hungrige Menschen Hinweise zum nächsten *McDonald's* eher wahrnehmen als Menschen, denen gerade nicht der Sinn nach Nahrungsaufnahme steht.

Ziele, Motivation und kognitive Verarbeitungskapazität der Rezipienten können Werbeexperten natürlich nicht kontrollieren. Insofern müssen sie versuchen, durch eine angemessene Gestaltung der Produktinformation und Platzierung den Konsumenten dazu zu bringen, diese wahrzunehmen. Doch gerade für eine aufsehenerregende, provokative und außergewöhnliche Gestaltung muss zur Vorsicht gemahnt werden. Nicht jedes Mittel, welches Aufmerksamkeit erregt, ist auch sinnvoll. Sexuelle Reize sind zwar Paradebeispiele für ‚Hingucker', aber gerade hier zeigt sich, dass ‚Hingucken' nicht unbedingt mit weiterer Verarbeitung einhergehen muss. Im Gegenteil scheinen sexuelle Reize die Weiterverarbeitung von Werbeinformationen zu beeinträchtigen, was auch für sehr innovative oder erwartungsabweichende Motive gilt.[25]

Die ungewöhnlich abweichende Kampagne für einen Alternativschmuckladen sorgte in England für einige Aufregung.

Eine ungewöhnliche Werbegestaltung erregt zwar Aufmerksamkeit und kann die Weiterverarbeitung anregen[26], aber sie kann auch verwirren[27] und so das Verständnis beeinträchtigen oder den Rezipienten davon abstoßen, sich näher damit zu beschäftigen. Denn der Zusammenhang zwischen Gestaltungsfaktoren und Informationsverarbeitung verläuft nicht linear. So steht etwa das Ausmaß der Selbstrelevanz einer Werbebotschaft und die Wahrscheinlickeit ihrer Weiterverarbeitung in umgekehrt U-förmigen Verhältnis zueinander:[28] Zuviel des Guten schadet eher.

Wie ungewöhnlich darf Werbung sein, um eine optimale selektive Aufmerksamkeit zu erregen und die Enkodierung der Inhalte sicherzustellen? Die Wirkung von Gestaltungsmerkmalen hängt sehr stark von den jeweils wirkenden motivationalen Faktoren und den zur Verfügung stehenden kognitiven Ressourcen des Rezipienten ab. So können sich Rezipienten besser an Werbeinformationen erinnern, wenn das verwendete Bild nicht zum Text passt, weil sie sich stärker anstrengen müssen, um die Botschaft zu verstehen.[29]

Dieser vermehrte Enkodierungsaufwand erhöht die spätere Erinnerung - allerdings nur bei entsprechenden kognitiven Ressourcen, denn der Erinnerungsvorteil zeigt sich bei diskrepanter Text-Bild-Information nur, wenn die Rezipienten genügend Zeit haben, die Botschaft auch zu verarbeiten. Sonst ist die Bild-Text-Kongruenz überlegen. Da als Regelfall anzunehmen ist, dass wir nur wenig Zeit für Werbung erübrigen oder sie sogar nur beiläufig wahrnehmen, dürfte die Bild-Text-Kongruenz vorzuziehen sein.[30] Nur wenn jemand sehr am Produkt interessiert ist (hoch motiviert), wird er sich auch eher mit einer auf den ersten Blick unklaren Botschaft beschäftigen. Voraussetzung ist natürlich, dass er genügend Zeit dazu hat und nicht abgelenkt, müde oder ähnlich beeinträchtigt ist. Unter ansonsten gleichen Bedingungen beschäftigen sich Rezipienten eher mit Informationen, die einen Selbstbezug haben und eher mit emotionaler Werbung als mit Sachinformationen.

Für die Praxis bleibt festzuhalten, dass Aufmerksamkeit allein nicht genügt. Zwar geht die Erregung selektiver Aufmerksamkeit oft auch mit einer intensiveren Weiterverarbeitung einher. Aber das muss nicht zwangsläufig so sein. Denn aufmerksamkeitserregende Gestaltung (etwa mit sexuellen Reizen) kann auch von weiterer Verarbeitung ablenken. Darüber hinaus zeigt das Beispiel der Modemarke *Benetton*, die jahrelang mit mehr als aufsehenerregenden Darstellungen geworben hat, wie die Erregung selektiver Aufmerksamkeit auch mit negativen Emotionen verbunden sein kann.

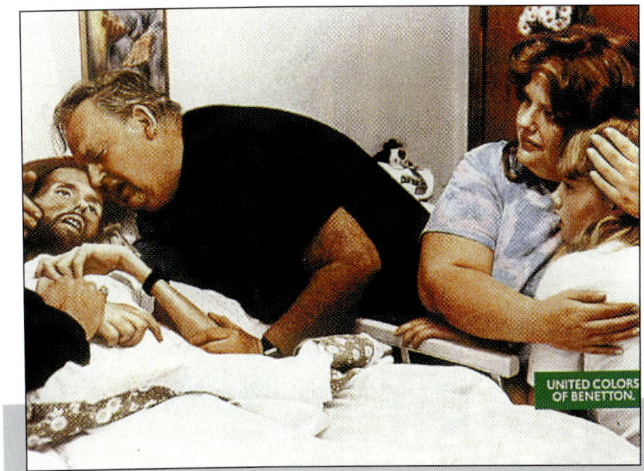

Generell deutet eine wachsende Anzahl von Befunden darauf hin, dass Konsumenten aufmerksamkeitsheischender Werbung negativ gegenüberstehen.[31] Aufmerksamkeitserregung um jeden Preis kann sich somit schnell als Bumerang erweisen. Letztlich soll auch nicht unerwähnt bleiben, dass die neuere Forschung die entscheidende Rolle der Aufmerksamkeit überhaupt in Frage stellt und zeigt, dass Werbung auch bei fehlender Aufmerksamkeit seine Wirkung entfalten kann. Unter diesen Bedingungen sind dann nicht dieselben Faktoren für die Werbewirkung verantwortlich, die unsere Aufmerksamkeit erregen.[32]

3

3. Werbewirkung im Lichte selbstgenerierter Informationen und Inferenzen

Wir nehmen die uns dargebotenen Informationen nicht nur passiv auf, sondern interpretieren diese Informationen, generieren eigene Gedanken dazu und verknüpfen sie wieder mit anderen Informationen. Streng genommen sind es bei einer systematischen Informationsverarbeitung gar nicht die dargebotenen Slogans und Claims von Produkt oder Marke, die überzeugen, sondern die vom Rezipienten daraufhin selbst gebildeten Gedanken.[33] So ist z.B. die Wirkung einer Werbung für ein Waschmittel speziell für schwarze Wäsche so überzeugend, wie unsere damit verbundenen Gedanken sind: Positiv, wenn wir sagen: ‚Endlich. Ich habe mich schon so oft über ausgelaugte schwarze T-Shirts geärgert.' Oder aber negativ, wenn unser Gedanke ist: ‚Ach, das kann doch jedes andere Color-Waschmittel auch.' Generell sind deshalb selbstgenerierte Informationen effektiver in ihrer Wirkung auf die Einstellungsänderung als lediglich dargebotene. Da bei systematischer Verarbeitung eigene Gedanken die Überzeugungsarbeit leisten, ist die Einstellungsänderung auch langanhaltender als eine Einstellungsänderung bei oberflächlicher Verarbeitung vermittelt über Heuristiken (Faustregeln), attraktive Kommunikatoren, gute Musik oder ähnlichem.

Die Wirkung selbstgenerierter Informationen gilt nicht nur für die systematische Verarbeitung, sondern es kann bereits ausreichen, wenn Personen ihre Informationen aus dem Nachsprechen positiv besetzter Inhalte generieren, um bei ihnen nachhaltige Einstellungseffekte zu erzielen. Auch eine bloße Instruktion zur Verhaltensrepetition kann mit einer ähnlichen Werbewirkung gekoppelt sein wie selbstgenerierte Informationen aus der systematischen Verarbeitung. So wurden z.B. unter dem Vorwand, die Passform von Kopfhörern testen zu wollen, Personen gebeten, mit dem Kopf zu nicken, wenn der Kopfhörer passte, während andere Personen in diesem Fall den Kopf schütteln sollten. Während des Anprobierens wurde ihnen über die Kopfhörer Werbung eingespielt. Im Anschluss berichteten die Kopf-Nicker mehr Zustimmung zu den Werbeargumenten als die Kopf-Schüttler. Anstatt also Argumente überzeugen zu lassen, geht es auch umgekehrt: Bloßes Nicken macht die Argumente überzeugender.[34]

Selbstgenerierte Informationen sind in vieler Hinsicht einflussreicher als bloß gelernte Informationen: Sie werden besser erinnert[35], sind weniger anfällig für externe Beeinflussung und auch effektiver in der Einstellungsänderung.[36] Einstellungsurteile, die auf selbstgenerierten Informationen basieren, sind in unserem Gedächtnis zugänglicher und somit auch verhaltensrelevanter als Einstellungsurteile, die mit weniger kognitivem Aufwand gebildet worden sind.

Selbstgenerierte Informationen und Inferenzen sind wichtig, weil sich Konsumenten darüber fehlende Werbe- oder Markeninformationen erschließen können.[37] Selbst relativ uninformierten Verbrauchern fällt z.B. im Supermarkt ins Auge, dass manche Marken mehr Angaben machen als andere. Interessanterweise werden nun den Marken ohne weitere Angaben dieselben (bzw. die durchschnittlichen) Ausprägungen der Produktmerkmale unterstellt, die für ähnliche Marken angegeben sind.[38] Einer der wichtigsten Prozesse aus Sicht von Werbung und Marketing, die es zu beeinflussen gilt, ist die Ableitung von Produkteigenschaften aus der Zugehörigkeit zu bestimmten Kategorien (z.B. Marken, Herkunftsländern etc.) *und* den mit diesen Kategorien verbundenen Erwartungen. So werden Personen bei einem *Volvo* höhere Sicherheitsstandards erwarten als bei einem *Lada*. Ebenso soll ein hoher Preis bei Verbrauchern möglichst die Information generieren, dass er entsprechend hohe Qualität signalisiert. Und eine lange Garantiezeit wird auch eine geringe Reparaturanfälligkeit des jeweiligen Produkts bedeuten.[39]

Für die Werbegestaltung mögen diese Ergebnisse nahe legen, die Kommunikation so zu kreieren, dass Rezipienten möglichst viel ergänzen oder schlussfolgern müssen. Nun wirkt diese Art von Werbung zwar raffinierter und interessanter als die Vorgabe von Schlussfolgerungen, doch birgt sie auch eine Reihe von Risiken: Wesentliche Voraussetzung für ein erfolgreiches Gelingen ist, dass die Rezipienten über ausreichend Wissen, Motivation und kognitive Ressourcen verfügen, um spontan Inferenzen zu generieren, da sonst die Werbebotschaft an ihnen vorbeigeht.[40] Außerdem ist die Gefahr von Bumerangeffekten[41] höher, weil mehr Interpretationsspielraum gegeben wird, so dass auch negative Information generiert werden kann.

Aber auch wenn positive Informationen generiert werden, garantiert das noch nicht einen Erfolg, denn die Inferenzbildung muss dem Rezipienten auch leicht fallen. Entscheidend ist dabei nicht die Anzahl generierter Informationen, sondern die *erlebte Leichtigkeit*: Der eine Rezipient kann mit Leichtigkeit vielleicht fünf Informationen generieren, während einem anderen drei schon schwer fallen. Bei Verbrauchern, die zwar positive Informationen generieren können, aber diesen Generierungsprozess als mühsam erleben, hat die selbstgenerierte Information keinen oder gar einen negativen Einfluss auf ihr Produkturteil.[42] So führte eine Anzeige, die dazu aufforderte, Gründe zu nennen, warum man einen *BMW* einem *Mercedes* vorziehen soll, nur dann tatsächlich zur Präferenz von *BMW*, wenn die Generierung solcher Gründe für die Befragten leicht war. Wenn die Randbedingungen dies erschweren, äußerten Rezipienten dagegen eher eine Präferenz für *Mercedes*. Dabei spielte die tatsächlich generierte Anzahl der Präferenzgründe keine Rolle, sondern nur die subjektiv erlebte Leichtigkeit.[43] Den Sachverhalt dieser Studie mag das folgende Postkartenmotiv von *VW* verdeutlichen:

Wie auch in unserer Studie wird hier (im Rahmen eines Preisausschreibens) direkt dazu aufgefordert, auf die Rückseite der Postkarte Gründe zu schreiben, warum man den *Golf* mag. Der Erfolg der Werbeidee (hier die Präferenz für den *Golf*) wird davon abhängen, wie leicht den Teilnehmern positive Aspekte einfallen. Wenn sie nicht oder nur schwer über das „äh" hinauskommen, könnte dies die Präferenz für die Marke beeinflussen.

Des Weiteren ist interessant, dass die genannten Produktstärken (Likes) und -schwächen (Dislikes) genau dann einen jeweils positiven oder negativen Einfluss auf die berichtete Produktzufriedenheit haben, wenn die Konsumenten subjektiv glauben, sie hätten viele Likes bzw. Dislikes generiert. Glauben sie umgekehrt, sie hätten eher wenig Likes genannt, so führt dies zu einer geringeren Zufriedenheit mit dem Produkt als bei Dislikes.[44] Entscheidend ist dabei einzig und allein das subjektive Gefühl, viele oder wenige Informationen generiert zu haben. Hieraus lässt sich für die Marktforschung der wichtige Schluss ableiten, dass das ‚Nachbohren' von Interviewern bei Befragungen dazu führen kann, dass die Befragten annehmen, sie haben bisher eher wenig Gründe genannt und entsprechend negative Schlussfolgerungen für ihr Urteil ziehen, was zu Verzerrungen in der Aussagekraft führt.

4

4. Die Wirkung von Werbung auf unser Produkturteil und unsere Kaufentscheidung

Letztlich müssen Verbraucher alle Informationen zu einem Urteil integrieren. Wie das Urteil ausfällt, wird nicht nur davon abhängen, welche Information in den Sinn kommt, sondern auch, wie sie genutzt wird.[45] So führen positive Informationen nicht immer zu positiven Urteilen, wie beispielsweise beim Generieren von Gründen, einen *BMW* zu fahren, was trotzdem zur Präferenz von *Mercedes* führt, weil die subjektiv empfundene Leichtigkeit den Einfluss von positiven und negativen Informationen moderiert.

Ob die generierten Informationen das Konsumurteil im Sinne der Werbemaßnahme beeinflussen, hängt auch davon ab, inwieweit die Produktdarstellung beim Konsumenten eine adäquate Kategorisierung des Produktes im Verhältnis zur Gesamtmarke bewirkt. Konsumurteile werden kaum in einem Vakuum getroffen. Die Fülle an Produktfamilien und Submarken bietet einen reichhaltigen Kontext, der die Urteile über ein bestimmtes Produkt ebenso beeinflusst wie die eigentliche Produktinformation selbst.

So ließ die visuelle Gruppierung von ‚Premium-Feinschmeckersuppen' mit den ‚Standardsuppen' von *Unox* Verbraucherinnen die Marke *Unox* und ihre Produkte besser bewerten als Verbraucherinnen, denen vorher keine Broschüre gezeigt wurde. Wenn nun aber die ‚Premium-Dosensuppen' in der Broschüre abgesetzt von den übrigen *Unox*-Standardsuppen dargestellt wurden, war der Effekt umgekehrt: Die Marke *Unox* und ihre Produkte erlitten Schaden.[46]

Somit entschied allein die Kategorisierung des Spitzenprodukts in ‚Teil der Marke' oder aber ‚eigenständige Besonderheit' darüber, ob es auf die Gesamtmarke und ihre Produkte positiv abfärbte oder - als Ausnahmeprodukt eingestuft - die anderen Produkte schlechter aussehen ließ. Die folgende Abbildung veranschaulicht die Erkenntnis aus unserer Studie:

Die ‚gemischte' Produktdarstellung (links), bei der die Zugehörigkeit der blauen ‚Premium'-Marke zu den (roten) Standardsuppen unterstrichen wird, führt zu einem positiven Transfer vom ‚Premium'-Produkt auf die Marke Unox und die Standardsuppen. Bei der ‚abgesetzten' Darstellung (rechts) ergeben sich negative Effekte, weil das ‚Premium'-Produkt als eigenständig erlebt wird. (Note: Motive und Produktbezeichnungen (blau = ‚Premium' usw.) wurden nur für das Experiment so gewählt.)

Man mag annehmen, dass sich Verbraucher für jede Produktalternative ein Urteil bilden und aus all ihren Urteilen dann die optimale Alternative für die Entscheidung auswählen. Auch wenn dieser Aufwand tatsächlich betrieben wird, was abhängig von Motivation und Kapazität ist, so sind diese Urteile in einem solchen Kontext nicht unabhängig voneinander: Die Bandbreite alternativer Konsummöglichkeiten ist groß und beeinflusst, welche Attribute beachtet werden, wie sie gewichtet werden und welche Vergleichsstandards für die Bewertung einzelner Alternativen vom Konsumenten gesetzt werden. Je nach Fokus können dabei gemeinsame Merkmale stärker beachtet werden[47] oder aber unterschiedliche:[48] Bei einem Vergleich werden zwar meist die gemeinsamen Merkmale der Objekte beachtet, aber wie stark die differenzierenden Merkmale eines Objekts beachtet werden, hängt von der Vergleichsrichtung ab: Ob beispielsweise TV-Zuschauer lieber Tennis oder lieber Fußball im Fernsehen sehen, hängt entscheidend davon ab, ob sie gefragt werden, wieviel attraktiver Tennis im Vergleich zu Fußball ist, oder eben, wieviel attraktiver Fußball im Vergleich zu Tennis ist.[49] Explizite Vergleichsprozesse erzeugen zusätzliche Dynamik für die Entscheidungsbildung.[50]

Angesichts der Flut an interessanten Befunden zu Urteils- und Vergleichsprozessen für die Werbepraxis werde ich mich im Weiteren auf zwei Anwendungsgebiete beschränken, das Markenmanagement und die vergleichende Werbung.

Für das Markenmanagement liegt die Frage nahe, wie werbliche Maßnahmen eine erwünschte Kategorisierung beeinflussen und steuern können. Das *Unox*-Beispiel verdeutlicht, dass es nicht nur wichtig ist, positive Informationen zugänglich zu machen, sondern auch so darzustellen, dass sie adäquat kategorisiert werden können. So ist es günstig, wenn in Anzeigen bei Standardprodukten die Zugehörigkeit zum Top-Produkt betont wird. Anstatt lediglich auf die jeweiligen Produkte zu fokussieren, sollte in Anzeigen rein optisch die gemeinsame Verwandtschaft zwischen Premium und Standard zum Ausdruck kommen. Eine solche durch den Corporate Identity-Ansatz inspirierte Werbung sorgt dafür, dass das Standardprodukt vom ‚großen Bruder' profitiert und ihm damit einen deutlichen Vorsprung vor vergleichbaren Konkurrenzprodukten verschaffen kann.[51] Die Bedeutung der Kategorisierung ist im Marketing bekannt, wenn auch unter anderem Namen. So gilt als Faustregel bei der Markenerweiterung, dass ein neues Produkt zur Gesamt-Marke passen muss. Psychologisch gesehen muss es vom Konsumenten als Teil der (Dach-)Marke kategorisiert werden können, wobei der Darstellung der Produkte eine wichtige Rolle zukommen dürfte.[52]

Vergleichende Werbung ist seit 1998 auch hierzulande erlaubt, aber bisher relativ wenig verbreitet. Was bringt sie? Verschafft man damit der eigenen Marke wirklich einen Vorteil gegenüber der Vergleichsmarke? Die kognitiven Prozesse, die Produktvergleichen unterliegen, können darüber Aufschluss geben: Zunächst wird durch vergleichende Werbung unabhängig vom Vergleichsprozess immer auch die Konkurrenz aktiviert, was keinesfalls im Interesse der Werber liegen wird. Schlimmer noch: Die Vergleichsprozesse wirken meist in Richtung einer Angleichung der Konkurrenzprodukte, da auf gemeinsame Merkmale besonders geachtet wird.[53] Aus diesem Grund profitieren kleinere Marken eher vom Vergleich mit dem Marktführer, als dass sich der Marktführer von ihnen distanzieren könnte. Die erfolgreiche Darstellung der Differenzierungsmerkmale der eigenen Marke gegenüber der Konkurrenz hängt auch von der Vergleichsrichtung ab. Es ist günstiger, wenn die eigene Marke im Vergleich als Subjekt fungiert und die andere Marke als Referent. Der entscheidende Einfluss der Vergleichsrichtung auf das Konsumurteil ist nicht nur für die Werbegestaltung relevant, sondern auch für die Marktforschung: Wird ein direktes Vergleichsurteil zwischen zwei Produkten verlangt, dann ist es nicht egal, wie die Frage formuliert ist. Die Richtung der Frage sollte möglichst die Vergleichsrealität des Konsumenten abbilden, also ob er von der interessierenden Marke her vergleichen würde oder ob er es eher aus Sicht der Konkurrenzmarke tut.[54]

5. Die Wirkung von Werbung auf unser Konsumverhalten

Dass positive Einstellungen und Urteile zu einem Produkt(-kauf) nicht zwangsläufig den Produktkauf bedeuten, ist altbekannt. Überlegte Produktkäufe sind eben nicht nur von der Einstellung zum Kauf beeinflusst, sondern auch von dem Bedürfnis geleitet, sich subjektiv bestehenden Normen anzupassen.[55] So wird sich ein ökologisch überzeugter Familienvater eher für den Kauf eines *Volvos* als eines *Porsches* (obwohl er ihn vielleicht toll findet) entscheiden, weil er damit den Normen seiner Bezugsgruppe (Freunde, Familie) und seines Selbstbildes entspricht. Personen können durchaus von einem Produkt überzeugt sein. Sie werden es aber nicht kaufen, wenn es in ihrem sozialen Umfeld schief angesehen ist und ihnen soziale Anerkennung wichtig ist. Die Bedeutung, die Jugendliche bestimmten Marken beimessen, obwohl sie sich qualitativ nicht von anderen unterscheiden, ist hier das beste Beispiel. Daraus folgt für die Werbung, die soziale Akzeptanz eines Produktes zu steigern, indem sie z.B. kommuniziert, dass das Produkt eine hohe Akzeptanz hat bzw. verleiht.

Nicht immer gehen langes Überlegen oder Planen einem Kauf voraus, setzt dies doch wieder entsprechende Motivation und Gelegenheit (z.B. genügend Zeit für Informationssuche) voraus. Spontanes Kaufverhalten ist eher die Regel als die Ausnahme und spontanes Kaufverhalten ist wiederum stärker von Einstellungen beeinflusst. Voraussetzung dafür ist, dass die jeweilige Einstellung am Point of Sale (POS) zugänglich ist. Auch hier ist wieder weniger entscheidend, dass die Einstellung in den Sinn kommt, sondern wie leicht sie das tut:[56] So wurden z.B. Personen gebeten, zunächst eine Reihe von Schokoriegeln zu bewerten.[57] Dabei wurde die Zeit gemessen, die sie benötigten, um ihre Einstellung abzugeben. Im Anschluss daran durften sie sich aus den Schokoriegeln einen auswählen. Nur bei Personen, die ihre Einstellung relativ schnell äußern konnten, hing die Einstellung auch mit der tatsächlichen Produktwahl zusammen. Wie Personen Produkte beurteilen, wirkt sich nur dann günstig auf die Produktwahl aus, wenn es sich um leicht zugängliche Beurteilungen handelt, aber nicht, wenn sie darüber länger nachdenken müssen.

Werbern kann es nicht genügen, lediglich positive Produkteinstellungen zu erzeugen.[58] Werbung muss es gelingen, diese Einstellungen leichter zugänglich zu machen. Dabei ist der Umstand zu beachten, dass Einstellungen, die über eigene Erfahrungen gebildet wurden, verhaltensrelevanter sind als Einstellungen, die durch extern dargebotene Information zustande gekommen sind. Produktproben können demnach effektiver sein als Anzeigen oder Werbefilme.

Wie alle Informationen werden auch Einstellungen leichter zugänglich, je öfter sie aktiviert werden. Werbung sollte also dafür sorgen, dass auch die jeweilige Einstellung aktiviert wird oder gar, dass das Produkt automatisch die Einstellung aktiviert. Ein gelungenes Beispiel ist der Slogan ‚Otto, find ich gut'. Hier wird der Markenname direkt mit einer Einstellung verknüpft, so dass Konsumenten, wenn der Spruch durch mehrmalige Darbietung gelernt wurde, gar nicht anders können, als bei ‚Otto' an ‚find ich gut' zu denken. Dieser Slogan vom Otto-Versand ist sogar so bekannt, dass man ihn selbst dann wiedererkennt, wenn alle Buchstaben durcheinandergewürfelt sind.

Print-Motiv des Otto-Versands, das mit der hohen Wiedererkennbarkeit des Slogans arbeitet.

Es reicht eben nicht, dass sich ein Konsument einmal ein positives Urteil gemacht hat. Es muss ihm in der Kaufsituation auch in den Sinn kommen, so dass er danach handelt. Je leichter dies geschieht, umso eher wird sich spontanes (Konsum-)Verhalten aufgrund der jeweiligen Einstellungen ergeben. Dabei kann am Point of Sale nachgeholfen werden, indem durch entsprechende Hinweisreize die Einstellungen angesprochen werden. Dieser Punkt birgt auch Implikationen für die Marktforschung: Die Vorhersage von Verhalten könnte merklich verbessert werden, wenn zusätzlich zur

Valenz der Einstellungen auch ihre Zugänglichkeit gemessen würde. Entscheidend ist nicht nur, wie gut oder schlecht der Konsument Produktmerkmale findet, sondern auch, wie schnell er sie äußert.

6

6. Die Rolle von Emotionen und Affekten bei der Wirkung von Werbung

Nun mag der Eindruck entstanden sein, der Consumer Information Processing-Ansatz (CIP) fokussiert ganz und gar auf rein kognitive Prozesse und vernachlässigt affektiv-emotionale Einflussgrößen. Dies ist nicht der Fall. Viele Arbeiten untersuchen, wie affektive Zustände auf die Informationsverarbeitung wirken.

Konsumenten urteilen danach oft stimmungskongruent: Sie bewerten Produkte positiver in guter und negativer in schlechter Stimmung.[59] In diesem Sinne werden Produkte, die gemeinsam mit Reizen dargeboten werden, die gute Stimmung erzeugen, besser bewertet als bei Reizen, die negative Stimmung hervorrufen. Dies gilt aber nur, wenn man sich des Ursprungs der guten Stimmung nicht bewusst ist.[60] Für eine Werbung kann es besser sein, nicht selbst positive Stimmung zu erzeugen, sondern dies anderen zu überlassen wie z.B. dem Umfeld, in dem die Werbung geschaltet wird.[61] Außerdem profitiert nicht jede Produktkategorie gleichermaßen von guter Stimmung. *(Ausführlicher berichtet Axel Mattenklott in seinem Beitrag zu diesem Thema.)*

Neben dem direkten Einfluss von Stimmung auf die Produktbewertung steuern affektive Zustände auch das Ausmaß der Informationsverarbeitung: Gute Stimmung scheint - ähnlich wie geringe Motivation und beeinträchtigte Kapazität - den Aufwand bei der Informationsverarbeitung einzuschränken.[62] Bei der Verarbeitung von Werbebotschaften beeinträchtigt gute Stimmung die systematische Verarbeitung von Werbebotschaften.[63] Hier zeigt sich, dass gute Stimmung, etwa durch Humor in der Werbung erzeugt, ein zweischneidiges Schwert ist: Einerseits kann das Produkt durch die Assoziation profitieren und andererseits läuft man Gefahr, dass Rezipienten, die angepriesenen Produktvorteile gar nicht verarbeiten. Bei komplexer Argumentation sind Humor und stimmungsinduzierende Werbung daher eher fehl am Platz.

7

7. Zusammenfassung der zentralen Erkenntnisse

Angesichts der Flut an Befunden aus der sozialen Kognitions- und Entscheidungsforschung und der Konsumentenpsychologie habe ich mich bemüht, die zentralen Prozesse und Mechanismen zu benennen und Hinweise für die Werbepraxis abzuleiten. Zusammenfassend möchte ich drei Aspekte herausstreichen, die sich in der einen oder anderen Form immer wieder gezeigt haben:

1. Die Wirkung vieler Gestaltungsmerkmale hängt von der Verarbeitungsintensität ab. Daraus ergeben sich verschiedene Konsequenzen für Werbung und Marktforschung. *Da uninteressierte und abgelenkte Rezipienten bei der Betrachtung von Werbung oft die Regel sind, sollte dieser Umstand bei den jeweiligen Werbetests berücksichtigt werden, anstatt ausschließlich Reaktionen zu erfassen, die unter fokussierter Aufmerksamkeit und hoher kognitiver Kapazität zustande kommen.* Natürlich kann nicht ausgeschlossen werden, dass es auch Bedingungen aufwendiger Verarbeitung von Wer-

beinformation gibt. Die Wirkung von Gestaltungselementen kann aber nur in Abhängigkeit des Verarbeitungsaufwands eingeschätzt werden: *Was unter hohen kognitiven Ressourcen effektiv sein kann, kann unter Umständen wenig nützlich oder sogar kontraproduktiv bei beschränkten Ressourcen sein und umgekehrt.*

2. *Gestaltungselemente können oft unterschiedliche Effekte auf unterschiedlichen Stufen der Informationsverarbeitung haben* - bis hin zu ihrer (oder durch das Umfeld) vermittelten Stimmung. *Was die selektive Aufmerksamkeit stört, kann die Weiterverarbeitung erhöhen:* Vermehrte Wiederholungen langweilen zwar und beeinflussen die Einstellung zur Werbung negativ, aber sie verbessern die Erinnerung und schaden auch nicht der Einstellung zum Produkt unbedingt. Ebenso mag Humor dem Produkt bekommen, scheint aber der Verarbeitung der Produkt-Claims abträglich zu sein. Es ist also unumgänglich, jeweils genaue Werbewirkungsziele zu formulieren und die jeweilige Wirkung auf unterschiedliche Ziele zu testen.

3. Es sollte deutlich geworden sein, dass *es nicht nur bedeutsam ist, ob eine Information aus dem Gedächtnis abgerufen werden kann. Entscheidender ist, wie leicht dies fällt.* Während die Marktforschung mit Vorliebe Erinnerungsinhalte und -menge erfasst, wird der Leichtigkeit des Abrufs wenig Aufmerksamkeit zuteil. Vor dem Hintergrund der Erkenntnisse zu den psychologischen Informationsverarbeitungsprozessen ist dies ein gravierendes Versäumnis.

Was sollte Ihnen mein Beitrag bringen? Psychologische Grundlagenforschung kann nicht spezifische Marktforschung ersetzen, die konkret untersucht, welche Bedürfnisse gerade vorherrschen, welche Argumente überzeugen oder welche Bilder ansprechend empfunden werden. Ebenso wenig kann sie kreative Umsetzung leisten.

Die Kenntnis der Grundlagen menschlicher Informationsverarbeitung hilft aber bei der Gestaltung von Werbung und der Überprüfung ihrer Wirkung. Den Beitrag, den die psychologische Grundlagenforschung für das Verständnis, wie Rezipienten Werbung verarbeiten, für die Praxis leisten kann, lässt sich vielleicht am besten mit dem Bau eines Hauses vergleichen: Der Architekt muss zunächst die funktionalen Kriterien bestimmen und dann versuchen, diese auf möglichst ansprechende und ästhetische Weise umzusetzen. Wie eine Schule hierbei andere Anforderungen stellt als ein Büro oder ein Wohnhaus, so muss auch Werbung für Parfum andere Inhalte vermitteln als für Motoröl. Ob der Architekt allerdings Holz oder Stein wählt, ob er eine Schule oder ein Wohnhaus baut, es gelten immer die Gesetze der Statik. Ohne die Beachtung der Statik stürzt ein Haus ein.

Ähnlich gelten bei der Verarbeitung von Werbung, egal ob für Motoröl oder Parfum, die Grundsätze der Informationsverarbeitung. Insofern hoffe ich, dass mein Beitrag bei Praktikern Einsichten geben konnte und Wissenschaftlern gezeigt hat, dass Informationsverarbeitungsprozesse bei Konsumenten ein fruchtbares Forschungsfeld bieten, das leider, wie ein Blick in die zitierte Literatur deutlich macht, in Deutschland bislang ziemlich brach gelegen hat. Vielleicht kann meine Darstellung - wie auch dieses Buch insgesamt - dazu beitragen, dass sich dies bald ändert.

8

8. Anhang

1 CIP baut dabei weitgehend auf Theorien und Erkenntnissen der Forschung zur sozialen Urteilsbildung und Einstellungsänderung (soziale Kognition) auf. Überblicke geben Kardes (1994, 1999) sowie Shavitt & Wänke (2001).

2 Eine vertiefende Darstellung menschlicher Informationsverarbeitung gibt Fiedler (1996).

3 Nach Liechtenstein & Srull (1985) ist der Zusammenhang zwischen der Erinnerung von Inhalten und der Produktbeurteilung - einem anderen Wirkungsfaktor - nicht eindeutig. *Mit dieser Thematik beschäftigt sich auch Georg Felser in seinem Beitrag.*

4 Die Verwendung solcher Heuristiken belegen die Arbeiten von Petty & Cacioppo (1986) sowie Chaiken (1987).

5 Ergebnisse zur Wirkung von Musik stellt Gorn (1982) vor.

6 Diese Einflussgrößen nennen Petty, Cacioppo & Schuman (1983).

7 Einen Überblick über Abruf- und Speicherprozesse bei Konsumenten gibt der Herausgeberband von Mitchell (1993).

8,9 Empirische Belege dafür liefern Bless & Wänke (2000).

10 Darüber berichten u.a. Berger & Mitchell (1989), Nedungadi (1990), Nedungadi, Mitchell & Berger (1993) sowie Ray & Sawyer (1971).

11 Fazio (1990) beschäftigt sich im Rahmen seines Einstellungsmodells mit der unterschiedlichen Verhaltensrelevanz von Einstellungen (im Konsumbereich).

12 Werbeslogan von Audi.

13 Werbeslogan des Reiseveranstalters TUI.

14 Werbeslogan von Malteser Aquavit.

15 ‚Hoffentlich Allianz versichert'.

16 ‚Mars macht mobil'.

17 ‚Test the West'.

18 ‚Gilette - für das Beste im Mann'.

19 Werbeslogan der LBS.

20 ‚Deutschlands meiste Kreditkarte' ist der Slogan von Visa.

21 TV-Spot-Ausspruch von Verona Feldbusch für die Telefonauskunft von Telegate.

22 Die Bedeutung der Aufmerksamkeitserregung durch Werbung betont z.B. das AIDA-Modell von Lewis (1898). Weitere Informationen finden Sie bei Rossiter & Percy (1987). *Zur Aufmerksamkeit schreiben auch Klaus Moser und Stefan Jenzowsky in ihren Beiträgen sowie kritisch Georg Felser.*

23 Kulturelle Unterschiede der Lesegewohnheiten berichten z.B. Adams (1920), Gutman (1972) und Yamanake (1962).

24 Zu diesem Ergebnis kommen die Studien von Hoyer & Brown (1990) und Srinivasan & Ratchford (1991).

25 Das ist ein Resultat von Severn, Belch & Belch (1990).

26 Über die verarbeitungsanregende Wirkung ungewöhnlicher Werbegestaltung berichten Stayman, Alden & Smith (1992).

27 Auf diese Problematik weisen Kover, Goldberg & James (1995) hin.

28 Mit dem Verhältnis zwischen Werbebotschaft und Persuasion beschäftigen sich Meyers-Levy & Peracchio (1996).

29 Belege für die Text-Bild-Diskrepanz bei der Werbegestaltung berichten Houston, Childers & Heckler (1985).

30,32 *Auf die hier berichteten Annahmen des Verarbeitungsflüssigkeitsmodells geht Georg Felser in seinem Beitrag ein.*

31 Diese Einschätzung vertreten z.B. Campbell (1995) und Kirmani (1990).

33 Die Bedeutung selbstgebildeter Gedanken für die Persuasion hebt Greenwald (1968) hervor.

34 Das Experiment stammt von Wells & Petty (1980).

35 Die bessere Erinnerung von selbstgenerierter gegenüber gelernter Information fanden Moore, Reardon & Durso (1986).

36 Vorteile selbstgenerierter Information berichten King & Janis (1956), Sawyer & Howard (1991) und Shavitt & Brock (1990).

37,40 Weitere Einzelheiten finden Sie bei Kardes (1993).

38 Dies lässt sich aus der Ross & Creyer-Studie (1992) ableiten.

39 Diese Effekte der Verbraucherintuition fanden Broniarczyk & Alba (1994).

41 Diese Möglichkeit erwägen Shavitt & Brock (1986).

42 Dies ergaben die Studien von Wänke, Bless & Biller (1996) und Wänke, Bohner & Jurkowitsch (1997).

43,44 Dieses Experiment finden Sie bei Wänke, Bohner & Jurkowitsch (1997) dargestellt.

45 Vergleichen Sie hierzu Wänke (1996).

46 Die Studie stammt von Wänke, Bless & Igou (2001).

47 Nähere Einzelheiten finden Sie bei Wänke (1994).

48 Dies belegt eine Studie von Dhar & Simonson (1999).

49 Zeichnet sich ein Produkt durch ein besonders attraktives Merkmal aus, kann dessen Fehlen beim anderen Produkt im Vergleich schwerer wiegen als bei alleiniger Betrachtung. Paradoxerweise zeigen sich dabei Entscheidungen zwischen zwei Alternativen davon beeinflusst, welche weiteren Alternativen vorhanden sind. Gibt es auf einem Markt nur zwei Produkte, deren Vorzüge und Nachteile sich ausgleichen, so kann der Markteintritt eines dritten Produktes die Präferenzen zwischen den ersten beiden Produkten verschieben, anstatt einen eigenen Marktanteil auf sich zu ziehen: So kann das dritte Produkt beispielsweise den Marktanteil des ersten Produkts gegenüber dem zweiten dann erhöhen, wenn es diesem auf allen Dimensionen unterlegen ist, aber dem zweiten Produkt teilweise überlegen. Weiter Informationen entnehmen Sie bitte Wänke, Schwarz & Noelle-Neumann (1995), Dhar & Simonson (1992) sowie Sanbonmatsu, Kardes & Gibson (1991).

50 Details bieten z.B. Huber, Payne & Puto (1982) sowie Tversky & Simonson (1993).

51 In einer ähnlichen Studie zeigte sich, dass durchschnittliche Markenprodukte von dem Top-of-the-line-Produkt derselben Marke nicht profitieren, wenn Konsumenten zusätzlich zu einer Anzeige für die Standardprodukte auch eine Anzeige für das Top-Produkt sahen. Anscheinend wirkt hier das ‚Flaggschiff' als Vergleichsstandard, gegen den ein ‚normales' Produkt so blass aussieht, dass sich dessen Bewertung signifikant verschlechtert. Dies galt übrigens nicht nur für das Standardprodukt derselben Marke, sondern auch für ähnlich durchschnittlich ausgestattete Produkte einer Konkurrenzmarke. Weitere Einzelheiten stehen bei Wänke, Bless & Igou (2001).

52 Über Markenmanagement als Kategorisierungsproblem schreibt Wänke (1998). *Die komplexe Beziehung zwischen Marke und Unternehmen - auch im Rahmen des CI-Ansatzes - beleuchtet Dieter Herbst in seinem Beitrag.*

53 Belege bietet die Studie von Gorn & Weinberg (1984).

54 Über die Bedeutung der Vergleichsrichtung finden Sie nähere Einzelheiten bei Wänke (1994).

55 Den Einfluss sozialer Bezugsnormen unterstreichen die Arbeiten von Fishbein & Ajzen (1975).

56 Auf die Einstellungszugänglichkeit weist Fazio (1990) hin.

57 Diese Studie stammt von Fazio, Powell & Williams (1990).

58 Die Arbeiten von Fazio (1990) zeigen auf, dass es nicht genügt, positive Einstellungen zu schaffen.

59 Dieser Schluss ergibt sich aus den Ergebnissen der Studien von Isen, Shalker, Clark & Karp (1978) und Axelrod (1963).

60 Dies berichten Gorn, Goldberg & Basu (1993).

61 Über solche Kontexteffekte schreibt Mattenklott (1998).

62 Die Beeinträchtigung der Informationsverarbeitung durch gute Stimmung berichtet Bless (1997).

63 Belege für diese Annahme bringen Batra & Stayman (1990).

Prof. Dr. Georg Felser

1965 geboren habe ich von 1984 bis 1991 an der Universität Trier Psychologie, Philosophie, Italianistik und Germanistik studiert. Dort war ich anschließend als wissenschaftlicher Mitarbeiter tätig, bis ich 1998 meine Promotion in Psychologie abschloss. Von 1999 bis 2001 arbeitete ich als wissenschaftlicher Assistent im Fach Psychologie an der Martin-Luther-Universität in Halle-Wittenberg. Seit Oktober 2001 bin ich Professor im Studiengang Wirtschaftspsychologie an der Hochschule Harz in Wernigerode.

Meine Forschungsinteressen erstrecken sich über sehr verschiedene inhaltliche Bereiche, wie z.B. Personwahrnehmung, Informationsverarbeitung ohne Aufmerksamkeit, Entscheidungsforschung oder psychologische Diagnostik. Ich bin Mitglied im Vorstand der Sektion Markt- und Kommunikationspsychologie des Berufsverbandes Deutscher PsychologInnen (BDP).

Mein Interesse für Werbung habe ich im März 1993 durch einen Lehrauftrag zum Thema Markt- und Werbepsychologie an der Fachhochschule Trier im Bereich Kommunikationsdesign entdeckt. Seitdem hat mich das Thema nicht mehr losgelassen. Die Arbeit mit zukünftigen Praktikern der Werbung war sehr anregend. Während dieser Arbeit entstand mein Buch zur Werbe- und Konsumentenpsychologie, das 2001 beim Spektrum Akademischer Verlag in zweiter Auflage erschienen ist. Seitdem habe ich die Konsumentenpsychologie in verschiedenen Publikationen und Lehrveranstaltungen vertreten.

An der Konsumentenpsychologie fasziniert mich etwas scheinbar ganz Banales: Ich finde es spannend, mich mit einem Thema zu beschäftigen, das mir im Alltag nicht nur manchmal, sondern auf Schritt und Tritt begegnet. So kann ich immer mitverfolgen, was die Forschung, mein Wissen und meine Erkenntnisse für die Praxis im Konsumentenalltag bedeuten. In der Werbung würde ich gerne dazu beitragen, dass die Praxis mehr von der Forschung profitiert und die Psychologie in der Konsumenten- und Werbewirkungsforschung in Zukunft eine stärkere Rolle spielt. Denn: Theorie und Praxis sind keine Gegensätze. Kein kluger Praktiker arbeitet ohne Theorie.

Werbung wirkt auch im Vorbeigehen.
Verarbeitung von Werbebotschaften ohne Aufmerksamkeit

Prof. Dr. Georg Felser

Stellen Sie sich vor, Sie blättern in einer Illustrierten. Die Werbeanzeigen darin nehmen Sie wie üblich nur aus dem Augenwinkel wahr. Die meisten davon überblättern Sie einfach. Würde man Ihnen später diese Anzeigen noch einmal zeigen, könnten Sie nur einen recht kleinen Teil der Anzeigen aus der Zeitung korrekt wiedererkennen. Eine beträchtliche Menge von Werbung haben Sie zwar gesehen, aber Sie können sich nicht mehr daran erinnern. Stellen Sie sich weiter vor, dass wir nun diese von Ihnen gesehenen aber nicht erinnerten Anzeigen für ein Experiment verwenden:

Wir mischen diese Anzeigen unter eine Reihe neuer Vorlagen und bitten Sie nun zu diesen Anzeigen um Ihr Urteil. Sie sollen einschätzen, wie gut sich die Beispiele zur Werbung eignen, für wie gelungen Sie die Gestaltung halten und wie sympathisch Ihnen die Anzeigen insgesamt sind. Was ist hier für Ihr Urteil zu erwarten? Sehr wahrscheinlich werden Sie die bereits gesehenen aber nicht wiedererkannten Anzeigen besser bewerten als den Rest. Das Interessante dabei ist, dass Sie diese bessere Bewertung vornehmen werden, ohne dabei das Gefühl zu haben, Sie hätten diese Anzeigen irgendwo schon einmal gesehen![1]

Also hatten die Anzeigen irgendwie doch eine Wirkung, auch wenn Sie sich nicht daran erinnert haben. Oder haben Sie sich doch erinnert? In einem gewissen Sinne wird man das sagen können, denn offensichtlich hat die flüchtige Begegnung beim Durchblättern der Zeitschrift eine Spur in Ihrem Gedächtnis hinterlassen. Allerdings haben Sie das anscheinend nicht bemerkt, denn auf die Frage, woran Sie sich erinnern bzw. was Sie wiedererkennen, ist Ihnen diese Gedächtnisspur nicht gegenwärtig gewesen. Dass da im Gedächtnis doch noch etwas war, können wir aus Ihrem Verhalten schließen (z.B. an Ihrem Beurteilungsverhalten). Da Sie es nicht mit Worten wie: ‚Ich erinnere mich...' explizit mitteilen können, spricht man in diesem Fall von ‚implizitem Erinnern'.

Implizites Erinnern folgt im Unterschied zum expliziten Erinnern keiner direkten Frage nach der früheren Information. Es zeigt sich vielmehr in Situationen, die mit der früheren Episode, wie z.B. dem Lesen der Zeitschrift, gar nichts zu tun haben. Wir nutzen beim impliziten Erinnern Informationen aus früheren Episoden, ohne es zu merken. Dazu brauchen wir nur eine geeignete Aufgabe: Wenn bei der Bearbeitung der Aufgabe, wie etwa der Beurteilung von (vermeintlich neuen) Werbeanzeigen die frühere Information eine Rolle spielt, dann ist dies ein indirekter Hinweis darauf, dass diese Information im Gedächtnis vorhanden war.

Soviel zum Experiment. Wie häufig uns diese Situationen im Alltag begegnen, mag die folgende Abbildung veranschaulichen.

Oft sehen wir Werbung nur aus dem Augenwinkel an uns vorbeihuschen. Kann sie auf diesem Wege auch wirken?

Betrachten wir eine kleine Auswahl von Beispielen für implizites Erinnern, die bislang in Experimenten nachgewiesen werden konnten:

- Wortanfänge (z.B. Co....) werden korrekter mit den dazugehörigen Markennamen (z.B. *Coca Cola*) ergänzt, wenn die Marke bereits früher in einer Werbeanzeige vorkam, unabhängig davon, ob wir die entsprechende Werbung erinnern oder wiedererkennen.[2]

- Zu einem Oberbegriff (z.B. Autos) werden mit höherer Wahrscheinlichkeit Beispiele (z.B. *BMW*) assoziiert, wenn diese in einer früheren Darbietung schon mal vorkamen.[3]

- Ein Störgeräusch, das einen gesprochenen Text begleitet, wird als leiser empfunden, wenn die Textpassage bereits früher schon einmal vorkam.[4]

- Namen, die in einer früheren Episode schon einmal vorkamen, werden eher für berühmt gehalten als völlig neue Namen.[5]

- Chinesischen Schriftzeichen wird eher eine positive Bedeutung unterstellt, wenn sie früher schon einmal in einem anderen Kontext dargeboten wurden.[6]

Ob es also um Worte ergänzen, Begriffe assoziieren, die Bekanntheit irgendwelcher Namen oder die Positivität fremder Sprachen geht, bei all diesen Prozessen treten die genannten Effekte auf, ohne dass sich die Personen an die frühere Darbietung erinnern würden. Es sind Beispiele dafür, dass *man das Gedächtnis nutzt, ohne dabei das Gefühl zu haben, sich an etwas zu erinnern.*

1. Das Phänomen beiläufiger Informationsverarbeitung - der ‚Mere-exposure-Effekt'

Für die Werbung ist der letztgenannte Effekt mit den chinesischen Schriftzeichen besonders interessant. Er wird als Effekt der bloßen Darbietung oder Mere-exposure-Effekt bezeichnet. *Der Mere-exposure-Effekt besteht darin, dass ein Reiz, der früher schon einmal verarbeitet wurde, allein als Folge der früheren Darbietung positiver bewertet wird.* Dieser Effekt zeigt sich also eben nicht einfach in einer Assoziation, wie manch andere Effekte des impliziten Erinnerns, sondern äußert sich in einer positiven Bewertung.[7] Man kann Mere-exposure-Effekte mit sehr verschiedenen Stimuli nachweisen, z.B. mit geome-trischen Figuren, Logos, Gesichtern, Tönen, Be-griffen oder Gerüchen. Alle diese Reizvorgaben können zu besseren Bewertungen führen, wenn sie früher schon einmal verarbeitet wurden!

Der Mere-exposure-Effekt gilt als einer der robustesten Effekte der Psychologie überhaupt. Dabei gibt es natürlich Bedingungen, unter denen er besser funktioniert als unter anderen. Bornstein verglich Forschungsarbeiten zum Mere-exposure-Effekt aus mehr als zwanzig Jahren.[8] Dabei zeigten sich neben der Robustheit des Effektes, dass der Mere-exposure-Effekt unter folgenden Bedingungen besonders stark ist:

- *Komplexe Reizvorgaben*
  Sehr einfache Reize erzeugen nach häufiger Darbietung im Unterschied zu komplexen Reizen vergleichsweise geringe Bewertungsverbesserungen.

- *Mittlere Häufigkeit der Darbietung*
  Der Mere-exposure-Effekt lässt sich nicht belie-

big steigern. Schon nach zehn Darbietungen kann die Bewertungsverbesserung nachlassen.

- *Kurze Darbietungszeit*
  Je länger ein Reiz präsentiert wird, desto kleiner wird der Mere-exposure-Effekt. Eine Darbietungszeit von weniger als einer Sekunde führt zu den stärksten Effekten.

- *Zeitliche Distanz zwischen Darbietung und Werturteil*
  Der Mere-exposure-Effekt ist am stärksten, wenn wir nicht sofort nach der Darbietung um eine Einschätzung gebeten werden.

- *Keine bewusste Erinnerung*
  Der Effekt ist am stärksten, wenn wir uns nicht an die Reizbegegnung erinnern können.

Diese Bedingungen kreisen alle um denselben Kerngedanken: Bewusstes Erinnern dämpft den Effekt. Daher ist es auch plausibel, dass komplexe Vorgaben zu stärkeren Effekten führen. An ein einfaches Logo (um ein Beispiel aus der Werbung zu nehmen) kann ich mich leichter bewusst erinnern als an ein komplexes. An eine mittlere Zahl von Darbietungen eines Logos oder einer Printanzeige werde ich mich weniger leicht bewusst erinnern als an eine hohe. Bei kürzerer Darbietungszeit kann ich mir das Logo nicht so leicht bewusst merken wie bei längerer - und wenn man mich kurz nach der Darbietung bereits nach meinem Urteil fragt, werde ich mich leichter erinnern, als wenn ich erst viel später ein Urteil abgebe.

Der Mere-exposure-Effekt ist am stärksten, wenn er uns so wenig wie möglich bewusst ist. Offenbar gehört er zu jenen automatischen Prozessen unserer Informationsverarbeitung, die unter Bewusstheit und kognitiver Kontrolle ‚leiden'.[9] Ich behaupte hier, dass Werbung auch ‚im Vorbeigehen' wirkt, und der Mere-exposure-Effekt löst diese Behauptung auf eine besonders strenge Weise ein: Die Werbewirkung, die im Lichte des Mere-exposure-Effekts besteht, ist nicht *auch*, sondern vermutlich sogar *nur* ‚im Vorbeigehen' zu haben!

Diese Erkenntnisse gelten mehr oder weniger für alle Effekte impliziten Erinnerns, von denen - Sie erinnern sich hoffentlich explizit daran - der Mere-exposure-Effekt nur einer war. Die Kernbedingung des impliziten Erinnerns - auch das als wichtiger Merkposten - war ja, dass bei der späteren Verwendung der Information keine ausdrückliche Er-innerung gefordert wird - eine Bedingung, die sicherlich der Regelfall in unserem täglichen Umgang mit Werbung sein dürfte. Dieser Punkt wird später noch einmal wichtig, wenn es um die Rolle ‚impliziter Einstellungen' geht.

2. Sind beiläufige Informationsverarbeitungseffekte etwas Besonderes oder nur alter Wein in neuen Schläuchen?

Viele Werbepraktiker bzw. Konsumentenforscher werden vielleicht sagen: ‚Den Mere-exposure-Effekt kennen wir doch schon seit 30 Jahren. Und dass beiläufig aufgenommene Information ihre Wirkung hat, ist auch nichts Neues.'

In der Tat: Dass nicht beachtete Informationen verarbeitet werden, ist keine neue Erkenntnis. Die neueren Ergebnisse und Methoden zu diesem Thema sind aber noch keineswegs bis in die Anwendungspraxis der Werbewirkungs- und Marktforschung vorgedrungen. Hier herrschen noch einige problematische Vorstellungen zu automatischen oder unbewussten psychologischen Prozessen. Einige davon betreffen besonders den Mere-exposure-Effekt, die meisten jedoch allgemein automatisches Verhalten. Im Folgenden will ich versuchen, einige Missverständnisse zu klären und neuere Erkenntnisse vorzustellen. Zuerst geht es darum, den Mere-exposure-Effekt von zwei anderen Phänomenen, der Rekognitionsheuristik und dem Truth-Effekt, abzugrenzen.

Wichtigster Unterschied ist, dass es beim Mere-exposure-Effekt nicht ums Wiedererkennen geht. Die Tatsache, dass der Mere-exposure-Effekt nicht auf bewusstes Erkennen angewiesen ist und sich sogar abschwächt, wenn Bewusstheit hinzukommt, wurde in der Vergangenheit häufig übersehen. Dadurch wurde der Effekt nicht selten falsch interpretiert oder zu Unrecht erwartet. So diskutiert z.B. Kroeber-Riel in seiner Arbeit über Bildkommunikation die Möglichkeit, dass ein nicht beachtetes Bildelement spätere Auswirkungen auf Verhalten und Erleben hat.[10] Er bezeichnet jedoch den Effekt, den ein früher dargebotenes aber nicht erinnertes Bild auf die spätere Beurteilung des Bildes hat, fälschlich als Wiedererkennung.

Nemetz wiederum versucht, den Mere-exposure-Effekt evolutionstheoretisch zu erklären, indem er davon ausgeht, Vertrautheit schaffe Sicherheit und daher auch Sympathie.[11] Der Mere-exposure-Effekt wird aber durch bewusstes Erinnern, das zum Entstehen von Vertrautheit nötig ist, nicht gefördert, sondern gehemmt. Nemetz hat keinen Platz für diesen Befund und folgert: *„Konsumenten neigen aufgrund des Kontakt-Affekt-Phänomens dazu, die bekanntere Marke zu wählen."*[12] Diese Folgerung ist problematisch. Aufgrund des Mere-exposure-Effekts neigen Konsumenten nicht dazu, die bekanntere Marke zu wählen, sondern die, die sie schon einmal gesehen haben, ohne sich daran zu erinnern. Wenn sie sich erinnern und es sich somit bewusst um die ‚bekanntere' Marke handelt, dann tritt der Mere-exposure-Effekt zurück und macht anderen Effekten Platz.

- Die *Rekognitionsheuristik* benutzen wir, wenn wir uns zwischen zwei Optionen zu entscheiden haben, von denen die eine von uns wiedererkannt wird und die andere nicht. Goldstein und Gigerenzer können zeigen, dass Menschen eine starke Neigung zeigen, in einer solchen Entscheidungssituation die subjektiv bekanntere Option zu wählen und dass sie dabei häufig außerordentlich gut fahren:[13] Offenbar kann man als blutiger Finanzlaie mit dieser Faustregel sogar an der Börse einen besseren Schnitt erzielen als mancher kundige Börsianer.[14] Letztere, nämlich die Experten, können bei der Wahl zwischen verschiedenen Anlagemöglichkeiten nicht die wählen, die ihnen bekannt vorkommt, weil sie nämlich dummerweise meist beide kennen. Daher können nur Laien, die von den Optionen einige kennen und andere nicht, von der Faustregel der Rekognitionsheuristik profitieren. Die Rekognitionsheuristik ist offenbar in vielen Konsumsituationen bedeutsam, auf die auch der Mere-exposure-Effekt wirken würde. *Allerdings wird die Anwendung dieser Faustregel durch das Gefühl, etwas wiederzuerkennen, eigentlich erst ausgelöst, während der Mere-exposure-Effekt durch dasselbe Gefühl gehemmt wird.*

- Ein ebenfalls verwandtes Phänomen, das leicht mit dem Mere-exposure-Effekt verwechselt werden kann, ist der *Truth-Effekt*. Der Truth-Effekt besteht darin, dass Aussagen, die zuvor schon mal präsentiert wurden, eher für wahr gehalten werden, unabhängig davon, ob sie es tatsächlich sind.[15] Entsprechend gilt der Truth-Effekt nur für Aussagen und Urteile, die entweder wahr oder falsch sind. Hawkins und Hoch demonstrierten den Truth-Effekt in mehreren Experimenten für eine vielfältige Reihe von Werbe- und Produktaussagen:[16] Nach ihren Befunden war der Truth-Effekt am stärksten, wenn die Probanden die Aussagen mit besonders geringem Involvement rezipierten. Genau wie der Mere-exposure-Effekt zeigt sich der Truth-Effekt nach wiederholter Reizdarbietung. Auf den ersten Blick scheint der Truth-Effekt also eine Form des impliziten Erinnerns zu sein, zumal er wie auch die anderen Phänomene besonders stark bei geringem Involvement (Aufmerksamkeit und Beteiligung) ist. Es besteht aber ein wesentlicher Unterschied zum Mere-exposure-Effekt: Der Truth-Effekt geht wie die Rekognitionsheuristik auf ein Gefühl vertrauter Erinnerung zurück. Der Truth-Effekt ist umso stärker, je eher die Probanden glauben, der Aussage früher schon einmal begegnet zu sein. Dies ist bekanntlich beim Mere-exposure-Effekt gerade nicht der Fall.

Für den Werbepraktiker bedeutet dies, dass der eher affektive Mere-exposure-Effekt und der eher kognitive Truth-Effekt nicht gleichzeitig zu haben sind. Bedeutet dies aber auch eine wesentliche Einschränkung? Eine Einschränkung wohl schon, aber nur eine geringe. Der Truth-Effekt kann sich nur bei Stimuli entfalten, die wahr oder falsch sein können, während sich der Mere-exposure-Effekt auch auf sinnfreies Material, Logos, Gerüche, einzelne Wörter und so weiter erstreckt. Demnach ist also der Geltungsbereich für den Mere-exposure-Effekt deutlich größer. Jüngere Untersuchungen zeigen, dass ältere Probanden, die objektiv schwächere Erinnerungsleistungen aufweisen, zu stärkeren Truth-Effekten neigen.[17] Demnach ist der Truth-Effekt keineswegs an ein gutes Gedächtnis für Werbung geknüpft, sondern es scheint ganz im Gegenteil allein schon das Gefühl auszureichen, sich zu erinnern, um den Effekt zu erzielen.

Allgemein gesprochen gehört das Gefühl, sich zu erinnern, nicht zum Mere-exposure-Effekt, wohl aber zu anderen Effekten des Urteilens und Bewertens. Es ist zum Beispiel die logische Voraussetzung für den Gebrauch der Rekognitionsheuristik und es scheint den Truth-Effekt zu verstärken. Den Mere-exposure-Effekt hingegen schwächt das Gefühl, sich zu erinnern.

3

3. Beiläufige Informationsverarbeitungseffekte sind ‚Automatismen'.

Der Mere-exposure-Effekt gehört zu den Automatismen menschlichen Verhaltens, denn er stellt sich ohne unser Zutun ein und ist nicht bewusst. Damit erfüllt er bereits zwei der traditionellen Kriterien für einen automatischen psychologischen Prozess, wie folgende Tabelle verdeutlicht.[18]

Kriterien für Automatismen:	Implizites Erinnern (Mere-exposure-Effekt)	Implizite Einstellungen und Vorurteile	Reflexe
1. Tritt eigenständig auf	√	√	√
2. Ist nicht bewusst	√	√	√
3. Ist effizient	√	√	√
4. Ist nicht kontrollierbar			√

Traditionelle Kriterien für automatische psychologische Prozesse

Auch das dritte Kriterium erfüllt der Mere-exposure-Effekt, nämlich das der *Effizienz*. Damit ist gemeint, dass automatische Prozesse nur sehr geringe Aufmerksamkeit beanspruchen, so dass sie parallel zu anderen Tätigkeiten ausgeführt werden können. So ist der Mere-exposure-Effekt auch zu erwarten, wenn wir beim Durchblättern der Zeitschrift Musik hören oder uns beim Vorbeigehen an der Litfaßsäule unterhalten oder uns eine Suppe kochen, während die Fernsehwerbung läuft.

Fraglich ist dagegen das vierte Kriterium: Traditionell erwartet man von automatischen Prozessen, dass sie **unkontrollierbar** sind. Das stimmt nun für den Mere-exposure-Effekt nicht ganz: Wenn wir unsere Aufmerksamkeit auf die Reize richten, also einen Bezug zwischen der früheren Begegnung und der jetzigen Urteilssituation herstellen, so können wir den Mere-exposure-Effekt dämpfen. Damit wird der Effekt kontrollierbar und tritt nicht automatisch auf, wie es bei Reflexen der Fall ist: Man erinnere sich nur an den gezielten Schlag des Arztes mit dem Hämmerchen auf unser Knie, bei dem unser Bein automatisch hochschnellt. Beim Mere-exposure-Effekt ist dieses Kriterium der Unkontrollierbarkeit nicht gegeben.[19]

Traditionelle Auffassungen sind noch davon ausgegangen, dass alle vier Kriterien erfüllt sein müssen, damit man von einem Automatismus sprechen kann. Mittlerweile hat sich die psychologische Forschung davon verabschiedet, weil die wenigsten nachgewiesenen Automatismen alle vier Merkmale gleichzeitig erfüllen. Die heutige Sicht auf automatisches Verhalten setzt einen etwas anderen Akzent: Unverzichtbares Merkmal für einen automatischen Prozess scheint wohl zu sein, dass er *autonom* ist, d.h. er kann ganz für sich alleine funktionieren, ohne dass er bewusst ‚überwacht' werden müsste, um aufzutreten.[20] Dieser Gedanke der Autonomie klingt in den vier Kriterien in unterschiedlicher Stärke an, ist aber letztlich die beste Zusammenfassung dessen, worauf es bei einem psychologischen Automatismus ankommt. In der Werbeforschung hat das Verständnis für automatische Prozesse der Informationsverarbeitung in der Vergangenheit gelitten. Verantwortlich dürfen zwei Grundannahmen dafür gemacht werden, nämlich erstens dass automatische Prozesse im Wesentlichen wie Reflexe funktionieren und zweitens dass unsere spontanen Reaktionen immer affektiver Natur sein müssen. Diese Grundannahmen sind angesichts des gegenwärtigen Forschungsstandes nicht haltbar! Ich will im Folgenden noch ein wenig näher darauf eingehen:

1. Gerade im Bereich der Konsumentenforschung haben viele Forscher Automatismen menschlichen Verhaltens den Reflexen gleichgesetzt.[21] Das Besondere an einem Reflex ist wie gesagt seine Unkontrollierbarkeit: Man kann sich nach der Auslösung nicht mehr dagegen wehren. Er läuft mit und ohne Aufmerksamkeit im Wesentlichen gleich ab. Einige Facetten im Konsumentenverhalten funktionieren vielleicht auch tatsächlich wie Reflexe. Ein Beispiel hierfür ist etwa das klassische Konditionieren: Ähnlich wie man dem Pawlowschen Hund das Speicheln auf einen Glockenton hin beigebracht hat, können auch im menschlichen Verhalten verschiedene Verhaltensweisen an neutrale Umgebungsreize gekoppelt werden. Dieses Verfahren ist übrigens entgegen manchen Vorurteilen in der Werbung durchaus effektiv, funktioniert aber mit und ohne Aufmerksamkeit der Zielpersonen ziemlich gleich gut.

Wie bereits betont fallen aber der Mere-exposure-Effekt und andere Phänomene des impliziten Erinnerns sehr verschieden aus, je nachdem, ob wir unsere Aufmerksamkeit auf sie verwenden oder nicht. So kann der mitunter große Einfluss von Stereotypen und Vorurteilen durch kognitive Kontrolle, also durch unsere

Aufmerksamkeit vollständig neutralisiert werden.[22] Gleichwohl deutet vieles daraufhin, dass die Effekte impliziten Erinnerns und impliziter Einstellung in einem sehr engen Sinne automatische Prozesse der Informationsverarbeitung sind, denn sie stellen sich ohne das Zutun der Personen ein. Die Gleichsetzung von Automatismen mit Reflexen würde also eine wichtige Klasse von Prozessen ausklammern.

2. Das zweite Problem ist meines Erachtens noch gravierender, denn es ist sehr weit verbreitet. Spätestens seit der einflussreichen Arbeit von Zajonc[23] über ‚Affekt und Kognition' hängen die meisten Konsumentenforscher der Meinung an, spontane Reaktionen seien immer affektiver Natur und Kognitionen stellten sich bei der Informationsverarbeitung immer erst später ein. Man kann ohne Übertreibung sagen, dass die meisten Werbeforscher der Regel gefolgt sind: automatisch = affektiv.

Diese Sichtweise hat zwar auch in der Psychologie Tradition, sie ist aber trotzdem falsch. Auch kognitive Prozesse können sich automatisch einstellen. Dies wird nicht nur durch die Forschung eindrucksvoll belegt.[24] Das lehrt uns auch die Alltagserfahrung. Das spontane Einsehen von Argumenten, das Wahrnehmen von unmittelbarer Evidenz, einfache Urteile wie etwa: ‚Dies ist eine Schachtel Pralinen', Erinnerungen wie ‚Dich habe ich gestern im Bus getroffen' sind Kognitionen, die uns typischerweise automatisch ‚widerfahren'. Nur in Ausnahmefällen gelangt man durch kontrollierte und strategische Prozesse zu solchen Kognitionen. Entsprechend falsch ist die Annahme, dass spontane Reaktionen der Konsumenten auf Werbe- und Produktdarbietungen hin vollständig ‚aus dem Bauch' kommen[25] - jedenfalls wenn man damit meint, sie seien unbelastet von Gedanken und Urteilen. Soziale Stereotype, Erwartungen und Erinnerungen werden ebenso automatisch aktiviert wie Gefühle. Der wichtige Unterschied zwischen einer automatischen und einer kontrollierten Informationsverarbeitung hat mit dem Unterschied zwischen ‚affektiv' und ‚kognitiv' also nicht viel zu tun!

3. Es gibt noch ein drittes Problem, das mit der Idee der unterschwelligen Beeinflussung von Werbung zu tun hat, die seit Jahrzehnten in der Werbewirkungsforschung und in der Psychologie umherspukt. Ihre grundsätzliche Möglichkeit wird von einer Vielzahl von Forschern bezweifelt.[26] Ist also die ganze Idee der unterschwelligen Wahrnehmung von vornherein falsch gewesen? Vielleicht. Das muss die Forschung entscheiden. Manche Wissenschaftler halten eine unterschwellige Beeinflussung immerhin prinzipiell für möglich.[27] Allerdings räumen auch diese Befürworter zwei einschränkende Punkte ein:

- Außerhalb des Labors ist eine unterschwellige Beeinflussung praktisch nicht durchführbar. Die meisten Laien stellen sich unter unterschwelliger Werbebeeinflussung sehr kurze Werbeeinblendungen in einem Kinofilm vor. Allerdings ist die Reizschwelle für solch kurze Einblendungen sowohl von der einzelnen Person als auch von der Umgebungsbeleuchtung (mitunter extrem!) abhängig: Was für den einen unterschwellig ist, ist für den anderen nicht so. Und was vorhin noch unterschwellig war, ist schon nicht mehr so, nachdem jemand im Nebenraum Licht gemacht hat oder der Platzanweiser im Kino mit der Taschenlampe durch den Gang läuft.

- Die Effekte unterschwelliger Wahrnehmung sind nicht größer als die Effekte einer Reizverarbeitung ohne Aufmerksamkeit.[28] Was auch immer an der Idee einer unterschwelligen Beeinflussung dran sein sollte, ist nichts wesentlich anderes als das, was ich hier im Rahmen einer Reizverarbeitung ohne Aufmerksamkeit diskutiere. Die Frage nach der Unterschwelligkeit können wir also getrost den Laborforschern überlassen. Vielleicht ist sie ein Hirngespinst und wenn nicht, ist sie für die praktische Nutzung zumindest bislang überschätzt worden:

Wenn der Fernseher nur im Hintergrund läuft, werden seine Informationen nicht unterschwellig dargeboten, sie erhalten lediglich keine Aufmerksamkeit. Für die Effekte des impliziten Erinnerns macht dies allerdings keinen Unterschied.

Reizverarbeitung ohne Aufmerksamkeit ist zum einen praktisch relevanter als unterschwellige Wahrnehmung, da sie alltäglich auftritt. Und außerdem kommt ihr eine ganz andere ethische Bedeutung zu, da die von mir diskutierten Prozesse nicht wie Reflexe funktionieren, gegen die man sich nicht wehren kann, sondern durchaus neutralisierbar sind, wenn man die Aufmerksamkeit darauf richtet.

Auch andere Besonderheiten einer Reizverarbeitung ohne Aufmerksamkeit wurden bislang in der Werbeforschung nicht ausreichend berücksichtigt:

4. So besagt ein zentraler Lehrsatz der Werbekommunikation, dass Bildinformationen stets die effektiveren Gedächtnisspuren hinterlassen.[29] Diese traditionell unterstellte Bildüberlegenheit gilt allerdings nicht für viele implizite Prozesse: Bei impliziten Prozessen können - (geschriebene oder gesprochene) Wörter ähnliche Aktivierungseffekte zeigen wie Bilder.[30]

5. Grundsätzlich stellen Randbedingungen, die unter normalen Umständen ein Erinnern extrem behindern, für implizites Erinnern keine besondere Einschränkung dar. Darunter fällt nicht nur die fehlende Aufmerksamkeit bei der Reizaufnahme, sondern auch die Beeinträchtigung durch Alter oder Depression, die Überlagerung durch inhaltlich ähnliches Material oder die Behinderung durch Amnesien, Alkohol und andere Drogen. Auch Absichten und Instruktionen haben auf implizite Effekte kaum einen Einfluss. Zum Beispiel lassen sich explizite Lernergebnisse dadurch beeinflussen, dass man Personen bittet, bestimmtes Material zu memorieren und anderes zu vergessen. Auf implizite Effekte haben diese Instruktionen dage-

gen kaum eine Wirkung. Das gehört zum Wesen dieser Effekte, weil sie die Absicht ja gar nicht brauchen. Zudem verfallen implizite Gedächtnisspuren langsamer als explizite.[31]

4. Eine theoretische Erklärung für beiläufige Informationsverarbeitungseffekte

Ich möchte hier eine besonders prominente theoretische Erklärung für implizite Effekte darstellen: das Modell der Verarbeitungsflüssigkeit.[32]

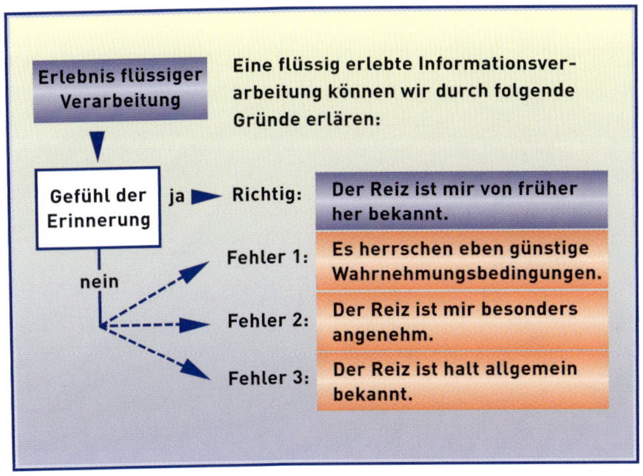

Das Erklärungsmodell für implizite Gedächtniseffekte

Grundidee bei diesem Erklärungsansatz ist, dass uns in unserem kognitiven Apparat jede Verarbeitung einer Information, ob sie nun bewusst oder unbewusst erfolgt, spätere Verarbeitungen erleichtert. Wenn ich also eine Werbeanzeige, ein Firmenlogo oder ein chinesisches Schriftzeichen sehe, dann verarbeite ich diese Reize bei der zweiten Begegnung ein wenig flüssiger. Wichtig ist, dass diese leichtere kognitive Verarbeitung in der Regel von uns bemerkt wird - auch dann, wenn gleichzeitig das Gefühl einer Erinnerung fehlt.

Wenn wir das Gefühl haben, uns zu erinnern, so erklären wir uns die Verarbeitungsflüssigkeit damit, dass wir dem Reiz zuvor schon mal begegnet sind. Wir erklären uns die höhere Verarbeitungsflüssigkeit des Reizes also korrekt. Interessant werden die Aussagen des Modells für den Fall, dass wir zwar eine gute Verarbeitungsflüssigkeit erleben, aber dabei nicht das Gefühl der Erinnerung haben. Haben wir nicht den Eindruck, uns an den Reiz zu erinnern, sind verschiedene Fehlinterpretationen möglich. Wenn das Gefühl der Erinnerung fehlt, gewinnen die Effekte des impliziten Erinnerns an Gewicht. Dann wird die Verarbeitungsflüssigkeit fälschlich auf andere Gründe zurückgeführt als auf die frühere Reizverarbeitung. Diese Erklärungen beruhen aber im gegebenen Beispiel auf *Fehlwahrnehmungen*.

Bei der ersten Begründung werden z.B. besonders günstige Verarbeitungsbedingungen wahrgenommen: Ein Störgeräusch ist leiser geworden oder eine Person, die bislang schnell und undeutlich gesprochen hat, spricht jetzt langsam und deutlich. Beim Mere-exposure-Effekt wird dem Reiz in anderer Hinsicht eine positive Bedeutung zugeschrieben: Er ist eben besonders angenehm. Bei der dritten Fehlwahrnehmung handelt es sich um den False fame-Effekt, bei dem der in Frage stehende Reiz als bekannt oder berühmt (fehl-)gedeutet wird. Auch andere Fehlwahrnehmungen sind denkbar. In der obigen Abbildung sind nur einige als Beispiele genannt.

Die impliziten Effekte beruhen nach diesem Modell also auf der Fehlzuschreibung einer Erinnerung auf andere Gründe als die Erinnerung selbst. Dieses theoretische Modell erklärt, warum bewusste Erinnerung viele impliziten Effekte zum Verschwinden bringt: Wenn sich eine Person bewusst an die frühere Reizdarbietung erinnert, dann fehlt die Basis für eine Fehlzuschreibung. Die Gedächtnisspur wird korrekt als solche erkannt, und es besteht kein Anlass mehr, die Verarbeitungsflüssigkeit anderen Gründen zuzuschreiben.

5

5. Die Messung beiläufiger Informationsverarbeitungseffekte in Markt- und Werbeforschung

Implizites Erinnern (wie beim Mere-exposure-Effekt) ist eng verwandt mit den impliziten Phänomenen der impliziten Einstellung oder auch der impliziten Assoziation. Werbung kann die Einstellung zu Produkten verändern, ohne dass diese Einstellungsänderung dem Werberezipienten bewusst sein muss - sie bleibt implizit.

Implizite Phänomene haben allerdings die Besonderheit, dass man sie nicht durch Nachfragen messen und erforschen kann. Genauso wie man beim impliziten Erinnern auf die Frage ‚Woran erinnerst du dich?' keine Antwort bekommt, geben Personen keine Auskunft zu ihren impliziten Einstellungen. Wie kann man trotzdem zu Erkenntnissen über diese Phänomene gelangen? Sie zeigen sich im Verhalten. Im Folgenden stelle ich die Messung von implizitem Erinnern und Einstellungen vor.

Implizite Phänomene brauchen indirekte Zugänge. Der Kern einer indirekten Messung besteht in der Reaktion auf bestimmtes Stimulusmaterial, so dass sich in ihr die frühere Reizverarbeitung oder auch Einstellung niederschlagen kann. Dabei enthält das Material in der Regel eine große Menge von ablenkenden Reizen, die mit der früheren Reizdarbietung oder der zu untersuchenden Einstellung nichts zu tun haben.

Implizites Erinnern zeigt sich in verschiedenen Verhaltensweisen und Urteilen. Will man das Ausmaß impliziten Erinnerns messen, dann ist prinzipiell offen, welche Methoden dazu in Frage kommen. Nur zwei Bedingungen müssen erfüllt sein:

- Bei allem, was die Versuchspersonen machen, sollten sie das, was sie zuvor wahrgenommen haben, hierbei verwenden können.
- Die Versuchspersonen dürfen nicht direkt dazu aufgefordert werden, die früher dargebotene Information zu verwenden, sprich zu erinnern.

Einkauf unter Zeitdruck vergrößert den Anteil, den implizite unbewusste Erinnerungen auf unser Kaufverhalten haben.

Die Produktwahl selbst ist eines der besten Beispiele für einen solchen Test: Wenn wir vor dem Einkaufsregal stehen, können wir die früher verarbeiteten Informationen aus der Werbung anwenden. Unser Entscheidungsverhalten ist ja potentiell sensibel für frühere Informationsverarbeitung. Zudem fordert uns niemand explizit dazu auf, die Werbung oder andere Informationen zu erinnern. Wenn wir dann das früher bereits gesehene Produkt wählen, ohne uns daran zu erinnern, dass wir es früher schon einmal gesehen haben, ist dies ein gutes Beispiel für implizites Erinnern.[33]

Bei den klassischen Methoden, mit denen indirekt Gedächtnisspuren nachgewiesen werden, können wir zwei grundsätzliche Ansätze unterscheiden: Bei der ‚Wahrnehmungsmethode' bzw. den so genannten *perzeptuellen Tests* wird als Reiz eine irgendwie degenerierte Form des Zielreizes abgefragt. Soll z.B. ein Firmenname oder Logo implizit erinnert werden, dann wäre der entsprechende Hinweisreiz schwer zu entziffern, verkürzt, verdreht, umgestellt oder zerpflückt, wie das folgende vereinfachte Beispiel zeigt:

> **Bilden Sie aus den folgenden Buchstabenkombinationen die Namen von bekannten Firmen:**
>
> **SCEBK SIPEP KECO PEOL DORF**

Stellen wir uns vor, Sie hätten vor geraumer Zeit ohne größere Aufmerksamkeit Anzeigen von *Pepsi* und *Opel* gesehen. Die Hypothese wäre nun, dass Ihnen das zweite und vierte Anagramm leichter erscheint als die anderen, und dass Sie diese auch mit höherer Wahrscheinlichkeit lösen werden. Natürlich macht dieser Test wenig Sinn, wenn die anderen Anagramme zu wenige oder zu leicht sind, so dass Sie auch die noch lösen. Daher empfiehlt es sich, viele möglichst gleich schwere Vorgaben zu wählen und den Probanden nur eine begrenzte Zeit für die Aufgabe zu lassen, in der sie so viele Anagramme wie möglich auflösen sollen. Unter dieser Bedingung würden Sie vermutlich gezielt mit jenen Anagrammen beginnen, die Ihnen leicht erscheinen und dies würde dann auf implizites Erinnern zurückgehen.

Neben der ‚Wahrnehmungsmethode' gibt es noch die ‚Bedeutungsmethode' bzw. die so genannten *konzeptuellen Tests*. Hierbei kann die Ebene der ursprünglichen Reizvorlage verlassen werden. Es geht nicht mehr nur um Namen, Logo oder Anzeige, die gesehen wurden. Bei den konzeptuellen Tests ist die Bedeutung und Assoziation gefragt, die mit der Reizvorlage aktiviert wurde: Wenn Sie etwa die Aufgabe bekommen, eine Geschichte zu erzählen und dabei dem Helden der Geschichte eine bestimmte Automarke zuweisen sollen, dann hat diese Aufgabe mit der vorher präsentierten Automarke auf der Wahrnehmungsebene nichts zu tun. Wenn Sie aber mit höherer Wahrscheinlichkeit auf die Aktivierung des Oberbegriffes ‚Automarke' nun *Opel* assoziieren, dann spricht dies für implizites Erinnern. Auch die bereits erwähnte Einschätzung einer Anzeige auf ihre Eignung für die Werbung oder Ihr Gefallensurteil wären konzeptuelle Tests.

Als Beispiel für eine Variante nicht sprachlicher konzeptueller Tests ließen Bargh, Chen und Burrows[34] ihre Versuchspersonen Aufgaben bearbeiten, bei denen das Stereotyp eines ‚alten Menschen' aktiviert wurde. Die Versuchspersonen sollten zum Beispiel Einschätzungen zu Florida abgeben, das in den USA als typischer Altersruhesitz gilt. Das Stereotyp wurde dabei eher indirekt aktiviert. Und ebenso indirekt wurde später gemessen: Nach dem Experiment verließen die Probanden den Raum über einen längeren Flur. Hierbei wurde verdeckt die Gehgeschwindigkeit erfasst. Versuchspersonen, bei denen zuvor das Stereotyp eines ‚alten Menschen' aktiviert wurde, gingen signifikant langsamer als eine Kontrollgruppe. In einem anderen Experiment sollten die Probanden nach Aktivierung von intelligenten und unintelligenten Personkategorien (Professor vs. Supermodel) einen Wissenstest bearbeiten. Sie schnitten signifikant schlechter ab, wenn der unintelligente Kontext aktiviert war - im Gegensatz zum intelligenten Kontext.[35]

Wie geht man nun bei der Messung *impliziter Einstellungen* vor? Zunächst sind offen geäußerte Einstellungen von impliziten Einstellungen zu unterscheiden. Dies liegt an dem Umstand, dass Personen ihre implizite Einstellung mitunter nicht offen äußern wollen. Dies ist aber nicht der einzige und auch nicht der wichtigste Fall. Konsumenten sind häufig überfordert, ihre Meinung zu einem Produkt auszuformulieren. Auch wenn sie bereits längst deutliche Tendenzen haben, ein bestimmtes Produkt zu bevorzugen, können sie gleichwohl die Einstellung nicht angemessen verbalisieren. Oft hat das, was sie am Ende äußern, mit ihrer ursprünglichen Einstellung nichts mehr zu tun![36] Solche Verbalisierungsschwierigkeiten sind leicht nachzuvollziehen, wenn die Kriterien für die Produktbewertung nicht offenkundig und leicht anwendbar sind. Dies sind zentrale Anwendungsfälle für Methoden der impliziten Einstellungsmessung. Eine Methode ist der *Implizite Assoziationstest* (IAT), den ich im Folgenden vorstellen möchte.[37]

- Nehmen wir folgendes Beispiel: Ein Joghurthersteller hat den Verdacht, dass die Zustimmung der befragten KonsumentInnen zur gesunden Ernährung ein bloßes Lippenbekenntnis ist. Mit dem Versuch, sein Produkt mit den Begriffen ‚Fitness' und ‚Gesundheit' zu positionieren, hatte er bislang wenig Erfolg. Nun möchte er wissen, wie positiv seine marketing-strategischen Leitbegriffe ‚tatsächlich' bei den Kunden repräsentiert sind. Hierzu setzen wir den Impliziten Assoziationstest ein. Dazu setzen sich Versuchspersonen aus der potentiellen Zielgruppe vor einen Computer, legen rechten und linken Zeigefinger auf je eine Taste der Tastatur und sollen eine Reihe von Wörtern kategorisieren, die ihnen auf dem Bildschirm gezeigt werden. Die untenstehende Tabelle enthält einen beispielhaften Aufbau eines Impliziten Assoziationstests.

Bei der ersten Aufgabe sollen normierte Begriffe (z.B. Adjektive, wie hässlich, modern und sportlich) gemäß ihrer Positivität zugeordnet werden: In diesem Durchgang gewöhnen sich die Probanden daran, bei einem positiven Adjektiv wie ‚hübsch' die linke Antworttaste zu drücken und auf einen negativen Reiz wie ‚schmutzig' mit einem Druck auf die rechte Taste zu reagieren. Die häufige Wiederholung der Antworten führt dazu, dass diese Aufgabe immer schneller ausgeführt werden kann, zunehmend weniger kognitive Kapazität beansprucht und schließlich fast routinemäßig abläuft.

Durchgang	Menge der Präsentationen	Aufgabe	Zuordnung der Tasten linke Taste	 rechte Taste
1	40	Bewertung von Adjektiven in:	Gut	Schlecht
2	40	Zuordnung von Produkt- und Kontrollbegriffen in:	Produkt-Begriffe	Kontrollbegriffe
3 (Messung)	40 + 120	Bewertung von Produkt- und Kontrollbegriffen in:	Gut (Produkt)	Schlecht (Kontroll)
4	40	Zuordnung von Kontroll- und Produkt-Begriffen in:	Kontrollbegriffe	Produkt-Begriffe
5 (Korrekturmessung)	40 + 120	Bewertung von Kontroll- und Produkt-Begriffen in:	Schlecht (Produkt)	Gut (Kontroll)

Typischer Ablauf eines Impliziten-Assoziationstests

Nun folgt die zweite Kategorisierungsaufgabe, bei der entschieden werden soll, ob die dargebotenen Begriffe oder Bilder verschiedenen Kategorien zuzurechnen sind. Für den Joghurthersteller würden wir in diesem Durchgang Begriffe aus seiner Produktpositionierung (etwa light, gesund, Lactobakterien, fit und kalorienarm) verwenden und mit Kontrollbegriffen mischen. Die Versuchspersonen haben dann wieder alle Begriffe korrekt einzuordnen, indem sie bei Begriffen aus der Produktpositionierung die linke und bei Kontrollbegriffen die rechte Taste drücken.[38]

Im dritten Durchgang kommt die erste eigentliche Messung. Dabei werden der erste und zweite Durchgang kombiniert präsentiert, indem auf der einen Seite die Produkt-Begriffe und positiven Wörter mit der linken Taste bestätigt werden müssen und auf der anderen Seite die Kontroll- bzw. negativen Begriffe mit der rechten Taste zu quittieren sind.

Wie man sich leicht vorstellen kann, wird sich die Kombination der beiden Aufgaben auf die Reaktionszeiten der Probanden je nach Produktbewertung unterschiedlich auswirken, und das ist genau die diagnostische Idee, die hinter diesem Verfahren steht: Nehmen wir mal an, dass das (Joghurt-)Produkt bzw. die (Joghurt-)Werbung von den Probanden eigentlich negativ empfunden wird. Dann lägen bei den Probanden zwei Reaktionstendenzen im Widerstreit. Wenn die negativ gefundenen Produkt-Begriffe auf dem Monitor erscheinen, würden die Probanden zwar intuitiv die rechte Taste (für negative Bewertung) drücken wollen, müssten nach der Instruktion aber korrekterweise die linke Taste wählen. Das verlangsamt die Reaktionszeit!

Umgekehrt würden die Reaktionszeiten sich beschleunigen, wenn die Produkt-Begriffe positiv bewertet würden, denn dann befänden sich die gelernten Tastenkombinationen aus dem ersten und zweiten Durchgang, die Instruktion und die eigene Bewertung im Einklang miteinander.

Was eine ‚beschleunigte' oder ‚verlangsamte' Reaktionszeit letztlich bedeutet, hängt von individuellen Merkmalen ab, die beim Impliziten Assoziationstest entsprechend ‚herausgerechnet' werden müssen. Dazu benötigen wir die beiden Durchgänge 4 und 5. Zuerst lernen die Probanden im vierten Durchgang eine veränderte Tastenzuordnung: In Umkehrung zu Durchgang 2 müssen die Produkt-Begriffe dieses Mal mit rechts und die Kontrollbegriffe mit links bestätigt werden. Nach diesem Umlernen werden in Durchgang 5 (ähnlich wie in Durchgang 3) die Be-griffe zur Bewertung kombiniert präsentiert, so dass ein Vergleich der Durchgänge 3 und 5 einmal eine Beschleunigung und einmal eine Verlangsamung der Reaktionszeiten zeigen muss - vorausgesetzt, die Produkt-Begriffe werden überhaupt positiv oder negativ bewertet.

Die entscheidende Variable beim Impliziten Assoziationstest ist die *Reaktionszeit-Differenz* zwischen Durchgang 3 und 5. Aus dem Verhältnis der Reaktionszeiten geht hervor, ob die Probanden Produkt bzw. Werbung positiv oder negativ bewerten.[39]

Der Idee nach ist ein Verfahren wie der Implizite Assoziationstest in der Lage, die Einstellungen zu jenen Produkten oder Konsumhandlungen zu ermitteln, die noch ambivalent sind, oder bei denen die explizite und implizite Meinung auseinanderklafft. Sie können nun freilich fragen: Sind denn implizite Einstellungen gegenüber den expliziten wirklich so wichtig? Hierzu möchte ich noch einmal zu bedenken geben, dass die implizite Einstellung deshalb ‚implizit' heißt, weil wir durch das Verhalten der Person erst darauf schließen. Wenn also explizite und implizite Einstellungen in verschiedene Richtung gehen, dann bedeutet das: Die Konsumenten sagen dies und tun das andere!

Die Anwendungsmöglichkeiten des Impliziten Assoziationstests liegen zum einen in der Kontrolle der Werbewirkung. Hierbei wird die implizite Einstellung vor und nach einer Werbekampagne erfasst. Eine andere Möglichkeit ist der direkte Vergleich verschiedener Produkte. Unser Beispiel führte bereits über diese Anwendungsmöglichkeiten hinaus, denn es ging hierbei um die Binnendifferenzierung von Produktmerkmalen, also die Ermittlung oder Kontrolle eines bestimmten Produktprofils: So lässt sich z.B. mit Hilfe des Impliziten Assoziationstests feststellen, ob ein bestimmtes Produktmerkmal wie etwa ‚Umweltfreundlichkeit' wirklich in das beim Konsumenten repräsentierte Image des Produktes aufgenommen wurde und ob es so bewertet wird, wie es eigentlich gedacht war, und welchen Rang es im Gefüge der anderen Produktmerkmale einnimmt.

Man könnte zudem mit dem Impliziten Assoziationstest zeigen, inwieweit das Wissen einer Person um ein Markenimage mit ihrer Einstellung übereinstimmt. Vielfach wissen die Konsumenten sehr wohl, mit welchem Image ein Produkt auftreten soll. Aber dieses Wissen findet keinen Niederschlag in den Einstellungen. Bei der Anwendung sind zwei Einschränkungen zu machen:

- In unserem Beispiel habe ich angedeutet, der Implizite Assoziationstest würde unserem Joghurthersteller die ‚tatsächliche' Einstellung seiner Kunden offenbaren, wobei ich ‚tatsächlich' bewusst mit Anführungszeichen versehen habe, denn man sollte nicht davon ausgehen, dass die impliziten Einstellungen immer die wichtigeren oder gar die ‚wahren' sind. Das ist oft der Fall, manchmal aber auch nicht. Interessant werden implizite Einstellungen immer dann, wenn explizite Einstellung und Verhalten nicht übereinstimmen! Dann nämlich liegt der Verdacht nahe, dass das Verhalten durch implizite Einstellungen beeinflusst wird. Man darf aber nicht vergessen, dass es viele Verhaltensweisen gibt, die überhaupt nicht von irgendwelchen Einstellungen abhängen.[40]
- Eine zweite Einschränkung schließt sich hieran an. Manchmal haben wir implizite Einstellungen, die sich nicht in Kauf- oder Konsumhandlungen niederschlagen. So wie wir unseren Vorurteilen und Stereotypen nicht unbedingt immer nachgeben wollen (und auch nicht nachgeben sollten), unterdrücken wir auch bewusst und erfolgreich andere Einstellungen, damit sie nicht in Verhalten münden. So hält uns vielleicht unsere ‚Anständigkeit' davon ab, in den Sex-Shop zu gehen, obwohl wir im Impliziten Assoziationstest für erotische Begriffe ein verdächtig positives Reaktionszeitmuster an den Tag gelegt haben. Dies muss man bedenken, wenn man den Impliziten Assoziationstest oder andere indirekte Messungen zur Vorhersage von Konsumhandlungen heranziehen will.

6. Das Ressourcen-Modell der Informationsverarbeitung als Erklärungsansatz

Was bedeuten nun diese ganzen Überlegungen für die Praxis? Wann ist damit zu rechnen, dass implizite Einstellungen verhaltenswirksam werden? Wann wird die Produktwahl durch implizites Erinnern beeinflusst?

Ganz zentral ist hier der Grad an Aufmerksamkeit bzw. Beiläufigkeit bei der Reizrezeption, was mindestens zwei Mal eine Rolle spielt: das erste Mal bei der Begegnung mit der Information - wenn ich z.B. Werbung sehe - und das zweite Mal bei der Gelegenheit, wo diese Information wieder abgerufen werden soll - etwa vor dem Regal, wenn ich mir ein Produkt aussuche. In beiden Fällen kann ich mich mehr oder weniger der Information zuwenden. *Je weniger geistige Ressourcen ich dabei auf die jeweilige Situation verwende, desto wahrscheinlicher ist, dass implizite Prozesse wirksam werden*. Diesen Gedanken illustriert das *Ressourcen-Modell der Informationsverarbeitung*:

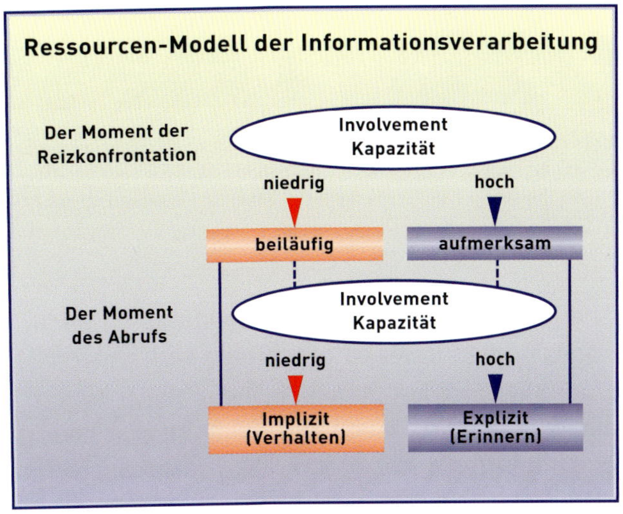

Im linken Teil des Modells werden zwei Situationen unterschieden: zum einen die Reizkonfrontation - z.B. der Moment, in dem ich Werbung sehe - und zum anderen der Abruf - eben der Moment, wo die Information explizit oder implizit wieder erinnert und genutzt wird. Die Aufmerksamkeit bzw. Beiläufigkeit, mit der die Reizkonfrontation verarbeitet wird und die u.a. entscheidet, ob die spätere Abrufsituation implizit oder explizit erfolgt, hängt im Ressourcen-Modell der Informationsverarbeitung von zwei Größen ab: dem Involvement und der Kapazität. Vereinfacht fragen diese beiden Bedingungen danach, ob wir die Information überhaupt verarbeiten wollen - das meint das Involvement - und ob wir sie verarbeiten können - das meint die Kapazität.

Das Können hat nun freilich mehrere Gesichter: Zum einen gebricht es mir vielleicht schon deshalb an Können, weil ich abgelenkt bin und mich um andere Dinge kümmern muss oder einfach viel zu viele Informationen auf einmal auf mich einströmen, was bei unserer täglichen Werberezeption sicher kein seltener Fall ist. Zum anderen fehlt mir vielleicht deshalb die Kapazität, weil ich mich nicht auskenne. Hier stellt sich - wie so häufig im Konsumentenverhalten - wieder die Frage nach der Produktexpertise. Als Auto-Experte habe ich z.B. eine sehr viel differenziertere Wahrnehmung von einer Autoanzeige als ein Laie. Man kann erwarten, dass ich dann einfacher Details aus der Anzeige erinnere und umso weniger anfällig für Effekte wie den Mere-exposure-Effekt bin.[41]

Ein weiterer Gedanke im Ressourcen-Modell der Informationsverarbeitung ist wichtig: Von der aufmerksamen Reizaufnahme geht eine durchgezogene Linie zum expliziten Abruf und ebenso direkt ist die Verbindung zwischen beiläufiger Aufnahme und implizitem Abruf. Ich erwarte also, dass *eine aufmerksame Begegnung mit Werbung auch eher die spätere bewusste Erinnerung vorbereitet, und dass eine beiläufige Begegnung sich später eher in nicht bewussten oder impliziten Effekten zeigt*. Das muss nicht unbedingt so sein: Auch das, was wir nicht mit Aufmerksamkeit gesehen haben, können wir bewusst erinnern. Das sollen die gestrichelten Querverbindungen andeuten. Aber hierzu müssen wieder beide Bedingungen erfüllt sein: Involvement und Kapazität: Wir sollten wollen und können. Ist eine von beiden Bedingungen nicht erfüllt, kann man kaum eine andere als eine beiläufige Informationsverarbeitung erwarten.

Insgesamt bleibt festzuhalten, dass nach dem Ressourcen-Modell der Informationsverarbeitung die Effekte der aufmerksamen und beiläufigen Informationsverarbeitung nicht unbedingt gleichzeitig zu haben sind. Unter Fachleuten ist zur Zeit zwar noch strittig, ob und wann automatische und kontrollierte Effekte parallel auftreten können. Es gibt aber auch einige weniger strittige Fälle, wo das nicht geht: Einer davon ist - wie mehrfach betont - der Mere-exposure-Effekt, bei dem bewusstes und unbewusstes Erinnern nicht gleichzeitig möglich ist.

7

7. Praktische Konsequenzen für Werbung und Marktforschung

Was ergibt sich aus dem Ressourcen-Modell der Informationsverarbeitung für Werbung und Marktforschung? *Die Werbewirkung ist umso größer, je ähnlicher Werbeaufnahme- und Abrufbedingungen sind.*[42] Was ohnehin nur beiläufig aufgenommen wurde, wird auch mit größerer Wahrscheinlichkeit beiläufig (‚implizit') und mit geringerer Wahrscheinlichkeit bewusst erinnert.

Analoges gilt auch für die Marktforschung: Die Vorhersage von Kaufentscheidungen und Präferenzen gelingt umso besser, je ähnlicher das zur Vorhersage verwendete Messverfahren den tatsächlichen Abrufbedingungen ist.[44] Es geht also um die Frage, unter welchen Bedingungen die Kaufentscheidung eher einem indirekten als einem direkten Test ähnelt. *Solche Bedingungen sind erfüllt, wenn die Kaufentscheidung mit wenig Aufmerksamkeit und geringem Involvement getroffen wird*, also routiniert ausgeführt wird, wie bei den ‚impulsiven Kaufentscheidungen'.

Unser Einkauf ist oft ebenso beiläufig wie schon die Wahrnehmung der Werbung. In solchen Situationen schlägt sich aber auch das nur beiläufig Wahrgenommene in unserem Verhalten nieder.[43]

Aber auch ‚limitierte Kaufentscheidungen', die Konsumenten unter eingeschränkt verfügbaren Produktinformationen fällen, sind anfällig gegen die Beeinflussung durch automatische Prozesse und implizite Einstellungen.[45] Charakteristisch für limitierte Kaufentscheidungen ist ja gerade, dass die Konsumenten aufgrund von Faustregeln und nicht so sehr aufgrund von harten Kriterien entscheiden. Zu denjenigen Kaufarten, die besonders von impliziten Prozessen beeinflusst werden, zählen also impulsive und limitierte Kaufentscheidungen - die auch am häufigsten vorkommen.

Weniger anfällig sind dagegen extensive Kaufentscheidungen, bei denen wir aktiv bemüht sind, möglichst viele relevante Informationen zu berücksichtigen und auch versuchen, Produktinformationen aus früheren Gelegenheiten zu erinnern. Man sagt oft, dass besonders teure Anschaffungen wie etwa ein Auto oder auch umfangreichere Geldanlagen so entschieden werden. Aber hier muss man vorsichtig sein: Unser guter Wille allein genügt nicht, um bei einer wichtigen Entscheidung wirklich alle relevanten Informationen zu berücksichtigen. Fehlt uns die Kompetenz, dann fällen wir oft genug nur eine limitierte Entscheidung. Wenn die Informationen über die verschiedenen Autos oder Lebensversicherungen zu komplex und die Vergleiche immer schwieriger werden, dann gewinnen bei unserer Entscheidung eben doch implizite Einstellungen (z.B.: ‚Der Akzent des Verkäufers ist mir nicht sympathisch.') oder implizite Erinnerungen wie der Mere-exposure-Effekt (z.B.: ‚Habe ich zwar noch nie gesehen (was nicht stimmt), ist mir aber gleich sympathisch.') an Gewicht.

Für die Werbung bedeutet dies einerseits eine wichtige Information darüber, welche Wirkungen man erwarten darf und welche in der Vergangenheit vielleicht unterbelichtet wurden: Ein Test, der sich auf bewusstes Erinnern stützt, spart jedenfalls die Informationen über implizite Gedächtnisinhalte gezielt aus - und die könnten entscheidend sein. Entsprechendes gilt auch für andere Formen impliziter Einstellungen, die nicht auf den Mere-exposure-Effekt zurückgehen. In all diesen Fällen sind andere, indirektere Messverfahren gefragt, damit Präferenzen und Meinungen der Konsumenten präziser eingeschätzt werden können.

Andererseits ergeben sich für die Werbung auch konkrete Gestaltungsforderungen, denen zufolge Effekte des impliziten Erinnerns wahrscheinlicher gemacht werden können. Zum Beispiel profitieren Logos und andere Markenzeichen eher vom Mere-exposure-Effekt, wenn sie komplexer und nicht allzu einfach gestaltet sind. Die Häufigkeit der Darbietungen spielt eine große Rolle. Dieser Punkt wird oft falsch eingeschätzt: Auch wenn der Mere-exposure-Effekt im Durchschnitt bei zehn Darbietungen am stärksten ist, so gibt es doch eine große Streuung. In Ausnahmefällen waren sogar nach 50 Darbietungen noch immer Bewertungssteigerungen zu beobachten.[46] Zudem bedeutet es nicht automatisch eine Verschlechterung der Bewertung, wenn keine Steigerung mehr beobachtet wird. Die Bewertung kann auch einfach auf einem hohen Niveau stagnieren. Schließlich überschätzen Werbepraktiker ohnehin die Häufigkeit, mit der andere ihre Vorlage zu Gesicht kriegen.

Kaufentscheidungen mit geringem Involvement werden in Zukunft eher häufiger als seltener auftreten. Die Bedingungen, unter denen Produktpräferenzen entstehen und Kaufentscheidungen fallen, werden daher immer mehr von einer beiläufigen und automatischen Nutzung von Informationen geprägt sein als von einer absichtsvoll strategischen Verarbeitung. Die Wirkung und der Einfluss impliziter Prozesse auf unser Konsumverhalten wird bedeutsam steigen.

8. Merksätze für die Zukunft

Es ging mir darum, die These stark zu machen: *‚Werbung wirkt auch im Vorbeigehen.'*

Fünf Empfehlungen möchte ich Ihnen mitgeben:

1. Vergessen Sie die Idee, unser automatisches Verhalten käme immer ‚aus dem Bauch' und hätte immer etwas mit dem Gefühl zu tun.

2. Vergessen Sie auch die Idee, alle unsere automatischen Reaktionen wären unveränderlich, wie Reflexe es sind.

3. Und vergessen Sie die Idee, eine unbewusste Beeinflussung wäre immer unterschwellig. Wahrnehmungsschwellen sind nicht wichtig - es kommt darauf an, worauf sich die Aufmerksamkeit der Rezipienten richtet.

4. Verlassen Sie sich nicht nur auf direkte Erinnerungstests (Recall und Recognition), sondern betrachten Sie auch indirekte Maße. Unser alltägliches Verhalten trägt mehr Spuren von früheren Werbekontakten, als wir bei direktem Nachfragen benennen könnten.

5. Halten Sie unaufmerksame Wahrnehmung nicht grundsätzlich für eine minderwertige Art, Werbeinformationen zu verarbeiten. Es gibt sogar einige Vorteile, die Sie nur bei unaufmerksamer und nicht bei aufmerksamer Wahrnehmung erlangen können. Wie zum Beispiel beim Mere-exposure-Effekt, der vorliegt, wenn man etwa einen von fünf vermeintlich neuen Werbespots besonders gut findet, nur weil man diesen schon mal gesehen hat, aber sich nicht daran erinnern kann.

9

9. Anhang

1 Experimentelle Ergebnisse liefern Perfect & Askew (1994).

2 Dies ist das Studienresultat von Krishnan & Shapiro (1996).

3 Man spricht bei diesem Phänomen auch von ‚indirektem Priming'. Damit ist gemeint, dass ein bestimmter Gedächtnisinhalt, z.B. ein Begriff oder ein Bild, nicht nur durch sich selbst, sondern auch durch verwandte Bilder und Begriffe voraktiviert (engl. primed) werden kann. Wenn z.B. im Kino Langnese-Werbung kommt und danach jemand mit einem Bauchladen von Langnese-Eiskonfekt durch die Reihen läuft, dann ist dies ein Fall von direktem Priming, denn hier wurde der Abruf von Langnese beim Kauf durch die Langnese-Werbung voraktiviert. Wenn ich jedoch 25 Mal ‚Blut' sage und dann auf die Frage, wann man die Ampel passieren soll, mit ‚Rot' antworte (ein unter Kindern sehr beliebtes Spiel), dann wurde der Abruf von ‚Rot' nicht durch das Wort ‚Rot', sondern durch das verwandte Wort ‚Blut' aktiviert. Das ist dann indirektes Priming.

4 Dies hat z.B. eine Studie von Jacoby & Kelley (1992) gezeigt.

5 Hier wurde der so genannte ‚false fame effect' beschrieben. Vergleichen Sie auch Jacoby, Kelley, Brown & Jasechko (1989).

6,8 Einen guten Überblick zum Effekt der bloßen Darbietung (Mere-exposure-Effekt) gibt Bornstein (1989).

7,11,12 Im Deutschen wird der Mere-exposure-Effekt manchmal auch als ‚Kontakt-Affekt-Phänomen' bezeichnet wie z.B. von Nemetz (1992). Allerdings ist in der psychologischen Fachliteratur - auch der deutschsprachigen - die englische Bezeichnung üblicher.

9 In meinem Überblick zur Werbe- und Konsumentenpsychologie (1997 bzw. 2001) diskutiere ich ‚Automatischen Prozesse der Informationsverarbeitung', deren gemeinsames Merkmal darin besteht, dass sie verschwinden oder ganz anders verlaufen, wenn das Subjekt seine Aufmerksamkeit darauf richtet. Der Mere-exposure-Effekt ist nur einer davon.

10 Nachzulesen in Kroeber-Riel (1993).

13 Nachzulesen in Goldstein & Gigerenzer (1999).

14 Vergleichen Sie hierzu Borges, Goldstein, Ortmann & Gigerenzer (1999).

15,16 Dies ist das Ergebnis einer Studie von Hawkins & Hoch (1992). Vergleichen Sie hierzu auch Hasher, Goldstein & Toppino (1977) und Ross, Lepper & Hubbard (1975).

17 Bei Law, Hawkins & Craik (1998) finden Sie Einzelheiten.

18,20 Vergleichen Sie die Ausführungen von Bargh (1996).

19,22 Die Einschränkung der nicht gegebenen Unkontrollierbarkeit gilt nicht nur für die Effekte des impliziten Erinnerns. Auch der automatische Einfluss von Vorurteilen auf unsere Entscheidungen kann erheblich reduziert werden, wenn wir unsere Aufmerksamkeit auf diesen Einfluss richten. (Devine, 1989).

21 Vergleichen Sie z.B. Kroeber-Riel (1992).

23 Vergleichen Sie hierzu Zajonc (1980).

24 Einen Überblick geben Bargh, Chen & Burrows (1996), Greenwald & Banaji (1995) sowie Grunert (1996).

25 Zu dieser Annahme neigt z.B. Lackner (1992).

26 Eine kritische Analyse zur unterschwelligen Wahrnehmung und Beeinflussung gibt Brand (1978). Zu den Kritikern zählen u.a. Holender (1986), Moore (1982) und Trappey (1996).

27 Vergleichen Sie hierzu Bornstein (1989).

28,32 So stellen Bornstein & D'Agostino (1995) heraus: "The key variable underlying the enhanced mere exposure effects [in subliminal mere exposure] is not stimulus subliminality per se, but rather the subject's lack of awareness of the relationship between stimulus exposures and subsequent affect rating."

29 Literatur bieten Kroeber-Riel (1993) und Bornstein (1989).

30 Dies sind Resultate von Roediger & McDermott (1993).

31 Zusammenfassung der Studien von Roediger & McDermott (1993) und Perruchet & Baveaux (1989).

33 Der Nachweis für implizites Erinnern setzt voraus, dass das Produkt mit einer höheren als der Zufallswahrscheinlichkeit gewählt wird. Wenn z.B. das Produkt in einer Kontrollgruppe bereits mit 70-prozentiger Wahrscheinlichkeit gewählt wird, kann man nur dann von implizitem Erinnern sprechen, wenn in der Experimentalgruppe, also bei jenen, die das Produkt früher gesehen haben, ohne sich zu erinnern, die Wahrscheinlichkeit der Produktwahl signifikant höher ist als 70 Prozent!

34 Vergleichen Sie Bargh, Chen & Burrows (1996). Repliziert wurde der Befund von Dijksterhuis & van Knippenberg (1998).

35 Zusammengefasste Studie von Djiksterhuis, Spears, Postmes, Stapel, van Knippenberg & Scheepers (1998).

36 Vergleichen Sie hierzu Nisbett & Wilson (1977).

37 Der Implizite Assoziationstest wird dargestellt in Greenwald, McGhee & Schwartz (1998).

38 Die Art der Kategorisierungsaufgabe ist dabei beliebig. Hauptsache ist, die Untersuchungs-Begriffe werden mit der einen Taste und die Kontrollbegriffe mit der anderen bestätigt.

39 Technisch wäre noch anzumerken, dass nur korrekte Klassifikationen ausgewertet werden. Wenn jemand einen negativen Begriff mit ‚positiv' bestätigt, fällt dies aus der Bewertung heraus. Die Tabelle zeigt in der zweiten Spalte, wie viele Einzelentscheidungen pro Durchgang verlangt werden. In den kombinierten Durchgängen ist oft das erste Viertel der Entscheidungen noch unbrauchbar - hier müssen sich die Probanden noch eingewöhnen. Daher werden oft auch diese Durchgänge nicht ausgewertet. Ebenso werden Reaktionszeiten ober- und unterhalb bestimmter Schwellenwerte nicht in die Auswertung einbezogen. Bei einer zu geringen Reaktionszeit (z.B. weniger als 300 Millisekunden) ist nicht mehr gewährleistet, dass die Probanden den Reiz überhaupt erkannt haben; vielleicht haben sie sich statt dessen bereits im vorhinein vorgenommen, diesmal mit rechts zu reagieren - komme, was da wolle. Bei einer zu hohen Reaktionszeit (z.B. mehr als 3000 Millisekunden) kann man nicht mehr von einer ‚automatischen' Reaktion sprechen. Dieses Vorgehen ist bei allen Reaktionszeit-Verfahren üblich.

40 Hierzu zähle ich Verhaltensweisen, die durch Belohnung und Bestrafung kontrolliert werden. Beispiele dafür, dass unser Verhalten nicht einer eigenen Einstellung folgt, sind Dinge, die wir anderen zuliebe aus Freundschaft tun oder Fälle, in denen wir Autoritäten folgen (z.B. tun, was uns der Arzt sagt).

41 Natürlich ist im psychologischen Sinne auch Erinnern ein Verhalten, genauso wie ein impliziter Abruf eine Art des Erinnerns ist. Insofern beruht die Gegenüberstellung im Modell auf einer begrifflichen Unschärfe, die ich aber in Kauf nehme, um den Gedanken deutlicher zu machen, dass offenes Handeln vom impliziten Erinnern unmittelbarer abhängt als vom expliziten. Im Modell steht unter den Abrufarten die typische Erscheinungsform. Ein expliziter Abruf ist meist das, was wir mit ‚bewusstem Erinnern' meinen, also der absichtliche Gebrauch einer Information aus dem Gedächtnis. Ein impliziter Abruf ist ja nicht von dem Gefühl begleitet, eine Information aus dem Gedächtnis zu nutzen. Er zeigt sich eigentlich ‚nur' im offenen und spontanen Verhalten. In einem gewissen Sinne ist daher der implizite Abruf noch verhaltensnäher als der explizite, denn implizites Erinnern bedeutet oft nichts anderes als handeln (z.B. zwischen zwei Alternativen wählen). Demgegenüber würde explizites Erinnern bedeuten: eine Information bereitstellen, auf deren Basis man handelt - oder auch nicht.

42 Vergleichen Sie hierzu die Ausführungen von Baker (1993).

43 Wir danken der Otto Reichelt AG Berlin herzlichst.

44 Einen zusammenfassenden Überblick gibt Wänke (1997).

45 Zum Überblick siehe Felser (2001).

46 Zum Mere-exposure-Effekt siehe Bornstein (1989).

Prof. Dr. Axel Mattenklott

Meine ersten Kontakte mit der Psychologie der Werbung entstanden, als ich Student in Hamburg war. Ich besuchte ein Seminar, das ein Marktforscher hielt. Ich sehe ihn noch, wie er uns mit einem Menü aus grundlegenden Begriffen und anschaulichen Fallbeschreibungen seine Berufswelt erschloss. Er weckte einen Berufswunsch in mir, und so schrieb ich ohne zu zögern ‚Werbepsychologe', wenn ich mein Berufsziel angeben sollte. Da war der Schritt zu einer Mitarbeit in seinem Institut für Marktforschung in Hamburg-Altona nicht groß. Mitarbeit bedeutete für mich, Konsumenten der vorgegebenen Zielgruppe ausfindig zu machen, sie anzurufen und zur Teilnahme an einem Interview zu überreden. Per Bahn und Bus fuhr ich zu den nicht selten unbegeisterten Teilnehmern und erfragte ihre Sicht von den Dingen, wie z.B. ihre Bewertungen unterschiedlicher Entwürfe von Haarfestigerdosen. Das war mühseliger, als eine Seminararbeit zu schreiben.

Als ich nach dem Studium meine wissenschaftliche Karriere an der Universität Mainz begann, rückte der alte Berufswunsch in den Hintergrund, und eine neue berufliche Identität begann sich entwickeln. Mein Interesse galt aber weiter Themen, die in der Literatur der Werbung auch heute noch diskutiert werden, nämlich, wie Überzeugungsprozesse erklärt werden können. Ich vermittelte das methodische Know-how für empirische Forschung und die Grundlagen der Prozesse von Einstellungen, Entscheidungen und Alltagsurteilen. Grundlegende Prozesse solcher Art werden in der Sozialpsychologie erforscht. Und so lehrte ich neben den Methoden Sozialpsychologie.

Mit Beginn der 90er Jahre ergab sich für mich die Möglichkeit, ein neues Anwendungsfach zu gestalten: die Wirtschaftspsychologie. Werbepsychologie ist nur ein Teil des Faches Wirtschaftspsychologie, das sich u.a. mit Fragen der Rekrutierung, Entwicklung und Führung von Mitarbeitern oder mit Prozessen des Unternehmenswandels befasst. Ein solches Fach wird durch feste und dauerhafte Kontakte zur Praxis ganz wesentlich belebt. Davon konnte ich viele Praktiker überzeugen und für die Mitarbeit in der Ausbildung meiner Studenten gewinnen. So ist ein Wissensaustausch zwischen Hochschule und Praxis entstanden, den ich mir für alle wünsche, die sich mit Werbung beschäftigen.

Werbung mit Gefühl: Emotional bonding

Prof. Dr. Axel Mattenklott

Unter Werbern herrschte breiter Konsens: Werbung wird auch künftig emotional sein. In einer Umfrage zum Bedeutungszuwachs bestimmter Werbestile rangiert emotionale Werbung mit 82 Prozent weit vor allen anderen Werbestilen.[1] Auf den nächsten Plätzen folgen ‚Humorvolle Werbung' mit 52 Prozent, ‚Informative Werbung' und ‚Musikdominante Werbung' mit jeweils 51 Prozent, und auf den letzten Plätzen finden sich ‚Werbung mit Stars' und ‚Presenter-Werbung', denen nur 22 Prozent bzw. 21 Prozent eine wachsende Bedeutung zutrauten.

Was aber versteht man überhaupt unter emotionaler Werbung? Welche Art Werbung gehört dazu und welche nicht? Um welche Emotionen oder Gefühle geht es, wenn von emotionaler Werbung die Rede ist? Welche Gefühle erleben Konsumenten, wenn sie Werbung hören oder sehen? Was weiß man über die Rolle von Emotionen bei der Werbewirkung? Kann emotionale Werbung auch zur Nutzung der beworbenen Marken motivieren?

1. Ordnung in den Werbestilen: eine systematische Klassifikation

Was emotionale Werbung ist, scheint jedem intuitiv klar zu sein. Eine Fülle von Bildern aus der Werbung, die wir irgendwann einmal gesehen haben, kommt uns ins Bewusstsein, seien es strahlende Gesichter, witzige Motive, niedliche Tiere, Szenen mit liebevollen Eltern oder ‚coole' Helden.

Claim: Dein Schutzengel hat 20 Stockwerke tiefer die Flatter gemacht.

Wirft man aber noch einmal einen Blick auf die obige Rangliste der Werbestile, ist man womöglich nicht mehr ganz so sicher, was emotionale Werbung ist und was nicht. Zählen humorvolle Werbung oder musikdominante Werbung dazu oder sind sie etwas anderes als emotionale Werbung?

Was bietet uns die Wissenschaft an Ordnungsversuchen an? Allgemein werden zwei Ebenen kreativer Werbegestaltung unterschieden:[2] *Gestaltungsstil* und *inhaltliche Gestaltung*. Die beiden Ebenen werden ähnlich, aber im Detail unterschiedlich gegliedert, wie die folgende Übersicht zeigt:[3]

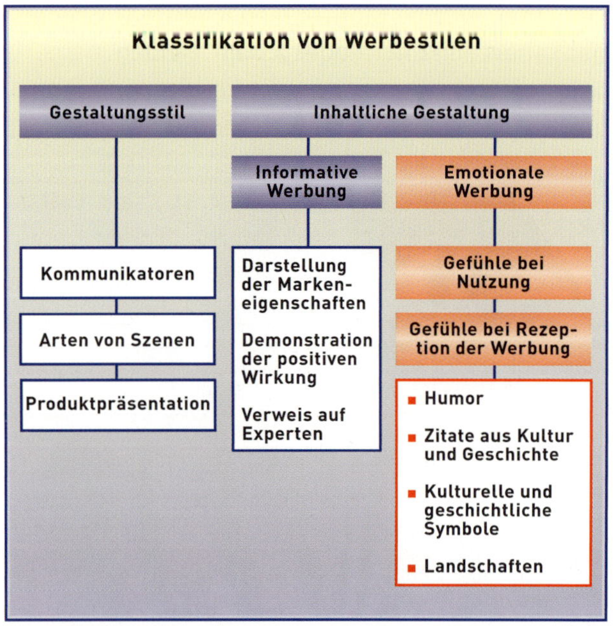

Auf der Ebene des *Gestaltungsstils* wird unterschieden, ob

- *Kommunikatoren* (Sammelbegriff für Celebrities, Personalities, Presenter, Testimonials)
- *Szenen* (Stories) oder
- *Präsentationen* (Produktdemo) gezeigt werden.

1. *Werbung mit Kommunikatoren* setzt Darsteller ein, die sich an die Konsumenten wenden und die Botschaft kommunizieren. Kommunikatoren können hierbei Menschen oder Tiere sein. Varianten dieses Gestaltungsstils unterscheiden sich darin, wie die Beziehungen der Kommunikatoren zu den beworbenen Produkten sind. Sie können ihre persönlichen Erfahrungen mit dem Produkt schildern, über das Produkt sprechen, ohne eigene Erfahrungen darüber mitzuteilen, oder über ein Thema sprechen, das mit der Werbebotschaft in Verbindung gebracht wird. Zum Beispiel spricht eine Darstellerin über die Veränderungen im Laufe eines Lebens und schlägt am Ende den Bogen zur Alterung der Haut.

2. Bei *Werbung mit Szenen* gibt es drei verschiedene Arten von Gestaltungsstilen, nämlich das klassische Drama, die Erzählung und die Folge von Szenen.

   - Die erste ist das *klassische Drama*. Der typische Verlauf des klassischen Dramas ist ein langsamer Anstieg der Spannung bis zum Höhepunkt und ein anschließender schneller Abfall der Spannung. Der Höhepunkt bildet gleichzeitig den Wendepunkt für den Zustand der Protagonisten.
   - Die zweite Art Szene ist die *Erzählung*. Sie hat im Unterschied zum klassischen Drama keinen Spannungsgipfel, sondern einen flachen Spannungsverlauf. In den Erzählungen der Werbung geht es häufig um nicht ganz gewöhnliche Alltagsbegebenheiten, etwa wenn ein Vater beim Frühstück erst von seiner gerade aufgestandenen Tochter begrüßt wird und wenige Sekunden später von einem jungen Mann, der offensichtlich die Nacht mit seiner Tochter verbracht hat und den der Vater zum ersten Mal sieht.
   - Die dritte Art der Gestaltung bezeichnen wir als *Folge von Szenen*. Sehr kurze, nur wenige Sekunden dauernde Szenen, die entweder gar

nicht oder nur sehr lose miteinander verbunden sind, charakterisieren diese Art der Gestaltung. Häufig wird sie in der Werbung für Eis oder Erfrischungsgetränke angewendet, wo der rasche Wechsel der Szenen von stark aktivierender Musik begleitet wird. Eine Inszenierung als Folge von Szenen wird auch als Vignette-Drama oder (mit Bezug auf Shakespeare) als Elisabethanisches Drama bezeichnet.[4]

3. Die dritte Kategorie besteht aus *Produktpräsentationen*. Sie führen die Funktionen der beworbenen Produkte vor, zeigen oder symbolisieren deren Wirkungen, oder präsentieren die Produkte, entweder ohne oder mit Kontext. Im Fall einer Darstellung in einem Kontext soll dieser bestimmte Eigenschaften des Produkts symbolisieren, z.B. dessen Frische, wenn es im Kontext eines fließenden Wassers gezeigt wird.

Die *inhaltliche Gestaltung* wird nach den zwei Hauptintentionen der Werbung kategorisiert, worunter auch emotionale Werbung fällt:

- die *Vermittlung von Informationen* zu Produktnutzen und -vorteilen und
- die *Assoziation von Gefühlen* mit den beworbenen Marken.

1. Vermittlung von Informationen zu Produktnutzen und -vorteilen. Diese Kategorie wird als *informative Werbung* bezeichnet, wobei die folgenden Varianten unterschieden werden:

   - Spezifische Eigenschaften der Marke werden genannt und/oder gezeigt.
   - Die positive Wirkung der Marke wird genannt und/oder gezeigt.
   - Spezifische Eigenschaften der Marke werden mit Hilfe einer schematischen Darstellung, einer Computeranimation oder einer technischen Demonstration gezeigt.
   - Eigenschaften der Marke werden mit Hilfe von Analogien demonstriert.
   - Es wird auf kompetente Experten verwiesen, die das Produkt entwickelt haben oder es empfehlen.

2. Assoziation von Gefühlen mit den beworbenen Marken. Mit dieser Intention wird die Kategorie der *emotionalen Werbung* gebildet. Hierin unterscheiden wir zwei Arten der inhaltlichen Gestaltung, die Gefühle erzeugen und sie mit den beworbenen Marken verbinden sollen:

   - Die erste Art emotionaler Bindung an die Marke nimmt den Weg über eine *positive Einstellung gegenüber der Werbung*. Eine positive Einstellung bedeutet eine günstige Bewertung, und eine solche Bewertung wird mit Hilfe von unterschiedlichen Inszenierungsarten zu erreichen versucht, die bei den Zuschauern angenehme Gefühle auslösen sollen. Diese Gefühle sollen auf die Marke übertragen werden.

     - Unter den vielfältigen Inszenierungen ist hierbei Humor der häufigste Werbungsstil. Humor ist kein einheitliches Gefühl, sondern eine Kategorie für unterschiedliche Gefühle, die sich als Lachen oder Lächeln oder ähnliche Ausdrucksweisen zeigen. In der Werbeforschung hat Humor einen festen Platz.
     - Bekannte Szenen aus Film und Theater, Figuren aus Märchen, Mythen und berühmte Persönlichkeiten aus der Geschichte sollen die Werbung und die beworbenen Marken sympathisch machen.

So wird z.B. eine Filmszene mit einer Schauspielerin in einem Restaurant nachgestellt, die als Marilyn Monroe Herrn *Meggle* für seine Kräuterbutter lobt.

- Angenehme Gefühle an beworbene Marken zu binden verfolgt auch die Inszenierung von Marken im Kontext kultureller oder geschichtlicher Symbole. Natürlich müssen die verwendeten Symbole positive Gefühle erzeugen, wie z.B. die Verbindung von *Radeberger* Bier mit der Semper Oper in Dresden. Positive Gefühle sollen dabei durch einige Takte klassischer Musik und die festliche Beleuchtung der Oper in gelben Farben geweckt werden. Ein Glas *Radeberger* in den gleichen Farben wird als Symbol festlicher Stimmung präsentiert.
- Darstellungen von Landschaften werden verwendet, um angenehme Gefühle durch Vorstellungen von Reiseerlebnissen zu erzeugen, die mit den beworbenen Marken verbunden werden sollen.

- Die zweite Art emotionaler Bindung wird als *transformationelle Werbung* bezeichnet. Charakteristisch ist hierbei die Darstellung angenehmer Gefühle, die durch den Besitz oder die Nutzung der beworbenen Produkte entstehen soll. Zum Beispiel zeigt eine Protagonistin - stellvertretend für die Zielgruppe der Frauen - das Wohlgefühl, das durch den nicht alltäglichen Genuss einer Schokolade der Marke *Suchard* ausgelöst wird. Dieses Gefühl sollen Konsumentinnen in der gleichen Situation wie die Protagonistin auch erleben und dadurch eine emotionale Bindung an die Marke entwickeln.

Mit dieser Klassifikation von Werbestilen lässt sich die Frage, ob humorvolle oder musikdominante Werbung etwas anderes ist als emotionale Werbung, nun leicht beantworten: Beide sind unterschiedliche inhaltliche Gestaltungsarten derselben Kategorie ‚emotionale Werbung'. Beide Arten intendieren, dass die beworbenen Marken über das Gefallen der Werbung mit Gefühlen ‚aufgeladen' werden.

Allerdings haben alle Klassifikationen ein Problem damit, dass nicht sämtliche Werbespots nur einem Stil eindeutig zugeordnet werden können. Häufig werden mehrere Stile in einem Spot eingesetzt, so dass Mischkategorien entstehen. So kann z.B. zuerst eine (emotionalisierende) Episode gezeigt werden und anschließend ein Kommunikator über die Vorzüge des Produkts der beworbenen Marke informieren.

Neben dem übergeordneten Ziel der Kaufhandlung sollen die vorgestellten Werbestile bei den Konsumenten zuvor Zwischenziele erreichen. So sollen z.B. die emotionalen Inszenierungsarten positive Gefühle wecken. Offen bleibt dabei, welche positiven Gefühle das im einzelnen sind, und ob dabei werberelevante Gefühle getroffen werden, die dann auch die Konsumneigung gegenüber der beworbenen Marke günstig stimmen. Daher wollen wir nun die Blickrichtung wechseln und uns den emotionalen Wirkungen zuwenden, die Werbestile erzielen können.

2. Gefühle als Reaktionen auf Werbung

Welche Gefühle erleben Konsumenten, wenn sie Werbung wahrnehmen? Um diese Frage beantworten zu können, muss man zunächst klären, was man unter Gefühlen versteht, und anschließend, wie man Gefühle erfasst oder, wissenschaftlich formuliert, wie man sie misst. Allerdings ist diese Aufgabe nicht einfach, denn die Psychologie unterscheidet zwischen *Emotion*, *Gefühl* und *Stimmung*.

Für die Psychologie der Werbung, die sich ja dafür interessiert, welche Gefühle durch Werbung stimuliert werden, ist die Auffassung nützlich, *Emotionen und Gefühle als Reaktionen auf die Wahrnehmung einer Situation zu verstehen, die für das Individuum bedeutsam ist.* Entweder ist die Situation attraktiv, aversiv oder sie signalisiert, dass erhöhte Aufmerksamkeit notwendig ist, weil die Situation einen Gewinn bringen oder einen Schaden ergeben kann. *Stimmungen* werden demgegenüber nicht als Reaktionen auf Situationen aufgefasst. Man kann zwar seine Stimmung auf eine Situation zurückführen, aber der Bezug ist weniger klar als im Fall von Emotionen, wie etwa unserem Ärger über etwas.

Aber was unterscheidet nun Emotionen von Gefühlen? Emotionen werden als qualitativ beschreibbare Zustände aufgefasst, die sich als Veränderungen des Erlebens, des Ausdrucks und des körperlichen Zustands äußern. Demgegenüber kennzeichnet Gefühle nur der erste der drei Indikatoren, nämlich das subjektive Erleben. An der begrifflichen Abgrenzung zeigt sich bereits, dass es empfehlenswert ist, Gefühle und Emotionen unterschiedlich zu messen. Da sich Emotionen als Veränderungen des Erlebens, des Ausdrucks und des körperlichen Zustands äußern, sollten sie sich auf allen drei Ebenen messen lassen. In der Forschung werden entsprechend Methoden auf diesen drei Ebenen angewendet:[5]

- *Erleben:* Der empfundene emotionale Zustand wird entweder sprachlich oder bildlich wiedergegeben. Geschieht das mit Hilfe eines sprachlichen Messinstruments, werden die Emotionsbezeichnungen vorgegeben, und die Befragten kreuzen für jede die Intensität ihrer erlebten Emotion auf einer Skala an. Bilder sind häufig Schemazeichnungen von bis zu sechs Gesichtern, die unterschiedliche Ausprägungen von schlechter bis guter Stimmung repräsentieren.[6] Die Befragten ordnen ihre aktuelle Stimmung einem der Gesichter zu.

- *Ausdruck:* Am häufigsten wird die Mimik registriert. Es gibt ausführliche Beschreibungen darüber, welcher Ausdruck für welche Emotion charakteristisch ist und welche Stellungen die einzelnen Gesichtsmuskeln, zum Beispiel am Mund, an den Augen oder zwischen den Augenbrauen bei unterschiedlichen Emotionen einnehmen. Hier findet keine Selbstbeschreibung wie bei der Messung des Erlebens statt, sondern eine Diagnose der Emotion an einem anderen Menschen. In der Regel sind die Diagnostiker geschult und verfahren nach standardisierten Anleitungen. Seltener werden die Änderungen der Gesichtsmuskeln mit aufgeklebten Elektroden registriert. Das Ergebnis dieser Messmethode wird als Elektromyogramm (EMG) bezeichnet.

- *Körperlicher Zustand:* Zum Einsatz kommen verschiedene physiologische Messmethoden. Häufig werden Änderungen des vegetativen Nervensystems erfasst, z.B. Herzfrequenz, Blutdruck oder Hautleitfähigkeit. Daneben werden Änderungen im Zentralen Nervensystem registriert, z.B. die Fließgeschwindigkeit des Blutes in einer Hirnarterie oder der Blutfluss in verschiedenen Hirnarealen.

Für die Werbepsychologie von Bedeutung ist, dass es in der Regel Gefühle sind, die durch Werbung ausgelöst werden. Emotionen wie Ärger, Trauer oder Freude sind demgegenüber viel intensiver. Durch Werbung ausgelöste Gefühle äußern sich aber meist nicht in Änderungen des körperlichen Zustands, so dass sie sich mit den vorhandenen Messmethoden für Emotionen auch nicht registrieren lassen. Eine ähnliche Situation finden wir für die Messung der Mimik vor: Die Anleitungen zur Diagnose betreffen bislang Emotionen und weniger Gefühle, deren Unterschiede schwerer zu registrieren sind.

Wie erfährt man nun aber mehr über Gefühle und v.a. über diejenigen, die relevant für die Werbung sind? *Gefühle sind als Reaktionen auf persönlich bedeutsam wahrgenommene Situationen aufzufassen, die sich als qualitativ beschreibbare Veränderung im persönlichen Erleben äußern.* Das Erleben eines Gefühlszustandes kann somit häufig sprachlich bezeichnet werden, wie z.B. durch den Satz: „Ich freue mich". Man kann sich gut vorstellen, dass wir deshalb viel mehr Gefühle als Emotionen unterscheiden können. Während in der Literatur 6 bis 10 Begriffe für Emotionen aufgeführt werden, findet man ungefähr 500 (!) sprachliche Bezeichnungen für Gefühle, was allerdings nicht bedeutet, dass jedes dieser 500 Wörter ein anderes Gefühl bezeichnet.

Die Vielfalt der Gefühlswörter wird reduziert, wenn man sich auf einen Kontext beschränkt, etwa wie im vorliegenden Fall auf die (Rezeption von) Werbung: Die beiden amerikanischen Forscher Rajeev Batra und Morris Holbrook ließen 72 Fernsehwerbespots mit sehr unterschiedlicher inhaltlicher Gestaltung auf 94 Skalen bewerten, die Gefühlszustände bezeichneten. Zusätzlich fragten sie die Urteilenden nach ihren Einstellungen gegenüber den Spots und den darin beworbenen Marken.[7] Auf diese Weise konnten 20 Gefühlszustände identifiziert werden, die in sich homogen waren und sich auch nach statistischen Kriterien voneinander unterscheiden ließen.[8]

20 Gefühle als Reaktionen auf TV-Spots

Aktivierung	(Activation)
Sittlichkeit	(Moral)
Zuversicht	(Confidence)
Entspanntheit	(Soothed)
Gemütlichkeit	(Restfulness)
Dankbarkeit	(Gratitude)
Zuneigung	(Social Affection)
Freude	(Elation)
Fröhlichkeit	(Surgency)
Gier	(Desire)
Langeweile	(Bored)
Lustlosigkeit	(Drowsy)
Skepsis	(Scepticism)
Verachtung	(Scornful)
Traurigkeit	(Sadness)
Hilflosigkeit	(Dominated)
Furcht bzw. Angst	(Fear)
Spannung	(Tension)
Ärger	(Irritation)
Wut	(Anger)

Dass Gefühle wie Hilflosigkeit, Traurigkeit, Ärger, Verachtung, Furcht bzw. Angst oder Wut beim Betrachten von Werbung durchaus entstehen können, mögen die folgenden Bilder belegen:

Beschützt die Tiere gegen die Bestien.

Das bleibt unser kleines Geheimnis.

Ordnung in die zahlreichen Gefühlsbezeichnungen zu bringen, ist erst der Anfang einer Forschung, die klären will, wie sich die einzelnen Gefühle auf das Verhältnis der Konsumenten zu Marken auswirken und welche zum Konsum motivieren. Solche Fragen sind erst in einzelnen Ansätzen untersucht worden. Was bisher an Forschungsergebnissen vorliegt, stammt aus Studien zur Werbewirkung dreier Gefühlsarten, von denen zwei in der obigen Tabelle gar nicht auftreten, nämlich Wärme und Humor. Die dritte Gefühlsart ist Furcht bzw. Angst. Wärme und Humor sind von Rajeev Batra und Morris Holbrook nicht etwa vergessen worden. Vielmehr handelt es sich bei Wärme und Humor um Kategorien, die mehrere Gefühle umfassen. So könnte man Wärme als Mischung der Gefühle ‚gemütlich', ‚zuversichtlich', ‚zugeneigt' und ‚dankbar' verstehen und Humor als fröhlich-freudig-begeisterten Gefühlszustand. Das ist ein Problem für die Forschung über Gefühle: Häufig treten Gefühle nicht in reiner Form auf, sondern es sind Mischformen, die erlebt werden. Im Folgenden wollen wir die Erkenntnisse zu Wärme, Humor und Furcht betrachten, da ihre Bedeutung in der Werbung nicht zu unterschätzen ist.

3. Auf dem Prüfstand der Werbeforschung: Wärme, Humor und Furcht

3.1 Wärme

Boris Becker sitzt am Frühstückstisch und streicht *Nutella* auf eine Scheibe Brot. Er erinnert sich mit angenehmen Gefühlen an seine Kindheit, die für ihn mit *Nutella* verbunden ist. Vor allem Zuschauer seiner Generation sollen sich, wenn sie diesen Werbespot sehen, auch an ihre Kindheit erinnern, und - wenn *Nutella* für sie begehrenswert war - ähnlich angenehme Gefühle erleben.

Solche Gefühle lassen sich unterschiedlich benennen, etwa als sentimental, warmherzig, liebevoll, zärtlich oder dankbar. In der wissenschaftlichen Literatur werden sie unter dem Begriff ‚Wärme' (englisch: warmth) oder ‚Warmherzigkeit' zusammengefasst. Im Deutschen kennen wir den Ausdruck ‚Jemandem ist warm ums Herz'. Häufig wird das Gefühl der Wärme ausgelöst, wenn in der Werbung liebevolle Handlungen zwischen Eltern und Kindern gezeigt werden oder verständnisvolle Blicke zwischen Menschen, die sich begegnen, oder auch jemand mit einem Gesichtsausdruck, der signalisiert: „Ich fühle mich gut". Wie die Beispiele zeigen, sind Gefühle von Wärme moderat und kurzfristig. Häufig werden sie durch direkte oder stellvertretende Erfahrungen einer Liebes-, Familien- oder Freundschaftsbeziehung erzeugt.

Für ihre Messung ist ein einfach scheinendes Verfahren entwickelt worden:[9] Auf einem Blatt Papier repräsentiert ein vertikaler Strich die Grenze zwischen empfundener Kühle und Wärme. Während man einen Werbespot sieht, überträgt man das Ausmaß seiner empfundenen Wärme mit einem Stift auf das Papier, indem man ihn - auf der Grenze beginnend - entweder nach rechts oder nach links bewegt. Wie bei jedem psychologischen Messverfahren werden auch in diesem Fall die Empfindungen auf eine Skala übertragen. Kühle und Wärme sind nach dieser Konzeption keine qualitativ unterschiedlichen Gefühle, sondern bezeichnen zwei graduell verschiedene Zustände auf einer Dimension, deren Endpunkte man als ‚sehr kühl' und ‚sehr warmherzig' bezeichnen könnte. Andere Gefühle, die womöglich entstehen, wenn man den Werbespot sieht, sollen von den Beurteilenden während der Aufzeichnung ausgeblendet werden.

Werbespots, die Empfindungen von Wärme hervorrufen, schneiden in einem Indikator der Werbewirkung besonders gut ab: in der Einstellung zur Werbung. Hier kommt zum Ausdruck, dass sie als besonders sympathisch erlebt werden. In den Indikatoren der Einstellung zur Marke und der Kaufintention haben sie ebenfalls einen Vorsprung vor Spots, die keine Gefühle von Wärme erzeugen. Allerdings ist dieser Unterschied nicht so groß wie bei der Einstellung zur Werbung.[10]

3.2 Humor

Wenn man fragt, was Humor ist, wird es kaum jemandem schwer fallen, Beispiele für Humor zu geben. Doch wie sieht es mit allgemeinen Prinzipien aus? Humor entsteht, wenn eine Szene so dargestellt wird, dass sie überraschend ausgeht und das Ende der Szene verständlich ist.[11] Überraschung wird hierbei als unsere Reaktion auf eine Abweichung von allgemeinen Überzeugungen, Einstellungen oder Verhaltensnormen verstanden, die wir im Lauf unseres Lebens gelernt haben. Ein Sketch von Woody Allen lautet sinngemäß: *„In einem Hotel flirtete ich mit einem wunderschönen Mädchen. Da ich noch einen Auftritt hatte, gab ich ihr schon mal den Zimmerschlüssel. Als ich in mein Zimmer kam, war meine Schreibmaschine weg."* Diese kurze Episode legt zu Beginn die Erwartung nahe, dass nun ein Liebesabenteuer erzählt wird, eine Erwartung (und das ist überraschend), der am Ende widersprochen wird. Überraschung kann auch entstehen, wenn Form und Inhalt sich widersprechen, z.B. der Ausdruck des Gesichts, der nicht zum Inhalt der Rede passt.

Überraschung muss nicht notwendig Humorgefühle stimulieren. Jeder hat wahrscheinlich bereits die Erfahrung gemacht, dass Überraschung auch unangenehm sein kann. So wirkt Überraschung zwar aktivierend, weil etwas Unerwartetes geschieht, ist selbst aber emotional neutral. Um Humorgefühle zu stimulieren, müssen weitere Bedingungen hinzukommen. Erst gemeinsam mit den folgenden weiteren Bedingungen kann Humor entstehen und zwar mit...

- einem Gefühl, das als fröhliche Verspieltheit (playfulness) beschrieben werden kann,
- der Leichtigkeit, mit der die durch eine Werbeszene entstandene Inkongruenz mit Erwartungen vom Betrachter wieder aufgelöst werden kann und
- dem bereits beschriebenen Gefühl der Wärme, das einen stärkeren Bezug zu Bewertungen des Humors von TV-Spots hat als fröhliche Verspieltheit:[12] Den Bezug von Wärme und Humor mag das folgende Print-Motiv illustrieren.

Werbung ist häufig humorvoll: Im Erhebungszeitraum von 18 Monaten waren von 18.912 registrierten Werbespots im deutschen Fernsehen 27,4 Prozent humorvoll. Die Kategorie ‚Humor' umfasste dabei die Inszenierungsarten ‚Situationskomik, Ironie, Übertreibung, Blödelei und Klamauk, Charakterkomik, Pointe, Parodie, Wortwitz bzw. Dialog sowie Zeichentrick bzw. Cartoon'.[13] Ähnliche Werte finden sich auch in den USA, wo 30,6 Prozent aller Hörfunkspots und 24,4 Prozent aller Fernsehspots Humor als Stilmittel anwenden.[14]

Ist aber humorvolle Werbung auch wirksam? Kreative sind davon überzeugt: *„Fast zwei Drittel der wirksamsten Printanzeigen und Spots arbeiten mit Humor, verlautet aus Werberkreisen."*[15] Kreative würden deshalb manche Werbung gern noch humorvoller machen, wenn man (der Werbeleiter) sie nur ließe. Die wissenschaftliche Forschung hat sich auch mit dieser Frage beschäftigt und folgende Erkenntnisse zusammengetragen:[16]

- *Humor wirkt auf...*
  - Humor steigert die Sympathie für die Werbung.
  - Humor zieht die Aufmerksamkeit auf sich.

- Humor beeinträchtigt nicht das Verstehen der Botschaft.

- *Humor wirkt nicht auf…*
  - Humor ist für eine positive Einstellung zur Marke und Kaufabsicht nicht günstiger als Nicht-Humor.
  - Humor erhöht nicht die Glaubwürdigkeit der Marke.

- *Humor wirkt unter den folgenden Bedingungen…*
  - Humor, der sich auf die Botschaft bezieht, erzeugt mehr Sympathie für die Werbung als Humor ohne Beziehung zur Botschaft.
  - Humor steigert die Sympathie für die Werbung stärker bei etablierten Produkten (als bei neuen) und bei Produkten, die wenig involvieren und deren Werbung angenehme Erlebnisse verheißt, wenn man die Produkte konsumiert.
  - Humor wirkt zielgruppenspezifisch.
  - Humorvolle Werbung wirkt günstiger auf die Bewertung der Werbung, wenn die Konsumenten bereits positive Einstellungen zur Marke gebildet haben, als wenn noch keine Einstellungen zur Marke existieren.[17]
  - Die Bewertung humorvoller Fernsehspots wird vom Programmumfeld weniger stark beeinflusst als die Bewertung informativer Spots.[18]
  - Humor scheint sich schnell abzunutzen, was durch Variationen der humorvollen Botschaften (pool-outs) gelindert werden kann.[19]

Schauen wir uns die Befunde näher an: Humor zieht die Aufmerksamkeit auf sich und steigert dadurch die Erinnerung der Werbung, ein Ergebnis, das Werbebotschaft und Marke betrifft. Dieses Ergebnis bestätigt die Erkenntnisse der Gedächtnisforschung, denen zufolge Wörter, Texte oder erlebte Episoden besser behalten werden, wenn ihr Inhalt emotional getönt ist. Und: Die bessere Erinnerung an humorvolle Werbung lenkt nicht vom Inhalt der Botschaft ab, wie zuweilen argumentiert worden ist.[20] Die stärkste Wirkung aber entfaltet humorvolle Werbung auf die Sympathie für die Werbung: Erzeugt humorvolle Werbung positive Gefühle, dann ist auch die Einstellung zu dieser Werbung positiv.[21] Und diese Einstellungen sind auch unanfällig gegenüber Einflüssen aus dem Programmumfeld. Allerdings findet man diese günstige Wirkung humorvoller Werbung nicht auch bei der Einstellung zur Marke, obwohl ein solcher Transfer angenommen wird (siehe Kapitel 4). Anscheinend leisten die durch Humor erzeugten Gefühle diesen Transfer zur Marke aber nicht. Ebenso wenig profitiert die Glaubwürdigkeit der Marke vom Humor in der Werbung. Umgekehrt wirkt anscheinend eine positive Einstellung zur Marke günstig auf die Einstellung zur Werbung.

Wann ist Humor in der Werbung nun wirkungsvoller (und wann nicht)? Humor wirkt stärker, wenn er sich auf die Botschaft der Werbung bezieht:

Vielen Lesern wird noch die Zigarettenwerbung von HB aus den 60er Jahren in Erinnerung sein, in der das ‚HB-Männchen' nach missglückten Reparaturversuchen vor Zorn wie eine Rakete in die Luft ging und erschöpft atmend wieder auf den Boden kam. Die aus dem Off gesprochene Botschaft lautete stets: „Wer wird denn gleich in die Luft gehen? Greife lieber zu HB!" Die Zigarette als Puffer für selbstschädigende Wutausbrüche.

Des Weiteren mögen Konsumenten humorvolle Werbung bei wenig involvierenden und bereits bekannten bzw. etablierten Produkten, wie Süßigkeiten oder Getränken. Die Marken solcher Produkte sollen an Gefühle gebunden werden, die ihr Konsum vermittelt (worauf in Kapitel 4 näher eingegangen wird). Dagegen müssen neue Produkte zunächst bekannt gemacht werden, weshalb für sie zunächst informative Werbung angesagt ist.

Außerdem ist festzuhalten, dass humorvolle Werbung ihre Wirkung verfehlen kann, wenn sie die falsche Zielgruppe anspricht. So ist die Wirkung von Humor immer auch von der Interpretation sozialer Situationen abhängig. Interpretationen sozialer Situationen werden durch kulturelle Kategorien geprägt, die sich in einer Gesellschaft gebildet haben und gegenwärtig als Normen wirken. Da diese Kategorien von Kultur zu Kultur unterschiedlich sind, werden Szenen in Werbespots, die das Stilmittel Humor absichtlich einsetzen (und solche Szenen stellen soziale Situationen dar) je nach Zugehörigkeit zu einer Kultur auch ganz unterschiedlich interpretiert:22

- Das britische Handelsunternehmen *Tesco* hat im englischen Fernsehen dafür geworben, dass man jedes bei *Tesco* gekaufte Produkt zurückgeben darf, wenn es nicht gefällt. In einem der Spots wird eine Frau gezeigt, die dieses Versprechen von *Tesco* offensichtlich mit einer Forelle, die etwa einen halben Meter misst, einlösen will, weil ihr der Gesichtsausdruck des Fisches wegen seiner heruntergezogenen Mundwinkel nicht gefällt. Trotz großer Einwände ihrer Tochter sieht man beide schließlich bei *Tesco* an der Fischtheke stehen, wo die Mutter nun einen Plattfisch bekommt, den sie erfreut mit der Bemerkung annimmt: *„Er gleicht doch mehr meinem ersten Mann."*

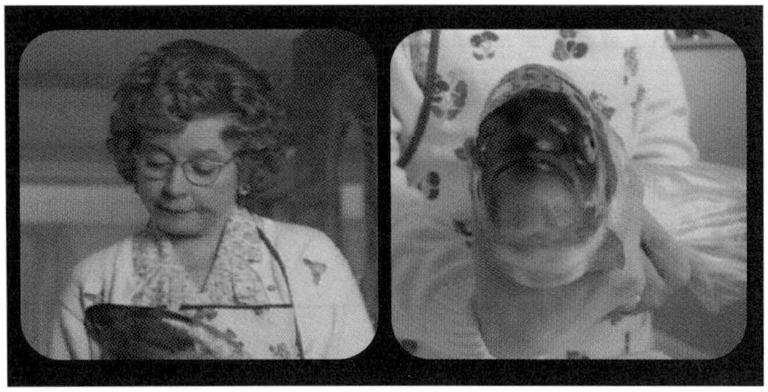

Vermutlich würden viele Konsumenten, die in einer deutschsprachigen Kultur aufgewachsen sind, diesen Spot nicht humorvoll finden. Szenen mit Kleinkindern, die etwas tollpatschig wie Erwachsene handeln oder Tiere, deren Gestik und Mimik als menschlicher Ausdruck interpretiert werden, erzeugen eine andere Art von Humor und mögen vielleicht für die Mehrheit der Konsumenten verständlicher sein als der satirische Humor im englischen Spot. So lässt die Art der humorvollen Szene den einen schmunzeln und den anderen laut in Lachen ausbrechen - in einem Fall mag man Genugtuung empfinden, im anderen Enthusiasmus.

Sogar innerhalb einer Gesellschaft existieren unterschiedliche kulturelle Kategorien, die für die Interpretation von Humor bedeutsam sind: Frauen lachen über andere Dinge als Männer, und ältere Menschen finden andere Sachen komisch als Kinder. Weiterhin lassen sich Menschen mit unterschiedlichen Lebensstilen unterscheiden, wie sie z.B. in den ‚Sinus-Milieus' abgebildet werden (*die im Beitrag von Manfred Niesel näher besprochen werden*). Wenn sich in Zukunft der Trend zu humorvoll gestalteter Werbung fortsetzen wird, werden die Planer in Werbe- und Mediaagenturen jedenfalls vermehrt Erkenntnisse zu zielgruppenspezifischem Humor brauchen.

3.3 Furcht

Wenn man Konsumenten mit Werbebotschaften überzeugen möchte, keine Drogen zu konsumieren, sich vor AIDS zu schützen, sein Eigentum gegen Verlust zu versichern oder auch etwas gegen seine Schuppen auf der Kopfhaut zu unternehmen, soll man den Schaden, der möglicherweise entsteht, wenn man die Appelle in den Botschaften nicht befolgt, anschaulich darstellen oder lieber die angenehmen Konsequenzen aus einem mit den Appellen konformen Verhalten? Ist es für das intendierte Verhalten effektiver, den Gewinn einer befolgten Aufforderung zu zeigen oder den Verlust, wenn die Aufforderung ignoriert wird? Das ist die Gretchenfrage für Praxis und Forschung.

Gegen Gewalt und Drogen wirbt die Bundesregierung mit Sympathieträgern wie Skispringer Martin Schmitt,

während eine US-Kampagne mit verkehrstoten Tieren für die bessere Verkehrserziehung von Kindern wirbt.

Auf den Plakaten der Bundesregierung mit Appellen wie ‚Keine Macht den Drogen' oder ‚Sportler gegen Drogen und Gewalt' sieht man prominente Sportler, die freundlich lächeln. Es gibt keinen Hinweis auf gesundheitliche Schäden durch Drogenkonsum.[23] Auch in den Fernsehspots mit dem Slogan ‚Kondome schützen' werden keine vom Tod gezeichneten jungen Menschen gezeigt. In den USA gibt es dagegen Spots, die genau das tun: Zum Beispiel wird in einem Spot ein junger Mann gezeigt, der kurz nach dem Drogenkonsum zusammenbricht, anschließend ein Rettungswagen, der mit heulenden Sirenen ein Krankenhaus erreicht und zum Schluss ein Vater, der am Grab seines Sohnes steht. Offensichtlich sind die Auffassungen über das ‚Framing' (zeigt man den möglichen Schaden oder den Gewinn?) in der deutschen und US-amerikanischen Werbepraxis sehr unterschiedlich.

Was sagen die Ergebnisse der Forschung mit ihrer nunmehr fünfzigjährigen Tradition? Dieser Zweig der Forschung hat von Beginn an die Frage untersucht, wie intensiv die Furcht sein sollte, die von Werbung erzeugt wird.[24] Damit wird Furcht als Schlüssel für die Wirksamkeit von Aufforderungen gesehen.[25] Empirische Studien zu Furcht auslösender Werbung im deutschsprachigen Raum sind selten und Verallgemeinerungen daher schwierig. Zieht man ein vorsichtiges Resümee, so zeichnet sich eine gewisse Skepsis gegenüber der Wirksamkeit von Gefahrendarstellungen ab.[26] Für die aus den USA vorliegenden Studien ist das Resümee dagegen eindeutig: In einem Bereich von schwacher bis mittelstarker Furchtintensität ist die *„Beziehung zwischen den emotionalen Reaktionen der Furcht ... und der Überzeugung (vom Appell der Botschaft) allgemein stetig und positiv."*[27]

Auf eine einfache Formel gebracht, lautet das Ergebnis: Je intensiver die Furcht, desto stärker die Wirkung der Werbebotschaft. Entsteht bei der

Wahrnehmung der Werbung überhaupt keine Furcht, wie es bei den Plakaten ‚Sport gegen Gewalt und Drogen' vermutlich der Fall ist, so wird nach nordamerikanischer Forschung niemand aktiviert, den Appell der Werbung auf sich wirken zu lassen. Ist die erzeugte Furcht dagegen sehr intensiv, wird ihre Wirkung wahrscheinlich geringer. Allerdings liegen über diese letzte Annahme nur wenige empirische Erfahrungen vor, da hier auch ethische Prinzipien Einhalt gebieten.

Wie werden die Ergebnisse der Forschung erklärt? Theoretische Ansätze zur Erklärung der Wirkung von Furcht auslösender Werbung lassen sich historisch folgendermaßen ordnen.[28]

- Die zentrale Annahme der ältesten (Verdrängungs-) Theorie lautet: Furcht wird verdrängt. Die Botschaft von Furcht erregender Werbung hat *keine Wirkung* auf die erwünschten Handlungen, weil die Konsumenten ausschließlich mit der Bewältigung der Furcht beschäftigt sind.

- Das ‚Modell der parallelen Reaktionen' war eine Antwort auf die Verdrängungshypothese. Die wichtigste Annahme ist, dass der Konsument zwei Dinge bewältigen muss: Furcht *und* Gefahr. Löst die Werbung *nur* den Furchtprozess aus, dann gilt: Je mehr furchtinduzierende Gestaltung, desto weniger überzeugt die Botschaft. Nach dem Modell ist aber eine bestimmte Intensität an Furcht notwendig, um die Kontrolle von Gefahr anzuregen. Wird durch die erzeugte Furcht der Prozess der Gefahrenkontrolle angestoßen, so tritt ein umgekehrtes Wirkungsverhältnis ein: Je mehr furchtinduzierende Gestaltung, desto stärker wird der Konsument von der Botschaft überzeugt sein. Versichert man sich z.B. gegen einen drohenden Verlust, wird die Gefahr wirksam kontrolliert *und* die empfundene Furcht reduziert.

- Die ‚Theorie der Schutzmotivation' schließlich nimmt im Unterschied zu den beiden vorhergehenden Ansätzen an, dass Gefahren rational bewältigt werden. Furcht spielt dabei keine bedeutende Rolle. Eine Werbebotschaft muss die folgenden vier Aspekte thematisieren, wenn sie ihre Wirkung entfalten soll (die auch jeder geschulte Versicherungsvertreter ansprechen wird, wenn er Kunden gewinnen will):
  - Die Wahrscheinlichkeit eines Schadens ist hoch.
  - Das Ausmaß eines Schadens ist groß.
  - Die Verfügbarkeit der Mittel zur Schadensabwendung (z.B. durch die Versicherung) ist gegeben.
  - Und die Effektivität dieser Mittel ist groß.

  Kann der Adressat der Botschaft allen vier Punkten zustimmen, wird er überzeugt sein.[29]

Ein Problem für die Erklärung von Furcht in der Werbung ist, dass in empirischen Studien zur Wirkung von Furcht in Wirklichkeit unterschiedliche Ausmaße des dargestellten Schadens und damit verschiedene Intensitäten von Bedrohung untersucht worden sind. Höhere Intensitäten von Bedrohung erzeugen aber nicht notwendig stärkere Furchtreaktionen: In einer Studie zur Wirkung von Anzeigen, in denen gesundheitliche und soziale Schäden durch Drogenkonsum dargestellt wurden, lösten die drei verschiedenen Schweregrade der dargestellten gesundheitlichen Gefahr bei den jugendlichen Probanden keine bedeutsam unterschiedlichen Furchtreaktionen aus.[30]

Die Intensität der Furchtreaktion wird vielmehr von einer Reihe weiterer Bedingungen als der Gefahr selbst bestimmt. So sind die Furchtreaktionen natürlich abhängig von der Relevanz des Themas für die Zielgruppe. Außerdem wird die Wirkung gesundheitlicher Gefahrendarstellungen auch von der Dauer und Intensität der Nutzung der potentiell schädlichen Produkte beeinflusst. Regelmäßi-

ge Raucher sind schwerer zu beeinflussen als gelegentliche Raucher oder Jugendliche, die noch nicht rauchen. Der Erzeugung einer wirksamen Gefahrenkontrolle mittels Furcht sind durch die ‚Illusion der Unverwundbarkeit' zudem Grenzen gesetzt. Dieses Phänomen bezeichnet die generelle Neigung zu glauben, man hätte selbst ‚alles im Griff' und würde nicht Opfer von Schäden werden. Daher sind Werbebotschaften mit Appellen an die eigene Person häufig weniger wirksam als Appelle, für seine Angehörigen zu sorgen - wie etwa die Aufforderung an einen Mann, bereits vor dem ersten Schnee gute Winterreifen an das Auto seiner Frau montieren zu lassen.

Aus dem kurzen Überblick über die ‚Forschung zur Wirkung von Furchtappellen in der Werbung', wie sie traditionell heißt, lassen sich zwei Trends für die Zukunft von Forschung und Praxis ableiten:

- Der erste Trend bezieht sich auf die Intensität der Furchtreaktion: Obschon ein bestimmtes Ausmaß an Furcht oder (allgemeiner formuliert) Aktivierung notwendig ist, um Konsumenten zu bewegen, sich mit der Gefahr auseinander zu setzen, bestimmen weitere Bedingungen als die Gefahr selbst die Intensität der Furchtreaktion. Wenn sich diese Erkenntnis bestätigt, so wird die Furchtreaktion nicht länger den Fokus der Forschung bilden.
- Der zweite Trend betrifft die Art der dargestellten Gefahr, deren Wirkung anscheinend stark zielgruppenspezifisch ist: Man kann sich vorstellen, dass jugendliche Raucher, die sich gesund fühlen, durch Darstellungen von Krankheiten der Atemwege kaum in Sorge geraten. Daher wird es für die Praxis und Forschung hilfreich sein, statt von Furchtappellen von Gefahrendarstellungen zu sprechen. So hat die wissenschaftliche Beschäftigung mit der Frage, wo das Optimum an Furcht für die in der Werbung intendierten Handlungen ist, bislang eine zu enge Anwendung, denn im Wesentlichen geht es dabei um die Bedrohung der Gesundheit. Dagegen lassen sich Gefahrendarstellungen breiter anwenden: Neben gesundheitlichen Gefahren sind im Alltag von Konsumenten noch soziale Gefahren und Gefahren für eine angenehme Stimmung von Bedeutung. Darin liegt der Vorteil dieser weiteren Perspektive.

Es kommt bei der kreativen Umsetzung von Aufforderungen, schädliche Verhaltensweisen zu vermeiden, darauf an, neben der richtigen Dosierung des darzustellenden möglichen Schadens für die Zielgruppe auch die effektive Art der Bedrohung zu treffen, um die Adressaten zu aktivieren, den Schaden von sich fern zu halten. Besonders soziale Gefahren und Gefahren für eine angenehme Stimmung lassen sich durch geeignete Produkte vermeiden oder doch zumindest lindern. Die kreative Gestaltung der Werbung kann das unmittelbar umsetzen (Näheres in Kapitel 4.4).

3.4 Furcht, Humor, Wärme: ein Resümee

Die Beschäftigung mit der Furcht hat in der Forschung die längste Tradition, danach kommt Humor und zum Schluss Wärme. Was lässt sich für die Praxis der Werbung festhalten?

- Furcht nimmt eine Sonderstellung ein, weil sie eine Emotion ist, die Bedrohung signalisiert und damit aus einer Situation stammt, die man vermeiden möchte. Entsprechend selten wird Furcht in der Werbung angewendet. Hinzu

kommt, dass zumindest in der deutschsprachigen Werbelandschaft Uneinigkeit darüber besteht, ob Furcht überhaupt induziert werden sollte, wenn man die Mitglieder der Zielgruppe von den beworbenen Handlungen überzeugen will. Bei dem Ziel, soziale und emotionale Gefahren darstellen zu wollen, sind weitere Gefühle betrachtenswert, die in der Regel weniger bedrohlich sind als Furcht. Außerdem ist noch wenig bekannt, in welcher Weise in der Werbung Gefahren darzustellen sind.

- Über die Wirkung von Humor kann man verlässlich sagen, dass dadurch das Verstehen der Werbung nicht gestört und die Einstellung zur Werbung positiv gefördert wird. Voraussetzung ist, dass Humor den kulturellen Kategorien der Zielgruppe entspricht. Humor allein scheint dagegen die Einstellung zur Marke und deren erlebte Glaubwürdigkeit nicht zu steigern. Hier zeigt sich Bedarf für die Werbeforschung, nämlich zu untersuchen, was über humorvolle Werbung hinaus notwendig ist, um die Ziele ‚günstigere Einstellung zur Marke' und ‚höhere Glaubwürdigkeit der Marke' zu erreichen.

- Das schwer zu definierende ‚Gefühlsmenü' der Wärme ist relativ selten untersucht worden. Ebenso wie Humor scheint sie sich günstig auf die Einstellung zur Werbung auszuwirken. Gegenüber Humor ist Wärme weniger zielgruppenspezifisch, weil Wärme durch die Wahrnehmung von Situationen, wie etwa der liebevollen Beziehung zwischen Eltern und Kind ausgelöst wird, die Ausdruck entwicklungsgeschichtlich ‚alter' Motive sind. Günstig für die Darstellung von Wärme in der Werbung ist, dass Produkte solche Motive leicht symbolisieren und deren kulturelle Bedeutung vermitteln können.

4

4. Modelle für die Erklärung des ‚Emotional bonding'

Worauf bezieht sich die Wirkung emotionaler Werbung? Auf die Verknüpfung von Gefühlen und beworbener Marke. Diese Art Assoziation wird als *Emotional bonding* bezeichnet. Im Folgenden wollen wir diejenigen Modelle betrachten, die den Assoziationsprozess als Wirkung emotionaler Werbung zu erklären versuchen.

4.1 Emotionale Konditionierung

Das Modell der emotionalen Konditionierung begründet die emotionalen Reaktionen auf Werbung

mit Lernen. Es handelt sich um eine bestimmte Form von Lernen, die in der Psychologie als ‚klassische Konditionierung' bezeichnet wird. Ihnen wird jetzt der Pawlowsche Hund einfallen, und das ist die richtige Assoziation. Der Geruch von Futter löst beim (hungrigen) Hund Speichelfluss aus. In Pawlows Experiment ertönte jeweils eine Glocke, kurz bevor der Hund das Futter roch. Nach einigen Durchgängen löste allein der Glockenton den Speichelfluss aus. Diese Art der Verbindung zwischen Futter und Glockenton bildet das Grundmuster der emotionalen Konditionierung, die Werner Kroeber-Riel in dem viel zitierten *Hoba*-Experiment auch für Werbung nachweisen konnte:[31]

- Sein Experiment stellte eine Situation nach, wie sie im Kino üblich ist, wo zuerst Werbung und dann der Film gezeigt wird. Die Werbung bestand u.a. aus Anzeigen für eine Seife mit dem Namen *Hoba*, ein Name ohne emotionale Bedeutung für die Testpersonen. Die Anzeigen zeigten Bilder schöner Frauen, warmherzige Freundschaftsbeziehungen und Aufnahmen beliebter Ferienlandschaften, die Gefühle von Erotik, Wärme und Freude erzeugen sollten.

24 Stunden nach der letzten Kinovorführung beschrieben die Testpersonen ihre Empfindungen gegenüber der Seife *Hoba*. Die Ergebnisse zeigten, dass eine Konditionierung stattgefunden hatte: *Hoba* wurde nun mit den Eigenschaften ‚zärtlich', ‚erlebnisreich', ‚fröhlich' und ‚erregend' verbunden. Die Testpersonen assoziierten den vor dem Experiment neutralen Reiz *Hoba* nach dem Experiment mit angenehmen Gefühlen. In der Sprache der Werbung würde man sagen, der Markenname *Hoba* ist mit Gefühlen ‚aufgeladen' worden.

Das ist das Ei des Kolumbus, könnte man folgern, wenn man liest, wie wirksam diese einfache Methode der emotionalen Konditionierung ist. Man braucht nur gefühlsauslösende Bilder gemeinsam mit einem Markennamen zu zeigen und sogleich werden die Gefühle mit der Marke verbunden. Die Marke gewinnt eine attraktive Bedeutung und wird so zum Symbol für etwas Erstrebenswertes. Leider ist es nicht ganz so einfach. Die Forschung zur emotionalen Konditionierung zeigt ein differenziertes Bild: Um eine Marke (oder auch ein Produkt) mit Gefühlen ‚aufzuladen', müssen einige Bedingungen erfüllt sein:

- Die Reihenfolge ‚neutraler Reiz vor gefühlsauslösendem Reiz' wird konsistent eingehalten. Für eine assoziative Verbindung der beiden Reize, die sich darin äußert, dass allein die Wahrnehmung der Marke die intendierten Gefühle auslösen kann, ist es günstig, wenn die Konsumenten diese Verbindung erkennen.

- Neutraler und gefühlsauslösender Reiz haben eine sinnvolle Beziehung. Im oben beschriebenen Experiment von Kroeber-Riel lassen sich der Markenname für eine Seife und erotische Reize sinnvoll miteinander verbinden. Wäre der neutrale Reiz eine Fertigsuppenmarke, ließe sich die Verbindung zu erotischen Reizen nicht so einfach herstellen.

- Der neutrale Reiz ist unbekannt oder zumindest wenig bekannt. Sind Marken (als neutrale Reize) bekannt, hat sich bereits ein Image gebildet. Bestehende Assoziationen lassen sich aber durch eine emotionale Konditionierung nicht einfach ändern.

- Die gefühlsauslösenden Reize sind biologisch oder symbolisch prägnant. Biologische Prägnanz haben Reize, die wir aufsuchen oder vermeiden, wenn wir unsere grundlegenden Bedürfnisse, etwa Hunger oder Sicherheit, befriedigen wollen. Das ist sicher ein wichtiger Grund, weshalb das Experiment mit dem Pawlowschen Hund so gut gelang. Und dies ist auch der Grund, weshalb auf den Titelseiten von Publikumszeitschriften so häufig attraktive Frauen abgebildet werden. Symbolisch prägnant sind Reize, die eine kulturelle Bedeutung erlangt haben, etwa Produkte, deren Besitz Ausdruck von Macht, Wohlstand oder Sportlichkeit sind.

Resümiert man diese Bedingungen für die Wirksamkeit der emotionalen Konditionierung von Marken, gewinnt man den Eindruck, dass diese Methode des ‚Emotional bonding' doch etwas komplexer ist als die klassische Konditionierung, die Pawlow erforschte. Man könnte das damit begründen, dass ein Mensch nicht so einfach funktioniert wie ein Hund. Denn beim Menschen sind bei einer Konditionierung immer auch bewusste Prozesse beteiligt und das Bewusstsein befähigt den Menschen, sich zu entscheiden.

Es gibt aber auch bei Menschen die ‚klassische' Situation der Konditionierung, bei der die konditionierten, ursprünglich neutralen Reize nun konditionierte Reaktionen automatisch auslösen können. Solche automatischen Reaktionen, die willentlich nicht beeinflussbar sind, lassen sich v.a. dann leicht konditionieren, wenn die Reaktion auf die unkonditionierten Reize Furcht ist. Wenn etwa das Telefon klingelt und man kurz danach eine fremde Gestalt in seiner Wohnung sieht, so wird später allein das Telefonklingeln Furcht auslösen - eine Szene, die für das Krimi-Genre typisch ist.

Nun liegt die Sache bei der emotionalen Konditionierung von Marken anders: Erinnern wir uns noch einmal an das Experiment, in dem die Seifenmarke *Hoba* gemeinsam mit emotionsauslösenden Reizen gezeigt wurde. Diese Reize waren Bilder mit schönen Frauen, warmherzigen sozialen Beziehungen und attraktiven Urlaubslandschaften. Im Vergleich zu angstauslösenden Reizen sind sie biologisch weniger prägnant. Angstauslösende Reize sind dagegen so intensiv, dass sie unser Gefühl und Denken ganz vereinnahmen. Die Bilder, die Kroeber-Riel verwendet hat, lösen angenehme Gefühle aus und aktivieren gleichzeitig Assoziationen. Da wir in der Regel solche Bilder schon häufig gesehen haben, sind sie mit einer Fülle von Assoziationen verbunden.

Mit anderen Worten: In jedem Menschen existieren bereits Schemata über Freundschaftsbeziehungen, Erotik und Urlaub, die aus Bildern, Begriffen und Erinnerungen an Episoden bestehen. Wenn man nun einen beliebigen Markennamen mit Bildern von Freundschaftsbeziehungen im Sinne der Konditionierung verbindet, kann der Fall eintreten, dass Produkt und Markenname nicht in das bereits gebildete Schema ‚warmherzige Freundschaftsbeziehung' passen. In diesem Fall entstehen allenfalls schwache Verbindungen zwischen Markennamen und intendiertem Gefühl. Ob solche Verbindungen durch klassische Konditionierung entstehen, ist fraglich.[32]

4.2 Einstellungsübertragung: Sympathie für die Werbung bewirkt Sympathie für die Marke.

Werbung will überzeugen und gefallen. Zu Beginn dieses Beitrags haben Sie über Inszenierungsarten gelesen, die einen Spot oder eine Anzeige sympathisch machen sollen. Hierzu passt die grundlegende Annahme des Modells der Einstellungsübertragung, die da lautet: Gefällt einem die Gestaltung der Werbung, entsteht auch Sympathie für die Marke. Oder wissenschaftlich gesagt: Die Einstellung gegenüber der Werbung wirkt auch auf die Einstellung gegenüber der Marke.

Für diese angenommene Wirkung lassen sich in der Forschung zwei Erklärungen finden:

- Die erste Erklärung bezieht sich auf das Modell der zwei Wege der Überzeugung durch eine Botschaft *(Das Elaboration-Likelihood-Modell wie auch das verwandte Alternative-Wege-Modell finden Sie im Beitrag von Klaus Moser abgebildet)*. Nach diesem Modell entsteht eine positive Einstellung zur Marke einmal dann, wenn die Argumente der Werbebotschaft eine kritische Prüfung bestehen. Bei einer Waschmittelmarke ist dies z.B. der Fall, wenn sie ihr kommuniziertes Versprechen, jede Art Fleck zu beseitigen, auch wirklich einlöst. Das ist der eine von zwei Wegen der Einstellungsbildung, der als zentral bzw. systematisch bezeichnet wird. Ihm wird ein peripherer bzw. heuristischer Weg der Einstellungsbildung gegenübergestellt, der dadurch charakterisiert ist, dass sich die Konsumenten nicht mit den Inhalten der Werbebotschaft beschäftigen. Die Einstellung gegenüber der Marke wird vielmehr durch nicht-inhaltliche Merkmale geprägt, v.a. durch die Gestaltungsmittel der Werbung.

Unter welchen Bedingungen wird der eine oder andere Prozess der Einstellungsbildung angestoßen? Hierfür wird die Involviertheit (das Involvement) der Konsumenten bei der Rezeption von Werbung als wichtigste Bedingung angesehen. Involviertheit ist die Motivation, sich mehr oder weniger intensiv mit dem Inhalt einer Botschaft zu beschäftigen. Für den überwiegenden Teil der Werbebotschaften, die allein wegen ihrer Kürze kaum inhaltlich argumentieren können, ist diese Art Motivation eher gering ausgeprägt und somit häufiger der periphere Prozess wirksam.

Mit dieser Erklärung wird eine direkte Wirkung der Einstellung gegenüber der Werbung auf die Einstellung zur Marke unter geringer Involviertheit angenommen: Eine Werbegestaltung, die gefällt, indem sie (wie das folgende Motiv) z.B. ästhetisch ansprechend ist, löst angenehme Gefühle aus. Gefühle bringen das Mögen der Werbung zum Ausdruck und wirken direkt auf die Einstellung zur Marke.

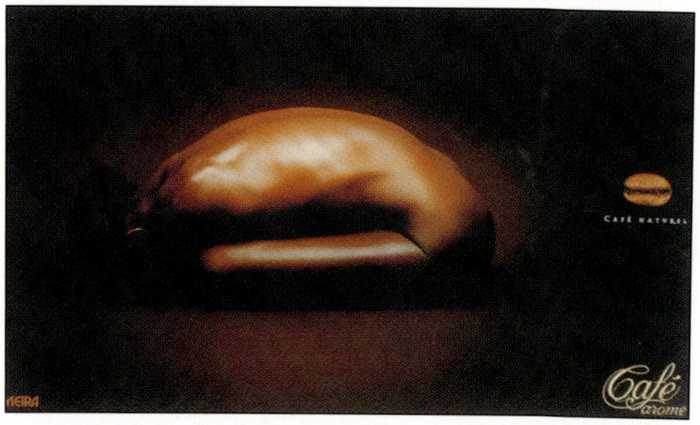

- Die zweite Erklärung beschreibt eine indirekte Wirkung der Einstellung zur Werbung auf die Einstellung gegenüber der Marke. Die allgemeine Annahme lautet hier: Angenehme Gefühlszustände wollen beibehalten werden. Solche Zustände lassen sich erreichen, indem man angenehme Gedanken bildet und in diesen Assoziationen bleibt. Dagegen würden unangenehme oder auch kritische Gedanken einen angenehmen Gefühlszustand stören. Kritische Gedanken verlangen nämlich, sich mit Details zu befassen und sie zu analysieren. Analyse und angenehmes Gefühl passen jedoch nicht zueinander. Also vermeidet man kritische Gedanken besser. In einem durch die Werbung erzeugten angenehmen Gefühlszustand sind die Gedanken zur beworbenen Marke positiv gefärbt, die Marken gefallen besser und werden daher günstiger bewertet als in einem weniger angenehmen Gefühlszustand.[33]

Die Ergebnisse der empirischen Forschung fallen nicht zugunsten der einen oder anderen Erklärung aus. Die intuitiv plausible Annahme, dass die Einstellung zur Marke nur unter geringer Involviertheit von der Einstellung zur Werbung geprägt wird, ließ sich nicht bestätigen. Die Einstellung gegenüber der Werbung wirkt auch unter hoher Involviertheit auf die Markeneinstellung - wahrscheinlich sogar längerfristig.[34] Anscheinend beeinflusst die Einstellung zur Werbung die Einstellung zur Marke auf beide Arten, direkt und indirekt. Indirekt nimmt die Wirkung den Weg über die Gedanken zur Marke.

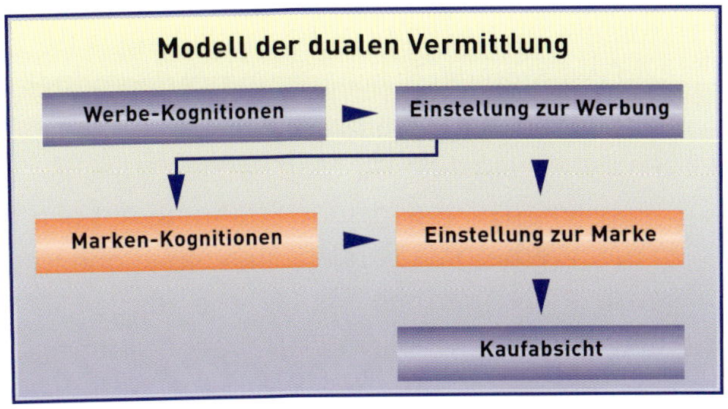

Somit sprechen die Ergebnisse für die Annahme, dass *Werbung für eine positive Einstellung zur Marke besonders dann effektiv ist, wenn sie beides beinhaltet, informative und emotionale Elemente*.[35] Diese Inszenierungsart ist als ‚emotional hard sell' bezeichnet worden.

Wenn eine Werbung gefällt, wirkt sie stärker auf neue und unbekannte Marken als auf vertraute. Gegenüber vertrauten Marken existieren bereits Einstellungen, die durch Werbung nur schwach beeinflusst werden können. Die Beziehungen zwischen Gefühlen und Einstellungen zur Werbung sowie zwischen Einstellungen zur Werbung und Gedanken zur Marke sind bei langlebigen Konsumgütern (z.B. Investitionsgütern) stärker als bei kurzlebigen. Dieses Ergebnis scheint mit den gut strukturierten Images bei langlebigen Konsumgütern zusammenzuhängen.[36]

4.3 Transformation von Gefühlen

Eine Mutter trägt ihrer kleinen Tochter am Strand liebevoll sorgend eine Hautcreme auf, junge Menschen trinken nach der Arbeit in fröhlich-geselliger Runde Bier, eine junge Frau findet sich attraktiv, nachdem sie ein bestimmtes Haarshampoo benutzt hat. Das sind Beispiele für Werbung, in denen sich Menschen beim Konsum bestimmter Produkte oder durch deren Besitz offensichtlich wohl fühlen. Die beiden Ziele dieser Werbung sind, dass Konsumenten die gleichen Gefühle wie die Protagonisten erleben, wenn sie die beworbenen Produkte verwenden *und* nach wiederholter Nutzung eine emotionale Verbindung zu den Marken herstellen. Diese Form des *Emotional bonding* heißt ‚transformationelle Werbung'.[37]

Erfolgreich ist transformationelle Werbung, ...

- wenn sie die Erfahrung der Produktnutzung reicher, anregender und emotional angenehmer macht als eine bloße Beschreibung der Vorzüge der Marke *und*
- wenn das Erleben der Werbung so eng mit der Erfahrung der Markennutzung verbunden ist, dass die Marke nicht erinnert wird, ohne sich gleichzeitig daran zu erinnern, wie die Werbung erlebt worden ist.[38]

Gibt es bestimmte Inszenierungsarten, mit deren Hilfe die in der Werbung dargestellten Gefühle erfolgreich transformiert werden können, wie es das transformationelle Modell annimmt?

Es sind bestimmte Arten von Szenen, die sich hierfür eignen, wie z.B. die folgende Szene: Eine Frau sitzt im Büro an ihrer Arbeit. Sie kommt nicht voran, weil sie Kopfschmerzen hat. Eine Kollegin bemerkt ihre quälenden Kopfschmerzen und gibt ihr eine Tablette. Nach kurzer Zeit geht es ihr besser. Sie lächelt dankbar. Diese Szene besitzt die Gestaltungsmerkmale eines klassischen Dramas. Die Dramatik steigt bis zu einem Höhepunkt, der gleichzeitig den Wendepunkt bildet und fällt dann wieder ab. Im beschriebenen Beispiel leitet die Tablette die Wende ein. Mit der Linderung der Kopfschmerzen nimmt die Szene ihren guten Ausgang. Auch bestimmte Gattungen von Musik unterstützen die Transformation dargestellter Gefühle, da sie ‚das Lebensgefühl einer ganzen Generation' ausdrücken können. So war es in den 50er Jahren mit dem Rock'n Roll und in den Sechzigern mit der Musik der Beatles. Transformationelle Werbung verbindet Musik mit hohem Symbolwert mit der Nutzung bestimmter zielgruppenspezifischer Marken.

Nach Erkenntnissen der Forschung können solche Gestaltungsmittel nur dann erfolgreich zu einer Transformation der in der Werbung dargestellten Gefühle führen, wenn der Konsument *Glaubwürdigkeit* und *Empathie* erleben kann:[39]

- Voraussetzung für das Gefühl der Empathie und damit für eine wirksame transformationelle Werbung sind Inszenierungen in Werbebotschaften, die glaubwürdig sind. Gefühle von Begeisterung oder Glück beim Kauf oder der Nutzung beliebiger Produkte, wie sie Protagonisten in manchen Werbespots zu erleben vorgeben, lassen sich nicht in allen Fällen nachvollziehen. Werden die dargestellten Szenen als unverständlich, gekünstelt oder albern empfunden, stellen sich die intendierten Gefühle bei den Konsumenten nicht ein. Glaubwürdigkeit bedeutet nicht, dass die Szenen der Werbung real sein müssen. Es können durchaus Objekte oder fiktive Figuren reden und handeln. Wichtig hierbei ist, dass sie so reden und handeln, wie es Menschen in denselben Situationen tun würden.

- Empathie entsteht dann, wenn der emotionale Zustand des Anderen nachempfunden wird. Man leidet mit der Protagonistin, die von Kopfschmerzen geplagt wird und empfindet erleichtert ihr dankbares Lächeln, wenn die Tablette ihren Zustand erträglicher macht. Ein wichtiges Moment für das Empfinden von Empathie ist die Erfahrung der Zuschauer mit der dargestellten Situation, was im Beispiel der Kopfschmerzen sicher gegeben ist. Man kann sich leicht vorstellen, dass mangelnde Erfahrung mit den in den Werbespots dargestellten Situationen sowie große Unterschiede zwischen diesen Situationen und jenen der Zuschauer – wenn sie z.B. zu ganz unterschiedlichen Lebensstilen gehören - kaum Empathie erzeugen.

Das Empathie-Glaubwürdigkeits-Konzept ist für das Verständnis des Transformationsprozesses sicher hilfreich, aber im Rahmen von Werbung noch zu weit gefasst und daher für den konkreten Fall zu wenig aussagekräftig. Dafür ist ein ähnlicher Ansatz entwickelt worden, der den Vorteil aufweist, spezifische Bedingungen für geglückte transformationelle Werbung anzugeben: [40]

- Die erste Bedingung wird als ‚emotional flow' bezeichnet und definiert als ‚das Ausmaß, mit dem die in einem Werbespot dargestellten Emotionen in ihrer Art und/oder Intensität als dynamisch wahrgenommen werden.' Es ist die Dynamik der inszenierten Gefühle, das altbewährte Stilmittel des klassischen Dramas, mit dem ‚emotional flow' bei der Wahrnehmung des Werbespots erzielt werden kann.

- ‚Emotional integration' heißt die zweite Bedingung, die definiert ist als ‚das Ausmaß der wahrgenommenen Verbindung zwischen der Marke und den emotionalen Reaktionen der Protagonisten in der Werbung.'

Wie aber kommt der ‚link' zwischen Marke und Konsument zustande, der ja das Ziel emotionaler Werbung ist? Beide Bedingungen des Erlebens von Werbung, ‚emotional flow' und ‚emotional integration', können über zwei Schritte eine solche Verbindung anbahnen: [41] Im ersten Schritt wird die Beziehung zwischen Konsument und Protagonist im Werbespot hergestellt und im zweiten Schritt die Bindung zwischen Konsument und Marke, wie es das folgende ‚Modell der Transformation von Gefühlen' veranschaulicht.

Emotional bonding im Modell Transformation von Gefühlen

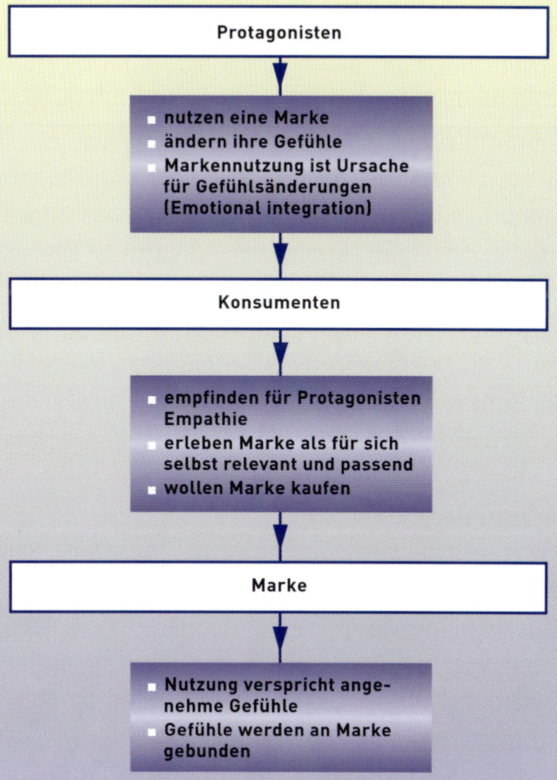

Der erste Schritt der emotionalen Beziehung zwischen den Protagonisten im Werbespot und den Konsumenten zeigt sich zum einen darin, dass die Situation der Protagonisten nachempfunden und verstanden wird, und zum anderen an der Intensität der Gefühle, die Konsumenten bei der Rezeption der Werbung äußern. Beide Indikatoren sind für Empathie charakteristisch, die nur dann empfunden wird, wenn die dargestellte Szene im Werbespot glaubwürdig ist.

Der zweite Schritt, die Verbindung zwischen Konsument und beworbener Marke, zeigt sich erstens im Ausmaß der subjektiven Relevanz der Marke, also in welchem Maße die Marke als bedeutsam, sinnvoll und den eigenen Zielen ähnlich wahrgenommen wird und - damit zusammenhängend - wie sehr der Konsument in die Werbung involviert ist. Der zweite Indikator ist der Grad der Übereinstimmung zwischen Selbst und Marke, also ob der Konsument den Eindruck gewinnt, die Marke sei richtig für ihn, etwa weil sie Merkmale seines Selbst symbolisiert. Der dritte Indikator ist die Kaufintention, die besonders durch ‚emotional integration' stimuliert wird, wenn der demonstrierte Produktkonsum erstrebenswerte emotionale Erlebnisse verheißt.

4.4 Gefühle als Motive

Gefühle werden als Zielzustände aufgefasst, die aufgesucht werden, wenn sie angenehm und aktivierend sind, oder aber wie im Falle von Furcht vermieden werden. Gefühle haben somit auch eine motivierende Kraft. Einer der Wege, um angenehme Gefühlszustände zu erleben und unangenehme zu vermeiden (oder zumindest zu lindern), führt über den Konsum von Produkten. Natürlich eignet sich nicht jedes Produkt zum ‚Gefühlsmanagement'. Hier stellt sich nun die Frage, welche Arten von Produkten sich dafür eignen und welche nicht.

‚Werbung für schwächer involvierende Produkte braucht Gefühle und Werbung für stärker involvierende Produkte Argumente.' Das ist eine Auffassung, die in der Werbeliteratur populär ist, weil sie so plausibel klingt. Sie trifft jedoch nur die Hälfte der Wahrheit. Involviertheit ist eine Form der Motivation, die dann angeregt wird, wenn eine Person, ein Objekt oder ein Thema für das Individuum wichtig ist. Im Kontext der Werbung tritt Involviertheit auf, wenn man den Eindruck hat, mit Produkt oder Marke seine Ziele zu erreichen.

Eine hohe Involviertheit, so die allgemeine Annahme, äußert sich in einer gedanklichen Beschäftigung mit der Marke oder dem Produkt. Man kann sich aber auch leicht vorstellen, dass ein Konsument ganz einfach angenehme Gefühle empfindet, wenn er durch den Kauf eines Produkts sein Ziel erreicht, zum Beispiel technische Geräte zu meistern, wenn er einen Videorekorder gekauft hat, dessen Bedienung er versteht. Natürlich wird man in der Werbung für solche stärker involvierenden Produkte nicht allein auf angenehme Gefühle setzen, die möglicherweise dann entstehen, wenn der Videorekorder oder der Mikrowellenherd wie gewünscht funktionieren. In der Werbung für solche Produkte müssen zunächst die ‚brand claims', also die Produktvorteile überzeugen. Tun sie das, so kommen auf dieser Basis die Gefühle für die Kaufentscheidung ins Spiel.

Darüber hinaus gibt es auch stark involvierende Produkte und Marken, die insbesondere wegen der angenehmen Gefühle, die ihre Nutzung in Aussicht stellt, gekauft werden. Das sind v.a. modische Kleidung, Sportgeräte, Urlaubsreisen oder Cabrios. Umgekehrt gibt es schwach involvierende Produkte, wie etwa Papierküchentücher, die gekauft werden, weil sie ‚saugstark' sind und damit eine wichtige Funktion erfüllen und weniger, weil ihre Werbung gefällt oder Fröhlichkeit bei ihrer Nutzung dargestellt wird. Diese Überlegungen mögen zeigen, dass eine Teilung der Werbewelt in gefühlvolle Werbung für Low Involvement-Produkte und informierende Werbung für High Involvement-Produkte zu stark vereinfachend wäre.

Eine systematische Klassifikation dieser Überlegungen stammt von John Rossiter und Larry Percy.[42] Sie haben dazu eine Klassifikation der Agentur *Foote, Cone & Belding* (FCB) weiterentwickelt, die unter dem Namen FCB-Gitter[43] in die Literatur eingegangen ist.[44] In dem folgenden Gitter mit vier Quadranten haben Rossiter und Percy zusammenfassend dargestellt, welche Arten von Produkten niedrig und welche hoch involvierend sind und welche Arten von Motivationen durch ihre Nutzung erfüllt werden können.

Rossiter-Percy-Gitter

	Informationell (negative Motivation)	**Transformationell (positive Motivation)**
Niedrige Involviertheit (niedrige Risikoentscheidung)	Typische Produkte: - Kopfschmerztabletten - Alkoholarmes Bier - Waschmittel	Typische Produkte: - Schokolade - Normales Bier - Romane - Unterhaltungsmusik
Hohe Involviertheit (hohe Risikoentscheidung)	Typische Produkte: - Mikrowelle - Versicherung - Handwerker-Leistung	Typische Produkte: - Urlaub - modische Kleidung - Cabrio - Sportartikel

Unter ‚Involviertheit' verstehen Rossiter und Percy das mit einem Kauf verbundene subjektive Risiko (einer Fehlentscheidung). Dieses Risiko ist natürlich bei Produkten, wie einer Lebensversicherung oder einem *Porsche* höher als bei Waschmittel oder Schokolade.

Das zweite Merkmal im Rossiter-Percy-Gitter ist die Motivation, beim Kauf von Produkten entweder unangenehme Gefühle zu vermeiden (als informationelle Motivation bezeichnet) oder angenehme zu erleben (transformationelle Motivation):

- Informationelle Motive werden erfüllt, wenn unangenehme Gefühle, die der Kauf von Produkten mit sich bringen kann, gar nicht erst auftreten. Hat man sich z.B. einige Male über seinen Drucker geärgert, wird man Erleichterung empfinden, wenn der neu gekaufte Drucker alle Qualitätsansprüche mühelos erfüllt. Angst vor sozialer Ablehnung weicht einem Zustand der Entspannung, wenn ein Jugendlicher die Marken-Jeans trägt, die auch von allen anderen seiner Gruppe getragen wird. Neben diesen beiden informationellen Motiven führen Rossiter und Percy noch drei weitere negative Motive auf, nämlich Enttäuschung, wenn das gekaufte Produkt nicht zufrieden stellt, sodann Schuld, die aus einem ungelösten Konflikt zwischen Gier und Verzicht entsteht, und schließlich Unzufriedenheit, wenn ein Produkt verbraucht ist. *Werbung kann solche informationellen Motive gezielt ansprechen, indem sie relevante Informationen darüber kommuniziert, wie unangenehme Gefühle vermieden werden können.*

- Auf der anderen Seite werden Produkte gekauft, weil durch ihren Konsum angenehme Gefühle erlebt werden. Hier lassen sich drei positive Motive unterscheiden, die zu solchen Kaufhandlungen anregen: erstens die sensorische Belohnung durch alle Produkte, die für unsere Sinne angenehm sind, sodann die intellektuelle Stimulation, die wir aufsuchen, wenn wir uns langweilen und schließlich die soziale Anerkennung, wenn wir uns mit den ‚richtigen' Dingen umgeben, die immer auch einen Aspekt von uns symbolisieren. Produkte stehen nach dieser Sichtweise im Dienste eines ‚Gefühlsmanagements', das auch bei der Fernsehnutzung eine Rolle zu spielen scheint.[45]

Das Rossiter-Percy-Gitter ist eigentlich als Werkzeug für die Werbeplanung gedacht, da es unterschiedliche Strategien für Produkte und Marken nahelegt: Auf der einen Seite werden Marken bzw. Produkte mit der Motivation gekauft, angenehme Gefühle bei ihrer Nutzung zu erleben, und auf der anderen Seite, um unangenehme Gefühlszustände zu vermeiden. Diese zweite Art von Strategien begründet das Rossiter-Percy-Gitter mit der Bedeutung negativer Gefühle bzw. Motive für die Werbung, die durchaus wirksam eingesetzt werden können. Hiermit lässt sich ein Bezug zu den bereits im Kapitel über Furcht behandelten sozialen Gefahren herstellen. Über die sozialen Gefahren und ihre begleitenden unangenehmen Gefühle hinaus führen Rossiter und Percy z.B. mit der Enttäuschung über ein verbrauchtes Gut oder der Unzufriedenheit über ein die Erwartungen nicht erfüllendes Produkt weitere Gefahren für die emotionale Befindlichkeit auf, die sie als negative Motive konzipieren. Damit wird die Diskussion über die Wirkung induzierter Furcht auf weitere unangenehme Gefühle ausgedehnt, die im Konsumalltag häufiger vorkommen als die eher spezifische Furcht vor Ablehnung in sozialen Situationen.

5

5. Die vier Modelle des Emotional bonding im Vergleich

‚Werbung mit Gefühl' hat zwei Bedeutungen: Zum einen ist damit gemeint, dass Werbung die Wünsche und Motive der Konsumenten trifft - zumindest die dominanten Motive großer Zielgruppen. Die zweite Bedeutung bezieht sich auf die Gestaltung der Werbung mit dem Ziel, die Bedeutung von Marken mit Gefühlen anzureichern. Beide Bedeutungen beziehen sich aufeinander, denn man kann das eine schlecht ohne das andere machen. Dieser Beitrag behandelt v.a. die zweite Bedeutung von ‚Werbung mit Gefühl', indem er die in der Forschung untersuchten Gefühle und die Modelle zur Erklärung der Wirkung von Gefühlen vorstellt.

Im Folgenden wollen wir mögliche Anwendungen dieser Modelle in der Werbepraxis diskutieren, insbesondere in Bezug auf die Inszenierungsarten der Werbung, die zu Beginn des Beitrags vorgestellt wurden. Dazu blicken wir noch einmal auf die wesentlichen Vorstellungen dieser Modelle zurück:

1. *Emotionale Konditionierung.* Eine grundlegende Annahme charakterisiert dieses Modell: Die zeitlich eng aufeinander folgende Wahrnehmung eines Markennamens und eines Bildes, das bereits mit Gefühlen assoziiert wird, bewirkt eine Verbindung zwischen diesen Gefühlen und dem Markennamen, so dass die folgende Wahrnehmung des Markennamens diese Gefühle auch ohne die Bilder erzeugt. Das Modell nimmt weiter an, dass eine solche Verbindung unwillentlich, also ohne bewusste Einflussnahme hergestellt wird. Diese zweite Annahme erweckt den Eindruck, dass sich jeder beliebige Markenname mit Gefühlen ‚aufladen' lässt, da dieser Prozess automatisch abläuft. Dies lässt sich aber empirisch nicht bestätigen! Außerdem setzt eine Reihe einschränkender Bedingungen der Wirkung emotionaler Konditionierung Grenzen.

2. *Einstellungsübertragung.* Die Einstellung gegenüber der Werbung färbt auf die Einstellung gegenüber der Marke ab. Das ist die allgemeine Annahme des Modells, die so unspezifisch ist, dass die Palette der Inszenierungsarten der Werbung sehr breit ausfällt. Humorvolle Inszenierungen werden hier am häufigsten praktiziert. Humor ist auch in der Forschung im Vergleich zu anderen Inszenierungsarten, die für Ein-

stellungsübertragungen in Frage kommen, am breitesten untersucht worden. Vergleiche von humorvoller und nicht humorvoller Gestaltung zeigen günstigere Wirkungen humorvoller Gestaltung auf das Erinnern der Werbung und die Einstellung zur Werbung - jedoch nicht auch auf die Einstellung zur Marke. Allerdings zeigen die Forschungsergebnisse auf der anderen Seite auch, dass sich allgemein positive Einstellungen zur Werbung günstig auf die Einstellungen zur Marke auswirken. Danach scheint Werbung, die gefällt, die Einstellung zur Marke positiv zu beeinflussen, wenn über eine be-liebte Inszenierungsart hinaus weitere Bedingungen erfüllt sind, wie z.B. Merkmale der Markenimages.

3. *Transformation von Gefühlen.* Das Modell nimmt den folgenden Prozess an: Protagonisten stellen bei der Nutzung bestimmter Produkte positive Gefühle dar. Diese Gefühle erleben auch Konsumenten bei der Nutzung der Produkte, wenn sie deren Werbung wahrgenommen haben. Die Wirkung dieser transformationellen Werbung ist an weitere Bedingungen gebunden: Erstens muss die Situation der Protagonisten glaubwürdig wirken, zweitens muss sie nachempfunden werden können und drittens muss die Marke für die Motive der Konsumenten bedeutsam sein. In den drei Bedingungen zeigt sich die enge Verbindung zwischen Gefühlen und Motiven. Mit dem Kauf der beworbenen Marke lassen sich Motive erfüllen und Gefühle auslösen. So empfindet z.B. eine Mutter, die ihrer kleinen Tochter am Strand eine bestimmte Hautcreme aufträgt, zum einen das Schutzmotiv und gleichzeitig das angenehme Gefühl, eine gute Mutter zu sein.

4. *Gefühle als Motive.* In den Blickpunkt wird hier die motivierende Kraft von Gefühlen gerückt. Produkte werden genutzt, um entweder angenehme Gefühle zu erleben oder unangenehme Gefühle zu vermeiden. Die Erweiterung um negative Motive und Gefühle, die bei der Nutzung bestimmter Marken auftreten können, verbindet informative und emotionale Werbung. Informative Werbung vermittelt hiernach nicht nur Produktnutzen und -vorteile, sondern signalisiert gleichzeitig, dass unangenehme Gefühle vermieden werden können und die emotionale Befindlichkeit in einem angenehmen Bereich bleibt. Die traditionelle Unterscheidung in informative Strategien für neue und emotionale Strategien für etablierte Marken gilt hiermit nur noch bedingt, denn neue Marken können so positioniert werden, dass ihr Produktvorteil auch Gefühle anspricht, etwa den Ärger, der durch die Nutzung der neuen Marke verbannt wird und einer entspannten Zufriedenheit Platz macht.

Aus der Anwendungsperspektive ist die Frage naheliegend, welches der Modelle das *Emotional bonding* am besten erklärt, denn eine eindeutige Antwort hätte unmittelbare Folgen für die Gestaltung der Werbung. Vergleicht man die Modelle, so fällt auf, dass das Modell der emotionalen Konditionierung und das Modell der Einstellungsübertragung sich ähnlich sind und sich wiederum von den beiden übrigen Modellen - Transformation und ‚Gefühle als Motive' - unterscheiden:

- Im ersten und zweiten Modell folgen die Gestaltungsstile der Werbung einem gemeinsamen Prinzip: Darstellungen von Marken und Darstellungen von Menschen, Tieren, Objekten oder Landschaften, deren Wahrnehmung als angenehm empfunden wird, werden in räumliche und zeitliche Nähe gebracht. Hiermit findet ein Lernprozess statt, der zur Folge hat, dass die Marke im Gedächtnis eng mit den Darstellungen verbunden ist, die man gerne sieht und hört. Wird die Marke erneut wahrgenommen oder auch nur erinnert, so die zentrale Annahme, dann kommen Vorstellungen von den attraktiven Darstellungen in der Werbung ins Bewusstsein und lösen angenehme Gefühle aus. Bei einer Speiseeismarke könnten dies z.B. Vorstellungen von Sonne, Meer und Strand sein, die Wohlgefühle hervorrufen.

- Im Unterschied zu den beiden ersten Modellen ist *Emotional bonding* im Transformationsmodell und im Ansatz der ‚Gefühle als Motive' spezifischer, da beide annehmen, dass in der Werbung Gefühle bei der Nutzung von Produkten dargestellt werden, um über das Erlebnis der Nutzung Gefühle an die Marke zu binden: Die Transformation von Gefühlen ist eine Art Lernen am Modell: Man nutzt und empfindet die Marke wie das Modell in der Werbung. Spezifisch ist diese Art *Emotional bonding* nicht nur, weil der Weg über die Nutzung einer Marke genommen wird, sondern auch, weil eine emotionale Bindung an die Marke nur dann erfolgt, wenn die Darstellung der Markennutzung die Motive der Konsumenten trifft. Nehmen wir z.B. das Motiv, Gefühle von Einsamkeit, die man in einer fremden Stadt erlebt, durch das Gefühl von Geborgenheit zu lindern. Dieses Motiv kann erfüllt werden, wenn man mit einem vertrauten Menschen spricht - am einfachsten per Handy. Ein Spot, der eine solche Szene glaubwürdig darstellt, wird leicht nachempfunden und spricht ein Motiv an, das die meisten Menschen schon einmal erfahren haben. Der Konsument wird die Vorstellung bilden, dass ein Handy über ökonomische Begründungen hinaus Sicherheit vermittelt und bei dessen Nutzung in ähnlichen Situationen wie im Spot ein Gefühl von Geborgenheit erleben. Rossiter und Percy nehmen in ihrem Modell an, dass Produkte genutzt werden, um entweder negative Gefühle zu vermeiden oder positive zu erleben. Welche Gefühle bei der Nutzung bestimmter Marken entstehen können, zeigen die Protagonisten in der Werbung. Die Konsumenten suchen solche Situationen auf, die ihnen angenehme Gefühle versprechen und umgekehrt vermeiden sie Situationen mit möglichen unangenehmen Erlebnissen. Wenn sich ihre Produktentscheidungen bewähren, lernen sie nach dem Prinzip der Belohnung. So entstehen emotionale Bindungen an Marken.

Die Vor- und Nachteile der beiden Gestaltungsstile sind offensichtlich:

1. Emotionale Konditionierung
2. Modell der Einstellungsübertragung

Vorteile	Nachteile
Das dem ersten und zweiten Modell zugrundeliegende Prinzip, in der Werbung Marke und emotional attraktive Darstellungen in räumliche und zeitliche Nähe zu bringen, ist in zahlreichen Varianten umsetzbar. Eine Reihe von Inszenierungsarten, die das Prinzip anwenden und unter denen Humor den größten Platz einnimmt, wurde bereits im ersten Kapitel vorgestellt. Diese vielfältigen Inszenierungsarten haben den Vorteil, möglichen Wear-out-Effekten vorbeugen zu können. Das ist besonders für humorvolle Werbung wichtig, bei der das Moment der Überraschung bereits nach wenigen Expositionen verloren geht.	Natürlich stößt die Effektivität auch dieses Prinzips an Grenzen. Einmal lässt sich nicht jede beliebige Marke mit jedem Gefühl assoziieren, da Marken Symbole für Produkte sind, die in der Regel selbst bereits mit weit verbreiteten Vorstellungen und Gefühlen assoziiert sind, die nicht einfach aufgegeben werden können. Eine Zahnbürste mit Gefühlen assoziieren zu wollen, die sich bei Vorstellungen von Sommerferien am Meer einstellen, mag originell sein, aber wahrscheinlich auf Unverständnis stoßen. Unsere kulturell geprägten Interpretationen von Dingen engen die Variationsmöglichkeiten dieses Prinzips des Emotional bonding ein. Für die kreative Gestaltung von Anzeigen und Spots ist das ein Dilemma: Auf der einen Seite muss man sich durch unkonventionelle Kopplungen von Marken und emotional attraktiven Darstellungen von den Wettbewerbern unterscheiden. Auf der anderen Seite muss man Werbung in den Grenzen kultureller Normen gestalten, wenn man der Gefahr entgehen will, missverstanden oder abgelehnt zu werden. Sieht man Werbung für Waschmittel, drängt sich dieser Eindruck auf.

3. Transformation von Gefühlen / 4. Motivansatz der Gefühle	Vorteile	Nachteile
	Das Gestaltungsprinzip im dritten und vierten Modell ist dann vorteilhaft, wenn es der Werbung gelingt, mit einer glaubwürdigen und leicht nachzuempfindenden Darstellung einer Markennutzung bedeutsame Motive der Konsumenten zu treffen. Werbung stellt hierbei modellhaft dar, mit Hilfe welcher Marken solche Motive erfüllt werden können. Vergleichbare Situationen im Leben der Konsumenten bringen die in der Werbung dargestellten Szenen ins Bewusstsein und aktivieren die Konsumenten, die beworbenen Marken zu nutzen und damit die Motive zu erfüllen und angenehme Gefühle zu erleben. So entstehen emotionale Bindungen an die beworbenen Marken. Die Aktivierung der bedeutsamen Motive ist der besondere Vorteil dieses Gestaltungsprinzips.	Allerdings ist es nicht einfach, die bedeutsamen Motive zu treffen und nicht womöglich andere, die in der Situation des Konsumenten gerade eine geringere Rolle spielen. Das macht die Entscheidung für eine bestimmte Gestaltung der Werbung schwierig, da stets mehrere Motive wirken, deren Stärke überdies von der aktuellen Situation des Konsumenten abhängt. Das oben skizzierte Beispiel des Motivs, Gefühle der Einsamkeit mit Hilfe eines Anrufs per Handy zu mildern, soll illustrieren, dass dieses Motiv nur in der besonderen Situation eines Aufenthalts in einer fremden Stadt dominant wird. Im vertrauten Kontext des Arbeitsalltags dagegen wird es kaum bemerkt werden. Somit gleicht dieses Gestaltungsprinzip einem Schlüssel, der nur mit dem passenden Schloss wertvoll ist.

Als Bewertung der Modelle für Emotional bonding lässt sich insgesamt festhalten:

1. Emotionale Konditionierung suggeriert, dass allein durch die Nähe gefühlsauslösender Reize (Bilder, Töne, Worte, Gerüche) zu Marken Emotional bonding geschieht. Diese Vorstellung ist falsch. Gefühle verbinden sich nur dann mit Marken, wenn diese Assoziationen für die Konsumenten Sinn machen.

2. Eine positive Einstellung zur Werbung lässt sich durch viele Inszenierungsarten bewirken. Eine solche Einstellung kann auf die Einstellung zur Marke abfärben. Nur unter welchen Bedingungen das geschieht, ist noch wenig bekannt. Man sollte sich daher nicht zu der Schlussfolgerung verleiten lassen, dass eine beliebte Werbung immer auch die Sympathie für die beworbene Marke steigert.

3. Angenehme Gefühle bei der Nutzung einer Marke zu zeigen, ist eine wirksame Inszenierungsart für Emotional bonding, insbesondere dann, wenn solche Gefühle motivierende Kraft besitzen. Dieses Gestaltungsformat ist aber weniger breit anwendbar als derjenige bei der Einstellungsübertragung. Da hierbei Gefühle an die Marke nur unter bestimmten Bedingungen gebunden werden können, ist vergleichsweise mehr Forschung nötig, um die zielgruppenspezifischen Nutzungsmotive zu identifizieren.

4. Die Auffassung, dass informative Werbung wenig mit Gefühlen zu tun hat, ist nicht richtig. Informative Werbung kann vor unangenehmen Gefühlen schützen oder unangenehme Erlebnisse in angenehme überführen. Für diese Art Werbung ist es daher ratsam, über Informationen hinaus zu zeigen, dass man mit der Nutzung gerade der beworbenen Marke auf der emotional angenehmen Seite ist.

6

6. Die Zukunft des Emotional Bonding

Die Blickrichtung in die Zukunft des Emotional bonding soll von der Frage geleitet werden, welches der dargestellten Modelle das größte Potenzial für die Bindung von Gefühlen an Marken besitzt. Eine Bewertung der Modelle unter dieser Zielrichtung ist schon allein deshalb provisorisch, weil die Erkenntnisse aus der Werbeforschung für eine solche Bewertung dünn gesät sind.

Werfen wir zunächst noch einmal einen kurzen Blick auf das Modell der Einstellungsübertragung bei humorvoll gestalteter Werbung: Man konstruiert eine Geschichte, die humorvoll ist und mit einer guten Pointe abschließt. Die meisten Leser, Hörer oder Seher finden die Geschichte auch humorvoll und müssen schmunzeln oder lachen. Doch können sie sich später auch noch an die Marke erinnern? Hand aufs Herz: Für welche Marke wird in dem Spot geworben, in dem ein Mann während seines Frühstücks zuerst von seiner Tochter und einige Augenblicke später von einem ihm fremden jungen Mann begrüßt wird? Obschon in dem Spot dargestellt wird, wie der Vater das unerwartete Ereignis durch die Nutzung der Kaffeemarke emotional bewältigt, steht doch die humorvolle Episode im Mittelpunkt der Aufmerksamkeit.

Im ‚Modell der Transformation von Gefühlen' - erweitert um den Aspekt der Gefühle als Motive - ist die Bindung der Gefühle an die Marke enger als bei der Einstellungsübertragung oder der mit ihr verwandten emotionalen Konditionierung, weil die Markennutzung Gefühlserlebnisse in Aussicht stellt, die für Konsumenten erstrebenswert sind.

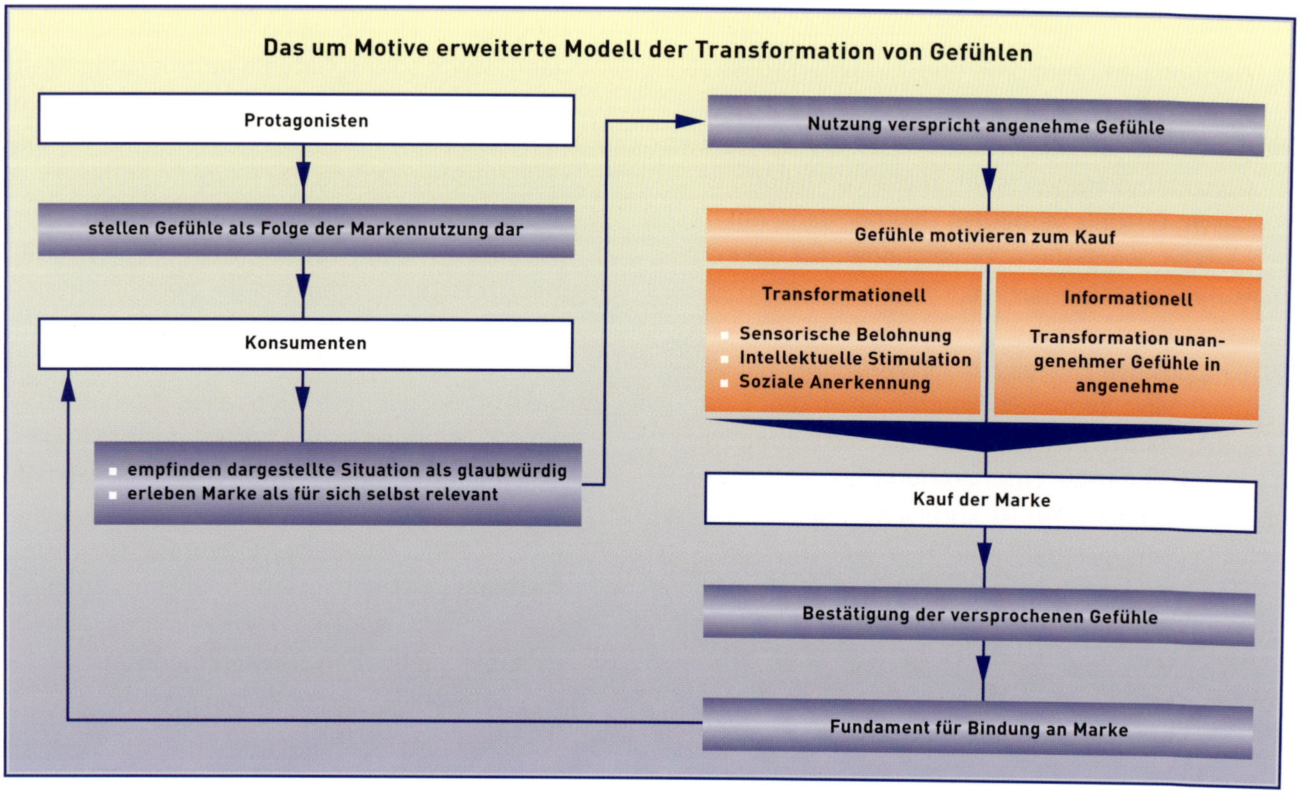

Die erfolgreiche Anwendung dieses Modell setzt im ersten Schritt Wissen über die Konsumenten voraus, insbesondere darüber, welche Konsumsituationen sie nachempfinden können, wann sie Marken als für sich relevant erleben oder wie Markenimages aussehen müssen, wenn sie von Konsumenten als passend zu ihrem Selbst akzeptiert werden. Darüber hinaus muss man wissen, welche Gefühle durch die Nutzung von Marken entstehen und welche unter ihnen zum Kauf motivieren. Dieses Wissen steht heute noch nicht umfassend zur Verfügung. Aber selbst wenn es so wäre, würde das Wissen allein nicht ausreichen, um durch die Anwendung des erweiterten Modells der Transformation von Gefühlen Konsumenten an Marken dauerhaft zu binden. Die in der Werbung dargestellten Gefühle müssen im zweiten Schritt durch eigene positive Erfahrungen mit den Marken bestätigt werden. Wenn das geschieht, wie z.B. bei dem Drucker, der tatsächlich vorzeigbare Ergebnisse liefert und dadurch einen erstrebenswerten Gefühlszustand sichert, entsteht die gewünschte Bindung des Konsumenten an die Marke.

Die erfolgreiche Anwendung dieses Werbestils der Transformation von Gefühlen lässt sich somit leicht in die Marketingstrategie des ‚Customer Relationship Management' integrieren, und auf eine dauerhafte und loyale ‚relationship' seiner Konsumenten vertrauen zu können, ist für jeden Marketing-Manager ein erstrebenswertes Ziel *(siehe zum CRM-Ansatz den Beitrag von Udo Klein-Bölting und zu Ansätzen der Kundenbindung den 2. Teil im Beitrag von Lorenz Fischer & Günter Wiswede)*.

Ich sehe die Zukunft des Emotional bonding im erweiterten ‚Modell der Transformation von Gefühlen'. Das Modell ist anspruchsvoll, weil es differenziertes Wissen über Gefühls- und Motivstrukturen der Konsumenten voraussetzt. Solches Wissen hat die Werbeforschung bislang erst fragmentarisch zu Tage gefördert. Diese anspruchsvolle Aufgabe zu bewältigen, ist die Herausforderung für die Werbeforschung. Aber diese Mühe zahlt sich positiv aus. Kann diese Art Wissen erfolgreich in Werbung und Produktqualität - wie sie der Konsument wünscht - umgesetzt werden, lassen sich emotionaler und funktionaler Nutzen von Marken auf eine Weise verbinden, die das Fundament von dauerhaften Bindungen der Konsumenten an ‚ihre' Marken zu bilden vermögen.

7. Anhang

1 Dies sind die Umfrageergebnisse aus dem GfK-Wirtschaftswoche-Werbeklima 1/2000 (aus Heft 20/1999).

2 Vorschläge zur Klassifikation von Werbestilen beziehen sich überwiegend auf Fernsehwerbung. Gestaltungsmerkmale von Anzeigen beschreiben z.B. Batra, Myers & Aaker (1996, S. 425 ff.) oder Felser (1997, S. 280 ff.). Eine Integration der vorliegenden Vorschläge versucht eine Klassifikation, über die Mattenklott, Glock & Wallenfels (1998) berichten.

3 Weitere Ansätze zur Wirkung kreativer Werbegestaltung und Literatur finden Sie z.B. bei Deighton, Romer & McQueen (1989), dem GWA (Gesamtverband Werbeagenturen e.V., 1999) oder bei Laskey, Fox & Crask (1994, 1995).

4 Werbegestaltung als Drama beschreibt Barbara Stern (1984).

5 Über methodische Details der Emotionsmessung berichtet u.a. Schmidt-Atzert (1996). Jeder dieser drei methodischen Zugänge ist mit Vor- und Nachteilen verbunden, auf die Stefan Jenzowsky & Alexander Schimansky in seinem Beitrag eingeht.

6 Eine in der Umfrageforschung erprobte Herangehensweise zur Analyse von emotionalen Reaktionen ist die Verwendung von Comic-Figuren (SAMs bzw. Self Assessment Manikin). Erste Ergebnisse zu einer deutschen Version finden Sie bei Fischer, Brauns & Belschak (2001).

7 Die umfangreiche Studie beschreibt Marsha Richins (1997).

8 Die Klassifikation stammt aus Batra & Holbrook (1990).

9 Das Verfahren zur Messung von ‚Wärme' lässt sich bei Aaker, Stayman & Hagerty (1986) nachlesen.

10 Hiermit haben sich Edell & Burke (1987) sowie Holbrook & Batra (1987) beschäftigt.

11 Suls (1983) befasst sich mit den grundlegenden kognitiven Prozessen, die durch Humor entstehen.

12 Nachzulesen bei Alden, Mukherjee & Hoyer (2000).

13 Eine Recherche in der Datenbank digibase der Gesellschaft für Konsumforschung (GfK) nach humorigen Fernsehwerbespots ergab für die Zeit vom 01.01.1999 bis zum 30.06.2001 eine absolute Zahl von 5.178 Spots aus insgesamt 18.912 seither registrierten und somit einen Anteil von 27,4 Prozent. Für die Recherche danke ich Markus Lilienfein und Markus Saffer.

14 Die Zahlen berichten Weinberger, Spotts, Campbell & Parsons von 1995.

15 Dies ist ein Zitat aus der Werbe-Fachzeitschrift w&v (werben & verkaufen, 45/2000).

16 Die Ergebnisse stammen aus einer Literaturübersicht zum Vergleich der Wirkungen von Werbung mit und ohne Humor von Weinberger & Gulas (1992).

17 Dieses Ergebnis fanden Chattopadhyay & Basu (1990).

18 Das ist ein Ergebnis der experimentellen Studie von Mattenklott, Bretz & Wolf (1997).

19,20 Batra, Myers & Aaker (1996, S. 304) vertreten diese Auffassung.

21 In einer von der Mediaagentur SevenOne Media durchgeführten Studie ‚Werbespot - Top oder Flop?' von Mai 2001 konnte bestätigt werden, dass humorvolle Spots besser bewertet werden als Spots ohne Humor. Die stärkste Wirkung hat Humor auf die Sympathie zur Werbung. Sympathie wird dabei als Bewertung verstanden, die als affektive Komponente den Kern der Einstellung gegenüber der Werbung ausmacht.

22 Der Spot der englischen Handelskette Tesco ist auf der Cannes-Rolle 1995 aufgezeichnet.

23 „Für Arzneimittel, Verfahren, Behandlungen, Gegenstände oder andere Mittel darf mit einer Werbeaussage, die geeignet ist, Angstgefühle hervorzurufen oder auszunutzen, nicht geworben werden." (§ 11, Nr. 7 des Heilmittelwerbegesetzes)

24 Furcht und Angst bezeichnen in der Regel dasselbe Gefühl. Die Unterscheidung besteht darin, dass sich ‚Furcht' auf einen konkreten Gegenstand bezieht und ‚Angst' nicht.

25 Grundsätzlich wird Furcht durch zwei Arten von Bedrohung zu erzeugen versucht, einmal durch die Darstellung von Schaden an Gesundheit und Besitz (physisch) und zum anderen durch Schaden an Ansehen, Akzeptanz und Zuneigung (sozial). Studien zur Wirkung der Darstellung von sozialem Schaden (etwa Ablehnung infolge von Mundgeruch) sind die Ausnahme. In der Mehrheit der Studien geht es um die Bedrohung der Gesundheit. Vergleichen Sie hierzu die Synopse im Artikel von Schoenbachler & Whittler (1996).

26 Diese Skepsis an der Wirksamkeit von Furcht in der Werbung gründet sich auf die Studien von Trommsdorff (1984) sowie Roth, Derler & Schützenhöfer (1990).

27 Zitiert aus LaTour & Rotfeld (1997).

28 Eine Übersicht von Erklärungsansätzen zur Wirkung von Furcht (in der Werbung) geben Smith, Frankenberger & Kahle (1990).

29 Die Theorie der Schutzmotivation ist erweitert worden: einmal um die Erfahrung mit der Bewältigung der Bedrohung und zweitens um Persönlichkeitsmerkmale, wie etwa ‚Sensation seeking', worunter die Neigung verstanden wird, Situationen aufzusuchen, die aktivierend und stimulierend sind. So bevorzugen Fernsehzuschauer mit hohen Ausprägungen in diesem Persönlichkeitsmerkmal die Programmgenres Action, Krimi oder Autorennen. Hierauf gehen Schoenbachler & Whittler (1996) näher ein.

30 Weiter zeigten die Ergebnisse, dass eine soziale Bedrohung (Ablehnung durch Gleichaltrige) für die beworbenen Einstellungen gegenüber Drogenkonsum und Verhaltensintentionen wirksamer war als eine Bedrohung der Gesundheit. Diese Wirkungen wiederum waren bei Probanden mit höheren Ausprägungen im Merkmal ‚Sensation seeking' schwächer als bei Probanden mit einer geringeren Neigung, ein Ergebnis, das intuitiv plausibel ist (vgl. Schoenbachler & Whittler, 1996).

31 Das Experiment finden Sie bei Kroeber-Riel & Weinberg (1999, S. 133 ff) beschrieben.

32 Kritik an den Annahmen der emotionalen Konditionierung äußern z.B. Allen & Shimp (1990).

33 Die Sozialpsychologen Schwarz, Bless & Bohner (1991) berichten über dieses Phänomen.

34, 36 Das fanden Brown & Stayman (1992) in ihrer Analyse einer großen Anzahl von Studien.

35 Diese Annahme formuliert Stuart Agres (1990).

37 William Wells (DDB Needham) hat das Modell entworfen.

38 Puto & Wells (1983) beschäftigen sich mit den Merkmalen des ‚transformational advertising'. In ihrem Überblick berichten Puto & Hoyer (1990) auch über den revidierten Fragebogen zum ‚transformational advertising'.

39 Das berichten Batra, Myers & Aaker (1996, S. 292).

40, 41 Die Definitionen und das Modell stellen Edward Kamp (seinerzeit Research Associate bei Leo Burnett Co.) & Deborah MacInnis (1995) vor.

42 Nachzulesen bei Rossiter, Percy & Donovan (1991).

43 Einer der Schöpfer des FCB-Gitters ist Ratchford (1987), der die Klassifikation beschreibt. Das FCB-Gitter klassifiziert Produkte nach den beiden Merkmalen ‚Involviertheit' und ‚Denken versus Fühlen'. Involviertheit fasst die Bedeutsamkeit der Entscheidung, das Ausmaß der gedanklichen Beschäftigung und das wahrgenommene Risiko der Wahl einer ungeeigneten Marke zusammen. In der Kategorie ‚Denken' sind Produkte, die wegen ihres Nutzens gekauft werden und in der Kategorie ‚Fühlen' Produkte, die sensorische, soziale und weitere Belohnungen des nicht näher definierten ‚Ich' versprechen.

44 Die Kritik von Rossiter & Percy (vgl. Rossiter et al., 1991) an den Schöpfern des FCB-Gitters betrifft v.a. die Konzeption des Merkmals ‚Denken versus Fühlen', das etwas Wesentliches aussparen würde, nämlich die Motive der Konsumenten für den Kauf der Produkte in der Kategorie ‚Denken', weshalb sie dieses Merkmal neben der Involviertheit neu konzipieren.

45 Ein ähnliches Phänomen wird bei der Fernsehnutzung von Zillmann (1988) als Stimmungsmanagement bezeichnet.

Stefan A. Jenzowsky
Business Innovation Strategist, Siemens ICN

In den fünfziger Jahren machten Kommunikationsforscher eine eigentümliche Entdeckung: Kinder lieben Fernsehwerbung - und bevorzugen diese gegenüber anderen Programminhalten. Dieser spannende Befund führte schließlich zur Konzeption der in Sequenz, Schnittfolge und Komposition nicht unähnlichen Kindersendung ‚Sesamstraße'. Als Kind der Sesamstraßen-Generation ist für mich Werbung sowohl Informations- und Beeinflussungsinstrument als auch Unterhaltungsinhalt.

Im Anschluss an mein Studium der Kommunikationswissenschaft und Psychologie an der Freien Universität Berlin wurde ich wissenschaftlicher Mitarbeiter an der Ludwigs-Maximilians-Universität in München. Hier hat mich besonders die Erforschung des Zusammenhangs von Unterhaltung und Werbung interessiert. Zu dessen Erforschung bedarf es einer Verbindung qualitativer und quantitativer (v.a. experimenteller) Methoden. Zusammen ergibt das dann eine ‚empirische Unterhaltungsforschung' - eine bislang an deutschen Universitäten seltene Disziplin.

Nach einem Forschungsaufenthalt an der University of Alabama wechselte ich zur Siemens AG, dort u.a. mit Aufgaben im Marketing sowie Projekt- und Wissensmanagement. Heute bin ich bei der Siemens AG im Bereich Information and Communication Networks für die Entwicklung neuer, innovativer Geschäftskonzepte für über 160 Länder der Erde zuständig. Dazu gehören in einer Welt der Medienkonvergenz u.a. unterhaltende Kommunikationsapplikationen wie Spiele, aber auch die Erforschung des Nutzerverhaltens und von den Auswirkungen von Innovationen im Bereich der Kommunikationstechnologie.

Alexander Schimansky
Hochschule der Künste Berlin

Werbung ist toll! Wie oft hat das Erzählen eines lustigen Werbespots nicht schon langweilige Gesprächssituationen gerettet und die Gemüter erheitert.

Werbung ist aber auch nicht so toll - wenn man Diplom-Psychologe ist. Psychologen haben Menschen zu helfen, anstatt sich damit zu beschäftigen, wie man Menschen noch besser manipulieren kann. Allerdings ist es heute nicht mehr so schlimm, wie die schöne Geschichte über einen Werber, der seine Mutter in den 50er Jahren lieber glauben ließ, er sei Pianist im Bordell.

Immerhin habe ich kurz überlegt, ob ich nicht Verhaltenstherapeut werde. Doch fühlte (und fühle) ich mich dafür mit jetzt 34 Jahren einfach noch nicht ‚alt' genug. Zumindest genoss ich neben dem Studium eine systemisch-lösungsorientierte Coaching-Ausbildung.

Werbung habe ich von verschiedenen Seiten kennengelernt: In der Theorie durch das Studium von Werbepsychologie und Marketing, in der Praxis durch ein Praktikum bei einer großen Agentur. Obwohl ich ein großer Cannes-Rollen-Fan bin, habe ich mich inhaltlich eigentlich immer mit der etwas anderen Seite von Werbung beschäftigt: Meine Diplomarbeit handelt von Reaktanz bei TV-Werbung (veröffentlicht bei Friedrichsen & Jenzowsky, 1999) und für eine Studie, wie man junge Konsumenten besser mit Verbraucherinformationen erreichen kann, gab es 1998 gar den Forschungspreis der Stiftung Warentest.

Mein ‚Zuhause' habe ich am Studiengang Gesellschafts- und Wirtschaftskommunikation an der Hochschule der Künste in Berlin (seit neuestem heißt sie Universität der Künste) gefunden, wo ich seit 1996 ‚Werbung lehre'. Ich liebe dort die lebendige Verbindung von Theorie und Praxis.

Werbeerfolg durch Praxis *und* Wissenschaft: Blicke in die Glaskugel für einen Zaubertrank der Erkenntnis

Stefan A. Jenzowsky, ICN Siemens & Alexander Schimansky, HdK Berlin

Werbung gehört unzweifelhaft zu den kreativsten Branchen überhaupt. Allerdings ist ihr Umgang mit der wissenschaftlichen Werbewirkungsforschung eher ‚konservativ' zu nennen. Das ist umso mehr zu bedauern, als dadurch viel Potential preisgegeben wird. Eine Ursache hierfür mag das fast unüberschaubare Repertoire an Modellen und Methoden der empirischen Werbewirkungsforschung sein. Werbepraktiker können unter den verschiedensten Modellen auswählen, und auch bei den Methoden herrscht die ‚Qual der Wahl', denn verbindliche Handlungsanweisungen bietet die Werbewirkungsforschung fast keine. So sollte man nicht weiter darüber verwundert sein, dass es heutzutage in der Werbelandschaft von ‚Konsumenteninformationsverarbeitungsprozessdarstellungen', ‚kognitiven Landkarten', ‚Erinnerungsmaßen', ‚Brand Awareness-Koeffizienten' und ‚Werbewirkungsansätzen' sowie ‚Überzeugungsphasenmodellen' mit vier, sechs, zehn und zwanzig Stufen nur so wimmelt. Da es keinen Königsweg gibt, werden Methoden in der Praxis dann mitunter unreflektiert eingesetzt und Befunde nach Belieben und Gefühlslage zusammengestellt. Ein Blick in die Glaskugel, der mehr verwirrt, als er verstehen hilft.

Mehr Klarheit wäre hier nicht nur für die Werbepraxis sondern ganz allgemein für die Werbeforschung wünschenswert. Darum soll im Folgenden ein kritischer Blick in die Glaskugel getan werden - auf Modelle und Methoden der Werbewirkungsforschung. Bei der kritischen Sicht wollen wir aber nicht stehenbleiben, sondern immer auch Erfolgversprechendes beleuchten. Unser Ziel ist es, Hinweise für eine systematische Werbewirkungsforschung zu erhalten, die für Praxis und Wissenschaft gleichermaßen Gewinn und kreative Befruchtung bedeutet. Darüber hinaus geht es um Mittel und Wege zu einem weniger konservativen Umgang mit empirisch-wissenschaftlicher Werbewirkungsforschung. Verfolgt man diese beiden Aufgabenstellungen, gerät man leicht in Versuchung, rezeptartige Vorschläge für einen Zaubertrank zu machen. Doch zumindest mit den Zutaten für den Zaubertrank wollen wir uns befassen. Riskieren wir also einen Blick in die oftmals verwirrende Glaskugel.

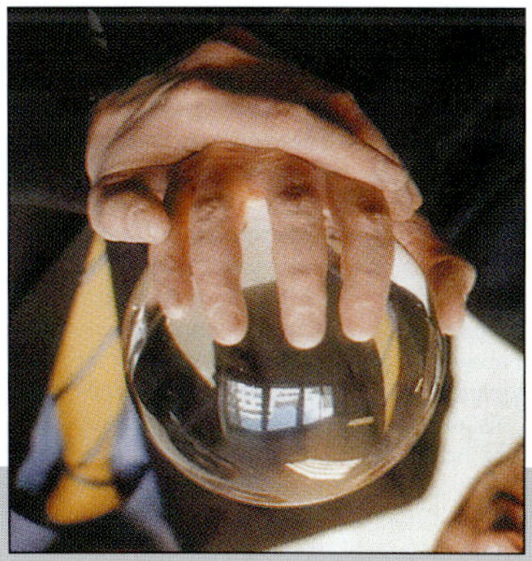

1. Das Rätsel des Werbeerfolgs 1

Im Mittelpunkt unseres Blicks steht ein ungelöstes Rätsel: *Was wirkt an Werbung eigentlich wie - und vor allem warum?* Diese Frage wartet weiterhin auf ihre Klärung. Erst nach ihrer Beantwortung sollte man sich der nachgeordneten Frage widmen, ob (eine konkrete) Werbung erfolgreich ist oder nicht.

Gerade die Beantwortung der letzten Frage ist aber in der heutigen Werbepraxis von größter Relevanz, denn vor allen anderen Dingen geht es ihr um den Nachweis der Leistungsfähigkeit einer Werbemaßnahme. Für den Werbungtreibenden soll sich der mitunter hohe ökonomische Aufwand für einen Werbeeinsatz schließlich lohnen. In den letzten Jahren ist der Druck auf Werbeagenturen und auch Marketingabteilungen stetig gewachsen, ihre Entscheidungen für Werbebudgetierung und Werbemitteleinsatz durch ‚knallharte' Erfolgszahlen zu belegen und zu rechtfertigen. Immer mehr Kunden verlangen von ihrer Agentur Erfolgsnachweise für die entwickelte und realisierte TV-Kampagne oder Cross-Media-Aktion. Genau an dieser Stelle fangen die Schwierigkeiten des Erfolgsnachweises an - weil eben das eigentliche Rätsel noch ungelöst ist.

Als Werbungtreibender könnte man natürlich einfach den Standpunkt einnehmen, dass es völlig ausreicht, wenn sich Werbung - verstanden als Wirtschaftskommunikation - in barer Münze auszahlt. Dem finanziellen Aufwand für Werbung wird ökonomisch einfach der Ertrag, der durch Werbung erzielt wird, gegenübergestellt. Problematisch ist eine solche rein ökonomische Betrachtung vor allem dann, wenn sich Misserfolge einstellen. Da alles zwischen dem Input Werbung und dem Output Werbeerfolg eine ‚Black Box' ist, muss offen bleiben, woran es gelegen haben mag, dass sich die werbliche Maßnahme (scheinbar) nicht gelohnt hat. Diese Art der Erfolgsbetrachtung greift zu kurz - zumal sehr viel in dieser Black Box geschehen kann:

- Eine Werbekampagne ist in der Regel nur eine von mehreren Marketingmaßnahmen, die zeitlich versetzt oder überlappend mit ähnlichen oder verschiedenen Botschaften beim Konsumenten ankommen Sind die Maßnahmen nicht optimal aufeinander abgestimmt, können sie sich im schlimmsten Fall in ihrer Wirkung gegenseitig aufheben. Zudem muss sich Werbung heutzutage in einem (multi-)medialen Umfeld behaupten. Rezipienten werden mit allen möglichen Informationen förmlich überflutet, und werblichen Informationen wird dabei nur geringe Bedeutung beigemessen. Außerdem liegen zwischen dem Unternehmensziel, mit dem Werbung beauftragt wird, und seiner Erreichung eine Vielzahl von (störenden) Einflüssen, die weder vom Unternehmen noch von der Werbung umfassend kontrolliert werden können. Veränderungen im Weltgeschehen, gesellschaftliche Trends sowie Geschehnisse im direkten privaten und beruflichen Umfeld können zusammen mit der jeweiligen Persönlichkeit des Menschen mitunter einzigartige Mischungen ergeben, die das Konsumverhalten derart beeinflussen, dass der ökonomisch bemessene Erfolg einer Werbung auf der Strecke bleibt (weil einfach kein Kauf- oder Nutzungsverhalten resultiert).

Es gibt viele Gründe für das Ausbleiben von Werbeerfolg. Doch auch ohne Werbeerfolg kann Werbung vielfältige Wirkungen erzielen. Nur entzieht sich beides einer ökonomischen Erfolgsanalyse. Deshalb ist es notwendig, zwischen Erfolg und Wirkung einer Werbung zu differenzieren:1

- Als *Werbeerfolg* ist eine Veränderung konkreter ökonomischer Größen wie Umsatz, Marktanteil und Gewinn aufzufassen.

- Unter *Werbewirkung* ist demgegenüber eine psychologische Beeinflussung des Verbrauchers durch Werbung zu verstehen und zwar
  - *kognitiv*, bezogen auf Bekanntheit (Werbe- und Markenwissen) und Kenntnis (Vertrautheit mit den Angebotseigenschaften),
  - *affektiv*, in Bezug auf Akzeptanz (positive Einstellung und emotionale Zuwendung zum Angebot) und Präferenz (Bevorzugung eines Angebots gegenüber der Konkurrenz),

- *konativ* (hinsichtlich Produkt-Überzeugung und Kaufabsicht).

„In der Literatur fehlt meist die deutliche Unterscheidung in Werbewirkung einerseits und Werbeerfolg andererseits."[2] Oft werden alle Bewertungskriterien einfach unter ‚Werbeerfolg' verbucht und als *„das Ausmaß der Zielerreichung bei einer durchgeführten Werbemaßnahme"* zusammengefasst.[3] Demgegenüber verdeutlicht die folgende Übersicht den Unterschied, der zwischen Kriterien der Werbewirkung und des Werbeerfolgs notwendigerweise zu ziehen ist:[4]

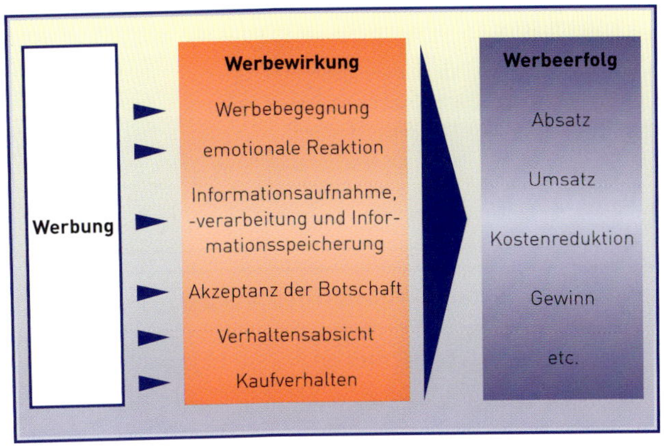

Werbewirkung und Werbeerfolg stehen nicht gleichwertig zueinander: Werbung kann bis zu einem gewissen Grad die Informationsverarbeitung, Einstellungen und Absichten der Konsumenten zur Werbung und dem beworbenen Produkt beeinflussen - vorausgesetzt natürlich, die Werbung wird überhaupt wahrgenommen. Doch diese mehr oder minder ausgeprägten Werbewirkungen sind keine hinreichenden Bedingungen, um zwangsläufig in Werbeerfolg zu resultieren. Prinzipiell kann eine Werbemaßnahme wirkungslos bleiben oder Werbewirkung zeigen oder zu Werbewirkung und Werbeerfolg führen. Es ist sogar möglich, dass ein Werbeerfolg eintritt, ohne dass eine Werbewirkung festzustellen ist. Die folgende Graphik zeigt diese verschiedenen Möglichkeiten der Wirksamkeit von Werbung im Überblick:[5]

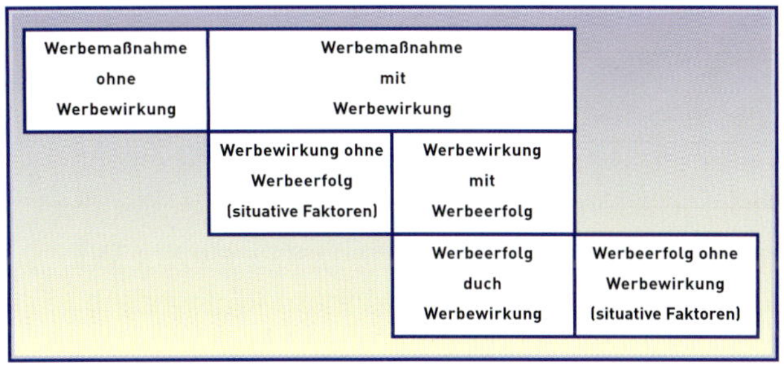

Wann zeigt eine Werbemaßnahme Werbewirkung und wann auch Werbeerfolg? Die Meinungen und Belege gehen auseinander in der Frage, ob sich Werbung auf die Erreichung psychologischer Ziele und damit den Bereich der Werbewirkung beschränkt oder darüber hinaus auch bedeutsamen ökonomischen Erfolg erreicht, wie es besonders der amerikanische Marketingprofessor John Philip Jones postuliert.[6]

- Für die Praxis ist es natürlich notwendig, dass Werbung positive Auswirkungen auf Absatz und Marktanteile hat. Dafür sprechen erfolgreiche Kampagnen, wie sie z.B. jedes Jahr vom Gesamtverband der Werbeagenturen (GWA) im Rahmen des ‚Wettbewerbs für effiziente Werbung' (Effie) gekürt werden. Diese Kampagnen werden ausgezeichnet, weil sie sowohl gute Werbewirkungswerte (Bekanntheit, Sympathie etc.) als auch zufriedenstellenden ökonomischen Erfolg erreichen. Allerdings ist zu prüfen, inwieweit hier nur die ‚Spitze des Eisbergs' im Rampenlicht steht, während unzählige Kampagnen diese Erfolge nicht erzielen. So gibt es auch prominente Gegenbeispiele, wie etwa die *Camel*-Kampagne mit dem allseits beliebten und bekannten Puppen-Kamel (hohe Werbewirkung), die allerdings die Marktanteile von *Camel* nicht wesentlich beeinflusst hat (geringer Werbeerfolg).

Demnach sind allzu hohe Erfolgserwartungen der Werbungtreibenden in Bezug auf den Werbeerfolg zu dämpfen. Werbung ist kein ‚Allheilmittel' für die wirtschaftliche Gesamtproblematik von Unternehmen. Werbung ist ‚nur' eine von vielen Marketingmaßnahmen und kann weniger einen ökonomischen Erfolg garantieren, als vielmehr Wirkungsparameter wie die Erinnerung, Sympathie oder Präferenz für den Kauf eines Produktes günstig beeinflussen. Deshalb konzentriert sich Werbung auch in der Regel auf die Erreichung ökonomischer Subziele, wie etwa die Erzeugung von Awareness, die Vermittlung werblicher Informationen, die strategische Positionierung eines Produktes, die Bildung konsistenter (Marken-)Images oder die Vorbereitung von Kaufimpulsen, um nur einige wichtige zu nennen.

Da die entscheidenden Erkenntnisse über den Werbewirkungsprozess fehlen, gibt es leider keine einheitliche Regelung darüber, welche Kriterien für die Beurteilung der Wirksamkeit von Werbung heranzuziehen sind. So darf man sich nicht über Aufstellungen wundern, die sich in Zahl und Zuordnung der Beurteilungskriterien mitunter deutlich unterscheiden. Naheliegend wäre es, eine Zuordnung der Bewertungskriterien nach den jeweiligen Werbezielen vorzunehmen. Allerdings liegt hier ebenfalls noch keine allgemeinverbindliche Systematik vor. (Das wäre auch zuviel verlangt, da sich die Werbeziele ja zu großen Teilen an der potentiellen psychologischen Wirksamkeit ausrichten.) Die folgende Tabelle mag exemplarisch für *eine* mögliche Klassifikation von Werbezielen und Beurteilungskriterien stehen:[7]

Ziele der Werbung

Psychologische Kommunikationsziele

- Abbau psychologischer Kaufhemmnisse
- Steigerung der sozialen Akzeptanz bestimmter Produkte
- Weckung von Produktinteresse
- Stabilisierung von Markenbewusstsein
- Veränderung bzw. Stabilisierung der zugeschriebenen Bedeutung einzelner Qualitätseigenschaften von Produkt oder Dienstleistung
- Profilierung des Produktes gegenüber dem Wettbewerb
- Allgemeiner Sympathiegewinn in der Zielgruppe
- Imagetransfer zwischen Produktgruppen oder zwischen Unternehmen und Produkt
- Schaffen von Nutzenerwartungen
- Bildung von Präferenzen für das Produkt in der Zielgruppe
- die Zielgruppe überzeugen

Ökonomische Kommunikationsziele

- Absatz (Anzahl verkaufter Mengeneinheiten)
- Umsatz (abgesetzte Mengen zum Verkaufspreis)
- Gewinn (Umsatz minus Gesamtkosten)
- Rendite (Gewinn in Relation zum Kapitaleinsatz)
- Marktanteil (Unternehmensabsatz/-umsatz in Relation zum Gesamtmarktabsatz/-umsatz)

Erfolgskriterien der Werbung

Psychologische Erfolgskriterien

Werbekontakte (Share of Advertising = erzielter Werbedruck)
- Reichweite
- Kontaktmenge und -verteilung
- Share of Voice (eigene Kontakte in der Zielgruppe in Relation zu den Gesamtkontakten der Konkurrenz in der Zielgruppe
- Share of Mind (eigene Zahl an Kontakten pro Zielperson in Relation zu den Gesamtkontakten pro Person der Konkurrenz

Kommunikative Wirkungen
- Werbeerinnerung
- Markenbekanntheit
- Information über Marken
- Einstellung, Image, Positionierung
- Präferenzen und Kaufabsicht

Ökonomische Erfolgskriterien

Ausgelöste Kaufakte
- Käuferreichweite
- Wiederkaufrate
- Kaufintensität
- Absatzmenge
- Umsatzvolumen
- Marktanteil

Abgeleitete Größen
- Werbeertrag
- Werbegewinn
- Werberentabilität

Wie bereits betont, muss bei dieser Zusammenstellung von Kriterien beachtet werden, dass die bestehende Unklarheit darüber, wie der Prozess der Werbewirkung eigentlich abläuft, weder eine zwingende Zuordnung zwischen Zielen und Kriterien ermöglicht, noch eine Gewichtung nach bedeutenden und weniger relevanten Erfolgs- und Wirkungskriterien erlaubt.

Der (Werbe-)Wirtschaft ist natürlich viel daran gelegen, den Wirkungsanteil, der auf Werbung zurückgeht, nicht nur zu kennen, sondern das ‚Wieviel' an Werbeeffizienz genauestens einzugrenzen, um sowohl Kosten und Nutzen eines Werbeeinsatzes kalkulieren als auch Feinabstimmungen an Kampagnen vornehmen zu können. So sind erhebliche Anstrengungen unternommen worden, um das Ausmaß der Werbewirkung einzelner Variablen und ihr Verhältnis untereinander empirisch aufzuklären. Vereinfacht lassen sich die Ergebnisse verschiedener großer Werbewirkungsstudien folgendermaßen zusammenfassen:[8]

- Werbung steigert die spontane Markenbekanntheit, die gestützte Werbeerinnerung und die Markenpräferenz positiv.
- Werbung erzielt einen positiven Zusammenhang zwischen der gestützten Markenbekanntheit, der Markensympathie und der Verwendung im Haushalt.
- Durch Werbung tritt eine positive Korrelation zwischen formaler Markenbekanntheit und inhaltlicher Vertrautheit von Produktangeboten ein.
- Zwischen der Erinnerung an Werbung und der Kaufbereitschaft besteht ein positiver Zusammenhang.
- Je mehr Markenbekanntheit und -sympathie Werbung erzeugt, desto höher fällt die Neigung zum Probierkauf bzw. die Verwendungsbereitschaft aus.
- Konsumenten entscheiden sich beim Kauf zu 94 Prozent für eine ihnen aktiv bekannte Marke.
- Ein beständiger Werbedruck in angemessener Höhe zur Konkurrenz ist günstig, weil sich die Produktaufmerksamkeit der Konsumenten gerade mal auf zwei bis drei Angebote pro Produktfeld beschränkt und bereits gelernte Werbeinhalte in Werbepausen wieder vergessen werden, so dass ein Produkt schnell aus dem ‚evoked set' des Verbrauchers fallen kann.
- Der Marktanteil einer Marke wird stärker durch die Werbequalität beeinflusst als durch das Budget.

Abgesehen davon, dass es sich meist um korrelative Zusammenhänge und nicht um Ursache-Wirkungs-Beziehungen handelt, wird die Aussagekraft dieser Ergebnisse mitunter noch durch die Auftraggeber der Studien begrenzt, *„welche die Erhebung nicht selten in eine solche Richtung verzerren, dass diese die von vornherein gewünschten Ergebnisse erbringt."*[9] Inwieweit diese Verzerrungen tatsächlich die Aussagekraft der obigen Ergebnisse zur Werbewirkung schmälern, soll hier nicht von Belang sein. Wir wollen festhalten, dass diese Ergebnisse solange als vorläufig zu betrachten sind, wie es einen Mangel an verbindlichen Methoden und Kriterien für den Nachweis von Werbewirkung gibt. Dieser Mangel besteht solange, wie die Frage ungeklärt bleibt, was an Werbung eigentlich wie wirkt - und vor allem warum.

Diese Situation verlangt eigentlich nach einer *unabhängigen praxisorientierten wissenschaftlichen Werbewirkungsforschung*, die es nicht gibt. Deshalb geht es darum, ein Programm für eine systematische Werbewirkungsforschung zu entwickeln, in dem Kriterien des Werbeerfolgs als übergeordnete Ziele stehen, aber nicht das alleinige Maß aller Dinge bleiben dürfen. Weiterhin müssten Kriterien der Werbewirkung in enger Bindung an Modellvorstellungen zur Werbewirkung bestimmt und operationalisiert werden. Diesen Kriterien sind geeignete Forschungsmethoden an die Seite zu stellen, um schließlich eine notwendige Standardisierung der Werbewirkungsgrößen zu erreichen. Dadurch wäre ein zuverlässiger Vergleichsmaßstab gegeben, mit dem die Leistungen einzelner Werbekampagnen bewertet werden könnten.

Eine solche Werbewirkungsforschung wird zwar von vielen Seiten als wünschenswert erachtet, sie existiert aber bis heute nicht oder hat zumindest keinen sonderlichen Einfluss auf Werbekreation und Werbemarkt. Nun stellt sich zwangsläufig die Frage, warum dem so ist. Wir werden uns dieser Frage am Ende unseres Beitrags widmen. Zuvor wollen wir uns einen Eindruck davon verschaffen, welche Erkenntnisse die wissenschaftliche Werbewirkungsforschung vorweisen kann - und was eine wünschenswerte systematische Werbewirkungsforschung noch zu erarbeiten hat.

2

2. Ein erster Blick in die Glaskugel: Zum Stand der Erkenntnis in Sachen Werbewirkung

Gleich eines vorweg: Das Rätsel der ursächlichen Wirkung von Werbung ist und bleibt auf (hoffentlich) absehbare Zeit ungelöst. So sind z.B. Einstellungen und Images Vermittler der Werbewirkung, und Positionierungsanalysen können zeigen, welche Images sinnvoll verwendet werden können. Doch das alles hilft einem Praktiker nicht weiter, wenn unklar bleibt, wie der Prozess der Werbewirkung eigentlich abläuft. Das macht ein Zusammengehen von Werbepraxis und Werbewirkungsforschung ja gerade so interessant und notwendig. Ohne diese Klärung bleibt die berechtigte Forderung nach einer exakten Werbebeurteilung unerfüllt, und trotz stetig steigender und inzwischen horrender Werbebudgets bleibt der alte Ausspruch von Autopionier Henry Ford aktuell: ‚Ich weiß zwar, dass die eine Hälfte meines Geldes für Werbung zum Fenster rausgeschmissen ist, aber ich weiß nicht, welche Hälfte.'

Aus der psychologischen Forschung stehen uns einige Modelle zur Erklärung von Werbewirkung und Kaufverhalten zur Verfügung. Mit diesen Modellen sind verschiedene Grundannahmen über das Wesentliche der Werbewirkung verbunden, wie die folgende Übersicht zeigt:[10]

Grundannahmen verschiedener Werbewirkungsmodelle

Reklame-Modell: Menschen sind problemlos beeinflussbar, wenn es gelingt, ihre Aufmerksamkeit für die Werbebotschaft zu wecken. Auf dieser (kritisierbaren) Grundvorstellung des Werbewirkungsprozesses beruht z.B. das bekannte AIDA-Modell.

Impact-Modell: Menschen treffen ihre (Konsum-) Entscheidungen danach, wie bekannt ein Werbeobjekt in ihrer persönlichen Hierarchie ist. Dies wird v.a. für Low-Involvement-Produkte postuliert.

Einstellungsmodell: Werbung muss besonders die Einstellungen zugunsten von Produkt bzw. Marke beeinflussen, denn Menschen treffen ihre Entscheidungen nach der Positivität und Stärke ihrer Einstellungen und nach der Leichtigkeit, mit der diese Einstellungen verfügbar sind.

Image-Modell: Da Menschen sich gemäß ihrer Idealimages entscheiden, müssen Produkte werblich in ausreichender Nähe zum Idealimage positioniert werden, um die Erwartungshaltung der Konsumenten zu treffen.

Motivationsmodell: Menschen handeln nach ihrer jeweiligen Motivlage, so dass Werbung geeignete Motive identifizieren und ansprechen muss, die von Produkt bzw. Marke befriedigt werden.[11]

Psychoanalytisches Modell: Da jeder Mensch seine Probleme und Konflikte hat, muss Werbung gezielt (produktbezogene) Hilfen und Lösungswege anbieten.

Faktorielles Anzeigenmodell: Werbung hat nur eine kleine Zahl von Ansprachemöglichkeiten, so dass es eigentlich weniger auf das Was und Wie der Werbebotschaft ankommt, als vielmehr zunächst auf den richtigen Übermittlungskanal, um zu wirken. Dieser stark auf (Print)-Mediaplanung bezogene Ansatz postuliert: The medium is the message.

Adoptionsmodell: Werbung hat sich an den historischen, kulturellen, sozialen und psychischen Eigenarten derjenigen Zielgruppen zu orientieren, die am ehesten bereit sind, das betreffende Produkt zu kaufen bzw. die Dienstleistung zu nutzen. Hinter einer hohen Adoptionsneigung wird ein entsprechend hoher Grad an momentaner Ansprechbarkeit der Zielgruppe durch Werbung vermutet.

Wir haben diese Grundannahmen hier aufgeführt, weil es prinzipielle Vorstellungen darüber sind, was Werbung wie beeinflussen sollte, um wirksam zu sein. Diese Vor-Annahmen gehen in der Regel ungeprüft in die Modellkonstruktion ein, bestimmen aber im Hintergrund die gesamte Auslegung des Modells mit seinen jeweiligen Aussagen und auch die weitere empirische Beweisführung. Deshalb sollte man sich jeweils klar machen, auf welchen übergeordneten Werbewirkungsannahmen das in Betracht stehende Modell beruht. Eine systematische Werbewirkungsforschung könnte hier aufzeigen, inwieweit die verschiedenen Grundannahmen der Modelle haltbar und berechtigt sind.

Zu den ältesten und populärsten Werbewirkungsmodellen zählen die ‚Stufenmodelle'.[12] Sie zeichnen den psychologischen Wirkungsprozess von Werbung idealtypisch nach, wobei der Fokus auf der menschlichen Informationsaufnahme und -verarbeitung liegt. Das bekannteste Stufenmodell dürfte das AIDA-Modell mit den folgenden vier Werbewirkungsstufen sein:

- Attention
- Interest
- Desire
- Action

Der Werbewissenschaftler Werner Kroeber-Riel hat dieses Modell auf fünf Stufen erweitert:[13]

- Aktualisierung
- Information
- Emotionale Beeinflussung
- Verhaltenslenkung
- Verhalten

Die schematische Auflösung des Werbewirkungsprozesses in einzelne Wirkungsstufen hat zwar den Vorteil, dass eine Messung der einzelnen Teilziele ermöglicht wird. Doch die eindimensionale Sichtweise dieser Modelle mit ihrer baukastenartigen Beschreibung der Realität ist für den komplexen Prozess der Werbewirkung zu einfach und kann diesem nicht gerecht werden.[14] Leider wird solchen Auflistungen, insbesondere wenn sie sich direkt an Werbungtreibende richten, oft der Charakter von ‚Faustregeln' zugesprochen, weshalb etwa das AIDA-Modell bei manchem Werbepraktiker auch heute noch hoch im Kurs steht. In Anlehnung an das AIDA-Modell empfiehlt selbst Philip Kotler in seinem populären Marketing-Buch, die Qualität einer Printanzeige anhand der Signal- und Weiterlesewirkung, kognitiven Klarheit der Kernbotschaft, affektiven Güte des Werbeappells und suggerierten Handlungsrelevanz zu beurteilen.[15] So bildet das holzschnittartige AIDA-Modell leider nach wie vor die (ungewollte) Referenz heutiger Werbewirkungsforschung.

Demgegenüber hat es nicht an Versuchen gefehlt, Werbewirkungsmodelle zu entwickeln, die der komplexen Realität durch eine entsprechende Erhöhung der Modellkomplexität Rechnung tragen sollen. Hierzu zählen diverse Modelle zum Kaufverhalten, in denen alle Variablen mit besonderer Relevanz für die entscheidende Größe ‚Kaufverhalten' zusammengefasst worden sind. Das Kaufentscheidungsmodell von John A. Howard und Jagdish N. Sheth kann wohl als ‚Krönung' dieser Bemühungen angesehen werden. Wir haben es im Folgenden abgebildet, um einen Eindruck von den potentiellen Einflussgrößen - neben Werbung - zu vermitteln, die im Gesamtwirkungsgefüge das Kaufverhalten determinieren:[16]

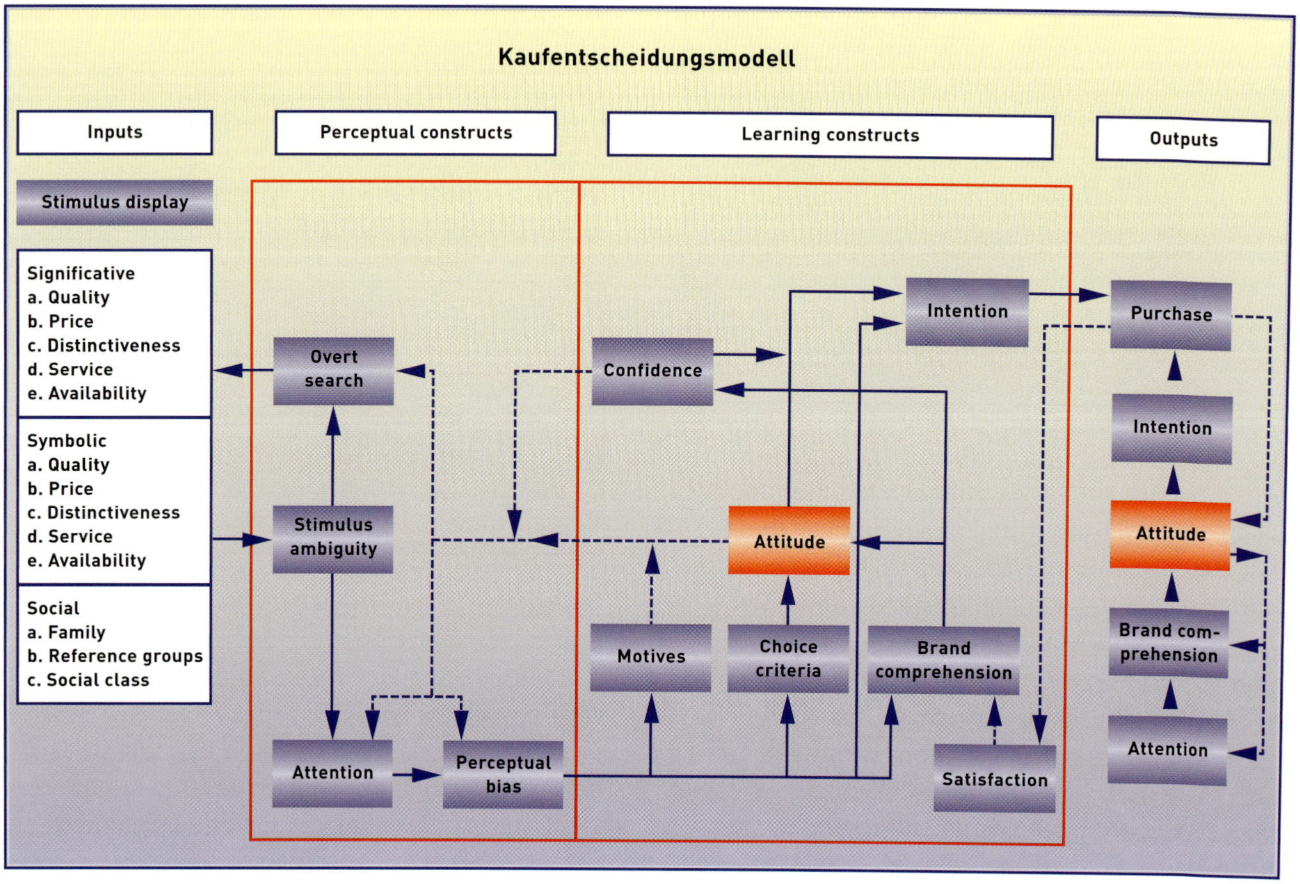

Abgebildet ist hier die ‚vereinfachte' Version des Modells. Als Bindeglied zwischen Werbung und Kaufverhalten spielen darin ‚Einstellungen' offenbar eine wichtige Rolle. Neben dieser Variable finden sich aber auch noch 10 weitere Wahrnehmungs- und Lernkonstrukte (Prozess), die von 13 relevanten Stimuluskomponenten (Input) beeinflusst werden, und in ihrem Zusammenspiel mehr oder minder für das Kaufverhalten (Output) verantwortlich sind! Viele dieser Variablen repräsentieren zudem äußerst breit angelegte psychologische Konstrukte wie z.B. ‚Motive' oder ‚soziale Bezugsgruppen', die über ‚Aufmerksamkeit', ‚Markenkenntnis', ‚Einstellung' und ‚Kaufabsicht' Einfluss auf das Kaufverhalten nehmen. So wertvoll die ‚Vollständigkeit' dieses Modells für die Erklärung und Vorhersage unseres Kaufverhaltens auch sein mag, so schwer fällt es, klare Wirkungsmechanismen aus diesem Modell abzuleiten. Neben den Hauptwirkungen muss man zudem von Wechselwirkungen zwischen den meisten dieser Variablen ausgehen, die es ebenfalls zu berücksichtigen gilt. Für sinnvolle empirisch prüfbare Aussagen ist ein solches Modell viel zu komplex.[17]

Die Werbewirkungsforschung ist natürlich daran interessiert, möglichst genaue Aussagen über den Ablauf des Werbewirkungsprozesses zu machen. Dies hat eine Fokussierung auf bestimmte Ausschnitte des Prozesses notwendig gemacht, wobei besonders die Erforschung der kognitiven Komponente eine gewisse Popularität erfahren hat. In dieser Tradition stehen z.B. kognitive Entscheidungsmodelle zum Konsumverhalten: Danach rufen Konsumenten verschiedene ‚kognitive Programme' ab, auf die sie ihre Konsumentscheidungen stützen. Um beispielsweise die für sie optimale Zahnpasta zu finden, gehen Konsumenten im Geiste einen Fragenkatalog danach durch, ob die Produktattribute der jeweiligen Zahnpasta auch bestimmte persönlich wichtige Nutzenkriterien erfüllen, wie etwa:[18]

- ‚Verhütet sie zufriedenstellend Zahnschäden?'
- ‚Ist sie hinreichend sparsam im Gebrauch?'
- ‚Stellt sie die Kinder zufrieden?'
- ‚Ist sie im Laden vorrätig?'
- ‚Ist ihr Geschmack angenehm genug?'
- ‚Erfrischt sie genügend den Atem?'
- ‚Sorgt sie hinreichend für weiße Zähne?'

Wohl nur wenige Zahnpasta-Käufer werden sich (auch noch hierarchisch geordnet) solche Fragen stellen! Wir haben dieses Beispiel gewählt, weil kognitive Modelle zwar als detaillierteste und ausgereifteste Ansätze gelten können und kognitive Prozesse am ausführlichsten erforscht worden sind. Aber solche hochstrukturierten rationalen Prozesse der Werbeverarbeitung und Kaufentscheidung dürften eher die Ausnahme als die Regel im heutigen Konsum-Alltag sein. So steht diese Gruppe von Modellen für einen recht kleinen Ausschnitt des Werbewirkungsgeschehens und macht die stärkere Berücksichtigung weiterer (und wichtigerer) Aspekte notwendig, wie z.B. die Beleuchtung wenig bewusster und emotionaler Anteile im Werbewirkungsprozess. So plädieren Georg Felser, Axel Mattenklott, Klaus Moser und Michaela Wänke in ihren Beiträgen für alternative Ansätze und stellen diese auch zum Teil vor. Für die Erklärung von Werbewirkung und Kaufverhalten können kognitive Modelle allein jedenfalls keinen (umfassenden) Geltungsanspruch erheben.

Bei der Suche nach einer geeigneten Größe, die mehr Erklärungsmöglichkeiten im Werbewirkungsprozess zulässt, hat besonders eine Variable in den letzten Jahren zunehmend zentrale Bedeutung erlangt: das ‚Involvement'. Der Involvement-Ansatz ist seit langem auf vielfältige Weise in der Werbewirkungsforschung verankert.[19] Hinter dem Involvement-Konstrukt steht die Annahme, dass sich Menschen prinzipiell von Informationen unterschiedlich betroffen fühlen, ihnen ein entsprechend geringeres oder höheres Interesse entgegenbringen und diese dann auch mehr oder weniger ausführlich verarbeiten. So werden neueste Urlaubsfotos, interessante Zeitungsartikel oder spannende Fernsehsendungen in aller Regel mit einem höheren Involvementgrad rezipiert (und verarbeitet) als TV-Werbung oder Produktangebote im Supermarkt. Involvementmodelle sind ein gutes Beispiel für moderne wissenschaftliche Konzepte in der Werbewirkungsforschung. Am weitesten verbreitet ist das ‚Verarbeitungs-Wahrscheinlichkeits-Modell':[20]

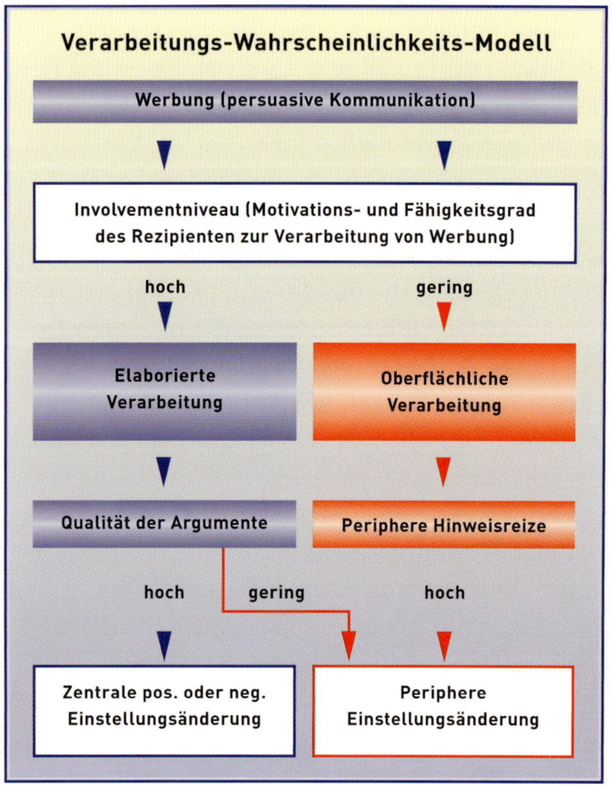

- Kernaussage des Modells ist, dass die Tiefe, mit der ein Rezipient eine Werbung verarbeitet, von entscheidender Bedeutung für die Überzeugungskraft der Werbebotschaft ist:[21] Werbliche Informationen werden - je nach erzeugtem oder vorhandenem Involvementgrad - entweder zentral oder aber oberflächlich (peripher) verarbeitet. Erzielt eine Werbung große Wirkung (hohes Involvement), läuft die Verarbeitung zentral ab. Dabei findet eine kognitive Auseinandersetzung mit der Qualität der Werbeinformationen statt, die bei positivem Ausgang zu festen (Produkt-)Überzeugungen im Sinne der Werbeargumentation führt. Dagegen tritt eine oberflächliche Informationsverarbeitung überwiegend in Situationen auf, in denen die Aufmerksamkeit der Rezipienten nicht vollständig gegeben ist (niedriges Involvement). Die Rezipienten sind hier gewissermaßen ‚nicht ganz bei der Sache' - eine für Werbung übliche Situation. In diesem Fall werden statt der Werbeargumente eher periphere Merkmale beachtet, wie z.B. eine emotional ansprechende Gestaltung der Werbung, was allerdings weniger feste Überzeugungen bewirkt.

Der Involvement-Ansatz wurde zwar für die Wirkung persuasiver Kommunikation entwickelt, er ist aber auch auf Produkte übertragen worden:[22] High-Involvement-Produkte sind z.B. Waschmaschinen oder Stereoanlagen, da es in der Regel eines erheblichen gedanklichen und informatorischen Aufwands bedarf, um eine Kaufentscheidung zugunsten einer Waschmaschine oder Stereoanlage zu treffen. Derartige Kaufentscheidungen werden seltener getroffen, und Fehlentscheidungen sind oft mit einem erheblichen finanziellen Risiko verbunden - sei es, dass Wasser- und Stromverbrauch der Waschmaschine über Gebühr ins Geld gehen, sei es, dass der Verstärker der Stereoanlage bei der ersten Festlichkeit ‚den Geist aufgibt'. Und all das, weil wir uns vor dem Kauf nicht richtig schlau gemacht haben. Anders sieht es hingegen bei Zahnpasta oder Kaugummis aus. Diese Low-Involvement-Produkte werden häufig gekauft, Fehlentscheidungen sind weniger tragisch, und das Informationsbedürfnis über diese Produkte ist entsprechend geringer. Werbung für Kaugummis sollte daher nicht auf technische Produktaspekte wie Gummigehalt, Geschmacksverfallsrate und ähnliches fokussieren, während solche Detailinformationen bei der Werbung für High-Involvement-Produkte durchaus sinnvoll sein können.

Gegenüber stärker kognitiv ausgerichteten Modellen bietet der Involvementansatz den großen Vorteil, dass er Situationen berücksichtigt, in denen Konsumenten wenig involviert sind und nur geringe kognitive Anstrengungen machen wollen. Niedrige Involviertheit dürfte zu den Regelfällen bei der Auseinandersetzung mit Werbung zählen. Ein weiterer Vorteil ist die Spezifizierung der Umstände, wann z.B. emotionale Einflüsse oder auch gestalterische Merkmale der Werbung stärker zum Tragen kommen. Insofern kann man den Involvementansatz als vergleichsweise realitätsnah bezeichnen. Mit diesen Erweiterungen ist die Werbewirkungsforschung dem Prozessgeschehen jedenfalls ein gutes Stück näher gekommen.

Ein Fazit zum Involvement-Ansatz fällt dennoch ernüchternd aus, denn das Involvement-Konstrukt hat inzwischen vielfältige Abwandlungen erfahren: Auf der einen Seite wird Involvement in die Nähe der breiteren kognitiven Konstrukte ‚Interesse' und ‚Aufmerksamkeit' gerückt.[23] Auf der anderen Seite wird Involvement als eher motivationales Konstrukt aufgefasst oder gar als ‚physiologische Aktivierung' rekonzeptualisiert.[24] Solch ein unscharfes Konstrukt lässt aber nur begrenzt eindeutige Aussagen und Erkenntnisse zu. So droht der Involvement-Ansatz für die Erklärung und Vorhersage von Werbewirkung bedeutungslos zu werden. Eine mögliche Lösung wäre hier, Involvement zunächst in einzelne Facetten aufzugliedern. Für die Werbung könnte etwa zwischen Produktart-Involvement, Marken-Involvement, Kauf-Involvement, Werbemittel-Involvement, Werbeträger-Involvement und Umfeld-Involvement unterschieden werden, wobei weitere oder andere Facetten sinnvoll sein können.[25] Im Endeffekt geht es um die Klärung, wann welche Facette die jeweilige Werbewirkung am besten vorhersagt. Zum Beispiel liegt für Konsumenten, die vor einer Kaufentscheidung stehen, als Erklärungs- und Vorhersage-Facette das Konzept des Situationsinvolvements nahe.[26] Um die spezifischen Involvement-Zustände genauer aufzuklären, ist allerdings mehr (empirisches) Wissen über das Zusammenspiel von Person- und Situationsmerkmalen erforderlich.

Eine andere Frage ist, wie viele hoch involvierende Situationen Werbung überhaupt schafft, um hohe Überzeugungskraft zu erreichen. Eine Antwort könnte der folgende Ansatz geben.

Die Werbewirkungsforschung ist darum bemüht, möglichst realitätsnahe Modelle zu entwickeln, die die relevanten Variablen im komplexen Werbewirkungsgeschehen in konkrete Beziehungen zueinander setzen. Gefragt sind Ansätze mit hoher Auflösung des Werbewirkungsprozesses *und* weitreichender praktischer Aussage- und Geltungskraft. Ein Ansatz, der sich um die Erfüllung dieser Anforderungen bemüht, ist das *Modell zur Wirkung von Marken- und Werbeinformationen, welches auf den folgenden beiden Seiten dargestellt ist*:[27]

►►►

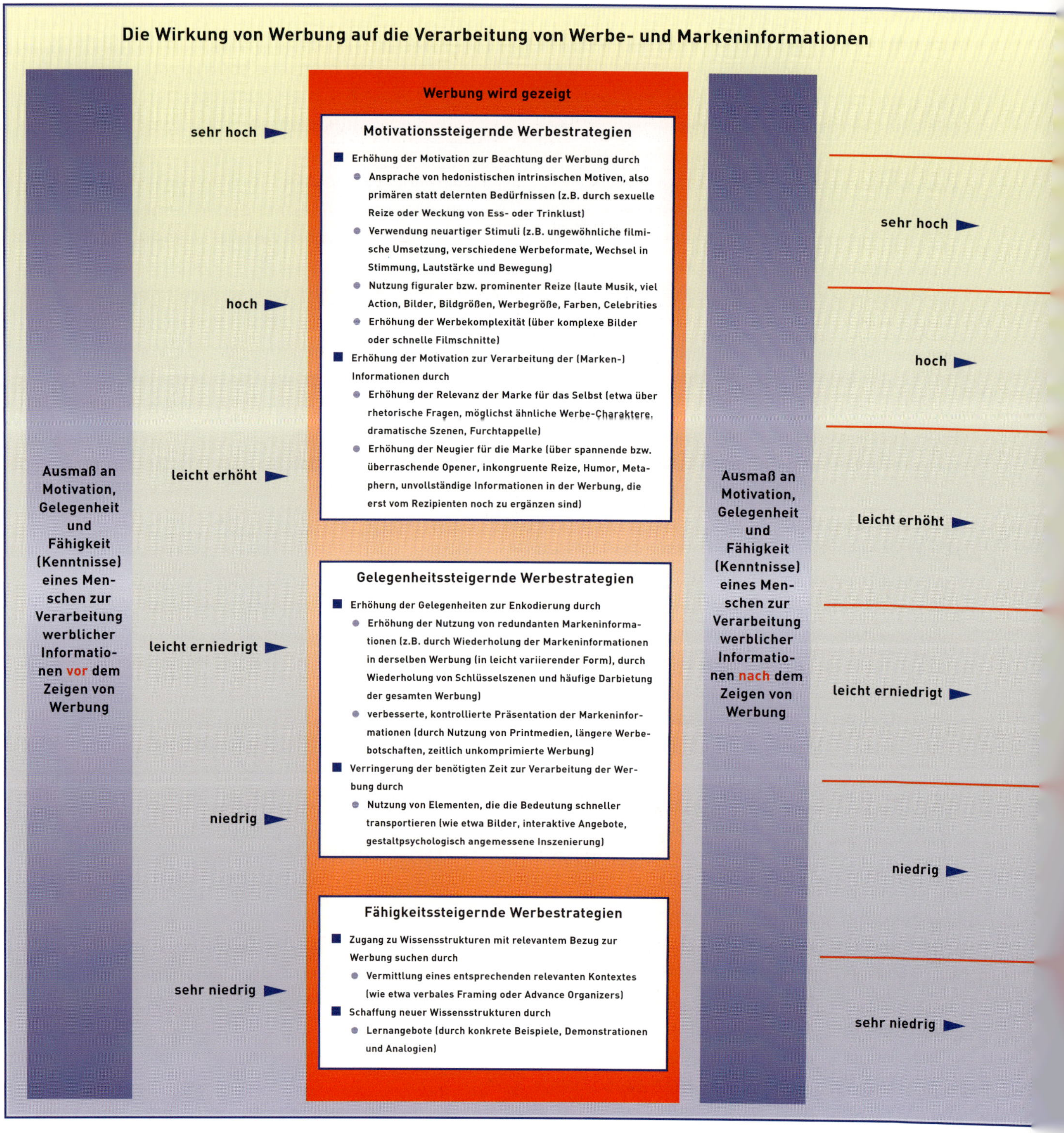
Die Wirkung von Werbung auf die Verarbeitung von Werbe- und Markeninformationen
Ausmaß an Motivation, Gelegenheit und Fähigkeit (Kenntnisse) eines Menschen zur Verarbeitung werblicher Informationen vor dem Zeigen von Werbung
sehr hoch
hoch
leicht erhöht
leicht erniedrigt
niedrig
sehr niedrig
Werbung wird gezeigt
Motivationssteigernde Werbestrategien
Erhöhung der Motivation zur Beachtung der Werbung durch
Ansprache von hedonistischen intrinsischen Motiven, also primären statt delernten Bedürfnissen (z.B. durch sexuelle Reize oder Weckung von Ess- oder Trinklust)
Verwendung neuartiger Stimuli (z.B. ungewöhnliche filmische Umsetzung, verschiedene Werbeformate, Wechsel in Stimmung, Lautstärke und Bewegung)
Nutzung figuraler bzw. prominenter Reize (laute Musik, viel Action, Bilder, Bildgrößen, Werbegröße, Farben, Celebrities
Erhöhung der Werbekomplexität (über komplexe Bilder oder schnelle Filmschnitte)
Erhöhung der Motivation zur Verarbeitung der (Marken-) Informationen durch
Erhöhung der Relevanz der Marke für das Selbst (etwa über rhetorische Fragen, möglichst ähnliche Werbe-Charaktere, dramatische Szenen, Furchtappelle)
Erhöhung der Neugier für die Marke (über spannende bzw. überraschende Opener, inkongruente Reize, Humor, Metaphern, unvollständige Informationen in der Werbung, die erst vom Rezipienten noch zu ergänzen sind)
Gelegenheitssteigernde Werbestrategien
Erhöhung der Gelegenheiten zur Enkodierung durch
Erhöhung der Nutzung von redundanten Markeninformationen (z.B. durch Wiederholung der Markeninformationen in derselben Werbung (in leicht variierender Form), durch Wiederholung von Schlüsselszenen und häufige Darbietung der gesamten Werbung)
verbesserte, kontrollierte Präsentation der Markeninformationen (durch Nutzung von Printmedien, längere Werbebotschaften, zeitlich unkomprimierte Werbung)
Verringerung der benötigten Zeit zur Verarbeitung der Werbung durch
Nutzung von Elementen, die die Bedeutung schneller transportieren (wie etwa Bilder, interaktive Angebote, gestaltpsychologisch angemessene Inszenierung)
Fähigkeitssteigernde Werbestrategien
Zugang zu Wissensstrukturen mit relevantem Bezug zur Werbung suchen durch
Vermittlung eines entsprechenden relevanten Kontextes (wie etwa verbales Framing oder Advance Organizers)
Schaffung neuer Wissensstrukturen durch
Lernangebote (durch konkrete Beispiele, Demonstrationen und Analogien)
Ausmaß an Motivation, Gelegenheit und Fähigkeit (Kenntnisse) eines Menschen zur Verarbeitung werblicher Informationen nach dem Zeigen von Werbung
sehr hoch
hoch
leicht erhöht
leicht erniedrigt
niedrig
sehr niedrig

Werbung wird verarbeitet in Form von...	Kognitive Wirkung der Werbung	Emotionale Wirkung der Werbung	Beeinflussung der Zugänglichkeit, Stärke und Stabilität der Einstellung zur Marke (Name, Versprechen tc.)
■ konstruktiver gedanklicher Auseinandersetzung mit der Werbung	■ auf die Werbebotschaft bezogene (mehr oder weniger) wertende Gedanken zum Konsum bzw. Nicht-Konsum der Marke und zur empathischen Identifikation mit der in der Werbung gezeigten Situation und den Charakteren der Werbung	■ Emotionen direkt bezogen auf den imaginierten Konsum (oder Nicht-Konsum) der Marke und zur empathischen Identifikation	■ Einstellung beruht auf Überzeugung, die zwar werblich angestoßen worden ist, aber dann durch eigene Argumente aufgebaut, untermauert und gefestigt worden ist
■ Sich hineinversetzen (Role-taking) in die werbliche Handlung und die Charaktere	■ auf die Werbebotschaft bezogene (mehr oder weniger) wertende Gedanken zum Konsum bzw. Nicht-Konsum der Marke und zur empathischen Identifikation mit der in der Werbung gezeigten Situation und den Charakteren der Werbung	■ Emotionen direkt bezogen auf den imaginierten Konsum (oder Nicht-Konsum) der Marke und zur empathischen Identifikation	■ Einstellung resultiert aus Überzeugungen, die auf Empathie mit der Werbung beruhen
■ kognitive Integration der präsentierten werblichen Informationen	■ vor allem Integration und Interpretation der mehr oder weniger salienten Informationen zur Werbebotschaft und Gedanken zur persönlichen Wichtigkeit, Relevanz und Überzeugungskraft der werblichen Hinweisreize (cues) ■ zudem (mehr oder weniger) wertende Gedanken zur Glaubwürdigkeit, Schema-Kongruenz und Verständlichkeit der Werbebotschaft und über besonders zugängliche Werbereize (salient cues)	■ Emotionen beziehen sich vor allem auf die Integration und Interpretation der relevanten Informationen zur Werbung und Werbebotschaft ■ zudem richten sich die Emotionen nach den besonders zugänglichen Werbereizen und der Glaubwürdigkeit und Verständlichkeit der Werbung	■ Einstellung basiert auf Überzeugungen, die durch die Werbebotschaft hervorgerufen wurden
■ Analyse der Bedeutung der gesehenen Werbung	■ vor allem (mehr oder weniger) wertende Gedanken zur Glaubwürdigkeit, Schema-Kongruenz und Verständlichkeit der Werbebotschaft ■ zudem Gedanken zu besonders zugänglichen Werbereizen (salient cues) sowie Wertungen, die irrelevant für die Werbebotschaft sind, aber durch die Werbereize ausgelöst wurden und verfügbare Gedanken allgemein zu Werbung	■ Emotionen beziehen sich vor allem auf die Glaubwürdigkeit und Verständlichkeit der Werbung ■ zudem richten sich die Emotionen nach den besonders zugänglichen Werbereizen, aber auch werbeirrelevanten Assoziationen und automatischen Stimmungsreaktionen auf die jeweilige Werbegestaltung	■ Einstellung basiert eher auf einer heuristischen Bewertung der Werbung (z.B. Marke passt mir gerade ins Konzept)
■ lediglich Kategorisierung der grundlegendsten werblichen Informationen	■ vor allem Gedanken zu besonders zugänglichen Werbereizen (salient cues) ■ zudem verfügbare Gedanken allgemein zu Werbung und werbeferne Gedanken z.B. zum gerade gesehenen TV-Programm	■ Emotionen beziehen sich vor allem auf besonders zugängliche Werbereize ■ zudem richten sich die Emotionen z.B. nach dem TV-Programm oder sind automatische Stimmungsreaktionen auf die jeweilige Werbegestaltung	■ Einstellung beruht auf rein affektiver, stimmungsmäßiger Beeinflussung durch die Werbung
■ Gedanken zu auffälligen (oder salienten) Gestaltungsmerkmalen der Werbung (feature analysis)	■ vor allem werbeferne Gedanken z.B. zum gerade gesehenen TV-Programm und verfügbare Gedanken allgemein zu Werbung	■ Emotionen beziehen sich vor allem z.B. auf das TV-Programm oder sind automatische Stimmungsreaktionen auf die jeweilige Werbegestaltung	■ Je nach persönlicher Stimmung führt die Werbung zu einer (leichten) affektiven Beeinflussung der Einstellung

- In diesem Modell gibt es bestimmte Eingangsgrößen, die der Werbewirkung unterschiedlich starke Grenzen setzen:[28] Wie eine Person mit einer Werbung umgeht, hängt zunächst einmal von der jeweiligen Ausprägung ihrer Motivation, kognitiven Fähigkeit und momentanen Gelegenheit zur Informationsaufnahme und -verarbeitung ab. Diese kognitiven, motivationalen und situativen Ausprägungen können nun von Werbung durch den gezielten Einsatz verschiedener Mittel und Techniken zu ihren Gunsten beeinflusst werden. Aus der werblichen Beeinflussung können sechs unterscheidbare Möglichkeiten resultieren, wie die Werbeinformationen von der Person im weiteren Verlauf emotional und kognitiv verarbeitet werden. So kann sich die betreffende Person z.B. einen TV-Spot aufmerksam anschauen oder aber mit ihren Gedanken noch ganz bei dem gerade gesehenen Fernsehkrimi sein. In der Folge kann es zu einer mehr oder minder intensiven Beschäftigung mit der Werbebotschaft kommen oder aber es wird kurz mal über den witzigen Spot gelacht, ohne sich weiter damit zu befassen. Je nachdem, welcher Verarbeitungsmodus durch Werbung bewirkt wird, kann es im einen Fall zu starken positiven Einstellungen zur beworbenen Marke kommen, die relativ änderungsresistent sind und eng mit dem Kaufverhalten zusammenhängen - oder aber es wird auf der anderen Seite lediglich ein ‚affektiver Transfer' erzielt, bei dem man kurz mal amüsiert ist, aber im Weiteren vergisst, was und wofür eigentlich geworben wurde. Doch selbst dann kann es im Supermarkt noch zur Kaufentscheidung für die beworbene Marke kommen, wie Georg Felser in seinem Beitrag aufzeigt.

Welche Vorteile bietet dieses Modell? Zunächst stellt das Modell eine gewisse Realitätsnähe her, da es eine größere Zahl von Werbewirkungsvariablen berücksichtigt. Im Gegensatz zum über-komplexen Kaufentscheidungsmodell von Howard und Sheth spezifiziert es zudem in Anlehnung an die Involvementforschung diejenigen Umstände (und Variablen), unter denen bestimmte kognitive und emotionale Wirkungsprozesse auf eine Werbung hin wahrscheinlicher ablaufen als andere. Neben der Realitätsnähe ist somit auch ein höherer Auflösungsgrad des Modells gegeben. Außerdem wird ein Manko von Zwei-Prozess-Modellen, wie z.B. dem oben vorgestellten ‚Verarbeitungs-Wahrscheinlichkeits-Modell', überwunden: Die künstliche Dichotomisierung in eine Informationsverarbeitung unter hoher oder aber unter niedriger Involviertheit lässt deren Gültigkeitsbereich bereits bei der Erklärung von Werbewirkungen auf mittleren Involvement-Niveaus enden. Das ‚Modell zur Wirkung von Marken- und Werbeinformationen' löst dieses Problem durch die Annahme von sechs möglichen Verarbeitungsmodi bei Werbung zumindest teilweise.

Des Weiteren wird der Involvementbegriff nicht (explizit) als Grundlage verwendet und klar zwischen motivationalen, kognitiven und emotional-affektiven Anteilen im Werbewirkungsverlauf unterschieden. Dadurch werden sowohl die Problematik des mehrdeutigen Involvement-Begriffs als auch die Einseitigkeit der Prozessbetrachtung, wie etwa bei den rein kognitiv orientierten Modellen, vermieden. Ein wichtiger Vorteil ist auch, dass Werbung nicht als pauschale Input-Größe verwendet wird, sondern eine Systematik von Werbestrategien und -mitteln angeboten wird, die jeweils auf die Steigerung der Motivation, der kognitiven Fähigkeit und situativen Gelegenheit zur Verarbeitung der relevanten Werbebotschaften bezogen werden. So lassen sich die Auswirkungen einzelner und kombinierter Werbemerkmale auf die Rezeption einer Werbung und die weitere Verarbeitung und Überzeugungskraft der Produktbotschaft ableiten und empirisch prüfen.

Allerdings ist dieser Ansatz das Ergebnis einer Zusammenschau empirischer Erkenntnisse aus der Werbewirkungsforschung und insofern als vorläufiger ‚Bezugsrahmen' zu verstehen. Es bedarf weiterer Forschung, um u.a. die Wirkungen der einzelnen Werbemerkmale auf die Verarbeitungsmodi zu klären, relevante und weniger relevante Werbemittel zu identifizieren, die qualitative Unterschiedlichkeit der sechs Verarbeitungsabläufe zu prüfen und die Häufigkeit ihres jeweiligen Auftretens bei verschiedener Werbung zu bestimmen. Darüber hinaus bezieht das Modell nicht den Verhaltensbereich ein, sondern endet bei der Einstellungsbildung. Deshalb ist zu klären, inwieweit die unterschiedlichen Einstellungsarten mit Konsumentscheidungen und tatsächlichem Kaufverhalten in Verbindung stehen und welche Vorhersagekraft ihnen jeweils zukommt.

Kommen wir zu einem ersten Fazit. Was hat uns der klärende Blick in die Glaskugel gebracht? Die betrachteten Modelle beleuchten den Werbewirkungsprozess mit unterschiedlicher Tiefe, Ausführlichkeit und Realitätsbezogenheit. Dabei wird der Rolle von Kognition, Motivation und Emotion und ihren Wechselwirkungen unterschiedliche Bedeutung für die Erklärung von Werbewirkung beigemessen. Stand der Dinge ist, *„dass die im Rahmen der verschiedenen Modellkonstruktionen berücksichtigten Sachverhalte meist eine willkürliche und schwerpunktmäßige Auswahl einzelner Variablen darstellen, die aus verständlichen Gründen die theoretische Position des jeweiligen Autors widerspiegelt."* Die Vorschläge sind zwar *„eindeutiger und empirisch besser überprüfbar"* geworden, aber es ist noch ein *„großer Mangel an Kontrolluntersuchungen zu verzeichnen."* Zudem wird *„dem Aspekt der Prognose von Kaufverhalten zu wenig und meist nur am Rande Beachtung geschenkt."*[29] Insgesamt gesehen gibt es sicher vielversprechende Ansätze, doch bis zu einem aussagekräftigen Werbewirkungsmodell, wie es sich die Werbepraxis wünscht, wird es noch viele (interessante) Werbewirkungsstudien geben müssen. So ist das theoretische Eis zur Erklärung und Vorhersage von Werbewirkung noch als recht dünn zu bezeichnen. Hiermit sollte allerdings nicht die gängige Praxis gerechtfertigt werden, sich an den eigenen intuitiven Einsichten zu orientieren - oder an einem Werbemodell von 1898 (AIDA). Die Werbewirkungsforschung hat wahrlich ein wenig mehr zu bieten.

3. Ein zweiter Blick in die Glaskugel: Zum Stand der Erkenntnis in Sachen Werbewirkungsmessung

Den theoretischen Werbewirkungsmodellen steht eine recht große Zahl von (vorwiegend der Psychologie entliehenen) Methoden gegenüber, die zur empirischen Erforschung von Werbung zur Verfügung stehen. Da die Werbewirkungsfrage in der Praxis tagtäglich von hoher und drängender Relevanz ist, aber das Wesentliche des Werbewirkungsprozesses theoretisch (noch) ungeklärt, haben sich verschiedenste Verfahren in der Marktforschung etabliert, die die Vorhersage und den Nachweis werblicher Effizienz leisten wollen. Diese Verfahren lassen sich grob danach einteilen, ob sie sich auf den ökonomischen Erfolg oder aber die psychologische Wirkung von Werbung beziehen und ob sie zeitlich gesehen als Pre-Test einsetzbar sind, um die Effizienz einer Werbemaßnahme zu prognostizieren, oder als Post-Test, um nachträglich die Wirkung bzw. den Erfolg einer bereits geschalteten Werbekampagne zu evaluieren. Einen Überblick über gängige Verfahren und einen Eindruck von der Vielfalt der Methoden vermittelt die folgende Zusammenstellung:[30]

	Pre-Test (Werbeeffizienzvorhersage)	**Post-Test** (Werbeeffizienzüberprüfung)
Psychographische bzw. Psychologische Maßgrößen	**Verfahren der Werbewirkungsprognose** ■ Explorative Verfahren • Befragung, meist Tiefeninterview • Gruppendiskussion, Round-Table-Gespräch • Gedankenprotokolle, Lautes Denken ■ Aktualgenetische Verfahren (Wahrnehmungstests), z.B. • Tachistoskop, ein Dia-Projektor, der Werbeanzeigen im Millisekunden-Bereich zeigen kann, um erste Eindrücke zu testen • Anglemeter, stellt ein Motiv verzerrt dar • Schnellgreifbühne ■ Psychophysiologisches Verfahren • Pupillometer, Messung der Pupillenweitung bei Werbung • Psychogalvanometer, Hautwiderstandsmessung • EEG, Gehirnstrommessung • Polygraphie, kombinierte Messung z.B. von Atem, Blutdruck, Pulsfrequenz, Speichelfluss, Lidschlag oder Körperwärme ■ Mechanische Verfahren, z.B. • Blickregistrierung mittels spezieller Blickaufzeichnungsbrille • Compagnon-Verfahren, Beobachtung des Leseverhaltens und der Blickver-läufe mit einer Kamera • Lichtschranke bzw. Infrarotmessung, um die Verweildauer vor bestimmten Angeboten zu messen • Einwegspiegel, Beobachtung der Körpersprache von Konsumenten bei Werbung oder am POS • Facial Action Scanning Technique (FAST), fotographische Analyse des mimischen Ausdrucksverhaltens beim Kontakt mit Werbung • Programmanalysator, mittels Joystick können Rezipienten sofort ihr Gefallen oder Missfallen beim Sehen eines Werbespots kundtun • Antwortzeitmessung ■ Projektiv-assoziative Verfahren • Figurale Tests sind u.a. Thematischer Apperzeptions-Test (TAT), Rorschach-Test, Personenzuordnungs-Test, Produkt-Personifizierung, Rollenspiel, Zeichen-Test • Verbale Tests sind u.a. Freiburger Persönlichkeits-Inventar (FPI), Wort-Assoziations-Test (WAT), Satz-Ergänzungs-Test (SET), Einkaufslisten-Test, Lücken-Test, Wartegg-Test (Erzähltest) ■ Kommunikationstest • Theatre-Test, Vorführung mehrerer Spots, deren Produkte bei einer anschließenden Verlosung ausgewählt werden können • Studio-Test, Vorführung eines Films mit Werbeblocks, deren Recall (Erinnerung) danach gemessen wird • Storyboard-/Animatic-Test, Präsentation unfertiger Spots • Impact-Test, Präsentation einer präparierten Testzeitschrift ■ Expertensysteme, etwa CAAS, ADCAD, ADDUCE oder ESWA, computergestützte Befragungen zur Werbemitteloptimierung auf der Basis von Datenbanken mit Werbewirkungsregeln	**Verfahren der Werbewirkungskontrolle** ■ Ad hoc-Erhebungen • v.a. Recall-Test, Erinnerung an Werbeinhalte, Produkt oder Marke bei Print (Print-Day After Recall, DAR) oder TV (TV-DAR, On-Air-Test) ■ Wellenerhebungen • Tracking-Studien, kontinuierliche Telefon- oder Face-to-Face-Interview-umfragen u.a. zu Bekanntheit, Image, Likes/Dislikes und Kauf von Marken und Werbeinhalten; z.B. AdTREK (Icon), Werbeindikator (GfK), Werbemonitor (IVE), Werbewirkungskompass (IP), AdTrend (SAT1) ■ Kontaktanalysen • Recognition-Test, Messung der Wiedererkennung von Werbeinhalten • Portfolio-, Dummytest, kontrollierter Recognition-Test mit Folder aus publizierter Werbung und nicht-publizierten Dummies mit redaktionellem Umfeld • Copy-Test, Sammelbezeichnung für Verfahren zur Ermittlung der konkreten Mediennutzung, v.a. Befragung zur Erinnerung, Wiedererkennung und Einstellung bzgl. Marke, Bild, Text, Produkt und Anzeige bei Printwerbung; im TV-Bereich Ermittlung des STAS-Potentials (siehe Beitrag von Scharrenbroch & Westphal) ■ Empfängeranalyse • Messung der Reichweiten von Medien, z.B. im Printbereich durch die IVW und bei TV über das TV-Panel der GfK
Ökonomische Maßgrößen	**Verfahren der Werbeerfolgsprognose** ■ (Befragungs-)Experiment ■ Verkaufstest im Testmarkt(-gebiet) ■ Markttest-Ersatzverfahren • Testmarktsimulation, z.B. eines Geschäftes im Modell • Home-Use-Test • Studio-Test • Storetest, also probeweiser Verkauf in einer Reihe von Läden • Mini-Markttest, also Abverkauf z.B. in regional verschiedenen Läden und Befragung eines daran gekoppelten Haushaltspanels • elektronischer Mikro-Markttest, eine Kombination von Haushaltspanel, Scannerkassen und örtlich steuerbarem TV- und Print-Werbeeinsatz (z.B. GfK-Panel in Hassloch bzw. Nielsen-Panels in Buxtehude und Bad Kreuznach)	**Verfahren der Werbeerfolgskontrolle** ■ Verbraucherpanel ■ Bestellungen unter Bezugnahme auf Werbung (BuBaW), z.B. bei Couponbestellungen ■ Direktbefragung

Von diesen Verfahren sollen uns ausschließlich diejenigen Methoden interessieren, die sich auf den Werbewirkungsbereich beziehen, also die oberen beiden Felder der Tabelle. Da es sich hierbei lediglich um eine Aufzählung gängiger Verfahren zur Messung der Werbewirkung handelt, wollen wir uns im Weiteren auf die folgende Darstellung stützen, in der eine Auswahl von Methoden direkt verschiedenen Werbewirkungsvariablen zugeordnet wird, die sie messen sollen:[31]

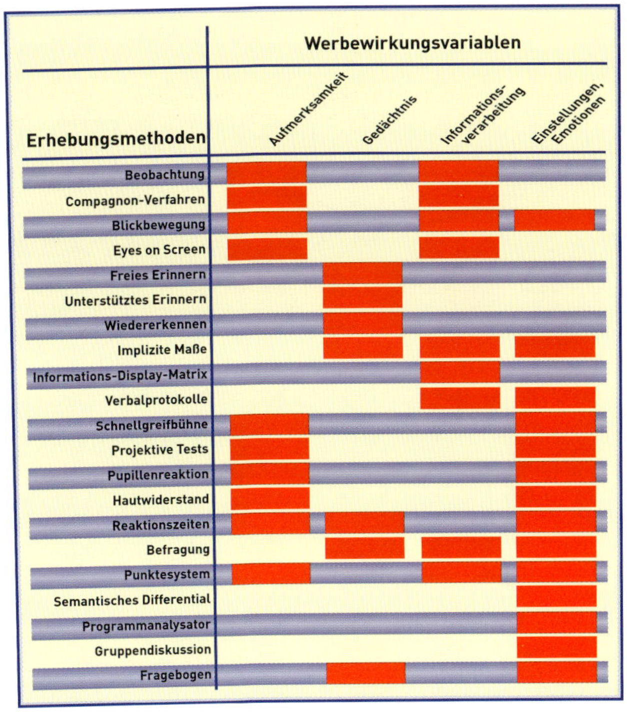

Exemplarisch wollen wir einige dieser Methoden kurz vorstellen und ihren Wert für die Werbewirkungsforschung unter die Lupe nehmen. Dabei orientieren wir uns grob an der üblichen Einteilung des Werbewirkungsprozesses in

- Aufmerksamkeitswirkung von Werbung
- emotionale Reaktion auf Werbung
- kognitive Auseinandersetzung mit Werbeinhalten (Informationsverarbeitung und -speicherung, also Lern- und Gedächtniswirkung)
- Werbewirkung auf Kaufintention und Kaufverhalten

3.1 Die Messung der Aufmerksamkeitswirkung von Werbung

Am Beginn jeder Werbewirkung steht gemeinhin die Aufmerksamkeitserregung, die Werbung beim Konsumenten auslöst.[32] Dieser Umstand folgt der einfachen Logik, dass man nur etwas aufnehmen und verarbeiten kann, dem man sich auch zuwendet und seine Aufmerksamkeit geschenkt.[33] Was weckt unsere Aufmerksamkeit? Als aufmerksamkeitserregend gelten u.a. physisch starke Reize, wie z.B. grelle Farben oder laute Musik, denen man sich in aller Regel zuwendet - wenn auch vielleicht nur kurz.[34] Zum Beispiel würde das folgende Printmotiv viel von seiner auffälligen Wirkung verlieren, wenn es statt in grellen Farben nur in schwarz-weiß gehalten wäre.

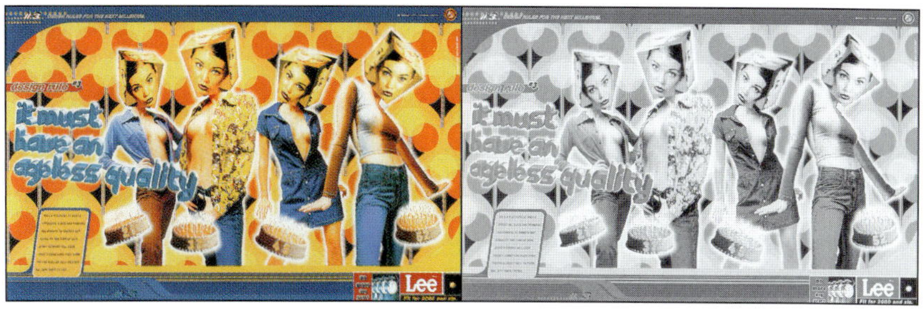

Die Messung von Aufmerksamkeit kann mit verschiedenen Methoden erfolgen, etwa durch die Beobachtung des Lese- bzw. Zuschauerverhaltens (z.B. mit Compagnon- bzw. Eyes on Screen-Verfahren) oder über die Aufzeichnung motorischer Reaktionen (z.B. der Blickbewegungsmessung).

- Beim *Compagnon-Verfahren* wird das Leseverhalten einer Person in einer Wartezimmer-Situation beobachtet. Ähnlich geht es beim *Eyes on Screen-Verfahren* um die Erfassung, wann und wie häufig Rezipienten (bei Werbung) auf den TV-Bildschirm schauen. Zwar lässt sich die Aufmerksamkeit auch durch eine nachträgliche Befragung der Zuschauer ermitteln, aber hierbei verzerrt das Erinnerungsvermögen die Antworten und mitunter wird auch nicht deutlich, inwieweit Nebentätigkeiten (Essen, Gespräche etc.) ablenkend gewirkt haben. Diese Nachteile lassen sich mit dem Eyes on Screen-Verfahren vermeiden, und die gemessene Häufigkeit mit der Zuschauer auf den Bildschirm schauen, soll zudem mit späteren Befragungswerten zur Sympathie und Erinnerung an einen Werbespot zusammenhängen.[35] Allerdings muss man schon von der ‚Kunst der Beobachtung' sprechen, wenn man hier ein natürliches, ungekünsteltes Lese- und Zuschauerverhalten wie in der ‚normalen Wohnzimmersituation' erheben will.

- Zu den apparativen Verfahren der motorischen Aufmerksamkeitsmessung zählt die *Blickbewegungsaufzeichnung*. Bei diesem Verfahren wird zur Aufzeichnung des menschlichen Blickverhaltens ein Laserstrahl auf das Auge gerichtet, der vom Kammerwasser im Auge reflektiert wird. Diese Reflektion des Laserstrahls wird als kleiner roter Punkt von einer Kamera aufgezeichnet und auf das von der Testperson betrachtete Motiv eingespiegelt, so dass sich der Blickfokus der Person auf dem Motiv recht präzise sichtbar machen lässt. Die Blickbewegungsmessung erlaubt es, genauer zu untersuchen, was von der Flut an Werbereizen eigentlich aufgenommen wird. Beispielsweise lassen sich ‚Vampireffekte' untersuchen, die auftreten, wenn Werbung mit allzu auffälligen Motiven arbeitet, die die Aufmerksamkeit des Rezipienten vom Produkt ‚absaugen'.[36] So könnte z.B. ein erotisches Motiv in einer Printanzeige oder einem Werbespot starke Beachtung finden, ohne dass der Rezipient überhaupt bemerkt, wofür eigentlich geworben wird. Oder würden Sie beim üblichen ersten (und vielleicht noch zweiten) Hingucken wahrnehmen, wofür die Blondine im roten Latex-Kostüm wirbt, die lasziv auf ihrem Sofa liegt, und im Copy-Text aufgefordert wird, ‚immer ein Gummi zu benutzen'?[37]

Verfahren der Blickbewegungsmessung eignen sich auch, um zu ermitteln, welche Bestandteile von Anzeigen zuerst und welche erst später (und damit oft gar nicht) wahrgenommen werden. Diese Klärung ist sehr bedeutsam, wenn man bedenkt, dass Werbung meist unter Bedingungen der Informationsüberlastung erlebt und ihr dabei nur geringes Interesse entgegengebracht wird.[38] So ist bei Konsumenten ein häufiger Abbruch der Werberezeption zu verzeichnen. Dies gilt insbesondere für Printwerbung, wo der Rezeptionsabbruch eigentlich der Normalfall ist.

Blickanalyseverfahren haben den mitunter nicht unbedeutenden Nachteil, dass eine Verallgemeinerung ihrer Individualergebnisse nicht mit den üblichen statistischen Verfahren möglich ist. So dürften sich zu den einzelnen Bildinhalten einer Werbeanzeige kaum sinnvoll interpretierbare Mittelwerte bilden lassen, die die durchschnittliche Betrachtungswahrscheinlichkeit und Betrachtungspriorität (als erstes, als zweites usw.) für größere Zielgruppen angeben. Schon einfache Häufigkeiten können in ihrer Aussagekraft zu wünschen übrig lassen: Die Blickergebnisse von ca. 80 Frauen und Männern bei den folgenden Jeans-Printmotiven liegen zwar wunschgemäß auf Werbebotschaft und Markenlogo, aber die überwiegende Zahl der Versuchspersonen hat letztlich irgendwo zwischen Mann und Frau (genauer: auf den Felsen) bzw. nacktem Mann und Hose (genauer: auf den Kiesstrand) hingeschaut. Welch tiefgreifende Erkenntnis lässt sich nun aus diesen Blickergebnissen ziehen?

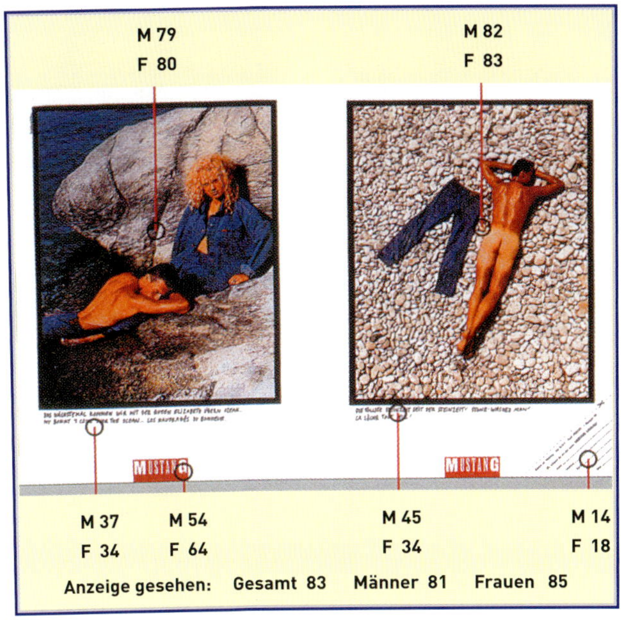

Ein Ausweg besteht darin, die einzelnen Blickpunkte der verschiedenen Versuchspersonen jeweils als Indikatoren einer bestimmten Verweildauer aufzufassen und darüber Bereiche mit höheren und geringeren Blickdichten zu bestimmen. Bildlich gesprochen ergeben sich somit auf einem Motiv ‚Ballungszentren' gegenüber ‚weniger besiedelten Gebieten'.

3.2 Die Messung emotionaler Reaktionen auf Werbung

Werbung versucht, immer mehr Produkte und Marken in attraktiven Erlebniswelten zu inszenieren, mit denen sich die Mitglieder der jeweiligen Zielgruppe v.a. emotional identifizieren sollen.[39] Der Emotionalisierung von Konsumenten kommt damit in der Werbung eine zunehmend bedeutsame Rolle zu, denn *„wie sich die Person in Zukunft gegenüber dem Produkt verhält, hängt sicher zu einem Großteil davon ab, welche Gefühlstönung das Produkt bei ihr hervorruft."*[40]

Wie kann man nun Kaugummis erotisch und Zigaretten zukunftsorientiert machen? Emotionalisierung lässt sich durch verschiedenste Mittel wie z.B. eine ungewöhnliche Sprache, eingängige Musik, tolle Bilder oder schnelle Schnitte erzeugen.[41] Vermutlich am effizientesten ist es, wenn der Einsatz der werblichen Mittel den Aufbau von ‚inneren Bildern' beim Rezipienten bewirkt. So wird z.B. durch die folgende Visualisierung versucht, das beworbene Produkt mit ‚Zukunft' und ‚Modernität' emotional eindrücklich aufzuladen.[42]

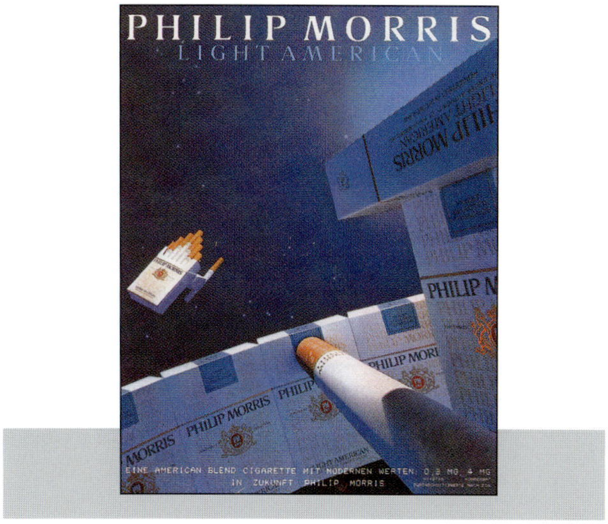

Hinter dieser Strategie steht die durch die Imagery-Forschung populär gemachte Annahme, dass Bilder im Gegensatz zu verbaler Sprache eine höhere Kompetenz zur Vermittlung von Emotionen besitzen, so dass Emotionalisierungen am schnellsten (und wohl auch dauerhaftesten) durch den Aufbau ‚innerer Bilder' (werblich) verankert werden können.[43]

- In der kognitiven Psychologie ist seit langem ein Effekt bekannt, der sich als Bildüberlegenheit deuten lässt. Bilder sind in Experimenten leichter zu erinnern als identische verbale Stimuli. Man erinnert sich z.B. beim Lernen von Gegenständen auf einer Liste eher an ein Haus, wenn man zuvor das Bild eines Hauses gesehen hat, als wenn man zuvor das Wort ‚Haus' gelesen hat. Eine Erklärung für diesen Befund liefert die ‚Dual Coding Theory', nach der wir Bilder im Gegensatz zu Wörtern sowohl in einem visuellen Gedächtnisareal speichern als auch gleichzeitig zur sofortigen Sinnerfassung verbal kodieren.[44] So wird der Singehalt ‚Haus' einmal als visueller Erinnerungsinhalt und einmal als verbaler Sinngehalt gespeichert. Eine solche doppelte Kodierung findet bei verbalen Reizen nicht statt, so dass sie nur einmal gespeichert werden. Daraus resultiert eine höhere Erinnerungswahrscheinlichkeit für visuell kodierte Reize. Allerdings ist damit nur geklärt, dass ein Bild gegenüber derselben Begrifflichkeit Erinnerungsvorteile aufweist, wohingegen eine generelle Bildüberlegenheit damit nicht zwangsläufig gegeben sein muss. Es sind Fälle denkbar, bei denen z.B. ein Wort wie ‚Ausländerhass' auf einer großen Plakatwand durchaus mehr berühren kann und besser erinnert wird als so manches Bildmotiv dazu. Der Vorteil bildhafter Darstellungen dürfte zurücktreten, je abstrakter die Begriffe werden, die zu visualisieren sind. Bei Begriffen wie ‚Freiheit', ‚Glück', ‚Abenteuer' oder ‚Wahrheit' wird eine eindeutige bildliche Repräsentation so schwierig sein, dass diese Begriffe als Wörter wieder Vorteile aufweisen dürften.

In jedem Fall lässt sich festhalten, dass das Verständnis von Bildsprache einer anderen, oft effektiveren Logik folgt als verbale Sprache. Dieser Umstand ist besonders für Werbung wichtig, da sie keine Möglichkeit zu langen Ausführungen hat. Bei vielen visuellen Darstellungen weiß man sofort, was gemeint ist, wenn man sie vor sich sieht, während sie

in Worte gefasst eher absurd oder gar dümmlich wirken. Ein einfacher Selbstversuch verdeutlicht diesen Effekt: Versuchen Sie doch einmal, die unten abgebildeten Werbeanzeigen einem anderen Menschen verbal näherzubringen. Rufen Sie dazu einen Bekannten an und beschreiben Sie ihm die folgenden Motive am Telefon. Fragen Sie dann nach den emotionalen Empfindungen bezüglich der Motive und beworbenen Marken. Dann zeigen Sie derselben Person die Motive und fragen Sie nochmal.

Nun haben wir kurz die Bedeutung und Erzeugung von Emotionalisierungen durch Werbung gestreift, und es gilt zu fragen, welche Möglichkeiten zur Messung emotionaler Werbewirkung herangezogen werden können. Wie Klaus Moser in seinem Beitrag feststellt, ist besonders in der Emotionsforschung noch viel zu tun, um zu einer befriedigenden Lösung bei der Messung von Emotionen zu gelangen. Und Axel Mattenklott weist in seinem Beitrag darauf hin, dass es bei Werbung gar nicht um die Erzeugung von Emotionen geht, sondern um die Erregung kurzlebigerer Gefühle. Deren Erforschung steht allerdings erst am Anfang.[45] Wie komplex und unterschiedlich das Konstrukt ‚Emotion' aufgefasst und methodisch angegangen werden kann, verdeutlicht die folgende Differenzierung:[46]

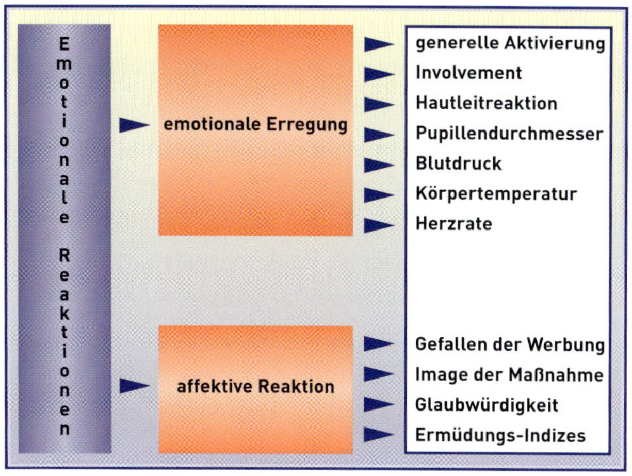

Wie die Graphik verdeutlicht, werden bei Emotionen zwei Ebenen unterschieden, über die sie möglichst genau und aussagekräftig erfasst werden sollen: Wenn wir emotional auf Werbung reagieren, so kann dies als physiologische Erregung oder aber als affektive Reaktion operationalisiert und gemessen werden. Wir können also brüllen (erzählen), wie wütend wir gerade sind oder aber den Grad unserer Erregung an unserem Blutdruck ablesen. In Anlehnung an diese Unterscheidung wollen wir grob zwischen verbalen und non-verbalen Methoden zur Erhebung von Emotionen (und vielleicht auch Gefühlen) unterscheiden:

- Zu den verbalen Verfahren können sowohl projektive Verfahren als auch Methoden der Einstellungsmessung gezählt werden: Bei den *projektiven Verfahren* haben Testpersonen spontan zu mehrdeutigen Vorgaben zu assoziieren.[47] Grundidee ist hierbei, dass die Befragten, *„ihre Motivlage, also auch ihre Emotionen spontan in das Material quasi hineinprojizieren."*[48] Der Vorteil, solche Verfahren in der Marktforschung zur Messung emotionaler Werbewirkung zu nutzen, kann darin bestehen, dass ein möglichst kreatives Ausfüllen der mehrdeutigen Vorgaben, die scheinbar wenig mit einer Werbung oder einem Produkt zu tun haben, eine relativ geringe kognitive Kontrolle erfordert und entsprechend unverfälschtere Antworten ergeben kann. Allerdings bleibt fraglich, wie die erhaltenen Ergebnisse genau zu interpretieren sind und ob sie wirklich für das stehen, wofür man sie gerne halten würde, nämlich (in diesem Fall) für emotionale Reaktionsdaten, die Schlüsse auf Werbung, Marke oder Produkt erlauben können. Der Nutzen projektiver Verfahren sollte genau abgewogen werden, wenn sie nicht nur ein ‚nett inszeniertes Brainstorming' mit Vertretern der Zielgruppe abgeben sollen.[49]

  Als verbale Messung von Emotionen (bzw. Gefühlen) kann auch das Instrumentarium zur Erhebung von *Einstellungen* gelten, da Einstellungen meist im Sinne wertender Urteile konzeptualisiert werden, die eine mehr oder minder große affektive Komponente beinhalten.[50] Bewertungen zum Gefallen von Werbung, zur Sympathie für eine Marke oder der Glaubhaftigkeit von Werbebotschaft bzw. Produktversprechen können verbal ganz unterschiedlich erhoben werden. Sie können u.a. strukturiert oder unstrukturiert als Telefonumfrage oder als Face-to-Face-Tiefeninterview oder auch anhand schriftlicher Fragebögen abgefragt werden. Bekannt geworden ist das Semantische Differential (Polaritätenprofil), bei dem die befragte Person z.B. einen TV-Spot oder ein Produkt anhand gegensätzlich gepolter Wortpaare (wie z.B. schwach - stark oder gefühlvoll - kühl) bewertet.[51] Auch ausführliche Checklisten mit Adjektiven sind gebräuchlich, mit denen die gefühlsmäßigen Wirkungen einer Werbung erfragt werden sollen:[52]

Bitte kreuzen Sie die Begriffe an, bei denen Sie das Gefühl haben, dass sie den (gerade gesehenen) TV-Spot treffend beschreiben:

☐ amüsant-witzig	☐ vertraulich-familiär	☐ sinnlos
☐ reizvoll-ansprechend	☐ bewegend-temporeich	☐ schon oft gesehen
☐ glaubhaft	☐ freundlich-nett	☐ albern-doof
☐ klug-raffiniert	☐ phantasievoll-einfallsreich	☐ empfindsam-einfühlsam
☐ verwirrend	☐ informativ	☐ lebensnah-echt
☐ überzeugend	☐ ärgerlich-lästig	☐ erwärmend-herzlich
☐ langweilig-lahm	☐ lebhaft-dynamisch	☐ gut gelungen
☐ leicht zu vergessen	☐ originell	☐ abgedroschen
☐ wirkungsvoll	☐ unecht-erfunden	☐ erinnerungswürdig

Das große Problem verbaler Messverfahren liegt darin, dass sie eigentlich einen Umweg machen, um zum Kern der Sache zu kommen: Das Berichten einer Emotion setzt voraus, dass wir uns erst Gedanken machen müssen, um über unser gefühlsmäßiges Empfinden sprechen zu können. Wir müssen uns unserer Gefühle erst rational klar werden. Diese kognitive Auseinandersetzung verfälscht unsere Antwort mitunter beträchtlich und zwar je nach Befragungssituation, (Werbe-)Vorlage, Testperson und interessierender Emotion mal mehr oder mal weniger.[53] Aus diesem Grund werden non-verbale Methoden oft als überlegener angesehen.

- Non-verbal lassen sich Emotionen z.B. durch die *Vorgabe von Bildern*, *Comics* oder *Fotos* messen, auf denen jeweils Gesichter (oder Stimmungen) abgebildet sind, die etwa Fröhlichkeit, Trauer, Ärger oder Langeweile ausdrücken. Nachdem Versuchspersonen z.B. einen TV-Spot gesehen haben, sollen sie diejenigen Bilder auswählen, die am ehesten (oder am wenigsten) ihre Gefühle zu dem Spot wiedergeben.[54] Es können auch bestimmte mechanische Verfahren wie z.B. der *Programmanalysator* eingesetzt werden. Dabei halten die Versuchspersonen zwei Joysticks (oder auch Hebel) in der Hand, mit denen sie fast sekundengenau jeweils ihr Gefallen bzw. Missfallen ausdrücken können, während ihnen Werbeanzeigen oder Spots gezeigt werden. Daneben kann das emotionale Ausdrucksverhalten von Konsumenten - etwa vor einem neuen Produkt-Display im Supermarkt - *beobachtet* werden, was allerdings Interpretationsprobleme mit sich bringt, wenn die Beobachteten zu ihrem Verhalten nicht auch befragt werden.

Eine weitere große Klasse non-verbaler Methoden bilden die physiologischen Verfahren, mit denen der Grad an (emotionaler) Erregung gemessen wird. Dazu zählen neben der Bestimmung von Blutdruck, Körpertemperatur und Herzschlag v.a. die Messung des Hautwiderstandes und der Pupillenweitung (Pupillometrie): Die *Messung des Hautwiderstandes* (Hautleitfähigkeit) beruht auf einer einfachen physiologischen Tatsache: Erregte Menschen schwitzen. Durch das Anlegen eines geringen Stromflusses von ca. 0,5 Volt an der menschlichen Hand (dort liegen über 2000 Schweißdrüsen pro cm^2) lassen sich Veränderungen der Hautleitfähigkeit auf reizbedingte Reaktionen (wie z.B. einen Werbespot) feststellen. Obwohl die reizspezifische Veränderung der Hautleitfähigkeit als eine der körpernahesten Aktivierungsmessungen angesehen werden kann und aus diesem Grund in der Markt- und Werbewirkungsforschung eingesetzt wird, ermöglicht sie nur Aussagen darüber, wie stark ein Spot oder eine Anzeige Rezipienten aktivieren, nicht jedoch, ob sie die jeweilige Werbung auch verstanden, akzeptiert bzw. positiv empfunden haben. Somit differenziert das physiologische Hautwiderstandsmaß allein genommen unser psychologisches Erleben nur ungenügend. Ob wir größte Freude oder Wut erleben, wir sind in beiden Fällen gleichermaßen stark physiologisch erregt. Dieses Problem scheint auch für die *Messung der Pupillenweitung* (Pupillometrie) zu gelten. Entgegen der verbreiteten Annahme, dass sich unsere Pupillen weiten, wenn wir etwas Angenehmes sehen, und sich verengen, wenn wir mit etwas Unerwünschtem konfrontiert werden, treten Pupillenerweiterungen *„grundsätzlich bei stärkeren affektiven Reaktionen auf, seien sie nun positiv oder negativ."*[55]

Im Gegensatz zu verbalen Verfahren haben somit non-verbale Verfahren weniger mit kognitiven Verzerrungen bei der Messung zu kämpfen und können insofern als verhältnismäßig unverfälschtes Reaktionsmaß gelten. Allerdings sind mit ihrer Anwendung bei der (emotionalen) Werbewirkungsmessung andere Schwierigkeiten verbunden: Physiologische Messungen bilden die dahinterstehenden psychologischen Variablen wie ‚Aufmerksamkeit' oder ‚emotionales Empfinden' nur unvollkommen ab. Konkret: Man kann aus dem physiologischen Zustand eines Menschen nicht spezifisch auf sein psychologisches Erleben schließen, denn die Interpretationskette erstreckt sich z.B. bei der Hautwiderstandsmessung von der Zahl der reizbedingten Ausschläge (Befund) über die Aktivierung (Mediator 1) und die Reizverarbeitung des Rezipienten (Mediator 2) bis zur vorhergesagten Wirkung der Werbung (Wirkung). Ein mitunter weiter und nicht immer gradliniger Weg. Die Schwierigkeit, physiologische Erregungsdaten zu psychologischen Werbewirkungskriterien zuzuordnen, zeigt z.B. der Befund, dass das recht populäre Maß der physiologischen Aktivierung einer Person bei Werbung sowohl mit kognitiven Werbewirkungsmaßen (Erinnerung an Marke und Produkt), als auch mit affektiven Maßen (Einstellung zu und Anmutung von Werbung) signifikant zusammenhängt.[56] Der Grad an physiologischer Aktivierung wird außerdem als wichtige Eingangsgröße für die Aufmerksamkeitswirkung gehandelt.[57] Wofür sollen Aktivierungsergebnisse dann eigentlich sinnvoll stehen?

Methoden emotionaler Werbewirkungsmessung haben mehr als andere Verfahren mit erheblichen Problemen zu kämpfen, weil sie die Gefühlswelt des Menschen beim Erleben von Werbung nur begrenzt abbilden können. Verfälschende Einflüsse bei der Ergebnisinterpretation sind entsprechend eher die Regel als die Ausnahme. Auch die Überprüfung der anfangs beschriebenen Werbestrategie, beim Rezipienten ‚innere Bilder' aufzubauen, steckt messtechnisch und methodisch gesehen noch in den Anfängen, zumal die ‚Sichtbarmachung' von inneren Bildern recht schwierig ist.[58] So muss das adäquate Messen von Emotionalisierungen durch Werbung (oder besser der gefühlsbezogenen Werbewirkung) als eine der künftigen Herausforderungen für die Werbewirkungsforschung angesehen werden. Eine bedeutende Rolle könnte hierbei den erwähnten non-verbalen Methoden zukommen, die nicht auf physiologischen Messungen beruhen.

3.3 Die Messung der kognitiven Wirkung von Werbung

Für eine erfolgreiche Werbekommunikation reichen die Weckung von Aufmerksamkeit und eine positive Emotionalisierung allein natürlich nicht aus. Werbung soll vom Konsumenten nicht nur wahrgenommen und gut gefunden, sondern das beworbene Produkt auch als Kaufoption in Betracht gezogen werden. Dazu muss die Werbebotschaft bzw. das Produktverprechen verstanden und überzeugend gefunden werden. Darüber hinaus muss diese Information in Form von Überzeugungen oder Präferenzen längerfristig im Gedächtnis abgespeichert und pünktlich zur Kaufentscheidung zwischen mehreren Konkurrenzprodukten wieder leicht abgerufen werden können.[59]

- Aus Sicht der Werbungtreibenden kann man sich den markenbezogenen Lern- und Speicherprozess in etwa so vorstellen: Wir alle haben in unserem Konsum-Leben einen Satz von Marken und Produkten gelernt und in unserem Gedächtnis als relevante Kaufoptionen gespeichert. Für den Produktbereich ‚Bier' könnten das z.B. die Marken *Warsteiner*, *König Pilsener*, *Jever*, *DAB*, *Clausthaler*, *Löwenbräu* und *Flensburger Pils* sein. Diese Biermarken sind uns geläufig und buhlen werblich darum, immer in unseren Köpfen präsent zu sein - besonders, wenn es um die konkrete Kaufoption geht. Wie kann nun auch die Berliner *Schultheiss*-Brauerei ihr Bier populär machen? Voraussetzung zur Erreichung dieses Marketingziels ist, dass ihr Produkt zum Satz relevanter Kaufpräferenzen bei der Zielgruppe zählt. Die Brauerei muss ihre kommunikativen Anstrengungen entsprechend darauf ausrichten, eine Verschiebung der im ‚relevant set' des Langzeitgedächtnisses gespeicherten Marken zugunsten von *Schultheiss* zu erreichen.[60] Die Verschiebung im relevant set (relevant set-shift) geht meist zu Lasten der Konkurenz, da das ‚evoked set' der Konsumenten in aller Regel maximal drei Marken einer Produktkategorie umfasst.[61] Für die Konkurrenz geht es darum, den Verschiebungsprozess durch verstärkten Werbedruck zu verhindern bzw. rückgängig zu machen.

Das Konzept des ‚relevant set-shift' beschreibt eine wichtige Zielgröße der Werbung. Methodisch wird der ‚relevant set-shift' ganz einfach durch die wiederholte Befragung von Konsumenten erfasst, bei der sie ihre drei bis maximal zehn bevorzugten Marken zu einem bestimmten Produktbereich aufzählen sollen.[62] Liegen die Befragungszeitpunkte genügend weit auseinander, lassen sich Lerneffekte, die durch wiederholtes Befragen entstehen können, weitgehend ausschließen. Werden nun beispielsweise alle drei Monate routinemäßig die relevant sets zu verschiedenen Produktgruppen gemessen, lässt sich feststellen, ob die Neueinführung eines Produktes oder auch starke Werbeaktivitäten für eine bestehende Marke Veränderungen im relevant set der jeweiligen Zielgruppe bewirken. Die Bestimmung des relevant set ergibt ein einfaches Erinnerungsmaß für die kognitive Präsenz von Marken. Weitere Methoden sind erforderlich, um auch Erkenntnisse darüber zu erhalten, welche Werbeinformationen die Erinnerung an die jeweilige Marke verbessert haben.

Für die Werbung ist v.a. die Beantwortung der Fragen relevant, was und wieviel von ihren Werbebotschaften im Kopf des Konsumenten eigentlich ‚hängenbleibt' und dann für die spätere Kaufentscheidung abgerufen wird. Dementsprechend wollen wir im Folgenden auf zwei Gruppen von Verfahren eingehen: Auf der einen Seite soll es um Methoden gehen, die sich auf die Gedächtniswirkung von Werbung beziehen, und auf der anderen Seite um Verfahren, die erheben, welche Werbe- bzw. Produktinformationen für die Kaufentscheidung bedeutsam sein können.

- Verfahren zur Messung der Erinnerungsleistung gehören heute zum Standardrepertoire der Werbewirkungsforschung.[63] Besonders zwei Erinnerungsmaße lassen sich hier nennen: Zum einen die freie oder gestützte Erinnerung (Unaided bzw. Aided Recall) und zum anderen die freie oder kontrollierte Wiedererkennung (Recognition bzw. Starch- und Dummy-Test). Während bei der *freien Erinnerung* keine Hinweise zur fraglichen Werbung gegeben werden („Welche Werbung haben Sie im Film gesehen?"), wird beim *gestützten Recall* eine Erinnerungshilfe gegeben („In einer Werbung tanzten Männer in einer Wohnung, bis der Boden durchbrach. Wissen Sie noch, für welche Marke hier geworben wurde?"). Beim *Recognition-Test* wiederum werden den Befragten einige Werbevorlagen (Anzeigen, Spots) präsentiert und erhoben, ob sie diese wiedererkennen. Die Person muss dann nur noch entscheiden, ob sie die Werbung gesehen hat.[64] Der Recall-Testwert wird auch als ‚aktive Markenbekanntheit' bezeichnet, weil er angibt, dass der Befragte in der Lage war, aus seinem Gedächtnis die richtige Marke abzurufen, während der Recognition-Test die ‚passive Markenbekanntheit' angibt, da das Produkt anhand von Vorlagen identifiziert wird.

Man könnte nun versucht sein, dem freien Recall gegenüber dem Recognition-Test (aber auch dem gestützten Recall) den höheren Stellenwert zuzusprechen, da es sich hier um eine ‚wirklich tiefe' Gedächtnisabfrage handelt - weshalb sich auch trotz sehr häufiger Darbietung nur selten mehr als ein Viertel der Befragten an eine Werbebotschaft erinnert.[65] Doch unterstütztes Erinnern und Recognition-Test können als Wirkungsindikatoren auch völlig ausreichen, denn man wird z.B. beim Einkauf eines Wasch- oder Putzmittels im Supermarkt wohl eher vor die Auswahlentscheidung zwischen den vorhandenen Produkten im Regal und somit vor die Aufgabe der gestützten Erinnerung bzw. Wiedererkennung gestellt, als dass man beim Einkaufen eine größere Menge von Wasch- und Putzprodukten frei aufzählen können muss. Nur bei richtig teuren Produkten oder bei einer aufwendigen Suchphase vor der Kaufentscheidung hat dasjenige Unternehmen bereits verloren, an dessen Produkt oder Angebot wir uns dann nicht frei erinnern können.

Allerdings sind einige Probleme mit diesen beiden Erinnerungsmaßen verbunden. So sagen reine Recall-Werte wenig über die Werbewirkung aus, wenn weitergehende qualitative Aspekte nicht miterhoben werden. Zudem werden oftmals Inhalte erinnert, die gar nicht vorgekommen sind - häufig die Botschaften des Marktführers, der alles andere überstrahlt. Der Rate- bzw. Zufallsfaktor bringt gerade bei der geringen Trefferquote des freien Recall-Tests eine nicht zu unterschätzende Ungenauigkeit in die erhobenen Daten.[66] Die große Verbreitung und Popularität der einfach zu handhabenden Recall- und Recognition-Tests birgt entsprechend die Gefahr, dass bei einer exzessiven Anwendung ihre Aussagekraft überbetont wird. So dürfen sie bei keiner ‚Leistungsstatistik' einer Werbekampagne fehlen, obwohl vielfach angezweifelt wird, ob durch *„Erinnerungsmessungen tatsächlich die zentralen Aspekte der Werbewirkung erfasst werden. (...) Werbung wird nämlich auch dann verhaltenswirksam, wenn sich die Empfänger nicht aktiv an die Werbebotschaft erinnern."*[67] Schließlich ist bis heute nicht geklärt, inwieweit Recall- und Recognition-Tests gleichermaßen die (werbliche) Behaltensleistung des Gedächtnisses abbilden, was zusätzlich einen reflektierteren Umgang mit Erinnerungstests notwendig macht.[68]

- Neben der Klärung, wieviele und welche Produktinformationen Werbung in unsere Köpfe transportieren kann und was dann im Gedächtnis längerfristig gespeichert wird, ist es natürlich wichtig zu wissen, was davon unsere konkrete Kaufentscheidung zugunsten einer bestimmten Marke beeinflusst. Faktoren, die unsere Kaufentscheidungen beeinflussen, lassen sich mit verschiedenen Methoden messen:[69] Mit der *Informations-Display-Matrix* lässt sich bestimmen, welche Produkteigenschaften oder Werbeinformationen eine Person als erstes interessieren - und entsprechend für die spätere Entscheidung besonders relevant sein können. Dabei werden zu bestimmten Marken oder Produktarten (z.B. Kaffee, Schokoriegel etc.) verschiedene Informationen (etwa zu Geschmack, Kalorien, Verpackung etc.) in einer Matrix verdeckt angeboten, die dann - je nach Interesse - von der Versuchsperson der Reihenfolge nach geöffnet werden sollen. Noch stärker auf die konkrete Entscheidung reduziert arbeitet die *Schnellgreifbühne*, bei der Personen vor einem großen geschlossenen Kasten sitzen, in dem sich z.B. verschiedene Produkte befinden. Mit der Vorgabe instruiert, das Produkt mit der schönsten Verpackung, dem leckersten Inhalt oder der größten Pflegewirkung zu wählen, öffnet sich für ganz kurze Zeit der Kasten, und die Person hat ganz schnell das von ihr präferierte Produkt auszuwählen. Darüber hinaus können Personen am Point of Sale oder in nachgebildeten Supermarktsituationen bei ihrer Produktauswahl *beobachtet* werden, indem z.B. die Blickbewegungen am Regal oder auch das gesamte Ausdrucksverhalten mit der Kamera registriert werden, was allerdings eher grobe Hinweise auf die qualitative Ausprägung der Kaufentscheidung gibt. Eine weitere Möglichkeit bietet die *Methode des lauten Denkens*. Dabei werden Konsumenten vor, während und nach dem Kauf aufgefordert, ihre Gedanken laut zu äußern, so dass sich häufig ungefilterte individuelle Einsichten in die konkrete Kaufentscheidung (z.B. über Produktwissen und Kauf- und Werbeerfahrungen) ergeben. Allerdings heben die Anforderungen dieser Methode den Entscheidungsprozess des befragten Konsumenten *„auf ein Reflexionsniveau, das er normalerweise nicht hat."*[70] Zudem kann ein

Nachdenken über die eigenen Entscheidungen (und deren Gründe) dazu führen, dass man sich in der Befragungssituation anders entscheidet als sonst.

3.4 Die Messung der Werbewirkung auf Kaufintention und Kaufverhalten

Am Ende des Werbewirkungsprozesses steht der Produktkauf (oder sonstige Nutzungshandlungen). Der Messung des Konsumverhaltens kommt - neben ihrem ökonomischen Stellenwert - allein deshalb große Bedeutung zu, weil alle im Werbewirkungsprozess vorhergehenden Variablen quasi als Nachweis ihrer Daseinsberechtigung einen möglichst hohen Zusammenhang mit dem Verhalten aufweisen sollten.[71] Die Verhaltensrelevanz bekommt zusätzliches Gewicht, wenn man psychologische Werbewirkungsgrößen nicht nur zur Beschreibung und Erklärung von Werbewirkung, sondern auch zur Vorhersage von (Konsum-)Verhalten heranziehen will.

Für Werbungtreibende dürfte die Messung konkreten Käuferverhaltens im Vordergrund stehen, um zu prüfen, inwieweit Werbeeffekte auf Erstkauf, Wiederholungskauf bzw. Treuekauf verzeichnet werden können. In der Psychologie wird demgegenüber der Verhaltensbegriff weiter gefasst, indem die verhaltensnahe Intention und das tatsächliche (Kauf-)Verhalten voneinander unterschieden werden:

- Das *Maß der Kaufintention* wird in der Werbewirkungsforschung häufig verwendet, weil oftmals die Erhebung konkreten Kaufverhaltens nicht möglich oder zu aufwendig ist, so dass dem Interesse der Werbungtreibenden nach ‚harten' Verkaufszahlen zumindest über die Ermittlung der Kaufabsichten Rechnung getragen wird. In aller Regel werden Kaufintentionen einfach (z.B. mittels Fragebogen) abgefragt: ‚Würden Sie dieses Produkt kaufen?' bzw. ‚Welches dieser Produkte würden Sie kaufen?'. Allerdings ist der Wert einer solchen Messung begrenzt, da es von der abgefragten Möglichkeit, etwas zu kaufen, bis zur tatsächlichen Handlung mitunter noch ein weiter Weg ist. Außerdem steht zu vermuten, dass auch den Befragten der fiktive Charakter ihrer Antworten klar sein wird. Schließlich muss ein Befragter kein Geld zahlen, wenn er angibt, das Produkt kaufen zu wollen. Die Angabe einer Kaufabsicht ist völlig frei von Kosten und Verpflichtungen - dies unterscheidet sie eben vom echten Kaufverhalten. Wenn man aber im Hinterkopf behält, dass mit der Messung der Kaufabsicht kein echtes Kaufverhalten erhoben wird, und die Ergebnisse dieser Wirkungsvariable nicht isoliert, sondern im Zusammenhang mit Befunden weiterer Variablen zu interpretieren sind, so kann die Messung der Kaufintention sehr hilfreich sein.[72] Wie auch bei Recall- oder Recognition-Tests gilt: Vorsicht walten lassen und dieses Wirkungsmaß nicht überbewerten.

- Wie aufwendig demgegenüber die genaue Messung tatsächlichen Käuferverhaltens ist, zeigt beispielsweise das *Testmarkt-Verfahren*, wie es etwa von der Gesellschaft für Konsumforschung (GfK) im pfälzischen Örtchen Hassloch eingesetzt wird.[73] Durch den Einsatz von Testmärkten lässt sich das Kaufverhalten bis zum einzelnen Käufer und bis auf das Produkt genau zurückverfolgen. Dazu werden beim Einkauf im Supermarkt die individuellen Daten des Untersuchungsteilnehmers (per Chip-Karte) und seine gekauften Produkte (per Barcode) an der Kasse eingelesen, was die Verknüpfung von Einkaufsinformationen und persönlichen Kundendaten ermöglicht. Gleichzeitig lässt sich in solchen Testmärkten auch der Einsatz von Werbemitteln genau kontrollieren. So können in Hassloch einzelne TV-Spots in die Werbeblöcke und Printanzeigen in Zeitschriften eingebaut werden. Solch ein umfangreiches Untersuchungsdesign vermag die insbesondere für die Werbepraxis wichtige Effizienzfrage zu erhellen: ,Wer kauft was und hat zuvor welche Werbung gesehen?'

Leider treten selbst bei einem solchen Untersuchungsaufwand Probleme auf, die die Aussagekraft der Ergebnisse schmälern können. Neben der Motivation der Studienteilnehmer, die sich von derjenigen ,normaler' Konsumenten unterscheiden dürfte, stellt der hohe Messaufwand Panelmitglieder auf eine Belastungsprobe, die nicht selten zum Ausstieg aus der Untersuchung führt und einen Hinweis auf die Künstlichkeit der Erhebungssituation geben mag. Darüber hinaus lässt sich nur schwer abschätzen, inwiefern das Wissen, beobachtet zu werden, das gemessene Kaufverhalten der Teilnehmer in Hassloch beeinflusst. Sodann ist die targetierte Werbung teilweise als solche erkennbar, weil sich z.B. die einmontierten Werbeanzeigen in Drucktechnik und Papierqualität von den Seiten der Zeitschrift unterscheiden. Zudem ist die unbemerkte Einspielung von TV-Werbung in Hassloch auf bestimmte Zeiten und Sendeplätze beschränkt, so dass die jeweilige Klientel nur begrenzt angesprochen werden kann.

Das größte Problem aber wirft die Frage auf, ob und inwieweit Konsumergebnisse aus Testmärkten wie Hassloch (GfK) oder Buxtehude (Nielsen) auf Großstädte wie etwa Hamburg, Köln oder München übertragbar sind. Auch regionale Unterschiede - etwa zwischen dem Testmarkt Buxtehude bei Hamburg und dem südbayerischen Oberstdorf - können bedeutsame Veränderungen im Konsumverhalten bedingen und den hohen Aufwand, der bei Testmarkt-Verfahren betrieben werden muss, ein Stück weit in Frage stellen. Die genannten internen und externen Schwächen sind in jedem Fall bei der Einschätzung der Aussagekraft von Verhaltensmessungen in Testmärkten zu berücksichtigen.

3.5 Das Problem der angemessenen Anwendung von Werbewirkungsmethoden

Nachdem wir uns im 2. Kapitel mit den theoretischen Bemühungen der Werbewirkungsforschung, die relevanten Größen zur Beschreibung und Erklärung des Werbewirkungsprozesses zu identifizieren, befasst haben, galt dieses 3. Kapitel einem Einblick in den Methodenkanon zur Erfassung dieser Größen. Wir haben verschiedene gängige Methoden und Messverfahren vorgestellt und dabei versucht, sowohl ihre Möglichkeiten als auch ihre Grenzen aufzuzeigen.[74] Ein Problem hat sich dabei wie ein roter Faden durch den Methodenbereich gezogen: Es geht um die Schwierigkeit, eine Methode genau und eindeutig derjenigen Werbewirkungsvariable zuzuordnen, die sie messen soll.

- In der Übersicht vor Kapitel 3.1 mag Ihnen aufgefallen sein, dass dieselben Methoden mehrfach verschiedenen psychologischen Wirkungsvariablen zugeordnet sind. Danach ist z.B. die Blickbewegungsaufzeichnung zur Messung von Aufmerksamkeit, kognitiver Informationsverarbeitung und (affektiv geprägten) Einstellungen einsetzbar. Allerdings ist die Zuordnung in dieser Übersicht *„nur als ein Vorschlag zur Anregung gemeint"*, da sich *„eine solche Zuordnung nicht endgültig und definitiv vornehmen lässt."*[75] Diese Einschränkung gilt entsprechend auch für die von uns vorgestellten Methoden, die wir nur scheinbar ,ihrer' jeweiligen Werbewirkungsvariable eindeutig zugeordnet haben. Natürlich können die besprochenen Methoden für die Messung dieser Variablen herangezogen werden, aber es sind auch andere Anwendungsmöglichkeiten vorstellbar. Die von uns gewählte Zuordnung reflektiert vornehmlich die gängige Praxis und weniger eine Anwendungsnorm.

Wie sich theoretisch betrachtet die ungelöste Frage stellt, was an der Werbung eigentlich wie wirkt und warum, ergibt sich methodisch gesehen die daran anschließende Frage, *wie die jeweilige Werbewirkungsvariable am genauesten erhoben werden kann und zu messen ist*. Es geht hierbei nicht nur um die Forderung, dass eine Methode genau (reliabel) messen soll, sondern dass ihre Resultate für die zu messende psychologische Variable (z.B. Konstrukte wie Aufmerksamkeit oder Emotion) auch hohe Gültigkeit und Relevanz besitzen - die Methode also valide das misst, was sie messen soll. Diese Qualitätsanforderungen an Methoden der Markt- und Werbewirkungsforschung sind ebenso berechtigt wie schwer zu erfüllen.

Die fehlende Eindeutigkeit, wann welche Methode wofür zu verwenden ist, hat in der Praxis eine Vielzahl unterschiedlichster quantitativer und qualitativer Ansätze hervorgebracht, mit denen Agenturen und Marktforschungsinstitute u.a. Informationen über die Motive und Wünsche von Zielgruppen, die Güte verschiedener Werbemittelgestaltungen als auch Leistungsnachweise von Werbekampagnen zu gewinnen versuchen. Allein die Beiträge in diesem Buch dokumentieren verschiedene Möglichkeiten, wie Werbung erfolgreich zu planen und umzusetzen ist - und wie dies evaluiert werden kann.

Doch wenn auch die Markt- und Meinungsforschung heutzutage ein beeindruckendes Methoden-Instrumentarium vorweisen kann und ihre Ergebnisse in professionellster Manier präsentiert, sollte dabei eines nicht vergessen werden: Hinter den in der Praxis gängigen und etablierten Verfahren, die den Nachweis der Wirksamkeit von Werbung erbringen wollen, stehen lediglich vorläufige und mehr oder minder abgesicherte Vermutungen über den zugrundeliegenden Werbewirkungsprozess. Der verständliche Anspruch der Forschungsinstitute, dem Kunden ‚ihre' Lösung bzw. ‚ihren' präferierten Ansatz innerhalb ihrer forscherischen Kernkompetenz verkaufen zu wollen, sollte nicht darüber hinwegtäuschen, dass die Entwicklung und Anwendung von Tools in der Praxis mit einem gewissen Grad an (theoriebezogener) Willkürlichkeit verbunden ist.

- Bedenklich sind dabei Entwicklungen von Werbetests, die in der Praxis zur Prognose der Werbemittelwirkung äußerst verbreitet sind:[76] In ad hoc-Befragungen will man vom ‚Mann auf der Straße' erfahren, wie eine neue Werbeidee bzw. -kreation spontan auf die Befragten wirkt. Diese Ergebnisse sind allerdings interpretationsbedürftig, weil die Komplexität der Wahrnehmungssituation *„überforderte Menschen verdutzt irgendetwas sagen lässt, um überhaupt etwas zu sagen und sich halbwegs achtbar aus der Affäre zu ziehen."*[77] Ein theoretisch fundierter Ansatz wäre hier nützlich, da solche Befragungsergebnisse mitunter weitreichende Entscheidungen beeinflussen.

Da wissenschaftliche ‚Gebrauchsregeln' nicht verbindlich vorhanden sind, mag nicht verwundern, wenn pragmatischere Entscheidungskriterien an ihre Stelle treten. *„In der Praxis sind die wesentlichen Kriterien für die Auswahl von Variablen bei der Erfolgskontrolle: Kann man das leicht messen, ist das auch nicht zu teuer, leuchtet die Variable auf den ersten Blick ein? Der entscheidende Gedanke sollte aber die Frage sein: Ist der Zusam-*

menhang der Variablen mit dem Werbeerfolg erwiesen?"[78] Bei der Entscheidung für ein Testverfahren können auch persönlichere Interessen ausschlaggebend sein. So sind z.B. Werbemittel-Pre-Tests beliebt, weil sie oft nicht zu ihrer eigentlichen Bestimmung eingesetzt werden, sondern als *„Mittel zur Erreichung verständlicher anderer Ziele dienen, die da eigene Arbeitsplatzsicherheit und Karrierechancen lauten. (...) Sie bieten eben das perfekte Alibi."*[79] Auf Testergebnisse kann das eigene Verantwortungsrisiko für eine kostspielige Budgetentscheidung abgewälzt werden.

Ein weiteres wichtiges Problem liegt in der unreflektierten Entscheidung für ein Verfahren, nur weil es ‚die anderen' auch verwenden oder weil Agentur, Forscherteam oder Auftraggeber darauf schwören oder weil es gerade zur Hand ist oder weil es sich um ein gepriesenes ‚Standardverfahren' handelt. Hier sind mehr theoretische Vorarbeit und Expertise wünschenswert, um für den jeweiligen Fall das adäquate Verfahren zu verwenden, da ansonsten Fehlentscheidungen aufgrund mangelnder Validität der Testergebnisse riskiert werden. Haarscharf daneben ist eben auch vorbei.

Welche Entscheidungsgrundsätze kann einem die Werbewirkungsforschung hier bieten? Die angemessene Auswahl von Verfahren sollte sich - wie bereits an verschiedenen Stellen angeklungen - an wissenschaftlichen Gütekriterien der Werbewirkungsforschung ausrichten. Nur weil der Erkenntnisstand keine definitiven bzw. letztgültigen Aussagen erlaubt, dürfen wissenschaftliche Richtlinien zur Gewährleistung der Testgüte noch lange nicht in den Hintergrund treten. *Der Erkenntniswert von Methoden zur Bestimmung und Vorhersage von Werbewirkung bzw. Werbeerfolg kann beträchtlich gesteigert werden, wenn insbesondere die Validität der jeweiligen Methode gewährleistet ist - und vorab als Entscheidungsgrundlage dient.*[80]

- Welcher Test im Einzelnen geeignet ist bzw. welche Methoden anzuwenden sind, sollte anhand der Frage bestimmt werden, ob damit wirklich die jeweilige Effektivität einer Werbung gemessen wird, genauer, *ob das verwendete Maß die zu messende psychologische Wirkungsgröße getreu abbildet (Konstrukt-Validität)*. Diese Notwendigkeit ist unmittelbar einsichtig. Ein Recall-Test misst beispielsweise nicht die Überzeugungsleistung einer Werbebotschaft - auch wenn man geneigt sein könnte, dies aufgrund der Erinnerung des Befragten an die Werbebotschaft annehmen zu dürfen. Die Validität bzw. Gültigkeit des jeweiligen Verfahrens hängt dabei von dem Kommunikationsziel ab, das mit der jeweiligen Werbemaßnahme erreicht werden soll:[81] Für die Überprüfung einer Kampagne, die die Markenbekanntheit steigern will, sind Kaufverhaltensmessungen sicherlich genauso unangemessen wie Imageanalysen zur Evaluation von Coupon-Werbung. Welches Maß sich am besten bzw. validesten zur Werbewirkungsmessung eignet, lässt sich in Bezug auf die Werbeziele (statistisch) bestimmen. Leider sind die strategischen Ziele von Kommunikationsmaßnahmen oft nicht bekannt und können nur aus der Kampagne erschlossen werden. Für die Erforschung der Validität von Werbewirkungsmethoden besteht hier Handlungsbedarf. Eine weitere Herausforderung bildet in diesem Zusammenhang die eindeutige Operationalisierung der psychologischen Wirkungsvariablen, was theoretische und empirische Forschungsarbeit zu mehrdeutigen Konstrukten wie z.B. dem Involvement erforderlich macht (siehe Kapitel 2).[82] Eine deutliche Verbesserung der (Konstrukt-)Validität lässt sich bereits durch die Kopplung mehrerer Verfahren (Triangulierung) erreichen, weil dadurch Nachteile, die auf die mangelnde Abbildung der Wirkungsvariable durch eine Methode zurückgehen, zumindest teilweise ausgeglichen werden. So empfiehlt sich z.B. bei der Anwendung von physiologischen Messmethoden oder Beobachtungsverfahren die Kopplung mit einer Befragung der Testpersonen, um auch Erkenntnisse über ihr persönliches Erleben von Produkt bzw. Werbung zu erhalten.

- Die Forderung nach Validität bezieht sich nicht nur auf die getreue Abbildung der jeweiligen Wirkungsvariable durch eine Messmethode, sondern im Rahmen der Prognosebetrachtung auch auf die relevante Beziehung der jeweiligen Wirkungsvariablen - und damit des Messverfahrens - zum Kaufverhalten. *Dieser auch für die Praxis wichtige Teilaspekt der Validität (Kriteriumsvalidität bzw. predictive validity) betrifft die Vorhersagequalität, die ein Wirkungsmaß in Bezug auf ein relevantes Kriterium (hier dem Kaufverhalten) erreicht*. Wie valide sind Testverfahren hinsichtlich ihrer Vorhersagekraft? Eine Teilantwort gibt eine Studie der Advertising Research Foundation (ARF), die klären sollte, wie valide verschiedene Testfragen bzw. -aussagen die Werbewirkung von TV-Spots messen.[83] Als ‚bestes Maß' (best copytesting measure) wurde dasjenige bestimmt, welches die ebenfalls erhobenen Verkaufszahlen statistisch am genauesten vorhersagen konnte. Folgende Ergebnisse hat die ARF-Studie erbracht:

  - Das beste Maß (im Sinne der Vorhersage von Verkaufsunterschieden) für die Überzeugungskraft (persuasion) von Werbung war ein einfaches ‚poor-to-excellent'-Rating der Marke nach dem Sehen von Werbung.
  - Das beste Maß für die kognitive Verfügbarkeit einer Marke (salience) war die Zahl der Erstnennungen dieser Marke in ihrer jeweiligen Produktkategorie (ungestützter Recall).
  - Das beste Maß für die Kommunikation war die Frage: ‚Einmal abgesehen davon, dass Sie das Produkt kaufen sollen, was war für Sie die Hauptsache (main point) bei dieser Werbung?'
  - Große Vorhersagekraft für den Produktkauf kam der Zustimmung bzw. Ablehnung der Aussage zu: ‚Diese Werbung ist eine der besten, die ich in letzter Zeit gesehen habe.'
  - Werbung hing eng mit dem Kaufverhalten zusammen, wenn eine hohe Zustimmung bei den Aussagen vorlag: ‚Diese Werbung sagt mir eine Menge darüber, wie das Produkt funktioniert.' bzw. ‚Diese Werbung ist komisch (funny).' bzw. ‚Diese Werbung ist klug gemacht (clever).'
  - Werbung hing dagegen nicht mit Kaufverhalten zusammen, wenn sich eine hohe Zustimmung bei den Aussagen fand: ‚Ich finde diese Werbung überzogen (artistic).' bzw. ‚Diese Wer-bung vermittelt keinerlei Tatsachen, sondern kreiert bloß ein Image.'

- Bei der praktischen Anwendung von Tests kann die Vorhersagequalität von Marktforschungsergebnissen bereits gesteigert werden, wenn beachtet wird, dass *„die Situation, aus der heraus man die Vorhersage machen will (z.B. die Befragung, das Experiment etc.), genauso aussehen sollte wie die Situation, die vorhergesagt werden soll (z.B. die Kauf- bzw. Entscheidungssituation).“*[84] Dies bedeutet, dass mehr Energie als bisher in die Erforschung der Konsumsituation zu investieren ist, die zur Vorhersage dienen soll. (Diesen Vorteil genießen natürlich Testmarkt-Verfahren.) Zudem ist auf die geeignete zeitliche Distanz zwischen der Erhebung der Werbewirkungsvariablen und der Messung des Kaufverhaltens zu achten, die vorhergesagt werden soll. So ist es *„erstrebenswerter, möglichst exakte längerfristige Prognosen (predictive validity) machen zu können, als nur solche für sehr eng begrenzte Zeiträume.“*[85]

Um den Anteil einer Werbewirkungsvariable bei der Vorhersage von Konsumverhalten genauer zu bestimmen und damit eine bessere Vorhersageleistung des Tests zu erzielen, sollten neben der Werbung zusätzliche Einflussfaktoren auf die individuelle Wahrnehmung, Verarbeitung, Bewertung und Kaufentscheidung berücksichtigt werden. Nach dem in Kapitel 2 vorgestellten Modell des Käuferverhaltens können dies z.B. die Einflüsse von Familie oder Bezugsgruppen (etwa Freunde, Bekannte, Arbeitskollegen etc.) sein. Auch soziodemographische und psychographische Merkmale des Probanden sind von Bedeutung. Empirische Studien können solche Faktoren methodisch durch Elimination, Konstanthaltung, Parallelisierung oder Berücksichtigung kontrollieren.

Eine Koalition US-amerikanischer Werbeagenturen hat sich bereits zu Beginn der 80er Jahre auf einen Katalog von Qualitätsanforderungen verständigt, denen Werbemittel-Tests - neben einer angemessenen Validität und Reliabilität - zu genügen haben. Diese ‚PACT'-Prinzipien (Positioning Advertising Copy Testing-Priniciples) können als praktischer Orientierungsrahmen bei der Methodenentscheidung dienen:[86]

Ein gutes Methodensystem (copy-testing system)...

- enthält Maße, die für die jeweiligen Werbeziele relevant sind.
- gibt verbindlich an, wie die Ergebnisse von jedem Einzeltest zu verwenden sind.
- stellt mehrere Maße zur Verfügung, da Einzelmaße für die Beurteilung einer Werbung generell unangemessen sind.
- basiert auf einem Verhaltensmodell (model of human response), welches Schlüsse auf die Wirkung eines Stimulus (wie z.B. einer Werbebotschaft oder Gestaltungsmerkmalen einer Werbung) in Bezug auf Wahrnehmung (reception), Verstehen (comprehension) und Verhalten (response) erlaubt.
- kann sowohl zum Vergleich verschiedener Werbeentwürfe dienen, die sich in demselben Konzeptionsstadium befinden, als auch zur Messung der Veränderung eines Entwurfes über verschiedene Entwicklungsstadien hinweg.
- enthält Kontrollmöglichkeiten zur Vermeidung von Verzerrungseffekten, die durch die Untersuchungssituation entstehen können.
- ermöglicht Rückschlüsse, ob ein Werbestimulus mehr als einmal gezeigt werden kann.
- berücksichtigt grundlegende Kriterien der definierten Zielgruppe.
- kann Validität und Reliabilität vorweisen.

Hiermit endet unser Blick in die Glaskugel. Wir haben die ‚Welt der Werbewirkungsforschung' betrachtet und versucht, Grenzen und Möglichkeiten ihrer theoretischen und methodischen Ansätze aufzuzeigen, die zur Beschreibung, Erklärung und Vorhersage von Werbewirkung (und Werberfolg) dienen sollen. Trotz der gebotenen Kürze hoffen wir, mehr entwirrt als verwirrt zu haben. Kommen wir abschließend auf Hindernisse und Möglichkeiten beim gemeinsamen Erkenntnisfortschritt von Wissenschaft und Praxis zu sprechen.

4. Hindernisse und Chancen gemeinsamen Erkenntnisfortschritts

Wir haben zu Beginn unseres Beitrags festgestellt, dass eine unabhängige praxisorientierte und systematische Werbewirkungsforschung zwar allseits als wünschenswert betrachtet wird, aber in dieser Form nicht existiert. Warum das so ist, wollen wir hier kurz erörtern, denn es kann sich um Hindernisse und Barrieren handeln, die eine praktische Zusammenarbeit, wie wir sie abschließend skizzieren wollen, beeinträchtigen können. Wir vermuten die Schwierigkeiten weniger im Mangel an wissenschaftlicher oder praktischer Erkenntnis, als vielmehr in Unterschieden zwischen Werbeforschung und Werbepraxis. Was können ‚Kopf' und ‚Bauch' der Werbung an einem gemeinsamen ‚Erkenntnisprogramm' hindern?

- Die Ansichten über die ‚Tiefe der Gräben' und das ‚fehlende Verständnis' zwischen Werbemachern und Werbeforschern sind verbreitet und finden sich mal mehr und mal weniger ausgeprägt. Dabei können die Mutmaßungen über die Ursachen recht tiefgreifend werden - bis hin zu Mentalitäts- und Persönlichkeitsdifferenzen. So werden u.a. Stereotypisierungen als ein Grund genannt: Danach sind Werbepraktiker ‚kreative Lustarbeiter' und Werbeforscher ‚akribische Fliegenbein- und Erbsenzähler'. Daneben werden die jeweiligen fixen Überzeugungen auf beiden Seiten als eine Ursache gesehen: Kreative leben nach dem Credo, dass ‚das Bauchgefühl und die Inspiration durch nichts ersetzbar sind', während das Maß aller Dinge für Wissenschaftler ‚die absolut logisch-rationale Entscheidungsfindung unter Berücksichtigung aller verfügbaren Informationen ist'.[87]

  Uns sollen hier keine persönlichen Vorurteile interessieren, die im Einzelfall bestehen mögen - oder auch überhaupt nicht. Werbewirkungsforscher sind oft ebenso kreativ wie Werbepraktiker und diese betreiben in aller Regel ein mindestens ebenso ernsthaftes und akkurates Business, wie Werbewissenschaftler. Es spricht vieles dafür, dass sowohl die Erkenntnisinteressen als auch die kreativen Potentiale nahe beieinander liegen und hierbei *„Forschung eben eine Quelle für theoretische Ideen ist - nicht die einzige, aber sicher eine der wichtigsten. (...) Forschung ist auch deshalb für den erfolgreichen Bauch nicht entbehrlich, weil die intuitive Strategie eben auf Faustregeln beruht, die ihrer Natur nach nicht immer greifen. Die Forscher sollten die Praktiker nicht davon abhalten, ihre Bäuche zu befragen. Sie sollten vielmehr versuchen, die Bauch-Strategien zu verstehen, und wenn sie die erfolgreichen kennen, sollten sie über die Bedingungen wachen, wann eine Faustregel noch erfolgreich und wann sie verfehlt ist."*[88]

Anstelle der Abwägung von Gründen für eventuelle Differenzen wollen wir uns lieber mit der weitaus wichtigeren Frage beschäftigen, welche Vorbehalte in der Werbepraxis gegen wissenschaftliche Werbewirkungsforschung bestehen und welche Hürden es im ‚Wissenschaftsbetrieb' gibt.

- Von Werbepraktikern wird oft die ‚Unhandlichkeit' und der zweifelhafte Erkenntnisgewinn vorhandener Werbewirkungstests bei ihren Kreativlösungen beanstandet.[89]
- Des Weiteren wird moniert, dass Ergebnisse oft zu spät eintreffen, zu komplex, vieldeutig und teuer sind und sich keine Folgerungen für die Praxis ableiten lassen.[90]
- Außerdem werden die Forschungsberichte von Praktikern oft als unverständlich gewertet, was auf eine fehlende ‚gemeinsame Sprache' hinweist, die wichtige Voraussetzung für eine erkenntnisschaffende Kooperation ist.[91]
- Sodann ist in der Praxis der eigene Erkenntnis- bzw. Informationsvorsprung essentiell, wohingegen in der Wissenschaft die Veröffentlichung der Forschungsergebnisse im Vordergrund steht. Um Wettbewerbsvorteile zu sichern, wird in der Praxis an eine Publikmachung von Informationen aber gerade nicht gedacht.[92]
- In der wissenschaftlichen Forschung lässt sich eine stärkere Praxisorientierung oft wohl nur schwer mit

dem eigenen ‚wissenschaftlichen Forschungsanspruch' vereinbaren. Die konkrete Rezeption praktischer Problemstellungen seitens der Wissenschaft scheint oft nicht den Status einer ernsthaften und fundierten Auseinandersetzung zu erreichen, sondern eher auf Plausibilität zu beruhen.[93]

- Die Ziele der Werbepraxis leiten sich aus ökonomisch orientierten Aufgabenstellungen ab. Primäres Forschungsziel wäre entsprechend die Analyse der Wirkungsmechanismen, die von den Praktikern intendiert werden. Eine praxisbezogenere Werbewirkungsforschung müsste ihre Untersuchungsziele also direkt an die der Werbungtreibenden und Werbemachern anlehnen, was selbst für eine Angewandte Wissenschaft wie die Werbepsychologie nicht selbstverständlich ist.

Auf einem gemeinsamen Weg sind also einige Schwierigkeiten zu beseitigen. Um Erkenntnisfortschritte zu erzielen, sind Werbeforscher und Werbepraktiker aber aufeinander angewiesen, sonst wird statt umfangreicher Daten und Erfahrungswerte noch immer die berühmte ‚Bauchentscheidung' getroffen, obwohl die Risiken solch intuitiver Entscheidungen in keinem angemessenen Verhältnis mehr zu den heutigen Werbeetats stehen.[94] Umso notwendiger wird die Lösung von Missverständnissen, die zwischen Werbepraxis und Werbewirkungsforschung bestehen.[95] Aus der obigen Problemaufstellung lassen sich erste Ansatzpunkte dazu bereits ableiten: So könnte sich etwa die Werbewissenschaft verstärkt aktueller praktischer Fragestellungen annehmen und ihre Ergebnisse verständlicher und eindeutiger vermitteln, so dass die Praxis etwas damit anfangen kann. Die Praxis wiederum könnte sich verdient machen und der Forschung mehr Einblicke in eigene Erkenntnisse und Interna zu Kommunikationsstrategien und -zielen gewähren, wo das ‚Betriebsgeheimnis' nicht mehr aus aktuellem Anlass eingehalten werden muss. Zudem werden bei Kampagnen oft nur Erfolgsfälle bekannt oder nur diejenigen Wirkungsaspekte berichtet, die in Auftragsstudien positiv abgeschnitten haben. Die Werbeforschung benötigt hier vollständigere Informationen zur Beantwortung der übergeordneten Frage nach der Effizienz verschiedener Werbewirkungskriterien.

Das Gesamtziel, das es zu erreichen gilt, ist ein Weg zu gemeinsamer Erkenntnis, der über eine Werbewirkungsforschung führt, die in der Praxis ihren festen Platz hat, einen hohen Stellenwert genießt und einen umfassenden Wissensaustausch mit Praktikern pflegt.

Mit diesem Satz, der gleichermaßen Wunsch und Programm bedeutet, ist unser Beitrag eigentlich beendet. Doch wir wollen die Chance zur konkreten Anregung nicht ungenutzt lassen und wenigstens in Ansätzen umreißen, was ein ‚koevolutionäres' Vorgehen von Werbepraktikern und Werbeforschern bedeuten kann - ein Vorgehen für eine verbesserte Erkenntnisgenerierung:

- Will man Werbewirkungsforschung ernst nehmen, dann darf ihr nicht nur die Aufgabe des internen Mehrheitsbeschaffers bei Entscheidungen oder die Durchführung von nachgeordneten Konfirmationsstudien zukommen. Werbewirkungsforschung muss in den kreativen Prozess der Werbekonzeption und -produktion umfassend eingebunden werden, um Werbekonzepte zu optimieren. Dann kann Werbung in einer Welt der Informationsüberlastung und Beliebigkeit von Markenimages ihr volles Wirkungspotential entfalten. Ein koevolutionäres Vorgehen begreift Werbewirkungsforschung langfristig und prozessübergreifend, was ein Stück weit die heutige

Planungs- und Kreationsrealität verändert. Es geht um die ‚Einschmelzung' der Werbewirkungsforschung in den Prozess der Werberealisation, so dass sie alle Prozessphasen unterstützen hilft.

- Ein Beispiel (von vielen denkbaren Möglichkeiten): Eine frühe Einbeziehung von Forschung kann relevante Insights über die jeweilige Zielgruppe in den strategischen Planungs- und Kreationsprozess einspeisen. Es können weiterhin verschiedene Kampagnen-Konzepte mit der Zielgruppe durchgespielt werden, auch wenn sie noch den Status von Ideen aufweisen. Dabei werden aus den Forschungsergebnissen neue Ideen generiert, die wiederum der zielgruppengerechten Optimierung zugeführt werden. Das Verstehen und die Analyse des Feedbacks ist in diesem Fall die Kernkompetenz der Werbewirkungsforschung. Aus ‚Fliegenbeinzählern' werden ‚Trendscouts' und ‚Anwälte' der Zielgruppe. Die Ideengenerierung ist der Prozess, der hierbei unterstützt wird - Ideen für die strategische Planung, aber auch für die Kreation. So entsteht ein geschlossenes Feedbacksystem, bei dem die Werberealisation gewissermaßen im Einklang mit der Zielgruppe erfolgt, wie die folgende Grafik zeigt:[96]

Durch die schnellere und stärkere Einbindung des Zielgruppenfeedbacks ist die koevolutionäre Art der Werberealisation beispielsweise für junge Konsumenten mit unklaren Einstellungen und wechselnden Präferenzen geeignet. Durch ein koevolutionäres Vorgehen kann etwa erreicht werden, dass Werbekampagnen, die auf jugendliche (Sub-)Kulturen ausgerichtet sind, diese auch wirklich ansprechen - und nicht pseudo-jugendlich wirken.

- Koevolutionäres Denken ist nicht neu - aber zu--kunftsweisend. Koevolutionäre Strategien haben sich vor allem in schnell wandelnden Märkten bewährt, wo nicht nur eine einzelne Kampagne oder ein einzelnes Produkt, sondern mitunter ein ganzes Geschäftsmodell neuen Marktbedingungen anzupassen ist. In der Informations- und Kommunikationstechnologie müssen z.B. in sehr schneller Folge Innovationen generiert und umgesetzt werden, was meist nur noch durch eine koevolutionäre Zusammenarbeit mit kontinuierlichem Wissensaustausch möglich ist. Im Werbebereich findet sich ein koevolutionäres Vorgehen z.B. bei *Leo Burnett* in Form von ‚Brand Teams' oder bei *BBDO* als ‚Network Teams' in der Organisationsstruktur verankert.

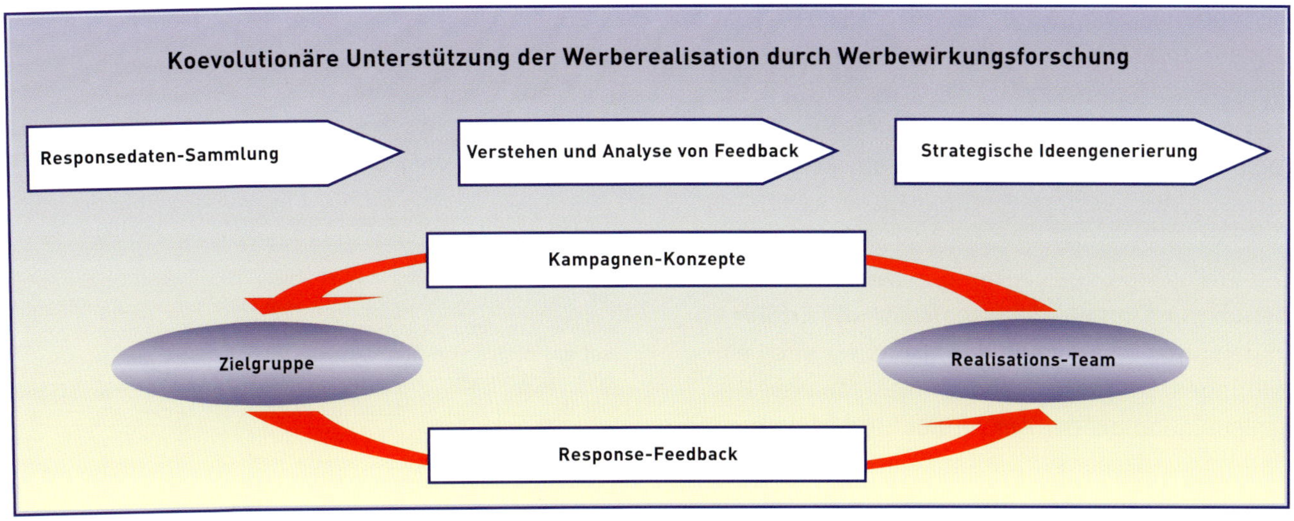

5

Eine koevolutionäre Einbindung der Werbewirkungsforschung in die Werbepraxis ist ein wesentlicher Schritt, um zu einer Forschungsrichtung zu gelangen, die Werbewirkung versteht und in Theorien umsetzt, die dann Werbepraktikern als Leitfaden für das eigene Tun dienen können. Das Erkenntnisinteresse der Werbepraxis fokussiert v.a. auf den nahezu überlebensnotwendigen Nachweis werblicher Leistungsfähigkeit. So erfährt man, ob eine Form der Werbung funktioniert, aber nicht warum. Die Werbewirkungsforschung stellt weitergehende Fragen: Sie sucht nach Antworten darauf, warum Werbung wirkt. Die Frage, warum welche Werbung wie bei wem wirkt, ist für einen angestrebten Erkenntnisfortschritt aber der entscheidende Fokus. Nur wenn der Wirkungsprozess von Werbung besser verstanden wird, kann Werbewirkungsforschung eine beratende Funktion einnehmen. So muss eine koevolutionär arbeitende Werbewirkungsforschung theoriebildend und praxisrelevant zugleich ausgerichtet sein.

Die Realisation koevolutionärer ‚Erkenntnisprojekte' hängt auch von einem umfassenderen Verständnis psychologisch-wissenschaftlicher Forschung in der Praxis ab. *„Unter psychologischen Methoden verstehen viele Praktiker der Wirtschaft v.a. den Umgang mit qualitativen Daten, Interviews, assoziativen Verfahren, Gruppendiskussionen, projektiven Tests usw."*, obwohl die *„Psychologie praktisch zu allen Bereichen des Konsumentenverhaltens wichtige Beiträge leisten kann."*[97]

Die Werbewirkungsforschung in Deutschland wiederum muss lernen, ihre Kreativität und Erfahrung in den praktischen Realisierungsprozess auch einzubringen. Angesichts einer immer stärkeren Beschleunigung bei der Konzeption und Implementierung werblicher Aktivitäten, wird der Werbewirkungsforschung wohl keine andere Wahl bleiben, will sie nicht in akademischer Bedeutungslosigkeit verweilen.

Lassen Sie uns also gemeinsam in die Glaskugel blicken und zusammen den Zaubertrank anrühren. Die Reise hat gerade erst begonnen.

5. Anhang

1 Die Definition nennt Pepels (2001, S. 115).

2 Auf diesen Missstand weist Werner Pepels (2001, S. 115) hin.

3 Eine solch umfassende Definition findet sich z.B. bei Seebohn (2001, S. 228 f.) im ‚Gabler Kompakt-Lexikon Werbepraxis'.

4 Die Übersicht stammt aus Mayer (1990, S. 38).

5 Das Schaubild ist bei Pepels (2001, S. 127) zu finden.

6 ‚Harte' Beweise für die Verkaufseffizienz der Werbung legt Jones (1995) mit seinem Buch ‚When ads work. New proof that advertising triggers sales' vor.

7 Anzumerken bleibt, dass bei aller Systematisierung das Kaufverhalten einen Grenzfall bildet: Erst- oder Wiederkäufe stellen relevante wirtschaftliche Erfolgsgrößen dar, während der Produktkauf aber auch als wichtigstes Werbewirkungskriterium am Ende einer langen Kette psychologischer Variablen steht. Diese Aufstellung ist adaptiert aus Seebohn (2001, S. 155 f. und S. 228 f.).

8 Die Zusammenstellung der Studienergebnisse ist adaptiert aus Pepels (2001, S. 122f.).

9 Auf den Verzerrungaspekt von Auftragsstudien weist Pepels hin (2001, S. 124).

10 Wir folgen hier einer leicht adaptierten Darstellung von Pepels (2001, S. 121).

11 Traditionell wurde (und wird) von der Werbung an ‚höhere' Motive wie etwa ‚Selbstverwirklichung' appelliert, wobei oft auf das simplifizierende Pyramidenmodell der Motivation des US-amerikanischen Psychologen Abraham Maslow (vgl. Heckhausen, 1980) zurückgegriffen worden ist: ‚Unten' im Pyramidenmodell siedelt Maslow existentielle Motive wie die Stillung von Hunger und Durst an, auf die nach oben hin z.B. die Stillung sozialer Motive (Affiliation) folgen. ‚Ganz oben' steht die

Selbstverwirklichung, wobei eine mehr oder weniger strenge Stufenabfolge angenommen wird: Erst müssen Hunger und Durst gestillt sein, um dann die nächsthöhere Motivebene zu aktivieren. Für diese Annahmen ist das Modell stark kritisiert worden, zählt aber - vergleichbar dem AIDA-Werbewirkungsmodell - zu den populärsten (Motiv-)Ansätzen überhaupt.

12 *Einen guten Überblick über verschiedene Werbewirkungsmodelle verschafft Ihnen der Beitrag von Klaus Moser.*

13 Das 5-Stufen-Modell der Werbewirkung ist abgebildet bei Kroeber-Riel (1991, S. 97).

14 Die faustregelartigen Ableitungen im Werk von Kroeber-Riel 1991) werden insbesondere von Eva Heller (1991) kritisiert.

15 Siehe Kotler & Bliemel (1995, S. 991). Interessanterweise weichen die Kreativen des Art Directors Club (ADC) in ihren Beurteilungskriterien für ‚wirksame Werbung' fast völlig von gängigen Werbewirkungsmodellen ab, indem sie Werbung anhand ihrer Originalität, Klarheit, Überzeugungskraft, Ästhetik und Freude qualifizieren und küren.

16 Das an Komplexität alles in den Schatten stellende Kaufentscheidungsmodell findet sich bei Howard & Sheth (1969, S.54). Siehe auch die Veröffentlichung von Howard (1977).

17 Howard und Sheth haben dieses Modell denn auch als Orientierungsrahmen für weitere Forschungsarbeiten vorgeschlagen.

18 Diesen kognitiven Entscheidungsansatz stellt James R. Bettman (1979, S. 231) vor.

19 Mit Involvement beschäftigen sich u.a. die Studien von Hoffman & Batra (1991) sowie Mühlbacher (1988).

20 Das Verarbeitungs-Wahrscheinlichkeits-Modell ist unter seiner amerikanischen Bezeichnung als ‚Elaboration Likelyhood Model' (ELM) bekannt geworden und wurde von Petty, Cacioppo & Schuman (1983), Cacioppo & Petty (1985) bzw. Petty & Cacioppo (1986) entwickelt. *Mit diesem und weiteren Involvementmodellen beschäftigt sich Klaus Moser in seinem Beitrag eingehender.*

21 Nähere Details schildern Cacioppo & Petty (1985, S. 93) sowie Schenk (1989, S. 452f.).

22 *Vergleichen Sie hierzu auch den Ansatz von Rossiter & Percy, den Axel Mattenklott in seinem Beitrag vorstellt.*

23 So wird Involvement etwa von Antil (1984, S. 204) sowie Brosius & Fahr (1996, S. 28) als ‚persönliche Wichtigkeit' oder ‚persönliches Interesse' definiert.

24 Thorson, Reeves, Schleuder, Lang & Rothschild (1985, S. 61) sehen die Multidimensionalität des Involvement-Konstruktes als Problem an und definieren Involvement einfach um, indem sie es analog zur ‚Erregung' verwenden, die über die Messung der Alpha-Frequenzen des Elektro-Enzephalogramms (EEG) operationalisiert und gemessen werden kann. Dieses Beispiel zeigt, welche Auswüchse unter dem Mantel des Involvement-Konstruktes möglich sind.

25 Diese Involvementformen unterscheidet Mühlbacher (1988, S. 87). Für die Werbeforschung haben Andrews, Durvasula & Akhter (1990) ein Rahmenkonzept (Framework) zur Messung des Involvementkonstruktes erarbeitet.

26 *Den Ansatz des Situationsinvolvements stellt Dirk Engel in seinem Beitrag vor.*

27 Das dargestellte Modell ist eine Zusammenschau und Übersetzung der Arbeiten von MacInnis & Jaworski (1989, S. 4ff.) sowie MacInnis, Moorman & Jaworski (1991, S. 32ff.).

28 *Diese Größen betonen auch Georg Felser und Michaela Wänke in ihren Beiträgen und finden sich ebenso beim Involvementansatz.*

29 Diese zusammenfassende Kritik verschiedener Modellansätze der Werbewirkung übt Mayer (1990, S. 78). *Den aktuellen Stand empirischer Erkenntnis zu einzelnen Variablen der Werbewirkungsmodelle vermitteln die Beiträge von Georg Felser, Axel Mattenklott und Michaela Wänke.*

30 Die Übersicht der Methoden resultiert aus einer systematischen Zusammenschau der sehr ausführlichen Besprechung bei Pepels (2001, S. 127-197). Einen Überblick über Werbetests gibt auch Rehorn (1988).

31 Die Zuordnung verschiedener Werbewirkungsvariablen zu möglichen Datenerhebungsmethoden ist adaptiert aus Felser (2001, S. 436). Er weist aber darauf hin, dass seine Zuordnung keine endgültige Systematik darstellt, sondern je nach Argumentation auch andere Zuordnungen möglich sind.

32 Wir folgen Schenk, Donnerstag & Höflich (1990, S. 18f.).

33 *Allerdings gibt es auch Bedingungen, unter denen Werbung eine weitere Verarbeitung bewirken kann, ohne vorher wahrgenommen worden zu sein, wie Georg Felser in seinem Beitrag erläutert.*

34 *Weitere Motive, die mit aufmerksamkeitsstarken Bildelementen und Inszenierungen arbeiten, finden Sie in dem Beitrag von Werner Gaede.*

35 Den empirischen Zusammenhang zwischen Eyes on Screen-Maß und Sympathie- und Erinnerungswerten an einen Spot berichtet Thorson (1994, S. 68 ff.).

36 Über die Ermittlung von Vampireffekten mittels Blickbewegungsaufzeichnung schreiben Kroeber-Riel & Meyer-Hentschel (1982).

37 Eigentlich wird auf diesem Motiv für das Gummigehäuse eines tragbaren CD-Players geworben (Wortspiel: ‚rubber' steht im englischen sowohl für Gummi als auch Kondom), wobei hier die Wahrscheinlichkeit eines ‚Vampireffektes' hoch sein dürfte, da die erotische Darstellung die Aufmerksamkeit vom rechts unten dargestellten Produkt ablenkt.

38 Zur Informationsüberlastung schreibt z.B. Kroeber-Riel (1993).

39 *Die zugrundeliegenden Prozesse des Emotional Bonding beleuchtet Axel Mattenklott in seinem Beitrag näher.*

40 Zu dieser Einschätzung kommt Georg Felser (2001, S. 441).

41 Einen Überblick über Mittel zur Emotionalisierung geben Schultheiss & Jenzowsky (2000).

42 Das Beispiel ist Kroeber-Riel (1991) entliehen, der in seinem recht populär gehaltenen ‚Strategie und Technik der Werbung' Bilder auch als ‚schnelle Schüsse ins Gehirn' bezeichnet.

43 Die Überlegenheit der emotionalisierenden Wirkung von Bildern in der Werbung betont Kroeber-Riel (1996), der als ein großer Impulsgeber der Imagery-Forschung in Deutschland angesehen werden kann. *Vergleichen Sie aber auch die kritischen Anmerkungen in den Beiträgen von Georg Felser und Axel Mattenklott dazu.*

44 Belege für die Annahmen der ‚Dual Coding Theory' und die Darstellung der Theorie finden Sie u.a. bei Paivio (1971, 1975, 1983, 1991), Brander, Kompa & Peltzer (1985) sowie Holicki (1993). Von Pylyshyn (1977) sowie Anderson & Bower (1972, 1974) stammt ein alternativer Erklärungsansatz, der die Bildüberlegenheit mit einer größeren Reichhaltigkeit visueller Stimuli erklärt, die zwangsläufig zu mehr Erinnerungspfaden bei der Speicherung im Gehirn und somit auch zu einer besseren Erinnerungsleistung für Bilder führt. Modelle, in denen beide Erklärungsansätze zur Bildüberlegenheit berücksichtigt werden, kommen von Farah (1989) und Ballstaedt (1987).

45 *Eine Klassifikation von Gefühlen beim Sehen von Werbespots stellt Axel Mattenklott in seinem Beitrag vor.*

46 Die Übersicht emotionaler Methoden stammt aus Mayer (1990, S. 43).

47 So sollen bei projektiven Verfahren z.B. zu verschiedenen szenischen Darstellungen (Thematischer Apperzeptions-Test, kurz TAT), vorgegebenen Gesprächssituationen zwischen Personen mit leeren Sprechblasen (Ballon-Test) oder - noch abstrakter - zu Tintenklecksen (Rorschach-Test) spontan von den Testpersonen eigene Geschichten produziert werden. Es können auch kreative Bilder und Collagen zu Produkten erstellt, zu bestimmten Themen wie etwa Zahncreme frei assoziiert oder auch Personen bzw. Zielgruppen umschrieben werden, die bestimmte Produkte nutzen bzw. einkaufen (Psychodrawing oder Einkaufslisten-Test).

48 Den Grundgedanken projektiver Verfahren erläutert ausführlicher Felser (2001, S. 442).

49 Empfehlungen zum Einsatz projektiver Verfahren gibt z.B. Felser (2001, S. 446).

50 Zur Definition von Einstellungen siehe u.a. Fishbein & Ajzen (1975, 1980).

51 Methoden zur Einstellungsmessung wie etwa das Semantische Differential und ihren Einsatz in der Markt- und Werbeforschung stellt z.B. Salcher (1995) vor.

52 Diese Checkliste stammt aus dem ‚Advertising campaign effectiveness survey' der US-amerikanischen Bruzzone Research Company (übersetzt aus Batra, Myers & Aaker, 1996, S. 466). Bei einem erweiterten und verfeinerten Bewertungsverfahren von Leo Burnett wählt der Konsument aus einer Computer-Datenbank zunächst eine von mehreren emotionalen Hauptkategorien aus, um im nächsten Schritt anhand einer feiner aufgegliederten Sub-Typologie diejenigen Emotionen zu bestimmen, die die Emotionalisierung z.B. durch einen Werbespot am besten beschreiben. Die Kategorien werden so lange abgearbeitet, bis keine mehr als relevant in Frage kommt (vgl. Batra, Myers & Aaker, 1996, S. 478).

53 So stellt Georg Felser (2001, S. 448) fest: „Die Befragung ist sicher die am weitesten verbreitete Methode in der Werbewirkungsforschung. So naheliegend sie aber sein mag, hat sie doch einige methodische Probleme. (...) Kognitive und emotionale Prozesse, die ohne Aufmerksamkeit ablaufen, sind der betreffenden Person nicht nur unzugänglich. Sie verändern sich auch, wenn die Aufmerksamkeit, zum Beispiel durch Nachfragen, auf sie gelenkt wird. Die Gründe, die ein Mensch zu seinem Verhalten angibt, sind nicht immer die Gründe, die ihn zu dem Verhalten motiviert haben. Dies gilt auch für die Fälle, in denen Personen ganz aufrichtig und ohne Beschönigungen eine Selbstauskunft geben." Recht pointiert liest sich das bei Kroeber-Riel & Meyer-Hentschel (1982, S. 20) dann so: „Der Misserfolg von manchen Produkten ist nicht zuletzt darauf zurückzuführen, dass die Marktforscher den rationalen Auskünften der Konsumenten zu viel Glauben geschenkt haben."

54 Mit solchen non-verbalen Verfahren arbeiten z.B. Agres (1990) oder auch Fischer, Brauns & Belschak (2001).

55 Dieses Ergebnis berichtet Felser (2001, S. 447).

56 Die nahezu gleichermaßen hohen und signifikanten Korrelationen zwischen Aktivierung und ganz verschiedenen psychologischen Werbewirkungskriterien berichtet Keitz (1983, S. 344). Demgegenüber finden sich bei Mayer (1990, S. 45) Studienergebnisse, die Korrelationen nahe Null zwischen physiologischer Erregung (elektrodermale Messwerte) und der (affektiven) Anmutung von Werbung ergaben. Mehr über das recht populäre, aber nicht kritiklos gebliebene Aktivierungskonzept erfahren Sie aus den Arbeiten der ‚Saarbrücker Schule' (v.a. bei Keitz, 1983 und Kroeber-Riel, 1992), die im Wesentlichen dieses Konzept in Deutschland entwickelt hat.

57 So schreiben Brosius & Fahr (1996, S. 35): „Aufmerksamkeit ist in der Regel eine *Folge* von Aktivierung." Eine Unterscheidung zwischen Aktivierung und Aufmerksamkeit versucht Kroeber-Riel (1991, S. 119 ff.)

58 Die Schwierigkeiten, innere Bilder mit realitätsnahem Material experimentell zu erzeugen, dokumentiert die Studie von Schultheiss & Jenzowsky (2000).

59 *Auf Prozesse der Informationsverarbeitung von Werbung gehen Michaela Wänke und auch Georg Felser in ihren Beiträgen ausführlich ein.*

60 Der kognitive Vorgang des ‚relevant set-shift' gibt an, inwieweit sich eine Marke im Gedächtnis des Konsumenten gegenüber den Konkurrenzprodukten behaupten kann.

61 Dieses Ergebnis aus einer Werbewirkungsstudie berichtet Pepels (2001, S. 123).

62 Einen anderen Vorschlag zur Operationalisierung des ‚relevant set-shift' machen Brosius & Fahr (1996, S. 30), die darunter die ‚Hinstimmung zur beworbenen Marke bzw. Produkt' verstehen, die „sich aus den drei Variablen Verständlichkeit, Relevanz und Glaubwürdigkeit zusammensetzt."

63 Weitere Informationen zu Erinnerungstests gibt z.B. Rehorn (1988).

64 Eine bekannte Variante des Recognition-Tests ist der Copy-Test, bei dem mehr oder minder fertige Print-Vorlagen getestet werden. Besonders gebräuchlich ist der Starch-Test, bei dem der Befragte nach dem Lesen einer Zeitschrift diese mit dem Versuchsleiter nochmals durchgeht und ermittelt wird, welche Anzeige beim vorherigen Lesen bemerkt worden ist, bei welcher die Marke erkannt wurde und bei welcher Anzeige mehr als 50 Prozent gelesen worden ist. Eine Verfeinerung stellt der kontrollierte Recognition-Test (Dummy-Test) dar, bei dem durch zusätzliche Anreicherung der Werbevorlagen mit (Dummy-) Material, das die Testpersonen garantiert nicht gesehen haben können, ermittelt wird, wie viele der Befragten ein Wiedererkennen einfach behaupten bzw. bei der Abfrage bloß raten.

65 Den ernüchternden Befund berichtet Felser (2001, S. 438).

66 Defizite von Erinnerungstests nennt Pepels (2001, S. 176)

67 Diese Einschränkung der Bedeutung von Erinnerungstests für die Werbewirkung machen Brosius & Fahr (1996, S. 32). Zu diesem Schluss kommen auch Kroeber-Riel (1992, S. 436) und Georg Felser in seinem Beitrag in diesem Buch.

68 Mit diesem Problem befassen sich u.a. die Arbeiten von Brown & Rothschild (1993) sowie Woelke (2000).

69 Die Zuordnung dieser Verfahren zum kognitiven Bereich ist hierbei ein ‚gentlemen's agreement', denn selbst noch so durchdachte und rationale Kaufentscheidungen sind nicht frei von der jeweiligen Gefühlslage und (affektiv gefärbten) Überzeugungen und Präferenzen.

70 Auf dieses Problem weist Felser (2001, S. 440) hin.

71 Den bedeutsamen Verhaltensbezug von Werbewirkungskriterien betont Mayer (1990, S. 49), da sich besonders in der Praxis die Frage stellt: „Welche Teilwirkungen aus der breiten Palette der Werbewirkungskriterien erlauben die genauesten Vorhersagen im Hinblick auf das interessierende Endverhalten, z.B. den Kauf des beworbenen Produkts?" Entscheidungen über die gewünschte Wirkung von Werbemitteln und ggf. die Modifikation ihrer Gestaltung basieren „in den wenigsten Fällen auf der Ebene konkreten Verhaltens", sondern erfolgen fast ausschließlich auf der Grundlage von „Informationen über Effekte in vorgelagerten und empirisch leichter zugänglichen Phasen des Werbewirkungsprozesses", also z.B. der Erinnerungsleistung oder auch Einstellungen. „Dieses Vorgehen ist jedoch nur angemessen und vertretbar", wenn diese Werbewirkungskriterien den Nachweis einer „ausreichenden Prognosefähigkeit im Hinblick auf den letztlich interessierenden Aspekt des Kaufverhaltens" erbringen.

72 Mit dem Zusammenhang zwischen Intention und Verhalten hat sich besonders die sozialpsychologische Einstellungsforschung beschäftigt, siehe u.a. die Arbeiten von Fishbein & Ajzen (1975, 1980).

73 *Über die Erhebung von Verbraucherverhalten in Testmärkten (BehaviorScan-Panel der GfK) geben Andrea Scharrenbroch und Jörg Westphal in ihrem Beitrag einen Einblick.*

74 Einen (fast schon ernüchternd zu nennenden) Überblick über die vielfältigen Probleme von Pre- und Post-Tests gibt Pepels (2001, S. 199 - 205).

75 Auf diese wichtige Einschränkung bei seiner Zuordnung weist Georg Felser (2001, S. 436) hin.

76, 77 Pepels (2001, S. 172 ff.) kritisiert solch ein Vorgehen und bezeichnet es als ‚Putzfrauen-Test', weil nicht selten der Fall eintritt, dass solche Bewertungen in einem Meeting zu einer Zeit gebraucht werden, wenn sich nur noch die Putzkolonnen im Gebäude befinden, die dann zur Befragung herangezogen werden.

78 Diesen Missstand moniert Felser (2001, S. 435).

79 Pepels (2001, S. 205) führt die große Beliebtheit von Pre-Tests u.a. auf die ‚Zweckentfremdung' dieser Verfahren zurück. Diese Praxis bestätigt Axel Dahm, Marketingvorstand bei Reemtsma: „Werbeforschung ist in hohem Maße sinnvoll. Sie dient dazu, politische Spielchen zu spielen und Vorstände zu überzeugen oder auszuschalten. Mit der Werbeidee hat sie aber nichts zu tun." (zitiert nach Felser, 2001, S. 426).

80 Umstände, die bei der Einschätzung der Validität von Werbewirkungstests zu berücksichtigen sind, nennen Batra, Myers & Aaker (1996, S. 483 ff.). Beeinträchtigungen der Validität ergeben sich nach diesen Autoren z.B. durch die Praktik, ein Marktforschungsinstitut zu wählen, das sich vor Ort befindet, aber nur ein Verfahren anbietet bzw. verwendet, das im jeweiligen Einzelfall gerade nicht passt. Ein weiteres Gütekriterium für die Testeignung ist, dass die Testresultate zwischen verschiedenen TV-Spots derselben Markenkategorie diskriminieren (test sensitivity).

81 Auf die Relevanz des Kommunikationsziels zur Bestimmung der Validität weisen Batra, Myers & Aaker (1996, S. 482) hin.

82 Eine übereinstimmende Operationalisierung des Werbewirkungskriteriums (z.B. der Aufmerksamkeit) empfiehlt sich allein deshalb, um die Vergleichbarkeit der Ergebnisse aus verschiedenen Studien zu gewährleisten.

83 Die ARF-Ergebnisse sind übersetzt aus Batra, Myers & Aaker (1996, S. 483). Der Aussagegehalt der Studienergebnisse bezieht sich allerdings auf US-amerikanische Commercials und bestimmte Produkte (packaged-goods). Zudem unterscheiden sich die Werbewirkungskriterien in der ARF-Studie von den Kriterien der vorgestellten Werbewirkungsmodelle. So bietet sich hier - neben der Prüfung der Übertragbarkeit der Studienergebnisse auf deutsche Verhältnisse - ein weites Feld für die Werbewirkungsforschung.

84 Diese Prämisse nennt Felser (2001, S. 476).

85 Diesen Vorschlag macht Mayer (1990, S. 91).

86 Die PACT-Prinzipien von 1982 sind übersetzt aus Batra, Myers & Aaker (1996, S. 487ff.), wobei die heutige Gültigkeit der Prinzipien zu prüfen ist.

87 Über die Überzeugungen auf beiden Seiten des Grabens macht sich Georg Felser (2001, S. 427) Gedanken und relativiert im Übrigen die Positionen, die sich größtenteils gegenseitig ausschließen: „Der oft reklamierte Bauch, aus dem die Entscheidungen kommen, enthält mit Sicherheit eine Reihe von beschreibbaren und vermutlich größtenteils auch bekannten Entscheidungsregeln. Letztlich ist auch der erfolgreichste Kreative nicht vom Heiligen Geist inspiriert, sondern geht vielmehr mit den verfügbaren Informationen in einer bestimmten Weise um. Dass er sich und uns darüber keine Rechenschaft geben kann und stattdessen auf seinen Bauch verweist, braucht ihm niemand vorzuwerfen. Die Forscher sind schließlich andere."

88 Diesen Vorschlag von Georg Felser (2001, S. 428) halten wir für eine interessante Herausforderung.

89 *Auf diese Schwachpunkte weisen Jean Remy von Matt und auch Sebastian Turner in diesem Buch hin.* Ebenso deutlich äußert sich Jochen Pläcking, Chef von DDB Needham Worldwide in Deutschland: „Wir Kreativen glauben, dass die Marktforschung die kreative Idee rund lutscht. (...) Kreative Entscheidungen sollten ohne Absicherung durch Forschung mit Kopf und Bauch gefällt werden." (zitiert nach Felser, 2001, S. 426). Zumindest der Vorbehalt zweifelhafter Er-gebnisse dürfte aber durch eine adäquate Anwendung valider Tests zu großen Teilen entkräftet werden können (siehe Kapitel 3.5).

90 Diese Gründe führt Lachmann (1994, S. 32) in seinem Artikel ‚Die Kommunikationsmauer' an. Die gleichen Argumente geben auch Kotler & Bliemel (1995, S. 179) für die Marketingpraxis an.

91 Tatsächlich liegen unterschiedliche Regeln bzw. Konventionen über die Darstellung von Erkenntnissen in Wissenschaft und Praxis vor, die auf beiden Seiten sicherlich wenig zur Verständigung beitragen. Während die wissenschaftliche Berichterstellung einen hohen Grad an Formalisierung aufweist, um besonders eindeutig zu sein, gehorcht die Wortwahl in der Praxis eher Regeln der Überzeugungskraft. Allerdings steht dabei das ‚anglifizierte Werbe-Kauderwelsch' der Praktiker dem ‚elaborierten Fachchinesisch' der Wissenschaftler in nichts nach.

92 Ein wichtiges Ziel der Werbewirkungsforschung stellt die Veröffentlichung von Befunden dar. Es ist im Sinne einer kumulativ aufbauenden Wissenschaft unabdingbar, Befunde und Innovationen in der Forschungsmethodik zu publizieren und damit anderen Werbewirkungsforschern zugänglich zu machen. Denn ohne ein derartiges aufeinander aufbauendes Wissen, ohne die Möglichkeit zur umfassenden Publikation relevanter und interessanter Befunde wird die Werbewirkungsforschung gehemmt - und als wissenschaftliches Arbeitsfeld unattraktiv. Dieses kann einen Zielkonflikt mit den Werbepraktikern beinhalten, die meist die Exklusivität von Forschungsergebnissen anstreben. Dieser Zielkonflikt scheint sich im Zeitalter von zunehmender Offenheit in der Unternehmenskommunikation, von Benchmarking und Open Source-Geschäftsmodellen ein wenig abzuschwächen und ist zudem z.B. durch Veröffentlichungssperrfristen lösbar.

93 Über die Rolle der Wissenschaft bei der Erhellung der Werbewirkung berichtet kritisch Eva Heller (1991).

94 ‚Bauchentscheidungen' in der Werbepraxis beleuchtet die Fachzeitschrift w&v (31/2000, S. 94).

95 Der Wert einer unabhängigen Werbewirkungsforschung ergibt sich allein aus dem Problem der mehr oder minder starken Interessensgebundenheit von Auftragsforschung. So ist es bei den Ergebnissen großer Studien zur Werbewirkung *„nicht erstaunlich, dass Analysen von Verlagen immer wieder die hohe Wirksamkeit von Printwerbung bestätigen, Analysen von Sendern jedoch die viel höhere Wirksamkeit von Rundfunkwerbung (Fernsehen und Radio). Insofern lohnt immer ein genauer Blick in die Versuchsanlage, um nicht intentionsgeleiteten Ergebnissen aufzusitzen."* Auf diese Gefahr bei großen Auftragsstudien weist Werner Pepels (2001, S. 124) hin.

96 *Einen ähnlichen Praxisansatz stellt das Creative Consumer Connection©-Tool von Grey dar, das Bernd M.Michael in seinem Beitrag vorstellt.*

97 Das Zitat stammt von Georg Felser (2001, S. 32).

Die Zukunft der Werbung - ein Schlusswort

Prof. Erwin H. Geldmacher

Wer liest, benutzt seine Innensprache. Die Sprache, die ihr oder ihm am meisten vertraut ist. Eine ‚Ichsprache', die alle Erfahrungen umfasst, alle Nuancen des Gesagten und Gemeinten. Also wird niemand dieses Buch so gelesen haben wie der Andere. Wie gut, wie wichtig - denn wer erfahren hat, dass jeder Mensch ein Universum ist, hat sicherlich viel Freude daran gehabt, dieses Compendium zu lesen. Es bietet beispielhafte Abläufe und Grundsatzgedanken. Wer Zukunft wirklich wissen will - muss viel Vergangenheit verstehen.

Die Vielfalt der Gedanken, der Meinungen, der Erfahrungen sollte sich nach dem Willen der Verfasser auf der Suche nach der ‚Zukunft der Werbung' entfalten. Von der Case History einer großen Marke bis zur praxisnahen Philosophie über Gesetzmäßigkeiten kommunikativen Wirkens spannt sich der Bogen.

Wer in Analogien denken kann, fand und findet in diesem Buch immer neue Anregungen, Parallelen, Bestätigung für Selbsterfahrenes oder auch harte Kontrapunkte zur eigenen Einstellung - ja gelegentlich ein Rezept, das sich trefflich merken lässt.

Hat die Werbung eine Zukunft? Diese Frage lässt sich nur mit einer Antwort auf eine andere Frage beantworten: Haben Wünsche, Hoffnungen, Faszinationen - ja zuweilen auch ganz ‚irreale Träume' eine Zukunft?

Werbung hat es im Konzert der Kommunikation vom kleinen Ich bis zu den Massenmedien nicht einfach: „It seems to be a law of communication: Bad news travel fast - good news travel slow."

Werbung - für wen oder was auch immer - kann am Ende nur GOOD NEWS (and facts) bringen, sonst funktioniert sie nicht...

Fazit: Werbung hat eine Zukunft - für alle, die gerne neue Wege suchen.

Eva Altenburg
Marktstr. 27
65428 Rüsselsheim
Tel. 06142 / 836 691

Dr. Christian Bachem
.companion Strategie & Coaching
Uhlandstraße 179 - 180
10623 Berlin
Tel. 030 / 887 285 - 59
eMail: bachem@com-panion.com

Prof. Norbert Borsch
Geißberg 26
63303 Dreieich
Tel. 06103 / 882 37
Fax 06103 / 831 287

Dirk Engel
Universal McCann
Großer Hasenpfad 44-46
60598 Frankfurt am Main
Tel. 069 / 605 07 - 226
eMail: dirk.engel@universalmccann.de

Prof. Dr. Georg Felser
Hochschule Harz
Fachbereich Wirtschaftswissenschaften
Friedrichstr. 57 - 59
38855 Wernigerode
Tel. 03943 / 659 - 229
Fax 03943 / 659 - 299
eMail: gfelser@hs-harz.de

Prof. Dr. Lorenz Fischer
Institut für Wirtschafts- und Sozialpsychologie
Universität zu Köln
Herbert-Lewin-Str. 2
50931 Köln
Tel. 0221 / 470 - 25 03
Fax 0221 / 470 - 51 75

Frank Fölsch
GoldMedia Consulting & Research
Oranienburger Str. 27
10117 Berlin Berlin
Tel. 030 / 246 266 - 0
eMail: Frank.Foelsch@GoldMedia.de

Prof. Dr. Werner Gaede
Gollanczstr. 114
13465 Berlin
Tel. 030 / 401 70 86
Fax 030 / 401 70 86

Prof. Erwin H.Geldmacher
Postfach 70
CH - 9052 Niederteufen
Tel. 0041 / 71 / 333 24 72
Fax 0041 / 71 / 333 24 72
eMail: egeldmacher@paus.ch

Dr. Klaus Goldhammer
GoldMedia Consulting & Research
Oranienburger Str. 27
10117 Berlin
Tel. 030 / 246 266 - 0
Fax 030 / 246 266 - 66
eMail: klaus.goldhammer@goldmedia.de

Prof. Dr. Dieter Herbst
Postfach 30 38 70
10726 Berlin
eMail: herbst@snafu.de

René Heymann
Heymann Schnell Werbeagentur AG
Fuggerstr. 35
10777 Berlin
Tel. 030 / 214 87 - 80
Fax 030 / 214 87 - 899
eMail: heymann@heymann-schnell.de

Stefan A. Jenzowsky
Siemens ICN Group Strategy
Business Innovation
Hofmannstrasse 51
81359 München
Tel. 089 / 722 - 262 68

Udo Klein-Bölting
BBDO Consulting GmbH
Königsallee 92
40212 Düsseldorf
Tel. 0211 / 137 98 - 314
Fax 0211 / 137 98 - 742
eMail: udo.klein-boelting@bbdo-consulting.de

Prof. Dr. Ingomar Kloss
Fachhochschule Stralsund
Zur Schwedenschanze 15
18435 Stralsund
eMail: ingomar.kloss@fh-stralsund.de

Christian Köhler
Kraft Foods Deutschland
Postfach 10 78
28078 Bremen

Jean-Remy von Matt
Jung von Matt AG
Glashüttenstr. 38
20357 Hamburg
Tel. 040 / 43 21 - 12 34

Prof. Dr. Axel Mattenklott
Universität Mainz
Psychologisches Institut
Staudingerweg 9
55099 Mainz
Tel. 06131 / 392 - 28 88
Fax 06131 / 392 - 32 43
eMail: Mattenklott@psych.uni-mainz.de

Bernd M. Michael
Grey Global Group Middle Europe
Corneliusstr. 12 - 36
40215 Düsseldorf
Tel. 0211 / 38 07 - 314
Fax 0211 / 38 07 - 456
eMail: bmm@grey.de

Paul McGowan
Added Value Company
6, Lower Teddington Road
Hampton Wick,
Surrey KT1 4ER, England
Tel. 0044 / 20 / 86 14 - 15 00
Fax 0044 / 20 / 86 14 - 16 00

Prof. Dr. Klaus Moser
Universität Erlangen-Nürnberg
Lehrstuhl für Psychologie
Lange Gasse 20
90403 Nürnberg
Tel. 0911 / 53 02 - 259
Fax 0911 / 53 02 - 243
eMail: moser@wiso.uni-erlangen.de

Manfred Niesel
Burda Advertising Center GmbH
Am Kestendamm 1
77652 Offenburg
Tel. 0781 / 842 329
Fax 0781 / 842 241
eMail: manfred.niesel@bac.de

Susanne Paul
creative analytic 3000
Zeil 85 - 93
60313 Frankfurt am Main
Tel. 069 / 299 866 - 33
Fax 069 / 299 866 - 15
eMail: s.paul@creative-analytic-3000.de

Herbert J. Putz
Young & Rubicam
Kleyerstrasse 25
60326 Frankfurt am Main
Tel. 069 / 750 61 - 342
Fax 069 / 750 61 - 241

Ralf Scharnhorst
SinnerSchrader Deutschland GmbH
Gasstr. 8 - 16
22761 Hamburg
Tel. 040 / 398 855 - 0
Fax 040 / 398 855 - 55
eMail:scharnhorst@sinnerschrader.com

Andrea Scharrenbroch
GfK Fernsehforschung
Nordwestring 101
90319 Nürnberg
Tel. 0911 / 395 - 24 64
Fax 0911 / 395 - 41 30

Alexander Schimansky
Belfaster Str. 25
13349 Berlin
Tel. 030 / 451 451 6
Fax 030 / 451 999 68
eMail: Alexander.Schimansky@freenet.de

Marcus Thiel
Peterstr. 36
20355 Hamburg
Tel. 0173 / 218 94 35
eMail: marcus.thiel@gmx.net

Sebastian Turner
Scholz & Friends AG
Chausseestr. 5
10115 Berlin
Tel. 030 / 590 053 - 210
eMail: st@s-f.com

Hanno Vischer
Feldbergstr. 2
65830 Kriftel
Tel. 06192 / 421 98
eMail: vischer.kriftel@t-online.de

Prof. Dr. Michaela Wänke
Bergstr. 73
69121 Heidelberg
eMail: mwaenke@yahoo.com

Dr. Gerhild Werner
Schiessgartenstr. 38
63303 Dreieich
Tel. 06103 / 981 490
eMail: gerhild.werner@t.online.de

Jörg Westphal
GfK Fernsehforschung
Nordwestring 101
90319 Nürnberg
Tel. 0911 / 395 - 27 75
Fax 0911 / 395 - 41 30

Prof. Dr. Günter Wiswede
Institut für Wirtschafts- und Sozialpsychologie
Universität zu Köln
Herbert-Lewin-Str. 2
50931 Köln
Tel. 0221 / 470 - 25 00

Aaker, D.A. (1992), Management des Markenwerts, Frankfurt a.M. 1992

Aaker, D.A.; Stayman, D.M. (1990), A micro approach to studying feeling responses to advertising: The case of warmth, in: *Agres, S.J.; Edell, J.A.; Dubitzky, T.M.* (Eds.), Emotion in advertising: Theoretical and practical explorations, New York 1990, S.53-68

Aaker, D.A.; Stayman, D.M.; Hagerty, M.R. (1986), Warmth in advertising: Measurement, impact, and sequence effects, in: Journal of Consumer Research, 12, S.365-381

Adams, H.F. (1920), Advertising and its mental laws, New York 1920

Agres, S.J. (1990), Emotion in advertising: An agency point of view, in: *Agres, S.J.; Edell, J.A.; Dubitzky, T.M.* (Eds.), Emotion in advertising: Theoretical and practical explorations, New York 1990, S.3-18

Albers, S.; Clement, M.; Peters, K. (Hrsg.), (1998), Marketing mit interaktiven Medien. Strategien zum Markterfolg, Frankfurt a.M. 1998

Alden, D.L.; Mukherjee, A.; Hoyer, W.D. (2000), The effects of incongruity, surprise and positive moderators on perceived humor in television advertising, in: Journal of Advertising, 29, S.1-15

Allen, C.T.; Shimp, T.A. (1990), On using classical conditioning methods for researching the impact of ad-evoked feelings, in: *Agres, S.J.; Edell, J.A.; Dubitzky, T.M.* (Eds.), Emotion in advertising: Theoretical and practical explorations, New York 1990, S.19-34

Altobelli, C.F.; Hoffmann, S. (1997), Werbung im Internet. Wie Unternehmen ihren Online-Auftritt planen und optimieren. Ergebnisse der ersten Umfrage unter Internet-Werbungtreibenden. Studie im Auftrag der MGM, München 1997

Anderson, J.R. (2001), Kognitive Psychologie, Heidelberg 2001

Anderson, J.R.; Bower, G.H. (1972), Recognition and retrieval processes in free recall, in: Psychological Review, 79, S.97-123

Anderson, J.R.; Bower, G.H. (1974), A propositional theory of recognition memory, in: Memory and Cognition, 2, S.406-412

Andrews, J.C.; Durvasula, S.; Akhter, S.H. (1990), A framework for conceptualizing and measuring the involvement construct in advertising research, in: Journal of Advertising, 19 (4) 1990, S.27-40

Antil, J.H. (1984), Conceptualization and operationalization of involvement, in: *Kinnear, T.* (Ed.), Advances in Consumer Research, 11, S.203-209

Anuff, J. (1998), The Web isn't a sitcom. It's a comedy club, in: Wired Magazine, 1, S.92-94

Auer, H.-D.; Bauer, A. (1997), Wertvolles Praxiswissen. Direct Response TV, München 1997

Axelrod, J. (1963), Induced moods and attitudes toward products, in: Journal of Advertising Research, 3, S.9-24

Bachem, C. (1998), Planung, Gestaltung und Kontrolle erfolgreicher Online-Kampagnen, in: Internet World Berlin, Kongressdokumentation, Berlin 1998, S.101-109

Bachofer, M. (1998), Wie wirkt Werbung im Web? Blickverhalten, Gedächtnisleistung und Imageveränderung beim Kontakt mit Internet-Anzeigen, in: Die Stern-Bibliothek, Hamburg 1998

Backhaus, K.; Büschken, J.; Voeth, M. (1999), Internationales Marketing, 3. Auflage, Stuttgart 1999

Baker, W. (1993), The relevance accessibility model of advertising effectiveness, in: *Mitchell, A.A.* (Ed.), Advertising, exposure and choice, Hillsdale 1993, S.49-87

Ballstaedt, S.-P. (1987), Integrative Verarbeitung bei audio-visuellen Medien, Tübingen 1987

Banning, T.E. (1987), Lebensstilorientierte Marketing-Theorie, Dortmund 1987

Bargh, J.A. (1996), Automaticity in social psychology, in: *Higgins, E.T.; Kruglanski A.W.* (Eds.), Social psychology: Handbook of basic principles, New York 1996, S.169-183

Bargh, J.A.; Chaiken, S.; Raymond, P.; Hymes, C. (1996), The automatic evaluation effect: Unconditional automatic attitude activation with a pronounciation task, in: Journal of Experimental Social Psychology, 32, S.104-128

Bargh, J.A.; Chen, M.; Burrows, L. (1996), Automaticity of social behavior: Direct effects of trait construct and stereotype activation of action, in: Journal of Personality and Social Psychology, 71, S.230-244

Batra, R.; Holbrook, M.B. (1990), Developing a typology of affective responses to advertising, in: Psychology and Marketing, 7, S.11-25

Batra, R.; Myers, J.; Aaker, D. (1996), Advertising Management, 5. Auflage, Upper Saddle River 1996

Batra, R.; Ray, M.L. (1985), How advertising works at contact, in: *Alwitt, L.F.; Mitchell, A.A.* (Eds.), Psychological processes and advertising effects, Hillsdale 1985, S.13-44

Batra, R.; Stayman, D.M. (1990), The role of mood in advertising effectiveness, in: Journal of Consumer Research, 17, S.203-214

Baumann, O. (1999), Bedeutung der Markenstärke für den Unternehmenserfolg. Eine Untersuchung unter Verwendung des Brand Asset Valuator, Diplomarbeit, Universität Hamburg 1999

Beck, U. (1986), Risikogesellschaft: Auf dem Weg in eine andere Moderne, 1. Auflage, Frankfurt a.M. 1986

Beck, U. (1995), Die „Individualisierungsdebatte", in: *Schäfers, B.*, Soziologie in Deutschland, Opladen 1995, S.185-198

Beck, U. (1996), Risikogesellschaft: Auf dem Weg in eine andere Moderne, Nachdruck, Frankfurt a.M. 1996

Becker, U.; Nowak, H. (1982), Lebensweltanalyse als neue Perspektive der Meinungs- und Marketingforschung, Vortrag beim ESOMAR-Kongress, Wien 1982

Bednarczuk, P. (1990), Strategische Kommunikationspolitik für Markenartikel in der Konsumgüterindustrie, Offenbach 1990

Beninde, L. (2000), Planning. Verbraucherorientierte strategische Planung in der Werbeagentur, Bonn 2000

Berg, K. (2000), Media Perspektiven Basisdaten. Daten zur Mediensituation in Deutschland 2000, Frankfurt a.M. 2000

Berg, K.; Kiefer M.-L. (1996), Massenkommunikation 5. Eine Langzeitstudie zur Mediennutzung und Medienbewertung 1964–1995, Baden-Baden 1996

Berger, I.E.; Mitchell, A.A. (1989), The effect of advertising on attitude accessibility, attitude confidence, and the attitude-behavior relationship, in: Journal of Consumer Research, 16, S.269-279

Bergler, R. (1984), Werbung als Untersuchungsgegenstand der empirischen Sozialforschung, Bonn 1984

Berking, H.; Neckel, S. (1990), Die Politik der Lebensstile in einem Berliner Bezirk, in: *Berger, P.A.* (Hrsg.), Lebenslagen, Lebensläufe, Lebensstile, Soziale Welt, Sonderband 7, Göttingen 1990, S.481-500

Berndt, R. (1993), Das Management der Internationalen Kommunikation, in: *Berndt, R.; Hermanns, A.*(Hrsg.), Handbuch Marketing-Kommunikation, Wiesbaden 1993, S.769-810

Bettman, J.R. (1979), An information processing theory of consumer choice, Reading 1979

Bismarck, W.-B. von; Baumann, S. (1995), Markenmythos, Frankfurt a.M. 1995

Bless, H. (1997), Stimmung und Denken, Bern 1997

Bless, H.; Wänke, M. (2000), Can the same information be typical and atypical? How perceived typicality moderates assimilation and contrast in evaluative judgements, in: Personality and Social Psychology Bulletin, 26, S.306-314

Böhmer, M.; Melchers, C. (1986), Produkt-Wirkungseinheit. Der Werbewirkung alltagsnaher auf der Spur, in: Zwischenschritte, 1, S.35-47

Bolten, J. (1996), Wertewandel, in: Universitas, 5, S.130

Bornstein, R.F. (1989), Exposure and affect: Overview and meta-analysis of research 1968-1987, in: Psychological Bulletin, 106, S.265-289

Bornstein, R.F. (1989), Subliminal techniques as propaganda tools: Review and critique, in: The Journal of Mind and Behavior, 10, S.231-262

Bornstein, R.F.; D'Agostino, P.R. (1995), The attribution and discounting of perceptual fluency: Preliminary tests of a perceptual fluency/attributional model of the mere exposure effect, in: Social Cognition, 12, S.103-128

Borsch, Stengel & Partner (o.J.), Eigenbroschüre, 1. Auflage, Frankfurt

Bourdieu, P. (1982), Die feinen Unterschiede: Kritik der gesellschaftlichen Urteilskraft, Frankfurt a.M. 1982

Brand, H.W. (1978), Die Legende von den ‚geheimen Verführern'. Kritische Analysen zur unterschwelligen Wahrnehmung und Beeinflussung, Weinheim 1978

Brander, S.; Kompa, A.; Peltzer, U. (1985), Denken und Problemlösen, Opladen 1985

Branson, R. (1999), Business ist wie Rock `n Roll. Die Autobiographie des Virgin-Gründers, Frankfurt 1999

Briggs, R.; Hollis, N. (1997), Advertising on the Web: Is there response before click-through? in: Journal of Advertising Research, 37, S.33-45

Broadbent, S.; Haarstick, K. (1999), Accountable Advertising. Wie sich Werbung rechnet, Düsseldorf 1999

Brockhoff, K.; Dobberstein, N. (1989), Zapping. Zur Umgehung von TV-Werbewahrnehmung, in: Marketing Zeitschrift für Forschung und Praxis, 11, S.27-40

Brockmeyer, D. (1994), Frischer Wind für die Insel, in: Tele Images, 3, S.6-15

Broniarczyk, S.M.; Alba, J.W. (1994), The role of consumers' intuitions in inference making, in: Journal of Consumer Research, 21, S.393-407

Brosius, H.-B.; Fahr, A. (1996), Werbewirkung im Fernsehen. Aktuelle Befunde der Medienforschung, München 1996

Brown, S.P.; Stayman, D.M. (1992), Antecedents and consequences of attitude toward the ad: A meta-analysis, in: Journal of Consumer Research, 19, S.34-51

Brown, T.J.; Rothschild, M.L. (1993), Reassessing the impact of televison advertising clutter, in: Journal of Consumer Research, 20, S.138-146

Bruhn, M. (1997), Kommunikationspolitik. Bedeutung, Strategien, Instrumente, München 1997

Burda GmbH (Hrsg.) (1986), Wohnwelten in Deutschland, Offenburg 1986

Burda Advertising Center (Hrsg.) (2002), Die Sinus-Milieus in Deutschland: Strategische Marketing- und Mediaplanung mit der Typologie der Wünsche Intermedia, Offenburg 2002

Bush, A.J.; Bush, V.D.; Harris, S. (1998), Advertiser perceptions of the internet as a marketing communications tool, in: Journal of Advertising Research, 38, S.17-27

C

Cacioppo, J.T.; Petty R.E. (1985), Central and peripheral routes to persuasion: The role of message repetition, in: *Alwitt, L.F.; Mitchell, A.A.* (Eds.), Psychological processes and advertising effects. Theory, research and applications, Hillsdale 1985, S.91-112.

Campbell, M. (1995), When attention-getting advertising tactics elicit consumer inferences of manipulative intent: The importance of balancing benefits and investments, in: Journal of Consumer Psychology, 4, S.225-254

Cathelat, B. (1993), Socio-Styles. The new lifestyles classification system for identifying and targeting consumers and markets, London, 1993.

Chaiken, S. (1987), The heuristic model of persuasion, in: *Zanna, M.P.; Olson, J.M.; Herman, C.P.* (Eds.), Social Influence: The Ontario Symposium, 5, Hillsdale 1987, S.143-177

Chattopadhyay, A.; Basu, K. (1990), Humor in advertising: The moderating role of prior brand evaluation, in: Journal of Marketing Research, 27, S.466-476

Cherry, E.C. (1953), Some experiments on the recognition of speech with one and two ears, in: Journal of the Acoustical Society of America, 25, S.975-979

Conrad, M. (1990), Kreative Vision im Kopf, in: w&v, 45, 9. November, S.176-178

Conrad, M.; *Burnett, L.* (1991), Life Style Resesarch 1990, unveröffentlichter Forschungsbericht, Frankfurt 1991

Coupey, E. (1999), Advertising in an interactive environment: A research agenda, in: *Schumann, D.W.; Thorson E.* (Eds.), Advertising and the World Wide Web, Mahwah 1999, S.197-215

Crystal, D. (1995), Die Cambridge-Enzyklopädie der Sprache, Frankfurt 1995

Czienskowski, U. (1996), Wissenschaftliche Experimente: Planung, Auswertung, Interpretation, Weinheim 1996

D

Dammer, I.; Szymkowiak, F. (1998), Die Gruppendiskussion in der Marktforschung, Opladen 1998

De Mooij, M. (1998), Global marketing and advertising: Understanding cultural paradoxes, London 1998

De Mooij, M. (2001), The Impact of culture on advertising, in: *Kloss, I.* (Ed.), Advertising Worldwide, Heidelberg 2001, S.1-23

Deighton, J.; Romer, D.; McQueen, J. (1989), Using drama to persuade, in: Journal of Consumer Research, 16, S.335-343

Denzin, N.; Lincoln, Y. (1994), Handbook of Qualitative Research, London 1994

Devine, P.G. (1989), Stereotypes and prejudice, in: Journal of Personality and Social Psychology, 56, S.5-18

Dhar, R.; Simonson, I. (1992), The effects of the focus of comparison on consumer preferences, in: Journal of Marketing Research, 29, S.430-440

Diehl, U. (1986), Kreative oder verkaufende Werbung, in: w&v, 41, Report 12

Dijksterhuis, A.; Spears, R.; Postmes, T.; Stapel, D.A.; van Knippenberg, A.; Scheepers, D. (1998), Seeing one thing and doing another: Contrast effects in automatic behavior, in: Journal of Personality and Social Psychology, 75, S.862-871

Dijksterhuis, A.; van Knippenberg, A. (1998), The relation between perception and behavior, or how to win a game of Trivial Pursuit, in: Journal of Personality and Social Psychology, 74, S.865-877

Domizlaff, H. (1939), Die Gewinnung öffentlichen Vertrauens, Hamburg 1939

Donnerstag, J. (1996), Der engagierte Mediennutzer: Das Involvement-Konzept in der Massenkommunikationsforschung, München 1996

Döring, N. (1999), Sozialpsychologie des Internet. Die Bedeutung des Internet für Kommunikationsprozesse, Identitäten, soziale Beziehungen und Gruppen, Göttingen 1999

Drieseberg, T.J. (1992), Lebensstile in der Marktforschung. Eine empirische Bestandsaufnahme, in: Planung und Analyse, 5, S.18-26

Drieseberg, T.J. (1995), Lebensstil-Forschung, Heidelberg 1995

Duncker, C. (1998), Dimensionen des Wertewandels in Deutschland, Frankfurt a.M. 1998

E

Ebbinghaus, H. (1885), Memory: A contribution to experimental psychology, New York 1885

Edell, J.A.; Burke, M.C. (1987), The power of feelings in understanding advertising effects, in: Journal of Consumer Research, 14, S.421-433

Eimeren, B. von (1995), Methoden der Hörfunkforschung und ihre Anwendung in einer öffentlich-rechtlichen Rundfunkanstalt, in: *Böhme-Dürr, K.; Graf, G.* (Hrsg.), Auf der Suche nach dem Publikum. Medienforschung in der Praxis, Medien und Märkte, 6, Konstanz 1995, S.91–107

Engel, D. (1999), Europa auf der Couch: Beim Fernsehen dominieren in Europa die nationalen Eigenschaften, in: Tele Images, 1, S.50–56

Engel, D. (2000), Die Deutschen sind eine Nation von Zeitungslesern, in: New Business Report, 4, S.12-15

Engelhardt, A. von (1999), Werbewirkungsmessung. Hintergründe, Methoden, Möglichkeiten und Grenzen, München 1999

Ephron, E. (1997), Recency planning, in: Journal of Advertising Research, 37, S.61–65

F

Farah, M.J. (1989), Knowledge from text and pictures: A neuropsychological perspective, in: *Mandl, H.; Levin, J.R.* (Eds.): Knowledge acquisition from text and pictures, Amsterdam 1989, S.59-71

Fazio, R.H. (1990), Multiple processes by which attitudes guide behavior: The mode model as an integrative framework, in: Advances in Experimental Social Psychology, 23, S.75-109

Fazio, R.H.; Powell, M.C.; Williams, C.J. (1990), The role of attitude accessibility in the attitude-to-behavior-process, in: Journal of Consumer Research, 16, S.280-288

Featherstone, M. (1987), Life style and consumer culture, in: Theory, Culture and Society, 1, S.55-70

Featherstone, M. (1991), Consumer culture and postmodernism, London 1991

Feldmeier, S. (2000), Hamburger Planer gewinnen an Ansehen. Ergebnisse des w&v-Agenturmonitors, in: Media & Marketing, 11, S.80-82

Felser, G. (1997), Werbe- und Konsumentenpsychologie, 1. Auflage, Stuttgart 1997

Felser, G. (2001), Werbe- und Konsumentenpsychologie, 2. Auflage, Stuttgart 2001

Fiedler, K. (1996), Die Verarbeitung sozialer Information für Urteilsbildung und Entscheidung, in: *Stroebe, W.; Hewstone M.; Stephenson G.* (Hrsg.), Sozialpsychologie, Heidelberg 1996, S.143-175

Fischer, L.; Brauns, D.; Belschak, F. (2001), Messung von Emotionen in der angewandten Forschung. Analysen mit den SAMs, Lengerich 2001

Fishbein, M.; Ajzen, I. (1975), Belief, attitude, intention, and behavior: An introduction to theory and research, Reading 1975

Fishbein, M.; Ajzen, I. (1980), Understanding attitudes and predicting social behavior, Englewood Cliffs 1980

Flaig, B.B.; Meyer, T.; Ueltzhöffer, J. (1993), Alltagsästhetik und politische Kultur, Bonn 1993

Fortini-Campbell, L. (1992), Hitting the sweet spot, Chicago 1992

Franz, G. (1999), Time Budget-Ansatz in der Mediaplanung: Ergebnisse der Expertenbefragung in drei Ländern, in: AG.MA-Forschungsberichte, 15, Frankfurt a.M. 1999

Freichels, H.-J. (1995), Kennzeichen des morphologischen Tiefeninterviews, in: Zwischenschritte, 2, S.87-97

Friedrichsen, M.; Jenzowsky, S. (1999), Fernsehwerbung. Theoretische Analysen und empirische Befunde, Wiesbaden 1999

G

Gaede, W. (2002), ABWeichen von der Norm. Eine Enzyklopädie kreativer Werbung, München 2002

Gauntlett, D.; Hill, A. (1999), TV-Living: Television, culture and everyday life, London 1999

Geißler, R. (1996), Kein Abschied von Klasse und Schicht: Ideologische Gefahren der deutschen Sozialstrukturanalyse, in: Kölner Zeitschrift für Soziologie und Sozialpsychologie, 48, S.319-338

Gleich, U. (1998), Werbung im Internet. Gestaltung und Wahrnehmung. ARD-Forschungsdienst, in: Media Perspektiven, 7, S.367-372

Goldberg, M.E.; Gorn, G.J. (1987), Happy and sad TV programs: How they affect reactions to commercials, in: Journal of Consumer Research,14, S.387-403

Goldhammer, K.; Lange, U.T. (1997), The Internet: On the verge of a modern society? in: *European Communication Council* (Ed.), Exploring the limits. Europe's changing communication environment, Berlin 1997, S.45-68

Goldhammer, K.; Zerdick, A. (1999), Rundfunk Online. Entwicklung und Perspektiven des Internets für Hörfunk- und Fernsehanbieter, Berlin 1999

Goodstein, R.C.; Edell, J.A.; Moore, M.C. (1990), When are feelings generated? Assessing the presence and reliability of feelings based on storyboards and animatics, in: *Agres, S.J.; Edell, J.A.; Dubitzky, T.M.* (Eds.), Emotion in advertising: Theoretical and practical explorations, New York 1990, S.175-193

Gordon-Weichelt, J. von (1998), Value trough innovation. Die neue Vision bei Boehringer Ingelheim, in: *Herbst, D.* (Hrsg.), Corporate Identity, Berlin 1998, S.132-143

Gorn, G.J. (1982), The effect of music in advertising on choice behavior: A classical conditioning approach, in: Journal of Marketing, 30, S.28-33

Gorn, G.J.; Goldberg, M.E.; Basu, K. (1993), Mood, awareness, and product evaluation, in: Journal of Consumer Psychology, 2, S.237-256

Gorn, G.J.; Weinberg, C.B. (1984), The impact of comparative advertising on perception and attitude: Some positive findings, in: Journal of Consumer Research, 11, S.719-727

Graf, S. (2000), Markenpolitik, Markenaufbau und Markenerosion. Ansätze einer Erosionsprognose, Diplomarbeit, Fachhochschule Coburg 2000

Greenwald, A.G. (1968), Cognitive learning, cognitive response to persuasion and attitude change, in: *Greenwald, A.G.; Brock, T.C.; Ostrom, T.M.* (Eds.), Psychological foundations of attitudes, San Diego 1968, S.147-170

Greenwald, A.G.; Banaji, M.R. (1995), Implicit social cognition: Attitudes, self-esteem, and stereotypes, in: Psychological Review, 102, S.4-27

Greenwald, A.G.; McGhee, D.E.; Schwartz, J.L. (1998), Measuring individual differences in implicit cognition: The implicit association test, in: Journal of Personality and Social Psychology, 74, S.1464-1480

Grunert, K.G. (1996). Automatic and strategic processes in advertising effects, in: Journal of Marketing, 60, S.88-101

Günther, M.; Vossebein, U.; Wildner, R. (1998), Panels in der Marktforschung. Praxisorientierte Einführung, Wiesbaden 1998

Gutman, J. (1972), Tachistoscopic tests of outdoor ads, in: Journal of Advertising Research, 12, S.21-27

Gutman, J. (1982), A means-end chain model based on consumer categorization processes, in: Journal of Marketing, 46, S.60-72

GWA (Gesamtverband Werbeagenturen e.V.) (1999), TV-Werbung: Der Einfluss von Gestaltungsmerkmalen, Frankfurt 1999

H

Hartmann, P.H. (1999), Lebensstilforschung. Darstellung,Kritik und Weiterentwicklung, Opladen 1999

Hattemer, K. (1995), Die Werbeagentur: Kompetenz und Kreativität, Werbung als Profession, Düsseldorf 1995

Häusler, J. (1998), Mit den Augen des Kunden, in: *Merten, K.; Zimmermann, R.* (Hrsg.), Das Handbuch der Unternehmenskommunikation, Köln 1998, S.169-178

Hawkins, S.A.; Hoch, S.J. (1992), Low-involvement learning: Memory without evaluation, in: Journal of Consumer Research, 19, S.212-225

Heckhausen, H. (1980), Motivation und Handeln, Berlin 1980

Heller, E. (1991), Wie Werbung wirkt: Theorien und Tatsachen, Frankfurt a.M. 1991

Hess, E.-M. (1996), Die Leser: Konzepte und Methoden der Printforschung, Offenburg 1996

Hess, E.-M. (1999), Transparenz der Werbeträger, in: *Reiter, W.M.* (Hrsg.), Werbeträger. Handbuch für die Mediapraxis, Frankfurt a.M. 1999, S.22-61

Higgins, E.T. (1996), Knowledge activation: Accessibility, applicability, and salience, in: *Higgins, E.T.; Kruglanski, A.W.* (Eds.), Social psychology: Handbook of basic principles, New York 1996, S.133-168

Higgins, E.T.; Bargh, J.A.; Lombardi, W. (1985), The nature of priming effects on categorization, in: Journal of Experimental Psychology: Learning, Memory and Cognition, 11, S.59-69

Hitzler, R. (1994), Sinnbasteln. Zur subjektiven Aneignung von Lebensstilen, in: *Mörth, I.; Fröhlich, G.* (Hrsg.), Das symbolische Kapital der Lebensstile, Frankfurt a.M. 1994, S.75-92

Hoffman, D.L.; Batra, R. (1991), Viewer response to program dimensionality and concurrent behavior, in: Journal of Advertising Research, 31, S.46-56

Hofsäss, M.; Engel, D. (1998), Media in Mind: Auszüge aus der aktuellen UM-Studie zum europäischen Mediennutzungsverhalten, in: Media Spectrum, 8, S.40–43

Hofsäss, M.; Krupp, M.; Maksymiw-Wolff, E. (1994), Mediaplanung, in: *Reiter, W.M.* (Hrsg.), Werbeträger. Handbuch für den Werbeträger-Einsatz, Frankfurt a.M. 1994, S.59-102

Hofstede, F.; Audenaert, A.; Steenkamp, J.-B.; Wedel, M. (1998), An investigation into the association pattern technique as a quantitative approach to measuring means-end chains, in: International Journal of Research in Marketing, 15, S.37-50

Hofstede, G. (1984), Culture`s consequences. International differences in word-related values, Beverly Hills 1984

Holbrook, M.B.; Batra, R. (1987), Assessing the role of emotions as mediators of consumer responses to advertising, in: Journal of Consumer Research, 14, S.404-420

Holender, D. (1986), Semantic activation without conscious identification in dichotic listening, parafoveal vision, and visual masking: A survey and appraisal, in: The Behavioral and Brain Sciences, 9, S.1-66

Holicki, S. (1993), Pressefoto und Pressetext im Wirkungsvergleich. Eine experimentelle Untersuchung am Beispiel von Politikerdarstellungen, München 1993

Horton, D.; Wohl, R.R. (1956), Mass communication and parasocial interaction: Observations on intimacy at a distance, in: Psychiatry, 19, S.215-229

Horx, M.; Wippermann, P. (1996), Was ist Trendforschung? Düsseldorf 1996

Houston, M.J.; Childers, T.L.; Heckler, S.E. (1987), Picture-word consistency and the elaborative processing of advertisements, in: Journal of Marketing Research, 24, S.359-370

Howard, J.A. (1977), Consumer behavior: Application and theory, New York 1977

Howard, J.A.; Sheth, J.N. (1969), The theory of buyer behavior, New York 1969

Hoyer, W.D.; Brown, S.P. (1990), Effects of brand awareness on choice for a common repeat purchase product, in: Journal of Consumer Research, 17, S.141-148

Huber, J.; Payne, J.W.; Puto, C. (1982), Adding asymmetrically dominated alternatives: Violations of regularity and the similarity heuristic, in: Journal of Consumer Research, 9, S.90-98

Inglehart, R. (1977), The silent revolution: Changing values and political styles among Western publics, Princeton 1977

Inglehart, R. (1990), Cultural shift in advanced industrial society, Princeton 1990

Inglehart, R. (1998), Kultureller Umbruch: Wertewandel in der westlichen Welt, Frankfurt a.M. 1998

IP Deutschland (1999), Das entfesselte Medium. Fernsehen und Forschung in Deutschland von 1928 bis 1998, Kronberg/Taunus 1999

IP Deutschland (2000), Der Werbewirkungskompass. Methodik und generalisierende Ergebnisse, Köln 2000

IP Deutschland (2000), Television 2000. European key facts, Köln 2000

Isen, A.M.; Shalker, T.E.; Clark, M.; Karp, L. (1978), Affect, accessibility of material in memory and behavior: A cognitive loop?, in: Journal of Personality and Social Psychology, 36, S.1-12

Jackson, P.W.; Messich, S. (1973), Die Person, das Produkt und die Reaktion, in: *Ulmann, G.* (Hrsg.), Kreativitätsforschung, Köln 1973

Jacoby, L.L.; Kelley, C.; Brown, J.; Jasechko, J. (1989), Becoming famous overnight: Limits on the ability to avoid unconscious influences of the past, in: Journal of Personality and Social Psychology, 56, S.326-338

Jäckel, M. (1996), Wahlfreiheit in der Fernsehnutzung. Eine soziologische Analyse zur Individualisierung der Massenkommunikation, Opladen 1996

Jaeger-Lenz, A. (1999), Werberecht. Recht der Werbung in Internet, Film, Funk und Printmedien, Weinheim 1999

Janiszewski, C. (1988), Preconscious processing effects: The independence of attitude formation and conscious thought, in: Journal of Consumer Research, 15, S.199-209

Janiszewski, C.; Warlop, L. (1993), The influence of classical conditioning procedures on subsequent attention to the conditioned brand, in: Journal of Consumer Research, 20, S.171-189

Jenner, T. (1994), Internationale Marktbearbeitung, Wiesbaden 1994

Johnston, W.A.; Dark, V.J.; Jacoby, L.L. (1985), Perceptual fluency and recognition judgments, in: Journal of Experimental Psychology: Learning, Memory and Cognition, 11, S.3-11

Jones, J.P. (1995), When ads work: New proof that advertising triggers sales, New York 1995

Kabel, P. (1998), User-Bindung über Online-Events, in: Annual Multimedia-Jahrbuch, Düsseldorf 1998

Kamp, E.; MacInnis, D.J. (1995), Characteristics of portrayed emotions in commercials: When does what is shown in ads affect viewers?, in: Journal of Advertising Research, 35, S.19-28

Kanso, A. (1992), International advertising strategies: Global commitment to local vision, in: Journal of Advertising Research, 1/2, S.10-14

Kapferer, J.N. (1992), Die Marke: Kapital des Unternehmens, Landsberg am Lech 1992

Kardes, F.R. (1993), Consumer inference: Determinants, consequences, and implications for advertising, in: *Mitchell. A.A.* (Ed.), Advertising exposure, memory and choice, Hillsdale 1993, S.163-191

Kardes, F.R. (1994), Consumer judgment and decision process, in: *Wyer, R.S.; Srull, T.K.* (Eds.), Handbook of social cognition, 2, Hillsdale 1994, S.323-417

Kardes, F.R. (1999), Consumer research and managerial decision making, Reading 1999

Karmasin, H. (1998), Produkte als Botschaften, Wien 1998

Keegan, W.J.; Green, M.C. (1997), Principles of global marketing, New Jersey 1997

Kegan, R. (1986), Die Entwicklungsstufen des Selbst, München 1986

Keitz, B. von (1983), Wirksame Fernsehwerbung, Würzburg 1983

Keller, I. (1990), Das CI-Dilemma, Wiesbaden 1990

Kelly, G.A. (1955), The psychology of personal constructs, New York 1955

Kelz, A. (1989), Die Weltmarke, Idstein 1989

Kiefer, M.-L. (2001), Medienökonomik. Eine Einführung in eine ökonomische Theorie der Medien, München 2001

Kim, M.-S.; Hunter, J.E. (1993), Attitude-behavior relations: A meta-analysis of attitudinal relevance and topic, in: Journal of Communication, 43, S.101-142

Kim, M.-S.; Hunter, J.E. (1993), Relationships among attitudes, behavioral intentions, and behavior. A meta-analysis of past research, 2, in: Communication Research, 20, S.331-364

Kirmani, A. (1990), The effect of perceived advertising costs on brand perceptions, in: Journal of Consumer Research, 17, S.160-171

Kleining, G. (1995), Sozialstruktur und Lebenswelten. Zur Kritik der Lebensstilforschung und ihre Verwendung für die Theorie der Moderne, in: Angewandte Sozialforschung, 19, S.119-128

Kleining, G. (2001), Die neuen Biografischen Lebenswelten, in: *TdW Intermedia* (Hrsg.), Typologie der Wünsche 2001/02, Methodenbeschreibung, Codeplan, Grundzählung, Offenburg 2001, S.31-35

Kleining, G.; Prester, H.-G. (1998), Individuelle und Familien-Lebenswelten. Eine neue Marktsegmentation, in: Planung & Analyse, 5, 1998

Kloss, I. (2000), Werbung, 2. Auflage, München 2000

Kloss, I. (2001), Advertising Worldwide, Heidelberg 2001

L

Kmieciak, P. (1976), Wertstrukturen und Wertwandel in der Bundesrepublik Deutschland, Göttingen 1976

Köhler, R.; Majer, W.; Wiezorek, H. (Hrsg.) (2001), Erfolgsfaktor Marke. Neue Strategien des Markenmanagements, München 2001

Koppelmann, U. (1997), Marketing. Einführung in Entscheidungsprobleme des Absatzes und der Beschaffung, 5. Auflage, Düsseldorf 1997

Kotler, P.; Bliemel, F. (1995), Marketing-Management, 8. Auflage, Stuttgart 1995

Kotler, P.; Bliemel, F. (1999), Marketing-Management, 9. Auflage, Stuttgart 1999

Kover, A.J.; Goldberg, S.M.; James, W.L. (1995), Creativity vs. effectiveness? An integrating classification for advertising, in: Journal of Advertising Research, 35, S.29-40.

Kramer, S. (1991), Europäische Life-Style-Analysen zur Verhaltensprognose von Konsumenten, Hamburg 1991

Kreutzer, R. (1989), Global Marketing. Konzeption eines länderübergreifenden Marketing, Wiesbaden 1989

Krishnan, H.S.; Shapiro, S. (1996), Comparing implicit and explicit memory for brand names from advertisements, in: Journal of Experimental Psychology Applied, 2, S.147-163

Kroeber-Riel, W. (1979), Activation research. Psychobiological approaches in consumer research, in: Journal of Consumer Research, 5, S.240-250

Kroeber-Riel, W. (1988), Strategie und Technik der Werbung, 1. Auflage, Stuttgart 1988

Kroeber-Riel, W. (1991), Strategie und Technik der Werbung, 3. Auflage, Stuttgart 1991

Kroeber-Riel, W. (1992), Konsumentenverhalten, 5. Auflage, München 1992

Kroeber-Riel, W. (1993), Bildkommunikation. Imagerystrategien für die Werbung, 1. Auflage, München 1993

Kroeber-Riel, W. (1996), Bildkommunikation. Imagerystrategien für die Werbung, 2. Auflage, München 1996

Kroeber-Riel, W.; Meyer-Hentschel, G. (1982), Werbung. Steuerung des Konsumentenverhaltens, Würzburg 1982

Kroeber-Riel, W.; Meyer-Hentschel, G. (1983), Aktivierung von Anzeigen, Würzburg 1983

Kroeber-Riel, W.; Weinberg, P. (1999), Konsumentenverhalten, 7. Auflage, München 1999

Lachmann, U. (1994), Die Kommunikationsmauer. Von den Problemen, Marktforschungsergebnisse in Unternehmensentscheidungen umzusetzen, in: *Tomczak, T.; Reinecke, S.* (Hrsg.), Marktforschung, St. Gallen 1994, S.31-41

Lackner, R. (1992), Spontane Gefühle ‚aus dem Bauch' in der Werbeforschung, in: Werbeforschung & Praxis, 37, S.123-126

Laskey, H.A.; Fox, R.J.; Crask, M.R. (1994), Investigating the impact of executional style on television commercial effectiveness, in: Journal of Advertising Research, 34, S.9-16

Laskey, H.A., Fox, R.J.; Crask, M.R. (1995), The relationship between advertising message strategy and television commercial effectiveness, in: Journal of Advertising Research, 35, S.31-39

LaTour, M.S.; Rotfeld, H.J. (1997), There are threats and (maybe) fear-caused arousal: Theory and confusions of appeals to fear and fear arousal itself, in: Journal of Advertising, 26, S.45-59

Lavidge, R.; Steiner, G.A. (1961), A model for predictive measurements of advertising effectiveness, in: Journal of Marketing, 25, S.59-62

Law, S.; Hawkins, S.A.; Craik, F.I.M. (1998), Repetition-induced belief in the elderly: Rehabilitating age-related memory deficits, in: Journal of Consumer Research, 25, S.91-107

Levenson, B. (1987), Bill Bernbach's book, New York 1987

Levitt, T. (1983), The globalization of markets, in: Harvard Business Review, 5, S.92-102

Lichtenstein, M.; Srull, T.K. (1985), Conceptual and methodological issues in examining the relationship between consumer memory and judgment, in: *Alwitt, L.F.; Mitchell, A.A.* (Eds.), Psychological processes and advertising effects: Theory, research and applications, Hillsdale 1985, S.113-128.

Löffler, J.-T. (1999), Mediaplanung für Märkte, 6. Auflage, Hamburg 1999

Lombard, M.; Ditton, T. (1997), The heart of it all: The concept of presence, in: Journal of Computer Mediated Communication, 3, 1997

Lombardi, W.J.; Higgins, E.T.; Bargh, J.A. (1987), The role of consciousness in priming effects on categorization, in: Personality and Social Psychology Bulletin, 13, S.808-817

Lüdtke, H. (1989), Expressive Ungleichheit. Zur Soziologie der Lebensstile, Opladen 1989

Lüdtke, H. (1990), Lebensstile als Dimensionen handlungsproduzierter Ungleichheit, in: *Berger, P.A.; Hradil, S.* (Hrsg.), Lebenslagen, Lebensläufe, Lebensstil, Soziale Welt, Sonderband 7, Göttingen, S.433-454

Maas, J. (1996), Visuelle Schemata in der Werbung, Aachen 1996

MacInnis, D.; Jaworski, B. (1989), Information processing from advertisements: Toward an integrative framework, in: Journal of Marketing, 53, S.1-23

MacInnis, D.; Moorman, C.; Jaworski, B. (1991), Enhancing and measuring consumers' motivation, opportunity, and ability to process brand information from ads, in: Journal of Marketing, 55, S.32-53

Maheswaran, D.; Chaiken, S. (1991), Promoting systematic processing in low-motivation settings: Effect of incongruent information on processing and judgment, in: Journal of Personality and Social Psychology, 61, S.13-25

Markus, H. ;Wurf, E. (1987), The dynamic self-concept: A social psychological perspective, in: Annual Review of Psychology, 38, S. 299-337.

Martin, L.L. (1986), Set/reset: Use and disuse of concepts in impression formation, in: Journal of Personality and Social Psychology, 51, S.493-504

Mattenklott, A. (1998), Werbewirkung im Umfeld von Fernsehprogrammen: Programmvermittelte Aktivierung und Stimmung, in: Zeitschrift für Sozialpsychologie, 29, S.175-193.

Mattenklott, A.; Bretz, J.; Wolf, D. (1997), Fernsehwerbespots im Kontext von Filmen: Die kommunikative Wirkung von Filmunterbrechung, Art der Werbespots und Filmgenre, in: Medienpsychologie, 9, S.41-56

Mattenklott, A.; Glock, M.; Wallenfels, S. (1998), Gestaltungsstile in der Fernsehwerbung: Eine experimentelle Studie zur kommunikativen Wirkung, Johannes Gutenberg-Universität Mainz 1998

Mayer, H. (1990), Werbewirkung und Kaufverhalten, Stuttgart 1990

Mayer, H.; Illmann, T. (2000), Markt- und Werbepsychologie, 3. Auflage, Stuttgart 2000

Mayer, J.; Thiel, M. (1998), Exemplarische Untersuchung des Marketing im deutschen Fernsehmarkt: Übertragbarkeit des Markenkonzepts auf Fernsehsender. Diplomarbeit, Hochschule der Künste Berlin

McCracken, G. (1986), Culture and consumption: A theoretical account of the structure and movement of the cultural meaning of consumer goods, in: Journal of Consumer Research, 13, S.71-84

McGuire, W.J. (1985): The nature of attitude and attitude change, in: *Lindzey, G.; Aronson, E.* (Eds.), Handbook of social psychology, N.Y. 1985, S.233-346

McQuail, D. (2000), Medienwirkungen als Thema der kommunikationswissenschaftlichen Forschung: Versuch einer Evaluation unter besonderer Berücksichtigung der Variable Zeit; in: *Schorr, A.* (Hrsg.), Publikums- und Wirkungsforschung. Ein Reader, Wiesbaden 2000, S.31–43

Meissner, H.G. (1995), Strategisches Internationales Marketing, 2. Auflage, München 1995

Meyers-Levy, J.; Peracchio, L.A. (1996), Moderators of the impact of self-reference on persuasion, in: Journal of Consumer Research, 22, S.408-423

Mitchell, A. (1983), The nine american life styles, New York, 1983.

Mitchell, A.A. (Ed.) (1993), Advertising exposure, memory, and choice, Hillsdale 1993

Momberger, W. (1998), Die Kraft der Marke, in: Capital, 37, Heft 9

Moore, D.J.; Reardon, R.; Durso, F.T. (1986), The generation effect in advertising appeals, in: Advances in Consumer Research, 13, S.117-120

Moore, T.E. (1982), Subliminal advertising: What you see is what you get, in: Journal of Marketing, 46, S.38-47

Moser, K. (1990), Werbepsychologie, München 1990

Moser, K. (1997), Modelle der Werbewirkung, in: Jahrbuch der Absatz- und Verbrauchsforschung, 43, S.270-284

Moser, K. (1997), Sex-Appeal in der Werbung, Göttingen 1997

Moser, K. (2001), Markt- und Werbepsychologie, Göttingen 2001

Moskowitz, G.B.; Roman, R.J. (1992), Spontaneous trait inferences as self-generated primes: Implications for conscious social judgment, in: Journal of Personality and Social Psychology, 62, S.728-738

Mühlbacher, H. (1988), Ein situatives Modell der Motivation zur Informationsaufnahme und -verarbeitung von Werbekontakten, in: Marketing, 2, S.85-94

Müller, H.-P. (1992), Sozialstruktur und Lebensstile, Frankfurt a.M. 1992

N

Nedungadi, P. (1990), Recall and consumer consideration sets: Influencing choice without altering brand evaluations, in: Journal of Consumer Research, 17, S.263-276

Nedungadi, P.; Mitchell, A.A.; Berger, I.E. (1993), A framework for understanding the effects of advertising exposure on choice, in: *Mitchell, A.A.* (Ed.), Advertising exposure, memory, and choice, Hillsdale 1993, S.89-116

Nemetz, K. (1992), Wie lernt der Konsument? Werbliches wird beiläufig gelernt, in: Marketing Journal, 25, S.152-157

Nickel, V. (1994), Werbung in Grenzen, 11. Auflage, Bonn 1994

Nisbett, R.E.; Wilson, T.D. (1977), Telling more than we know: Verbal reports and mental processes, in: Psychological Review, 84, S.231-259

Noelle-Neumann, E. (1996), Der lange Weg zur Zielgruppe mit Musik. Single-Source-Nachweise von Werbewirkung ersetzen keine kreative Mediaplanung, in: *Niesel, M.* (Hrsg.), Neue Erkenntnisse der Print- und TV-Forschung, Offenburg 1996, S.67–76

O

Olson, J.C.; Reynolds, T. (1983), Understanding consumer's cognitive structures - Implications for advertising strategy, in: *Percy, L.; Woodside, A.* (Eds.), Advertising and consumer psychology, Lexington 1983, S.77-90

Opaschowski, H. (1997), Einführung in die Freizeitwissenschaft, 3. Auflage, Opladen 1997

Opaschowski, H. (1998), Zwischen Muss und Muße, Berlin 1998

Paivio, A. (1971), Imagery and verbal processes, New York 1971

Paivio, A. (1975), Imagery and long-term memory, in: *Kennedy, A.; Wilkes, A.* (Eds.), Images, perception, and knowledge, Dordrecht 1975, S.47-71

Paivio, A. (1983), The empirical case for dual coding, in: *Yuille, J.C.* (Ed.), Imagery, memory and cognition, Hillsdale 1983, S.307-332

Paivio, A. (1991), Images in mind: A dual coding approach, New York 1991

Payne, J.W.; Bettman, J.R.; Johnson, E.J. (1988). Adaptive strategy selection in decision making, in: Journal of Experimental Psychology: Learning, Memory and Cognition, 14, S.534-552

Pepels, W. (1996), Werbeeffizienzmessung, Stuttgart 1996

Pepels, W. (2001), Kommunikations-Management, 4. Auflage, Stuttgart 2001

Perfect, T.J.; Askew, C. (1994), Print adverts: Not remembered but memorable, in: Applied Cognitive Psychology, 8, S.693-703

Perruchet, P.; Baveaux, P. (1989), Correlational analyses of explicit and implicit memory performance, in: Memory & Cognition, 17, S.77-86

Petty, R.E.; Cacioppo, J.T. (1986), Communication and persuasion: Central and peripheral routes to attitude change, New York 1986

Petty, R.E.; Cacioppo, J.; Schuman, D. (1983), Central and peripheral routes to advertising effectiveness: The moderating role of involvement, in: Journal of Consumer Research, 10, S.135-146

Petty, R.E.; Krosnick, J. (Eds.) (1995), Attitude strength: Antecedents and consequences, Hillsdale 1995

Petty, R.E.; Priester, J.R. (1994), Mass media attitude change: Implications of the elaboration likelihood model of persuasion, in: *Bryant, J.; Zillmann, D.* (Eds.), Media effects. Advances in theory and research, Hillsdale 1994, S.91-122

Plummer, J.T. (1974), The concept and application of life-style segmentation, in: Journal of Marketing, 1, 1974.

Puto, C.P.; Hoyer, R.W. (1990), Transformational advertising: Current state of the art, in: *Agres, S.J.; Edell, J.A.; Dubitzky, T.M.* (Eds.), Emotion in advertising: Theoretical and practical explorations, New York 1990, S.69-80

Puto, C.P.; Wells, W.D. (1983), Informational and transformational advertising: The differential effects of time, in: *Kinnear, T.C.* (Ed.), Advances in consumer research, Michigan 1983, S. 638-643

Pylyshyn, Z.W. (1977), What the mind's eye tells the mind's brain: A critique of mental imagery, in: *Nicholas, J.M.* (Ed.), Images, perception, and knowledge, Reidel 1977, S.1-36

Quadberg-Seeger, H.-J. (1988), Zwischen den Zeichen, Weinheim 1988

Ratchford, B.T. (1987), New insights about the FCB grid, in: Journal of Advertising Research, 27, S.24-38

Ray, M.L. (1973), Marketing communication and the hierarchy-of-effects, in: *Clarke, P.* (Ed.), New models for mass communication research, Beverly Hills 1973, S.147-176

Ray, M.L.; Sawyer, A.G. (1971), Repetition in media models: A laboratory technique, in: Journal of Marketing Research, 8, S.20-29

Reeves, R. (1960), Reality in advertising, New York 1960

Rehorn, J. (1988), Werbetests, Neuwied 1988

Reibold, H. (1998), Banner frei Haus, in: ZD Internet Professionell, 7, S.58-61

Reister, G.; Tress, W. (1995), Methodologische Positionen, in: *Mertens, W.* (Hrsg.) Schlüsselbegriffe der Psychoanalyse, Stuttgart 1995, S.147

Reiter, W.M. (1999), Zur Entwicklung der Werbeträger; in: *Reiter, W.M.* (Hrsg.), Werbeträger. Handbuch für die Mediapraxis, Frankfurt a.M. 1999, S.13–21

Reynolds, T.J.; Gutman, J. (1988), Laddering: Theory, method, analysis and interpretation, in: Journal of Advertising Research, 28, S.11-35

Richins, M. (1997), Measuring emotions in the consumption experience, in: Journal of Consumer Research, 24, S.127-146

Ridder, C.M.; Engel, B. (2000), Massenkommunikation 2000: Images und Funktionen der Massenmedien im Vergleich, in: Media Perspektiven, 3, S.102-125

Roediger, H.L.; McDermott, K.B. (1993), Implicit memory in normal human subjects, in: *Boller, F.; Grafman, J.* (Eds.), Handbook of neuropsychology, 8, North Holland 1993, S.63-131

Rokeach, M.J. (1968), Beliefs, attitudes and values, San Francisco 1968

Rokeach, M.J. (1973), The nature of human values, New York 1973

Rosenberg, M.J. (1960), Analysis of affective-cognitive consistency, New Haven 1960

Rosenstiel, L. von; Neumann, P. (1991), Einführung in die Markt- und Werbepsychologie, 2. Auflage, Darmstadt 1991

Ross, W.T.; Creyer, E.H. (1992), Making inferences about missing information: The effects of existing information, in: Journal of Consumer Research, 19, S.14-25

Rossiter, J.R.; Percy, L. (1987), Advertising and promotion management, New York 1987

Rossiter, J.R.; Percy, L.; Donovan, R.D. (1991), A better advertising planning grid, in: Journal of Advertising Research, 31, S.11-21

Rossmann, R. (2000), Werbeflucht per Knopfdruck: Ausmaß und Ursachen der Vermeidung von Fernsehwerbung, München 2000

Roth, R.; Derler, B.; Schützenhöfer, A. (1990), Die Wirkung aversiver Inhalte in der Verkehrssicherheitswerbung, Universität Graz 1990

Rubin, A. (2000), Die Uses-and-Gratifications-Perspektive der Medienwirkung, in: *Schorr, A.* (Hrsg.), Publikums- und Wirkungsforschung. Ein Reader, Wiesbaden 2000, S.137-152

Rugg, G.; McGeorge, P. (1995), Laddering, in: Expert Systems, 12, S.339-346

Runkehl, J.; Schlobinski, P.; Siever, T. (1998), Sprache und Kommunikation im Internet. Überblick und Analysen. Opladen 1998

Runkel, K. (1997), The nature of brands, in: *Perrier, R.* (Ed.), Brand valuation, 3. Auflage, London 1997

Salcher, E.F. (1995). Psychologische Marktforschung, Berlin 1995

Sawyer, A.G.; Howard, D.J. (1991), Effects of omitting conclusions in advertisements to involved and uninvolved audiences, in: Journal of Marketing Research, 28, S.467-474

Scheler, H.-E. (1996), Auf der Suche nach den Wurzeln der Leselust: Kurzgefasste Geschichte der Leserschaftsforschung in Deutschland, in: *Niesel, M.* (Hrsg.), Neue Erkenntnisse der Print- und TV-Forschung, Offenburg 1996, S.7–17

Schelsky, H. (1979), Die Bedeutung des Schichtungsbegriffs für die Analyse der gegenwärtigen deutschen

Gesellschaft, in: *Schelsky, H.* (Hrsg.), Auf der Suche nach Wirklichkeit, München 1979, S.326-332

Schenk, M. (1989), Perspektiven der Werbewirkungsforschung, in: Rundfunk und Fernsehen, 37, S.446-457

Schenk, M. (2000), Schlüsselkonzepte der Medienwirkungsforschung, in: *Schorr, A.* (Hrsg.), Publikums- und Wirkungsforschung. Ein Reader, Wiesbaden 2000, S.71-84

Schenk, M.; Donnerstag, J.; Höflich, J.R. (1990), Wirkungen der Werbekommunikation, Wien 1990

Schimansky, A. (1999). Ist Fernsehwerbung noch zu retten? Die Werbespotqualität als Ursache von Fernsehwerbevermeidung, in: *Friedrichsen, M.; Jenzowsky, S.* (Hrsg.), Fernsehwerbung. Theoretische Analysen und empirische Befunde, Opladen 1999, S.121–146

Schiwy, K. (2000), Die vergessene Zielgruppe ‚Golden oldies', in: ASS Compact, 8, S.143-145

Schmidt, S.J.; Zurstiege, G. (2000), Orientierung Kommunikationswissenschaft: Was sie kann, was sie will, Reinbek 2000

Schmidt-Atzert, L. (1996), Lehrbuch der Emotionspsychologie, Stuttgart 1996

Schmitz, J.; Fulk, J. (1991), Organizational colleagues, media richness, and electronic mail. A test of the social influence model of technology use, in: Communication Research, 18, S.487-523

Schoder, D.; Strauß, R.E. (1998), Electronic commerce, in: *Hippner, H.; Meyer, M.; Wilde, K.D.* (Hrsg.), Computer Based Marketing. Das Handbuch zur Marketinginformatik, Braunschweig 1998, S.55-64

Schoenbachler, D.D.; Whittler, T.E. (1996), Adolescent processing of social and physical threat communications, in: Journal of Advertising, 25, S.37-54

Schröder, S. (1998), Einen neuen Blick auf vermeintlich Bekanntes werfen: Vom Nutzen eines Wertekonzepts im gesättigten Europäischen Binnenmarkt, in: Planung & Analyse, 6, S.16–20

Schultheiss, B.; Jenzowsky, S.A. (2000), Die Glaubwürdigkeit von Infotainment. Eine experimentelle Untersuchung, in: Medienwissenschaft, 1, S.63-84

Schulz, R. (1994), Mediaforschung, in: *Noelle-Neumann, E.; Schulz, W.; Wilke, J.* (Hrsg.), Fischer Lexikon Publizistik, Massenkommunikation, Frankfurt a.M. 1994, S.187–218

Schulze, G. (1992), Die Erlebnisgesellschaft: Kultursoziologie der Gegenwart, 2. Auflage, Frankfurt a.M. 1992

Schulze, G. (1996), Die Erlebnisgesellschaft: Kultursoziologie der Gegenwart, 6. Auflage, Frankfurt a.M. 1996

Schwarz, N.; Bless, H.; Bohner, G. (1991), Mood and persuasion: Affective states influence the processing of persuasive communications, in: *Zanna, M.* (Ed.), Advances in experimental social psychology, 24, San Diego 1991, S.161-199

Schwarz, N.; Bless, H.; Strack, F.; Klumpp, G.; Rittenauer-Schatka, H.; Simons, A. (1991), Ease of retrieval as an information: Another look at the the availability heuristic, in: Journal of Personality and Social Psychology, 61, S.195-202

Schweiger, G.; Schrattenecker, G. (1992), Werbung, 3. Auflage, Stuttgart 1992

Scitovsky, T. (1977), Psychologie des Wohlstands. Die Bedürfnisse des Menschen und der Bedarf des Verbrauchers, Frankfurt a.M. 1977

Seebohn, J. (2001), Gabler Kompakt-Lexikon Werbepraxis, Wiesbaden 2001

Severn, J.; Belch, G.E.; Belch, M.A. (1990), The effects of sexual and non-sexual advertising appeals and information level on cognitive processing and communication effectiveness, in: Journal of Advertising, 19, S.14-22

Shavitt, S.; Brock, T. (1986), Self-relevant responses in commercial persuasion: Field and experimental test, in: *Olson, J.; Sentis, K.* (Eds.), Advertising and consumer psychology, 3, New York 1986, S.149-171

Shavitt, S.; Wänke, M. (2001), Consumer behavior, in: *Tesser, A.; Schwarz, N.* (Eds.), Blackwell handbook of social psychology, Oxford 2001, S.569-590

Siegle, J.A. (1998), Online-Marketing von Rundfunkmedien. Dimensionen für Radio und TV im World Wide Web, Wiesbaden 1998

Silverstone, R. (1998), Television and everyday life: Towards an anthropology of the television audience, in: *Dickinson, R.; Harindranath, R.; Linné, O.* (Eds.), Approaches to audiences – A reader, London 1998, S.245-256

Simmel, G. (1989), Philosophie des Geldes, Band 6, (Erstausgabe 1901) Frankfurt a.M. 1989

Six, B. (1983), Effektivität der Werbung, in: *Irle, M.* (Hrsg.), Marktpsychologie. Enzyklopädie der Psychologie, 5, Göttingen 1983, S.341-395

Smith, M.C.; Frankenberger, K.A.; Kahle, L.R. (1990), Fear appeals in advertising: An emotion attribution approach, in: *Agres, S.J.; Edell, J.A.; Dubitzky, T.M.* (Eds.), Emotion in advertising: Theoretical and practical explorations, New York 1990, S.81-102

Smith, R.E.; Swinyard, W.R. (1982), Information response model: An integrated approach, in: Journal of Marketing, 46, S.81-93

Smith, R.E.; Swinyard, W.R. (1983), Attitude-behavior consistency: The impact of product trial versus advertising, in: Journal of Marketing Research, 20, S.257-267

Sommer, R. (1998), Psychologie der Marke, Frankfurt a.M. 1998

Spanier, J. (2000), Werbewirkungsforschung und Mediaentscheidung: Förderung des Informationstransfers zwischen Wissenschaft und Praxis, München 2000

Spiegel, B. (1970), Werbepsychologische Untersuchungsmethoden, Berlin 1970

Srinivasan, N.; Ratchford, B.T. (1991), An empirical test of a model of external search for automobiles, in: Journal of Consumer Research, 18, S.233-242

Srull, T.K. (1990), Individual responses to advertising: Mood and its effects from an information processing perspective, in: *Agres, S.J.; Edell, J.A.; Dubitzky, T.M.* (Eds.), Emotion in advertising: Theoretical and practical explorations, New York 1990, S.35-52

Staehle, W.H. (1994), Management, 7. Auflage, München 1994

Stapel, D.A.; Koomen, W.; Velthuijsen, A.S. (1998), Assimilation or contrast? Comparison relevance, distinctness, and the impact of accessible information on consumer judgments, in: Journal of Consumer Psychology, 7, S.1-24

Stayman, D.M.; Alden, D.L.; Smith, K.H. (1992), Some effects of schematic processing on consumer expectations and disconfirmation judgments, in: Journal of Consumer Research, 19, S.240-255

Steel, J. (1998). Truth, lies & advertising, New York 1998

Stern, B.B. (1994), Classical and vignette television advertising dramas: Structural models, formal analysis, and consumer effects, in: Journal of Consumer Research, 20, S.601-615

Sterne, J. (1997), What makes people click. Advertising on the web. Bring customers to your site and keep them coming back, Indianapolis 1997

Strack, F.; Schwarz, N.; Bless, H.; Kubler, A.; Wänke, M. (1993), Awareness of the influence as a determinant of assimilation versus contrast, in: European Journal of Social Psychology, 23, S.53-62

Sujan, M. (1985), Consumer knowledge: Effects on evaluation strategies mediating consumer judgments, in: Journal of Consumer Research, 12, S.31-46

Suls, J. (1983), Cognitive processes in humor appreciation, in: *Goldstein, J.* (Ed.), Handbook of humor research, New York 1983, S.39-57

Szallies, R.; Wiswede, G. (Hrsg.) (1991), Wertewandel und Konsum, Landsberg am Lech 1991

TdW Intermedia (2001), Typologie der Wünsche 2001/02, Methodenbeschreibung, Codeplan, Grundzählung, Offenburg 2001

Tews, H.P. (1991), Sozialer Alterswandel: Strukturwandel des Alters, in: *Adolph, H.; Kiefer, W.; Ribi, M.* (Hrsg.), Die ältere Generation in der heutigen Gesellschaft, Davos 1991, S.29-44

Tews, H.P.; Naegele, G. (1990), Alter und Konsum. Ältere Menschen als Verbraucher, in: Jahrbuch der Absatz- und Verbrauchsforschung, 3, S.26-52

Thorson, E. (1994), Using eyes on screen as a measure of attention to television, in: *Lang, A.* (Ed.), Measuring psychological responses to media, Hillsdale 1994, S.65-84

Thorson, E.; Reeves, B.; Schleuder, J.; Lang, A.; Rothschild, A.M. (1985), Effect of program context on the processing of television commercials, in: Proceedings of the American Academy of Advertising, Arizona State University 1985, S.58-63

Toffler, A. (1971), Der Zukunftsschock, Bern 1971

Trappey, C. (1996), A meta-analysis of consumer choice and subliminal advertising, in: Psychology and Marketing, 13, S.517-530

Trommsdorff, V. (1984), Kampagnen gegen das Rauchen und ihre Wirkungsmessung, in: Marketing Zeitschrift für Forschung und Praxis, 6, S.166-174

Trommsdorff, V. (1993), Konsumentenverhalten, 2. Auflage, Stuttgart 1993

Trommsdorff, V. (1998), Konsumentenverhalten, 3. Auflage, Stuttgart 1998

Turner, S. (1998), Der Gesetzgeber des Regelbruchs, in: ADC-Jahrbuch, Frankfurt a.M. 1998, S.8

Tversky, A.; Simonson, I. (1993), Context dependent preferences, in: Management Science, 39, S.1179-1189

U

Unger, F.; Durante, N.-V.; Gabrys, E.; Koch, R.; Wailersbacher, R. (1999), Mediaplanung: Methodische Grundlagen und praktische Anwendung, 2. Auflage, Heidelberg 1999

V

Vallette-Florence, P.; Rapacchi, B. (1990), A cross-culture means-end analysis of perfume purchases, in: Proceedings of the 3. symposium on cross-cultural consumer and business studies, Grenoble 1990

Vanden-Abeele, P. (1992), A means-end study of dairy consumption motivation, in: Report for the European Comission, 1000/90, 43

Vinson, D.E.; Scott, J.E.; Lamont, L.M. (1977), The role of personal values in marketing and consumer behavior, in: Journal of Marketing, 41, S.44-50

Vogel, A. (1998), Die populäre Presse in Deutschland: Ihre Grundlagen, Strukturen und Strategien, München 1998

W

w&v new media update (1998/1999), Aktuelle Grundlagen zum Marketing mit Neuen Medien, München 1999

Walker, B.A.; Olson, J.C. (1991), Means-end chains: Connecting products with self, in: Journal of Business Research, 22, S.111-118

Wänke, M. (1994), Die Vergleichsrichtung bestimmt das Ergebnis von Vergleichsurteilen, in: *Breunig, G.* (Hrsg.), Effizienz statt Verantwortung? BVM Schriftenreihe, 24, Offenbach 1994, S.81-94

Wänke, M. (1996), Informationsnutzung bei der Konstruktion von Einstellungsurteilen: Schnittstellen von Sozialpsychologie und Konsumentenpsychologie, Habilitation, Universität Heidelberg 1996

Wänke, M. (1998), Markenmanagement als Kategorisierungsproblem, in: Zeitschrift für Sozialpsychologie, 29, S.117-123

Wänke, M.; Bless. H. (2000), How ease of retrieval may affect attitude judgments, in: *Bless, H.; Forgas, J.* (Eds.) The message within: The role of subjective states in social cognition and behavior, Philadelphia 2000, S.143-161

Wänke, M.; Bless, H.; Biller, B. (1996), Subjective experience versus content of information in the construction of attitude judgments, in: Personality and Social Psychology Bulletin, 22, S.1105-1113

Wänke, M.; Bless, H.; Igou, E. (2001), Next to a star: Paling, shining or both? Turning inter-exemplar contrast into inter-exemplar assimilation, in: Personality and Social Psychology Bulletin, 27, S.14-29

Wänke, M.; Bless, H.; Schwarz, N. (1998), Context effects in product line extensions: Context is not destiny, in: Journal of Consumer Psychology, 7, S.299-322

Wänke, M.; Bless, H.; Schwarz, N. (1999), Lobster, wine and cigarettes: Ad hoc categorizations and the emergence of context effects, in: Marketing Bulletin, S.52-56

Wänke, M.; Bohner, G.; Jurkowitsch, A. (1997), There are many reasons to drive a BMW: Does ease of argument generation influence brand attitudes?, in: Journal of Consumer Research, 24, S.170-177

Wänke, M.; Schwarz, N.; Noelle-Neumann, E. (1995), Question wording in comparative judgments: Understanding and manipulating the dynamics of the direction of comparison, in: Public Opinion Quarterly, 59, S.347-372

Wansink, B.; Ray, M.L. (1996), Advertising strategies to increase usage frequency, in: Journal of Marketing, 60, S.31-46

Weber, R. (2000), Prognosemodelle zur Vorhersage der Fernsehnutzung, Wiesbaden 2000

Wegener, D.T.; Petty, R.E. (1995), Flexible correction processes in social judgment: The role of naive theories in corrections for perceived bias, in: Journal of Personality and Social Psychology, 68, S.36-51

Weidmann, W.F. (1995), Interkulturelle Kommunikation und nationale Kulturunterschiede in der Managementpraxis, in: *Scholz, J.M.* (Hrsg.), Internationales Change-Management, Stuttgart 1995, S.39-61

Weinberger, M.G.; Gulas, C.S. (1992), The impact of humor in advertising: A review, in: Journal of Advertising, 21, S.35-59

Weinberger, M.G.; Spotts, H.; Campbell, L.; Parsons, A.L. (1995), The use and effect of humor in different advertising media, in: Journal of Advertising Research, 35, S.44-56

Wells, G.L.; Petty, R.E. (1980), The effect of overt head-movements on persuasion: Compatibility and incompatibility of responses, in: Basic and Applied Social Psychology, 1, S.219-230

Wells, W.; Burnett, J.; Moriarty, S. (2000), Advertising: Principles and practice, Prentice Hall 2000

Wells, W.D. (1975), Psychographics: A critical review, in: Journal of Marketing Research, 5, 1975.

Werner, A. (1999), Kontaktmessung im WWW, in: *Batinic, B.; Werner, A.; Gräf, L.; Bandilla, W.* (Hrsg.), Online Research. Methoden, Anwendungen und Ergebnisse, Göttingen 1999, S.213-225

Werner, A.; Stephan, R. (1997), Marketing im Internet, Heidelberg 1997

Wilson, T.D.; Lindsey, S.; Schooler, T.Y. (2000), A model of dual attitudes, in: Psychological Review, 107, S.101-126

Wilson, T.D.; Schooler, J.W. (1991), Thinking too much: Introspection can reduce the quality of preferences and decisions, in: Journal of Personality and Social Psychology, 60, S.181-192

Winter, U.; Fritzen, T. (1999), Mediaplanung im Marketing-Mix; in: *Reiter, W.M.* (Hrsg.), Werbeträger. Handbuch für die Mediapraxis, Frankfurt a.M. 1999, S.296–435

Wiswede, G. (1992), Die Psychologie des Markenartikels, in: *Dichtl, E.; Eggers, W.* (Hrsg.), Marke und Markenartikel, München 1992, S.71-96

Wiswede, G. (2000), Konsumsoziologie. Eine vergessene Disziplin, in: *Rosenkranz D.; Schneider, N.F.* (Hrsg.), Konsum, Opladen 2000, S.23-72

Wiswede, G.; Engelmann, M. (1997), Der Trendsensor: Entwicklung eines Messinstrumentes zur Erfassung von Wertveränderungen beim Konsumentenverhalten, Unveröff. Forschungsbericht, Köln 1997

Witzens, P. (1998), Der Weltmarktführer entwickelt Menschen und Marken, in: Absatzwirtschaft, 10, S.110-117

Woelke, J. (2000), Wie valide sind Werbewirkungstests? Der Einfluss des Testverfahrens auf Ergebnisse der Erinnerung und Bewertung, in: Medienpsychologie, 12/3, S.176-195

Wolf, M.J. (1999), The entertaining economy. How mega-media forces are transforming our lifes, New York 1999

Woodside, A.G.; Trapperey, R.J. (1992), Finding out why costumers shop your store and buy your brand: Automatic cognitive processing models of primary choice, in: Journal of Advertising Research, 32, S.59-78

Y

Yamanake, J. (1962), The prediction of ad readership scores, in: Journal of Advertising Research, 2, S.18-23

Yankelovich, D. (1994), How changes in the economy are reshaping american values, in: *Aaron, H.J.; Mann, T.E.; Taylor, T.* (Eds.), Values and public policy, Washington 1994, S.16-53

Young, S.; Feigin, B. (1975), Using the benefit chain for improved strategy formulation, in: Journal of Marketing, 39, S.72-74

Z

Zandpour, F.; Chang, C.; Catalano, J. (1992), Stories, symbols, and straight talk: A comparative analysis of french, taiwanese, and US TV-commercials, in: Journal of Advertising Research, 1/2, S.25-37

ZAW (Zentralverband der deutschen Werbewirtschaft) (2001), Werbung in Deutschland 2001, Bonn 2001

Zerdick, A.; Picot, A.; Schrape, K.; Artopé, A.; Goldhammer, K. (1999), Die Internet-Ökonomie. Strategien für die digitale Wirtschaft, ECC Report, Berlin 1999

Zillmann, D. (1988), Mood management: Using entertainment to full advantage, in: *Donohew, L.; Sypher, H.E.; Higgins, E.T.* (Eds.), Communication, social cognition, and affect, Hillsdale 1988, S.147-172

Zimmer, J. (1998), Werbemedium World Wide Web. Entwicklungsstand und Perspektiven von Onlinewerbung in Deutschland, in: Media Perspektiven, 10, S.498-507